国家社会科学基金一般项目（18BZS103）
教育部哲学社会科学研究重大课题攻关项目(16JZD035)
"三晋学者"特聘教授支持计划专项经费(晋教研〔2017〕7号)

U0653137

"延安农村调查团"
兴县调查资料

岳谦厚 张 玮 辑注

南京大学出版社

图书在版编目(CIP)数据

"延安农村调查团"兴县调查资料 / 岳谦厚,张玮

辑注. — 南京:南京大学出版社,2020.5

ISBN 978-7-305-22803-2

Ⅰ. ①延… Ⅱ. ①岳… ②张… Ⅲ. ①农村调查—统

计资料—兴县—近代 Ⅳ. ①D693.79

中国版本图书馆 CIP 数据核字(2019)第 287902 号

出版发行　南京大学出版社

社　　址　南京市汉口路 22 号　　　邮　编　210093

出 版 人　金鑫荣

书　　名　"延安农村调查团"兴县调查资料

辑　　注　岳谦厚　张 玮

责任编辑　江潘婷　官欣欣

照　　排　南京南琳图文制作有限公司

印　　刷　江苏苏中印刷有限公司

开　　本　889×1194　1/16　印张 43.5　字数 1056 千

版　　次　2020 年 5 月第 1 版　2020 年 5 月第 1 次印刷

ISBN 978-7-305-22803-2

定　　价　198.00 元

网址：http://www.njupco.com

官方微博：http://weibo.com/njupco

官方微信号：njupress

销售咨询热线：(025) 83594756

序　言

　　1942—1943 年张闻天率领的"延安农村工作调查团"（又称"延安农村调查团"）所进行的晋陕调查（亦称"张闻天晋陕调查"）是中共历史上继二十世纪二十年代中期毛泽东湖南农民运动考察之后又一次非常重要的社会调查，亦是中共高层领导人在全国抗战时期亲自进行的唯一一次农村调查，具有相当高的理论意义与学术价值。这次调查涉及陕北神府县 8 个自然村、米脂县杨家沟村及晋西北兴县 14 个自然村，收集和整理的资料可以说是目前研究二十世纪三四十年代晋陕农村经济社会演变的最重要的史料。

　　此次调查历时一年又两个月，调查重点是晋（西北）陕（北）抗日根据地农村生产力与生产关系，目的在于检视党在全国抗战时期的农村经济社会政策，并通过具体分析农村社会实际状况进一步完善党的抗战政策。调查地点选择性很强，如兴县农村属于既未经过土地革命又无大地主的普通小农经济区，调查地域与对象均比米脂县和神府县调查有所扩大，调查基本主题仍为生产力与生产关系，考察重点则为土地问题。整个调查过程和调查内容非常细致，张闻天亲自设计了许多表格，要求调查员分别深入各村，挨家挨户进行详尽调查。在具体调查中，又采取召开调查会、个别谈话与实地调查三种形式，并将三者有机地结合起来综合考量。而在同类事项中，则选取具有典型意义的调查区域，如经过土地革命的农村与未经土地革命的农村、川地农村与山地农村、"中心"地区农村与"边缘"地区农村、同姓"父子村"与异姓"杂居村"，并对之以个案分析和综合研究的方法进行考察。尤其在晋西北兴县调查中，张闻天化名"张晋西"，住在农民家中，遍访农户，口问笔录，搜集一手资料。事后，又立即对调查材料进行整理，若发现问题，再到群众中重新调查。调查材料初步整理完毕，还要向基层党员或干部进一步核实，征询自己提出的意见是否符合实际。他亲自拟定调查提纲，整理调查材料，具体指导调查团成员进行调查，不断总结调查经验，调查结束之后，又以亲身感受撰写总结报告。

　　陕北与晋西北农村是当时中国农村生产力最原始、最落后的地区之一，调查团详细考察了其生产力和生产关系以及在全国抗战与中共革命背景下所发生的一切变化，不仅提供了宝贵的国情资料，亦为研究当时正经历着重大变革的农村经济社会演变提供了重要素材。这种系统性的调查可以说在此之前党史上还很少有过，既涵盖了农村租佃、借贷和雇佣等主要生产关系（亦包括了与之密切关联的乡村权力结构、乡村文化习俗、农民政治意识、农民思想行为等），又对土地、人口、劳动力、农业资本等生产力状况进行了细致普查，尤其关注了当时生产力的代表或哪个阶层能够代表当时生产力的发展道路，并就此提出许多至今仍具重要价值的独到见解。

　　晋陕调查资料从 1942 年 5 月陆续整理出版，其中神府调查资料于 1942 年 4 月在张闻天主持下整理成《贺家川八个自然村的调查》，并于同年 5 月以"延安农村调查团"署名、《陕甘宁边区神府县八个自然村的调查》为名由中共中央西北局调查研究室油印刊行，次年 10 月又以《陕甘宁边区神府县直属乡八个自然村的调查》为名出版。1986 年 9 月，人民出版社以《神府县直属乡八个自然村的调查》为名正式出版,署名张闻天。米脂县杨家沟村调查资料则在张闻天主持下,由调查团成员马洪整理起草,并经张闻天反复修补,定稿为《杨家沟地主调查》,1944 年 5 月亦由中共中央西北局调查研究室以《米脂县杨家沟调查》为名出版,1957 年 5 月三联书店正式出版同名修订稿,1980 年 8 月人民出版社重版,署名均为"延安农村调查团"。晋西北兴县农村调查成果于 1986 年 9 月由人民出版社首次以《晋西北兴县二区十四个村的土地问题研究(报告大纲)》发表,并与神府县调查资料一起命名为《神府县兴县农村调查》。这些调查资料又与张闻天选集传记组及一些档案部门后来发现的有关张闻天此次调查的日记、笔记、讲话记录和论文等资料,汇编成《张闻天晋陕调查文集》,于 1994 年 6 月由中共党史出版社出版。

随着这些资料逐步问世,晋陕调查的社会与学术价值为越来越多的人所认识。这些调查报告公布之后,很快在海内外引起强烈反响,获得了高度的学术评价,产生了广泛的使用和研究价值。如有国内学者认为《米脂县杨家沟调查》是"一个具体充实的地主经济调查报告,在我国堪称是少有的"(见张闻天选集传记组等编《张闻天晋陕调查文集》编后记,中共党史出版社 1994 年版);1977 年日本学者浅川谦次则以《陕北的旧中国农村——米脂县杨家沟调查报告》为名,将之翻译后在日本出版。

关于晋西北兴县 14 村调查,除张闻天撰写的《晋西北兴县二区十四个村的土地问题研究(报告大纲)》已出版外,其整理完成的另一调查材料《碧村调查》据说已亡佚(参见刘英著《在历史的激流中——刘英回忆录》,中共党史出版社 1992 年版),而在张闻天主持下由调查团成员撰写的其他 13 村材料很长时间内无人知其下落。其间,人们以为这批调查资料早已全部佚失,实际仍有 10 个村的资料比较完整地保存着(其他 4 个自然村的调查资料亦零星地散存于前述的相关行政村资料中),系统而全面地对之进行整理、校注、编辑与出版,具有重要的学术价值,亦因应了习近平总书记在中国人民抗日战争胜利 70 周年之际关于"深入开展抗战研究"的重要讲话。进言之,该项资料的出版将对于解读二十世纪三四十年代晋西北农村社会在中共革命与日本入侵场景下所发生的激烈变动,并揭示中共革命的复杂性、曲折性或反复性和繁难性,有着不可估量的价值。

凡　例

一、本资料集以资料形成及存续的属性为单元，以村（基本上是自然村）为单位分门别类地进行释读、录制、校注、标点、编辑。

二、本资料集中既有的人名、地名、错别字、异形词等，为尊重史料原貌，均原文照录。因之，凡影响到读者判断、引用之处，则用"编者注"在页下标出。原文中影响读者阅读的错别字用"〔　〕"在字后注明正字，增补字以"【　】"标出，但为了读者阅读体验，不影响阅读的错别字、缺字等不做处理；原文中的衍字直接删之，因原文献漫漶不清而无法识别之字以"□"标识。另外，为尊重史料原貌，对于原文中的语病，在不影响读者理解的情况下不做改动。

三、本资料集中包含大量表格，为便于读者阅读和检索，对表格进行了统一编号，并对原无表头名目的表格拟具了题名，同时在书中附有表格目录。除此之外，对表格并无其他处理，表格中的文字、数字、表格线等，原则上均原文照录。

四、本资料集中的原始数据多有错误之处，为保留史料原貌，对此类错误未做任何改动，请征引者在引用时注意核算。

五、为方便读者阅读，对本资料集还做了如下处理：对某些概括不够精确简约的标题进行了适度提炼，对某些标题序号混乱的章节做了有序规范，对某些杂乱无章的行文格式予以整齐划一，对文字叙述中的某些俚语方言在页下以"编者注"的形式解释说明，对某些汉字数字改用阿拉伯数字加以统一，将文中的方言脏话一律改成"×"。

目　录

第一编　黑峪口村与黑峪口行政村调查

一、概况

黑峪口居于兴县二区,为黑峪口行政村村公所所在地,位于黄河之滨,隔河与神府县之盘塘相望,北距五区之裴家川口约 20 里,东距兴县县城 50 里,距二区区政府所在地之高家村 20 里,南距张家湾 7 里——张家湾位于蔚汾河口,系王家塔行政村一个自然村。黑峪口行政村辖 6 个自然村,即黑峪口、碧村、任家湾、中庄、桑蛾、唐家吉。

黑峪口在战前[①]系兴县首屈一指的商业市镇,户口达 245 户。自 1940 年敌人扫荡以来,遭受破坏很大,房屋烧毁十之七八,户口逃散也很多,现在只有 200 户,商业大为衰落。黑峪口因依山傍河平地不多,加以近几年来河水冲荡,平地所余无几,但山地尚不少,拥有不下千余垧;在外村还占有大量土地,其中以山地为主,其数不下 2000 垧,均系出租与人。

红军东渡时,黑峪口即曾受革命影响,抗战以后这里为区公所所在地,为新势力的一个据点。晋西事变后,建立了新政权,1941 年又实行了村选,建立了政权的民主机构,政权工作已逐渐走入正规[轨]。但因地处大道和渡口,工作繁重,而领导与干部中尚存在着很大缺点,这里的工作一直比较落后,是二区比较弱的一个村子。

黑峪口的阶级关系是比较复杂的,从地主、富农到贫农、雇农,从商人、工人、自由职业者到市镇贫民,各种阶级成分应有尽有。在政治上,有进步的,有无所谓的,有代表地主士绅的中间分子,甚至还有个别的顽固分子。在宗族关系上,以任、刘两姓为主,但也有不少的杂姓,宗族关系还或多或少的有些作用。

战争曾经给予黑峪口以很大的影响。黑峪口特别感受到战争的威胁,因为市镇是比较集中的,而集中是困难应付目前的战争的。现在人们在附近的各个山沟里挖窑洞,有些定居山中,有些则形成一家两栖,许多山沟里形成三五家一簇的新的小村落,黑峪口给战争割裂了。但黑峪口又是位于前线的后方,战争不是经常来袭扰的,因此,在两个扫荡的空隙中间,环境又是和平安静的,人们又是可以安居乐业的,这又是它的一个特点。

以上是黑峪口的一个简单的轮廓。

---

① 编者注:指全国抗战爆发之前,下同。

二、阶级变化问题

〔原说明〕：黑峪口抗战以来阶级关系变化表未抄出，因区党委已油印出，将该表①贴于此处即可。

从上表看来，无论战前或现在，黑峪口都是一个带农村性的市镇，而不是一个农村。

战前基本上依靠土地和农业生活的各阶级，从地主到雇农，其总户数所占百分比尚不过36.33％；而基本上不依靠土地和农业生活的各阶级，其总户数所占百分比则达63.67％。

现在基本上依靠土地和农业生活的各阶级，其总户数【所占】百分比仍不过45％，即仍不过全黑峪口总户数之半；而基本上不依靠农业和土地生活的各阶级，其总户数尚占55％，即尚占黑峪口总户数之多数。

但从上列百分比的变动中，又说明战后②黑峪口的农村色彩正在加重：基本上依靠土地和农业生活的各阶级，其户口的百分比大大提高；即基本上不依靠土地和农业生活的各阶级，也更多地与土地发生了联系。人们都竞相往土地和农业里挤，这在后面的叙述中还可以更具体的看到。

由于黑峪口是一个带农村性的市镇，这里的阶级也具有其"农村性市镇"的特点，既缺少与商业毫无联系的农民，也不多见与农业或土地完全脱离的商人。商人而带有农民性（或地主性），农民（或地主）而带有商人性，是这里各阶级具有的一个普遍特点，这个特点将表现在土地的占有与使用、商业经营等方面，下面可以清楚地看到。

抗战以来，黑峪口的户口大大减少，从战前的245户减至现在的200户，现有户口仅及战前户口的81.63％，即减少18.37％。不仅户口改变，在阶级关系上也发生了相当大的变化（当然这还远不是基本上起了变化），从战前到现在都定居于黑峪口的184户（即原有户数除去外出户及破灭户）及其分出而仍定居于黑峪口的9户中，其成分起了变化（质的变化）的有70户。这种变化的原因、结果及其趋势，在各个阶级是不一致的，下面分别加以说明。

（一）地主

地主阶级一般的削弱了，其中少部分且改变了自己的成分，但大部分仍勉强维持着自己的地主地位。战前19户地主，除移走4户外，15户中有11户保持原地主地位，4户改变了成分。在改变成分的4户地主中，2户变为富农，其中1户是由于减息（高利贷不能放且收不回）、负担重（弟弟是旧军中吃得开的干部，本人也顽固，成为村干部打击的一个目标）和吸大烟而大量卖地（主要卖山地，有缩小目标的意思），在减租后收回全部水地45垧，雇人经营；另1户由于减息和水推③、典地而下降，减租后收地转为雇工式的伴种（牲口、垫支等全是自己的，伙种户实际等于长工）。较之战前，2户都下降，所谓富农，其经营范围也是很小的。1户降为中农，原系小地主兼高利贷者，由于减息（这是主要的）减租而下降，靠种地揽工吃租子过活。1户降为小商人，战前亦系小地主兼高利贷（剥削很重的粮债及钱债）并兼营商，由于减息、吸大烟和减租而

---

① 编者注：原始资料中未见该表。

② 编者注：全国抗战爆发之后，下同。

③ 编者注：被黄河之水吞噬，下同。

下降了。

战后地主分家的有 3 户,共分出 7 户。除分出而又移走 1 户外,4 户仍勉强保持地主的架子(生活其实也不好了),2 户变为中农,原因系分家(1 户分 3 户)、吸大烟和减租。地主分家在战后大大发展(11 户分出户中有 7 户系由地主分出),根据现有情况,除 1 户新由商人升来的地主外,没有 1 户有成年的两弟兄在一起过活。地主阶级企图用分散的办法缩小自己的目标,以减轻自己的负担,达到保存力量的目的;但如果是真正的分家,尚不是形式的假分家,就会得到相反的结果——削弱自己,直到改变了自己的成分。地主分家无论从经济上政治上着眼,都不能认为是一种坏现象。

现在地主 16 户,除 1 户系商人转来外,余均系旧有地主(这里包括 4 户战后分出户)。旧有的 15 户地主都大大削弱了,一方面是减息减租和商业的停顿(这是主要的方面),另一方面是负担的加重。许多地主已经在度着"艰苦"的日子,有的甚至不如富裕中农,但地主的剥削关系依然保存(作为基本生产手段的土地仍全部或大部的保存),地主仍是地主,不过"凄惶"(穷)些罢了。

地主阶级的变化中,有一个值得注意的现象,即地主向富农的转化和经营地主的相对增加(战前 19 户中经营的仅 9 户,现在 16 户中即有 9 户),这里显示着根据地经济新民主主义化的一种趋向(当然它只是构成这种趋向的一方面,还有更重要的一方面是贫农、中农的上升),认真、普遍、彻底的减租减息将会促进这种趋势的明朗化。但同时必须承认,战争使这种发展增加了很大的困难,有些地主将在这种困难面前没落,而不是向富农转变。

(二) 富农

战前旧有的富农削弱和下降了,但又出现了一批新富农。战前富农 5 户,其中 1 户降为中农,1 户降为贫农,1 户降为贫民。这 3 户下降的一个共同的最重要的原因是黄河将水地和平地大部甚至全部推掉,使他们失掉了最基本的生产手段。其次,劳动力的减少或削弱也是一大原因,3 户中有 2 户有劳动力之死亡,1 户因事变①及扩兵影响使男丁离散。再次,敌人的破坏(烧房子)也加速了 2 户富农之下降。最后,减租减息也有影响,因为富农也是有出租土地和放债的。

现在仍保持原地位的 2 户旧富农也今不如昔了,其中 1 户因战争经商不减和减租而收入大减了,1 户因敌人杀死数人(户主兼农业半劳动亦被杀)也呈现下降了。但 2 户均未卖地,仍雇人(多量的短工代替长工,即在战前,作为市镇的黑峪口之富农也常常采取这种更便宜的雇佣方式),勉强维持富农地位。战后新变来富农 7 户,比战前富农总数还多,其中 2 户从地主降来,2 户从中农升来。富农数量增多了,但质量(如经营范围等)却远不如战前了。

(三) 中农

中农增多了,从 20 户增至 25 户,从户口的 8.16% 提高至 12.5%,原有中农将近半数发生变化,但同时又出现了更多的新的中农。

战前 20 户中农,除移走 2 户外,有 9 户保持原中农地位,9 户改变了成分。改变成分的 9 户

---

①　编者注:指"晋西事变",下同。

中,2户升为富农,其原因:1户系有"旧根底"(河西富农,土地革命时移来,带来一些财物),抗战以来又没负担(除出公粮外,去年才出村负担,自称这几年在负担上"讨了便宜"),加以丝毫未遭受敌人破坏(住寨滩上,敌人未到过),因此买地租地雇人经营;另1户系受到减租好处(减租三年少出租十来石,使买地有了本钱)和劳动力多而又勤劳,战后买了一批地,由于儿子们大部为避兵役而参加政府方面工作的,雇工经营而成为富农,但除买地外,其经营范围并无什么扩大(在黑峪口一贯算得上是"大庄户"人家)。

5户降为贫农,其中4户主要原因是由于黄河推了土地,再就是劳动力变轻了(2户系衰老,1户吸大烟不务正业);另1户的主要原因是连年人口的死亡和疾病,再加上自己是个"闹出人",不会受苦。2户降为贫民,主要原因也是黄河推地,辅助原因:1户是因为敌人烧了房屋和家具,1户是父亲死(因水推地、天旱、儿子病而跳河)和自己变为"怕经动弹"[①]。由此可见,战后中农之下降(改变成分)在黑峪口主要是自然原因(水灾、疾病、死亡和衰老)和敌人破坏,而不是负担重或其他。

中农在战后除2户升为富农外,还有一些虽仍停留于中农地位,但较之战前却有了某种程度上的上升,如1户佃中农之买地成为中农(原因是减租和劳动力多,而且勤劳),5户中农之买地,扩大占有面积。这些中农的某种程度的上升,就准备下了向富农飞跃的基础,虽然这种飞跃在今天战争的环境是大大地受到限制,但其趋势是很明显的。

现有中农25户,除原有9户和战后移来1户外,15户是新变化来的。其中,从地主阶级来的3户,富农来的1户,贫农来的5户,小商人来的4户,贫民来的1户,"其他"(靠吃房赁过活的)来的1户。

(四) 贫农

贫农的绝对数减少了,由43户减至36户,其在户口中的百分比却由于总户口的大减而相对提高,由17.55%而增为18%。原有贫农有一半(连移出和破灭)发生变化,但又补充了一些(略少)新贫农。

战前43户贫农,除移走和破灭的10户外,保持原地位的23户,10户改变了成分。改变成分的10户中,5户上升为中农,其原因:2户系没出钱得到一批土地(1户系将本姓户地认粮而取得所有权,1户系儿子过继于人,其继父被敌人杀死后,儿子将地夺租给自己种);2户系因勤俭积蓄(也是负担轻),乘事变后"地贱"买进土地而上升("地贱"构成贫农上升的一个普遍有利条件);1户系发横财和减租得益而买地上升。这里明显的看出减租减息的执行,虽然使贫农得到一些好处,但由于减租的执行为时尚短,由于执行的还不够普遍与彻底,还没有引起贫农更多的上升为中农,而这却是根据地经济新民主主义化的最重要一环。在战争的环境里,大生产的富农是比较困难发展的,但小生产的中农却有着比较强劲的战斗力,也有着比贫农更高的生产力,因此必须着重地扶掖贫农向中农发展。当然,敌人的破坏对于贫农上升为中农也是极大的障碍,有不少类似这样的事实:一个贫农在事变后的有利条件下上升了,买地买役畜,但敌人来了,拉走他的牲口,毁坏了他的一些工具和财物,于是他又从中农或接近中农的地位里降下来了。2户变为小商

---

① 编者注:当地方言,即"怕经痛而不愿劳动"之意。

人,也算上升了。1 户变为贫民,完全由于劳动力衰老。1 户变为水手工人,系老婆死和再娶用完了积蓄,租地无"垫支",新妻又无"苦水";另一方面是给公家搬船①,收入也还可以。1 户降为雇农,系父亲死后租不起地了。

现有贫农 36 户,除原有 23 户和移来 1 户外,12 户系新变化来的。其中,由富农降来 1 户,中农降来 5 户,工人转来 1 户,贫民转来 3 户,"其他"转来 2 户。

(五) 雇农

雇农增加了,由战前的 2 户到现在的 4 户。战前雇农 1 户现变为贫民,"倒贩些东西",租些地,经济上比以前似乎活动多了。现雇农 4 户除原有 1 户外,1 户来自贫农,2 户来自贫民。

(六) 工人

工人无大变化,战前现在皆 9 户,由于黑峪口总户口的变动,工人在现有户口数中的百分比相对提高了。战前工人 9 户,除移走 1 户外,7 户保持原状,1 户(制粉大师傅)变为贫农,系因战争破坏(粉房全部倒闭)而失业。现有工人 9 户,除原有 7 户外,1 户系贫农转来(水手工人),1 户系贫民转来(纺织厂工人)。

(七) 小商人

小商人大大减少了,由战前的 63 户减为现在的 40 户,其在总户口的百分比亦由 25.7%降为 20%。战前小商人 63 户,除移走和破灭 16 户外,保持原地位的 31 户,改变成分的 16 户。1 户中等商人因战后经商不稳(敌人扫荡和金融变动),将商业资本置买土地,转为经营地主。3 户转为富农,其中 1 户系土地革命时河西富农,分地时移黑峪口"倒生意",战后利用"旧根底"大量买地,又用大花脸②赎地雇人经营,未受敌人破坏(住寨滩上敌未到)也是上升原因之一;2 户系勤俭、未受敌破坏和负担轻而有积存,趁地贱买地,雇人经营。4 户转为中农,其中 2 户系因男丁减少(死亡和逃避兵役外出),由经营小商("磨豆腐")捎种地变为只种地(或捎卖点饭)了;1 户系因商业亏本、敌人烧和水推地而下降了,于政府实行减租后收地自种;1户系因时局不稳,由商转农。8 户降为贫民,其中 3 户主要是因为有嗜好(烟赌),3 户系由于死亡劳动力和当家人,1 户因为儿子们都参加了工作不能顾家,1 户系因"跑河路"(即河上跑船做生意)不行了。8 户中有 4 户曾遭受过敌人烧抢,损失很重;有 1 户曾意外的死了五十来只羊和 400 多元省币(没兑出去就"死下"了)。另外由小商人中分出 1 户贫民,下降原因是新分出和好吃懒动弹。

由此看来,小商人的变化系向着两个方面进行的:一方面是走向农民,一方面是降为贫民。两者基本上都是战争给带来的。

现有小商人 40 户,除原有 31 户和移来 4 户外,地主来的 1 户,贫农来的 2 户,"其他"来的 2 户。

(八) 贫民

贫民在绝对数上是略有减少,由 62 户减至 59 户。但其在总户口数中的百分比却相对的增

---

① 编者注:即"当船工"。
② 编者注:即"晋钞",下同。

加了,由战前的 25.31％增至现在的 29.5％。战前贫民 62 户,除移走和破灭的 22 户外,保持原地位的 33 户,改变成分的仅 7 户。有 3 户变为贫农:1 户系由军警生病而回家,病了一二年,病好"务了地";1 户战前系游民(赌徒),在新政权强制和教育下"务了正",种起地来;1 户系村长,在其政治地位和政府帮助的条件下有了发展,乘机买了几垧好地由女人们种着。有 2 户变为雇农:1户系"扒河畔"(在河上当苦力)不成了,自己又"没苦"(好吃懒做);1 户系好吃懒做,没苦。1 户变为纺织厂工人,系为躲兵。1 户由游民(赌博间溜达)变为"其他"(公营商店小会计),系因新政权下赌博不行了,务了正。

另外由贫民中分出 1 户,现升为中农,是村长之兄。上升原因:得力于村长帮助,自己也比以前务正一些了(赌的少了),也还"能受"(能劳动)。

这里就说明了贫民成分的变化不大(移出和破灭户不计入的话),另一方面又说明了变化了的主要是变为农民。

现在贫民 59 户,除原有 33 户外,1 户由富农降来,2 户由中农降来,1 户由贫民降来,1 户由雇农变来,8 户由小商人降来,10 户由"其他"(主要是自由职业者)转来,由小商分来 1 户,由贫民分来 1 户,移来 1 户。

(九) 其他成分

其他成分猛烈的减少了,由战前的 22 户变为现在的 2 户。战前 22 户,除移走 6 户外,仅 1户保持原成分,变化了的有 15 户。1 户变为中农,原系靠房赁过活的,因敌人烧掉房子 20 余间,房赁吃不成,靠种地过活尚能自给自足。2 户变为贫农,其中 1 户原系小学教员,事变后失业务农;1 户原系军警,因吸大烟赌博不愿当军警而改业。2 户变为小商人:1 户原系公务员,因事变后参加工作不能养家而改业;1 户原系小学教员,是国民党,事变后不干了。10 户变为贫民,其中5 户原系小学教员,事变时逃亡 2 个,家里剩下婆姨娃娃穷混;2 户系事变后失业,卖了饭;1 户系参加区上工作,收入减少,女人孩儿依靠住娘家过活;2 户原系商店职员,失了业,现当村粮秣员,靠津贴米和磨面、生豆芽【出】卖过活,一靠刮斗生活(形同救济)。

2 户原系小公务员和军警,因失业而沦为贫民。1 户原系靠吃房赁过活,敌人将房 30 余间全部烧掉,现靠磨面、捎种地过活。

从上面看出,战后"其他"成分(这里基本上是一些从事智力劳动的自由职业者),由于战争和革命的影响,大都务了农或营了商,其中一小部分参加了根据地的建设工作。现有其他成分仅 2户:1 户原系教书,现仍系教书;1 户系新自贫民中转来的小职员(公营商店会计)。

从外出户和破灭户的分析中,可以给阶级变化一个更好的补充说明。

战后黑峪口的移走户和破灭户共 63 户(包括分出而又移走的 2 户),对于二百来户的一个小市镇,这种变化是相当大的(牵连户口达总户口的四分之一)。这里还没有将那些移来而又移走,移走而又移回的户数统计在内。户口的流动性是市镇的一个通常的特点,但战争更加倍的加深了这一特点。

在移走的 46 户(内有分出而又移走的 2 户)中,地主 5 户(内分出 1 户)皆移居农村,2 户系为躲避负担,3 户系因敌扫荡。3 户接近了自己的土地,2 户就光于岳父处,现已有 2 户转为富农了(1 户仍为地主,余 2 户均下降了)。移走贫农 7 户,有 4 户是因市镇生活困难(租地难,做商也不行了)而移居农村租地种,7户中仅有1户改业商。小商人(内中等商人4户)移走15户(内分出1户),据已知有6户改业农,7户仍业商,其改业农业大都由于经商不行了(或受敌破坏,或不挣钱),其仍业商者之迁移则大部为避敌破坏(有些移到农村中做商去了,为张家湾、宋家山、石家吉),其次是为避负担。贫民移走10户,改业的已知有3户,系因生活困难移农村种地,其他也主要因生活困难而移走。"其他"(均教书)移走6户,其中2户参加政府工作,2户仍当小教,2户务了农。工人1户,因避敌去河西务了商。

这里地主向富农转化和继续下降,小商人、贫民和智力劳动者向农民转化的趋向是很清楚的。除地主和智力劳动者的迁移与转化与我们的政策有关外,其他阶级或阶层的迁移与转化,敌人的破坏有着左右一切的关系。

再从战后破灭户上看,17户中有11户是直接由于敌人的烧杀而家破人亡的;其次,17户中贫民占了12户。这里一方面说明敌人的三光政策不仅大大恶化了各个阶级人民的生活,不仅迫使某些阶级一部分人家改变成分和移居,而且直接毁灭了许多家庭,使其根本不存在。另一方面,又说明市镇性的各阶层,首先是贫民是最经受不起破坏的。敌人不仅在外观上改变了黑峪口的面貌,从繁荣的市面到断垣颓瓦;而且在实际上也改变了黑峪口的内容,从市镇性的各阶级占压倒的多数到仅仅的过半数。

根据上面的分析,可以看出战后黑峪口阶级变化的动向。首先,关于市镇性的各阶级,其户口减少了,属于农村性的各阶级,其户口增加了。小商人首先有大量户口外移(其中不少改业农),其次是改业农和降为农民。贫民一方面有大量的外出户和破灭户,也有一部分改业农(外出户中还有许多改业农);另一方面,又从小商人和"其他"(自由职业者)中补充了一大批。"其他"成分大部成为贫民,少数务了农。

其次,在农村性的各阶级中,中农、富农和雇农增多了,而贫农和地主则减少了,虽然这种变化还相当小,但其趋向则是很明显的。从前面的分析中可以看出,如果没有黄河推地这一特殊的"天灾",如果减租政策能够更加认真、普遍、彻底的执行,则战争破坏虽是一大阻力,但中农和富农(首先是中农)也比较目前更加发展。

阶级变化的原因,一般说,地主的下降或转为富农,首先是减息(本利停付的"减息")减租和商业的破坏,其次是负担的加重(负担重和抽兵又引起分家,分家更加削弱了地主)。富农的下降是由于水推地,再加上劳动力的死亡和敌烧。中农的上升是由于负担轻和减租,其下降则主要由于自然原因和敌人破坏。

三、人口与劳动力变化

(一) 人口

抗战以来黑峪口的人口发生了很大的变动,请看下列的统计:

表1-1 抗战以来各阶级人口变化表①

阶级	时期	户口	1~7 男	1~7 女	8~14 男	8~14 女	15~17 男	15~17 女	18~23 男	18~23 女	24~45 男	24~45 女	46~55 男	46~55 女	56~60 男	56~60 女	60以上 男	60以上 女	总计 男	总计 女	合计	占全人口的百分比	每户平均人口
地主	战前	19	14	13	7	7	6	4	4	4	17	21	8	10		3	3	5	59	67	126	11.96	6.63
地主	现在	16	4	8	8	5	1	1	3	2	6	10	3	3	3	3	3	4	28	36	64	7.92	4.00
富农	战前	5	6	8	5	4	2	4			5	6	1	2	2	2	2		23	26	44	4.70	9.80
富农	现在	9	3	2	3	5			5	4	5	6	3	3		3	3	4	22	27	49	6.06	5.44
中农	战前	20	8	7	6	5	6	7	6	8	20	17	3	4	5	4	7	7	61	59	120	11.40	6.00
中农	现在	25	11	15	14	8	2	3	7	7	20	20	5	9		3	7	3	68	68	136	16.83	5.44
贫农	战前	43	10	9	8	7	8	11	9	7	30	22	10	9	6	5	4	9	81	76	157	14.90	3.65
贫农	现在	36	5	12	13	10	4	5	8	6	18	20	8	4	1		7	10	69	74	143	17.70	3.917
雇农	战前	2		1						1	1								2	2	4	0.38	2.00
雇农	现在	4		1	1	1			1	1	2	3		2		2	1	2	4	7	11	1.36	2.75
工人	战前	9	2	1	1	1		1	1	1	4	4	5	2	1		2		18	10	28	2.66	3.11
工人	现在	9	1	1	3	1	2		2	2	4	4	4	2	2	1	2	1	17	11	28	3.48	3.11
商人	战前	63	30	14	14	14	8	10	17	16	49	44	23	14	5	11	5	13	151	129	280	26.60	4.44
商人	现在	40	17	16	16	14	3	7	7	7	30	29	7	4	4	2	4	5	88	84	172	21.28	4.30
贫民	战前	62	18	10	10	10	7	2	9	5	44	44	14	9	8	7	5	6	115	99	214	20.30	3.45
贫民	现在	59	16	17	13	13	4	2	6	6	27	35	11	12	10	6	11	8	98	99	197	24.38	3.339
其他	战前	22	13	7	5	5	1			2	16	17	1	1		3	1	3	37	38	75	7.10	3.409
其他	现在	2	1	1	1	1					1	2	1						4	4	8	0.99	4.00
总计	战前	245	101	76	56	53	40	39	46	44	186	175	65	51	24	25	29	43	547	506	1053	100.0	4.30
总计	现在	200	58	13	71	57	14	18	39	35	113	131	42	37	23	22	38	37	398	410	808	100.0	4.04

① 编者注：本表中所列数据均为原始数据，但原始数据中多有错误之处。如富农战前总计在表格中为"44"，实际应为"49"。因此，基于表格数据的分析结果也有不准确之处，如后文中"战前黑峪口共245户1053人"，实际应为"战前黑峪口共245户1054人"。为保留史料原貌，本文对此类错误均未做任何改动，请征引者在引用时对此类数据注意修正。另，原始数据中小数点保留的位数也未统一。余同。

表1-2 抗战以来各阶级劳动力变化表

阶级	时间	劳动力户口	男子劳动力				妇女劳动力		每户平均劳动力		
			全劳力	占全部男子劳力百分比	辅助劳力	占全部男子辅助劳力的百分比	妇女辅助劳力	占全部妇女辅助劳力的百分比	男子全劳力	男子辅助劳力	妇女辅助劳力
地主	战前	19	5	5.95	5	14.70	13	9.77	0.26	0.26	0.68
	现在	16	1	1.29	8	13.56	9	6.69	0.063	0.50	0.56
富农	战前	5	4	4.76	2	5.88	10	7.52	0.80	0.40	2.00
	现在	9	8	10.39	8	13.56	15	11.11	0.89	0.89	1.67
中农	战前	20	24	28.57	9	26.47	41	30.83	1.20	0.45	2.05
	现在	25	23	29.89	15	25.42	35	25.93	0.92	0.60	1.40
贫农	战前	43	43	51.20	6	17.65	40	30.08	1.00	0.14	0.93
	现在	36	31	40.26	17	28.82	41	30.37	0.86	0.47	1.14
雇农	战前	2	2	2.38			3	2.26	1.00		1.50
	现在	4	4	5.19			5	3.70	1.00		1.25
工人	战前	9					1	0.75			0.11
	现在	9	1	1.29			2	1.48	0.11		0.22
商人	战前	63	5	5.95	5	14.71	14	10.53	0.079	0.079	0.22
	现在	40	6	7.79	1	1.69	15	11.11	0.15	0.03	0.38
贫民	战前	62	1	1.19	4	11.76	7	5.26	0.02	0.07	0.11
	现在	59	3	3.90	10	16.95	11	8.15	0.05	0.17	0.19
其他	战前	22			3	8.83	4	3.01		0.14	0.18
	现在	2					2	1.48			1.00
统计	战前	245	84	100	34	100	133	100	0.34	0.14	0.54
	现在	200	77	100	59	100	135	100	0.39	0.29	0.68

注：战前男子全劳力内有长工3个（地主中1人、富农1人、中农1人），现在男子全劳力内富农中有5个雇工，中农中有1个雇工。

表1-3 抗战以来各阶级劳动力变化表（其他非农业劳动）

阶级	时间	劳动力户口	男子劳动力				女子劳动力		每户平均劳动力		
			全劳力	占全部男子劳力的百分比	辅助劳力	占全部男子辅助劳力的百分比	妇女辅助劳力	占全部妇女辅助劳力的百分比	男子全劳力	男子辅助劳力	妇女辅助劳力
地主	战前	19	5	3.4			1	1.18	0.263		
	现在	16	1	1.0							
富农	战前	5	1	0.68							
	现在	9	2	2					0.222		
中农	战前	20	7	4.76	3	23.08	1	1.18	0.35	0.15	
	现在	25	3	3	2	14.29	1	1.49	0.13	0.08	
贫农	战前	43	5	3.4	1	7.14	5	5.96	0.111		0.111
	现在	36					1	1.49			
雇农	战前	2									
	现在	4									
工人	战前	9	13	8.85	1	7.69	5	5.96	1.444		0.556
	现在	9	11	11	1	7.14	3	4.48	1.222		0.333
商人	战前	63	71	48.3	4	30.77	45	53.58	1.127	0.0635	0.714
	现在	40	41	41	5	35.77	26	38.81	1.025	0.125	0.65
贫民	战前	62	42	28.57	5	38.46	26	30.96	0.645	0.081	0.419
	现在	59	41	41	4	28.57	36	53.73	0.695	0.068	0.61
其他	战前	22	3	2.04			1	1.18	0.074		
	现在	2	1		1	7.14					
统计	战前	245	147	100.00	13	100.00	84	100.00	0.6	0.0530	0.343
	现在	200	100	100.00	14	100.00	67	100.00	0.5	0.07	0.32

本表以实际参加劳动者计。附注：一、非农业劳动除工人系做工商人外，其余各阶级亦多数为经商或摊贩。地主男子全劳动力战前及现在现有刻字的一个人，中农现在的男子全劳动力内有饭馆堂跑堂打杂的各一人。二、战前现在男女智识劳动（教员、医生、公务员）都未计算在内。

先看战前人口的分配：

战前黑峪口共 245 户 1053 人，每户平均四个半人（4.30 人），男多于女的十分之一。男子中青年（15～23 岁）占 16％，壮年（24～45 岁）占 34％，两者合计占男子总数之半，占男女人口总数的 26％。儿童（1～14 岁）占全部人口的 27％。

地主到雇农的农村性的各阶级，其人口共占 43.34％，尚不及总人口之半，而商人与贫民合计却占了总人口的 46％，说明黑峪口是商人与贫民等市镇性阶级占人口的优势的。但贫农与中农的人口也不算少，中农占 11.4％，贫农占 14.9％，两者合计占 26.3％。战前的黑峪口确当些说，是小商人、贫民、贫农、中农的黑峪口，是城乡小资产阶级与半无产阶级的黑峪口。自由职业等其他成分占人口的 7.10％，这里显示着黑峪口较有文化，同样也显示它的市镇性。地主人口在总人口是极少数（11.96％），但比富农多一倍以上（富农人口仅占 4.7％），比中农还多一点，这同样又说明黑峪口的市镇性。在农村里占有大量的土地剥削农民，自己却住在市镇里过着奢侈的生活，这不是中国地主阶级生活中的希望与现实吗？雇农和工人的人口均微乎其微，是没有或几乎没有资本主义的市镇与农村的特点。

从每户平均人口看，在地主到雇农的各阶级，是富农最多，每户平均 9.8 人；地主次之，每户平均 6.63 人；中农又次之，每户平均 6 人；贫农再次之，每户平均 3.65 人；雇农最少，每户仅 2 人。每户平均人口的差别与经济地位的差别是大体一致的。富有者家庭单位大，愈穷家庭单位愈小（低微的收入难以维持大家庭，小生产者也无须乎大家庭）。这里地主比富农每户平均人口少，一方面是因为黑峪口的地主中包括一批小地主，影响了地主人口的平均数；另一方面是因为富农有着较大的经营，需要而且可能形成一大家庭。从工人到"其他"的各阶级，是商人最多，每户 4.44 人；贫农次之，每户 3.45 人；"其他"又次之，每户 3.41 人；工人最少，每户 3.11 人。这同样显示着多个阶级经济地位的差别。

再看现在人口的状况：

现在黑峪口 200 户，每户平均 4.04 人，无论总数和每户平均数都减少了。男女合计减少了 245 人，约占战前总人口数的 23％。男的减少更多些，减少 149 人，约占战前男子总数的 27％；女的减少 96 人，约当战前女子总数 18％，现在女多于男 12 人。男子中的青壮年也大减，由战前的 272 人到现在的 166 人，减少 106 人，约占战前的 39％。目前青壮年仅占男子总数的 42％，占男女人口总数的 21％弱，不仅绝对数减少，相对数也减少了。儿童绝对数也减少了，由战前的 286 人到现在的 259 人，减少 27 人，约占战前原有的 9％；但相对数却增加了，由战前总人口中的 27％到现在总人口中的 32％。战争虽然使人口大大缩减，但是青年的减少比儿童来得更加厉害。

但由于阶级的变动，各阶级的人口并不是普遍的减少了，个别阶层还有增加，其减少程度也颇不一致。地主阶级人口大减了，由 126 人到现在 64 人，差不多减少了一半，其在总人口中的百分比也由 11.96％降至 7.92％。富农人口实数的增减，但总人口中的比例却由 4.07％升至 6.06％。中农人口增加了，由 120 人增至 136 人，约增 13％，其在总人口中的比例也由 11.4％升至 16.83％。贫农人口绝对数减少了，由 157 人到 134 人，约减少 9％；但相对数却增加了，由战前的 14.9％升至 17.7％。雇农人口增加了，由 4 人到 11 人，由总人口的 0.38％到 1.36％。工人没有增加，但在总人口中的比例略有提高。小商人大大减少，由 280 人减至 172 人，约减 30％，其在总人口中的比例也由 26.6％降至 21.25％。贫民也略有减少,由 214 人减至 197 人,约减 8％,但在总人口中的比例却提高了,由 20.3％升至 24.38％。自由职业"其他"成分无论绝对数和相对数都大大减少了。

各阶级人口的绝对数或相对数有的虽略有增加,但每户平均人口却一般的减少了。地主由每户 6.63 人减至每户 4 人,富农由每户 9.82 人减至 5.44 人,中农由每户 6 人减至 5.44 人,工人未变,小商由每户 4.44 人减至 4.3 人,贫民由每户 3.45 人减至 3.34 人,唯贫农每户平均人口略有增加,由每户 3.65 人增至 3.97 人。这是阶级变动造成的,贫农中许多户是从上面新降下来的,他们以每户较多的人口影响了贫农人口每户的平均数。雇农每户人口也略有增加,由每户 2 人增至 2.75 人,这是由于新变来 3 户雇农人口较多的缘故。"其他"成分户数太少,无什么意义。

现在依然是贫民、小商人、贫农、中农的黑峪口,他们的人口占总人口中的 80.19％。贫民、小商人的人口依然是最大的人口,他们合计占 45.66％,但同时贫农、中农的人口也增加了,两者合计已占总人口的 34.53％。贫农、中农人口百分比的增加和其他成分人口的锐减是这个小市镇农村色彩加重的明证。

关于人口变化的原因如表 1－4:

表 1－4　黑峪口抗战后人口变化原因统计表

增加						减少											
生育	娶入	移来	迁移来	买来	总计	死亡	嫁出	离婚	改嫁	移走	参军	敌杀	随旧军	逃亡	参加工作	过继出	总计
119	33	24	1	1	178	116	39	11	14	164	11	34	13	2	18	1	423
				从府谷买来									去西安一人,余皆是晋西南	逃兵役一人,贪污而逃走一人			

注:这里没有区别各阶级人口的变化原因,也没有区别性别与年龄。一方面因为户口太多,阶级变动太大,倒来倒去,很容易出错;另一方面,从总的变化中也可以看出各种原因的比重,看出战争与革命的影响,其不明确之处在说明中尽可能的补充。

从表 1－4 来看,战后人口的自然变化(生、死)和往常性的流动(如嫁、娶、过继等)无什么出入,对于人口变动的影响是十分微小的。战后黑峪口人口的剧烈缩减,主要是由于这样的原因造成的:首先是移出的人口远远超过移入的人口,计移出 164 人,而移入仅 24 人,这中间缩减了 140 人;其次,敌人杀死 34 人,这是绝对的减少,实际数目比这还大(约有五十来人),因为移出户中有些被敌人杀死的,我们没有算进来;再次是参加根据地工作和参加军队(包括参加友军的)共 29 人;再次是离婚和改嫁共 25 人;再次是随旧军去晋西南有 13 人;最后,有 2 人因违犯新政府法令而逃亡。

这里明显地可以看出,战争的影响是黑峪口人口缩减的第一个原因。除敌杀人口外,移出人口也主要是由于敌人烧杀抢掠的"恩赐"。再一个原因是革命,积极出来参加工作是革命影响的一面,随旧军逃亡又是革命影响的另一面,而离婚和改嫁数目的相当庞大,这中间也多少有着革命工作的影响。

(二) 劳动力

由于黑峪口的特殊性,关于劳动力的问题,应该分作两部分加以说明:其一是关于参加农业的劳动力,其二是关于参加商业和工业(手工业)劳动力。由此,对于黑峪口的人民实际上是更重要的。

关于劳动力的计算,是看实际参加劳动的状况,看"苦水",而不是看年龄,因为这样可以使问题更加合于实际。

在黑峪口有不少"一身而二任焉"的人,既经商又务农,这里只能看出主要方面(如果家有一个以上劳动力,则斟酌情形分填两表内)。因为一个劳动力既不能两方面统计(这会使劳动力总量加多),又不宜于平分两半(这会使全劳动总量减少和辅助劳动总量增多)。

下面分别就农业劳动力与非农业劳动力加以研究。

【后续内容可能佚失】

四、土地占有问题

从表 1-5 可以看出,战前黑峪口土地的分配是相当集中的。

地主阶级以 7.76% 的户口占有了山地的 68.42%,而从中农到"其他"(富农除外)的所有各阶层,以 90.2% 的户口却仅占有山地的 27.08%。平均一户地主的山地(即 119.18 垧)超过全部贫农阶层(43 户)占有的山地(即 112 垧);而雇农、工人则根本没有土地;贫民的土地亦少得可怜,其全部占有之山地(仅 52.67 垧)尚不及地主平均半户的占有量。

平地、水地占有的集中程度不如山地,而且在平地和水地的占有中,富农每户平均占有量较地主高。这是因为平地和水地大都在本村,而富农曾经是以经营平地和水地为自己的主要经济基础的。当然,富农对于山地的占有也并不落后,它是除地主外占有比例最高的一个阶级或阶层,其每户平均垧数(29.8 垧)要超过全黑峪口各阶级每户总平均垧数(13.51 垧)一倍以上。

中农每户平均山地 12.7 垧,较全黑峪口各阶级每户总平均垧数要低一些,这个数目是相当小的。但在平地和水地的占有上,其占有比例比山地要高一些,平均每户中农有平地 1.38 垧、水地 0.72 垧,加上山地,中农的土地大体上是够种的或相差不多(市镇上的中农往往将一部力量用在经营些小商上)。

在平地和水地的占有上,和山地同样,贫农都是微乎其微的。

小商人无论在山地、平地或水地的占有上,其每户平均量均较贫农高得多,山地达 2 倍,平地达 8 倍,水地也略多一些。我们把小商人的地位比作农村中的中农,在土地占有上也显示了它的根据(这里也表示了黑峪口小商人的半农民性)。

战前土地的分配就是仅仅拿本村范围内的地来看,也还是比较集中的,不过集中程度弱一些。

表 1-5 黑峪口抗战以来各阶级土地占有变化表

阶级	时期	户数	山地 上	山地 中	山地 下	山地 合计	山地 占总数百分比	山地 每户平均	平地 上	平地 中	平地 下	平地 合计	平地 占总数百分比	平地 每户平均	水地 上	水地 中	水地 下	水地 合计	水地 占总数百分比	水地 每户平均	荒地 山	荒地 平	总计	各阶级占土地总数百分比	每户平均占有土地	备考
地主	战前	19				2264.5	68.42	112.18				120.0	43.36	6.32				23.34	48.22	1.23	19		2853.56	60.63	150.2	
地主	现在	16				1406	49.73	87.88				53.5	28.21	3.34				4.84	35.15	0.303	23		1633.06	44.76	102.1	
富农	战前	5				149	4.50	29.8				47.0	17.00	9.40				7.0	14.50	1.40			353.00	7.50	70.6	
富农	现在	9				219	7.74	24.33				72.5	38.23	8.06				4.5	32.68	0.50			477.00	13.07	53.0	
中农	战前	20				254	7.67	12.70				27.5	9.93	1.38				14.33	29.6	0.72	63		528.47	11.23	26.4	
中农	现在	25				472	16.70	18.88				15.33	8.08	0.613				3.16	22.94	0.126	51		597.43	16.37	23.9	
贫农	战前	43				112	3.38	2.60				5.5	2.00	0.13				1.0	2.07	0.023	4		141.5	3.00	3.3	
贫农	现在	36				193	6.83	5.36				23.0	12.12	0.64							27	3	298	8.17	8.3	
雇农	战前	2																								
雇农	现在	4																								
小商	战前	63				425.5	12.86	6.75				65.3	23.59	1.04				1.5	3.07	0.024	33.5		668.4	14.20	10.6	
小商	现在	40				409	14.46	10.23				16.5	8.7	0.41				0.6	4.36	0.015	4.5		468.4	12.84	11.7	
贫民	战前	62				52.67	1.60	0.85				3	1.08	0.05							14		61.67	1.30	0.99	
贫民	现在	59				103	3.64	1.75				8.83	4.66	0.15				0.67	4.87	0.011			149.52	4.10	2.50	
工人	战前	9																								
工人	现在	9				5	0.18	0.56															5	0.14	0.56	
其他	战前	22				52	1.57	2.37				8.41	3.04	0.38				1.23	2.54	0.056	12		100.3	2.13	4.60	
其他	现在	2				20	0.72	10.0															20	0.55	10.00	
总计	战前	245				3309.67	100	13.51				276.71	100	1.13				48.4	100	0.198	131.5		4706.9	100.00	19.20	
总计	现在	200				2827	100	14.135				189.66	100	0.95				13.77	100	0.069	119.5	3	3648.41	100.00	18.20	

战前土地的集中,实际上还要超过上表显示的程度。因为黑峪口有许多土地在外村(山地有69.83％在外村),个别村子的土地甚至被黑峪口的地主占有了大部(如张家塔),那里有许多贫苦的农民因为缺少耕地而不能不就佃于上述地主们,实际上成为这些地主经济的一部分。因此,如果将这些佃户也来参与黑峪口土地的分配(他们有充分的理由),则土地的集中程度当更为惊人!

现在黑峪口共有山地 2827 垧、平地 189.66 垧、水地 13.77 垧、荒山地 119.5 垧、荒平地 3垧,比战前大大减少了。

随着土地的减少,土地分配也有了变动。

现在地主以 8％的户口仍占有山地总数的 49.73％、平地总数的 28.21％、水地总数的35.15％,每户平均尚有山地 87.88 垧、平地 3.34 垧、水地 0.303 垧。而贫农以 18％的户口仅占6.83％的山地,每户平均不过 5.36 垧。雇农仍毫无土地。工人 9 户只有山地 5 垧。贫民以29.5％的户口仅占 3.64％的山地,平均每户不超过 1.75 垧,平地、水地亦寥寥无几。这说明土地占有还是比较集中的,但较之战前,土地占有集中的程度已大大被削弱了。

地主由战前占有山地的 2264.5 垧减至现在的 1406 垧,即减少了 858.5 垧,由山地总数的68.42％降至现在的 49.738％,即已不足山地之半数了,平地、水地更大的减少了。这是土地占有集中程度大大被削弱所表现的一个方面。

另一方面,地主阶级以外的其他阶级或阶层的土地却绝对或相对的增加了。土地增加最多的是中农,由战前山地的 254 垧增至现在的 472 垧,由占山地总数的 7.67％增至 16.7％,由每户平均 12.7 垧增至 18.88 垧;平地和水地却减少了,但这并非地权转移,而【是】被黄河推掉了。贫农的土地也增加了不少,由战前山地的 112 垧增至现在的 193 垧,由山地总数中的 3.38％增至6.83％,由每户平均的 2.6 垧增至 5.36 垧;平地、水地也都有了增加。富农土地总数和占有百分比除水地外(被水推)都增加了,但由于户口的增多,其每户平均量却减少了。小商人的土地在总的绝对量上是减少了,但在山地和水地其相对数量(百分数)却增加了,山地每户平均量由 6.75垧增至 10.23 垧。贫民的土地无论山、平、水地都增加了,不过为数均不大。工人在战后也增加了 5 垧山地。

农民阶级土地的增加,不仅表现在黑峪口,也表现在买入黑峪口土地的外村,因为黑峪口地主出卖之土地大都是位于外村。

这一切都说明土地占有已经发生变化,土地的分配开始由集中趋向分散(现在如果仅就本村范围内的土地来看,则分配已经有些分散了,详见下表)。这种趋势将随着根据地政治经济的新民主主义化而更加发展。

这里附带看一下各阶级外村地与本村地的比较,外村地在各阶级占有土地中所处的地位,以及战后外村地与本村地比例的变化(附表 1-6)。

先说战前。战前黑峪口在外村共占有山地 2311.17 垧,占全部山地占有的 69.83％;平地47.55 垧,占全部平地占有的 17.18％;水地 10.5 垧,占全部水地占有【的】21.69％。这说明黑峪口有颇大量的土地在外村,特别是山地,半数以上在外村。但各个阶级或阶层的外村地在自己土地占有中的比例是不相同的。战前地主阶级 81.51％的山地在外村,34.58％的平地在外村,44.99％的水地在外村。富农也有 62.75％的山地在外村,但平地和水地则全部在本村。中农则仅有 3.64％的平地在外村(只 1 垧平地),山地和水地全部在本村。对于自给自足的中农,这一

表1-6 各阶级外村地与本村地比较表

阶级	时期	山地 本村	山地 外村	山地 合计	山地 外村地占总数百分比	平地 本村	平地 外村	平地 合计	平地 外村地占总数百分比	水地 本村	水地 外村	水地 合计	水地 外村地占总数百分比	荒地 山地 本村	荒地 山地 外村	荒地 平地 本村	荒地 平地 外村	总计 本村	总计 外村	总计 合计	总计 外村地占总数百分比
地主	战前	419	1845.5	2264.5	81.51	78.5	41.5	120.0	34.58	12.48	10.5	23.34	44.99		19			770.06	2083.5	2853.56	
地主	现在	190	1216	1406	86.48	30.5	23	53.5	24.99	1.34	3.5	4.84	72.31		23			293.56	1339.5	1633.06	
富农	战前	55.5	93.5	149	62.75	47		47	0	7		7	0					259.50	93.5	353.00	
富农	现在	119.5	99.5	219	45.43	72.5		72.5	0		4.5	4.5	100					337.00	140.0	477.00	
中农	战前	254		254	0	26.5	1	27.5	3.64	14.33		14.33	0	60	3			522.47	6.0	528.47	
中农	现在	402	70	472	14	10.33	5	15.33	32.83	3.16		3.16	0	35	16			496.43	101.0	591.43	
贫农	战前	50	62	112	55.36	5.5		5.5	0	1		1	0	1	3			76.50	65.0	141.50	
贫农	现在	113	80	193	41.45	23		23	0				0	17	10	3		208.00	90.0	298.00	
雇农	战前																				
雇农	现在																				
工人	战前	5		5	0													5.00		5.00	
工人	现在																				
小商人	战前	170	255.5	425.5	60.05	62	3.3	65.3	5.05	1.5		1.5	0	33.5				403.00	265.4	668.40	
小商人	现在	132	277	409	67.73	14.5	2	16.5	12.12	0.6		0.6	0	4.5				183.40	283.0	486.40	
贫民	战前	21	31.67	52.67	60.13	3		3	0				0					30.00	31.67	61.67	
贫民	现在	75	28	103	27.18	7.83	1	8.83	11.33	0.67		0.67	0	2				106.52	43.00	149.52	
其他	战前	29	23	52	44.23	6.66	1.75	8.41	20.81	1.25		1.23	0		12			60.05	40.25	100.30	
其他	现在	20		20	100.00										12			20.00	20.00	20.00	
总计	战前	998.5	2311.17	3309.67	69.83	229.16	47.55	276.71	17.18	37.9	10.5	48.4	21.69	94.5	37			2121.58	2585.32	4706.9	
总计	现在	1036.5	1785.5	2827	63.43	158.66	31	189.66	16.34	5.77	8	13.77	58.09	58.5	41	3		1631.91	2016.50	3648.41	

点却是很重要的。贫农的土地虽少,却有 55.36％的山地在外村,这对于贫农是很不利的(以后在土地使用上还要说到)。小商人和贫民均有一半以上的山地在外村。

战后这种情况基本上仍没有改变,全黑峪口仍有 63.34％的山地在外村。富农、贫农、贫民在外村的土地其比例减少了,而中农、小商人却增加了。但总起来看,这种比例已略有改变,战后黑峪口山地的减少主要是外村山地,本村山地反而略有增加了。

我们没有详细调查外村在黑峪口占有土地的具体数字,但根据一些租佃材料来看,外村在黑峪口占有土地是为数很小的。对于黑峪口来说,因外村人在本村占有土地而形成本村土地不足的问题是不存在的,或虽有而并无多大意义。

由于本村在外村占有了大量的土地,使土地的使用和租佃问题更趋于复杂,这在以后将会明显的看到。

现在进一步来看一下战后各阶级土地占有是如何变化的(附表1-7)。

从表1-7可以看出,战后黑峪口土地的减少,在山地是卖多于买,地权移走多于移来,在平地和水地基本原因是由于水推。

但战后全黑峪口土地减少,如表1-7所示,并不是所有各阶级的土地都减少,而是有些阶级减少,有些阶级却增加了。这里各阶级土地增加或减少的原因是不相同的,而且不仅有买卖和转移,还有阶级的升降所造成的土地增减,下面来具体看一下。

地主阶级战后土地的减少:第一个原因是由于大量的出卖,其次是地权的随人外移(这里面有不少一部分于移走前已经出卖,而其中不少平地亦于移走前被水推了,此地均列入移走项内),再次是阶级成分改变所引起的占有之转移,黄河推地也形成平地和水地减少的一个原因。战后地主虽曾有 2 户买山地 42 垧(其中 1 户系战前押的 27 垧地,已吃租多年,只是于最近再出 30 元白洋买死;1 户系卖出本村地,买进外村地倒换了一下),但并不能挽回地主阶级土地减少的形势。战后地主卖地的有 12 户(内一分出户),其中 3 户卖山地 278 垧,差不多占地主阶级全部卖山地的 80％,另外尚有平地 4 垧、水地 6 垧。这 3 户中,有 2 户是有意的出卖,主要是为了躲避负担(因此要先卖出土地以缩小目标)和抵抗减租(干脆卖掉);1 户是因为"生活"困难(吃大烟缺钱),也因为减租的影响。其余卖地均不多。有些是为抵抗减租,有些是为生活困难,有些是将资本转入商业或其他,有些是上述原因兼而有之。因阶级变化而引起的土地缩减也占一大数量。地主改变成分的 6 户(内分出户二)带走 239 垧山地(内荒地 16 垧)、14 垧平地、4.5 垧水地。而新转来 1 户地主带来土地却仅有山地 32 垧、水地 3.5 垧。战后地主阶级的土地是确实有些分散了。

再看富农。战后富农无论山地、平地都增加了(水地减少),但这种增加丝毫不牵连到买卖,也不涉及外出或移入,这里完全是由于阶级变化和河水推地造成的。战后由其他阶级中转来的 7 户富农共带来山地 136 垧、平地 59.5 垧、水地 4.5 垧,而由富农下降的 2 户则仅带走山地 66 垧、平地 12 垧。在阶级变化的土地转移中,富农是入多于出的,但战后黄河曾推掉富农平地 22 垧、水地 7 垧,使富农平地的增加受到限制,而且水地还减少了。战后富农并没有发生土地买卖关系,4 户富农因水灾和敌人的破坏而下降了,已经没有力量买地,但又没有出卖土地,其原因:1 户降为贫农的土地(全系平地和水地)战后被水推尽了,无所谓买卖了;1 户水推地和敌人破坏后降为中农,尚能自给自足,无需买地;1 户水推地和男丁逃亡后降为贫农,现在还在硬撑着。2 户

表1-7 黑峪口村抗战以来各级阶级土地占有变化原因统计表

	增加														减少													
	买入土地			移来土地			分户地	开荒	阶级变化转来			合计			卖出土地			移走土地			水折		阶级变化转走			合计		
	山	平	水	山	平	水			山	平	水	山	平	水	山	平	水	山	平	水	平	水	山	平	水	山	平	水
地主	42								32		3.5	74		3.5	350	18.5	6	339.5	19.5	4.5	14.5	7	239	14	4.5	928.5	66.5	22
富农									136	59.5	4.5	136	59.5	4.5							22	7	66	12		66	34	7
中农	98	2		15					253.5	10.83	0.33	366.5	12.83	0.33	38.5			53.5			15	11.5	68.5	10		160.5	25	11.5
贫农	71				6		40	1	89	16.5		201	22.5								2	1	96			96	2	1
雇农																												
商人	144	15.5	3.5	35	2	0.6	5		97	5		281	22.5	4.1	158.5	4.3					14.5	1	168	53	3.5	326.5	71.8	4.5
贫民	24.5	1					5	1.5	89	5.83	0.67	120	6.83	0.67	9.67								46	1		55.67	1	
工人	5											5																
其他		5						1	20			21	5		32	0.75	0.23				5		33	7.66	1	65	13.41	1.23
统计	384.5	23.5	3.5	50	8	0.6	50	3.5	716.5	97.66	9	1204.5	129.16	13.1	588.67	23.55	6.23	393	19.5	4.5	73	27.5	716.5	97.66	9	1698.17	213.71	47.23
备考																												

未改变成分的虽皆下降,却并未落到非卖地不可的地步。新变来的富农,其土地买卖又都是在改变成分以前进行的,自改变成分以来尚无买卖土地者。

其次看中农。战后中农的山地大大增加了,同时平地和水地却大大减少了。这种变化,首先是因为阶级成分的改变而形成的。战后从各个阶级或阶层转到中农来的 15 户(贫农 5 户、地主 3 户、富农 1 户、贫民 1 户、小商人 4 户、其他 1 户)共带来山地 253.5 垧、平地 10.83 垧、水地 0.33 垧,而由中农改变成分的 9 户却仅带走山地 68.5 垧、平地 10 垧。在阶级变化中和富农同样,中农的土地也是入多于出的。战后中农土地增加的第二个原因是买多于卖。战后中农买地的共 7 户,共买进山地 98 垧、平地 2 垧;其中 2 户是在受到减租的实惠加上勤俭的积蓄而买地的,3 户是负担轻、"有苦"和勤俭,1 户是旧根底和负担轻加以未遭敌破坏,1 户仅买山地 2 垧,瞅便宜(人家开的荒地)。应该说明的是这 7 户有 2 户买地后上升了,带走山地 32 垧、平地 2 垧。另 1 户下降,带走 2 垧。因此,中农买的地并未全部增加到现在中农占有的土地中。战后中农卖地的共 3 户,共卖山地 38.5 垧,其中 2 户系因劳动力弱、生活困难而出卖的,1 户系为缩小"目标"(老早以前是地主,系分出户,四大号召①时被动员过一对手镯,自己常喊村合理负担分的重),同时自己的地种不了(一贯出租),够吃,现在吃租又不如以前了,因此卖地。战后中农土地变动的第三个原因是外出户和移来户土地的转移,计战后外出中农 2 户移走(地权移走)土地 53.5 垧(内包括 1 户中农于战后被移居外村的家属分走土地 8.5 垧),外来中农 1 户移来土地 15 垧。这里是移出多于移入的。战后中农土地变动的第四个原因是黄河推地,共推掉平地 15 垧、水地 11.5 垧,这对于中农是一个重大的打击(许多人家因此降了级)。阶级变化中赢取少许平地和水地不能改变战后中农平地和水地大减的局面。

再次看贫农。战后贫农的土地也有不少的增加,是中农外土地增加最多的一个阶层。贫农土地的增加是从几方面来的。首先是买,战后贫农买地的有 6 户,共买入山地 71 垧。其中,1 户是因勤俭和地贱(事变后土地价格大跌,山地平均每垧不过白洋 2.3 元,这对于贫农、中农以至于小商人都是千载难逢的机会,是他们能买地的一个很重要的条件);1 户系发了一批横财和得到减租的好处;1 户系倒生意和勤俭积了钱;1 户系种户地(只完粮不出租),去年政府免征了田赋,前年又系 1 元白洋仅缴纳 1 元农钞,因而有了积蓄;1 户是减租得利;1 户是未遭敌人破坏,一直无什么负担(仅去年出公粮五升四)。和中农同样,贫农战后买的地也并未全部留在贫农阶层内,其中 3 户已经上升为中农,而带走山地 57 垧,占贫农全部买进土地 80% 以上。战后贫农土地增加的第二个原因是分户地 40 垧(皆山地),分得户地共 4 户,其中 3 户各入 5 垧,1 户将 25 垧(系任姓一个支的户地)带田赋一并接收过来(现在已升为中农了)。战后贫农土地变动的第三个原因是阶级变化。这里山地的出入相差无几(入不敷出 7 垧),但平地却由于阶级变化而实增 16.5 垧(这里主要是由 1 户下降富农带来的共 12 垧,1 户下降中农带来的 2 垧,1 户由其职业带来 1.5 垧,1 户贫农带来 1 垧),加上外来户带来的 6 垧,使贫农现在占有平地大大增加了(纵使水推平地 2 垧)。战前水地 1 垧被黄河推了。

雇农战前战后均无土地。原因是无论战前战后雇农都是最底的一层,买不起地。工人增加山地 5 垧,系买进的,是因为战后种地靠的住,因此就往农民队伍里插一足(在租佃方向还可进一

---

①　编者注:即献金、献粮、参军和做军鞋。

步看到)。

再次看小商人。战后小商人总的土地(无论山、水、平)减少了(但由于户口的大减和黑峪口总土地的减少,其占有山地相对比例都提高了),减少的数目虽不大,但其增减的变化是不小的。首先,小商人在战后有颇大数量的一批买卖,其买入土地总数超过任何阶级或阶层,其卖出土地总数也仅次于地主而居于第二位。在买入方面,计战后买地的15户,买入山地144垧、平地15.5垧、水地3.5垧。在买地的15户中,除个别系特种情形(如卖了铺房买地,有旧"根底")外,一般都是经商有了积蓄;但战争与金融不稳又使商业的基础并不巩固,连年粮价的上涨迫使他们将盈余置买一部分土地(而不是扩大营商范围),商人迫不得已的半农民化了。不仅如此,在买地的15户商人中,且有1户变为经营地主、3户变为富农、1户变为中农了(因此虽买地不少,但真正留在小商人土地占有中的并不多)。在卖出方面,计战后小商人卖地的有7户,共出卖山地158.5垧、平地4.3垧。其中3户系因生活困难(或死人、死牲畜,或吸大烟,或为娶老婆),2户系因减租(地在外村)和经营需要,1户系不会务地和经商需要本钱,1户系因地在外村且不好。该6户商人中,有3户于卖地后变成贫民了。战后小商人土地占有变化的第二方面是阶级的改变。战后其他阶级转为小商人的共6户,计带来山地97垧、平地5垧。从小商人转走的共18户(内分出户2户),共带走山地168垧、平地53垧、水地3.5垧。在阶级变动中,商人缩减了一大批土地,特别是平地和水地。这些土地大部分是流入富农去了,其次是中农和地主,少部分流入贫农里去了。战后移来商人4户带来了一些土地,还有1户分了5垧户地,但这也未能弥补其他方面造成的土地缩减。另外,小商人也被黄河推掉了不少平地。

再次看贫民。战后贫民土地无论山、平、水都有增加,这种增加是由于买多于卖、阶级变化中的带来多于带走形成的,另外贫民也分了35垧户地。

最后,"其他"成分的土地减少了。这首先是由于卖地(共3户因吃烟或赌博而生活困难),其次是水推地,在阶级变化而引起的土地转移中也被转掉一部分。战后虽也买进5垧平地,但仍无补于土地的减少。

在地权变动中,有一个值得注意的现象,即卖出土地首先卖的是外村的土地,特别是地主,其出卖土地的60%以上是在外村中的土地。另一方面,在买入土地中则几乎全是位置在本村以内的,即位在外村,也大都系中庄、桑蛾或唐家吉的。这些村子是与黑峪口毗连的,许多土地是能够住在黑峪口去经管的。战争使人们活动的触角大加收缩了,一些黑峪口的"附属"村子有日渐脱离黑峪口而自给自足的趋势。

根据我们的分析,土地的分散今后还仍继续发展。在现有的16户地主中,据我们的分析,只有4户,其经济是比较稳固的(皆自己经管,无什么嗜好),其余在减租减息、负担重和自己浪费或无人经管的条件下还仍继续卖地。首先是外村地,据说有一家已经在酝酿着出卖外村一批(百来垧)土地了,无疑的这会使土地占有愈趋于分散。

五、土地使用问题

表 1-8　战前各阶级土地使用统计表

使用土地 阶级	全部使用土地	％	每户平均使用土地	
地主	242.56	12.18	12.77	一、使用土地皆系折合后垧数（平地一垧梁地三垧，水地一垧梁地九垧），荒地与梁地同。 二、每户平均使用土地系以各阶级总户数平均，而非以使用土地户数平均。
富农	190.50	9.56	38.10	
中农	649.97	32.63	32.50	
贫农	529.50	26.59	12.31	
工人				
雇农				
商人	295.40	14.83	4.69	
贫民	57.50	2.89	0.69	
其它	26.22	1.32	1.19	
合计	1991.65	100.00	8.13	

说明：上表全部使用土地包括自种土地（自有自种土地）、租进和伙进土地；另有少许典进使用土地（典进而又租出和伙出者列入租伙土地内），有一宗押地（共 20 垧梁地，其押入而又租出者未计入）、两宗临时代管地（皆系侄子年幼，叔伯代管，为数甚微）。

从表 1-8 可以看出，在战前，黑峪口总计使用折合土地 1991.65 垧。中农和贫农是土地使用的主力军，中农使用土地占全村使用土地总数的 32.63％，占第一位，其次是贫农，使用土地百分比为 26.59％，两者合计占 59.22％，即居一半以上。除中农和贫农，小商人使用土地也不少，占全村使用土地总数的 14.83％，这里充分显示了黑峪口商人的农民性。地主使用土地占 12.18％、富农占 9.56％，地主使用了比富农更多的土地，这是因为黑峪口富农经济不发达（富农仅 5 户），富农还带有浓厚的封建性（出租不少土地）。而地主则有些也经营不少土地（雇人经营），在这样的市镇中，经营地主比富农的出现似乎更为容易些。贫民和"其它"（自由职业者等）使用着很少的土地，他们差不多不依靠土地生活。工人和雇农均未使用土地，两者都靠出卖劳动力过活。

但使用土地最多的阶级，其经营规模不一定大，每户平均使用土地数量才真正体现着经营规模的广狭。根据同表可以看出，在战前经营规模最大的是富农，每户平均 38.1 垧，这个数字是相当小的，与富农的地位是不大相称的，但作为市镇中的具有地主性和商人性的富农，这又是不足为怪的。其次，少具规模的是中农，每户平均 32.5 垧，这个数目虽不大，但同样要估计到市镇中的中农常常"倒生意"的特点。再次是地主，每户平均 12.77 垧，地主的多数是不经营土地的（19户中 10 户不经营），这主要是一部分经营地主所使用的，其实际经营规模要比这一数字大，如以经营土地的 9 户平均，则每户当为 26.95 垧。贫农每户平均数量仅 12.31 垧，数字小得可怜，这同样是市镇贫农异于农村贫农的特点。市镇中人多地少，地不够种，市镇中的贫农宁愿少种些地，将劳动力定其一部，以便待机做"有利"一点的出卖，而不愿将"身子"死死地束缚在土地上，经常度着半饥馑的生活。

至于商人、贫民及"其他",都是捎种一些地。所谓"山蔓菁"(即马铃薯)、瓜豆之类,主要为吃菜,免得受农民的"制",在农业生产上的意义是不大的,特别贫民及"其他",每户平均仅垧把而已。战前全黑峪口每户平均使用土地不超过8.13垧,市镇的特点在土地使用上充分的显露着土地使用上严重表现着的分散状态,甚至连富农也不能免掉的。

表1-9 现在土地使用状况及其与战前比较

阶级 \ 使用土地及变化	全部使用土地	%	每户均使用土地	各阶级全部使用与战前比较(%)(战前＝100)	各阶级每户使用与战前比较(%)(战前＝100)
地主	106.50	5.52	6.66	43.91	52.16
富农	388.00	20.09	43.11	203.67	113.31
中农	564.43	29.23	22.58	86.90	69.47
贫农	459.06	23.77	12.75	86.70	103.57
雇农					
工人	10.00	0.52	1.11		
商人	309.37	16.02	7.13	104.73	164.82
贫民	93.55	4.85	1.59	162.70	230.4
其它					
总计	1930.91	100	9.65	96.95	118.7

富农使用土地增长最大,这与战后富农户数增加是联系着的。贫民使用土地等于战前的162.7%,即增长二分之一强,但贫民是不依靠土地生活的一个阶层,由于战争毕竟和土地较为接近了。商人略有增加,这与由工商业到农业的规律是一致的。但作为使用土地主力军的中农和贫农的使用土地却下降了,中农减少八分之一强,贫农减少八分之一强,贫农使用土地的减少是于[与]户口数减少联系着的,而中农却由于经营规模缩小。地主也减少了,仅及战前43.91%,即一半以上,户口的减少和经营规模的缩小都有影响。

就全黑峪口看,土地使用等于战前的96.95%,减少3%强,这里平地和水地之黄河推掉有很大影响。战后土地的使用总的看是上升的而不是下降的,这表现在荒地的减少(由战前的131.5垧到现在的119.5垧),表现在新开荒地的增加。现开荒成风气,因新开荒地不出公粮、不征租,因粮食贵,大家都想种地而土地又不够种,和农民谈话中可以听到。

战后各阶级经营规模较大的依然是富农。

中农每户平均使用量仅及战前69.47%,缩小三分之一弱,每户平均缩小9.92垧,这是由于新中农的影响。现有25户中农,其中16户都是新中农。这里有4户是商人转来的,他们使用土地达不到战前中农水平是很自然的,因为短时期的转变无论从劳动力的强度或经验上都赶不上中农,何况他们对于商业的兴趣比中农总要强烈一些。有5户是贫农转来的,他们一般是赶不上老中农的水准。由地主转来的3户,他们都是不大会"受苦"的,一般仍出租不少土地。过去有2

户经营规模较大的中农已经升为富农。

地主每户使用量缩小近一半,这因规模较大的经营地主有的分家(其中分户有二变了成分),有的移走,有的因敌人杀伤劳动力及黄河推地而大大缩小经营范围,而新经营的几户地主经营范围还非常狭小的关系。

战后,从富农来说似乎稍微改善一点,但从使用土地主力军的中农来说,土地使用是更加分散了。

表 1-10　战前战后平均每劳动力究竟使用了多少土地

时间 阶级 项目	战前			现在		
	使用土地	劳动力	劳动力平均使用地	使用土地	劳动力	劳动力平均使用土地
地主	242.56	7.5	32.34	106.5	5	21.3
富农	190.5	5	38.1	388	10.5	36.95
中农	649.97	28.5	22.81	564.43	28.5	19.80
贫农	529.5	46	11.51	459.06	39.5	11.62
雇农						
工人						
商人	295.4	12	24.62	309.37	14	22.1
贫民	57.5	4.0	14.38	93.55	7	13.36
其他	26.22	1.5	17.95			
总计	1991.65	104.5	19.06			

表 1-10 表明,无论战前战后,富农都是最好地使用了自己劳动力于土地上的一个阶级,他们每个劳动力平均使用的土地远远超过任何其他阶级每个劳动力的平均使用量。这里富农常常雇用些短工(没统计在内),固然有些影响,但富农生产能够更好地发挥劳动力的功能(从土地使用面积比较广和集中,从役畜力量的配合比较好等方面可以找到它的原因)是无庸置疑的。中农无论战前或战后,每个劳动力平均使用土地均不足 25 垧,这里与市镇中农的商人性有很重要的关系。作为使用土地主力军之一的贫农,无论战前战后,每个劳动力平均使用土地均未超过 12 垧,贫农剩余了大量的劳动力。这些劳动力之所以没有用来更多的租种土地,像前面提到的,市镇中的贫农宁愿少租些地,将剩余劳动力"待机"做较"有利"的出卖(地里揽短工、倒生意、河上或街上受苦等),这是一方面;另一方面也因为作为市镇的黑峪口,其本村范围内的表现是地少人多(特别是在战后)。商人每个劳动力平均使用土地较中农略高,因为我们是按商人务地的实际情况来计算商人的农业劳动力(半个或一个)。贫民每个参加农业的劳动力,其平均数量较贫农略有超过,但仍不足 15 垧。贫农使用土地通常是极微小的,每家捎种三五垧甚至垧把,其劳动力在土地上是不能发挥【作用】的。

就全村看,无论战前或战后,每个劳动力平均使用土地均不足 20 垧,劳动力无疑地是有剩余。但剩余的劳动力一般是流入商业,显不出土地不足的矛盾。战后各阶级每个劳动力平均使用土地均减少了(贫农则微微增加),这与战争的情况是联系着的(战争需要战争勤务,战争需要空室)。

另外,战争减少了一批农业上的熟练劳动,它虽然同时也产生了一批新的农业劳动者(农业劳动者的改业和不劳而食的人新加入),但这些新劳动者是不熟练的劳动者,他们的劳动强度是比较差的,这就降低了总的水平。在商业被破坏的今天,即令每个劳动力依然使用和战前同样多的土地,也会产生土地不足的问题,况且平地和水地之意外减少(黄河推掉),而新的农业劳动者又随着战争更多的出现。因此,农业中劳动力过剩的问题是分外地尖锐了。佃户们之怕出租夺地,租种地之转为伙种,在这里有它的基础。

剩余劳动力拼命往土地里挤,他们收回出租地,买进土地来经营,而且更多地将劳动力抛在小块的土地上。这从战后使用山地的增加和自种地的变化中可以看出。山地的增加表示战争使黑峪口的人们重视了农业。战后黑峪口山地使用增加如表1-11:

表1-11 战后黑峪口山地使用增加表

	地主	富农	中农	贫农	雇农	工人	商人	贫民	其他	总计
战前	70	40.5	422	426			171.5	20	6	1156
现在	54	194.5	478	352.5		10	245.5	62.5		1397
比较(战前=100)	77.14	480.25	113.27	82.75			143.15	312.5		120.85

贫农山地使用减少了六分之一强,贫农被占有山地的人们从山地里挤下来了(人家收地自种),因此有些贫农移走了,有些则设法开一些生荒。地主山地使用的减少,则是与其整个经济规模的缩小一致。

表1-12 战前各阶级自种土地统计

阶级\自种土地	总户数	自种户数	自种户占总户百分比	全部使用土地	自种土地	自种土地占使用土地百分比	每户平均自种土地	备注
地主	19	9	47.4	242.56	239.56	98.8	12.61	一、土地垧数均系折合后垧数。二、每户平均自种土地系与总户数平均。
富农	5	5	100	190.50	190.50	100	38.1	
中农	20	19	95	649.97	389.97	59.4	19.5	
贫农	43	11	25.6	529.50	69.50	13.1	1.62	
雇农	2							
工人	9							
商人	63	20	3.18	295.40	189.40	64.1	3.01	
贫民	62	8	12	57.5	17.00	29.6	0.27	
其他	22	3	13.6	26.22	16.22	61.9	0.74	
总计	245	77	31.4	1991.65	1112.15	558.4	4.54	

如果说自种土地能够刺激小生产者的生产积极性,在这个小生产者占优势的条件下,自种土地的比例能够在某种意义上说明生产力的高下,说明土地使用的深入(是指土地使用的质的一方面)程度,那么无疑战前自种土地的统计是说明着战前黑峪口在土地使用之质的方面是不深入的。如果再联系那时商业的繁荣,人们不重视农业,这一点更肯定。

六、租佃关系问题

（一）租出与伙出

租佃关系表现于两方面，一方面要【看】租出与伙出，另一方面是租进与伙进。这里首先来看一下租出与伙出，看一下各阶级租出伙出状况及其他战后的变化。

表 1－13 战前战后各阶级租出伙出统计表

项目	时间	阶级	地主	富农	中农	贫农	雇农	工人	商人	贫民	其他	总计
总户数	战前		19	5	20	43	2	9	63	62	22	245
总户数	现在		16	9	25	36	4	9	40	59	2	200
租出伙出户数	战前	户数	19	3	4	4			13	5	6	54
租出伙出户数	战前	占总户数百分比	100.0	60.0	20.0	9.3			20.6	8.06	27.0	(22.0)
租出伙出户数	现在	户数	16	5	5	4			11	10	1	52
租出伙出户数	现在	占总户数百分比	100.0	55.6	20.0	11.0			27.5	17.0	50.0	(26.0)
租出伙出土地	战前	租出伙出土地	2502.0	132.5	75.5	68.0			430.5	55.2	56.5	3320.2
租出伙出土地	战前	%	75.35	3.97	2.27	2.05			12.98	1.66	1.70	100.00
租出伙出土地	战前	租出伙出占有百分比	87.67	37.62	14.29	48.05			64.41	89.46	56.34	(70.54)
租出伙出土地	战前	每户平均租出伙出	131.7	26.5	3.78	1.58			6.84	0.89	2.56	13.55
租出伙出土地	现在	租出伙出土地	1543.6	179.0	131.0	69.0			221.0	78.5	20.0	2242.1
租出伙出土地	现在	%	68.85	7.99	5.85	3.07			9.87	30.41	0.89	100.00
租出伙出土地	现在	租出伙出占有百分比	94.52	37.53	21.93	23.15			47.18	52.5	100.0	(61.45)
租出伙出土地	现在	每户平均租出伙出	96.47	19.87	5.24	1.92			5.53	1.33	10.00	11.21

注：我们没有把社地与户地计算在内，关于这方面的问题将在以后专门讨论。

从表 1－13 看来，在战前各个阶级租出与伙出的情形如下：以户数说，地主出租（包括出伙不同）户占其总户数 100％，即是说每个地主都是靠吃租子过活的；富农达 60％，即是说有半数以上的户数进行地租剥削；中农有 20％，那是说有五分之一的中农还出租一些地；贫农有 9.3％，那是说贫农出租者有十分之一；商人 20.6％，即五分之一稍强；贫民 8.6％，即不足十分之一；"其他"27％，即四分之一还强。以出租土地说，地主出租土地为其占有土地的 87.67％，地主几乎完全依靠地租剥削。富农出租土地为其占有土地的 37.62％，富农也进行了三分之一以上的封建剥削。中农为14.29%,中农之出租这些土地是与他们有些土地远在外村无法使用联系着的。他们虽然出租了一些土地,但同时他们都也租进(包括伙进)了一些土地,在以后还可以看到。贫农租出土地为其占有土地的48.05%,不能由此说贫农占有土地太多,或进行了很大的封建剥削;相反的,它只是说明贫农占有的土地少而且坏(地在外村不能不以低的租率租出,本村无地又不能不以高的租率租进),这又是土地占有中的交织状态所造成的特殊现象。商人租出为其占有地的64.41%,商人一方面从商业中取利,一方面又占有土地进行封建剥削(当然里面也有不少土地在外村无法使用)。贫民租出地为其占有地的89.46%,他们占有的微小土地(仅61.67垧)也无法自己经营(地在外村或自己无劳力)。"其他"租出为其占有地的56.34%,他们的土地虽少(100.3垧),但地主要靠出租。

仅仅从租出与占有的比例中还不能完善的说明租出的真象,还须要看各阶级租出土地在全村租出土地中的地位。从各阶级租出伙出土地的百分比上看,无疑的,地主阶级是最大的进行封建的土地剥削者,他们出租土地达到全村出租土地总数的75.35%,即快到十分之八了;其次是商人,他们出租数目占12.98%;其次是富农,占3.97%;再次是中农,占2.27%;再次是贫农,占2.05%;"其他"占1.7%;贫民仅占1.66%。如从每户平均出租数目上看,依然是地主最多,达131.7垧,富农居商人以上,每户平均26.5垧,商人6.84垧,中农3.78垧,"其他"居贫农以上,每户平均2.56垧,贫农1.58垧,贫民0.89垧。这里说明地主是最基本的出租土地的阶级,其次是商人和富农,也出租了不少的土地。

战后各阶级租出伙出的情况怎样呢?从户数上看,地主依然是百分之百的出租者,富农出租数依然在半数以上(55.6%),中农、贫农无大变化,商人、贫民、"其他"的出租户数在比例上提高了。从绝对数看,全村出租户略有减少,由战前的54户减为现在的52户。从出租土地与占有土地的对比看,地主的出租土地提高了(由战前的87.67%到现在的94.52%),这与战后地主经营规模的缩小是联系着的;富农无甚变动,依然是三分之一的封建剥削;中农提高了(由战前的14.29%到现在的21.93%),这是因为由地主中降来了一部分新中农,他们仍旧出租不少土地;贫农、商人、贫民出租比例均缩减了,这与他们自种土地比例的增高来自一个原因;"其他"20垧地在外村,因此全部出租了。总的来看,战后出租比例是略有减少,这在自种土地比例的增加上已经讲到了。

如果从各阶级出租土地占全村出租土地总数的比例上看,地主、商人、"其他"均略有降低,而别的阶级则略为提高。地主比例的降低是因为地主占有土地在战后大大的缩减(其出租比例相应的也要缩减了),而商人则系由于收回土地自种的影响,"其他"出租比例的降低是因为战后户数(和土地)的锐减。富农的增加【是】由于富农总户数的增加和老富农自种范围的缩小,中农的增加则是由于户数的增加和阶级变动的影响,贫农也由于阶级变动(上面降来的新贫农出租较多的土地),贫民的增加纯粹是相对的(受总的出租土地减少的影响)。从每户平均出租数量上看,只有中农、贫农、贫民略有增加("其他"的特增是很特殊的,因为户数太多了),地主、富农、商人则减少了。总的来看,每户平均出租数量也减少了。战后出租地变化的方向一般是向减少的路上走的。

如果就租出和伙出的内部来看,在战后,两者之间的比例也起了变化。我们只看一下伙出及其在租出伙出总数中的比例起伏的变化就可以说明这个问题。

表 1-14　抗战以来各阶级土地伙出变化表

项目＼阶级＼时间			地主	富农	中农	雇农	工人	商人	贫民	贫农	其他	总计
总户数	战前		19	5	20	2	9	63	62	43	22	245
	现在		16	9	25	4	9	40	59	36	2	200
伙出户数	战前	户数	4	1				3	1		1	10
		占总户数百分比	21.05	20.00				4.77	1.61		4.55	4.44
	现在	户数	8	3	1			3	4	1		20
		占总户数百分比	50.00	33.33	4.00			7.50	6.78	2.78		10.00
伙出土地	战前	垧数	48	24				49	4.5		4.5	130
		％	36.92	18.45				37.69	3.46		3.46	100.00
		伙出土地占租伙总数百分比	1.98	18.11				11.38	8.16		7.97	3.91
		每户平均	2.53	4.80				0.98	0.07		0.20	0.53
	现在	垧数	170.56	51.50	12			30	28.5	37		329.56
		％	51.77	15.62	3.64			9.10	8.64	11.23		100.00
		伙出土地占租伙总数百分比	11.05	28.87	9.16			13.58	36.31	53.62		14.70
		每户平均	10.66	5.70	0.48			0.75	0.48	1.03		1.65

从表 1-14 看来，在战前伙出土地是不多的。就户数看，全村仅有 4.44％ 的户数伙出土地，即尚不及二十分之一，这里主要是地主和商人，他们合计占有 74.61％，即占有四分之三稍弱，富农、贫民和"其他"占了一小部。在战前，中农、贫农没有伙出土地的。伙出土地就全村看，仅占全部租出伙出土地 3.91％，即仅占百分之四弱，说明伙种的形式是很不发展的。就各个阶级看，则以富农伙种比例较大，占其租出（包括伙出）土地总数的 18.11％，商人次之，占其租出土地总数的 11.38％，贫民为 8.16％，"其他"为 7.97％，地主仅占 1.98％。

战后伙种发展了。首先在户数上增加了，全村由战前的 10 户增至现在的 20 户，由总户数的 4.44％ 增至 10％。参加伙出的阶级也比较普遍了，中农、贫农都有了伙出户。就伙出土地看，也大大增加了，由战前的 130 垧增至现在的 329.56 垧。其中，地主仍是伙出土地最多的一个阶级，其伙出土地占伙出总数一半以上，其次是富农，再次是贫农，商人和贫民、中农最少。若就伙出土地占各阶级租出伙出土地的比例看，则贫农的比例最高，达一半以上，其次是贫民，达 36％。贫农、贫民这两个贫苦的阶层里没有多余的土地出租的，在不得已而出租时，为了解决贫穷，不能不格外的注意出租的更加有利些，他们就采取了伙出的方式。其次，富农伙出比例也较高，差不多达其租出伙出总数的十分之三，这与富农的土地比较好是有关系的。各个阶级伙出土地在租出（包括伙出）土地中的比例一般的提高了，租佃形式一天天向伙种发展了。

如果进一步分别用不同种类的土地来研究，则伙种发展趋势更是明显的。

表 1-15　抗战以来各阶级伙出土地变化比较表

项别／阶级			地主	富农	中农	贫农	雇农	工人	商人	贫民	其他	总计
战前	山地	租出伙出总数	2104.5	108.5	68	62			328.5	50.67	47	2769.17
		伙出垧数	3	0	0	0			25	0	0	28
		伙出占租出伙出总数百分比	0.10	0	0	0			7.60	0	0	1.0
	平地	租出伙出总数	83	8	1	2			34		3.17	131.17
		伙出垧数	15	8	0	0			8		1.5	32.5
		伙出占租出伙出总数百分比	18.1	100.0	0	0			23.50		47.3	24.80
	水地	租出伙出总数	16.5		0.5					0.5		17.50
		伙出垧数	0		0					0.5		0.50
		伙出占租出伙出总数百分比	0		0					100		2.9
现在	山地	租出伙出总数	1356	114.5	92	60			215	57.5	20	1915
		伙出垧数	28	20	0	31			30	15	0	124
		伙出占租出伙出总数百分比	2.06	17.50	0	51.7			14.0	26.1	0	6.50
	平地	租出伙出总数	36	17	4	3			2	5.5		67.5
		伙出垧数	21	6	4	2			0	3		36
		伙出占租出伙出总数百分比	58.3	35.30	100	66.7			0	54.5		53.3
	水地	租出伙出总数	8.84	1.5	3					0.5		13.84
		伙出垧数	8.84	1.5	0					0.5		10.84
		伙出占租出伙出总数百分比	100.0	100	0					100		78.4
备注			1. 贫农现在租出伙出平地中只有 1 垧出租,但这是租给教导队的,是现交租,租子比伙种更高。2. 中农租出水地 3 垧皆租给机关,一为现钱租,一为粮租,租子特别大。									

从表 1-15 看来,在战前,伙出地主要是平地,其垧数比山地还多,山地伙出比例很少,仅占租出伙出山地总数的 1%。即在平地仍以出租为主,伙出比例仅占 24.8%,即不过四分之一。水地绝大多数是出租,其伙出者仅占 2.9%。

现在,无论山、平、水地,其伙出比例均大大提高了。山地由战前租出伙出总数的 1.0%增为现在租出伙出总数的 6.5%;平地由战前的 24.8%增为现在的 53.3%,即已超过租出伙出总数之半了;水地由战前的 2.9%增为现在的 78.4%,即快到十分之八。平地、水地是普遍的多数转为伙种了(其极少数未转入伙种者是因为在更高的租率和现租条件下租给机关了)。山地伙种比例虽然直到今天还很低,但从发展上看却是惊人的,除地主阶级因为山地绝大多数在外村无法较多的转为伙种外,富农、贫农、商人、贫民都将自己出租土地不少一部分转入伙种,特别是贫农和贫民。

伙种在目前确已大大发展了,这种发展的原因与战后黑峪口感到土地不足(来自两方面,一方面是种地的人多了,另一方面是因水推地而地减少)密切的联系着,另一方面减租政策的执行也多少有些影响。

(二) 租进与伙进

有租出伙出,自然有租进伙进,这里进一步来看一下黑峪口的租进与伙进。

表 1－16　战前战后各阶级租进伙进统计表

项目	时间		地主	富农	中农	贫农	雇农	工人	商人	贫民	其他	总计
总户数	战前		19	5	20	43	2	9	63	62	22	245
	现在		16	9	25	36	4	9	40	59	2	200
租进伙进户数	战前	户数	1		7	30			7	4	1	50
		占总户数百分比	5.26		35.0	70.0			11.0	6.40	4.5	20.40
	现在	户数	1	3	10	21		1	10	6		52
		占总户数百分比	6.21	33.3	40.0	58.3		11.11	25.0	10.2		26.00
租进伙进土地	战前	租进伙进土地	3.00		240.0	460.00			86.50	34.50	1.00	825.00
		%	0.36		29.09	55.76			10.48	4.18	0.12	100.00
		租进伙进占有百分比	0.10		45.40	325.10			12.90	55.90	0.90	17.50
		每户平均租进伙进	0.19		12.0	10.70			1.37	0.56	0.05	3.37
	现在	租进伙进土地	4.00	51.00	152.00	270.56		5.00	79.77	29.03		591.36
		%	0.68	8.62	25.70	45.75		0.85	13.49	4.91		100.00
		租进伙进占有百分比	0.24	11.40	25.4	90.80		100	17.00	19.40		16.20
		每户平均租进伙进	0.25	5.67	6.08	7.52		0.56	1.99	0.49		2.96

战前黑峪口的租进与伙进从户数上看,贫农基本上是依靠租地(包括伙地,下同)过活的一个阶层,他们有70%要受到地租剥削(但他们的出租户数则仅占9.3%);其次是中农,他们有35%的户数要租入土地(他们的租出户则只有20%);再次是商人,他们有11%的户数要租进土地(他们同时却有20.6%的户数出租土地);地主也有1户租进土地,这是1户经营地主,其土地大都在外村,本村地不够种,因此稍租一点(但同时他们又是百分百的出租土地者);"其他"有4.5%的户数租地(同时有27%的户数出租土地);富农、雇农、工人在战前不租进土地。可以说,在战前,贫农的大多数是受地租剥削的,中农少部分受剥削,贫民不受地租剥削(有小部人家是剥削别人),商人是进行地租剥削的户数多过于被剥削者,"其他"也如此,富农不受地租剥削,还有半数人家剥削别人,地主完全是进行地租剥削的。

从租进伙进土地上看,贫农和中农是租进土地最多的两大阶层,贫农占全村租进总数的56％,中农占29％,两者合计占85％;其次,商人较多,占10.5％,贫民占4.2％,其余均为量甚微。从租地占有土地比例上看,贫农基本上依靠租地耕种,其租进土地超过其占有土地的两倍以上,为占有地的325.1％(其租出地则尚不及占有地之一半,仅达占有地的48.05％);其次是中农,租进土地为占有土地的45.4％(其租出土地则仅及占有土地的14.29％);贫民租进土地虽然为占有地的55.9％,但其租出地却为占有地的89.46％;商人租进地为占有地的12.9％(但同样他们出租了更多的土地,其出租地为占有地的64.41％);"其他"和地主租进很少土地。可以说,在战前,贫农是租进土地最多的一个阶层,中农土地也不够种,需受约占有土地三分之一的租进土地的地租剥削;商人出租地超过租入地,他们还进行很多地租剥削(约为占有土地的一半);富农不受地租剥削,还进行三分之一左右的地租剥削;地主差不多完全剥削地租;"其他"成分也多少进行一点地租剥削,但为量甚微;工人、雇农未发生租佃关系。

战后,这种关系起了某些变化。从户数上看,中农、商人、贫民的租进户增加了,富农、工人也租地了,而贫农的租进户都减少,"其他"没有租地的了。但贫农依然是租进户最多的一个阶层,其次是中农和商人,地主则还是那一户经营地主。从租进土地上看,现在租进土地减少了(由战前全村的825垧到现在全村的591.36垧)。

就各个阶级看,租进土地数量也一般的减少了,惟富农、工人战后新租了土地。如从租进土地占占有土地比例来看,贫农缩减最大,由战前占有土地的325.1％降至现在的90.8％;其次,中农也缩减了,由战前占有土地的45.4％到现在25.4％;贫民由55.9％降至19.4％;商人的比例却略为提高,由12.9％到现在的17％。这种变化是与土地占有的趋向分散和自种地的增加以及"由工商业到农业"等因素联系着的。

如果联系现在各阶级的租出状况,可以看出,贫农还是最大的遭受地租剥削的一个阶层,他们租进(占有地的)90.8％,但租出的却只有(占有地的)23.15％;其次,中农还要受一部分剥削,他们租进25.4％,但租出的只有21.93％;商人依然是租出多于租入的,他们租出47.18％,却仅租入17％,他们进行了十分之三的封建剥削;富农的封建剥削有某些缩小,其租出为37.53％,租入为11.4％,租出实际上只有四分之一稍强了;地主们是靠地租过活;工人也卷入租佃中受一部分地租剥削了;贫民虽占有土地不多,在战后虽增加了自种土地数量,但其租出依然超过租入,土地对于贫民仍是次要的东西。

和租进(包括伙进)土地数量一般减少的趋势同时,伙进土地却一般的增加了,这与伙出土地增加是同一问题的两个方向。

现在来研究一下这种变化的情形。

表 1-17　抗战以来各阶级伙进土地变化表

			地主	富农	中农	贫农	小商	贫民	工人	雇农	其他	总计
总户数		战前	19	5	20	43	63	62	9	2	22	245
		现在	16	9	25	36	40	59	9	4	2	200
伙进户数	战前	户数				6	2	2				10
		占总户百分比				13.72	3.18	3.23				4.44
	现在	户数	1	1	2	10	4	1				19
		占总户百分比	6.25	11.11	8	27.78	10	1.69				5.9
伙进土地数	战前	垧数				69.50	17	13.50				100
		%				69.50	17	13.50				100%
		占总租进土地百分比				15.11	19.45	39.13				12.12
		每户平均				1.62	0.27	0.22				0.41
	现在	垧数	4	10	54	75.06	21.77	6.03				170.86
		%	2.34	5.85	31.6	43.93	12.74	3.53				100.00
		占总租进土地百分比	100	19.60	35.52	27.77	27.29	20.77				28.90
		每户平均	0.25	1.11	2.16	2.09	0.54	0.10				0.85
备注												

从表 1-17 看来,在战前,贫农是伙进土地最多的一个阶层(战前他们却没有伙出一点土地),他们有 13.72% 的户数要伙进土地,伙进土地占各阶级伙进土地总数的 69.5%;其次,商人有 3.18% 的户数伙进土地,伙进数量占 17%,但同时他们却有 4.77% 的户数伙出土地,伙出数量占各阶级伙出总数量的 37.69%;又次,贫民有 3.23% 的户数伙进土地,伙进数量占 13.5%(他们只有 1.61% 的户数伙出,伙出土地只占伙出总数的 3.46%)。可以说,在战前贫农是最受伙种形式剥削的一个阶层,其次是贫民,代表农村市镇两个最贫苦的阶层也最遭受比较残酷的地租形式的剥削。

现在呢?伙进的阶层比较普遍了,中农、富农也卷入了这个漩涡。但贫农依然是最多的伙进者,19 户伙进户中他们占了 10 户,其本身伙进户比例也较战前大大提高了(从战前 13.72% 的户数伙进土地到现在的 27.78% 户数伙进土地)。从伙进土地数量上看,贫农也是最多的阶层,伙进地 170.86 垧中他们即占了 75.06 垧,占 43.43%。但中农不仅被迫参加了伙进,而且也占据了很大数量,他们伙进土地占伙进总数的 31.6%,伙进地在其本身租进和伙进总土地中也占了相当大的一个比例(占 35.52%),而战前他们只有租进没有伙进的。商人在战后其伙进虽然增长了,但其伙出仍超过了伙入(伙出 30 垧、伙入 21.79 垧)。富农战后也伙进一些土地(是一家由商人转来的土地不够种的新富农),但同时却伙出了更多的土地。贫民伙进减少了,伙出却增加了,贫民不依靠土地生活,他们不愿受更加提高了的地租的剥削,而是伙出自己仅有的微小土地趁机也来讨点小便宜。

在伙种形式发展的今天,贫农、中农也更加吃亏了。

(三）租佃土地中的本村与外村关系

具体的研究黑峪口的租佃关系,还需要弄清楚租佃关系中的本村与外村的问题,这里先分析一下租佃土地中本村与外村的关系。

表1-18　租出伙出土地本村与外村关系表

项目		阶级	地主	富农	中农	贫农	商人	贫民	其他	总计
租出伙出土地	战前	本村	507.5	39	37.5	6.0	115	10.5	28.5	744
		外村	2087.6	93.5	38	62	315.5	24.67	43	2664.17
		总计	2595	132.5	75.5	68	430.5	35.17	71.5	3408.17
		外村地占总计百分比	80.44	70.57	50.33	91.18	73.29	70.15	60.14	78.17
	现在	本村	191.06	32	51.0	9.0	44	63.5		390.56
		外村	1353.0	147	80.0	60.0	177	15	20.0	1852
		总计	1544.06	179	181	69.0	221	78.5	20.0	2242.56
		外村地占总计百分比	87.63	82.12	61.07	86.96	80.09	19.11	100.00	82.58

表1-18告诉我们,在租出伙出方面,无论战前或现在,黑峪口租佃给外村的土地都占据着很大的比例,战前外村地占78.17%,现在占82.58%。

从各阶级看,情形大体是一样的,出租(包括出伙)土地半数以上甚至十分之七八以上都是在外村的土地。就中比例最低的是中农,外村也在租出土地中占半数以上。只有贫民在战后本村出租(或出伙)地增加和外村出租地减少的情形下,出租土地中外村地的比例是大大降低了,由战前的70.15%降到现在的19.11%。

地主(和富农)外村出租地占十分之八以上,这增加了减租的有利条件,地主出租土地之一般的实行了减租,与外村出租地之占据如此高的比例是有关系的(这在后面将可以看到)。但中农和贫农,特别是贫农出租地中外村地也占了很大比例,这又不能不增加减租执行中的复杂性。

再看租进伙进:

表1-19　战前战后租进伙进土地本村与外村关系表

项目		阶级	地主	富农	中农	贫农	工人	商人	贫民	其他	总计
租进伙进土地	战前	本村	3		187	421		86.5	34.5	1.0	745
		外村			53	39					92
		总计	3		240	460		86.5	34.5	1.0	82.5
		外村地占总计百分比			22.08	8.48					11.15
	现在	本村	4	33	122	216.53	5.0	46	12.03		438.56
		外村		18	30	54.03		33.77	17.0		152.8
		总计	4	51	152	270.56	5.0	79.77	29.03		591.36
		外村地占总计百分比		35.29	19.74	19.97		42.33	58.56		25.54

租进伙进中,无论战前或现在,外村人占有地都是比例较小的。在战前,本村人共租种外村人土地92垧,占租进伙进土地总数的11.15％,现在外村地亦不过152.8垧,占租进伙进土地总数的25.54％。这说明黑峪口佃户减租的对象主要是在本村,是从本村人手里来减租,这又增加了黑峪口减租执行中的困难。黑峪口本村地减租之不够普遍,特别是在地租较为伙种的增加是与这有密切联系的(他们可以夺回自种,他们可以在地少的情形下改变租佃形式以回避减租)。

从各阶级看,战前租伙外村土地的只有贫农和中农,但其比例亦不大(中农较大,亦不过是租进伙进地的四分之一)。现在租伙外村土地的阶层增长了,富农、商人、贫民也租伙了一部分外村地。在比例上,贫民租进土地中的外村地比例最高,占半数以上,但总共不过17垧,在绝对数上是很微小的。商人、富农租进土地中外村地的比例较大,但他们都是租出多于租入的阶级。作为租种土地主力的贫农和租种土地较多的中农,外村地的比例则均较小,都不足五分之一。

租进土地中的外村地不仅数量上小,而且这些土地的出租者在过去又大都是黑峪口人或在黑峪口住过的人,他们虽然移走了,却与黑峪口人保持许多关系,他们的土地又比较分散,这与黑峪口地主们在外村出租之土地其情况是不相同的,因此在减租问题上也无特殊意义。另外,租进土地中的外村地有的即三分之一的数量是外村户地(南会高姓户地共50垧),它与一般出租地又是不相同的。

七、地租问题

(一) 关于地租一般情形

1. 地租形式

地租形式是地主剥削佃农的种种方法,地主随着时代的变化而变化他的剥削方式,因此研究租佃问题就须研究地租形式的变化。现在把黑峪口所见到的一般的地租形式逐一说明如下:

"死租"这种形式在近年来最流行。战前23户租进户中,有18户是由死租租进土地的。345垧山地中,有276垧是用死租租进的,死租租进的山地一般的说地要好些。根据18户的统计,平均每垧山地须出0.77石租,原租多少实交多少,而且还是由租佃双方商量好不能补少的,也不管年成如何,万一收成不好,佃方无法交租,须给出租户写欠约,待来年交付。同时,这种形式也比活租的剥削重一些,根据23户的统计,活租的实交租占产量的24.2％,死租的实交租占产量的27.14％。

"活租"这种形式在近来比死租少的多。根据23户的统计,在23户中只有5户是用活租租进土地。这种形式是看收成的好坏交租,所以原租额比较高,每垧大约平均0.101石,但实交租要低些,每垧平均交租0.067石,占原租的65.9％。活租租进的地比死租租进的地也不好些,这种形式也没有死租干脆,秋收后出租户还要亲自或派人到佃户家"了租",在了的当中彼此还难免有一番争执。

"钱租"这种形式大半使用于平地、水地或地主在外村的土地,有的是现钱租(先交租后种地),有的是秋钱租(秋后交租),有的是陆续付租(出租户在订立租佃关系之中随时都可向佃户要租,佃户须随时交付),有的是半现半秋(未种地前交一半租,秋后交一半)。就这几种情况比较,现钱租租额比较低,半现半秋比现钱租高,陆续交付又比半现半秋高,秋租又比陆续付租高,钱租不论那种形式大半是原租多少实交多少,不能补少。

"伙种"在战前也有,战后逐渐的多起来,并且由伙种平地、水地发展到伙种山地。主要的原因是由于黑峪口的土地不够使用,其次是有些地主为了避免减租减息将出租的土地夺回自种或伙种。他的分粮法一般有对半分、四六分、倒四六分、三七分、四六分粮、倒四六分枣这几种,到秋收时佃户须通知地主收割田禾的时候,到时地主便去佃户家和佃户帮忙收割,但实际上为了监督佃户,怕佃户捣鬼。

"花田"在抗战前很盛行,差不多比较好一点的地或者是比较大宗的一些地都有"花田"。所谓"花田",据老百姓说,指小麦、江豆、绿豆、糜黍等细粮。按黑峪口的习惯,大概是一石租额上交一斗"花田",抗战后这种出租的方式还有,自减租后才没有了。又据老百姓说,过去交租依三条腿(即谷、高粱、黑豆),现在甚贱交甚,大半交黑豆最多。

"额外剥削"这种剥削在黑峪口并不严重,所谈到的只有两种:一种是佃户除交租外还给地主做一些零碎劳役,预先说好给地主送多少粪、担多少水、送多少租子,抗战后地主避敌人扫荡到佃户的村子,佃户给背行李或招待地主;另一种是佃户除交租外须交地主几十捆高粱杆、黑豆秸或多少柴和谷草。

租进土地一般的还有三种方式:第一是一人租进独种。第二是和人合伙租进,分开来种。还有一种是大批向出租户租进土地再转租出去:有的是租进多少全部转租出去;有的是将好地留下自种,把坏地转租出去;有的是把租进的土地留一小部自种,再将余地原租转租出去;有的是现租租进,脱租时租出去;有的是秋租租进,现租转租出去。

现在还有一种情况是有些出租户将土地租出,变进人工或牛工给自己劳动。这种出租户大半因为人力或畜力不足,把自己种不过来的土地租出一些,留下一些用变进的人工牛工耕种,一方面自己的地不用出钱雇工,另一方面也可避免减租。但也有租进太多自种不了或中途发生意外(一般的是劳动力和役畜的减少)被迫换取这种方法的,还有是因为牛的减少,雇牛太贵,不得不以地变工。

一般租佃须由租进户写租约交出租户保存,普通租期一年,在租约上也有个别约定三年或五年的,但为数极少。如租佃双方没有什么纠葛,有一直租种十数年不换约,自减租后,政府规定换约,在黑峪口因未彻底执行减租,所以换约也未执行。

2. 租佃形式的变化

战前佃户用死租租进的山地最多。据统计,有51户佃户租进山地622垧。用死租租进的佃户就有27户,租进的山地413垧,大约十分之六以上的土地用死租租进土地;用活租租进的山地和户数约占死租的半数还弱些;伙进的山地只一二十垧;用钱租租山地的根本没有。

关于平地、水地的租进,大半是伙进和钱租各占一半的样子,活租死租用在平水地上要少的多。曾统计了45.5垧平地和3垧水地的租进,平地有23.5垧是伙进、21垧是钱租租进,只有1垧是用活租租进,死租根本没有,3垧水地2.5垧是钱租、0.5垧是伙种。

现在死租这种形式逐渐下降。在战前,52户中有27户是以死租租进土地,现在58户租进户中有18户是用死租租地的。在战前使用死租形式租进的土地,假使是100,那么现在是65稍强。活租也稍显下降,比如过去活租租进户是100,现在是77稍弱,过去以活租租进的土地是

100,现在以活租租进的土地是 40 稍强。钱租没有多大的变动,只有伙种相当上升,比如过去的伙种是 100,那么现在是 180 稍强。主要的原因是战争的破坏和各阶级都觉得种地比较可靠,这是一方面,另外一些地主为了避免减租提高剥削,拼命地将出租的地夺回自种或改变形式——伙种。

但还有一种值得研究和注意的情况已经发生,而且在发展着,就是有一些出租户和佃户约定不能减租——一种新式的"死租"形式,这种土地的租额大半要比一般的低。如黑峪口任寨大租给任根旺山地 6 垧,约定实交租 0.25 石,不管减租不减租,一定要如数交付。类似这样的事情,在黑峪口已发现 4 起,别的村里或地也许有。

3. 租率变化

产量和地租量是决定租率的两个方面,要弄清楚租率变化,首先要研究战前战后产量的变化,先看山地的产量变化:

表 1-20　战前战后山地产量比较表(1)

时期	产量\阶级		地主	中农	贫农	商人	贫民	总计	备考
1936 年	户数		1	4	16	3		24	一、这里只统计了本村人种过的本村土地,而且不包括社地和户地,有些租佃关系比较特殊,我不大清楚的未计入。 二、产量系由本地干部(参加调查者)根据谈话材料按照年成土地好坏一家之估计的现在产量,并照顾到每家的经济状况,比战前精确一些。 三、产量均以大石粗粮计算。
	土地	上地	3	75	8			86	
		中地		42	170	20		232	
		下地		16	36			52	
		合计	3	133	214	20		370	
	产量	上地	1.5	45.0	4.0			50.5	
		中地		14.7	59.5	7.0		81.2	
		下地		3.2	7.2			10.4	
		合计	1.5	62.9	70.7	7.0		142.1	
	每垧平均产量	上地	0.5	0.6	0.5			0.587	
		中地		0.35	0.35	0.35		0.35	
		下地		0.20	0.20			0.20	
		总平均	0.5	0.47	0.33	0.35		0.384	

表 1-21　战前战后山地产量比较表(2)

时期	产量\阶级		地主	中农	贫农	商人	贫民	总计	备考
1941 年	户数			4	9	3	3	19	
	土地	上地		65	4			69	
		中地		15	61	22	2	100	
		下地		13	21		4	38	
		合计		93	86	22	6	207	

(续表)

时期	产量	阶级	地主	中农	贫农	商人	贫民	总计	备考
1941年	产量	上地		32.5	1.8			34.3	现在每垧平均产量上、中、下均无超过战前85%者，而总平均产量却达到88%，这个矛盾的现象是因为现在总土地中上、中、下所占比例与战前不大相同（现在总土地中之下地比例小了）
		中地		4.5	17.6	6.8	0.5	29.4	
		下地		2.6	3.15		0.6	6.35	
		合计		39.6	22.55	6.8	1.1	70.05	
	每亩平均产量	上地		0.5	0.45			0.497	
		中地		0.3	0.289	0.309	0.18	0.338	
		下地		0.2	0.15		0.15	0.167	
		总平均		0.43	0.26	0.309	0.18	0.338	
现在每垧平均产量与战前比较（战前=100）		上地		83.3	90.0			84.7	
		中地		85.7	82.6	88.3		84.0	
		下地		100.0	75.0			83.5	
		总平均		91.5	78.8	88.3		88.0	

　　从表1-20和表1-21可以看出，现在每垧土地的平均产量较之战前是相当的降低了。根据上述租进土地之统计，战前每垧山地平均产量为0.384石，而去年产量只有0.338石，仅是战前平均产量的88%，降低了12%。就各个阶级看，无论战前或现在，中农的平均产量均较贫农为高：战前中农平均每垧产量0.47石，而贫农则只有0.33石；现在中农平均每垧产量0.43石，而贫农只有0.26石。贫农的产量不如中农，不仅由于土地质量较差，就是同样的土地其产量也不一样（好地和坏地是可以逐渐改变的）。商人比贫农产量略高，而贫民则比贫农更低。现在平均产量较战前降低，在贫农尤低于中农，中农现在每垧平均产量为战前的91.5%，而贫农则仅及战前平均产量78.8%，商人也降低了，现在平均产量为战前的88.3%。（民国）二十五年（1936年）的年成据估计约有七八成，去年则只有六成多。这里雨水不调当然是首要的因素，但战争无疑的有着极大的影响，"天灾"常常是伴随着"人祸"的，战争使牲畜减少（对于黑峪口这首先是猪）影响了土地的施肥量，因之也就影响了产量。

　　我们还可以从一些个别户的材料中看一下抗战以来产量历年变动情形，以作为上述材料之补充。

表1-22　抗战以来产量历年变动情形表

年代	户数	租进土地（垧/山） 上	中	下	合计	总产量（石）	每垧平均产量（石）	历年产量与1936年比较（%）	历年年成估计	备考
1936	7	43	96	5	144	60.4	0.419	100.0	七成半	这里没有分别阶级，因为统计的主要是贫农，只有个别中农，其产量无显著距离，故一并统计在内
1937	4		55	5	60	19.2	0.320	76.4	六成	
1938	3		35	5	40	11.9	0.298	71.1	五成半	
1939	4		41	5	46	14.0	0.304	72.6	五成半	
1940	4		35	17	52	12.0	0.231	55.1	四成半	
1941	8	36	63.5	14	113.5	37.45	0.330	77.3	六成	

这里说明抗战以来的产量较之战前（二十五年）是一律减少了，就中以二十九年（1940年）降低最厉害，去年又上涨，并赶过二十六年（1937年）的水平。当然所谓"天年"（雨、雪、风、虫等自然条件）有左右一切的意义（因为我们的生产还是极端落后的农业生产），但同时也不能忽视战争与革命的影响，战争使产量减少，而四大号召中决策错误所造成的社会生活不安定，又曾经加深了1940年因"天年"不好所造成的产量极端低落的局面。

至于平地和水地，其平均产量也降低了。

表 1-23　战前战后平水地产量比较表

类别	时期	户数	土地垧数				总产量				每垧平均产量				战前战后平均产量比较			
			上	中	下	合计	上	中	下	合计	上	中	下	平均	上	中	下	平均
平地	1936	10	18	26.5		44.5	29.6	26.7		56.3	1.64	1.01		1.27	100	100		100
	1941	8	8	24		32	12	19		31	1.50	0.79		0.97	91.5	78.2		76.4
水地	1936	3	2.5	0.5		3	12.25	1.5		13.75	4.9	3.0		4.58		100		100
	1941	3		1.84		1.84		4.4				2.39		2.39		79.7		52.2

关于自种地产量的变动，我们没有统计，或许比租佃土地平均产量降低要少一些，但其同样的表现下降则可以不必怀疑。

产量的低落无疑的要影响地租和租率。

和平均产量的下降趋势相反，在最近，平均原租额却表现某些上涨。这种上涨表现在两方面，一方面是平均原租额的（绝对）上涨，一方面是平均原租率的（相对）上涨。

首先看平均原租额的变动（绝对变动），以山地说：

表 1-24　战前战后山地平均原租额比较表（租进与伙进）

		地主	中农	贫农	商人	贫民	总计	备考
1936年	户数	1	4	16	3		24	一、表中包括租进与伙进两方面。二、租进伙进土地只包括本村人租伙本村土地，而不包括社地、户地及一些特殊情形。
	土地垧数	3	133	214	20		370	
	原租总量	0.25	17.55	20.92	2.5		41.22	
	每垧平均原租量	0.083	0.132	0.098	0.125		0.111	
1941年	户数		4	9	3	3	19	
	土地垧数		93	86	22	6	207	
	原租总量		13.75	9.11	2.22	0.45	25.53	
	每垧平均原租量		0.148	0.108	0.101	0.077	0.123	
现在平均原租量与战前比较（战前＝100）			112.12	110.2	80.8		110.8	

战前每垧山地平均原租额为0.111石，而去年则增至0.123石，为战前原租额的110.8%，提高约十分之一。中农、贫农的平均原租额都提高了，只有商人表现下降，这是因为战前商人3户中有2户系活租（活租比死租原租高）、1户系伙种，现在则1户"死租"、2户伙种（由于产量的下降，伙种地的原租在方法不变的情况下也要下降）。这种平均原租额的抬高，主要受伙种增多的影响（伙种无疑的比租地的租子高），这里最显著的是贫农，有的是受土地质量变动（租地好地比

例增长)的影响(如中农去年并无伙种山地)。租种地的原租额并未提高,下面是一个统计:

表 1-25　战前战后租进山地平均原租额比较表

		地主	中农	贫农	商人	贫民	总计	备考
1936年	户数	1	4	15	2		22	
	土地	3	133	194	15		345	
	原租总量	0.25	17.55	18.48	1.8		38.08	
	每垧平均原租量	0.083	0.132	0.095	0.120		0.110	
1941年	户数		4	6	1	3	14	
	土地		93	52	16	6	167	
	原租总量		13.75	4.55	1.5	0.45	20.25	
	每垧平均原租量		0.148	0.008	0.094	0.077	0.121	
现在平均原租量与战前比较(战前=100)			112.12	92.6	78.3		110.0	

从表 1-25 可以看出,租种的山地,其平均原租额虽提高 10%,但这种提高不是普遍的。对于贫农和商人是降低了,只有中农表现提高,原因正如上述。

租种地原租额的某些变动,从几家租佃户历年平均原租额的变动中可以看出。

表 1-26　抗战以来历年原租额变动表

	户数	租进山地				原租量	每垧平均原租量	历年平均原租额与1936年比较	备考
		上	中	下	合计				
1936	7	43	96	5	144	15.825	0.110	100.0	
1937	4		55	5	60	5.10	0.085	77.3	
1938	3		35	5	40	3.10	0.078	70.9	
1939	4		41	5	46	3.50	0.076	69.1	
1940	4		35	17	52	3.55	0.068	61.8	
1941	8	36	63.5	14	113.5	13.3	0.117	101.8	

可以看出,租种山地每垧平均原租额自 1937 年以来即表现下降,到 1941 年却恢复并略超过 1936 年的水平。但 1937 年以来的下降主要是因为 1937—1940 年的统计中没有上地,直到 1941 年才包括进一些上地,上地的平均原租额比中地特别是下地要高的多。

至于平地和水地,其平均原租额在战前平地每垧约 5~8 斗、水地约 1.5~2.5 石,现在平地每垧约 4~8 斗、水地每垧 1.2 石。因产量的下降导致租额低落(因为一般没有提高分粮比例)。

其次看原租率的变动,由于产量的下降和平均原租额的某些抬头,在最近原租率表现相当大的上升,以山地看:

表 1－27 战前战后租进伙进山地原租率比较表

			地主	中农	贫农	商人	贫民	总计	备考
1936 年		户数	1	4	16	3		24	
		垧数	3	133	214	20		370	
		总产量	1.5	62.9	70.7	7.0		142.1	
		原租总量	0.25	17.55	20.92	2.5		41.22	
		原租率	16.7%	27.9%	29.6%	35.7%		29%	
1941 年		户数		4	9	3	3	19	
		垧数		93	86	22	6	207	
		总产量		39.6	22.55	6.8	1.1	70.05	
		原租总量		13.75	9.11	2.22	0.45	25.53	
		原租率		34.75%	40.4%	32.6%	40.9%	36.4%	
现在平均原租量与战前比较(战前＝100)				124.4	136.5	91.3%		125.5	

战前原租率为 29%,而去年则增至 36.4%,原租率提高了,去年原租率为战前原租率的 125.5%,提高四分之一强。其中以贫农增长最大,其原租率由战前的 29.6% 增至去年的 40.4%,提高三分之一有余,这与贫农租佃关系之更加易于变动,特别是伙种的增加,是密切联系着的。商人去年原租率略有降低,这是因为战前商人 3 户中有 2 户活租,而去年则一系死租,其余为伙种。

就是单拿租进之山地来看,原租率也提高了。

表 1－28 战前战后租进山地原租率比较表

			地主	中农	贫农	商人	贫民	总计	备考
1936 年		户数	1	4	15	2		22	
		垧数	3	133	194	15		345	
		总产量	1.5	62.9	64.6	5.25		134.25	
		原租总量	0.25	17.55	18.48	1.8		38.08	
		原租率	16.7%	27.9%	28.6%	34.30%		28.4%	
1941 年		户数		4	6	1	3	14	
		垧数		93	52	16	6	167	
		总产量		39.6	12.5	5.0	1.1	58.2	
		原租总量		13.75	4.55	1.5	0.45	20.25	
		原租率		34.70%	36.4%	30.0%	40.9%	34.8%	
现在平均原租量与战前比较(战前＝100)				124.4	127.3	87.5		122.5	

这里可以看出,原租率同样提高,只是程度有点差别罢了(商人是特殊的)。

战后原租率历年变动情形,还可以从下述材料看出。

表 1－29 抗战以来历年原租率变动表

	户数	租进山地垧数				总产量	原租总量	原租率	历年原租率与1936年比较	备考
		上	中	下	合计					
1936	7	43	96	5	144	60.4	15.825	26.2%	100.0	
1937	4		55	5	60	19.2	5.10	26.6%	101.5	
1938	3		35	5	40	11.9	3.10	26.1%	99.6	
1939	4		41	5	46	14.0	3.50	25.0%	95.4	
1940	4		35	17	52	12.0	3.55	29.6%	113.0	
1941	8	36	63.5	14	113.5	37.45	13.30	35.5%	135.5	

从表 1－29 可以看出,战后原租率在 1940 年以前仅有轻微的变动,到 1940 年原租率就提高 13%,这是因为 1940 年的平均产量特别低的关系;去年的产量虽然比 1940 年好的多(较之战前当然还是低的),但由于平均原租额的某些上涨(和产量的下降相反),原租率表现相当大的提高,较之战前提高三分之一强。

至于平地和水地,其原租率也提高了。因为战前有用"钱租"租进的平地和水地,现在则差不多一律变成伙种了。战前平地原租率一般在 45% 左右,现在则差不多全系对半分了,水地现在甚至有四六分的,即原租租率达 60% 了。

平均产量和平均原租额的变动,特别是产量的变动,引起实交租额的变动,而最近两年来的减租对于实交租额的变动更起了重大的影响。

首先来看山地实交租的变动:

表 1－30 抗战以来山地实交租变动表

		地主	中农	贫农	商人	贫民	总计	备考
1936年	户数	1	4	16	3		24	
	垧数	3	133	214	20		370	
	交租量	0.25	17.55	19.52	1.71		38.83	
	每垧平均交租量	0.083	0.132	0.092	0.086		0.105	
1941年	户数		4	9	3	3	19	
	垧数		93	86	22	6	207	
	交租量		5.84	6.65	1.34	0.33	13.16	
	每垧平均交租量		0.052	0.077	0.061	0.055	0.064	
现在平均交租量与战前比较(战前＝100)			40.0	83.7	70.9		61.0	

从表 1－30 可以看出,战后平均交租额一般的降低了,战前每垧平均交租 0.105 石,去年则只有 0.064 石,仅及战前的 61%,降低约及十分之四。其中以中农减少最多,去年平均交租额仅及战前的 40%,减少十分之六;而贫农减的则较少,去年平均交租额达战前的 83.7%,降低不足 17%。这与中农没有伙种山地、中农减租执行比贫农更为普遍是有关系的。

如果只拿租种的山地来看,则实交租的下降更历害。

表 1－31　战前战后山地实交租比较表(租种地)

		地主	中农	贫农	商人	贫民	总计	备考
1936 年	户数	1	4	15	2		22	
	坰数	3	133	194	15		345	
	交租量	0.25	17.35	17.08	1.01		35.69	
	每坰平均交租量	0.083	0.130	0.088	0.067		0.104	
1941 年	户数		4	6	1	3	14	
	坰数		93	52	16	6	167	
	交租量		4.84	2.72	0.62	0.33	8.51	
	每坰平均交租量		0.052	0.052	0.039	0.055	0.051	
现在平均交租量与战前比较(战前＝100)			40.0	59.1	58.2		49.0	

战前租种山地每坰平均交租 0.104 石,去年则每坰只有 0.051 石,仅及战前的 49％,减少一半以上。在这里,中农、贫农和商人是一律减少了,但程度不一,这与减租的执行有关。

再从一些个别户来看战后实交租额历年变动情形:

表 1－32　战前战后山地实交租额历年变动情形表

	租进山地				实交租总量	每坰平均交租量	历年平均交租额与年平均率比	备考
	上	中	下	合计				
1936	43	96	5	144	15.825	0.110	100.0	一、1939 年交租减少,有 8 斗是死租欠而未交(说第二年交,有否交难说),活租因年成少交 2 斗 5 升。
1937		55	5	60	5.10	0.085	77.3	
1938		35	5	40	3.10	0.078	70.9	二、1940 年减租 2 户(共 4 户)。
1939		41	5	46	2.45	0.053	68.2	
1940		35	17	52	2.80	0.054	49.1	三、1941 年减租 5 户(共 4 户)。
1941	36	63.5	14	113.5	6.795	0.059	53.6	

可以看出,平均交租额真正的降低是以 1940 年开始的,1937—1939 年是因为统计中缺少上地,1939 年则系特殊情形(如表中所说),不能为凭。

至于平地和水地,其实交租额一般也略有降低。因为战后平地和水地虽然全部转为伙种,其原租率虽然提高,但由于产量的下降和部分减租的执行,实交租额表现低落。战前平地每坰实交租额一般是 5～8 斗(中地 5 斗、上地 8 斗),水地是 1.5～2.5 石(中地 1.5 石、上地 2.5 石);现在平地每坰一般在 4 斗左右(中地三四斗、上地 6 斗左右),水地每坰一般在 1～1.2 石上下。

其次,由于实交租额的降低,实交租占原租的比例也大大降低了,且看租进伙进之山地情形:

表 1-33　战前战后实交租占原租比例比较表(山地租进伙进)

		地主	中农	贫农	商人	贫民	总计	备考
1936年	户数	1	4	16	3		24	贫民的比较是与战前总平均数字比较的,因贫民本身战前无材料。名义减租率即现在"实交租占原租百分比"与战前比较所降低的百分数,称之为名义减租率,因为它没有包含着产量下降所起的影响。
	垧数	3	133	214	20		370	
	原租总量	0.25	17.55	20.92	2.5		41.22	
	实交租量	0.25	17.35	19.52	1.71		38.83	
	实交租占原租的百分比	100	98.9	93.3	68.4		94.2	
1941年	户数		4	9	3	3	19	
	垧数		93	86	22	6	207	
	原租总量		13.75	9.11	2.22	0.45	25.53	
	实交租量		4.84	6.65	1.34	0.33	13.16	
	实交租占原租的百分比		35.2	73.0	60.4	73.3	51.5	
与战前比较(战前=100)			35.6	78.2	88.3	78.2	54.7	
名义减租率			64.4	21.8	11.7	21.8	45.3	

从表 1-33 可以看出,战后实交租占原租比例大大降低了,在战前实交租占原租一般在十分之九以上(只有商人因有活租只占 68.4%),但到去年却只占 51.5%。其中最低的是中农,只占 35.2%,贫民与贫农较高,均在十分之七以上。如以战前实交租占原租比例为 100,则去年实交租占原租比例平均仅及战前的 54.7%,这其中比例降低最大的是中农,仅及其战前比例的 35.6%,贫农、贫民为战前的 78.2%,商人为 88.3%。如以战前实交租占原租比例为通常标准,则去年在名义上平均减租(或称之少交租)率达 45.3%,这个数字是相当大的。其中以中农减租率最高,达 64.4%,商人最低,达 11.7%,贫农、贫民均为 21.8%,名义上各阶级的地租都少交了。

如果只拿租种的山地来看,则名义减租率还要大些。

表 1-34　战前战后实租占原租比例比较表(山地租进)

		地主	中农	贫农	商人	贫民	总计	备考
1936年	户数	1	4	15	2		22	
	垧数	3	133	194	15		345	
	原租总量	0.25	17.55	18.48	1.8		38.08	
	实交租量	0.25	17.35	17.08	1.01		35.69	
	实交租占原租的百分比	100	98.9	92.4	56.1		94.00	

		地主	中农	贫农	商人	贫民	总计	备考
1941年	户数		4	6	1	3	14	因贫民战前无材料,其数字是以贫民现在实交租占原租百分比与战前各阶级实交租占原租平均百分比相较得出的。
	垧数		93	52	16	6	167	
	原租总量		13.75	4.55	1.5	0.45	20.25	
	实交租量		4.84	2.72	0.62	0.33	8.51	
	实交租占原租的百分比		35.2	59.8	41.3	73.3	42.00	
	减租量							
	减租量占原租的百分比							
与战前比较(战前＝100)			35.6	63.7	73.6	78.0	44.7	
名义减租率			64.4	36.3	26.4	22.0	55.3	

租种山地的名义减租率平均达 55.3%,中农仍为 64.4%(中农无伙种山地等),贫农为 36.3%,商人 26.4%,贫民 22%。

下面从几户租进户的材料中看一下历年租种山地的名义减租率。

表 1-35　战前战后历年租种山地名义减租率

	户数	租进山地				原租	实交租	实交租占原租的百分比	历年实交租占原租百分比与战前比较	历年名义减租率	备考
		上	中	下	合计						
1936	7	43	96	5	144	15.825	15.825	100.0	100.0	0	这两年实交租减少是因为有 8 斗欠租,说第二年交,有些说不清楚,未曾计入,因之发生影响。
1937	4		55	5	60	5.1	5.1	100.0	100.0	0	
1938	3		35	5	40	3.1	3.1	100.0	100.0	0	
1939	4		41	5	46	3.4	2.45	72.1	72.1	27.9	
1940	4		35	17	52	3.55	2.8	78.9	78.9	21.1	
1941	8	36	63.5	14	113.5	13.3	6.795	51.1	51.1	48.9	

可以看出,实交租占原租比例的降低主要是从 1939 年开始,而大大的降低则是在去年,名义减租率达 48.9%。

至于平地和水地,因全系伙种,除减租以外一般均按原规定方法交纳,这在下面将专门谈到。

仅仅看名义减租率还不能说明问题,因为产量已经变了,这里必须进一步研究租率的变动。

表 1-36　战前战后租进伙进山地租率比较表

		地主	中农	贫农	商人	贫民	总计	备考
1936年	户数	1	4	16	3		24	
	垧数	3	133	214	20		370	
	产量	1.5	62.9	70.7	7.0		142.1	
	交租总量	0.25	17.35	19.52	1.71		38.83	
	租率	16.7	27.6	27.6	24.4		27.3	

(续表)

		地主	中农	贫农	商人	贫民	总计	备考
1941年	户数		4	9	3	3	19	同前表
	垧数		93	86	22	6	207	
	产量		39.6	22.55	6.8	1.1	70.05	
	交租总量		4.84	6.65	1.34	0.33	13.16	
	租率		12.2	29.5	19.7	30.0	18.8	
现在租率与战前比较 (战前=100)			44.2	106.9	80.7	109.9	68.9	
实际减租率			55.8	−6.9	19.3	−9.9	31.1	

由于连年收成的下降,由于减租政策的执行,到去年租率已大大降低了。战前山地平均租率为27.3%,而去年则只有18.8%,去年租率仅及战前租率的68.9%。但从各个阶级看,这种租率变动是一致的,中农降的最低,仅及战前的44.2%,现在租率只有12.2%,商人去年租率为19.7%,为战前的80.7%。但贫农和贫民的租率都上升了,贫农现在租率为29.5%(战前为27.6%),贫民为30%,贫农租率为战前的106.9%,贫民租率也为战前平均租率的109.9%。如以战前各阶级租率为100,则平均租率降低31.1%,超过二五减租。其中以中农减租的最大,减少55.8%,超过一半以上,商人降低19.3%,不到二五减租之规定,而贫农和贫民在实际不仅未减少,其租率反提高了,贫农提高6.9%,贫民提高9.9%。这里贫农伙种之增加和减租之不普遍,贫民之没有减租,实有着莫大之影响(当然产量的下降影响租率的提高)。这种租率变化中的时重时轻的现象,应该引起我们极大的注意。

假如只拿租种的山地来看,则租率的变化更大。

表 1−37　战前战后山地租率比较表(租种地)

		地主	中农	贫农	商人	贫民	总计	备考
1936年	户数	1	4	15	2		22	
	垧数	3	133	194	15		345	
	产量	1.5	62.9	64.6	5.25		134.25	
	交租总量	0.25	17.35	17.08	1.01		35.69	
	租率	16.7	27.6%	26.4%	19.2%		26.7%	
1941年	户数		4	6	1	3	14	同前表
	垧数		93	52	16	6	167	
	产量		39.6	12.5	5.0	1.1	58.2	
	交租总量		4.84	2.72	0.62	0.33	8.51	
	租率		12.2%	21.8%	12.4%	30.0%	14.6%	
现在租率与战前比较 (战前=100)			44.2	82.6	64.6	112.4	54.7	
实际减租率			55.8	17.4	35.4	−12.4	45.3	

可以看出,在租种的山地中,除贫民租率仍较高(其租率仍为 30%,超过战前平均租率
12.4%)外,一般均下降了。中农现在租率较之战前减少 55.8%,商人 35.4%,均超过二五减租,
只有贫农仅减少 17.4%,离二五减租还远,这种不平衡的现象在减租问题中可以得到解答。

战后租率历年变动情形从一些个别户的材料中可以看出。

表 1 - 38　战后历年山地租率变动表

	户数	土地垧数	总产量	实交租量	租率	历年租率与战前比较(战前=100)	备考
1936	7	144	60.4	15.825	26.2%	100.0	1939 年租率的骤落是因为有一家欠租(说第二年给)8 斗,未统计在内。
1937	4	60	19.2	5.1	26.6%	101.5	
1938	3	40	11.9	3.1	26.1%	99.6	
1939	4	46	14.0	2.45	16.1%	61.5	
1940	4	52	12.0	2.8	23.3%	88.9	
1941	8	113.5	37.45	6.795	18.1%	69.2	

从表 1 - 38 可以看出,自 1938 年起租率即开始下降,到去年算是最低,租率减低十分之三
强,这种下降是逐渐形成的,但到去年特别显著。1938—1941 年的降落主要是"天年"的影响,
1939 年特别是 1941 年,虽已有了减租,但因减租而大大影响了租率则是在去年。

关于平地和水地租率的变动在伙种问题上将专门谈及。

这里再谈一下过去与现在的最高租率与最低租率问题。

表 1 - 39　战前和现在最高租率与最低租率

时期	阶级	最高租率							最低租率							平均租率
		户数	土地垧数	产量	每垧产量	实租	每垧实租	租率	户数	土地垧数	产量	每垧产量	实租	每垧实租	租率	
1936 年	地主															16.7
	中农	1	5	1.75	0.35	0.7	0.14	40.0	1	17	5.95	0.35	1.4	0.082	23.5	27.6
	贫农	1	15	5.25	0.35	2.5	0.17	47.6	1	8	4.00	0.50	0.5	0.063	12.5	26.4
	商人															19.2
1941 年	中农	1	32	16.0	0.50	2.33	0.073	14.6	1	15	4.5	0.30	0.45	0.030	10.0	12.2
	贫农	1	9	1.35	0.15	0.65	0.072	48.1	1	10	3.0	0.30	0.49	0.049	16.3	21.8
	商人															12.4
	贫民	1	2	0.3	0.15	0.13	0.065	43.3	1	2	0.5	0.25	0.1	0.050	20.0	30.0

可见最高租率、最低租率与平均租率之间的距离是不小的(因为产量的调查不够确实,在山地
之间,最高租率与租地租率之形成看不出土地质量好坏所起的影响,无法说明差额地租的形成)。

现在看一下伙种地分粮比例的变化。

从表 1 - 40 可以看出,在山地,伙种形式不大发展,其分粮比例战前系四六分,伙种形式本身
能够适应年成的好坏,因此原定分法与实际分法是相同的。现在山地伙种分粮比例仍以四六分

为主,其原定倒四六分等系由伙出户垫支一切,伙进户只出劳动力(这是一种有利于发展生产的方式,应当鼓励),经过减租出现了低于四六的分法。

平地和水地无论战前或现在,以对半分为主要形式。现在因为减租的关系出现了低于对半分的各种分法,如主四五佃五五、主三七五佃六二五、主三佃七等。

伙种地有否减租是最难调查的,因为往往大家隐瞒。这里是根据主佃双方和村公所的材料确定的,恐仍不免是"明减暗不减"。但有的是值得注意的,伙种地的减租一般都是二五减租,没有山地那种减成"原租额三七五"的现象。

表 1-40 黑峪口抗战以来伙种地分粮比例变化表

地类	时期	阶级	户数	伙进山地 上	中	下	合计	原定 倒四六 户数	土地	对半 户数	土地	四六 户数	土地	实际 对半 户数	土地	主四五 户数	土地	四六 户数	土地	主三七五 户数	土地	三七分 户数	土地	备考
山地	战前	贫农	2		14	6	20					2	20					2	20					
		商人	1		5		5					1	5					1	5					
		合计	3		19	6	25					3	25					3	25					
	现在	贫农	4	4	25	5	34	1	5	1	8	2	21	1	5			1	17	1	8	1	4	
		商人	2		6		6					2	6					2	6					
		合计	6	4	31	5	40	1	5	1	8	4	27	1	5			3	23	1	8	1	4	
平地	战前	贫农	4	2	14.5		16.5			4	16.5			4	16.5									
		商人	1		4		4			1	4			1	4									
		贫民	1		3		3					1	3											
		合计	6	2	21.5		23.5			5	20.5	1	3	5	20.5			1	3					
	现在	中农	1		6		6			1	6			1	6									
		贫农	2	8	5		13			2	13					1	5			1	8			
		工人	2		6		6			2	6			2	6									
		小商	2		6		6			1	2	1	4	1	2							1	4	
		合计	7	8	23		31			6	27	1	4	4	14	1	5			1	8	1	4	
水地	战前	贫民	1		0.5		0.5			1	0.5			1	0.5									
	现在	贫农	2		1.17		1.17	1	0.5	1	0.67			1	0.67	1	0.5							
		贫民	1		0.67		0.67			1	0.67			1	0.64									
		合计	3		1.84		1.84	1	0.5	2	1.34			2	1.34	1	0.5							

(二) 减租与交租问题

从租率的变化中可以看出现在租率一般是降低了,实际减租率超过了 25%;同时也看出租率的变化是不平衡的,贫农的租率(租进与伙进平均)反而提高了,而中农租率的降落则达一半以上。贫民的租率则比战前平均租率还高(比现在任何其他阶级的平均租率也高),这里须要进一步说明减租的情形。

由于年成的不好引起的租率变化,我们这里不算做减租,因为在年成坏的时候,老百姓通常是少交一点的。当然,新政权的成立,使出租户不敢不少要些,使租户敢于少交些,是有着决定的意义。这里我们只统计了按去年减租办法,而实行减租的户数,其减法一般是超过二五减租的(形成交纳原租额的三七五)。从个别户的材料中看来,除活租外没有经过减租的佃户,其租子一般是照原租交纳了,因此下面关于减租户数及土地的统计大体上是可靠的。

先看减租执行的范围,即其广度:

表1-41　黑峪口村1941年减租统计表(从租佃户方面看)

	统计租佃户数				实行减租户数				统计租佃土地			实行减租土地			减租户占统计户百分比				减租土地占统计土地百分比		
	山	平	水	总户数	山	平	水	总户数	山	平	水	山	平	水	山	平	水	总户数	山	平	水
地主																					
富农																					
中农	4	2		6	4			4	93	7		93			100	0		66.7	100	0	
贫农	9	2	2	13	6	2	1	9	86	13	1.17	53	13	0.5	66.7	100	50	69.2	61.6	100	
雇农																					
工人		2		2		0		0		6			0			0		0		0	
商人	3	2		5	1	1		2	22	6		16	4		33.3	50.0		40.0	72.7	66.7	
贫民	3		1	4	0		0	0	6		0.67	0		0	0		0	0	0		
其它																					
总计	19	8	3	30	11	3	1	15	207	32	1.84	162	17	0.5	57.9	38.5	33.3	50.0	78.3	53.1	
备考																					

总起来,山地大部分实行了减租,从户数上说有57.9%的户数减了租,从土地上说有78.3%的土地减了租。但减租的执行是不平衡的:中农最普遍,所有的户数和租进土地都减了租;贫农较差,66.7%的户数减了租,61.6%的土地减了租;商人也较差,33.3%的户数减了租,72.7%的土地减了租;贫民租进的山地则根本没有减租。

平地的减租不如山地普遍,只有38.5%的租佃户减了租,53.1%的土地减了租。中农2人伙进平地均未减租,只有贫农和若干商人减了租,贫农全部减了租(这里面恐有隐瞒),商人也一半以上减了租。

水地三宗,只有一宗(半坰)减了租。

从减租执行的范围看来,是大部减了租,今后的问题是使其更加普遍,未减的继续减,已减的巩固之。

其次,看一下减租是怎样执行的。去年减租是在征收公粮中进行的,成立了减租(减息)委员会(农会主任和村长是主要负责者),在下面进行宣传调查,作为征收公粮的"敲门砖"。其办法是先定收成(去年定为玉米),再来二五减,即由原租按年成减去一半再来二五减,结果出租户只得到原租额的37.5%,有些人不了解,将租率不超过37.5%看成实交租不超过原租的37.5%。在山地的减租就是这样执行的,不管产量不管死活租,一律只交原租的 37.5%(据村长讲是写错租约了,应写七五,写成三七五)。据村长讲,他们当时的统计也是减了的多,但实际上也有真正交纳原租的 75% 的,并不是一律三七五,减后有偷偷送东西的,据发现有两家。平水地的减租是收 1 石粮租出户分 3 斗 7 升 5,但也有不同的减法,平地减的少,减也没有像山地那样减。

经过减租的土地,其租率大大的降低了。

表 1 - 42　减租土地租率表

		中农	贫农	商人	总计	备考
产量	山	39.6	15.8	5.0	60.4	
	平		16.0	3.2	19.2	
	水		1.2		1.2	
	合计					
原租	山	13.75	6.42	1.5	21.67	
	平		8.0	1.28	9.28	
	水		0.72		0.72	
	合计					左表包括租进与伙进两方面,因之,山地租率看来比目前租进山地(包括未减租者)之租率略高,但较之租进伙进总土地之租率低多了,如果只拿减了租的租种山地来看,其降低的更大。
实交租	山	4.84	3.98	0.62	9.44	
	平		6.1	0.96	7.06	
	水		0.54		0.54	
	合计					
实交租占原租的百分比	山	35.2	62.0	41.3	43.6	
	平		76.3	75.0	76.1	
	水		75.0		75.0	
	合计					
租率	山	12.2	25.2	12.4	15.6	
	平		38.1	30.0	36.8	
	水		45.0		45.0	
	合计					

如果从被减租的出租户的成分来看,则被减租的主要是地主,村干部们对于地主是不肯放松的,"捉大头"的作风在这里算是目标找对了(参看下表)。

租佃问题中有一个夺地问题,我们未确定统计,据近年看来,夺地的并不很多,夺回的主要是转为自种,其次是转伙种。从伙种地的增加中可以想见,在最近夺地也是一个值得注意的问题,夺地问题不适当解决,对于减租的执行有很大障碍。

表 1-43　各阶级减租情况表

阶级	统计出租户数				实行减租户数				统计出租土地			实行减租土地			减租户占统计租佃户百分比				减租土地占统计土地百分比		
	山	平	水	总户数	山	平	水	总户数	山	平	水	山	平	水	山	平	水	总户数	山	平	水
地主	5	5	2	10	5	1	0	5	158	17	1.34	144	8	0	100.0	20.0		50.0	91.1	47.1	0
富农		1		1		0				6			0			0				0	
中农	1			1	1			1	18			13			100.0			100.0	72.2		
贫农	2	1		3	0	1		1	3	9		0	9		0	100.0		33.3	0	100.0	
雇农																					
工人																					
商人	4			4	1			1	28			5			25.0			25.0	17.9		
贫民		1		1			1	1			0.5			0.5			100.0	100.0			100.0
其它																					
总计	12	7	3	20	7	2	1	9	207	32	1.84	162	17	0.5	58.3	28.6	33.3	45.0	78.3	53.1	27.2
备考																					

黑峪口出租与外村的土地大都能减租了，这从下面的统计中可以得到证明。

表 1-44　出租与外村的土地减租情况表

阶级	原有出租户数				实行减租户数				实行减租户占出租户百分比				原有出租土地			实行减租土地			实行减租土地占原租土地百分比		
	山	平	水	总户数	山	平	水	总户数	山	平	水	总户数	山	平	水	山	平	水	山	平	水
地主	16	3	1	16	16	3	1	16	100.0	100.0	100.0	100.0	1266	25	7.5	1234	14	4	97.5	56	53.3
富农	3	1	1	4	1			1	33.3	0	0	25.0	94.5	11	4	50.5			53.4		
中农	2	1		3	2			2	100.0	0		66.7	55	4		55			100		
贫农	3	0		3	1			1	33.3			33.3	54			20			37		
商人	7	1		8	5			5	71.4	0		62.5	206.5	3.3		169			81.8		
贫民	3	1		4	2			2	66.7	0		50.0	34	1		22			64.7		
其它	1			1	1			1	100.0			100.0	20			20			100		
总计	35	7	2	39	28	3	1	28	80.0	42.9	50.0	71.8	1730	44.3	11.5	1570.5	14	4	90.8	31.6	34.8

而且减的很厉害,如表 1-45。

表 1-45　各阶级减租程度表

减租情形 ＼ 阶级	实行减租土地			实行减租土地原租量				实行减租土地减量				减租比例			
	山	平	水	山	平	水	合计	山	平	水	合计	山	平	水	合计
地主	1234	14	4	100.81(平均14垧的租在内)		5.4	106.21	64.25	(平均14垧的租在内)	1.35	66	64.16	(平均1垧的在内)	25	62.14
富农	50.5			2.25			2.25	1.53			1.53	68			68

（续表）

减租情形 / 阶级	实行减租土地			实行减租土地原租量				实行减租土地减租量				减租比例			
	山	平	水	山	平	水	合计	山	平	水	合计	山	平	水	合计
中农	55			2.3			2.3	1.1			1.1	47.83			47.83
贫农	20			0.6			0.6	0.2			0.2	33.33			33.33
雇农															
工人															
商人	169			12.85			12.85	6.313			6.313	49.13			14.13
贫民	22			0.8			0.8	0.55			0.55	68.75			68.75
其它	20			0.5			0.5	0.3			0.3	60			60
总计	1570.5	14	4	120.11		5.4	125.5	74.643		1.35	75.993	62.15		25	60.55
备考															

（三）外村地、户数、社地等问题

外村人在黑峪口的土地，主要是南会高姓户地50垧，其次是原黑峪口1户地主的（现移桑蛾村，20多垧前面未减租，后面有10垧减了租。另外去年黑峪口人去外村租地种的有几家，因产量弄不清，未统计，据谈话有些减了租）。

黑峪口任、刘二姓各有户地，自己租种，大部分是只完粮不出租（户地田赋重），战后分了50垧，卖了25垧，现在为数已不多了。

青龙山社地出租与人，过去归看庙的，事变后荒了一批，行署种了一些，有7.5垧不出租，只有8垧仍交租给看庙老道。

户地、社地在减租中无什么意义，在租率变化和减租中均未统计在内，以后将专门谈到。

八、土地典押与回赎

战前与战后黑峪口有些土地典进典出，兹列举于下：

表1-46 战前与战后黑峪口土地典进典出举例

出典户姓名	成份		承典户姓名	成份		出典土地			典价	出典时期	备考
	战前	现在		战前	现在	梁	平	水			
任棒壁	地主	地主	任棒钰	富农	富农	1.5			6元	二十九年	当年就赎回啦
刘象坤	地主	地主	外村			120			120元	战前	二十八年赎回
王金斗	外村		任王珍	商人	地主			4	142.9元	二十九年	典期3年，典进后伙出
任秉衡	中农	中农	外村				1		36元	二十六年	
任振刚	自由	贫农	冯秉智	小商	小商	1.5			284元省钞	战前	三十年用214元本币赎回
任振纲	自由	贫农	外村			1.5			10元	三十年	承典系婿家地，当年赎回又转典出去

（续表）

出典户姓名	成份		承典户姓名	成份		出典土地			典价	出典时期	备考
	战前	现在		战前	现在	梁	平	水			
刘垂儿	自由	贫民	任虎城	贫民	贫民			0.5	16元	战前	二十九年用省钞赎回
刘兆兰	其他	贫民	刘秃孩	外村			1.5	0.23	20元	战前	二十八年赎回，入典户移到外村
刘德明	贫民	贫民	刘有礼	小商	小商		1.5		20元	战前	三十一年赎回
刘德明	贫民	贫民	刘如晏	小商	小商		1.5		52元	战前	
刘树德	小商	贫民	刘如晏	小商	小商		1.5		50元	战前	在战前水推了，没算占有地
王抵金	外来	小商	外村			1.5		0.2	12元	三十年	地在陕西
刘树庚	富农	贫农	任憨小	地主	富农		4	2	130元	战前	二十八年水推了，典入者现出去
刘一珍	自由	自由	刘如晏	小商	小商		2		35元	战前	地水推了，没算入占有地
王怀心	小商	富农	任锦春	小商	中农		5		20元	战前	二十八年用大花脸赎回
王怀心	小商	富农	外村				5		60元	三十年	地在陕西
外村			王平顺	小商	富农	14			0.2石米	二十九年	
任侯奴	贫农	全家死	任明玉	游民	贫农		1			三十年	地在外村不出典价
高阳满	外村		任秋生	贫民	贫民	15			50元	战前	地在外村，二十九年用大花脸赎走
白有度	外村		任秉福	教员	小商		3		不清楚	战前	现已买死
注	典价除注明者外，均系白洋为单位										

　　从表1-46统计看来，黑峪口典地共20宗（战前典地战前回赎者不计），战前占去13宗，战后7宗（二十九年3宗、三十年4宗）。战前13宗中有外村的4宗（2家系本村典给外村，2家反是），余皆本村中关系。从出典户方面看，12户（内1户典出2宗）中除2户外村人不明成分外，系地主1户、中农1户、自由职业2户、小商2户、贫民2户（出典3宗）、富农1户、军警1户，以不使用土地的成分为主；从承典户方面看，11户（内1户承典3宗）中除2户外村人外，小商4户、小地主1户、贫民2户、教员1户、成分不明（战后移走）1户，以小商、贫民为主。战后7宗中有5宗是与外村人来往的，仅2家系本村内部的。从出典户方面看，7户中除2户外村人外，地主1户、富农1户、小商1户、贫农2户，各阶层都有，除1户贫农全家死亡无人经营外，余均系土地在外村，不便经营（仅有1户地主系典出的本村地）；从入典户方面看，7户中除外村3户外，富农2户、地主1户、贫农1户。可以看【出】，战前或战后典地中参加的阶级是比较错杂的，要确定为一方面伸冤是不可能的，也是不必要的。

　　从典地的数量上看，除一家地主典出梁地120垧、一家地主典入水地4垧外，余均为数不大，且多系平地。典价是很不一致的，随地的好坏而有很大不同，但"典地一半价"，典价一般等于地价一半的样子。在20宗典地中，典期一般是不规定的，只有一家地主前年典进4垧水地，规定典期3年。

　　在上述20宗典地中，有3宗平地被水推掉，典地关系也就完了，有1宗由典买死，有8宗继

续维持典的关系,有8宗赎回了。兹将回赎土地列表如下:

表 1-47 战前与战后回赎土地情况表

出典户姓名	成份		出典时期	出典土地			典价	承典户姓名	成份		回赎时期	赎价	备考
	战前	现在		梁	平	水			战前	现在			
任棒壁	地主	地主	二十九年	1.5			6元	任棒钰	富农	富农	二十九年		
刘象坤	地主	地主	战前	120			120元	外村			二十八年	120元(大花脸)	
王怀心	小商	富农	战前		5		20元	任锦春	小商	中农	二十八年	20元(大花脸)	
刘垂儿	自由	贫民	战前			0.5	16元	任虎城	贫民	贫民	二十九年	16元(大花脸)	
刘德明	贫民	贫民	战前		1.5		20元	刘有礼	小商	小商	三十一年	216元(本币)	
高阳满	外村	外村	战前	15			50元	任秋生	贫民	贫民	二十九年	41元(大花脸)	
任振纲	自由	贫农	战前		1.5		284元省钞	冯秉礼	小商	小商	三十年	214元(本币)	
刘兆兰	其他	贫民	战前		1.5	0.23	20元	刘秃孩	外村	外村	二十八年		承典人再做一年地后由出典人无价抽回

赎地的8户中,除外村人1户外,地主2户、富农1户、贫农1户、贫民3户。从被赎地的8户来看,除外村2户外,富农1户、小商人2户、中农1户、贫民2户。以出典时间看,7户是战前的,仅1户系民国二十九年(1940年)的;以回赎时间看,民国二十八年3宗,民国二十九年3宗,民国三十年1宗,民国三十一年1宗。典期一般到了3年,只有1宗是当年典出当年就被赎回。以赎价看,4宗是用的大花脸,1元大花脸当作1元白洋用的,这里面包括1户地主用120元大花脸赎回120垧梁地,1户富农用20元大花脸赎回5垧平地,1户贫民用16元大花脸赎回(1户贫民承典的)半垧水地,1户贫民被外村人用41元大花脸赎走了15垧梁地。1宗是用214元农钞赎回1.5垧平地(原典价284元省钞),又转典出去了(典价10元白洋)。1宗是用216元农钞赎回1.5垧平地(原典价20元白洋)。1宗要给大花脸,承典人不要,商定再种一年无价抽回。1宗不明。

在金融紊乱的当中,典出户趁机大讨了一下便宜。但这并不是合理的现象,它紊乱社会秩序,对基本群众也不见得有利(在黑峪口毋宁说是有害)。过去的已经过去了,今后应该规定适当办法,按地价的跌落程度给回赎者以适当折扣(如地价降一半,赎价也给以对折),但必须照出典时货币按市价折成农钞或法币回赎,禁止一元农钞抵一元白洋的办法。

关于押地仅调查出两件:一系一家地主在抗战前借给另一破落地主白洋200元,押梁地27垧,自押后即开始使用(出租吃租子),共约10余年,今年双方议定由押地者再补给债户30元白洋将地买死;一户系过去河西时之富农,放债与河这边的人,押梁地20垧,土地革命时移到黑峪口寨滩上即使用该项押地,至今已七八年,未向债户回赎。

押地带有明显的剥削性质,我们无疑的应用情于被押地(债户)的一方面。同样应规定一定的回赎办法,并可比赎典地在条例上给以某种程度内的优待。

九、借贷关系

借贷关系是相当复杂的一个问题,特别是在作为一个市镇的黑峪口,这方面要比较发展而来得复杂。但关于这个问题的调查是很困难的,旧债未清理,新债又是隐藏的方式,因此战前战后的借贷关系都难调查,特别现在的借贷关系。而贷还不同于土地关系,后者是比较公开的,前者是比较隐蔽的,侧面的调查既困难而又不大可靠。下面仅就得到的材料加以说明。

借贷有两种,一种是钱的借贷,一种是粮的借贷。无论是钱债或粟债(即粮债),都要履行一定的手续。

首先必须写借约(谓之揭约),但约的繁简不同,如借方(借入户)有信用而为贷方(贷出户)可凭信者,可由借方写一纸借约,交约即可使钱。有时须有"保人"说合,并须在约上画押,使贷方更有保证。

如贷方认为必要时(他差不多经常认为是必要的),借方还须出押或押物(如土地、房屋或衣服、手镯之类)。其抵押不动产如土地、房屋以为担保者,除写揭约外,还须将土地、房屋的约券一并交贷方存照,但土地、房屋的使用权仍归原主。如借方过期不付利时,贷方即享受该项抵押土地或房屋之收益作为利息的偿付。日后借方清理旧债时,除可借本钱例应归还外,使用押产前之欠息亦须如数付给。

关于押物揭款,系贷方乘势揭款者。有紧急用项,以远低于押物的价格(押物值1元只贷3角)并约定较短期限,期限一过,贷方即将押物押死而取得其所有权,这种办法是相当残酷的剥削形式。

还有这样的情形,揭款者将土地或房屋的使用权转给贷方,用一种钱无利地无租(或房屋租)的形式,以土地或别的不动产的收益押付利息。这已经有点类似典型的物贷了。

借贷普通是不限期的,只须计期付息就可,继续不断的使用下去。但还有一种限期贷款,有对年对月的分别,所谓对年,即限一整年,对月即限制几个月。这种限制在贷出户说来,一方面是怕贷入户破产,在估计他能还债的时间内给以限期贷款,限制其计期本利清债,免得遭受损失;另一种情形是怕贷入户借入不久立即归还,一时找不下新借户使本钱空着不能生利,所以也限定期限,不计期不能退本。这大都限于贷入户信用较好的情形下。

借贷中的剥削表现在利息上。

关于本利,老百姓有一句俗语,"钱不过三,粟不加五",就是说钱息不超过三分(月息),粮息不多过五分(每斗每年五升)。又说"放财三年本对利",就是贷钱出去三年后利息可超过本钱。

实际情形差不多,钱息一般是三分,从表1-48和表1-49来证明一下:

表 1-48　战前 10 户贷入户利率统计表

利率	贷入户	贷入款数
三分	8	331 元(白洋)
二分半	2	200 元(白洋)
合计	10	531 元(白洋)

注:战前一位高利贷者。

表1-49 战前1户富农高利贷者贷款利率统计表

利率	贷放户数	贷放款数
三分	22	776元（白洋）
二分半	3	107元（白洋）
合计	25	883元（白洋）

关于交利,一般的先使用钱以后计期本利清还或单交利(俗称为"找利")。最残酷的一种形式是现扣利又押实物,但极少。这种形式是对最靠不住的债户放的,是一种所谓"不正派"的放账(如赌博场中的借贷),其特点是期限很短、利率很大、现扣利息(即贷出户于贷出之本钱中扣掉全部利息),又押实物(过期交不来钱即将押物抓本)。交息有时不一定全交,能少交,如10元利交8元或数元,这要看借贷双方的关系,但利息虽可少交一点,却没有减低利率计算的。

债户除交付一定利息外,有时还给债主送一点礼物,但不普遍,是在双方关系比较好的情形下才有的(债主少要点利,债户送点礼物)。当然也有债户因有特殊原因一时交不上利,送点礼物请求债主"恩免"些利息或缓交些利息。

通常旧历年底是清理债务还本或交利的时期,贫苦的欠债者最怕年关到来,有一句俗话"过了腊月二十三,逼得穷鬼上石头"(意即上山躲债)。在抗战开始时,此地牺盟会曾有一年在年关发起一次缓债运动,颇为欠债者所拥护。

究竟是哪些人贷出和贷入,从下面的统计中可以看出。

表1-50 战前各阶级贷出统计

	地主	富农	中农	贫农	商人	贫民	合计
贷出户数	6	2	1	1	5	1	16
%	37.5	12.5	6.25	6.25	31.25	6.25	100.00
贷出款数	3820	1529	200	20	634	10	6213
%	61.5	24.6	3.2	0.3	10.2	0.2	100.00

注:这个统计不确实,因为大家隐瞒,但从中可见借贷的一般[斑]。

地主、富农是高利贷的主角,在户数上他们占放债者的一半,在贷款数目上更占80%;地主本身即占贷出户的37.5%,占贷出款数的61.5%;商人和中农放一些债,但为数不多;贫农、贫民微不足道。再看战前贷入情形:

表1-51 战前各阶级贷入统计

	地主	富农	中农	贫农	工人	商人	贫民	其他	总计
贷入者户数	3	1	4	4	1	5	1	3	22
%	13.5	4.6	18.2	18.2	4.6	22.7	4.6	13.6	100.0
贷入款数	270	50	595	370	87	301	30	361	2064
%	13.1	2.4	28.8	17.9	4.2	14.6	1.5	17.5	100.0

从表1-51可以看出,中农、贫农、商人和"其他"等成分是借债的基本队伍,但前面表中指出中农和商人还放一些款,因此真正受高利贷剥削的还是贫农。

在借贷中有一种互助性质的借贷,贷出户不要利息。在调查查出【的结果】中,这种互助性质的借贷战前发现 3 个,共计白洋 48 元,其中两件系亲戚关系,一件是地主与佃户关系(地主借佃户的),另外有几件是买商号货物的欠账。

战后的借贷很少了。在贷出方面,只调查出 1 户,系小商人,无利贷给自己的房主法币 70 元,此外再没有调查出来。在贷入方面也少多了,但比贷出方面还多一些,请看下列统计:

表 1－52　战后各阶级贷入统计

	地主	富农	中农	贫农	商人	贫民	总计
贷入户数	1 户	1 户	1 户	4 户	2 户	2 户	11 户
贷入款数	白洋 5 元	法币 400 元	白洋 5 元	白洋 6 元 法币 247 元	白洋 10 元 法币 370 元	白洋 36 元 法币 30 元	白洋 62 元 法币 1047 元

贷入户数仅 11 户,只达战前之一半,贷入款数仅白洋 62 元、法币 1047 元。像贷入时法币市价折成白洋,则只有 222 元,仅及战前九分之一强。在贷入中,互助性的借贷比战前的比例大大提高了,上述 8 户贷入者中,有 5 户系互助性质,共计白洋 104 元,无论户数上或款数上均约及三分之一。

战后,特别是新政权成立后,借贷之路日益缩小了。除款的互助外,借贷是很难的,其原因大致是:地地是不交息的风气,使高利贷者宁愿将钱埋在地下。正如一般人所说的,"财主们的钱都下窖不出了"。第二,有钱的人怕暴露自己的钱,引起负担的加重,这与根据地过去整个"左"的错误是分不开的。第三,还可提一点,即人们说的"世穷"了,老财们也确实钱不多了,特别在旧债没有收回以前。第四,白洋禁止使用也是一个原因,老百姓借钱要借白洋,但法令又不准使用白洋,这是一个矛盾。最后,行署新近颁布的战后借贷利息不受分半限制的规定,在下面还没有进行宣传解释,群众都还不了解,也不能不有影响。

目前借贷关系陷于停顿状态,新政权成立后债户已大部不交息,债主也不要,旧的搁置不理已成普遍的风气,既不减息也不交息。据谈,在黑峪口还有 1 户小商,战前贷入 80 元白洋,现在按法币实行分半利息。在大花脸死下①以前,有用一元大花脸顶一元白洋还债者,新政权规定白洋按银行牌价折农钞还债后,事实上依法清理者很少,一般是双方悬而不决,在债主方面有些干脆不希望要了,有些则是"待机"(想着新政权垮台后要好钱)。在这种情况下,欠债人可以不还债,当然拥护,但一般小商人、贫民、贫农、中农还都希望有借钱的地方,希望有放债者。因此,适当的清理旧债是目前一个重要的问题。

借贷中除钱贷的贷出贷入外,还有粮的借贷。

战前贷出粮债者有地主 1 户,贷粮 10 石,全在外村(吃的地租就地贷出);富农 1 户,贷出粗粮 6.3 石、小米 6.25 石;小商人 1 户,贷出粮 3.8 石。贷入者有 3 户贫农,共贷入 2.15 石(石系大石)。

战后贷出粮债者未调查出,贷入者有 4 户:地主 1 户,贷入 5 斗;中农 1 户,贷入 5 斗;贫农 2 户,贷入 1 石。共计 2 石,全系贷自外村者,且均为互助性质的,无利,是亲戚关系。

---

① 编者注:即"贬值"之意。

粮债的利息普遍是年利 5 分(1 斗交 5 升),通常是春借秋还。

战前的粮债也有未清理的,黑峪口的一个地主在外村放了 10 石粮债,自民国二十七年(1938年)以后就吃不到息了,本也难收回。但粮债不同于钱债,多系一年清一次,因此旧债问题不严重。

战后粮粟的借贷少了,除旧债未清现有关系外,地主、富农有[余]粮没有了也是个原因。抗战以来的动员和敌人的破坏,已经使地主、富农没有什么有[余]粮可以出借了。

新政权成立以来,政府有向农民的春耕贷粮贷款,计 1940 年共贷出粮:麦子 1.59 石、黑豆8.88 石、荞麦 2.08 石、谷子 8.585 石、江豆 4 斗、豌豆 2 斗;款:白洋 3 元、法币 205.35 元。这个数目是不小的,但村里群众把贷粮贷款看成是救济贫人,没有打算归还,这笔账直到现在还没有弄清楚。1941 年政府春耕贷粮 3 斗、贷款 90 元农钞。今年贷出来 9 斗(折粗粮 1.8 石)。

农民银行在今年也实行放款,仅六、七两个月即贷给黑峪口的小商人和贫民 22900 元,计 17户,均系做商用的,月利 3 分,是一种限期的放款,期限从 3 个月到 5 个月,以 3 个月的多。这种贷款还该向农工业里流一下,据黑峪口农民银行的同志讲,总行放三几十万元是没有问题的,这对于在根据地的经济是有好处的(从黑峪口的小商人和贫民争着借银行 3 分月利的款子来看,人们是迫切要求活跃根据地的借贷关系。而我们银行的力量终究是有限的,必须在活跃老百姓相互间的借贷上着眼才对)。

十、商业

黑峪口的商业在过去是很发达的,除兴县城关外,算全县第一市镇,有水旱码头之称。河里经常有三四十只船,路上骆驼和骡子也很多,是神木来货的进口处,太原的来货也很多。商店不下四五十家,而且资本还不小,有多至三五万元的。"骡马大会"(春天)时,兴县来黑峪口做生意的有二三十家,生意也不小,在三大会期中,一家就卖到 3000 元白洋的流水。全镇的人口曾经达到 1500 人。随商业的繁盛,文化也是发展的,曾经培养了一大批知识分子。人们到现在还念念不忘于往昔!

红军东渡给黑峪口商业以很大的影响。许多外来的商业歇业或迁移,商店由四五十家减至二十几家,商店歇业和迁移回家,商人们怕"共产"(河西眼见得分了土地)。但主要的还是由于赵承绶的"剿共军"的扰乱,那样一个地方驻上一团人,军长、参谋之流一大群,谁家的商号大就住在谁家,要洋烟要白面,把人吃穷了,不能不搬家。

1940 年的扫荡,特别是冬季扫荡,更给黑峪口商业以严重的破坏。全镇的房子被烧掉 270多间,烧掉战前原有房子的十分之七(原有 380 来间),窑也烧掉不少(原有 300 来孔,烧了近 100孔),经商的住处成了问题。货物被烧没有统计,但同样是不少的(过去黑峪口的算盘是很多的,几乎家家都有,这次调查借个算盘都很困难,原因是烧掉了)。其次,在巩固河防的必要下,政府统制了船只,大都做了渡河的工具,有些替公家运粮运炭,就是没有收归公有的少数经商的也不准靠河东停,也大大影响了黑峪口的商业。加以金融不稳、信用紧缩,以及敌人的封锁和农村经济的自给自足化,这一切就不能不使商业大大衰落。现在黑峪口的商业无论在量上或在质上都起了很大的变化,下面略加说明。

（一）物价

战争使物价高涨，由于通货膨胀，物品的货币价格更显得急剧上涨，这无论对于法币、晋钞和我们发行的农币都是一样的。为了更确切的说明抗战以来的物价变动的真相，这里我们以白洋作为计价标准。粮食的价格目前约为战前的 3 倍，物价的上涨在 1939 年特别大，这与荒年有关，1939 年前的粮价上涨比较和缓，1939 年后半年仍上涨，但也缓和多了。铁及各种铁制农具的价格大体也增涨为战前的 3 倍左右，现在农民用铁很少了，农具也不大添置了。日用品中，在衣着方面，棉花与土布约为战前价格的 3 倍半，洋布为 7 倍半，洋纱则为 12 倍（我们需要洋纱作为土布的经线，敌人特别封锁它），羊毛也涨了战前的 2 倍弱。在食用方面，盐价略涨（由每斤 6 分涨至 8 分），胡麻油也略涨（由每斤 0.24 元涨至 0.27 元），猪羊肉涨的快些，为战前的 3 倍稍弱。在其他一些日用品中，火柴、日光皂均为战前的 12 倍，针为 6 倍，但碱因系神木之货而价格平平，前年与去年一度上涨（原因不明，恐与统一战线有关），今年又趋战前水平了。奢侈品中，临县卷烟与本地酒均涨，约为战前价格的 2 倍，鸦片在战后逐渐上涨，今春以前涨至战前的 4 倍，但自这次种烟以来又跌至战前价格 2 倍以下了，到了 1937 年的水平了。牲畜方面，牛驴价格无大变动，1939—1940 年曾一度低落（特别是驴），现在又达到战前水平，甚至略有上涨。在牛驴价格变动中，大牛价格未上涨，而且曾在很长时间内（1937—1941 年）低于战前价格，但中牛与小牛的价格则是上涨的（中牛每头 30 元增加到 40 元）。猪的价格上涨了，以小猪为例，由每只 1 元涨至 3.5元。羊也涨价了，但没有猪涨的快。

从物价变动中可以看出，各种物品的白洋价格是普遍的上涨了，但比较起来，工艺品比农产品涨的要快。在工艺品中，洋货涨的快，土货涨的慢（还有些低于粮食价格，如盐、碱）。在农产品中，粮食涨的快，油肉等涨的慢。农村的副产，如羊毛、烟酒涨的也比粮食慢，牲畜价格也比粮食涨的慢。

这种变动是由于战争的需要、敌人的封锁和根据地经济落后等因素交织造成的。战争需要浩大的人力，人首先要吃饭，粮食贵了，人要穿衣，而敌人封锁和根据地工业不发展使布匹来得更贵。战争期间物力困难，生活从简，因此油、肉、盐、酒等涨的比粮食、布匹慢。

这种物价变动是有利于根据地农业和工业的发展的。

（二）入境货与出境货

入境货与出境货都大大减少了，无论在种类上与数量上。

首先，看入境货物。现在基本上是根据地范围内的境内贸易，这里有临县来的包烟、麻、麻绳、黄草纸、铁（最近不来了），最近两年来布来的很多，不下于神木布了，棉花、麻货也来的不少。河曲、保德来的麻货很多，东面岚县、岢岚、静乐、宁武等县在四五月时来些粮食。但我们还须给友区不少东西，有神木的土布、酒、针、线、碱、盐（花盐好，去年不来了）、胡麻油（春天来些不多，因本县产的不少），有口外来的药材。

敌占区的来货因敌人的封锁已大大减少了，现在只经过包头、神木来些洋火和纸烟。公家的商店还从东路（敌占区）运些布匹、文具和日用品来，但为数不很多。

其次，看出境货。战前粮食、棉花均为出口大宗，最近几年谷雨前后不下雨，棉花不够（还要临县来），今年收下来可以自给。粮也不能出口了，但从岚县一带转境一些去神木（公家统制粮食出境)。牛、驴、羊、猪在战前是出口大宗,四大号召时一年自黑峪口运河西的不下6万头,现在牲口不够用,甚至要到敌占区去买。

(三)集市与农村

黑峪口的集市是不小的,周围30里农村以这里为交换中心。每逢阴历双日即逢集,是相当频繁的。一个集日人来的多少不等,农忙时最少,不过百来人,一过农忙人就多了,普遍也有二三百人,多至四五百人,年节的时候人数更会倍增起来。

在集市上,农村与市镇的人们、农民与商人们进行着商品交换。这种交换一般是以货币进行,法币是主要的,其次是晋钞,也暗暗的流通着不少的白洋(去年,只兴县查出被没收的白洋就有2000元)。另外,物物交换的情形也有,如农民们拿粮食换盐、拿羊毛换布等。

集市上的物品是比较简单的,以布匹、盐、粮食为大宗,其次是麻线、碱一些日用品,临县的包烟也是主要的商品(这里的农民几乎每家都有一管水烟袋,差不多每个男子都吸烟)。因为吸烟,黑香也成为不可少的东西。肥皂一类的东西只是卖给公家或公家化了的人,老百姓闻不惯那股味儿。但毛巾的销路却是很广的,农民们用来做头巾,男女老幼都要用,是帽子又是装饰品。在春季,间或有商人出卖些农具。

农民们也到集上出卖些蔬菜。其中辣子是经常的(鲜的或干的),也是大宗,主顾是市镇上的居民或公家人。每逢集日,黑峪口的小商人或贫民还摆上十几个饭摊,卖些软米糕、饼子或豆腐汤之类,来招待那些远自山村来的农民们,过往的公家人也是他们的主顾。

在春季或秋季,牲口市场也不小,特别是阴历正月十五日(今年改为三月三日)的骡马大会是全兴县最大的牲口集市。每年这时,上市的牲口(役畜)不下五几百头,今年特别少,不过五几十头。

战争使市镇与农村的联系削弱了,现在农民们更加趋向于自然经济。洋火一般用火石代替,洋线和土线也买的很少,而采取手捻线,自种一些大麻榨油燃灯。农民们自己无法制造的,如布匹、盐碱等消费上也尽量减少,在消费上是比战前差多了。现在农民们需要市镇的少了,这是农村与市镇联系的一方面。其次,商人也有些分散到农村去,战争使"商业游击化",使"商人下乡",不再像战前那样完全集中于市镇,这是市镇与农村联系削弱的另一方面。

(四)商店与摊贩

黑峪口的商店目前有11个。其中公营商店1个,卫生部开的1个以贩盐、油为大宗,去年冬还贩粮食,原有资本1300元法币;特务团的1个是一个杂货店,成立时1.1万元法币;再一个是新华书店支店,内情不详。私营商店8个,资本最大的是万河药店,卖药为主兼营杂货合股生意,据人们估计资本不下七八百元白洋。杂货店3个,贩卖布匹、碱、烟、洋火、麻线、针、纽扣等类,均系合股生意,资本三五百元白洋不等。饭铺1个,"杀卖"(即宰杀猪、羊)捎卖些烟火,也系合股生意,资本200元白洋左右。开店的2个,资本不大,其中一个系合股的,另外一家是"杀卖"打饼子,捎卖些油、酒、烟、面之类,也系合股的资本,也不过三几百元白洋左右。

可以看出,商业资本较之战前是小的多了,战前动辄几千上万的白洋,现在则不到数百元,而且是合股生意,找不到称得起的商业资本家。不仅商业缩小,信用也缩紧了。抗战前经商的能大批的赊货,而且一赊就是几个月,四月、七月、十月是"票期"(赊贷清算期),现在顶多能赊十天八天。因此,同样的资本,现在不如以前活动得开。资本与借贷不发展(差不多停顿了),人们不肯往外借钱,在借贷关系中已经谈过了。

因此商店的货在数量上是相当少的。据商人们估计,现在全兴县所有商店的布匹也没有旧时一家商店的多,量上少,不敢和无力存货也是各个商的特点。商店的货不仅数量少,而且种类也简单,像前面谈的,主要是农民无法自制的必需品,如盐、碱……应有尽有的杂货铺是没有的,但这里在过去却是经营杂货最大的。

商店是短小精悍了,有些来的更彻底,连门面也不要了,只是逢集时摆上一个,只是卖上些布匹、烟、线、洋火等,或摆上几蒲[笽]篓盐,资本不过几十元或百十元白洋,携带方便,打游击也灵活,有时还可以下乡,或者在集日一过就回家务地(半商半农)。这样的摊贩也有十来个,有时还多一些(饭摊不在内),特别在冬季,黑峪口有些农民也摆个摊子卖些盐、布等,那时的摊贩会格外增多起来。

(五) 商业利润与商人生活

商业利润,据一些摆摊贩的人讲,一般能取三七利,就是取利十分之三。以布为例,神木买1个布要4元白洋,上黑峪口贩卖能卖5.2元白洋,"毛利"(只除本钱不用开销)3分。据商人讲,除去路上开销及上税,1个布实际只能赚5角白洋,利润率只能达12.5%,只是布匹的利润比其他货物利润要低,商人所得的平均利润要高些。

战前1个布只赚1角白洋,利润率也只达7%(1个布1.4元白洋),但能买谷米8升;现在1个布能赚5角白洋,但只能买4斗谷米。拿流水讲,过去杂货生意一冬也能卖一二十卷布(每卷30个布),生意大些的也能卖二三十卷。现在每年只能捎卖上200个布,比以前差多了,因此商人的生活困难了。不少的商人改农业,大部分商人捎种了地。当然,比起农民们,生活程度上商人还是要高些的,但他们的距离也大大压小了。现在给人家当账先生管吃,"上手的"(能干得下去的)每月能挣五六元白洋,比一个好长工的工价略高些。现在商人算人股的多,人做钱股,一人算一股;过去大生意挣身价的,算股时要看能力,一般一个人只能顶几厘,顶不了一股。因为生意小了,商店里很少用学徒或店员(只是一家饭馆、一家开店的有佣人),都是兼管营商或杂役。

因为只是些小商人,最大的也不过是个中等商人,盈余多自己要劳动(要支付运输劳力,而在这样落后的环境里运输劳动也不能不是一种苦重的劳动)。一般还没有都市商人那种生活腐化现象,吸洋烟的还没有发现(倒是一些贫民吸洋烟),生活一般还朴素。这些商人与农民的距离是不大的。

(六) 发展商业中的困难和障碍

战争增加了发展商业的困难,这种困难表现在于两方面,即买不到货和本钱少。我们应在主观上可能范围内求得上述困难克服或减少。

关于资本少与使用紧缩,银行已开始进行放款,共放给黑峪口的小商人万余元。但仅仅这样还是不够好,基本上应着力于调整农村借贷关系,活跃农村金融。

关于买货困难的问题,基本上在于求得经济上的自给自足,不仰仗于敌占区与友区,但同时还应注意以下问题,这些问题是商人们的共同要求。① 改变货物入境纳税的办法。现在从神木买货到神府入境一税,自盘塘过河的税到黑峪口又一税,一个地区纳3次入境税,不仅商人不满意说"也不知道那边与河这边还是不是一气①了",就是黑峪口贸易局办事处的同志也认为"对晋西贸易不利"。② 税则应该比较稳定,变动时应该通知商人,不要动辄处罚。商人们说:"弄不起公家的规定,不知道什么该买,执行人挑眼子,去年没收了许多黄表对联、冥币,说是迷信奢侈品是禁止卖的东西,但公家没收后打上图章又拿出卖了。""官家卖就官了。"(意思是官家卖的,非法的也变成了合法的了。)③ 稽征机关手续要简单,便商利用。商人们的反映是"交换所,手续大,老百姓批准的少,且费时很多,大家不愿意去","查验所批入口货时只批固定买一两样,批好的东西说不定价贵了,买回来后没利,又不能买别的,有时要空跑一趟,坐商是个灵活的,公家的批准则是不灵活的"。

商人们的上述意见应该考虑。在黑峪口,过去没有商人的组织,商人没有发表自己意见的地方,公家也没有适合的组织来对商人说明贸易政策,这是不好的,他妨害政府的贸易机关来改进自己的工作和团结与教育商人。不久以前听说发动组织商联,应好好加强这一组织。

(七) 关于公营商店

公营商店在去年比较多,共有7个。其中有1个饭馆、1个理发馆,均系卫生部的,余均杂货店,内有卫生部的2个、暂一师1个、抗大七分校1个、区抗联1个。今年少了,只剩下卫生部的1个健康分店,特务团的1个,还有1个新华书店。卫生部的健康分店是去年冬来的,最初资本1300元法币,到今年夏天已到了七八千元法币。买卖以细盐为大宗,捎卖些烟火及日用品,去年冬贩盐时最多一个月做到1800元法币的流水,今年夏生意不好,每月800元流水的样子,店里物价一般比市上便宜些。店中共9个人吃公粮、领菜金,自己还种些菜,卫生部的人来往过河在这里歇牲口。

特务团的商店是刚自城里移来的,去年5月26日在城里成立的,最初资本1.1万元法币,截至去年12月底共做9万多元农钞的流水,去掉营业税、房租和零用,共赚3万来元农钞。店里13个人(还准备增二三人),主任1人,跑外3人,家里负责3人(管钱、管账、零卖),司务长1人,勤务1人,伙夫1人,马兵3人,人吃公粮、领菜金、穿军衣,马吃公草公料。据他们自己计算,除去公粮等开支还能够多少获一点利,但是很少,原因是公家商店用人比私人商店用的多。但据说这个商店是用人较省的,有的用20多个(去年城里公营商店共有20多家)。这个商店还经常去敌占区买货,去年三四个人骑马带武器,人吃公粮,马吃公草,每人还可以每月用5元伪钞(去年冬折80元农币),总之薪金是相当阔绰的"商人"了。

商人们对公营商店是有些意见的,去年黑峪口的商店没有出公粮(听说是城里的出了公粮),还说"我们吃的是公粮还出什么公粮"。商人们就说:"人家是公家,一切方便,出一点东西也是捎一下。"去年公家禁止粮食过河,但有的公营商店却能往河西运粮,商人们眼中公家商店"走动方便",商人不愿意与公营商店合股,说:"人家有新式序记(即序时记账法),要填表,老百姓弄不清,军民合作在商上合不来。"公家商店本钱大,小商人们还要到公家商店去买货,在商人们看起来,"公家把老百姓的做了"(意即与民争利)。

---

① 编者注:即"一起"之意。

贸易及税务机关对公营商店也有意见,查验所的同志说:"黑峪口部队过河的多带货,有的不叫查,或不叫征税,但又不带免税证,粮食过河也常不带过粮证,超麻烦。"贸易局办事处的同志讲:"公营商店跟着市场跑,为了改善本单位的生活,只是在平抑物价上起些作用。"

到了改组甚至停办目前这种公营商店的时候了,无论从贸易政策或财政政策的观点上看,这些排场十足和浪费公家财物的公营商店都有从新检查之必要(用着马兵、勤务、吃着公粮公草,做自己单位的生意,无论如何是应该禁止的),更不用说为了加强与群众,首先是商人的关系。

十一、手工业

在战前,黑峪口还有一点手工业,这就是粉坊、豆腐坊、银匠铺、铁匠铺、木匠铺,另外就是磨面、打饼子、蒸糕等家庭副业。经过战争的破坏,比较有规模的粉坊没有了,其余也大大衰落了。

关于开粉坊,需要这样一些工具:石磨、瓮、盆、粉箩、锅,除盆和瓮以外,其他工具须每年修理。这些工具需要资本约 30 元白洋,每年修理费约需 10 元白洋。做粉的原料是菜豆、豇豆、扁豆、高粱,要有 4 斗(小斗,下同)原料即能倒动过来。一个壮年男子加上妇女帮助,每天只能做 6 升豆子。假如做 5 斗豆子的粉时,3 个人就可以,但还要 1 个驴。现在雇一个粉师傅每月要 4 元白洋(管吃)。6 升豆子夏天要用 15 斤炭,冬天要 25 斤炭,磨粉越多越省炭。漏粉的全部过程是这样:闷豆子(用水浸软)→磨豆子→过箩(滤)→漂(即沉淀)→渗(滤水)→炕(烤炕或阴干)→擦(将粉快擦成粉末)→漏粉(将粉末冲以沸水,用粉瓢漏出粉条来)。据说菜豆粉最好,出的也最多,1 斗能出 4 斤粉,其他豆子只能出 3 斤多(高粱只能出二成,多了不成)。1 斤粉能漏 14 两粉条,普通 1 斗豇豆能换 3 斤半粉条(现在只能换 3 斤),因此做粉的在这上面赚不了什么钱,主要是渣滓喂母猪赚钱,做 2 升豆子的粉就能喂 1 个母猪、2 个小猪,而这是很赚钱的。一个母猪娃子喂 8 个月即能生仔,头窝生七八个,以后每窝生十几个(有的生几十个,但活下来只能十二三个),每年生两窝(少也两年生三窝)。现在一个猪娃子养两个来月即可卖 3 元白洋(今春到 3 元半),但其消耗不大的,主要是吃奶,只喂二十来天,母猪和小猪吃粉渣滓(或豆腐渣)即可。抗战以来这里开粉坊的没有了,因为粉坊工具贵,修理不易,同时这几年老百姓吃粉条的已经很少了。粉坊的关门和敌人的不时扫荡给养母猪一种威胁,前年冬的扫荡即损失了不少母猪,据统计,现在养的猪比战前大大的减少了。

表 1 - 53　抗战以来养猪变化统计表

		地主	富农	中农	贫农	雇农	工人	商人	贫民	其他	总计
战前	养猪户数		1	1	3			16	2	2	25
	猪数 母猪		1	1				12			14
	肉猪				3			18	2	3	26
	小猪	9						20			29
	合计	10	1		3			50	2	3	69

(续表)

			地主	富农	中农	贫农	雇农	工人	商人	贫民	其他	总计
战后	养猪户数		1	1	4	1			6	2		15
	猪数	母猪			2	1			3	1		8
		肉猪			1	1			3			5
		小猪		1	2	7			9	5		24
		合计		1	4	10	1		15	6		37
现在与战前之比较（战前＝100）				40.0	1000.0	33.3			30.0	300.0		53.6

从统计中可以看出,猪的数目减少将近一半,而商人减的更厉害,减掉70％。过去商人曾是养猪的主力,其次是富农,这与他们的小手工作坊是有联系的。战后商人养猪数目下降最甚,其次是富农,这又是与他们的手工作坊(主要是粉坊)的衰落联系着的。战后中农的猪有增加,与他们移居山中有关。

其次,关于豆腐坊的情形。磨豆腐的工具是很简单的,一个石磨、一块笼布(5尺)、一块包布(3尺)就够了。石磨每年要请石匠修理,笼布和包布在每三天做豆腐一次的情形下,一年一件就够了。豆腐的原料这里全系用黑豆,只须2斗黑豆即能倒动过来。一天做1斗黑豆要用半个工,用4担水、25斤炭。每斗黑豆能出20斤豆腐(每斤黑豆出斤半豆腐)、20多斤渣。普通1斤黑豆换1斤豆腐,能赚一些。1斗黑豆的渣能喂1个母猪、2个小猪,磨豆腐要养猪才更能赚钱。现在老百姓吃豆腐的少了,本街现有磨豆腐14家,有4家是给公家磨的,其次大都卖些豆腐汤,摆上个饭摊,捎卖些别的。14家中有2户富农、2户中农,余皆小商与贫民。

其次,关于银匠铺。这里只有银匠铺1家,在战前弟兄3人在一起,自己打银器卖,还很赚些钱。战后弟兄们分了家,只有1人还当银匠,其余改了业。现当银匠的1人,最近也买了5坰地,种起地来,银匠也不是事业了,更谈不到银匠铺了。

其次,关于铁匠铺。像样的有两家,都是不出门揽活的,有一家还经常有一学徒,并且还雇1个人(前年雇的全年,工资白洋48元,去年雇了7个月,用法币300元)。铁匠用的工具,如砧子、钳子、风箱、大小锤、剪子等都是全套的。他们都有些本钱,自己买进铁来,打工具卖,或替人打东西。户主均吃大烟。战后买卖不见坏,因为农民们的农具许多被敌人烧了,又不能不修理或系置新的。此外,有1个小炉炉匠,给人钉锅、焊壶、修理小家具,独身汉,吸大烟,赚多少花多少。

其次,关于木匠铺。像样的只有1家,父子3人在一起,经常有个学徒。在战前(特别红军东渡前)"营生"比较多,本人是个包工头,大的营造建筑,大都由他包(连石工、泥水工、木工、铁工在一起),从中吃些油水。战后生意坏了,因为敌人的烧杀,人们对于房屋、家具没有建设的心理,因陋就简:房子烧了,听之,窑洞的门窗烧三眼修一眼,而且大都用砖随便砌一下,很少用木工,桌椅烧了也不用添置,现存的还设法向外卖,因此木匠的生意不好了。现在主要靠替公家揽活,替公家修窑的门窗、造凳子。老百姓只是买棺材要找木匠,战争期间死人多,这倒是木匠铺里的一批生意。工资没有什么下落,每天一般4升谷米(或4升米价的现钱)。现在主要是没有好多"活",因此这家也租地种,抗战以来每年都租上几坰地种。

磨面的也有些,现在主要是给公家(如党校)磨,有麦子和莜麦等,也有磨了自己卖的。磨面的方式还异常落后,许多是用人推,有些是用毛驴拉,还纯粹带着家庭副业性质(关于蒸糕、打饼子留在饭摊部分叙述)。

最近一年来家庭纺线有某些发展。许多妇女都替公营纺织厂纺线,从公营工厂中领到几十辆车子(手摇车),纺1斤棉花5元法币或给3尺布,妇女们都积极起来了。因为纺车不敷,许多人还用手捻(这里在过去是常常用手捻线的)。纺线这一工作有了某些收获,但可惜的是织布方面没有丝毫萌芽。

至于榨油、制酒等作坊,这里一直是没有的,这与畜农经济不发展多少有些关系。这里的手工业是与商业联系着的,它只是商业中的一部分。诸如过去比较发展的粉坊、豆腐坊、磨坊,均以供给饭铺或饭摊为直接目的,"吃"在市镇中占有重要地位。

十二、文化教育

要了解我们的文化教育工作在村中的情形,就得了解我们对旧的文化掌握运用的情形和新的文化教育怎样进行。而旧的文化是为旧的知识分子所掌握,现在的文化教育工作在农村主要的是社会教育和小学教育,现在我们就从这三方面来说明。

(一) 知识分子

抗战以来,黑峪口的知识分子起了很大的变化,详看表1-55(最后附知识分子调查表,请参考)。

(1) 从知识分子的数目上看,黑峪口的文化程度是相当的高,知识分子的数目与这里带有农村性的市镇——黑峪口比较是很相称的。这些知识分子在各阶层的分布是不一样的,若拿他与户口比较可以得出下面的结果:

表 1-54　知识分子与户口比较表

		地主	富农	中农	贫农	工人	商人	贫民	其他	合计
户口	数目	19	5	20	43	9	63	62	22	245
	%	7.76	2.04	8.16	17.55	3.67	25.71	25.31	8.98	100
知识分子	数目	23	9	6	6	2	25	4	19	94
	%	24.47	9.57	6.38	6.38	2.13	26.59	4.26	20.81	100

注:有两户雇农因没有知识分子来列入,但总数列入了。

我们可以看出,占户口十分之一的地主、富农就有34%的知识分子,而占户口十分之九的农民、工人、小商人、贫民只有66%的知识分子。中农和小商人的知识分子与他的户口相较是相差无几。工人的知识分子与他的户口比较,数目似乎相差不多,但这两个知识分子是出于一个银匠的家中。贫农、贫民占户口42.86%,才有10.64%的知识分子。这里应该特别注意的是占户口8.98%的其他"阶级"(大部分是自由职业者,以后我们就叫他自由职业者),就占20.81%的知识分子,这与黑峪口的市镇性有密切的关系。这些自由职业者在若干年以前他们的父兄大部分是

表1-55　黑峪口知识分子统计表（总表）

成分	全村总户数	知识分子数	年龄			文化程度					履历						参加工作			自然变动的				到了晋西南	现在在家的				
			18~23	24~45	46及以上	高小	初级师范	初中	完全师范	大学	过去还上学	当高初小教员	晋西村政权工作	军警工人士兵	职员	种地经商	教员	参加工作	合计	死亡	移出	嫁出	共计		闲住	做生意	种地	靠苦力为生	共计
地主	19	23	7	14	2	13	2	5	1	2	9	8	4	1	1	1	1	5	6		4	1	5	3	2	1	5	1	9
富农	5	9	5	4		7		2			5	2	1	0	1			2	2			1	1	4		1	1		2
中农	20	6	1	5		5	1				2	3				1		1	1								5		5
贫农	43	6	2	4		3	1	2			2	3		1				1	1					2			3		3
工人	9	2		2		2					1			1				1	1								1		1
商人	63	25	6	19		24	1				7	4		1		12	3	5	8	1	2		3	4		10			10
贫民	62	4	1	3		3		1			1	1		2				1	1		1		1	1				1	1
自由职业	22	19	2	17		8	5	2	4		1	15	1	1		1	3	5	8		2		2	2	2	3	1	1	7
总计	245	94	24	58	2	65	10	12	5	2	28	36	6	7	2	15	7	21	28	1	9	2	12	16	4	15	16	3	38

说明：
一、本表所指的知识分子是高小以上毕业的，肄业的是指多少干过事情的。二、高小内有清贡生1人、肄业的6人，计地主1人、富农2人、商人3人。三、军警、工人、士兵内做大小生意兼给人家当店员、士兵、军警、市匠各1人，唱戏的各1人。四、职员包括文书1人，煤炭公司司账员1人。五、种地、经商是在家种地和做大小生意兼给人家当特务1人。因贪污逃亡神府当特务1人。六、参加工作有随旧军走到我方所悔参加工作1人。七、到晋西南有我方人员被俘1人，随旧军到陕1人，嫁出后到晋西南1人。

成分是战前的，年龄是现在的，履历也是战前的。

小商人和一部分农民,他们把一部分盈余放在子弟的知识求得上,靠着市镇入学的便利从高小毕了业,又依靠交通方便去了费用很少的师范,待父兄劳动力衰退以后他们就用这类知识来承继父兄的家业而生存下去。

从上面可以知道,过去的教育是半封建半殖民地的教育,他是给地主资产阶级服务的。除了一部分小商人和富裕的农民外,庞大的工农小资产阶级是被关在学校的大门以外,终年过着迷信、愚昧、无知的生活,他们的经济基础决定了他们一生的命运,而不是什么上帝和神仙。

也可以知道黑峪口的知识分子大部分是工农小资产阶级,约占知识分子三分之二,地主、富农的知识分子占三分之一,在文化程度的高低上说也是不相上下的,从下面可以看出。

(2) 从文化程度上看,地主和自由职业者的文化程度差不多,富农的知识分子与户口相较是占很大的比重,但文化程度不高,其他的阶级几乎完全是高小毕业。在表上我们还可以看到贫农也有两个初中的,因这两个在 10 年前还是富裕的小商兼务农人家的子弟,抗战前转到贫农的。

在文化程度上也可以看到封建经济在农村的根深蒂固,富农在农村发展的幼稚,黑峪口的市镇性。

地主、富农上中学、大学的多于师范,自由职业者和工农、小商业者上师范的多于中学。这说明地主、富农所培养的知识分子不但想在经济上获得利益,而且希图在政治上也要占相当地位,以巩固他的剥削。而自由职业和工商农各阶级因经济力量的限制则拼命的往上爬,自由职业者是爬的最好的。爬不上去的只好重新继承祖业,或是经商,或是务农,或干其他出卖苦力与技术的事情,从下面的事实中证明是这样的。

(3) 从履历上看,除了抗战前还在上学的外,大部分是当教员和在政权机关干事情的。二完小校长说"过去小学教员得有高中程度,才有资格教",所以有一部分知识分子回家种地、经商、出卖苦力是必然的,特别是小商人。

表上的数目字只是统计了每个人最主要的一种工作,他们当中有不少的干过这,也干过那,它还不能完全说明问题。例如,按工作表来说,就可以得出下面的数目字:

表 1 - 56　各阶级知识分子所从事工作统计表

	地主	富农	中农	贫农	小商	贫民	自由职业	统计	备考
实际数目	12	4	3	3	5	1	16	44	1. 每个工作至少在一年以上才填入。 2. 本表只指干过这项工作的,其他工作概未列入。
村政权	5	1	1	1	3		5	16	
县区财政	2		1	1		1	4	9	
职员	1	1				1		3	
高小教员	4						3	7	
初小教员	7	3	3	3	4	1	12	33	
合计	19	5	5	5	8	2	24	68	

从表 1 - 56 可以看出,平均两人干过 3 种工作,不但有教育工作的经验,而且有政府和其他工作的经验。以教育说,知识分子的数目不但很多,而且有丰富的工作经验,他们有的 1 年,有的 5 年至 10 年,有的 10 年至十四五年,还有的教了 20 年,不能说经验不丰富。以政权来说也同样,有的在县上,有的在区村,最多的也够十四五年,普通三年至七八年最多。

从表 1-56 可以看出,地主过去重要的是在政府中做事,自由职业者和其他阶级主要在教育界。

这些知识分子掌握了旧的教育工作和政权工作经验,这些东西虽然是旧的,但其中有很多宝贵的民族遗产值得我们学习与继承,我们应该通过这些旧的知识掌握者来批判的接受先人的遗产。这些知识分子我们应该教育他们,团结他们,他们中的进步的东西使它发扬光大,落后的东西给以扬弃,使它们为抗战服务,为大众服务。这个工作,我们是有很大的成绩的,以后还应继续,从下面的事实中可以看到。

(4) 从现在的情形上看,94 个知识分子除了 12 个自然变动的外,有的参加了我们的工作,有的到了晋西南,还有的在家中。他们的情形可参看表 1-57。

表 1-57　现有知识分子状况调查表

	人数		年龄			文化程度					干过事否		备考
	数目	%	18~23	24~45	45以上	高小	初师	初中	师范	大学	干过	没有	
参加工作	28	34.1	11	16	1	15	5	3	3	2	16	12	
去晋西南	16	19.5	5	11		11	3	1	1		8	8	
在家住的	38	46.4	5	32	1	29	1	7	1		18	20	
共计	82	100	21	59	2	55	9	11	5	2	42	40	

第一,参加工作的 28 个占全数的 34.1%,其中四分之一是教书,四分之三参加了我们的政民工作。依各阶级知识分子的多少不同,参加工作的也各异,地主参加工作的 6 个,其中有 3 个是出自一个革命家庭,文化程度也高,年龄青、壮、老各 1 个,其余 3 个都是青年,高小毕业。现在的成分:1 个是地主(可怜的快不像地主啦),1 个是中农,1 个是女的,嫁给我们的一个很穷的同志了。他们在战前是失业,在现在是为抗战而工作着。地主在数目上看参加工作是不少的,但实际上是不多的。小商人参加工作的 8 个,其中有 3 个是当教员的,都是高小,没有干过些什么事情,年龄顶大的也不过 28 岁。1 个是随旧军走为我方所俘,现在为我方工作,1 个是在延安中央医院工作,1 个是武委会区干部,这 3 个都是高小毕业青年(有一个 25 岁),在社会上没有干过事情。还有两个是:1 个区长,中学,壮年,干过事情;1 个是高小,壮年,当村公所书记。可以说小商人参加工作的大都是教员与区村干部,年青,文化程度低,过去也没有干过些什么事情。他们借战争与革命的机会,成为我们下层工作的活动分子。自由职业者参加工作的 8 个,大都壮年,文化程度很高,只有 2 个高小、1 个青年,大都是在社会上干过事情的有经验的人。奇怪的是中贫农、工人、贫民参加工作的才 2 人,这是由于他们大部分是高小毕业,由于这种毕业即失业,所以他们只好将心安在农业上和苦力劳动上,在几年极度紧张的生活中,他们的知识亦随着紧张的生活而消失了,他们也不做大的希望了。

总看参加工作的,大部分是成年人,而青年人也不少(约占青年之半),有一半是受过中等以上的教育和在社会上干过事情的。

第二,到了晋西南的 16 个占全数的 19.5%$\left(\frac{1}{5}\right)$,其中 11 个壮年、5 个青年,三分之一受过中学教育。地主 3 个:1 个是十一专署教育科长,随旧军走了,现在到了西安,听说很坏;1 个女的嫁到了赵家川口，跟男人到军官集训团受训去了；1个是参加了突击团，事变后回家，听人家乱嚷新军来了把"赵总司令"打到了临县，"凡是给旧军办事的都杀哩"，结果连夜又偷偷的跑了。富农中有1个也是这样跑了的，有2个是父子相随参加了突击团，1个是因四项动员时贪污逃到神木当了特务分子（因没办法安置，只好放在这一类中）。贫农2个都是参加了突击团。商人4个：2个参加了突击团；2个在民中，1个工作，1个学习，事变时被旧军连学校都带走了。贫农中的1个也是这样走的。自由职业者2人，也是参加了突击团。

他们有些是在民中学习被赵承绶骗走了，大部分受了突击团的训，在晋西事变时随旧军走了。当时参加突击团这样多是因为突击团每月至少是20元（法币、省票各一半），并且还发很好的衣服，而一般工作的是12元大花脸，只伙食就得18元；所以一部分因敌人进攻岢岚、宁武而回家的教员和在其他地方干事嫌生活不好的都参加了突击团，他们大部分是家里很穷而找饭吃、混事情的。晋西事变时，由于我们"左"的错误，社会秩序大乱，谣言纷起，他们也吃不清我方的情形，结果慌慌张张、糊糊涂涂随着旧军走了，现在很多写信想回来，问我们这方面的情形。

他们当中少数是比较有"主意"的，大部分是无所谓，想回来，我们应该在黑峪口有计划的做这个工作，团结他们，争取他们坚决抗日。

第三，在家的知识分子38人（不到一半），有四分之三是高小，四分之一是中学程度。干过事的有一半，这些人不能出来，有些出来也干不了什么。若按实际情形，能够出来的和出来能够学习、能够做点大小工作的可以得出下面的数目：

表1-58　居家知识分子能够出来工作的情况表

	知识分子的数目		年龄			文化水平				干过事否		备考
	在家的	能出来的	18~23	24~45	45以上	高小	初师	初中	师范	干过	没有	
地主	9	7	1	5	1	3		4		6	1	3个要出来
富农	2	2		2		1		1		2		2个要出来
中农	5	2	1	1		1	1			1	1	1个要出来
贫农	3	1		1		1				1		
小商	10	2	1	1		2				2		
自由职业	7	5		5		2		2	1	5		2个要出来
总计	38	19	3	15	1	10	1	7	1	17	2	8个要出来

注：总数包括工人、贫民各1人。

能出来的有二分之一。中农、贫农、小商人及一部分工人、贫民在出校后几年紧张的生活中无形中便丢掉了他们的浅薄的"知识"，所以，在20个中能勉强出来的也不过5个。地主除了2个（1个已变成了中农）全家凭着他们劳动的外，其余6个都能出来，可是其中有3个抽大烟的，大烟不丢对工作是由[有]很大妨害的。富农2个（1个已变成贫农）都能出来。自由职业者除了1个当医生，1个军警出身当校工外，其余5个都能出来，他们一半是受过中学教育和干过事情的中年人。

现在在家中能出来的知识分子是过去干过些事情的中年人,他们有一半是受过中学教育,他们主要的是地主,其次是自由职业者,也可以说有一半是工农小资产阶级,一半是地主富农。直到现在还在家里的原因是:一部分因染嗜好、惰[堕]落腐化没办法工作(共4人),一部分人因不了解我们的政策及我们的一切情形,还是采取观望的态度,认为兵荒马乱的天年干事情不如在家里安分守己好些(他们看到了晋西事变)。但这两种情形只是少数,大部分(不管是地主和富农、自由职业者和其他阶级)是因自己是"一手人",家中有三四口子要维持生活,所赚的45斤米只够自己吃,全家人的生活是成问题的。行署颁布了优待小学教员的条例以后,他们还不能出来(以前已出来几个),这是因为当教员衣服问题还不能解决。抗战以后地主、富农生活下降,自由职业者大都变成了贫民和小商人,他们种地不能受苦,做生意又不会,特别是黑峪口的生意,磨莜面、磨豆腐、卖糕、卖凉粉、打饼子都需要苦力和技术,他们干这些事情简直是"万般处于无奈何"了,因为这总比45斤小米要强的多哩!根据地建设需要各方面的人才,而黑峪口街上卖瓜果、卖豆腐及一切小贩当中有许多中学、师范、高小毕业的学生。

这个矛盾需要解决。

虽然行署颁布了优待干属的法令,但因条件非常严格、手续繁杂,再加上我们的干部的宗派观点,周到的解决这个问题是很困难的。对教员的等级制度应该贯彻,假如条件允许的话可以提高一些,这对争取贫苦的知识分子是有很大的作用的。5月里,二完小校长从城里开会回来说:"后半年小学教员所赚的吃米起码是70斤小米。"黑峪口就有8个知识分子和他说要出来当教员(这只是说的)。这仅仅是在教育工作上,假如其他工作需要这些知识分子的话也应该试验一下,特别是行政工作上,因为这些人有丰富的政权工作经验的(这个问题需要讨论,因现在根据地的中心工作是精兵简政)。

(5)黑峪口的女知识分子可以参看表1-59。

表1-59　女知识分子调查表

姓名	年龄	文化程度	现在的情况	备考
任友柏	20	高小毕业	在本镇两级小学当教员	嫁给我们的一个同志,去年才出来当教员
任友松	25	高小毕业	到了晋西南	嫁到赵家川口,随夫到了军官集训团受训
刘华雄	25	初中毕业	现在榆次当婆姨	她父亲把她嫁给他朋友的儿子,是个大商人
刘佩雄	20	初中毕业	参加工作	跟她姐姐到了延安学习,现在工作,不知做什
刘妹雄	26	高小毕业	嫁给小商人,在家当婆姨	听说不好,要离婚
刘贤开	20	高小毕业	二区妇救会工作	
刘左开	18	高小毕业	嫁给[到]陕北神木	
刘爱英	23	高小毕业	到了晋西南	以前做妇女工作,后到民中工作,晋西事变学校被带走

黑峪口的女知识分子都是出身于地主、富农,农民是没有钱供给女子上学的。这些知识分子虽然读了些书,有的读了很多,但是在这以男子为中心、家长包办一切的社会里,她们对于自己的支配权是有限制的,家长给他们找到了配偶之后,她们只好"嫁鸡随鸡""夫唱妇随"。她们没有自己独立自主的"主见",就这样了此一生。虽然内心存在着愤恨与不平,然而对于这种恶劣的社会

能起什么作用呢？但是，在一经受了先进理论教育，就大大的不同了。

（6）几句小结

① 在半封建半殖民地的教育下，黑峪口培养出来一批知识分子，这些知识分子经过在社会上的磨练已经掌握了各种知识（特别是教育工作与政权工作），抗战后一部分参加了抗战，一部分因抗战而回家。1939年，在赵承绶金钱收买与欺骗下，他们大部分因生活困难和找不到出路参加了突击团，晋西事变到了晋西南。新政权建立以后，在我们团结与教育之下，有很多人参加了根据地的建设。而家中所留的有的忙于生活丢了"知识"，有的还能出来做些事情，或因生活困难，或对我采取观望的态度，所以直至现在还在家中。

他们将在我们团结与教育之下，参加根据地的建设，为抗战、为人民而服务。

② 知识分子的特点。甲、由于他们是干过阔事的，有的在县区村政府中工作，有的当过高初小教员，他们是有知识的，在群众中有很大的威信，他们也以此来自傲，他们对于自己看的很贵重。虽然现在已经回家闲住，但他们仍保持着这原来的"架子"，有这样的事：任棒藩是当过高初小教员校长六七年，因染嗜好，把光景都抽光了。13岁的女子就买［卖］给人家（当老婆），老婆寻死好几次才死了。把自己的衣也卖光了，只在腰里围一块破毯片当裤子，拖着两支［只］不成双的破鞋，走起路来非常吃力，每天在黑峪口靠当苦力与给人家卖东西来维持他的生命和烟瘾。晋西文联为了争取他，给他很多的米，有时还给他些大烟，暂时让他抄写和担水，以后慢慢褪去烟瘾。可是他没有干到一个月就不干了。他被一般社会人士舆论为"无用"的人，但他和任棒壁说："一到里头，不管大的小的，不管男的女的，叫你做这去，做那去，把人看成勤务和奴隶。"他想干，但是看不惯人家的"眉眼"就出来了。任棒壁是中学毕业，当过四五年助理员、三四年高小教员，有嗜好，我们和他谈让他和文联拉关系，他说："恐怕人家瞧不起，只要平等待遇，咱何乐而不为。""人家看不起，咱那也是很……"他不出来是因为自己不会"攒党"，又不是"拉虎人"（是不管"贵官"与"贱民"都能合得来），没有人提拔。他们对自己的尊重是如何的厉害呀。乙、正因为有以上的特点，轻视群众，看不起我们的村干部，认为动员学生是"只要上级强迫命令就对啦"。把我们的干部看成只知乱干没有能耐、只是开会不解决实际问题的"没文化"人。二完小校长说"天大的事情开完会就不管了"，"下级不干上级不检查"，"下级对上级"没有问题就很高兴（当然我们的区村干部还有很多的缺点）。在这样的情形下，加上我们个别干部的宗派观点，有时盛气凌人，所以黑峪口的知识分子与我们的区村干部是有着相当距离的。二完小校长说"以前说话效力大的多哩，这二年不行啦，一部分颠倒过来啦"，"群众们说，说的对吧顶个什"，"干部开会不召集知识分子，不理我们，还暗示不要凭信你"，"黑峪口的知识分子瞧不起村干部，就是因为村干部瞧不起知识分子"。丙、他们的阶级意识很模糊，为谁掌握就为谁工作。由于历史的演变，地主资产阶级不能掌握他们，他们都是爱好真理、倾向于我们的。丁、在家的知识分子，在经济生活上失去保障或极端下降，在政治上失去了地位，与我们是有些隔膜的。

③ 我们应该争取他们为革命工作，为大众服务。就得：甲、他们的生活问题必须给以必要的解决（个别有大烟的也应设法解除），使自己能够安心工作。乙、在家的知识分子应该供给些文化食粮，尤其是华北各个抗日根据地的情形，使他们目光放大，对抗战建国有很大的信心。丙、应该自下而上的转变干部对知识分子的认识，把这种争取知识分子、团结知识分子的精神贯穿到农村的每个具体工作中去。虽然不是每次开会都召集他们，但是多征求他们对我们每个工作的意见

也是必要的,这对工作是有很大的好处的。

争取在家的知识分子参加根据地的建设,争取晋西南的知识分子坚决抗日,是黑峪口争取知识分子的重要工作。

(二) 小学校

现在黑峪口的小学是民国四年(1915 年)由私塾改为初小,民国六年成立了高级班,成为两级小学。当时是北坡两级小学的支校,校长是牛友兰,教员 5 人,学生普通是 80 人,最多是 140 人的样子。民国九年到十一年办的最好,有学生 100 余人,两班高级,以后虽历年校长教员有变动,但学校一直没有停办过。到 1940 年,旧校长温国钧因受打击回家,当时政权刚建立,加上敌人扫荡,社会秩序很紊乱,教员的吃米就成了大问题,就将学校移至高家村,跟了区公所,黑峪口的学校就与碧村小学合并。可是高家村的学生很少(由三四人到四五十人),因此于 1941 年后半年又移回黑峪口,今年一月现任白丕金当了校长。

现在从黑峪口的两级小学几方面来说明。

1. 教员

无论在质与量上来说,都可使这个学校办好。3 个教员、1 个校长:论文化程度,校长白丕金是师范毕业、两个中学[①];论教学经验,都是教过 5 年至 20 年的书,仅 1 个女教员是高小毕业,去年开始教学。这只要他们之间能互相帮助与学习,办好学校是不成问题的。

自去年行署颁布优待小学教员的法令后,小学教员分等级给以谷米,家庭太贫的校长也受到政府的优待,在生活上是有了保障,可以安心于自己的工作了,在政治上的地位也提高了(如校长白丕金当选县参议员候选人,教员 1 人参加区选工作去啦)。

学校的经费今年也改为实支实领,当然经费还不太"宽裕",但是大家都困难了呀!

教员质量高,生活有保障,经费不困难,这一切都是使学校办好的物质条件,问题就是教员负责不负责的事情啦。

2. 学生

全村有学龄儿童 128 人(男 71 人、女 57 人),学生本村高级有 19 人(内女 5 人)、初级有 53 人(内女 19 人),共计 72 人(女 24 人),占全村学龄儿童 56%。但安定时(不扫荡、没敌情变化的消息)顶多学生也是 50 人左右(内有外村高级 9 人、初级 5 人),仅占全村学龄儿童三分之一的样子,这与战前学生经常到 100～120 人相差二分之一还要强。学生入学数量与战前相差的原因是:(1) 战争使人民生活更加困难,学龄儿童也不得不更多的卷入生产中去"刨闹"。担水、拾柴、卖些零碎东西,这总比不干强得多。(2) 敌人的扫荡和黑峪口及其周围驻很多的机关,消息灵通,经常移动和过河,使人心惶惶,每次总是先生学生各回各家,不然的话万一有点儿差错,没有人能负的起责任。学生有本村、外村,每次集合起来就是件很困难的事,学生不来影响先生的情绪,先生迟到也影响学生的到齐,这样每次总拖拖拉拉个把月的样子。(3) 家长在这样的情形下也不把上学当成事情,他们说"这年头上学吧顶什事","毕了业吧,还不是吃 45 斤米"。白校长

---

① 编者注:原文如此。

说:"他们的想法是糊拖大几天就对啦①,黑峪口上了年纪的人们是走向了坟墓,不愿意使自己的子弟长进,所以有时孩子在街上跑也不让孩子上学。"(4)动员学生,村公所不管,区教育助理半年没来一次,"亲自去动员,又光嘴说的好:'就去呀','缝上衣裳着吧','补上鞋着吧','过了这几天就去啦'"。就是不来,学生去叫骂学生,"上学不上学管你的什事",尤其是母亲们说"概没啦②上级机关催一下学生"。

目前学生不能到校是最大的问题,教员说政权不给帮助,政权说教员吊儿郎当干的不起劲,我们的意见是:

(1)每年春季与秋季开学的时候,教员协同教育委员会要做两件事:一件是总计全村学龄儿童的数目及家属的情况,一个一个的审查,能够上起学的而能离开家庭生产,经家庭同意,一定得经常上学,必要时规定严格的纪律,家庭确实读不起或有充分理由可以不上;一件是开家长会动员家长,并讨论前项决定与执行问题,使儿童入学校固定起来。

(2)区教育助理员经常下乡督促检查与帮助(尤其在扫荡与没消息之后),养成教员学生虽在战争情况下也不致太大的影响学习的习惯。

除以上两点外,村政权、农会经常注意学校的工作与问题也是值得注意的事,教员的教学与管理的好坏也直接影响着学生入学的兴趣。

3. 教材

教材是急需解决的问题。高级小学只是把陕甘宁边区的全套发了一份,学生照着抄,县府准备翻印,现在还是渺茫无期;初级小学也只是一、二、三册国语,其他课本也无。就是这课本也得学生抄,学生在经济极端困难的情形下抄上还可以习字,但是这种学生无课本的学校,无论在学生学的情绪上和对家长影响上,都会得到不好的影响。

4. 设备

设备可以说没有。过去学校虽有些很简单的东西,因学校过去在高家村,在敌人扫荡时寄出去遗失啦。现在(前半年)只是有1担水桶、1个锅(今年才置的),借的庙上的1个条几、1个箱子,此外,先生学生都没有桌子和做饭用的全套家具,至于教授学生用的运动器具更是谈不到。给教育科提了好几次,因教育基金没有整理好,只允许买,但是没有钱,好在与村公所商妥,准备拍卖3间破庙的木材砖瓦,这样大概总可解决一点儿问题吧!

黑峪口的小学教育虽然在新的政权领导下基本上是新民主主义的教育,但它与为民族、为民主、为科学、为大众服务的新民主主义的教育还相差很远。而目前迫切的问题是学生不到校、到校没课本,其他的问题更是谈不到。每季开学如何动员学生入学、教育部门如何解决课本问题是开展小学教育工作的中心问题。

(三) 社会教育

社会教育在1939年的春天曾经进行过,当时牺盟会区分会在黑峪口住着搞的,名字叫妇女识字班,有妇女30多个,天天识字,这样进行了一个多月就垮了台。

---

① 编者注:当地方言,即"糊弄上七八天或八九天就行了"之意。
② 编者注:当地方言,即"完全没有"之意。

新政权建立后,虽然行署明令各村开展冬学运动,但是黑峪口没有开展这个作为冬季中心工作的工作,只是在开始的时候集合自卫队上操随便教了几个字,以后再没有过问。主要的是干部的责任心、上级的领导与检查的问题。工作的方法与如何具体进行,在前项问题解决之后也应特别注意,因黑峪口是个市镇,文化程度较高,有很多的小商人与贫民,不注意这点,工作是弄不好的。

表 1 - 60 黑峪口知识分子调查表(一)

姓名	现在成分	年龄	有无嗜好	学履	履历	现在情形	备考
任玉明	地主	18	无	高小毕业,民中……	区青校数月,教员半年	今年2月到了武委会	任承祖之子
任全祖	地主	35	无	初中毕业	小学教员半年,村长1年,书记半年	1939年回家务农	因当教员过不去,不能受苦
任棒壁	地主	34		初中毕业	助理员5年,高小教员3年	在家闲住着	吃大烟每月三四十法币,1939年回来的
任怀庆	富农	40	无	师范毕业,育才室毕业	区长5年,专署教育科长,民小校长2年	有的说到了西安……到了甘肃	听说坏得很
任棒瑞	中农	35	吸烟	高小肄业	当过13年村长	在家闲住着	不能受苦
任克强	中农	27	无	高小毕业	在家务农	在家务农	全家靠他,很能受苦
任益强	中农	20	无	高小毕业,民中……		到延安学习	抗战后在农民银行1年
任永强	中农	21	无	高小毕业		在家种地	
任午生	地主	20	无	高小毕业		种地	
刘献华	地主	26	无	师范毕业	当小学教员3年	参加了突击团,到了晋西南	因小学教员生活不好,打顽固后回家听说新军来势很凶,吓跑了
刘家庚	地主	62	无	山西大学毕业	中学教员5年,北平税务局副局长	晋西北临参会筹备委员	前清贡生
任好春	地主	30	无	高小毕业	当币匠刻字	当币匠刻字	
任友柏	地主	20	无	高小毕业		当两级小学初教员	
任有松	地主	25	无	高小毕业		嫁给赵家川口后,到集训团受训到了晋西南	因为胆小,跟男人去啦
任桢	地主	56	无	秀才	初小教员5年,村长1年	在家种地	不能受苦
任棒藩	地主	32	吸烟	初中毕业	当过高初小教员	当游民	有时给人家受苦,背东西赚点吃
任春元	地主	23	无	高小毕业	当过教员1年	移出	
任慎祖		30	无	高小毕业	当教员三四年	移出,死啦	
刘武雄	地主	28	无	大学肄业		绥德中学教员	

表 1-61　黑峪口知识分子调查表(二)

姓名	现在成分	年龄	有无嗜好	文化程度	履历	现在情况	备考
刘殿元	地主	32	吸烟	高小毕业	当过村长 1 年,教员半年	移出	
任应型	地主	32	无	师范毕业	教员 2 年,村公所书记 3 年	移出	过去吸大烟,现在城内住,想出来
刘华雄		25	无	初中毕业		嫁给榆次商人	
刘佩雄		20	无	初中肆业		参加工作	是个女子
任昌	富农	23	无	初中肆业		保德县抗联主任	
任茂全	富农	21	无	高小肆业		在突击团受训,到了晋西南	回家后听说新军很凶,又吓跑了
刘树珽	贫农	38	无	高小毕业	保晋公司司称员,村公所书记半年	在家种地	不能受苦,眼睛很坏,顽固,对我们不满意
刘贤凯	贫农	20	无	高小毕业		二区妇救会工作	生活很困难,今年后半年听说教员米多,想出来
刘树植	贫农	46	无	高小毕业	教员五六年	参加突击团,到了晋西南	
刘树瑷	贫农	32	无	高小毕业	教员 2 年,村长四五年	四项运动贪污,逃到神木当特务分子	这几家刘姓是一家,这 5 人的活动应特别注意
刘登科	贫农	20	无	高小毕业		在突击团受训后,跟旧军走了	
任棒钰	富农	25	无	初中毕业	当教员 8 年	种地卖豆腐	因教员赚米多,想出来
刘左开	贫农	18	无	高小肆业		嫁到了陕西	
刘殿乾	中农	15	无	高小毕业		种地	
任然科	中农	26	无	高小毕业		种地	
刘亮炯	中农	38	无	高小毕业	教员 8 年,助理员 1 年	在突击团受训后,到了晋西南	
白五孩	中农	28	无	高小毕业	种地	种地	
刘奴孩	中农	28	无	高小毕业	当教员 1 年	种地	
刘岱	贫农	32	无	师范毕业	教员 5 年,村长 2 年	种地	后半年想出来当教员

表 1－62 黑峪口知识分子调查表（三）

阶级	姓名	现在成分	年龄	有无嗜好	文化程度	履历	现在情况	备考
贫农	刘德厚	贫农	23	无	高小毕业		种地	
	白长贵	贫农	25	无	高小毕业,民中……	当教员3年	种地	
	白振德	贫农	31	无	师范毕业	教书3年,书记、助理员各1年	城关当村长	
	任庆余	贫农	22	无	高小毕业		区武委会干部	
	任桂春	贫农	30	无	初中肄业	当兵	种地	到1936年是贫农,20年前是小商人兼务农
	任长春	贫农	35	无	初中毕业	当教员3年,公道团团长3年	突击团区干部,到了晋西南	为了混事跟了去,较坚定老干部
商人	冯秉信		39	无	高小毕业	当二三年教员	移出	
	任四旦	中农	21	无	高小肄业	做生意	神府教员	
	任锦春	小商	35	无	高小毕业	做生意	本村书记	
	冯万全	小商	35	无	高小毕业	做生意	做生意	
	刘妹雄	小商	26	无	高小毕业	做生意	当婆姨	战前是地主,现在恐怕连字也不识啦
	刘玉横	小商	34	无	高小毕业	做生意	做生意	
	刘成来	小商	20	无	高小毕业		延安中央医院	
	冯秉纲	小商	34	无	高小毕业	当币匠、区警	开饭馆	
	任过继	小商	26	无	高小毕业	做小生意	做小生意	
	刘三儿子	小商	26	无	高小毕业	做小生意	做小生意	过去村自卫队中队长
	任茂春	小商	28	无	高小毕业	做小生意	做小生意	
	任在春	小商	29	无	高小毕业	做小生意		参加突击团,到了晋西南
	任年春	小商	25	无	高小毕业	做小生意		
	刘双喜	小商	28	无	高小毕业	做小生意	做小生意	住民中,随军走啦
	任　陈	小商	20	无	高小肄业		参加工作,参加民中	随军走,为我方所俘

表 1－63 黑峪口知识分子调查表（四）

阶级	姓名	现在成分	年龄	有无嗜好	文化程度	履历	现在情况	备考
商人	刘国喜	贫农	25	无	高小毕业	牺盟会协助员2年	二区武委会主任	
	刘口元	贫农	28	无	高小毕业	教员、村长各3年	死啦	
	王元亮	商人	32	无	高小毕业	做生意	做生意	
	刘祖汉		31	无	高小毕业	教员3年,村长1年	二区区长	

(续表)

阶级	姓名	现在成分	年龄	有无嗜好	文化程度	履历	现在情况	备考
商人	刘光汉		28	无	高小毕业	文书十几月	碧村教员	
	刘爱英		23	无	高小毕业	民中指导员,妇救会工作	被旧军俘到晋西南	
	任长生	小商	20	无	高小毕业		做生意	
	任玉珍子	地主	25	无	高小肄业	做生意	教员	
	王斌		38	无	高小毕业		参加突击团,到了晋西南	为赚个吃就到了突击团,家中很穷
	任侯旦		28	无	高小毕业	学徒	移出	
贫民	刘树晏	贫民	39	无	高小毕业国师一年	教过十几年学,当过5年助理员	县府民政科员	
	王五章	贫民	20	无	高小毕业	教书半年,唱过戏	游民讨吃	
	王维新			无	高小毕业	区警察	移出游民	
	任永昌	贫农	25	无	高小毕业		到了晋西南,参加民中,被旧军带走	
工人	杨亚珠	工人	25	无	高小毕业民中……		四专署公安局指导员	
	杨玉科	工人	36	无	高小毕业	当银匠	在家种地做工	
小商								

表 1－64　黑峪口知识分子调查表(五)

阶级	姓名	现在成分	年龄	有无嗜好	文化程度	履历	现在情形	备考
其他(自由职业者)	任永福	小商	35	无	国民师范毕业	教员十来年,收发1年	做生意	
	任连德	贫民	32	无	高小毕业	教书5年,区警4年	参加突击团集训,到了晋西南	在家教书,失业回家卖饼子,后到突击团
	任福增	贫民	34	无	高小毕业	教员14年,罗峪口查验所1年	做小生意	后半年准备出来
	冯一德	贫民	28	无	初中毕业	村长1年,教员4年	做小生意,卖馍馍	
	任好德	贫民	28	无	师范毕业	教员六七年,村长3年	二区助理员	
	刘清瑞	贫民	30	无	高小毕业	做生意	村粮秣会长	

(续表)

阶级	姓名	现在成分	年龄	有无嗜好	文化程度	履历	现在情形	备考
其他（自由职业者）	冯秉智	贫民	42	无	初师毕业	教过二三年学，村长1年	参加突击团，到了晋西南	比较立场明朗化
	刘兆兰	贫民	35	无	高小毕业	警察	校工	
	白丕基	贫民	45	无	高小毕业	区助理员4年，教员六七年	在家闲住	
	白丕金	自由	38	无	国民师范毕业	高初小教员、校长六七年	民校高小之长	
	刘孝贤	小商	38		初中毕业	教书7年，县督学4年	自家闲住	
	刘达三	自由	35	无	初师毕业	教书五六年，助理员3年	县纺织厂长	
	刘应贤	小商	20	无	高小毕业		行署教育科	
	刘子升	教主	39	无	高小毕业	村长1年	种地，看病	
	任庆义	自由	39	无	初师毕业	当20年教员	本校初小教员	
	任培本	自由	—	吸烟	师范毕业	七八年高初小教员	教员	去年冬天才出来
	刘亦珍	自由	30	无	师范毕业	高小教员十来年	县政府秘书	区长2年，校长多年
	任怀厚		35	无	高小毕业	村长1年，教员8年	移出，教员	
	杨玉泉		33	无	师范毕业	教员5年	移出	

十三、政治环境

对于黑峪口，红军东渡和打顽固是两件划时代的事情。

（一）红军东渡

红军东渡曾经改变了一下黑峪口的政治环境。

红军东渡之前，村中主事的是地主、富农或地主、富农的政治上的代表——有功名的老秀才们。据说，过去有功名的老先生有五十几个，贪污不公平的事情是很多的。但群众与盐税局的矛盾掩盖了一切，群众与村公所的矛盾被缓和了。贫民在贩私盐的问题上经常与盐税局发生纠纷。村内的矛盾被宗族矛盾掩盖着，任、刘两姓的矛盾是比较尖锐的，首领都是地主，争政治地位（村长），还争经济地位（开赌场争赌徒）。

红军东渡，财主们跑了，地主、富农政治上的代表也跑了。红军没收了3家（1户地主兼商人，1户商人，1户富农兼商人，皆"势力家"），包括衣服、粮食和钱；没收1个官盐店，有一百二十几驮盐。3家的衣服、粮食给老百姓，不敢要，运回河西去了。官盐运回一半，老百姓分了一半。红军来过两次（宋任穷一次，王兆相一次），共4天，没杀人、没分地、没成立政权。群众拥护，有个自动参加了红军,地【主】富农们反对。红军纪律好,但不如现在的八路军,也许像敌占区的八路军。有些新参加的农民,借机报仇,枪打①了寨子沟一个入伍的(犯纪律,砸碎生意人家的门,抢了 7 匹布),以后好了。

红军走后,赵承绶的一个营长住黑峪口,赵区长(文水人)也住这里,调查与红军有关系的人,旧村长冯老四(知识分子、商人,被红军没收者之一)积极活动,共枪毙了 6 个人,跑了 2 个。邱仰濬②还亲自来兴县城一次。有 4 个人(内有现任村长刘玉明)坐了房子,都是 10 个月挂零③。大修堡垒,老百姓背石头,往梁上背,一天 24 个来回够 30 里路,要小跑步,大家都叫苦。恐怖时间约 1 年。

(二) 抗战

抗战开始以来,牺盟会出现,训练政民干部,委派了新区长、新村长。村里成立自卫队及工农青妇,都是新势力。当时情形,政权群众都掌握在新派手里,军队则是旧的(赵承绶的)。旧势力瓦解,有些转成新派,有些变成两面派,个别的仍暗地里活动。

1939 年赵承绶成立突击团,这村有些知识分子受了突击团的训练进行活动。但因自卫队是新的,他们不大敢动,到处碰钉子(自卫队掌握住市镇上的一些下层群众,首先掌握了一批流氓,而突击团则只有一些知识分子)。在村子里,表现着新势力占优势,虽然赵承绶紧紧的握住了上层,但地主士绅们的威严还存在着。

1. 打顽固与四大号召

打顽固在黑峪口引起波动是很大的。跟旧军跑掉了一批知识分子,共有 12 人,其中 8 个是在突击团受过训的。其家庭成分是地主 2 人、富农 3 人、小商人 3 人、中农 1 人、贫民 1 人、自由职业 2 人,这些人大都是高小程度,有 4 个为中学程度,够的上知识分子。其中 5 个是中年人,在社会上做过事,其余均是青年学生。这些人多数是因不明了我们的政策,害怕被杀,不得不逃跑,只有少数是真正顽固。现在他们有的往家里写信问这边的情形,想回来,他们的家属也极盼他们回来,我们极应趁机争取(我们曾一再向他们的家庭说明,政府尚应继续这一工作)。

这些人一跑,地主阶级在政治上无疑的削弱了。

接着来的是四大号召,虽然在二区看,数黑峪口做的和平,但其他区域的打捆……已经使黑峪口的地主、富农们害怕了,他们怕的不成,因此出的也就痛快,只把一个富农威胁了一下、骂了一顿,把一个中农的儿子捆了一下。但四大号召的战果是很高的,几个中间分子对那时的反映是"大家怕的不成,话也不敢说","乱哄哄的不像个世界"。村长说的也很好,"地主、中间分子是死气沉沉,我这时已经发展了几个中间分子,都偷偷的告诉我叫关照他们"。当时"贫民"(实际只是极少数具有浓厚流氓气的小商人和贫民)很积极,借粮借款不少。

四大号召大大的杀了地主们的威风!

2. 端正政策以来

端正政策后,干部有一个时期感到苦闷,有些人从此消极不干了,有些人被洗刷。但干部注

---

① 编者注:即"枪杀"。

② 编者注:时任阎锡山山西省政府委员兼民政厅长。

③ 编者注:即"10 个月零几天"。

意讲民主,不敢乱搞了。中间分子反映很好,说"这还可以,这就不怕了。不怕你们 Jugedu(举拳头)往死窝里捣人"。有几个中间分子积极起来了,如二完小校长,如赴延安参观的任辑之,皆可作为代表,地主阶级政治上的代表人物开始活跃起来了(这次区选有人提村长刘玉明当候选人,一个地主老秀才就公开讲要选好人,不要选上坏人"受制",不要"人云亦云"。他开始敢在群众面前破坏村干部的威信了,虽然用的方式是十分小心谨慎的)。

现在村里已经没有大的矛盾,任、刘两姓的矛盾在红军东渡后即已不存在了。二完小校长说的也有些道理:"大家都穷忙于自己的生活,也顾不上闹对立了。"公粮和村负担上有些私人矛盾,但也不太厉害。本村与外村在支差与抽兵等问题上有些矛盾。据我们看,黑峪口对各自然村有些大村欺负小村的味道。村干部与群众之间有些距离,与地主、富农之间还有不小的矛盾。

各阶级对敌人的态度是害怕和仇恨,但害怕多于仇恨。有人这样说,大家一致的认为"宁见死人也可以,不要见鬼子"。前年冬季扫荡,敌人烧杀很厉害,老百姓说军队不打仗很不高兴,这次田家会大捷老百姓很高兴,说:"这可真个打了!"

现在各阶级的政治态度,根据村干部谈话和我们调查,为更确切的表明起见,归纳为进步、同情、被动、落后、中间、顽固等类,全黑峪口 200 户情形如表 1-65。

表 1-65　各阶级政治态度调查统计表

户数＼阶级 政治态度	地主	富农	中农	贫农	雇农	工人	小商人	贫民	其他	总计
进步			2	6		1	4	4		17
同情	5	2	9	14		2	8	10		50
被动		1	5	8	3	5	11	22	1	56
落后	3	2	5	6	1	1	8	21		47
中间	8	3	4	2			9	1	1	28
顽固		1		1						2
总计	16	9	25	37	4	9	40	58	2	200

首先说明一下上述大类的含义。进步分子是坚决拥护新政权(包括八路军、新军和共产党)的各种政策法令,并能积极执行去;同情分子是赞成新政权的政策法令并执行这些法令,但觉悟程度不如进步分子,还不能积极推动别人执行;被动分子是政治上无所谓的人,旧社会是"良民",现在也是好的老百姓,奉公守法,但不了解新政权与旧政权的区别;落后分子是政治上不觉悟(如基本群众,但不了解新政权与自己基本利益的联系,为眼前的负担口出怨言)或生活腐化堕落,因而政治上毫无原则(如游民中的某些人),这些人常常成为顽固势力的代表。

第二编　任家湾村调查

一、序言

任家湾属兴县第二区黑峪口行政村,是一个拥有 41 户人家 184 个居民的村庄。

(一) 蔚汾河的口岸

在蔚汾河入口处的左口岸,几堤杨柳、一片枣林中隐现着一处半在山腰半在平川的村落——这就是任家湾。任家湾的周围村庄稠密,在它西南一里的张家湾是蔚汾河与黄河的合流处,也是兴县西南乡平原的尽头。碧村位于任家湾的正北面,相距半里,隔一条蔚汾河,原是任家湾的主村。由碧村翻山而下西北行 1 里,即达黑峪口通陕西盘塘镇的大渡口,再沿黄河左岸向上行 3 里,即抵兴县重要集市之一和任家湾村公所所在地黑峪口。由任家湾沿河曲的蔚汾河东北行 25 里即到达二区区公所所在地高家村,再沿河道上行 25 里即抵兴县城——兴县县政府所在地。

(二) "地利"和"天时"

任家湾在群山环境中,曲折的蔚汾河经它底[的]前面横穿过,交织成一副山川合璧的画面。

蔚汾河底[的]左岸有极狭窄的平地,但经农民们的修整,有的凿井变为园子地,有的引河水、筑码头、用水竿灌溉亦成水地,这些园子地同水地是任家湾居民的生命线。此外,除了村南端之山脚下的一些沙块地外,很少旱平地,农田大都分散在不断起伏的地里。

山多土质,但亦有"石坡"。蔚汾河西岸的石壁间是小成岩的石层,山地土质色黄,宜于农作。

惟气候干燥,带大陆性,春季多风,夏季少雨,每年在小暑前后始能落雨,故易造旱灾,很多年来莫不如此,特别是近三年尤其厉害。因之居民常怨恨着孙嘉淦把风水撵走了(注)。其实孙嘉淦不能负责,居民也毋需怨恨,因为自然界的"魔力",农业小生产者是实在无法抗拒的。

注:孙嘉淦是兴县有名的望族,进士。当其做官时,为了庇护地方利益,曾呈请清皇将兴县的"粮银"(田赋)蠲免和减少一部分。大概是此后常遭"年成"吧,故居民常怨恨孙嘉淦,不该降低粮银,连风水也撵走了。

(三) 新政治和旧政治

任家湾原属碧村主村,在"老阎"实行"反共"时改属王家塔之大编村,仍以碧村为其主村。晋西事变后,划小大编村,改设行政村制,任家湾仍旧是王家塔主村下的一个自然村。殆[迨]去年 4 月,以王家塔行政村属村太多,不便领导,乃划碧村、任家湾于黑峪口行政村。

在晋西事变前,编村设村长,由兴县政府委任受过"老阎"反共训练的人员充任之。编村下的各主村设"副长",各自然村则每有 50 户人家设一间长。任家湾划为一间,设有间长。关于副长和间长的人选,照例是由该村的"头二等""富豪"人家(即田赋和收入之多,列于该村"头二等"的)

轮流充任之。闾长下每7户至10户划为一邻。任家湾有4邻,邻设邻长,由该邻所属各户互推。邻长在编村村长、主村副长和闾长的驱策下统治着所属各户。

编村、主村、闾邻长制是"老阎"乡村政权的整个统治系统。任家湾同山西的其他地方一样,只不过表现出其黑暗统治的一个侧面而已。

晋西事变后,政权革新了,邻长制也废除。关于村长、闾长的产生则采用了民主的办法,由人民直接选举。至去年7月实行村选后,村长改为村国民大会主席(但老百姓仍称村长,这是多年的习惯呵!),闾长制取消,改为代表、代表主任制。任家湾现有4个公民代表和2个由公民代表中选的代表主任,他们在人民的监督之下管理着全村的一切事情。

今天的任家湾不再是旧的黑暗统治,而为新的民主政治了。

(四) 前线的后方和后方的前线

任家湾是经过胜利的反顽固斗争后才发展为今天的抗日民主政治的。它处在敌后比较巩固的根据地,同时因为面临大川,又近渡口,所以不少晋西北的党政军后方机关驻扎于此。

这里比之前线是后方,比之后方又是前线。因为在敌人大举"扫荡"时是能够进入这个地区的。抗战以来敌人曾袭扰过这里两次,以本年1月的冬季"扫荡"损失较大。基于此,居民的生活都直接受着战争的严重影响,而各种建设也不能不在困难的条件下进行。

由于历史、地理条件诸原因,任家湾居民的政治关系亦不简单,阶级间的明争暗斗和某些不满现政权分子的阴暗活动也不时隐现着。

(五)"父子村"的衰落

虽然由于经济、政治、历史诸原因,使得今天的任家湾不再是古老的"农村公社"了,但无论在形式上或居民的意识上,任家湾还是作为一个"父子村"——氏族的集团存在着。

在任家湾的41户中,只有1户是异姓的,其他的均为"本地户",而且是在血统的辈数上可以"排"得起来的同支的"任"姓,谁家同谁家属于那一支,谁比谁大几辈或小几辈,他们都能说得清楚,而且在取名上都可看得出来。据他们说,他们的祖先原是陕西人,因战争和灾荒逃亡山西。任家湾村庄的建立,就是他们"父子们"历代勤苦经营的结果。现在任家湾的任姓共5支,据说这就是他们一个祖先的5个儿子所遗下的"痕迹"。这些"痕迹"就影响着他们之间的相互关系,因之在同一支内的人看来似乎更亲近些,然它们又有着远近(即所谓"服"数)亲疏的不同。所以,整个村庄的居民虽然天天谈论这种父子村的存在,并以"神圣"的眼光看待父子村,但他们却并不像同居在一个大家庭里那样和谐,而彼此间的口角和"斗争"总是时时都免不了的。但这些口角和斗争的解决又往往归结到他们的宗支关系上,而且须经过这种宗支关系去解决方能得当,甚至一些政治问题都是如此。因之,阶级的对立及其政治的趋向常与某种亲族的关系隐蔽起来,或经过宗支的矛盾而反映阶级的矛盾。

任家湾任姓现有的辈数关系是这样的:"鹏"字是最高的一辈(注),"鹏"字下面"子"字辈(或为"绥"字或为"长"字),"子"字辈下为"学"字辈(或为"增"字或为"巨"字),"学"字辈下为"乃"字辈(或为"张""根""团""步"等字),"乃"即为现在最小的一辈。

注:"鹏"字辈上为"维"字辈,"维"字辈上为"瀛"字辈,"瀛"字辈上为"元"字辈,"元"字辈始由碧村背后的"黄河坪"里移来现在的任家湾。"元"字辈上为"世"字辈,"世"字辈上为"口"字辈,"口"字辈上为"发"字辈,"发"字辈上为

"光"字辈,"任光前"就是他们由陕西迁来河东的始祖。

这种氏族集团虽由于经济的发展和阶级斗争的日趋明朗化而日渐瓦解着,但它直到今天还依然在居民的经济生活中,因而也在政治上起着一定的作用。可是因为这里村庄较密,同时由于人民为了适应战争环境或其他原因移往外村和迁入本村居住的人家一天天的多起来,这就更加促进着"父子村"的瓦解趋势。

(六) 小农村社

"父子村"的居民都是"作务庄稼",在土疙瘩里寻钱的。抗战前虽有一些制粉业和酿酒业,但这些制作业的经营者也通常是"庄稼人",而且主要还是"作务庄稼"的。现在这种副业的经营由于战争等原因大都停止了,整个"父子村"又恢复到了单纯的比从前更加浓缩的自给自足的小农经济。我们的研究就是这种小农经济中活动着的各阶级的变化开始。

二、阶级关系的变化

抗战使任家湾的阶级关系起了变化,兹将变化的情形列于表 2－1。

表 2－1　抗战以来阶级关系变化表

战前阶级	户数	％	战后各阶级到现在的变化										
			地主	富农	中农	贫农	雇农	工人	商人	贫民	其他	外出户	总计
地主													
富农	1	2.6		1									
中农	22	58		2	19							1	
贫农	10	26.3				9						1	
雇农	4	10.5				2	2						
工人													
商人													
贫民	1	2.6								1			
其他													
总计	38	100										2	
战后分出户					2	3							
战后外出户					1	1							
战后外来户													
现有阶级户				3	21	14	2			1			41
现有阶级百分比				7.3	51.2	34.2	4.9			2.4			100
附注	抗战前至晋西事变前的阶级无变化												
说明	分出户指一个家庭内分出来的新户,外出户、外来户是指移出到别村或从别村移来户,分出户应注明其分来之阶级												

注一:富农、中农各 1 户,为了避免兵役和减轻负担表面上另立门户,实则没有分家,我们计算时又将它合一了。
注二:由西坪移入本村亲戚家居住的两口人(男 1 人、女 1 人),据西坪调查为贫农,原谓来地,现又云扛长工,是"游击式"的家庭,本表亦未计入。
注三:雇农中包括农村雇佣工人在内,如揽羊、擀毡业。
注四:贫民 1 户,"东家一嘴,西家一碗",沿门讨饭的乞丐。

（一）表 2-1 指出，战前至晋西事变前本村的阶级关系无变化，晋西事变后至现在阶级关系有一些新发展，但其变化是不大的。战前 1 户富农，现在分为 3 户，2 户变为中农。中农战前 22 户，现有：2 户因使用土地较多，劳动力不够，前曾常雇短工，自去年起开始雇佣长工，上升为富农了；1 户因分家，分出 1 户为贫民；1 户因在外村土地较多，本村则甚少，故移往外村种地去；所余 18 户仍故。贫农原有 10 户，其中 1 户搬往外村去租种地，1 户分家变为 2 户，所余 8 户仍为贫农。雇工原为 4 户，有 2 户因敌人经常扫荡无人雇佣转化为贫农，所余 2 户中有 1 户分家为 2 户，其中 1 户亦转化为贫农。贫民原有 1 户，现仍为 1 户。这样，战前富农 1 户、中农 22 户、贫农 10 户、雇工 4 户、贫民 1 户的任家湾，就变为现在富农 3 户、中农 21 户、贫农 14 户、雇工 2 户、贫民 1 户的任家湾了。这就是抗战以来，更确切的说是晋西事变以来本村阶级关系变化的情况。

（二）这里阶级关系变化较为明显的是中农和雇工的减少，其结果就使富农由 1 户变为 3 户，贫农由 10 户变为 14 户。但进一步分析，还不仅如此，原有 1 户富农因分家和年末战争及抗战负担等关系，其经济状况远不如战前。2 户上升为富农的中农，除其经济条件许可并已经发展为富农外，而 2 户各有一子外出参军，则是其使用雇佣劳动的主要原因。所以，这 2 户中农向富农的发展也只是在劳动力缺乏的情况下经营方式的某种改变，而在经济上并没有什么新的扩大。中农中除了上述 2 户上升为富农的和另 1 户因分家而降为贫农以外，其内部情形极为复杂：其中 6 户因经济基础较好，本人又肯"刨闹"，更加上我党发展农村经济有利于中农的政策，是在开始向上发展；11 户尚呈停滞状态；4 户则或因他种嗜好（如抽大烟、赌博等），或不会"过日子"，或不很"实受"在下落。贫农在新政权的扶植下，其经济状况渐有起色，有 6 户已经在开始向上发展，其余 8 户中，除 1 户孤儿寡妇外，均有活跃之态。雇工除有 2 家因经济紧收、主顾减少，趁土地赔价买入些许土地实行转业变为贫农外，所余 2 户因主顾不多，其生活状况远不如前。贫民仍在"朝不保夕"的饥饿线上！这就是任家湾现有各阶级的简单画图。

（三）由上分析，可知任家湾的各阶级中，无论过去或现在，中农成分是占多数（战前为 58%，现在为 51.2%），贫农次之（战前为 26.3%，现在为 34.2%）。过去雇工多于富农，而现在富农多于雇工，这种现象看来似乎不协调，但却有它存在的原因。因为本村的雇工有些转化为贫农，就使雇工的比例绝对的下降了，而富农却又在战后增加了 2 户，但它们雇佣的长工则大半是外村人。因之，本村的雇工并无增加，反而减少。至于中农比例的下降和贫农比例的上升，这不是中农下降为贫农，而是中农上升为富农和雇工转化为贫农的结果，这里不仅是中农比例下降，而且是雇工比例的下降。但这种阶级关系的变化是不大的，在今天也同过去一样，一切居民中差不多完全是个体的农业劳动者，有几户雇工也还是农业的雇佣工人。因之，自给自足的农业小生产者是这里经济的特点，这在战前还是今天也是如此。

（四）自给自足的农业小经济在平时虽停滞而可发展，但在战争时遭致破坏后却也容易恢复，而任家湾又是受战争影响并不十分严重的地区（敌人只来过一次，并未受大的损失），这就使得它直到今天基本上仍保持着战前的面貌。

但战争毕竟还是影响任家湾阶级关系的变动的。这首先就是伴随着战争和新政权的抗战政策而来的分家问题的发展，分家的结果不仅使阶级关系发生了一些变动（如前所述），而且经济单位也较前缩小了，这是一方面。另一方面，如我们在前面所述的，原有的富农和 4 户中农经济下降,一部分中农经济活跃和将及半数的贫农经济的向上发展以及雇工向贫农的转化等,这也是战争和新政权的抗战政策所给予的直接的和间接的影响。

这种阶级关系变化的具体情形——如阶级的动向,我们在研究各阶级关于各种财富的占有及其对于生产的经营情形之后,当会更加明了。

三、土地诸问题

(一)土地种类与质量

这里的农家习惯上按照土地的位置划分土地为园子地、平地、山地三种。

园子地是由平地整修成的,附有水井、水杆等水利设备。平地中又分旱平地和水平地,旱平地是不能上水的平地,水平地又称水地,是靠近河流可以灌溉的平地。山地分梁地和湾地,梁地是指山梁的地,湾地是指山湾的地。

这只是根据土地的位置来划分土地的种类的,如果依照土地的质量来说,则各种不同种类的土地又有不同的土质。这种不同的土质,依据这里居民的意见又可分为上、中、下三种。

上地是胶土地,土质最好,胶土地分红胶土地和黑胶土地。任家湾只有极少的山地为红胶土地和一部分园子地为黑胶土地。

中地叫面黄土地,土质次之,这里大部分山地和平地以及一部分园子地均属这一种。

下地为沙地,土质不好,但沙地中又分三种:一种叫"油沙地",土壤中含有大量细沙,色微黑,有光泽,土质不甚瘦瘠,尚可农作,是沙地中极好的一种。次为"面沙地",土壤中含有大量的沙质,不肥沃,易透水,需要大量的水分始好使用。最次者为"豆沙"地,土壤中含有大量的沙粒,少养料,不储水,不易于农作。这里的平地中接近河岸的大部分为"面沙地",位于山脚下的大部分为"豆沙地",老乡们称之为"沙头"或"沙滩"。关于"油沙地"这里则是很少的。

但各种不同的土质是可以变化的,坏的土质敷一层好土或多下些肥料就可变成好土,如现在这里的上等园子地,大半都是农民以不好的土地整修来的。而好的土质经过了山水或河水的冲塌,又会变为坏的土质。至于园子地或水平地,在水利废弛时则变为旱平地了。

如果将土地的位置与土地的质量统一起来看,那就可归纳为九种不同的土地。这九种不同的土地不仅在生产量上有很大的差别,就是在经营时所花的人力畜力上亦有极大地不同。现将九种不同土地的产量列于表2-2。

表2-2　各种土地产量调查表

土地	园子地			平地			山地		
产量	上	中	下	上	中	下	上	中	下
单位:大石	5.0~6.0	3.0~4.5	2.0~2.5	1.5~2.0	1.0~1.5	0.8~1.0	0.6~0.8	0.4~0.5	0.2~0.3

这样的产量是指"普遍年成",并且人工、畜工、肥料亦很正常的条件之下而言的。至于歉岁或丰年以及劳动力或肥料使用的充足与否和"刨闹"的好坏,那当然又是另外一个样子了。

现将任家湾所有各种土地的数量列于表2-3。

表 2-3　各种土地数量调查表

时间	土地 户数	山地（垧）			平地（垧）			园子地（亩）			各种土地折合为中山地（垧）	每户平均土地
		上	中	下	上	中	下	上	中	下		
战前	38	78.5	117.5	358.0	3.2	17.2	10.89	34.95	10.5	3.5	789.75	20.78
事变前	38	78.5	117.5	336.5	4.7	17.2	10.89	36.95	10.5	3.5	783.75	20.62
现在	41	78.5	111.0	325.0	4.7	17.2	10.89	36.95	10.5	3.5	765.75	18.68

从表 2-3 可以看出,任家湾占有土地是不多的,无论那个时期每户平均所有的土地未有超过 21 垧的,而是由于户口增多、土地减少,所以每户的平均占有土地量已经减少了,而且还有继续减少的可能。在这种为数不大的所有土地中,园子地同平地的数量是更少的,每个时期每一户口平均不到 1 垧平地和亩半园子地。以土地的质量说,除园子地外,上地极少,大都是属于中下地,特别是下地最多。

这些土地的占有在各阶级之间均有不同,这不仅是在数量上,而且是在质量上,我们在下节中就会看到。

(二) 各阶级土地占有

今将抗战以来任家湾各阶级土地占有的变化情形列于表 2-4。

表 2-4 中土地占有情形的变化也还符合于阶级关系的变化的。富农占有土地由战前的 16.1% 增加为现在的 27.9%,中农则减少一些,由战前的 73.9% 降为现在的 60.2%,贫农则较战前略有增加,由战前的 9.1% 变为现在的 11%,雇工几无变化。

但无论战前或现在,每户富农占有的土地最多,中农次之,贫农更次之,雇工最少,这是一。第二,各阶级每户农家占有的土地,现在较战前减少了,这是与现在日渐发展着的分家问题密切联系着的。家庭单位的缩小,使各阶级农户的数量比以前增加了,而土地差不多还依然如故或很少增加;因之,无论哪个阶级,其每户平均占有的土地均较前有所缩小,这就使原来就很小的农业经济现在更加分散起来。第三,这里山地的数量虽多于园子地和平地,但如果将园子地和平地按其产量折合为山地,并将山地中在外村的土地(因距离甚远,实际上不能去耕作者)除开不计外,那么这里的园子地和平地则较山地为多。而且这里的农家实际上又是将大部分的精力消耗在园子地和平地上,园子地和平地被这里的农民视为生命线。但关于园子地和平地,特别是园子地的占有,则大部分是集中在富农、中农手里的,尤其是富农。至于贫农或长工,大部都没有或很少有园子地或平地的(3 户富农占有 10.25 亩上等园子地和 4 亩下中等园子地,而 14 户贫农只有 2 亩上等园子地和 2 亩中等园子地!)。在土地的占有上,各阶级的差别是相当明显的。因之,今天农村经济的基本问题还是土地问题。

即以整个占有的土地来说也是如此。战前 1 户富农占有全部土地的 16.1%,而 10 户的贫农仅占 9.1% 的土地;现在 3 户富农占有全部土地的 27.9%,而 14 户的贫农只占有全部土地的 11%。

从表 2-5 中可以看出,任家湾各阶级土地占有的变化情形主要是由阶级变化中某些阶级的升降所引起的(随着阶级的升降所引起的土地占有数量的变化,占现在全部土地的 18.5%),其次就是某些户口的伙出也带走一部分土地(伙出带走的土地占全部土地的 5%)。

表2-4 任家湾土地占有情形变化表

阶级	时间	户口	山地（垧）				平地（垧）			园子地（亩）			总计	%	每户平均土地
			上	中	下	荒地	上	中	下	上	中	下			
富农	战前	1	4	5	78		1.5		1.0	10.5			126	16.1	126
	事变前	1	4	5	78		1.5		1.0	10.5			126	16.1	126
	现在	3	20	24	55	66	1.0	0.5	0.33	10.25	3.0	1.0	213.24	27.9	71.0
中农	战前	22	72	93.5	238.5		1.7	15.88	9.56	22.45	7.0	3.5	583.27	73.9	26.56
	事变前	22	72	93.5	154	68	3.2	15.88	9.56	24.45	7.0	3.5	578.27	73.8	26.28
	现在	21	56	72.0	126.5	26	3.7	15.38	10.23	24.70	4.0	2.5	462.03	60.2	22.0
贫农	战前	10	2.5	18.5	34.5			1.33	0.33	2	2		72.48	9.1	7.24
	事变前	10	2.5	18.5	34.5			1.33	0.33	2	2		72.48	9.2	7.24
	现在	14	2.5	14.5	49.5			1.33	0.33	2	2		83.48	11.0	5.96
雇农	战前	4		0.5	2						1.5		7.0	0.9	1.8
	事变前	4		0.5	2						1.5		7.0	0.9	1.8
	现在	2		0.5	2						1.5		7.0	0.9	3.5
贫民	战前	1													
	事变前	1													
	现在	1													
总计	战前	38	78.5	117.5	353.0		3.2	17.21	10.89	34.95	10.5	3.5	789.75	100	20.78
	事变前	38	78.5	117.5	268.5	68	4.7	17.21	10.89	36.95	10.5	3.5	783.75	100	20.62
	现在	41	78.5	117.5	233.0	92	4.7	17.21	10.89	36.95	10.5	3.5	765.75	100	18.68

注：根据这里各种土地的产量和经营种土地所消耗的劳动力，将各种土地均折合为中山地，以求得统一的单位，便于计算。折合办法如下：一切的土地所作上、下，均定了中地、平地1垧相当于中山地3垧，园子地1亩相当于中山地3垧。这里所列的数字就是照这个办法折合的。

表 2 - 5 任家湾各阶级土地占有变化情形表

阶级	增减	增减原因	山地 上	山地 中	山地 下	山地 荒地	平地 上	平地 中	平地 下	园地 上	园地 中	园地 下	总计
富农		原有	4	5	78		1.5		1.0	10.5			126(注一)
	增	上升来	15	21	50			0.5	0.33	4.0	3.0	1.0	112.49
	增	买入	1.0							0.5			2.5
	减	分出		2	7		0.5		1.00	4.75			27.75
		现有	20	24	45	76	1.0	0.5	0.33	10.25	3.0	1.0	213.24
中农(注二)		原有	72	93.5	238.5		1.7	15.88(注三)	9.56(注四)	22.45	7.0	3.5	584.27
	增	买入		2.0(注五)			1.5(注三)			2.0(注五)			12.5
	增	下降来		2.0	7				1.00	4.75			27.75
	减	卖出	1	21	11		0.5			0.5			13.5
	减	上升出	15	21	52(注六)			0.5	0.33	4.0	3.0	1.0	114.49
	减	伙出		4.5	30								34.5
		现有	56	72	126.5	26	3.7	15.38	10.23	24.70	4.0	2.5	462.03
贫农		原有	2.5	18.5	34.5			1.33	0.33	2	2		72.48
	增	买入			13(注七)								13
	增	降来			2								2
	减	伙出		4.0									4.0
		现有	2.5	14.5	49.5			1.33	0.33	2	2		83.48
其他		原有		0.5	2						1.5		7.00
		现有		0.5	2						1.5		7.00
总计		原有	78.5	117.5	353.0		3.2	17.21	10.89	34.95	10.5	3.5	789.75
		现有	78.5	111.0	223.0	102	4.7	17.21	10.89	36.95	10.5	3.5	765.75

注一：见土地占有表注。 注二：本阶级内土地买卖未列。 注三：内有 2 垧瘴地。 注四：内有 3 垧瘴地。 注五：买入外村地。 注六：内有 2 垧下降的。 注七：内有 2 垧买入外村。

但经以上两者看来,都不能看出阶级变动的真实情况。因为前者是由于阶级的转化在前,因之该项土地并未从原主人之手而另转他人;后者则是随着原主的转伙而转伙的,土地的所有权并未起任何变化。故真正从土地变化的情形上,即土地所有权的变化上,看出各阶级发展的具体情况的,还不是前两种形式上,而是属于另一种形式。这就是土地的买卖与土地的典赎关系,兹分述如下:

1. 土地买卖

今将任家湾抗战以来土地买卖情形列于表2-6。

表2-6　任家湾抗战以来土地的买卖情形调查表

项别	阶级	户数	山 上	山 中	山 下	平 上	平 中	平 下	水(亩) 上	水(亩) 中	水(亩) 下	原因
买入	富农	1	1						0.5			
买入	中农	7	3.5	2.0	20.5	1.5	3.3		3.0			
买入	贫农	4			13.0							
卖出	中农	6	3.5		33.5		3.3		3.5			一家吸大烟,两家过日子不足,一家赌博,一外村的2户不详
卖出	其它	2		2.0		1.5						列入其它者系外村人,不详

注:内中除两家系在1936年和1939年买卖者外,其他绝大多数在1941年,也有在本年春季的。

表2-6买入土地最多者为中农,次多者为贫农,有1户新从中农上升来的富农也买进一些土地。这些买入土地的原因都是本身经济稍有充裕,而土地的价格又不若从前那样昂贵的缘故。卖出土地者中中农有6户,外村2户,其它2户系外村人,不详其成分。本村的4户:其中1户系因吸大烟卖出任家湾所有全部出卖土地的半数以上的土地,是一个日趋下落的中农;另1户则因嗜赌输钱,故出卖土地,以还赌债;其余2家,一家是由于本人年纪小,劳动力不够,不会经营,另一家则因为婆姨不会过日子而卖出土地。

表2-6土地买卖数量还是不大的,如果将同种类的土地均折合为中山地的话,也不过63垧,现在为全部占有土地的8.25%。但这种土地的买卖关系则在发展中,从去年起这就比较明显的发展起来,而在今年春季仍在不断发展着,并随着根据地的日渐巩固和社会秩序的愈加稳定以及政权不断的正规化,将使经济的发展走向比较正常的状态。那么,随着农村阶级关系的变化,而与这种变化密切联系着的土地所有权的转化问题——首先是土地的买卖问题(因为回赎土地的问题,现在一般也成过去了),将会得到比现在更大的发展。

2. 土地的出典与回赎

今将任家湾抗战以来土地的出典与回赎情形列于表2-7。

表 2-7　任家湾抗战以来土地出典与回赎情形调查表

出典人姓名	成分	土地（垧）				典价（元）	典出时期	出典原因	承典人姓名	成分	回赎价格	回赎日期
		位置	种类	等级	数量							
任俊明	中农	赵家川口	平	中下	23	50（白）	1935				110（法）	1939
		刘家峁	山	下	60	283（白）	1926		任学言	富农	未回赎	
任学良	中农	本村	水	上	1	40（白）	1941	吸大烟，家用不足	任杏之	贫农	40（法）	1941
任毛留	贫农	本村	山	下	5.0	6（白）	1939	因娶老婆	任学福	中农	6（法）	1940

从表 2-7 中可以看出，抗战以来任家湾土地的典赎关系是不发展的。由于出典的土地少，因之回赎的土地也不多，在回赎土地的大浪潮里（1940 年至 1941 年初）也只是中农赎进 5 垧外村的平地和贫农赎进 5 垧本村的山地。至于其他的典赎关系都是临时性的，当年出典当年又回赎。只有富农在十余年前典入 60 垧山地。在外村，原典价就很高，带买的性质，故在回赎地的大浪潮里仍未被赎走。

赎典土地的数量不多，因为它对于土地占有变化的关系并不大。同时，土地买卖关系的发展将使土地的典赎关系减少。因为不能采用"买"的形式，也就不采用"典"的形式了（一般的典价常相当卖价的 50% 或 60%）。即使还采用典的形式也是像近年来所发生过的，它同临时的借贷一样，当年出典当时又回赎，而且数量也不大。

最近我们又调查到一种"提地"的形式，这是一种以土地为抵押的借贷。贷方是企图"提"借方的"地"的，但或者"提"不起，或者更想以低的价钱去换，所以首先在该地上出些"资"作为以后"提"它的引线。而借方既难找得恰当的买主，同时又急于使用钱，也不得不采用这种形式，但它的出利息只是将被押的由自己经营的土地的收获量分给贷方一半以作利息的。因之，这种形式又近乎"钱无利，地无租"的典地形式。本村那一家卖地最多的中农近因急用，借碧村一个中农的 15 元白洋，就被"提"去 100 个畦子的园子地。

土地买卖与土地典赎关系的不甚发展，这正是阶级关系变化不大的一种具体表现。

（三）各阶级土地使用

今将任家湾抗战以来各阶级关于土地的使用情形列于表 2-8：

表 2-8　任家湾各阶级土地使用情形调查表

阶级	时间	项别（户口）	自种地		租种地		伙种地		典种地		总计		
			土地数	户数	土地数	户数	土地数	户数	土地数	户数	土地数	户数	每户平均土地
富农	战前	1	66	1							66	1	6
	事变前	1	63	1							63	1	6
	现在	3	110.24	3			10.5	1			120.74	3	40.9
中农	战前	22	499.27	22	14	2	13.5	1			526.77	22	23.9
	事变前	22	500.27	22	6	1	13.5	1	5	1	524.77	22	23.8
	现在	21	404.53	21	23	2	3	1			430.53	21	20.5

(续表)

阶级	时间	户口	自种地		租种地		伙种地		典种地		总计		
			土地数	户数	土地数	户数	土地数	户数	土地数	户数	土地数	户数	每户平均土地
贫农	战前	10	72.48	10	15	3	5	1			92.48	10	9.25
	事变前	10	67.48	10	5	1	21	4			93.48	10	9.33
	现在	14	83.48	14	15	3	41	6			139.48	14	9.96
雇农	战前	4	7.0	3							7.0	3	1.8
	事变前	4	7.0	4	10	1					17.0	4	4.25
	现在	2	2.5	1			3.0	1			5.5	2	2.75
总计	战前	38	644.75	36	29	5	18.5	2			692.25	36	18.22
	事变前	38	637.75	37	21	3	34.5	5	5	1	698.25	37	18.39
	现在	41	600.75	40	38	5	57.5	9			696.25	40	17.40

注一：另有贫民1户列入总计中。

注二：本表"土地数"所列数目字是指中山地按照"土地所有表""注"中所述的方法,将各种不同的土地折合为中山地。

由表2-8中可以看出,任家湾各阶级使用土地的总数量,战前至晋西事变前基本上无变化。现在比之战前并无减少,且有增加,这在战争使农村劳动力大量缩减情况下似不很协调,但都是事实。因为战争的结果,不仅征用了劳动力,但同时却增加了一批农业经营者。这就是3户雇工向贫农的转化,他们过去根本不经营农业生产或很少去经营农业生产,但今天脱离原来的队伍加入农业生产者的队伍了。此外,还有2户过去的中农在劳动力被战争征用之后又雇入长工来经营,变为富农了。这样就使得任家湾使用土地的总数量不但不比战前减少,而且还有增加——虽然这种增加是极其微弱的。

但每户平均使用的土地都比战前减少了,这是由于许多农户分家的结果。分家使原来就很狭小的农业小生产现在更大紧缩了。

然而,各阶级在抗战以来的发展情形都有不同,因之,他们在土地使用关系上的变化也就不一致。

富农使用土地的总数量较战前加多了,但每户平均使用土地的数量则减少了。中农则总的使用土地量减少,而每户平均使用的土地量也减少了。贫农则相反,总的使用土地量增加,每户平均使用的土地量也增加了。雇工战前只有个别户经营些许土地,现在则比战前略有增加了。至于战前至晋西事变前,这里各阶级土地使用量则无什么变化。

这种土地使用关系的变化也是符合于阶级关系的变化的。在土地的使用关系上,同样的看出了任家湾这种小农经济的特点。

1. 外村的土地

土地的所在位置对农家使用土地来说关系很大。一般在10里以外的土地,普通农家就很难"离乡背井"的去耕种,而须要出租;10里以内的土地尚可勉强"探种",但也不方便。

任家湾除了在外村的土地外,大部分都是在5里以内的。

今将任家湾所有土地中在外村的土地列于表2-9。

表 2-9　任家湾在外村的土地调查表

土地＼时间阶级	战前			现在		
	富农	中农	合计	富农	中农	合计
山地	71	70	141	111	30	141
平地　中		2	2		2	2
平地　下		3	3		3	3

这些土地中,除 5 垧平地在 10 里外的赵家川口村,战前曾典出,现已赎回,转托亲友耕种外,其他山地有的在 10 里外的凤角村,有的则在 40 里外的刘家峁村,有的(计 11 垧)则在 15 里左右的黄草垛。除了后者尚在勉强探种外,其他根本无法自种,而必须出租。本村大宗租出的土地就是属于这一种。而这些土地如果租不出去时就成荒地,本村现有一荒地,也是属于这一种土地的。

2. 土地的块数及其面积

除了土地所在的位置外,土地的块数及其每块的面积在农家使用土地时关系也大。现将任家湾 2 户富农、2 户中农、2 户贫农土地块数及其面积之大小列于表 2-10。

表 2-10　任家湾使用土地的块数及其面积调查表

阶级＼土地戸别	山地(垧)						平地(垧)		园子地(亩)		总计		每户平均面积	
	5 垧	4 垧	3 垧	2 垧	1 垧	0.5 垧	1 垧	0.5 垧	2.5 亩	1 亩	块数	面积	山、平	园地
富农　甲	1	2	1	2	3			1		2	10	23.5	2.35	1
富农　乙	1	1	4	1			2		1	1	9	25.0	2.77	1.75
中农　甲		1		1	1		1	1		1	5	8.5	1.7	1.0
中农　乙			2		4	1				1	7	10.5	1.7	1.0
贫农　甲				2	4						6	8.0	1.33	
贫农　乙					3			1		1	5	5.5	1.10	1.0

注:园子地块数、面积未计在内,每块平均面积栏内将它计入了。

从表 2-10 中可以看出,土地块数的零碎和面积的狭小是这里土地的特点,而这种特点正是与小生产的农业经济密切关联着的。

然而各阶级的经济大小以及经营方式等均有不同,因之,其使用土地的块数及其面积的大小也不一样。

富农使用土地较多,故其土地的块数也多,但其每块的平均面积却较大。中农使用土地的块数虽较富农少,但其使用的土地也较富农少,因此其每块土地的平均面积则小于富农。贫农则使用土地少,故其使用土地的块数也少,而且每一块土地的面积又小于中农。这里须要加以说明的是富农和中农(特别是富农)使用园子地和平地较多,而园子地同平地每亩平均面积较小,若除开平地、园子地不计,只计山地,则其每一块土地的平均面积当比上表所列者还要大些。

从各阶级使用土地的块数,尤其是每块的平均面积上也可看出各阶级的分野。从这种分野上来研究各阶级对于其土地的经营情形时,当然富农的条件较优越,中农次之,贫农最差。但从总的方面看来（富农当然在内），这里土地的块数还太零碎，面积也极狭小，这对于农业小生产的经济也极不利。然而，它却是农业小生产经济条件下的必然现象。

（四）各阶级自种、伙种、典种的土地

现在来看各阶级如何使用土地。

从各阶级土地使用情形调查表（见各阶级关于土地的使用一节）中可以看出，在土地的使用上，无论过去或现在，富农多自种自己的土地，并将在外村无法"探种"的土地出租。现在从外伙入土地耕种的只有1家富农，还是他女儿的土地，因其女婿外出无人经营而不得不依靠其自己来"作务"的缘故。中农则不同，无论任何时期都要租入、伙入或买入一部分土地，以补自己耕地之不足，这证明中农自己占有的土地还有某种不敷。但中农租入土地的户数过去或现在均为2户，不过租种土地的数量现在较战前略多而已。伙入户数战前与现在均为1户，惟伙入土地的数量较前减少。这是由于原来的伙入户现在变为富农了，现在的伙入户是另外一家，因为他自己没有园子地，故同人家伙种园子地1亩（合3垧中山地）。由此可见，这里中农的土地虽有某种不敷，但基本上还差不多够用。中农之所以采用租种形式多于伙种形式的原因，均由于伙种比租种吃亏更大（关于这个我们以后就要说明），只要能租到土地，谁都不愿去吃这亏。在今天劳动力日益紧缩和耕地面积相对增大的过程中，就给了他们以可能"不吃大亏，吃点小亏"的办法，而采用租种的形式。且这里的中农自己一般均有土地，而其使用土地的总数中大部分都还是自己的土地，因之他们从外佃入的土地为数并不多，对于某些中农更是可有可无，佃入与否并不十分重要。所以在出租者方面条件太苛刻坚持采用伙种方式时，他们宁愿在自己的土地上多"刨闹"些，也不肯去"上人家的套子""吃人家的亏"。

贫农则无论战前或现在均需要租入或伙入超过自种地半数以上的土地，这说明贫农的土地不足数是很大的。贫农战前有3户租入土地，现在仍为3户，租种土地的数量亦如故。但伙种土地的户数却比以前增加了，由战前的1户增加为现在的6户，伙种土地的数量亦由5垧增加到41垧。总的来看，贫农的土地不足数是很大的，他需要租入，特别是伙入占全部使用土地40.1％的土地，而租入特别是伙入土地的户数要占所有贫农的64.3％，可知贫农的大多数都是感到地不够种的，因此他们需要租入或伙入大量的土地，以解决自己耕地不足的问题。

在贫农中，伙种土地的形式现在得到了极大的发展，他们用这种方法佃入了约为其所有使用土地三分之一的土地。这个数目是不小的，这是因为新从雇工上升来的贫农，他们在过去是根本无土地或很少有土地的，但今天要开始种地了，而无地可种的问题很快的就在这些人的面前提出来。同时，原有的大部分贫农的土地也是不够用的，他们中间的大部分人必须从外佃入土地方能过活。而他们越需要土地，租户则越能够采用有利于自己、不利于佃户的租佃形式——伙种形式出租。如果说中农在伙种的租佃形式面前不愿意吃人家的"大亏"，还有"奈何"去更好的"刨闹"自己的土地以补不足的话，那么贫农的情形则不同，他们是"无可奈何"或者很少有可奈何的，因为他们没有或很少有土地！这是他们在被迫的情况下不得不采用伙种形式的原因之一。另外，有些贫农明知伙种形式吃亏，但又不敢采用租种的办法。因为在他们看来，伙种虽坏，但打多少按多少分，总之不会"贴本"，租种则不同，如遇歉年不收，自己还要另外"贴"人家，而自己都不够吃，还有什么可"贴"人的呢？这是他们常接受租户提出的伙种形式的原因之一。在出租户方面

来说,用出租的办法租出的土地,"公家"要减租,佃户也不好好的缴租,同时又是缴坏的粮食,这不若"打什分什""二一添作五"的伙种形式分得多和分得痛快!因之,伙种就成了出租户方面理想的而同时又是可能实现的(如我们在前面所说过的那些原因),伙种是最好的租佃形式,这也是伙种形式发展的又一原因。

(至于典种的形式,无论过去或现在,在这里都不发展。)

(五) 各阶级租出、伙出、典出的土地

今将任家湾各阶级租出、伙出、典出的土地列于表2-11。

表 2-11 任家湾各阶级租出、伙出、典出土地调查表

阶级 项别 时期	富农 战前	富农 事变前	富农 现在	中农 战前	中农 事变前	中农 现在	贫农 战前	贫农 事变前	贫农 现在	雇农 战前	雇农 事变前	雇农 现在	总计(注) 战前	总计(注) 事变前	总计(注) 现在
户数	1	1	3	22	22	21	10	10	14	4	4	2	38	38	41
租出地 土地数	60	60	34	70									130	60	34
租出地 户数	1	1	2	2									3	1	2
伙种地 土地数		3.0	3.0		10	31.5						4.5		13	39.0
伙种地 户数		1	1		1	6	1					1		2	7
典出地 土地数				15					5				15	5	
典出地 户数				1					1				1	1	
总计 土地数	60	63	37	85	10	31.5			5			4.5	145	78	73.0
总计 户数	60	61	12.3	28.3	10	5.2			5			4.5	362	19.5	8.11

注:贫民1户列入总计内。

表2-11中的租地均在外村,伙出地则不完全在本村。富农出租土地较多,中农次之,雇工则因做其他劳动,故伙出自己所有的那一小点土地。

出租地多在外村而不在本村是由本村土地不多,许多农家均感不敷,而外村的土地又不须耕种的缘故。

在出租土地者当中,过去富农有1户现在变为2户了,但出租土地数反不若以前多(战前有60垧,现在为34垧),这是由于有些土地已经荒了的原因。中农过去有2家出租土地的,现在1家上升为富农了,1家土地未租出也变成荒地了。可见,本村出租土地的户数是不多的,租出土地的数量也是不大的。

伙出地战前没有,现在则有了,这是因为个别富农和一少部分中农因自己的劳动力有些不足、土地又有某些剩余,而大部分的贫农又十分需要土地的缘故。这些伙出的土地因在本村(而本村总的说来土地尚有某种不敷),且多系园子地或平地,因而佃户必须给予租户以更多的利益方能租到,这就使伙种的形式得到了它发展的根据。在任家湾全部的出租土地中(连同外村出租的土地)采用伙种形式的有53.4%,而如果除开外村的出租土地不说,那么所有的出租土地完全采用着伙种的形式。

以伙种形式出租土地的富农有 1 家,中农有 6 家,雇工有 1 家。虽然伙出土地的数量与出租者同,但它所涉及的户数则较出租者为多。可知伙种的形式较租种的形式现在更为发展。

但总的看来,任家湾的租佃关系则较简单。战前出租者 3 户,没有伙出者,租入者 5 户,伙入者 2 户,涉及租佃关系的共有 10 户,占当时所有户数的 26.4%。现在租出者 2 户,伙出者 7 户,租入者 5 户,伙入者 9 户,总共有 23 户,占现在全户数 56.1%。但租佃土地总数量则比从前减少了。由此可知,租佃关系是向着更小的然而却是日益复杂化的方向发展。

(典出地过去在本村很少,现在没有了。)

由于土地的占有在各阶级之间是不平衡的,因之形成了土地占有与土地使用之间的不相称,这就是发生租佃关系的基本原因。关于土地占有与土地使用的比较,我们在下节中就会看到。

(六) 各阶级土地占有与土地使用情形的比较

今将任家湾抗战以来各阶级关于土地占有与土地使用的比较情形列于表 2 - 12。

表 2 - 12　任家湾各阶级土地占有与使用情形调查表

阶级 时期 项别	富农			中农			贫农			雇农			总计(注)		
	战前	事变前	现在	战前	事变前	现在	战前	事变前	现在	战前	事变前	现在	战前	事变前	现在
户数	1	1	3	22	22	21	10	10	14	4	4	2	38	38	41
土地所有数	126	126	213.24	584.27	578.27	462.03	72.48	72.48	83.48	7.0	7.0	7.0	789.75	783.75	765.75
每户平均数	126	126	71.08	265.6	26.28	22.0	7.24	7.24	5.96	1.8	1.8	3.5	20.78	20.62	18.68
土地使用数	66	63	110.74	526.77	524.77	430.53	92.48	93.48	139.48	7.0	17.0	5.5	692.25	698.25	686.25
每户平均数	66	63	36.91	23.94	23.85	20.5	9.25	9.35	9.96	1.8	4.25	2.75	18.22	18.39	16.74

注:贫民 1 户亦计入。

表 2 - 12 表明,富农在各时期使用的土地仅及占有土地的二分之一强,那就是说他有二分之一弱的土地要出租,需要转给他人去经营。虽然这些土地多在外村,在他们看来还不十分顶事,然而没有土地的农民却是需要这些土地的,这只要一看战前所有这些土地均能全部出租就会明了了。中农占有土地较使用土地略多,这是加上外村占有土地的结果,如除开外村的土地不说,那正如我们在前面所说过的,它还有某种不敷。贫农则在任何时期占有土地均赶不上使用土地的数量,所以他需要更多的租入土地,忍受租户方面更苛刻的条件。

这是只就现在土地使用的情况而言的,如果按现有的劳动力来研究这种土地占有与使用情况的话,那么其不敷与剩余情形更加会明了了。

(七) 租种和伙种及其租率的变化

这里有租种和伙种两种租佃形式。这两种租佃形式在收租和缴租的程度上均有不同,故其租率的变化亦不一致,兹分述如下。

租种是地主将土地租给农民自己耕种,预定为一定的租额,地主一般按租额收租,不大过问土地每年的产量,甚至有的地主还有不了解其土地所在地。

租额分两种:一种叫死租,就是言定一定的额租,无论年成好坏与否,租子必须照缴。这里本村土地的出租都是采用这种形式。一种为活租，是某一部分地，言定一定的租子，但这是一种"虚租"，即使在好的年成也只能收得这种"言定"租额的70％，如遇荒年还可酌减。这里在外村占有土地的出租多用活租。

今将本村几家"死租"的情形及其历年租率的变化举例如下。

任根应系中农，战前租种碧村下山地6垧，死租1石。1937年该地收粮2石，交租1石，租率占产量的50％，1938年亦同。1939年收粮1.9石，交租7.5斗，租率占产量的39.4％。1940年收粮1.4石，交租5斗，租率占产量的35.7％。1941年收粮1.1石，缴租0.75斗，租率占产量的68.1％。这种交租与产量的情形是根据其本人自报的。但据我们调查，他因为自己的地不够种，因之租入土地从不敢减租，同时其对于产量的报告也有不确之处。不过，从这里可以看出，他历年的租率约等于其产量的50％左右。另外，在1940年，他又租种碧村王老善的下山地10垧，原定死租1石，据他自己报告是年收粮1.2石，交租0.375石，租率占产量的31.2％。1941年收粮1.5石，交租6斗，租率占产量的40％。但据我们调查，他还是没有减租的，而关于产量的报告也不确实，如以下山地的最低产量计，其10垧地的产粮亦应在2.0石至2.5石之间，若然，则其租率约占产量40％或50％。

任在善，贫农。1937年租本村中农任学良的下山地1垧，收粮0.325石，交原定租子1斗，租率占产量的32.5％。1941年租种碧村户地5垧（下山地），预交法币23元，在当时约合白洋4元，收粮1.5石，按当时市价合白洋12元；当时政府按二五减租办法令出租户退还法币5.75元，约合白洋0.575元，从原租额中退还0.575元，还剩3.425元，租率占原产量的28.6％。这因为是户地，所以租率较小，而且实行了减租。

任子龙系中农，1937年租风角村下山地8垧，收粮2.4石，交原定租额1.5石，租率占产量的62.4％。因租率太重，赔钱甚多，不能再种。

任子旺系贫农，1937年租闫家峪下山地5垧，收粮1.5石，交租0.5石，租率占产量的30％。

从上列数例中可以看出，本村租入土地的租率抗战前与现在无大变化，减租是"明减暗不减"的，其租子甚重，多占产量的40％或50％，这是超过了37.5％的限制额的。

再看本村的几家出租地，这是在外村，是用活租的。

任子明同任子斌战前均系中农，有下山地70垧在风角村，原租6石。但按年成收租，1935年至1937年每年均可收租3.5石，实收租占原租的38.3％，如以该地最低产量为17.5石计，则租率占产量的20％。1937年以后，该项土地有的荒芜，有的自种了。

任红泰，富农。在刘家峁与瓦窑墕有下山地60垧，原租5石，1929年可收足数，如以该地最低产量为15石，则租率占产量的30％。1936年原租未动，实交租3石，占原租额约60％，租率占产量的20％，直至1938年均与1936年同。1939年收租2石，仅及原租额的40％，而租率则占产量的13.3％。1940年荒了些地，仅收租1.5石，占原租额的30％。1941年荒地更多，收租0.5石，占原租额的10％。

从上面两例中可以看出，活租的实收租额是较死租额为低的，这种形式多用在外村的占有地中，其租率平均约占产量的20％左右。

无论死租或活租，其所交出与收到的租子，过去为"三条腿"，即谷子、黑豆、高粱各三分之一，但现在一般佃户缴出的租子均比从前坏一些，差不多尽是黑豆。因之，租户在在感叹："什东西最坏,人家缴什东西!"

这是关于租种的情形。

至于伙种在这里更是盛行,特别在现在,一般本村的土地,尤其是园子地或平地多系采用这种租佃形式。伙种也是"地主"出地,佃户经营,到收获时按土地的产量依原定的份数分配。在过去,"地主"除出土地外,还有出畜力、肥料、种子等东西的,那么在收获时"地主"分得的份数就要多。

伙种在任家湾现有两种分法。一种是对半分,即在收获时于全部收获量中除去种子,余数租佃双方对半分。任家湾 11 户伙种户中就有 7 户是采用对半分办法的,其中有 4 家贴牛,1 家贴麦的,其他均是除了土地之外什么都不出,就要来攫取生产物的半数的。贴牛、贴麦的人家可以分得"柴草"的半数,如什么东西都不贴,则不分柴草。另一种分法为四六分,即佃方分 60%,租户分 40%。这种分法在本村采用的有 4 户,都是租户除出土地外什么都不贴的。据调查,原来什么都不贴的伙种形式都采用四六分法,但本村地少人多,许多农家种不到地,因之租户就有了提高租率的可能,而许多原用四六分法从租佃关系也逐渐为对半分法所代替了。这种分配的方法是由伙种双方在承种土地时当面议定的,一般的好地大都是采用对分的方法,否则租户是不肯轻易出租而佃户是很难租得好地的。

伙种这种剥削形式已经成为今天租佃形式中相当普遍而且日益发展的形式了。它已经是出租户在政府减租法令下提高租额的最好方法之一,已经是一种变相的"吃租"形式了。但这种形式下佃户的剥削是较之吃租厉害的多。因为不仅其一般的租率要比出租的高,而且利用这种形式的租佃关系,政府在实行减租法令时亦很困难:一则因为这种伙种者的双方不是亲戚就是父子,政府命令他们减租,在他们看来认为是"多余"的事。二则我们的减租法令在过去只有"上面"派人下来工作时才能在"表面"上执行,但群众还是照他们原先议定的分法分配收获物,有的租佃双方在表面上答应而实际上佃户暗中照交,以昭信义和期望"地主"不会多受得自己"挑皮"而发生本地"夺地""转种"的现象。同时,我们的工作人员也不一定在伙种双方分配收获物时均能在场,因为他们两方常是已经分配"停当",出租户已将租子搬回后,我们的工作人员才下来工作并使其退还的,但群众说:"肉入猫口了,怎么还能退出来呢?"这还不说出租户要"一五一十"的向佃户查分其好的谷物呵!若将这些都算在内,则伙种形式之不利于佃户的情形就更为明白了。

伙种的问题,特别是伙种的减租问题,是现在租佃关系中亟待解决的问题了。而这些问题的解决,如依然采用"老一套"的办法是必然行不通,也一定做不好。这里一方面须要政府继续坚持减租交租政策,在今天主要还是减租问题(以任家湾来说——虽然任家湾没有地主,但某些出租的土地,特别是伙出的土地的酌量减租仍然是必要的)。要减租就必须保证佃户有地种,地主不会因佃户的减租而发生夺地转租等情事。同时不能把减租工作以"马后炮"的方式来进行,而必须采用"先将年"的办法,在夏收或秋收前,就由各级政府分别的认真去办理。但这仅是一方面,还有另一方面,即把减租工作变作一个群众运动,将减租变为群众自己的要求,发动群众起来为这个要求作斗争,而不停留在认为减租是"公家要办"的观点和"推一推、动一动"的行动上面,这样减租政策才能彻底执行。当然这里必需要政府对佃户耕种的土地给以必要的切实的保证。

(八)"户地"

任家湾的任姓是同沙玛、铁炉塔的任姓共为一个宗支的,是第二支,亦称二局。在二局里,共有 70 垧山地是属于这任姓的第二支共有的户地。这些土地在沙塌与铁炉塔一带,其来源多系孤儿寡妇的绝地,也有一部分是用"人丁钱"买入的,其来已久,不易查考。

户地在这里之所以存在,是与血统的宗族关系和旧的田赋制度密切联系着的。因为这种"户"同"局"的区分就表明一定的氏族关系,并与田赋制度中的"邻"与"甲"成为一个系统。所以,一个氏族中要有一定的公共财产,以其收入来办理本姓、本族的公共事业,也有一部分孤儿寡妇的"绝地"无人承继和他们的钱粮以及本户中的一部分逃亡户的粮(俗称"逃粮")无人缴纳,另外,办理全户田赋催交事宜所需的一些费用也无由筹措。一切这些问题的解决都有赖于一定的"氏族政治",而作为这种"氏族政治"财产的便是"户地"。

"户地"由"户头"(亦称"局头")管理,户头是各大户轮流充当的,据说每隔 60 年每一大户轮当一次。"户头"除经理户地外,还要解决户内的纠纷,管理祖宗的祭祀,以及同外户交涉等事宜。因之,"户头"常是有钱有势的大户充任的。

户内要有一定的公共开支,而关于这些开支的仰给就靠户地以及同户地联系在一块的"人丁钱"。关于户内的公共开支主要的有:"户地"钱粮的完纳以及一部分逃亡户钱粮的完纳,祭祀祖宗的费用,帮助政府催缴全户完纳田赋的"排年"的盘费("排年"是义务职)等。这些开支首先从"户地"的租额中取得,如有不敷时,再于全户所有 15 岁以上的男子公摊"人丁钱"以补足之。前几年时,全户开支较多,除户地的租子全部用出外,还需征"人丁钱",每个 15 岁以上的男子每年约出白洋一角余。如"人丁钱"稍有盈余,则又购置"户地"。

关于全户一切收支事宜,均由"户头"负责,而户头每年又向所有各户报告一次开支的情形。这要采用一定的集会,他们名之为"寒食会",即在"清明节"的那天,无论远近的同支任姓,凡年在 15 以上的男子大都群聚在祖坟的所在地,同时也是户地的所在——沙塌、铁炉塔一带,去祭祖宗。祭毕大家吃一顿糕,可以算作全族的"会餐"了。在"会餐"的时候由"户头"报告全年的开支,并由大家提出全户中应兴应革的事项,最后办理"户头"的交接事宜,即各自回去。

管理这种"寒食会"的有"会头",是在祖坟所在地的同支任姓各户轮流当的,受"户头"管辖。

户地的租佃事宜由"户头"管理,任姓二局的"户地"有 70 垧,共产租 7.7 石,这些地由"户头"分租给以下的人:

杨万海,租 2.25 石租子的地。

任凤桢,租 0.17 石租子的地。

任步山,租 1.50 石租子的地。

任瑞科,租 2.85 石租子的地。

任憨来,租 0.92 石租子的地。

以上的租额均系"虚租"。今将其实交租折算方法列下:1941 年 1 石折为 2.2 斗,1940 年 1 石折为 1.8 斗,1939 年 1 石折为 1.6 斗,1938 年 1 石折为 2.0 斗。再往前,从没有太多或太少于这个数目的。

由此可知,户地的实收租额仅占原租额的 16% 至 22%。如假定该地的最低产量为 17.5 石,则其租率对产量的百分比至多为 9.7%,至少为 7%,其租率是不大的。

(九)"庙地"

任家湾有 4 亩水地"庙地",是同碧村、赵家湾、张家湾共有的,它属于蔚汾河入口处"龙池湾"

的"娘娘庙",原是由修葺庙宇时所化的"布施"购得2亩,后又由张家湾的"善人""乐施"2亩,共为4亩,并在庙中立有碑记。这些庙地平时均出租,由该庙的庙首管理,所收的租钱全供"香火"之用,好多年来均是如此。现收归行署管理,作为学校基金,今年由卫生部租种,租额不详。

四、各阶级人口的变化

今将任家湾抗战以来各阶级人口的变化情形列于表2-13。

表2-13　任家湾抗战以来人口变化表

阶级	时期	户数	1~7男	1~7女	8~14男	8~14女	15~17男	15~17女	18~23男	18~23女	24~45男	24~45女	46~55男	46~55女	56~60男	56~60女	60以上男	60以上女	总计男	总计女	合计	占全人口的百分比	每户平均人口
富农	战前	1	1	2			1	1			1	2			1	1			4	6	10	5.20	10
富农	事变前	1	1	2		1	1	1	1			2			1	1			4	7	11	5.42	11
富农	现在	3		2	2	2	1	1			3	3	2	1			1		9	9	18	9.8	6
中农	战前	22	14	13	7	7	4	4	4	5	21	19	5	5	2	2	5	3	62	58	120	61.5	5.45
中农	事变前	22	15	11	6	9	3	4	7	7	20	19	6	5	2	2	5	2	64	59	123	60.6	5.59
中农	现在	21	12	6	4	10	3	3	7	5	17	15	3	4	1	3	6	3	53	49	102	55.4	4.85
贫农	战前	10	8	2		4	1	1	2	2	9	5	2	2		1	4	3	26	20	46	23.6	4.6
贫农	事变前	10	8	2	2	3	1	1	1		9	7	3	2		1	3	4	27	20	44	23.1	4.7
贫农	现在	14	6	3	3	4			1	2	11	10	4	1	1		1	6	27	26	53	28.8	3.8
雇工	战前	4	2	2	1		1			1	4	2		1	2	1		1	10	8	18	9.2	4.5
雇工	事变前	4	3	2	1	1	1				4	3		1	2	1		2	11	10	21	10.3	4.25
雇工	现在	2			1	1	1		1	1	1			1			2	1	6	4	10	5.4	5.0
贫民	战前	1															1		1		1	0.50	1.0
贫民	事变前	1															1		1		1	0.49	1.0
贫民	现在	1															1		1		1	0.60	1.0
总计	战前	38	25	19	8	11	7	6	6	8	35	28	7	8	5	5	10	7	103	92	195	100	5.13
总计	事变前	38	27	17	9	14	6	6	9	7	33	31	9	8	5	5	9	8	107	96	203	100	5.18
总计	现在	41	18	11	10	17	5	4	9	8	32	28	9	7	2	3	11	10	96	88	184	100	4.49

从表2-13中可以看出,富农的人口现在较之战前增加了,中农则减少了,贫农有些增加,雇工则较战前减少,贫民仍维持原状。这种人口变化是随着阶级关系的变化而变化的,这是一方面,另一方面就是人的生育与死亡以及婚嫁移居等关系也直接影响着人口的变化。请看表2-14。

表 2-14　影响人口变化的因素及其增减情形

阶级＼人口变动	原有人口	增						减						现有人口
		生育	娶入	上升来	下降来	分家来	总计	死亡	嫁出	上升出	下降出	移居出	总计	
富农	10		3	14			17	3	1			5	9	18
中农	120	11	1		5	1	18	4	1	14	4	13	36	102
贫农	46	1	2	10	3		16	5	1			3	9	53
雇工	18	1					1			9			9	10
贫民	1													1
总计	195	13	6	24	8	1	52	12	3	23	9	16	63	184

　　表 2-14 表明,移出人口的增多是现在任家湾总的人口减少的基本原因,而这种移居的趋向又是因为了逃避兵役与减轻负担的分家问题,与"游击式"的家庭(即在此村住一些人,彼村又住一些人,实际上仍为一家)的发展联系着的。从战前至现在的整个过程看,人口的生殖与死亡率总的说来是差不多的,但其中中农生殖率最大,贫农则死亡率最大。婚嫁关系在富农中比其他阶级中更形发展,这是因为富农较有钱,能"做起事"(即办婚丧等事)的缘故。关于人口比较显著的变化主要还是在晋西事变到现在这一个时期,这只要一看表 2-15 就会明了。

表 2-15　晋西事变前后人口变化表

晋西事变前人口	增			减				现有人口
	生育	娶入	共计	死亡	嫁出	移居	共计	
203	6	3	9	10	2	16	28	184

　　从表 2-15 中可以看出,这种人口减少的趋势主要是在晋西事变后形成的,战争的动员以及伴随着战争发展而来的疾病的发展,使人口的生殖率赶不上人口的死亡率了。而人口的出移也是在晋西事变以后的事,关于人口出移的情形请看表 2-16。

表 2-16　晋西事变后人口出移情形表

阶级＼项别	移出户口		移出人口									合计	
	移出	分出	男					女				男	女
			1～7	8～17	18～23	24～45	46～55	1～7	8～17	18～23	24～45		
中农	1	2	3	3	1	2		1		2	1	9	4
贫农	1				1				2			1	2
总计	2	2	3	3	2	2		1	2	2	1	10	6

　　从表 2-16 可以看出,移出和分出的户口大部是中农,而移出和分出的人口大部是青年。这就说明了分出和移出的原因:一个家庭的几个"壮丁"分开了,在征兵时就可避开"抽丁";同时家庭的缩小,各个单位的收入也缩小了,因之对公家的负担也就可以欠掉或出的少些。当然这里移出的户口中也有因地不够种的,那当然又当别论了。

这种家庭单位的缩小,我们只要一看本节的第一表就会明了。各阶级每户人口的平均数,除了雇工2户因未分家尚有某些扩大外,其他均比以前减少。

但各阶级的家庭大小是不一样的,因而在人口占有的比例上也不尽相同。一般每户富农的人口总多于中农,中农又多于贫农,雇工多于农村手艺工人,其家庭大小与贫农仿佛,现在多于贫农的原因是由于现有的2户雇工均未分家的缘故。

这种各阶级家庭大小的不同,使着各阶级在全社会阶级中所占的比率与其在社会人口中所占的比率不相称:富农的家庭极大,人口较多,故其后者的比率大于前者,中农亦同,而贫农、贫民则反是,雇工因未分家,家庭尚大,故其后者的比率尚较前者为高。

这就使各阶级之间在人口的占有上发生了矛盾,而这种矛盾也同样反映在劳动力的占有上。

五、借贷关系的变化

从表2-17可以看出,这些借贷关系的建立大部分在战前。晋西事变前还多少有一些,晋西事变到现在则根本没有了。在这一时期,一般说借贷关系已经停止了发展。

表2-17中出借的有8户中农(内有外村2户),其中有2户放债3处,其他均在1处放债。放债的债额由3元至20元,粮食债额亦未超过2小石。富农放债仅2户(其中1户是外村),有1家在2处放债,他们的放债额由50元至200元。地主(系外村的)放债仅1户,其放债额为100元。

由此可知,中农放债者多,可是他的户数也多,而它的放债额则要小,且很零碎。至于地主、富农,他们放债额数则比中农大得多。

借债者方面除1户外村人不详成分外,其余均为中农,计有6户。其中,有1户向5处借钱(已经还清1处),有1户向4处借钱(现已还清,因为"问出了闺女"买了牛),有2户向2处借钱(其中1户因家庭劳动力多,能"刨闹",已经还清),其余向1处借钱。借钱数量由3元至100元,借粮食则未有超过2小石的。

以上借债的中农,其债务也多少不一。贫农则无借债的,这不是说贫农不需要借债而中农非借不可,这只是说明中农"有家资,人信好,凭得过来,因之人家借给钱,而贫农则是穷光蛋,人家还凭信",因之借不到或很难借到债。

利率最可能为月息2分半,至多能为月息5分(现近"抓地"的借贷则超过"大加一"的利了,即其利息之高超过1000%),普通能为月息3分。借粮亦同,也是按3分行息,可知道这种利率是不轻的,它带有高利贷的性质。

利息虽然这样高,但借债人还很难借到,他还须多方央请人"求人情""说面子",找下"中人"(普通1人)并寻好"保人"(普通2人)方能借到。保人"顾啦"(即可靠之意)可以不抵押东西,如"保人"不"顾"还得写上高出其债额几倍的东西给债主作抵押(贫农虽具备这些条件,因之也很难借到钱)。借方所借的债额、利息、抵押的东西、借贷的期限、中人、保人都需在"借约"上写明,并画押,由借方像卖身契一样的交与贷方。借方就是凭这张"约"来与贷方发生关系的。借贷双方对这张"约"都极为重视,借方认为这张纸的存在就像他身上的"恶疮"没有拔去一样,他天天希望着将它拔去,但这种"恶疮"却天天蔓延着。因为利息越滚越大了,结果还起利息时只有典房卖地

表 2 - 17 任家湾各阶级借贷关系调查表

借主姓名	成分	贷主	成分	借贷种类	数量	利息	附带条件	借贷时间	清偿情形	借款原因
任学丁	中农	任绥焕	中农	白洋	10 元	3 分		1938 年	1939 年清还	初分家无法生活
		任学福	中农	谷子	2 小石	3 驮息		1937 年	1941 年清还(1940 年末付息)	初分家无法生活
		任侯中	中农	白洋	3 元	3 分		1938 年	1941 年清还(以牛耕地还清)	初分家无法生活
		任增寿	中农	白洋	15 元	2 分		1937 年	1938 年清还	初分家无法生活
任学良	中农	任增寿	中农	白洋	10 元	2.5 分		1934 年	一年未付息	
		王堤	富农	白洋	50 元	3 分		1932 年	二年未付息,给他蔬菜	
		白银长	地主	白洋	100 元	2.5 分		1938 年	二年未付息,给他蔬菜	
任学刚	中农	任增寿	中农	白洋	15 元	2 分		战前	查不清	
		任红素	富农	白洋	200 元	3 分				
任应之	中农	亲戚家(外村)		谷子	2 小石	3 驮息	抵押园子地 8 分,该地全部收获物均分,无息	战前	战后清还	
任学良	中农	白屏唐	中农	白洋	15 元	5 分		1942 年 6 月	今年还谷子	还债
任学良	中农	任留保	中农	白洋	10 元	3 分		战前	二年未付息	
任学瑞	中农	白庆贵	中农	白洋	5 元	3 分		战前	二年未付息	
任学贵	中农	白庆贵	中农	白洋	3 元	3 分		战前	二年未付息	
		白庆贵	中农	白洋	20 元	3 分		战前	二年未付息	
任学廉	中农	任臭镰	中农	白洋	8 元	3 分		10 年的	尚付息	
任学小	中农	任丑孩	中农	白洋	10 元	2.5 分		10 年的	尚付息	

来拔去"恶疮",收回借约,而结果仍不免"倾家荡产"。贷方倒根据这张"保约"来保证自己的剥削权利,他们认为一切都是说在纸上说不在底下的,反正嘴是空的,白纸黑字是真的。因之,凡有利于贷方的各方面都必须在纸上详细写明,方肯出借。尤其是关于债额币制与交息的币制都必须写成"白洋"(如若"票子"也要折成"白洋")——甚至还要写成"敲响的白洋",以防"票子""臭了"(不值钱时)借钱人"葬良心"——这是群众苦吃了"老阎"两次"票子叼人^①"的戏得来的经验!

这种借约在本利清还后才能向债主那里收回,谓之"抽约"。说起"抽约"来,那些借人家钱的人像"恶疮"拔除了,或被捆之人将绳子解开了之后一样痛快。当你问到那些收回来的借约呢,他会回答你:"那还留下拉屎焖,留它干什么!"

就在这种已经存在的借贷关系中,除了个别人清还以外,其他都在不死不活存在着。一般的债主都不去要,即在负债人以现行的币制(法币或农币)去还时,债主也不要,并且不予退约。这不是债主的"仁慈",而是像负债人所说的:"人家要等好时候到来时向俺们要好钱(白洋)的!"有的负债人就根本不理这些债务了,近一两年来利息都不付。

因之,现在农村中虽有人想借钱,并愿付很高的利息,但都没有人敢出借了。即有,也是在"亲戚朋友"之间的一些临时挪借,同时还是采取隐蔽的方式。当然这样"隐蔽政策"是与这些人贫穷、怕负担的意图联系着的。

减息结果变成"减借"了,反对高利贷的结果变成反对一切借贷了,因之使农村的借贷关系差不多完全停顿下来,形成了农村经济的某种"死滞"。这对于农村经济的发展有极大的妨碍。应当遵照中央的指示,恰当的调整借贷关系,只要人家能借到并情愿去借,而债主又肯出借的话,不要过分强调减息。同时要确定或承认一种比较固定的币制(如白洋等),在借贷关系上准予使用,以利于借贷关系的发展。当然,政府对于债权的确保也是极其重要的。

六、牲畜、肥料、种子诸问题

(一) 牲畜

1. 为什么农民们都希望养个"牲灵"

农业的生产除了劳动力和土地外,役畜(即"牲灵")也是极其重要的因素。同样一个劳动力,如配以半个普通牛力,就可以"作务"20 垧山地。但没有牛力,需要按人力变换牛工的话(这里耕地均需牛力,没有牛力的人家通以人力变牛力,关于这个我们将放在以后论及),则只能"作务"10垧。总之,战后的农业小生产者要发展自己的经济,离开畜力是不可能的。

但由于战争的影响以及敌人对于根据地的疯狂破坏,许多农家都不敢养牛,或者养不起牛了。关于抗战以来役畜的变化情形请看表 2 - 18。

---

① 编者注:即"吃人"之意。

表 2-18　任家湾抗战以来役畜调查表

时间 \ 牲畜	牛			驴		
	占有户数	普通牛	小牛	占有户数	普通驴	小驴
战前	10	10	1	7(注一)	11	
事变前	9	8.83	2	4(注二)	4	
现在	14	6.58	3	3(注三)	3	2

注一:内有 1 户是只养驴的,其他 6 户是牛驴全养着的。

注二:内有 2 户是养牛又养驴的。

注三:内有 2 户是牛驴全养的。

　　从表 2-18 中可看出,役畜的饲养是逐年减少着,晋西事变前较战前少,现在又较晋西事变前少了。特别在驴的饲养上,表现的更为明显。这是战争所给予的直接影响。因为战争不仅在不断摧残饲养着的役畜和阻碍着群众对于役畜的饲养,而且战争使生产单位日渐缩小,致使过去能养起牛的人家今天就养不起了。

　　但关于牛的占有户数,则现在比从前增加了,驴的占有户数却比之战前少了 4 户。但战前养驴的人家同时就是养牛的人家,所以实际上还不能改变这种役畜占有者中增加的趋势。

　　役畜数量的减低(比之战前说)和占有者的增加,说明着现在农村的经济更加分散了,然而它却是较多数人的"发展"。

　　这种趋向形成的原因:第一,是由于战争环境的影响,愈小的经济愈能适应战争的环境,愈在战争到来时可以减少损失。第二,如躲避兵役和逃避负担所引起的分家问题,家庭分小了,牛驴的饲养也只好分散开。最后,就是在晋西事变中,一部分富裕农家在经济上遭受了某些损失和近几年来抗战负担的日益加重,这就相对的缩小了他们经营生产的力量,由较大的经济变为较小的经济。而在役畜饲养上也由养一条牛变为养"一份份""一半"或"两份份"牛了。

　　战争易于破坏生产,但小生产恢复起来也较容易。去年冬季扫荡时,敌人曾杀掉本村的 1 头牛和拉走 1 头驴,但现在均已恢复起来了。这说明小生产者生活能力的强大。

　　另外还须在这里说明的是,这里的"毛驴"只能当运输或制作(如推磨等)工具用,不能耕作。战前的毛驴饲养数目较多的原因,是由于当时副业的生产比较发达(如酿酒业、制粉业等)。现在副业的生产随着战争的发展、农业经营的缩小而日益削弱或根本停止了,因之毛驴的饲养也日渐稀少起来。

　　据调查,这里的牛一年中可耕地百天,一条好牛一年内可耕地 120 垧至 200 垧。这样的牛现值白洋 60 元至 80 元,每天要吃 1.5 升至 2 升(大升)黑豆料和 15 斤至 20 斤干草,独立小生产的农民是养不起的。任家湾没有这样的牛。普通的牛现值白洋 30 元至 40 元,年可耕地 60 垧至 80 垧,每天需 1 升黑豆、15 斤干草,这里农家所养的牛大半属于这一种。而就是这样的牛,普通的农民也是养不起的,他们都是采用养三分之一、二分之一、三分之二等合养办法的。

　　一个普通驴现值白洋 10 元至 15 元,这样的驴每天要 5 合至 8 合的黑豆料和 5 斤至 7 斤的干草。它可以运输,可以拉磨,可以骑走,也是农家最有用的"牲灵",但这样不算很花钱的东西,农民因为"耕地用不着"也就不养了。

　　牛驴的饲养不但可以用来耕地、运输……且能供给农家以许多可贵的粪! 但个体的农业小生产者既无力普遍的都养一条牛,也不会家家都有"一份份"牛的!

以下我们就要讲到各阶级关于牛驴等役畜占有的情形。

2. 役畜的变化

今将抗战以来任家湾各阶级关于役畜占有变化的情形列于表2-19。

表 2-19　抗战以来任家湾各阶级役畜占有调查表

时间 役畜占有 阶级	战前							事变前							现在						
	户数	牛			驴			户数	牛			驴			户数	牛			驴		
		占有户数	普通牛	小牛	占有户数	普通驴	小驴		占有户数	普通牛	小牛	占有户数	普通驴	小驴		占有户数	普通牛	小牛	占有户数	普通驴	小驴
富农	11	1	1		1	3		1	1	1	2	1	1		3	3	$\frac{5}{3}$	2	1	1	1
中农	22	9	9	1	6(注一)	8		22	8	$\frac{42}{5}$		2(注二)	2		21	9	$\frac{25}{6}$	1	2(注三)	2	1
贫农	10							10					1	1	14	2	0.75				
其他	5							5							3						
总计	38	10	10	1	7	11		38	9	$\frac{48}{5}$	2	4	4		41	14	6.38	3	3	3	2

注一:内有1户是只养驴的,其他5户养驴同时又养牛。

注二:2户均是养牛同时又养驴的。

注三:内有1户是仅养驴的,1户则是牛驴都养的。

上表表明,本村役畜的总数较前减少了,而占有役畜的户数都增加了。这说明农村的经济更向分散的方向发展,而在这种发展中有些过去没有养牛的人家今天都养起牛来了。

但是,阶级之间在役畜的占有上仍有很大的差别。现在3户富农就占有25.2%的牛力(2条小牛还未计算在内),就是说占全部牛力的四分之一强。21户中农占有63.4%的牛力。14户贫农只占有11.4%的牛力,而战前贫农是根本没有养牛的。

说到役畜的占有户数,现在的3户富农每家都有牛,一家可平均到0.5头普通牛与0.7头小牛。21户中农中有9家有牛的,每家平均仅有0.46头普通牛,而其余的12户根本都没有牛。贫农14户则只有2家有牛,还是一家养二分之一、一家养四分之一的,其他12家均无牛。因之,大多数的中农和极大多数的贫农都痛感到无牛的苦恼,希望养"一份份"(即三分之一),"牲灵"已成了他们共同的理想。关于牛力的剩余与不足问题请看表2-20。

表 2-20　任家湾各阶级牛力剩余与不足情形调查表(以每个牛能耕地70垧计)

阶级 时间	土地与畜力 户数	所有牛力			可耕土地 (注二)	使用土地 (注二)	牛力剩余与不足			
		中牛	小牛 (注三)	折合中牛			剩余		不足	
							土地	牛力	土地	牛力
富农 战前	1	1		1	70	33	37	0.53		
富农 事变前	1	1	2	2	140	33	107	1.53		
富农 现在	3	1.66	2	2.66	186.2	62.16	124.04	1.77		

（续表）

阶级	时间	户数	所有牛力			可耕土地（注二）	使用土地（注二）	牛力剩余与不足			
			中牛	小牛（注三）	折合中牛			剩余		不足	
								土地	牛力	土地	牛力
中农	战前	22	9.0	1	9.5	665.0	375.64	289.36	4.13		
	事变前	22	7.83		7.83	548.2	365.79	182.41	2.61		
	现在	21	4.17	1	4.67	326.9	284.37	42.53	0.61		
贫农	战前	10					78.49			78.49	1.12
	事变前	10					81.82			81.82	1.15
	现在	14	0.75		0.75	52.5	113.59			61.09	0.87
其它	战前	5					3			3.0	0.04
	事变前	5					13			13.0	0.19
	现在	3					283			2.83	0.04
总计	战前	38	10	1	10.5	735	490.13	326.36	4.66	81.49	1.15
	事变前	38	8.83	2	9.83	688.1	493.61	289.41	4.12	94.82	1.35
	现在	41	6.58	3	8.08	565.6	462.95	166.57	2.38	63.92	0.90

注一：驴在这里只能推磨、运输，不能耕作，故未计算在内。

注二：可耕土地和使用土地都是指一般的土地而言，不分山、平、水等地。

注三：小牛两条合中牛一条。

表2-20表明，无论战前或晋西事变前，本村的牛力均有剩余，就在现在牛力大量减少的情况下还是如此。

然而，由于牛的数量甚少，而农户则一天天加多，这就使牛的合理使用受到限制。更加以农业生产是最受时间性的制抑的，所以在谷雨以后那很短的然而又极为宝贵的耕种期间大家都需要用牛，而牛少又分配不过来，结果绝大多数的【未】养牛的人家都感到牛的缺乏了。然而在一阵"慌乱"之后，那个最好的"农时"弹指过去了，养牛的人家在这个最好的时机里完全或差不多已耕好了自己的土地，因之牛就"空闲"下来。但没有牛的人家在那个最好的"农时"当然也不愿轻轻的放过，既然雇不到牛，就只有采用"急着抓"的办法以人力来"刨种"或"安种"了。等到养牛的人家的牛"空闲"下来时，他们对于牛的需要逐渐减少或已不若先前那样迫切了，结果就使牛力不能达到比较合理使用的程度。因之，使能耕70垧地的牛都只能耕到40垧至50垧，牛的使用太不经济了（以这个数目推算，即感到牛的缺乏了）。

上表富农、中农在各时期牛力均有剩余，但除富农每家都有牛外，中农则大部分人家没有养牛，他们依然还感到无牛的痛苦。贫农则过去根本没有牛，现在只有不足一头的牛了，但这距离他们的需要还甚远。

因之，大部分没有牛的中农（过去占中农全数的59.1％，现在占57.1％）和贫农（过去贫农完全没有牛，现在尚有85.7％的贫农仍无牛）是需要依靠他人的牛力来耕作的，这种牛的使用权的获得在这里通用的是"牛变工"的形式。

"牛变工"是养牛者以牛并随带一个劳动力与用牛者去耕地。每耕一垧地由后者为前者报以

2 个至 5 个的短工,并补足牛主带牛来耕地的工。今年最普遍者是用牛者为牛主报工时,如在自己家吃饭,则只要 2 个工,如在牛主家吃饭,则需 3 个工,两者均须将牛主随牛耕地所费的工另行补足。即以此为例,我们来了解其剥削情形。

用牛者给牛主做 3 天的短工(吃在牛主家)才能以牛耕 1 垧地,一个普通牛每天可耕 2 垧地,可换得 6 个短工。现时每个短工的最低工资为 5 元,6 个短工总计工资为 30 元。而一个普通牛一天的消耗只须 1.5 大升黑豆料和 20 斤谷草就够了,这些东西以现价折合共 4.8 元(1.5 升黑豆值 1.8 元,20 斤谷草值 3 元)。一个普通牛一天就可取得 25.2 元的收入(约合白洋 1.5 元),而一个普通牛的价格现在也不过值白洋 20 元至 25 元,这种剥削是不轻的。既然如此,但没有牛的人家还是很难以人工变得牛工的,即使变得也只能是在牛主占用了最好的时间之后,用牛的人才能借到。但用牛者为换牛工而出的人工则必须在牛主家最需要劳动力的时候——当然也是无牛的人家最需要劳动力的时候。就是如此,也必须先尽"父子",再轮"亲戚",然后才能借给"既不交亲"又不"带故"的人的。至于"苦水"不好的人,是根本不能变得牛工的。

"牛变工"是一种极普遍的和极严重的剥削形式,但它也是一种可以用来发展农村劳动互助的较好的形式。在今天生产单位零散,大部农家没有养牛而农村的耕牛数量又很缺少的情况下,在各村内部如何恰当的组织现有的牛力和人力为几个单位来进行耕作,使这仅有的牛力不致浪费,而日渐紧缩的人力可以樽节。同时政府亦应规定牛变工的一定标准,适当的减低一些牛变工的剥削程度,使贫苦的农民也可以发展自己的经济。

伙喂牛的形式,在今天农村经济日益缩小的情况下,是一种较合适的形式。同时这种形式还可使牛力得到某种程度的合理使用,应提倡之。但伙喂牛的各主户往往只知道如何拼命的使用牛,而对于牛的饲养的注意则是较差的。以牲畜的饲养方式看,这当然有所不利,但今天的经济条件却只能允许这样做。

耕牛不足已成为今天农村经济中一个普遍存在的问题了。适当的解决这一问题,发展耕牛的饲养,是今天发展农村经济的重要条件之一。

因为现有耕牛的不足使用,因之有牛的人家就要从中来剥削,而没有牛的人家则为使用牛而又受到有牛者的剥削。我们在下面就要分别说明。

3. "草租牛""打价牛""贴牛"与"牛变工"

"草租牛"有两种:一种是租来专为耕地用的;一种是主要为取得"牛犊子"的,同时又可借以耕地用的。两者都是不将牛作价,只是视牛的劳动力的强弱而定牛的租价的。在租期内,如牛有死伤情事,承租户概不负责,只在死了之后将"牛皮"交还牛主即可。

虽然租来耕地用的"草租牛",其租价视牛的劳动力好坏酌定之,但牛的劳动力好坏是规定牛的价格的,因之一般还是按其价格来定其租子。普通"草租牛"的租价是牛价每值白洋 1 元以出租子 1 小斗(黑豆)计,甚至有超过此数者,因"草租牛"者对牛的死伤概不负责,因之租价要高。通常承租人在耕完土地后,即将牛交还原主,但也有在秋收之后交还者,租子则在秋收之后始交。本村这种牛的租借办法,在几十年前有,现在没有了。

为了取得"牛犊子"而草租的母牛,一般是老而无力的,出租价较前者稍低。老牛生得小牛后,小牛是租佃双方共有的,如承租户欲取得小牛的单独占有权,可将小牛折价,出一半的价格给原主。而老牛则始终还是属于出租人的,承租人在承租期间对牛的伤亡概不负责。

本村现在以这种形式租牛的人家也没有。

"打价牛"是出租牛者和承租牛者双方将牛看过,以牛的现价作标准,每值1元租子为黑豆1小斗(通常都低于这个数目,所谓"草租往出探,打价往回退")。在承租期间,如牛有伤亡,由出租承租者两方照原议定的价格共同赔偿。这样出租的牛多为好牛,但租牛户要对牛的伤亡负责,故租价较前者略低。特别在近年来,每只牛的租价已由黑豆1小斗降为5小升或3大升了。

无论"草租牛"或"打价牛",均由双方写好"字据"为凭,以备日后查考。

"贴牛"是牛的实质雇用。一般的以物作价,每耕1垧地由承雇人出黑豆0.5大斗(0.2斗牛料、0.3斗牛租)、干草20斤,出雇人须附出一人去耕地,约半天可耕1垧地。而"贴牛"的人还要给牛主还半天的人工。但这是"旧规矩",现在多不实行了。

现在耕1垧地只要出1小斗黑豆就行了。但人们一般都不用"贴牛"的办法,而大多采用我们前述的"牛变工"的形式。

4. 猪和羊的饲养

猪和羊的饲养对于发展农民的经济来说,也是一个很重要的因素。因为这不但可给农民增殖不少的财富,而且能够生产大量的粪。但现在猪和羊的饲养是比战前减少了,这对于发展农村经济来说不能不是一个问题。

关于抗战以来猪羊饲养的增减情形,请看表2-21。

表2-21　任家湾战后牲畜增减表

时间 \ 猪羊数量	羊		猪	
	占有户数	占有数量	占有户数	占有数量
战前	10	260	4	133
事变前	11	100	3	12
现在	15	164	4	14

从表2-21可以看出,羊猪的饲养比之战前有些减少,但比晋西事变之前都又增加了。这说明新民主主义的政权是便利于小生产者畅快发展其经济的,如果没有战争的影响和破坏,这将会更加发展。

从表2-21中也可看出,羊猪的数目虽较战前减少,但养猪的占有户数都较战前增加了。较大些的农业经济虽有了某种低落和分散,但却是大多数农民经济的活跃。

羊猪饲养数目的减少和占有户数的增多,是因副业生产的没落与大家庭的瓦解密切联系着的。战前有一家富农兼开粉房,仅他一家就养猪80只;另一家中农同样开粉房,也养猪50只。此外,有几个中农养羊60只至70只。这是由于当时的制粉业、酿酒业相当发达,而且极为普遍。大部分的中农都要酿酒,自己一家酿不起的便合股去酿。酿酒所剩的糟粕最便利于牲畜的饲养。但现在这些副业的经营大为减少或根本停止了,糟粕没有了,用钱买来粮食去养,既买不起又不经济,所以牲畜的饲养就日渐减少起来。

另外,就是因分家而引起的羊猪的分散,过去属于一家的羊,今天则变成几个主家了。

但羊猪的饲养,如我们在前表所指出的,又在日益发展着。现在有几家富农和中农的羊群又日渐扩大了,这种扩大在今天虽然不明显,而且在战争的条件下也不可能,然而它在将来的发展则是可预见的。

现在我们就来看抗战以来各阶级关于猪羊饲养的情形。

表 2‐22　任家湾各阶级占有猪羊调查表

羊与猪\ 时间\ 项别\ 阶级	羊（只）						猪（头）					
	战前		事变前		现在		战前		事变前		现在	
	占有户数	占有数量	占有户数	占有数量	占有户数	占有数量	占有户数	占有数量	占有户数	占有数量	占有户数	占有数量
富农					3	62	1	80	1	10	1	10
中农	9	259	8	92	7	76	3	53	2	2	3	4
贫农			2	2	4	12						
雇工	1	1	1	6	1	14						
总计	10	260	11	100	15	164	4	133	3	12	4	14

表 2‐22 中猪羊的总数现在较战前有些减少，但占有户数则较战前多。这同样说明农村经济向小的方面发展，而战前没有羊的贫农现在也有 4 户养羊了。

现在在猪和羊的占有上，各阶级之间仍有很大的不同。现在的 3 户富农都养羊，平均每户有羊 20.6 只；中农 21 户只有 7 户养羊的，每户可平均有 11 只；贫农 14 户有 4 户养羊的，每户只能平均到 3 只；雇工有 1 户是给人揽羊的，他自己"捎带"养 14 只羊。

猪的饲养过去差不多完全在富农与一小部分中农手里，但自副业（制粉、酿酒业）经营衰落以来，猪的饲养已普遍减的减少了。

在猪羊的饲养上也有各种不同的剥削形式，如"打价羊""草分羊""揽羊""捎羊""站羊"。兹分述如下：

"打价羊"亦即"打本分羊"，这是"财主"出钱买一群羊（一般是五六十只）交与分羊者，分羊者在承受羊后即管起羊的牧放事宜，并享受羊的一切利益（如剪毛、"采粪"等）。在结算时，双方利害平分，将结算时所有的羊数照现价折算，扣除"财主"的原来的买价，余数双方平分，不足则双方各半补垫之。分羊者何时愿意结算，均听其自便。这种分羊的形式本村在战前相当普遍。

"草分羊"即"财主"出本买羊给放羊者牧放，有两种：一种是财主出钱买羊后交与放羊者牧放，放羊者必须承放 3 年方能与羊主分羊，分配时羊主的"原本羊"亦归入群羊中对分之，羊粪、羊毛则归放羊者。这种"草分羊"办法因放羊者在 3 年内只能获得羊毛与羊粪而分不到羊，加以非到 3 年终了不能结算，因之放羊者多不愿依照这种办法承放。

还有一种"草分羊"法是羊主买羊后交与放羊者承放，一年期满后，放羊者愿在什么时候结算均任其自由，结算时除去羊主的原本（如有伤亡由新生的羊中补足之）外，其余对分。至于羊粪与羊毛则归放羊者。这种办法虽较前者剥削更重，但放羊者为了一年后即可分得新羊，因之亦乐于采用这种办法。

但"草分羊"虽有这种"规则"，而实际用的则少，普遍还是采用"打本分羊"的办法。

"揽羊"成了这里羊的剥削上的一种普遍的形式。这是由于羊群的分散所引起的，每一家甚至数家的羊都不足以成群而大多是零养者，因此不得不采用这种办法。有些羊多的人家为了放好自己的羊，就兼做了揽羊者。这里揽羊的办法是羊主每只羊每月给 1 小升小米与揽羊者，羊不论大小,只要能"出坡"(上山吃草)的羊都是如此。羊粪与羊毛则归羊主,揽羊者早晨需将羊从主家赶出来,晚上又要赶回去。如主家"夺羊",在过"寒节""端午""七月十五""八月十五",过大年时要给揽羊者送些礼,但不送也是可以的。

这种形式以前很少,现在则普遍实行起来了。

"捎羊"是过去的一种"揽羊"形式,惟羊主有时必须给"捎羊"者吃几顿饭(如每月初一、十五日),在过节时要多送"捎羊"者一些礼。"捎羊"者本身就是大批养羊的人家,他们主要的为放好自己的羊,零碎的带人家的一些羊"出坡",是"捎带"的不成问题的事。这样捎来的羊有的就喂在捎羊者的羊圈里,因之粪和毛是属于捎羊者的,但也有粪和毛是属于羊主。羊也是初、晚春去羊主家里的,这主要看捎羊者与羊主的关系如何而定。过去这里养零羊的人家都采这种形式把羊喂出去,现在"人不厚道了",因此用"揽羊"的形式代替了它。

"站羊"是羊主出钱买羊给喂羊者喂养,羊产的粪和毛都是属于喂羊者的,羊在冬季宰杀时羊主分羊皮,喂羊者得"下水"(心肝肠胃等),羊肉则平分。如未宰杀羊即死亡时,关于羊的分配方法亦如前。

5. "分喂可摊"(猪)

猪主出钱买一母猪归喂猪者饲养,猪粪是属于喂猪者的,母猪还是原主的,生下的小猪两家对分。如母猪有伤亡情事,喂者概不负责。由于猪非常能吃,所以喂养者受的剥削很厉害,故一般农家都不愿以这种方式承喂猪。但这种形式过去是有的,现在没有了。

(二) 肥料

1. 粪是珍贵的东西

这里的农民对于粪的珍贵和他对于粮食的珍贵一样。他们说:"吃进来,屙下去。屙下去,才能长起来。"这就是说,他们吃下去的粮食,要有一部分排泄出去成为粪,把粪上在田里,庄稼才能长好,而庄稼长好才有粮食。因之,"谁多有几驮粪谁就能多打几颗粮食,三年不上粪就不能打粮食"成了农民们普遍通晓的真理。普通的1垧山地不上粪可打三四斗,如果上6驮(每驮120斤)粪之后就可打六七斗。由此可知,粪对于农家的重要和农家对于粪的珍贵的原因。

因此,这里农家都把粪的采集作为他们的经常工作,他们不仅是不肯轻易丢掉"自家"的半点粪,而且只要一有空暇大都到大道上或街巷中去捡拾粪。

粪的种类甚多,有人粪(俗称"大粪")、牛驴粪、羊粪、猪粪、狗粪等,其中以人粪为最佳,重于在园子地使用,猪狗粪次之。山地则以羊粪为最好,因为羊粪是可以帮助作物抵抗旱天的。牛驴粪则可普遍使用,是一种普通粪。

这里肥料中极大部分的还是人粪,因为牲畜的饲养不多,所以畜粪的产量也就很少。

据调查,这里每年各种粪的产量如表2-23。

表 2-23　任家湾每年各种粪产量调查表

种类	人粪	牛粪	驴粪	羊粪	猪粪
产量(驮)	5	35	25	4	30
备考	每驮约120斤,粪土比例为50%				

这个表中所列的粪的产量是同我们抽户调查过的几家粪的产量相同的,但有些农家关于所有的"粪土"根本不计,因之逐户调查颇为困难。故依靠上列粪的产量标准来推算,任家湾现有粪的产量为:

表 2 - 24　任家湾现有粪产量推算表

项别 ＼ 种类	人	牛	驴	猪	羊	总计
全村所有数	154(注一)	7.18(注二)	4(注二)	14(注三)	164(注三)	
每年可产粪数(驮)	770	265.3	100	420	656	2211.3

注一:1~7 岁的小孩未算在内。

注二:小牛、小驴均以两个折一个算,另一个小牛租出未计在内。

注三:猪羊是群居的,以上所定标准数也是以"群羊"(或猪)中每只羊的平均产量计,故不分大小。

注四:粪土的比例为 50%。

依据上列的推算,任家湾可能产粪 2211.3 驮,但实际应有粪的数目要比这个数目多出些。一方面大部分的农家经常出外拾粪,同时农家也常将一些脏水投入厕所,或以超过 50% 的草木灰和泥土来和粪,这样粪的所有量自然会多出些来。

至于粪的需要量,一般是无限度的。粪越上的多,收获量也就越大,但农民越希望多上粪,则越感到粪的缺乏!因为粪只有那么多!所以,一般的农家常将所有的粪集中在园子地里或平地里上,而山地里一般只是在粪有剩余时才上的,除非没有或很少园子地和平地的人家在山地里上些粪外,其他则一般的不上或很少上!

据调查,各种作物所需粪的数量如表 2 - 25。

表 2 - 25　任家湾各种作物需粪数量调查表

每垧所需肥料 ＼ 农作物	糜谷	黑豆	豇绿豆	棉花	高粱	麦子	豌豆	菜类(亩)	大烟(亩)
需要肥料(驮)	7~8	3~5	6~10	15~20	4~6	15~20	10~15	30	30
备考									

如果将这些作物归纳以地的种类计,那么各种不同的土地所需肥料如表 2 - 26。

表 2 - 26　任家湾各种土地所需肥料调查表

土地种类	园子地(亩)	平地	山地
每垧所需肥料(驮)	25~40	10~20	4~10

这个标准是今天这里的富农已经达到而一般农民所希望达到的施肥标准。但农家对于同类土地常常总是把肥料只上在上地里,中地里上的较少,下地里上的更少。上面的数目仅是一个概数,而且每种土地中所需施肥数量相差也很大。如果我们以园子地平均上粪 30 驮、平地平均上粪 15 驮、山地平均上粪 6 驮计,则任家湾现需施肥量如表 2 - 27。

表 2-27　任家湾各种土地需肥量调查表

土地种类	园子地	平地	山地	总计
所需肥料(驮)	1559.4	537	2598	4694.4

从上表中可以看出,现在粪的需要量为4694.4驮,而粪的所有量则仅为2211.3驮,现有量仅及需要量的47.4%。可知粪的不足数量是很大的,这就是这里农家天天叫喊"粪土"不够和拼命拾粪,甚至经常以来去拾粪的原因。

这里买粪的开支也是农家开支的一项。因为他们的"粪土"不够,所以经常向远离他们5里外的黑峪口去买粪(黑峪口是一个土地不多、人口稠密的地区,粪的产量较多),粪的价格过去同现在均一样,每6合(大升)小米换一驮粪。

粪的使用现在比之战前大为减少了。这是因为猪羊的饲养比战前减少的很多(这我们在前面也已经讲过了),而且居民的生计也随着抗战困难的加重而日益困难起来,这就不能不影响到粪的购买力的降低,所以粪的来源更少了。粪的减少当然会直接影响到收获量的某些低落了(关于这,我们以后还要论及)。

自今年种植大烟以来,粪的经营很多集中在烟田里,这就相对的缩小其他作物的施肥数量。而一部分富裕些的农家为了把烟种植好,也开始将棉籽轧碎当"麻糁"用或以黑豆磨成粉用来代豆饼或倒以麻油以之肥田了。

由于各农家关于人口、牲畜等的占有各不相同,因之在粪的占有上也有很大的差别,以下我们就会看到。

2. 肥料的占有

今将任家湾在抗战以来关于肥料的占有情形列于表2-28。

表 2-28　抗战以来任家湾各阶级占有肥料调查表

阶级	时间	人粪	牛粪	驴粪	猪粪	羊粪	总计	%
富农	战前	35	52.5	75	2400		2562.5	39.8
	事变前	40	70.0	25	300		435.0	21.9
	现在	80	75.6	37.5	300	248	741.1	33.5
中农	战前	465	332.5	200	1590	1036	3623.5	56.2
	事变前	485	274.05	50	60	368	1237.05	62.0
	现在	420	163.45	62.5	120	304	1069.95	48.3
贫农	战前	180					180	2.9
	事变前	185		25		8	218	10.9
	现在	225	26.25			48	299.25	13.6
雇工	战前	70				4	74	1.1
	事变前	80				24	104	5.2
	现在	45				56	101	4.6
总计	战前	750	385	275	3990	1040	6440	100
	事变前	790	344.05	100	360	400	1994.05	100
	现在	770	265.3	100	420	656	2211.3	100

注:单位为驮,每驮120斤,粪与土的比例为50%。

从表 2-28 中可以看出,现在肥料占有的总数是比战前减少了,这里表现的特别明显的是富农和中农的减少。其原因是由于战后一家富农和一家中农的粉房都相继倒掉了,它们已不养猪或很少养猪,致使总的肥料占有数大大降低,而在富农和中农的肥料占有上更表现的明显。

但在肥料的占有上,各阶级之间仍有很大的不同。战前的一家富农就占有 2562.5 驮粪,占全部粪的占有量的 39.8%,22 户的中农占有全部粪的 56.2%,而 10 户的贫农只有 2.9% 的粪,雇工因为不经营或很少经营土地,因之他占有的粪更少。

现在富农还是占有肥料最多的,3 户的人家就占有全部肥料的 33.5%,21 户中农占有全部肥料的 48.3%,而 14 户的贫农只有 13.6% 的粪,雇工占有的肥料仍是最少的。

现在我们再从土地的使用上来研究各阶级占有肥料的剩余与不足。兹列于表 2-29:

表 2-29　任家湾各阶级占有肥料剩余与不足调查表

阶级	时间	所有肥料	需用肥料				所有量当需要量的百分比
			山	平	园	总计	
富农	战前	2562.5	162	37.5	315	514.5	498
	现在	741.1	399	72.45	397.5	868.95	87.3
中农	战前	3623.5	2007	392.1	988.5	3387.6	106.8
	现在	1069.95	1527	439.65	882.0	2848.65	37.5
贫农	战前	180	453	24.9	120	597.9	30.1
	现在	299.25	657	24.9	249.9	931.8	32.0
雇工	战前	74	15		45	60	123.3
	现在	101	15		30	45	266.7
总计	战前	6440	2637	454.5	1468.5	4560	141.2
	现在	2211.3	2598	537	1559.9	4694.4	47.4

注:晋西事变前各阶级所需肥料与战前差不多,肥料数量单位为驮。

从表 2-29 可看出,在战前,总的肥料有剩余(其数量为 41.2%),而现在则不足(其数量为 52.6%)。

在战前,富农肥料的占有有很大的剩余,它除了自己充分利用外,全部出卖给本村同附近的村庄。中农在战前总的方面看来是有剩余,但分开来看仍感不足,因为有一家中农就养了 1 头牛、3 只驴、50 只猪,一年可产粪 1610 驮,占中农全部肥料占有的 44.4%。一家中农占了这许多,其他中农的不足就可想见了。贫农在战前需要肥料当然也是不够的,它还缺 69.9% 的肥料。雇工因为经营土地少或根本不经营土地,故肥料有一些剩余。

现在需要的肥料则普遍的感到不足了,富农不足 12.7%,中农不足 62.5%,贫农不足 68%,雇工则还有剩余。这种不足的基本原因,当然是由于牲畜的饲养比从前大为减少的结果。然而,这里是没有将农家拾来的肥料算进去的(关于拾来的肥料,农民们常是算不清楚数量的),即使将它算入,也不会改变这种肥料不足的事实。因为在我们调查中常听到如底层农民,首先是贫农,关于"粪土"不够的叫喊,和经常的看到农家从外村(碧村、黑峪口)买入肥料。

由于各阶层的农民关于占有的肥料各有不同,因之他们在同样的土地上使用的肥料都不一样。这就是按所听到【的】各阶级同样土地的收获量也有某种差别了(关于这,我们在另一节中就会讲到)。

(三) 种子

如像他们的生产一样,这里农民对于种子的选择方法也是简单的。一般农家所用的种子都是从自己的作物中选择出来的,但也有不少的农家是花了极高的代价向富裕农户"品兑"(即交换之意)来的,而这些种子也许就是他们在秋后以贱价售出的。

关于种子的选择方法,据调查有如下几种:

一种是当农作物在收获前选其长得粗壮、结实、分量大的穗子尽量保护,使其达到完全成熟的程度,然后取下,在阳光下晒干,簸去其皮,在干燥的地方保存,使其不受潮湿。在动用时,用簸箕簸过,拨去其浮在上面分量轻、不结实的部分,选用其落在下面粗壮又结实的稞子。

也有一种水选法,即将耕种时将种子投入水中,去掉其浮在水面的,选用其沉入水底的,因为后者是长得较好的稞子。只有将好的种子种下去,才能长出好的作物来。所以农民虽然选种的方法简单,但却也极为重视选种的工作。因为在他们看来,种子不好就会"黑了"(即长不起来),这样不仅浪费了种子,而且白花了气力! 因之,对于不好的或陈腐的种子,农民一般的不肯用,但一部分贫苦的农家将自己选好的种子会用掉或在秋收后即行卖掉了,而在春耕时再行买入种子,谁又知道它是坏的或者陈腐的呢? 反正小生产的农民,特别是较为贫苦的农民,要想选择较好的种子,那将是十分困难的!

现将各种农作物每坰地所需种子数目列于表 2 - 30。

表 2 - 30　任家湾各种农作物每坰地所需种子数量调查表

作物种类	谷	黑豆	高粱	豇豆	绿豆	小麦	大麦	糜	棉花	山药
所需种子(升)	0.8	2.0	1.5	2.0	1.5	5.0	10.0	1.0	18斤	60斤

表 2 - 30 所列各种作物所需种子数量系指山地而言,且系采用"安种"(即"点种")。平地同园子地种的较密,故种子的浪费较山地多些,特别是园子地。而"安种"费种子,如用耧种,则如我们在前节说过的,只需用"安种"一半多些的种子就行了。

上列各种农作物所需种子的数量虽较之我们所调查过的陕西神府地区不少,但一般说来也是有浪费的,因为农民们怕种的少些"黑了"或"作不住苗"。同时又还采用"扬种"和"安种"的办法,所以种子总是用得多些,结果多种下去,多长出来,结果还要多锄去,反正吃亏的终是农民。但这对于落后的个体农业小生产者会有什么办法呢?

七、农具和农具的占有及水利设施

(一) 古老的农具

这里的生产工具是最简单、最原始的,世代相传,毫无进步。现在比之战前无大变化,而且几乎差不多都是战前遗留下来的。

关于各时期农具的数量请看表 2 - 31。

表 2 - 31　任家湾各时期占有各种农具调查表

时间 ＼ 款别	户数	犁		耧		镢	锹	锄	耙	水井	
		占有户数	数量	占有户数	数量					占有户数	数量
战前	36	11	11	3	3	53	35	66	19	19	8
事变前	36	11	11	3	3	53	35	66	19	19	8
现在	41	11	11	3	3	53	35	66	18	19	8

注:耧在各时期只有 1 架能用。

从表 2 - 31 可以看出,抗战前与现在的农具数量并无变化,只较之前少了只耙! 但由于大户农家的分化,小家庭户数的增多,因此每家的农具数量实际上减少了。现在 41 户农家中只有 11 户有犁的,平均每 4 户人家才有 1 架犁! 耧的数目更少了,全村所有的 3 架耧中只有 1 架能用的,但它日夜不息的动作起来也种不过任家湾现在使用的土地! 锹每家还平均不到一张,镢和锄则每家只有一只多! 耙是种园子地的人家才有,11 户有井的人家,现在只有 18 把耙了,还有一家没耙的! 水井的数量太少了,41 户农家中只有 19 户有井的,而总的井数才有 8 眼! 每家井的占有有二分之一、三分之一、四分之一、五分之一、六分之一、七分之一、八分之一、十分之一的,只有一家富农才有一眼全井!

上表所列数种农具是这里一般农家通用的,其中除犁和耧我们在下面另行详细叙述外,其他各种农具的功用是这样的:镢用来刨地,打土和分畦;锹用来铲土;锄用来锄草,分大锄和半锄,半锄只相当大锄的三分之二宽,大锄用之于锄平地,半锄用之于锄山地;耙用来整地分畦和操粪;井用来浇水(关于水利,我们将在另一节中讲到)。当然,这里农家所用的农具还不仅这些。在整地中,他们还要用"磨"——是以椎条编成长 4 尺、宽 8 寸由人力拖着在地面上运动,作用在将地耙平。在收获时,他们还用镰刀、铁叉、木叉、梿枷、簸箕、溜轴、风车等。在运输时,他们还用口袋、篓头、驮子、背篓、担子等。此外,挑水用的水桶与喂牲口用的草刀在有园子地或喂牲口的人家也是通有的,制造用的石磨、石碾在有些农家也是应备的。

这些农具除铧容易损坏须经常向外购买外,其他均可请铁工或木工、石工自制,但也有向外购买的。上列的农具中除一些铁制、木制农具每隔三五年要来一次整修外,其他如碾磨等物都是各农家的先几代祖先遗留下来的。一个老农曾指着他的犁湾对我们说:"这是我的曾祖父留给我的,我还要留给我的重孙用!"至于一些运输用的篓头、筐子、篓子等,则是农家自制的,也不向外买入的。

在这里我们要特别叙述一下犁和耧这两种农具,因为前者是各农家都属切要的农具,后者是此地农具中比较进步的一种农具。

犁是整地用的,分铁犁、步犁两种,这里通用的一般是铁犁。铁犁是指"犁湾",是由铁制者而言,它比较耐用,"好几辈子"都坏不了。因之,"实受"的"庄稼人"都愿意买一架铁犁,这不仅为了自己使用的方便,而且为了传之子孙们,以表示自己"成家之业"关怀自己的后代们。

这里的铁犁通用者 8 斤重,是指铁制的犁湾其重量为 8 斤,直径长 3.5 尺,用好铁打制者,几百年都不会坏。犁湾的一端接近牛拉的地方,称为"犁锤",也是铁制的,但犁动起来,它便入土,易于磨损,约三四年更换一次。犁湾安在"犁身"上(犁身亦称"犁把"),犁身是木制的(此间多用枣木或其他木质较硬的木料），长 3.5 尺,安铧的地方宽约 4 寸,犁身约 10 年更换一次。从犁湾接犁身处至铧尖大约为 1.15 尺,铧因新旧的不同,长短也就不一致。上述的距离一般是指新铧而言,新铧也说"尖铧",未受土的折磨,头处尖锐,易于入土,宜耕平地和好的山地。"尖犁"经过使用一时期之后头渐秃,称为"蛤蟆嘴铧",宜耕普通的山地。以上两种铧,均不宜在有石块的地方使用。"蛤蟆嘴铧"再行磨秃,即成"铁脑圪铧",宜耕石坡,因为这种铧子使用已久,即使被石头碰碎亦不可惜了。

犁的各种零件中,"犁湾""犁锤"一般是请铁匠打制的,"犁身"是由木匠制作的,犁铧则是从市场买入的。

这里有牛的人家才有犁,因为犁脱离开牛就像大生产中的机器脱离开发动机一样。牛和犁的结合,才能使人力战胜土地。

耕的深浅视牛的力量与人的驾驭而定,一般的在这里大牛可耕 7 寸、普通牛耕 5 寸、条牛耕 4 寸,且上坡耕的浅,下坡耕得深,提起来耕得浅,掣下去耕得深。

这里有牛的人家多耕两次,即所谓"秋翻"与"春耕";没有牛的人家,只有一次春耕。

其次是耧。耧是这里大"庄户"人家才能购买的,它是一种比较进步的工具。

这里的耧是两条腿的耧。它的构造是这样的:"耧把"是人掌耧的部分,挨在两条耧腿上,长约 1.5 尺。"耧腿"是耧把下的两条腿（亦称"耧拐"）,是耧着地的部分,其下端安"耧铧"。"耧铧"是入土的部分,它的上部,即耧腿接耧铧处,有一小孔,是种子的出口处,同时就是入土处。两条耧腿的距离为 1.2 尺,也即是每行农作物的距离。"耧杆"是牛驾驶耧的部分,分两种:一种叫"软杆耧"（亦称"短杆耧"）,长 6.5 尺,使用时"费苦重",宜在山地用;一种叫"硬杠耧"（亦称"长杆耧"）,长 8 尺至 1 丈,用时"费苦轻",宜在平地用。本地所有的均是"软杆耧","耧杆"与"耧腿""耧梁"缚在一块,使牛力与工具相结合。"耧梁"长 2 尺,左端接"耧腿",上部安"耧脑"。"耧脑"是盛种子的地方,可容种子 8 合至 1 升。"耧脑"的下部有两孔,各通其左右两"耧腿",在"耧脑"下部管理种子出入的有"押子案"（即押子塞子）,要使种子多流出来,就须将它提起些,如使种子少流出,就须把它压下去些。"押子案"的下部为"凤凰台",是种子从"耧脑"流出进入"耧腿"所经过的地方。"凤凰台"下为"子眼",即种子由"凤凰台"而下流入"耧腿"的孔道,位于"子眼"的上部,通过"子眼"即入"子桶","子桶"接着"耧腿","耧腿"与"耧梁"之间有一条绳子联系着,唤名"拨耧绳"。耧使用于不同的土地上,"拨耧绳"都有不同的安置,一般的种山地时拨耧绳距"耧铧"三指宽,种平地则为四指宽。随着耕地的不同,耧后面的两腿与"耧把"中间的"拨耧绳"的长短也有不同,种山地时绳长 5 寸（即"耧杆"高于"耧梁"）,种平地时绳长 8 寸（即"耧杆"与"耧梁"成水平形）。

这就是耧的构造的简单描绘。

与耧联系在一块使用的有"耧动子",是在一个宽 1.5 尺、长 2 尺的长方形木架中设一横轴,装以一对扁圆形的能转动的直径长约 1 尺的石滚子制成的,两个滚子的距离与耧腿的距离相同。它的功用在使耧腿所到的地方都压得结实,以便于种子的生长,潮湿的农田中非用"耧动子"不行,干燥的地方不用也可。

使用耧和耧动子时,将牛套在耧杆里,一个人在前面牵牛,一个人掌握"耧把"进行"摇耧"（耧经过摇,种子才会流出来）,一个人在后面拉着"耧动子"。牛动起来,耧就要摇起来,"耧动子"也就要动起来了。但也有不用3人而用2人的,那就是一人摇耧,牵牛的人兼拉"耧动子",在耧已种过的两行中拉起"耧动"来。

在凹处要绕过去种,在坡梁要盘回的种,农民们谓之为"绕凹盘圪梁"。平地可自己的种,上坡可勉强的种,但要"按住摇"种子始能流下去,下坡很难种,需要"吃力先",种子才会流出来,农民们谓之"种上不种下"。同时立起来种的浅,压下去又种的深,种的深浅须视各种不同的农作物而定。一般的糜谷须种2寸至3寸深,高粱、麦子也一样,豇绿豆种2寸深,棉花只种1.5寸,否则就长不起来。但这里用耧种的只有糜谷和高粱,其他都不能用耧种。

一条好牛一天能耧种10垧地,普通牛亦可种七八垧,耧种4垧等于犁耕1垧地所费的时间(农民们通常这样计算牛的工价)。如换牛不换耧的话,则一天之内一架耧可种15垧。

耧种的好处,据这里农民说有以下几点:第一,省种子(普通"撒种",即扬的种,与"安种"谷子需种子8合,而耧种只要四五合就行了);第二,省时间,一日之内2个人至多3个人配以一牛即可种8垧至10垧;第三,长的整齐,容易"作苗",容易锄草,容易收获;第四,长的好,根多且深(农民们说:撒种一条根,安种二条根,耧种三条根),这样则易吸水分,易吸肥料,谷物容易长好;第五,耐受旱,因为种子上面的泥土被"耧动子"压紧,水分不易疏散,而且土压紧后自成低面,在下雨后易于积水,故耐旱。因之,耧种的方式还是一种比较进步的方式。

耧和耧动子联系起来运动,谓之"摇耧打耧动"。"摇耧打耧动"是这里农民们所共认的高深技术,年轻的农民常苦于这种技术的"高深"不易学得而懒用这种工具,所以实际使用耧种的农户还是不多的。落后的农业小生产者,在这略为复杂的生产工具面前就感到自己驾驭的见绌了。

一般说来,由于这里农具的简单和原始,所以它在生产中所起的作用并不大,而农民对于他自己的生产工具也并不十分重视。因为在他们看来,只要"老天爷"下雨,自己有"苦水"、肯"刨闹"和有足够的"牲灵"与"粪土",那怕拿取"不顶事"的农具都可以把庄稼"作务"好的。

(二) 农具的占有

今将任家湾各阶级关于农具的占有情形列于表2-32。

表2-32 抗战以来各阶级农具占有变化表

阶级	时间	项别户数	耧 所有户数	耧 数量	犁 所有户数	犁 数量	镢	锹	锄	耙	水井 所有户数	水井 数量
富农	战前	1			1	1	3	1	5	2	1	1
	事变前	1			1	1	3	1	5	2	1	1
	现在	3	1	1	3	3	8	5	13	5	3	2
中农	战前	22	3	3	10	10	34	27	42	15	17	6.5
	事变前	22	3	3	10	10	34	27	42	15	17	6.5
	现在	21	2	2	8	8	29	23	34	12	15	5.5
贫农	战前	10					13	6	16	2	1	0.5
	事变前	10					13	6	16	2	1	0.5
	现在	14					15	7	17	1	1	0.5

(续表)

阶级	时间	户数	耧 所有户数	数量	犁 所有户数	数量	镢	锹	锄	耙	水井 所有户数	数量
雇工	战前	4					3	1	3			
	事变前	4					3	1	3			
	现在	2					1		2			
总计	战前	37	3	3	11	11	53	35	66	19	19	8.0
	事变前	37	3	3	11	11	53	35	66	19	19	8.0
	现在	40	3	3	11	11	53	35	66	18	19	8.0

表2-32所列各种农具除了耧之外,都是所有农家通用的,这些农具的总数量现在同战前无甚变化。

关于农具的占有也同其它一切的占有一样,在各阶级之间是有差别的。现在富农每户都有1架犁,平均有3个镢头、1.7张锹、4张多锄、1.7个耙、0.7口水井。如果说到富农过去占有的农具,那就比现在还多些。

中农占有的农具平均要比富农少些,现在每2.6户的农家才有1架犁,每家平均不到1.4个铁镢和1.1张锹、1.6张锄、0.5个耙、0.26口水井。这个数目比之现在的富农要少,就是与战前的中农相比也还赶不上。这是由于中农中的2户较为富裕的中农已上升为富农,而中农内部的家庭又有分化的缘故。

贫农无论过去或现在没有一家有犁的,现在每家平均只有1把镢头,两家才能平均到1张锹,每家只有1.2张锄,14家才有1只耙,只有一家有水井,还只有半眼!这些数量是少于战前数量的。

雇工的农具更少了,现两家才有1把镢,每家只有1张锄,其他什么都没有。

耧在本村有3架:1架属于富农,现尚可用,但一般人家都不用;其他2架属中农,已损坏不能用了。

由于农具在各阶级之间占有的不平衡,因之,关于农具的剩余与不同在各阶级之间也有不同。富农除水井外,各种农具平均都在1个以上,而关于镢和锄头每家有3个或多于3个的,这对于使用2个劳动力来经营土地的农家已经足用了。中农除犁、耙、水井外,其他均可平均到1个,如果只使用1个劳动力来经营土地的农家,那么除了自己没有的农具须向有的人家借用外,其他也可勉强足用。至于贫农那就感到农具的缺乏了,除了镢和锄每家还能平均到1把外,其他农具都很少,这还不说关于运输、制造、收获等农具了,因之他们必须借入一些必要的农具(如犁等)方能经营自己的农业。

水井是这里最重要的农具之一,但关于水井,部分的中农、绝大部分的贫农都感到缺乏。因为这种农具在天旱时主家总是不肯出借,但这里天旱时多而又需要用水井的。

原有的农具没有增加,而各阶级间的分家现象却日益发展着,这就使每户所有的农具实际上都比战前减少了。

(三) 水利

任家湾因在平川,又畔蔚汾河,因之有一些水利设备,而这种水利设备一般有如下几种:

"水道"是引水用的,全长不过数十丈,从村庄北端的蔚汾河南岸引水,在本村平地的"脚头"流过,农民们在地的"脚头"近水的地方筑成"码头",用"汲竿"汲水灌溉田地。

水道是集体修筑的,因易淤浅,需常挖凿,在引水处还要修筑高约2尺的水堤以便坝水。这些工程均由有水田的人家按地亩的多寡均摊之(去年每坰水地出工1个,本村共有10坰可用,水道灌田的水地总共用了10个工)。关于这种水道的挖凿事宜由水田多的人家主持之。

"码头"是汲水灌田的地方,它是地的尽头,同时又是靠近水道的地区,用石筑成,为中刮面。其高低视田的高低而定,一般长7尺至1.2丈,中部有两躺石,可由2人同时汲水,上部设两石槽以便将水倾入,沿着"小水道"流入田内。"码头"因系石筑,如无大水冲塌不易损坏,平常可用至百余年。

"汲竿"设在"码头"上或"水井"上,是用以汲水的工具。有"竿架"一付,高约1丈余,用较为坚实的木材做成。"竿架"上有一"龙竿梁"横放在"竿架"上,长约7尺至1丈(视两个"躺石"的距离远近而定)。"龙竿梁"上钉有钓钩,是铁质的,一般通是设有一对。"钓钩"接"龙竿","龙竿"的中部有铁环,被"钓钩"的钩钩住。"龙竿"下端有"汲锤",用石凿成,中穿一孔以"龙竿"的尖端插入,锤重40余斤。"龙竿"的上端拴绳子接"水竿"上端,"水竿"的长短视水的深浅而定。"水竿"下端有铁钩接"水桶",水桶每只可容水20斤(桶重5斤),使用时人站在躺石上将水竿往下拉,使水桶投入水中,然后用力往上一拉,"龙竿"下端的"汲锤"即行下垂,而上端接"水竿"的地方自然就起,水即汲起来了,然后流入水槽,再流入"小水道"灌入农田里。一个人用水竿汲水,一天能灌1亩田。

"水竿"上部接"龙竿"处的绳子最易损坏,约1年需更换一次。"水竿"也易折损,钓钩也易磨坏,约3年整修一次。其他的东西可用至10年至数十年。

"辘轳"设在井口,也是汲水的工具之一,较"水竿"吃力,惟可在水井深、不能用"汲竿"汲水的地方取水(在井深2.5丈的地方即不能用"汲竿"汲水了)。这里比较靠山的(即较接近山脚的)园子地都用辘轳(这里的井深一般2丈至3.5丈)。

辘轳有井架、井梁,设在井口上。井梁的中部插一横木,设有辘轳,辘轳的身部用圆木做成,其直径约为8寸至1尺,把子是用铁做的,其转动起来时圆形的直径约有3尺。轳身缠以井绳,井绳一端系之辘轳身部,一端拴以"水斗",汲水时将井绳展开,使"水斗"投入水中,汲上时用力将辘轳把转动,井绳又缠在辘轳身部,水即汲上来,再用手将水倾入石槽里。

辘轳一般的不易损坏,惟"水斗"是用荆条编制的,一年需换一个。

一个井上可设两个辘轳,由两人同时汲水,一人用辘轳在一天中可灌田一亩。

"码头汲竿"虽省力,但在天旱河中无水时即搁置不能用,故农民将用"码头汲竿"灌田的地叫为"水地"。

"井上汲竿"是安在井上的,须井深不能超过2.5丈者始能设置。

无论以"汲竿"或"辘轳"引井水灌田者,农民均称为"园子地"。这种园子地虽在天旱时亦可浇水(虽然井水较不旱时是少些了),故农民们认为园子地"把稳"(即靠得住)的很,非常爱园子地。

本村没有"自流水",在它对面的碧村有这种设备,因为在那里地形较低。

八、各种农作物的产量

(一) 农作物的种植面积与单位产量

从各个不同时期每垧土地产量的变化中,我们就可研究生产力的变化。因为每个时期每垧地产量的增加或减少就指明着该时期生产力的提高或低落。这正如我们在前一节中已经说过的,各个时期各种农作物的耕种面积及产量是有某些变化的,但这些变化并不大。同样的,各个时期各种不同的土地每垧的产量也有一些变化,但这种变化也不显著。请看表2-33:

表 2-33 任家湾各时期各种土地每垧的产量调查表

产量 \ 时间	山地(垧)			平地(垧)			园子地(亩)		
	战前	事变前	现在	战前	事变前	现在	战前	事变前	现在
耕种面积	55.0	58.0	72.5	1.0	1.0	1.0	4.0	4.0	4.5
总产量(石)	20.7	21.7	24.55	1.0	1.0	1.0	12.2	12.2	12.1
每垧平均(石)	0.376	0.374	0.338	1.0	1.0	1.0	3.05	3.05	2.7

从表2-33可以看出每垧山地的生产量现在较战前少了一些,平地产量同前,园子地则少的较多。但据我们的了解,上表所示数字均不甚可靠,它只能看出一个大概与抗战前和现在产量的升降而已。

照例农民们对于自己的收入总要说得少些,而对于自己的支出常要说得多些。上表所示的数目是依据农民们自报的数目,当然不会十分精确。一般讲,这里的山地在平常年成每垧平均的产量当在5~6斗之间,平地的产量在1~2石之间,园子地每亩的产量在2.5~3.5石之间。特别是园子地的产量,因为农民种的东西非常零碎,收获时期又不统一,故很难得出其整个产量的数字,所以农民的虚报更有可能。特别在去年征收公粮时,把园子地的标准产量规定的相当高,因之农民们更需要把自己的收入说的"微薄"些,以表示这种"规定"的"不公平"和自己的"出不起",因之园子地产量较前减少是不大可信的。

今将去年征收公粮时所定各种土地的标准产量列于表2-34。

表 2-34 1941年各种土地标准产量表

种类 \ 土地	山地(垧)			平地(垧)			园子地(亩)		
	上	中	下	上	中	下	上	中	下
规定产量(石)	0.8	0.5	0.2	1.5	1.0	0.8	6.0	4.0	2.5

这个标准一般的农家视为是达不到的,特别是园子地。但据我们的调查,这个标准数字,如果天时正常、"刨闹"的好的话,虽然困难,还是可以达到的。因为现在某些农民经营的土地,其产量已经就有达到这个标准的。依据这个标准,则现在的产量不仅不低于战前,而且是超过了的。

但在我们调查的地方,到处可以听到"这会儿打的不如那会儿多"的呼声!特别在富有者之间!这不是没有原因的。因为:第一,抗战的发展使人民对于抗战的负担日益加重了!农民们为了减轻自己的一些负担,总肯把自己现在的收成说得比从前更低些,以表示"自个""慌惶"而"负担不起"。第二,的确近数年来连年旱灾,这对于靠"天"吃饭的农民当然是无法可想的,天灾的结果自然就直接影响到收成的降低。第三,由于战争的影响,特别是晋西事变前顽固分子对于人民的高度盘剥和事变中的社会不安状态,这一方面使整个的生产受到了某种停顿与挫折,同时另方面也使一部分较为富裕的农家遭受了某些打击,这就直接影响到他们生产情绪的低落和副业经营的收缩(特别是牲畜的喂养减少,就使粪的产量减少,而粪的产量减少就直接影响到收成的低落)。最后,抗战不仅加重了农民的物力负担,而且加重了农民的人力负担,特别是兵役的动员使农村的劳动力日益减少起来,过去使用较多的劳动力来经营的土地,今天要用较少的劳动力了,"苦水"不够了,收获量也要缩小起来的。

但这仅是一般的或某一方面某几方面的现象,生产力的具体发展情形在各阶级之间是有很大不同的,我们要研究生产力的具体变化情形就必须研究各阶级的生产力变化情形。因而,必须研究各阶级不同土地的产量的变化。请看表2-35:

表 2-35 抗战以来各阶级山地产量变化表

阶级	时间	谷 耕种面积	谷 总收获量	谷 每垧平均	糜黍 耕种面积	糜黍 总收获量	糜黍 每垧平均	豇绿豆 耕种面积	豇绿豆 总收获量	豇绿豆 每垧平均	黑豆 耕种面积	黑豆 总收获量	黑豆 每垧平均	高粱 耕种面积	高粱 总收获量	高粱 每垧平均	合计 耕种面积	合计 总收获量	合计 每垧平均
富农	战前	7	3.15	0.45	4	1.5	0.38	5	2.0	0.4	3	1.0	0.33	1	0.4	0.4	20	8.05	0.403
富农	事变前	7	3.15	0.45	4	1.5	0.38	5	2.0	0.4	3	1.0	0.33	1	0.4	0.4	20	8.05	0.4
富农	现在	12	4.8	0.40	4	1.6	0.40	13	4.0	0.31	7	1.8	0.26	1.5	0.7	0.47	37.5	12.90	0.344
中农	战前	7	3.2	0.46	4.5	2.0	0.44	6	2.2	0.37	1.5	0.45	0.3				19.0	7.85	4.1
中农	事变前	12	5.5	0.46	2.5	0.9	0.36	6	2.2	0.37	1.5	0.45	0.3				22.0	9.05	4.1
中农	现在	6	2.4	0.4	3.0	1.0	0.33	4	1.3	0.33	2.0	0.6	0.3	4	1.20	0.30	19.0	6.50	0.34
贫农	战前	8	2.4	0.3	6	1.8	0.3	2	0.6	0.3							16.0	4.80	0.30
贫农	事变前	8	2.2	0.28	6	1.8	0.3	2	0.6	0.3							16.0	4.60	0.29
贫农	现在	8	2.2	0.28	6	1.8	0.3	2	0.6	0.3							16.0	4.60	0.29
总计	战前	22	8.75		14.5	5.3		13	4.8		4.5	1.45		1	0.4		55.0	20.7	0.376
总计	事变前	27	10.85		12.5	4.2		13	4.8		4.5	1.45		1	0.4		58.0	21.7	0.374
总计	现在	26	9.4		13.0	4.4		19	5.9		9.0	2.4		5.5	2.45		72.5	24.55	0.338

注一:本表是根据各阶级的两个典型户列表的。
注二:耕种面积以垧为单位,收获量以石为单位。

表 2-36 抗战以来各阶层园子地产量变化表

项别	富农 战前	富农 事变前	富农 现在	中农 战前	中农 事变前	中农 现在	总计 战前	总计 事变前	总计 现在
耕种面积(亩)	2.5	2.5	3.5	1.5	1.5	1.0	4.0	4.0	4.5
总收获量(石)	9.0	9.0	10.8	3.2	3.2	1.3	12.2	12.2	12.1
每亩平均	3.48	3.48	3.09	2.13	2.13	1.3	3.05	3.05	2.7

注一:贫农种园子地者很少,我们又是调查的几家典型户,这几家典型户中贫农没有种园子地的,故未计入。
注二:园子地产量是以大麦和谷合计的,其中大麦约占三分之二。
注三:平地这里很少,我们调查的几户中没有种平地者,故未列入。

从上列两表中可以看出,山地的产量,富农与中农相仿,贫农较差,无论战前或现在均是如此。但各阶级每垧地的产量现在均较战前减少了,减低最多的是中农。园子地每亩产量的高低,富农与中农之间的差别是很明显的。战前富农每亩园子地的产量几乎超过中农三分之一,现在则超过的更多,已达50%以上了。可知富农主要的注意力是放在园子地里的,而看其生产力的高低也应在园子地的产量中去考察。当然,这里富农占有了较好的园子地,也是其产量较高的重要原因。但同样地,各阶级每亩园子地的产量现在也较战前为低,特别是中农,现在较战前竟降低三分之一。平地的产量,据一般调查,无大变化。

各阶层经营生产的情形不同,因之其产量也各异,富农高于中农,中农又高于贫农。富农代表了较高的生产力,中农次之,贫农还次之,这是符合各阶级的经济状况的。

关于现在各阶层经营的各种土地的产量均较战前降低的一般原因,我们已在前面说过了。中农之所以特别显著的降低,主要原因还是劳动力的不足,而副业经营的停止和相应着的肥料的减少就更加促进了这种降低的趋势。

(二)单位面积的人工与畜工投入

由于土地种类不同,所以在各种不同的一垧地里所花的劳动力也就不一样。普通山地耕作较易,费工最少;平地则较山地多出2倍至3倍的人畜工;园子地费工最多,1亩园子地所须的人力与畜力足抵3垧山地。今将任家湾各种不同土地所费人工与畜工列于表2-37。

表2-37 每垧平地与山地所需人工畜工调查表

土地	项别	施肥			耕种		锄草			收割	收回打藏		总计	
		袋数	人工	畜工	人工	畜工	第一次	第二次	第三次		人工	畜工	人工	畜工
平地	上	20	3	3	3	1	3.5	2.5	1.5	2.0	3.0	1.5	18.5	5.5
	中	15	2.0	2	3	1	3.0	2.0	1.0	1.5	2.5	1.5	15.0	5.0
	下	10	1.5	1.5	3	1	2.5	2.0	0.5	1.5	2.5	1.5	13.0	3.5
山地	上	10	2	2	2	1	2.0	1.5	1.0	1.5	2.0	1.0	12.0	4.0
	中	6	1.0	1.0	2	1	2.0	1.0	0.5	1.5	1.5	1.0	9.0	3.0
	下	4	1.0	1.0	2	1	2.0	1.0	0.5	0.5	1.0	0.5	8.0	2.5

注:有牛的人家有翻两次地的,这里只以一次计。

表2-38 每亩园子地所需人工畜工调查表

	施肥			整地					种植		浇水			锄草			收割	收回打藏		总计	
	驮数	人工	畜工	春秋翻地		剁畦	潦畦	起搂粪	下种(注一)	分秧	次数	所需人工		第一次(注二)	第二次	第三次	收割	人工	畜工	人工	畜工
				人工	畜工							水杆	辘轳								
上地	40	2.5	2.5	0.7	0.7	1.5	1.5	1.5	1.0	1.0	10	10	1.5	6.5	1.0	0.5	2	3	1.5	33.7	4.7
中地	30	2.0	2.0	0.7	0.7	1.5	1.5	1.5	1.0	1.0	10	10	1.5	6.5	1.0	0.5	2	3	1.5	33.2	4.7
下地	25	1.5	1.5	0.7	0.7	1.5	1.5	1.5	1.0	1.0	8	8	1.5	6.5	1.0	0.5	1	2	1.0	27.9	3.2

注一:下种分两次。

注二:园子地在种菜时需经常锄草,总共需5个工,其余除草时间还指回岔时所耗去的人工。

此外,任家湾对于"辣皮"和棉花的种植也很普遍,我们在这里特别将它叙述一下。

"辣皮"是种在园子地里的,每亩地需 30 驮粪,要用人工、畜工各 2 个,耕时需三分之二个牛工与畜工(春秋两次),剁畦 1 个工,起搂半个工,共浇 10 次,须 10 个工,辘轳则需 1.5 个工,"间开"和"分种"需 1.5 个人工,锄草 5 次需 2.5 个人工,收回需 1.5 个人工,总计每亩地需 20～25 个人工与 3 个畜工。

棉花多种在平地或较好的山地里,每垧地上粪 20 驮,需 2～3 个人工与畜工,耕地需人牛工各 2 个(如进行秋翻地还要多一半),打土、下种各需 1 个人工,锄草 7 次共需 7 个人工,"打梢尖""脱裤子"(去根芽)两次需 4 个人工,摘棉花需 6 个工,总计约需 23 个人工与四五个牛工。

今年开始种大烟,关于种植 1 亩大烟所消耗人力与畜力如下:

上粪 30 驮需 2～3 个人工与牛工,耕时需三分之一个牛工与人工(如须秋翻地,还再需运用这样多的人工),撒粪、下种、剁畦共需 1 个工,从种到收共浇水 20 次,需 20 个工,辘轳需 30 个工,锄草 10 次(第一次 4 个工,第二次 2 个工,第三次 1.5 个工,以后每次 1 个工),需 14.5 个工,"奶"(上粪)一次需 1 个工,割需 14 个工,总需 83～84 个人工与 3～4 个畜工。

从每垧地所需的人力与畜力来看,一个普通男子全劳动力如配以半个畜力和必要的辅助劳动(如一个小孩或妇女),耕种 25 垧山地或 2 垧园子地是并不算多的,而一个普通的牛耕种 10 垧山地也并不算重。

(三) 农作物的种类与产量

关于各种农作物的耕种面积及产量,我们没有挨户调查,只调查过几家不同阶级的农户,今将调查所得列表于下(根据富农 2 户、中农 2 户、贫农 2 户的调查):

表 2‑39　各种农作物的耕种面积及产量调查表①

种类	战前		事变前		现在	
	耕种量%	收获量%	耕种量%	收获量%	耕种量%	收获量%
谷子	22	8.75	27	10.85	24	10.3
糜黍	14.5	5.3	12.5	4.2	13	4.4
豇豆	13	4.8	13	4.8	19	5.9
黑豆	4.5	1.45	4.5	1.45	9	2.4
高粱	1.0	0.4	1.0	0.4	5.5	2.45
棉花(斤)	8.5	225	5.5	165	2	60
麦	4 亩	10.3	4 亩	12.2	5 亩	13.2
山药(斤)	1 亩	300	1 亩	300	2.7 亩	700
菜(辣皮/斤)	3.5 亩	350	3.5 亩	350	3.5 亩	350

注:本表依据富农、中农、贫农各 2 户的调查资料调制而成。另外,麦子产量中有五分之二的"回茬"谷子计算在内。

从表 2‑39 可见,任家湾各种农作物的耕种面积与产量均无大的变化。一切农作物中以谷的种植最多,次为糜黍与黑豆,再次为麦子(其中多系草麦),但以收获量计则麦子(草麦在内)多

---

① 　编者注:表中"%"系原文如此,为尊重史料原貌,未做删改。

于糜黍。其原因系由于麦类多种植在园子地、平地或较好的山地里,故其种植面积虽小而产量则大。这里农民之所以多种草麦的原因系由于草麦收获量较小麦尤大(每亩园子地可收到3~4石),且成熟较早。当草麦的收获时期正是一般农民所怕的"青黄不接"的时期,种上草麦就可随时食用,躲过"饥荒",这是一个方面。另外,草麦收割后又可"回茬"谷子,其产量也不差(每亩"回茬"谷子的园子地平均可打1石多谷子),这样草麦的种植对农家不仅有利,而且可"救急",所以只要有园子地或平地,甚至好的山地的人家都愿种些草麦。但自今年种大烟以来,农民以救急目标又转向大烟的种植了,草麦的种植面积相对缩小起来。

同时,如我们在前节所说过的,这里"辣皮"的种植相当普遍,只要有园子地的人家没有不种些辣皮的,辣皮成了这里的发出品。棉花的种植现在较战前时有所低落,这是由于近年来春末夏初均为雨小的原因。今年在春雨后几乎所有的农家都来响应政府的号召——同时就是实现他们的生产计划,而拼命的实行"突击种棉"了,计本年棉的种植有平地11.5垧、山地40.66垧,这个数目是远超过战前的种植量的。

(四) 农民一年中是怎样奋斗的?

农民们一年的奋斗过程也就是农作物一年的耕作过程。

农业的生产是季节性的,因之农民的奋斗目标也随着季节的变迁而变迁。一般一年中农民的生产和农民的奋斗过程亦可分为四个时期。

这就是春耕(或称"整地")、锄草、秋收、冬闲几个时期,亦是我们常说的春耕、夏种、秋收、冬藏,农家的四季工作。农闲是农民休息的时期,但农民要在这个时期补做许多春耕、夏种、秋收的准备工作,还储备肥料、曝晒种子、整理农具等。因之,冬闲也是同一年的农业生产过程和农民奋斗过程分不开的。

在气候正常的条件下,过了旧历的新春"打罢春"(即立春以后)就要开始做耕地的准备,而当"打罢春"的时候就到了"惊蛰"了,"惊蛰"后开始耕地,俗谚谓之"惊蛰牛鞭响"。春分就要种黄豆、大麦和小麦,俗谚谓之"春风后架黄豆"。清明种扁豆,种"菜水"(即夏菜、春菜)、栽树。谷雨种高粱、种玉米、种棉花、种黑豆、种"晚菜水",俗谚谓之"谷雨时节乱种田"。立夏种瓜种豆,收割春菜,俗谚谓之"立夏前后,安瓜点豆"。小满仍种各种菜类,芒种时种糜谷、种荞麦,俗谚谓之"芒种糜子急种荞",这时正是所谓"乡村四月闲人少"的时候!夏至开始夏收,收割麦子和黄豆,俗谚谓之"夏至十天麦招烂"。夏至"连枷响",这时结束春耕,开始中耕,进入暑天,这虽是"公子王孙把扇摇"的季节,但却是农民结束夏收"回茬"秋禾,田间最忙乱的时候!"回茬"的东西有秋菜(如蔓菁、白菜、萝卜等)、荞麦、菜豆,至大暑农谚谓之"头伏荞麦中伏菜"。从大暑时开始锄草,直至立秋处暑,谓之"中耕时期"。这时禾苗均行出穗,如不出穗就是欠年!如俗谚所说的"立秋处暑不出头,不如割了喂牛""一年容易又秋分"。这时金黄的穗头摇摆在田野间,农民谓之"上子"时期(即"庄稼"成熟的时期)。到白露时开始收山药[1],秋分后收糜子和菜类,寒露收谷子、高粱、玉米、荞麦,俗谚谓之"秋分糜子寒露谷"。霜降收黑豆,结束秋收。霜降至立冬做一些秋翻地,以备来年的种植,俗谚谓之"立冬不伙牛,强使十天牛"。立冬后进入冬季,至翌年立春共3个月,称为

---

① 编者注:即"土豆"。

农闲时期,但农民们常把这些难得的休息时间消磨在"粪土"的搜集、工具的整修和副业的经营(如养牲畜、做小倒卖生意等)【等】繁琐的杂务中。

这就是一年中农业的生产过程,也是农民的整年的奋斗过程。

农民们在各个不同的时期配以必要的畜力,使用不同的工具进行他们对自然的斗争,这我们已在另节中说过,不在这里赘述了。

九、春耕动员会

老乡发言:种棉是好事,老百姓能够得几下! 政府发动这很好,可是发动办不了事,天不下雨种不上,这有啥办法,反正还是靠老天爷。

政府顶精明,开荒种棉,替老百姓想办法。可是老百姓也知道,多种地就能多打粮,多种棉就能多收花。谁不愿地多打粮,多收花哪! 要开荒,荒地开完了,要种棉,天旱种不上,反正说容易,办不到!

十、蒸酒和制粉业

(一) 蒸酒

蒸酒是这里农家相当普遍的一种副业。战前1户富农和11户中农(占中农全数的50%)都蒸酒,他们在冬天利用了农闲,而且收获了不少利润。

蒸酒要到制酒的"缸房"(即制酒作坊)去蒸,本村没有"缸房",须要到碧村的缸房去。"缸房"的主人购置各种蒸酒的设备,来蒸酒的人每蒸"一棚"(亦称"屉")须出0.2~0.25元的使用费与"缸房"主人。

一棚酒须用1大石粮,其中高粱占65%,草麦或草麦和豌豆制成的"曲"占35%。每1大石的粮食可蒸60~65斤的酒。

蒸酒时先将高粱"呵"过(即放置笼屉中,锅中盛以水,着蒸之待半熟时取出),和以"曲",然后入瓮,令其发"酵"至20天后,则可蒸酒而成为酒。

普通在"呵"高粱时一天能"呵"4桶(每桶为2.5"棚"),约合高粱2.5大石。至蒸酒时,4桶的高粱和以曲发酵后就变为10棚了,一天之内即可蒸出。

蒸一天酒须请一个"大师傅",每日工资约0.5元,两三个小工,每日工资约0.2元,烧炭800斤,约3.2元。

本村的农家没有一家能独蒸一天酒的,他们都是合起来蒸一天的,至多的也不过七八棚,至少的为一棚。

每斗高粱可蒸六七斤酒,草麦可蒸14斤,豌豆可蒸16斤。而每斤酒可换得高粱4大驮或5大驮,因之农民都说这种"生意是本时利",这还不说酒糟可以喂猪、可以养羊、可以给"牲灵"吃了。同时,他也可出卖一棚酒糟,可以换3小斗的黑豆。

关于酒的出售就成了这些农家在冬闲时的唯一工作,他们赶着毛驴或自己背起来运到四乡去,再向老乡们换回粮食来。但也有卖给商店的,与商店交易也常是以粮食做交换媒介的,因为有些商店同志回收来的"账"也是粮食而不是钱,他们要以粮食换得酒,以酒再变成钱。而粮食对于农家则是需要的,它可以自用,它可以蒸酒,甚至他也可以出卖。

蒸酒当时要领牌照税。据调查,这种牌照税一年分四期,而牌照又分三等:第一等是以牲口驮卖,这要领一等牌照,每期1.8~2.0元;背出去卖的领二等牌照,每期1.1~1.2元;去家里零星零卖的领三等牌照,每期0.5~0.7元。

"蒸酒看利厚,税务重也不要紧",但自民国二十四五年老阎统治粮食以来就下令禁止蒸酒,结果这"本时利"的好生意就停止下来了。

(二) 粉房

本村战前经营制粉业的有两家,一家是富农,一家为中农。

粉房的大小是以养猪的多少为标准的,因为开粉房是同养猪分不开的。粉房所剩的渣滓完全供猪食用,而粉房主要盈利方法也是在猪的饲养上。据调查,每养40只猪的就算大粉房,而这样的粉房一天就需要磨4大斗粮食的粉。

本村富农所开的一粉房养猪80只,中农所开的粉房养猪50只,这都是大粉房,虽然这些猪是经常卖出,但同时又是经常出生的。

在大粉房里,经常需要两三个人工和喂3头驴。这些人的分工是这样:1个人磨粉、担水,1个人喂猪、泡粮食、淘粉,1个人赶集、跑四乡、买粮食和卖粉。驴子则用来推磨、驮粮食和驮粉,这种工作是"日不间断"的。

粉房日常工作:第一天要将粮食泡起来;第二天"推"成粉,四五斗粮食得"鸡叫"到早饭就可以"推"完,"推"完后即行"瓢粉""出渣",再倾入清水将粉沉淀,然后取出晾干;第三天放在暖炕上烘之,烘干后即"省"起来。瓢粉后所剩的粉渣和淘粉时所得的"粉糊糊"都是喂猪的材料。

要将烘干的面粉制成粉还需要经过漏粉,每集至1000斤粉面时(约1月的时间)即行漏粉。漏粉时要用6个人工:1个"摇构",2个把起搭粉,1个打锅,1个捞粉,1个挑水。婆姨孩子们要烧火洗家具。

每个工人一天的工资在战前除吃饭外出0.25元白洋,炕粉时一天烧80斤炭(共为0.32元),漏粉一天烧130斤炭(需0.52元),1000斤粉可在3天漏完。

制粉的粮食是绿豆、高粱、豇豆各占三分之一,三者混合后每1大斗粮食可制粉8.5斤,而每7斤粉可换1大斗绿豆,每6斤粉可换1大斗豇豆,每3斤粉可换1大斗高粱。尽用高粱和豇豆也可制成粉,惟质较差,在煮菜时很易将粉煮坏。

制粉业和蒸酒业在经营上有它的不同,蒸酒业是农家利用农闲的一种经济活动,而前者是经常经营的,如果它一停下来,整个猪的饲养就感到"恐慌"了(如我们在前面说过的,每养40只猪——30只大的、10只小的,一天需要磨粉4大斗,有时不够还要添料1大斗黑豆,特别是在母猪生小猪的时候)。

粉是由制粉者运之四乡换取粮食的,但也有一部分售给商店,也是换取粮食(这里有一部分的商家农民们也是以粮食来换取他们出售的商品——如布匹等)。富农的制粉者说,他们也是需要粮食的,有了粮食他们才有制粉的原料。猪是售之"杀房"的,它多是换得现金。

这两家粉房,中农的一家在1935年发生了大的"猪瘟",猪几乎全部死去,粉房也就结束了。

另一家富农的粉房在战后还继续着,不过规模较战前缩小了些,一天磨一两斗的粉。但到去年也停办了,据说是因为敌人常来,不为养猪,同时怕开粉房及政府多征公粮的缘故。

十一、人民负担

(一) 赵承绥时代半年的负担

1. 第三邻5个户口1939年半年中的负担

今将任家湾第三邻5个户口在1939年阴历四月至十月半年中各户摊派的粮食及现款列表如下:

表2-40 1939年半年中5户粮食及现款负担统计表

姓名	成份	负担分数	负担粮秣					负担现款		总计(斗/小米)
			米	黑豆(注一)	豆面(注二)	米面(注二)	总计(折米)	摊款(晋票)	折米(注三)	
任学年	富农	6	14.17	0.9	45斤1两	6斤4两	16.6	17.934	1.99	18.59
任臭镰	(注四)	1	0.325		8斤14两		0.67	2.355	0.26	0.93
任绥业	中农	4	8.44	0.65	4斤5两	30斤半	10.075	12.926	1.44	11.515
任留保	中农	4	8.10	0.65	3斤15两	30斤半	9.725	12.166	1.35	11.075
任侯中	中农	1	2.10		8斤14两		2.445	2.355	0.26	2.711
任学贵	中农	1	2.20		8斤14两		2.545	2.575	0.29	2.84

注一:依据群众意见,2斗折小米1斗。

注二:依据群众意见,豆面26斤折小米1斗。

注三:依当时市价,每9元买米1斗。

注四:任臭镰与任学年实际上在当时为一家,不过表面上分立门户而已,故应当将任臭镰负担算在任学年负担内,如是则任学年的负担为小米19.52斗。

表2-40中任学年、任绥业、任留保在该时间内共被征粮7次,征黑豆料1次、豆面1次、米面1次,摊款7次。任侯中、任学贵在同时间内被征粮3次、豆面1次,摊款5次,任臭镰征粮征豆面各1次、征款5次。可知这种征收是极其紊乱的,他们"什时想要什时就来征收",而征收的数目则视其挥霍的需要来决定,就没有一定的征收时间,也没有一定的征收标准。

这些物资在各村每户之间的分摊数目由"编村"村公所秉承"上头"的命令,按"门户分数"指派。"派下出多少,就得出多少,谁也不敢多说二话的。"负担的粮食谓之"贷购粮",负担的现金谓之"派款",其实这些东西都不过是乱加征发的代名词,粮食一批一批的拿走了,也没有看见过发给老百姓一文"贷购"钱,而派摊款却是一次又一次的向老百姓催索的。难怪群众直到今天在叙述其当时的苦况时还这样说:"贷购粮,派摊款,今要米,明要钱,反正活不成。"

上列任家湾三邻中全部为富农与中农,他们在当时都出负担(关于每个阶级负担的比较详见下节)。

但由于各家负担的分数不同,故其负担的物资也各异。就是同一负担的分数,或每一分数负担的物资也不尽同。同为各家缴粮缴款的次数不同,而有些较穷的人家即使"上头""如何厉害",但"交不出来总还是交不出来",所以总还是不缴或少缴,上表所列的数字均系实交数字。故其每分所摊之款并不统一。为了从这一邻中推算当时任家湾各阶级的负担起见,特将该邻全部负担的物资加起来以其所有的分数除之,即得出当时任家湾每一负担分数平均负担的物资。

从上表算出当时任家湾每分平均负担的物资为2.8斗小米,以此我们来看当时任家湾各个阶级的负担。

2. 各个阶级在1939年半年中的负担

依照前节,在1939年阴历四月底至十月的半年中每一分数负担的物资计,则任家湾当时各阶级负担的物资如表2-41。

表2-41 1939年半年中各阶级负担物资统计表

阶级	户数	负担户数		负担分数	负担物资		收入与负担的比较	
		户数	占该阶级数百分比		数目(斗/小米)	占全部负担的百分比	收入量(斗/小米)(注)	收入与产量负担的对比
富农	1	1	100	7	19.52	9.7	113.0	17.2
中农	22	19	86.3	61	170.8	84.1	700.0	24.4
贫农	10	3	30	45	12.6	6.2	40.2	31.3
其他	5							
总计	38	23	60.5	72.5	202.92	100	853.2	23.78

注:本表所示的收入量系按照去年的"年成"再以1939年的"年成"折算来的。据调查,去年这里的年成为8成,而1939年则为5成,上表所示的收入量即系将所有负担摊派的各户口的去年的收入以八除之再以五乘之得出来的。这种收入是我们根据这里土地一般的产量计算的,它低于"公家"所定的"标准田"的产量,但又高于老百姓自报的产量(关于这,我们在1941年的公粮一节中将详细说明)。但在这些收入内未将农家除经营其土地以外的收入计入。该项收入,据1941年征收公粮时的调查,该年富农养猪、养羊、收租、卖牛(15石)等总共收入为小米2.21石,中农编荆筐、行医、牛工钱、吃租子、经商、贩盐、卖牛(1.95石)等共收入5.76石小米,有负担的这几户贫农在当时无其他收入。在这些收入中除卖牛不是经常的生意外,其他各项收入每年都差不多,就是1939年也是如此。

从表2-41中可以看出,富农全部都出负担,中农中有86.3%的户口出负担,贫农则有30%的户口出负担,其他的人均不出负担。在全部负担中,中农负担了总数的84.1%,就是说他负担了当时全部负担的绝大多数,1户富农负担了全部负担的9.7%,3户贫农负担了全部负担的6.2%,这是当时各阶级在全部负担中所占的比例。

从收入和负担的对比上看,则富农半年的负担占其全年收入的17.2%,中农则占24.4%,贫农则占31.3%。可知贫农的负担最重,中农次之,富农更次之。但贫农只有3户有负担,其他的7户则无负担,中农则除3户无负担外,所余19户均有负担,就是说占中农全部86.3%的户口都有负担,但他们负担之重是要超过富农的。当时阶级统治的实质从这里可以看得很明显,难怪直到现在除了那户富农以及个别政治上摇摆不定的分子还希望"老赵"回来之外,所有的老百姓对于"老赵"莫不是"恨之入骨"的。

附注:这里还要说明一点,就是关于上表所列的负担项目与数量,都是出之于"正当"手续且有"支条"可稽者(我们就是根据这些支条计算出来的),至于临时的支用(据老百姓说这个数目也相当大,可惜我们没有得到具体材料)还未计入,就是我们在计算该项收入时是否为当时收条的全部还成问题,所以上表所列的数字是最低数字,这是可断言的。

（二）新政权下的救国公粮

1. 1940 年的救国公粮

今将 1940 年度各阶级负担的救国公粮数目列于表 2－42。

表 2－42　1940 年各阶级负担救国公粮数目表

项别 阶级	户数	负担户数		负担公粮数目		公粮与收入的比较	
		户数	占该阶级户数的百分比	所缴公粮（石）	占全部负担的百分比	收入量（注）（石/米）	公粮占收入量百分比
富农	1	1	100	4.27	17.9	13.56	31.4
中农	22	21	95.5	18.77	79.2	84.00	23.3
贫农	13	3	23.1	0.69	2.9	4.82	14.3
其他	3						
总计	39	25	64.1	23.73	100	102.38	

注一：本表所示的收入量系单就本阶级所经营的土地的收入而言，它是按照去年的"年成"再以 1940 年的"年成"折算来的。据调查，去年的"年成"为八成，而 1940 年的"年成"则为六成，故 1940 年的"年成"仅当去年"年成"的 $\frac{6}{8}$。上列的收入量即以去年这里各阶级的一般产量以 $\frac{6}{8}$ 乘之而得，这种收入量同样是较去年公家所定的"标准田"的产量为低，而又比老百姓自报的收入量要高的。同时，如在前节各阶级 1939 年半年中的负担表的附注中所说到的，这里除本人经营土地所得的收入外，其他均未计入。

注二：随着公粮每家代购草 50 斤，每斤发给西票 1 分。

从表 2－42 中可以看出，富农 1 户担负公粮的负担；中农 22 户中有 21 户担负公粮负担的，占中农全数的 95.5%；贫农 13 户中有 3 户担负公粮负担的，占贫农的 23.1%；其他均不出公粮负担。这比"老赵时代"中农负担的户数增加了，贫农负担户数仍如故，但贫农的户数增多，因之其负担户数的比例就相对的减少。

各阶级在全部负担中所占的比例也同从前（即老赵时代）不同了，富农由 9.7% 变为 17.9%，中农则由 84.1% 降为 79.2%，贫农也由 6.2% 降为 2.9%。如果更以中农负担户数的增多来看，则中农在全部负担中所占的比例较前减少，是较上表所示的数目还大的。

中农和贫农在全部负担中所占比例的下降和富农所占比例的上升，这是新政权与旧政权的不同处，也是新政权财政政策的特点之一。

收入与负担的对比也同从前不同了。首先是新政权减轻了各阶级的负担：富农在赵承绶时代半年内就要负担其收入的 17.2%，现在则全年中只负担其收入的 31.4% 了。中农的负担则更形减低，由半年负担其收入的 24.4% 降为全年负担其收入的 23.3%，即现在的负担不足其过去的半数！贫农更是如此，由过去半年负担的（占其收入的）31.3% 降为现在全年的 14.3%（对其收入说），即现在全年的负担还远不足其过去半年的半数，这是一方面。另方面就是过去负担最重的贫农阶层今天变为最轻的了，中农成为次轻的，富农成为更次轻的，这就把过去的情形反转过来了，这也正表现了新政权的阶级内容。全体的农民，特别是中农和贫农，他们热烈的拥护新政权，这不是没有原因的。

2. 1941 年的救国公粮

今将 1941 年任家湾各阶级所负担的救国公粮数目列于表 2－43。

表 2 - 43　1941 年各阶级负担救国公粮数目表

项目\阶级	所有户口 户数	所有户口 人口数	负担公粮户口 户数	负担公粮户口 人口数	负担公粮户口 每户平均人口	负担户占所有户的百分比	收入 我们调查收入 收入总数	我们调查收入 %	以标准田计收入 收入总数	以标准田计收入 %	自报收入 收入总数	自报收入 %	负担公粮 应征(以我们调查之数) 应征总数	应征 %	实征(注一) 实征总数	实征 %	公粮与收入之比 公粮与我们调查收入之比	公粮与标准田计收入之比	公粮与自报收入之比	平均收入 每户	平均收入 每口	平均应征 每户	平均应征 每口	平均实征 每户	平均实征 每口
富农	3	18	3	22.5(注二)	7.5	100	37.72	26.6	39.46	26.2	23.21	22.1	9.99	44.4	10.93	38.2	28.9	27.7	47.1	12.57	1.68	3.33	0.47	3.64	0.485
中农	20	102	20	97.5	4.875	100	88.255	62.5	95.09	63.3	65.44	62.8	12.356	54.9	16.785	58.8	19.02	17.65	25.4	4.41	0.905	0.62	0.127	0.84	0.172
贫农	14	53	9	38.5	4.27	64.3	15.8	10.9	15.8(注三)	11.5	15.85	15.1	0.16	0.7	0.86	3.0	5.44	5.44	5.4	1.76	0.41	0.017	0.004	0.095	0.022
其他	3	11																							
合计	40(注四)	184	32	158.5	4.95	80	141.775	100	150.35	100	105.0	100	22.506	100	28.575	100	20.16	19	27.2						

注一:每征公粮 1 石附征公草 150 斤。

注二:去年征公粮时有一富农尚未分家,故富农总人口较现在不多。

注三:征粮团未予定出收入量,就以我们调查的收入量计算之。

注四:以 1941 年秋末户口计算之。

表2-43中富农3户均出公粮负担,中农亦全部出公粮负担,富农与中农负担户数无甚变化,只是富农增加了2户,这2户均出公粮负担。贫农负担户数则比以前增加,由1940年的23.1%增为现在64.3%,这是执行中央政策的结果。现在担负抗战负担的户口已经达到了80%。

各阶级在全部负担中所占比例的变动是由于阶级关系变化的结果。富农由1户变为3户,因之富农在全部负担中所占的比例就加大了。中农中有2户较为富裕的中农上涨为富农,中农的户数比前减少,因之中农在全部负担中所占的比例也就减少。贫农虽然负担的户数增多了,但在全部负担中所占的比例并未有显著的增加,这说明每户贫农负担的实数是减少了。从总的负担来看,则去年较前年有增加(增加数为20.4%),这说明抗战的开支随着战争的发展而更加大了。

从收入与负担的对比上看,以我们实际调查的材料计:富农的公粮负担占其收入的28.9%,中农公粮的负担占其收入的19.02%,贫农公粮的负担占其收入的5.4%。这是小于1940年他们负担的比例的,因为虽然总的负担数目增加了,但收成却较1940年为佳。

这只是依照我们调查的实际材料计算的,如果按照去年征粮工作团所采用"标准田"的计算法来核算农家收入,则各阶层的公粮负担对其收入的比例还要低些:富农占其收入的27.7%,中农占其收入的17.65%,贫农占其收入的5.44%。这个数目虽低于我们实际调查的数目,但这是从总数上来看的,故其差数并不甚大。

但如果依照各阶级群众自报的收入来与其公粮负担对比的话,则其比例就有很大不同。尤其是富农,他所负担的公粮数目竟占其自报收入的47.1%,中农也要占其自报收入的25.4%,贫农则占其自报收入的5.4%。可知富农少报最大,中农次之,贫农的自报收入则与其实际收入相符。"哭穷"论调和"隐蔽政策"已成了今天农村经济生活中的一种普遍现象,特别在比较富有的阶层中更是如此,这是战争和新政权实施抗战政策(首先是合理抗战负担政策)的结果。因为战争容易伤害较大的经济,而较大的经济在受伤之后也不易得到很快的恢复。因之这些经济在今天战争(也包括了为支持抗战的抗战负担)的环境下,要做到尽量的紧缩,尽量的隐蔽,以图尽可能的减少战争对它的伤害和储蓄力量,以备在新条件下更进一步的发展。所以,政府"精兵简政"的政策在各阶级之间获得热烈的拥护,尤其是较为富有的农民更是如此,他们不仅是这一政策的热烈拥护者,而且是将这一政策在本单位的经济领域中的具体执行者。

这是从各个阶级的全部公粮负担上来作各个阶级的负担比较的,这样的比例以各阶级的经济状况来说还较恰合。但以各阶级的某些个别户来看还不尽同,请看表2-44和表2-45:

表 2-44　各阶级个别户公粮负担比较表（1）

阶级	姓名	年代	人口			总计收入	以标准田计算收入	应征粮					实征粮				实征占收入百分比	实征占标准田收入百分比	实征占应征百分比
			大口	小口	合计			每口平均收入	征收比例	应征总数	每口平均收入	征收比例	实征总数						
富农	任学年	1941			8	20.05	19.505	2.511	30	6.01	2.44	30	5.86			23.3	30	97.6
	任子明	1941			6	9.27	10.53	1.55	27.5	2.55	1.755	28.5	3.00			32.3	28.5	117.6
	任子万	1941			8.5	8.4	9.425	0.99	17	1.43	1.11	22	2.07			24.4	22	144.7
	总计	1941			22.5	37.72	39.46	1.68	28	9.99	1.75	28.5	10.93			28.9	28.4	109.4
	任杏之	1941			8	1.35		0.17					0.10			7.4		
	任乃儿	1941			3	2.25	2.00	0.75	9.2	0.21	0.66	6	0.12			5.33	6.0	57.1
	张侯小	1941			3	1.30		0.43	1.5	0.2			0.10			7.7		
	任步德	1941			4	1.5		0.38					0.05			3.3		
贫农（注）	任步雨	1941			4	1.4		0.35					0.025			1.8		
	任应儿	1941			4.5	2.0		0.44	1.5	0.3			0.10			5.0		
	任子旺	1941			4.0	2.55	3.15	0.64	5.5	0.14	0.79	10	0.32				228.5	
	任国栋	1941			2	1.05		0.53	3.5	0.037			0.02			2.0		54
	任在善	1941			6	2.40		0.40	1.0	0.024			0.025			1.04		104
	总计	1941			38.5	15.8		0.41	1.0	0.16			0.86			5.44		537.5

注：贫农的收入去年征粮工作团未加核算，实征粮系由征粮工作拟定在群众大会上通过的。

表 2-45　各阶级个别户公粮负担比较表（2）

阶级	姓名	年代	人口			总计收入	以标准田计算收入	应征粮			实征粮			实征占收入百分比	实征占标准田收入百分比	实征占应征百分比
			大口	小口	合计			每口平均收入	征收比例（%）	应征总数	每口平均收入	征收比例（%）	实征总数			
	任增第	1941			6.5	4.9	4.9	0.76	9.2	0.45	0.76	9.2	0.45	9.18	9.18	100
	任学福	1941			3.5	2.8	3.5	0.80	10.8	0.30	1.00	18	0.63	22.5	18	210
	任学良	1941			7	5.3	6.95	0.76	9.2	0.49	0.99	17	1.18	22.3	16.9	242.9
	任子昌	1941			9	6.20	7.88	0.69	6.8	0.47	0.88	13.2	1.04	16.7	13.2	221.3
	任臭镰	1941			2	4.80	3.1	2.40	30	1.44	1.55	27.5	0.86	18	27.7	59.9
	任绥业	1941			10	5.78	8.82	0.58	4.5	0.26	0.83	11.6	0.96	16.6	11.5	370
	任留保	1941			3	3.75	3.75	1.26	26	0.99	1.26	26	0.99	26.5	26.5	100
	任根应	1941			8	4.25	4.8	0.53	3.5	0.55	0.6	5	0.24	5.65	5.0	160
	任学贵	1941			4	2.675	3.05	0.67	6	0.16	0.76	9.2	0.28	10.5	9.16	175
	任三肴	1941			5.5	4.25	4.48	0.77	9.2	0.33	0.82	10.8	0.49	11.53	10.9	148.5
中农	任绥焕	1941			2	2.15	2.06	0.8	21	0.45	1.03	19	0.40	18.6	19.4	88.8
	任增寿	1941			4.5	7.55	9.00	1.68	28	2.1	2.0	30	2.70	35.8	30	128.5
	任绥明	1941			5	5.0	4.95	1.0	18	0.9	0.99	16	0.80	16.0	16.1	80.95
	任侯曾	1941			6	3.475	3.32	0.38	4.5	0.16	0.62	5	0.19	5.5	5.32	118.1
	任学瑞	1941			3.0	2.55	3.03	0.85	12.4	0.32	1.01	18	0.54	21.2	17.7	168.7
	任子觉	1941			3	5.5	6.66	1.88	20	1.6	2.22	30	2.0	36.4	30.0	125
	任子龙	1941			3.5	2.9	1.66	0.83	11.6	0.34	4.75	2	0.055	1.9	3.3	16.5
	任学幸	1941			3.0	3.2	3.72	1.67	20	0.64	1.24	26	0.96	30	25.8	150
	任学泰	1941			6.0	6.375	6.00	1.06	20	1.28	1.00	18	1.08	16.9	18.0	84.4
	任学丁	1941			3.0	4.85	3.60	1.62	28	1.36	1.20	26	0.94	19.4	26.1	69.1
	总计	1941			97.5	88.255	95.09	0.905	14	12.356	0.975	17	16.785	19.02	17.65	135.8

131

从上表可以看出,富农每口收入在 1 石至 2.5 石之间,平均为 1.68 石;中农每口收入在 0.53 石至 2.40 石之间,平均为 0.905 石;贫农每口收入在 0.17 石至 0.75 石之间,平均为 0.41 石。

公粮负担与收入的对比,富农最高者为 32.3%,最低者为 24.4%,平均为 28.9%;中农最高者为 36.4%,最低比为 1.9%,平均为 19.02%;贫农最高者为 12.5%,最低者为 1.8%,平均为 5.44%。其中有 1 户富农、2 户中农公粮负担超过收入的 30%,有 3 户中农的负担均超过了富农平均负担比率,而收入最丰的富农却又低于这个比率。这大都是由于采用"标准田"的方法计算收入的结果。

由于此,也使得实征比率超过应征比率了,计富农超出 9.4%,中农超出 35.8%,贫农超出 437.5%。可知标准田的规定对于愈贫穷的人是愈吃亏的,不公平的现象很显明的从这里产生。相应地,家庭单位愈小,公粮负担则较重,在这里也看的很清楚。

公粮政策的正确执行对于农村经济的发展有决定的意义,像任家湾这样小农经济的村庄更是如此。在今天,政府所推行的减租减息等法令,故能予某些农业小生产者,特别是贫农经济的发展以某种便利,然而直接影响农村的经济生活、推进或者削弱农村经济发展的还是公粮政策。因为这里的经济单位一般都较小,对于这种小的经济,若多少给它一些超过其力所能及的负担,则其经济的发展立刻就受到挫折,甚至一蹶不振。在去年征收公粮后,某些较穷的中农就开始卖牛卖地,这种现象是值得注意的。但也有另一方面,就是如果这种公粮政策对某些生产是较为有利时,则该项生产立刻就得到极快的发展。如今年行署规定棉花征收公粮占 50% 的产量计算收入时,而棉的种植量则在今年比过去任何年代都多。

老百姓今天在政治生活中最为关心的问题是抗战的负担问题,他们都知道要抗战就要有抗战的负担,而这些抗战负担中主要还是救国公粮。

一般说,各阶级今天的抗战负担首先是救国公粮,如果再没有新的特殊收入(如种烟等)的话,已经达到其力所能及的高度了,"负担不轻"已经成了各阶层,特别是较为富有者的阶层的普遍呼声。所以,今天的问题是尽量调查各阶层每个户口的负担数量,使其达到最大限度的公平与合理,而不是如何再提高负担的问题了。

"标准田"是去年征收公粮时征粮工作团为了防止群众少报产量,而又便于核算起见,对于各种不同种类不同质量的土地而给以一种统一的收获量。这种"标准田"的收获量虽是在会议上由群众自己表决通过的,但群众对于这种"标准田"所定的产量标准并不满意,一般的都嫌高一些,特别是园子地。今将去年所定的"标准田"的产量列于表 2-46。

表 2-46 1941 年"标准田"产量定制表

土地种类 规定产量(石)	山地(垧)			平地(垧)			园子地(亩)		
	上	中	下	上	中	下	上	中	下
	0.8	0.5	0.2	1.5	1.0	0.8	6.0(米)	4.0(米)	2.5(米)

这种"标准田"的产量,一般是依据这里的最高产量为其标准的,因之它一般定的要高。同时在事实上,同样的土地由不同的阶级来经营(即在同一阶级之内由不同的人来经营也一样),其收获量是不同的。因为富有的农家常在土地里"抵垫"的多些(如多上些粪等)或作务的好些,而较穷的农家虽有同样种类同样质量的土地,就不见得有前者的产量多。因之,规定标准田的结果在

各阶级或各户之间常会发生负担上的不公平现象。

（三）新政权下的村摊款

1. 1941 年村摊款

今将 1941 年任家湾各阶级的村摊款负担列于表 2-47。

表 2-47　1941 年各阶级村摊款负担表

项别　阶级	负担户数		负担数量		收入与村摊负担比较		户数所有
	户数	占该阶级的百分比	数量（斗/小米）	占全部村摊负担的百分比	收入量（斗）	村摊负担占其收入的百分比	
富农	3	100	7.63	33.5	381.2	2.0	3
中农	20	100	14.31	61.3	995.1	1.44	20
贫农	11	84.6	1.14	4.9	188.5	0.61	13
其他	2	66.6	0.08	0.3			3
总计	36	92.3	23.36	100	1564.8	1.49％	39

注:本表是经过许多折算才制出的,兹说明如下:

一、1941 年 1 月至 5 月任家湾属王家塔主村,当时村摊款是按月摊派,计 5 个月共派小米 176 斤,其中 $\frac{2}{3}$（即 117 斤半）系由负担分数的各户分摊,而 $\frac{1}{3}$（即 58 斤半）系由负担抗战勤务的各壮丁分担。

当时任家湾各阶级负担分数是这样的:富农 3 户共负担 32 分,中农 17 户负担 60 分,贫农 3 户负担 3 分,共 95 分。每分平均负担米 20.8 两,富农则共负担 1.6 斗,中农共负担 2.99 斗,贫农共负担 0.12 斗。此外,依照负担抗战勤务所派出的负担米如下:富农 3 户有 5 个人参加负担抗战勤务,中农 20 户有 23 人负担抗战勤务,贫农 13 户中,11 户负担抗战勤务者共有 13 人,雇工 2 户有 2 人负担抗战勤务,共负担抗战勤务者 43 人。每人应负担 21.8 两小米,计富农共派米 0.23 斗,中农派米 1.24 斗,贫农派米 0.67 斗,雇工派米 0.08 斗。

二、6 月划归黑峪口主村领导,村摊款分派办法另行规定。各阶级每户负担分数有了变更,而负担物资摊派亦由有负担分数的各户按其所负担的分数派摊,不再由担负抗战勤务者另出其负担物资的 $\frac{1}{3}$ 了。这时富农 3 户的负担分数为 42.5 分,中农 20 户中 17 户有负担,分数共 67.7 分,贫农 13 户有 2 户有负担,共负担 2 分,计全村共负担分数为 112.2 分。

这时按月摊派制改为三月负担一次,每分负担小米 1 斤、西票 2 元。计 6、7、8 月 3 个月全村共负担小米 112 斤、农钞 222.4 元(将农钞换当时市价每 77 元买小米 1 斗,计则 222.4 元农钞可折米 2.89 斗),共折米 7.17 斗,计富农分摊 2.68 斗,中农负担 4.36 斗,贫农负担 0.13 斗。

三、9 月又重新改变各阶级每个户口所负担的分数:计富农 3 户,3 户仍有分数,共负担 47 分;中农 20 户,19 户有负担,共负担 81 分;贫农 13 户中 2 户有负担,计负担 3 分。全村共 131 分。

由 9 月至 11 月共一次负担,每分负担小米 1 斤半、西票 1 元。全村共负担小米 196.5 斤、西票 131 元(以每 77 元换米 1 斗,计约折米 1.71 斗),共折米 9.26 斗。其中,富农负担 3.32 斗,中农负担 5.72 斗,贫农负担 0.22 斗。

上表所列的数目就是以上各数的总和。

表 2-47 中负担村款的户数占所有户数的 92.3％,村政权的开支由所有全村的人来共同负担这是合理的。其中富农 3 户全部都出负担,中农 20 户同样也都出村款负担,贫农 13 户出村款负担的有 11 户,占其总户数的 84.6％,雇工 3 户有 2 户出负担,占其总户数的 66.6％。但这里

要说明的是,从1月到5月关于村摊款的分派除了由负担分数的各户按照分数分摊三分之二外,其余三分之一则由负担抗战勤务的各壮丁分摊。而负担分数的各户在最多时全村也不过24户,这是没有达到上述的比例的。上述的比例是加上负担抗战勤务的各壮丁的所属户的。但这种办法在6月份即废止了,统由负担分数的各户来负担了。

在负担数量的比例中,3户富农负担了全部村摊款的33.5%,20户中农负担了全部村摊款的61.3%,11户贫农负担了全部村摊款的4.9%,2户雇工负担了全数的0.3%。中农负担最多,富农次之,贫农更次之,雇工最少,这一般是符合于本村的阶级情况的。虽然从各阶级的数量上说富农较贫农为少,但以经济力量来说则富农远超过贫农,故其负担的比例亦超过贫农。

从村摊款与收入的对比说,全部的村摊款占其总收入的1.49%。其中富农出的较多,占其收入的2%;中农次多,占其收入的1.44%;贫农则少,仅占其收入的0.61%。这里各阶层村款负担对其所有收入的比例也是符合于各阶级的经济情况的。

总的来看,村款负担是不重的。去年所有群众的一切负担就是公粮与村款,全年的公粮负担占总收入的比例为18.23%(以应有的收入计),再加以村摊款的负担1.49%,合起来为19.72%。其中富农占收入28.7%的公粮负担再加上2%的村款负担,总计为30.7%;中农占其收入16.9%的公粮负担加上1.44%的村款负担,则为18.34%;贫农占其收入4.6%的公粮负担加上0.61%村款负担,则为5.21%;雇工则只有很少的村款负担(还是在前5月中),而无公粮负担。

这就是1941年各阶级总的负担情况,这种情况无论对那个阶级说都要低于"赵承绶时代",特别是对于中农和贫农更是如此。

2. 1942年村摊款

今将任家湾1942年各阶级的村款负担列于表2-48。

表2-48 1942年各阶级村摊款负担表

项别 阶级	户数	负担户数		负担分数 (注一)	村摊米 (斤)	村摊款(西票)		负担比例	
		户数	占该阶级户数百分比			数量(元)	折米(斗) (注二)	总数 (斗/折米)	占全部百分比
富农	3	3	100	44	305	127.6	1.304	13.054	33.2
中农	21	19	90.4	84	583	243.6	2.59	25.41	64.6
贫农	14	2	14.3	3	20.0	8.7	0.092	0.862	2.2
其他	3								
总计	41	24	58.5	131	908	379.9	3.986	39.326	100

注一:1942年全年任家湾总负担分数仍同1941年9月至12月负担分数。在前半年共负担两次:1月至3月第一次,每分负担小米1斤10两、农钞1.4元;4月至6月第二次,每分负担小米2斤、农钞0.5元。7月至12月6个月共派摊米每分3斤5两、西票1元。以上负担实数就是根据这个标准计算的。

注二:按照当时市价,以每94元农钞折小米1斗。

表2-48中负担村摊款的户数由去年(1月至5月)的92.3%降为今年的58.5%,负担户数较去年绝对减少了。富农3户都仍负担村款负担,中农21户中有19户负担村款负担的,占其总

户数的 90.4％,贫农 14 户有 2 户负担村款负担的,占其总数的 14.3％,雇工则无负担。这种负担户数减少是由于过去某些负担抗战勤务,因而也负担村摊款的贫农与雇工和个别的中农都不再负担村摊款的缘故。

村款负担数量则较去年增加了 58.3％。其中富农负担了村款全部的 33.2％,比去年略有减少;中农则负担全数的 64.6％,比去年有些增加。这是由于贫农负担户数减少和雇工不再负担村款的缘故。贫农则负担全数的 2.2％,这比以前要减少,因为过去有些负担村款的户口现在已不负担村款了。

富农去年负担的村款占其收入的 2％,中农占其收入的 1.44％,贫农占其收入的 0.61％。假定今年各阶层的收入仍如去年的话,则今年的村款负担除贫农较去年减少 24.4％以外,富农增加 66.7％,中农增加了 77.5％,这个数目再加上公粮则就相当可观了。

村摊款完全用之于村公所的开支(如村公所的办公费,村长、粮秣会长、武委会主任、书记、民校教员、抗联秘书、两个至三个村警等的用米及其家庭的救济米等)。以一个村公所的开支就占全村富农收入的 4％、中农收入的 2.8％、贫农收入的 0.2％～0.3％,这未免太多了。因之,行政村村政权的"简政"问题还是贯彻"精兵简政"政策的重要一环。

一个村公所就有七八个脱离生产的工作人员,这实在是过于庞大。因之,很多的老百姓在叫喊:"吃谷米的人太多了!"的确是多了些,应当酌量情形缩减一下,使它变为由两三个人组成的精干而又能为群众迅速解决问题的机关,这样村公所的办公费将会有很大的紧缩,而工作人员的开支也会减少。这是减少村摊款的一个方面。

另外,村摊款是由各行政村自摊自用的,它并无明确的一定的征收限额,同时上级政府又丝毫没有对于这方面的检查,因之村款的浪费甚至舞弊将是不可避免的。整顿村款的工作应当与村政权的"简政"工作联系起来认真搞一下。

(四) 新政权下的劳役负担

新政权下的劳役负担是不重的,现将我们调查到的 1940 年半年的劳役负担、1941 年全年的劳役负担和 1942 年半年的劳役负担分述如下:

1. 1940 年半年的劳役负担(5 月 12 日至 12 月)

富农的劳役负担:

任学年支差 8 次:黑峪口 4 次,共需 2 天,高家村 1 次 1 天,彩林 1 次 1 天,罗峪口 1 次 2 天,碧村 1 次少半天。共 7 天半的劳役负担。

中农的劳役负担:

任学丁共支差 6 次:计罗峪口 1 次需 2 天,彩林 1 次 1 天,王家峪 2 次共 1 天,黑峪口 2 次共 1 天。总计 5 天。

任增寿支差 8 次:白村 3 次需 1 天,彩林 1 次 1 天,梁上 1 次 1 天,高家村 1 次 1 天,王家塔、黑峪口各 1 次,共 1 天。总计为 5 天。

贫农的劳役负担:

任张锁支差 11 次:计罗峪口 1 次 2 天,白村 2 次半天,黑峪口 5 次 2 天半,彩林 1 次 1 天,高家村 1 次 1 天,盘塘 1 次半天。总计为 7 天半。

张侯小支差8次:计罗峪口1次2天,黑峪口3次1天半,赵家川口1次多半天,高家村1次2天,盘塘1次半天,白村1次少半天。总计6天半。

雇工的劳役负担:

任中儿支差2次:赵家川口1次半天多,黑峪口1次半天。总计不到1天半。

任满儿支差2次:张家湾1次不到半天,盘塘1次半天。总计不过1天。

这里只举出了1940年后半年中各阶级劳役负担的几个典型例证,其他各阶级的劳役负担也大致同于以上的数字。

有牛的户数,每头牛在同时间内均支差过两次差,一次去了黑峪口,一次在罗峪口,共2天半。

从上列数例中可以看出,除了雇工在半年中仅支1天到1天半的抗战勤务以外,其他均在5天与7天之间,贫农的支差次数并不减于富农和中农,且较他们多出些。但总得来看,在半年又20天的过程里,最多支差7天半,普遍的在五六天之间,这种差务是不大的,牛的抗战勤务的负担也并不多。

2. 1941年全年劳役负担

富农的劳役负担:

任学年支差5次:王家塔1次半天,白虎墕1次半天,黑峪口1次半天,盘塘1次半天,桑湾1次不到1天。总计为3天弱,另外还有5天大差,合计也不过8天弱。

任子明支差6次:黑峪口1次半天,白虎墕2次,共1天,盘塘2次1天,九龙湾1次半天。再加上5天大差,总计不过8天。

中农的劳役负担:

任学丁支差8次:王家塔6次,共3天,白村2次约半天。另加5天大差,总计不过8天半。

任学瑞支差8次:白虎墕2次1天,黑峪口4次2天,盘塘2次1天。另加5天大差,约计9天。

贫农的劳役负担:

任张锁支差3次:白虎墕1次半天,张家湾1次不到半天,盘塘1次半天。另加5天大差,总计不过6天半。

任六仁支差4次:白虎墕2次1天,黑峪口2次1天,王家塔1次半天。另加5天大差,合计为7天半。

雇工的劳役负担:

任中儿支差4次:白村1次不到半天,盘塘1次半天,黑峪口2次1天。另加大差1次5天,总计为7天。

任满儿支差3次:黑峪口1次半天,白虎墕2次1天。另加大差5天,合计为6天半。

这也是仅举出了各阶级劳役负担的几个典型户口,其他各户大致亦同此。

牛没有什么劳役负担。

由此可见,去年全年的劳役负担在6天半至9天之间,普通者为七八天,一年之中负担七八天抗战勤务是并不重的。这比1940年还轻,抗战勤务的不多是与去年一年的和平发展相联系的。

3. 1942 年前半年的劳役负担（1 月至 6 月）

富农的劳役负担：

任红泰支 3 天整差和 1 次半天的差。

任子明支 3 天整差。

中农的劳役负担：

任学丁支 3 天整差。

任学瑞支 1 天整差和 1 次半天的差。

贫农的劳役负担：

任张锁支 3 天整差。

任六仁支 3 天整差。

雇工的劳役负担：

任中儿支 2 天的整差和 2 次半天的差。

任满儿支 2 天的整差。

这也是各阶级劳役负担的几个典型举例，其他亦同此。

牛没有负担抗战勤务。

可知，今年前半年各阶级的劳役负担均在 3 天左右，比起去年还有减少。因此，在劳役负担问题上还没有听到群众特别不满的呼声，只是在农忙动员时他们总要发有牢骚设法躲避一下。

两年多来新政权的劳役负担是不重的，而且这些劳役负担的征发都是用之于抬伤兵、背子弹、运送粮草等抗战事业上。今年晋西北要开临参会，为修筑大礼堂动员了这里的一些民力，然而这也是民众自己本身所应做的事。新政权下的这种劳役负担比起"老赵"时代来真有天壤之别，我们且举当时中农劳役负担的一个例子以与现在的负担来比较。

任子明，中农（以"老赵"时代说），每年支大差两三次，每次 5 天至 20 天，小差 10 次，每次一两天，总计全年至少要支差 1 个月以上。然当时这里并没有战争啊，这些民众的劳役用之于什么地方呢？我们想，除了供应那些堕落分子任性的挥霍之外，谁还能作出比这更好的答案呢？

抗战需要大大的发挥民力，然而又需要绝对的珍惜民力，没有前者将无法取得抗战的胜利，没有后者将无法使民力得到高度的发挥。新政权这种与民生息的政策是正确的，但这还不是说我们党政军民的任何机关都没有发生过浪费民力的现象，在这方面我们的缺点还是有的。如免去的不必要的群众和干部会议，可以避免的一些差役（如代军队或过往的政民人员背行李等）负担，还是必需停止的。

（五）田赋

任家湾的任姓是同沙塝、铁炉塔的任姓共为一个宗支的，它属地方的二甲，是第二支，亦称为"二局"，凡属这一支的田赋粮钱均登记在一个簿子里，称为"粮簿"。在这一局里有一个"单头"，俗称"排年"，由所有各户逐年轮流充任之。"排年"的任务就在于催缴田赋、过拨粮银，它的上级是邻的"书手"，任家湾任姓的粮钱属兴县苟邻二甲。

"排年"是义务职，他只是催缴田赋而不是直接征收田赋，因之是一种"跑腿"的"差事"，故由户地的租子中抽出一部分（每年约 1 大斗黑豆）供给"排年"做盘费。每当政府"扣忙"后，县的"总书"就催邻的"书手",邻的"书手"又催甲的"排年",要他们催缴田赋,"甲"的"大排年"就来催"局"的"小排年","小排年"再催农户,农户经"排年"催粮后,即自行携款到县府的财政局(科)田赋股完纳,并"割回收据"。

这个系统不知流传了多少年,但它在今天的财政系统中还起着一定的作用。

每垧土地粮钱的折算方法是这样的,即"平三塌二梁一分",这就是说平地每垧三分、塌地二分、梁地一分粮银。但这只是原定的标准,经过多少年来地权的变动、卖地不卖粮,以及买地不买粮等花样,各种地粮银比例已相当混杂了。

总计本村共有粮钱 13.375 两,其中富农占 3.3 两,中农占 8.26 两,贫农占 1.565 两,雇工占 0.25 两(这个数字由于粮钱的混乱,并不十分精确)。关于这些粮钱历年征收的田赋,据调查如下:

民国十九年(1930 年)一年征了两年的粮:第一次每两征 2.7768 元,其中 2 元为正粮,其余为"兵米""匠价""省附加""地方附加";第二次正粮与附加均同第一次,另外又有加了 1 元"北伐"捐。

民国二十五年(1936 年)每两粮征 3.3 元(其中 2 元为征粮,余为附加),二十六年每两征 5.35 元(除附加增加一些外,正粮亦有增加),二十七年每两征 3.8 元(其中正粮 2.0 元、公捐 0.2 元、区警 0.2 元、省款 0.2 元、地方附加 0.12 元,其他为"匠价"或"兵米"),二十八年每两征 2.58 元(正粮 2.0 元、省款 0.2 元、公捐 0.2 元、地方附加 0.12 元,其他为"匠价""兵米"),二十九年每两征 2.57 元(农钞正粮 2.5 元,其他为"匠价""兵米"),三十年未征,三十一年每两征 1.5 元(白洋)。

(注:事变前征的田赋均为省钞。)

所谓"兵米"就是"粮",缴的"银子"谓之"银"或"钱"。在满清时,是缴"粮"同时又缴"银"的,"粮"供兵吃,"银"供饷用。

"匠价"是将零碎银子化为整块银子,所化的"银"和补足银子化炼时的损失。"兵米"每两粮银附米 0.211 斗,"匠价"每两附银子 0.5216 分,在计算田赋时均按其当时米和银子的所值作价。

从上面历年每两粮征收的田赋中可以看出,田赋的征收旧政权时代要比新政权时代重。新政权取消了一切附加,遂使田赋的负担减轻。

自新政权建立以来,因为改征公粮而田赋又是按农票,所以一般农民把田赋看作一个"淡事"了。但由于传统的习惯,他们对于完纳田赋都极度关心,哪怕他们如何的"钱缺",但在政府"扣忙"(即开征田赋)之前总要说法。

十二、文化生活

文化是经济基础的反映,落后的经济生活也反映落后的文化生活。

(一) 文化教育

现在整个任家湾没有一处学校,没有一个文化教育的群众组织,没有一个上学读书的小学生。

全村除了一个高小毕业生现任外村的小学教员外，其他只有一些曾经读过书的人，但也多是变相的文盲。

现将本村读过书的人数列于表2－49。

表 2－49　本村各阶级读书人情形调查表

项别 阶级	一冬	二冬	半年	一年	三年	四年	六年	高小	合计
富农					3	1			4
中农	3	4		1	4	1	1	1	15
贫农	3	1	1	1	1				7
总计	6	5	1	2	8	2	1	1	26

这些读过书的人完全是男子，占现有全部人口的 14.13％，占 8 岁以上男子总数的 33.33％。由此可知，未读书的人就占全部人口的 85.87％，8 岁以上没有读过书的男子就占该类男子的66.67％。

就是这些读过书的人，识字也是少得可怜的。其中除了那个高小毕业生和读过四年、六年书的以及个别读书三年书的与冬书的尚能勉强记账写信外，其他都几乎连自己的名字都不认识。有的虽然认得几个单字，但又联系不起来，更不会写，所以一切事情还都是全凭"肚记"（即用脑子记忆之意）。

因之，实际上识些字、多少有些文化的人，所占的比例较上面所指的数目还要少。

现在全村 27 个学龄儿童（男 10 人、女 17 人）竟无一个上学读书的，虽然在碧村设有小学，政府登记了好多次，动员过若干回，但这些儿童还是依然不去。

在小生产的农民们看来，"刨土疙瘩"是最"本分"的事，而"刨土疙瘩"是不需要读什么书、认什么字的，"闹书"那是人家"富豪"人家干的"营生"。

许多农民觉得"闹书"的人"游手好闲"，不是"正经"的"实在"的"营生"，而且人一"闹书"就"滑稽"了、"懒的不肯动弹"了，而"滑稽"和"懒动弹"是农民们所最"害怕"的。

农民们这种思想的发展，就使他们与文化的隔离愈来愈远了。落后的经济条件限制了他们对文化的积极要求，而贫困的生活也使他们中间的大多数人无法提出这种要求。

（二）神灵崇拜

文化上的落后大大的限制了农民们对自然界的必要的认识和相当的隔绝了它们政治的视野。因之，许多宗教迷信和唯心思想在他们内部就找到了最好的发展所在。所以，太阳是"阳坡爷"，月亮是"月爷爷"，刮风有"风神"，下雨有"龙王"，打雷闪电还有"雷公神圣"和"闪电娘娘"；牛有"牛王"，马有"马王"，给羊都要烧香，对老鼠也须磕头……总之，一切他们不能认识的或征服不了的东西都谓之"神"。

这样就连他们自己的身体也都不由自己来主宰，而由神来主宰了。因之，就将一切的"理想"、一切的希望就都寄托给"神"。

这样"神"就更多了，凡是可以寄托他的某种"理想"或希望的就设一种神。于是大家都想发财，家家就供奉"财神"了，大家都怕"生疮害病"，就户户朝拜"药王"了，诸如此类，等等。

富于空想而又过着极端简陋生活的农民,什么是他们空想的寄托者和生活的慰藉者呢? 那他们只有另想出一种东西来——神,寄托自己的空想并以之安慰自己。

自己做出的东西,自己再向它磕头,希望它、乞求它给自己安排一个"极乐"的"天堂"的境界,这虽然是十足的主观主义,然而却正是落后的农业小生产者天赋着的"地道"思想。

(三)"神官""神婆"

落后的农业小生产者对神的普遍崇拜和神在它们思想中具有相当的作用,所以在他们的生活里就要求有神的代表者出现,这样农村的"神官""神婆"就成了神最好的化身,他们自命为"凡世"的"真人"和"活神仙"。

在任家湾这个40户左右人家的村庄,就有1个"神官"和4个"神婆"。神官供奉"佛",是"清佛教徒",和他说话时他开口闭口"阿弥陀佛",它能看医书,可以中药来治病,是一个中农。神婆尽是些农民妇女,她们供奉"大仙"或"狐仙",靠"唱神"来"治病"和"破命"(即命运不好,请她们代为改造一下)。

这些人是"神"的"钦差大臣",他们真是"满天飞"的家伙。在周围的村子里,只要谁家有病或有疑难不决的事,都要请他们去来一套装神扮鬼的"夸夸其唱",据说病就可以治愈,疑难不决的事也就得到解决。好像在这种"夸夸其唱"里藏有什么"万能药方"或"锦囊妙计"似的。

病是否能因这一套"夸夸其唱"而痊愈,事情是否能以此而获得解决,那是"天晓得"的事,连请这些"神官""神婆"来"治病"或"破命"的人自己也认为不管他是什么样,反正"花了钱""尽了心"也就"歇心"了。但是"神官""神婆"的"夸夸其唱"则是不肯轻易启口的。据调查,每"唱"一次神至少要挣:1斗插香米,四色布各1尺,红头绳、红带子各3丈,新针7个,五色豆子5把。这是照例的收入,至于治好病或算应了卦后的"补报",那还不在内呵!

"谁家有了病不'破打'些咧!"村里的人生了病或"遇了事"照例都要给这些"神官"和"神婆"们来进贡。

(四)天旱祈雨

在我们调查期间,恰遇干旱,农民们望雨甚殷,向神进行了"祈雨"。

"祈雨"是在碧村举行的,由碧村的主任代表(!)[①]和"主家"来主持。主任代表以派差的方式,着人从赵家川口的山上"偷"背回"大王爷"来,放在村外大道旁的石窟中。与"大王爷"同来的,还有一个与"大王爷"一样不满2尺高的女泥像,老乡们称为"大王娘娘"。反正神的那一套都要同"人世间"那一套东西搞的"一模一样"的,人要"闹老婆",也非给"大王爷""闹"一个老婆不成呵! 否则就不合于实际生活了。本来迷信也是实际生活的某种反映,不过它将它迷信化罢了!

六月二十四日是一个阴霾的天气,主任代表与主家们协议好,要在本村所有的土地上每坰地起一毛钱的"布施",买些"香纸",做些"看馔",雇了4个鼓手,"佃吹佃打"举行了求告。

主祭人有"主家"主任代表,参与求告的人还有些老百姓与凑热闹的孩子们。

鼓乐动起来,主祭的人便跪了下去,由"主家"开始了哀告:

"老人家你看! 大家都给你跪下了! 我们碧村的老百姓多苦咧! 大家都本本分分,能受苦,

---

① 编者注:原文如此,下同。

能刨闹,可是天不下雨还是吃不到嘴上呀!恳求你老人家禀告玉帝,就说我们碧村的老百姓求老人家们给我们施舍点雨,如果再不下雨,我们就不能活了!知道老人家是要叫我们活的,请千万给我们下这些雨!……"

微风吹动着"大王爷"那几根残缺不完的髭鬓,"大王爷"平板的死滞的面孔在老乡们哀求之前和哀求之后完全一样——而且永远也一样,它毫不会因为哀求者的诚意而有所动。而当天的"阳坡爷"却好像关怀这些"受难"者们的地,从云里伸出头来,热熏熏的光热射在每个哀告者的身上,阴霾退去了。

那些有诚心跪下去的观众,在太阳出来之后感到失望站了起来,而个别的人则根本没有跪下,并且还在说:"祈雨祈的阳坡爷出来啦!"

"主家"急起来,好像太阳出来是那伙不跪下又说"怪话"的人们得罪了"神圣"似的,因之以责罚的口吻要大家都跪下。许多人在这种情形之下都两膝落地了,和我们熟识的那个"高小毕过业"的人显出极不好意思的表情,在几度的向我们窥望之后也终于跪了下来。但是,还有一个没有跪倒的,他不仅不跪倒而且还在说:"这还不如我浇些水保险咧!"……

主祭完毕,就是"献牲"了。所谓"献牲",就是把老百姓的羊拉来两只,在神跟前(　　)①一下。在(　　)前,他们用水壶在羊的背上倾以大量的冷水,同时还要灌入耳朵里。羊的满身,尤其是耳朵里,被灌以水迟早总是要(　　)的。但在(　　)之前,这些跪下求告的人们是十分焦急的,因为他们认为"大王爷"领了"牲"才算接受了他们的要求,若不领则是有困难,求不下雨来,于是便拿出了"心诚感格"的精神继续求告了。除了再重复先前的话以外,还对神发了一顿"慈悲","主家"这样说:"在这兵荒马乱的年景,你老人家也遭劫难啦,庙给日本人烧去,圣像也闹的破烂,你老人家也'凄惶'啦!可是我们穷,我们没法补修老人家的庙,我们没法报答老人家……老人家还的[得]可怜我们呀!不下雨,我们就是没法活啦!请你老人家千万把牲收了罢!无论如何请玉帝给我们下些雨罢!……"

偶像始终是偶像,它是不理会这些的!"主家"继续哀告下去:"老人家你看!上级们、同志们(指我们这些去参观的人)都来了,大家就是等你老人家收下的!"

水流入羊的毛松处、耳朵里,使它难受起来了,而那些主祭人和跪着的求告者是如何的欣喜呵!这不是他们高兴自己摆脱了这种"洋罪",而是高兴神领了"牲"!

主祭者拿来"大王爷"的"卦锤"要请示"大王爷"的答复了。"卦锤"是八角形的一块小圆木,农民们对自己的空想与其对自己空想的否定都在这里写上了,那八面每面写着这四个字:

"上上大吉""买卖和合""求官得吉""行人早回""三日雨吉""不合神道""下下中平""心愿不还"。

主家以"抽签打卦,与神说话"的态度,把"卦锤"顶在头上,眼睛闭起来,不知默念了些什么,大概是所谓"诚则灵"吧!"卦锤"由头上滚落到地下,明明正面是写着"下下中平"的字样,侧面才是"三日雨吉",但主家很快的把"卦锤"拿起来,向大家宣布说:"打的好卦,是'三日雨吉'!"本来求神就是自己安慰自己,当然"三日雨吉"比"下下中平"是更好的安慰!

一切的求告者都为"三日雨吉"而兴奋起来,大家认为神既然给了答复还有不应验的。但有

---

①　编者注:原文如此,下同。

的人说："老人们虽留下个求告，谁知顶事不顶事！"有的人则这样答复："挨上下了下，求不行！"另一个表示反对，他说："'大王爷'可灵哪，他说下，定要下！"议论纷纷，各自散开了。

近午，浓云密布，雷声大作，我们总以为这可得到巧合了，但谁知道雷声大、雨点小，没有"洒湿地皮"就云消雨散了呢！

一个60多岁的老头子在下午还看我们时感叹着说："花了几十块钱，打了两声雷！"而村主任代表则好像有无限的歉意似地向我们解释他参加"祈雨"的理由，他说："老百姓就是半封建半迷信，这有什办法！"

"三日"过去了，天天都有"阳坡爷"，就是没有"雨吉"。

（五）战争与信仰

战争破坏了很多庙宇，使老百姓对于神的朝拜和迷信上的开销比战前减少了许多。不论大的或小的庙宇，现在大都成为废墟了。直到今天，任家湾的老少都还在追念着他们在龙池修的娘娘庙。

当你指着这些被毁的废墟去问老乡："神到哪里去了？""为什么神不灵了？"老乡可以告诉你："这样兵荒马乱的年景，神那还敢在世上受这活罪呀！他们都上天了！"你告诉他："本来就没有神呀！"他又回答："不，神上天了！"你再问他："那来的神呢？""先人们留下的！"他这样很肯定的答复你。

的确，"先人们"留下了许多好东西：土地、房屋……还有神。土地、房屋……被他们世代相传，一直保存到现在，大多数都是"原封未动"的，但神在现在却被人打的粉碎了，庙也被人拆得七零八落了。但神还在呀！他不在地下而到"天上"了！独立的农业小生产者们对于神也像他们对于自己的土地、房屋一样的宝贵，即决不忍轻易的丢开它。因为他们从房屋和土地那里得到了物质依靠和安慰，而从神的那里得到了精神的依靠和安慰！

在一些不可抗拒的自然力量面前，在一些思想矛盾无以自解之时，神就在农业小生产者的面前出现了。神在这时对于它们有"非常"的作用，因为一切问题在神那里都可得到"如意"的解决。但你须反问他："神既然这样顶事，你何必要这样天天下地受苦呢？ 不是坐在窑里祷告祷告就会有吃有穿了吗？"他立刻毫不犹豫的答复你："那顶个×！ 这就得息起嘴来①！"

落后的小生产的农民是信神而同时又不信神的，这也许就是它的两重性在思想上的具体反映。

（六）迷信与娱乐

迷信思想也同样贯注在民间娱乐中。过大年的热闹，元宵节的"秧歌"，四月初八娘娘庙的会戏，五月端午的"酒米"，六月六的"献牲"，七月十五的"吃面羊"，八月十五的"玩月"，十月初一的吃糕……不是敬神，就是祭鬼，然而娱乐还是人的娱乐呵！因之，农民总是说："敬神敬鬼，进了人的眼嘴。好的吃的，好的东西，神不看，也不吃，反正还是给人看，给人吃呀！"

迷信是安慰又是娱乐，在缺乏文化、生活简陋的农民看来，哪能找到比这更好的东西呀！

娱乐如果同迷信分家，就和赌博合伙了。这里最流行着的是"摸牌"（即耍纸牌），所有老百姓

---

① 编者注：即"闭起嘴来"之意。

几乎都会,就是极其年轻的儿童们也从他们的父母那里学得了这套"本领"。在"正月心闲"的时候,差不多家家都"摸"!这里的妇女大半都不事田间劳动,因之,她们在缝衣煮饭之余"没什做工的",就靠"摸牌"来消遣!这正像我们在休息时打打"扑克"或做一些其他娱乐一样。全村中有六七个妇女更是经常"摸牌",而且还见"输赢",一般的老百姓都看不起,称为"女白花"。男人们在农闲时也常赌博,有的人因为赌输了钱,甚至卖出土地。

赌博的种类在这里普通的就是"摸牌"和"压宝"。

(七) 婚丧礼俗

农村的婚丧礼俗也是同落后的生活迷信的思想结合的。

女孩子在"不懂事"时就"问"出去,通常在十二三岁就结婚。男人在十八九岁不结婚就被称为"光棍汉"。婚姻是采取买卖制,现在娶一个老婆要用到 50 元至 100 元白洋作"身价",虽富有之家,亦复如此。过去除"身价"约二三十元而外,还有名目繁多的"聘礼",就是最普通者也要有两三丈的洋布、两三个的土布和一两个方"手帕"、两三对耳环、一两对"银手镯"等。富有者"聘礼"多于"身价",贫寒者"身价"多于"聘礼"。现在则"聘礼"第一了,因为物价昂贵,一些"聘礼"不易买到,这就使"国难期间,一切从简"了。50 元至 100 元的白洋,中农特别是贫农和雇工的家庭是很难措集的,因之,村里的一些年轻人不是借债卖地娶上一个老婆,就是忍受痛苦去打"光棍"。"闹不起老婆"已经是乡间普遍的呼声!

结婚完全是听父母之命、媒妁之言的,最后就是遵从"阴阳先生"的裁判。由阴阳先生来评定两人的"命限"有没有什么"相生相克",如果"阴阳先生"最后判定了,那么男女双方本身是无任何意义可言的。而且村里有些"不开眼"的父母,常把女儿当"摇钱树",在女儿身上"做生意",为了得到"身价",往往将女儿嫁给那些不健全的或年老的男人(因为年轻的较为健全的男人在"闹老婆"时"身价"常花的要少),女儿虽不满意,但能如之何!

死了人要请"阴阳先生"看过之后才出殡,谓之"择吉安葬"。如果暂无"吉日",只好将死人放在家里等待,有的甚至生人同死人依然在一个窑洞里生活着。虽在炎夏,亦复如此。丧事的主持,完全离不开"阴阳先生"。由"择吉"而"破土"而"祭灵"而"下葬",均由"阴阳先生"亲身参与。"阴阳先生"每办一个丧事至少有两元白洋的收入。死人安葬后,"阴阳先生"就给看好"走殃"的日子和时辰。所谓"走殃",就是死者的一切"魂魄"都随着死者的离开而离开的意思。"走殃"的那天,要将死者在生时所用过的东西都摆在天井里,死者在生时所住的房子也要将门窗开启,在"阴阳先生"指定的那个时辰里焚香烧纸,全家的人都离开院落,等死者的"走殃"。据说经过这一番布置后,"殃"就"化股青烟"而去。当你问到他们,谁看见过这股青烟呢?"听老人们这样说,没有看见过!"他们会这样回答你。丧事在"走殃"之后才算办完。

男子死了之后可以葬在祖坟的一定位置上,女人则不能,她必须葬在"坟角"或"地头",也有"停"(即以泥封起棺材来)在家里的,待男人死后方能"上祖坟"与男人"合葬"。

没有娶妻的男子死了之后要娶"鬼妻",没有出嫁的女子死了之后"要寻个人家"(即找一个死男人)"合葬"在一处。反正落后的小生产者是非常富于空想的,它既不忍见生者的"孤男怨女"之苦,也不愿贻死者以"孤魂怨鬼"之悲!

生了小孩要在门上插干草,并贴色纸的符号为记。男孩剪一张一方尺大的花纸,女孩则剪一个"葫芦",并书以"长命富贵"等字贴在大门上。妇女在产后的一个月中不准出窑洞,而且除了她家自己的人以外,谁也不能进产妇的屋子里。因为这间房屋在产期中谓之"暗房",生人进去会把小孩"妨死",而同时"暗房""不干净",对进去的人"也不吉利",所以老百姓都是避讳进"暗房"的。

生了第一个孩子"过满月"时,亲朋都来贺,吃喜酒,像娶媳妇似的。

(八) 卫生习惯

不卫生也是这里老百姓落后生活的又一侧面。

一个70多岁的老太婆这样告诉我:"剧团的女同志住在味家①,可把味家欺负苦了!"

"她们怎样欺负你老人家?"

"她们进了窑,门子不关,窗子不闭,真是可惜(!)了水啦!一天要洗两回脸!这还不算!黑夜脱光光的,拿上手巾,在身上左擦右擦,最不干净的地方还要擦了又擦,你看这像什样子?我活了七十大几岁都没能见过这种不像样的人、不像话的事!……奶头大大的,年纪大大的了,都还不寻个男人!"……老太婆言下颇觉愤然。

"您老人家也要洗脸哇!"我问她。

"好人谁天天洗脸!我生来只洗过一遍,还不是水洗的,是在出嫁上轿时用泪洗的哪!"她回答。

的确,农村中除了那些"二打流"的男人和"不正经"的女人以外,朴实的农家是不洗脸的,洗澡那更是不可思议的事。

衣服穿烂了都不洗,据说常洗了容易烂。被条全家只有几张,通常是两个人共一张的。衣服上、被条上时常有虱子在蠕动着,捉虱子这是农民的消遣,也似乎是他们日常不可缺少的工作,然而虱子却没有一天离开过他们。

窑洞的窗户像囚牢似地天天紧闭着,室内的空气和阳光很不充足。

一间狭小的窑洞里常住到六七个人,大家挤在一个炕头上,即使有人生了病也不隔开,所以一个人病了往往全家都要病。尤其是"出水病"(即伤寒病)这里流行极多,老百姓最害怕,所以在相互斗骂时常说:"让你伤寒四十天不起身!"

因为传统的习俗和大家挤在一个炕头上生活的缘故,所以性的关系也极混乱。

妇女的生产以及小孩出生后的卫生讲求的很不够,因之死亡的很多,两年中全村生了13个小孩,只有2个"活"成的。

文盲、迷信、不卫生是这里农民生活的图画!虽然经过了五年的抗战,历史是大踏步的前进了,政治上他们是进阶的多远了,然而生活还远落在后面!

十三、村政权

(一) 政治情况

这里比较简单的阶级关系反映出不甚复杂的政治情况。如我们在前面说过的,任家湾居民

---

① 编者注:当地方言,即"我家"。

成分中中农和贫农占了绝大多数,而中农和贫农在今天的历史阶段中都是革命的阶级,他们之间还很少有矛盾,富农在今天也是一个进步的阶级。所有这些阶级一般的说都是热爱抗日军队和拥护民主政权的,援助抗日军队、建设民主政权是他们共同的一致的要求。

虽然如此,但各阶级对于抗日军队和民主政权的拥戴并不是完全一样的,而是从他们各不相同的阶级利益以及由这种阶级利益所支配的政治观点出发的。

中农今天占居民成分的大部分,同时也是政治上最活跃的一个阶级,它们一般的都积极拥护抗日军队和民主政权,热烈的参加各种抗战建国的事业。这不仅是因为我们坚持抗战、发扬民主、改善民生的政策与他们"自个"的利益没有什么矛盾,而且他们自己亲身体验到没有抗日军队和民主政权的存在,他们就不能这样"和平"的来经营自己的生产、享受着这样民主自由权利。他们将像过去一样地过着黑暗无比的生活,或早已如同敌区的群众一样地喘息在敌人的屠刀下面了。抗战虽曾使他们支付了一部分的负担,然而没有抗战又何尝没有负担呢?——而且是不轻的负担啊! 他们觉得今天的一些痛苦是敌人搞下的,八路军新政权吃苦耐劳、主持正义,过去有钱有势的人横行霸道,谁敢惹人家,"这会儿"不论贫富谁还敢欺负谁啊! 过去咱不欺负人,但时常受有钱人的欺负,今天咱可不受人的欺负了! 过去咱的生活不如人家,今天人家也"下了架子",不比咱们强多少了! 他们因此感受到了某种满足与兴奋,他们为这股"活力"鼓舞着自己在政治上的开展。

而乡村的一些比较贫苦的群众(如贫农、雇工、贫民等)在政治上也是接近中农的。他们觉得中农分子办事公道,给"公家"做事也误得起工,因之,在村中选举各种负责人时,也常推选中农分子。这样就使在党内、在政府工作中、在群众团体里中农成分就占了多数,而且这些中农分子在政治上也得以表现了他们的"公道",既不得罪富者,也不苛待贫者。他们在经济上的"中间"地位,就决定了他在政治上的"中庸"思想。这种思想却正成为今天各阶级合作抗日、合作建国的具体历史环境下的一种非常"适合"的和为大家所"欢迎"的一种思想。由于此,中农在政治上不仅得到贫农和雇工的拥护,而且得到富农的称许。

贫农对于抗日军队与民主政权的拥护与热爱并不减于中农,但穷困的生活条件限制了他们在政治上更大的开展。他们觉得与其在政治上发展自己,还不若趁着这个有利时机来发展自己的经济。因为今天的新政权是拥护广大群众的利益,特别是比较穷苦群众的利益的,它减轻了穷苦人民的负担,尽可能的改善了他们的经济条件(如减租减息、禁止夺地、回赎不动产等),这就使他们得到了发展自己经济的一些可能,而事实上有些人已经在新政权建立的两年中得到某种发展了。他们在经济生活中愈显得积极,则愈益束缚着他们在政治生活中的开展。如今天群众在政治上最关心的问题是抗战的负担问题,但贫农(雇工、贫民也在内)一般是不出负担或很少出负担的,因之对于这类的会议他们常不肯参加,即使参加了也感到无兴趣,反不若给自己多做点"活",多在地里"刨闹""刨闹"对自己更有利些。虽然他们为了要使自己的经济发展,最好【得到】更有利的条件和更可靠的保证,要求更进一步的参加政治活动,然贫弱的经济基础又大大限制了他们政治活动的可能。他们虽乐意于接受政府的各种号召,虽愿意给"公家"办些事情,然"误不起工"和"苦水不够"常使他们感到心有余而力不足,终于迫不得已还得委屈这番"苦心"。这就形成了他们现实生活与政治要求的矛盾,结果还是不能不忍痛将自己好容易【得到的】最好的这块政治地盘,局部的或大部的让给自己的政治上的朋友——中农。因为他们既向往中农的生活地位(在他们这样的条件下也只能作这样的向往啊!),又觉得中农办事公道,因之,中农一般的还为他们所信赖。他们与富农之间虽没有什么敌对的冲突,但其嫉视或歧视的态度则是有的,乡村中不时酝酿着的一些小的磨擦和斗争就常是这种矛盾的反映。

雇工对于抗日军队与民主政权的拥护也是不肯后【于】人的,然而由于他们经济地位的不稳与生活的日趋恶化,转化为贫农的日渐加多,贫农今天的政治表现却也正是他们的表现。

对于抗日军队与民主政权,富农也是拥护的,他们觉得由于抗日军队与民主政权的存在才保障了他们的生命财产,才能使他们安居乐业。当然要抗战就要有抗战负担,而抗战负担是人人有份的,富农对于抗战负担也不反对。而民主政权的抗战负担政策是:抗战负担,人人有份,但有钱的和钱多的是必须出,而且要多出的。由于此,特别是新政权建立初期,由于社会不安状态所形成的那种缺少制度和乱征乱收的现象使某些富农分子多少对我们存在一些不安、怀疑、害怕,甚至不满的心理,但随着根据地的日益巩固和政权的逐渐正规化以及三三制的推行,富农这种不正常的心理就日渐改变了。

这就是任家湾各阶级政治态度的简明描绘。

我们根据任家湾党政负责人的分析,关于任家湾现在各阶级的政治分野,列表如下:

表 2－50　各阶级政治分野表

阶级＼项别	进步	同情	被动	落后	中间	顽固	总计
富农		1	1		1		3
中农	4	7	8	1	1		21
贫农	6	6	1	1			14
雇工		2					2
贫民		1					1
总计	10	17	10	2	2		41

表 2－50 所列进步分子是指那些对政府和军队的各种号召都是积极响应,开会"一吼就到","会上能积极发言",工作负责积极,无论任何情况下都对公家无半句怨言或很少有怨言而言。

同情分子接近于进步分子,他们对政府和军队的各种号召也是拥护的,他们总是"你要他干什,他就干什了",不说"公家"的坏话。其与进步分子不同之处就是在会议上、在一切行动中虽同意于进步分子,但并不像进步分子表现的那样明显和"积极"。就是说在某些冲突和斗争前面,他们虽然实际上是跟着进步分子走的,但在表现的态度上还可现出"中立"的样子。这些人实际上是属于进步分子中的一层。

被动分子是指那些对军队和政权既不积极赞成也不反对的一些人而言。他们常是推一推动一动的,要他们干什么他们也是干的,不过有时会装出一副不大如意的面孔,吼他们开会时常是吼不到的,就是来开会时也不肯积极发言,即使发言时也是三言两语说几句不相干的话,甚至有时在言辞中也流露出某种不满情绪来。但经过进步分子、同情分子的影响,他们在绝大多数情况下是跟着前者走的。

落后分子是指那些赶不上被动分子的且对政府和军队的各种动员和号召都不积极的,在一切动员负担上总想不出或推诿少出的人。他们常常不上会,上了会之后也是唱一些"海里困难"①"什么都办不到"的调头,以与进步分子、同情分子的正确意见相对立。村干部们称之为"再不能啦"的"个别主义""滑稽分子",他们常同中间分子是在一块说话,有时是中间分子的直接代言人。

中间分子是指那些对现政权采取模棱两可的态度,甚至有时还希望赵承绶(顽固分子)重来统治的那一部分人。他们对于政府、军队的一切号召、动员、负担等,只是在迫不得已的情况下才肯出来响应的。因之,常是该支差的不支差,派下公粮说派的不公道,故意瞒报,希图少出负担或根本不出负担,常不到会,为了怕自己负担的多了迫不得已而来,开会时也不是"哭穷"就是说些"财主"话。落后分子是在他们影响之下的,在他们二者之间常常互通声气来与村干部对立。在村的工作中,村干部对这些人是最感头痛的。

这只是按照各阶级每个户口的政治态度来规定各个阶级的政治分野的。如果按照阶级关系说,他们均属于进步派,就是富农也是在今天历史环境下的一种进步力量。

从上表中可以看出,进步分子和同情分子占了绝大多数(占全数的 66％)。而属于进步分子和同情分子的,雇工 2 户全部都是,贫农绝大部分都是,中农大部分都是。被动分子中,中农最多,富农、贫农各有 1 户。落后分子中,中农、贫农各有 1 户。中间分子中,中农、富农各 1 户。落后分子与中间分子对现政权均有某种不满,但还没有看到他们反对现政权的活动。

从上列的各阶级的政治分野中可以知道,像这样的村庄中,依靠进步分子和同情分子,拉着被动分子,教育落后分子,团结中间分子,是今天首要的政治任务。

这种比较简单的阶级关系所反映着的不很复杂的政治情况,正与阶级矛盾还不很发展的"父子村"或"民族政治"相关联着。在今天的任家湾还有许多政治问题不是经过阶级矛盾表现出来,而常通过宗族矛盾得到曲折的反映。"民族政治"的传统影响也障碍着这里阶级矛盾的发展。

但这不是说这里是没有阶级斗争的,在这个地方也同其他任何地区一样,有了阶级就有了阶级的斗争,不过阶级斗争在各个不同的情况中、在各个不同的问题上有各种不同的表现而已。

一般说,在一些人事问题上(如家庭的纠纷、宗族间的争执等),常是宗族矛盾突出于阶级矛盾,但在对"公家"的一切动员、负担问题上,常又阶级矛盾突出于宗族矛盾。因之,今天政治斗争的中心,常是围绕着抗战负担与抗战的动员问题。这在今天的抗战环境中是极其自然的现象。

这种为着抗战动员和抗战负担而掀起的各阶级在政治上的矛盾,是表现在"公平"与"合理"的问题上。大多数的民众要求"公平合理"与少数村干部违反"公平合理"的倾向,形成了今天乡村政治生活中的一种矛盾。要开展我们的工作就要纠正部分村干部的这种不良倾向,同时要更好的使用民主这个有力的武器。但由于这里政治生活的发展不够,特别是长期的黑暗统治使得最下层的群众远没有真正懂得民主的意义,真正拿起民主这个有力的武器来管理政府,来监督好他们办事的人——我们的村干部。相反的,在他们之间却常有一种不要民主而只要"上面"规定好,通知一下"下面"办就是了的思想在传布着,因之就表现了他们对政治的某种不关心。这不能简单的归咎于群众的条件不好与老百姓的觉悟程度不够,而我们工作人员那种不了解群众的情形,不关心群众生活的主观主义的工作作风和那种"大而不当"、"包而不办"、不团结村干部、不联

---

① 编者注:即"非常困难"之意。

系群众的宗派主义的工作方式,以及表格的文牍的党八股政治,也直接的助长了这种倾向的发展。要"打开"这种"局面",就要来消【除】我们工作中的主观主义、宗派主义与党八股。

(二) 村政权

任家湾现在的村政权是采用代表、代表主任制,这是在去年7月经过村选后才由邻闾制改变来的。

村的最高行政负责人是代表主任,任家湾有两个代表主任,它们共管着任家湾的一切工作。代表主任下有两个代表(代表主任是当然的代表),代表和代表主任分管着所属各户(每个代表约管10户)和领导着在选举时自由组合的公民小组(每个代表领导一个公民小组,每个公民小组约有25个左右的公民)。每个代表所属的各户与各公民小组均不开会,只是在开村的公民大会选举各种行政负责人的候选人时,公民小组才在大会上分头商讨。当小组分头商讨完毕时,再由各小组会起来变为村的大会去讨论,并由该小组自己推出其发言人。

代表、代表主任均由公民直接选举,并且照行署的规定,为公民认为已选出的代表或代表主任不能为他们办事时,可以随时召集自然村公民会议自行决定撤换他们。

村的代表主任和代表直接受行政村村公所的领导,而行政村的代表会就是由全行政村所有各自然村的代表组成的,因此这些代表和代表主任又直接对村公所负责。

村里的一切工作差不多完全是由村公所或"上面下来"的人布置的,村没有或很少有自己本身的经常工作。如果有的话,那也是上面派下来的抗战勤务,或招待过往的军政民工作人员等任务,而这些工作均是由代表主任经营的。如遇有"摊派"等事,由代表主任召集各代表和村干部来开会决定分派之,然后由各代表分别通知所属各户去执行。

村政权的一切工作活动主要表现在村的"干部会"和"群众会"上。

照例,上级机关在一定的时期是有一定的工作布置的,一般名之为"中心工作"或"突击工作"(其实也并不一定是突击工作,只是经"上面下来"的同志希望把它"突击"完成,好回到"上面"去)。一年中每一季通常都有一项"突击工作",有的"突击工作"一来,一级传一级,至传到各自然村。随着工作布置的"传达",各种不同名目的"工作团"也像风一样地吹遍各行政村、各自然村了。

各自然村接受这种工作布置时,通常是首先在行政村开代表会或开"扩干会",自然村的代表主任和代表(有时代表因主任代表去了,他们就不去)必须参加,有时村的一些其他负责人(如自卫队队长等)也要参加,这样的会平均每月在行政村要召开两三次(多是布置工作,间或也有总结工作的)。在行政村的代表会或扩干会上,首先就是区上的或工作团派来的同志们的"传达","传达"好了之后,这些代表和代表主任就回到各自然村去。如上边下来的工作团人多时,这些工作团的人就随着各村代表们到各村来"帮助"工作。如人手不足分配时,则由这些"上面下来"的同志或工作团的同志将要传达的大纲写好交与各行政村干部(如村长、武委会主任、抗联秘书等),村干部再带着提纲来各村"帮助"工作。

代表和代表主任接受这些工作的布置带回本村时,首先就开村的"干部会",参加这种会议的人有代表主任、代表、自卫队队长和小队长、农校干事、妇女队长等人。照例总有上级派来的同志(村上的或工作团的),代表主任就去吼各个干部们,待这些干部都到来时,代表主任的责任就算完了。因为一切事情均可由上级派来的同志负责,群众工作的传达、问题的解决,甚至会议的主持都是"上面下来"的同志。

而这些"上面下来"的同志,其工作常是临时性的(尤其是工作团的同志),他们这次去此村,下次又到彼村,这次布置这一工作,下次又要布置另一工作了。因之,一般人多是既不了解情况又不熟悉,结果只有将上面的布置计划——不管这是对于区的或区对于村的,不管参加这些会议的是干部抑或老百姓,均照样背诵一次(如果这些干部们识字的话)。据说这还是"强"的干部,如果是"弱"的,那对于上级这种"周密"的工作布置只能就记的"传达",多有遗漏,结果变为"倒三七""上令不能下行"了。

这样工作的结果,不仅使工作本身失掉了其特性,而其工作连续性也没有了。因之"上气不接下气",工作经验也不能总结出来。

上级要各自然村实现的工作计划的确是"周密"的,有总的精神与要求,有"中心工作"和完成工作的"具体步骤",有"配合工作"又真正是"全面"的。从"突击春耕"和"突击种棉"可以联系到"配合工作""战争动员""埋藏种子"……"大点套小点",小点又分一、二、三、四,可以列到"无其数",这还不说满口的术语和句句的新"名辞"了。结果"上面下来"的同志成了"传教"者,村干部成了"教堂"里"听经"的人,村代表主任成了"教堂"里的"跑打"(跑腿)的,而工作计划则成了"圣经"! 其实这也不能怪这些"上面下来"的同志,因为如我们在前面说过的,这些"上面下来"的人多是既不了解情况又不熟悉工作的,那怎么办呢? 他们从上面"贩来"的东西是如此,结果也只好如此地去"出卖"。主观主义、教条主义、党八股在这里的下层工作中得到了全部的体现! 我们的工作与群众的要求不对头,群众感受到我们这种工作方式的厌烦,已经成了今天下层工作中的一种严重现象。

在村的"干部会"中,除了"上面下来"的人的"传达"之外,是很少【有】下边人的讨论的。通常一传达完,就告休会。村干部们的责任就在于将这一套"传道",告诉给老百姓,但"天晓得"这些无数的"点和条"能被村干部们"解的出""能记下",还要"传道"给老百姓! 当然,"上头"既然要叫去做,还是只有"应承"的。

"干部会"开完后要开群众会。所谓"群众会",就是村干部将上面的"传达"宣传之后的全村家庭代表会,每户只要有一人出席就行。但人常是"吼"到会的,每次的集会总要"吼"了再"吼",花费两三个钟头的时间才能"拉"到一些人开起会来的,而这些人在出席会议时也多是不知道为什么要来开会的。究竟这些村干部向群众宣传过没有呢? 这就是最好的检查。当然我们那些"上面下来"的同志也是不问这些的,他们依然是讲那套在"上面贩来"的刚才在村干会议上曾"出卖"过的东西,他们倒是些很"忠实的传教者"。然而那些听他们"说教"的人实在"太不行啦",到"教堂"里去的人都知道他们是要去"听经"或"做礼拜"的,然而来参加这种会议的老百姓却不知道为什么来开会和人家在讲解什么东西的! 如果你问到他们那些"上面下来"的人在讲什么时,他们可以这样简单的回答您:"解尿不下!"①

这些"上面下来"的同志在会前会议中常是要大家"民主的提意见",以便为大家"彻底的解决困难"的,同时在会后还要召集起干部来做一些具体的"组织工作"。但群众将一些问题提出了,

---

① 编者注:当地方言,即"不知道"或"不晓得"之意。

上头要求建立的组织形式也出现了,"下来"的同志的任务就算"完成",要回到"上面"去了。他们向他们的上级"交差":到村里开了几个会,到了多少人,有了多少群众提意见,组织了多少组织等,并还可以拿出一张一张的调查表格……但经过这次会议之后,群众究竟有什么新认识呢?那些以"突击"方式建立的组织呢?在这些"上面下来"的同志回到"上面"之后,都"杳如黄雀"一无声息了!至于那些统计表格怎样来的呢?请你想想罢!很多农民还没有犁田,而去种棉数量的调查表上就填好多少多少"垧"了。

这是现在村政权的一种工作形式和工作内容。

但也有另一种工作形式和工作内容,那即是干部们——首先是村的代表主任们,在他们工作遇到某种困难(如动员、派差、村中纠纷的调解等)或"上面"派下的"差事"不能行通时,而召集一种干部会或群众会。因为这种会议本身就是在工作的需要的情况下召集的,这不仅对村干部说是如此,而且对群众也是如此(如动员、派差、公平问题等)。所以这种会议是干部需要召集的,同时又是群众要求召集的,在这种会议上大家不是"吼"了再"吼"都不到,而是只要知道,大家差不多都到的。虽然会议上没有"上面下来"的人主持会议,但会议却开的更生动更活跃些;虽然没有多少点、若干条"全面"不漏的工作报告,但大家也能讨论的很起劲很实际;虽然不说什么大家提意见、给大家解决问题,但大家总是提出问题,而且会求得某种程度的解决(如果是能够解决的话);虽然不喊什么彻底发扬民主等调头,但他们觉得这就是在运用民主。因为他们觉得这才是在开自己的会,讨论和解决自己的问题。

这是现在村政权工作的又一种工作形式和工作内容。

现在在村政权工作中占主要地位的还是前一种工作形式和工作内容,但真正能够解决村中实际问题的、真正为村里的群众所乐于接受的却是后一种工作形式和工作内容。一切工作的基础在于村,村政权又是村的一切工作的中心,因之要加强村的工作,首先就要改进村政权。

改进村政权就是说要改变前一种工作形式和工作内容,发展后一种工作形式与工作内容。而要发展后一种工作形式和工作内容,就要真正建立村本身的工作,培养村的干部,这里不合实际的工作布置和代替包办的工作方式都需要革除。村里现有的各种可用的组织形式,如代表、代表主任制、干部会、群众会等,是需要大大的加强,使它真正能够自动的起作用。不要像现在这样"推一推,动一动"的成为上层机关的"附属品"。不妨使自然村的领导统一,代表主任可以设一个,若事情太多可设副职。要改变现在这种几个代表主任同权的"多头政治",同时各村的代表主任并应经常参加行政村的一些会议(如委员会)以讨论和决定全行政村的应兴应革事宜。

(三) 村政权的各种组织

村政权下面有以下几种组织分担着各方面的工作,这些组织均是村政权的构成部分,兹分述如下:

1. 粮秣小组

管理公粮的收支登记事宜,它直接受村代表主任的指导,并与行政村的粮秣会长取得联系。小组有组长 1 人、组员 2 人,除组长在征收公粮中还多少起了一些作用外,组员根本没有做啥事,而且日常的公粮收支等事宜还是由村代表主任负责。事实上,粮秣小组的工作是只有形式而没有实际。

2. 代耕队

这也是村代表主任指导下的一部门工作。去年开始成立,为一个抗属代耕过 9 垧,耕的不好。今年在布置春耕工作中重加整顿,选出 1 人任队长,2 人辅助之,一为农救干事,一为自卫队壮年小队长。按照政府的规定,将本村未参军的人家的男子凡年在 18 岁以上 55 岁以下者均编入代耕队,有牛的人家除出人之外,还需出牛为抗属代耕土地。抗属受代耕者须为贫寒无依之家庭,若自己有办法,则不得受代耕的优待。按照这种情形,将全村需要代耕的土地总算起来由所有的代耕队员轮流经营之。照行署规定,每个劳动力至多代耕 1 垧地,而实际上本村受代耕优待的在今年还只有去年那一家,种地仍为 9 垧,以本村现有的劳动力 46 户计,每人平均不到 0.19 垧。但就这样"微薄"的负担大家还多推诿,结果仍是这次办理区选的同志再三催促才做起来,虽然代耕队在春耕突击中就在"上面下来"的同志督促下成立了。

3. 通讯员

这也是在村代表主任指导下工作的。其任务为平时送消息、当联络等,由 2 人共任之,"事情太多"。关于消息的传达,如不是给予代表主任者,则各村通讯员自行交接,不经代表主任以免辗转误事。

4. 自卫队

受村代表主任的管辖、行政村武委会的直接领导,也是村政权组织的一部分。本村设分队长,分队长下为男子队与妇女队。男子队有 3 小队:凡年在 16 岁以上 25 岁以下的编为青年小队,共 10 人;年在 25 岁以上 35 岁以下者为壮年小队,共 12 人;年在 35 岁以上 55 岁以下者为老年小队,共 22 人。小队设有小队长,妇女有 2 小队,均在壮年小队。除小队长之外,还有分队长与分队副各 1 人。自卫队的任务为站岗、放哨、担架、运输、缉捕汉奸等。上级前曾规定青年小队 7 天出操一次,壮年同老年小队半月出操一次,但没有很好地实行。去年一年中一共出了七八次操,是在行政村集合出操的,今年还没有出过操,这些组织现在没有什么工作。关于站岗放哨,除了紧急时在"上面"督促下实行几天外,平时很少实行。担架工作不多。运输工作除近一月来行署为修筑参议会大礼堂动员民夫搬运木料,在本村有 200 人的动员外,其他运输工作尚少;但在最近 200 人的动员中,因正在农忙时期大家都不想去,虽然开了群众会,但都没有得到确切的解决。

关于运输、担架事宜,虽规定由代表主任通知自卫队分队长,由分队长再督导各小队长推行,但实际上还是村的代表主任负责的。

5. 游击小组

这也是在村代表主任管理下直接受行政村武委会领导的组织,它是村政权下人民自己的武装。本村游击组有 3 人,组长是自卫队的分队长兼任。其任务为敌人扫荡时探消息送情报,配合正规军行动,保护村中空舍清野的东西,缉捕在战争中做破坏活动的分子。在敌人扫荡期间,他们都集合在行政村上,在村长和武委会主任统一指挥下做本村范围内的工作。

这里自卫队分队长、通讯员、游击小组组员和我们在前节说过的代表主任,因本身工作甚忙,故不再负担其他抗战勤务。

这些组织除粮秣小组可由代表主任自行兼任(现在实际上就是他自己做),而不另行组织外,其他均有用处,但必须健全其组织,加强其各方面的工作。代耕队必须切实的帮助贫穷无依的抗属代耕土地,如无地可耕而又可能租得土地者,由村中设法代他租种一些,以保证抗属家庭最低限度的生活需要和便利于今后的兵役动员。现在那种徒具形式的组织与推诿塞责的态度,必须给以改造和教育,使之纠正。通讯员除送消息做联络外,还应更多的帮助主任代表,如召集会议时"吼"人,派差时督催人等。自卫队在今天战争环境下是十分重要的组织,但其现在的状况还远赶不上战争的需要。自卫队必需有一种固定的组织与纪律,并在不太耽误农民生产的范围内给以必要的便利工作,使其成为人民自己的武装教育组织,真正能在战争中发挥它的作用。游击小组还应扩大,须吸收积极勇敢的分子参加,同时要淘汰一部分"胆大心里坏"的"地痞"分子。对游击小组的组员应施以战时实用的各种武装训练,这必须在平时经常进行,要纠正现在那种战争到来时才顾及到游击小组的做法,广泛的建立游击小组,提高游击队员【素质】,发给它们以必要的武器,这对于坚持根据地、反对敌人的"蚕食政策"有极重要的作用。

(四) 村的群众组织与群众工作

在村的下面有一些群众组织,这些群众组织多是只有名义没有实际的,兹分述如下:

农救会。全村有一个干事,没有小组。我们问过农救会的干事:"谁是农救会员呢?"他说:"全村人都是。""你领导他们开过会吗?""没有开过,上边不来人,就没做上的!"其实上面来的人也不是农救会的,他们多是代表上级政府下来传达或布置工作的啊!

据农救干事告诉我们,他担任农救干事以来就是做了两回收会费的工作,这还是在上面迫切要才做的。前年每家(!)出了1小升米(没来的也可不出),"年时"全村凑了2.8元农币。但这些出会费的不知道为什么要出、给谁出的,甚至连许多人都不知道什么叫"农救会"。

所以全村的人虽然名义上都是"农会会员",实际上却又都不是,结果还是如农会干事所说的:"不顶×什事!"

青年和妇女在任家湾没有单独的组织,大概自卫队中的青年队就是青年的组织,妇女队就是妇女的组织了。然而,这些青年队和妇女队本身"就是只有一个名号",因之也很难说到其实际工作。虽然在上层的机关里也可以常常争论什么谁该受青救会领导,谁又该受妇救会领导的问题,但对于这些真正的群众却没有人过问和谁也不管的。在我们调查的两个多月中,未见过一个青救或妇救的人下来看看它的(?)①群众,而只有一个区的青救主席来过村里一次,还是代表区政府来解决土地问题的,同村代表开过一个会议之后就匆匆告别了!而对于它的(?)群众呢——那些青年队员或青救会员呢? 是不管也不问的!妇女队长在此次反"蚕食"斗争胜利后的劳军中曾做了一些募捐工作,但这不是在妇救会组织或发动之下的,而是在村代表主任督促下来做的啊!甚至连给军队缝鞋子都是由村的主任代表去宣传、分配和动员,妇女的团体从未过问。

此外,村里还有工救小组,在组长之下有8个组员。它也同其它的群众团体一样徒有空名而无实际,并且全部会员都是农民而不是工人。

这种群众团体在上面看来是有的,因为上面曾经派遣过好多干部或工作团,费了很多力量来组织过。但从下面看,是既无具体形式又无实际工作的,因为村里的老乡们总是这样认识:凡是"上面下来"的人,不管是政府的也罢,群众团体的也罢,反正都是"公家人","公家人"的"命令"就

---

① 编者注:原文如此,下同。

要执行。所以你要他成立什么,他就听你成立什么。在他们看来这是与"支差"一样的,而"支差"是有一定的期限的,所以这种"支差"也就有了期限,在"公家人""任务完成""告别"之后,老乡们的"差"也就"支"完了。因之,当这些"公家人"还未离村之前,它这些"手创"的组织还存在着,但它一离开,这种"手创"的组织就因老乡们的"交差"而全告垮台。

群众没有认识(而且仍照现在的办法做下去,也永远不可能认识)我们那些群众团体下来工作的同志为他们自己的人,是给他自己办事的,是他们的"领袖"。而我们群众团体工作的同志也常是带着一大堆任务下来,以"公家人"的资格来替政府办事的,因之经常向群众要而不为群众解决问题,或晓得建立这样一个那样一个组织,而不知道了解群众的生活、群众的情绪、群众的要求等。结果使群众团体的工作与实际群众工作脱了节,这是今天群众工作的严重现象。如果我们的群众团体天天喊什么开展群众运动、深入群众工作,而又不把自己的工作放在农村、放在真正的群众中,天天说什么发展了多少会员、建立了多少组织,而又不给他们以教育,不替他们解决问题,而只是站在他们之上向他们发号施令,那么虽有好的口号也只能成为空谈。

这里一批批的工作团像"风"一样的从这村"吹"到那村来开展工作的时期应当过去了。代之而起的不是庞大而无力的组织,不是一大堆一大堆任务的传达,而是历年朴素的一点一滴的去组织——要始于农村的实际情况,成立群众自己的组织(这种组织虽小,而它都是群众自己的能起作用的),耐心的教育与提高群众,并从而解决他们的切身问题。首先是说在群众方面,拥护群众利益,帮助政府法令的贯彻,从下而上的来做工作——不怕他是最小的、最琐碎的,然而却是群众要求解决的群众自己的问题啊!

因之,动员好的干部到下层去工作,并切实培养村级干部,裁撤村的重叠组织——如在村中工农妇并存一个组织,而且统一真正起作用的组织,已经是时候了。

第三编　中庄村调查

一、各阶级人口与劳动力的变化

(一) 人口变化

表 3-1　抗战以来各阶级人口变化表

阶级	时间	户口	人口 1~7 男	女	8~14 男	女	15~17 男	女	18~23 男	女	24~45 男	女	46~55 男	女	56~60 男	女	60以上 男	女	总计 男	女	合计	占全人口的百分比	每户平均人口
地主	战前																						
	现在																						
富农	战前	1	1						1	1		1	1					1		3	3	6	3.3	6
	现在	3	2		2	2			1	1	4	3	1	1			1	2	11	9	20 (注)	10.58	6.6
中农	战前	12	6	6	2	3	2	2	4	5	12	9	1	2		2	5	5	32	34	66	36.8	5.5
	现在	17	4	8	3	4	1	2	2	6	12	10	2	2	1	1	8	8	33	41	74	39.15	4.3
贫农	战前	25	7	11	4	4	1		2	2	12	13	6	4		4	5		48	46	94	53	3.8
	现在	25	5	12	7	6			2	4	11	14	7	3	2	2	4	5	40	49	89	47.09	3.5
雇农	战前	1										1					1		1		1	0.5	1
	现在																						
商人	战前	1	2	1					1	1	1	1							4	4	8	4.4	8
	现在																						
贫民	战前	2							1							1	2	0	2		2	1	1
	现在	2		1					1	1						1	2	2	4	2.12	2
其他	战前	2														1	2		2	2	1	1
	现在	2								1						1	2		2	1.06	1
总计	战前	44	16	18	6	8	7	6	7	9	28	24	7	7	5	6	16	9	92	87	179	100	4.1
	现在	49	11	21	12	12	1	4	7	12	29	28	10	6	3	3	15	15	88	101	189	100	3.8
备考		注:内有参加工作1个(小学教员)、逃亡1个,实际现在18个在家的																					

从表 3-1 来看,本村人口不算多。战前全村共 44 户 179 口人,每户平均 4.1 人;现在全村 49 户 189 人,每户平均 3.8 人。在人口数目上是增加了 10 个,但每户平均上是相对的减少了。将男女分开来看:战前男 92 口,现在男 88 口,减少了 4 口人;战前女 87 口,现在女 101 口,增加了 14 口。现在分开各阶级来看增减的原因:

富农战前 1 户,男 3 人、女 3 人,共 6 口。现在增加 2 户富农,共 3 户富农,男 11 人、女 9 人,共 20 口,增加 14 口,每户平均 6.6 口,即是比战前每户平均增加半个人。现在分开岁数来看增加:

表 3-2　不同年龄段人口增加表

户口人口 时间	户口	1~7		8~14		15~17		18~23		24~45		46~55		56~60		60 以上		总计			占全人口百分比	户均人口
		男	女	男	女	男	女	男	女	男	女	男	女	男	女	男	女	男	女	合		
战前	1	1				1	1			1	1						1	3	3	6	3.3	6
现在	3	2		2	2			1	1	4	3	1	1			1	2	11	9	20	10.58	6.6

1 岁至 7 岁男战前 1 个,现在增加 1 个,成了 2 个;战后增加 8 岁至 14 岁男 2 个、女 2 个;战前 15 岁至 17 岁中的一男,在反顽同[固]时随旧军走了(走时 20 岁);战前 17 岁的女现在成为 18~23 岁中的女,现在 18~23 岁男是新增加的;战前 24 岁至 45 岁男 1 人、女 1 人,现在仍是不变,又增加男 3 人、女 2 人,男 3 人中有 1 个现在神府二区某村当小学教员,1 个人逃跑(村书记贪污),现在实际上 24~45 岁男增加 1 个;46 岁至 55 岁男女各 1 人,均是战前增加的;战前 60 岁女现在 60 岁以上了,现在又增加 60 以上男女各 1 人。总结看,战前 6 口人中当兵走 1 个,战后增加 15 个中有 2 个走了(当教员 1 个,逃亡 1 个),实际上增加 13 个。所以现在富农人口是 18 个,每户平均 6 口。

中农人口战前 66 口,每户平均 5.5 口,现在 74 人,每户平均 4.3 口。在数目上增加了 8 口,在每户平均上看是比战前减少了。增加原因见表 3-3。

表 3-3　中农人口增减原因表

时期	总计人口			增加													减少															实增加		
	男	女	合计	生育		移入		上升		分来		娶入	合计			死亡		移出		下降		分出		参军	工作	逃亡	嫁出	合计			男	女	合计
				男	女	男	女	男	女	男	女		男	女	共	男	女	男	女	男	女	男	女					男	女	共			
战前	32	34	66																														
现在	33	41	74	1	4	3	5	9	11	1		3	14	23	37	1	3	5	4	3	6	1	1	2	1		2	13	16	29	1	7	8

由表 3-3 可以看出增加的原因,中农人口增加主要原因是由贫农上升 4 户带来人口,男女共 20 口;其次,增加的原因是移入带来男女共 8 口,娶入及生育、分来数目不多,生育内只计战后生了活着的,还有战后生了立刻就死了,生育内死亡内均未计。减少的项内看出主要的是移出男女共 9 人,其次是下降 1 户中农带走男女 9 口。至于当兵减少,并不能使中农人口受大影响。死亡男是老汉,女是 1 老婆、1 小孩、1 青年妇女。

贫农战前 94 人,共 25 户,每户平均 3.8 人,现在 89 口 25 户,每户平均 3.6 口,人口比战前减少了 3.5 口。男战前 48 口,现在 40 口,减少 8 口。女战前 46 口,现在 49 口,增加 3 人。男女增减在岁数上的变化情况,在前表可以看出,各个岁数内(1~7、8~14、15……)战后均与战前不同,均有了变化。这原因一方面是岁数一年年向上长而使之有了变化,另一方面即是实际的增减。现在将其增减原因分析一下:

表 3-4　贫农人口增减原因表

时期	总人数			增加										减少												实增减		
				生育		移入		下降来		娶入	合计			死亡		移出		上升走		分走		参军	嫁出	合计					
	男	女	计	男	女	男	女	男	女		男	女	共	男	女	男	女	男	女	男	女			男	女	共	男减	女增	共减
战前	48	46	94																										
现在	40	49	89	4	5	5	5	3	6	5	12	21	33	5	2	2	2	9	10	2	2	2	2	20	18	38	8	3	5
附注	移入项内包括外来 2 户,男 2 女 2,分来户 2 户,男 2 女 3,过继来男 1。移出内包括到村外走 1 户,男 1 女 2,过继走 1 男。																												

由表 3-4 看出,在总的数字上看男减少 8 人,女增加 3 人。男减少主要原因是上升 9 户带走 9 个男的,其次就是死了——死 5 个,内有 3 个 60 以上的老汉、2 个 1 岁至 7 岁的男孩。按比例来说,男减少原因的比重上升,9 男占男共减少(20 人)45%,死亡占男共减少 25%,其他参军、移出、分走各占男共减少 10%。所以可以说,贫农人口减少主要是转到中农里去了,而不是受参军的影响。至于如女人口增加的原因,在数目上看是下降 1 户,共女 6 人,数字较大,生育、移入(包括分来在内)、娶入均为 5 人,合计共增加 21 人;减少的最大数字是上升 9 户带走 10 人,移出、死亡(60 以上 1 人、女孩 1 人)、分走、嫁出各 2 人,合计减少 18 人,故仍增加 3 人。雇农战前 1 口人,战后娶入 1 个老婆,现在上升到中农,男 1 人、女 1 人。商人战前 8 口人,男 4 人、女 4 人,1940 年参军走 1 个男人,因鼓动开小差被发现后枪毙了,老婆另嫁,少了 2 口人(男 1 人、女 1 人),剩 6 人(男 3 人、女 3 人),现在上升至富农,带走 6 人。贫民战前 2 户,只有男 2 人,战后 1 户娶进 1 个老婆,带来 1 个女孩(老婆是离婚后嫁来,前夫有 1 女带来),共增加 2 女。贫民没有变化。

(二)劳动力变化

表 3-5　抗战以来各阶级劳动力变化表

阶级	时期	劳动力 户口	男子劳动力				妇女劳动力		每户平均劳动力		
			全劳力	占全部劳力百分比	辅助劳力	占全部辅助劳力百分比	辅助劳力	占全部辅助劳力百分比	男子全劳力	男子辅助劳力	妇女辅助劳力
地主	战前										
	现在										
富农	战前	1	1	2.5			2	5	1		2
	现在	3	3	7.7	1	6.7	4	8.5	1	0.33	1.3
中农	战前	12	16	40	3	21.43	14	35	1.3	0.25	1.1
	现在	17	15	38.5	7	46.8	18	38.2	0.88	0.41	1.05

(续表)

阶级	时期	户口	男子劳动力				妇女劳动力		每户平均劳动力		
			全劳力	占全部劳力百分比	辅助劳力	占全部辅助劳力百分比	辅助劳力	占全部辅助劳力百分比	男子全劳力	男子辅助劳力	妇女辅助劳力
贫农	战前	25	22	55	9	46.29	22	55	0.88	0.36	0.88
	现在	25	21	53.8	6	39.8	24	51.2	0.84	0.24	0.96
雇农	战前	1	1	2.5					1		
	现在									1	
商人	战前	1			1	7.14	2	5			
	现在									0.5	
贫民	战前	2			1	7.14				0.5	
	现在	2			1	6.7	1	2.1			
其他	战前	2									
	现在	2									
总计	战前	44	40	100	14	100	40	100	0.91	0.32	0.91
	现在	49	39	100	15	100	47	100	0.8	0.31	0.95
备考	其他劳动力(商人、贫民、其他项)还有 5 个是不用在土地上的										

从全村总的劳动力上看,男子全劳动力战前 40 个,每户平均 0.91 个,现在 39 个,每户平均 0.8 个;男子辅助劳动力战前 14 个,每户平均 0.32 个,现在 15 个,每户平均 0.31 个;妇女辅助劳动力战前 40 个,每户平均 0.91 个,现在 47 个,每户平均 0.95 个。男子全劳动力现在比战前减少 1 个,男辅助劳动力比战前增加 1 个,妇女辅助劳动力增加 7 个。在数目字上看,变化并不算大,但实际内容上是变动了。现在分开各阶级来看:

富农战前 1 户,1 个全劳动力,占全部男劳动力 2.5%,没有男辅助劳动力,妇女辅助劳动力 2 个,占全部妇女辅助劳动力 5%。现在 3 户富农有了 3 个全劳动力,每户平均 1 个,占全部男劳动力 7.7%;1 个辅助劳动力是 55 岁以上,同时过去商人,不会种地,且只能顶一辅助劳动力,占全部辅助劳动力 6.7%;妇女辅助劳动力 4 个,比战前增加 2 个,占全部妇女劳动 8.5%,每户平均 1.3 个。总之,富农劳动力是比战前增加(全劳动力增 2 个、辅助劳动力增 1 个,妇女辅助劳动力增 2 个),这是因为增加 2 户带来的。

中农战前全劳动力 16 个,占全部劳动力 40%,每户平均 1.3 个;现在全劳动力 15 个,比战前少 1 个,现在占全部全劳动力 38.5%,平均每户 0.88 个。男辅助劳动力战前 3 个,占全部男辅助劳动力 21.4%,每户平均 0.25 个;战后成 7 个了,增加 4 个,每户平均 0.41 个,占全部男辅助劳动力 46.8%。妇女辅助劳动力战前 14 个,占全部妇女辅助劳动力 35%,每户平均 1.1 个;战后 18 个,增加 4 个,占全部妇女辅助劳动力 38.2%,每户平均 1.05 个,相对的减少了。这是在数目上看,现在看变化原因:

表 3-6 中农劳动力增减变化

时期	全部劳动力数			男子全劳动力与妇女辅助劳动力的增减																								男辅助劳动增加			实增减数		
				增加								减少																					
	男全劳动力(以下同称男全)	男辅助劳动(以下同称男辅)	女辅助劳动力(以下同称女辅)	由阶级上升来		由青年辅助劳动上升来		移来		分来		合计增加		阶级下降		年老一人降男辅助		移走		分走		残废		参军		合计减少		岁数上升(战前17岁以下)	贫农上升来	残废下降	男全劳动力	男辅助劳动力	妇女辅助劳动力
				男全	女辅	男全	女辅	男全	女辅	男全	女辅	男全	女辅	男全	女辅	男全	女辅	男全	女辅	男全	女辅	男全	女辅	男全	女辅	男全	女辅						
战前	16	3	14																														
战后	15	7	18	5	7			1	2	1	1	7	10	2	2			2	3	1	1	1		2		8	6	1	2	1	减1	增4	4

由表 3-6 看出,中农全劳动力战后增加 7 个,主要是由贫农上升来 5 个,分来、移来各 1 个;战后减少 8 个,下降、移走、参军各 2 个,残废 1 个是将腿跌坏而只能顶 1 个辅助劳动力,分走到贫农 1 个,所以全劳动力实减少 1 个。妇女辅助劳动力增加 10 个,由贫农上升了 7 个是增加重要原因,其次移来 2 个,分来 1 个;战后减少 6 个,移走 3 个,由中农下降 2 个,分走 1 个,故实增加 4 个。男子辅助劳动力战前 3 个,现在 7 个,增加 4 个:1 个是战前年纪还不够辅助劳动,现在 15 岁,够 1 个辅助劳动,实际上劳动很强,由贫农上升来有 2 个老年辅助劳动力,再 1 个是残废顶辅助劳动力。

贫农全劳动力战前 22 个,占全部男子全劳动力 55%,每户平均 0.88 个;现在 21 个,比战前少 1 个,现在占全部男劳动力 53.8%,每户平均 0.84 个。男辅助劳动力战前 9 个,占全部男辅助劳动力 46.29%,每户平均 0.36 个;现在 6 个,比战时减少 3 个,现在占现在全部男辅助劳动力 39.8%,每户平均 0.24 个。妇女辅助劳动力战前 22 个,占战前全部妇女辅助劳动力 55%,每户平均 0.88 个;现在 24 个,比战前增加 2 个,占现在全部妇女辅助劳动力 51.2%,每户平均 0.96 个。以上是从数量上看,现在全劳动力比战前减少 1 个,男辅劳动力比战前少 3 个,只有妇女辅助劳动力是比战前增加 2 个。现在从表 3-7 看其变化原因:

表 3-7 贫农劳动力增减变化

时期	男子全劳动力增减									男辅助劳动力增减							妇女辅助劳动力的增减							
增减		增加				减少					增加		减少					增加			减少			
	男全劳动力总数	青年辅助劳动上升来	移来	分来	合计	上升走	移出	参军	合计	实减	男辅劳总数	劳动力上升	分来	上升至全劳动	参军	年纪老了	合计	实减数	女辅劳总数	娶入	下降来	分来	合计	上升中农	移走	死亡	合计	实增数
战前	22										9								22									
战后	21	3	2	1	8	6	1	2	9	1	6	2	2	3	1	1	5	3	24	5	3	2	10	6	1	1	8	2

由表 3-7 很明显的看出,全劳动力增加 8 个,又减少 9 个,实减少 1 个,减少主要原因是上升的 3 户带走了。男辅助劳动力增加 2 个,减少 5 个,实减少 3 个,减少主要原因是岁数长了,转

到全劳动力去了。现在增加的 2 个辅助劳动力是青年劳动,按岁数才 14 岁,不够辅助劳动力,但是实际上岁数虽小,可是劳动的确能够算上辅助劳动力,能耕、锄、打、点子、送粪,只是不像岁数大些的支持时间长罢了。妇女辅助劳动力增加 10 个,减少 8 个,实增加 2 个,增加的主要原因是新来 5 个。另外,在现在妇女辅助劳动力内,有 2 个老婆已经 60 岁以上了,但是身体很强,家里再没有青年妇女辅助劳动力,一切事情——做饭、挑水、打柴、上地、点子、秋收时去地收豆子等,都能做,故计算在妇女辅助劳动力内。

在男子全劳动力内有一个妇女,因为男人常是病人(肚子病),不能劳动也不愿劳动,这一妇女就顶男人一样,男全劳动力能做什她就能做什,耕、锄、打、背、送粪等,回家来还做饭担水、看娃娃(4 个娃娃),全村人男人也说她是"劳动英雄","比男人还威呢"。所以将她算全劳动力内,因为实际上和男全劳动力做的一样工作——种 15 垧地。战前比现在体力还强些,现在因为生娃娃生的身体不好了,但是工作仍是和战前一样。

雇农战前是个全劳动力,现在因为年纪也大了(60 多岁),年青时苦重将身体弄坏了,现在顶一辅助劳动力,上升到中农去了。

商人战前劳动力本来是 2 个,但用在农业上只能有 1 个辅助劳动力工作的多,所以只算一个辅助劳动力。现在上升到富农去了,将劳动力又全用到农商上来了。

贫民用在农业上的劳动力很少,现在没有变化,只是 1 个辅助劳动力。

其他户是吹鼓手,根本对农业不发生关系。

表 3-8　抗战以来各阶级人口与劳动力分配比较表

阶级	人口及劳动力分配时间	户口	人口	占全人口百分比	户均人口	全折合男全劳力	占全折男劳力百分比	户均男子全劳力	妇女辅助劳力	占妇女辅助劳力百分比	户均妇女辅助劳力	备考
富农	战前	1	6	3.3	6	1	2.13	1	2	5	2	
	现在	3	20	10.58	6.6	3.5	7.53	1.1	4	8.5	1.3	
中农	战前	12	66	36.8	5.5	17.5	37.23	1.5	14	35	1.1	
	现在	17	74	39.15	4.3	18.5	39.78	1.08	18	38.2	1.05	
贫农	战前	25	94	53	3.8	26.5	56.9	1.06	22	55	0.88	
	现在	25	89	47.09	3.6	24	51.61	0.92	24	51.2	0.96	
雇农	战前	1	1	0.5	1	1	2.13	1				
	现在											
商人	战前	1	8	4.4	8	0.5	1.06	0.51	2	5		
	现在											
贫民	战前	2	2	1	1	0.5	1.06	0.25				
	现在	2	4	2.12	2	0.5	1.08	0.25	1	2.1		
其他	战前	2	2	1	1							
	现在	2	2	1.06	1							
总计	战前	44	179	100	4.1	47	100	1.06	40	100	0.91	
	现在	49	189	100	3.8	46.5	100	0.94	47	100	0.95	
备考	将男辅助劳动力折合(2 个顶 1 个)男全劳动力及原男子劳动力合计											

从表 3-8 看出在人口分配上,在战前现在,每户富农人口比中农、贫农人口都多些,战前 1 户 6 口,现在 3 户,每户平均 6.5 个人。而中农人口每户平均比贫农多,中农战前每户平均 5.5 个,战后 4.3 个,而贫农战前每户平均 3.8 个,现在每户平均 3.6 个,战前现在均比中农少。但在总的数目字上看,则贫农战前现在均为最多,战前占总人口 53%,现在占总人口 47.09%。中农则比富农多些,战前中农占总人口 36.8%,富农仅占 3.3%,现在中农人口占总人口 39.15%,而富农人口占总人口 10.58%。

从表 3-8 又可以看出在劳动力的分配上,战前中农每户平均全劳动力比富农、贫农均多。中农战前每户平均 1.5 个全劳动力,贫农又比富农多些,贫农 1.06 个,富农 1 个。战后在每户平均的数字目上看是富农比中农、贫农都多,中农比贫农多些,富农每户平均 1.1 个,中农每户平均 1.08 个,仅差 0.02 个,这数是很微小的,贫农每户还合不上 1 个,平均 0.92 个。在数量上看,现在富农每户平均比中农多一点点。但是在劳动力的质上来看,中农则比富农为强,富农 3 个全劳动力中有 2 个是才由商人转来(1 个完全是商人,1 个是 19 岁过去念书),且在耕作经验、耕作技术上比是都比不上中农强;辅助劳动力是岁数虽然 55 岁,但因为过去经商不会农业劳动,而且因过去吸大烟身体不好,只能顶 1 个辅助劳动力。

由上面得出情况是,中农在人口和劳动力上均超过贫农,在劳动力上实际也超过富农,富农在劳动力及人口上均超过贫农,贫农战前战后都是差不多 1 个劳动力养 3 口人。

其他各阶级(雇农、商人及其他、贫民)人口及劳动力都很少,而劳动力用在农业上很少,所以不能比较。

二、各阶级土地占有的变化

表 3-9 抗战以来各阶级土地占有变化表

阶级	时间	户数	梁上	梁中	梁下	塌上	塌中	塌下	平上	平中	平下	水上	水中	水下	荒生	荒熟	总计	%	每户平均占有土地	备考
地主	战前																			
	战后																			
富农	战前	11	12	23	8.5				4	3	2					4.5	57	10	57	
	战后	3	23	44	105.5				4	3	5				9	4.5	189	24.53	63	
中农	战前	12	23.5	91.5	219.5				3	15	11.5				5		364	63.8	30.33	
	战后	17	9.5	101	250.5				3	6	24.5				5	6	400.5	51.98	23.56	
贫农	战前	25	4	30.5	97					2.5	3.5				1.5	4.5	142	24.89	5.68	
	战后	25	4	35.5	117.5					10.5	7.5				2.5	4.5	179.5	23.3	7.18	
雇农	战前	1																		
	战后																			
工人	战前																			
	战后																			

（续表）

阶级	时间	户数	梁 上	梁 中	梁 下	塌 上	塌 中	塌 下	平 上	平 中	平 下	水 上	水 中	水 下	荒地 生	荒地 熟	总计	%	每户平均占有土地	备考
商人	战前	1	3							3							6		6	1.53
商人	战后																			
贫民	战前	2									1					0.5	1.5		0.75	0.08
贫民	战后	2									1					0.5	1.5		0.75	0.08
其他	战前	2																		
其他	战后	2																		
总计	战前	44	42.5	145	325				7	23.5	18				6.5	9.5	570.5	100		
总计	战后	49	36.5	180.5	473.5				7	19.5	38				16.5	15.5	770.5	100		
备考																				

备考　1. 各种土地未按中梁地折合，而各种地加在一起了。原因是中庄没有水地，只有梁地与平地，而平地都很坏且产粮只能赶上梁地。主要是依靠平地上的枣树副产，但按具体情况、按产量折合则不合实际，因为各阶级枣树一垧株多株少、大树小树产量均不同，如按上、中、下来折是不合适的，故未折。至于副产（产枣）则另有专表统计。2. 荒地内分生荒、熟荒，熟荒是能开的，生荒本村都是石底子，不能开，故未计在土地数内，只计了熟荒。3. 塌亦作"塔"，即塔地，与梁地、平地等并列。

　　由表3-9可以看，抗战后全村的土地由570.5垧增至770.5垧，增加200垧，占原土地的35.05%。其中，富农增加132垧，占增加总数的66%；中农增加36.5垧，占增加总数的18.25%；贫农增加31.5垧，占增加总数的15.75%；其他各阶级（贫民、其他）均未变化。商人及雇农土地均上升至富农、中农中去了。

　　富农土地增加主要的是移来户带来的土地84垧，其次是商人上升带来土地47垧，原有1户富农开了半垧荒地，共计增加土地132垧。

　　中农土地增加主要的是由贫农、雇农上升5户带来的88垧，其次是买入地30垧，再次是由贫农中分出中农1户，带来土地20垧，最后的是外来中农1户带来9.5垧，共增147.5垧。但还有减少的，移出1户中农带走47垧，下降贫农1户带走42垧（卖16垧）及分出1户带走10垧到贫农，另1户因过继儿子，给侄子12垧，共计减少111垧。所以实增加仅36.5垧。

　　贫农土地增加的原因主要是买地37垧，其次是外来2户带来36.5垧，赎回18垧，由中农下降1户带来26垧，1户大伯给12垧，由中农分出1户带来10垧，共增加139.5垧。但4户升到中农带走72垧，分出到中农1户带走20垧，2户卖地共10垧，合计减少108垧。故仅增31.5垧。

　　雇农买16垧地后，上升至中农带走16垧，雇农户就没有了。

　　商人原有6垧，继承叔父12垧，买地29.5垧，共47.5垧，升为富农。

　　贫民2户，仅1户有地1.5垧，战后没变化。

　　（详细参看下表。）

表 3－10　抗战以来各阶级土地占有变化原因表

项目／阶级	战前土地/户数		现在土地/户数		增加土地									减少土地							减少数	实增加土地	备考
	户数	土地占有	户数	土地占有	买地	开荒	移入	赎回	分出	上升	承继	下降带来	共计	卖地	移出	分走(注)	下降带走	上升带走	承继走	共计			
地主																							
富农	1	57	3	189		0.5	84			47.5			132									132	
中农	12	364	17	400.5	30		9.5		20	88			147.5	16	47	10	26		12	111		36.5	
贫农	25	142	25	179.5	37		36.5	18	10		12	26	139.5	10		20		72		108		31.5	
雇农	1				16								16					16		16			
工人																							
商人	1	6			29.5						12		41.5					47.5		47.5	6		
贫民	2	1.5	2	1.5																			
其他	2		2																				
总计	44	570.5	49	770.5	112.5	0.5	130	18	30	135.5	24	42	492.5	26	47	30	42	135.5	12	292.5		200	
附注	减少土地项内分走项内，中农分走是分到贫农(10垧地)，贫农分走是分到中农去了(20垧)																						

表 3－11　抗战以来各阶级买地表

买主			卖主		买地垧数						买地价	买地时间	买地钱的来源
姓名	买地前成分	买地后成分	姓名	村名	梁地			平地			买地价	买地时间	买地钱的来源
					上	中	下	上	中	下			
任秉裕	小商人	富农	王五保	桑蛾	3	4	22.5				98元白洋	1941.12	原为做商的资本
任桃枝	贫农	中农	李玉贵	黑峪口(现住桑蛾)			18				18元白洋	1940	务农节省与卖两株树
高明之	贫农	中农	郭玉兰	张和塌						11	210元法币(26元白洋)	1941	务农节省
任会平	雇农	中农	李玉贵	黑峪口			11				19元白洋	1940.10	工资积蓄
任会平	雇农	中农	任元芝	中庄			5				7元白洋	1940	工资积蓄
任海仲	中农	中农	李玉贵	黑峪口		17					17元白洋	1940	原存
任海仲	中农	中农	任怀秀	黑峪口			2				14元法币(4元白洋)	1941.2	原存
任全章	中农	中农	李玉贵	黑峪口		11					30元白洋	1938	务农节俭积蓄
任庆余	贫农	贫农	任模儿	沙眼			5				6斗米	1941春	务农节俭积蓄
刘芝元	贫农	贫农	李玉贵	黑峪口			3				3元白洋	1941	当半年雇工工资节省下来的
总计					3	32	66.5			11			
备考	商人买地共29.5垧，中农买地共30垧，贫农买地共37垧，雇农买地共16垧												

表 3-12　抗战以来各阶级卖地表

卖主			买主		卖地垧数						卖地价	卖地时间	卖地原因
					梁地			平地					
姓名	卖地前成分	卖地后成分	姓名	村名	上	中	下	上	中	下			
任初大	贫农	贫农	王怀新	寨滩坪			4				4元白洋	1942春	因病吃菜
刘芝林	贫农	贫农	王怀新	寨滩坪			6				22元法币	1942春	因病吃菜
任元芝	中农	贫农	王怀新	寨滩坪			5			2	45元白洋	1941春	因没吃的
任元芝	中农	贫农	王平顺	寨滩坪						3.5	50元白洋	1942春	因没吃的
任元芝	中农	贫农	任会平	中庄			5				7元白洋	1940春	因没吃的
总计							20			5.5			
备考	任元芝卖给王怀新2垧下平地45元白洋及卖给王平顺3.5垧下平地50元白洋,所以地价这样贵的原因是地主是陕西人,在河这面买地受了骗。												

表 3-13　抗战以来土地移入表

移入户			移入土地							地的处置
			梁地				平地			
姓名	成分	原村	上	中	下	荒	上	中	下	
任怀祖	富农	黑峪口	4	16	55	9				出租,自种27垧
白侯九	中农	西坪村		3.5	2			2	2	自己去西坪种
刘希敬	贫农	桑蛾村				29.5				在桑蛾荒
刘芝旺	贫农	蔡家崖		3	3	荒地1垧				自己种
总计(注)	富农		4	16	55	9				84
	中农			3.5	2			2	2	9.5
	贫农			3	3	30				36
备考	注:总计项中最后一列数字为所对应成分移入土地的总和									

表 3-14　抗战以来土地移出表

移出户			移出土地						地的处置
			梁地			平地			
姓名	成分	移出住村	上	中	下	上	中	下	
任庆明	中农	兴县城关	17	14	16				租出到本中庄村
备考									

从上表更可看出战前战后各阶级的土地分布情况是集中抑是分散。

富农战前1户,占有土地57垧,战后3户,每户平均63垧。在数目上来看增加了,但实际上所增加的主要原因是战后由外村移来1户富农带来84垧地后,平均每户占有土地增加了,而战前原有1户富农的土地并未变动。

中农战前12户,每户平均占有土地30.33垧,战后17户,每户平均占有土地23.56垧,是相对的减少了。实际上主要减少的原因是战后中农1户移出,带走土地47垧,故每户占有土地平均起来是减少了。实际上中农战后买地 30 垧,贫农、雇农买地共 53 垧,上升至中农带到中农地中来了。

贫农战前 25 户,每户平均 5.68 垧,战后仍是 25 户,每户平均 7.18 垧,比战前增加了。贫农战后买地共 37 垧,因上升 4 户带走买入地 29 垧,实际增加买入地 8 垧。战后移来户带来土地 36.5 垧,战后赎回土地 18 垧,这些都是贫农土地增加的原因(前面已说)。

所以可以说,战后土地较战前分散,这只是按本村情况来研究的。至于商人、贫民及其他各户土地很少,而且主要的也不是依靠土地为生,故未计在内。

在各阶级土地占有内,除可耕地以外,各阶级还有坟地,这些坟地有很多(大部分)是能开垦出来的,而且开出后产量还相当高。有些贫农是愿意开的,因为自己没有地种。但是因为老坟均是一姓祖先的,现在各弟兄分居后年代长了,有好多为富农、中农或是下降了,有钱的愿意开,穷的愿开但不能开,家族意见不一,现在统计下来:

表 3-15　各阶级坟地开垦状态统计表

地数＼阶级	富农	中农	贫农	其他	总计	附注
能开	3.5	8.5	8.5	1	21.5	
不能开	0.5	0.5			1	
总计	4	9	8.5	1	22.5	
备考	1. 坟地均以亩为单位。2. 每块坟地均是祖先时伙的,现在分开家后有的成为中农,有的是贫农、富农,计成分时是以主营人定的。					

抗战以来各阶级土地所有与劳动力所有的矛盾问题,从表 3-16 即可看出。

富农战前 1 个劳动力,占有土地 57 垧,按每全劳动力耕作 25 垧地计算,还剩余土地 32 垧,不足 1 个多劳动力。解决的办法是租出 31 垧,自己种 26 垧。但自己种的 26 垧还要雇工,全年要雇半年长工,到农忙时还要雇短工。富农战后 3 个全劳动力、1 个男辅助劳动力,折 3 个半全劳动力,占有土地 189 垧。但按现有劳动力仅能耕作 87.5 垧,剩余 101.5 垧土地,劳动力不足 4 个。解决办法是伙出 109.5 垧,自种 79.5 垧,但还雇半工 1 个(半年)、月工 1 个,另外还雇短工。从这看出富农劳动力仍然少,土地多于劳动力,但将土地租出去后又雇工来种自己所使用的一部分土地,本身占有的劳动力实则不能作 1 个全劳动力的工作。

中农战前 15 个全劳动力、2 个男辅助劳动力,折 16 个全劳动力,占有土地 364 垧。按劳动力所有能作 400 垧,不足土地 36 垧,剩余劳动力 1 个半。解决的办法是租入土地 43 垧(租出 60 垧又租入 103 垧,等于租入 43 垧),就解决了土地不足与劳动力剩余的矛盾。战后中农 18 个劳动力(16 个全劳动力、4 个男辅助劳动力,折 18 个全劳动力),占有土地 400.5 垧,按劳动力能耕作 450 垧,土地不足 49.5 垧,剩余 2 个劳动力。解决办法伙入 8 垧(伙出租出共 60 垧,伙入租入共 68 垧,等于伙入 8 垧),仍不足 41.5 垧土地,剩余 2 个劳动力。

贫农战前 26.5 个劳动力(23 个全劳动力、7 个男辅助劳动力,共折 26.5 个劳动力),占有土地 142 垧,按劳动力所有可耕 662.5 垧,不足土地 520.5 垧,剩余 20.5 个劳动力。解决的办法,租入 166 垧(出租 21 垧、租入 187 垧,等于租入 166 垧),尚不足土地 354.5 垧。劳动力剩余解决办法除当半工 1 个(半年)、月工(1 个月)1 个、打短工的有 8 户外,尚有剩余劳动力 18 个(以上打

表3-16 抗战以来各级阶级土地占有与劳动力所有比较表

阶级	时间	各阶级户数	男辅助劳动	全劳动	折合男子全劳动	妇女辅助劳动	各阶级土地占有	每个全劳动耕作地(注一)	按劳动力所有可耕作晌数(注二)	土地剩余	土地不足	劳动力剩余	劳动力不足	剩余·土地	剩余·劳动力	不足·土地	不足·劳动力
地主	战前																
	现在																
富农	战前	1		1	1	3	57	57	25	32			1（注三）	出租31晌			雇半个工
	现在	3	1	3	3.5	4	189	54	87.5	101.5			4	伙出109.5晌			雇半工和月工各1个
中农	战前	12	2	15	16	17	364	22.5	400		36	1.5				出租60晌，租入103晌	
	现在	17	4	16	18	19	400.5	22.2	450		49.5	2				出租60晌，租入68晌	
贫农	战前	25	7	23	26.5	26	142	5.35	662.5		520.5	20.5			半工、月工2个、打短8户	租出21晌，租入187晌	
	现在	25	6	22	25	23	179.5	7.18	625		445.5	17.5			同	租入147晌，尚不足398晌	
雇农	战前																
	现在	1		0.5	0.5				17		17	1			佣工		
工人	战前																
	现在																

・165・

（续表）

阶级	时间	各阶级户数	男辅助劳动	全劳动	折合男子全劳动	妇女辅助劳动	各阶级土地占有	每个全劳动耕作地（注一）	按劳动力所有可耕作垧数（注二）	土地剩余	土地不足	劳动力剩余	劳动力不足	解决·剩余·土地	解决·剩余·劳动力	解决·不足·土地	解决·不足·劳动力
商人	战前	1		0.5（注四）	0.5		6		17.5		11.5				经商为主	租入10垧	
	现在																
贫民	战前	2		1（注五）	1	1	1.5	1.5	25		23.5	1			长工、打短		
	现在	2		1（注五）	1	1	1.5	1.5	25		23.5	1			同		
其他	战前	2		1（注五）	1	1			25		25	1			吹鼓手		
	现在	2		1（注五）	1	1			25		25	1			同		
总计	战前	44	10	41.5	46.5	46	570.5		1172	32	633.5	25	1				
	现在	49	11	43	48.5	46	770.5		1212.5	101.5	543.5	21.5	4				

注一：每个全劳动系指男子全劳动及男子辅助劳动二折一计，妇女辅助劳动未计在内。
注二：每个全劳动以耕作25垧土地（各种质量，种类表同）计算。
注三：劳动力不足或剩余的，每个全劳动，但用在年劳动力，但用在农业上仅半个，主要经商。
注四：商人按理算，劳动力应以用在农业上来计，但因贫民及其他劳动力因没有土地，故将劳动力他用，基本上也还是需要土地的，所以算在劳动力内。
注五：劳动力不足未来有两个劳动力或剩余土地不超过20垧以半个劳动力计，不够15垧或20垧不计劳动力。

备注

短、雇工共折为 2 个半全劳动力）。战后贫农劳动力 25 个（22 个全劳动力、6 个男辅助劳动力，折25 个全劳动力），占有土地 179.5 垧，按劳动力所有可耕土地 625 垧，不足土地 445.5 垧，剩余劳动力 17.5 个。解决的办法，租入伙入土地 147.5 垧（租出 11 垧，伙入租入共 158.5 垧，等于租入伙入 147.5 垧），尚不足 398 垧。劳动力剩余的解决办法，除雇半工 1 个、月工 1 个、打短 8 户外，尚有剩余 15 个劳动力（半工、月工、打短共约以 2 个半劳动力计）。

由此可见，富农战前战后均为土地多于劳动力，中农战前土地不足，但由租入地的办法解决了土地不足与劳动力剩余的矛盾。战后中农除租入土地外，尚不足 41.5 垧土地，剩余 2 个劳动力。分析其不再力求解决办法，原因是现在 17 户中农每户平均 23.5 垧土地多可耕，还有些副产枣可卖，这样就可够过活。贫农战前战后土地均不够用，劳动力均有剩余。本村只有富农剩余土地出租 109.5 垧，中农出租地为数有限，只有到外村想办法，但外村在本村土地很少（后详述），不够租。如贫农到外村去租地，住在外村，那是很困难的。战前每户平均 5.68 垧，战后每户平均7.18 垧，是比战前增加了，但是劳动力剩余仍有，所以劳动力就有浪费的现象。如有时出去抬轿赚些钱，到集上（黑峪口隔一天一次集）去走走，到黄河里捞炭（上流下来的河炭）……等①。关于土地不足的问题是一个要解决的问题。

三、各阶级土地使用的变化

抗战以来各阶级土地使用的变化从表 3－17 和表 3－18 即可看出，战前全村总的土地使用783.5 垧，战后 826.5 垧，增加 43 垧。但从每户平均数上看是减少了，战前每户平均 17.8 垧，现在每户平均16.8 垧，其变化情形：

本村总的土地使用增加在各阶级的共同原因：

1. 自种地的增加

	富农	中农	贫农
战前	26	304	120.5
战后	79.5	340.5	168.5

增加的原因：① 买地：

中农	贫农	雇农	商人
30	37	16	29.5

（贫农买地 37 垧，其中 27 垧上升带至中农，雇农也升到中农带来了，商人升至富农。）

② 外来户带来地：

富农	中农	贫农
35	9.5	36.5

（富农外来户 35 垧自种地是将租出地收回自耕。）

---

① 编者注：省略号与"等"连用，系原文如此，下同。

表 3 - 17 抗战以来各阶级土地使用变化表（表二）

阶级 项目	地主		富农		中农		贫农		雇农		商人		贫民		其他		总计	
时间	战前	现在	战前	现在	战前	现在	战前	现在	战前	现在	战前	现在	战前	现在	战前	现在	战前	现在
总户数			1	3	12	17	25	25	1		1		2	2	2	2	44	49
自种土地数（垧）			26	79.5	304	340.5	120.5	168.5			6		1.5	1.5			458	590
自种户			1	3	12	17	17	20			1		1	1			31	41
租进土地（垧）				10	113	11	131.5	64			10						254.5	85
租进户				1	4	1	6	8			1						11	10
伙进土地（垧）						59	37	92.5									37	151.5
伙进户						4	4	8									4	12
典进使用户					29		5										34	
典进使用户					1		1										2	
共使用土地（垧）			26	89.5	446	410.5	294	325			16		1.5	1.5			783.5	826.5
每户平均使用土地			26	29.5	37.11	24.1	11.76	13			16		0.75	0.75			17.8	16.87
备考																		

表3-18 抗战以来各阶级自种土地变化表(二表附表之一)

阶级	时期	户数	塌(注三)上	塌中	塌下	梁上	梁中	梁下	平上	平中	平下	水上	水中	水下	荒地	总计(注一)	%(注二)	每户平均土地占有	备考
地主	战前																		
	战后																		
富农	战前	1				12	5		4	3	2					26			
	战后	3				16	23	24	4	3	5				4.5	79.5			
中农	战前	12				22.5	68.5	183.5	3	15	11.5					304			生荒不计在内
	战后	17				8.5	78	214.5	3	6	24.5				6	340.5			
贫农	战前	17				4	30.5	75.5		2.5	3.5				4.5熟	120.5			
	战后	20				4	35.5	106.5		10.5	7.5				4.5	168.5			
雇农	战前																		
	战后																		
工人	战前																		
	战后																		
商人	战前	1				3				3						6			
	战后																		
贫民	战前										1				0.5	1.5			
	战后	1									1				0.5	1.5			
其他	战前																		
	战后																		
总计	战前	31				41.5	104	258.5	7	23.5	18				5	458			
	战后	41				28.5	136.5	345	7	19.5	38				15.5	590			

注一:以各种土地折合成中梁地,论询计算。 注二:各阶级自种土地占总自种土地百分比。 注三:塌亦作"塔",即塔地,与梁地、平地等列。

169

2. 伙种地增加

	中农	贫农
战前		37
战后	59	92.5

伙种地增加主要是租种地转来(在租进伙进地的问题上来讲)。

在总的上说,全村土地使用战后是增加了。现在再从各阶级分开来看,在前表上也可以看出现在富农和贫农的土地使用是增加了,只有中农是比战前减少了,其情形下如[如下]:

富农战前1户,使用土地26垧;现在增加2户,共3户,使用土地89.5垧,每户平均使用29.5垧。战后增加2户:1户系商人买地后上升,自己出租29垧地又租入10垧较好的地,自己使用土地28垧;另1户原系地主兼商人,战后将出租地收回35垧自种。战前原有1户富农开了半垧荒地,共使用土地26.5垧。3户共使用89.5垧,比战前增加63.5垧。

中农战前使用土地446垧,现在使用土地410.5垧,减少使用35.5垧。战前12户,每户平均使用37.11垧,现在17户,每户平均使用24.14垧,每户平均使用减少13垧。减少土地使用的主要原因是租进地减少,战前113垧,现在11垧。所以减少租地主要是买地(2户),其次是劳动力减少(当兵)(详见租进地变化问题)。其次,土地使用减少的原因是战前典进地29垧,战后没赎回。两种原因共减少131垧,但在总数上是减少35.5垧,也就是说除了减少的还有增加的:① 自耕地增加36.5垧(前面已说);② 伙进地增加59垧(详见伙进变化问题)。共增加95.5垧。而减少的比增加的多,减少131垧,增加95.5垧,故减少35.5垧。

贫农战前土地使用294垧,现在325垧,比战前增加31垧。战前每户平均11.76垧,现在每户平均13垧。所以增加主要是自种地增加48垧(见前共同原因),自种地增加中的变化情形:

表 3-19 贫农自种地增加变化

自种地垧数		现在增加						现在减少				实增加(垧)
战前	现在	买地	移入	下降来	分来	赎回	收回出租地	共增加	上升带走	分出带走	卖地	共减少	
120.5	168.5	8	36.5	26	10	6	10.5	96.5	18	20	10	48	48垧

贫农使用土地增加的另一个原因是伙进地增加55.5垧(见后伙进问题)。另外,除了增加还有减少的:① 租进地减少67.5垧;② 典地5垧,1938年赎回。总结起以表看得很清楚:

表 3-20 贫农使用土地增减表

土地使用垧数			增加			减少			实增加
战前	现在	占战前百分比	自种地	伙进地	共增加	租进地	赎出	共减少	
294	325	110.5	48	55.5	103.5	67.5	5	72.5	31

战前商人、雇农均没有了。

贫民及其他户战前现在在土地上关系很少。

总结起来,从上面各阶级土地使用的变化中可以看出土地发展趋势:首先是自种地的增加,这在前面已经讲到,这也证明了现在各阶级生产情绪的提高。其次,就是大批的租进地转为小规模的伴种地,如战前4户中农租进地113垧,战后4户中农伙种仅59垧,而租种地由4户变为1户(至于变化情况见后租进地伙进地变化)。最后还有一点说明的就是,战后土地使用富农和贫农均增加了,而只有中农是减少了,其原因是租地减少(后面要讲)。但是这里要了解的租地减少的主要原因是:1户战前所租地中66垧地是因为在1939年时兄弟当兵,劳动力减少而不租了。在表面数字中,中农土地使用减少是否与我们政策有关,而使中农不租地了;但是实际上,这1户中农不租地的时间是在1939年,还是在抗日根据地建立以前的事,如果将这1户除掉的话,中农的土地使用在新政权下仍是增加的。

表3-21 土地使用与土地占有比较表

阶级\时间\项别	地主		富农		中农		贫农		雇农		商人		工人		其他		贫民	
	战前	现在	战前	现在	战前	现在	战前	现在	战前	现在	战前	现在	战前	现在	战前	现在	战前	现在
户数			1	3	12	17	25	25	1	1					2	2	2	2
土地所有			57	189	364	400.5	142	179.5			6							
每户平均数			57	63	30.33	23.56	5.68	7.18										
土地使用			26	89.5	446	410.5	294	325			16						1.5	1.5
每户平均数			26	29.8	37.11	24.4	11.7	13			16						0.75	0.75
备考																		

从表3-21看出各阶级土地占有与土地使用的矛盾来,本村抗战前后均没有地主,雇农及商人战后都没有了,贫民及其他户在土地上的关系都很少,主要的是富农、中农、贫农。各阶级土地占有与土地使用的矛盾比较起来并不算太大。

富农战前1户,占有土地57垧,自己使用26垧,占其土地占有的45.6%。现在富农3户,占有土地189垧,每户平均63垧,使用土地89.5垧,每户平均29.8垧;占有土地比使用土地多99.5垧,使用土地占其占有土地47.35%,一半以上的土地租出。

中农战前12户,占有土地364垧,每户平均30.33垧,土地使用446垧,每户平均37.11垧;战后17户中农,占有土地400.5垧,每户平均23.5垧,土地使用410.5垧,每户平均24垧。战前和现在土地使用均比土地占有多:战前土地使用占其土地占有的122.5%,土地占有占其土地使用的81.62%;现在土地使用占其土地占有的102.4%,土地占有占其土地使用的97.6%。战前和现在中农在土地占有与土地使用之间的矛盾并不太大,现在租出伙出共60垧,但租进与伙进共70垧,故仅多使用10垧。

贫农战前25户,占有土地142垧,每户平均5.68垧,土地使用294垧,每户平均11.7垧,使用多于占有,使用占其占有土地的207%,占有占其使用的48.3%;现在仍为25户,占有土地179.5垧,每户平均7.18垧,土地使用325垧,每户平均13垧,使用占其占有的181%,占有土地占其使用土地的55.2%。贫农与富农完全不同,富农是土地占有多于使用,贫农则是使用土地多于占有土地,中农相差较小。有百分比可以充分的看出:

战前：

富农土地使用占其土地占有 45.6%

中农土地使用占其土地占有 122.5%

贫农土地使用占其土地占有 207%

现在：

富农土地使用占其土地占有 47.35%

中农土地使用占其土地占有 102.4%

贫农土地使用占其土地占有 181%

战前：

富农土地占有占其土地使用 219.2%

中农土地占有占其土地使用 81.6%

贫农土地占有占其土地使用 48.3%

现在：

富农土地占有占其土地使用 211%

中农土地占有占其土地使用 97.6%

贫农土地占有占其土地使用 55.2%

表 3-22　抗战以来各阶级土地使用与劳动力所有比较

阶级	时间	劳动力				土地使用		按劳力所有可耕土地（垧）（注一、二）	土地及劳动力的剩余与不足			
		男劳动力			妇女辅助劳动	土地使用（垧）	每个全劳动平均耕作土地（垧）		土地		劳动力	
		男辅助劳动	全劳动	折合全劳力（注三）					剩余	不足	剩余	不足
地主	战前											
	现在											
富农	战前		1	1	3	26	26	25				
	现在	1	3	3.5	4	89.5	25.5	87.5				
中农	战前	2	15	16	17	446	28	400	46			1.5
	现在	4	16	18	19	410.5	22.8	450		39.5	1.5	
贫农	战前	7	22	25.5	26	294	11.5	637.5		343.5	13.5	
	现在	6	22	25	23	325	13	625		300	12	
雇农	战前	1		0.5				12.5		12.5	0.5	
	现在											
商人	战前		0.5	0.5		16		12.5	3.5			
	现在											
工人	战前											
	现在											
贫民	战前	1	1	1		1.5		25		25	1	
	现在		1	1		1.5		25		25	1	
其他	战前		1	1				25		25	1	
	现在		1	1				25		25	1	
总计	战前	11	40.5	45.5		793.5		1137.5		405	16	
	现在	11	43	48.5		791		1212.5		398.5	15.5	
备考		注一：每个全劳动以耕作 25 垧地计（各种土地同）。注二：全劳动力内妇女辅助劳动不计在内。注三：2 个男辅助劳动折合为 1 个全劳动力。										

从表 3-22 可以充分的看出农村中土地不够使用与劳动力剩余的问题，这在贫农尤其是一个严重问题。

战前战后富农的土地使用与劳动力均是相等的。因为自己有土地可以随便支配，将自己劳动力能耕作的足够土地自己种,而且这些地都是较好的,将剩余的土地租出去吃租子。中农战前使用土地按每个劳动力耕作 25 坰地计,还剩余 46 坰地,但是因为中农牲畜较多,故多耕作 46 坰地是不成问题的。战后中农使用土地 410.5 坰,而按劳动力则能耕 450 坰,不足土地 39.5 坰,但是即使不足 39.5 坰,中农每个劳动力平均还有 22.8 坰地可耕,这样也可以过活下去。所剩余的 1.5 个劳动力,在农务余时作些小生意、卖枣(中农都有枣树)就用去了。贫农战前使用土地 294 坰,25.5 个劳动力,每个劳动力平均工作 11.5 坰;如按每个劳动力耕作 25 坰地计算,需使用 637.5 坰,土地不足 343.5 坰,剩余 13 个半劳动力。战后使用土地 325 坰,有 25 个全劳动力,每个劳动力平均耕作 13 坰,按每个全劳动力耕作 25 坰地计,需使用土地 625 坰,不足土地 300 坰,剩余劳动力 12 个。这 12 个剩余劳动力的解决是目前的问题,假使土地在本村解决不了,而外村在本村土地又不够租,如果要有大批的富农雇工的话,这些贫农可能会转为雇农的。问题是现在富农不大敢大大的发展,怕扩大目标,贫农说:"好年时谁都愿意,大家说自己是老财,阔气。这年月时谁也怕说自己有钱,工也不雇了,租不着地,打短也没人用。"战前商人及贫民、其他户用在土地上的劳动力很少,也没有什么变化。

在贫农的劳动力上看,现在是剩余有 12 个劳动力,是否能够动员出来直接参加抗战做个战士呢? 现在我们再实际看一下。现在贫农 25 户,全劳动力只有 22 个,每户还平均不到 1 个,6 个辅助劳动力折合起来才够 25 个全劳动力,这样每户才能平均 1 个劳动力。如果 1 个劳动力能养活全家大小,如果走了就成了问题,家里没有办法。所以现在农村中这样的家庭小生产对于动员上都是一个困难。

关于外村在本村土地的占有问题,本应放在土地占有里面来说,但是为了更具体了解——主要是在土地使用内的伙进租进中来看,故在土地使用内来看本村地与外村地的比较。

表 3-23 战前外村在本村土地占有表

姓名	成分	村名	土地占有(注一)								吃租(注二)
			梁地			平地			荒地	总计	
			上	中	下	上	中	下			
李玉贵	地主	黑峪口	11	35	26				4	76	8 石
任怀祖	地主兼商人	黑峪口	4	16	36					56	6.5 石
任怀春	地主	黑峪口		2	10					12	1.8 石
刘殿元	地主	黑峪口		3	6					9	0.8 石
任棒壁	地主	黑峪口		4	8				5(任姓户地)	17	2 石
刘美莹	户地	北会			15					15	1.2 石
王臭儿		陕西		10	10					20	2.2 石
高姓户地		高家塌		3	5					8	0.5 石
郭三怀	地主	张和塌					3	7		10	
白印兰	地主	兴县城内	4	4	2					10	1.2 石
任志存	地主	黑峪口							4	4	
总计			19	77	118	3	7		13	237	22.4 石

注一:土地占有内,除荒地外均为出租地。注二:吃租系指 1936 年吃租,石以大石计。

表 3–24　现在外村在本村土地占有表

姓名	成分	村名	土地占有（同前表注）								吃租（注）	备考
			梁地			平地			荒地	总计		
			上	中	下	上	中	下				
李玉贵	现已搬至桑峨,成为雇农	黑峪口							16	16		战前在本村76垧,卖给本村60垧
任棒壁	地主	黑峪口		4	8					12	1.5	
刘殿元	现已搬至桑峨,成为富农	黑峪口		2	4					6	0.2	
任志存	地主	黑峪口			4					4	0.1	原荒地,今年才开种
任姓	户地	黑峪口			5					5	0.1	原荒地,1939年开
任庆明	商人	兴县城内	17	14	16					47	今年伙种四六分	原本村人,战后移走与本村脱离关系
王怀兴	富农	陕西人,在寨滩坪住					5	6		11	1.2石	买本村中农下降卖地
王憨子	不清	陕西盘塘	1		9					10	0.45	买黑峪口任怀春地
高姓	户地	高家塌		3	5					8	0.3	
白印兰	地主	兴县城	4	4	2					10	1.2	
总计			22	27	53		5	6	16	129		
备考	注:吃租系指1941年。 附:战前黑峪口1户地主兼商人在本村有土地56垧,战后搬到本村成了本村土地。											

由以上两表中看出战前到现在外村在本村土地数量、质量及变化,现在再与本村土地比较来看:

表 3–25　战前与现在外村地与本村地比较表

时间	村别	梁地			平地			荒地	总计	备考
		上	中	下	上	中	下			
战前	外村地	19	77	118		3	7	13	237	
	本村地	42.5	145	325	7	23.5	18	9.5	570.5	
	外村占本村地百分比	44.7	53.1	36		12.7	38		41.5	
现在	外村地	22	27	53		5	6	16	129	
	本村地	36.5	180.5	473.5	7	19.5	38	15.5	770.5	
	外村占本村地百分比	60.27	24.88	11.2		25.6	15.78		16.74	
附注										

从表3–25可以看出,在总的占有上来看战后外村土地比战前减少了,战前237垧,战后129垧,战前外村土地占本村土地占有的41.5%。这在数量看,外村土地在本村势力是相当大,这些土地均为本村使用。

外村在本村土地势力最大者为黑峪口,尤其是战前外村在本村总占有是 237 垧,其中有 170 垧是黑峪口的,占外村在本村土地总数的 73％。这更证明了黑峪口市镇中的地主对农村的剥削及在市镇附近的小村对市镇的依属性,因为本村没有地而只有依靠租外村地。但是在抗战后就变化了,黑峪口原来(战前)在本村土地较之最多的 1 户地主的 76 垧地,战后就被本村中农、贫农买来 60 垧,现在所剩下的 16 垧都是最坏的、没有人买又没有人租的地,现在荒着。这不【就】证明了战后,尤其是近一二年内(买地在 1940—1941 年多),地主的土地逐渐分散到农村中的中贫农手中来,中贫农向上发展了(有 2 户贫农就是因为买地而上升)。

至于土地占有的质量上来看,外村在本村占有的梁地中,质量是比本村较高。战前上等地占本村上等地的 44.7％,战后上等地占本村上等地的 60.27％,中等地战前占本村中等地的 53.1％,战后占 24.8％。外村在本村平地不多。

四、各阶级租进、伙进、典进与租出、伙出、典出土地的变化

表 3‑26　抗战以来各阶级土地租进、伙进、典进变化表

阶级 项别　　时间	地主		富农		中农		贫农		雇农		商人		贫民		其他		总计	
	战前	现在	战前	现在	战前	现在	战前	现在	战前	现在	战前	现在	战前	现在	战前	现在	战前	现在
总户数			1	3	12	17	25	25	1		1		2	2	2	2	44	49
土地租进				10	113	11	131.5	64			10							
租进户				1	4	1	6	8			1							
土地伙进					57	37	59											
伙进户					4	4	8											
典进土地					29		5											
典进户					1		1											
租进、伙进、典进土地				10	142	68	173.5	123			10							
每户平均				10							10							
附注																		

在农村中,大多数的农民感到土地的缺乏,自己所占有的土地不够自己耕作,这尤其是贫农为最,中农次之,所以很多农民都脱离不开租佃关系。如战前 44 户中,有 17 户(中农 5 户、贫农 11 户、商人 1 户)都感到土地不足而租进伙进者,战后 49 户有 22 户(富农 1 户、中农 5、贫农 16 户)租进伙进地者。出租户与伙出户战前 8 户(富农 1 户、中农 5 户、贫农 2 户),战后出租户与伙出户 10 户(富农 3 户、中农 5 户、贫农 2 户)。当然所谓"感到土地缺乏",其原因各异:有的是因为生活需要不得不牵入租佃关系,有的则是经济向上发展而使得。现在分别的根据下面几种表看一看抗战以来各阶级在租进、伙进、典进、租出、伙出、典出等的数量变化及其原因:

表3－27　抗战以来各阶级租进土地变化表(二表附表之二)

阶级	时期	户口	梁 上	梁 中	梁 下	塌(注同前) 上	塌 中	塌 下	平 上	平 中	平 下	水 上	水 中	水 下	荒地	总计(注同前)	%(注同前)	每户平均	备考
地主	战前																		
地主	战后																		
富农	战前																		
富农	战后	1	4	4	2											10			
中农	战前	4	11	42	24					3	7				26	113			中农战前租26垧荒地,系1户租66垧股子地,实际上只能耕作40垧。荒地26垧给出租子,故算在租地内
中农	战后	1								5	6					11			
贫农	战前	6		33.5	95										3	131.5			
贫农	战后	8	1	15	48											64			
雇农	战前																		
雇农	战后																		
工人	战前																		
工人	战后																		
商人	战前	1	4	4	2											10			
商人	战后																		
贫民	战前																		
贫民	战后																		
其他	战前																		
其他	战后																		
总计	战前	11	15	79.5	121					3	7				29	214.5			
总计	战后	10	5	19	50					5	6					85			

　　从表3－27看到战前全村总租进户11户,租进土地214.5垧,战后10户租进户,租进土地85垧。户口仅比战前少1户,但土地就少了129.5垧,这里边的变化相当大,现在分别来看:

　　富农战前不租进地,战后1户租地10垧,是战后才由商人上升来的,将自己的地租出又租进10垧较好的地。

　　中农战前4户租地,战后仅1户,战前4户租进地113垧,而战后都不租了。不租的原因:1户战前租74垧地(2个地主中,1个是租66垧,1个是租8垧),1939年(新政权建立以前)兄弟当兵走了,劳动力减少了,将租进的66垧(仅能种40垧)地不租了,及至去年自己买19垧地,将另8垧地不租了,只种自己的地;另1户是去年兄弟当兵走了,自己还有十几垧地种,劳动力不够,故将租进的 17 垧地不租了;再 1 户系买了 11 垧地而不租地了,将租进 12 垧地退租;再 1 户战前租进 10 垧,现在因和儿子分开,劳动力没有了而不租地了。战后仅 1 户中农租平地 11 垧,而这 1 户也是战后才由贫农上升来的,战前原有的 12 户中农全不租地了。

　　贫农战前 6 户,租进地 131.5 垧,战后 8 户仅租进 64 垧。战前 6 户租进者,战后有 3 户是起了变化:1 户原租进 45 垧而战后转为伙种;另 1 户系租 31 垧地,战后上升为中农,而原租 31 垧地也转给了 3 户伙种了;另 1 户战前是由外村来本村租地 20 垧,现在因地被地主夺走没地种,又回其原村了。此 3 户的变化就减少租地 96 垧,其他 3 户没有变化。战后 8 户租地,比战前增加 2 户,但是租进土地仅 64 垧。其中有 3 户仍为战前不变的租进地 33 垧,其余 5 户均系战后才租地,战前不租地:1 户系分出户,自己没有 1 垧地,今年租进 12 垧,还有 4 户共租进地 19 垧。这些人自己仅有三五垧地,但战前都不租,现在因为年老,租不多的地也要少租几垧,这也表明贫农生产情绪的高涨,而且尤其是有 2 户老汉都是租的荒地。

　　商人战后升为富农。

表 3－28　抗战以来各阶级伙进土地变化表(二表附表之三)

阶级	时期	户口	梁 上	梁 中	梁 下	塌(注同前) 上	塌 中	塌 下	平 上	平 中	平 下	水 上	水 中	水 下	荒地	总计(注同前)	%(注同前)	每户平均	备考
地主	战前																		
	战后																		
富农	战前																		
	战后																		
中农	战前																		
	战后	4	6	15	38											59			
贫农	战前	4	1	8	28											37			
	战后	8	1	24	34											92.5			
雇农	战前																		
	战后																		
工人	战前																		
	战后																		
商人	战前																		
	战后																		
贫民	战前																		
	战后																		
其他	战前																		
	战后																		
总计	战前	4	1	8	28											37			
	战后	12	7	42	72											116			

　　伙进地的变化:战前仅有贫农 4 户,伙进地 37 垧;战后就有 12 户,增加 8 户,伙进土地 116

垧,比战前增加 79 垧地。

中农战前没有伙进地者,而战后增 4 户伙进,伙进土地 59 垧,平均每户伙进 14.2 垧。而这 59 垧中有 39 垧战前系租种地,现在转为伙种地。

贫农战前 4 户伙进地者伙进土地 37 垧。现在 8 户伙进土地 92.5 垧:其中 1 户战前系租入 45 垧地,现在转为伙进 29.5 垧;有 3 户系战前不租地也不伙进地,而现在伙进共 24 垧;有 2 户系现在移来户,伙进地 23 垧;仅有 2 户战前伙进 19 垧,而现在伙进 16 垧。

表 3-29　租进与伙进之比较

项别\时间	租进		伙进		附注
	户数	垧数	户数	垧数	
战前	11	214.5	4	37	
战后	10	85	12	116	
增加			8	79	
减少	1	129.5			

在数量上的比较:在上列表上可以看出,租进在户数上虽然仅减少 1 户,但土地就减少了 129.5 垧,这证明了战后大批租地的减少而小生产经济的发展。伙种地战前 4 户,现在 12 户,增加 8 户、土地 79 垧,这证明战后租进的土地转向伙种地。伙种地增加的原因:伙进地是地主愿意而努力向伙种地转,而佃户则因为没有地,不租又不行,只好伙种。由下列的事实来证明:

① 在 1940 年减租时,只是租种地减而伙种地未减,故地主将租种转为伙种者很多,这是为了避免减租而多吃租。

如本村有 2 个佃户:

1 户系租种 12 垧梁地(中 2 垧、下 10 垧),原租 1 石。

1 户系伙种 12 垧梁地(中 3 垧、下 9 垧),四六分。

在 1940 年产量均为 4 石(以大石计)。

1 户租地者减租后实交 0.75 石,占产量 18.75%。

1 户伙进者未减租,四六分分给地主 1.6 石,占产量 40%。

到去年(1941 年)公粮工作时将伙进地也减租了,减的办法是原对半分减后按四六分,原四六分者减后按三七分,伙种地减后仍比租种地交租多。如前例,租种者于[与]1940 年同,伙进者按三七分仍得给地主 1.2 石,而租地者仅给 0.76 石,占 30%。

② 佃户说:"伙种打什分什,租种给租给粗粮多。"事实上也是这样。如租种 1 户租 10 垧,种谷 6 垧产 1.8 石,黑豆 2 垧产 0.6 石,高粱 2 垧产 0.6 石,交租 1 石即谷 0.3 石、黑豆 0.4 石、高粱 0.3 石;伙种 1 户 10 垧,种谷 6 垧产 1.8 石,高粱 3 垧产 0.9 石,黑豆 1 垧产 0.2 石,三七分给谷 0.6 石、黑豆 0.07 石、高粱 0.3 石。2 户交租总数差不多,但在质量上就不同了,从下表不是看得很清楚吗!

表 3-30　租种与伙种交租质量之比较

类　　　　　　　　租	租种交租	伙种交租
谷	0.3	0.6
占总交百分比	30%	61.8%
黑豆	0.4	0.07(即 7 升)
占总交百分比	40%	7.3%
高粱	0.3	0.3
占总交百分比	30%	30.9%
总计	1 石	0.97 石

③"随打随分,不能欠租","地主离得近在场里就分了"。在租地中欠租的很多,地主为了及时收租,即吃到粮食而伙种(如本村任海仲中农,欠租 2 年,任则宾欠租写了借约)。

伙种地对佃户只有一个好处,即是在天旱、打雨、虫灾……等欠收时也是"打多分多,打少分少",而不像死租,遇到欠收时仍得按原租给,欠下就得写借约。有时产量不够交租,或剩的很少交的很多。此外,伙种地对佃户再没有什么好处。

现在中庄所伙种的均是地主只出土地,其他劳动力、牛工、肥料……等均是佃户的。其他什么条件也没有,就按四六或三七分,实际上这就等于出租,而剥削是比租种还厉害(见租出问题)。本村只有 1 户是在秋收时地主帮助几个人工来收和打场,但是还有条件的就是"帮人工,杂草平分"(草对半分)。实际上,一方面是要分草,另一方面还有监视产粮,怕佃户骗他说打的少的作用在里面。

所以,现在的问题是,政府规定在不同条件下的分法或是按不同条件怎样减租法,最好是使地主能出一部分资本(牛工、肥料等),而租率不能过高。这样还能提高产量,佃农生产情绪也能提高。

表 3-31　抗战以来各阶级典进土地变化表(二表附表之四)

阶级	时期	户口	梁 上	梁 中	梁 下	塌 上	塌 中	塌 下	平 上	平 中	平 下	水 上	水 中	水 下	荒地	总计(注同前)	%(注同前)	每户平均	备考
地主	战前																		
	战后																		
富农	战前																		
	战后																		
中农	战前	1		29												29			战前典入,1938 年 8.5 元白洋赎回
	战后																		
贫农	战前	1			5											5			典价 12 元法币,1938 年 12 元大花脸赎回
	战后																		

(续表)

阶级	时期	户口	梁 上	梁 中	梁 下	塌 上	塌 中	塌 下	平 上	平 中	平 下	水 上	水 中	水 下	荒地	总计(注同前)	%(注同前)	每户平均	备考
雇农	战前																		
	战后																		
工人	战前																		
	战后																		
商人	战前																		
	战后																		
贫民	战前																		
	战后																		
其他	战前																		
	战后																		
总计	战前	2		34												34			
	战后																		

表 3–32 抗战以来各阶级土地租出、伙出、典出变化表

项别 \ 阶级时间	地主 战前	地主 现在	富农 战前	富农 现在	中农 战前	中农 现在	贫农 战前	贫农 现在	雇农 战前	雇农 现在	商人 战前	商人 现在	贫民 战前	贫民 现在	其他 战前	其他 现在	总计 战前	总计 现在
总户数			1	3	12	17	25	25	1		1		2	2	2	2	44	49
土地出租			31		11	11	21.5	11									63.5	22
出租户			1		1	1	2	2									4	3
土地伙出				109.5	49	49											49	158.5
伙出户				3	4	4											4	7
典出土地																		
典出户																		
共租出、伙出、典出土地			31	109.5	60	60	21.5	11									112.5	180.5
每户平均			1	36.5	5	3.52	0.86	0.44									25.5	36.8
附注																		

表 3–33 抗战以来各阶级土地租出变化表(四表附表之一)

阶级	时期	户口	梁 上	梁 中	梁 下	塌 上	塌 中	塌 下	平 上	平 中	平 下	水 上	水 中	水 下	荒地	总计(注同前)	%(注同前)	每户平均	备考
地主	战前																		
	战后																		

(续表)

阶级	时期	户口	梁			塌			平			水			荒地	总计(注同前)	%(注同前)	每户平均	备考
	租出土地种类		上	中	下	上	中	下	上	中	下	上	中	下					
富农	战前	1		18	8.5										4.5	31			
	战后																		
中农	战前	1			11											11			
	战后	1			11											11			
贫农	战前	2			21.5											21.5			
	战后	2			11											11			
雇农	战前																		
	战后																		
工人	战前																		
	战后																		
商人	战前																		
	战后																		
贫民	战前																		
	战后																		
其他	战前																		
	战后																		
总计	战前	4		18	41										4.5	63.5			
	战后	3			22											22			

表 3-34 抗战以来各阶级土地伙出变化表(四表附表之二)

阶级	时期	户口	梁			塌			平			水			荒地	总计(注同前)	%(注同前)	每户平均	备考
	伙出土地种类		上	中	下	上	中	下	上	中	下	上	中	下					
地主	战前																		
	战后																		
富农	战前																		
	战后	3	7	21	81.5											109.5			
中农	战前	4	1	23	25											49			
	战后	4	1	23	25											49			
贫农	战前																		
	战后																		
雇农	战前																		
	战后																		

（续表）

阶级	时期	户口	梁 上	梁 中	梁 下	塌 上	塌 中	塌 下	平 上	平 中	平 下	水 上	水 中	水 下	荒地	总计（注同前）	%（注同前）	每户平均	备考
工人	战前																		
	战后																		
商人	战前																		
	战后																		
贫民	战前																		
	战后																		
其他	战前																		
	战后																		
总计	战前	4	1	23	25											49			
	战后	7	8	44	106.5											158.5			

本村各阶级租出与伙出的变化情形如下：

富农战前 1 户租出土地 31 垧,战后转为伙出,同时战后增加 2 户富农,又增加伙出地 78.5 垧,共伙地 109.5 垧,每户平均租出 36.5 垧。

中农战前 1 户租出 11 垧地,战后仍为这 1 户。因为地不好,战前是吃租完粮,现在是将地出租换 8 个牛工。伙出户战前 4 户,伙出 49 垧,战后无变化。其 2 户是因为土地在外村,1 户是因为老汉（70 多岁）没劳动力而伙出给自己的娃子,另 1 户是因为占有土地比劳动力所有是剩余的,尚伙出。

贫农战前租出户 2 户,出租土地 21.5 垧。1 户是因为自己当区警没有劳动力,而将 17 垧地租出,另 1 户是将土地出租一部分（8 垧）后自己附带作小生产（副业）。战后贫农出租仍是 2 户,1 户是因为瞎子（贫农分出）不能劳动而出租,另 1 户是土地在外村自己不能去种（战前中农下降来的 1 户）。

其他各阶级均没有出租或伙出者。

典出地战前战后均没有。

总计战前租出户 4 户,租出土地 63.5 垧,战后租出户 3 户,租出土地 22 垧;战前伙出户 4 户,伙出土地 49 垧,现在伙出户 7 户,伙出土地 158.5 垧。合计战前租出伙出共 112.5 垧,平均每户 25.5 垧;战后租出伙出共 180.5,每户平均租出伙出 36.8 垧。从这看到与租进伙进一样,也是伙出比战前增加,这是同一个问题。

五、租率变化问题

表3-35 历年租种地地租率变化表（山地）

项别时间	户数			总租进地				产量					原租		实交				最高租率					最低租率				
	总户数	全村租进地户数	此表统计户数	上	中	下	总计	上	中	下	总计	每垧平均	总原租	每垧平均	总实交	每垧平均实交	实交占原租百分比	租率	户数	土地垧数	产量	实租	租率	户数	土地垧数	产量	实租	租率
1936	44	11	9	15	44	141	200	10.5	22	28.2	60.7	0.303	27.5	0.303	27.5	0.137	100	45.3	2	47	14.5	8.6	58.6	2	23.5	8.7	1.8	20.7
1937	44	11	9	15	44	141	200	10.5	22	28.2	60.7	0.303	27.5	0.303	27.5	0.137	100	45.3	2	47	14.5	8.6	58.6	2	23.5	8.7	1.8	20.8
1938	44	10	8	11	40	175	226	7.15	18	35	60.15	0.266	26.2	0.116	21.15	0.093	90	35	2	47	13	6	46.1	2	23.5	8.17	1.7	20.8
1939	44	10	8	1	50	73	124	0.55	20	10.95	31.5	0.254	12.95	0.104	10.75	0.086	82	33.8	2	32	8	3.5	43.7	2	28	8.7	1.45	16.6
1940	46	10	8	8	22	79.5	109.5	4.8	8.8	15.9	29.5	0.27	11.17	0.102	8.4	0.076	74	28.1	2	41.5	12.9	5.5	42.6	2	30	7	12	17.1
1941	49	11	9	11	19	91.5	121.5	6.6	7.6	18.3	32.5	0.267	12.8	0.105	8.84	0.072	68	27.5	2	41.5	12.9	4	30.9	2	22	6.8	1.33	19.5
1942	49	10	9	5	11	58	74						4.9	0.066														
备考	本村租进户多数是中农、贫农（只有战前1户商人，现在1户富农，其他都是中农、贫农）。而中农与贫农在租率上没有大的不同，故加在一起计算。租进地1940年内有10垧地未计在内。																											

· 183 ·

表3-36 历年伙种地租率变化（山地）（表三）

租率时间	户数			总伙进地（挏）				产量（大石）					原分法		实分（分给地主）		租率	备考
	全村总户数	全村伙进户数	统计伙进户数	上	中	下	总计	上	中	下	总计	每挏平均产量	对半分户数	四六分户数	总实交数	每挏平均交数		
1936	44	4	4	1	8	28	37	0.75	4.4	6.9	12.05	0.325	2	2	5.33	0.144	44.2%	
1937	44	4	4	1	8	28	37	0.75	4.4	6.4	12.05	0.325	2	2	5.83	0.157	47%	
1938	44	5	5	5	13	20	38	3.25	5.85	4	13.1	0.34	2	2	6.11	0.16	46.6%	
1939	44	5	5	5	13	25	43	2.75	5.2	3.8	11.75	0.27	2	3	5.43	0.126	46.3%	
1940	46	6	6	5	20	45	70	3	8	8.8	19.8	0.28	2	4	8.72	0.125	44%	
1941	49	5	5	1	12	42	55	0.6	4.8	8.4	13.8	0.25	1	4	4.14	0.075	30%	
1942	49	12	11	13	42	88.5	143.5							12				
备考																		

　　从表 3-35 明显的看出山地租率在抗战以后的变化是很快的,是一直向下降的,战前45.3%,现在(1941 年)27.5%,中间相差 17.8%。而战前的变化是不大的,如像 1936—1937 年两年是相同的,最高租率是 58.6%,最低租率是 20.7%。全村租进地平均租率是 45.3%,这剥削是很重的,农民劳动所得要被地主剥削去 40%以上,而且实交租都是照原租的百分之百交了,不能少给一点。及至 1938 年以后,租率就笔直的迅速的下降了,1938 年租率 35%,1939 年33.8%,1938 年最高租率是 46.1%,最低是 20.8%,1939 年最高租率 43.7%,最低的 16.6%。这两年租率下降的主要原因:①"遭年成"收成不好,按习惯佃户不按原租给,但是不能少给的太少。1938 年实交租占原租 90%,1939 年实交租占原租 82%。②村公所下令减租,虽没有来实际做,佃户也不知怎样减,反正是不按原租给了。1940 年最高租率是 42.6%,最低租率 17.1%,全村租进地平均租率 28.1%,实交租占原租 74%,这是因为部分佃户租地是减了租(见减租问题)。1941 年最高租率 30.9%,最低租率 19.5%,全村租进土地平均 27.5%,这是多半经过了减租以后的(见减租问题)。假使不经过减租,照原租给,那么租率就是 39.3%,超过 37.5%;如以二五减租后,租率本应是 29.5%,但现在是 27.5%,这里是有错误的(见减租问题)。

　　从表 3-35 中除了看出租率以外,还可看出:

　　首先看到抗战以来租佃关系变动很大,在租佃户的数字上是看不出大变动,但在土地上就可看出是有变化的。战前租佃较固定,自从 1938 年以后,租进土地逐年均不相同,一个佃户一年有换一个地主的,而且租进土地数也逐渐减少,这些地是转向伙种了(前面已说过)。

　　其次看到的是产量也变化着。抗战前产量每垧平均 0.303 石,1936—1937 年同,自 1938 年收成就下降了,尤其 1939 年是灾年而收成很不好。从 1940 年以后两年内产量又渐渐的向战前恢复,现在每垧地平均产 0.27 石。

　　再一个问题就是战后租进地的原租也逐渐在下降着。战前(1936 年)每垧地原租 0.137 石,现在(1942 年)每垧平均原租仅 0.066 石,即 6 升 6 合。

　　总结起来看,无疑是战前和现在租率都比外村可能高些,原因是本村土地缺乏,租地的人多,常有租不着地而出高些的租将别人租的地竞争租来——"咱不敢少给人家,少给了地就叫人家挤走了,公家说减才能减。"如任乔大 1938 年租寨滩坪 6 垧平地,原租 4 元白洋,另一个人出 14 元白洋,地主将地夺回转租给出 14 元白洋租者。同时,由原租额来看就是相当高。

　　从表 3-36 看出伙种地的租率从战前到 1940 年都是 40%以上,都是照原分法来分,而原分法最少是四六分,最高是对半分,即最高租率是 50%,最低租率是 40%。1936 年是 44.2%,1937年是 47%,1937 年所以高出来是因为佃户先借地主粮并分时将利扣除,故多给地主分了(多分 5斗)。1938—1939 年都差不多,1938 年 46.6%,1939 年 46.3%。1940 年低些,是因为四六分多于对半分的一倍,四六分 4 户,对半分 2 户。1941 年执行了减租,原四六分都是按三七分,1 户原对半分也是按三七分的。

　　将伙种地与租种地的租率比较,伙种地的租率是比租种地租率高,尤其是在战后。战前租种地个别之最高租率是超过 50%,比伙种地对半分租率高,但是平均起来战前相差无几。战后1938 年以后租种地租率的变化始终都未超过 37.5%,而伙种地只有 1941 年减租后是 30%,1940年以前租率都是 40%以上。

表 3 - 37 抗战以来租佃形式的变化表

阶级	时间	租进伙进地			活租				死租					钱租				伙种 户数及形式				伙种 梁地		伙种 平地	变牛租		附注
		租进伙进总户数	梁地	平地	户数	占总租进伙进户百分比	梁地垧数	占租进伙进地总地百分比	户数	占总租进伙进户百分比	梁地垧数	占总租进伙进地百分比	平地户数	平地户数	占总租进伙进户百分比	梁地	占总租进伙进地百分比	总伙进户	四六分户数	对半分户数	伙进户占总租伙户百分比	垧数	占总租伙地百分比	平地	户数	梁地(垧)	
富农	战前	1	10						1	4.55	10																
	现在	4	103	10					4	26.7	103	35.3	10														变牛租系村外租出，为本表佃形式之一种，故放总数内
中农	战前																										
	现在	5	59	11					1	4.55			11					4	4		18.18	59	26.04		1	11	
贫农	战前	10	168.5		1	6.6	8.5	2.82	4	26.7	108	37		1	6.6	15	5.15	4	2	2	26.8	37	13				
	现在	16	156.5	10	1	4.55	10	4.4	5	22.8	37	16.34		2	9.1	17	7.51	8	8		36.36	92.5	40.83				
商人	战前	1	10						1	6.6	10	3.43															
	现在																										
总计	战前	15	291.5	10	1	6.6	8.5	2.82	9	60	221	75.73	10	1	6.6	15	5.15	4	2	2	26.8	37	13				
	现在	22	226.5	11	1	4.55	10	4.4	7	31.9	37	16.34	11	2	9.1	17	7.51	12	12	2	54.54	151.5	66.87		1	11	

备考

本村的租佃形式有 5 种,即活租、死租、钱租、伙种、变牛工租(租出外村者),这 5 种租佃形式要算死租与伙种最多。

战前租进伙进总户为 15 户,现在为 22 户。

活租:在本村,战前现在都只有 1 户贫农是活租,战前占总租进伙进 6.6%,现在占租进伙进 4.55%。战前 1 户佃户系地原主的亲侄子,地原主又是一个贫农,因为做生意将地给侄子种,不讲租,秋收后由佃户给,这也是血族关系在租佃关系中的表现。因为活租对佃户是有好处的。如此户产量 2.4 石,仅交 0.6 石,租率是 25%(1936 年);1938 年产量 2 石,交 0.4 石,租率仅 20%。同时活租是按"天年",即收成好时就多给些租,收成不好就少给,但是这种形式在本村是很少的。

死租这种形式在本村是较多的。战前 9 户,占总租进伙进的 60%,土地 221 垧,占总租伙进土地的 75.73%(梁地);战后 7 户,占总租进伙进户的 31.9%,土地 37 垧,占总租进伙进地的 16.34%。死租即是原定下租在契约上写上,不论天旱、打雨、虫灾等欠收年成都要按原租给,这种剥削是很厉害的。如 1938 年憨不信租地 15 垧(山地中等),因生了病仅打 3 石粮,原租 1.7 石就得按 1.7 石给,租率 56.6%。又如 1938 年任海仲租地 8 垧,0.7 石死租,1939 年因欠收年产量 1.6 石,按原租给 0.7 石,租率 43.7%。

钱租战前 1 户,占总租进伙进地的 6.6%,土地 15 垧,占总租进伙进的 5.15%。这 1 户系租的户地,地主在外村,户地是为了以租完粮(交田赋),故要钱租。战后增了另 1 户,只租 2 垧地,地主是一个吹鼓手,要钱不要粮。战后 2 户,占总租进伙进的 9.1%,土地 17 垧,占总租进伙进的 7.52%。

伙种地战后大大增加了。战前 4 户,占总租进伙进的 26.8%,土地 37 垧,占总租进伙进的 13%。战前伙进均为贫农,四六分 2 户,对半分 2 户。对半分的原因:1 户系因佃户在租地时先借地主 2 斗粗粮,不出利,到秋收时对半分;另 1 户系伙种自己大伯的地,大伯年老没儿,将地伙给侄子,就按对半分。现在伙进共 12 户,占总租进伙进的 54.54%,土地 151.5 垧,占总租进伙入土地的 66.87%,原分法都是四六分。本村伙种地的分法,战前战后原分法都是四六分和对半分两种。对半分的条件有两[三]种,一是地较好,一[二]是佃户向地主先借粮,三是封建亲族关系(上边已说),只有 1 户。四六分法没有什么条件,只是地主出地,其他一切都是佃户的,与租种地差不了多少,只是名义上加一个伙种而已,剥削率最少是 40%。在 1941 年时曾减了租,伙种地原四六分均按三七分,原对半分减后按四六分。今年(1942 年)原分法均是四六分,"到秋天公家来减就按三七分,不来减就按四六分"。

变牛工租只有 1 户中农,是以 11 垧山地租与外村,变 8 个牛工来给自己耕地。

表 3‐38 1940—1941 年减租统计表

项别 阶级 / 时间	原有租进伙进户	实行减租户		原有租进伙进地(垧)	实行减租地		实行减租地原租量	实行减租地减租量		附注
		户数	占原租进伙进户百分比		垧数	占原租进伙进地百分比		减租量	占原租量百分比	
富农 1940										
富农 1941	1			10						
中农 1940	6	3	50	79	26	30.9	3	1.05	3.5	
中农 1941	7	6	85.7	87	72	82.8	7.9	2.68	33.9	

（续表）

阶级 / 时间	项别 原有租进伙进户	实行减租户		原有租进伙进地（垧）	实行减租地		实行减租地原租量	实行减租地减租量		附注
		户数	占原租进伙进户百分比		垧数	占原租进伙进地百分比		减租量	占原租量百分比	
贫农 1940	8	4	50	111.5	46	41	4.45	1.65	37.7	
贫农 1941	9	6	66.7	105.5	60	56.8	5.3	3.14	59.3	
总计 1940	14	7	50	190.5	72	37.7	7.45	2.7	36.3	
总计 1941	16	12	75	202.5	132	65.1	13.2	5.82	44.1	
备考	1940 年租进伙进在此表上是 14 户，在租进伙进租率变化表上合起来是 16 户，因为有 2 户是又租进又伙进，在此表上合并一起计算。									

减租在本村是从 1939 年开始减。

1939 年时牺盟会宣传"减租减息，改善人民生活"，但是总的没有实行。村公所以及村区工作员都宣传，没有到村里来按户减。1939 年正是灾年，收成不好，老百姓就自动的少给租（见租率变化 1939 年）。

1940 年时中庄自然村还是在花园沟行政村所管辖之下（村选后才由黑峪口行政村管），村公所给自然村下过"公式"叫减租。行政村农救秘书来开过一次群众大会讲减租，但是仍没有挨户的经过什么手续将地主和佃户面对面讲将原租约换了，也只是空口说，可是群众就自动的减起来了。如上表所看到的，中农 3 户、贫农 4 户，共 7 户减租，占原租进伙进户的 50%；实行减租地 72 垧，占总租进伙进地的 37.7%；减租量是 2.7 石，占原租的 36.3%。而这 7 户的减租并不是按政府的规定减租办法二五减的，而是由佃户少给的。假如按原租 7.45 石（见表），二五减租后应交租 5.58 石，减租量 1.86 石，但现在减租量是 2.7 石，显然不是按二五减的，而比二五要高。

1941 年租种地伙进地共 16 户，有 12 户减租（中农 6 户、贫农 6 户），占租进伙进的 75%，有 4 户未减租。中农 1 户是因为地主在外村（杨家坡），地主杨邦汗抗减租，佃户要减，但是吃不过地主，所以未减。贫农 3 户未减：2 户是租平地未减，佃户怕减后地主夺地，平地不好租；另 1 户是活租不减，佃户说"活租减下来反而多了"，这是执行减租的错误。活租是按产量二五减，活租一般的习惯是按产量 40% 给（本村 1 户活租是这样），但是来做减租工作的人（公粮工作时学校干部及区干部来的）是将活租减租量按产量二五减，即是说产 1 石交 7 斗 5 升，自然佃户说"活租情愿不减"。其减租的 12 户是在去年征收公粮时强制减的，即不减征公粮也给算上。在佃户本心里是高兴减，但是口头上总说是"公家命令，不减不行，这是公事"等，尤其对地主，在交租时怕地主夺地表示不得已而减的。这 12 户减租的减法还不同，伙种地 5 户，原分法四六分 4 户、对半分 1 户，均按三七分减的，有 2 户是按产量二五减以后再按原分法分，这种减法佃户是吃亏的，本应按原分后给佃户分的减。租种地 7 户，减租的减法也不相同，在调查时，公粮的减租原底子材料均没有，只是听佃户说："产量多的就按二五减，原租 1 石最多交 7 斗 5。产量少的就按原租 37.5交，即是原租 1 石只交 3 斗 7 升 5。"这里减租的 7 户中，有 3 户是真正按原租二五减后而不超过37.5 的，有 1 户是按原租 0.375 石交的，有 3 户是工作同志按二五减的，但是佃户未照那样交，有 2 户是少交了（地主在外村只给佃户一方面说了），有 1 户怕夺地而又照原租给了。

由于减租的情形这样复杂不齐，所以在 1941 年租率上看（见租率变化表）是 27.5% 的租率，按原租 12.8 石二五减，租率为 29.5%。

六、耕牛占有与使用问题

表 3 - 39 各阶级牛力占有表

阶级	户口	养法	战前占有户数	战前大牛	战前中牛	战前调牛	战前折合中牛	战前占全数百分比	现在占有户数	现在大牛	现在中牛	现在调牛	现在折合中牛	现在占全数百分比	附注
富农	1 / 3	独喂													
		伙喂													
中农	12 / 17	独喂	4	4			6	100	6	2	3	1	6.5	86.6	
		伙喂							1	$\frac{2}{3}$			1	40	
贫农	25 / 25	独喂							2			2	1	13.3	
		伙喂							3		1.5		1.5	60	
雇农	1	独喂													
		伙喂													
商人	1	独喂													
		伙喂													
贫民	2	独喂													
		伙喂													
其他	2	独喂													
		伙喂													
总计	44 / 49	独喂	4	4			6	100	8	2	3	3	7.5	100	
		伙喂							4	$\frac{2}{3}$	1.5		2.5	100	
		共	4	4			6		11	2.5	4.5	3	10		
备考															

附注：
一、每个大牛以耕 80 垧山地计，折合一大牛顶一个半中牛。
二、每个中牛以耕作 50 垧山地计。
三、每个调牛以耕作 30 垧山地计，每个调牛折合两个调牛折一中牛。

从表 3-39 中可以看出本村战后牛的变化及各阶层的分布情况。

在总的数目字上看,战前 6 头,现在 10 头(已折中牛),比战前增加 4 头。再从各阶级的分布上看:战前富农、贫农及其他各阶级都没有牛,战前所有的 6 头牛均为中农所占有;现在富农及其他各阶级没有牛,共计 10 个牛,中农占 7.5 头,占总数的 75%,贫农占有 2.5 头,占总数的 25%。战前现在牛力都是掌握在中农手中,富农战前现在都没有牛看起来像是不可信的。"为什么富农还没有牛?"战前富农 1 户,只种 26 垧地,雇 1 个"半长工"(半年工),还雇短工,自己等于不参加劳动,并在 26 垧地中有 11 垧是枣树平地,主要依靠产枣而用不着 1 个全牛,只 26 垧地雇 26 个牛工就够了,比自己喂上强。战后这户富农本可买 1 头牛,但是不敢扩大目标,又受四大动员影响,所以不买牛而买了 1 头驴。驴一方面多少耕一点地,另方面主要的还是驮枣卖,还可以贩盐。另外,现在的 2 户富农:一是商人转来,战前到现在都有 1 头驴;另 1 户是由地主下降来,现在不愿立刻扩大的买牛,使人知道自己有钱。

再进一步从质量上来看:战前 4 头大牛,即牛百分之百的都是大牛;现在 2.5 头大牛(均为中农占有),占总数的 25%,中牛 4.5 头,占总数的 45%,调牛 3 头,占总数的 30%。这是说明质量是下降了。现在有大牛的很少,而且这个大牛是按本村占有牛中的比较,而不是同机关(公家)所有的大牛来比,如果那样比的话,本村的大牛只剩中牛的程度。

现在我们看牛的变化情况:

战前 6 头,现在 10 头,增加 4 头,这是从总的折合数上看。现在从各阶级不同质量的变化上看,战前中农 4 头大牛,战后都变化了。4 户中有 1 户因四大动员时被动员了十几石粮和几十元白洋后,生产情况大大的降低,将牛卖掉将地租出;另外 2 户因为在四大动员时牛支差非常多(送粮)自己不能耕地,而且牛也有丢掉损失的危险,故将牛卖了雇牛耕作;只有 1 户是因为大牛生下小牛,并调喂小牛,将大牛卖掉。这就是战前中农占有的 4 头大牛到现在原牛一个也没有了,现在有的牛都是近一二年才买的或移入户带来的。

现在的 10 头牛中,中农占有 7.5 头,占了总数的 75%,贫农占 2.5 头,占总数的 25%。中农的 7.5 头牛中,有 $\frac{8}{3}$ 头大牛、3 头中牛、1 头调牛。$\frac{8}{3}$ 头大牛有 1 头战前即是中农,现在是向上发展中,但仍是中农,抗战后负担轻,买了 1 头大牛,现又生 1 头奶牛(表内未计)。另 1 头是战后才由贫农上升到中农,买了 1 头大牛(28 元白洋)。另 1 户是战后从外村移入本村户,与自己弟弟(在西坪村)伙喂 1 头大牛,自己有 $\frac{2}{3}$ 的所有权。中农现在占有 3 头中牛:1 户系战前有 1 头大牛,因四大动员卖了的(前面已讲),自从去年公粮公平,政府又奖励生产,自己的生产情绪又提高了,将租出的土地收回自种,又买了 1 头中牛;另 1 户是战前 1 头大牛生下小牛,将大牛卖掉(前面已讲),小牛现在长成中牛了;另 1 头是战前没有牛,现在买了 1 头牛。另外,还有 1 户小牛系才由贫农上升到中农来的 1 户,买了 1 头调牛。

贫农占有牛内没有大牛,战前贫农 1 头牛也没有,现在有 1.5 中牛、2 头小牛、1 头奶牛(表内未计)。除了 1 头伙喂中牛是战后移入户带来与哥哥(在外村)伙喂的外,其他 1 头中牛、2 头小牛全是战后买的。所能买得起牛的这几户都是老贫农,他们都是向上发展的,力量不够买大牛,同时因为土地占有数的需要上都不能买大牛,所以买了小牛三两岁口①的自己来调。

表 3 – 40 各阶级牛力不足与剩余情况调查表

阶级	时间	户数	大牛	中牛	调牛	折合为中牛	可耕土地	使用土地	不足土地	剩余牛力	多余的土地	不足的牛力（以中牛计）
富农	战前	1						26			26	0.5
	现在	3						89.5			89.5	1.5
中农	战前	12	4			6	300	446			146	3
	现在	17	2.5	3	1	7.5	375	410.5			35.5	0.5
贫农	战前	25						294			294	6
	现在	25		1.5	2	2.5	125	325			200	4
雇农	战前	1										
	现在											
商人	战前	1						16			16	
	现在											
贫民	战前	2						1.5			1.5	
	现在	2						1.5			1.5	
其他	战前	2										
	现在	2										
总计	战前	44	4			6	300	783.5			483.5	9.5
	现在	49	2.5	4.5	3	10	500	826.5			326.5	6
备考												

从表 3 - 40 可以看出本村的牛力是不足使用的。在总的数目上看:战前 6 头牛,能耕 300 垧地(一个中牛以耕 50 垧计),本村各阶级使用土地共 783.5 垧,剩余 483.5 垧,故不足 9 个半牛力;现在 10 头牛,能耕 500 垧地,各阶级使用土地 826.5 垧,剩 326.5 垧土地没有耕,故不足 6 个牛力。

再从各阶级来看:战前富农没有牛,使用 26 垧地,不足半个牛力;中农使用 446 垧,有 6 个牛力,耕 300 垧地,还剩 146 垧地,缺少 3 个牛力;贫农使用土地 294 垧,没有 1 头牛,故缺少 6 个牛力;其他各阶级土地使用很少,未计。现在富农仍没有牛,使用土地 89.5 垧,缺少 1.5 个牛力;中农使用土地 410.5 垧,有 7.5 个牛力,可耕地 375 垧,剩 35.5 垧没有牛,不足牛 0.5 个;贫农使用土地 325 垧,占有牛 2.5 个,可耕地 125 垧,剩余 200 垧没有牛,故不足 4 个牛力。

总体来看,战前现在各阶级的牛力均不足。但其中最严重的是贫农,战前缺少 6 个,现在缺少 4 个;富农是因为土地使用少,缺乏牛力也少;中农在整个阶级来看,缺少的牛力现在只是半个,但是牛的占有是在一少部分向上发展的中农手中,他们的牛力是有剩余而向外雇出或变工的,另一大部分还是缺少牛力而租入雇入的。

---

① 编者注:当地方言,即"两三岁"之意。

表3-41 各阶级解决牛力不足办法调查表

阶级	时间	户口	占有牛力				租出牛力			租进、雇进、变工等牛力												实不足与剩余牛力			
			占有牛力(折中牛)	可耕土地	使用土地	不足牛力	户数	牛工数	可耕土地	租入		雇人		变工		以地换牛		贴雇牛		共计		不足		剩余	
										牛数	可耕地	工资	可耕地	人工数	牛耕地数	地垧数	换牛耕地数	工资	可耕地	共折人租中牛	共计可耕地(垧)	不足牛	剩余土地	剩余牛	不足土地
富农	战前	1			26	0.5						2.6	26							0.5	26				
	现在	3			89.5	1.5						9.5	89.5							1.5	89.5				
中农	战前	12	6	300	446	3	1	1	52	2	105	4	40	99	33				25	4	203				
	现在	17	7.5	375	410.5	0.5	4	1.5	73			4.2	39.5	75	25	11	8			1.5	72.5	0.5	36		
贫农	战前	25			294	6				3	110	7.8	78	147	49				41	5.5	278	0.5	16		
	现在	25	2.5	125	325	4	2	1	48	1.5	80	5.4	51	57	19	8	6	0.4石37工	29	4	195	1	53		
雇农	战前	1																							
	现在																								
商人	战前	1			16									30	10						10				
	现在																								
贫民	战前	2			1.5																				
	现在	2			1.5																				
其他	战前	2																							
	现在	2																							
总计	战前	44	6	300	783.5	9.5	1	1	52	4	215	14.4	144	276	92				56	10	497	0.5	36		
	现在	49	10	500	826.5	6	6	2.5	121	1.5	80	19.1	180	132	44	19	14	同前	29	7	367	1.5	89		

在前面已知道,本村占有牛力是不足使用的,现在我们从上表可看出牛力不足各阶级的解决办法来:

在总数上看,战前按占有看不足 9.5 个牛力,但还租出 1 个牛力(雇出、变工共折 1 个中牛数),所以不足牛力是 10.5 个;租入、雇入、变工共计租入牛力 10 个,故仅不足半个牛力。现在不足牛力 6 个,租出 2.5 个,合计不足 8.5 个牛力;租入、雇入、变工共计租入 7 个牛力,故不足 1.5 个牛力。

从各阶级上来看,富农战前现在均没有牛,战前 1 户使用 26 垧地,雇牛耕 26 垧地,折 0.5 个牛力,现在 3 户使用土地 89.5 垧,雇入 1.5 个牛力。中农战前使用土地 446 垧,占有 6 个牛力,可耕地 300 垧,仍不足 3 个牛力,但还出租 1 个牛力,合计不足 4 个牛力;租入 2 个全牛力,雇入、变工折 2 个牛力,共计租入、雇入、变工 4 个牛力,故中农不足的 4 个牛力全解决了。现在中农使用 410.5 垧地,占有 7.5 个牛力,可耕地 375 垧,不足牛力 0.5 个,租出 1.5 个,计不足 2 个牛力;租入的没有,雇入、变工、以地换牛的共折牛力 1.5 个,故尚不足 0.5 个牛力,剩 36 垧地没有牛耕。贫农战前没有牛使用,294 垧地缺少 6 个牛力,租入、雇入、变工共折 5.5 个牛力,故仅不足 0.5 个牛力。现在贫农使用土地 325 垧,占有 2.5 个牛力,可耕 125 垧地,尚不足 4 个牛力,雇出 1 个牛力,计不足 5 个牛力;租入 1 个大牛折 1.5 个牛力,雇入、变工、以地换牛等共 2.5 个,合计 4 个牛力,故尚不足 1 个牛力。

在牛的租佃形式上有下列几种:

① 租入,即全年租入。草料饲喂全由租入户负责,租价不等。有折价租,牛死两家分担,生小牛两家分;一种是不折价,大牛全年 2 石租、中牛 1.5 石、小牛 1 石,"牛死一张皮",即全牛死了只将牛皮给牛主。本村战前租入 5 头(中农 2 头、贫农 3 头),现在仅贫农租入 1 头大牛(折中牛 1.5 头),租入是减少了,减少的原因据农民讲"年头不对,租上牛要操心,敌人抢去咱赔不起",这也是原因之一。另一个是依靠"放牛租"的户减少了,"吃牛租不可靠"。

② 粮雇入。以黑豆按天来雇,牛主跟上牛来给耕山地,一天 1 斗黑豆,今年长[涨]了价,有 1 斗 2 升的,牛最贵时(天下雨大家都要雇时)有 1 斗 5 升的。本村战前现在都是以粮雇牛的多,原因是雇外村的牛多不能变工。

③ 变工。以人工换牛工,以"工"计,3 个上午的人工换 1 个牛工,1 个牛工耕 1 垧地即是 3 个上午的人工换耕 1 垧地,互相不管吃的,即是牛不吃雇入牛户的草料,人工不吃牛主的饭。本村在变工数上看,贫农变工最多,中农次之,富农就不变工。贫农因为使用土地少,有人力没有粮食,所以要用劳动力来换牛。

④ 以地换牛。系雇牛不用工资,而将自己的地租给牛主,不要租子。以地租来换牛工,这种形式现在才有,战前没有。现在中农 1 户、贫农 1 户,这 2 户都是地不太好,而且自己除了换牛的地以外还有地种,不租入地,即是自己的地够种。贫农 1 户因为自己老了没劳动力,将占有地一部分自种(6 垧),另外 8 垧地换来 6 个牛工耕自己种的 6 垧地。

⑤ 贴雇牛。系以人工与黑豆两种工资雇牛。如现在 1 户贫农贴雇一个牛除给 4 斗黑豆外,还要给牛主耕 37 垧地(牛主自己种了 37 垧地),而仅换来给自己耕 29 垧地的牛工,给自己耕时牛主不跟牛来给耕,而要雇入牛户自己耕。农民叫这种形式叫"贴雇牛",即是贴上人工(除给黑豆外)雇牛。这种情形多半是贫农,因为没有粮食雇牛而多贴些人工雇牛,而牛主则是没有劳动

力,难以雇出换劳动力给自己耕地。这与变工还不同,战前有 2 户,现在有 1 户。

关于牛的饲养。大牛每天吃 20 斤草、2 大升料,全年放 4 个月青,全年吃 4800 斤草、2 石 2 斗料;中牛、调牛差不多每天 10 斤草、1 大升料,全年 3000 斤草、1 石 1 斗料。喂牛也得会喂,不会喂而且劳动很厉害,牛肚子就涨,老百姓叫"翻了肚",那就不能耕地,至少得休息一天。牛病了还要吃菜,近一两年来菜很贵,吃菜的很少,农民有用土方来治。因为 1 斤菜就得 2 斗米,吃不起。

七、各阶级的政治表现

本村的政治情况比较单纯,因为大多数阶级是中农和贫农,在他们之间没有什么政治上的矛盾和冲突。阶级关系的矛盾隐藏在封建的家族关系矛盾(任、刘两姓)之下,这只是表现在中农与富农(中农刘姓,富农任姓)的个别户的负担上,但是这种矛盾也是很不明显和不尖锐的。

对晋西北新政权、八路军、新军及共产党的政治表现情形,我们分开各阶级,并以进步派、中间派、落后派、顽固派 4 种来分别看:

表 3 - 42   各阶级的政治表现

派别 阶级	户数	进步派	中间派	落后派	顽固派	附注
富农	3		3			
中农	17	12	4	1		
贫农	25	19	1	5		
贫民	2	1		1		
其他	2			2		
总计	49	32	8	9		
备考						

进步派对政府的政策法令是拥护的,因为在他们切身利益中得到了好处,所以他们对工作人员及军队的态度是亲热的爱护的,对政府的号召是响应的,对负担动员摊派是比较积极的。中间派是指的对政府的政策法令有一部分是拥护和赞同的,而且执行的,如民主、生产等;但是对有些法令是不完全满意的,如减租减息等。他们对公事也不积极的主动的做,但也不反对政府,对军队也是一样,总感到自己负担重,但也能出。落后派是指的只知自己事,不管自己身外事,看成分是进步的,是得政府的好处了,但是他不懂也不管那些闲事;新政权也好,旧政权也好,也不拥护也不反对;对新的东西一概不接受,不愿看见现在的一套作法和男女干部;不愿负担,对军队也视之与过去"大兵"一样,自己从来不看一眼,不说一句。总之,一切以消极态度处之。这也不是自己故意抱成见,他本身就是这样糊糊涂涂的过一辈子就完了,在农村中是有很多这样人的。顽固派是指的反对我们,而且和根据地以外的顽固派有勾结来破坏我们的,在本村是没有这样的人。

从上表可以看出,从总数上看,本村的进步派是占多数,占全户数的 65.1%,中间派占总户数的 16.3%,落后派占总户数的 18.3%,落后派比中间派多一点。

富农总户数为 3 户,这些户均是中间派,他们共同的是都租出地,他们不满意减租减息,对自己负担都嫌重,但无奈也只有出。对自己担任的工作也不积极(一个当村代表兼村公所委员,一个是粮秣小组长),其中一个是因为抗战后商业衰落及减租的原因,使由地主兼商人的成分转为富农,现还有土地租出,反对减租而不愿逃避负担。另一个是自己的弟弟在打顽固时跟赵承绶走了,他们还有信,但没有政治上的反对活动。但是他们基本上对政府没有什么成见的,对有些法令是拥护的。

中农共 17 户中,进步派 12 户,中间派 4 户,落后派 1 户,进步派占多数。至于中间派,按成分都是进步派,但是政治表现上是中间派——1 户是由西坪才搬到本村,在西坪是富农,由于避免负担及当兵而分家,他搬到本村后成了中农,基本上他的意识立场还都是富农的;1 户是抗战前放过高利贷,专靠吃息过活,抗战后不行了,放出的债要不回来,新政权建立时又用很少的省币将押地赎回,所以对新政权有成见,四大动员时又被动员了好几石粮,所以在政治表现上是中间派;2 户是中农中较富裕的,他们有出租地,不愿减租,不愿负担。有 1 户是落后分子,这真是一个死顽不开的人,什么也不懂,也不闻不问,自己也不种地,他说:“新政府好,还是强叫我弟当兵走了。旧政府不好,还未当兵,还不叫出公粮。”他对负担当兵是反对的,对减租减息、民主……等什么与他也没关似的,新的东西一点不接受。

贫农共 25 户,有 19 户是进步的,有 1 户是中间派——他是由中农下降来的,儿子当兵走了,一天骂讲政府抓走了儿子没有人管,反对村里的任何工作,对民主也像与自己关系很小。落后派有 5 个,就[这]些人在成分上是进步派,但他们都是 60 岁以上的老汉和老婆,两三口人过活。这些老汉都是反对政府的一切改革,可以说他们是想维持旧有的,新的东西都不好。但是他们知道的新东西也不多,主观的想新的都不好。与他个人有利益的,如减租减息等,他们也表示不满意,一切以消极、不管、不理的态度对之。不要政治,政治与他们无关。但这只是村中的少数,而且是村中的无用佬。

本村自战前到现在,在政权上都是中农占优势的。战前富农只有 1 户,在经济上是优势——政治上在 1931 年以前是绝对优势,但是到 1931 年以后,因为老人死了,家庭下降,故政治上就转成中贫为优势了。所以在抗战前后,直到现在都是中农在政治上占优势。贫农的政治地位是提高了,但是因为生活关系不能参加政治活动,但是他们也不放弃权利的,他们选举出来的干部都是能代表他们利益的中农。贫农和中农都是积极拥护新政权的。

各阶层的矛盾只有富农和部分中农在负担上有些矛盾,但是它是以封建家族形式出现的,富农以“刘家负担比咱任家负担轻”为名进行反对中农(刘姓)来掩旧阶级矛盾。本村没有地主,只是富农出租少数土地,和农民的矛盾是有的,但是不甚明显。中农和贫农之间没有什么矛盾的。

总起来说,本村是完全农村性质,没有大地主封建统治,政治是单纯的,抗战后变化并不大。

八、村政权

(一) 村政权发展简史

自光绪年间直到 1922 年之前,该村政权都掌握到地主手里,同时也把握在任姓手里。那时的政权组织是村头制,这一组织是本村人民根据实际日常生活需要而调剂群众大小纠纷而建立的(如有大小事非、偷盗奸情等处理)。当时的村头是任大金——地主,是前清贡生——担任的,他死之后(1913年),他侄子任太和——地主,是监生之子——他本人是老秀才——担任该村村头。在民国八、九年闹取消村头制度,建立闾邻,他还顽强的抵制了3年,仍然坚持过去的村头制度。当时无区公所组织,又无主编村政权,村头与衙门官发生直接关系,村有大小民事案件(偷盗奸情等)更是报县府处理之后,交他担保才能释放。所以他的威信在村中很高,等于村中之主(据该村老人们谈,当村头得是要有文明的人才能担任,同时又是县府指定,米家①不能轻易撤换)。

1922年之后,闾邻制才正式建立起来,任太和继任该村村副,他指定了任保罗——中农,不识字——任闾长,实际权力仍掌握在地主手里。同时建立下层组织,按户数的多少编成了4邻,并由村副指定与他关系较好的4人担任邻长(中农3人、贫农1人)。在形式上看是进步势力占优势,在实际上闾邻长是与地主服务,当奴仆而已(邻长说,人家说怎么办就怎么办,人家念书人懂的事情多,什么也知道,秀才不出门,便知天下文)。

1927年3月任太和老死,由黑峪口主村村长刘象坤——地主,读旧书的人(群众号称为二贵人,又称为二毛子)——指定中农任元之任村副,中农任庆奎任闾长,其下干部均无变动。在这时期,政权增加了一批新的力量,未经过斗争自转中农掌握政权,其后公事日益繁重,地主家败人亡事实上不能支持下去。自中农执政以来,陆续指定刘旺林、刘秀林、刘龙保等中农执政9年,邻长仍无变动。这就是1925年以前村政权发展的一般情形。

该村政权自建立闾邻制以来及经过村的数次发动,仍属于黑峪口主村与编村的管辖。只有在中途反顽固斗争之后,新政权建立(1940年3月),重划编新村,将中庄划归花园沟编村领导迄今年(1941年5月)。除因摊派不公、领导不便、干部开会时的吃饭问题无法解决等,故全村人民数次呈请区公所要求中庄仍属黑峪口编村领导。在县区批准该村仍还归黑峪口编村管辖,除此以外再无变动。

在1934—1936年旧政权积极防共以来,与抗战开始之后工作日益繁重,事情逐渐增多,使村政权的组织干部发动的很快。按下列几个时期依次说明:

表3-43　战前与现在的政权组织表

时间 类别 数目	战前			现在		
	闾数	邻数	户数	主任	公民小组	户数
户数	1	4	44	2	5	49

过去闾的编制是按25户编(有财产的大户),该村实为大小44户。以原来旧政权计,28大户设村副闾长各1人,普通邻是5大户为一邻。因旧政权时群众怕邻多有害,少报户数,28户编为4邻,以大小户计算每邻平均实为11户。自从1941年8月村选后,本村政权机构是改变了,由不民主的包办的闾邻制改为民主的代表制,现在将选举经过及组织机构谈谈。

首先谈谈村政权的选举。在旧政权的长期统治之下,该村政权没有一次民主产生。自抗战开始及反顽固斗争新政权建立以来,该村政权亦没有彻底的民主改造及选举。正因为旧政权长期的压迫及旧思想的传播与影响之下,群众认为天生就应该如此,一切由政府指定,所以对民选

---

　　①　编者注:当地方言,即"我们"之意。

毫无要求。在抗战以来,因工作繁重,旧军纪律不良,政权未经改造,没有一定的供给制度,使的一般群众更怕担任政权工作,并由个人自私观点出发,认不清政权好坏、对他的利害,而认为当闾长、邻长是挨打的、支差的、受害的。尤其是一般贫苦人民缺乏办过事的,存在着当村副闾长的很多恐惧(如怕误工、怕惹事、怕支差及招待军政人员),这种心理的存在,所以对村的选举更加不安。不但是一般贫苦人民怕担任工作选为干部,就是村中富有者亦是如此(如在新政权建立之后的当年七月初三日,全村户主选下了富农任亦芝担任闾长,并报了村公所下了委任,此人再三不愿意工作),全村人民无奈重新商讨,决定村中较富的少数几户轮流担任(如富农任亦芝、中农任庆奎、中农任庆生、中农刘效玉等)。从这4户每人一月轮流,到1941年8月村选为止(每人在3次至4次以上)都没有一次的选举。

该村自行署选举决定之后,到去年七月才算是民主的、彻底的、自下而上的产生了一个新的组织(指的是村选)。这一村选是在区干部、区农会秘书阎述旺等同志直接帮助指导之下,配合村干部经过了10余天的工作奋斗过程才建立起来。自七月十三日开始,经过了干部动员、群众动员及各救的组织动员与公民登记审查、候选人的准备及提出,直到选出新的干部,整半个月,到阴历七月二十八日才摧毁了旧的闾邻制度,从下而上的民主的建立了新的政治机构。在未选举之前,将全村的人民不分阶级不分男女,凡年龄在18岁以上,除了残废和有神经病者外,一律都有公民权,全村共登记男公民51人,女公民54人,共105人,占全人口55.5%。男公民占男子总数的57.95%,女公民占女子总数的54.5%,有公民权的在人口中占着大多数。在选举时,不分男女的公民一律参加选举,都是用不记名的直接的选举方法。实到会的男女公民共计74人,男33人,占男公民的64.7%,女公民41人,占女公民的75.9%,实到的男女公民占应有公民的70.4%。参加投票者69人(内有年老的女人到会来投票,原因是不了解投票是什么),从实到选场的男女公民来看是占着应有公民的大多数。当场选出了5人为代表,最多的票数是52票,最少的票数22票。先将每个代表的一般情形立名于下:

刘效玉,中农,52票,半文盲,过去担任过闾长一年、农救干事一年,工作能力较强,相当积极。对群众关系不大好,主要的是由于自私出发,在群众中不能够起模范作用,所以使的一般群众、少数干部对他不满(如收公粮是看人头,谁善先收谁的,较顽皮的人不经说服教育或在群众中批评,依靠村公所派村警直接向群众要粮;在优抗方面,群众大会讨论,因他有牛力人力决定他与贫苦抗属耕地1垧,他表示不积极的参加影响群众,他所欠之公粮不积极交纳,而向贫苦人民欠粮少数的急收。所以等等原因,使群众对他不满。但在选举时他得票最多,52票)。

刘效治,中农,50票,文盲,于1936年抽训防共团在黑峪口受训3个月,右腿跌坏回家务农。现工作很积极,对群众关系很好,在选举时得票50票。

任亦芝,富农,28岁,半文盲。过去担任过公道团村副团长,又担任过旧闾长,工作能力不差。但滑头而不积极的参加,有时表现不大满意(如减租,佃户应交3斗5,他要叫佃户交4斗。在去年先分了的粮食,在公粮工作时不叫减租,区选时选举参议员,他借故推托不参加选举。他任行政村的建设干事一点工作不做,会议都不参加,自村选以来只参加过会议1次),在区选时他得33票。

裴秋忙,中农,女,23岁,文盲。过去担任妇救干事工作很积极,政治上很进步,得票32票。

刘玉堂,新兴中农,37岁,文盲。过去担任过邻长,工作能力强,是代表中较好的一个,得票38票。

还有候补代表 2 人:任秉裕,富农,29 岁,半文盲,战前是商人,在村选时得票 22 票;任海仲,中农,31 岁,文盲,过去是当兵开小差跑回来,现任自卫队分队长,得票 25 票。

从选举后群众的反映及选举时群众情绪的表现方面看来,是很平常,而没有动员起群众竞选。有些人认为选不选都一样,选还不是那几个人吗!当选者也认为选了就算了,还有少数当选者认为是害他,并问工作员:"今年是否再选呢?如不选的话米家就再支持不了啦!"(如刘效玉,即刘家,群众反映)说任姓参加选举的人多,为了害他都给他投票,又说两个主任都要他姓刘的当。一般群众反映说:"因为刘效玉、刘效治他们家里好,能够招待起军队,米不选他们招待起军队选谁呢?"还有人在选举时不知道如何投票才好(如任会平的老婆,在选举时到处问人家:该投谁啦,如找不到人时我就认的我老汉,我就投我老汉)。根据群众的选举情绪表现及反映来看,在选举时的动员群众是不够深入,只是从政治上来动员,而没有看重在改善人民生活中去发展群众、教育群众(减租减息、优抗、整理支差制度),从这实际对农民有利益工作去发动他积极的参选,而形成不了解选举、怕当选的现象。这也就是不够更民主的表现,当然这只是第一次的民主选举,我们及群众在民主上都没经验。

公民大会是全村最高权力机关,一切村中大小事以及上级干部下乡来或各种工作到来(公粮、春耕、区选……)都能随时召开公民大会。实际上这个会就等于家长会,在村选刚过后曾召开过两次公民大会,还是可以叫个公民大会,因为至少有一半以上的公民到会。但是后来因为会召集的太多了,同时又是占去很长时间,白天就要费半天,晚上开就要废半夜工夫,全家人不能一齐在这误工夫,而且以家庭为经济单位的现社会农村中,一个家长就可以而且家里也相信他来代表全家的意见。所以每次公民大会都是家长会,妇女很少到会(除了特别召集妇女外)。全村共 105 个公民,召开公民大会时到会的只有 30 人左右,老头子也是公认可以不到会的。

这种会的内容是很广泛的,每次的村摊款的分配收集、支差等都是要召开的,这种会都是由主任代表来领导。发言人总是在几个干部的圈子内,群众是很少说话的,除非到与自己利益妨害很大时提出争辩,但是经干部起来解释(不如说是反驳和戴大帽子)后也就无话可说了。另一种召开公民大会时,即是各种工作突击时(如公粮、扩兵、春耕、选参议员、区选……),这多半都是上级区村或行署派来人来领导开会,多是告诉主任代表"某时开会,给召集人来"!主任于是就转告代表"某时开会,召集人来"!代表才满村"吼",每次开会都是村干部围在上级干部周围,群众在后面墙角里。在晚上,一个小油灯的周围都是村干部,上级干部在中间,群众在地下蹲着,一圈黑影简直看不到群众的脸。上级干部讲得口干舌燥——"春耕如何重要……扩大种棉地区……组织代耕队……优待抗属……修水利……","现在要选区长……区公所的组织……区公所的职权……"(后面详叙)。群众尽可以一句话不讲,只是一个人讲(如果上级同时来两个人或几个人,他们可以轮流讲)上几个钟头就可散会。

这样的"假民主"、群众不愿讲话的形式,民主会议群众是不愿开的,他们说"民主"即是"抿住"嘴不能开。公民大会是全村最高权力机关的意义是失掉了,而且"误了工夫",疲倦了群众。

所以正确的、真正民主的、有实际内容又与群众切身有关的公民大会的定期召开,不滥用、不浪费民力,真正解决问题的公民大会按期召开,是今后执行时应注意的。

本村有 2 个主任代表、3 个代表、5 个公民小组。2 个主任代表每人兼任领导 1 个公民小组,村中一切事情都由主任代表来负担。2 个主任代表轮流负责,两月换一次,在轮流负责这两个月内一切事情都由他来管,另一个主任什么都可以不管。这一个主任代表要催收村摊款、催办公粮,应酬招待过往人员及本村驻军机关(文联、文化队在本村住)借东西、要东西,还要应付上级派来的工作员,帮助召集开会,上级要调查材料报告,谈话应付村公所召集的各种会议(在我们调查期间内村公所召集了 5 次会,每次都是一下午一晚上,5 里路半夜回来)。区选去了四五天,这样多的事情压在主任代表身上,使自己不能不"误工夫",不能好好的参加地里劳动,一天忙到晚,这只有中农以上的人才能误得起功夫,贫农是误不起的。所以,当主任代表本身就是负担,谁也不愿当的。

至于讲到主任代表对代表的领导,是差得很。自然村 5 个代表(2 个主任代表在内)是没有定期会议制度的,也没有明确的分工,只是代表听从主任代表的指挥罢了。村公所向主任代表要粮要款,主任向代表要,代表再向群众要。实际上,现在的代表等于过去的邻长,主任代表等于闾长,没有定期开会,只是有临时事时大家临时商量一下。

本村有 1 个女代表,本人是很能干又聪明,比男人脑筋还清楚。但是因为年轻,23 岁,还有小孩,就不被人看重,村中有什么事商量也不找她,派差、要款、要粮时要找她丈夫代替。这是干部对妇女参政及妇女也有民主权利的轻视,这也是对村干部的教育不够。

公民小组会是很少召开的,区选时召开一次,女公民都不到会,在村干部和群众脑中就把"女公民"的名字忘了似的,来的人也不外乎参加公民大会的那几个家长。公民小组会讨论问题还是敢发言的,而且不像在大会上那样死板。现在的问题是群众没有开会发言讨论的习惯和兴趣,而且大会的领导又不能真正民主。假使能很好利用小组的形式在一起间[商]谈中提出群众的意见来,是比那一动就开公民大会强的。

(二) 村政权下的附属组织

(1) 粮秣小组。这是为了协助主任代表有计划的收支、保管公粮公草起见,于去年缴收公粮时选出了 3 人,建立了粮秣小组,组长由主任兼任,富农任秉裕和贫农任元和都是粮秣员。他们的任务主要的是按户收集公粮公草、保藏公粮公草、开支公粮公草,按期向行政村粮秣委员会及自然村主任代表报告收支情形、保存及管理账目。他与自然村主任代表有直接关系,并受其监督和领导,在必要时可与行政村粮秣委员会发生关系。在行政村拨支自然村的公粮公草是要先经过了主任代表,主任代表转交粮秣小组执行,他们分为记管账目,一为收支粮草,原规定每月结算和公布账目一次,但执行是很差的。自粮秣小组建立以来,今年 6 月公粮公草收完才结算,这一时期的账目三日也未算清,差粮两大斗无法查账(主要原因是时间长,管账的人多,收支账目不清),粮秣员还藉口忙而不支差,实际上一点不起作用。粮秣小组是一个形式组织,没有担任起他的工作,实际上还是主任代表负责收粮收草,有时村警直接向民户收要。

(2) 招待员。为了协助主任代表招待来往军政民人员,在村选时民主选出中农任保华、刘秀林。选他的原因是因为他过去不支差、不招待军队,又因为他现在不担任什么工作,而选他两人当招待员。他们的分工是按月轮流,在轮到某一人时,要他招待来往的军政民人员。本村在招待军政民人员时,他们规定的制度按户房窑的多少,不分贫富依次的轮流。军队到村以后先找主任代表,主任代表再找招待员,然后有与军队找房子,需用的粮草在粮秣小组手里领取,烧柴点灯是由群众负责,军队与群众直接拨价。招待员常是不在家,借故推托不负责任,怕误工夫,实际责任是放在主任代表头上的。有时群众发生争论(如此次文化队在该村住房,主任找下的房窑,群众死不承认叫军队住,如刘玉堂母亲抱着主任代表的腿【说】:你为什么欺负我,把军队引到我家里),主任代表是为了在群众中买好,借口军队要住不是他指定的。由这看来,招待员是有其名而实际是主任管。

（3）春耕的优抗组织。为了名义上的优抗,在1940年选举了一个春耕干事任元和——一个小商人——对农业生产一点也不熟悉。自他担任春耕干事以来,就是去年5月借发了粮食8斗给贫苦农民(村公所的4斗,本村富农任亦芝的4斗),在发给时没有与群众说清楚借了要还,结果在秋收时村公所将所借贷的粮食收取,群众不大满意(当时说真倒运,借了粮还要,更不如不借)。今年6月间成立了代耕队一队,队长中农任老三,下分两组,组长由农会小组长兼任,全村能劳动的男子除抗属外一律参加,共15人。在过去曾组织有代耕队,没有与抗属代耕。直到今年6月,在春耕委员会的督促之下,群众不愿意代耕,反映说:米家也做不完,那还能给他代耕啦!有些人说抗属不需要人力(经过我们的调查,有贫苦抗属1户任保富是无力耕种,今年6月给抗属耕地4垧)。代耕队员的分工除抗属外,有大牛1条耕地1垧,调牛1条耕地半垧,无牛有人力的帮助锄草收秋半垧。代耕队在执行任务时是由小组长、代耕队长按代耕队员的名单轮流(实际上等于支差),这些都是原则规定,但实际上没有做。

（4）教育组织。该村也没有什么教育组织,是去年10月设办冬学1处,教员是从行政村派来的任桢教员,需用的住舍或学校的家具是由主任代表负责,督促学生上学是学生内自己选出负责人。全村共上冬学的有37人,共分两班,男女各一班(男17人,内有男儿童14人,女20人,内有女儿童10人),学生在上学时人数不定,但实际上只有男女儿童。训练时间为21天,但收效很小,至多认字50个,至少10个,到现在都忘掉了。自冬学结束以后,再没有建立识字班。

（5）其他组织。除了上述的附属组织外,还建立一种临时性的组织,这种组织是某一动员工作或者有共同工作(如公粮代表小组、减租减息小组),这种组织时间很短,在完成某一突击工作之外随时取消。这种组织的产生是民主性的,都是由群众大会或租佃会议选举出来的,人数不定(3人至5人),参加的人数大部分是干部,但也有群众参加。这种组织的作用,一方面可以在短期中能完成一个动员工作或是突击工作;另一方面,在工作过程中发现积极分子,培养干部。但在实际做的过程中建立了这种组织,但是上级干部常是包办代替了。减租小组自己还不知如何减法,只听从上级工作人员的决定,这是没有发挥了其组织作用,工作过后也就烟消云散了,积极分子也未培养起来。

（三）抗战以来村的政权工作

1936—1937年的工作,这两年的工作是以"防共"为中心,而根据这一中心工作,进行了下列的工作。

（1）进行防共动员,组织防共保卫团,动员防共团员受训两期2人。第一期动员刘效治,在黑峪口受训3个月(一队50人);第二期动员任家芝,在赵家坪受训3个月(一队23人)。同时又组织自然村不脱离生产的防共保卫团(凡年龄在18岁至45岁的男子一律为团员),共组织28人,委任林芝担任副团长(自认为是干事),是黑峪口主村团长任沛生指定的。

（2）动员群众修寨滩坪(石盘头)沿河第一大碉堡。在旧军孟元达(?)旅第一营马康芝一连住该村督促与推动之下,4个月才完成(4月起9月止)。该村除了动员民夫帮助军队(担水、做饭、推磨等外,每日派3人至5人),并动员修碉堡,放哨5人至7人(每日平均10人至12人)。

（3）派款 4 次。

表 3‐44　1936—1937 年村政权派款情况表

	次数	元数	什么钱	
捐款	1	21 元	省币,与白洋差不多	1. 摊派方式是按门摊派的。
	2	19 元	白洋	2. 摊款次数与钱数是不大切实,现在查出来的账簿只有样表。
学费	1	8 元	白洋	
	2	11 元	白洋	
合计	4	59 元		

除以上四［三］个主要工作外,还经常与军队买粮、买草、支差,与政府征收各种税收(如猪羊等税)。红军东征时,该村群众与村副闾长均逃跑山沟,也没有做什么工作。

1937—1938 年的工作:抗战开始,当年 10 月黑峪口成立了村动委会①,该村无有建立组织,也没有什么款税,只动员了两个自卫队到杨家坡受训(刘康年、任海仲)。

1938 年派款两次,第一次派了(4 月间)白洋 10 元,第二次 7 月,派了款省币 18.4 元,11 月又派了省币 14.6 元。除此派款以外,就是经常支差、运粮、运草等。

1939 年春天派款一次,省币 14.6 元,4 月间又派款一次,省币 13.6 元,7 月间派款一次。县政府规定了合理负担分数,该村分数 97 分。第一次每分派省币 0.2 元,共派 19.4 元;第二次 9 月间又派省币,每分 0.16 元,共派款 15.56 元;第三次 12 月间派款一次,每分 0.15 元,共14.55 元。除了派款之外,又动员了两次逃兵归队(刘康年、刘柱堂、刘爱堂等 3 人)。其次,每天派 1 人到黑峪口村公所与旧军赵承绶支差,并经常买粮买草。

1940 年新政权建立以来,主要的工作是动员粮款。第一是四大动员两次:一次是黑峪口,3月份全村动员了粮食 16 大石、白洋 27 元、法币 30 元、手镯一对(3 两);第二次在花园沟,4 月间动员了粮食 3.5 大石,又动员鞋 15 双、袜子 1 双。第二是代购粮 1.3 大石,每斗发省币 0.5 元(滥发之后票子即行倒闭)。第三是 6 月发动群众做空舍清野。第四是经常派人支差(这年的差非常多,每日 1 人至 3 人)。第五是 9 月间动员公粮共 27 大石(用举手决定的粮数目)。

1941 年 1 月到 7 月村选,这一时期的主要工作是村摊款和村选,共派村款三次:第一次 1 月至 3 月,派小米 835 斤、农币 41.5 元;第二次 4 月至 5 月(花园沟快结束时派的),派小米 835 斤、农币 48.5 元;第三次 6 月至 9 月,黑峪口派小米 91.5 斤、农币 45.8 元。其次是 7 月村选前后只做半月,除村摊款和村选以外,就是动员群众支差(很少)。

1941 年 7 月到 1942 年 7 月这一时期的工作,第一是 9 月间征收公粮 26.87 大石、公草 4030斤,现已收支清楚。派村款三次:第一次 9 月至 12 月,每分农币 1 元,共 97 元,米每分 1.5 斤,共136.12 斤;第二次本年 1 月至 3 月,每分派米 1 斤 10 两(是以 91 分派),共 148.11 斤,每分农币1.4 元,共派 128.7 元;第三次 4 月至 6 月,每分派米 2 斤,共 185 斤,每分农币 0.5 元,共 46.25元。以上三次村款粮钱全部收清。第三是冬学工作,去年 10 月成立冬学一处,训练时间三礼拜,

---

①　编者注:"动委会"即 1937 年 9 月 20 日于太原成立的"第二战区民族革命战争战地总动员委员会",亦简称"战动总会"。

共动员男女大小入冬学的 37 人。第四即春耕工作,干部去村公所开会一次,5 月 27 日本村召开村民大会,组织了代耕队,传达了村公所开会的决议,与抗属(任保富)耕地 4 垧。第五,区选。5 月选举了参议会议代表 4 人(任槐祖、任亦芝、刘效玉、刘效治),5 月 27 日在区的指导下正式进行区的选举,经过了各种会议的动员,这是由行署黄同志及区干部领导的,在会议上大讲一气,群众是没有彻底了解区选的(扩干会、代表会、公民小组会、全体公民会等),共 3 天工作,选出了区选代表 5 人(男 3 人:刘效玉、刘效治、任亦芝;女 2 人:刘良在、牛志英)。第六,动员群众支差 4 次(送公粮 3 次,抬木料 1 次,每次 6 人至 12 人),一人二人的零差不计在内;除此以外,并经常招待军队(主要的是文化队住该村,找房子、借家具、借粮、借草、送信等)。第七是 7 月 9 日动员兵 1 次,先由村公所召开扩干会,分配兵 1 人,自然村召集全村干部及逃兵家属会议商讨,结果决定刘康年归队。原因是由于刘康年弟兄 3 人没有老婆,而【且】是中农,所以应该去当兵。又因任海仲中农,亦是弟兄 3 人,也是逃兵,两家斗争到村公所解决之后,两家应该同样当兵,然后担保按期送队(现详情不明)。

除上面七项主要工作之外,如空舍清野、结算账目,6 月做了一次劳军工作(全村慰劳八路军的农币 18.6 元)。

总之,自抗战以来,政权工作的中心主要的是群众的负担。在负担上,以动员粮款是占着大部分的力量,因某一工作自开始动员至结束花费很大的时间(如四大动员、征收公粮、村款摊派等,自开扩干会、群众会直到征收摊派及干部在村的收支,结算账目是托村公所)。

(四) 村政权干部

表 3-45 战前战后村政权干部组织状况表

		1936年				1940年				1942年6月15日				
		村副	间长	邻长	合计	村副	间长	邻长	合计	行政村建设干事	主任	代表	其他	合计
成分	富农		1		1					1		1	1	3
	中农	1		3	4	1	1	3	5		2	2	2	6
	贫农			1	1			1	1					
	合计	1	1	4	6	1	1	4	6	1	2	3	3	9
年龄	18~23		1	1	2							1		1
	24~35	1			1			2	2	1		1	1	3
	36~45			2	2	1	1	2	4		2	1	2	5
	46~55			1										
	合计	1	1	4	6	1	1	4	6	1	2	3	3	9
文化程度	半文盲		1		1	1	1			1	1	1	1	4
	文盲	1		4	5	1		3	4		1	2	2	5
	合计	1	1	4	6	1	1		6	1	2	3	3	9
备考		1. 现在有其他,是指粮秣员任秉裕、2 个招待员(刘秀林、任保华)。 2. 半文盲项是指能写简单账目、看简单文件信件等。 3. 代表内有青年妇女 1 人,不识字,过去任过村妇救干事。 4. 有代表兼任的行政村建设干事,是富农算在内的。												

从表 3-45 看来,无论是在战前战后,中农成分在政权干部中占着绝对优势。如战前共有干部 6 人中中农 4 人,占了全体村政权干部的 67%。事变前同样 6 个干部,中农有 5 人,占了全体干部的 83%。如现在就经过村选,9 个干部,中农有 7 人,占了全体干部的 78%。

中农为什么在村政权全体干部中占着优势？一方面,因为中农的公民数占着相当大的数量,如全村男女选民共 105 人,中农有男女公民 45 人,占全村公民的 42.8%;另一方面,是因为抗战以来中农的负担减少、剥削减轻,所以使他对政府一切法令的拥护,并积极参加工作、执行各种法令。因此,他的政治地位逐渐提高(如刘玉堂、刘效治等)。过去未参加什么工作也无政治地位的,现在均选为主任与代表。主要原因是一般人民对政权的变更与认识不够,又加差务繁重及人力不足,所以由自私观点出发,怕误工夫、怕招待军政人员受到害(如开会、算账、点灯、烧炭、吃饭等)。过去按较好的 4 户轮流(任亦芝富农,任庆生、任庆奎、刘效玉中农),而现在选举的都是中农、富农,都表现了这一因素。

因中农干部一般的生活较有保障,而政府法令对他本身有利,他积极的拥护和参加,而对一般贫苦农民、贫苦抗属关心的不够,而有时采取不管的态度。如减租减息,干部没有积极的领导,推动检查彻底的执行,该村的荒地、户地没有适当的调剂与无地的农民和贫苦抗属耕种。另一方面,对优抗不积极,如该村贫苦无力抗属(任保富),没有设法优待与他耕种的困难。

富农干部在村政权中现在是比过去增加了。如过去富农 1 人,占全体干部的 16.7%;现在富农干部有 3 人,占全体干部 33%。但事变前是没有富农的,因为间长是轮流,但大多数是中农干部,富农每年轮流两月。因轮流干部不固定,所以成分无有计算。现在富农干部的增加,一方面【是因】富农户数人口的增加,另一方面,政府对富农政治地位尊重,使的富农干部在村政权的占有比例是提高了。从干部的成分上来看,现在的政权是中农、富农专政,干部中没有一个贫农。如战前和事变前只有指定的邻长 1 人,这次选举之后亦无贫农,因为怕误工夫,怕招待受害,贫农自己没有积极的争取选举。另一方面,是因为一般人民认为选举了贫农,不识字、办不了事,招待不起来往的军政民工作人员,所以不选贫农。总之,这一政权还没有掌握在最基本的群众手里,同时也没有代表无产阶级利益的共产党员参加领导,而使我们新政权的政策法令彻底的贯彻执行是[时]困难,但事实上已表现出来(如减租、开荒、优抗等),干部们已打了折扣。

从村干部的文化水准上看,因该村一般人民文化水准的低,而使干部的文化水准也是很低的。虽然现在半文盲比过去是增加了,过去 6 个干部中有半文盲 1 个,占不识字的 16.7%,现在 9 个干部中有半文盲 4 人,占不识字的 44.4%;但是这些半文盲只能勉强的写简单信件及简单的账目,就是普通的法令和指示难以了解,使我们贯彻和执行法令受到阻碍,同时使干部的进步也很慢(如前次村公所召开扩干会议讨论区选问题,动员全体干部参加,结果未认清信件而没有参加)。

表 3－46　抗战以来村政权干部的产生及工作历史变化

		1936 年				1940 年				1942 年 6 月 15 日				
		村副	闾长	邻长	合计	村副	闾长	邻长	合计	行政村建设干事	主任	代表	其他	合计
过去担任过工作的	公道团干事						1		1	1				1
	旧闾长										1	1	1	3
	旧邻长							3	3			1	1	2
	农妇救干事											1	1	2
村政权干部的产生	指定 组织	1	1		2	1		4	5	1				1
	指定 个人			4	4		1		1					
	公民选的										2	3	3	8
	合计	1	1	4	6	1	1	4	6	1	2	3	3	9
干部工作历史	半年至一年	1	1	1	3	1	1	3	5	1	1	2	2	6
	一年至二年							1	1		1	1	1	3
	二年至三年			3	3									
	合计	1	1	4	6	1	1	4	6	1	2	3	3	9
备考		1. 组织指定是经过村公所下委,或干部会决定,或少数群众商决。 2. 个人指定是个人命令,未经过群众,也未经过组织。 3. 工作历史是根据他过去担任过同级工作而言。												

从表 3－46 看来,村政权干部大部分是从抗战中教育出来的,或从群众工作中生长出来的。在过去旧政权下担任工作,受着很深的旧的政治影响是很少的。如现在 9 个干部中有农会干事 1 人、妇救干事 1 人,其余刘玉堂、刘效治、刘秀林、任保华等,均是农会会员经过了改造,和群众中新生起来的干部 7 人,占全体干部的 77.7%。

在组织的民主性上来看,不论是战前战后,村政权干部都是指定的。但指定的方式也各有不同:有组织指定的,也有个人指定的。如村公所下委,或扩干会上决定家长商讨轮流;但另一种是个人指定的,如战前的邻长,事变前的闾长、村副(刘效玉、任庆奎)。直到去年 7 月村选时才将该村组织自下而上的民主的选举起来。

从干部工作历史上来看,有两种不同的表现:一种是新生起来的干部,工作经验少,但是很积极,如刘效治、刘玉堂、裴秋忙等;另一种是过去担任过旧的工作的,有相当能力与工作经验,但是消极推托责任、放弃工作,如任亦芝、刘秀林等。

表 3‑47　事变前与现在村政权干部工作表现与政治表现及群众关系

		工作表现									政治表现				群众关心			
		工作能力				工作精神					进步分子	中间分子	落后分子	合计	对群众好	较好	脱离群众	合计
		有能力	平常	无能力	合计	不积极	积极	较积极	不工作	合计								
1940	村副			1	1	1				1	1			1	1			1
	间长	1			1			1		1		1		1		1		1
	邻长	1	1	2	4	2	1	1		4	4			4	2	1	1	4
	合计	2	1	3	6	3	1	2		6	5	1		6	3	2		6
1942	行建干事	1			1					1		1		1	1			1
	主任	1	1		2		1	1		2	2			2	1	1		2
	代表	3			3	1	2			3	2	1		3	2	1		3
	其他	1		2	3	2		1		3	1	1	1	3	2	1		3
	合计	6	1	2	9	4	3	2		9	5	3	1	9	4	4	1	9
附注		1. 有能力是指担任工作能完成任务、方式用得好、不犯大错误等意识。 2. 工作积极是指某一人出来时,能积极参加并完成任务,能起作用;不积极的是工作想做就做或不做,难以推动,一会都不参加。 3. 进步分子是指能坚决拥护新政权,执行政府各种法令(如民主选举、减租减息、开荒种棉、支差等,积极参加及拥护)。 4. 中间分子是指对于政府的改善民生、实行民主各种法令也不反对,但也不积极的参加,也同意而不积极。 5. 落后分子是指对政府的法令好坏都不关心,只站在他本身利益上说话做事,好坏他不管(指减租息、民主选举、抗战动员等)。 6. 群众关系好坏是指能说服群众,公事公办,能与群众解决一些问题,在该村与一般人交情也很好,群众对他怨言很少。																

从表 3‑47 看来,村政权干部自村选以后,有能力的干部是比事变前增加了。如事变前 6 个干部中,有能力的干部 2 个,占全体干部的 33.3%;现在 9 个干部中,有能力的干部 6 个,占全体干部的 66.6%。从干部工作精神上来看,同样的比事变前强。如事变前 6 个干部,只有一个积极的,占全体干部的 16.6%;现在 9 个干部中,积极的有 3 个,占全体干部的 33.3%。从政治质量上来看,现在是比事变前的干部政治质量差。如事变前 6 个干部中,有 5 个是进步分子,占全体干部的83.3%;现在 9 个干部中,有 5 个是进步分子,占全体干部的 55.6%。同时,中间分子是增加了。如事变前 1 人,占全体干部的 16.6%;现在中间分子 3 人,占全体干部的 33.3%。其次,还选上 1 个落后分子,占全体干部的 11.1%。总之,现在干部的政治质量是比事变前减低了。主要原因是在村选时,只在政治动员群众,而没有从经济解决群众的切身困难(如减租减息、优抗等工作)、去把广大群众动员起来、在群众运动中发现积极的进步分子,而形成抓干部的现象(如任秉裕中间分子、刘秀林落后分子)。

(五) 政权的领导问题

自村选之后建立了各种制度,为了政权在领导上更进一步的接近群众,接受群众意见,根据公民的多少,按 15 人至 25 人划编了公民小组(5 组)。各代表更进一步的与公民的生活打成一片,每个代表分工领导公民小组一组,他可经常代表上级政权传达决议指示,并吸收群众对政民各方面的意见,了解群众的各种困难。代表除了领导自己公民小组外,还分配专人领导村中各种日常工作。

该村设有主任代表2人(他们是代表中互推出来的),其相互的分工,除了大的工作共同办理(如村款摊派、大的动员会议)之外,其余是分工轮流担任日常工作(如支差、招待来往行人、收粮草等)。他们互相的工作手续:在每月值满之后要将前月的收支及工作经过情形报交第二个主任代表。代表的工作是比主任要少,除了自然村开扩干会、派差、领导公民小组开会之外,再无其他工作(公民小组开会是很少的)。

自然村的代表会、扩干会、公民小组会、全体公民会,都没有按所规定的制度进行(规定的代表会是一月一次,公民小组会半月一次,全体公民会是一月一次)。实际上他们会议的召开主要的是以扩干会议代替其他会议,在较大动员,如村摊款、扩兵或是动员公粮才召开;其次是召开全体公民会。除此以外没有其他会议,或有也是很少的(如自村选以来,扩干会议开了四次:第一次是村款摊派,第二次是公粮,第三次是空舍清野,第四次是扩兵。全体公民会四次:第一次是征收公粮,第二次是春耕优抗与抗属代耕,第三次是空舍清野,第四次是自然村的选出区选代表。这些会议名义上是全体公民会,实际是大多数的家长会议。公民小组会自去年7月到今年6月在行署黄同志的领导督促之下,在选区代表时开了一次),商量大的问题的解决或村公所的决议、指示新的工作布置,都是经过扩干会、全体公民会议传达及解决。

行政村对自然村的领导方式,主要的是经过各种会议,尤其是扩干会最多(如村选之后,第一次是讨论修任家湾的水利及各村修路、筑坝、开荒,第二次是征收公粮,第三次是春耕布置,第四次战时动员,第五次是讨论村款分数的增减,第六次扩兵)。在政权的单独会议是开的很少,或开会也是只为摊派。如三次村款摊派召开了三次单独会议,在这些会议上给了自然村的干部很多的知识,很多工作的帮助,解决了工作中的好多困难。其次,对自然村的领导就是区干部到自然村实际的布置和帮助完成某一工作。如去年征收公粮【是】二区农会的区干部帮助领导村干部完成的,如今年的区选是区武委会及行署黄同志帮助进行完成的。除上级区的干部帮助之外,村长也到该村帮助,自村选之后村长去该村帮助过四次:第一次去布置公粮工作,说明征收公粮的重要,大家不要包庇;第二次是公粮正在进行时去一次,座谈了一下就走啦;第三次是今年6月3日去收村款一次,叫村主任帮助调查团的工作;第四次是收大烟税和调查烟的地亩,干部们说,什么也没有做就走了,有的老百姓说收烟苗罚款来了。这就是村长对该村领导的具体情形。同时,村警也经常去该村收款,有时帮助主任代表到各庄户家里收粮收款,除收款之外,其他问题是一律不谈。

行政村的工作布置也是按期在扩干会及代表会议上布置,或者主任到村公所座谈一下就把工作布置了。但是村公所对自然村工作的检查是很少的,自然村与行政村的报告也很少,或有重要问题,或完成某一工作,主任在黑峪口赶集时,附带就与村公所谈谈。自村选之后,村公所召开检查工作会议也只有两次:第一次是检查种棉情形及耕地垧数与完成的程度,主任也没有报告出来什么东西;第二次是检查账目及各种开支情形,检查结果也没有什么。行政村干部到自然村也只有帮助布置,也没有什么检查总结,提出以后工作意见。自然村对公民小组也只有一些会议布置,而没有什么检查(如主任领导公民小组一组,也不知道他本组公民的一切情形或对政府的意见)。总之,不管是行政村自然村,都只有会议上的工作布置,而没有按布置一次一次的检查。

正因为没有严格的续次的检查督促,所以行政村有好多重要的决定和指示在自然村干部就打了折扣。有时不能执行,或者有些决议仅仅是自然村主任知道,而没有深入到群众中,或者群众中已发生了重大的问题,干部们也没有召开干部会议适当解决与处理(如开荒问题,好多无地的人还不了解法令,地主夺地几户,佃户也不清楚,干部也没有设法解决)。就是公民有违反政府法令的行为,干部们或也知道,但是也不迅速解决并任其自流,造成对法令的不尊重(如 6 月初,该村公民任则宾、任效芝等,招集陕西的赌博家来该村昼夜赌博,妨害春耕,被任效芝之妻将赌具抓拿,并报该村主任。但主任坐视不理,不设法即时解决,或加以批评,或送村公所,或自己召开会议,及对赌博家加以教育甚至处罚,以免赌博流行,妨害生产)。又如执行优抗法令也没法有彻底执行(如该村抗属 6 户,有 1 户是最贫苦又无人力,政府一直没有优待或人力上对他帮助,精神上没有安慰,造成该村逃兵久逃不息)。这都说明领导上没有严格的检查,使得政府法令不能贯彻。

正因为没有严格的检查,没有深入下层更具体的帮助与教育,下级干部所以使的自己所规定的制度也不能坚持执行,并使干部造成工作松懈、自由放任的现象(如会议的按期召开、上级会议的按期参加及账目的按期清算,都不能照时进行,公粮账到现在才算,差了两大斗找不到对象)。干部们在私人关系上是一团和气,工作上是你不管我我不管你、你不找我我不找你的态度,没有对不负责任的干部加以批评和教育(如任秉裕当粮秣员根本不工作,刘秀林招待员根本不招待,任亦芝是建设干事,连行政村的会都不参加)。总之,自村选以来政权的领导、各种制度的执行、对下面的帮助都有了进步,但是还抓的不紧,使的好多的法令指示不能彻底执行及按期完成任务。

九、群众团体

群众团体与自卫队的材料是很少的,在开始时未准备调查大纲,收集的材料是很零乱的,现将所得材料写在下面做研究的参考。

(一)抗战以来各团体与自卫队建立与发展

表 3 - 48　各团体与自卫队的组织建立日期

名称	成立日期	发起组织与发起人	被指定的干部姓名、职务	附记
牺盟会	1938 年 2 月	二区动委会派的人	指定任林芝担任干事	富农,粗通文字
农救会	1938 年 6 月	村公所任诚村长	指定刘康年担任会长	中农,不识字
妇救会	1938 年 9 月	村妇救会专员任秀华	群众大会选裴秋忙任干事	中农,不识字
工救会	1939 年 6 月	村长任诚	指定任桃芝任小组长	中农,不识字
青救会	1939 年 6 月	村长任诚	指定任虎儿任小组长	中农,不识字
自卫队	1938 年 5 月	自卫队中队长郭芝兰	指定任元芝担任小组长	贫农,不识字

抗战开始第二年左右,在战动总会及牺牲救国同盟会帮助之下,相继建立了各个形式组织。自成立之后,这些组织逐渐有了些发展。因组织变动的快、干部无经验、领导不深入,只注意共同的动员工作,没有联系自己的组织本身工作,使这些组织发展的过慢,都没有活跃起来。其情形:

(1)牺牲救国同盟会——1936 年已建立有组织,当时只有行政村牺盟会,自然村没有组织,于 1938 年 2 月在战动总会的帮助下恢复起来了。自 1938 年恢复牺盟会时,中庄村才开始建立,指定富农任林芝任本村牺盟干事,经过了两年工作才发展了 6 个会员(会员成分是中农 5 人、富农 1 人)。打顽固之后,1940 年新政权建立,牺盟会实际上失去了他的作用,大部分干部转入政权,使这组织逐渐的消沉下去了。牺盟会在中庄也无一点影响,据群众说,现在是解散了。

牺盟会在当时的工作是很多:主要的工作是动员工作(如动员兵、粮、草、款等);其次是建立自卫队及各团体(甚至青妇自卫队);再次是做合理负担、减租减息、优抗济贫、整理摊派方式、确定村与户的等级摊派法,所以在中庄同样决定按厘股摊派的具体办法。在那时,牺盟会领导也是很简单的,行政村有领导组织,下面有自然村干事,再下有小组长。行政村有 5 个干部,所谓秘书、组织、宣传、文书、干事等的分工,"自 1939 年 4 月行政村牺盟与村公道团合同办公,名为'牺公联委会'。一般的村干部不到自然村,较大的突击工作(如动员兵粮等)行政村干部来自然村或召开干部会布置工作,也没有什么检查总结,这就是牺公会当时的领导"。

(2) 农救会——1938 年 7 月在牺盟会帮助之下建立起来的各村组织,是很不统一的,每个自然村有农救会(内有会长、组织、宣传等分之),各村组织有独立性。在成立农救会时,任诚村长召开了群众大会,预先就准备好了,在大会一致通过刘康年为农救会长(实际上是指定)。"他是中农,又是青年",群众当时认为当农救会长要能当兵,同时刘康年弟兄 3 个也怕兵役,不愿意做这工作。1940 年 2 月,刘康年果然抽兵走了,没有会长,任诚又指定刘效玉任农救会长,事先在黑峪口街上与刘效玉谈好了,次日在村开干部会决定的。在 7 月,区上提出整理组织,将农救会长改名为"闾干事",开群众大会正式通过刘效玉为农救闾干事,同时选出了两个农会小组长(中农 1 人、贫农 1 人)。这时仍无正式会员,凡年龄在 15~55 岁以上男,除商人、吹鼓手、富农外,均为农救会员,共 28 人。到了 9 月之后,青救会、工会建立,又整理组织,就在农救会内分出会员 7 人(青救 5 人、工救 2 人)。1941 年村选时,7 月间相当彻底的一次整理,会员都经过自愿报名登记。因过去干事选成了政权的主任代表,又选上中农任虎生,过去任过旧闾长而现任该村农救干事,选中农任乔大、任桃大为小组长,正式划分两小组。在当年 9 月间做公粮工作时,因公粮定等级不大公道,虎生说了几句公道话,区干部说他包庇,在群众大会上罢免了。又选出打短的贫农任则斌任农救干事,他的工作经验少、教育差,使工作陷于停顿,其他的小组长仍无变化。

现在农救会的组织状况:

表 3－49　农救会组织状况表

成分		富农	中农	贫农	其他	合计	年龄					文化程度		
							15~23	24~35	36~45	46~60	合计	半文盲	文盲	合计
人口	全村人口	20	74	89	6	189								
	参加农业生产的人	17	71	86		178								
农救会	干事			1		1		1			1		1	1
	小组长		2			2	1		1		2		2	2
	会员	2	11	6		19	2	7	6	4	19	6	13	19
	合计	2	13	7		22	3	8	7	4	22	6	16	22
备考	1. 所谓农民,是指自己从事农业生产的男女。 2. 已当兵的"逃跑者""商人""贫民""吹鼓手"等,均未计入农民内。 3. 全村共有农民 178 人,除妇女农民 99 人外,男农会员 74 人,除男小孩子 19 人,实际生产的男农民仅 55 人。													

从表 3-49 来看,农民参加组织的很少。能参加组织的农民 55 人中,现参加组织的会员 22 人,只占农民的 39.84%,未参加的人占 60.16%,依农民 74 人来计,不足三分之一。总之,自抗战以来到现在,大部分的农民还没有参加组织活动。同时,参加农救组织的大部分是中农,而最基本的贫农参加者是少数。22 个会员,中农 13 人,占全体会员的 59.2%,贫农 7 人,占 31%,富农 2 人 9.8%。这一农救组织在该村看,不但是数量少,且质量差。(在公粮中假报、支差不公、地主无条件的夺地与优抗不执行等)不平的事,农救会未积极的起作用设法解决,以及发动群众为公道而斗争。不过,经过长期工作及组织的整理,大部分的会员对农救会组织有了些认识。但认识上面是不一致的:大部分会员认为"农救会是庄户人的组织",并办米家种庄户人的事,有几个佃户会员说农救会是给"米家减租的组织",还有两人认为是给抗属耕地的组织(这是给抗属种过地的会员说的),还有两个会员说是抓兵的组织(因为行政村农救会秘书到该村帮助抓过逃兵)。他们对他义务方面也认识不一致的:有的会员认为多种地多打粮,交公粮打日本(多数会员),有 3 个会员认【为】参加农会就是支差,有的说加入农救会与抗属耕地,比人家先耕。总之,会员认识是根据他切身经验出发,他是看干部去村干什么、做什么事,他就认识什么组织。

自然村农救会的工作与自然村政权工作是分不开的。自有农会以来,干部主要的是协助闾长办理一切杂事(招待军队、找房子、要粮草),做各种共同的动员工作,如扩兵、调集公粮、春耕、冬学、村选等。上面区村干部到村之后,不管什么工作,一去就是开扩干会分工进行,干部开会成了他的负担大的工作,一来干部几天几夜的不休息开会。在 1938—1941 年 7 月之前的农救干事等于副闾长一样,行政村政权干部也把农救闾干事当成副闾长。两次的干事都是村长去指定的,群众同样认为是副闾长,都怕当干事,都要找家内较富裕的人及家内有人手的担任干事(如刘效玉,现在的主任代表,自担任农救干事以来经常做起粮草、招待军队的工作,自己说现在工作与当任农救干事工作差不多)。

除了一般的共同工作、动员工作之外,本身工作做的很少,减租工作都是在公粮工作时附带大家做的。春耕中的开荒种棉、地主夺地等问题,只开户主会议作宣传,实际领导做的没有。在春耕时解决种子、优待抗属是很少的,只借过 8 斗粮发给了贫苦抗属及 2 户贫农,与抗属借过 5 斗粮食吃了,今年给抗属耕了 4 垧地。这些工作的做成不是自动的,而是要有区或行政村及外来干部推动督促才能完成的。总之,在关心农民生产方面起的作用是很小的,都是自己管管自己,与农民要东西时多解决农民各种困难,领导农民有组织生产是没有的。

对农民教育也是说上的①,没有领导农民上冬学,也没有把政府减租法令向农民说清楚,地主夺地农会无办法,佃户也不知道到政府请示一下。自成立农会以来,只收过 3 次会费:1939 年 7 月,每人 1 毛钱——有的富裕者 2 毛——收过 3.6 元"票子";1940 年 3 月收过 2.8 元"票子";1941 年 2 月收过 1.8 元"票子"。在收会费时都是农救干事收好交行政村。对会员交会费教育也是很马虎的,在 1939 年收会费时,群众还不知收钱干什么。1940 年收会费时,行政村干部说吃租子的人不要他交会费。现在会员对交纳会费有三种认识:有的说,会员就应该交会费,地主想拿会费还不要他加入农会,米家出 1 毛钱"不累事"(不累事的意思就是说没关系);有的说,农

---

① 编者注:即"口头说说"之意。

救会没有钱办公,那些钱是帮助办法,还要印公事①;还有 3 个会员说,会费是县农会拿去集起来优待抗属、救济没吃的穷人。这就是收会费的一般情形。

以上两个问题是谈自然村农会的组织在各个时期变动情形及建立农救会以来的工作情形,关于领导问题我在后面去谈。因群众团体领导大致相同,现在我来谈妇救会的组织及工作情形。

(3)自然村妇救会。中庄村妇救会是抗战开始的第二年,即 1938 年 9 月,在战动总会帮助下,由行政村妇救会任秀华专员建立起来的。当时召开了群众大会,选出了中农裴秋忙担任妇救干事,下面在[再]也无组织,凡是妇女均为妇救会的会员。1940 年夏天,区提出整理组织才建立了下属的小组,选出了贫农高女则担任小组长,干事无变动。当时仍没有划分小组,一直到 1941 年 7 月村选时,才在自动报名原则下登记了会员,重新划分了小组。到 1942 年 5 月,因会员增加了,原来干事选成了自然村政权公民代表,又增选出了白莲翠担任干事(她是今年 5 月间从小善娶过中庄来的,原来任过小善行政村妇救秘书 2 年),同时又增选小组长 1 人。现共两小组,一般说来妇救会组织在本村是很健全的。妇救会的组织现状如下:

表 3-50　妇救会组织状况表

	成分					年龄				文化程度
	富农	中农	贫农	其他	合计	15～23	24～35	36～45	合计	文盲
妇救干事		2			2	1	1		2	2
小组长		1	1		2	1		1	2	2
会员	2	9	17	1	29	8	11	10	29	29
合计	2	12	18	1	33	10	12	11	33	33

根据这一表,首先说明一个问题,就是妇救会组织没有什么大的变动,干事都经过了相当长期的工作,在群众中有些威信。尤其是原来干事裴秋忙,政治上很进步,工作上很积极,去年村选改选成代表,现仍兼干事。另一个新干事虽然是才娶过本村,但是她是一个党员,全村唯一的党员,认识很好,当过行政村妇救秘书,群众说她有"程度"才选她,工作方面很积极。小组长一般的都很好,妇救会的会员在去年村选时都是经过了教育的登记,新编为小组。在村选时,会员们都积极的参加了民主的选举,在妇救会分配的工作,大部分的能完成任务(如做军衣、军鞋等),能响应妇救会的号召(如去年妇救上冬学就 12 人,妇救干事能自动的上冬学)。其次,从上表来看,妇救参加组织的不够广泛,参加组织的是青壮年,老年都没有,已参加组织的妇女占全体妇女的 32.5％。从妇救会工作方面来看,自抗战以来主要的是动员工作,自己本身工作也做得很少。他们在抗战工作的作用,表现的较明显的是经常给军队做军鞋衣。在环境较好时,他们站岗放哨,虽然不经常,但从他们久受压迫的散漫家庭内走上武装保卫家乡的岗位上去了,这是很大的进步。在给军队做军鞋、军衣用的时间较多的。自抗战以来,共做军鞋 82 双、做军衣 48 件,计工每双军鞋 5 个工,共做 410 个工,做棉军衣每件 4 个工,192 个工,合计工为 602 个工,每个会员平均都在 18 个左右。其他妇女做的也很少的,除了上面两件大工作外,经常在家内做空舍清野工作。

---

① 编者注:即"办公事"。

在自己工作方面，一般做的很少，除了去年动员过 12 个妇女上冬学外，其他方面教育很少的，尤其是对妇女生活改善法令执行的差，如买卖婚在中庄还是浓厚的(如刘枝林老婆买的 60 多元白洋，今年 5 月任虎儿 80 多元白洋买的)。同时，对按年龄结婚保障也差，在本村结婚的都 13～15 岁多。除此外，妇女一般的说新政权建立以来打骂虐待是很少的，妇女对军队隔阂大部消除，但个别妇女对军队不好的态度亦有之(如刘玉堂母亲死都不要军队住房子)。

妇救会除了做军鞋军衣与站岗放哨外，他们对一般的动员工作参加的很少(如动员公粮、扩兵、摊派等)，有时开会不去，或参加了会议而不做什么工作，会员们在去年村选中是很积极，这就是妇救会一般工作情形。帮助军队做鞋缝衣是多少算作成绩，但是这并不是自愿自觉自动的做，而是政府派下来不得不做，当作支差来负担的。妇救干部在平常没有任何工作，有工作或开会时(扩干会)常是被动的，得要村主任或农救干事推动"吼叫"几次才能来，妇救会在村干部中是看不起的。

(4) 青救会。青救会是 1939 年 6 月任诚村长指定中农任虎儿任青救会小组长以来，直到现在组织没有什么变动。全村共有 7 个青年，也就是 7 个青救会员，他们又是青年队的队员，因为青年队的小队长是青救小组长兼任，使群众只认识青年队看不到青救会。现在青救会的会员只知道他是自卫队员，而没有认识他是青救会员，只有干部才认识了青救会员。青救会的工作与青年队的工作也难分开，青救会的工作实际上是青年队的工作。除了青年队工作外，青救会再没有其他工作，有的工作也很少。如去年动员了 3 个青年入冬学，2 个青年参加民兵，1 个青年打过 3 天游击。这就是青救会的组织与工作的情形。

(5) 工会(无工人的工会组织)。中庄村根本无工人，只有几个给人打短的短工(农忙时)，他的生活主要的是靠自己种地为生。1939 年 6 月，牺盟会在普遍建立工会的号召之下，指定了中农任桃芝——根本未做过工的人——任工会小组长，至成立以来到现在 1 个中农组长、1 个贫农会员，这就是工会的组织。他们也没有什么工作，只有工会小组长同样做了些共同工作。

(二) 群众团体的领导问题

首先谈行政村各团体对自然村的领导，主要的是经过行政村政民扩干会议。他们工作布置、检查、动员、分工等，都是由政权出面，召集行政村干部与自然村干事、主任代表(较大的动员工作还召集各小组长及公民代表)到行政村开会，在这会议上提出工作办法，分配一定数目，按期完成一定程度。有时分编小组分配到自然村工作，行政干部与区县来的干部都分到自然村去帮助工作。

行政村干部有较大的工作才下自然村去，一到村仍然召开自然村小组长、干事、小队长与少数积极分子会议，传达行政村决议，布置自然村的工作。不管是党政军民，什么工作都要做，主要的是动员工作本身的工作，如哪一个团体人去了哪一村，哪一村的组织工作做的好一点，其他工作就得过且过。有名无实的召集群众大会，改选一个至两个负责人，或开个会员大会讲些动员工作问题，就算完成了，他的组织改造或称之组织工作做好了。很好教育给某一组织的会员用组织力量来保障一个动员工作的完成，这样现象不多，也没有去锻炼组织教育干部。每个行政村干部到自然村完成了一个工作也不总结，七拉八扯的就回到行政村去了。

行政村干部到自然村去时非常少，有的团一直没有到过中庄。现将各组织到中庄情形谈一谈:农救会的干部,自建立农救会以来去的次数很少。第一次任汝义(农救会秘书)1940 年 2 月扩兵去了 1 次,其他未干什么;第二次 1940 年 5 月四大动员,带了二十几个工作员强借粮去了 1 次;1940 年 12 月,整理组织去了 1 次,什么也没有做,开了个扩干会,又开了个会员大会,坐了 2 日回去了;去年 12 月,收会费去了 1 次,开了个小组会议,一天走了;去年村选时去了 1 次,与区干部开了扩干会,坐了 3 天走了;今年 6 月,农救会区选举去了一二次,先开了扩干会,召集小组长会议,又召开了会员大会选出来代表,附带动员了逃兵归队。妇救会干部自成立妇救会以来去过 1 次,是 1938 年,专员任秀华去过一次,建立了妇救会的组织。关于工救会、青救会,自建立组织以来就没有到过 1 次中庄。区上的干部有时也去,是大的工作来到时,去年二区农会秘书去了 3 次(春耕、村选、公粮),在村坐的时间也很长(半天至 3 天),他们不但是完成动员工作,而且做了组织工作。总之,区的干部到了自然村之后,给了自然村的干部有了相当大的教育,同时发挥了自然村组织的力量。

行政村各团体,除了政权召集开扩干会、布置检查工作之外,本身没有一次单独会议来布置工作,提出工作计划。同时也没有在行政扩干会上提出群众工作的意见,对自然村干部也没有什么具体帮助及教育,就是做错了或不做工作,也没有很好纠正。在工作上也没有密切的关系,自然村干事还认不得行政村委员是些谁。这就是行政村各团体干部对自然村各团体的领导情形。

自然村各团体如何领导呢?仍然是扩干会为主要的领导方式,有时扩干会是行政村干部去召开的,有的是主任代表召开的,一切工作都是经过这个会议来解决一切问题。这个会大部分是决定多,讨论工作办法少,各团体单独开会讨论行政村各团体指示决定是没有的。如工作抓紧了,他们召集一个家长会议,名为动员大会,做些宣传就是他们的任务完成。在自然村各团体关系上说是很好的,都是互相帮助,而没有什么斗争,有了工作大众一伙儿做。各团体与政权关系一般的说也很好,只有四大动员之后,农救会与政权关系不明确,农会包办政权工作,干事代了副间长,有时成了村警或招待员的责任。自村选之后是消灭这样现象,现在只有政权派人做鞋,不通过妇救会去分配鞋的数目,而形成不公道的现象,妇女不接收分配这样事是很少的。总起来说,工农青妇各组织与政权关系是很好的。

自卫队的组织与工作。自卫队是 1938 年 5 月在战动总会推动之下,将阎锡山时代的"防共保卫团"改变过来的,是行政村自卫队中队长刘进富去建立的,把全村凡年龄在 15 岁以上 45 岁以下的男子共编了 1 个小队,指定了正副小队长(贫农任元芝、中农任乔大分任正副小队长),共编队员 28 人。1940 年新政权建立,自卫队在 4 月又来了一个新的编制:召开了群众大会重新组织,凡年龄 15 岁以上 45 岁以下的男女,一律参加自卫队,并按年龄性别分编各小队,15 岁至 23 岁男青年 1 小队,24 岁至 35 岁壮年队,36 岁至 45 岁成年队,妇女共 1 小队。每小队 5 人至 15 人,设正副小队长,10 人以下不设副职,共 4 小队,设了 1 个分队,仍由过去的正副小队长分任正副分队长。1941 年 9 月,行政村建立了"人民武装抗日自卫委员会"组织,又有整理,但下面的组织大体上与前同。现分有男女青年各 1 小队,34～45 岁男女成年各 1 小队,老年男 1 小队,设分队男女各 1 队,每队有分队长 1 人,每小队设小队长 1 人,选富农牛子英任妇女分队长,选中农任海仲任男分队长。现在自卫队的组织状况:

（1）自卫队员

表 3-51　自卫队组织状况表

		小队数目	队员成分						队员年龄					附注
			富农	中农	贫农	贫民	其他	合计	15～23	24～45	46～55	合计	占百分比	
男数	青年	1	1	1	5			7	7			7	26.5	男占全队员57.8%
	成年	1	2	5	3			10		10		10	28.75	
	老年	1		4	4	1		9			9	9	34.75	
	合计	3	3	10	12	1		26	7	10	9	26	100	
女数	青年	1	2	3	3			8	8			8	42.2	
	成年	1	1	2	7	1		11		11		11	57.8	
	合计	2	3	5	10	1		19	8	11		19	100	
总计		5	6	15	22	2		45	15	21	9	45		

从表 3-51 看来，自卫队的男女队员占全人口的 24.75%，全村 189 人自卫队员才 45 人，是很少的数目。同时妇女队员比男子又是少数，101 个女参加自卫队的 19 人，占女的 19.1%，男的 88 人自卫队员 26 人，占全男子的 29.64%。为什么女少呢？因女的年龄有限，45 岁以上的无资格，同时在年龄内的有些也未参加。名义是 15～45 岁的都参加，而实际的 15～45 岁的自卫队员中，【30 岁以上的】只有 31 岁的 1 人，其他均未参加，新增加的女的还未登记编队等故，所以女的自卫队员数目过少。在自卫队员成分上来看，中贫农占绝对优势，45 个队员中农 15 人，贫农 22 人，合 37 人，占全队员的 82.2%。在队员年龄上来看，青成年占优势，45 个队员青成年有 36 人，占全队的 80%，46～55 岁的老年占 20%。从这两方面来看，队员本质上是很好的，在政府号召之下能积极拥护且有力量去完成他的任务。

（2）自卫队的干部数

表 3-52　自卫队干部情况表

	干部成分				年龄				文化程度			说明
	富农	中农	贫农	合计	青	壮	老	合计	半文盲	文盲	合计	
分队长	1	1		2		2		2	1	1	2	1. 分队长 2 人内有妇女 1 人。2. 壮年小队长包含 35～45 的成年在内。3. 妇女小队长内有青年 1 人。
男小队长		1	2	3	1	1	1	2	2	1	3	
女小队长	1	1		2	1	1		1		2	2	
合计	2	3	2	7	2	4	1	5	3	4	7	

分小队长自行政村武委会建立以来，都经过队员至下而上的选出来的，妇女队长是由妇女中选出来的。男分队长中农任海仲，过去曾参加过旧军，因吃不下军队中的苦，开小差回来的，工作还积极；妇女分队长富农牛子英过去任过分队长，工作较积极；壮年男小队长，贫农，过去任过旧政权的区警，现很进步，工作很积极，是自卫队全体干部中较好的一个；老年小队长，贫农，过去受过防共团训，现在工作不积极；其他两个妇女小队长工作很平常；青年男小队长中农任虎儿又是

青救会小组长,参加民兵工作还不错。在这些分小队中最积极的有 3 人,平常者 3 人,不积极的 1 人,但实际完成任务的是 1 个分队长、2 个小队长。有 2 个小队长最弱,去年 7 月到现在还没有工作过的,有差务时很难找到他。

(3) 附带自卫队的组织

表 3-53　自卫队内的组织表

	锄奸小组	民兵小队	情报小组	担架小组	合计
各组队数	1	1	1	4	7
各组队人数	3	5	3	16	27

这些小的组织都是自卫队之内的组织,组员也是自卫队员,有任三职的,各个组织性质、任务是不同的。锄奸小组是秘密的,"村内群众都知道",锄奸员是行政村武委会指定的好队员,或者较好的干部,但实际上没有工作,也不起什么作用。游击小组群众号称民兵,1941 年 8 月组织的 3 人,今年 5 月又开会选出了 2 人。这些队员也是自卫队员中积极分子,身体强健、年龄很轻的,有队长 1 人,是青年小队长兼任的,去年冬季敌人扫荡中,他们还打过几天游击。情报小组组织目的是敌人扫荡的紧急时向军政民各机关送情报,平时派信,他们自组织起来送过两三次信,实际上也就是撑着轮流送信件而已。担架小队是年龄在 18~45 岁之间的男青壮年组织起来的,在平时战时有担架及较重的运输由他们负责,但照着做的是很少,多半是依自卫队轮流的。这就是附属组织的一般情形。

自卫队干部的待遇是分队长不支差,小队长支轻差(如送信、送草、修路等),民兵不支差。关于民兵支差问题,原规定是战时不支差,打一天游击抵两次差,现任村公所及武委会规定民兵平时也不支差,因为优待民兵。但是民兵到了敌人扫荡时都带上自己的孩子老婆逃到山沟里去了,去年冬季扫荡就是如此,他们在打游击时供给由群众负责。

自卫队的纪律一般的说是很松懈的,有个别队员在执行任务时可以借故推脱,可以走到路上又逃回来,还有队员不去的也就算了(今天 6 月间叫任桃芝送信,他根本在家睡觉,起来说找不着人,叫另派人送去。又如今年在任家湾捎木料,有几人自造谣言说今天不捎了,叫我们回来,结果村公所又找来了,才知道是支差的人未去)。这些问题发生之后,自卫队内没有开会批评教育以至处罚。

担架、运输在中庄看来是自卫队的经常工作和中心工作。为了便于执行这一任务,建立有担担架运输的组织,名为"担架队",队长由分队长兼任,下分 4 小组,每组 4 个队员,并有担架 4 对。运输队只有个名义,有了搬差务都是按壮丁轮流派差。现在差事比 1940 年、1939 年少的多了,在那个时候平均每人每月都在 3 次以上,每天有 1 个人在村公所等候,"名为候差,又为停差"。还有一种临时差(如运粮草与旧军搬运家眷),1941 年支差少了,平均每月能支 1 次差,1942 年,即今年 7 个支差,多者 6 次,少者 5 次,主要的是运粮 3 次、抬伤兵 2 次、背草 1 次。运输用人上也是最多,要派多者 12 人,少者 6 人,同时运的较远者 60~30 里,近者 30~20 里,背重者 60~45 斤,轻者 40~30 斤,担架运输群众普称重差。重差的负担均 18~45 岁青壮年成年男子负责,轻差送信、带路、运输 30~20 斤小差、做鞋等,谓之轻差,由妇女、男的青老年负责。不管是轻重差均照例轮流（如有应支差者不在家，下次补之，有疾病者例外）。

群众对支差一般是满意的。有派支不公，不能按规定的轮流制度的执行，群众不满意，主要是干部支差不能起作用，他们自己支差打折扣，在村不支差的人不少。1942年6月前，自然村不支差人数：5个民兵不支差，2个主任代表不支差，3个代表不支差，1个分队长不支差，1个粮秣小组不支差，有13人不支差，共26个队员13不支差。6月之后，在群众反对之下重新决定2个主任代表不支差，分队不支差，民兵、代表、粮秣小组长支轻差，现在实际不支差的人为3人。自决【定】之后，有少数干部不满称说："我不工作了，从前说了不支差，现在又叫我支差（任秉裕）。"他们派支的人是不固定，原来规定派支由自卫队分队派，今年村公所决定由代表派支，因为自卫队派不了差、主任代表不管事之故而决定代表负责。

站岗放哨是不经常，一般的平时不放哨，敌人扫荡的前后时才放，敌人来了都逃到山沟内，均不放哨。白天内是一小队，名为妇女自卫队员放，夜晚是青壮年放哨。去年冬季敌人到村时还不知道，全部队员都带上老婆孩子到了山地内去了（距村5里至7里山沟窑洞）。他们轮流方式都是分队长、小队长按队员多少编成次序，一小队一小队员的轮流，轮到男子由男队负责，轮到妇女由女队负责。查哨不严格，敌情紧张时由分小队长查哨，平时无人查，放时自己不放，回了家去睡觉。在放哨时也没有什么武器，大部分的刀矛都损坏了。1939年本村自己打有长矛20把、大刀2把，现在都埋在土内锈的无用，有的老乡拿上打狗防狼，都搞坏了。现剩下6把，事实上也不能用，大刀2把叫花园沟拿走了，有矛也不愿拿。队员们说："军队拿枪都不抵事，米家老百姓拿长矛还抵事吗？"在放时也未规定什么通信联络。去年冬天还清查了一次户口，由分小队长、主任代表带上，挨户清查。

一般群众对空舍清野都很注意，尤其是1940年冬季扫荡之后敌人烧杀的影响之下更加积极了。他们在领导这一工作时，先由行政村开干部会，然后自然村开扩干会作一番宣传，就完成"空舍清野"。严格检查、有组织的去领导推动、帮助抗属及无力的空舍清野是没有的，不过群众为了自己保卫他的财产不受损失，大部分都有山洞窑洞，敌人未到之前都搬到山沟内去了。群众在敌人三光政策之下，对空舍清野有了些新的实际办法，他们把粮食都藏到较远较好的地方（如敌人快到之前，把老人小孩及牲口都搬到山沟内，牵到很远的另一地方藏起，为防止牛驴叫唤暴露人的目标，放在另一块地方；但也有人过于保守，怕人偷走，把粮食衣物埋在家内被敌人拿走了，如任正当等）。因中庄在山地，距大路5里之外，老百姓往往不注意把家具、门窗等笨重的东西拿走，结果被敌人拿走或"作害"了（如任林芝的枣损失了二十几袋）。自卫队到了紧急时到山上不放哨，有计划的掩护群众退却是没有的。

自卫队的训练方式（多为会操、检阅、群众大会）自建立自卫队以来经过了县、区、行政村的检阅：黑峪口4次、李家湾1次、高家村1次、兴县城内1次，共7次，利用纪念大会是最多的。其次是用集训方式，1940年11月在黑峪口训练3日，小队长训练10日；1941年11月、12月又训练几次，均为十天半月1次，多由中队长督促检查，并领导着分队长、小队长进行。如中队长不去自己领导，则训练一次也没有进行。

训练教材中，军事课是主要的，一般的军事常识，如步法、整齐法、转法为最多的。其他是唱歌，了解程度不好，跑步、齐步、便步、左右向转大部队员能做，但不能做的很好，对唱歌还不错，每人唱会5个歌子。如"军民合作""国共合作""工农兵学商"等歌，唱的不齐，今年到现在还没有训练与检阅一次。政治教育没有专课,多用群众大会。

训练时间都是用的农闲时间。如头年十一月至次年正月,每半月十天早晨夜晚进行,至少为两点钟,多者半日。检阅是一日至三日长。在敌人扫荡时及平日,实际工作没有进行什么教育。

战时的带路送信很少的。在敌人冬季扫荡时带过 2 次路,送过 2 次情报(区上),大部分是老汉们送的。平时信也不多,一年每人多者送 3 次,去年送 3 次的只有 9 人,其余为 2 次。

帮助军队做归队运动根本未起一点作用。干部本身就是逃兵,家属是逃兵都不管,只得互相包庇而已(如自卫队的分队长任海仲,原来是他当兵,回来又叫他弟,当兵回家一年,将老婆搬到外村内种地,死不承认)。这次行政村扩兵,中庄 1 人,干部会决定要刘康年,因为刘康年没有老婆。他又不愿去,与任海仲斗争,结果到村公所解决,2 个都是逃兵,都应去,限 7 日将人找回。总的说来,自卫队没有做一点归队工作。

帮助军队做军鞋军衣都是妇女的任务之一。自成立自卫队以来,做军鞋 82 双、棉衣 48 件,每人用工 18 个(前面妇救会工作已谈过)。他们的执行方式是,如有军鞋军衣时,先由村公所派到自然村,主任代表再交妇救会干事,按会员队员数分配数目,按时完成任务。大部分的会员都是自愿的工作,有时候还要贴布麻棉等,他们发鞋时只发鞋面而不发棉麻。

自卫队的工作除了以上六项工作外,其他工作都是形式的、有名无实的(如锄奸工作,建立有组织,但没有一点工作),他们的工作完成是依靠了政权与群众团体协助之下来完成的。

自卫队工作的完成,除了行政村扩干会方式来领导外,到自然村去的时间较多,他们去了之后大部分是做的自卫队本身工作。自卫队建立以来,干部到中庄都有一次本身工作,建立组织是中队长刘进富亲自去的,1939 年去训练了 2 次自卫队,1940 年抓逃兵 1 次,训练自卫队去了 3 次,1941 年去了 4 次——九月间改编自卫队去了 1 次,召开了自卫队员大会,重新登记队员,进行编队;十月组织民兵去了 1 次;冬月与区干部到村做空舍清野,坐了 4 天;十二月去清查了 1 次户口。今年区选时,区武委会主任去了 1 次,召开自卫队员大会动员过区选。行政村主任去了 1 次,在六月间扩兵时,去了两天也未动员上兵。自卫队去时,都有自己的工作才去做。

自卫队的工作布置的也多,没有什么检查,所以中庄村还有些队员未加入。如妇女队,在 30 岁以上至 40 岁的妇女,有 9 人还未加入到队内来。未很好执行任务的队员,干部没有教育,干部中包庇逃兵,也没有调查出批评教育,这都是检查工作没有什么进行的结果。

他们与政权关系方面一般的说还不错,但有些地方不够明了(如派差,一般说来还应由自卫队派较为适当,代表派差是包办了自卫队的工作。在平时看来,自卫队分小队长弄的没有什么事干,同时主任代表有时也与自卫队负责人商议,独断专行,自卫队也有时就不管。行政村干部到自然村去,自己开会也不与主任代表商议,自己干起来,有时影响主任代表不满意。今年武委会在开会就没有叫主任参加,刘效玉说:人家武委会开会,我们去干什么?这里带有讽刺态度。总之,一般说来他们互相关系是很好的,一块共同工作,自卫队分小队都参加进行,如公粮、扩兵、负担等工作)。行政村武委会的人到自然村的工作方式还没有纠正过来,抓一把工作方式,而没有很好的教育群众。如扩兵方式还是抓的,限期找人要兵(如今年六月动员兵时,预先不做动员,上面要兵时就把刘秀林按逃兵抓到村公所),动员自卫队员参加民兵不是从教育中动员,而用收买的选举方式动员参加民兵。去年动员民兵,叫民兵不要支差(说当民兵的平常不支差),今年在自卫队员中民主的选举年青的人当民兵。实际上,这些方式还是变相的强迫命令的工作方式。

第四编　桑蛾村调查

一、人口与劳动力

表 4-1　抗战以来各阶级人口变化表

阶级	时期	户口	1~7男	1~7女	8~14男	8~14女	15~17男	15~17女	18~23男	18~23女	24~45男	24~45女	46~55男	46~55女	56~60男	56~60女	60以上男	60以上女	总计男	总计女	合计	占全人口的百分比	每户平均人口
地主	战前	1	1	1					1	1							1	1	3	3	6	6	6
	现在																						
富农	战前																						
	现在	2			1	2					2	2						2	4	5	9	6.4	4.5
富裕中农	战前	2	1				1	2	3	1	3	1						2	6	10	16	16	8
	现在	1	1		2	1					1	2						1	3	5	8	5.9	8
中农	战前	9	4	4	1	2	3	3	3	2	6	6	2	3	2	1	2	1	23	22	45	44.5	5
	现在	14	1	10	5	4	2	5	3	2	10	8	4	4	1	1	1	2	26	36	62	46.2	4.4
贫农	战前	7	4			1	3	2		4	1	4	3	4	1	1			16	12	28	27.5	4
	现在	13	4	6	4	5	1	3	4	3	5	4	1	6	1			1	21	27	48	36	3.7
雇农	战前	1		1				1				1	1						2	2	4	4	4
	现在	1			1	1	1				1	1							2	3	5	3.5	5
工人	战前	1						1	1						1	1			1	1	2	2	2
	现在	1	1							1	1								2	1	3	2.1	3
其他	战前																						
	现在																						
总计	战前	21	9	7	2	6	7	3	12	5	11	13	4	10	3	2	3	4	51	50	101	100	4.8
	现在	32	7	20	13	10	3	6	6	7	20	18	5	10	2	1	1	2	58	77	135	100	4.2

在桑蛾,战前共 21 户,全部人口为 101 口,男的 51 口,女的 50 口,男女各占一半,总起来计,男比女还多出 1 个。从各阶层来看,要算中农阶层最多,共 45 口,占全人口的 44.5%;其次就是贫农阶级,共 28 口,占全人口的 27.5%;再次就是富裕中农 2 户,共 16 口,占全人口的 16%;1 户地主只有 6 口人,占全人口的 6%;顶少的就是雇农同工人,前者 4 口,占全人口的 4%,后者 2 口,占全人口的 2%。再从性别上看各阶级:地主 6 口,3 男 3 女;富裕中农 16 口中,女的占了 10 口,男的仅 6 口;中农 45 口,而是男的多于女的,男占 23 口,女占 22 口;贫农阶级男女更是有着差别,共 28 口,男的占了 16 口,女的只有 12 口,其中相差 4 口;雇农、工人同是男女各占一半,雇农 4 口,即 2 男 2 女,工人 2 口,即 1 男 1 女。从每户平均率看,要算富裕中农平均最多,每户平

均8口,地主6口,中农5口,贫农、雇农同工人平均2口。我们再从年龄划分上来看,全村男的要算18岁到23岁这几岁人口多,女的是24岁到45岁这几岁多。

对于战前是一个总的叙述,从很多不同的数目字,可以说明以下几点:

从全村范围来看,在男女总人口上,上下不差多少,在女的来说,几乎同男的是一样的。进到各阶层,却有差别,像贫农、中农两个阶层,多是男的多于女的,这里同它的经济是有着关系的。特别是贫农阶级,在旧时候要不起老婆,因而男子多于女子。从年龄划分看,15~17岁竟有7个,占全部男子的14%,这在农村劳动力增加也同样是个大的数字,特别像桑蛾小小的山村,人力的增加对生产有着莫大的关系。

今天的桑蛾,在人口方面同其他问题一样,它不是在减少而是在增加。总人口从战前101口,今天竟增加到135口,比战前增加了34.5%。男的由51口变成58口,增数占战前总数的13.7%;女的战前50口,现增为77口,增数占战前总数的54%。关于战后人口的变动,见第二张表(即人口增减表)详述之。

表4-2 抗战以来各阶级人口增减表

阶级			地主	富农	富裕中农	中农	贫农	雇农	工人	总计
战前	户数		1		2	9	7	1	1	21
	人口	男	3		6	23	16	2	1	51
		女	3		10	22	12	2	1	50
		合计	6		16	45	28	4	2	101
战后	户数			2	1	14	13	1	1	32
	增加	生育 男				3	1		1	5
		生育 女			1	8	3			12
		娶入				3	1			4
		移来 男		3			12	2		17
		移来 女		3			13	4		20
		合计 男		3		3	13	2	1	22
		合计 女		3	1	11	17	2		36
		合计 共		6	1	14	30	6	1	58
	减少	死亡 男		2	1	3	1			7
		死亡 女		1		4		1		6
		嫁出				1	3			4
		参军				1	6	1		8
		逃亡 男								
		逃亡 女								
		合计 男		2	2	9	2			15
		合计 女		1	1	7		1		10
		合计 共		3	3	16	2	1		25
	残废					2				

(续表)

阶级		地主	富农	富裕中农	中农	贫农	雇农	工人	总计
增减相抵	实增		3			28	5	1	37
	实减			2	2				4
战后实增									33
备考		残废 2 个同属中农阶级(即 1 男 1 女)							

在桑蛾,战后共增加了 58 口,而减少了 25 口,增减相抵,结果实增了 33 口。人口的增加主要依据以下三个来源,即生育、娶入、移来。首先将三个来源部分各占总增加数做一比较,共增加 58 口:生育男女共 17 口,占总数 27.6%;娶入 4 口,占总数 7.6%;移来 37 口,占总数 64.8%。我们再进到各阶层:生育共 17 口,富裕中农 1 口,而中农便占了 11 口,贫农 4 口,工人 1 口。娶入共计 4 口,全系中农、贫农阶级。据我们的调查,娶入户多是中农新起户,经济正是涨涨日升,同时又说明革命的政权下,中小经济有发展余地与抬头机会。移来主要是富农、贫农、雇农 3 个阶级,其他阶级是没有移来户,共移来人口 37 口,富农 6 口,贫农最多,占了 25 口,雇农 6 口。

接着来说明减少情形,减少主要是死亡、出嫁、参军,比较起来还是死亡占的数字大。25 口中,死亡占了 13 口,超出半数之上;其次就是参军,占了 8 口;出嫁仅 4 口。死亡人口几乎普遍到各阶层,就是除了工人阶级之外,各阶级或多或少的有几口,14 口中中农却占了 7 口,富农 3 口,其他各阶级同是 1 口。出嫁的 4 口中,有富裕中农 1 口,中农 3 口。参军的也要算中农阶级,8 口中它却占了 6 口,除外即富裕中农 1 口,贫农 1 口。

前面按增减情形一一叙过,这里关于战后各阶级人口实增实减做一比较:

表 4-3　战后各阶级人口实际增减表

阶级	实增人口	占总数百分比	实减人口	占总数百分比
富农	3	8.1		
富裕中农			2	50
中农			2	50
贫农	28	75.6		
雇农	5	13.5		
工人	1	2.8		
总计	37	100	4	100

各阶级相互转化没有计,光以实增实减数来计。我们再将各阶级临时外出人口作以统计,这里临时外出仅是参军人口。[①]

[①]　编者注:原无统计表。

表4-4 桑蛾村抗战以来劳动力变化表

阶级	时期	户口	男子劳动力				妇女劳动力		每户平均劳动力		
			全劳动	占全部男子劳动力百分比	辅助劳动力	占全部男子辅助劳动力百分比	妇女辅助劳动力	占全部妇女辅助劳动力百分比	男子全劳动力	男子辅助劳动力	妇女辅助劳动力
地主	战前	1	1	3.4			1	3.8	1		1
	现在										
富农	战前										
	现在	2	1	3.1	1	7.3	2	5.7	0.5	0.5	1
富裕中农	战前	2	4	13.8	2	11.1	6	23	2	1	3
	现在	1	1	3.1	2	14.2	5	5.7	1		2
中农	战前	9	12	41.6	5	55.6	11	36	1.3	0.55	1.4
	现在	14	15	46.9	6	42.8	16	46	1	0.43	1.1
贫农	战前	7	10	34.4	2	22.2	8	29	1.4	0.28	1.1
	现在	13	14	43.8	5	35.7	13	37	1	0.38	1
雇农	战前	1	2	6.8			1	3.8			1
	现在	1	1	3.1			1	2.8			1
工人	战前	1					1	3.8			1
	现在	1			1	11.1	1	2.8		1	
总计	战前	21	29	100	9	100	28	100	1.3	0.31	1.33
	现在	32	32	100	14	100	35	100	1	0.4	1.93
备考	战前1户工人不种地,故劳动力未计										

关于劳动力的问题,首先将抗战以前的大概情形给一个简单的说明:

全村全劳动力共29个,辅助劳动力9个,妇女辅助劳动力28个,各占总人口的百分比(总人口为101口):全劳动力占29%,男辅助劳动力占9%,妇女辅助劳动力占28%。各阶级占有全劳动力要算中农阶级最多,占全部的41.6%;其次就是贫农阶级,占全部的34.4%;富裕中农占全部的13.8%;雇农占全部的6.8%;地主只占3.4%;有1户工人因为不参加农业生产,故劳动力未计。男辅助劳动力共9口,中农却占了5个,贫农占了2个,富裕中农占了2个。妇女辅助劳动力也依然是中农占有最多,其次就是贫农、富裕中农,剩余的各阶级占有最少。

战后桑蛾的劳动力也一样的是在起着变化,从总表来看是一个增加的趋势:全劳动力由29个增加到32个,辅助劳动力由9个增加到14个,妇女辅助劳动力由28个增加到35个。

首先将男子全劳动力变化情形统一说明。战前原有为29个,其中有7个参军的全系全劳动力,有1个被日本人杀死,1个死亡,共计减少了9个。增加的情形是这样的,首先是移来户,共增加了8个,另外有5个,即从半劳动力进入全劳动力。增减相抵,实增了3个全劳动力。在全劳动力,今天还是中农阶级最多,战后32个,中农阶级却占了15个,几乎要一半,贫农14个,剩余的富农、富裕中农各1个。

男子辅助劳动力也同样是在增加的,由战前的9个增到14个。辅助劳动力变动性比起全劳动力是要更大些,两个数字相比,比战前实增了 5 个。增加的原因多是外来户的增加,另外是战前不参加劳动,今天而参加了劳动。妇女辅助劳动力变动则要小些,比起战前也是在增加了,战前 28 个,战后 35 个。

根据以上情形,可以得出以下几点:

① 桑蛾村由于人口的增加,而劳动力也在增加。在劳动力的增加方面,男子辅助同妇女辅助劳动力快于全劳动力,我们从数字上就可以看出。

② 战前战后在劳动力占有方面,最多要算中农阶级,其次就是贫农,地主、富农最少。

③ 每户平均各阶层是有着差别的,全劳动力战前要算 2 户富裕中农最多,其他阶层上下不差什么,每户平均到一个全劳动力,最少是战后富农阶级,才平均到半个劳动力。

另外,辅助劳动力同样是有差别的。

二、土地占有与劳动力

桑蛾村的劳动力在战后也依然是一个增加的趋势,其中虽是有许多曲折(减少啦! 增加啦!)。总之,因为外来户口的增加、人口的增加,劳动力是大大的增多,添补了战后由于参军同死亡、衰老……等。① 现在还多出 1 个半劳动力,由战前的 31.5 个全劳动力增到 33 个。

由于桑蛾素来是土地缺乏,劳动力同土地的矛盾从未适当的解决过,再加上今天劳动力的增加,不但不能解决,反之矛盾更要加紧。

今将土地占有同劳动力占有作一个比较(只限有地户的劳动力统计,没地有劳动力暂没统计):

表 4-5　土地占有与劳动力比较表

阶级	时期	户数	土地	劳动力	%	每人平均垧数
地主	战前	1	99	1	4.1	99
	现在					
富农	战前					
	现在	2	115	1.5	6	76.6
富裕中农	战前	2	131.5	5	20.8	26.5
	现在	1	48	1	4	48
中农	战前	9	248	13.5	54.3	18.2
	现在	14	326	15	64	21.9
贫农	战前	4	52.5	5	20.8	10.5
	现在	6	64.5	6.5	26	9.09
总计	战前	16	531	24.5	100	21.6
	现在	23	553.5	25	100	22.1

注:土地数以折合数来计。

① 编者注:原文如此。

表4-5告诉了我们,各阶级的劳动力战后与战前显然是不同。像中农、贫农,都是在增加,只有富裕中农是比以前减少了,就全村范围来说,它比战前是增加了。

看出全村劳动力的占有,顶多要算中农阶级,其次就是贫农阶级。虽然中农、贫农土地同劳动力都在增加,但是增加的程度是有着差别。在中农阶级,土地增加要比劳动力增加的快;而贫农阶级正是相反,劳动力比往前大为增加了,而土地增加是很微渺的。从上表还看出各阶级劳动力的剩余同它的不足,战前仅1户地主劳动力不足,除此之外同是剩余,战后除了富农同富裕中农阶级,其他阶级依然是剩余。劳动力的剩余,顶多要算贫农阶级,战前每个全劳动力平均10.5垧地,战后才平均到9.09垧。从上表还可以看出,全村的劳动力在战前战后同是过剩,总平均起来看,战前一个劳动力才平均21.6垧地,战后才平均22.1,这是两个多么小的数字。在这里,又将全村劳动力和所有的土地做一个比较:

表4-6 全村劳动力与所有土地比较表

阶级	时期	户口	土地	劳动力	%	每户平均	每人平均垧数
地主	战前	1	99	1	3.2	1	99
	现在						
富农	战前						
	现在	2	115	1.5	4.8	0.75	76.6
富裕中农	战前	2	131.5	5	16.2	2.5	26.5
	现在	1	48	1	3.3	1	48
中农	战前	9	248	13.5	42	1.5	18.2
	现在	14	320	15	45	1.07	21.9
贫农	战前	7	52.5	10	32	1.4	5
	现在	13	64.5	14	42	1.07	4.8
雇农	战前	1		2	6.5	2	
	现在	1		1	3.3	1	
工人	战前	1					
	现在	1		0.5	1.6	0.5	
总计	战前	21	531	31.5	100		17.1
	现在	32	553.5	33	100		16.7

注:① 这里的土地数全是折合数,全折成中等地计算。② 战前的1户工人不参加农业生产劳动,在劳动力方面没有计算。

前面的一张表只是将各阶级土地占有同劳动力占有相互做了一个比较,老实讲还不能看出土地同劳动力矛盾的全貌。后一张表可以说对前面是一个补充,使问题更为明白——从表上看出,在劳动力的分配同土地的分配也一样是有很大差别的,我们对照来看便看出有地的阶级缺乏劳动力,而有劳动力的阶级缺乏的就是土地。劳动力剩余,顶多的要算雇农、贫农,其次就是中农阶级。全村来计,今天仅有富农、富裕中农3户劳动力不足,其他各户同是剩余。由此看出桑蛾土地缺乏的程度,因为土地的有限本身不能解决,这个深刻的矛盾要解决,只有向外发展——租进土地来使用。

表 4 - 7 抗战以来劳动力剩余不足的解决办法

阶级	时期	户口	劳动力	剩余或不足(户)		剩余解决办法				不足解决办法					其他
				剩余	不足	租进地	工变牛	当长工	当短工	出租地	牛变工	雇牛	雇长工	雇短工	
地主	战前	1	1		1					1		1		1	
	现在														
富农	战前														
	现在	2	1.5		2					2		1	1	2	
富裕中农	战前	2	5	1	1					1	1			2	
	现在	1	1		1					1	1			1	
中农	战前	9	13.5	7	2	2	2		2		1	2		3	
	现在	14	15	9	5	1	1		1	2	2	4		5	
贫农	战前	7	10	6	1	3	1		6			1		1	
	现在	13	14	13		10	3		7		2			1	
雇农	战前	1	2	1		1		1	1						
	现在	1	1	1					1						
工人	战前	1		1											1
	现在	1	5	1		1						1			
总计	战前	21	31.5	16	5	6	3	1	9	2	2	4		7	1
	现在	32	33	24	8	12	4		9	5	5	6	1	9	
备考	战前的 1 户工人没有参加农业生产,故列为其他栏														

在这里,解决劳动力的剩余同不足是不能逃脱以上的范围,从上面的表,可以说对劳动剩余同不足的解决做了一个解答。另外,根据上表还可以看出以下几点:

在桑蛾村,不论战前现在,同是剩余户多于不足户,解决的办法主要是依靠租进土地使用,其次是就是给人打短。这里对桑蛾土地贫乏又作了一个很好证明——劳动力量经常多于土地数量。

其次,还看出战后的雇打短家数同雇牛的家数比起战前增多了,当然同自种地增多是分不开的,在没有多余的劳动力情况下只有靠雇短工。另外,证明了战后桑蛾经济是在不断发展。

雇长工经营战前是没有的,经常靠雇人经营生产在战前也是很难找的。而今天确已不同了,也说明农村资本主义是在开始发展萌芽。

三、土地占有

表 4 - 8 抗战以来各阶级土地占有变化表(一)

阶级	时期	梁			塌			平			水			荒地	总计	折合数	%
		上	中	下	上	中	下	上	中	下	上	中	下				
地主	战前	18	26	55					2					17.5	122.5	99	17.5
	现在																

（续表）

土地占有及种类 阶级／时期		梁上	梁中	梁下	塌上	塌中	塌下	平上	平中	平下	水上	水中	水下	荒地	总计	折合数	%
富农	战前																
	现在	10	51	48.5						2			2亩	17	141.5	115	20.8
富裕中农	战前	21	54	51						2				17	148	131.5	25.5
	现在	15	17	10										9	51	48	8.9
中农	战前	52	88	109.5										27	276.5	248	47
	现在	58	120	195					2					45	423	326	59.1
贫农	战前	10	14	41										24.5	89.5	52.5	10
	现在	13	22	38						0.5垧				10	85.5	64.5	11.2
雇农	战前																
	现在																
工人	战前																
	现在																
总计	战前	101	182	256.5					2	2				86	636.5	531	100
	现在	96	210	291.5					2	2.5			2亩	81	701	553.5	100

备考	1. 桑蛾村没有平水地，同是本庄地在外庄（赵家川口、黑峪口两地）。 2. 平水地均折为中等梁地，中等平地每垧折中梁3垧，下平折2垧半，水地2亩折合中梁地5垧。 3. 荒地是指生熟荒一块儿计算，每4垧折为中梁1垧。

由于阶级起着变化，无疑的土地占有也是起着变化。

根据上面的总表，可以看出战前与战后显然不同，看出一个总的方向就是任何阶级、阶层，只要户口增加，土地或多或少的是在增加。就全村范围来说，已经从战前636.5垧增到现在701垧。增加的地是从什么地来的？不成问题的是别庄。所谓外庄的地，一方面是一部分个别户移来，将地带来（以本庄来计），很具体的事实，像富农阶级移来1户就增加了38垧地（不过，这地不在本庄），贫农阶层有从赵家川口移来1户，在整个贫农阶层增加了6垧梁地又平地0.5垧；另一方面就是向外庄买地（本庄人买外庄地）。据我们的调查，战后有3家买进土地，两大宗是外庄（同是买的黑峪口的地）地，一宗是40垧，另一宗是20垧。这两点仅说明全村地数增加。不过，还有本庄地战后变成外庄的，像外出户的1户贫农移到中庄去住，在今天说起来已经算为外庄地了。

我们进一步的要看看各阶层变化。

首先可以这样的讲，整个阶层户数在增加，土地也依然增加了。像桑蛾的中农阶层的土地，战前占总土地的47%，而今天却是59.1%，任何阶层没有增加的像这样大。就贫农来说却不是这样：我们从户口上来看，由7户已经增加到13户，但是在土地量上却没有多大的增加，反之，减少了4垧。这个问题当然不难解决，说明农民的土地占有不是这个阶层，而是少数的地主、富农……其他阶级手里。

其次，我们将每个阶层土地所有变化的原因来研究一番。富农阶级这个阶级在战前这里是没有的，当然也看不出整个阶级土地数量的增加。今天讲是2户，1户是地主转来，1户是移来，2

户的土地占了总土地的20.8%。富裕中农以前的2户降到中农阶层,今天新的1户就是从中农阶层进来的,看来也很简单。中农阶层变化的原因就是除了原有的8户外,2户是富裕中农降下来的,2户是分家来的,再就是从贫农阶层进来的2户,他们的地完全是新买的。贫农阶层的地反而减少,顶主要的1户转走,有1户卖掉6垧地,虽然有战后分家分来1户,移来1户,但是地的数量还抵不上移走的多。

最后还要谈一个小问题作为结束。从总的土地上说,不论是中等、下等全增加,而上等地反而减少,这是因为地主的那1户将几垧地出售。还看出一个问题,就是荒地减少,减少的原因其实际情形待下表再研究。

表 4 - 9　各阶级土地占有表

阶级	项别 时期	户口	上梁地	每户平均	中梁地	每户平均	下梁地	每户平均	荒地	每户平均	总平均	备考
地主	战前	1	18	18	32	32	55	55	17.5	17.5	122.5	
	现在											
富农	战前											
	现在	2	10	5	61	30.5	48.5	24.25	17	8.5	70.2	
富裕中农	战前	2	21	10.5	59	29.5	51	25.5	17	8.5	74	
	现在	1	15	15	17	17	10	10	9	9	51	
中农	战前	9	52	5.7	88	9.7	109.5	12.1	27	3	30.7	
	现在	14	58	4.1	120	8.4	195	13	45	3.2	32	
贫农	战前	7	10	1.4	14	2	41	5.8	24.5	3.5	12.7	
	现在	13	13	1	22	1.7	38	2.7	10	0.76	6.7	
雇农	战前											
	现在											
工人	战前											
	现在											
总计	战前	19	101		193		256.5		86			
	现在	30	96		216		291.5		81			

我们专来看各阶级土地量的占有,假使不以每户平均来看,就很难看出问题的实质。就以战前来说,每户平均要算1户地主最多了,平均122.5垧;其次是富裕中农,每户还要平均74垧;中农阶层每户仅30.7垧;顶少的算是贫农阶层,每户才能平均到12.7垧。这里就地主同贫农来比,中间差着多么大的距离。

战后并没有改变了什么,土地占有仍然是在农村有钱阶级。今天没有地主了,但是富农又坐了头把椅子,每户平均70.2垧;其次是富裕中农,51垧;中农反而由战前的每户30.7垧转到每户32垧;贫农差得更远了,仅平均到6.7垧。

以上说明了原有地每户平均,但是减去空地、石荒更有了差别。这里只举小小的两个例子:地主的1户,122.5垧是实足的;原有地同实有不符合要算战后的中农阶层,由每户32垧降到27

坰。究竟原因在什么地方？下文叙述：

表4-10　各阶级原有土地与实有土地比较表

阶级	时期	户口	原有土地					实有土地					总空占总地数百分比
			土地	每户平均	人口	每人平均	总%	空地	石荒	实有数	不足数与原数百分比	每户平均实数	
地主	战前	1	122.5	122.5	6	20.12	19.1	0	0	122.5		122.5	
	现在												
富农	战前												
	现在	2	141.5	70.2	9	15.7	20.2	4	4	133	6.8	66.1	
富裕中农	战前	2	148	74	16	9.2	23.2	10	3	135	8.7	67.5	
	现在	1	51	51	8	6.3	7.1	4		47	7.8	47	
中农	战前	9	276.5	30.7	45	6.1	43.2	7	2.5	267	3.5	29.5	
	现在	14	423	32	62	67	60.3	31	4.5	387.5		27	
贫农	战前	7	89.5	12.7	28	3.1	14	4		85.5	4.5	12.2	
	现在	13	85.5	6.7	48	1.8	12.4	4		81.5	4.7	6.2	
雇农	战前												
	现在												
工人	战前												
	现在												
总计	战前	19	636.5				100	21	5.5	610	4.1		4.1
	现在	30	701				100	43	8.5	649	7.8		7.8
备考		1. 空地是指地的不足数。 2. 石荒即不能开的地。											

前面的一段，只可以说在土地占有问题给了一个总的说明，漫画式的画出一个轮廓，后面我们要进一步去看问题。

真研究到每个阶层每个户……另外附上两个表：第一个就是桑蛾村原有地与实有地的比较，看看哪些阶层空地最多，空地的原因；第二个就是各种不同等级的梁地每户的平均，总的目的而是在于说明各阶级土地占有的数量同质量。

在原占有土地上同它的实有的数量上，这一方面我们还下了一些功夫。据我们的调查范围的村子，同是地的实有数同原有数是不符合的，我们觉着只有这样的调查是合理的，假使我们光是问人家多少地，这是不够的。倘使有了这一部分材料，才能估计到各个阶层真正种多少地，才能真正的估划老百姓的每年产量，整个全年的投入，还可以看出各阶层经济的发展，从今天基础推他未来。

究竟这些空地（不足数）、石荒是从那里来的？当然石荒是很明显的，同山地是分不开的。任何地总有石坡石宕，不过看多少，假使少的话那就没甚问题。在桑蛾，据我们的调查，战前的石荒、空地占本庄地的总数4.10%，战后占7.8%。空地是从哪里来的？空地来历主要是土地买卖时候捣出的鬼，卖主总想以少卖多。根据调查的结果，一块地转的手愈多，那个空头愈大。

还有一些地由于自然条件的变化而起了变化,像崖塌掉……等等,有的根本地也找不到,像这些情形,无疑的搞出一批空地。

从原有地与实有地比较可以看出,战后中农阶层石荒、空地比任何阶层要多。主要的原因就是他们买的地比较坏的地多,为了地价便宜而买进来。像我们调查的,有 1 户中农买到 20 垧梁地,目前来说可以种的仅 5 垧,其他同荒里面①【还】包括不足数,这不过是个例子。

在农村,地最实足的算富农、部分的中农。一些下降的阶级,当他卖地的时候常常卖出空子,自己下来保留一部分较好的地自己经营,像这些地就不能同一般的相比——它的质量好、数量足,收成一定是好。

以上说明量的占有,下面叙叙质的问题。

战前同战后并没多大区别,虽然整个土地量是增加,但是像上等地并没有什么增加,反之减少。在今天上等地的占有,算是 1 户富裕中农顶多,其次富农阶级,再下来就是中农,要算贫农太少了,每户仅平均 1 垧地,这是多么小的数字。中等地富农 2 户,平均 30.5 垧,富裕中农是 17 垧,中农是 8.4 垧,贫农是 1.7 垧。下等显然与上面有些不同,我们来看数目字,富农每户 24.25 垧,富裕中农 10 垧,中农 13 垧,贫农 2.7 垧。从这个数目字看出,各阶层差别还像以上那么大。荒地方面看不出什么,顶主要的就是贫农荒地战前同战后有些不同,战后减少了,这与近两年租地困难分不开,与有钱阶层雇人分不开(这几年雇人较少),有一些贫农再没有别的办法,只有种上几垧地才能过日子。另外,他与政府奖励开荒条例分不开,实际考察起来影响很大。

总结以上,我们可以看出以下几点:

在农村,战前经济要算地主阶级富裕,今天要算富农,其次是富裕中农。这些阶级,经济占着优势。

从土地的占有看,不论量上质上,依然是上面的阶层,也就是说他们的经济更有向前发展的余地,有着好的基础。像中农、贫农阶级,就没有这样有利的条件。

我们还可以看到,这个小小村子的土地仍然很集中,虽然各阶层均占有一部分,但是其中的距离是太长了,还是集中在战前的地主、战后的富农这些少数的阶级。战前地主 1 户,土地占总数的 19.1％,7 户贫农只占 14％。

表 4－11　外庄地与本庄在外庄地调查表

姓名	阶级	住址	梁地				平地	合计	各阶级量【所占】百分比
			上	中	下	合计			
任永清	地主	黑峪口	13	10	77	100			33.3
任光春	地主	黑峪口	20	21	29	70			23.3
任怀春	地主	黑峪口		10	22	32			11
任棒瑞	中农	黑峪口		15	15	30			10
冯万利		黑峪口		7	14	21			7
任珍更	贫农	黑峪口			4	4			1.02

---

① 编者注:当地方言,即"一并荒的地里面"之意。

(续表)

姓名	阶级	住址	梁地				平地	合计	各阶级量【所占】百分比
			上	中	下	合计			
周太良		赵家川口			7	7			2.02
赵有侯		赵家川口			10	10			3.02
刘二圪旦	中农	中庄			29.5	29.5			9.88
总计		土地(所在地)	33	63	207.5	303.5			100
刘殿元	富农	黑峪口			14	14			14
	富农	中庄		6		6			6
	富农	唐家吉		14	4	18			18
王五保	富农	赵家川口					2	6	6
刘述敬	富裕中农	赵家川口					2	5	5
赵守应	贫农	赵家川口		6		6	0.5	7	19
总计				26	18	44	4.5	18	100
外庄在本庄地 302.5 垧									
本庄在外庄地 106 垧									

本庄与外庄的土地比率如下:

表 4-12　本庄地与外庄地比率表

项别	垧数	%
本庄地	战前 638 垧	
	现在 701 垧	
外庄地	战前 323.5 垧	当本庄 50.5
	现在 302.5 垧	当本庄 43.5
本庄在外庄地	战前 61 垧	当外庄 18.8
	现在 106 垧	当外庄 35.1

从表 4-12 可以看出,本庄地战后比战前增加了,战前为 638 垧,战后则为 701 垧。与本庄地的增加背道而驰的是外庄地的减少:外庄地战前 323.5 垧,现在则为 302.5 垧,战前当本庄地 50.5%,现在则仅有 43.5% 了。这是桑蛾村经济向上发展的一个好现象。同时,本庄在外庄地也比战前增加了,战前为 61 垧,现在则为 106 垧了,战前当外庄地仅只有 18.8%,而现在则增至 35.1%。这说明了战后桑蛾村的土地是增加了,如果把本庄与本庄人在外庄的土地计算在一起,则增加的数字是 63+45=108 垧,等于战前本庄地与本庄人在外庄地的 638+61=108÷699=15.3%①。也就是说,战后桑蛾村在土地生产上增加了全村的 15.3%,桑蛾村的农民,尤其是贫农,增加了 15.3% 的耕地(名义上的),桑蛾村增加了 15.3% 的全部的经济收入。一句话,战后的桑蛾村是向上发展了,而且正在发展着。

---

① 编者注:原文如此,等式有误。

四、土地使用

桑蛾村的自然条件同它的经济条件——一个最典型的农村,完全没有脱离自给自足的自然经济——独立的小农生产经济决定了经营生产的小规模性……以上的条件凑合到一起,便决定了它在土地使用方面的许多问题。但是,从土地使用方面去看,同样证明着以上所说的问题。

现在我们就来看土地使用,明显的看出几点:

首先,在土地使用上分类较为简单,仅有自耕地同租进使用地两种,什么伙进、典进的使用是没有的。它不像其他沿大道旁的村庄与接近河水的地方那样的复杂,这是它本身自然条件决定了的,同样也说明了伙种、典种地少的原因在什么地方。

其次,因为它是个十足的典型农村,土地使用非常普遍,说明任何阶层或多或少的种几垧地,生长在农村的人是要靠着种地过日子,不然经济没有来源。我们就以战前同今天来说,战前从地主阶级到雇农阶级,没有1户是不种地的,有的阶级虽然不以种地为主(像地主阶级、雇农阶级),但是种地在他们全年收入占着相当大的地位。今天从富农阶级直到手艺工人同样的都种着地(就是1户雇农没种地,因为主观条件决定了他不能种地),在这里,今天使用土地再也不能【更】普遍了。

再次之,桑蛾没有大规模的经营生产,任何阶级不论战前战后,每户平均没有超脱60垧(折合数),战前的富裕中农顶多了,每户仅平均55垧。据我们的调查,就是个别户土地使用也没有一家种到70垧(非折合数),这个数量是多么小呢!

最后就是因为外庄地多,所以租种使用在总使用数量中占着很大的比例。战前租种使用占总使用的24.1%,战后占25.5%(都以折合数来比)。本庄地数不多,而使用增加是有限的,要大量的使用土地,只有向外庄租种才能解决这个土地使用不足的矛盾。

现在我们回到表上来看具体的数字与实际的情形:

表 4‐13　抗战以来各阶级土地使用变化表(二)

阶级 时期 项别	地主		富农		富裕中农		中农		贫农		雇农		工人		总计		备考
	战前	现在	战前	现在	战前	现在	战前	现在	战前	现在	战前	现在	战前	现在	战前	现在	
总户数	1		2	2	1	9	14	7	13	1	1	1	1	21	32		
自种土地 (垧)	35			70	110	35	248	339	52.5	64.5					445.5	508.5	
自种户	1			2	2	1	9	14	4	6					16	23	
租进土地 (垧)							36.5	12	90.5	160.5	15			1.5	142	174	
租进户							2	1	3	10	1			1	6	12	
伙进使用 土地(垧)																	
伙进户																	

(续表)

阶级\时期\项别	地主		富农		富裕中农		中农		贫农		雇农		工人		总计		备考
	战前	现在	战前	现在	战前	现在	战前	现在	战前	现在	战前	现在	战前	现在	战前	现在	
典进使用土地(垧)																	
典进使用户																	
共使用土地(垧)	35			70	110	35	284.5	351	143	225	15			1.5	587.5	682.5	
附注																	

根据上面的总表看出,桑蛾村战后土地使用总数是在增加。战前的总数字 587.5 垧(折合数),现在却成了 682.5 垧,实增了 95 垧,实增数同战前总数比起来,它们的比是 16.1%。总数的增加是根据自耕地同租进使用地增加而来的。分开看,则自耕地的增加:战前 445.5 垧,战后增加了 63 垧,而变成 508.5 垧,增加数占战前总数的 14.1%。租进使用地增加:从 142 垧战后增到 174 垧,比以前增了 32 垧,百分比来比,实增占战前总数的 23.2%。我们且退到各阶级去看:

表 4-14　桑蛾村抗战以来各阶级自种土地变化表(二表附表之一)

阶级	时期	户口	梁			塌			平			水			荒地	总计	折合数	%	每户平均
			上	中	下	上	中	下	上	中	下	上	中	下					
地主	战前	1	10	16											17.5	43.5	35	8.7	35
	现在																		
富农	战前																		
	现在	2	10	16	28.5					2				2亩	17	86.5	70	13.8	35
富裕中农	战前	2	21	49	41										17	128	110	26.3	55
	现在	1	17	14	3										9	38	35	6.7	35
中农	战前	9	52	88	109.5										27	276.5	248	54	27.5
	现在	14	58	112	178										45	393	339	66.2	24.2
贫农	战前	4	10	14	41										24.5	91	52.5	11	13
	现在	6	13	22	38						5垧				10	85	64.5	13.3	10.7
雇农	战前																		
	现在																		
工人	战前																		
	现在																		
总计	战前	16	93	167	191.5										86	540	445.5	100	
	现在	23	93	164	247.5					2	5垧			2亩	81	602.5	508.5	100	
备考																			

桑蛾战后自耕土地的变化:地主在战前仅是 1 户,土地的总数是 99 垧,除了出租的与出典地之外,自种 35 垧,今天也没有地主阶级,这 1 户已经到富农阶级。

富农这个阶级在战前这里没有,今天的 2 户,1 户是地主阶级进来,1 户是移来的。2 户自种 70 垧,每户平均 35 垧;但实际情形不是这样,在这 70 垧,移来户仅占 15 垧,其他 55 垧是 1 户的。我们光以地主到富农这一户来说,因他与地主时代是不同了,主要的今天是改变生产方式,自耕地增多了,这只是从目前来看,实际他的自耕地加多、租地减少,因为吃不到租子。移来的 1 户在从前自己根本不来种地,在 1941 年还是如此,但今天夺回一部分自己经营,这户的原因也同样是吃不到租子,开始经营夺回的一部分地,这仅是开始。据他本人讲,这是试验的一年,今年到头自种有利,明年一定要大量种,现在是恐怕自己一下子夺回种不了,再就是公家不许无故的夺地。就以去年来计,富农阶级自种地垧数同今年就有些不同,明年恐怕更是不同。

富裕中农在战前是 2 户,总土地数是 131.5 垧,有少少的几垧出租,另外全是自耕,其种 110 垧,每户平均 55 垧。今天原有的 2 户下降到中农,新的 1 户是从中农阶级来的,其有地 51 垧,今天自种 35 垧。就他本户来,说比战前自种地是减少了,战前 51 垧全种。减少的主要原因是没有劳动力,战前两个半劳动力(死了 1 口,出了 1 个兵)今天只留下一个劳动力,种不过来。在他的目的,将坏些地租出去,自己力量集中到好地上。

中农是一个顶复杂的阶层,我们从表上看出战后自种地总数比战前是增加了,战前是 248 垧,今天是 339 垧。战前共 9 户,每户平均是 27.5 垧,战后 14 户,每户平均 24.2 垧,以每户来算是减少了。实际情形是这样的:首先以战前来说,9 户有 1 户今天升到富裕中农,减去他的 51 垧地,留下 197.5 垧;但是这 8 户还不是保持原状,又有 2 户共租出 18 垧。在以前,中农没有人将地出租。出租的原因是:1 户被日本人杀掉,根本没有劳动力;1 户是自己地多,种不了,租出去几垧。那么,原有的 197.5 垧又要减去 18 垧,留下 179.5 垧。在原有的 8 户,又"分家"的有 1 户,分去 13 垧到贫农阶级,实数仅留下 166.5 垧。这里要重复的讲一讲,战前的 248.5 垧,其中减去升到富中的 1 户、出租的 2 户、分家的 1 户的总土地数 82 垧,减后留下的就是 166.5 垧。下来就是战后增加的,先要添上富裕中农降到中农的地数 126 垧(这里也包括了分家 2 户的地),最后的一宗就是贫农上升的 2 户,他们新买到 46.5 垧地,总共是 339 垧。根据以上的比较,从今天实有数减去战前数目,得出的数字是 90.5 垧,这就是战后中农阶级自耕农切实增了的数。

贫农有地的很少,战前 7 户仅 4 户有地,共种 52.5 垧,每户平均 13 垧。今已变成 64.5 垧,共 6 户,每户平均 10.7 垧。它的增减情形是这样的:原先的 4 户有 2 户起着变化,1 户移走,1 户卖出几垧地,总折是 10 垧,原有的仅留下 43.5 垧;战后移来 1 户,增了 8 垧,分家来 1 户,增加 12 垧,还有 1 户雇农 5 垧户地,折为 1 垧,共增加了 21 垧。今天贫农的情形比战前是增加了 12 垧。

从上面的情形,我们便可以知道各阶级自耕土地增减的情形,变化的原因归纳起来有以下几点:

因为吃不到租子而改变经营方式,自种地加多;另 1 户因为战后没有适当职业,今天已经由商人改为农人,以种地为主,经商为副。这 2 户富农比起他们以前来,自种同是增加。

富裕中农的 1 户原系中农阶层,比起过去自种地较少,由 51 垧减到 35 垧,主因是没有劳动力,自己经营不过来,而土地出租。

中农阶层整个阶层来比是比以前自耕地增加,但是实际情形是这样的:2 户因敌人的残杀没有劳动力,将地出租,共租出 18 垧,1 户分家到其他阶层,1 户升到富裕中农,其他保持原状。再添上战前的 2 户富裕中农与分家而来的 2 户,就是今天的现状。

贫农阶级同战前没大的区别,所谓有变化就是外来的 1 户。另外,从中农阶层分来的 1 户,在自种地这方面也是增加了。

表 4 - 15　抗战以来各阶级租进土地变化表(二表附表之二)

阶级	时期	户口	梁 上	梁 中	梁 下	塌 上	塌 中	塌 下	平 上	平 中	平 下	水 上	水 中	水 下	荒地	总计(注同前)	%(注同前)	每户平均	备注
地主	战前															折合数			
	现在																		
富农	战前																		
	现在																		
富裕中农	战前																		
	现在																		
中农	战前	2	3	12	32											36.5	25.8	18.25	47
	现在	1		12												12	6.8	12	12
贫农	战前	3	18	9	67										40	90.5	63.4	30.2(弱)	134
	现在	10	6	35.5	152.5										76	160.5	92.5	16	270
雇农	战前	1			14										17	15	10.5	15	21
	现在																		
工人	战前																		
	现在	1			2											1.5	2.5	1.5	2
总计	战前	6	21	21	113										57	142	100		212
	现在	12	6	47.5	154.5										76(打折后)	174	100		284

在桑蛾,战后租进土地比起战前是大不相同了。不论从户口上看、从土地总数看,都是显然不同的两个数字,租进户由 6 户增到 12 户,土地数目由 142 垧增到 174 垧。现在我们回到各阶层去看:

战后的中农同战前是显然不同,这里所谓的变化不是增加,而是减少。战前租种地的 2 户今天不种别人地了,1 户是自己买到地而不种别人的地。在这里说明了一个问题,两年来新政权的建立,个别的中农经济是有着发展。另外 1 户因为自己缺乏着劳动力,结果使用土地垧数减少。今天租种的 1 户是新的 1 户,一方面自己有多余的劳动力,一方面是政府的奖励生产激起他对生产的热情,额外多种了 10 余垧地。

贫农除了战前保持原状的 1 户同雇农升进的 1 户,其他 8 户同是新来户。这里的 10 户都是自己寸地没有,假使不租地就不能过日子。但是其中还有少数几户不仅如此:有 1 户自己原系小商人,从未经营过土地,今天因为没有职业,只有种地糊口;2 户是雇农,因为农村经济不发展,特别战后很少人雇,因此租地自种以过日子;1 户避免扩兵而搬来桑蛾,到这里来种地。

战前的 1 户雇农,主家光以打短不能渡[度]日,另外租种几垧地。

今天 1 户手艺工人租种了 1.5 垧地,因为近年以来生意凋零,而租进很少的一点地。

前面将战后土地使用变化原因做了一个介绍，下面谈谈未来趋势。根据今天的材料看出以下几点：

①　夺回自种。这是指有地的人家因为连年吃不到租子，自己改变经营方式，这里有具体2户，像富农阶级同是采取自己经营或者雇人经营……

②　收回另租。有一两家将地转租，因为政府减租同限制租地倒主。首先地主借口涨租，不然收回自种……等等借口之下，而土地倒主。像佃户伍志荣租种黑峪口任广川土地，由活租变成死租，这就是1家。

③　租种到伙种。在桑蛾比较少，这里仅有2家，所有的地同是平地，都是在赵家川口。像富农王五保、中农刘述敬因为地太远自种不方便，都是出租，但是连年的减租，每年到头得不到什么，都开始伴种（以四六分之或三七分之），五保的地今年开始自种。

④　大量租进使用。多是缺乏土地的阶级，因为连年政府减租，觉着务地比甚也要好，每年到头赚利很大，因此大量种地，有时采取雇短经营。

由于土地占有的不平均，各阶级之间有很大差别。正像桑蛾战前的地主同贫农，战后的富农与贫农……等阶级之间的数字相差甚远，这种悬殊我们在占有表上看的非常明显。另外，就是土地根本缺乏，因此在使用方面发生矛盾（请参看下表）。

表 4－16　桑蛾村土地所有与使用矛盾（表一）

阶级	项别 户口	劳动力	土地		剩余或不足		解决办法
			使用数（垧）	所有数	剩余	不足	
战前	地主	1	1	35	99	64		其中有 27 垧地出典，余下皆出租
	富裕中农	2	5	110	130	20		内有 5 垧地押出，其余即出租
	中农	9	13.5	284.5	248		37.5	租进使用共计 2 户
	贫农	7	10	143	52.5		90.5	租进使用共 3 户
	雇农	1	2	15			15	租进使用
	总计	20	31.5	587.5	529.5	84	143	
备考		1. 桑蛾村中贫农租的地同是外庄（黑峪口）的地。 2. 表上的数字同系折合数来计（均折为中等梁地）。 3. 现 1 户没有使用土地数，没计算。						

3户剩余84垧，但是这84垧地还不纯是本庄使用，地主阶级内有27垧系在外庄（中庄村）典出，富裕中农内有2垧下平地（折中等山地5垧）押给赵家川口，也同样的不是本庄使用。这样一来，仅有52垧剩余地供本庄使用，从这里说明这个占有同使用的矛盾依靠本庄是不能解决的。中、贫、雇农三个阶层不足数共143垧，其中除了租进本村地之外，皆是外庄地，本庄剩余地仅占全部不足数的35.6%，而65.4%是外庄。

从上表也表明了我们解决矛盾的办法，在本庄除了租进地之外，再没有别余办法，虽有土地典出、押出，但同系外庄之地。

表 4-17 桑蛾村战后土地使用与所有的矛盾(表二)

	阶级	户口	劳动力	土地(垧)		剩余或不足		解决办法
				使用数	所有数	剩余	不足	
时期——战后	富农	2	1.5	70	110	40		出租
	富裕中农	1	1	35	48	13		出租
	中农	14	15	351	326		25	租进
	贫农	13	14	225	64.5		160.5	租进
	工人	1	0.5	1.5			1.5	租进
	总计	31	32	682.5	548.5	53	187	租进
备考	1. 1户雇农不种地,故没计。 2. 数字同以折合数计。							

战后是在起着变化,全村来计,剩余地减少而使用地更加多,使得矛盾更是加深。虽然仍有 3 户土地剩余,但是土地垧数是减少了。由于战后户口的增加,不足户更是加多,竟有 28 户土地不够使用,不足数为 187 垧。而本庄剩余数仅 53 垧,只占不足数的 28.8%,而 71.2% 即租进外庄地。

战后的桑蛾这一矛盾并没有和缓,反之加深,解决矛盾的办法还不外租出租人(全村共 12 户租进使用土地,中农 1 户、贫农 10 户、工人 1 户)。

表 4-18 土地使用方面劳动力剩余或不足比较表

阶级	时期	户口	劳动力			共可耕种土地	共使用土地	剩余或不足(垧)		备考
	项别		全劳动	%	每户平均			剩余量	不足量	
地主	战前	1	1	3.2	1	30	35		5	
	现在									
富农	战前									
	现在	2	1.5	4.8	0.75	45	70		25	
富裕中农	战前	2	5	16.2	2.5	150	110	40		
	现在	1	1	3.3	1	30	35		5	
中农	战前	9	13.5	42	1.5	405	284.5	120.5		
	现在	14	15	45	10.7	450	351	99		
贫农	战前	7	10	32	1.4	300	143	157		
	现在	13	14	42	10.7	420	225	195		
雇农	战前	1	2	6.5	2	60	15	45		
	现在	1	1	3.3	1	30		30		
工人	战前	1								
	现在	1	0.5	1.0	0.5	15	1.5	13.5		
总计	战前	21	31.5	100		945	587.5	362.5		
	现在	32	33	100		990	682.5	337.5	30	
说明										

在这小小的山村,土地数量的缺乏与乡村经济不发展而阻碍着劳动力的发挥。我们将每个

全劳动力均以 30 垧梁地计算,才能发挥它的作用,才可以知道在现有的土地数量需要若干劳动力同多少劳动力没有起应有的作用。桑蛾的土地垧数,一般说来十有八九不足,垧小这是一方面,另外,全村地的位置说来比较近些,耕作起来较为省工,再加上当地劳动力一般说来要强,所以前面以 30 垧来计算。

　　从上表看出,第一个问题就是可耕地同使用地两者之间距离太远了。我们要看,战前可耕种地 945 垧,而使用地仅 587.5 垧,战前虽然土地使用有些变更,但是距离依然存在,前者数 990 垧,而后者 682.5 垧。第二,我们看出战前使用土地垧数仅够 20 个全劳动力耕作,那么 11.5 个全劳动力没有起什么作用。战后也仍然是如此,共使用的土地也不过够 22 个全劳动力,就是说其他 11 个男子全劳动力也同样是没起作用。第三,我们看出,在桑蛾,使用土地同劳动力仍然还存在着深刻的矛盾,也就是说没有适当的办法是不能解决这一矛盾的。

五、租佃关系

　　在桑蛾,由于土地占有的不平均与原来土地缺乏,因而在使用问题发生很大矛盾,经常不够使用。不论战前现在,均有很多的户数发生着租佃关系。我们先从户口上来看,战前共 21 户,竟有 8 户发生租佃关系,其中 2 户出租,占总户数的 9.5%,剩下 6 户全是租进户,占了总户数的 23.5%;战后 32 户,有 17 户发生租佃关系,出租户 5 户,占总户数的 15.6%,租进户 12 户,占总户数的37.5%。从土地垧数来看,战前总使用数 587.5 垧,战后为 682.5 垧。出租户战前共 58 垧,占总使用数的 9.9%,战后 69.5 垧,占总使用数的 10.1%;租进户战前共 142 垧,占总使用数的 24.2%,战后 174 垧,占总使用数的 25.6%。前面只是一个总的说明,关于租佃关系之部,作为以下几个问题研究:典型佃户的调查、租佃形式、租额、租率、减租的实际情形。

　　(说明:"由于时间的不够,这一部分只是一个轮廓,同时有些问题恐怕搞的不大清楚。")

表 4-19　典型佃户调查(表一)

| 年别 | 出租户 | | | 双方关系 | 租进土地 | | 形式 | 其他条件 | | 总产量 | 交租 | 租率 | 备考 |
	姓名	阶级	村别		垧数	租子		花田	交粮				
1937	任槐川	地主	黑峪口		25	2.50	活租	0.20	以黑豆、谷子、高粱三种平均来交	6.25	2.00	32	
1938	任槐川	地主	黑峪口		25	2.50	活租	0.20		5.00	1.60	32	
1939	任槐川	地主	黑峪口		25	2.50	活租	0.20		2.50	"注"		
1940	任槐川	地主	黑峪口		25	2.50	活租	0.20		5.00	1.00	20	

承租户:中农王奴孩

说明	1. 1939 年是荒年,租子一粒没交,以后给地主写了借约,写明其为借粮 1.50 石,后来连年慢慢付清。 2. 租的地从 1937 年以前租起,一直租到 1940 年中间,一切条件都没变动,后因儿子之死缺乏劳动力,将地退给原主。 3. 1940 年的交租是经过减租,1 石即实交数,减法即以收成四成计算,再以"二五"来减。

承租户:中农王向旺

1941	刘侯孩	贫农	黑峪口		5	0.15	活租	无	同上	0.75	0.125	16.6	

说明	1. 因为中农没有 1 户战前租种地租到现在,所以选出 2 家。 2. 花田在桑蛾有的有,有的没有。根据旧规,每石"花田"1 斗都是同租子算为一起,而不另外附加,交花田多是菜、绿豆、麦子、黍子等。

表 4 - 20　典型佃户调查(表二)

佃户:刘侯高(战前富农,现在中农)

年别	出租户			双方关系	租进土地		形式	花田	总产量	交租	租率	备考
	姓名	阶级	村别		垧数	租子						
1937	任光春	地主	黑峪口	家兄的妻哥(亲家)	70	6.50	活租	0.95	17.50	6.00	34.2	
1938	任光春	地主	黑峪口		70	6.50	活租	0.95	14.00	5.00	35.7	
1939	任光春	地主	黑峪口		70	6.50	活租	0.95	7.50	1.85	21.3	
1940	任永庆	地主	黑峪口	老姑家	52	4.00	活租	0.20	7.00	1.15	16.4	
1941	任光庆	地主	黑峪口		52	4.00	活租	0.20	7.50	0.90	12	
……	另外给本村王五保伙种山地 8 垧、平地 2 垧,请参看伙种地之部。											
说明	1. 每年所交的租子均以黑豆、谷子、高粱三样平均来交。 2. "花田"是算在租子内,而不是另外附加。											

在没有正式说明桑蛾租佃的一般情形之前,这里夹杂了 3 张表的目的是在对桑蛾租佃关系有一个轮廓的了解。首先,从典型户上对历年来租率变化初步的说明,看出租率朝着一个下降的趋势。先从介绍的中农去看,1937 年租率为 32%,1938 年仍然照常,直到 1940 年大大的下降,成了 20%,1941 年即为 16.6%。贫农 1937 年租率为 34.2%,1938 年为 35.7%,1939 年为 21.3%,1940 年为 16.4%,1941 年降为 12%。

从上表看明,桑蛾村租率一般是在 30% 左右,但是竟有 1 户租率为 50%。这里给一说明:这一家佃户给地主交租是以帮工代租,根据人工计算已经交足,因此会有这么高的 1 户租率。战前租率最低的,即 1 户雇农,租率为 23.8%(详细情形见以后各阶级租率比较)。现在来说,最高租率为 19.2%,最低即为 12%,一般多是 16%。

从表上看出,在这里租佃双方假使是朋友或亲戚关系,交租要少,租率较低些。再看租佃形式,在这里活租为最多,虽有很少的 1 户死租,也是近两年才有的。

由于租佃形式的不同,而租率是有着差别,所以我们在没有研究租率之前,先将租佃形式做一个简单叙述:

"在桑蛾,据我们的调查,也不外一般的几种形式,有活租、死租(钱租、实物租),还有一种以劳动力换地种。最后的一种,即给地主做几天活,揭几垧地……交租多是秋后交租。还有一种'现租',这种现交租少的很,除了外庄有中庄的几垧平地之外,再就没有现交租。山地多是活租,而且都是实物租。山地现租相当的少,因为租山地的人都是没钱的人。劳动力换地种,还有'牛不赚工钱,地不吃租子',租户给地主种几垧地,地主租几垧地给他就算了事。这种多半是没落地主,或抗属没人力,想种几垧地,就借别人的牛。

现在我们将活租、死租做一个说明:活租、死租——活租还是看时候好坏(收成如何),多是 1 石给 5 斗、7 斗、8 斗到不等,说时租子就说的大,有的超过 1 倍以上……不等。这一套同是地主想来的,当交租时候少给些,一则租户领人情,二则年景好的话,能够尽量要,甚至按原租同能要到。死租就是说多少给多少,近几年来山地死租也慢慢多起来,租种之前说的死租,政府减租之后结果佃户背地还要补租。因为近几年来租地人多,租不到地。有的由活租变成死租,再就是

表4-21 个别佃户调查(表三)

承租户 姓名	时期	承租户 阶级	出租户 姓名	出租户 阶级	承租人与出租人关系	上	中	下	合计	形式	租子	花田	总产量	平均产量	按普通年成交租	减后交租	租率	备考
刘一敬	战前	中农	任棒端	地主	朋友		5	18	23	活租	1.00	无	4.25	0.2	1.00		23.53	
王如孩	战前	中农	任槐川	地主			6	19	25	活租	2.50	无	6.25	0.25	2.00		32.00	
裴合春	战前	贫农	王五保	富农			3	10	13	活租	1.30	无	2.60	0.20	1.3		50.00	
裴合春	现在	中农	任光春	地主			20	50	70	活租	3.50	无	7.00	0.10	2.77	1.35	19.29	
刘侯高	战前	贫农	任光春	地主	家兄的妻哥(亲家)	15	6	49	70	活租	6.50	0.95	17.50	0.25	6.00		34.29	右租子连一眼窑租在一起
刘侯高	现在	中农	任永庆	地主	老姑家	1	24	27	52	活租	4.00	0.20	7.50	0.15	2.00	0.90	12.00	
王何旺	战前																	
王何旺	现在	中农	刘侯孩	贫农			1	4	5	活租	0.15	无	0.75	0.15	0.15	0.125	16.67	
任志荣	战前																	
任志荣	现在	贫农	刘臭旦	中农				6	6	活租	没说	无	0.90	0.15		0.15	16.7	
刘根锁	战前	贫农	任永庆	地主			3	47	50	活租	4.00	0.4	10.00	0.20	3.00		30.00	
刘根锁	现在	贫农	任永庆	地主			3	47	50	活租	4.00	0.4	8.00	0.16	3.00	1.50	18.75	
赵守应	战前																	
赵守应	现在	贫农	刘喜全	富裕中农		3	3	7	13	死租	1.00	无	3.25	0.25	1.00	1.00	30.77	
任臭保	战前	雇农	冯万利					21	21	活租	1.50		3.15	0.15	0.75		23.81	
任臭保	现在	贫农	刘久得					12	12	活租	0.40							

说明
1. 现在以1941年为标准未计。
2. 内有贫农任臭保租种12垧地,系1942年的,故租率不能计。

有些地主怕麻烦,愿意讲死租,再就是有把握少交租,也是有限。"以上一段摘自调查会记录。

关于历年来租佃形式变化,同做以下调查——此表仅统计租进户。

表4-22 历年租佃形式变化表

年别	户口	活租(户)	死租(户)	伴种(户)
1937	6	6		
1938	5	5		
1939	5	5		
1940	7	7		
1941	10	7	1	2
1942	12	11	1	

从上面的小表可以看出,租佃形式以活租为最多,而死租、伴种顶少。还可以看出,在1940年之前是没有死租同伴种形式,死租同伴种均是近两年才慢慢开始的。又看出,桑蛾村历年来佃户的增加情形,一年比一年多。由于租进户的增加,而租地较为困难,在这一点上,与死租伴种形式出现是有着关系的。

由于情况的不同,而租额是有着差别的。比如活租同死租,就不同地的好坏、租佃双方关系、租地附带其他条件(像租地带窑洞、地主帮工具粮食……)等等不一致的情况,而租额即有着大小之别。

据我们的调查,这几年租子没有增加而是减少(这是指一般而论),有的地主虽然在暗地搞鬼,但是也不能超过1936—1937年的租子。一般的是减少了,一则政府减租条例,二则这里于1939—1940年收成都不甚好,地荒的多没人租。

在桑蛾,租额战前的时候最大的是1斗,普通的即7升到8升不等;战后同以前没有多大差别,7升到8升为最多。当然也有个别的增加,有1户租额即为1.1斗。总的来看是向下低落趋势。

我们再从山地的等级来看租额的大小同历年来的变化,这里有一个调查会的摘记以供参考。

山地的租额很难分上、中、下,一般的出租地多是好地、坏地要"配打开"①。以下的调查是根据比较来的,假设上地多的话,租额一定要大,"赖地"占了半数,则租额一定是低。

表4-23 山地租额变动调查表

年别	上	中	下
1937	1.5斗	7.5升	4升
1939	1斗	6升	2.5升
1941	7升	4升	2升

---

① 编者注:当地方言,即"搭配"之意。

——和桑蛾村富农王五保的谈话——

去年减租减息,全主村咱不知道,咱桑蛾村是不按行署规定那么减。行署规定不是减过原租二五,不超过产量 37.5%,可是咱桑蛾村就不同了。

我(五保)年辞^①出租中庄康海柱梁地 29 垧,都是好地,8 垧上等,17 垧中等,才几垧赖地。说定原租 7 小石粗粮,结果减下来交了半,出 3 石 6 斗(小石)杂粮。说是按二五不是,说是按收成又不是,按甚减咱也不知道。据人家说了,康海柱年辞在我那地上共打了 9 大石粮食,康海柱他自己也说是 8 大石,折小石 16 石。就按原租减过,不超过 37.5%,也不能给咱交 3 石 6 斗(小石),就比方交 5 石 5 斗,也不能说是超过 37.5% 吧!后来咱才知道,交租不能超过原租 37.5%,原租 1 石交 3 斗 7 升 5。王二孩婆姨是抗属,1 石租子交 7 斗 5 升,原租 3 石(16 垧地)(?),结果交了 2 石 1 斗多。

后来行署的同志说减的不对,米^②也不敢说话,人家公家总没错,老百姓还敢说话。

问:你说该怎么减?

答:米协解不下^③,依人家的规定,统一公道,就 1 石粮食交全地主共 3 斗 7 升 5 合租子对了,地主不吃亏,租户也不吃亏。

少交些也行,人家行署的办法公道,咱底下就不唠叨了。

问:交公粮按你收了多少租子计算?

答:1 石租子按 7 斗 5 升算,人家交了 3 斗多,咱吃了 3 斗多的亏。

问:你和刘侯羔伴种地是怎么分法?为什么说分的不公道?

答:和刘侯羔伴种赵家川口 2 垧平地,种的是棉花,原来说的是对半分,后来弄成三七分。犁地时我没犁,下来都有咱,种子是我垫的,锄工是我一个他两个,照看是两家的,我背着粮食到赵家川口去,摘花两家摘,地里也没上粪。我们这里的普通分法,山地二八、三七的多,平地四六的多,地主甚都不管。况且我还帮了好多的工、种籽,不能对半分,四六分刘侯羔也不吃亏吧!结果产了 100 斤花,咱分了 37.5 斤,余下通是刘侯羔的,咱干急没办法。

问:你的意见是分不对?

答:咱也没个意见,就像我和刘侯羔这样伴种,四六分谁该都不吃亏吧!

——和刘述敬的谈话——富农——

我也不种人的地,人也不租咱的地。咱说几句公道话,的确减租把一些老百姓减坏了,有的故意不交租子,有的租子交的很坏,不交好的你把我也没办法,把感情弄坏了。

问:你的意思应该怎么减?

答:其实不减也没有什么。一来减老百姓"也得不到多大利益",租不到好地;二来减了以后,还有人暗地里送,等于不减;三来咱种交的少,良心也说不下去。还有些说(个别的个别):"减租子不如少出公粮。"我认为减不减都没多大意思。

---

① 编者注:当地方言,即"年前"。
② 编者注:当地方言,即"我"。
③ 编者注:当地方言,即"我具体说不了什么"之意。

——和刘喜全的谈话——富裕中农——

问：你说定收成是不是好？

答：按比例以定收成就好，地形也不一样，那里偏一场雨，那里少一场雨，这样按普通收成定上一个总目标。村里产量是灵活的，不一定要按收成非定粮食不可，公粮上定收成也是好的。

问：你说二五减租公道不公道？

答：咱也不种人的地，人也不种咱的地（租出他的地），凭良心说，减租比起过去，租户占下便宜了。比如去年刘侯饶应出8石租子，结果一减，出了3石多。不过，地主人家吃亏不要太多，少微吃一些亏，地主总是剥削人家，靠人家吃饭。政府怎么办，也总有穷富，能办的公道更好，两方面都不吃亏。

——和中佃农刘侯饶的谈话——

问：你看二五减租好不好？

答：好是好，咱凭苦力吃饭，过去不减租咱也要做，现在减租咱也要做，咱不能说政府给咱减租，咱就少做些。政府减了租，咱多交些公粮，政府不减租，咱少交些公粮。咱不是人家那些人（指爬三），政府一给减租，就连租子都给人家（地主）不交了，交的坏租，想凭政府减租发财。咱凭良心，我年辞按原租就少交了5石多。

——和中下农赵守应的谈话——

政府的减租海哩好哩①。年辞我、刘海柱伴种5垧绿豆，海柱甚都不出，我种，海柱分四我分六。政府的公粮同志说这不公道，米协吃亏，后来弄成三七分。前半按四六，已经分过六，后半才按三七分，咱已经吃了一半亏。减租海哩对哩。

——和中下农裴谷香的谈话——

咱去年租黑峪口任果存地（两个合租70垧，实种40垧，每人20垧），原租7石（荒地荒，地主不管），原来租的是荒地，咱给刨闹了两年，倒成40垧熟地。任果存把心"黑了"，说收回去自己雇长工种呀！不了就要长13石租。不管公家减不减"13石"，我都"服意"了（同意）。后来人家死活不租给，夺回去了9垧，转租给任志荣，租4石6斗。看人家欺侮咱不，夺地时说："我的地由我，在地内围用镢按下两锣②，中间里荒上，就算我种了地，公家把我没办法。"海哩③是个赖婆姨。

去年减了租后，减成2石6斗，下来多交了几斗，共3石，减的重不重咱不知道。

公家减的公道，咱没打下粮食，人家老财用犁种，咱用镢挖着种。就是要照这样减，咱也看给人家太少，那又是个婆姨，没办法，多交了几斗。

咱凭良心说，年辞按对半减才真正公道，两家都不吃亏。年辞如按二五减，咱灰下了④，全没一颗粮食。公家减下来，还非全要不行，我说了你要全，海共⑤打的粮也不够你的。公家再不减，7石得交，7石少一颗也不行了（今年就海哩没吃的，用草拌着吃）。

（租子4石，产量12石8斗。）

---

① 编者注：当地方言，即"特别好"之意。
② 编者注：当地方言，即"在地的周边挖上两行"之意。
③ 编者注：当地方言，即"最多"之意。
④ 编者注：当地方言，即"糟糕"之意。
⑤ 编者注：当地方言，即"总共"之意。

——和王尹平的谈话——中农——

"年辞"按五成收成减二五公道,咱海共打不多的粮食,按二五减咱背的更重,太吃亏。平常的按二五减倒很公道,政府的办法没错。你想咱种 18 垧,打入 6 小石粮食,租子 3 石,按二五减还有甚呢?"年辞"减过,我出了 1 石 1 斗 2 升零 5 合。

——和中下农刘丑旦的谈话——

自己有 30 垧地,硬荒着不出租,劳动力弱种不了,租出去又怕弄起死结。

咱海哩解不下①,政府的减租敢是没租吧! 行署是咱晋西北最高机关,定下办法谁还敢说甚。

问:你老实说,你的意见应该怎样减?

答:这也没甚一定,有的刨闹的好,有的刨闹的不好。就你按二五减,有些人还说不公道,有钱难买众人心,一个人一个生产条件。

公道的就是不按收成,减二五就对了,你敢是有三七五"教育"着吧?(限制)

——和贫农刘守定的谈话——

咱没说的,二五减好的很,穷人海里欢迎,谁还能把米家的脖子摄住不要吃饭。

——和中农王何旺的谈话——

对租地的人海哩好,地主少收些也不算吃亏。

——和富农刘殿元的谈话——

(1942 年 5 月 26 日同他的谈话,"他也有土地出租"。)

说到每年定收成,这有点不公道,常是定的太低。我不客气的说,人家共产党是采取无产阶级的话,常常不用问是穷人多,佃户定收成一定是低。

收成定的低,不但给地主不好,就是公家征公粮也收的少。比方去年吧(1941 年),定的是五成,老实说一般的同是七成,"七几分足够"。

这多年是人家穷人天下,人家穷人真是心不足,看开大会人家就有提案,像去年村选有多少提案是减租减息,接着又说了一句共产党是打倒资本家,拥护无产阶级……

还有减租后说保证交租子,但是有的一下交不上,公家又是要公粮,地又不在自己主村。租子交不来,公粮交不上,公家又要着坐房子(禁闭),一天 4 两黑豆、2 两盐,哪一个主村村主任不管这个主村要公粮? 这就是一个缺点。

这二年公家提倡民主政治,这是好的,但是什么都民主就有些不好。比方减租定收成光依穷人讲,今天老百姓肚子里是一堆草粪,"讲×甚民主"。

他对收公粮也有点意见(他说他很开通,有话就要讲,一般人是目如豆尖脑子很死,"咱是有甚要说甚",不能说公家全是优点,优点总不能代替缺点)。年时咯(去年)比前年是好啦,第一年不好有原谅。去年收,公家光是说你种几垧,而不说你种是怎样,人家牛耕的还是自己牛耕的,有粪土同没粪土差的远,有几垧一定要打几石。你说我打不下,接着人家说:"人家就能,你就不能?"公家定的二五减租没甚意见,就是定收成【有】问题。

---

① 编者注:当地方言,即"实在说不出什么"。

表 4 - 24 历年来租进土地及租率变化统计表

时期	项别 阶级	租地 户数	租入土地			产量			原租			实际交租			减租				备考
			熟地	荒地	共计	总数	每垧平均(斗)	总数	每垧平均	原租占产量百分比	总数	每垧平均	实交占产量百分比	总数	每垧平均	应交	实际		
1937	中农	2	39	9	48	10.50	2.18	3.50	0.073	3.50	0.073	34.2						本年全村租进户6户,其中有1户佃农没实交租,差得太远,恐对租率计算有疑
	贫农	3	98	45	143	30.50	3.11	11.80	0.084	38.7	10.80	0.075	35.7						
	总计	5	137	54	191	41.00	3.0	15.30	0.08	37.3	14.30	0.069	34.6						
1940	中农	3	92	55	147	18.50	1.25	10.00	0.061	53	3.30	0.023	17.5	6.70	0.045				
	贫农	2	35	35	70	8.70	1.24	4.50	0.064	52.1	1.70	0.024	19.5	2.80	0.031				
	总计	5	127	90	217	27.20	2.11	14.50	0.066	51.2	5.00	0.023	18.8	9.50	0.043	66	49.6		
1941	中农	3	72	55	127	15.25	1.2	7.65	0.06	50.7	2.37	0.018	15.3	5.28	0.027				
	贫农	2	35	20	55	1.00	1.8	4.40	0.08	48	1.8	0.034	20	2.60	0.046				内有伙种户1户,租地5垧,产量1石,原是四六分
	总计	5	107	75	182	24.25	2.27	12.05	0.07	49	4.17	0.022	17	7.88	0.04	65.4	54.4		
1942	中农																		
	贫农																		
	工人																		
	总计																		
说明																			

现在我们开始来研究租率问题,从前面的个别户只看一个轮廓,至于它的真貌,从下面来看。

表 4-25 各阶级战前现在租率比较

阶级	战前	战后
中农	30％	15.5％
贫农	34.6％	21.8％
雇农	23.8％	

据上表,将战前同现在作了一个很好的比较。以阶层来分,租率最高要算贫农阶级,而中农较贫农低。这里没有别的原因,主要是一个经营方式的问题,在中农经营的方式下,产量一定多于贫农。

战前的雇农阶级租率反而更低,特在这里作一个说明。战前仅 1 户雇农租种山地 21 垧,全系下等地,秋后产粮 3.15 石,交租 0.75 石,而租率计为 23.8％。少少的 1 户不能代表一个阶层,所以各阶级比较只以中贫农为标准。

表 4-26 历年来租率变化表

年别	总产量	交租	租率(％)
1937	41.00 石	14.30 石	39.6
1938	32.00 石	10.05 石	32.8
1939	17.00 石	5.75 石	33.8
1940	27.20 石	5.00 石	18.6
1941	24.25 石	4.12 石	17

从上表便看出,桑蛾几年来租率的变化,在总的方向看出一个下降的趋势。虽然 1939 年比起前两年略有上涨,但是上下差不到多少。从历年来说,1939 年的租率即为顶高的一年,租率最低的要算去年(1941 年)。我们还可以看出租率的下降是从 1940 年开始,显然与以前有着差别,这同我们新政权成立、减租政策执行分不开的,从租率的下降看出对封建剥削削弱是一个很好的证明。

关于减租问题,在桑蛾恐怕也是同其他村子一样分为两个时期。一个就是战后牺盟会时代,当时将减租减息呼喊的很高,但是实际做得怎样,恐怕成绩很少。严格的讲来,减租政策的执行还是新政权的成立,从 1940 年开始到今年,已经执行了两年。

据我们的调查,1941 年比起 1940 年做的要好些。关于租子的减法,1940 年村公所竟定出当年为四成收成,以后以"二五"减之,但是在自然村执行起来便不是这样。首先的问题就是没有彻底执行,其次就是减法不统一,有的按以上规定来减,有的光以"二五"减之,一般租种地比较少的恐怕减也没减。

上面说的是 1940 年情形,1941 年减租情况大概如下:

减租工作同公粮工作一次并做,村公所派人到村上选举两个人负责减租交租事项,结果选出裴谷香、刘侯羔,同系中农二人。此二人都是佃户,租种别人的地,预料将来定收成有些不方便的地方。另外又选出这一个不租出不租入的贫农刘长达,三人共同负责桑蛾减租之事。

在村里没开会,光是在村公所开了一次会议,刘长达负责召集关于桑蛾所在的地主佃户,以后参加主村会议。

当时召开的会主要的中心"租子甚样减""收成如何定",还有旧债问题。会议决定了当年的减法,每石租子只交3斗7升5合,是以五成收成再经过"二五"减之,牛租每石光以"二五"减之,当时还提到窑租也以"二五"减之。

关于减租,以前一般情形大概如此,后面再看减租过程中以其[及]减后的情形:

表4-27　两年来减租情形调查表

年别	姓名	阶级	租进地数(垧)	原租	减交	减法	减后情形
1940	王奴孩	中农	25	2.50	1.00	以收成四成计算后以二五减,多出0.25石	因为儿子之死没有人力,将地退回原主
1940	刘侯羔	中农	52	4.00	1.15	减法同上,因亲戚关系少给几斗	原地照租
1941	刘侯羔	中农	52	4.00	0.90		因为不好"经营",将地荒了三分之一,地主夺回倒主
1941	裴谷香	中农	70	3.50	1.15	以四成收成再以二五来减	
1941	裴谷香	中农	70	3.50	1.35	以公家定五成收成后以二五减	交租问题发生纠纷后,地主夺回转租
1941	王何旺	中农	5	0.15	0.125	光以二五减之	当年地主将地出卖,因此夺回
1940	刘根锁	贫农	50	4.00	1.20	以四成收成经二五减	
1941	刘根锁	贫农	50	4.00	1.50	五成收成后二五减	土地照租,据调查另外多付租子3斗
1940	任臭保	贫农	21	没说	0.20	没有减租	地主因佃户做的太差,将地收回
1941	任喜曼	工人	5	0.15	0.15	没减	
1941	赵守应	贫农	2	0.40	0.30	此地还是伙种,说的四六分,之后三七分	佃户得到利将地退回原主
1940	总计		218	14.20	4.60		
1941			187	8.20	4.325		

前表关于两年来减租情形做了一个调查,实减了多少请参看以下数字:

表4-28　近两年实际减租情形调查表

年别	原租	交租	实减	减租占原租百分比
1940	14.2石	4.6石	9.00石	68.5
1941	8.20石	4.325石	3.875石	47.1

注:有个别户经过减租而暗地多付租者没增加进去,因为没有调查出确实的数字。

关于租子的减法根本就不一致。一般来说是依照政府的规定,1940 年大多是依收成四成后以"二五"减之,1941 年以五成收成而定,再经"二五"减之。有个别的光以"二五"减之,这多是租进土地垧数很少的户。有的则没减,大多是租前没讲租子或者也是地数很少。

从上表来看,有的依照原先规定减法,不然是多付几斗或者反而少出。像 1941 年刘侯羔说不是以规定来减,减后未交。

据我们的调查,1941 年在桑蛾有 2 户佃户照减租之外多付租 2 斗到 3 斗。1 户贫农刘根锁即多付 3 斗,因为租人家地租了多年,人情过不去而多付了 3 斗。

另外,还要附带的说明一个问题,就是牛租同窑租的问题。牛租 1941 年都以"二五"减之,真正的做到。窑租因为移来户多原春季转来,租子没说,故没减。

由于两年的减租,在桑蛾租佃问题竟有以下新的问题产生:

① 不论本庄或外庄的地主,有个别的因为减租而夺地。在夺地有两方面,一面夺回自种,一面另外倒主,转租别人。

② 由于减租,地主觉着得利太少,因此产生伙种,所以伙种形式开始萌芽。

③ 有一种租子这也是近两年的,即为"明减暗不减",同政府减租政策相对立,原租秋后照给,一颗给够一颗。

六、土地伙出典出数量及户数变化(初稿)

表 4－29　抗战以来各阶级土地伙出变化表

阶级	时间	户口	平地(下)	总计(注同前)	每户平均	备考
中农	战前					
	战后	1	2	6	6	这 1 户即上表伙出户(中农刘述敬)

在桑蛾历年来的伙种地户,我们做了一个调查,很明显的看出比起租种户是要少的多了。就是有几家,同是 1941—1942 年的事情,1942 年仅有伙出户 1 户,还是同外庄伙种,本村连 1 户也找不到。

我们便要问,为什么伙种在这里这样稀少? 因为主要的原因受自然条件限制。这里所有的地同是一种山地,本村财富关系就是在外庄也很少有本庄的平水地,所以像这样的伙种地在这里并不普遍,就是有的话也同是近两年才慢慢有了人伙种。据我们的调查,所谓伙种地多是水地、平地,一般说来这两种地伙种多于租种。据老百姓讲有两个原因:在地主方面,一来觉得伙种比租种利要大,二来将地伙给人家,有时自己还可经管,不会将地搞坏。

山地就不同了,一般地主想伙种而佃户却不愿意伙种。对佃户来说吃亏要大,全年到头搞不到几颗粮食;另外就是相当麻烦,甚也要同人家商议,不论是种或收,整个过程是个麻烦过程。山地伙种太稀少了,假使有的话,必然要有以下条件,不然个户是不愿意的。伙种户多是劳动力少租不到地想藉着种人家好地,靠地主帮些东西——粮食、家具……这样条件下,自己吃些亏也愿同人家伙种。这正像 1941 年贫农赵守应因为租不到地不得不给人家伙种。据调查,山地伙种多年以来是没有的,在桑蛾就是上面的 2 户做了先例。

表4-30 抗战以来土地伙出伙进数量与户数变化表

项别 / 时间	姓名	阶级	伙出 哪儿人	梁地 上	梁地 中	梁地 下	梁地 平	梁地 合计	条件	分益法	双方关系	姓名	阶级	伙进 实种地数 上	实种地数 中	实种地数 下	实种地数 平	实种地数 合计	总产量	双方所得 伙出户	双方所得 伙进户	各占总数百分比 伙出户	各占总数百分比 伙进户	备考
1941	王五保	富农	本庄			8		8	"地主光是出地,其他甚也不管"	说以二八分		刘侯羔	中农			6(荒2垧)		6	2.00	0.40	1.60	20	80	
1941	王五保	富农	本庄		2			6(折)	在春耕收获两家伙干,人工不计(种棉花)	原先说对半分		刘侯羔	中农		2			6(折)	122斤	37.5斤	84.5斤	30	70	到秋三以后分,花籽全是伙进户出,到时分三租七,是伙种
1941	刘文唤		黑峪口			5		5	又唤出地,另出1大斗黑豆,余不管	四六分		赵守应	贫农		5			5	1.25	0.38	0.87	30	70	分三租七,因本地给人种
1942	刘述敬	中农	本庄			2		5(折)	种棉花,种子述敬出,摘花时帮两工	四六分	甥舅													

说明

王五保的平地是在赵家川口,前几年同是租给别人,因为减租关系自己收回,但是劳动力不足,这样以来只有伴种比较适合,所以伙给别人。在桑峨的梁地从来没有人伙种,因为利益太少,个户自己就不愿伙种。而赵守应是因为他是赵家川口人,当年到桑峨川人,只有给人家伙种。刘述敬的平地也是在赵家川口,因为亲儿在赵家川口,因为亲儿那户,在本地说来伙种比较对他适感,以前这地一块是租给别人。两宗平地折合为中梁地,王五保2垧是中等折合为6垧,刘述敬2垧是下等折合为5垧。

　　根据表 4-30 同现有的材料,山地采取伙种的形式是不普遍的,目前来看由租种到伙种这一趋势在山地是看不出来。假使没有以上特殊条件,伙种是很困难的,将来要有的话,就有在山地过于缺乏条件下而租不到地,可能伙种多些。

　　在平地方面则不同于山地,已经形成一个由出租到伙种的趋势,最后发展到自种。桑蛾村 2 户有平地的,1 户富农、1 户中农同是由租到伙,富农王五保已经采取自种,都是因为连年的政府减租而结果收不高利改变形式。至于双方条件"分益法"……参看表 4-30,这里省略。

表 4-31　抗战以来各阶级土地典出变化表

阶级	时间	户口	梁地			总计(注同前)	每户平均
			上	中	下		
地主	战前	1	5	13	10	27	27
	战后						

　　典进使用土地或将土地典出这种形式在这小小的山村更是要少,几乎少的没有。但是据我们调查,在战前有 1 户,是一家没落的地主将自己 27 坰梁地典出,战后典地的连半户也没有了。至于战前 1 户典出赎回的细情,后面再述。

　　这里首先将我们调查的关于典押地这一问题的一些材料分述如下:

　　典押地——典价有钱同粮食两种:在山地一般多用粮食来典,就是给的是钱,契约上也写为粮食,将来拿粮食来赎回。因为币制的混乱与不统一,所以写粮食大为保险,特别是战后用钱典地更为稀少。典地在典出典入两家的目的不同,有时一家想卖、一家想买,有时出典人准备赎。在这样情形下典价便有高低,价高的多半是敲死期近以备形式[成]卖买关系,价低的多半是要赎回。

　　前者多是一些下降户将地典出,不准备去赎或为死期;后者比如目前急着用钱(或者家里遇事,给儿子娶媳妇)将地出典,过两年后便赎回,这些典价最低。据我们调查,老百姓讲邻村一带前几年典出地的多是没钱的人,没钱用,等着钱,又舍不得卖地而只得典出。今天典出的人多是地主与富农,而典入的多是中农、贫农,从这里也说明农村战后中农、贫农阶级一般是上升……

　　押地——(地做担保)借人家的钱,债主恐怕到期交不上利还不了本将地压上。比如三年或三年给不上利,人家就将地转租或"查地",钱无利、地无租,过几年甚时有钱甚时赎回。桑蛾村更是没有,战前借贷比较容易,放债的家数要多,也没有发生押地现象;今天借贷根本停滞,所以押地也不会有的。

　　战前出典地仅有 1 户,即地主王五保,因为家里连年遇事欠债甚多,后因急需用钱将外庄(中庄村)28 坰山地出典,典给中庄刘文良,典价 55 元(白洋)。当时也没说期限,在典的过程钱无利、地无租。于 1940 年五保父亲死掉,生活故难维持,本年将地赎回准备出卖。第二年春季卖掉,共价 98 元(白洋)。据五保本人讲,赎时照原典价赎回。

七、抗战以来各阶级的变化

表 4 - 32　战后各阶级的变化

战前＼战后	户数	％	富农	富裕中农(注)	中农	贫农	雇农	工人	外出户	备考
战前阶级	户数	％	富农	富裕中农(注)	中农	贫农	雇农	工人	外出户	
地主	1	4.76	1							
富农										
富裕中农	2	9.56			2					
中农	9	40.84		1	8					
贫农	7	35.32			2	4			1	
雇农	1	4.76				1				一、战前战后的雇农都是指全年以打短过日子。
工人	1	4.76						1		二、工人即钉鞋匠。
总计	21	100								
战后分出户　富农										
战后分出户　富裕中农					2					
战后分出户　中农						1				
战后外来户			1			7	1			
现有阶级户			2	1	14	13	1	1		
现有阶级％			6.25	3.125	43.75	40.625	3.125	3.125		
现有阶级总户	32									
外来户占原有户百分比	42.8									

注:富裕中农在桑峨战前是有 2 户,今天又有 1 户,假使没这栏便看不出这 3 户的变化。实际讲起来是又不同于中农,假使是中农的话,则变化是不大。另外,可以说明旧政权时代富裕中农很困难发展,今天就不同了,竟有从中农到富裕中农。同时说明战前的富裕中农怎样降到中农,在什么条件下下降的。根据以上两点故增富裕中农一栏。

从这个小小的自然村可以看出,战后的农村阶级是在起着变化,究竟变化到什么地步,这正是我们要研究的问题。表上已告诉了我们,战前同战后已经不同了:1 户地主不存在了,新添了 2 户富农,战前的 2 户富裕中农下降到中农阶层,中农又 1 户上升到富裕中农,还有 2 户贫农进到中农阶层,1 户雇农进到贫农,其他的同是外来户,在总的户数是已经增加了。有的在上升,有的在下降,有的仍然保持着原状……这样错综复杂,但是我们从什么地方去看它的变化? 到底变化表现在哪些方面? 为了说明这个问题,就列了一个简单的小表,这个表并没有将变化的每一户同包括进去,假使两家有共同性,在这里便省略(表写的不大详细)。

表 4‑33　几个个别户阶级变化(附表之一)

姓名	战前阶级	战前状况	现在阶级	现在状况	变化的原因	未来发展方向
王五保	地主	全家共 6 口人(4 大 2 小),没人参加劳动,土地本庄 88.5 垧梁地,中庄有地 28 垧(出典)。外庄平地 2 垧、本庄 45 垧出租,自耕 26 垧(雇人经营),全年吃租子 7 小石,白洋 30 元,总收入粗粮 6 大石,负担第一门。其他地全荒,有时出租地还要多	富农	从 1940 年开始采取雇工经营,全年雇长工 1 个,农忙雇短工,自己参加劳动。现有大小耕牛 2 条,中庄地已卖光,因为自己种不了,有 31 垧梁地出租。现在负担 10 分	主要是租子减少,战前 7 小石,战后跌为 5.5 小石,连年二成交不上租,还有这年减租,负担过重,收入支出的矛盾。次要的本身是一个没落地主,连年家里遇事,在今天自己也有了劳动力,所以采取富农经营	
刘笃烈	富裕中农	人口 7 口,2 个劳动力,喂牛驴各 1 头,土地 68 垧,农忙雇短工,有时自己牛给人家耕地。生活优裕,穿的来说平均每 8 年 1 个多布,负担为第二门	中农	三弟当兵之后劳动力减少,以后分居。今年雇工,但全年很少雇短工,生产条件变坏	劳动力减少,负担重(四大号召出谷米 4 小石,省钞 30 元),旧政权时更重,分居对生产也有影响	变化的关键是在 1940 年前后,从新政权成立又有升到富裕中农的可能
刘喜全	中农	1936 年时全家人口共 9 口,3 个劳动力、1 条耕牛,自己地 51 垧,从来不雇人,产量 15 大石	富裕中农	从前生活较为优裕,有 3 眼土窑出租,吃到一部分租子,在平时也雇短工,农忙更不用说了	主要是自己有苦力能受苦,甘于经营,过去负担并不重,近年来公粮制对他生产热情更提高	今天来看已经奠定富农经营基础,富农经营条件已备
裴谷香	贫农	共 3 口人,1 个劳动力,财产分文没有,全年租种 10 余垧地,另外靠打短过日子,以后二弟也大了,租种地要多。1941 年种 70 垧(分给别人 20 垧),共产粗粮 8 大石,原租 3.5 石,多实交,实交 1.35 石(两家交的)	中农	1941 年有梁地 20 垧、窑洞 1 孔、耕牛 1 头,也不租种别人土地,春季牛雇出去。目前生活比过去好的多了,1940 年冬娶一个老婆,70 元白洋	连年减租这是主要原因,再就是自己劳动力强、人口少且全能劳动,从来没有一文负担	
刘侯羔	贫农	自己耕牛、土地全没,年年租牛租地,自己有的是劳动力(3.5 个劳动力)。近几年大量租种别人地,多至 70 垧,单以 1941 年来,说租种 52 垧,产量 7.5 石,原租 4 石,实交 0.9 石	中农	买地共 40 垧,自己又有耕牛,近年不给人家打短,收入盈余	变化原因同裴谷香相同,没多大差别,再就是本人连年倒卖耕牛,挣了一把	

在这里我们便研究变化的原因。

在没有说明阶级变化原因之前,有两点提出说的必要,我们应该把握战争特点。晋西北是处在战争环境,另外它是建立了新的政权已经两年有余,只有这样才能说明以下原因,它的必然性也就是我们问题的根据。

我们首先研究地主。地主阶级在桑蛾村是不存在的,他的变化原因最主要有两点:租子减少,战后租子下跌,再加上连年此地收成不佳,虽然有大量的土地出租,但是吃租子是有限的;另一个原因是负担重,特别是在旧政权时代,虽然人人都重,但是他们比较要重。这里缺乏具体的数字,但是可以听到他们反应常常是这样讲:71师……在时摊款"海哩是重,人家要的没数儿"。老实讲,这个收入同支出矛盾这是顶难解决的问题,我们说的这一家地主本身还有原因就是在战前根本走到没落,再加上家里连年遇事,在从前自己经营生产也没有劳动力。

富裕中农下降的主要原因也是负担过重,在本村的负担除了个别的地主,就算着他们。另外,有一家因为出了一个兵役而劳动力减少。还有一个原因,为了避免负担采取分家另居,结果生产单位缩小,劳动力分散,也影响了生产。劳动力的有无、强弱在农村生产占着顶重要的地位,没有劳动力就没办法经营生产。比如像佃户裴谷香,从前劳动力缺乏,仅能租种人家13垧地,后来兄弟两人直种到70垧,以后一年收入也较盈余。

贫农上升的原因主要是减租问题,像指的2家贫农,当然减租才从1940年开始。但是据我们的调查,他们翻身关键还是在减租后,像贫农裴谷香用粮食买了地买了窑洞。在他们从来没有一文负担这也是一个小原因,特别这几年全年收入盈余。

在这里还要说几家从变化表看不出来的一两家。有一家王坏成,他有23垧地、1个劳动力,家里5口人,前几年同是到春耕时候雇牛经营,以后慢慢好起来,另外租种别人10垧地;还有一家□□□□农,但是1940年冬季敌人竟将家里烧光,两年来翻不过身,每年春季没吃的,给人打短,将自己地荒着,实际说来全年以打短为主。

根据以上,我们总结出下面几点:

地主的变化是吃不到租子,首先抗战削弱了地主剥削,另外政府"二五减租",再就是负担重(是指旧政权时代)。富裕中农下降,负担重第一,一户是出兵役,另外两家全分居而劳动力分散。贫农正是相反,近年来的减租这是主要原因,使阶层上升。农村劳动力有无也会影响阶级变化,敌人非人道的烧杀也会使一个阶级突变。

未来的阶级变化趋势又是怎样?

据我们看,富裕中农有可能很快的上升到富农,特别是战后的富裕中农不同于战前。我们就拿刘喜全来说,今天他已奠定富农经营基础,特别是我们的政策更是利于中农小经济发展。还有几家贫农(像刘根锁等户,其他的中贫农没疑问的是要发展的),将来典型户再详细讲,今天仍然是在贫农圈子,但是走到中农阶层的可能性太大了。

根据今天实际的情况,中农阶层只要没有特殊原因,是会一天天的上升,进到富裕中农,像前面介绍的刘笃烈……等户,在进一步到富农经营。

附带的还要说明一个问题,为什么小小的一个桑蛾村战后外来户就这么多?这也是有他的原因,首先桑蛾村本身比较偏僻,它是在一个山沟里,比起毗邻大道旁的赵家川口同靠黄河岸的黑峪口较为安宁,虽然敌人到过几趟,但它有藏身之地。再一个它离黑峪口很近,本庄有着黑峪口大批的土地,别庄的人为了种地而搬来的也有几家,同样的说明外来阶级贫农顶多原由是在什么地方。

根据我们的调查,大家有一个共同的原因,同是为了安全,再就是为着种地,有的因为这里有亲戚而搬来,还有个别的避免兵役、负担而逃来(仅 2 户)。

八、村政权与群众关系(初稿)

(一) 村政权

在没有说明村政权的组织之前,首先将村行政的区分做一简单的说明。事实这两个问题是分不开的。

从 1936 年之前就分为主村、附村,当时的桑蛾村仍然是属于今天的黑峪口,共 5 个村子组成一个主村,除了黑峪口、桑蛾村之外,还有中庄村、唐家吉、东崐上。在 1937 年左右有了变动,就是阎锡山为便于他的统治另外想出新的花样,即改主村为编村。改为编村后,桑蛾依然是属于黑峪口,编村的划分比起主村更为庞大,由过去的 5 个村子增加到 8 个村子。改划为编村之后,再没有什么变动。

直到 1940 年春季新政权成立之后,村政区另有了新的变更,取消了过去旧政权时代的编村,划分为行政村,在行政村之下有自然村。当此间,桑蛾村随着这一个改变也变动了,从此脱离了黑峪口,重新属于花园沟。大约有 4 个月的样子,又来了一次变动,桑蛾仍然归于黑峪口。

今天的桑蛾村又是属于黑峪口行政村之下一个自然村,由于村行政区分的不同,所以村政权组织也不同。关于多年以来的变化,这里做一个简单的叙述。

在前清的时候没有什么区啦,主村啦,村与县之间甚也没有! 当时的村都是直属于县领导,在每一个村里光有“村头”一人负责管理村事,完粮纳税有“排年”管理(排年是各姓有各姓的),分为春秋两季来收。

到民国年间,改为村长管理村事(大小村子各有村长一人)。直到编为黑峪口之后,村长在小小的桑蛾村也绝迹了。以后就是闾邻编制,在较小的自然村只有闾长同邻长。在自然村来说,闾长就是这一村最高负责人。

至于闾邻的编制在桑蛾是这样的:由于桑蛾村过于的小,户口上也是过于的少,结果同唐家吉两个小村合为一闾(在这一个问题上,两个村相同性恐怕更多)。两村共推正副闾长各一人,在桑蛾闾长之下,另外还有两个邻长,关联着自然村大小的事,会同以上三长负责办理。

桑蛾村将抗战后群众团体的干部混淆为行政上的干部,就是当时叫的闾代表,实际上也是负责行政工作的干部。之外还有一个变动,这恐怕令其村子不同,就是 1939 年之后邻长也取消了,负责村事的光留下闾长、闾代表(闾代表并非行政干部,系群众团体干部,实际的工作是行政工作)。为什么要取消邻长? 在这里给一个说明,主要的原因是闾代表的产生代替了邻长工作(素日的工作是闾长包办,另外又添了闾代表),结果邻长没有事可做,久而久之形成一个挂名的干部,实际上是“名存实亡”,没事可办,没言可发。其次的原因就是牵连到当时所选的那位邻长,邻长本身根本能力太差,他的家庭成分正是由上贫转为中下阶级,家里也误不起工,经常抽不出身来。据别人讲,他老是私事第一、公事第二。除了以上两个原因,恐怕没有更多的原因了。

1940 年便不同了,一个崭新的局面出现,就是代表着人民的利益的新政权成立,这在晋西北这一块土地上也是空前的,是几千年以来没有的事。

直到 1941 年夏季经过了村选,更有着他的不同点了。首先是废除了闾邻的编制,建立了公民小组,由下而上的推举主任代表、代表。桑蛾村今天在行政村领导之下,设主任代表一人,另外还有代表两人,三人协同负责有关村中之事。

前面关于村政权组织给了一个说明,这里将不同的时代不同村干部产生同分工给一个说明。

今天谈起过去闾邻长的产生倒使人觉得可笑,老百姓讲起来素日是不知道办公事(指村事)的人是由大家选举的,总认为上面派叫谁干谁不能干。办村事也不是容易的事:一要有资格(有钱有势吃得开);二要提起笔杆子,不能写不能算,你就别想干;三要有时间,而且人前还会讲话。每到更换闾邻长的时候,上边派来人开了一个名单压上一个印,结果不是什么选举而是指定,谁敢不听从这一命令。有时也开一个会,开的并不是什么大会而是小会,叫上几个有面子的人(吃的开的人)大家商议。至于穷人,根本吃不开,有意见也没有发表的地方,人家吃的开人私下议定。

以上将产生附村的闾长给一简单的叙述。至于邻长的产生更其是简单,也没有以上麻烦的手续。每个村的邻长同是由村长本人指定,没有什么更多的讨论,不管怎样指定,"爬三不能干"(爬三即穷光蛋)。

选举之后,至于分工也就很难谈的上。在闾邻制的时代,总是闾长包办一切,任何工作都由闾长代办,其他像闾代表、邻长,一般多是挂名干部,有时想做也找不到头绪。

旧政权时代,闾邻长的工作最主要是摊派粮款,其次是派差。实际讲起来,整年的工作可以用两个字包括一切——"摊""派",除此而外,恐怕第三个字也难以找到。老实讲起来,下级的闾邻长真是难于应付上级的摊派。

到最后,旧的政权总之是被我们推翻,用新的政权来代替。至于新政权下的村级干部是怎样产生,它们的分工又是怎样,这正是我们要同上面旧政权时代比比看的问题。

旧的打垮,新的刚起,也就是所谓青黄不接,这一过渡时期看不出什么东西。关键并不在于旧政权的马上倒台,而要从我们的村选开始。

经过了轰轰烈烈的 10 多天选举,只要年龄合格,够的上公民资格,则不分男女同有他选举的自由,享受着选举的权利。

像这样普遍的民主的选举,在整个晋西北历史上来看是新的一幕,在以前不过是少有的,以后像这样一幕经常的演下去。所谓今天的主任代表同两个代表,就是在大家民主的选举下,将自己要选的人推举出来,今天的事实已经证明了一切,这里也不要累赘的再讲。

我们再看分工。干部的分工在桑蛾也同样像其他村子,没有科学的分工,还是处于有事大家管事,事前大家议,议后大家办。假使严格的谈起来,还算不上怎样分工,这与桑蛾村本身有很大关系,村子小事情少。

我们以今天的不分工同过去的不分工这样的对比起来也比不出什么来,过去的一切工作由闾长一人包办,也谈不上什么分工。今天虽然没有分工,但是凡大小事情都是大家来办,由三位代表协同去搞。

选举到现在经历一年有余,从他们所作的工作也可以看出一个轮廓的分工,这样的分工并不是怎样主动的、科学的。

事实照他们的样子去工作,也是利于工作的:主任代表是负责总责(这里包括的范围太广啦!),同上级(指区到县……)、下属(指每个公民小组、每一户……)都起的密切联系,任何突击工作主任都要积极参加,日常参加一切会议。行政村到自然村任何事情先找主任代表(这里只是抽象讲了讲,具体的工作到底是什么,参看后两村干部的工作)。

两个代表他不仅是主任的助手,而且有他们具体的工作,有时主任事情繁多,还要替主任做一部分工作。代表主要是管理日常琐碎事务工作,什么收村派摊米柴……等,另外就是派差事情,一切重要的会议也同样是参加。

分工的情形只能讲到这里。

第三个问题说说村干部的工作同上级的领导。

旧政权时代下的工作在前面大体已经讲到,整年到头不外摊款派差……像这些工作,月月是相同的,即便年与年比起来没有什么不大相同。关于这一部分,主要是着重于新政权下的主任代表、代表的工作,时间包括从村选后到今年的 4 月间。

代表(包括主任代表)们总的工作一般来说不像行政村的干部有什么经常工作,在自然村村干部的工作,我们也可以替他们分割出来。据我们的调查,不外以下几大项的工作:

村选后的第一工作征收公粮,其次优待抗属、招待、派差,还有今年的春耕工作、区选工作……等。

主任代表具体的工作——首先是召开任何会议也要"吼"代表,这是会前的工作,以后就是主持会议(只要是有关行政上的会议全是如此)。村选没有多久,征公粮工作就开始。在征粮工作过程中,主任也没有参加其他的委员会,前后召集了在 10 个以上的会,自己亲身参加的有一半以上。另外,还解决征粮工作中发生的小问题(上级干部生活问题,上级干部指派下来征公粮的人)。接着就是敌人的"扫荡","扫荡"前的空舍清野工作其他代表不管,独有主任一人参加帮忙武委会这一工作,"扫荡"过程中应付军队、应付差使。1 月间敌人退后召集了两次调查会,应付军队,帮助武委会工作几天(不多)。接着交通局机关驻扎到桑蛾村,主任又大忙了几天,寻窑洞啦,借家具啦,借草借粮啦。春耕的时候来到了,布置春耕工作,帮助主村填了几个春耕计划竞赛表(费了一天多时间)。3 月间才召开了一个群众性的春耕动员大会,并附带提议参议员候选人名单,分配村上分来的救济米。以后就是我们调查团下乡,主任也跟着忙了几天。区选工作又来了,主任在村里忙了几晚上,后来又到区上参加正式选举,来回共 4 天。

代表的工作——经常开会,主任"吼"代表,代表又传达各"庄户",自然村凡是召开干部会议,代表全得到。征粮工作的时候两个代表一样的是忙,一个参加了粮秣小组,多在行政村开了几次会,公粮工作结束之后就是派送公粮,另外一个代表先后参加 7 个会议。代表帮助武委会工作很少,在"扫荡"过程中同"扫荡"之后应付军队、应付差使,主任忙不过来,在这一方面也做了些工作。交通局驻扎在桑蛾,帮忙借了几天东西。除此而外,还有经常收村款米、派差(从今年才开始派)、招待,在这一方面每个代表负责招待 10 天,已经有了明确的规定。代表的工作恐怕就是这些。另外,有些工作同主任代表的工作也是分不开的。

领导问题在旧政权时代也很难说到底是怎么样,怎样具体的领导。据我们的调查,在旧日很少召开会议,半年还不知道有一次没有,不召开会而"唯一的办法就是一级向一级下命令,下命令写通知限定日期完成,假使不这样照办,即刻就要受到干涉"。如此的领导工作的情形,工作效能我们可想而知。

今天的行政村对自然村的领导,采取的方式不外以下几种:

首先是建立了经常的会议制度,用开会去解决问题(并不是完全解决);其次是写通知写具体的指示,下级依据执行。

派干部下乡直接解决问题,参加会议讨论办法,这样的领导大多同突击的工作较大些的工作联系在一起,像什么公粮、春耕、区选……

村长及村一级干部下自然村视察工作,帮忙解决困难。今天的领导,我们只可能说不外上面的一套办法。严格讲起来,前两种用的比较多些,我们从各干部困难的反映也可以听到一些。主任代表对我们讲,他说他一个人有时不在,就耽误开会,"一个月就得开三次会",意思就是会太多了。

今天完全用开会解决一切问题是不成的,实际开会不过是解决问题的开始。从桑蛾的情形来看,行政村的领导今天还同样犯着坐在村公所房子来领导、调干部来开会、写通知给各主任代表总认为可以解决一切问题【的错误】,事实不然。

要想各自然村工作做得好,只有村级干部多向自然村跑,帮助代表们解决不能解决的问题同发生的困难。

在村政权的直接领导之下,还有其他的一些组织,像粮秣小组、招待员……等,多是由各代表兼任之,叫起来是小组,实际还不是一个人负责? 因此,这一部分没有专提出讲的必要,实际上没有更多的内容,所以将它省略。

根据以上材料,我们可以看出以下几点:

① 旧的闾邻编制实质是将所有的户数直到每个公民束缚在一个无形的圈子,而达到利于它们黑暗的统治。我们今天的公民小组,它本身就带有民主性的组织,公民小组会就是大家发表意见的机会同地方,这样的划分小面积在代表领导也较为方便,这些是它的好处。据我们调查,很多人讲小组经常开会……这些地方都很好,这是群众亲身体验到的。

② 村政权下的干部产生方式有着天大的差别,一种采用包办指定,一种是经过民主的选举。

③ 旧的时代,村政权的干部是没有群众作基础,而且同广大的群众处于敌对地位,新政权时代正是相反。

当然不能说我们今天的工作就是十全十美,就是要在我们的现有基础更迈进一步,也只有改变我们的工作作风,加强对自然村的领导、下级的科学分工,克服现存的缺点,只有这样工作才能会慢慢更好起来。

表4-34 历年来村干部更换统计表

1936—1937年:

闾长:姓名刘笃烈,阶级中农。一邻长:姓名王五保,阶级地主;二邻长:姓名刘喜全,阶级中农。

1938年:

第一期闾长:姓名刘纯敬,阶级中农;邻长:姓名刘侯羔,阶级贫上。第二期闾长:姓名王五保,阶级地主;邻长:姓名刘侯羔,阶级贫上。

1939年:

第一期闾长:姓名王保旺,阶级中农。第二期闾长:姓名刘喜全,阶级中农。

1940—1941年4月:

闾长:姓名刘述敬,阶级中农;闾长:姓名刘一敬,阶级中农。

1941年:

主任代表:姓名王五保,阶级富农。代表:姓名刘笃烈,阶级中农;姓名刘喜全,阶级中农。

中农在桑蛾是一个最庞大的阶级，它在经济上占着优势地位，因而在政治上表现也最活跃。从前面村干部历年更换统计表也可以看出，其 13 个干部从成分上看，中农就占了 9 个，剩下的 4 个是其他阶级。从表上看，有几个时期真是清一色全是中农阶级，负责办理村事；就现在来说，3 个代表，其中 2 个就是中农、1 个富农。中农阶级掌握政权，这恐怕也是桑蛾一个特点，绝不像别的村子由别的阶级慢慢转移到中农阶层手里。旧政权时代同新政权时代比较起来，要从干部成分上看，在桑蛾是看不出什么的，战前现在同是中农占优势。今将 3 个代表做一简单的介绍：

主任代表王五保，现年 29 岁，从小务农，小时候读书 4 年，今天粗通文字，从来也没有参加过任何党派。原是一个地主儿子，由于抗战的关系，目前也改变了他的阶级成分，由地主到富农，由不劳动到亲身参加生产，由封建的剥削进到资本主义方式的剥削。目前家庭概况：共 5 口人，有年满 60 岁的一个老母，有与他同岁的妻子 1 口，剩下有 2 个儿子（1 男 1 女）。土地，本庄梁地 55 垧，外庄有平地 2 垧，有耕牛 1 头，雇 1 个长工，全年的收入是靠土地生产，恐怕经济上再没有其他来源。他本人在本村曾担任邻长 2 年（1936—1937 年），于 1938 年后半年担任闾长，除此而外，别的工作没做过。到了新政权成立的 1941 年 7 月村选，被推为主任代表。工作方面表现：办事公道、负责，在群众中比较威信高，大家认为"办公事还可以"（群众反映），3 个代表比较起来能力还差，不能掌握全村的干部，脑子有点糊涂，有时办事较为马虎。政治表现——"中间左"。

代表刘笃烈，除了担任代表工作之外，还负责桑蛾二分之一的招待工作。今年 30 岁了，是打土疙瘩出身[1]，除了务农再也没有干过任何事情。在他 10 岁左右的时候念了 3 年书，也是粗通文字。素来没有参加任何党派，也没有任何嗜好……战前他的家里有 50 余垧较好的梁地，喂着 1 条大牛，喂着 1 头毛驴，兄弟 3 人参加劳动。全年除了农忙时候雇几个短工，除外全靠自己劳动，生活较优裕。四大号召之后，三弟当兵，为了避免负担同避免二次当兵，采取分家的办法，结果分出另居，目前本人家里仅有夫妻 2 口。过去旧政权时代曾任闾长 2 年，1939 年担任本村自卫队小队长，干村事比较长，因此养成一个滑头，做事很表面。过去对他今天有很大影响，今天依然有很多的地方，采取应付上级，看不起村民，3 个代表比较最不负责的一个，群众中威信也比较差。政治表现——"中间右"。

代表刘喜全，成分中农，今年 39 岁，以农为业，从小没有进过学校，但是在长期的过程中也慢慢认识了字，今天也够的上一个粗通文字，在桑蛾比起来就算有文化的人。没有参加过任何党派，今天政治表现算一个进步分子（家庭状况这里不叙，参看阶级变化个别户表）。本人非常老实可靠，办事公道，新政权成立对他有很多好处，所以非常的拥护。从他被选为代表之后，对工作非常积极，对参加会议也很积极，他是代表之中最好的一个。他的工作比较繁多，除了代表之外，负责粮秣小组（实际一个人干），另外还要负责全村一半招待工作（招待即招待上级干部、过路军队……等）。

（二）群众组织

现在我们来看桑蛾村政权下的群众组织情形：

由于它本身特殊的条件（地方偏僻、村子小、人口少、找不到干部……），群众团体的组织在这

---

① 编者注：即"务农"之意。

里根本就不完整,就是存在几个的话,本身也不健全。像有些组织,今天看起来已是名存实亡,光挂着一个空招牌。

要是写起这一部分,更是无材料可写,只有将调查到的零零碎碎写出来,分做两部分说明:一部分包括牺盟会时代领导下的群众组织;一部分就是我们新政权成立后的群众组织。

1938年左右的时候,虽然政权是旧政权,但是在旧的政权内部已经有了许多新的人物,时代也不是过去的时代。当时有了进步团体(像牺盟会……)产生,将无数的进步人士卷进抗战热潮。在这些条件下,各地的群众团体、群众组织像雨后的春笋纷纷建立起来。

在小小的桑蛾村,当时也有了群众自己的组织,像自卫队、农救组织、青救组织……除此而外,别无其他组织。关于牺盟会,在大的村子都有组织,小的村子仅仅发展过几个会员,也没有什么组织存在。我们专将以上指出的几个组织给一介绍:

(1) 自卫队。于1939年初由县行政工作团派人下乡帮助组织,当时组织情形是这样的:到村上将年轻的都记上名字并召集起来,选举了3个负责人(1个分队长、2个小队长),按次序编好,以后就由分队长召集开会、参加检阅、召集训练。1939年,自卫队全体队员每月主村集会1次,每月每个中队又要集会1次,在大家不太忙的时候每天晚饭后要集会1次,全年统计有1个月的样子。1940年开会没有以前多了,到主村集合也比较少了,本村集合也少了,全年不过20余次,另外还抓了3次逃兵,这就是全年的工作。

(2) 农救组织。成立于1938年,由县上派去工作团组织的。首先由大家自由报名,结果总起来不过20个,当时产生了两个组长(一正一副),组长被选后也不知道自己到底是干什么工作,同时也没工作可做,就是有工作也不愿去做。后因负不起责任,另行改选,由2人负责减少为1人负责。自新的干部上台,仅仅做了以下一些工作:每年凑会费,这是年年都做了,于1940年帮助推销农业产销合作社股票,另外就是优待抗属、"吼人"、帮助抗属锄地。除了这几项工作之外,再就没有了。

(3) 青救小组。它同农救同时产生,谈起青救工作更是可怜,我们在调查会上,所有的干部都是这样的说:"甚也没啦做,青救就是有个名字。"青救会员也就实在太少,全村不到10个会员,据说有些工作自卫队也替它们代办。从这一点上说明各救在下层根本混在一起,自己也不知道该做什么工作。

妇救组织在桑蛾根本就没有。

我们再来看目前桑蛾村的群众组织:

较为庞大的就是武委会领导下的自卫队,设分队长1人,下设3个小队,即青年小队、老年小队、妇女小队。其次就是农会,设干事1人,妇救设干事1人。

(1) 自卫队是从1941年9月改组,改组后的组织正是上面介绍的情形,总的负责人就分队长。从选举到我们调查做的工作,主要不外下列几项:经常的工作就是派差(约3个月,以后派差又归行政负责),其次就是村里集合训练五六次,10—12月间放了50天的哨,每半个月中队还要集合1次,分队7天集合1次。今年敌人扫荡之后到春耕之前,到主村共开了4次会,再也没做什么工作。

行政村武委会的领导也是很差,开会通知,不开会就算了。今年比较还要好,主村干部还下乡2次,1次选举派去小组,1次是与各方面联系,同敌人扫荡后的调查工作。今年召开了1次会,报告整理民兵、空舍清野,除外甚也没有,从来布置的工作根本没有检查过,办到办不到人家也不管。

(2)农救干事的工作。去年征收公粮参加了当时的减租团(没负什么大责),到黑峪口参加开会,凡是有关农会的会议都参加啦!再就是参加本村干部会议(有会农干就得参加)。优待抗属工作,因为只有1家抗属,也没有怎样优待,今年的代耕是由行政负责,春耕工作也没做甚。上级领导也无从谈起,据农干这样反映:"村上领导人海光①不下乡,咱也不知道人家布置什么工作,今年来了一次甚×没说,也不说咱这春耕怎办理……"

青救妇救因为人才的缺乏与一些组织不能起什么作用,所以在桑蛾村都把它合并了。今天青救妇救负责人就是自卫队的青年小队同妇女小队,组织也不存在,工作更不要提了。

表4－35　群众组织干部统计表

	姓名	阶级	年龄	文化程度	党派关系	政治表现	过去任何工作	目前工作表现
分队长	刘一敬	中农	26	半文盲	加入过公道团	落后	担任过闾长	怕工作不积极
青年小队长	刘侯奴	佃贫	22	文盲	无	进步	无	比较负责
老年小队	王何旺	中农	35	文盲	无	进步	无	工作还积极
妇女小队	高秋鱼	中农	19	文盲	无		无	看不出什么
农救干事	刘臭旦	中农	26	粗通文字	无	进步	无	还算负责
备考								

根据以上点滴的材料,可以有以下几点的说明:从战后建立群众组织起直到新政权成立,对群众组织的整理只是发动了群众建立自己组织,并没有利用现有的组织进一步组织群众、教育群众,并没有感觉到组织的需要,也没有从组织中看出自己的力量很大。

①各组织,像农、青、妇救,只是徒有形式的组织。有的组织内部还不完整,而没有实际的内容,各救到底也不知道自己是干什么的,有的仅挂着一个空招牌。

②干部没工作可做,最后形成挂名干部。就是有一部分工作,不外向群众要东西(像收会员费),大家感觉对自己没有任何益处,结果选出的干部也在群众中失掉威信。

③群众组织工作同行政工作混为一起。往往自己的工作而行政代办,自己有时干的工作也是替行政上办,在工作上看,没有丝毫独立性而完全成为行政工作的帮手。

④领导上也太差啦,没有具体的领导,下层没有将所做的计划变成各自然村干部斗争的目标。

想要群众组织起它应起的作用,只有健全各组织,唯一的工作就是加强领导,各组织要有中心的工作。在桑蛾,个户在总户口上占了很大的比例,因此租佃关系常有纠纷发生,今后农会工作更应该加强。

---

① 编者注:当地方言,即"绝大多数"之意。

第五编　唐家吉村调查

一、阶级关系的变化

唐家吉战前 22 户,现在也只有 27 户,由于居民与自然条件的关系,阶级关系变化也就相当简单了。兹将此次调查结果表示于后。

"表前的重要说明",贫农比战前多的原因。贫农战前 13 户,占总户数的 58%,战后外来 2 户,占原有总户数的 8.5%。上升中农 1 户,原有贫农仅余 12 户,后由雇农又上到贫农 1 户,这都是很正常的。惟战前 1 户中农因负担过重,主要是为逃避兵役而分家,增多了贫农户数,但这并非是由于中农直接破落而转入贫农的正常现象。

表 5-1　抗战以来阶级关系变化表

战前阶级	户数	%	地主	富农	富裕中农	中农	贫农	雇农	工人(无外出户)	说明
地主	1	4.6		1		1				1. 富裕中农下降为中农并非阶级的破产跌落,而仅是在中农区分中的一种形式。2. 雇农在划分阶层时,主要依其占有 20 垧土地划入贫农阶层,然实际今天所称之谓战前雇农的贫农,不能全部经营其土地,大部分时间还是佣工的。3. 本村有 1 个鞋匠,然其并不靠钉鞋生活,故未列入工人栏内。4. 本表所列阶级全部均以土地占有和剥削关系为区分的主要武器。
富农	1	4.6		1						
富裕中农	2	9.2				1				
中农	4	18.4			1	2	1			
贫农	13	58.6					1	12		
雇农	1	4.6					1			
工人										
总计	22	100								
战后分出户						2(由中农分出)				
战后外来户						1	2			
现有阶级户				2	1	6	18			
现有阶级户%				7.4	3.6	22.5	66.5			
现有阶级总数	27									
战后外来户占原有户数百分比	10.5									

(一) 两个户的详细调查

刘臭旦,战前贫农,现在中农。1936 年 4 口人,男辅助劳动力 1 个,半劳动力 1 个,女辅助劳动力 1 个。土地 32 垧,自己 10 垧,租进 22 垧,不喂牲口,雇牛揭地。秋后产粮 6 石 5 斗,交租 1 石 5 斗,余 5 石,每人平均 1 石 2 斗 5 升;除过苛捐、杂税、田赋、粮草、日常必需品外,余粮 3 石,每人平均 7 斗 5 升。第二年春里没吃的,给人打短,吃了 7 斗糠。1940 年后生活逐渐改善,在几年的减租过程中财产有了积蓄。1940 年种地 32 垧,产粗粮 5 石 5 斗,按年成应交租 2 石 1 斗 5 升,减后实交租 8 斗 9 升。1941 年种地 41 垧,产粗粮 7 石 8 斗,按年成应交租 2 石 6 斗 5 升,减后实交租 1 石,由此,去年用 6 小斗谷米换了 12 垧梁地。春季用 22 块白洋买了一条调母牛,前后穿了两个半布。今年种地 43 垧,自己 22 垧——根据今天情形,刘臭旦今后的发展是无疑一直向上的。

任然槐,战前中农,现在贫农。1936 年 10 口人,全劳动力 3 个,辅助劳动力 1 个。土地 35 垧,租进地 17 垧,共种 52 垧,养老母牛 1 条,不雇长工,忙时叫短工,自己不佣工别人。秋后产粗粮 35 石,交租 1 石 5 斗,除过苛杂田赋等其他日用开支外,每人平均年约 2 石粗粮,生活尚优裕。1938—1939 年顽军第 71 师、第 36 军军粮代购开始,前后被顽军硬代购去的杂粮约 20 石、谷草 5000 斤,四大号召献粮 3 石、大花脸票子 45 元。今年 3 月即因没吃的,同时为了避免兵役和负担而分家了,然槐分得土地 11 垧半(梁地)(按三股分),没有牲口,人口大小 7 口,劳动力全工 1 个。今年除种自己地外,另租地 23 垧,根据目前情形,任然槐的下降是暂时的。

(二)阶级变化的一般情形

以上 2 户调查可给表 5 - 2 以有力证据。

(三)阶级变化的几个时期

综合以上分析,做以下说明和估计:

唐家吉战后的阶级变化可分作两个时期。第一个时期为第 71 师、第 36 军高度搜刮与超额征收时期,这个时期是唐家吉农村经济陷于喘息和暂时停滞的时期。经济方面,71 师、36 军在 1938、1939 年两年前后代购军粮 20 余次,总数约 111 余石、军草 5 万余斤,两项合计约当唐家吉全年整个国民经济收入 80% 以上,全唐家吉年产量不过 150 石左右。兵役与其他动员方面,71 师更采取许多断然手段,年轻力壮的劳动力多隐蔽起来,因此而影响农业生产者,5 个全年劳动力是难以补偿的(结果被动员走了 4 个,后来 3 个开小差回来,现在八路军当兵)。繁重的差务动员,计 1938、1939 年村里一个全劳动力全年支差平均在 25 天左右,几占全年劳动时间 10%(全年以 9 个月计)。因之,唐家吉的阶级关系限于极度的变化过程,整个在向下跌落着,经济呈现出极度萧条,荒地大量增加了。

第二个时期是新政权建立、抗日民主根据地的巩固与扩大,及新民主主义经济在晋西北开始建立时期,这个时期表现在唐家吉可分作两个阶段。第一阶段是各阶级由急剧跌落而转入暂时的稳定阶段,农民在狂风急雨之后开始觉醒,但由于四大号召时某些过左行为,引起个别富农及富裕中农对新政权的怀疑和不敢相信——"那时我嗨哩害怕哩,现在我才不怕。四大号召我出了一石五斗(大石),没问我,人家给我派的。"(富农刘世枝语)第二个阶段是从 1940 年后开始,一直到现在,政府各种政策法令陆续颁布以及我党的正确领导,这个阶段唐家吉的农村经济才由暂时的停滞而欣欣向荣了——耕地增加,荒地减少。战前全村使用土地面积为 848 垧,现在增至 948.5 垧,比战前增加 9.5%,比 1940 年使用土地面积 600 余垧增加 35%。荒地仅有 165 垧(实不足此数,农民怕负担,荒地有意说的很多),比战前 145 垧看起来是增了一些,然较 1939、1940 年时,荒地相去又很远了。

表5-2 抗战以来唐家吉阶级变化简要调查

	战前						变化		现在							备考
姓名	阶级	人口	土地	劳力	畜力	经营状况	变化时期	变化原因	阶级	人口	土地	劳力	畜力	经营状况	发展趋向	备考
王来福	地主	3	106	1	无	自己经营36垧，余全部出租，不雇长工，忙时雇短工	1939	1938年后，由于负担过重和兄弟分家，分得53垧地，觉得自己种、靠不住，打算自己种，但因设备力，还得出租11垧	中农	4	53	1	无	今年除出租11垧地外，余自己全部种，不雇长工，忙时雇人打短，雇牛揭地	暂时维持中农生产	
任扁作	富裕中农	7	自己30 租31	3	老母牛1条	3个劳动力经营61垧地，长短工不雇，每年除全家食用外还多得些余粮	1939	1938年一弟当兵，父亲害跌兵跛腿，劳动力减少；另一方面三弟太了，又怕当兵，引上到外村种地，表面上分家	中农	2	30	1	无	今年只租自己30垧地，不租别人的，不雇工不过长，生活过得去	企图买条牲口种自己的，自己种的30垧地	第一次扩兵是扁作因伤了腿回来，第二次才把二弟拨去
刘世枝	富裕中农	5	60	2	老母牛1条	60垧地自己全种，儿子同庄务，不雇长工，每年庄稼多，量比别家多，表有七八家余粮	1939	1938年儿子当兵，劳动力减少，再加上过重负担，经济生活突然跌落，1940年后，因法令公政策颁布及负担公平合理，又开始新的转变	富农	7	60	2	自己产母牛1条	今年种59垧地，1垧峪出，雇一个14岁小长工，天馈，不打短	自己今年55岁，儿子劳动力欠缺，今后还免不雇长工	1垧租子法币两元
刘玉秃	雇农	4	20	1	无	20垧地于1936年前就被人押去，从此脱离农业生活，靠打短够吃	1941	1941年秋季，该村公粮工作被人志协助刘玉秃依法将土地无条件收回	贫农	5	20	1.5	无	今年只种了5垧地，其余都荒着没吃的，不雇工不能多种，还靠给别人打短工	一两年还犯困，难脱这一份贫工生活，不过贫农基础已奠定	押出地，地主(指着主)不种，荒着，王秃不致收助解决
刘世信	中农	4	租23 自己10	1	老母牛1条	经营自己土地，忙时雇人，产量够吃	1940	1938—1939年因负担过重，消极，及减租减息等政策刺激，生产情绪大大提高	富裕中农	6	40	1	老母牛1条	今年除种自己40垧地外，另租黑地15垧，牛1变，长忙时叫人打短	自己今年54岁，儿子才2岁，过2岁儿子才能把地出租靠儿子吃饭	婆姨后要，今年35岁，很能干，顶半个劳动力
刘昊旦	贫农	4	无	1	无	主要靠租地	1940	见前详细调查	中农	5	自己22 租地21	1	幼母牛1条	见前详细调查户	同左	
任然槐	中农	14	自己35 租17	3	老母牛1条	大部分力量经营自己土地	1939	同上	贫农	7	自己1.5 租地23		无	同上	同左	

表 5 - 3 战后唐家吉阶级变化原因调查

战前 阶级	户数	上升户 减租减息	上升户 劳力增强	上升户 负担公平	上升户 生产积极	上升户 其他	下降户 负担过重	下降户 减租减息	下降户 劳力减少	下降户 逃避兵役分家	下降户 敌人烧杀抢掠	下降户 其他	未变户 生产增加	未变户 中常	未变户 生产减少	未变户 外来	未变户 分出而现仍居本村	变化阶级 富农	变化阶级 富裕中农	变化阶级 中农	变化阶级 贫农	备注
地主	1						1													1		
富农	1												1					1				
富裕中农	2			1														1		1		
中农	4	1↑	1							1			1	1		1			1	3	1	
贫农	13		1							1			9	2	2	1	2		1	1	16	
雇农	1	1																			1	公家帮助收回押地
总计	22				0	0	1	0	0	2	0	0	11	3	2	2	2	2	1	6	13	

注
1. 本表目的在于说明战后阶级变化的一般原因，同时说明使其阶级产生直接变化的主要原因是什么，为此目的，在表式与内容方面不免有些粗制滥造。
2. 有箭头符号或者数字写在两格中间者，均表示两个原因同是重要的。

(四）阶级变化的一般原因

现将唐家吉战后阶级变化的一般原因列于表5-3。

综合上表得出以下两点：

第一，由负担过重和兵役问题而引起分家，土地由长期的、稳定的集中经营而转入暂时动荡的分散经营，阶级也就随着暂时的分散而向下跌落。

第二，公平的合理负担，减租减息政策正确执行，兵役、差务、春耕、土地问题的正确解决，因而刺激了生产情绪，提高生产热忱，引起阶级向上发展。

(五）尾志

唐家吉的特点：在土地占有量上，外村地（外村人在本村地）约当本村地80％左右。战前本村地548垧，外村地不详，现在本村地551垧，外村地470垧。因之，唐家吉也就有27.6％的贫农没有占有一分土地。同时，在唐家吉拥有土地的外村地主大部分是黑峪口的地主或经营地主，他们一方面经营着商业，一方面管理着土地，因之土地所有权的转变是较为迟缓的，因此唐家吉的贫农发展变化也是较为迟缓的。要使唐家吉农业生产量增加、生产力提高，外村人在唐家吉的土地所有权需要调整一下。

(六）补记——移来户与外出户

战后唐家吉没有外出户，移来的有3户。

表5-4 战后移来户

姓名	阶级	时期	目的	原因
王枝树	贫农	1940	租种地	
白采才	贫农	1941	租种地	靠亲戚，刘世枝是白的舅父
冯秉信	中农	1941	种自己39垧地	靠亲戚帮忙，任扁作是冯的儿女亲家

移来后对唐家吉的影响是多分租了几垧地，原住户多不满意，经常明排暗抵，加重村款负担等。

二、人口与劳动力的变化

唐家吉因地理位置的关系，在战争中受到敌人的直接威胁和杀害是较少的，因之人口比战前是增加了。但抗战给予的间接影响就是劳动力的相对减少。现将抗战以来唐家吉人口与劳动力的变化分述于后。

(一）抗战以来各阶级人口的变化

表5-5 抗战以来各阶级人口变化表

阶级	时期	项别 年龄 户数	男							计	女							计	合计	各阶级占有百分比	户均
			1~7	8~14	15~17	18~23	24~45	46~55	56~60	60>		1~7	8~14	15~17	18~23	24~45	46~55	56~60	60>			
地主	战前	1	1				1				2					1				1	3	3	3
	现在																						

（续表）

阶级	时期	户数	男									女									合计	各阶级占有百分比	户均
			1~7	8~14	15~17	18~23	24~45	46~55	56~60	60>	计	1~7	8~14	15~17	18~23	24~45	46~55	56~60	60>	计			
富农	战前	1	1			1	1				2			1		1			1	3	5	5	5
	现在	2	2			1	1	2			4	1	1		2	1	1		1	7	11	9.73	5.5
富中	战前	2	2			1	2	2		1	8		1		1	2	2			6	14	14	7
	现在	1	1					1			2	1	2			1				4	6	5.4	6
中农	战前	4	3	1		1	4	1	1		11	2	3		1	3		2		12	23	23	6
	现在	6	3	2			5	1		1	12	3	4			4		1	1	13	25	23.3	6
贫农	战前	13	5	3	3	1			3	1	26	5	2	1	1	8	2	5		24	50	50	4
	现在	18	9	10		4	5	4	5	1	38	3	4			9		2	2	33	71	62.57	4
雇农	战前	1		2		1					3	1			1					2	5	5	5
	现在	0																			总平均		
总计	战前	22	11	6	3	4	18	4	4	2	52	8	6	3	3	16	4	17	1	48	110	100	4.5
	现在	27	13	12	1	5	11	8		6	56	8	15		3	15	3	3	5	57	113	100	4.2

表 5－6　抗战以来各阶级人口增减变化表

阶级	战前户数	战前男	战前女	战前合计	现在户数	增加男生育	增加男移来	增加男小计	增加女生育	增加女娶入	增加女移来	增加女小计	增加合计	减少男死亡	减少男分出	减少男出走	减少男参军	减少男残废	减少男小计	减少女死亡	减少女分出	减少女出走	减少女嫁出	减少女残废	减少女小计	减少合计	现在实有数
地主	1	2	1	3																							
富农	1	2	3	5	2				2			2	2	1					1	1					1	2	11
富中	2	8	6	14	1	1		1					1														6
中农	4	11	12	23	6	4	1	5	2		2	4	9	1	2	0	2		5		3				3	8	25
贫农	13	26	24	50	18	7	4	11	3	3	4	11	22	4			2		6	1		1	1	1	4	10	71
雇农	1	3	2	5																							
总计	22	52	48	100	27	12	5	17	7	4	6	17	34	6	2	0	4	0	12	2	3	1	1	1	9	21	113

备考：
1. 分出指分后迁出外村者，分家后仍居本村者不在减少项内。
2. 出走指单人离开村子或寡妇改嫁。
3. 死亡项内无敌人杀死者。
4. 移来指由外村移入，而非由外阶级向本阶级移来。

上表看到，战前居民 22 户，共有男女 100 口，其中男 52 口、女 48 口，每户平均人口 4.5 口；战后居民 27 户，共有男女 113 人，其中男 56 口、女 57 口，每户平均 4.2 口，比战前增加 88%。

现简要加以分叙：

（1）各阶层人口平均以中农人口为最多，贫农最少（以各阶层户数平均）。如就其各阶层占人口总数来说，则贫农最高，其比率如下：

表5-7 各阶级占总人口比率表

阶级	时期	户数	人口	比率(%)
地主	战前	1	3	3
富农	战前	1	5	5
	战后	2	11	9.33
富中	战前	2	14	14
	战后	1	6	5.4
中农	战前	4	23	23
	战后	6	25	22.3
贫农	战前	13	50	50
	战后	18	71	62.57
雇农	战前	1	5	5
总计	战前	22	100	100
	战后	27	113	100

（2）各阶层每户平均占有人口情形：

表5-8 各阶级每户平均占有人口表

阶级	时期	户数	人口	每户平均
地主	战前	1	3	3
富农	战前	1	5	5
	战后	2	11	5.5
富中	战前	2	14	17
	战后	1	6	6
中农	战前	4	23	6
	战后	6	25	6
贫农	战前	13	50	4
	战后	18	71	4
雇农	战前	1	5	5

其中,以战前地主人口为最少,富裕中农为最多;战后以中农为最多,贫农最少。

（3）各阶层男女人口的比较：

表5-9 各阶级男女人口比较表

阶级	时期	户数	人口		备注
			男	女	
地主	战前	1	2	1	
富农	战前	1	2	3	
	战后	2	4	7	

阶级	时期	户数	人口		备注
			男	女	
富中	战前	2	8	6	
	战后	1	2	4	
中农	战前	4	11	12	（总计）女的占男的百分比
	战后	6	12	13	
贫农	战前	13	26	24	
	战后	18	38	33	
雇农	战前	1	3	2	
	战前	22	52	48	92.3%
总计	战后	35	56	57	103%

在人口的比率上一般的都是男子占着优势,尤其在战后,贫农的男子生殖率相当高,为 38 比 33。若以全村人口总数比较,战后女子倒比男子生殖率高,战前女子人数等于男子 92.3%,战后则增至 103%了。战后农村重男轻女的现象仿佛比以前淡漠些。

（4）抗战以来中年人口比较（24～45 岁男女）：

表 5-10　抗战以来中年人口比较表

时期	男	女
战前	18	16
战后	11	15

由这里可以看到,战后农村劳动力是减少了。但正在生长着的新的一代则是惊人的增加着（8～14 岁的男女）：战前男的为 6 口,战后增至 12 口,女子战前 5 口,战后增至 15 口——总之,人口是在继续增加着。这是抗战中农村发展的一种好现象。

上面仅说明一些变化的现象,下面再说明其变化的情形及其原因。

假使由静的方面去说明抗战以来各阶级人口变化的详细情形及确切的数字,那是相当容易的;但今要从动的方面(阶级变化)来说明人口在这变动阶级过程里又是怎样变化的,即较为困难。今就其大体加以区分,并说明其变化及其增减原因。

从上表可以看出,抗战以来全村共增加男女 34 口,其中男 17 口、女 17 口,内中生育 19 口、移来(指由外移来)11 口、娶入 4 口;减少男女共 21 口,其中男 12 口、女 9 口,内中死亡 8 口、分出(指分出后迁往外村者)5 口、参军 4 口、嫁出 1 口、残废 1 口、出走 1 口。两数相抵,实只能算增加 13 人,加上战前原有 100 人外,共 113 人。

现将各阶级人口增减情形表示于后：

表 5-11　各阶级人口增减调查表

阶级	时期	户数	人口	增加	绝对增加数	减少	绝对减少数	实际增减数
地主	战前	1	3					
	战后	0	（整个转移到中农去,现在人4口）					
富农	战前	1	5					
	战后	2	11	8	7	3	2	增加6口（绝对数）
富中	战前	2	14	（原先2户中1户升为富农,1户下降为中农,现有1户是由中农上升）				
	战后	1	6	6	6			实有数6口
中农	战前	4	23	（原有户1户上升为富中,1户下降为贫农,新添4户,1户外来）				
	战后	6	25	15	9	14	7	增加2口
贫农	战前	13	50	（原13户中1户升为中农,现有户2户外来,3户由中农下降,1户由雇农上升）				
	战后	18	71	36	21	20	15	增加6口
雇农	战前	1	5					
	战后	0	（转入贫农）					各阶级总增加数共13名

　　上表看出,地主战前1户3口人,现在转移中农,带去4口,现在没有地主阶层。富农战前1户5口人,战后2户11口人,表面上似乎增加了6口,实际增加是由富裕中农上升来的,绝对增加数仅2口,减少名义上是3口,实际上仅2口。中农战前4户23口人,战后:名义上增加15口,实际上增加9口,因由别的阶级移来6口;减少名义上14口,实际只有7口,因有向别的阶层移去7口。富裕中农战前2户14口人,战后完全转到另一阶级去,战后1户是由别的阶层上升,名义上增加6口,实际上仅增加1口。贫农战前13户50口人,战后:名义上增加了36口,实际增加只有21口,因已由别阶层移来15口;减少名义上20口,实际上只有15口,因已5口向别的阶层转去。雇农战前1户5口人,战后整个转入贫农带去人5口。以上变化,富中最大,整个阶层来一个调换,中农次之,富农、贫农较少。若以每户(各阶层)平均增减实际人口计,则:

表 5-12　各阶级平均实际增减人口表

阶级	增加	减少
中农	1.5	1.2
贫农	1.2	0.8
富农	1	1
富裕中农	1	0

　　中农变化最激,增加多,减少亦多;其次是贫农,增加1.2人,减少0.8人;富农等于没有增加,增加1人,减少1人;富裕中农中最好,只有增加而没有减少。

　　各阶级人口增减原因是什么呢? 前面说过唐家吉因田地位置关系,人口增减直接受战争的影响较少。除过没有外力促使(指直接的)变化而外,所余仅仅是自然的,如病死、生育、娶入、分家、出走,战争给予的间接影响是"移来""参军"两个(原因)方面。现就其各加分析。

表 5 - 13　各阶级人口变化原因调查节表

阶级	户数	增加				减少					
		由别的阶级来	移来	生育	娶入	到别的阶级去	死亡	当兵	改嫁	分家出走	残废
地主	1	由于分出,发生阶级变化——整个阶级和人口都移入中农阶层去									
富农	2	7		2			2	1			
富中	1	6				14					
中农	6	6	3	6		17	1	1		5	
贫农	18	15	8	10	3	5	4	2	1	1	1
雇农	1	战后由于阶级的变化,人口移入贫农(5 口)									

从表 5 - 13 可以归纳以下几点:(1)地主由于阶级成分的转变,人口移入中农阶层内。(2)富农人口的增大主要是由另一个阶层移来 7 口,生育只有 2 口,但死亡亦有 2 口,况又有 1 口当兵。如按绝对增减数计,则可说没有,反而倒减少了 1 口,那么减少的原因就是当兵。(3)富裕中农如按阶层讲,则人口减少了,原因是前有 2 户 14 口人都转入别的阶层去。如按绝对增减数来讲,则新生人口增加了,原因是新生了 1 个。(4)中农人口增加了,主要原因是生育了 6 个,其次移来 3 个。如减去 5 个分出与外出的及 1 个参军、1 个死亡的,实际增加 2 人。(5)贫农人口也增加了,主要原因是生育了 10 个,其次是转来了 8 个,再其次娶入 3 个。如果减去死亡 4 个、出嫁 1 个、残废 1 个、分家及出走 1 个(共 9 个)、到别的阶层去 35 个外,实际增加 6 口。(6)雇农人口实全因阶级转变而转无了。总之,增减的两大原因:增加的主要原因是阶级相互转化、移来、生育,减少的主要原因是死亡(病死)、参军及外出、分家等。

实际上,唐家吉外出人口很少,大概是因为经济基础所限定,在外处没有念书和经商的。说个笑话,有个 60 多岁的老婆婆连距村只有 5 里的黑峪口上的会也没上过。抗战后只有 4 个当兵的,姓名、阶层列表于后:

表 5 - 14　抗战后当兵的人情况表

姓名	成份	入伍时期	现在部别
刘奶儿	富农	1940	八路军 359 旅
任侯扁	中农	1940	前在八路军 359 旅,现在听说开小差逃回一年,隐蔽不闪面
任犊孩	贫农	1937	八路军
任锁柱	贫农	1939	八路军 359 旅

注:刘奶儿是富农,刘世枝大儿;任侯扁是中农,任扁作兄弟;任犊孩是贫农,任然槐大哥;任锁柱是贫农,任文柱兄弟。

(二) 战后劳动力的增减变化

战前唐家吉全劳动力为 29.5 个,现在 24 个,户口战前是 22 户,现在则为 27 户,现在比战前劳动力减少了。战前唐家吉男子辅助劳动力 9 个,现在 16 个,现在比战前增加了。妇女辅助劳动力在战前是 28 个,现在为 30 个,比战前增加了。抗战前后每户平均劳动力如下(这里的平均是总平均):

表 5－15　抗战前后每户平均劳动力表

时期	男子全劳动力	男子辅助劳动力	女子辅助劳动力
战前	1.34	0.4	1.25
战后	0.96	0.58	1.11

每户平均劳动力比战前少得多了,详细情形请看表 5－16。

表 5－16　抗战以来各阶级劳动力变化表

阶级	时期	户数	男子劳动力 全劳动力	占全部劳力百分比	辅助劳力	占全部辅助劳力百分比	妇女劳动力 女子辅助劳力	占全部辅助劳力百分比	每户平均劳动力 男子全劳力	男子辅助劳力	妇女辅助劳力
地主	战前	1	1	3.8			1	3.58	1		1
	现在										
富农	战前	1	2	7.4			2	7.16	2		2
	现在	2	4	16.4			4	13.32	2		2
富裕中农	战前	2	4	14.8	2	40	5	17.9	2	1	2.5
	现在	1	1	4.4			1	3.33	1		1
中农	战前	4	5	18.5	1	20	6	21.48	1.2	0.25	1.5
	现在	6	0	26.9	1	16.7	6	19.98	1	0.2(弱)	1
贫农	战前	13	14	51.7	1	20	13	46.3	1(强)	0.07	1
	现在	18	12	52.3	5	83.3	19	63.37	0.66	0.27	1.03
雇农	战前	1	1	3.8	1	20	1	3.58	1	1	1
	现在	0	0								
总计	战前	22	27	100	5	100	28	100	1.23	0.23	1.25
	现在	27	23	100	6	100	30	100	0.85	0.23	1.11

由表 5－16 可以看出以下几个问题:战后贫农劳动力减少了(全劳动力),然辅助劳动力则反而大量增加;中农全劳动力是没多大变动,辅助劳动力是增加了;富农和富裕中农不管战前战后劳动力都占着优势,惟男辅助劳动力较缺乏。见表:

表 5－17　各阶级每户平均全劳动力表

阶级	时期	每户平均全劳动力
富农	战前	2
	战后	2
富裕中农	战前	2
	战后	1
中农	战前	1.2
	战后	1(强)
贫农	战前	1.02
	战后	0.66

在妇女全辅助劳动力方面,富农、富裕中农也占着很大的优势,不过贫农在这方面占的比例并不见得小,请看下表:

表 5‐18　各阶级每户平均妇女辅助劳动力表

阶级	时期	户数	总数	％	每户平均
地主	战前	1	1	3.58	1
富农	战前	1	2	7.16	2
	战后	2	4	13.32	2
富裕中农	战前	2	5	17.9	2.5
	战后	1	1	3.33	1
中农	战前	4	6	21.48	1.5
	战后	6	6	19.98	1
贫农	战前	13	13	46.3	1
	战后	18	19	63.37	1.07
雇农	战前	1	1	3.58	1

贫农战前每户 1 个,战后增加了,每户平均 1.07 个;中农下降了,战前每户平均 1.5 个,战后只有 1 个;富中也下降了,战前每户平均 2.5 个,战后每户平均 1 个。

以上材料说明了,不管战前战后贫农的劳动力一般的都是很差的,富农和富裕的中农在劳动力方面是占着绝对的优势的(雇工除外);说明了战后因为战争的影响、当兵、分家、外出等,劳动力减少了。

表 5‐19　各阶级劳动力增减的原因

阶级	当兵	死亡	移来	下降	上升	外出	入格	出格
贫农	2	2	2		1			3
中农	1		1	2	1		1	
富中								
富农	1				2			

这里很明显的看出,贫农的劳动力减少最厉害,原因是当兵、死亡和出格;中农以上阶级没有什么变动(注:出格系指超出 55 岁之外,入格则指进入 24 岁)。

三、土地分配

(一) 土地质量与占有

唐家吉因地理关系,仅有梁地一种。据讲,另有一种塌地,名曰"碾根沙塌",是从山坡塌下来的表面一层落沙,形如米粒,沙下即卵石层,不能耕种。现仅就这种梁地的占有关系,根据此次调查,约略加以申述。

1. 战前战后各阶级占有土地质量比较

表 5－20　战前各阶级占有土地质量比较

阶级		总数	上	中	下	上中合计（占土地总数百分比）
地主	数	106	5	43	58	48
	％	100	4.7	40.5	54.7	45.2
富农	数	47	5	27	15	32
	％	100	10.6	57.3	31.9	64.9
富裕中农	数	92	20	26	46	46
	％	100	21.7	28.3	50	50
中农	数	172	22	37	113	59
	％	100	12.8	21.5	65.7	34.3
贫农	数	110.5	11	31.5	68	42.5
	％	100	9.9	28.5	61	39
雇农	数	20			20	0
	％	100			100	0

表 5－21　战后各阶级占有土地质量比较

阶级		总数	上	中	下	上中合计（占土地总数百分比）
富农	数	110	18	45	47	63
	％	100	16.3	40.9	42.8	16.7
富裕中农	数	40	9	8	23	17
	％	100	22.5	20	57.5	42.5
中农	数	243	20	61.5	160.5	81.5
	％	100	8.2	25	66.8	33.5
贫农	数	158.5	13	35	110.5	48
	％	100	8.2	22.2	69.6	31

从以上两个统计可以看出唐家吉抗战前后土地分配的轮廓,富农和富裕中农在土地质量上占有绝对的优势。战前地主土地106垧,其中中等地43垧,占其全部土地的40.5％,占各阶级全部中等地的26％;富农战前全部土地47垧,其中中等地27垧,占其全部土地的57.3％;贫农战前10户,全部土地仅110.5垧,其中中等地31.5垧,占其全部土地的28.5％,如按10户人数平均,则每人仅得中等地11垧,占其土地总平均的9.5％。

战后富农2户,全部土地110垧。其中上等地18垧,占全部土地的16.3％,占各阶级上等地的30％;中等地45垧,占其全部土地的40.9％,占各阶级中等地总数的30.1％。根据此次调查,中农土地质量最差,原因是有1家外来户和地主的下降及1家贫农的上升,所带进该阶层的土地都不好。贫农14户,全部土地158.5垧。其中上等地13垧,仅占其全部土地的8.2％,占各阶级上等地总数的21.7％;中等地35垧,占其全部土地的22.2％,占各阶级中等地总数的23.5％;下等地 110.5 坰,占其全部土地 69.6％,占各阶级下等地总数的 32.4％。如将全部土地按 14 户平均,每户仅得 11.32 坰,然下等地即达其占有土地总数的 70％～80％。

2. 战前战后各阶级"空地"与"石荒"的比较

前注:① "空地"即不是原契数之地,为[谓]之空地。如原契上等地 40 坰,在实际耕作时不够 40 坰,只有 35 坰,余 5 坰即为空地。这种现象在农村中普遍存在着。原因是农民在出卖土地时总多带粮出去,实际 5 坰,在立契约时写 7 坰或 8 坰,搬粮转契即定成死的,如此转卖数次,空地就发现了。平地很少有(原因很多,这里只举主要的)。② "石荒"即石坡之荒地,表面一层薄土和沙粒,不能耕种,在土地买卖时随可耕地一起买卖,不同于可耕种之生荒和熟荒。

表 5-22　1937 年空地荒地比较

阶级	户数	原有土地	空地	％	石荒	％	合计	占原有地百分比
地主	1	106	5.5	30.5	2	13.75	7.5	7.0
富农	1	47	2	11.2	0	0	2	4.2
富裕中农	2	92	2.5	13.9	5.5	10.2	8	8.6
中农	4	172.5	4	22.3	18.5	33.5	22.5	12.8
贫农	10	110.5	4	22.3	17.5	31.5	21.5	19.1
雇农	1	20	0	0	11	20.4	11	55
总计	19	548	18	100	54.5	100	72.5	13

表 5-23　1942 年空地荒地比较

阶级	户数	原有土地	空地	％	石荒	％	合计	占原有地百分比
地主	0	0	0	0	0	0	0	0
富农	2	110	3	16.6	4	6.55	7	6.36
富裕中农	1	40	0	0	3	4.92	3	7.5
中农	6	243	7	38.8	25	40.9	32	13.2
贫农	14	158.5	8	44.6	29.5	47.63	37.5	23.5
雇农	0	0	0	0	0	0	0	0
总计	23	551.5	18	100	61.5	100	39.5	14.4

从以上统计可以看出富农、地主、富裕中农不仅在土地质量上占着优势,而且在土地的实有数方面的比额也是相当高的。贫农战前全部土地 110.5 坰,空地和石荒就有 21.5 坰,占土地总额的 19.1％,地主只有 7.0％,富农更只有 4.2％了。战后贫农的空地和荒地比额更高,占全部土地数的 23.5％,占各阶级所有空地和荒地总额的 46.7％,富农仅占其全部土地的 6.36％,占各阶级总额不及 9％。然而 2 户富农占有土地与 14 户贫农占有土地总额是八比十(8∶10)。

仅以上两个材料的分析,还不能够说明各阶级土地占有关系的真谛,这里还须得说明各阶级占有土地的地理位置,藉以了解其经营和土地质量的转变。

3. 各阶级占有土地地理位置的比较

表 5－24 4 户农民占有土地地理位置比较表

姓名	阶级	地名	垧数	等级	荒地	距村里程
刘仁柱	富农	小圪塔㟖	15	中	0.5 垧	村旁
		椿树角	7	中	0	村旁
		大拉峁	8	中	0	2 里
		寨峁上	2	中	0	
		上庄梁	4	下	全荒	10 里
		苍拉塔	1	上	0	4 里
		椿树角	10		空 2	村旁
刘世信	富裕中农	圪塔上	10	上 5 中 4 下 1	0	村旁
		下圪塔	9	中 4 下 5	1 垧	村旁
		荒峁上	1	中	0	4 里
		太子梁	1	下	0	村附近
		枣树坪	2	中	0	村旁
		上枣树峁	1	中	0	村旁
		大宏沟	5	上 3 下 2	0	4 里
		二牌局	8	下	5 垧	4 里
		七里圪堆	3	下	0	2 里
任凤武	贫农	锁不嘴	4	下	全荒	4 里
		狼家斜	5	中 3 下 2	0	2 里
		大圪塔	1	下	0	2 里
刘世禄	贫农	槐树梁	1	中	0	2 里半
		庙梁上	1	下	0	1 里
		狼家斜	6	中 3 下 3	0	2 里

从上表 4 户的材料里可以看出一个共同地方,村子旁面或距村较近的地由于便于经营和勤于"刨闹"的关系,质量都很好。然而,村旁的地则大部份在富农和富裕中农的手里,如刘仁柱 47 垧地中村旁地 30 余垧,刘世信 40 垧地中村旁地 22 垧。贫农地不仅距村很远而且分散难于经营,所以在产量上有时就相差很悬殊了。现将上面几个片段材料综合得出下面一个表式。

表 5－25　抗战以来各阶级土地占有变化表

阶级	时期	梁地			塌地			平地			荒地	合计	折合	%	备考
		上	中	下	上	中	下	上	中	下					
地主	战前	5	43	27							31	106	69.5	17.5	1. "土地折合法":上等梁地2垧折中等3垧,下等梁地3垧折中等2垧,荒地4垧折1垧中等梁地。 2. 土地折合根据:上梁地每垧平均产量为3斗,中等2斗到2.5斗,下等1斗半到2斗,总平均每垧地产量为2.5斗。
	现在														
富农	战前	5	27	15								47	40	9.8	
	现在	18	45	32							15	110	95	27.4	
富裕中农	战前	20	26	21							25	92	77.5	19.1	
	现在	9	8	11							12	40	32	7.9	
中农	战前	22	37	57.5							56	172.5	124	30.5	
	现在	20	61.5	71							90.5	243	165.5	40.7	
贫农	战前	11	31.5	50							18	110.5	86	21.1	
	现在	13	35	62.5							48	158.5	109	24	
雇农	战前			5							15	20	8	2	
	现在														
工人	战前														
	现在														
总计	战前	63	164.5	175.5							145	548	405	100	
	现在	60	149.5	176.5							165.5	551.5	405.5	100	

(二) 土地占有与人口

土地占有与质量已如前述,这里需要继续证明的是各阶级土地占有与人口的比较。

表 5－26　1937年各阶级土地占有与人口比较

阶级	户口	人口	土地	每户平均	每人平均	每人平均%
地主	1	3	106	106	35.9	46.6
富农	1	5	47	47	8.14	12
富裕中农	2	14	92	46	6.5	8
中农	4	23	172.5	43.1	7.5	10
贫农	10	50	110.5	11.1	2.2	2.7
雇农	1	5	20	20	4	5.4

如除过空地和石荒按实有数来平均,其平均数如下:

表 5－27　1937年各阶级实有土地与人口比较

阶级	户口	人口	原有土地	空地和石荒	实有数	每人平均	%
地主	1	3	106	7.5	98.5	32.9	56.1
富农	1	5	47	2	45	9	15.8
富裕中农	2	14	92	8	84	6	10.5

(续表)

阶级	户口	人口	原有土地	空地和石荒	实有数	每人平均	%
中农	4	23	172.5	22.5	150	6.52	11.2
贫农	10	50	110.5	21.5	89	1.72	3.02
雇农	1	5	20	11	9	1.8	3.16

表 5 - 28 1942 年各阶级土地占有与人口比较

阶级	户数	人口	土地	每户平均	每人平均	每人平均%
地主	0	0	0	0		
富农	2	11	110	55	10	34.5
富裕中农	1	6	40	40	6.67	22.9
中农	6	25	234	40.5	9.36	32.05
贫农	14	71	158	11.22	2.23	10.1
雇农	0	0	0	0	0	0

去过空地和石荒,则平均数如下:

表 5 - 29 1942 年各阶级实有土地与人口比较

阶级	户数	人口	原有土地	空地和石荒地	实有数	每人平均	每人平均%
地主	0	0	0	0	0		
富农	2	11	110	7	103	9.36	37.2
富裕中农	1	6	40	3	37	6.17	22
中农	6	25	234	32	202	8.08	32
贫农	14	71	118	37	121	1.7	8.8
雇农	0	0	0	0	0	0	0

注一:%系指各阶级人口平均占有土地与各阶级占有总平均的比率。

注二:为了说明中心问题,每个表的总计从略了。

从以上几种统计可以看出下列几个问题:

(1) 仅从表面的数字去研究和说明土地的占有关系是不十分彻底的。根据上面的材料,"名义"的土地垧数和"实有"土地中间是有一个距离的。如战前中农阶层按原有土地每人平均 7.5 垧,除过空地和石荒 22.5 垧,每人平均就只有 6.52 垧了;贫农原有土地平均每人 2.2 垧,除过空地和石荒,每人平均也只能有 1.72 垧。地主、富农、富裕的中农较低。

(2) 战前各阶级的土地占有比额相差是很悬殊的。地主 1 户占有土地 106 垧,贫农 10 户占有土地 110 垧,地主每人平均土地 35.9 垧,贫农每人平均 2.2 垧(按原有数平均),仅当地主平均数的 6.3%(富农、富裕中农、中农的比较还相差不远)。战后地主表面上因分家而破产了,这只是提高了中农阶层土地每人平均的占有率;而贫农土地按一定的比例并没有丝毫的增加,战前 2.2 垧,现在 2.23 垧。

(3) 从以上统计很明显的看出,唐家吉的土地占有关系战前与战后是没有多大变动的。战前全村各阶级占有土地总额为 548 垧,今天也只有 551.5 垧,在表面上似乎增加了 0.98%,然在实际上,每人平均的土地量上反而比以前缩减了。战前全村每人平均土地 5.48 垧,今天每人平均只能有 4.87 垧的土地。更值得注意的是,贫农战前每人平均 2.2 垧土地仅仅增加到今天的 2.23 垧,这也是唐家吉为什么今天贫农占绝大多数的一个原因(后面还要详细说到)。

表 5‑30　各阶级土地占有与人口比较变化表

阶级	时期	户数	人口	土地		每户平均	每人实有平均	平均数%
				原有数	实有数			
地主	战前	1	3	106	98.5	106	32.9	56.1
	战后	0	0	0	0	0	0	0
富农	战前	1	5	47	45	47	9	15.8
	战后	2	11	110	103	55	9.32	37.6
富裕中农	战前	2	14	92	84	46	6	10.5
	战后	1	6	40	37	40	6.67	22.9
中农	战前	4	23	172.5	150	43.1	6.52	11.2
	战后	6	25	234	202	40.5	8.08	32
贫农	战前	10	50	110.5	89	11.1	1.72	3.02
	战后	14	71	158	120	11.22	1.7	8.8
雇农	战前	1	5	20	9	9	1.8	3.16
	战后	0	0	0	0	0	0	0
总计	战前	19	100	548	435	0	4.75	100
	战后	23	113(注)	551.5	462	0	4.2	100

注一:平均数%是指各阶级每人平均占各阶级所有平均总数的百分比。

注二:每户平均以原有数平均,每人平均以实有数平均。

注三:"注"是指明人口数是按全村所有人口计算的。

(三) 战后土地的变化

战前唐家吉土地为 548 垧,战后为 551 垧,其简单的变化轮廓如下:

土地买卖:

表 5‑31　战后土地买卖情况表

姓名	买卖时阶级	垧数	买卖时期	价格	出卖或买入原因
王保元	卖时是贫农	15 垧	1939	16 元白洋	病后生活过不去
刘臭旦	买时是贫农	12 垧	1940	9 元白洋	减租减息后经济有了积蓄
王双作	买时是贫农	12 垧	1942	1.4 元白洋	南怀户地很坏粮很重,12 垧地共价法币 12 元,折白洋 1.4 元

分家和移入:地主王来福因负担过重和兄弟分家,分出地 53 垧,兄弟住在河西,分出地变成

外村地。富裕中农任扁作父亲到外村租地去种,土地说明要分给兄弟一半,不过暂时没打动①。中农任然槐因负担、兵役问题而分家,35 垧地全部因分家而转入贫农阶层。中农冯秉信因要种自己的地,从黑峪口移来 39.5 垧外村地,转入本村中农阶层。

唐家吉土地其所以没有多大变化的原因:(1)唐家吉本村各阶层占有地很少,战争给予的直接威胁不大,因之土地的买卖关系也就简单。(2)唐家吉的经济组织是较单纯的,没有大的地主与高利贷者,即使有个别中农或贫农因暂时破产要出卖土地,也没人买,有些人想买地也怕露名声。(3)唐家吉战前的典押地很少,除过刘仁柱典出 5 垧地外,再没人典过(即使刘仁柱的地,刘仁柱也不赎,因典价已超过卖价),所以也就没有因赎入或典入土地而使其原来占有土地变化(据今天所调查到的材料)。总之,战后唐家吉的土地变动波浪是很小的。

不过,就仅从这几家分家户而言也可以看出一个趋势,土地由长期的集中而走向分散了,自给自足的小农经济目前在唐家吉还是占着优势的。

(四)外村地与本村地比较

外村人在唐家吉占有地的很多,战前不详。据此次调查,战后外村人在唐家吉占有地总数达 523 垧,其中上等地 50.5 垧、中等地 149 垧、下等地 285.5 垧,占唐家吉战后土地使用总数的 55.2%(战后使用总数为 948.5 垧,占唐家吉本村各阶级战后占有土地总数的 94.8%)。其等级比较如下:

表 5-32 战后外村地与本村地等级比较表

地别	土地			合计(战后)
	上	中	下	
唐家吉	60	149.5	342.5	551.5
外村	50.5	149	285.5	523
%	84.2	99.8	83	94.8

因之,在唐家吉,有 66.7% 的户数是租种外村人土地的,有 5 户贫农是完全依靠外村地来生活的。其占有情形如下表:

表 5-33 战后外村地实态调查表

科目 \ 地主姓名 \ 项别	住址	阶级	占有梁地				占总数百分比	备考
			上	中	下	合计		
战后唐家吉的外村地	高许作	兴县二区白家塔	地主	3	15	52	70	14.2	实有地 50 垧,前几年不知出租何村,今年才租给唐家吉人种
	寺地	黑峪口青龙寺	和尚		2	4	6	1.2	事实上寺里已没人,村公所几次拟收归公有
	任吉龙	黑峪口	小商	1	2	7	10	2.3	
	任珍	黑峪口	地主	12	25	34	71	14.5	以原有全数统计,任家现已分家

---

① 编者注:当地方言,即"未动"之意。

（续表）

科目 \ 项别 地主姓名	住址	阶级	占有梁地 上	中	下	合计	占总数百分比	备考
战后唐家吉的外村地 白来贵	西窊	中农		2	8	10	2.3	
任春怀	黑峪口		3	2	13	18	3.8	
任广川	黑峪口	地主	2	13	5	20	4.6	即任光春
任棒玉	黑峪口	经营地主		6	2	8	2	是任珍70垧地以内的
任梁靠	黑峪口				4	4	1	
任浩川	黑峪口	地主	5	7	18	30	5.1	任姓户地由任浩川经营租出
任浩川	黑峪口	地主	1	5	14	20	4.6	即任好春
刘根柱	黑峪口	地主	4	2	14	20	4.6	
户地	南怀村		3	15	52	70	14.2	南怀村高姓户地很坏，没人种，荒的很多
户地	黑峪口任姓				18	18	3.8	
户地	黑峪口任姓		1	6	11	18	3.8	
任聚存	黑峪口		2	2	4	8	2	此人已死
任都留	黑峪口	经营地主	2.5	3	12.5	18	3.8	任都留即黑峪口的任棒金
刘殿元	桑蛾村	富农		-14	4	18	3.8	
任干怀	黑峪口			2	3	8	1.1	即任茂春父
任再富	黑峪口	中农		4	4	5	2	即任寨大
刘王二	岭西村	中农	6	12	2	20	2.3	原系本村人,1936年前搬去岭西村
总计			45.5	139	285.5	470	100	

注:王来富地53垧(其中上5中10),共计523垧。

从上表可以看出下面几个问题:(1)唐家吉战前全村共使用土地848垧,除过本村548垧外,尚有300垧是外村地(没有确切材料)。如按最普通的租额计算,每垧平均粗租5大升,则唐家吉全年就有15大石粗粮的租子是要送给别村的。848垧地,平均1垧产粗粮2.5斗,共产211大石,那么每年得有6%～10%粮食从唐家吉流出,这对唐家吉的整个农业经济收入方面是有很大影响的。(2)在从前的佃租时代,唐家吉的租户对租地是毫无保障可言,因之在经营土地方面是不能够花费出很大代价的,这影响唐家吉农业生产量是相当大的。(3)唐家吉的外村土地占有户80%以上是黑峪口的,这些占有户有70%左右是黑峪口的经营地主和地主,他们拥有土地205垧,占唐家吉外村土地的38%,握有唐家吉一部分贫农的经济命脉;因之,贫农阶级的变化是相当迟缓的。但自1940年新政权建立后,在执行减租减息政策之下,这种形势是开始转变了。(4)由于唐家吉的土地占有形势决定了唐家吉是黑峪口的"附庸"村,形成了经济上极大的依赖性,封建关系也特别浓厚。在每次的敌人"扫荡"时期,黑峪口的地主便到唐家吉的自己租户家里去住,租户也免不了招待应酬,走时背着送行李(以上仅是材料的系统化,有些问题还没指出,土地与劳动力在土地使用部分说明)。

(五) 土地占有与劳动力

由于唐家吉在土地方面的缺乏,而产生了劳动力与土地占有关系很大的矛盾。这种矛盾表现的特别明显的是贫农阶层,中农以上其他阶层来得比较迟缓些,其比较如下:

表 5-34 抗战前后各阶级土地面积与劳动力比较表(一)

阶级	时期	户数	劳动力	土地	每人平均
地主	战前	1	1	106	106
	战后	0	0	0	0
富农	战前	1	2	45	22.5
	战后	2	4	110	25.25
富裕中农	战前	2	5	92	18.4
	战后	1	1	40	40
中农	战前	4	5.5	172.5	31.5
	战后	6	6.5	243	37.4
贫农	战前	10	10	110.5	11.05
	战后	14	9.5	158.5	16.7
雇农	战前	1	1	20	20
	战后	0	0		
总计	战前	19	24.5	548	21.92
	战后	23	21	551.5	26.3

注:雇农土地战前出押,此地计劳动力与土地占有比较时将其计入,得出土地与劳动力的平均数,实际上雇农是没有参加土地生产的,没有列入。

这里可以看出一个大的趋势:战后的户口增加了,土地增多了,反而劳动力减少了(减少原因见人口与劳动力之部)。战前全村劳动力每人平均耕种土地 21.92 垧,战后则增至 26.3 垧。战前全村总劳动力人数为 25 人,现在降为 21 人,然而户口量从 19 户增至 23 户了。地主在战前劳动力仅 1 人,占有土地 106 垧,一个劳动力平均就有 106 垧土地;富农 2 人,占有土地 45 垧,平均每人 22.5 垧;中农较为者突出[突出者]4 户,劳动力 5.5 人,土地 172.5 垧,每人平均耕地 31.5 垧;贫农 10 户,劳动力 10 人,土地 110.5 垧,平均每劳动力耕地 11.05 垧。这里说明战前中农在耕地平均数方面比任何阶层都高。

贫农在战后劳动力变化最快,减少率最高,因之和土地相背驰的距离也愈大。战前贫农 10 户,劳动力 10 人,今天 14 户,劳动力反而由 10 人减少至 9.5 人了,土地也就由战前每人平均 11.05 垧增至现在 16.7 垧了。每人劳动力平均的耕地面积比战前增加了 40% 左右,然在各阶层中还算是最低的,仅占 5.3%。

单从原有土地上看,劳动力的分配只能看出一个问题的现象,还不能看出劳动力与土地耕种的本质。为此,须得说明一下劳动力与土地实有数的平均。如下表(二):

表 5－35　1937 年劳动力与土地实有数的平均

	实有土地	劳动力	平均
地主	98.5	1	98.5
富农	45	2	22.5
富裕中农	84	5	16.8
中农	150	5.5	27.3
贫农	89	10	8.9

表 5－36　1942 年劳动力与土地实有数的平均

富农	106	4	26.5
富裕中农	37	1	37
中农	211	6.5	32.4
贫农	121	9.5	12.6

仅从以上简单的数字里也可以看出,原有与实有在土地的平均耕作量上有一个很大的距离。战前原有土地数,中农每劳动力平均为 31.5 垧,实有数则为 27.3 垧;战后原有数平均为 37.4 垧,实有数则为 32.4 垧了。贫农在战后原有数平均为 16.7 垧,实有数则平均为 12.6 垧;战前原为 11.05 垧,实有 8.9 垧。

如按土地实有数,在战前,全村 28.5 个劳动力每人平均耕地仅 16.2 垧。战后劳动力减少了,土地增加了,每劳动力平均实有耕地面积也不过 19 垧。假使除去土地使用数,唐家吉本村劳动力实因耕种本村土地而有多了剩余,这是下面要研究的问题。

现在以每个全劳动力平均耕地 30 垧(中等)计算(唐家吉土质较劣,若以 25 垧计算则较低些),其战前的剩余劳动情形如下(依阶级总平均):

表 5－37　战前剩余的劳动力

阶级	土地	劳动力	剩余(或不足)数
地主	69.5	1	不足 $1\frac{1}{3}$
富农	40	2	剩余 $\frac{2}{3}$
富裕中农	77.5	5	剩余 $\frac{7}{3}$
中农	124	5.5	剩余 $\frac{5}{3}$
贫农	86	14	剩余 11
雇农	8	1	剩余 $\frac{22}{3}$
总计	405	28.5	不足 $\frac{4}{3}$、剩余 $\frac{52}{3}$ 相抵后,纯剩余 16 个劳动力

表 5－38　战后剩余的劳动力

阶级	土地	劳动力	剩余(或不足)数
地主	0	0	
富农	99	4	剩余 $\frac{2}{3}$
富裕中农	32	1	不足 $\frac{2}{30}$

阶级	土地	劳动力	剩余(或不足)数
中农	165	6.5	剩余1
贫农	109	14.5	剩余$\frac{316}{30}$
雇农	0	0	0
总计	405	25	不足$\frac{2}{30}$、剩余$\frac{366}{30}$相抵,纯剩余$\frac{364}{30}$,共12个全劳动力(后以12个劳动力计算)
备注			

由上表可以看出,战前唐家吉人如果只经营本村人自己所占有的土地时,就有16个剩余劳动力,也就是说有54%的劳动力是不能参加土地生产的,其中以贫农为最显著。贫农阶层的14个劳动力就有11个劳动力因此而不能参加土地生产,土地占有与劳动力的矛盾至此可见一般[斑]了。土地与劳动力矛盾问题解决办法如下表:

表5-39 土地与劳动力矛盾解决办法表

阶级	时期	户数	劳动力		租出地	租进地	工变牛	牛变工	雇长工	雇短工	揽长工	打短工	小贩	赶脚	其他业务	备考
			剩余	不足												
地主	战前	1		不足	出租					11						地主自己参加经营
	现在	0		0	0					0						
富农	战前	1	剩余			租进			1	1						任扁作家里劳动力很多,弟出外给人换工挣钱
	现在	2	剩余			租进			2	2						
富中	战前	2	2		1			2		2	1					
	现在	1		1		1		1		1						
中农	战前	4	3	1		1	1	3		3						
	现在	6	6		1	1		1		2						
贫农	战前	13	13	2		12	8				1(月工)	8	1		1	
	现在	18	14	4		14	8	3		3		7	1	1	1	
雇农	战前	1	1								1(月工)	1	1		1	
	现在	0													0	

注一:贫农在租进地后买了牛,有时给人打短工,有时自己也雇短工。

注二:4个劳动力不足的是指寡妇和抗属。

注三:主要是在租进后劳动力问题已算减少了一半矛盾,下面土地使用与劳动力一节当详细讲到。

四、土地使用

(一) 土地使用及其变化

见表5-40、表5-41。

表 5-40　抗战以来各阶级土地使用中荒地、石荒的分配情形

战前

使用方式	地主 名义响数	地主 石荒	地主 荒地	地主 实有数	富农 名义响数	富农 石荒	富农 荒地	富农 实有数	富裕中农 名义响数	富裕中农 石荒	富裕中农 荒地	富裕中农 实有数	中农 名义响数	中农 石荒	中农 荒地	中农 实有数	贫农 名义响数	贫农 石荒	贫农 荒地	贫农 实有数	总计 名义响数	总计 石荒	总计 荒地	总计 实有数
自种	33	0	0	33	42	2		40	83	5.5	15	61.5	161.5	18.5	24	119	110.5	17.5	18	75	430	43.5	78	328.5
租进	0	0	0	0	53		15	38	31		5	31	18	4	5	9	292	10	47	235	393	14	67	313
伙进	0	0	0	0																				
实种	33	0	0	33	95	2	15	78	113	5.5	15	92.5	179.5	22.5	29	128	402.5	27.5	65	310	823	57.5	145	641.5

现在

使用方式	地主 名义响数	地主 石荒	地主 荒地	地主 实有数	富农 名义响数	富农 石荒	富农 荒地	富农 实有数	富裕中农 名义响数	富裕中农 石荒	富裕中农 荒地	富裕中农 实有数	中农 名义响数	中农 石荒	中农 荒地	中农 实有数	贫农 名义响数	贫农 石荒	贫农 荒地	贫农 实有数	总计 名义响数	总计 石荒	总计 荒地	总计 实有数
自种					109	4	4	101		3	7	30	220	25	42	153	140.5	29.5	28	95	525.5	61.5	85	379
租进					64	15	15	49		5	5	10	21	4	3	14	333	41	47	245	433	45	70	318
伙进																								
实种					173	19	19	150		3	12	40	241	29	45	167	473.5	70.5	75	340	958.5	106.5	155	692

备考：

1. 非使用地内的荒地和石荒地不在此限。计地主战前空地 2 响，荒地 14 响，全部作为荒地除过。富农出典地 5 响（富农租进项内计算），在富农租进项内计租，荒地完全出租，在富农租进项内；贫农荒地 12 响，未使用（指开荒）亦未出租（指开荒）一般还是可靠的。雇农 11 响石荒，以"出押"除过。
2. 本表统计荒地和石荒地系根据材料整理出来的，在荒地数内不免因农民谈话不老实而部分夸大，但一般还是可靠的。
3. 各阶级情形清看详细看表，不再详细说明。

表 5-41　抗战以来唐家苦各阶级土地使用变化表

项别 \ 阶级 \ 时期	地主 战前	地主 现在	富农 战前	富农 现在	富裕中农 战前	富裕中农 现在	中农 战前	中农 现在	贫农 战前	贫农 现在	雇农 战前	雇农 现在	其他 战前	其他 现在	总计 战前	总计 现在
总户数	1	0	1	2	1	1	4	6	13	18					22	27
自种土地	33	0	40	101	61.5	30	119	153	75	95					328.5	379
自种户	1	0	1	2	2	1	4	6	10	14					19	23
租种土地			38	49	31	10	9	14	235	245					313	328
租种户			1	1	1	1	1	1	8	10					11	13
共使用土地	33		78	150	92.5	40	128	167	310	340					641.5	697

备注：

1. 雇农战前原占有土地 20 响未使用，全部押出，内 11 响石荒。
2. 土地典押关系仅有 1 家（富裕中农伙种地 5 响）未使用，荒地在刘仁柱内除过。
3. 本村 1940 年时虽有 1 家信典入富裕中农伙种地，1941 年即没有伙种形式，故表内未计入。
4. 1940 年全村共开地 5.5 响（富农伙种地 5.5 响，因统计不出业主是谁家谁开的，同时统计较迟未计入）。

唐家吉战前土地使用总数641.5垧,现在为697垧,约当战前使用总数的106%,其变化情形如下:

表5-42　战前土地使用表

阶级	户数	原有土地	自耕土地	%	每户平均	租进土地	每户平均	共使用数	%
地主	1	106	33	31.1	33	0	0	33	4.02
富农	1	47	42	93.5	42	53	53	95	11.5
富裕中农	2	92	82	89.2	41	31	31(注)	113	13.7
中农	4	172.5	162.5	94.2	40.5	17	17	179.5	21.9
贫农	10	110.5	110.5	100	11.5	292	36.5	402.5	48.88
雇农	1	20	0	0	0	0	0	0	0
总计	19	548	430	78.5	22.7	393	38.5	823	100

注:在前部,自种户4户同是占有户,后部租出户只有1户租进;贫农占有户10户,租进户只有8户,中农占有户4户,租进户只有1户,但总平均数时则以前部占有户数平均之,特此声明。

战前19户,占有土地548垧,自种430垧,占全部占有土地的78.5%,每户平均22.7垧。若以全村22户居民平均计算,每户只有18垧左右,由此可以证明唐家吉在战前土地占有与使用量上的差额是相当悬殊的。这种悬殊差额的唯一解决办法就是大批土地的租入,从上表可以看出,战前唐家吉共租入土地393垧,占全部土地使用面积的46.5%。其中以富农租进土地最多,1户即占租进土地总额13.25%,贫农次之,8户占租进总额的74.5%。按23户总平均,每户得38.5垧,每人平均尚得不到9垧地,只有8.23垧。

单就土地使用表面来看,可能发生一个偏差,认为30.5垧即是战前每户的实耕面积。若果每户能实耕30.5垧,则在每一个人来讲平均有8垧半地,是满可以过得去的。事实上,应在823垧地内除去所有不能耕种的一部分荒地、空地和石荒地。关于土地占有部分的空地和石荒,前面已经述过,这里仅就租进地的战前时期,将空地、石荒地予以分析和估量。

战前租进地空地和荒地如下:

表5-43　战前租进地中空地和荒地情形

阶级	原租地	空地	石荒	合计	实有数	%
富农	53	0	0	0	53	0
富裕中农	31	0	0	0	31	0
中农	17		4	4	13	22.3
贫农	292	13	10	23	269	7.85
总计	393	13	14	27	366	8.5

原租地393垧,除过空地、石荒27垧外,余366垧,如和全部荒地145垧加在一起,则在823垧地中172垧的闲、荒、空地,数字总算不小了。因此,每户平均使用土地量的算学公式应该是这样的:土地使用总数823垧-172垧(空地13+石荒14+荒地145)/22(户数)=29.1垧,每户只能得到29.1垧,每人也只能有6.5垧的土地使用量了。

以上说明唐家吉战前土地使用的轮廓,这里则要说到战后是怎样变化的。

表 5-44　战后土地使用表

阶级	户数	原有土地	自耕土地	％	每户平均	租进土地	每户平均	共使用数	％
富农	2	110	109	99.5	45.5	64	64	173	18.7
富裕中农	1	40	40	100	40	15	15(注)	55	5.05
中农	6	243	220	87	36.6	21	21	241	26.1
贫农	14	158.5	140.5	87.5	14.5	333	33.3	473.5	50.15
总计	23	551.5	509.5	92.5	22.1	433	33.6	924.5	100

注:和前表注同。

原有土地 551.5 坰,自耕土地 509.5 坰,占原有部分 92.5％,每户平均 22.1 坰;租进土地 433 坰,每户平均 33.6 坰。共使用数 924.5 坰,每户平均 34.2 坰。

战后荒地、空地、石荒比战前增多(多的原因后面租佃关系一节再叙),其分布情形如下:中农原租进地 21 坰,空 2 坰、石荒 4 坰,实有 15 坰,占原租数 28.5％;贫农原租地 333 坰,空 11 坰、石荒 41 坰,实用 281 坰,占原租数 15.6％;富裕中农租地 15 坰,只有 1 坰空地,占 7.15％。统计战后,空、荒地 59 坰,占原租地总数 13.5％,荒地 156 坰,占土地总使用面积 11.4％。与荒、空地一并除去,使用土地实有数则只有 709.5 坰了,每户平均使用土地 26.2 坰强,每人平均 6.27 坰强。此即战后唐家吉土地使用情形。

综上所述,战后唐家吉的土地使用面积是增加了,比战前增加了 30％。诚然,在个别户的平均量上是减少了,但这种减少现象仅仅是相对的。

唐家吉的土地使用范围相当简单,这是由于单纯的小生产的经济基础所决定的。在土地使用方面,除自种和租种而外,伙种、典种、押种、股子经营、借耕、临时代耕等形式都很少采用。

(二) 土地使用变化的原因及其趋势

唐家吉战后使用土地比战前增加了 30％,即是说由 823 坰增加到 924.5 坰。虽然在每户平均的使用量上减少了,土地的荒芜增多了,但这与户口和居民的增加仅仅是暂时的、相对的。其原因如下(战前荒地 145 坰,现在为 156 坰):

(1) 减租减息给予土地使用量增加的绝大影响。前面说过,唐家吉因土地占有量的缺乏,全村 60％左右的居民是采取的单纯的小规模的租佃经营。在战前,由于地主的高度剥削和佃户对租地没有丝毫保障较长期的租佃权,这种经营是停滞的,是在逐年破产着。但新政权成立以后,这种形势开始有了转变,地主不仅在剥削上受到了限制,农民也开始对土地有了较长的固定的租佃权。因之,土地的租进量比战前大为增加了,其增加量如下:

表 5-45　各阶级土地租进数量变化表

	战前	战后
富农	53 坰	64 坰
富中	31 坰	15 坰(战前 2 户,现在 1 户)

(续表)

	战前	战后
中农	17 垧	21 垧
贫农	292 垧	333 垧
总计	393 垧	433 垧

(2) 公平合理的负担是间接促进土地使用量增加的一个主要原因。3 年的民主的政治生活在负担方面给予农民一个定型化的概念,"公粮征得再多,一石只能征我二斗五","只要我把公粮出够,剩下的都是我的",村摊款按一定的份额三月起征一次(而且分数都是农民自己讨论决定的)。旧政权时代的今天摊、明天要、绳拴鞭打、苛捐杂税,只能在人民肠子里留下一个惨痛的痕迹。公平合理的负担不仅刺激了农民的生产情绪,而主要是使得农民有了积蓄,农民有力量来经营更多的土地了。其表现如下:

土地买进:刘臭旦,贫农,1941 买进地 12 垧;王双寨,贫农,1942 年买进地 12 垧。改业:白聚才过去在黑峪口当"爬场",现在搬唐家吉租地种;冯秉信过去在黑峪口闲住吃租子,现在搬唐家吉种地。开坟地:贫农 1940 年开 2 座 2 亩,中农 1941 年开 1 座 1.5 亩,贫农 1940—1942 年开 12 座 13.5 亩,合计 15 座 5.5 垧(此数未计入使用数内)。

(3) 各阶级土地变化的具体原因,并借以说明其他不隶属于前两项原因之内的原因,列表如下:

表 5-46　各阶级土地变化具体原因表

阶级	战前	现在	原因
地主	33	0	分家后变为中农,种 42 垧地
富农	95	173	战前刘仁柱户种 95 垧,现在两户共 173 垧。刘仁柱比战前多租进 11 垧,原因说劳动力强了,打的粮食多,而负担就相对的减少了,说不怕负担,就怕自己没有。刘世枝 60 垧地自己全种着,雇长工,说打的多是自己的,公家拿不去(即公家不要之意)
富裕中农	113	55	战前的 2 户中,1 户刘世枝,上升为富农带出 60 垧地,1 户任扁作,降为中农带出 53 垧。现在 1 户是由中农上升的,并带入土地 40 垧,因要多生产,租进土地 15 垧,共 55 垧,说公粮征得再多,1 石只能征我 2 斗 5 升
中农	179.5	241	战前 4 户中的 1 户降为贫农,带出地 52 垧(全指使用地),1 户升为富裕中农带出地 40 垧,1 户由贫农升来带入地 43 垧,1 户由外移来带入地 39.5 垧,1 户由地主下降带入地 42 垧,1 户由富裕中农下降带入地 30 垧。外来户冯秉信是改业的,种地靠得住,负担轻(有一定的数),"由地主降来的王来富说,咱现在要努力生产,不像过去一样把地租出(减租对其影响不小)"。任扁作降入中农后一个人种不够的,只种了 30 垧。刘臭旦上升入中农后买牛买地,"说良心话,这几年比那几年强了"。刘世一、任根柱保持原状
贫农	402.5	473.5	贫农升入 1 户带入地 26 垧,中农下降 1 户(分为 3 户)带入地 78 垧,升入中农 1 户带出地 43 垧,外来 2 户带入地 51 垧,其余未动。白聚才说做庄稼可靠,养个牛打下粮食,今年多刨闹,下来给儿子问个媳妇。任红孩种地不比以前,原因是丈夫死了。王引堂也是一样。任凤武代弟妻经营几垧地。王保元想给儿子问媳妇,再下来都是为了多生产多刨闹,进而过好日子
雇农	0	0	战前有 20 垧地被债主押去,自己没种地,今年将地收回来,力量不够,今年只打算种 5 垧,余荒着,现升入贫农

表 5－47　土地使用需要变化表

战前		现在							
		富农		富裕中农		中农		贫农	
		户	数	户	数	户	数	户	数
地主	33					1	42		
富农	95	1	113						
富中	113	1	60			1	30		
中农	179.5			1	55	2	87	1	78（另分 3 户）
贫农	402.5					1	43	12	312
雇农	0							1	20
外来户	0					1	39.5	5	53
总计	823	2	173	1	55	6	241	8	473.5
战后总计	924.5								

表 5－48　土地使用变化原因表

阶级	户数	受减租减息而增加多者	因合理负担刺激增加土地使用数者	企图多生产支付其他开支者（问媳妇）	劳动力减而减少土地使用量者	分家减少土地使用量者	保持原状者
地主	0						
富农	2	1	1				
富中	1		1				
中农	4	2	2				
贫农	18	10	2	2	3	1	

（4）有了以上的变化情形，发展下去可能有以下几种趋势：

首先是外村地主可能提高租子或转变租子形式，变为"明活暗死"或"两条腿交租"（现在唐家吉通行的是三条腿交租，高粱、黑豆、谷子一样一份，后两条腿即取消黑豆），地主抱着有地不愁租出去的主意（租子问题后面再叙）。

其次是伙种的可能性更少。一则伙种剥削重，二则伙种的条件是（租户）没人、没牛、没地、没种子，即人称为"四不全"，有人工有牛工能租到地的人多怕麻烦多不愿伙种，省得"分时候咬嘴"，况且唐家吉多尽是山地。

再其次是收回出租地。外村在唐家吉的经营地主也可能将在唐家吉的部份土地收回，转租或自种（自种可能大），唐家吉本村出租户，如中农王来富，可能把地完全收回自己经营。

再发展下去，可能发生在土地使用问题上的很多矛盾和斗争，外村地主要提高租额或强要收回或借故收回转租，本村租户不放或因放弃租地而无地可种等种种斗争——这是值得研究和注意的问题。

（三）土地占有与使用的矛盾问题

表 5 - 49　抗战以来各阶级土地所有与使用比较表

阶级 时期 项别	地主		富农		富裕中农		中农		贫农		雇农		总计	
	战前	现在	战前	现在	战前	现在	战前	现在	战前	现在	战前	现在	战前	现在
户口	1	1	2	2	1		4	6	11	14	1		20	23
土地所有	106		47	110	92	40	172.5	243	118.5	158.5	20		548	515.5
每户平均	106		47	54.5	46	40	45.5	40.15	10.04	11.2	20		27.4	23.26
户口	1		1	2	2	1	4	6	13	18			21	27
土地使用	33		95	173	131	55	179.5	247	402.5	437.5			823	942.5
每户平均	33		100	86.5	56.5	55	45.7	41.15	30.92	26.2			40.38	35.1
使用占所有百分比	31.2													
所有占使用百分比			47	63	81.3	80	90.5	97.5	27.5	33.45			64.5	54.3
备考	唐家吉除战前地主外,各阶级所有地都是不够经营的,即是说占有地与使用地都有很大的矛盾。贫农表现得最大,其所有地在战前仅占使用地的 27.5%,战后的 33.4%;其次是富农,战前为 47%,战后为 63%;矛盾较小的是中农,战前 90.5%,战后 97.5%。因之,中农的租进地战前 31 垧,战后只有 117 垧。													

前面说过唐家吉土地占有与使用相差的距离很远,战前全村占有土地 548 垧,使用土地 823 垧,占有约当使用量的 66.5%;战后因使用量增加,比例反而降低,占有约当使用量的 58.4%。现以劳动力为单位,将战前战后土地占有与使用矛盾表示于后:

表 5 - 50　战前土地占有与使用表

阶级	劳动力	占有土地	应使用土地	不足占应使用百分比
地主	1	106	35~40	66.3(超出数)
富农	2	47	75~80	42
富裕中农	5	92	150~170	46
中农	5.5	162.5	165~185	13
贫农	14	110.5	490~530	80
雇农	1	0(占有地全部押出)	35~40	100

注:每个劳动力平均耕地以 35~40 垧普通地计算,不依折合数字,故折合数字与原占有数无法比较。

表 5 - 51　战后土地占有与使用表

阶级	劳动力	占有土地	应使用土地	不足(%)
富农	4	110	140~160	32
富裕中农	1	40	35~40	足够,尚租入地 15 垧
中农	6.5	234	225~250	7
贫农	14.5	158.5	505~550	72

上表可以看出,战前由于劳动力多、占有土地少,在使用方面的矛盾也表现得尖锐了。譬如战前富农不足数为 42%,战后则为 32%;又譬如贫农战前不足数为 80%,战后不足数则为 72%;中农比战前更少,战前不足数为 13%,战后则为 7%。这种矛盾的减消故[固]然是由于占有土地的增加,但另一方面,劳动力比战前减少了几乎 12%,证明土地占有与使用矛盾的减消并非是一个正常的上升现象。

前面说过,由于土地占有与劳动力的矛盾,其唯一的解决办法就是大量租进土地、开荒地、开坟地而增加土地耕种面积。现将抗战以来各阶级的租进与租出表示于后:

表 5－52　抗战以来各阶级土地租进租出变化表

阶级	时期	户数	上	中	下	合计	各阶级租进%	每户平均
地主	战前	1			0			0
	战后	0			0			0
富农	战前	1	2	23	28	53	14.8	53
	战后	1	5	25	34	64	16.5	64
富裕中农	战前	1	5	10	16	31	12	31
	战后	1		5	10	15	4.2	15
中农	战前	1		6	11	17	6.2	17
	战后	1		18	3	21	7.6	21
贫农	战前	8	1	42	249	292	67	36.5
	战后	10	11	41	281	333	71.7	33.3
雇农	战前	0			0			0
	战后	0			0			0
总计	战前	11	8	81	282	393	100	
	战后	13	16	89	328	433	100	

说明:战前租进土地总数为 393 垧,战后为 433 垧。贫农在每户平均租进土地量上似乎是减少了,然而贫农的户数是由 8 户增加至 10 户(指租进户),正是相对的增加。富裕中农由战前减少的原因是该阶级本身的地就够种,本不租地,土地就可以满够使用的。

表 5－53　抗战以来各阶级土地租出变化表(只写租出阶层)

阶级	时期	户数	上	中	下	合计	各阶层%	每户平均
地主	战前	1	2	29	42	73	92	73
富农	战后	1			1	1	2	1
中农	战前	1		3	7	10	8	10
	战后	2		11	6	17	61.2	8.5
贫农	战后	2			18	18	36.8	9
总计	战前	2	2	32	49	83	100	30
	战后	5		11	19	36	100	12

说明:战后贫农 2 户出租地,1 户是寡妇,1 户是抗属(没劳动力);中农 1 户出租地原是 1939 年租出,去年没有收回来(即地主王来富),另 1 户出租地亦和前面王来富一样;富农出租下梁地 1 户,租子法币 2 元。

表 5‐54 1939—1942 年各阶级荒地开耕变化表

阶级	1939 年(冬)		1942 年(春)	
	生荒	熟荒	生荒	熟荒
地主		20		
富农	4	25	5	19
富裕中农	15	30	5	7
中农	21	59	13	32
贫农	4	131	21	54
合计	44	265	44	112
总计	309		156	

说明:战前荒地为 145 垧。

表 5‐55 1940—1942 年坟地开耕情形

阶级	时间	座数	亩数	备考
贫农	1940—1942 年	14	15	
中农	1940—1941 年	1	1.5	折合 5.5 垧
总计		15	16.5	

表 5‐56 土地使用与劳动力比较表

阶级	时期	户数	劳动力	使用土地	剩余(或不足)	剩余劳动力的分配			
						打短	工变牛	小贩	其他
地主	战前	1	1	33	不足 66,出租				
	战后	0	0	0	0				
富农	战前	1	2	95	不足 5,雇长工				
	战后	2	4	173	不足 13,雇长工				
富裕中农	战前	2	5	113	剩余 87,换长工	1			
	战后	1	1	55	不足 15,雇短工				
中农	战前	4	5.5	179.5	剩余 50,打短工	1			
	战后	6	6.5	241	恰好				
贫农	战前	13	14	402.5	剩余 160,打短工	7	5	1	1
	战后	18	14.5	473.5	剩余 80,打短工	5	3		
雇农	战前	1	1	0	0	1		1	
	战后	0	0	0	0				
总计	战前	22	29.5	823	不足 71 垧,剩余 297 垧	10	5	2	1
	战后	27	26	942.5	不足 28 垧,剩余 80 垧	5	3		

说明:每劳动力平均以普通梁地 40 垧计算(刘世信今年一个人种 55 垧,还不须雇短工)。1 户里剩余劳动者可同时进行几种不同的支出方式,如打短、变牛工、小贩等——租进地没剩余劳动的分配和占有分配是不相同的。

（四）租种伙种地的比较

伙种往往是水地较多,平地次之,山地最少,有些地方几乎是没有这种形式。据此次调查,从1936年到现在,唐家吉伙种户只有3家,而且伙种地很少,不过一垧两垧。1940年刘世枝和宋耐恒的伙种地在唐家吉还算是数出的,这是由于唐家吉的土地质量较差的原因。现仅就刘、宋的伙种和租种(唐家吉租种户最多)加以简单的分析和说明。

一般讲来,伙种是要比租种的剥削要高。原因是地好,地主不愿把自己地出租,怕荒芜,自己有籽种没人工,租地吃的租子少,伙种耕种打甚分甚,副产物事前讲好还得分,当面打粮食自己放心,租户不能以多报少……等。说到租户方面,像上面讲过的"四不全"条件——没牛、没人、没地、没籽种,甚至于还没工具;另一方面,主要的是依靠地主帮忙"贴本",如借吃米、借窑洞、借工具等(有的事先说好,借东西都得出利),这么双方才能成合。请看刘世枝和宋耐恒是怎样伙种耕种的。

表5-57　刘世枝与宋耐恒伙种调查表

基本情况:

	伙进户		伙出户		
姓名	伙前阶级	伙时阶级	姓名	伙前阶级	伙时阶级
宋耐恒	贫农	贫农	刘世枝	富裕中农	中农
伙种关系	宋耐恒是刘世义(世枝弟)妻弟,和世枝是个挂搭亲戚,22岁,有苦力				
伙种原因	刘世枝在事变时大儿子当了兵,二儿子还小,没苦力,自己年纪大,但是自己的地又不想租出去。四大动员时负担重了,生产情绪低落,又不愿雇人种,宋耐恒一无所有,当时牛地都租不到,刘世枝地也不赖,又是亲戚,于是就合伙了				

伙种条件:

科目		伙进户	伙出户
分益		六	四
牛工		牛是刘世枝的,另外出牛租	牛出租给宋耐恒,另外吃租子
人工		全是自己的	甚都不管
肥料			25驮
种子	麦子		0.18石
	荞麦		0.08石
	黑豆	0.2石	
	谷子		0.10石
	高粱		0.03石
	黍子	0.05石	
	豆子		0.08石
	总计	0.25石	0.47石
折合谷子		0.16石	0.625石

产量:

梁地名	上	中	下	合计	荒地	实种	农作物	垧数	产量
古塔里		2	14	16	7	9	谷子	5	0.25 石
							黑豆	4	1.00 石
狼家斜		3	3	6	3	3	麦子	3	0.25 石
山峁上			3	3		3	黍子	3	0.50 石
荒峁上		4	6	10		10	荞麦	2	0.15 石
							黑豆	4	0.80 石
							豆子	4	0.50 石
狼家斜塔里			3	3	3	0			
杏树塔		2	8	10	2	8	黍子	2	0.15 石
							谷子	3	0.25 石
							高粱	3	0.40 石
总计		11	37	48	15	33		33	4.25 石
总产量折合谷子 4.80 石			折合法币 672 元			除过种子,余 4.015 石			
最后分益	宋耐恒六,分得 2.409 石				刘世枝四,分得 1.606 石				
分益%	按原来分配,刘世枝所分恰当宋耐恒的 40%,宋耐恒除过 0.35 石牛租,比例则为 52.5%比 47.5%								
附注	原先说定四六分,同时在分的时候已按四六分过了,惟宋耐恒的牛租还是没有交上(牛租原说定 7 斗谷子),可是在缴出后问题又得到这样的解决:伙种分益的原则,地主不能超过总产量的 37.5%,刘世枝给宋耐恒又退了 1 斗,宋耐恒没收,反再补了 2.5 斗(统以谷子计)交了牛租。可是在退租时,刘世枝以抗属名义提出交涉								

上表可以看出,2 户名义伙种地 48 垧,实种 33 垧,荒 15 垧。刘世枝出粪 25 驮(每驮 80 斤),出种子 0.47 石,折合谷子 0.625 石(大石),地再甚都不管。宋耐恒出种子 0.25 石,折合谷子 0.16 石,此外牛工、人工一切都由宋耐恒负担。原先约定四六分——刘世枝四、宋耐恒六,总产量 4.25 石,折合谷子 4.80 石(折合法币 672 元),两家除过种子余 4.015 石,刘按四成分得谷子(折合)1.606 石,宋按六成分得 2.409 石,刘恰当宋 40%。宋耐恒除过刘的牛租(租刘的)0.35 石(谷子),则刘就得当宋的 47.5%,宋只落得 52.5%了。

中农刘臭旦的租种情形:自己的牛工、人工、工具,只租进土地出租子,外无别的负担和条件。1941 年共种地 31 垧。租刘殿元 18 垧,实种 14 垧,种 2 垧黑豆,产 8 小斗,11 垧谷子,产 5 石,共 5 石 8 斗粗粮,减后交租 1.5 石(实不到此数,臭旦和刘殿元相好多交些,三条照交的)。租黑峪口任再富地 5 垧,种高粱 2 垧半,产 1 小石,糜子半垧和黍子 2 垧共产 9 小斗,总共 1 石 9 斗粗粮,原先说定租子 3 小斗,二五减后交 2 斗(小)。租黑峪口任平怀地 8 垧,共产 3 石 6 斗粗粮,租子原先说定 1 小石,减下来交了 3 斗。以上租地共 31 垧,产粗粮 11.30 石(小)(折大石 5.515 石),交租粗粮 2 石(折合大石 1 石,后以大石计),等于总产量的 18.1%。即使折去牛租 0.35 石,也不能超过总产量的 24.6%。

根据以上两个材料,把伙种与租种两种形式比较如下:

伙种地原来分益法是四六分,规定后依政府法令地主不能超过 37.5%(刘后来又给宋退了 9 斗,与宋恰成为 62.5%比 37.5%)。租种按原则二五减租后,租户出租数适当总产量 24.6%,结果得以下公式:伙种=牛工+人工+种子肥料=伙种户得 62.5%比地主得 37.5%;租种=牛工

（本应不计入牛工）＋人工＋种子肥料＝租户得 75.4％比地主得 24.6％。

由以上材料说明伙种在唐家吉为什么不多采用的一部分理由（水地、平地可能例外）。由以上材料也可说明，伙种地今后在唐家吉当更少采用（在目前这种条件之下），代之以全部的租种形式或有其他另外一种新形式；或伙种的条件少有改换（更改的）规定时，伙种形式在唐家吉不一定就绝迹。

五、租佃关系

唐家吉全村 60％的居民在土地经营上发生着租佃关系，甚至有 5 户贫农连极少部分土地也没有，而"完全采用着一种极落后的经营方式"。因此，关于唐家吉的租佃关系须要有以下的说明：

（一）抗战以来土地租额租率的变动

出租地有以下几种原因（地主租地除外）：一类是劳动力少自己种不完，分出去一部分（即租出）；一类是租出自己的"赖地"（坏地），转租别人的好地种，自己出租地的租子即可便宜一点；一类是租来大批土地，自己不种转租给别人，或因地主租地不零碎租出，一整块或地上带窑或窑上带地，租窑的人不要地、租地的人不要窑，因之就由一个人承租大家分配，不吃利不赔本（土地租额变动调查会）。以上几种原因说明，如把山地分成上、中、下三等再看，他的租额变动即是相当困难的。因为山地的出租出租人也不愿意把上等地另分一股租出、下等地另分一股租出，如把租额分为上、中、下计算是很合乎实情的。

"租子的大小也要看地方，不能一概而比。"这几年租子没有加而减少了，不过有的地主在暗地捣鬼，也不能超过 1936—1937 年的租子。一则政府有减租减息法令；二则这里（唐家吉）1938—1939 年年成不好，地荒的多，没人种；三则产量多不及以前，而租子也就落下来了（土地租额变动调查会）。

"据米家看来，这几年租子有这样一个变动，上、中、下也分开。"（调查会）

表 5‑58　抗战以来各种土地租额变动表

	上	中	下（只指梁地一种）
1937 年	0.15	0.75	0.04
1939 年	0.10	0.06	0.025
1941 年	0.08	0.04	0.02

注：土地租额变动调查。

以上是土地租额变动调查会议上的材料，参加的是 3 个租户、1 个出租户（富农）、1 个不租地的中农，这材料当然有几分可靠，但离正确的距离还是相当远的。

抗战前后唐家吉租率变动情形及租佃形式变化。

以上材料仅是给以了解唐家吉租佃关系的轮廓，同时可借以甄别下面材料是否正确。

表 5－59　个别户租率调查节表（一）

承租户 姓名	时期	出租户 姓名	阶级	双方关系	上	中	下	合计	形式	租额	花田	产量	按收成应交	减后应交	租率	备考
王六女	战前	任吉农	小商人	表兄弟	1	2	7	10	交租完粮	1.00	无	2.50	0.75		30	
		寺地	青云寺			2	4	6	死租	0.30	无	1.50	0.30		20	
	现在	任吉农	小商人	表兄弟	1	2	7	10	交租完粮	1.00	无	2.50	0.75	0.25	10	
		户地	任姓		5	7	18	30	活租	1.50	0.10	7.50	1.40	0.551	7.5	
王保元	战前	户地	南怀村		1	5	17	23	活租	0.335	无	4.00	0.35		8.7	战后王家两宗本地按二五减租，不能交到足数，王奴孩借抗属名义要以实数索讨
	现在	王奴孩	中农	远门本家		5	8	13	活租	1.00	无	3.00	0.92	0.75	25	
		王二孩	中农	远门本家	1	3	12	16	死租	1.45	0.10	4.00	1.45	1.45	36	
王五十	战前	任棒瑞	地主		2	8	20	30	活租	1.50	无	7.50	1.50	1.50	20	按二五减后任珍地不能交够，任珍则到黑峪口主村相胁，所以就全交了
		户地														
	现在	刘根柱	地主		4	5	11	20	活租	1.00		3.00	0.75	0.75	25	
		任珍	地主		2	5	13	20	活租	1.50	无		1.50			
任红孩	战前	任光春	地主			5	10	15	活租	0.75	无	4.50	0.75	0.8	17	
刘世信	战后	任棒金	经营地主	表兄弟	1	2	12	15	半现半秋	0.50	无	3.50	0.4	0.4	11.5	
宋耐恒	战前	白来贵	中农	朋友		2	8	10	活租	0.75	无	2.00	0.40	0.70	35	
	现在	高许作	地主	亲戚	2	9	29	40	活租	0.6	无	3.70	0.65	0.45	12	
		任光春	地主		1	5	14	20	死租	0.4	1斗	2.30	0.4	0.4	17	
刘臭旦	战前	刘改元	富农	朋友	14	4		18	活租	2.00	2斗	3.29	1.00	1.00	30	刘改元18垧地实际只能给12垧
		任再富	中农	朋友	4	1		5	活租	0.40	无	1.44	0.30	0.30	21	
	现在	刘改元	富农	朋友	14	4		18	活租	3.00	2斗	2.90	1.25	0.75	26	
		任干怀	中农			4	4	8	活租	0.50	无	1.80	0.35	0.15	8.3	

表 5－60 个别户租率调查节表（二）

科别(承租户姓名)	承租户阶级	时期	出租户姓名	出租户阶级	双方关系	上	中	下	合计	形式	租额	花田	产量	按收成原交租	减后应交租	租率	备考
刘仁柱	富农	战前	王来福	地主		2	23	28	53	死租	2.50	无	10.00	2.50	2.50	25	王来福分出时把原先租给刘仁柱地一起分给兄弟
	富农	现在	王来富	地主		2	23	28	53	死租	1.50	无	10.50	2.50	1.50	14	
刘聚才	贫农	现在	王来福	中农	朋友	5		6	11	死租	0.2	无	2.70	0.25	0.2	7	
	贫农	现在	高评作	地主	亲戚	2	8	20	30	活租	0.40	无	3.00	0.40	0.30	10	
王双寨	贫农	战前	冯秉信	贫农		7	6	57	70	死租	3.00	0.3	10	2.50	3.00	29	王双寨两宗，共租进土地110响，除有10响转租别村外，余大部荒着，无力耕种。冯秉信系指冯秉信任子和冯秉信分家不久
			任珍	地主		14	10	16	40	活租	2.50	0.15	6.00	1.50	1.90	31	
	中农	现在	冯秉信		朋友		2.5	7.5	10	活租	1.00	无	2.50	0.75	0.40	16	
			白家贵	中农				12	12	活租	0.50	无	2.40	0.4	0.35	17	
任然槐		战前	王来福	中农			6	11	17	死租	1.50	无	5.1	1.00	1.50	29.6	
			城隍庙地					12	12	死租	0.10	无	1.20		0.1	9.9	
		现在	任梁拏	贫农				4（开的荒地）	4	活租	0.20	无	0.8	0.10	0.25	31	
	中农		王来福	贫农				3（开的荒地）	3								
任扁作	富中	战前	任珍	富中		5	16	10	31	活租	2.70	0.3	9.30	交足	0.370	34	
任枝树	贫农	现在	任珍	贫农		14	16	10	40	活租	2.00	无	7.50	1.00	0.815	11.3	
刘世禄	贫农	战前	任长道	贫农	朋友			8	8	活租	1.00	无	2.00		0.75	39.5	

上表一个最大缺陷是把荒地与熟地没有区分开，但事实上也较难区分。因为老百姓的习惯是愿多报荒地。与其根据又不可靠的荒地来计算和平均产量，毋宁作一个全面的平均，可是为了朴救这一缺点，下面抽出几户较可靠可靠户的材料，按统一的表整理如下：

表 5-61　几个可靠租户的调查

时期	阶级	户数	租进土地			产量			原租			交租			减租			
			总数	熟地	荒地	总计	每垧平均	历年来产量降低百分数	总计	每垧平均	原租占产量百分比	总计	每垧平均	实交租占产量百分比	总计	每垧平均	名义减租率	实际减租率
1937	富农	1	53	38	15	11.0	0.28	100	2.65	0.07	33.2	2.50	0.065	22.7				94
	中农	2	48	38	10	9.70	0.25	-13	4.20	0.087	43.3	4.20	0.087	43.3				100
	贫农	4	79	63	16	15.02	0.23	-19	6.00	0.082	40	4.60	0.063	33				76
	总计	7	180	139	41	35.73	0.25	100	12.85	0.071	36.57	11.3	0.062	31.4				91
1940	富农	1	64	45	19	11.50	0.245	100	1.70	0.038	14.9	1.70	0.38	14.8				
	中农	1	23	13	10	3.90	0.3	-20	1.37	0.09	36	0.50	0.03	14.5	0.87	0.037	25	64
	贫农	4	126	97	29	21.60	0.21	-18	6.20	0.05	28.7	3.50	0.028	16.2	2.70	0.021	25	44
	总计	6	213	155	58	37	0.23	-16	9.27	0.043	27	5.70	0.026	15.4	3.57	0.016	25	39
1941	富农	1	64	47	17	12.7	0.255	100	1.70	0.036	13.3	1.70	0.036	13.3				
	中农	2	41	32	9	9.20	0.28	12	3.00	0.07	32.7	1.30	0.032	14.2	1.70	0.041	25	57
	贫农	4	140	111	29	23.75	0.2	-18.5	7.50	0.053	31.5	3.85	0.027	16.5	3.65	0.026	25	49
	总计	7	209	192	55	45.65	0.234	-7	12.2	0.058	26.6	6.85	0.032	15	5.38	0.025	25	43
1942	富农	1	64	49	15				1.70	0.036								
	中农	2	33	24	9				1.25	0.038								
	贫农	4	160	18	178				5.60	0.035								
	总计	7	257	233	42				8.55	0.031								

备考：
1. 1937 年最后一项①为实出租率。
2. 贴条①为实际使用土地的每垧平均产量，原有为租进土地总数每垧平均产量，租率与实交租率均以总平均产量计算。
3. 历年来生产降低项内有"十"号者为超过%，有"—"号者为降低。
4. 各阶级总平均1937年为100，各阶级层相互比较以富农为100。
5. 富农在1937年时原租额2石5斗，1940年减成1石5斗，再加11垧地，共1石7斗作为死租。

① 编者注：原文如此，具体意思不明。

・294・

综合以上材料,关于抗战以来唐家吉租率的变化得出下面一些初步的意见:

表 5‑62　抗战前后各阶级租率的比较

阶级	战前	现在
富农	25%	13%
富裕中农	34%	11.5%
中农	27%	13%
贫农	35%	15%

注:根据上面个别户调查表,现有户和现有土地以阶级为单位的平均租率,贫农的租率是要高一些的。

表 5‑63　抗战以来历年租率的比较

时期	总产量	租额	租率
1936 年	70.30 石	18.10 石	25.7%
1938 年	60.00 石	16.30 石	26.6%
1939 年	36.20 石	9.20 石	26%
1940 年	71.10 石	11.00 石	15.4%
1941 年	63.60 石	9.666 石	15.2%
1942 年	—	—	—

由上表得出战前和现在租率的比较如下:

表 5‑64　战前与现在租率比较表

时期	租率	%
战前	25.7%	100%
现在	15.2%	59%

现在租率 15.2%,比战前减低 41%,比 1939 年减低 41.5%。户地租率比较低(唐家吉无寺地),其比较如下:

表 5‑65　战前与现在户地租率比较表

时期	产量	租额	租率
1936 年	11.50 石	1.85 石	16%
1941 年	17.50 石	0.551 石	7.5%

战后户地租率 7.5%,比战前减低 58%,减低速率最大。

表 5‑66　最高租率与最低租率

时期	最高			最低		
	产量	实交租	租率	产量	实交租	租率
1936 年	2.00 石	0.75 石	37.5%	4.50 石	0.80 石	17%
1938 年	5.30 石	2.10 石	39.6%	3.70 石	0.55 石	15%
1939 年	2.50 石	0.80 石	32%	4.00 石	0.58 石	15.5%
1940 年	5.05 石	1.10 石	22%	2.60 石	0.25 石	9.6%
1941 年	2.90 石	0.75 石	26%	2.70 石	0.20 石	7%

注:户地、寺地以及特殊条件下的租率不在此内(以 1 户为单位,最高租率多系贫农或经营不善的下中农)。

1936—1939 年租率是一种短波式的变化,都在 30% 以上。其中以 1938 年最高,达 39%,1939 年后骤然下降至 20% 左右。最低租率变化亦如此。租额的变化,其变化情形如下(这里没有依阶层来区划变化的情形,事实上也如前表所示。各阶级相互变化比较表在内,各阶级因经营方式的不同,租率及租额总有些差别,贫农受剥削最重,租率最高这可以肯定):

表 5－67　最高租额与最低租额

时期	户数	最高					户数	最低				
		土地	原租额	实交租	%	每垧平均		土地	原租额	实交租	%	每垧平均
1936	1	17	1.50	1.50	100	0.089	1	40	2.50	1.50	60	0.0375
1938	1	53	2.50	2.50	100	0.094	2	31	110	0.75	68	0.025
1939	2	46	2.10	1.85	92	0.04	2	27	7	55	58	0.02
1940	2	47	2.50	2.35	94	0.05	2	23	7	35	50	0.013
1941	2	26	2.45	2.20	89.5	0.085	2	60	1.00	0.95	95	0.016

注:内死租 3 户,有的按二五减过,背地里按原租补上,主要原因是恐怕地主不要种地给贫农。

以上所有材料只是说明三个问题:(1) 抗战以来各阶级租率及其比较;(2) 历年来租率(全村所有租户在内)的变化;(3) 最高与最低租率租额问题。

(二) 减租与交租的实际情况

唐家吉在 1939 年牺盟会时代即有个别户实行减租。如贫农宋耐恒租种白来贵 10 垧地,原租 2 石 3 斗(小石),秋后自动减租只交了 1 石 5 斗(小石)。宋耐恒说:"私人减的,听说公家要减,别的村里也有减的,不管地主依不依。"

1940 年一般的都是按二五减(村公所本规定粮折四成后减以二五),1 石减 2 斗 5 升。不过,减得不彻底,也有按村公所规定减的。

1941 年依黑峪口主村订定五成(五成收成),先把原租按五成收成时折,然后再减以二五,如原租 1 石折成 5 斗,减二五后交 7 斗 7 升 5 合。其实际情况如下(个别户已按二五减的):

表 5－68　个别户减租调查节表(一)

姓名	阶级	时期	土地	原租额	减后	实交	减法	减租后情形
宋耐恒	贫农	1941	40	0.60	0.45	0.45	按二五减	没有意见(地主)
			20	0.40	0.40	0.40	死租没减	地主任好春原怕减租,说成死租,表面减过,实际按实交
刘臭旦	贫农	1940	18	2.00	0.175	0.75	对折后减以二五	减后地主以 0.75 石定死租
			5	0.40	0.20	0.20	减法不详	减后地主把地夺回,1941 年又租给
			18	0.75	0.75	0.75	死租没减	理由是去年减过了
		1941	5	0.15	0.1	0.1	减以二五	地主把地夺回,另涨租子租出
			8	0.50	0.15	0.15	对折后减以二五	地主不愿出租,佃户不愿开佃,退回

（续表）

姓名	阶级	时期	土地	原租额	减后	实交	减法	减租后情形
刘仁柱	富农	1940	53	2.50	1.50	1.50	减法不详	减后地主收 1.50 石作成死租
			11	0.20	0.20	0.20	死租没减	地主提出租子太轻
		1941	53	1.50	1.50	1.50	死租没减	理由是去年减过
			11	0.20	0.20	0.20	死租没减	地主今年想夺地自己种,但没有夺回
王六女	贫农	1940	16	1.00	0.75	0.90	减以二五	按二五减后地主要求加 0.15 石,秋后把地夺回自己经营
			6	0.30	0.25	0.25	减以二五	
			10	0.175	0.55		减以二五	(表兄)没交
		1941	30	1.50	0.551	0.551	对折后减以二五	
			6	0.30	0.075	0.125	对折后减以二五	(和尚)地主要求,多给了 5 升
白聚才	贫农	1941	25	0.40	0.30	0.30	减以二五	

表 5 - 69 个别户减租调查节表(二)

姓名	阶级	时期	土地	原租额	减后	实交租	减法	减租后情形
王五十	贫农	1940	30	1.50	0.45	0.45	对折后减以二五	地主把地夺回,另外高租出租
		1941	20	1.00	0.375	0.75	对折后减以二五	按减下来是能交 0.375 石,地主借口黑峪口主村是按二五减的,硬要去 0.175 石,并将地收回说是卖呀,后来自己种了
王保元	贫农	1940	18	0.90	0.33	0.33	对折后减以二五	原是户地,主人夺回自己是分着种
		1941	25	2.45	2.00	2.00	二五减	本来按公家规定减产不能出 2 石租,地主说他是抗属,不能按对折减租,村公所也依了,秋后担子太重自动放了
刘世信	富中	1941	15	0.50	0.40	0.40	实际没减	原先说定 5 斗租子,3 斗现租,秋后交了 1 斗,共 4 斗,地今年还种着
任扁作	富中	1940	23	2.100	0.70	0.70	四成收成减以二五	
		1941	31	2.70	1.25	1.25	对折后按二五	秋后两方面都不情愿,地不种了
王枝树	贫农	1940	40	1.50	1.05	1.05	没经减租	租子交的早,减的迟,没有退
		1941	15	1.00	1.00	1.00	死租没减	原先是伴种,后来变成死租
			40	2.00	0.175	0.85	对折后减以二五	按减下来应交 0.75,地主又要了 1 斗,秋后地主将地收回

表 5 - 70 个别户减租调查节表(三)

姓名	阶级	时期	土地	原租额	减后	实交租	减法	减后情形
王双寨	贫农	1940	10	0.56	0.45	0.45	二五减	
		1941	10	没说		0.40		
			12	0.50	0.35	0.35	二五减	1942 年买入

(续表)

姓名	阶级	时期	土地	原租额	减后	实交租	减法	减后情形
刘世禄	贫农	1940	5	0.25	0.25	0.25	死租未减	
		1941	5	先粮租				地粮很重,租地只纳粮
任然槐	贫农	1941	4	没说		0.25		原先开的是荒地,没有租子,秋后地主硬要1石租子(小),因无租约作证,只给了0.25石(大)

仅从以上不完全的材料中,可以看出以下几个问题(地租在外):

(1) 各阶级在减租方面是一致的,13户中没有1户未减过,而且在减租后更能保证交租,这是好的方面(土地缺乏,地主多是黑峪口的地主或经营地主,租户不敢不交)。

(2) 在减租的办法上是极其不一致的。本来按黑峪口主村规定(召集各村减租代表团就开会通过的)1940年收成一律按四成,1941年一律按五成;但在唐家吉村实际执行时则极不统一,有按二五减的,有按对半减的,有按对折减以二五的。因之在租额的公平与合理上就有了问题,甚至在一户租户同时进行着两种或三种不同的减法,或者甲的租子是经过二五减的,乙的租子是按五成减以二五的。正因为减租的办法影响了租额的公平合理,而引起以下几个问题:第一,租佃形式的变化(指1941年)。由"活租"变"死租",在唐家吉由活租变成死租的就有4家,或以1940年减后租额为1941年租额(1941年就不减)或干脆说成死的。另一种形式"明减暗不减""明减暗贴",和死租相类似。这样的地主多半是有钱有势敢于夺地,夺地的花样又很多,租户不敢反抗。这样的租户多半都是所谓老实人,凭良心,不以地主的剥削残酷,反而觉得地主所得很少,明地里减暗地里送。这样的地多半是好地,租户恐怕第二年租不到地,公家当场减掉,即使地主不说,租户都要送上门去。另外一种形式是摒粗要细(花田加多,或多要高粱、糜黍)。第二,地主夺地很多。仅唐家吉在1940年减租后就有4家夺地,1941年3家(地主的夺地不光是减租的一个原因),夺地的理由多是"自己种、出卖、分家、倒种",也有当面提出要提高租额,否则即将地收回(如租户王枝树)。第三,强要原租或提出"凭良心"。本按对折减以二五,地主则胁持要按二五减(如任珍和王五十的地是),彼此相持不下,结果佃户还是照交(地主冯秉信地亦如此)。第四,租户少报租额,愿多给地主。原因是自己没力量,地主要夺地自己没办法,村公所又不大解决问题,置之不理,即仗自己年年能租到地也不愿年年捣主子。这种人多半是反抗力很弱的贫农,不敢和地主斗争(如刘臭旦)。第五,由租种向伙种转化。地主不愿出租地(指按对折减以二五,米家吃不到租子,租子1石只交3斗,征出粮还要按7斗5征。地主王来福语),将地收回找人伙种,愿意多让些(但有一定限度),租户没有土地,明看剥削重也只得受着。引起以上几个问题的原因不仅是减租的办法不统一或者减得过火所致,而主要的还是由于减租法令执行的不彻底,政策的解释不够深入,"当场一减,过后不管","穷人不顶吓,干急没办法"的许多现象所引起的。

(3) 一部分地主开始向经营地主转化,一部分经营地主开始向富农转化。由于减租(指对折后减以二五的减法)关系,把土地收回自己经营一部分(黑峪口在唐家吉夺地经营的有2户地主),甚或全部收回雇工经营,这是一个好的方面。不过,这种对折后(1940年是折成四成,然后再减以二五)减以二五的减法是否妥当,似乎是值得研究,因这种减法是根据不超过原租额(?)37.5%出发的,而不是不超过产量的37.5%。

唐家吉现在没有地主,富农和富裕中农都租进土地,因之所有居民(可以这样讲,连不租地的也在内)对于减租特别拥护。有以下几种态度:

一种人认为减租公公道道的,还是依人家行署规定的二五减,谁也不吃亏,地主即使要赚,就还是少些好。这类人多半是富农、中农和大部分贫农。

一种人认为对折减以二五是合理的,理由是自己打不下,地主拿得多,地主人家有,咱没有,按公道的二五减租他们吃亏。这一类人多半是没有一分土地而且是最近才转入农业生产的,不是老庄户的贫农(2家都是搬来的),人数不多。

一种人主张干脆不交租子,经常打算分土地,现在自己没地,也不买地——"分土地的时候米家不在唐家吉住,米家到平川去分平地"——贫农宋耐恒语——王枝树语——以后减租要公道,要二五一律按二五,要对折一律按对折,"不管贫富,一个样样",收成还是要定,不定收成谋不来;政府把法令定严些,不准地主随便夺地,今年种上,明年人家要去,不大美;地主人家要种先尽人家的,要转租那遂说尽咱的,"咱不租啦,给人家还了"。

关于伙种的各种分法,因为唐家吉很少伙种户,材料多是一般,而在前面伙种与租种一节里已简单谈到了些,这里不另述。

至于租率变化的原因,在减租过程中即可明确看见,若另作一节来写必然陷于空谈。

六、村政权问题

(一) 村政权

1. 政治概况

唐家吉位于黑峪口东北5里许之太子梁,全村27户,内中富农2户、中农7户、贫农18户。本村两大宗派,一是任姓,一是刘姓。任姓历史长,刘姓势力硬,双方常发生冲突,王姓居其中做了巧变的蝙蝠——刘姓内部也有冲突,老门与新门相争,老新门内部互相排斥。由于这种冲突最近几年来表现得较以前明显,而任、刘的冲突倒和缓下来了。这种冲突常常表现在兵役、公粮、村款、负担、支差等方面,因公平与不公平而发生争执,一直闹到非到村公所不能够解决问题的地步。除老户几个宗派互相斗争外,还有老户与新户的斗争,任、刘两大姓对外来杂姓新户一致排挤。原因是唐家吉土地缺乏,外来的新户愈多,老户的土地平均数就愈少,租子也愈大。为此,刘、任两姓大有提出唐家吉门罗主义之势,不过这种现象随着新政权的建立而逐渐减削,然而还严重的存在着。

正因以上情形,阶级间的相互矛盾比较隐蔽,多见土地或其他生产问题而发生纠葛,其动向节述如下:富农2户在经济上占有相当势力,2户双方各聚有一部分力量,因许多小问题而发生斗争。1户以刘世枝为首,撑腰柱是自己的亲兄弟刘世信、刘世义。1户以刘仁柱为首,中等力量王六女、刘世禄。其两部虽有某些斗争,然对新政权是基本上一致拥护的。但因四大号召时负担数重,对新政权某些方面还采取怀疑和观望。中农7户在政治上比较活跃,由于新政权的积极扶植,而且是向上发展的阶级,因之对新政权都很拥护。且有一部分参加政权工作,内部矛盾很小,和富农有微小的冲突,和贫农挨得很紧。贫农18户是新政权的基本群众和积极的拥护者,且在经济上占有绝对优势。可是因其土地占有与使用有很大的矛盾,而形成经济上的脆弱,斗争性也就比较差。新政权刚建立时这些贫农多不敢说话,现在则对减租减息、公粮负担、村款等其他也开始提出自己的意见来,这意见即是对富农的某些反抗。各阶级的政治分野如下:

表 5 - 71　各阶级的政治分野

阶级	户数	进步	落后	中间	顽固
富农	2	1		1	
中农	7	2	1	5	
贫农	18	11	1	6	

新政权分野的区分标准:① 担任工作者,以其对工作之认识及态度是否积极,及【在】其他群众中的模范作用;② 未担任工作的群众,以其对八路军和新政权的认识和态度、对抗日经费的负担和政府的各种号召及实施的拥护程度,而区分为进步、中间、落后、顽固;③ 本村材料系根据几个可靠干部的谈话和我们十多天的观察制定的。

2. 政权简史

清光绪时代的"村头"制度。当时没有区没有主村,县以下采取统一的单元制,自然村直属县府。村头任期 1 月,由农户轮流担任,如农户感到自己没资格,可以出资雇人代办。村头的主要工作是管理公事、催款解粮,于初一、十五进庙烧香等。

1928、1929 年的"村副"制度。村副制和村头制的工作不同,县以下采取复式行政,村副系受主村村长领导,废止进庙烧香等,此外均与村头制同。1928 年的闾邻制度以村为闾,闾下设邻。闾长由村公所指定(多富农),向民众宣布通过。邻长由闾长指定,经该邻名义选举,呈村公所核准。唐家吉共编为一闾两邻,每邻 10 户至 11 户不等,遇事邻长向闾长负责,闾长向村长负责,与今国民党在大后方实行的保甲连坐法同。村下附属组织有"保卫团"(维持治安),男子年轻力壮者为当然团员,负责"防匪""缉私""送信"等。1936 年红军东征时保卫团改名"防共自卫团"(?),选拔富农地主子弟充当干部,并调黑峪口受训,唱"防共歌"……(富裕中农任三保儿子在当时受训毕即参加晋军)。主任代表制,主任代表总理全村行政事宜,经全村 18 岁以上有选民资格的男女选民无记名直接投票选举的,人民对自己直接投票选举出来的主任代表有质询、弹劾、罢免等权,对主任代表提出工作上或其他方面的意见不受任何限制——代表会议是全村行政会议的最高权力机关。公民小组直接领导农户,遇事除代表会议讨论外,得在公民小组展开深入的普遍的讨论和宣传。这与历史上的村头、村副、闾邻等各种制度根本不同,人民开始享受到抗日的民主自由的政治生活。

行政区分:自建区以来唐家吉即隶属兴县二区黑峪口主村,1940 年 2 月改属花园沟,后因距花园沟过远、主村领导不便、干部开会困难,于该年 5 月又划归黑峪口主村。迄今 1939 年一时期编作一个邻直属桑蛾村闾下。

从分工看领导,主任代表刘仁柱的谈话:

1941 年闰六月当了主任代表。第一是公粮工作,米家担任公粮调查研究小组调查主任,帮忙吼人开会,自己也参加,前后花了 20 多天时间。第二是反扫荡的准备工作,事前主村召集开会,决定进行空室清野,回到村里兵荒马乱,开不成会吼不到人。村上武委会主任在会后只下来说要布置留哨,就到桑蛾村去了。扫荡后村上下来干部调查,开了干部会,个别户问了一下回去了,米家是吼人开会。第三是今年的春耕,事前村上下来干部召集米家干部开了会,说要种棉花(唐家吉没有平地,山地又不好,根本不能种棉花,也没一家种的),努力增加生产,组织代耕队,成立春耕委员会,临时选人。干部会后再没开过会,帮助村上填了春耕计划表,再没啦。第四是区选工作,开干部会,登记选民费了两黑了①,下来到碾子村开了5天会。平常时期村上给甚事办甚事,办了不好村上不管,提意见不顶事,村上不下来人,去年到今年村长只下来一次登记烟苗(主任代表的通常工作从略)。

代表任然槐的谈话:咱没谈的,帮助主任,他让办甚咱办甚。两个人费一样的工,村上开会米家去的少,反正公事就办——咱公民组里11户是12户,记不清楚,没开过会(指自动的),人家仁柱啦组上开过一次会(自动的)。

从以上两个谈话可看出唐家吉主任和代表间的分工是不明确的,代表完全服从主任,"主任干甚咱干甚,遇了难事商量,但最后还是咱光跑腿"(任然槐语)。

主任和代表关于村内的任何事都得直接参与,公粮、春耕、选举、派差、招待等行政工作和群众工作混淆一起,群众团体与行政组织分不清。因之,形式工作忙乱无头绪、分不开轻重,主任和代表一方面要应付这样繁琐的工作,另方面得上地耕作料理家务,公事有时倒马马虎虎了。偷懒,不认真,应付,故意作出流弊,希望很快改选(极少数),这是值得受到注意的问题。

干部不知道运用民主,不会运用民主,有事干部们私下商量,群众也只得说"行"或"通过",即是敷衍的"行"或"通过"。所以在执行中就发生很多问题,往往大家通过的东西反而行不通。

至于主村领导,即更值得研究。村干部与主村形成两条对立的阵线,自然村干部称主村干部为"人家","没办法人家不管","给咱以分配,办到办不到人家不问","上面下来人,米家吼人开会,人家宣传解决"。由此,主村的命令布置到村里大打折扣,或故意为难不办,或藉故推脱。

主村干部不下乡,遇事召集自然村干部开会或下条子,在会上只有主村干部发言、讲话、命令、分配、布置,自然村干部只有"人家叫办甚咱办甚"。布置一样工作如像扯掉一张旧历,既不督促,又不检查,缺少工作指导,缺少办法。因之,唐家吉主任说:米家不知道怎样个分工,米家只在分权上分了工,下来再没分。因而形成主村对自然村领导的不集中、忙乱、上气不通下气,问题很大——总之,村政权的领导与分工方面是有很多缺陷的,这缺陷已如上述,至于具体的办法是值得我们研究的。

3. 行政工作情形

(1)春耕工作

主村派人来召集干部开会,说要多种棉花,努力春耕,照纸单说了一遍也没发动个动员,人家政干校同来的干部还发动了两句(村干部把动员似乎看得很轻蔑,认为是个奉行故事),下来再没做个甚,咱村里也不能种棉花。村上下来干部问:你们有没有种子?米家说,米家办种子。他说:那就是更好了。耕牛是怎样调剂呢?只问米家,你们人工变牛工怎个办法。米家说,三前晌②人工变一垧地。人家说:那就对了,海哩你的稀的换不了我的稠的。说到解决种子,米家说,米家有

---

① 编者注:当地方言,即"两个晚上"或"两个黑夜"。
② 编者注:当地方言,即"三个上午"。

的不用你解决,米家没的你更办不到。他也没说个甚(春耕工作调查会议记录摘要)。由此,我们可以看出:主村干部照例到村里召集村干部开会,念纸单讲口号,不解【决】问题,不发表对问题解决的意见,不了解干部,不协助干部进行全面的群众工作,布置后不检查不督促。主村干部与村干部中间有一道鸿沟,村干部向主村干部提出问题,主村干部无法解决;因之,在村干部间对主村干部形成一种失望心理、敷衍塞责。

(2)公粮工作

唐家吉去年由抗大七分校派干部协助缴粮,以村为单位成立临时性的公粮调查研究小组,专司调查研究产量,另成立减租评议小组进行减租减息工作。村干部都参加了,可是没有丝毫主动性,"米家只吼人开会,人家叫办甚咱办甚"。村干部当了我们公家人的尾巴和勤务员。因之,干部认为公家人对自己老百姓总是隔阂的,私下里互相包庇打埋伏,在工作同志面前则是一致的。减租减息来得更乱,只减租方面就有三四种不同的减法,造成个别租户对工作干部的不满。由此,我们可以看出村干部对公粮政策缺乏积极的了解,认为公粮就是要自己的东西。我们的干部不去教育村干部,只是主观的分配工作,无原则相信,不给村干部们工作上的主动性,村干部认为公粮工作不是自己的事,而是公家人的。当公粮工作时,临时组织像雨后春笋,过后则立即垮台(详细情形公粮一节再讲)。

(3)村选与区选

"区上下来干部召集村干部开会说,有神经病的(米家也不懂甚是神经病)、疯子、坐禁闭的(?)都没有选举权,17岁以下的是后备选民。""登记海哩细哩,十几天出榜,用红笔圈子,给米家说少里捞金,选好人,好话说了一些。""开会那天可排场哩吧(排场即铺张之意)!冯秉信是监票员,报会的是米家(报会即司仪,米家指干部自己),王六女散票,任报儿纠察,除过孩子、不在家的、有病的不来,都到了。""冯秉信看票、查票、写票(查票即检票),选三人,多的是主任,少的是代表,最少的候补。""选举后第二天叫米家男女到主村去竞选村长,老百姓都懂得可排场哩吧!"(唐家吉村选调查会议记录摘要)

再看1942年5月间的村选,兴县二区为本年各地区区选实验区。

声明:本次村选我们亲身参加,现将选举情形作一忠实的报道,优点这里不谈。

选举前的工作:5月27日主村介绍政干校王××到唐家吉进行区选,并派有主村武委会主任白××协助。当天晚上王、白二同志即召集村干部开会(全体干部都到),先由王同志说明这次区选的意义以及选举的办法,王同志发言毕,白同志讲话,要求干部们向群众解释,干部们起模范作用……干部发言的很少,白天做了一天活,于是在睡声大作中散会。

第二天组里开会讨论全村人口、外出人口等,并分配干部协助登记,最后讨论开会方式和地点。主任代表发言:"明天下午在米家院里开,看呱的个①?""行!"干部们毫无意见的通过了。"各动员其婆姨都到会,不来不行。"主任代表再三叮嘱,会散了(本来当天晚上两个公民小组开会,话说了会没开)。

第三天一整天武委会白同志去亲戚家里,王同志早起将去年村选时选民登记册补了一下,午间就大睡其觉。干部和群众都上地去了,有的到黑峪口去赶集,村里没有一点选举的气息,就这

---

① 编者注:当地方言,即"怎么样"。

样要开区选大会了。

区选大会情形:原先说的下午饭后就开会,但直到太阳快落山时会才召集起来。前后光吼人费了两个多钟头,然而村子并不大,只有 27 户人家。全村男女人口共 113 口,除过没有选举权的小国民外,应到会的有 70 人左右,可是实到会的仅只有三十挂零,小孩几占去五分之一。全场坐的像战斗了好几天疲乏不堪的伤兵(但并不是说农民坐的要和听话的士兵一样的整齐),有几个干部长长的躺在地上,一个还躺在牛槽里,小孩的嬉戏声和妇女们的家常话充满了会场。就这区干部在报告着区选的意义,声音好像午夜的水声在狂风的狂叫中时隐时现:"区选是非常重要的,我们要选好区长,不选坏人。选举时大家都能提候选人,不限村与村、主村与主村、区与区,提的时候把他的优缺点介绍一下,什么优点什么缺点。""还有,代表到主村去竞选时还能提人(其实规定连有选举权的公民也在内),只要凑够 30 人,就可提出候选人 1 名,当场参加竞选,就这了,现在大家提候选人。"

全场暂时沉寂了,不要说话,听人家说。

首先是主任代表刘仁柱提:"我提桑蛾村刘述敬,大家看呱的个?""行!"干部们吼了一声,声音很大,连牛槽里躺着的武委会小队长也惊醒了。第二个提候选人的是冯秉信(选民资格):"提黑峪口白佩贞,白佩贞各样都好,大家看呱的个?""那个人海哩能办事"——代表任然槐补充了一句。"同意!"干部们又是一声。妇女们说着自己的家常话,小孩子在会场里追逐撕打——第三个是代表主任任然槐提的,也是黑峪口人——"那是一个爬场①。"一个干部说——"×!"一个干部唾了口唾沫,很轻蔑的觉得"爬场"中是没有提出当候选人的资格。"他能办甚事?"一个干部很不以为然的问。"人家还教过书,现在黑峪口教书哩。"任然槐补充了自己的意见。两分钟后,没人说话,这个提议就算流产了。最后是武委会老年兼壮年队小队长刘世禄提的黑峪口一个小商人:"人家的文化资格都够了,大家看呱的个?""行!"还不等群众说话,干部们又通过了。游击队员贫农宋耐恒小声小气不在意的说:"就是爱搭两个钱,将来选上就不能那个了。"提议人刘世禄脖子扭着,宋耐恒再没敢说话。"没人提啦,就这四个吧!"区干部站起来,"现在说优缺点吧!""说×个甚哩!"不知谁小声说了一句。一个老太婆坐着不耐烦要回家吃晚饭,当然的"同意",全场都笑了。"刘述敬过去当兴县财政局科长,有能力,对人还老实,我看就可以!"主任代表刘仁柱就算介绍了刘述敬的优缺点,下来就再没人介绍。不知老百姓是反不转还是区干部没解释清楚(反不转即解不开)。"三个人就算通过了!"(原是议四个人,一个人流产),区干部下了最后的结论。现在提议案,干部们都莫名其妙的瞠目起来,有些群众恐怕从来没听过这样生疏的名词——"议案就是对政府的意见,对今后新区长的意见。"干部解释着。"没啦个!""唉!我有个意见,就是我那公粮,村上要米咱没米,有几斗黑豆看能不能交。"宋耐恒提出自己的"议案"。"你交过没有?"一个农民问。"交过,村公所人家不要,上次背去又背回来"——"×!人家叫干甚哩,你说×的甚呀!人家管你这些了!"主任代表用着教训的口吻。"呱呱"代表干部们都笑了,主任代表笑得更厉害。"就这了,还有一句话,二十八日在区上选举区长时,老百姓也能去,村上还给管饭、唱戏。"区干部结束了最后的一句话,人像潮一样的从小门里涌出,区选大会就这样结束了。

从这里,我们可以看出:① 区干部召集村干部开会,分配任务、讲话、动员,村干部无说话机

---

① 　编者注:即"扶不起来之人"。

会,俯首领命。② 村干部自己商量提人、包办,群众无说话机会,当然的通过。③ 有钱人可大讲其话,甚至演讲,没钱人说说话就要遭受到"×""你懂×个甚"的回击。④ 区干部动员村干部,村干部动员自己,老百姓反而没人去动员。⑤ 因之,在区选中表现的沉寂,区干部满口名词,老百姓瞠目不解。造成以上现象的原因细说来很多,主要的大概由于区选在唐家吉老百姓看来是不如村选来得具体,区选比村选的关系要小。因之,对村选比较热烈,对区选则比较冷淡。但我们工作的干部的工作方式,村干部马马虎虎、不深入动员、不进行解释,是值得我们注意的问题。反正受压迫几千年的农民对民主和自由以及自己为人的权利是不会感到无趣的(村选很活跃,但还有缺点)。

总之:① 主村对自然村缺乏原则性的领导、政策法令的把握,缺乏严格的正规的行政工作制度,缺乏深入的调查研究;面向自然村的工作作风,不解决问题,不提出问题,不帮忙解决其工作上的困难,采取行帮制度;主村干部对自然村干部领导上的官僚作风,不很好的运用民主,不积极的推动启发村干部。因而形成嚣张、零乱、有名无实、敷衍塞责、上下不通。② 自然村干部对法令政策更缺乏认识,不知法令政策为何物的很多,缺乏上级具体的领导和协助指示,新的作风虽正在繁荣滋长,旧的渣滓还未脱除净尽。因而满口名词、包办、私下商量、瞧不起群众,不会运用民主,有时简直是不愿运用民主,又对主村民主方式运用时不够表示反对。因而,乱处理问题,看人情办事,不主动不积极的提意见,脱离群众,和主村疏远,甚至隔绝(唐家吉和主村有很多矛盾)。③ 大多数群众看不到政府法令,不了解政府的各种法令为何物,不知道新政权下的区村工作原则,缺乏组织性斗争性,不会运用和掌握自己的各种组织形式。因之形成与村部的隔绝,不敢说话(少部分)——"干部说个甚就算个甚""人家能办事咱办不了""安安宁宁咱得罪不起人"等现象(村干部和主村干部当然有许多工作上的困难,后面再讲)。

4. 各种隶属组织

(1) 粮秣小组

粮秣小组受主村粮秣委员会和本村代表会议领导,由 3 人组织之。设有组长 1 个,负责会计、出纳及其他筹划事责,组员 2 人无具体分工,协助组长工作,服从组长命令。在唐家吉事实上粮秣小组的作用很小,3 个人只是负责换粮票后派谷米,没有义仓,谷米都在各人家里放着,无所谓保管。村上要谷米时,村警往往不经过粮秣小组而直接向负担户索取,粮秣小组只在村警讨后记一笔账完了。不过,粮秣小组还多少有一些实际工作,今后组织需要更加使其任务更明显化,分工更清楚。

(2) 代耕队

唐家吉无其他脱离生产工作干部,主要为抗属代耕。本有抗属 4 家,然需要代耕的仅 1 家,就只这一家还组织了一个庞大的代耕队。代耕队设队长 1 人,由队员直接选举,队员由全村 18 岁以上 55 岁以下能参加实际劳动的男子当之,直属春耕委员领导(唐家吉本来设有春耕委员会,现不知由谁负责,工作那更是谈不到了)。代耕时按地数分配,远近搭配开,如不愿出人工可用牛工代替,一个牛工顶两人工。今年共代耕地 7 垧,抗属还交涉了 3 次。

(3) 招待员

招待员原由主任、代表 2 户轮流招待,每户 10 天。后因主任、代表工作太重,于去年由征粮工作同志协助,建立招待员制,选举一人员负招待专责(多少时候一换还没定)。制度建立后,名义上虽选有招待员,实际反而无人负责,招待员不承认,并逃避说自己干不了,主任、代表推说有了招待员自己不管。然而外来需要招待的人员则老是直接找主任或代表却不找招待员。招待员也就流产了,可是名义上还存在着。流产的主要原因是行政工作完全与招待员的工作脱节,客人要吃饭,招待员又非粮秣小组的负责人,彼此名不相关,无法解决。今后怎样建立招待制,减轻主任、代表的工作,也是要研究的问题。

(4)各种临时性组织

公粮调查研究小组负责公粮的调查研究事宜,公粮过后即行取消。春耕委员会负责代耕、调解土地纠纷、解决春耕中的困难问题等,春耕过后即无形取消,现则名存实亡。减租减息小组专司解决土地问题纠纷、减租减息事宜、借贷纠纷问题等,公粮期间仅做配合工作,公粮过后即无形取消。优抗委员会主要协助抗属春耕,解决抗属生活上的困难问题,本应是一种长期的定形的组织,但在唐家吉则作为一个临时性的东西,春耕过后即失其存在的意义。还有其他临时性的组织,如选委会等等。

总之,这些组织有的需要在组织方面加以充实,有的减少其任务使任务更明确化,有的则需要合并,如果任其名存实亡,则不如没有了干脆(在唐家吉有一个干部身兼七职)。

5. 民众对新政权的认识

(1)新政权和旧政权所给予人民的感触是迥然不同的。民众可以不怕干部贪污,不怕干部滥施权力,干部不能包办,不能独裁,什么事都得民众自己讨论决定,自己议决或推翻。正因为民众相信干部,所以有时也就显得放任而漠不关心。

(2)新政权下的事情难办,工作又繁多,什么东西都得经过大家,不同于旧政权时代有独裁包办其他的权力。因之,有些群众就怕当村干部,尽量使自己解脱,尤其是贫农地里的庄稼放不下误不起工,事情【难】办多了。

(3)群众要求村政权更能解决问题,更公平更合理。如公粮工作、减租减息,"甚事不怕办的好不好,单怕办的不公道",在民主民选方面应更合时得当。

(二)群众组织

1. 农救会

农救会于1939年即成立(系上面派下来的工作团协助)。初成立时,会员仅11人,编作2个小组。每组设组长1人,由会员直接选举;设干事1人,负农会总责,亦由农会直接选出。本来按农救组织章程,农救负责人(干事、小组长)每年得改选一次,但得连选连任。农救会有四大工作,即教育农民与组织农民,动员农民参军参战,加强农村生产建设,协助政府进行各种工作,如解决农民土地问题、减租减息工作、春耕工作、公粮工作等方面。而实际工作怎样呢? 请看农救干事刘世义的谈话:

农救干事刘世义的谈话:"米家自担任农救干事就海哩没换过啦①,事情也是原来的(原来的指刚成立时),工作不太忙。二十八年刚成立时还有些工作自己不清楚,到主村开会是经常的,还有收会费。二十九年主村农救秘书叫咱给人家分了9垧地(租佃双方闹气将地荒了,主村农救会叫分给没地的人种,下来看着给租子),前后共两宗,主村人家分好,人来种时米家给人指地。以

---

①　编者注:即"从来没有换别的人"之意。

后就是收会费,到主村去开会,分配贷款(春耕)。主村农救秘书共来过两次,分地一次,收会费一次,全村会员 11 人。三十年收会费一次,主村秘书来一次,抗联主任白佩贞来一次(贷款),到村公所开会,征公粮时参加了减租减息小组,工作了两天。这一年会员 12 人。三十一年到村公所开过会,下来甚也没干。到村公所开会,人家也不问你是干甚的,说:'你们来啦!'这一次选举区长前抗联主任来了一次,说要帮助抗属春耕、收会费,18 岁以下 55 岁以上的不收,今年也没得收会费,会员共 13 人。农救会单独没开过会(指主动的),平常咱也帮主任代表吼人开会,有时叫人家不高兴。咱不懂工作,人家上面发表工作下来咱就办,不发表来了咱没办法,会费人家不要咱不收(本来一月一次,但是这里一年只收一次到两次),今年人家没要。会后工作没计划,人家说甚咱做甚,吼咱开会咱就去,不吼了不去。"

　　以上说是现任唐家吉农救干事刘世义的谈话。我们可以从这个谈话中看到以下几个问题:① 农救会自成立以来,负责干部没有改选过,原封未动。② 自成立以来没主动的自动的开过会,至于工作将如何开展与如何进行则可想而知了。③ 农救会工作就只有开会(到主村去)、收会费、春耕贷款等。④ 农救会干事对工作没有认识,"上面叫咱办甚咱办甚","要会费咱收,不要会费咱不收"。⑤ 主村农救秘书不下乡、不检查、不具体指示、不协助工作,一年仅下来两次,说了一声要帮助抗属春耕、要收会费,恐怕主村秘书对农救会工作也莫名其妙。⑥ 农救即使有工作有指示,也大多与行政工作相同,我们的主任代表已包办过了(有的统归行政方面去做),不与农救干事商量,农救干事也懒得商量。其余的多是武委会工作,如动员农民参军参战、站岗放哨等。⑦ 会员无多大发展,1939 年成立时会员 11 人,到现在仅仅有 13 人,表面上只发展了 2 个,而实际也只有 2 个。这 2 个是外来户,干事给说了一句要收会费,就变成会员。然而,按理唐家吉应有 26 个到 35 个会员(农会会员无年龄限制)。唐家吉战后无地主,富农按农会组织章程准其参加农会,然而在唐家吉似乎是必然参加农会,农会的基本会员贫农倒反丢在农会外面。按农会的组织原则,农会干部应以贫农担任为较好,然而在唐家吉似乎是贫农不能担任农救干部。请看下面 1942 年农会会员统计表:

表 5-72　1942 年农会会员统计表

阶层	姓名	年龄	担任工作	表现
富农	刘世枝	55		
富农	刘仁柱	51		
中农	刘世信	54		
中农	刘世义	47	农救干事	很殷勤
中农	任扁作	40	小组长	不积极
中农	王来富	43		
中农	冯秉信	42		
中农	刘臭旦	25	小组长	有工作干,没工作不找
贫农	王双作	42		
贫农	白巨才	42		
贫农	宋耐恒	23		
贫农	王五十	59		
贫农	王枝树	45		

大概是交会费的算会员,不交会费的不算会员,因之农会会员的变动性也很大。今年交会费算会员(干事收时),明年不交会费(干事根本不向会员要,会员觉得无法交。这里会费按年计是因这里的会费是按季交,或是一年只交两次或根本一年不收)时就不是会员,甚至有个别交会费的会员自己不承认是会员。

由以上材料,关于农会今后工作有以下意见:

造成以上现象的原因大概有三:① 整个农会组织原则和工作原则的主观主义,不加强下级领导,不健全下层组织机构,不深入、不一滴一点的去造成强固的群众基础,而只是表面的注意现象,统计会员、统计会费、听取各级报告,只有工作规定而缺乏工作指示,即使有也是能传到县级甚至区级即发生中断。② 任务不明确而过于庞大复杂,以致和行政上及其他各群众团体混淆不清、东扯西拉。干事、小组长不懂得自己应该做些什么,农会的组织性质及其中心任务是什么,农会工作应怎样和行政工作及其他群众工作配合,并在其整个工作范围中起着什么作用。③ 干部能力一般来讲都很差,四大号召的狂风急雨的时代已经过去了,现在需要的是正规的严格的工作制度和工作作风。然而,这些都是干部所缺乏的,不仅在自然村,即在行政村甚至于到区也是一样。因之,没有正规的较严格的(当然不像政权那样严格)工作制度、不检查不督促等(以上原因仅仅是根据唐家吉的农救组织工作情形所推及到的几个原则问题)。至于其他具体原因,如农会干事在村里没威信(去年公粮少报,结果进行了斗争)、说话没人听、一个人地里忙不来、主任代表有些包办等等。

根据以上原因,关于今后的农救工作,提出以下几点意见:① 加强农救的各级领导,健全各级组织。组织不健全的村子可着手重新整理,干部重新配备,使其工作明确简单,干部放得开办得到,并确定农救工作以什么为中心,和各救的关系,以及配合和行政的关系以及配合问题,并建立正规的严格的工作制度,有布置、有督促、有检查、有总结(如按期交纳会费,按期开会,服从上级领导,完成上级所分配的任务)。② 彻底改变其工作作用。加强下层领导,加强下层干部(行政村抽调训练,培养其实际工作能力,启发其积极性),面向自然村、面向会员、面向群众深入的调查研究,了解情况,具体帮助。要这样,只有经常下乡去巡视检查(行政村干部),发现积极会员,培养积极干部,使其真正成为全体群众的领袖。这里得特别注意具体解决干部困难问题,加强干部教育,使其对农会有确切的认识,甄别干部质量等。③ 从行政上从党的方面(唐家吉没有党的组织,然而现在是有发展党的条件,可是无人过问)去保证农会工作,建立整个农会工作威信(如减租减息、春耕工作等),给农会以相当权力,将农会变成其他各群众团体的中心。但在精兵简政的原则下组织力求简单。以上仅只是几点原则性的意见,流于空泛,但因篇幅限制也只好这样了。

2. 武委会

原先是自卫队,于去年11月15日改编为武委会。自卫队是1939年同农救建立起来的,原名抗日人民武装自卫队,队员由全村18以上40岁以下的男子充当,设分队长1人,小队长2人,服从行政村自卫大队领导。分队长及小队长都经队员直接选举,经常工作是打游击、担架、放哨、通讯联络、协助军队、缉私、防匪、抓逃兵等(至于工作情形后面再讲)。平常村上都有训练,秋后冬寒将队员集合操演或到主村集体检阅,干部经常到主村开会、听话等。队长、小队长均任期1年,可连选连任。当时队员11名,改武委会后还是编成1个队,直属主村大队领导,下设老年小队、壮年小队、青年小队,每队设队长1人,受分队队长指挥。无论分队、小队负责人均由队员直接选出,任期1年。工作任务与自卫队时略有不同,更有积极的动员人民参战参军、普遍的发展游击、建立民兵制度的意义,此外如放哨、担架、通讯联络、侦探、协助军队等。其实际工作情形如下——原自卫队分队长宋耐恒的谈话:"(民国)二十九年需要紧的工作是压哨、打听消息,从三月一直到六月,白天是小孩婆姨,晚上是自卫队男人,一天晚上压哨共换十一个人。问消息是在敌人扫荡的时候,送信好多次。那年派差不多,也不少,光四月里就派了五次,每次四到八人抬伤兵。五月到主村受训连打游击共一个多月(只宋耐恒本人),下来到兴县城里检阅过三次、主村检阅三几次①。十一月及十二月在村里操练,操练时米吼操少了六七个人,多了十来个,两个星期到岭西村(自然村)去集合一次(岭西是中队部),平常是派来开会。三十年只派了几次差,咱就到兴县城里办咱的事,去时给人家主村捎了个话,以后村选就是选出了王六女(七月选的)。"武委会分队长王六女的谈话:"米家三十年七月间当的,以前是人家耐恒啦。选上咱,公粮时开了几天会,派了几次差,再没有事啦。九月间选的当了武委会,头一次派差四个人,第二次派支十一个(送生铁,以后打游击共打了两个月),村里站岗放哨由小队长刘臭旦负责(打游击指本人),送信三次,改编后到今年咱不派差,开会咱还得去。今年查户口两次,募捐一次,放哨三天。""说到领导,米家也不知应该呱搞,主村干部嗨哩下来的少哩。第一次来说(第一次指二十九年时主村武委会主任)你们把哨压好,主村训练时来了条子,也没来人。冬季有一次扫荡,主村武委会主任领了几个游击队住在房子里,叫米家给他压哨(当时领导人不管)。他们在家里做的吃捞饭,冷冬寒天的米家在外面肚子饿的支不得回家吃了个饭,说米家误了事,将宋耐恒绑起来吊到树上,后来我们几个人说好话才放下来。到半夜里他们听消息不好悄悄走了,不给米家老百姓说。天明了老百姓说:'你再不要派我半夜放哨,人家走了,你也不知道。'""三十年五月以前,村上嗨共没下来过人。武委会王××来了两次,穿的制服,说要抓逃兵汉奸、查户口……还算'不赖'(赖即坏),跑的勤,那时下来也吃的好。今年(三十年)召开一次会,(三月间)区选时白佩贞来了一次,说要慰劳伤兵,(田家会大捷后)耕地2垧,到今天还没有动手。前几天到时,白佩贞过来给我们说要站岗放哨,吃了顿饭就到桑蛾村去了。"

从以上的谈话里我们可以看出以下几个问题:① 武委会工作在积极的意义一方面非常差或简直可以说是没有,而在消极的一方面做到一些,如担架、放哨、参加检阅、开会等。参加打游击的仅分队长1人,现在增加3人,这是一个好现象。② 领导上的官僚主义,不下乡而通过"下条子"敷衍了事,遇到了情况只到村上说一句要站岗放哨就走了——不具体,恐怕连主村的干部也解不下所以然,如要慰劳抗属、慰问伤兵,却再没有下文。③ 由于主村干部缺乏较强的领导,村干部也只好说一句干一句、不说就不干,即使干也不知怎样个干法。村干部能力差,再加上主村不管,所以对本村队员的领导与各小队的分工上也来的马虎。④ 在战斗过程中,不知如何利用战斗机会加强教育队员、加强其对武委会的认识,以提高其质量、锻炼其战斗性,具体帮助其关于通讯联络……等一些办法,使村干部与主村干部打成一片,反以倒宣传教育——自己在房里吃捞饭,村干部在外面放哨,而又在半夜悄悄走了。这样使得村干部和主村干部间不免形成一种隔阂,以致影响工作进行。造成以上现象也当然有其原因所在,然而主要的还是在于如何加强武委

---

① 编者注:当地方言,即"三次左右"之意。

会的工作问题,这里仅根据唐家吉的材料是不会提出带有全面性的意见来,故此从略。

3. 妇救会

妇救会也是在 1939 年成立的。刚成立时选中农刘世义婆姨宋芝英为干事,会员 13 人,分为 2 个小组,1 个小组长是贫农王五十的婆姨高半作——一个 54 岁的老太婆,1 个小组长是中农任扁作婆姨——也是 40 多岁。组织自从成立以来没有变过,13 个会员,3 个负责人原封未动,货真价实。时间长了,及至今天问起来,村里人多早忘了,不知道有个什么妇救会。及至知道了妇救会干事是谁家婆姨,干事本人首先不承认,否认自己是干事,觉得非常不好意思,而且丈夫也掩护说:"不知道是谁家的干事。"干事不知道什么是"会员"、什么叫"交纳会费"、什么叫"开会民主选举",而只知道自己有 13 个人、2 个小组长。村上开干部会,妇救会根本不在数里;开群众大会,妇救会干部以群众面目有的参加、有的不参加;分配任务,如缝衣裳、做鞋子,主任代表们自己直接商量分配,妇救会则丝毫不闻不问——人家妇婆会不管……总之唐家吉的妇救会今天是有其名无其实的,甚至实际问起来连名字也"没啦"。说到主村的领导那更谈不到,其他各救负责人下村的次数虽少,然而总是跑了一趟,然而妇救会则干脆一趟不跑、一字不下,唐家吉的妇救干事到今天连谁是主村的妇救秘书也不知道。

造成以上现象的原因:① 唐家吉的妇女似乎还没有动起来,对什么叫做妇救会是根本莫名其妙的,不以妇救会工作为荣,反以妇救会工作为耻(这或者由于某些工作方式的错误),干事干脆不承认自己是干事,丈夫也不愿意说,也不叫做。这也说明唐家吉妇女还带有浓厚的封建性、落后性,和平川还有些不同。② 主村无人领导,放任不管。③ 村干部包办代替(有时是故意包办代替的!),不尊重妇女组织,看不起妇女组织,说起来"婆姨们能干×甚事"。这也不能不归过于我们对群众,尤其妇女的教育工作,妇女们本身就不愿动起来,丈夫限制还是次要的。④ 整个妇女工作中的主观主义。当建立组织好像是一股子狂风吹了过去,狂风过后也就风平浪静、万籁俱寂了。由此,在唐家吉说来,今后不是如何加强妇救工作、巩固与扩大妇救组织的问题,而是如何建立妇救组织问题(恐怕在今天还不止唐家吉一地)。

4. 青救会

唐家吉没有青救组织,因为干部们"嗨共①不知道"! 不知是由于早先就根本没有建立或是建立后流产了,或是另外一种形式,到今天还搞不清楚。

5. 总结

根据材料,关于目前各群众团体发生的现象以及造成这些不良现象的原因已有一个简单的叙述,归纳起来不外乎组织、任务、领导上的问题——组织庞大复杂,偏重于形式;干部质量差,任务繁琐不明,且干部抓不住中心而彼此牵掣、互相关联;领导上的主观主义、官僚主义,而缺乏一点一滴的工作作风,缺乏严格的工作制度。现在仅根据唐家吉这一小部分材料,对今后的整个群体运动工作、群众组织提供几点不成熟的意见:

① 在精兵简政、加强根据地建设、节省根据地人力物力、准备和积蓄新的反攻力量的前提下,我认为各群众团体能尽可能的缩编就缩编到最大限度,使其组织精小强悍,便于领导,便于掌握,便于工作。因此:第一是脱离生产人员尽量取消;第二是工作尽量明确简要;第三是干部质量

---

① 编者注:地方方言,即"都"之意。

力求提高;第四是不必要分开的给予适当配合,不必要的任务予以适当取消;第五是加强政权领导,加强党的力量;第六是取得政权工作与党领导上的保证。

② 因之,我认为:第一,农会取消并将工作移交政权办理。理由是:首先,唐家吉农救会工作只是开会、收会费、贷款(贷款还是经过主任代表领下转交给农救干事的),其他工作或只能参加一点或干脆不闻不问,有的非政权协助办不通,有的和政权机关发生直接冲突——如果说加强农会工作,则政权工作无形削弱(如优抗、春耕、贷粮贷款、公粮、减租、参军、动员兵役……等)。由此看来,似乎是农会工作只比政权工作多一次收会费,农会工作就是政权工作(当然不能这样讲)。与其加强农会工作,不如加强政权工作,使政权更巩固更扩大。其次,农会不能够解决问题(指唐家吉农会实际工作而言),遇事不闻不问,在一般群众与会员中失去作用。农民对自己的组织反倒不相信,仅收会费觉得是一个负担,与其这样,不如干脆取消。再次,农会只能作为群众性过渡时期的组织,在群众运动高潮而政权形式尚未巩固和出现时,农会有自己的权力作为一种政权形式团结庞大农民、组织广大农民为新政权的建立而进行斗争。及至有了新政权的强固的政权建立后,农会的积极意义(政权性)即失去,存在的只有消极的意义了,协助政府加强农村经济建设,没有强的干部,没有明确的工作,即这种协助工作也是名存实亡。最后,农会工作现是政权工作的一部分,农会取消对于工作是无多大影响的,只要政权干部加强。

③ 妇救会、青救会归并武委会,采用武委会的统一组织形式。理由是:首先,今天武委会下面的青年小队事实上就等于青救会的工作(唐家吉没有青救会,过去在石岭村我见到青救会的工作),青救会无单独存在的必要,况现唐家吉今天又没有青救会。其次,按青救会的主要工作纲领,与武委会青年队大同小异。如果一个村有武委会的青年小队又有青救会,那么在直属关系上分工上可能乱一些(我在石岭村见过一个农民开过 5 个动员大会),没有中心工作,即便有也多半做不到,倒不如干脆没有。最后,妇救会作为武委会下面一个妇女小队亦未必不可,理由和青救会一样,不过工作更积极一点。

④ 总的名字可不叫"武委会"或"村抗联",但主要工作应以武委会工作为主体,建立强大的民兵制度以动员人民参军参战……等。中心任务放在巩固其和扩大抗日民主根据地方面,调动各阶级矛盾,巩固农村统一战线——村抗联只设主任 1 人,下设壮年小队、青年小队、妇女小队(小村庄可只设立小组),队下分组设代表 1 人。3 个代表选出主席代表 1 人组织主席代表会议,为村抗联的最高权威机关,亦为村政权的民意机关,带有村参议员性质。村抗联主任为当然代表,出席政权代表会议,一方面可协商群众团体与行政上的分工,一方面可反映群众团体意见。这样一来可减轻主任代表的工作,可减少不必要的繁冗干部,而使政权与民运很好的配合。

行政村可依此组织,至于区级组织,因没有调查不能提出具体意见。以上仅根据唐家吉的一点材料,原则的错误及不切合实际的偏向在所难免,提出来作为研究这一问题的参考。

(三) 村干部

1. 村干部成分

根据以上材料综合如下:

表 5-73　村干部情况表

阶级	姓名	年龄	职务	备考
富农	刘仁柱	51	主任代表	表现积极认真,也很老练,但也很狡滑
贫农	任然槐	30	代表	给甚工作干甚工作,老实
中农	刘世义	47	农救干事	工作很殷勤,但不诚意
中农	任扁作	40	农救小组长	不积极
中农	刘臭旦	25	农救小组长	有工作干,没工作不找
贫农	王六女	21	武委会分队长	很积极,认真诚实
贫农	刘世禄	32	武委会老年小队长兼壮年小队长	很积极认真,诚实、老练、能干
中农	刘臭旦	25	兼任青年小队长	同前
中农	宋芝英	31	妇救干事	
贫农	高半作	54	妇救小组长	
中农	王××	37	妇救小组长	

战前村上的公事全为富农、中农所把持,贫农别想染指,然而现在和战前是不相同的了,贫农参加了政权工作。下面是战前战后行政工作干部成分比较表:

表 5-74　战前战后行政工作干部成分比较表

时期	富农	中农	贫农	合计
战前	1	2		3
现在	1		1	2

可是,另外一个问题就是战后村一级干部工作能力较差,文化程度太差,缺乏工作经验,缺乏工作办法,因之在领导上也较弱,形成工作上的忙乱和毫无头绪。当然,这只能算是一个很次要的原因,但这种现象在实际的工作过程中是很容易克服的。

在唐家吉村干部中还存在着矛盾和不团结的现象,主要是主任刘仁柱和代表任然槐的矛盾——两个人常发生口角,代表批评主任是"官僚架子、压迫手段",主任说代表是"不听命令、顽固脑筋"——这种冲突是任、刘两姓的冲突,也是阶级的冲突——因此常影响工作进行,甚至无人负责。其次是主任代表同农救干事的矛盾,农救干事同武委会分队长的矛盾和同武委会老年小队长的矛盾,这亦表现出刘姓内部的冲突、王姓与刘姓小门的冲突。因此也影响到工作的进行,你抽我拉,彼此相持不下,这些矛盾是需要好好解决的。

干部们为什么有时形成一种私下包办呢？前面已经说过,大概是由于新的工作作风和制度正在繁荣滋长,旧社会的渣滓还没有脱离净尽,不会运用民主,但又不能不运用民主,因之形成一种干部们的包办——干部们的私下商量如果说是"包办","私下商量""代替工作"则是干部们有意的行动,似乎还偏重一方面了。

2. 几个干部的简单介绍

主任代表刘仁柱——刘仁柱亦名刘世迎,富农,51 岁,念过 3 年书,能记账、写信、写条子。1928 年里担任黑峪口行政村村长,1929 年 3 月辞掉,1940 年正月担任本村间长,1941 年 7 月当选主任代表一直到现在,没有党派关系,没出过远门。经济生活是向上发展的,战前和战后自种地和租种地都是一半一半,对生产很努力,对减租很热心,对政府很拥护。但在负担很狡滑偷空子,包庇别人,恐怕人家说自己,预先放出空气"谁的我都知道"。可是又恐怕别人斗争,自己结果也少报了——刘在村里是一声吼到底的,有钱、有力量、有工作办法、有经验(和唐家吉群众比较起来),在村里没刘仁柱出来办事,别人是办不了的。刘仁柱母亲又是一位神婆,给予刘仁柱帮助很大。代表任然槐说:"人家儿子认识字,会说话,娘又能治病,村里有什么事不求人家,人家说甚就是甚。"因而,干部们虽是民众自己选的,结果"还是人家仁柱办啦"。可是现在刘仁柱的压迫手段和服从命令在群众面前渐渐不能适用了,群众开始对刘仁柱不满、提出意见。刘仁柱一方面团结自己的力量,一方面把村主任代表作为自己的挡箭牌。

代表任然槐——任然槐,现贫农,战前中农,30岁,文盲,过去没做过工作,没出过远门,一辈子老庄户人家,无党派关系。1941年7月以老实人条件当选代表,工作能力差,没有经验,性情则比较直。和主任代表矛盾很深,常常发生口角,但力量不及人家,在工作中只帮助主任跑腿,有工作做下去,无工作不找。自己受人剥削,并对政府很拥护。

农救干事刘世义——刘世义,47岁,中农(战前中农),粗通文字,能记账,过去从未担任过工作。为人胆小殷勤,一辈子不敢过黄河,怕落水。但殷勤中常带着奸滑,对政府在某些地方虽不大满意,在表面反装的很积极,满口称自己为"无产阶级",中农硬要说他是贫农。工作方面还稍微有些办法,和刘仁柱矛盾很深,但有时对刘仁柱也很奉承。自己不被剥削,减租减息对自己讲来有没有什么的。

武委会小队长王六女——王六女,21岁,贫农(战前贫农),文盲,没有党派关系,没有做过工作,工作能力差、经验少,但很积极、热情负责。觉得新政权对自己太好了,坚决拥护新政权。在今天是唐家吉最积极进步的干部。去年征公粮时自己起模范作用,首先实报并影响别人、斗争别人。自己虽然只是弟兄一个人,但参加游击小组最热心,而且表现的很勇敢。唐家吉武委会工作所以有些成绩,与王六女的领导大致有些关系。与刘世义有矛盾。

武委会老年小队长刘世禄——刘世禄,32岁,贫农(战前贫农),文盲,工作积极、热情负责,新政权最积极的拥护者和唐家吉最积极的干部。

第六编　高家村调查

一、抗战以来各阶级人口与劳动力的变化

（一）人口变化

表6-1　抗战以来各阶级人口变化表

阶级	时期	户口	1~7男	1~7女	8~14男	8~14女	15~17男	15~17女	18~23男	18~23女	24~45男	24~45女	46~55男	46~55女	56~60男	56~60女	60以上男	60以上女	总计男	总计女	合计	占全人口的百分比	每户平均人口
地主	战前	2				1	1	1			1	1	1	1		1	2	1	4	7	11	2.4	5.50
地主	现在	2				2	2			2	1	1		2				1	3	7	10	2.4	5.00
富农	战前	7	5	2	6	1	1	3	4	2	6	7	3	6	2			1	27	22	49	10.9	7.00
富农	现在	8	4	3	6	1	2	3		3	5	9	1	2	3	4	2	2	23	27	50	12.5	6.25
中农	战前	39	24	13	13	7	9	6	19	19	29	25	16	17	4	3	12	3	126	93	219	49.4	5.62
中农	现在	42	13	12	14	13	8	8	14	14	25	30	10	13	7	13	1	3	99	106	205	50.2	4.88
贫农	战前	26	12	7	3	7	2	2	6	5	18	17	8	9	5	4	4	1	58	52	110	24.6	4.23
贫农	现在	26	9	5	12	8	2	2	7	6	13	16	5	8	5	3	6	3	59	51	110	26.8	4.23
雇农	战前	9	3	1	3		3		3	3	6	3	3	2		1		1	21	11	32	7.2	3.55
雇农	现在	6	2	2	1		2		1	1	4	4	1	1					11	8	19	3.8	3.33
工人	战前	1			2	1		1				1		1				1	2	5	7	1.6	7.00
工人	现在																						
商人	战前	3	1		1	2			1		2	3	2						7	5	12	2.6	4.00
商人	现在	3	1		1					2	2	1		1	1				4	5	9	1.8	3.00
贫民	战前	1							1	1						1			1	2	3	0.6	3.00
贫民	现在	2									1	1						1	1	2	3	0.8	1.50
其他	战前	1				1	1				1	1							2	2	4	0.8	4.00
其他	现在	3					1	1	1	1		2							2	4	6	1.6	2.00
总计	战前	92	45	28	28	18	16	12	33	31	65	58	32	36	13	9	16	7	248	199	447	100	4.86
总计	现在	92	29	22	33	26	17	14	23	26	49	67	18	27	16	20	16	9	201	211	412	100	4.48

注一：战前移出3户，共10人，移入31人。

从表6-1可知，战前全村人口总数447人，现在412人，差额35人，即5年来减少的人口占战前总人口的7.8%。战前地主、富农人口占总人口的13.3%，中农、贫农占总人口的74%，农业

人口(即表示从事农业生产的人口,包括富农、中农、贫农与雇农,以下同此)占总人口的92.1%;现在地主、富农人口占现在总人口的14.9%,中农、贫农占77%,农业人口占总人口的93.3%。从阶级上看,地主、富农及其他(公务人员、游民等)的人口略微有点增加。造成各阶级人口变化的条件有二:一是各户人口绝对数字的增减,即为生育、娶入、死亡、嫁出等;另一是由阶级关系变化所引起的,即某户由这个阶级变为那个阶级,遂将全家人口从原属阶级中减出而带入新阶级内。地主、富农及其他的人口略有增加是由于后者原因所致,贫农及贫民的人口总数保持未变而百分率略有增加(贫农战前人口占总数24.6%,现在占26.8%,贫民战前占0.6%,现在占0.8%),中农、雇农的绝对数与百分率都减少了,工人1家变为贫农。从性别上看,战前男多女少,男248人、女199人,男性占总人口55.48%,女性占总人口44.52%;现在男少女多,男201人、女211人,男性占总人口42.78%,女性占总人口57.22%。总之,依绝对数、依百分比的变化状况都是男减女增。从年龄上看,1~7岁级有较大的减少,其他各项无大变化,或稍有增减,或有较大的增加。惟其中三项大大减少了,即:18~23岁男子由33人减至23人,减少10人;24~45岁男子由65人减至49人,减少16人;46~55岁男子由32人减至18人,减少14人。三项合计减少了40人,即是青年、壮年及尚未衰老的男子中(共计130人)减少了30.76%。

(二)人口变化的原因

依两种变化原因列为下面两表:

表6-2 抗战以来由于阶级关系变化所引起的人口变化表(注一)

战前 \ 现在	战后各阶级人口因阶级关系变化到现在的变化								
战前各阶级人口	地主	富农	中农	贫农	雇农	工人	商人	贫民	其他
地主11人	5(注二)								2
富农49人	5	36							
中农219人	5	3	170	14					1
贫农110人			19	60	4			1	
雇农3人			6	15	15				
工人7人				7					
商人12人				5			9		
贫民3人								2	
其它4人									3
总计447人									
战后分出人口		5							
战后外出人口				10					
战后外来人口		11		9					
现在各阶级人口	15人	50人	200人	110人	19人	0	9人	3人	6人

(表右侧纵向文字:现在各阶级人口总数 412人)

备注	注一:本表只图表明由各阶级关系变化所引起的人口变化,其他绝对数字增减见下表。 注二:若纵行(表现在)横列(表过去)各数字相加不等时非此表之误,乃是由于绝对或临时增减而致,详见另表。

表6-3 抗战以来各阶级人口变化原因表

变化原因、增减及差 / 阶级(注一)	增加原因				减少原因										差数
					绝对减少					临时减少				总计	
	生育	娶入	移来	总计	死亡	嫁出	移出	离出	总计	参军	从政	逃亡	总计		
地主		2		2	3	1			4	1	1		2	6	4
富农	1	3	11	15	4	1			5	4	2	1	7	12	—3
中农	15	16		31	25	5		3	33	12	6		18	53	22
贫农	5	4	16	25	15	3	10		28	2			2	30	5
雇农	2			2	5				5					5	3
商人	0	1	2	3		1			1					1	—2
贫民					2				2	1	1		2	2	2
其他					3				3		1		1		4
总计	23	24	31	78	57	11	10		81	20	11	1	32	113	35

注一:阶级是依现在情况定的。

注二:婴儿的生育死亡调查可能是不太精确的,因农民们不大重视它。

　　根据上表,先以增加原因与绝对减少比较,然后与临时减少比较。

　　增加总数78人,绝对减少总数81人,差数是3人,而在447人中减少3人,则数目是很微小的。但是,从增加原因与绝对减少的对应各项比较,娶入大于嫁出与离出之和,移来多于移出,只有生育少于死亡,而死亡数超过生育数34人。死亡总数是57人,占战前人口的12.75%,这是一个惊人的数字。依死亡原因分,则敌人杀死9人(男5人、女4人),老死7人(即六十几岁或七十余岁,一点小病不能抗拒遂死去者),死亡原因不明者17人,病死24人——此项又可分为死于"出水病"(又称"伤寒")共9人(男5人、女4人)、产后一二月内病死者3人(女)、死于吐血病2人(男)、"倒血病"死者1人(女)、死于痢疾1人(男)、"痨症"1人(男)、死孩子2人,病症不明者7人。在死亡数目中,除前年冬季敌人扫荡时,本村人民对其残酷暴行尚无足够认识与经验,致有八九个老汉及老妇留在村中被敌人烧杀死9人,及老死7人外,绝大多数死于疾病。疾病对于村民是个可怕的严重打击,随时都有,以四五月为最多最厉害,非但不能动弹误工很多,而且痛苦不堪,无人医治。战前本村还有一个"不大顶事"的医生,现在没了,只有西邻西坪村有1个,请一回医生要三五元白洋(相当于三五斗小米了!),饮食招待尚不在内。除个别地主、富农重病才就医外,一般老百姓是不请医生治病的,躺在窑洞里或树阴下、场面上静待自行好起来,少数的请神婆跳跳神(现在比从前少些了),常常有在静待自愈时,起初不知病的严重程度而最后死去的。疾病对于贫农、雇农,尤其是"出水病",由于没有必要的静养条件(吃喝要稍好等),更是一副悲惨的图画。如雇农白聪儿的父亲五十来岁害伤寒三个月,自己受不住了,"嗨哩难过呀"!为了从痛苦中最后摆脱,乃于深夜家人睡静时自行偷偷爬至河边投水自溺死去。敌人杀死与老死的不计算,病死的仍远较生育的为多,这是值得注意的现象。关于民众的卫生常识教育与必要医药设备应该有所措施。

　　现在再来看临时减少一项。

　　看人口增加与绝对减少相较,差数是3人,减少尚小的话,加上临时减少32人就是一个很大的数字了。临时减少的第一项是参军,本村共 20 人。入旧军(赵承绶骑一军突击团)7 人,全在 1939 年冬季以前去的,其中富农 2 人、中农 3 人、贫农 2 人,多是自愿去的,想当官。入新军的 13 人(如决死二纵队、游击队、骑兵团与抗大七分校等),全在 1940 年春以后,不是自愿,全是动员去的,因到新军"做官也没个大小,和弟兄们一样";其中富农 2 人、贫农 1 人,其余 10 人都是中农。新军动员对象的条件是要兄弟多,13 人中 3 人是两兄弟、10 人是三兄弟,贫农兄弟少,大都是 1 个人,所以入新军的贫农少,中农最多,富农次之。临时减少的第二项是从政,共 11 人,多是与战争有关的职务,中农最多 6 人,富农、工人、地主、贫民、其他各 1 人,贫农无从政者,因为人口少,误不起工,又没文化。

据上述可知:(1) 战争(敌人杀死、参军、从政、逃亡等)与疾病是人口减少的主要原因;(2) 临时减少数目很大且都是少壮男子(参军、从政、逃亡都是壮丁),直接影响到劳动力的减缩。

(三) 劳动力的变化与原因

兹将变化状况与变化原因列为下述两表:

表 6-4　抗战以来各阶级劳动力变化表

阶级	时期	户口	男子劳动力				妇女劳动力		每户平均劳动力		
			全劳力	占全劳动力百分比	辅助劳力(注一)	占全部辅助劳力百分比	妇女辅助劳力(注二)	占妇女辅助劳力百分比	男子全劳动力	男子辅助劳力	妇女辅助劳力
地主	战前	2									
	现在	3									
富农	战前	7	9	7.80	2	12.50	9	10.84	1.30	0.30	1.30
	现在	8	6	7.00	1	4.15	12	13.95	0.75	0.12	1.50
中农	战前	39	63	53.85	7	43.75	44	53.02	1.62	0.18	1.13
	现在	41	51	60.00	11	45.85	43	50.00	1.25	0.27	1.05
贫农	战前	26	32	26.84	6	37.50	23	27.72	1.23	0.23	0.89
	现在	26	22	26.00	11	45.85	23	26.75	0.85	0.42	0.89
雇农	战前	9	12	10.46	1	6.25	6	7.21	1.33	0.11	0.67
	现在	6	6	7.00	1	4.15	5	5.81	1.00	0.17	0.83
工人	战前	1									
	现在										
商人	战前	3	1	0.08					0.33		
	现在	3									
贫民	战前	1									
	现在	2									
其他	战前	1					1	1.20			1.00
	现在	3					3	3.49			1.00

(续表)

阶级	时期	户口	男子劳动力				妇女劳动力		每户平均劳动力		
			全劳力	占全劳动力百分比	辅助劳力(注一)	占全部辅助劳力百分比	妇女辅助劳力(注二)	占妇女辅助劳力百分比	男子全劳动力	男子辅助劳力	妇女辅助劳力
总计	战前	92	117	100	16	100	83	100	1.27	0.17	0.90
	现在	92	85	100	24	100	86	100	0.92	0.26	0.93

注：本表以实际参加农业劳动者计。

注一：辅助劳动力是指少年或老人或中年病人，其强度只相当于前者，一般说当半个全劳动力，普通儿童折合全劳动力难于计算，未列入。

注二：本村妇女只参加平地(种棉、秋收等)农业劳动与家庭劳动，而不参加山地劳动。

表6-5　抗战以来各阶级劳动力变化原因表(注一)

阶级	增加原因						减少原因												差数
							绝对减少						临时减少					总计	
	成长为全劳动	成长为半劳动	由半长至全	自外村移来	转业	总计	病死	敌人杀死	老衰	病衰	移出	总计	参军	从政	逃亡	做游民	总计		
地主							1					1				1	1	2	2
富农	1			1		2	1		1	1		3	3.5	1			4.5	7.5	5.5
中农	5	3	6			9.5	5.5	0.5	5		1	12	8	4	1		13	25	15.5
贫农		4	3	4.5	0.5	8.5	6		1	2	3	12	1				1	13	4.5
雇农	2	4				4	1	1	1	0.5		3.5					3.5		—0.5
商人													1				1	1	1
贫民							2					2						2	2
其他														1		1	2	2	2
总计	8	5.5	4.5	5.5	0.5	24	16.5	1.5	8	3.5	4	33.5	13.5	6	1	2	22.5	56	32

注一：本表只说明男子劳动力，妇女辅助劳动实际在本村作用不大且无材料，故未列入。

注二：为便于计算起见，将男子辅助劳动力折为0.5个全劳动力。

男子全劳动力战前117个，现在85个，减少了32个，占战前全劳动力的17.35%；男子辅助劳动力战前16个，现在24个，增加8个，占战前总数的50%；妇女辅助劳动力战前83个，现在86个，增加了3个，占战前总数的3.65%。全劳动力的绝对数、百分比及每户平均劳动力，各阶级普遍的减少了，男子辅助劳动力除富农、雇农外，其余中农、贫农均有增加，这是值得注意的。

从劳动力变化原因表来看，劳动力的成长(增加)是赶不上绝对减少的，这个差数是9.5个。绝对减少诸原因中，病死与病衰最严重，劳动力因病减少与前面所述人口的因病死亡是一致的，仍以"出水病"为最多。临时减少仍然主要是参军，参军仍以中农最多、富农次之。

由于全劳动力的相当大量与普遍的减少，辅助劳动力与妇女辅助劳动力的比重随之相对的增大，于是如何更合理地把这两种辅助劳动力组织到生产中来是值得注意的。本村妇女除参加平地种棉与秋收外，农业劳动很少参加。但去年的纺棉妇女们大量参加了，纺车达70余架，学会纺的达 80 余人,超过战前十几架纺车与 20 余人会纺的记录。现在因无棉花,故停。发挥辅助劳动力的积极作用成为一个具体的重要问题。

(四) 人口、劳动力与土地占有、土地使用的比较

兹将四项之比较制成为下列两表:

表 6 - 6　抗战以来人口、劳动力与土地占有比较表

阶级	项目 时期	人口	劳动力 (注一)	土地占有 (注二)	每人平均 占有土地	每个劳动力 平均占有 土地	人口 百分比	土地占有 百分比	备注
地主	战前	11		244.75	22.24		2.4	8.44	
	现在	10		425.42	42.54		2.4	14.71	
富农	战前	49	10	1031.17	21.05	103.11	10.9	35.49	
	现在	50	6.5	909.65	18.19	139.95	12.5	31.47	
中农	战前	219	66.5	1347.34	6.16	20.26	49.4	46.38	
	现在	205	56.5	1187.63	5.75	21.02	50.2	41.09	
贫农	战前	110	35	208.79	1.89	5.69	24.6	7.18	
	现在	110	27.5	325.19	2.95	11.82	26.8	11.25	
雇农	战前	32	12.5	28.66	0.89	2.29	7.2	0.98	
	现在	19	6.5	15.00	0.8	2.31	3.8	0.51	
工人	战前	7			0		1.6		
	现在								
商人	战前	12		41.55	3.46		2.6	1.43	
	现在	9		41.55	4.61		1.8	1.43	
贫民	战前	3		1.00	0.33		0.6	0.03	
	现在	3		1.00	0.33		0.8	0.03	
其他	战前	4		2.31	0.58		0.8	0.08	
	现在	6		11.50	1.91		1.6	0.39	
总计	战前	447	125	2904.00	6.50	23.24	100	100	
	现在	412	97	2917.00	7.08	30.07	100	100	

注一:两个男子辅助劳动力折合一个全劳动力。

注二:一切土地折合为中等山地。

表 6 - 7　抗战以来劳动力与土地使用比较表

阶级	项目 时期	劳力 (注一)	土地使用垧数 (注二)	每个劳力平均 使用土地垧数	每个劳力 在使用土地上的 剩余与不足(注三)	备注
地主	战前		23.2		23.2	无劳动力,剩余
	现在		134.1		134.1	同上
富农	战前	10	607.82	60.38	36.64	雇工经营剩余土地
	现在	6.5	545.47	83.92	55.66	同上

阶级\时期 \ 项目	劳力（注一）	土地使用垧数（注二）	每个劳力平均使用土地垧数	每个劳力在使用土地上的剩余与不足(注三)	备注
中农 战前	66.5	1763.4	26.5	2.44	有雇短工,也有打短的
中农 现在	56.5	1486.4	26.3	−1.96	同上
贫农 战前	35	497.54	14.21	−9.93	耕地不足,劳力有余
贫农 现在	27.5	485.28	17.65	−10.61	同上
雇农 战前	12.5	28.6	2.29	−21.85	无耕地,只能受雇
雇农 现在	6.5	22.32	3.43	−24.83	同上
工人 战前		6.0		0	工人捎种些地,未计为农业劳动力
工人 现在					
商人 战前		97.4		97.4	雇长工或短工耕种
商人 现在		41.3		41.3	同上
贫民 战前					
贫民 现在		11.62		11.62	无劳力,别人代耕
其他 战前		3.5		3.5	同上
其他 现在		15.02		15.02	同上
总计 战前	125	3016.86	24.14	0	
总计 现在	97	2731.51	28.26	0	

注一:两个辅助劳动力折合一个全劳动力。

注二:一切土地折合为中等山地。

注三:正者表土地的剩余,负者表不足。

注四:由于将一切土地折合为中等山地,实际上与中等山地相对应的水地、平地是花不了山地这样多劳力的,这里有小的偏差。

　　从上列两表中可知:战前地主、富农人口占全村人口总数的13.3％,土地占有则占全村土地总数的43.93％;中农、贫农人口占74％,而土地则仅占53.56％。现在地主、富农人口占14.9％,土地占46.18％;中农、贫农人口占77％,而土地占52.34％。依每人平均占有看,战前地主每人占22.44垧,富农每人占21.05垧,是绝对剩余的;中农每人占6.16垧,大体尚能自足;贫农以下土地都是不足的。现在除地主有增加、中农略有减少、贫农略有增加外,大体上与战前仍无太大差别。从此可知地主、富农人少地多,中农、贫农人多地少。

　　依劳动力与土地使用情形比较,首先定每个劳动力平均使用土地的标准数,再以此数看各阶级使用土地的剩余与不足。

　　全村土地使用总数÷全村劳动力总数＝每个劳动力平均使用土地垧数。

　　战前3016.86垧÷(125＋9)＝21.73垧,现在2731.51垧÷(97＋7)＝26.25垧(本村的雇工较多)。

　　战前每个劳动力平均使用24.14垧,现在则增至28.26垧,这是由于土地使用总数的减少不如劳动力总数减少那样大,故每个劳动力平均使用土地增大了。在战后畜力、肥料、人工(由于战争与差务等)及其他耕作条件均不如前的情况下,耕作水平当然是差得多的。无论战前或现在,地主、商人无劳动力,故使用土地是绝对剩余的;富农雇工耕地,劳力不足,使用土地大量剩余;中农战前略有剩余,现在稍稍不足;贫农、雇农有劳动力,但地少或根本无地;贫民及其他由于没有劳动力,土地使用略有剩余。以劳动力为基准,土地使用大量剩余的阶级是地主、富农,土地使用深感不足的阶级是贫农、雇农,这是劳动力与土地使用之间的大矛盾。

(五) 小结

(1) 针对死亡数远大于生育数的事实(57－23＝34人,这是根据地社会发展的隐忧),为社会建设的将来着想,应该确定人口政策,奖励生育,提倡卫生运动,增加医疗设备,以减少人口的死亡。

(2) 战争中壮丁的参军从政是必不可免的,即劳动力的减少是必不可免的。而且准备劳动年龄内的人口为数也并不多,即将要成长起来的新劳动力不会很多。现在耕作水平比较战前已经降低了,所以剩下的问题是在于如何使现有全劳动力发挥更大的作用,故支差、送信、会议以及其他战时劳务与政治活动等必须要爱惜人力,使其进行得更加合理。

(3) 辅助劳动力的比重因全劳动力的减少而增大,如何更合理的使用这些增大了比重的辅助劳动力、改进农业劳动组合、发动妇女生产、发展农村副业,已成为重要问题了。

二、抗战以来的土地租佃问题

(一) 租佃一般状况

高家村租佃状况山地与平地不同,战前与战后又不同。战前高家村平地多为钱租,山地则为物租,无论山地与平地都是伙种很少,吃租子最多;战后山地与平地绝大部分都是物租,钱租只偶尔有一二户,但伙种地则比战前增加,平地多数全是伙种,山地伙种也增加许多。

战前钱租当中又有秋租与现租两种,崇教寺77垧平地战前都是现租(2月交租),物租无论战前战后一般都是秋租,现租的很少。

战前地主控制力量很强大,地主出租地都是送门租多。如在高家村出租山地、平地的牛友兰,他的租子一概是送门租,额外的剥削(使用佃户牲口,有时叫佃户去帮忙及每逢大节气送东西等)是多多少少都存在的。按定额按时交租是佃户必须遵守的一种义务,旧的政权无条件是站在地主方面的。战后送门租没有了,平地种植棉花,现多是伙种对半分。秋收时地主均必须亲自到场或委托人到场,有的地主为了怕佃农打埋伏,自己还参加摘花的工作,这在战前他们可说是毫不关心的。额外剥削虽没有材料说明完全没有了,但可以说基本上是被废除了。

平地出租较易,租额也较高,山地租额一般低于平地。因此地主为了提高租额,出租山地时也配搭上一些平地,也有的是因为单独租出山地不易而配上平地的。这样的状况战前不少,现在也还存在。

这里伙种只是由地主出土地,其余一概不管,打下时对半分或四六分。战前有倒四六分的,但不多。

伴种分租在高家村有四种不同的分法:第一,按捆子分,收下多少捆子,主佃各得一半。第二,分谷同时分草,草佃农多分一些。如1940年裴仓儿租地主白聪儿地,粮地主分六成,草则分四成。第三,打粮分粮,种棉分棉,副产不分,这样最多。第四,种棉地分地摘疙疸①,比如伴种一垧地,收时各分半垧,各自去摘疙疸。

---

① 编者注:即"花"。

（二）各阶级土地租出、伙出、典出与租入、伙入、典入变化

表6-8　抗战以来各阶级土地租出、伙出、典出变化表

项别 \ 阶级	地主 战前	地主 现在	富农 战前	富农 现在	中农 战前	中农 现在	贫农 战前	贫农 现在	雇农 战前	雇农 现在	工人 战前	工人 现在	商人 战前	商人 现在	贫民 战前	贫民 现在	其他 战前
户数	2	2	7	8	39	42	26	26	9	6	1	0	3	3	1	2	1
土地租出	202.13	90.9	353.33	247.58	123.4	107.62	8.5	50					30	30			
租出户	2	1	6	5	4	10	1	4					1	1			
土地伙出	33.24	260.14	27.72	57.65		65.41	23.86	13.86									
伙出户	2	2	2	3	0	4	2	1									
典出土地		7				9.24											
典出户		1				1											
共租出、伙出、典出地	235.37	357.39	381.05	305.23	123.4	182.27	32.36	63.83					30	30			
每户平均	117.68	59.56	54.43	38.15	31.16	12.15	1.26	2.45					10	10			
备考																	

表6-9 抗战以来各阶级土地出租变化表

阶级	时期	户口	梁			塌			平			水			荒地	总计	%	每户平均	备考
			上	中	下	上	中	下	上	中	下	上	中	下					
地主	战前	2	12	51	58					7.5	4	3	1			202.13	28.30	101.6	外村地 66 垧
	战后	2		30					10	3.5		2				90.2	17.12	45.1	外村地 76.2 垧
富农	战前	6	30	143	81				17		1					353.33	49.22	58.88	外村地 231.54 垧
	战后	5	73	88	45				9							247.58	47.04	49.52	外村地 120.34 垧
中农	战前	4		3	82			24								123.4	17.17	30.85	外村地 62.00 垧
	战后	10		10	93						1					107.65	20.15	10.76	外村地 27 垧
贫农	战前	1		8.5												8.5	1.18	8.5	
	战后	4		35	15											50	9.5	12.5	
雇农	战前																		
	战后																		
工人	战前																		
	战后																		
商人	战前			15	15											30	4.17	30	
	战后			15	15											30	5.7	30	
贫民	战前																		
	战后																		
其他	战前																		
	战后																		
总计	战前	14	42	220.5	236			24	17	11	5	3	1			717.36	100		
	战后	22	73	118	168				19		1	2	1			525.4	100		

表 6‑10　抗战以来各阶级土地典出变化表

典出土地种类 阶级	时期	户口	梁			塌			平			水			荒地	总计	%	每户平均	备考
			上	中	下	上	中	下	上	中	下	上	中	下					
地主	战前																		
	战后	1										1				7		7	
富农	战前																		
	战后																		
中农	战前																		
	战后	1								2							9.24		9.24	典与外村
贫农	战前																		
	战后																		
雇农	战前																		
	战后																		
工人	战前																		
	战后																		
商人	战前																		
	战后																		
贫民	战前																		
	战后																		
其他	战前																		
	战后																		
总计	战前																		
	战后	2															16.24		8.13	

高家村战前各阶级租出土地为 802.18 坰(其中平地 283.68 坰、山地 518.5 坰),战后租出为 866.36 坰(其中平地 313.36 坰、山地 553 坰)。战前战后租出土地各占所有土地的 27.5% 及 29.7%。

如果把高家村租进伙进地与租出伙出地对照一看,则相差数目并不至于太大。战前租进伙进地 995.1 坰,租出伙出则为 802.18 坰;战后租进伙进为 930.56 坰,租出伙出则为 866.36 坰。战前租出较租进不足 193 坰,而战后则仅差 64.2 坰,这样乍看似乎高家村仰赖租进外村地的数量并不大似的。实际上因为本村所有地在外村数量较大,这部分土地又全为外村所租进,因之高家村租进地中外村土地还占有很大数字了。

统计战前租与外村土地为 358.54 坰,其中平地 78.54 坰、山地 280.18 坰,占所有地的 12.3%;战后租与外村地为 223.54 坰,其中平地 78.54 坰、山地为 145 坰,占所有地的 7.4%。

高家村战后租出伙出地较战前增多,其原因必须从各个阶级租出伙出土地中来加以研究。

地主战前 2 户,租出地 202.13 坰(其中山地 121 坰、平地 81.13 坰),伙出地 33.24 坰(其中平地 23.24 坰、山地 10 坰),共出租 235.37 坰,占所有地的 96.18%;战后租出仍为 2 户,但土地则减为 90.2 垧(平地 60.2 垧、山地 30 垧),伙出地 169.99 垧(山地 41 垧、平地 128.99 垧),共出租 260.19 垧①,占所有地的 56%。地主战前虽有 1 户没落了,但战后由富农升来 1 户出租不少土地,故租出超过战前数量。特别过去为富农、现在为经营地主的 1 户,自 1940 年以后由于政治原因多租出了 76.05 垧,土地也都是在本村的。

富农战前 6 户租出地 353.33 垧(其中山地 253 垧、平地 100.33 垧),2 户伙出平地 27.72 垧,共出租 381.05 垧,占所有土地的 36.96%;战后富农 5 户租出 247.58 垧(其中山地 206 垧、平地 41.58 垧),3 户伙出 57.65 垧(其中山地 23 垧、平地 34.65 垧),共出租地 305.23 垧,占所有地的 31.32%。富农租出地减少,由于战前 1 户现在升为经营地主的关系。

中农战前 4 户租出 123.4 垧(全为山地),4 户伙出地 65.41 垧(其中山地 23 垧、平地 42.41 垧),共出租 188.81 垧(其中山地 146.4 垧、平地 42.47 垧),占所有地的 15.5%;战后中农 10 户租出地 107.65 垧(其中山地 103 垧、平地 4.62 垧),4 户伙出地 65.41 垧(其中山地 23 垧、平地 42.41 垧),共出租 173.06 垧(其中平地 47.03 垧、山地 126 垧),占所有土地的 14.2%。中农出租户由战前 5 户增为现在 12 户,新增加 7 户。其中,由于劳动力生病或死亡,不能不缩减耕地出租土地的,新增出租 7 户中 6 户是如此,其中 1 户则因 1940 年怕分地而将土地租出。

贫农在战前,1 户租出 8.5 垧山地,2 户伙出 28.86 垧(内中山地 10 垧),共 37.36 垧(内中山地 18.5 垧);战后贫农 4 户租出土地共 50 垧(山地),伙出 1 户地 30.88 垧(内中山地 17 垧),共出租 80.88 垧。贫农出租户从战前 2 户增为现在 4 户,出租土地从战前 37.36 垧增为现在 80.88 垧。战前贫农租地以及战后贫农出租户数及土地增多,其主要原因由于没有劳动力及因疾病而衰弱。

从上可知,中农中有一部分出租土地者及贫农出租土地者,他们数量是不大的,一般说也都是土质较差的地。他们中除个别户外,"吃"的租子都很少,他们中几户租出地都只不过是为比荒着好一些关系。就高家村来看,这样现实存在的问题,在政权规定减租中,似应有提及照顾之必要。

商人战前战后出租了 30 垧山地,均在外村。其它项中游民 1 户,战后伙出了 4.62 垧地。

抗战以来高家村各个阶级出租土地的绝对数量变化并不太大,但其内部表现为山地出租减少,平地出租增加,这是一方面;另一方面,租出地减少,伙出地增多。前者主要由于地主、富农及富裕中农中由于政治原因而多租出了平地,后一原因即租佃形式的彼此消长,是较为动荡而且也是今天租佃问题中最应着重研究之点,我们在下节租佃形式中将详细加以论述。

土地出租今后将发生一些变化,主要原因:① 地主趋向于自己经营;② 贫农将再扩大一些经营面积,中农中一部分也将因今后条件更适合于他们而扩大耕种土地。因之,首先平地出租将会减少。这我们也在土地使用中提及,此处不再赘述。

(三) 抗战以来租率的变化

地主对于佃农的剥削表现于租额的大小,但不是绝对地表现于租额的大小,因为产量也是可变的。研究剥削轻重必须研究租率,租率的大小就是剥削的轻重。

---

① 编者注:原文如此,与表中数字统计有误差,下同。

前面已经讲过土地租佃中山地与平地情形不同,战前与战后又不同,租率也是如此。

战前战后山地与平地的租率变化如下列各表:

表 6-11　甲、外村地主出租平地租率

地主	租率埆数	时间 1937	1938	1939	1940	1941	1942
牛友兰	4.5	38.4%	38.4%		不明	50%	卖出
牛友兰	6	40.5%	23.0%		同上	50%	50%
牛友兰	5	21.7%	不明		同上	40%	40%
牛友兰	6			1939 年产量不明	同上	50%	50%
牛友兰	6	45%	25.4%		同上	40%	40%
任××	1	33.3%	31.4%		50%	50%	50%
崇教寺	11	48.7%	26.0%		不明	50%	收归公有
总计	39.5						

1940 年伙外村地主土地被代租出,5 月改正后,租佃关系一般呈紊乱状况。1940 年冬季敌人大扫荡,交租的更少了(后章详及),上表所填"不明"即指此而言。

从上表可知,战前平地最高租率 48.7%,最低为 21.7%。崇教寺租出土地租率较高,原因乃由于土地每埆较其他出租地均大的关系(地主与佃农都说崇教寺地 1 埆等于其他平地 1 埆 1 亩)。战后外村地主出租平地租率都一致的提高了,最高租率达 50%,最低也为 40%。

表 6-12　乙、本村地主出租平地租率

地主	租率埆数	时间 1937	1938	1939	1940	1941	1942
白聪儿	1	60%	60%	60%	50%	50%	卖出
白建纲	5	50%	50%	50%	50%	50%	50%
白怀富	1	50%	50%	50%	50%	50%	50%
白给花	1	50%	50%	50%	50%	50%	50%
白凤山	2.5	自种	自种	自种	不明	50%	50%
白凤山	2	自种	自种	自种	不明	50%	50%
白世满	$1\frac{1}{3}$	自种	自种	自种	不明	50%	50%
总计	$13\frac{2.5}{3}$						

1940 年为怕分地而将自己土地出租与亲属及村干部的有 2 户(白凤山、白世满),当年租子都是马马虎虎的。

1940 年租率系依地主与佃农口头说定(对半分不减租),现把他列出来作为参考。

上列各户租出平地战前战后均为伴种,战前最高租率达 60%,最低租率是 50%,战后则均变为 50%。

表 6-13　丙、外村地主出租山地租率

地主	垧数	1937	1938	1939	1940	1941
牛友兰	60	15%	14.75%	21.81%	10%	9.6%
任××	4	41.30%	41.3%	41.3%	44.4%	26.25%
白世孝	10	25%	20%	15%	16.7%	34.6%
高希仲	110	33.3%				19.05%（30 垧）
总计	184					

注：上表所列各地均为租出，没有伴种。

1941 年租率因为产量都是由佃农自报，据我们估计较原产量都会少一些，因此当年租率只会再小，不会再大。

表 6-14　丁、本村山地出租租率

地主	垧数	1937	1938	1939	1940	1941	1942
白怀富	11	33%		7.5%	7.5%	31%	30%（伴种）
白聪儿	22	43.7%	34%	47.4%	48%	31.7%	战前租率另一材料为 40%
白建纲	13	35.4%	37.5%	19.3%	20.0%	20.0%	
白凤山	12						40%（伴种）
白老尚	8.5						40%（伴种）
白尚仁	8	自种	自种	自种	自种		40%（伴种）
白枝多	22	37.8%					
白枝多	28	36%					
白旆定	19					27.07%	
白增富	3					25.0%	
白增富	11					26.5%	
白怀清	11					11.2%	
白吕武	19					30%	
白迎选	8					15%	
总计	195.5						

本村山地租率战前材料很少，战后也不完整。战前的产量，他们（地主与佃农）"分的还差不多，可以记得交租的早就记不吓[1]了"，但一点可以确定的是战前山地租率一般比现在高。据老百姓讲起来，当时是"人多地穷租子大"，"现在比从前强一些"。

从上列甲、乙、丙、丁 4 个表可知：战前外村地主出租地，其租率无论山地与平地均较本村地主为小，崇教寺租率为 48.7%，是因为土地垧数较大的关系。战前外村地主平地一般是租子，而

---

①　编者注：即"记不下"之意。

本村地主则为伴种。土地在外村出租比本村出租租率小是战前的特点,平地伴种的比吃租的租率高是当时的实际状况。又无法租出,"比荒了强得多","一荒三不长",这是他们对这问题的看法,这是山地租率降低原因的明显反证。

租率提高与租佃形式改变有着密切的关系。下面我们继续研究高家村抗战以来租佃形式改变状况,由租佃形式改变从而影响到租率改变的地方就可以清楚地看出。

战后租率到 1939 年为止变化是很轻微的。1940 年分地运动发生,直接与间接受到影响的土地占高家村租进土地的大部分,当时租佃状况是紊乱的,交租情况一般是马马虎虎,有的干脆没交,租率是无法计算的。本村地主及少数外村地主山地未受分地影响,但租率也有较明显的变更,变得小一些。本村地主白聪儿出租 22 垧地,1940 年租率较大(48%),恐系佃户报产量时有意少报产量,夸大了租率。1941 年平地绝大部分改为伴种,所有平地的租率毫无例外提高了。战后平地,无论外村与本村地主,出租的均提高了,提高租率与租佃形式改变(租种到伴种)是密切联系的。山地租率外村地主一般均降低了,本村地主出租山地也一般降低,但不是普遍的降低。根据今年材料,今年本村地主出租地中伴种地也在增多,计:四六分 70 垧,租率 40%;三七分 52 垧,租率 30%;三条腿分 6 垧,租率 33%。

如果说战前山地租率有升高的,那就是这些伴种地,吃租子的都降低了。山地租率战后降低原因除外村地主一般是失掉了控制力量外,共同的原因是由于劳动力的减弱而使各阶级使用土地一般减少。中贫农租进土地由山地到平地的运动,他们间平地租进伙进增加,使山地不少的荒芜了(如高希仲荒了七八十垧地等……),不少的地主必须降低租额出租其土地。如白三侯出租 15 垧山地,只吃 1.7 石租子(每垧可打 5 斗),他自己虽不愿意,但提高租额则又租不出。

(四) 抗战以来租佃形式的变化

战前存在于高家村的租佃形式分下列几种。

甲、租子分定租与活租两种,两种又有物租与钱租的不同。定租是很少的,活租是一般采用最多的形式。

乙、伴种都见于平地,数量很少。高家村战前平地大部分是钱租,崇教寺地是现租(钱租),商品经济发达及地主大部分都兼营商业,使钱租乃成为当时平地唯一的形式。山地都是物租。这样的租佃形式一直到 1939 年基本上没有发生若何变化。1939 年省钞跌价,佃农个别的用"大花脸"交租得了便宜,但仍未因此而引起钱租立即改为物租。1940 年租佃状况极端紊乱,表现于佃农的是少交、不交、交农票,地主则由于当时政治环境感受威胁,很少过问,因此租佃形式在大部出租土地来说也是很紊乱的,这是一方面。另一方面,本村地主的土地则受到的影响较小,平地伴种的都分了,山地交租的一般也收"吓"。1940 年一般产量较低(敌伪扫荡及当时秩序紊乱对生产都有影响,但前者是主要的),当然他们分到的及收到的租子也一般会降低,1940 年的租佃形式只是这样一些地方还比较清楚的存在。

1940 年秋后发布减租法令时没提及伴种应当减租,而在高家村则伴种地都没有减租。吃租子的地虽也是都没有真正的减租,但谁都知道是要减租的,这样多少刺激了一部分地主把出租地改为伴种。旧政权时代如此,新政权成立后也如此,今后他们还在这样的作,应当引起我们注意的。

伴种使外村地主与本村地主剥削率趋于平衡,伴种在平地不仅是提高了租额,也提高了租率。但外村地主对山地控制仍是较差,不仅租佃形式没有改变,租额也一般减少。在平地方面他们的明显采取了进攻(口头约定伴种不减租),山地则完全采取退守,今后他们将继续退守,像本村地主那样采取伴种办法则短期内决不会出现。

(五)减租状况

1. 抗战以来减租一般情形

抗战开始,八路军开来晋西北后,减租两字在农村中流传。1938年兴县动委会成立,减租被当作一个宣传口号提出。到1939年为止,减租宣传在农民中起了一点作用,但一般说还是不大。1938年,高家村有3户农民由于产量减少而少交了租。1939年,1户牺盟干部租外村土地按二五减了租,2户因产量少少交租(一交原租七成,一交六成),因产量减少(有的是地荒了)交原租五成的共计4户,省钞跌价后仍以省钞交租的有1户。以上少交租原因主要都是由于产量减少,有1户是乘货币不稳定而少交租(第二年地就被夺走),但也多少是受到了减租口号的影响。据说在战前少交租的现象很少,少交是地主不容许的。1939年地主则未表示什么意见,因此大家推测可能受减租影响。

1940年新政权正式规定佃农租额按收成折完后再二五减租。高家村以行政村为单位,定1940年收成为三成,将原租额三折后再二五减租,但实际上按此规定做的而真没有。1941年秋天在征收公粮时进行了减租工作,高家村只进行了5天,亦是又把减租当做征收公粮的一种手段,执行程度因此也就很差。

2. 1940年减租实际情况

要了解1940年减租情形,先得了解1940年租地情形。

1940年有三种不同的租佃情况同时存在:第一类是土地被分掉后又收回租出的土地;第二类是怕分地而把土地出租;第三类是原有租佃关系没变更的。属于第一种出租土地的地主有4户(外村2户、本村2户),佃农共37户,兹分列如后。

(甲)牛友兰被代租出水平地 $17\frac{1}{6}$ 垧(代租地的佃户9户)

表6-15 牛友兰被代租水平地交租情形

佃户姓名	成分	租得地	交租情况	备考
白玉儿		3	不详	
白怀清	雇农	1.5	不详	
白王员	贫农	1.5	同上	
白聪儿	雇农	2	同上	
白长锁	中农	$2\frac{1}{3}$	同上	
白留锁	贫农	1	同上	
白施定	雇农	$1\frac{1}{3}$	19斤棉花疙瘩	村干部
白满儿	商人	3.5	未交	
尹如九	贫农	1	未交	

不详 6 户中,交的很少,即使交的也都是马马虎虎交一点。一方面 1940 年分地法令地主震吓使他不敢要租,另一个原因是敌人冬季扫荡,牛家都避过河西,而专门来收租的人也因扫荡开始跑走了。实际上分得地的上述各户中,除白旃定 1 户大胆的种了棉花外,其余大都荒了,地主固然没有得到租子,分得地的人收得的也不算多。

(乙)白棒连被没收了水平地 9$\frac{2}{3}$ 坰、山地 15 坰(分得地 6 户)

表 6-16　白棒连被没收水平地交租情形

分地户姓名	成分	分得土地(坰)	交租情况	备考
牺盟区分会		2	4 斗	大部荒了
卫生二所		1$\frac{2}{3}$	0	荒了
白治顺	中农	1	不详	
白满元	商人	2	不详	
白映华	中农	1.5	0	荒了
赵建仁	商人	1.5 平、15 山地	0	荒了

注:"不详"指可能是没交,即使交也交得很少。

区分会与二所分得地后都派村中劳动力去耕种,也无来人管理,结果荒了一半。其他分地各户也都没有好好的种上,外村地主如牛友兰的地分后又叫退还,白棒连地虽没叫退还,也影响到分得地各户情绪,加之敌人扫荡,影响生产进行。1940 年,像上述牛友兰及白棒连地里大部都长满了蒿草,据白棒连自己讲这是空前的,他讽刺的说"长多着的荒草嗨里好柴火"。分地后浪费的确定很大的。

(丙)崇教寺平地共 94$\frac{1}{3}$ 坰(分得土地户数 19 户)

表 6-17　崇教寺平地交租情形

分地户数	成分	分得地	交租	备考
白怀儿	贫农	1$\frac{2}{3}$	0	村干部
白来寨	贫农	1	4～5 斗黑豆	
区分会		11	11 斗黑豆	
白祖成	贫农	$\frac{2}{3}$	0	村干部
白旃华	中农	1	3 斗高粱	
白王女	贫农	1	3 斗黑豆	
白怀清	雇农	1	0	

分地户数	成分	分得地	交租	备考
白本则	贫农	1	0	
白万千	雇农	1	3斗谷子	
白福怀	贫农	1	7斗黑豆	
白孩儿	不详	1	3斗黑豆	
陕西人	不详	1	0	荒了
西坪×××	不详	3	7.5斗黑豆	

（丁）白兆全山地57垧、平地3.5垧（租户已知6户）

表6-18　白兆全山地平地交租情形

分地户姓名	成分	分得地	交租	备考
白愣孩	贫农	2平	四六分	
白改玉	中农	1.5平	四六分	
白改玉	中农	11	5小斗	原租2石
白深沟	雇农	6	0	
白聪儿	雇农	14	0	
白牛儿	中农	14	0	

白愣孩、白改玉交租原因是企图交后地主会让他继续作下去，但后来（1941年）仍被收回了。

上述租佃关系混乱没有问题是由于政治上的混乱所引起的，分了地又下令收回，地主不能立刻找到新租户。如分得地的除少数村干部及个别持强一点的人外，又都不敢去租。因此上述最好平地及山地大部被荒掉。对地主说，他们印象是深刻透了，对贫苦农民们讲，真正的利益仍是没有得到的。"割了驴×敬神，神也惹吓，驴也死吓"，这是贫苦农民们当时的反映，也是当时最妙的写照。

分地情况如此，减租也是自流的，没有组织性，也没有根据既定的原则去作。1941年地主能够反攻提高租额与租率【是】因为前章所述理由，但减租的无原则与无组织则是地主"反攻"没有遇到障碍的原因之一。

属于第二种租佃（非分地自动租出）地主3户、佃农5户。

表 6‑19　非分地自动租出的交租情形

地主	租进户	租进户成分	租进土地	交租	备考
白凤山	白根照	贫农	2 平	多少交一点	
	白侯小	贫农	2 平、9 山	同上	
白怀儿	白王女	贫农	21 山、1 平	6 斗谷	地主分与地时给了 4 斗麦子
	白万斛	贫农	不详	多少交一点	
白世润	白旃定	雇农	12 山、1 $\frac{2}{3}$ 平地	多少交一点	

租进这种土地的大部都得到了利益，其中 3 户，如侯小、根照、白旃定，更因政府公布地主收回土地必须自种限制了地主夺回土地，因此得到实惠是很大的。白王女的地 1941 年即被原主夺回，他自己虽感到不满，但也无人过问。

属于第三种租佃的 11 户佃户、7 户地主。平地租种不详；伴种平地 45 $\frac{1}{3}$ 垧、水地 10 垧对半分，平地 5 垧四六分。崇教寺 11 垧地伴种对半分，去年收归行署教育处管理。

去年 10 月征收公粮，高家村定为 10 天，前 5 天是减租，后 5 天是征收公粮。5 天减租活动如下：第一天召集佃户会议，先讲一定要减租；第二天召集地主会议，解释减租必要如[及]作法，地主到会的均未发言(人数不详)；第三、四、五天地主与佃户会议，讨论如何减租(政权中详及)。

具体办法，第一步是换租约，新租约如下：

减租三联单

存根 租地人××× 出租人××× 地名××× 垧数××× 原租 现租 备考	租字第×号	出租人××× 今租给×××名下××村×地×垧，按行署减租减息法令，减租为杂粮×石×斗×升×合，秋收交租按收成计算不超过百分之三七点五交租最高额，恐口无凭，立约为根据。 租地人 村长 农救秘书 民国×年×月×日	租字第×号	租地人××× 今租到×××名下××村×地×垧，按行署减租法令二五减租，内杂粮×石×斗×升×合，秋后交租不超过百分之三七点五交租最高额，恐口无凭，立约为据。 承租人 村长 农救秘书 民国×年×月×日

减租第二步办法是在计算公粮时计算进去，如平地对半分的即按地主得三七五佃户得六二五计算；地主、佃户不参加，由征收公粮干部计算后通知双方。

去年做到减租的计 9 户、山地 177 垧。中农 5 户、贫农 4 户，9 户共租地 177 垧，减租按自己少交、不是照二五减租的 3 户，共占地 90 多垧，真正按二五减租的只 6 户(贫农 4 户、中农 2 户)，减租地 80 多垧。

表 6－20　原有租佃关系的交租情形

出租户	租进户	租进户成分	土地垧数	原定租额(石)	实交租(石)	备考
牛友兰	白长锁	中农	60	10.5	5.25	
任××	裴根梭	中农	4	0.7	0.2	
白世存	白侯庆	中农	10	2.0	0.75	
白怀富	白王女	贫农	11(平)	2.0	0.60	
白聪儿	裴仓儿	中农	22(平)	9.0	6.3	
白建纲	白兴海	中农	13	3.9	2.0	
白聪儿	裴仓儿	中农	1(水地)	对半分	对半分	
白建纲	白兴海	中农	1(平)	对半分	对半分	
白建纲	白根照	中农	1(平)	对半分	对半分	
白给花	白来寨	贫农	1(平)	对半分	对半分	
白怀儿	白南寨	中农	1(平)	对半分	对半分	

属于这一类的佃户多数是中农,中农在租佃问题上一般说比贫农要占便宜一些。1940 年他们对于地主态度不如贫苦农民那样积极,但他们的租额仍大部得到减低(山地),平地地主掌握很紧,仍旧是对半分。1940 年减租法令在这一类佃租户中是没有执行的,本村地主统治与剥削有他传统的深厚基础,政策执行不贯彻到底、群众不起来,他们的剥削地位是很难削弱的。

3. 1941 年实际减租情形

去年高家村租种山地户数及垧数如下:

中农 16 户　　　地 229 垧

贫农 4 户　　　地 37 垧

商人 1 户　　　地 9 垧

共 21 户　　　地 275 垧

伴种共 13 户　　　地 128 垧

中农 6 户　　　地 67 垧

贫农 7 户　　　地 61 垧

其中四六分 70 垧,三七分 52 垧,三条腿分 6 垧。

山地减租地占全租进地 43%。

177 垧减租地中,外村地占 104 垧,占所有减租地的 60%。至于平地减租的只白万盖 1 户(1.5 垧地),减租以后地主称即准备夺回土地,后经减租工作团制止,未夺回去。

去年减租时间仓促,办法单纯化,主要的把减租当做免出公粮手段,没有深入的了解与动员,计算公粮时凭干部盘算上把租减掉,因此发生了一些对于佃农不利现象。

① 征收公粮时计算三七五、六二五办法,实际未执行,部分佃农多出公粮。

② 原租额没有弄清楚是死租还是活租,就按二五减了,结果佃户反多交租。如白留锁原租

白吕武 5 坰地,原租 1 石,1939 年交 6 斗,1940 年交 6 斗,1941 年减租后交 7.5 斗。

③ 地主与佃户把租出地各报一半为自种,结果佃户也多出一些公粮。

当时主持公粮的一部干部明知伴种地老百姓不会减租,也未深究。结果伴种地除白万盖 1.5 坰平地外,都按对半或四六照分。

去年减租做得不好另一原因为公布实行减租时间过迟(收公粮时),实际上佃户大部都交租了,佃农中一部认为减租简直是放马后炮——"肉落猫儿口,再难往出走"。如果提早一些,深入一些,他们是愿意减的。

村干部山地租子大部做到减租,伴种无论山地、平地也都没减。他们对减租的态度是减租是一回事,他们自己减不减又是一回事。伴种地不减租,他们的认识与一般佃农虽无差别,这样真难怪佃农们直接听受剥削了。

1940 年法令没提到伴种地,1941 年伴种地不减租,真正保障了地主的剥削,也大大提高了地主的勇气。去年牛友兰说,只要交我三七五就行,而今年平地地主的口头上都向佃户约好对半分,不减租了。

今年租出土地的无论贫农、中农,他们对减租都不敢正面表示意见,他们看不见自己力量,也怀疑政府对佃权的保障(佃农裴仓儿因害伤寒荒了地,少交租,结果地被夺,没人过问)。他们心中仍愿意减租,但蕴藏着不敢讲出来。从另一方面,他们流露了减租是好的,但保得住不夺地吗?这是他们的怀疑,这是他们没有起来的症结所在。

高家村商品生产过去发达,交通也方便,较之山地农村是多少有些差别,租佃土地中阶级关系也非常明显。虽然是父子村同姓村,佃农们都一致认为租外村土地不比租本村差,我们上面材料也证明了这一点。村中认为有亲属血缘关系,因而在租佃问题上马马虎虎的。白建纲与白兴海除十几年来没有夺地外,也没有其他的好处,白兴海租 13 坰山地,每坰 3 斗租子,1940 年四大动员后才由白建纲自动改为 1 斗,很明显的不是什么亲属关系,而主要由于外部压迫促成的。

荒地按政府法令不交租,但高家村并不如此,没有一个有荒地之人愿意无条件把荒地给人。后在于群众团体没有有组织的来解决这个问题,因此开荒的都多少要交租(党员佃农所谈),也收集有材料如下:

白怀清(中农)租白三侯(中农)7 坰山地,口头约定交租 2 斗,现改为其 3.5 斗。

白建田(中农)租白迎增(贫农)9 坰山地,6 斗租,今年准备给 6～7 斗。

白怀清多租白三侯(中农)8 坰山地,租子 1 石。

白留作(贫农)租白孝连(中农)山地 10,租子 1 石。

白旃定(中农)租白兆全(富农)山地 7 坰,租子 7 斗。

荒地交租在高家村是普遍的。我们调查的材料少,因为他们口头上总说不交租,实际上不出租而且是 3 年不出租,无论中农或富农他们都不愿意。地主呢? 他的地早租与别人,荒地也算在租出地里去了。

荒地虽交租,但一般较轻,而且出租的很多约好种几年(开了荒只种一年同时又出租子的农民不多)。农民们对租佃关系是爱好稳定,他们一般没有地。荒地交租当作一件重大剥削,这当然还是高家村一地如此,但也确应值得我们注意。

三、抗战以来的雇佣问题

(一) 雇佣一般情形

高家村位于平川,农村资本主义生产比较一般山地发达,战前战后一样。因雇工的人多,在战前,全村83户中就有8户雇长工的,战后92户中有9户雇长工的(富农8户、经营地主1户)。

由于本村是种棉区域,加以商业比较发达,不但刺激了雇长工,而且也因种花雇短工的增多,压花弹花工人也随之而起。

但是高家村雇工中是本村雇外人,而本村人则到外村去佣工的多。在现在雇工中,本村人与本村者只有2个,外面的就有$7\frac{2}{3}$;本村雇工到外村去的5.5个,而在本村的仅有2个。其原因,据一般农民说是"怕照顾家庭误工,又怕拿雇主东西回家"。

在战后,雇工中有个则是"怕当兵",而当雇工躲避兵役了。在高家有一个公家农场雇的大都是躲兵的,因此在雇工队伍中也发展起来了。不但如中短工中有一种"随牛打短",即是中农或者贫农自己还有一点基础自养牛或租得到牛,自己仅有20多垧地用不了,就大半的时间随牛去给别人耕地,实质上是一种打短工的性质。高家村有2户中农(白改玉与白常要)、3户贫农(尹如九、白万千、白留作)是这样的。

(二) 抗战以来雇工的变化

表 6-21　抗战以来雇工变化表

		雇长工	雇月工	雇短工	备考
地主	战前			2户临时雇短工	1. 表上长工是指9个月的,一般农民都是9个月。 2. 表上所指短工的是在半月以上,雇3天的未统计。 3. 所注的户数是指雇主而言。 4. 地主战后雇月工的同时也雇长工。 5. 公家农场雇工5人未列入表内。
	战后			1户地主临时雇短工	
富农	战前	1(1户)	2个月(1户)	7户富农都临时雇短工,同时雇长工	
	战后	8(7户)		8户原雇长工的富农都雇短工	
中农	战前	$7\frac{2}{3}$(8户)		有3户雇短的	
	战后		3个月(2户)	有6户临时雇短工的	
商人	战前			有1户雇短工很多	
	战后				
合计	战前	8(8户)		有13户雇短的	
	现在	$10\frac{2}{3}$(9户)	5个月(3户)	有15户雇短的	

从表上看,知道战后雇工增加,其原因是移来1户富农(白金旦),中农上升来1户(白占科),再加上今天富农、地主们雇童工之故。

其次,看到战前没有月工而战后有了。其原因是雇主为了缩小目标怕当财主(白凤山);其次是中农劳动力不足,2户中农如此;同时,雇月工便宜,"长包短做,随叫随到",又顺便又省钱。

再其次看,雇短增加从13户增到15户,地主、富农们仍然雇短工,再加上中农劳动力不足而增加,1 户商人不雇是移走了。

(三) 抗战以来佣工的变化

表 6‒22　抗战以来佣工变化表

		长工	月工	打短工户	弹花工	压花工	备考
雇农	战前	9(8 户)		2 户			
	现在	3.5(4 户)	1 月(1 户)	1 户			
贫农	战前	2(2 户)		11 户		2	1. 打短户是指半月以上的人,三五天不计。
	现在	3(2 户)	2 月(1 户)	10 户	1 个	0	2. 长工是指 9 个月所雇而言。
中农	战前			1 户	2 个		3. 半个雇工是半年当雇工半年给自己种地。
	现在	1(1 户)			2 个		
工人	战前				1 个		
	现在						
合计	战前	11(10 户)		14 户	3 个		
	现在	7.5(7 户)	3 月(2 户)	11 户	3 个	2 个	

从表 6‒22 看来,当长工的减少了,战前 11 个,而现在 7.5 个。其原因是 6.5 个变为租种地或种自己的几垧坏地去了,由于家庭生活过不了变成常年打短工的 1 个,当兵走了 1 个,同时由于儿子长大增来了 4 个,家里死了父母变为雇 1 个。同时也可看到战前当长工的是雇农成分多(9 比 2),现在雇农成分减低,而贫农成分则增加,中农是新增的。其原因是随着雇农阶级上升而减少,但雇工到了贫农阶层去的而仍然免不掉当雇工,贫农中现在 3 个全是如此,中农 1 户是下中农,有余力,儿子长大。就是在雇农中,只有 2 个是老雇工,而 1 个贫农是新下降来的。

其次可以知道,月工在战前没有,现在有了。其原因,在雇工方面是由于家庭老的老小的小脱离了家无人照顾,这是一方面,同时还可先支一点小米糊口,而短工则不然了;在雇主方面是为了长包短算,随叫随到,省工资又便宜,比雇短便利。

再其次可以看到打短工的减少,从战前 14 户减少到现在 11 户。其原因是 1 户有了牛随去揽地,给别人耕种去了,1 户买地升到中农去给自己种地去了,1 户死了父亲全部转为雇工了,1 户做了招待员(变相的当雇工)了,1 户移走,1 户年老没有人要了,1 户死了父亲全部转为种地。在现在打短工的户数中,还有 3 户新移来的,而老打短工的只 8 户。在打短工中,最苦的是家里老的老小的小,不能当长工去的人,他们是需要帮助,特别是支差,他们误一天工实在误不起,政府在支差法令中应照顾到的。

弹花压花工人没有发现,1 个弹花工匠是由工人转下贫农,并更多的依靠土地,但是弹花仍为重要收入部分。中农中的 2 户是捎办。压花本来是笨工,只要是打短工的就行,他们都在秋冬一个时期劳作。

(四) 工人的作息时间和工资变化

雇工工资及工作时间,我们收集的不多,但就所知叙述如下:

长工:农村雇工是"按日工资制"。长工是 9 个月,他们为什么不一年呢? 由于农家工作主要是春耕夏锄和秋收,而冬天则无关重要,加以富农们他都参加生产,牲畜有人喂,推磨驮炭有人干,雇着人是白吃饭的,因此一说就是 9 个月。每天工作是日出而作,日入而息,反而在秋收春忙时是"日不出而作,日入了而不息","耕旱地","夜背禾打粮"。而每天休息,在耕地时是一日二息,即上午一息、下午一息(约半个钟头),夏锄时上午两息(半个钟头)、下午一息(10 分钟)、中午一睡(约 1 个钟头)。在一年中,还有七月十五以后是可回家 3 日到 5 日,更多就得雇人顶工,余下的是吃饭睡觉。他们的工资战前最高是 42 元白洋,最低 24 元白洋,合米是 9.33 石至 5.33 石;而现在则是 52 元至 28 元,合米是 5.2 石至 2.8 石,普通则是 35 元左右。因此可以看出,今天雇工名义上工资增加而实际降低,除得很低的工资外,再无别的报酬。就是病了三五天可以,多了不行,是要按雇短得雇人顶工去,其他补助更谈不上。在日常饭食中,平常与雇主一样,在吃好的时候就不一样了,只有在"清明"给吃一顿米磨或糕,七月十五吃一顿糕或白面,冬至吃一顿糕,余则是早上"三条腿"旺旺[①]或炒面和稀饭,午也一样是旺旺稀饭,晚上是稀饭炒面;并三顿是在清明后霜降前才行,其他时日都是二顿的,有时过初一、十五可吃一顿捞饭豆面汤。总起来看,"好受苦人"工资是不足养一个半人(除自己衣服外,特是今天布贵的时代),工作时间在 12 小时以上,生活是与雇主两样。

月工:工作时间与休息时间与长工同,但是月工往往连雇主给过节的日子也难享受。工资看起来比长工高,每日 1.9 角多(2 个月 11.5 元),但是在"忙月子"春耕秋收时。

短工:也多是按日工资制,因此作息时间同长工一样。但也有按件制的,如摘花是按斤付工资。在打短中,男工给饭吃,女工童工不管饭。天阴下雨是"约息工钱"(不吃饭)、"二息饭"(又给吃饭又给工资),如果满一天,下雨时既不给工资又不给饭。由于本村外村人不管好歹要给饭吃,但高家村外村打短的没有。

随牛揽地打短工的人是干工资不管饭,但工资大一点,牛一人一天 1 元白洋或 1 斗黑豆。

一般短工工资是:战前 5~8 分,合高粱 1 斗多,战后则是 2 角 5 分或 2 升 5 合小米,因此也是减低了。

压花与弹花工人:战前压一斤是 5 厘白洋,弹一斤 2~2.5 分;现在则是压花 2 分白洋,弹花 5 分白洋。都是管饭工,他们吃的一般是比长工、月工、短工好一点。

(五) 雇工伴种和租的比较

关于雇人种、出租的收益比较,我们没有调查清楚一个全部的富农生产,同时也由于没有这样一个一年租出一年雇人的富农,因此也只能将富农们过去雇人种的今天出租的某一段或一垧写出来作为看问题的参考。

1. 出租雇人种花,下平地为例:

雇人种:

一垧种花地耕需 1 个牛工,1 元工资＝棉花 1 斤

一垧种花地点籽打土块的工资和吃 1.4 元＝棉花 1.5 斤

一垧种花地需种子 20 斤 1 元＝棉花 1 斤

一垧种花地需锄 5 次工,5 个工资带吃 3.5 元＝棉花 3.5 斤

---

① 编者注:即"窝窝"。

一垧种花地需上粪 10 驮,合洋 2 元＝棉花 2 斤

一垧种花地需摘花工 4 个(女工或童工)2 元＝棉花 2 斤

一垧种花地切扁担条工 2 个(女工或童工)1 元＝棉花 1 斤

一垧种花地切插干子工 1 个,连吃东西 0.5 元＝棉花 0.5 斤

合计投资共 12 元＝12 斤

他的收益是 50 斤棉、100 斤籽,而他的投资是 12 斤棉花,再加上他们的利息 3 斤 9 两(以 3 分多利计),投资才是 15 斤 9 两。获益减去投资得纯利是 55 斤－15 斤 9 两＝39 斤 7 两(雇主所得)。

伴种则是[50 斤＋5 斤(棉籽)]÷2＝27.5 斤(不减租,地主所得),如果减则是 27.5－(27.5×0.25)＝20 斤 11 两(减租,地主得)。

所以,雇人种要比伙种雇主多得,是 39 斤 7 两减 27.5 斤＝11 斤 15 两(不减租,地主多得)。

2. 租出雇人种的一垧中山地,种谷子为例:

一垧谷子耕需半个牛工,工资 0.5 元＝谷子 1 斗

一垧谷子地上粪 6 驮,洋 0.9 元＝谷 1.8 斗

一垧谷子打土块半个人工,工资 0.3 角＝谷 0.6 斗

一垧谷子种需工资 0.15 元＝谷 0.3 斗

一垧的谷子种子 0.1 元＝谷 0.2 斗

一垧谷子需锄 3 次,工资带吃 2.1 元＝谷 4.2 斗

一垧谷子收割 1 个工,工资 0.7 元＝谷 1.4 斗

一垧谷子收回和打需工半个,工资带吃 0.3 元＝谷 0.6 斗

雇主投资共 5.05 元＝谷 10.2 斗

他的收益是 1.4 石－1.02 石＝0.38 石(雇主所得)。

我们在 1.02 石中没有给雇主算利息,理由是雇长工或月工用不了那么多工资,其次是雇长工可以担水、扫院、喂牲畜、挖粪等,早晚工作来记算,也很难记算出来。

像这样的地租出去可收租 3 斗(最高),因此雇人比租出多收 8 升谷,实际上不止 8 升,而会比此数多。

像这样的地伙出去呢?首先是产量不会 1.2 石,一般讲也只能是一口袋,其原因是谁给地上 6 驮粪,其次耕种都很困难。因此一般可打粮 8 斗(一口袋)、草 80 斤,合谷 0.13 石,共计 0.93 石(收获量)。地主按四六分,则可得 0.8 斗÷10×4＝0.32(一般讲不分草)。

因此,地主所得仍赶不上雇人耕种,再要经过减租则更差了。

3. 以坏山地一垧为例:

由于坏山地大多数是种黑豆,因此我们都依黑豆计算之。

一垧黑豆耕地需人工半个,工资＝黑豆 0.5 斗

一垧黑豆打土块需人工半个,工资带吃＝黑豆 0.7 斗

一垧黑豆锄草需工 1.5 个,工资带吃＝黑豆 2.1 斗

一垧黑豆需种子＝黑豆 0.4 斗

一垧黑豆收割需工 1 个,工资＝黑豆 1.4 斗

一垧黑豆打场需工（1人1天打3垧）＝黑豆0.5斗

共要投资＝5.6斗

收获量：每垧打5斗～6斗，加上豆干子1斗

雇主所得则是7斗减去5.6斗＝1.4斗

租出去呢？最少可得1斗（不减租，地主所得）。

伴种出去呢？佃户可收4斗，为什么这样少呢，原因是"伴"上更不会多打。

因此，地主按三七分则是4斗÷10×3＝1.2斗（不减租，所得豆干子不分）。

地主、富农一般讲这种地不少，反而没有。他们有也多不易耕的，一般出租或者伴出去，再不然就是采取种一年息两年的办法，反而荒着不理。总结起来看，地好雇人种利大（平地、上山地、中山地），坏地自种不十分利大，地主、富农们多采取出租伴种。但是在粮价下降、雇工工资是货币的情形下好地坏地不如出租，但这种年景要少（1929年是如此）。今天是由于敌人扰乱生产，不安心，劳动力管理缺乏，富农地怕损失，也因此出租伴种，不然是不会的。

在贫农方面讲，今天和过去一样，总要为了糊口而租种地，租到好的更好，租不到好的也只好种坏的，不然就得打短工或月工去。

四、役畜问题

（一）关于养牛养驴的收益与消耗

在叙述本村牛驴调查正文之前，先说明牛驴对于农家的收益与消耗。

养牛的收益与消耗要看牛的长短（即测定牛的大小的准确尺度）来决定。依牛的长短分为三种，这三种都是能耕地的，不能耕地的牛犊不在其内，3.2尺以上至4尺余以下的叫调牛，4.5或4.6尺的叫中牛，6尺以上至6.6尺的是大牛。据农民谈：一头调牛一个春季可耕地30～40垧，中牛能耕50～70垧，大牛能耕80～100垧的；除春季3个月外，秋季还可耕1个月至50天，即20～30垧的秋地，冬季可以驮炭，不耕地时可以送粪、拉磨。虽如此，但牛的主要功能在于耕地，"耕"与"驮"最好牛驴使用分工。因为牛驮了东西，腰背轻，有碍耕地，拉磨无妨。过去牛驴有清楚的使用分工，现在驴数大减，故分工使用远不如前。依性别分，有尖牛（公牛）与奶牛（母牛）。在收益上说，公牛耕地力大强于奶牛，但奶牛每三年能生两个牛犊。每头牛每年能积粪30～40驮（每驮120斤）。这是养牛对于农家的收益方面。

养牛的消耗亦同样与长短有别，大牛吃草料要比普通中牛小牛多。据农民们说，一个普通中牛，春季3个月每天吃13斤谷草、2.5斤黑豆料，在春耕完了到秋天之间有3个月至4个月放青时期（放在野地里吃青草）。冬天不驮则已，若驮炭就非喂料不行，即使不驮的牛冬天喂1斗料，可当春天喂3斗料，因此农民们冬季都多少喂一点。以本村农民为例，一般一头中牛一年要喂料3石左右（春季3个月喂2.25石，冬季2个月6斗，其余秋季喂点），一年喂3510斤杂草（豆杆、豆角皮、糜杆、干草等揉杂一起叫杂草），3个月的放青不在内。大牛多一点，调牛少一点，确数未调查出来。

高家村6尺以上的大牛只有1头，3.2尺的调牛也仅2头，其余都是4.5尺的中牛。我们依

已知的数字试作收益与消耗的比较如下,以作参考。

收益方面:4.5 石黑豆的春耕牛工(一人工一牛工耕 1 垧地可得黑豆 1 斗,人工占三分之一,牛工占三分之二,春季耕 70 垧地),积粪 30 驮折黑豆 0.6 石(每驮粪约换黑豆 2 升),1 个牛犊的半价 1 石黑豆,耕秋地 30 垧(每天牛工以 5 升黑豆计算)折黑豆石 1.5 石,合计黑豆 7.6 石。关于消耗方面:每年吃料 3 石,以 3510 斤草(价值白洋 3 厘,合价 10.5 元白洋)折黑豆 2.1 石,每年牛价消耗 0.8 石黑豆(一头牛价 6.4 黑豆,可耕 8 年),夏秋季之间的放青工价 0.2 石黑豆,合计 6.1 石黑豆。故纯利＝收益－消耗＝7.6 石－6.1 石＝1.5 石,合白洋 7.5 元。其他驮炭、拉磨等,可作饲养工资。由此可知,养牛的收益纯利并不算多,不过农民用牛主要不在这里,而在于用牛力于农业生产,因为显然每耕一垧地的牛工以 7 升半黑豆对换是非常之有利的。论对农业生产论纯利,养牛对农民都很有利的,农民们说:"今天牛驴是能喂了,就是没钱买。"

关于驴的收益与消耗更复杂些,难于计算。送粪(现在是主要的)、赶集(即倒小买卖,战前是主要的)、拉磨、驮炭、骑坐,草驴(母驴)三年能生两个小驴,每年积 15～20 驮粪,这是收益;每一头驴一天吃 7 斤草、1 小升料(半大升),即是它的消耗。

(二) 抗战以来各阶级牛驴占有的变化状况与原因

抗战以来各阶级牛驴占有的变化状况可列于表 6-23:

表 6-23　抗战以来各阶级牛驴占有变化表

阶级	时期	户数	大牛	小牛(注一)	合计(注一)	%(注三)	每户平均(注三)	大驴	小驴(注一)	合计	%	每户平均
地主	战前	2										
	现在	2	2			8.7	1	1			13.25	0.5
富农	战前	7	8			27.6	1.14	8			26.64	1.14
	现在	8	7.5(注二)	3		32.8	0.94	3			39.75	0.37
中农	战前	39	19			65.5	0.49	22			73.36	0.56
	现在	42	11.5(注二)	2.5		50.4	0.98	2			26.50	0.04
贫农	战前	26	2			6.9	0.07					
	现在	26	2			8.7	0.07	1			13.25	
雇农	战前	9										
	现在	6										
工人	战前	1										
	现在											
商人	战前	4										
	现在	3						1			13.25	0.33
贫民	战前	1										
	现在	2										

(续表)

阶级	时期	户数	大牛	小牛 (注一)	合计 (注一)	% (注三)	每户平均 (注三)	大驴	小驴 (注一)	合计	%	每户 平均
其他	战前	1										
	现在	3										
总计	战前	89	29			100		30			100	
	现在	92	23			100		8			100	

注一:战前的小牛小驴未调查清楚,故未列入,合计亦因之未填。

注二:现在富农、中农大牛占有中有 0.5 个者,是有中农、富农各 1 户,合有 1 个大牛。

注三:牛的每户平均及百分比中未加小牛,因战前小牛未计在内,不然比例会失真。

表 6-23 的数字表示出:战前大牛 29 头,现在 23 头,减少了 6 头,占战前的 20.7%,是个相当大的数字。战前只有富农、中农、贫农 3 个阶级有牛,以中农居第一(占 65.5%),富农次之,贫农最少;现在富农、中农均减少了,贫农未变,地主阶级有了 2 头,这是因为富农中 1 户变为经营地主,并把这 2 头牛都出租的缘故。抗战以来的变化,减少的实际情形是:敌人杀死 1 头、赶走 2 头,共 3 头,四大动员时怕负担卖了 3 头,由于劳动力减少而出卖的 3 头,偶然跌死的 1 头,以上减少共 10 头;外村移来户带入牛 3 头,生下牛犊长大了 1 头,以上增加共 4 头。

战前全村大驴 30 头,现在 8 头,减少了 22 头,占战前总数的 73.36%,是一个很大的数字。战前驴的占有集中在中农、富农两个阶级手中(前者 22 头,后者 8 头),其他阶级都未养。这是因为战前商路畅通,高家村位于兴县县城与黑峪口两个市镇之间,特别便于倒小买卖,中农、富农多是用驴赶脚而不是用以送粪的。当时 4 户商人所以未用驴者,因为他们多是大小的棉花商人与 1 户赶猪的商人,是用不着毛驴的。现在的 8 个毛驴分布在地主、富农、中农、贫农与商人等 5 个阶级手中,一部分固仍用在赶脚上,但多数却已改在农业生产上的送粪了。抗战以来减少的实际情形是:由于怕支差而卖掉的 18 头,赶集无货物可倒卖而卖掉的 5 头,劳动力减少穷的喂不起卖掉的 2 头,四大动员时怕动员了驴而卖掉的 1 头,敌人杀死 1 头、赶走 1 头,共 2 头,以上减少共 28 头。未变动的 2 头,移入户带来及买入的共 6 头,现在共 8 头。

抗战 5 年来牛减少 6 头,占战前总数的 20.7%,驴减少 22 头,占战前总数的 73.36%,两种畜役减少的差别是很远的。这是什么道理呢?首先,农民对牛驴的依赖程度有很大的区别。"离了牛就和人少了胳膊一样",耕地非牛不行,即使在很困难的情形下农民也不能把牛轻易变卖,所以保存较多。驴则不然,这里驴是不耕地的,战后商路停滞,倒小买卖变困难,而驴以往多是用于这方面的,故环境一变势难保持不卖。其次,是支差上的差别,抗战初期牛不支差,驴必支差。尤其是赵承绶统治时代,驴支差管理办法太不合理,非仅支差多,更坏的是每支一次走得很远,道经一二县,为时一二月。不只毛驴久去不回,更连累驴主也误工很大,所以迫使有驴的人只得大批变卖了(因此出卖的 18 头)。再次,牛耕地是人所不能代替的,而驴的送粪、拉磨等已由农民自己的劳力去代替了。此外,牛驴都减少的共同原因之一是由于现在借贷关系的停滞,战前有些是"借债"或"赊"来的,现在根本不可能了。

（三）关于牛的租出与租入

抗战以来租出租入的情况可列表说明如下：

表 6-24　抗战以来牛的租入租出调查统计表

阶级 \ 时期 项目		户数	租出	户数	租入	形式			备注
						租	合租	伴养	
地主	战前								
	现在	1	2					2	其中1头伙与外村
富农	战前	1	1					1	
	现在								
中农	战前			4	1			3	
	现在	2	1.5(注二)	4	4	0.5(注三)	0.5(注三)	3	其中1头伴与外村人，即其女婿
贫农	战前			3	3			3	
	现在			2	1.5		0.5	1	
总计	战前	1	1	3	7	1		7	
	现在	3	3.5	6	5.5	0.5	1	6	

注一：发生牛的租出租入关系的只有这4个阶级，其他各阶级没有。

注二：租驴的只有1户中农，不另立表。

注三：0.5头牛者是两家合租，共同使用，共同饲养。

上列的表表示：无论何时，地主、富农是不感牛的缺乏，或有牛租出而不需租入的。中农战前现在都租入4头（在为数甚多的中农阶级说来数目是不大的），战前不租出，现在租出1个半牛，这并非表示它牛力的有剩余，而是劳动力缺乏、无人饲养不得已才租出的。其次，贫农一向是缺乏耕牛，依靠租入耕种的。现在比战前减少一半是由于租不到牛，再加上穷得养不起，"人没吃的牛没料"，但租不到是主要的。最后，由上表可知，牛的租出形式不论战前或现在，伴养的形式始终是主要的。

上表租牛形式中所列的租牛与伴养是比较长期的（至少1年）与固定的，可以确知全村数目的。但此外，还有带临时性质的租牛，如"变工"与"贴牛"，这是相当普遍的一种农民自己调剂牛力的剩余与不足的办法，为数很多，关系综错，故未列入表内。现在分别叙述如下：

租牛：承租人出一定额的牛租（1石或2石谷子或黑豆），取得一定时间（一年两年）的使用权。大牛生牛犊及牛犊长大都归牛主取得，承租人不能分有；但牛的损失承租人亦不负责，如牛的衰老跌价、饲养草料很差、过度使用，甚至牛死了，只要有一张牛皮还牛主就算了，即农民所谓"租牛一张皮"。这种行式牛租较其他形式高些，容易使承租人不爱护的使用，牛主也要费力照顾。战前这种形式还有少许的几户，现在根本没有了。

伴养：承租人以一定租额取得一定时间的使用权，这是和租牛一样的。但关于牛的损益，两方各得其半，即牛主先将牛折成一定的价钱然后租出，牛衰老、牛跌价、牛死亡以及大牛所生牛犊的死亡，都须由承租人赔偿一半；相反，牛生犊、犊长大、牛喂好了牛价高些涨出了原定折价，都由两方各分一半。这种形式两方都很愿意,承租人可以分益,必然尽力爱护饲养,牛主亦可保障不受损失,少关心些。这种形式对无牛的农民是有利的,常常可以得牛犊,由无牛变成有牛的农户(牛犊长到两岁折定价格,要牛者付半价与另一方,这种要牛要钱的优先权属于承租人)。这种形式比较稳定,在习惯上时间也较长些(至少2年),战前就很普遍,现在全是这种形式了。

租牛与伴养的交牛租一般是交粮食,但近年来由于劳动力的缺乏,而牛主要求以力役代替粮食的已经有了。本村出租的3个半牛,1个交粮食,半个交草料,2个是以力役代租。其一是一人一牛为牛主耕10垧平地(一垧一天折工价白洋10元),另一两方是亲属关系,耕地数目不详。

带短期租出性质的"换工"与"贴牛"是这样的:换工是牛主人力缺乏,一人随一牛为人耕地1天,对方即为牛主做工3天,因此,实际上是一个牛工换得两个人工。牛的草料由牛主自给,人的伙食也都是吃自己的。由于绝大多数是小生产单位,无牛的农户自然是需要人工变进牛工,有牛的农户牛力有余,也需要以牛工变进人工。这种互变形式牵涉了很多很多的庄户人,在春耕前后常常是以牛力为中心而组成二人三人的劳动互变互助的组合,这是值得予以注意的。"贴牛"在高家村农民们都叫"雇牛",即是人工随牛工为人耕地换进白洋(山地1垧价5角、平地1垧价1元)或牛料(每天换得黑豆1斗或1斗2升)。不管"变工"或"雇牛",牛主都是人随作牛去为人耕地,因为他惟恐别人过度使用牛力,于牛有损,到万不得已时(如支差或其他婚丧大事等),才惋惜地让别人用自己的牛耕地。于此可见,农民对牛是爱护备至的。

高家村所有的耕牛,除2户富农与2户中农的牛力全用在自耕土地上外,全都参加了这种"变工"与"雇牛"。以牛工换草料的最多(有8头牛换草料,而且每头都在换工20天以上),"变工"的居次位(有6头牛换工,每头在换20天以上)。这样的变来变去、换进换出,构造了农民们在劳动力面交互使用的复杂脉络。

(四) 抗战以来各阶级土地使用与牛的占有的比较

兹将两项比较列于表6-25:

表6-25 抗战以来各阶级土地使用与牛的占有比较表

阶级	时期	土地使用(注一)	牛的占有	占有的牛可耕地垧数	牛力的剩余与不足	备注
地主	战前	4				
	现在	$27\frac{1}{6}$	2	140	+1.61	
富农	战前	$263\frac{2}{3}$	8	560	+4.24	
	现在	$279\frac{2.5}{3}$	7.5	525	+3.52	
中农	战前	1260.5	19	1330	+1.00	
	现在	$1055\frac{2}{3}$	11.5	805	-0.85	

（续表）

阶级\时期	项目	土地使用(注一)	牛的占有	占有的牛可耕地垧数	牛力的剩余与不足	备注
贫农	战前	432.6	2	140	−3.88	
	现在	315.3	2	140	−2.50	
雇农	战前	24.6			−0.5	
	现在	12.6			−0.17	
工人	战前	6				
	现在					
商人	战前	12			−0.17	
	现在	15.6			−0.21	
贫民	战前					
	现在	8				
其他	战前	0.5				
	现在	3.2				
总计	战前	2004	29	2030	+0.37	
	现在	1717.5	23	1610	−1.53	

注一：牛耕地平地与山地没有什么稍大的差别，因此这里土地使用和本村材料的其他□□□。

由表6-25可知：战前本村总计牛力略有剩余，现在则使用土地虽已减少了，而牛力仍感不足。其次，地主剩余牛力多是出租；富农或出租，或增加耕地次数，提高耕作水平；中农战前稍有剩余，现在不足；贫农一贯是缺乏牛力，解决的办法是"租牛""伴养"或"换工""贴牛"，一切这些活动都归无效时，最后只好大大降低耕作水平而干脆不用牛力，无牛耕种而用"安"以代替了（"安"是不用牛耕种，而只需人工把地挖一个孔放种籽在孔内，"安"法又分几种，请参看考[考看]后面"耕作技术"部分）。

五、政权问题

(一) 各阶级政治态度的变化

1. 战前到现在高家村政治环境演变简述

战前高家村是一个较大编村的主村，现在是行政村所属之自然村，过去均为编村之构成部分。民国初年以来，村政权都掌握在地主与富农阶级手中，他们的代表人物为白兴连（地主）、白凤山（富农），村长"不归甲即归乙"，由他们两人轮流充任，20多年来一贯如此。

据说只有在1935年发生过一次较大的变化，白怀富（富农）上台当了村长，白世满（富裕中农）当了村副，实际上只不过是地主、富农内部中间的一种波动而已。一年以后白怀富等仍被挤下台，白兴连再度登台为村长。地主、富农就这样长期地稳定地统治着高家村。

抗战开始,八路军开到了晋西北,战地总动员委员会(战总会)、牺牲救国同盟会(牺盟会)成立,进步势力开始由上而下企图改造旧的政权。高家村当时也成立了战总会及牺盟会,村长也破天荒由上面委外村人来充当,但除开委派来的村长高光宗是外村人,此外村副仍由白兴连充任,一切与从前差不多。1937 年以后虽迭次改变村长,而村副则仍由白兴连、白尚利(富农)充任,实质上没有什么改变。战总会主任定原是闾长的富农白建纲任主任,因此也未发生应有作用,如像其他一些地区的战总会一样。

牺盟秘书当时是一个进步分子(中农白日暐)担任,但因为旧的力量很大,只是一个进步的组织也就孤掌难鸣。而当晋西北反共逆流开始,富农白尚利参加了突击团做了高家村村团长以后,高家村仅有一点的进步力量也受到排挤,而不能再公开维持下去了。

可以说,1940 年以前高家村政权是牢固地掌握在地主与富农两个阶级手中。当时的农村中另外两大阶级——中农与贫农,在政治上从来没有获得任何的权利,他们长期的不得不蜷伏在地主、富农执掌的政权之下,任其宰割。

1939 年底发生的晋西事变改变了晋西北原有的面貌,推翻了旧的统治,摧毁了旧的政权。新的进步的力量登上了政治舞台,小商人赵建仁(党员)当了村长,贫农白旃明(党员)当了村副,贫农白祖成(党员)当了村书记,长期处于游民边地位的贫农(后一时期为中农,以后将论及)一跃而成为新政权的执掌者。

在 1940 年上半年四大动员时期,地主及富农阶级从长期统治者的宝座上掉下来,变为被统治者。四大动员政策纠正以后(1940 年 7 月以后),党的正确政策继续推行,也就陆续澄清了四大动员时所引起的混乱现象。1941 年 7 月,各地进行村政权改选运动,基本上确立了民主制度。在这以后,晋西北根据地政权与其他各抗日根据地同样,成为抗日的各个阶级联合的政权,即新民主主义的政权。特别在 1941 年公粮征收政策宣布与执行后,从事实上证明新政权是维护一切抗日阶级的,因此地主、富农在 1941 年公粮征收后对新政权的认识有极大的转变。

战前到现在政治环境的剧烈演变直接影响了农村各个阶级政治态度的演变,各个阶级不仅在事变前事变后之间的政治态度不同,即在新政权成立以后各个时期其反应也不一致,根据我们调查所得材料,下面我们叙述到。

2. 各个阶级政治态度的演变

新政权建立以后,在下列三个时期中,各个阶级的政治态度均各不相同,分述于后:

第一时期,四大动员时期,从 1940 起到 7 月慰问团下乡为止。

地主阶级在这一时期中不仅在政治上失掉了过去统治地位,而且在经济上遭受极大的损失。如高家村的白兴连,在四大动员时出了 10 大石谷子公粮、260 斤棉花、白洋 15 元、法币 150 元及银簪等。过去一向是居于压迫者地位的冯家庄地主王初上出了 20 石公粮及银簪等,并在夏季扫荡时给八路军 358 旅捆绑后出了几石粮,损失不少东西。地主阶级在这一时期对新政权抱仇恨态度,他们迫切希望旧军回来,对抗日他们是这样的表示:"来了还不是一样出粮食出钱。"白兴连等还渴望新势力很快垮台,希望仍旧登上统治者的宝座上去。

富农阶级户数比地主多,遭受损失比地主还大,公粮、献金如五月刨粮以及募捐等,他们都是最多的负担者。与旧军有关系的富农白棒连全部家产被没收,西坪 1 户富农出了 80 多石谷子。1940 年高家村"代租地",富农有的地被代租出,有的被迫而"自动"租出好地,加以当时干部们采取了某些酷刑来对付富农,促使富农阶级对新政权与地主阶级立于反对方面。他们一方面希望旧军回来,另一方面他们也认为日本军队不会比新政权更可怕,"大不过出粮出钱"是他们对民族敌人的认识。富农在这一时期当中,他们与地主不同的是运用了各种权变之术来收买干部(如白建纲、白怀富、白棒连收买村干部等),来缓和对他的压力。如叫他出什么就出什么、要多少就出多少,以及他们"自动的"对贫农、雇农让步(白凤山分地给白根照、白侯小,白怀富分地给白王女,白建纲自动减租),他们用这些方法来分化新的阵营,来削弱直接对他斗争的群众。应当承认他们是有某些成功,如群众对他们的遭受表示同情等。

中农阶级在新政权建立的初期,政治上他们还未取得什么,经济上反遭受一些损失。中农中的富裕中农在这一时期与地主、富农受到同等的待遇,如白世满,有的被压迫逃亡了,他们的政治态度与地主、富农差不多的。一般的中农受四大动员影响,不少卖掉耕牛,减缩了面积,他们虽不如地主、富农那样仇视新政权,但对新政权认识是极其模糊的,态度上很冷漠的,存在于他们中间的是对时局的不安与恐惧,对于混乱环境的忧虑。

贫农阶级在这一时期不仅政治上获得了从来未有的权利,经济上也得到了不小的利益,如分得好地、使得地主有所让步等,他们是无条件站在新政权方面的。但这时期的后一阶段由于纠正政策过大,如退回分地给贫农们浇上一头冷水,因此贫农在后一时候大大失掉了初起时的志气。

其他各个阶级,如小商人、雇农、贫民等,在这一时期他们的政治地位改善了,有的登上了政治舞台。此外,由于执掌政权的贫农阶级一般能够代表他们的利益,因此他们对新政权是拥护的。

第二时期,从1940年7月夏季扫荡后慰劳团下乡起,到1941年10月公粮征收这一时期,即开展纠正四大动员的错误政策到公粮征收正确政策执行的时期。

夏季扫荡被粉碎,新政权更趋于巩固。

地主阶级看见了新政权趋于巩固,特别120师坐镇晋西北,打碎了他们的旧军复回、旧政权恢复的美梦,夏季扫荡中敌人残酷的烧杀行为证实了"日本人来了还不是完粮纳税"的一种梦想,保护他们的不是旧军,同样也不是日本军队,客观条件也已促使他们改变第一时期所抱的态度。另一方面,慰问团下乡发还被没收者的土地,以及士绅会议召开等,安定了地主阶级恐惧无措的心理,也就改变了前一时期极端仇恨新政权的态度。但这一时期中,对于地主政策还不是真正的彻底的自上而下的转变,与各个阶层直接接触。村干部们对于地主仍或多或少采取歧视的态度,因此地主阶级对于新政权仍存在着怀疑,存在着不安。新政权巩固了,他们已经认识到,希望在政治上经济上不遭受危害,是第二个时期中他们的态度。

富农阶级在这个时期的政治态度与地主基本一致的。如果有不同的地方,那就是富农对生产热情大为提高,如买牛、买羊、买地,对于新政权侵害比地主要求高一些,一部分在这时候参加了新政权,因此在政治上活动(合法活动)。在这一时期末尾,即已经个别出现。

中农在这个时期政治上比贫农更活跃,村政权特别在自然村政权主要掌握在中农手中。由于政治关系,中农在经济上也获得某些利益,如租得好地少交租等。他们是新政权主要组成部分,也是维护新政权的重要力量之一。中农中的富裕中农,由于干部们还把他当作"老财",看他们态度也不同于中农,而更趋近于富农。

贫农在一时期大部退出了政治活动范围,中农代替了他们位置。他们经济上获得了利益,这些利益是新政权给予的。他们参加政治活动减少基本是由于生活穷苦"误不起工",另一方面中农是能代表他们的利益的。他们对于新政权仍是拥护的,但由于发还耕地浇了他们一次冷水,及新政权不够健全,在抗战勤务支差问题上处理不公平,使颇大一部分贫农感到失望,对于新政权态度冷淡,也是事实(具体表现于对村选不关心)。

其他阶级,如小商人、贫民等,他们对新政权在这一时期中表现较为冷淡不关心。新政权没有什么具体利益给与他们是他们对政治不关心与冷淡的主要原因,但对新政权他们基本上是赞助的。

第三时期,公粮征收以后正确政策继续深入推行时期。

地主阶级在这一时期由于他们在负担上没有无限制的恐惧(公粮征收不超过收入30%,一年一次),政治上也认识到新政权不是完全排斥他们,如区选。如果说前一时期他们还存在着对新政权怀疑恐惧,而现在则恐惧没有了,怀疑成分也大大减少。政府法令中有限制他们的地方(收回地必须自种),他们也敢于提出问题,并希望政府修改这些法令。这一时期地主阶级政治态度较第二时期有显明的改进,如果在政策法令上更加贯彻深入,则无疑他们对新政权态度会变得好些。

富农在这一时期不仅生产上很努力,如参加政府、提倡水利建设、扩大种棉面积等。当然,去年征收公粮时的标准田及村摊款,使他们还有"捉大头"的感觉。在政治上较前一时期更活跃,参选及区选中,他们为自己的候选人竞选,他们是明白的承认了新政权,他们在新政权下面,经济上已得到保证,进一步想钻进政权中来。现在他们占有的位置不大,而他们是渴望能取得适当位置来保护他们的利益。如果团结各阶层正确执行,他们无疑是支持新政权的力量之一。

中农基本上仍是拥护新政权的,但1941年公粮中农负担较重,政府向他们要的多、给的少,因此较大一部分中农对于新政权表示冷淡。中农与贫农是农村两大阶级,是支持新政权的基本群众,他们中较大部分在政治上所持冷淡与不关心态度,自然也就影响到今天新政权的健全巩固。高家村这一点来看是非常清楚的,积极执行政府法令者很少,对于负担抱怨则很多,甚至于其中一部分对于军队游击战术表示讽刺。这当然不能说他们对新政权态度坏了,但应当承认这一部分(不小部分)中农政治态度是不正常的,今天仍然存在也是事实,值得我们慎重注意。

贫农是在经济上所有阶级中享受利益最大阶级,对新政权一直拥护的。如上所述,由于减租犹未深入普遍,因此犹未表现出他们对新政权的最大关心。从区选以及参选上也可以看出来,他们不仅参加人数不踊跃,对于怎样在选举中保证自己阶级当选及保证基本群众当选,从而保证他们利益继续获得,这一类的活动在中农中间可以看得见,在贫农层则一般很少。

其他阶级,如小商人、贫民、雇农等,他们负担很轻,又不受什么压迫,特别贫民阶级,政府对其种种帮助,他们对于新政权当然是拥护的。

总结起来看,地主阶级在新政权成立以来从极端仇恨态度转向为怀疑恐惧态度,而新政权政策从1941年公粮征收开始后,直接影响他们的政治态度转变,今天对于新政权他们虽感到某些不足,但基本上他们是赞成新政权的。富农阶级与地主阶级政治态度转变大致相同,他们对新政权所抱态度较今天地主阶级更积极一些。中农与贫农是新政权的主要支持者,但维护他们的政策法令未贯彻未普遍执行,因此他们所显现的活力还不大。其他阶级由于负担普遍很低(有的不负担),对新政权是拥护的。与中贫农同样,在群众运动未深入情况下,而他们也未显现出对新政权的更大热忱来。

（二）村政权

新政权于 1940 年建立，但民主政权确立还在 1941 年 7 月村选以后。

1. 村选后村的政权组织

国民大会为村的最高权力机关，国民大会产生村长。村代表会（各自然村公民选出各自然村村代表，各自然村代表组成村代表会）为国民大会闭幕后最高权力机关，村代表会产生各委员会会长及委员。村长与各委员会组成村公所，为村政权的执行机关，村公所书记由村代表会聘请。通讯员 2 个，由村公所雇用。村公所之下为各自然村主任代表（闾），主任代表各辖 1~2 个代表，每个代表各管 1 个公民小组。

全行政村各公民小组公民构成国民大会。村公所所属委员会为：民政委员会会长 1 人，委员 4 人；财政委员会会长 1 人，委员 5 人；文化教育委员会会长 1 人，委员 3 人；建设委员会会长 1 人，委员 5 人；粮秣委员会会长 1 人，委员不详；锄奸委员会会长 1 人，委员 4 人。除上述各经常委员会外，尚有下列各种临时委员会：村选指导委员会主任 1 人，委员 2 人；减租评议委员会主任 1 人，委员 4 人；公粮评议委员会主任 1 人，委员 4 人；村款评议委员会主任 1 人，委员 4 人；春耕委员会主任 1 人，委员 7 人；水利委员会主任 1 人，委员 4 人；卫生委员会主任 1 人，委员 3 人（内副主任 1 人）。

2. 村政权工作

村政权的执行机关是村公所，村公所的工作就是村政权工作的主要部分。为了明晰起见，先叙述各个委员会的工作，然后叙述村公所村长等的工作。

（1）民政委员会

民政委员会工作按行署规定是非常浩繁的，是管理行政村居民的一切民事诉讼调解及关于地亩、户籍、减租减息、优抚、救济、抚恤、卫生、禁烟、婚姻、空舍清野等事宜。在高家村，上述这类事情也确是不少的，但民政会长本人居住在外村冯家庄，委员 5 人中主村中虽有 2 人，实际上没有做过什么事，整个委员会成立以后，直到现在没有开过一次会。民政会长除开行政村召集扩大干部会外，在民政工作上与村公所没有什么联系。实际上，一切有关于民政委员会工作完全由村公所办理解决。群众间发生事件属于民政范围的，除找村代表外，均直接找村公所，没有谁去找民政会长及委员会的人的。民政委员会没有负起责任，村公所解决问题草率很多，人民发生违法事件不找到村公所来的，也就没人去管。如像高家村地主白聪儿强夺佃户裴仓儿的地，原因为去年裴原依二五减租，未减成，同时因为伤寒病荒一些地，结果 12 垧好山地被夺走（去年还夺走 1 垧水地），政府始终未过问。

（2）财政委员会

按行署规定，财政委员会职权为管理村财政预算决算及村款摊派与开支、田赋等事宜。财政委员会与民政委员会一样，成立以来到现在没有开过一次会。除村款摊派时会长到主村参加两天工作及在买卖土地押契上盖了几次图章（押契以后都由村公所管理），此外没有看见任何工作。

（3）建设委员会

建设委员会管理项目不少于民政委员会，凡春耕秋收、农田水利、修桥筑路、植树护林、合作社、手工业及农村副业之发展事宜,均属之。建设委员会是一个名义组织,不起什么作用。会长白建纲本人对建设工作则颇为积极,他是高家村合作社理事会主席,对于合作社建立与推进颇有影响,高家村水渠修筑由他主要负责。合作社准备最近举办织布训练及提倡妇女纺织,在居民有好的反映,但因为需款颇大尚未实现。

（4）文化教育委员会

高家村本村有一所初级小学,除高家村外,赵家川口今年成立了一所小学,文化教育委员会对于小学方面没有什么关系。比方高家村今年小学开办3天,上面就把教员调走,因此停顿下来,一个多月以后才新派了一个教员接任。因为扫荡关系没有立即复学,新教员住了几天又告假回家去住,他虽没有得到任何人的批准,只走后写了一封请假信给区的文化教育助理员,一直到6月,没有回去,学校也没有开学。而半年来一切教员开支则均被照数领去,没有谁来过问,也没有谁办过干涉。高家村教育基本上是区在管理,村文化教育委员是一个完全空洞的组织。

（5）粮秣委员会

专门管理公粮公草征收、保管及支付事宜,他们主要工作是公粮公草支付,会长负全责,委员只是列名而已。公粮公草支付是一个繁重工作,川地如高家村那样的村庄,每天有机关部队人员来往,公粮支付也就是每天都有的工作。此外,如上级集中粮草时,也经由他分配到各自然村,月终时又必须集中各自然村粮票,送与区粮秣助理员。粮秣会长工作繁重,故规定为脱离生产(村级只村长、书记脱离生产)。高家村粮秣会长在办理粮秣问题上能力较差(识字少、不会打算盘),因此主要工作均由书记帮助办理,他们不少时间则花在村公所其他工作上面。

至于各种临时委员会,有的是能起作用,有的则实际上是虚设,兹分述于后。

（6）村选委员会

村选委员会由政府与群众团体共同组成。在村选时,一切工作的推动进行主要是区干部协助,村选委员会各个委员则均一般的参加了工作,上级干部包办工作仍存在(以后还要论及)。村选委员会独立进行工作表现很差,但还算临时委员会中有工作的一个委员会。

（7）减租评议委员会

减租工作在公粮征收以前主要是为了配合公粮征收,高家村当时成立了一个减租委员会,一共进行了5天的减租工作,只管高家村主村。其次序如下:

第一天,佃农大会,到会20余人,如全到齐,有30余人。由农会秘书、减租委员宣布政府减租新办法(二五减租,租额不超过三七点五),会后要各个农民登记土地产量、租额。

第二天,地主会议(夹杂有些佃户参加),有二三十人,地主只到了六七人,均是本村地主,如白凤山、白建纲、白世满、白怀富、白留富等,宣布减租新办法,地主未讲一句话。

第三天,召集地主佃户会议,实报收成,由佃农报到了三十多人。

第四天,由减租委员会(实际上公粮工作团干部也参加)将减租量算好后,召集主佃双方宣布减租额(一律按二五减租计算)。

第五天,所有减租额均算出,召集主佃双方宣布数字,征求大家校订,没有一人发表意见。主持人征求意见时,下面回答是"对",这样就结束了减租工作。

委员会除主持进行了这5天工作外,没有做其他的宣传解释和深入动员工作(党支部发动了4个党员,做了两天宣传工作,因正处秋收,只晚上读一读。而自减租与公粮开始会议很多,老百姓没有什么剩余时间来接受宣传意见,因此既不普遍也不深入)。

减租在群众中一般没有照宣布数字减去,他们自己用习惯方法少交一点,不少一部分农民与地主(本地租佃户)互相包庇,根本未减租(详见减租状况)。减租工作及减租委员会5天会议以后就都停止了活动,因此在群众中没有什么影响。

(8) 公粮评议委员会

各自然村设评议委员,由各公民大会选举,实际上是家长会选举。支部对于评议委员会委员均未事先布置,但选举委员是选"好的公道的"为原则。虽然支部有这样布置,但自然村评议会为村干部所包办不少,村干部以外的委员都不起丝毫作用。高家村公粮数字修改就没有经过评议委员会,而由区干部私自改了。评议委员会不起什么作用,一切工作由上头干部由工作团包办,老百姓也知道。村干部以外的评议委员一面不得不勉强当傀儡(开会不能不出席),另一面也心存不满,自然不会做什么工作。老百姓们除全力注视干部们活动外,他们自己推选出来不起作用的评议委员,很自然的变为"漠然视之"了。

(9) 村款评议委员会

村款评议委员会除全行政村成立1个外,各自然村亦均成立有同样的组织。行政村村款评议会主要决定各自然村摊派分配,自然村村款评议则主要是决定每户应摊多少分。各自然村村摊款评委会大部由村干部包办,选举委员又多为地主、富农及富裕中农(村干部叫老财)。"老财"参加评议会绝不是村干部们认为他们公平合理,而是为了请他们坐到主席台上,堵住他们的嘴,让下面群众来评议。白棒连(高家村评议员)说:"我的摊款分数是别人举手通过的,我当了评议员就不能讲话。"白世满(高家村评议员)说:"还不是让人家举手通过。"在负担问题上,村干部们常玩这样的把戏。在村干部们看来,"老财"应当多出一些,他们讲道理讲不过"老财",但可利用群众一致愿意"老财"多负担的心理,于是把他们选到评议会中来堵住他们的口,不使其替自己辩解,只消布置一个人把"内定"的分数提出,就可保险举手通过的。

(10) 春耕委员会

这是一种全行政村的组织,由行政村扩干会议上选出,除1个富农外,余均为村干部,村长兼委员会主任。因为翻来覆去总是村干部这些人,没有起委员会应有的作用,选出的富农1名只选出时有他的名字,以后概未见其活动。

(11) 水利委员会

这个委员会工作本来是可以由建设委员会担任,而不必要"另起炉灶"的,因为县府规定要另外成立,高家村行政村也成立这样一个委员会,名义上是行政村的组织,实际上只管高家村自然村的水利事宜。水利委员会的工作是所有委员会中自动性最强、最有实际内容的一个委员会,没有政民干部在这里面包办(除主任为建设会长兼任外,余均为对水利有兴趣有经验的村民参加),成为一个最带群众性的组织,能真正罗致一些人材,这是工作能进行、有内容的主要原因。在今天,我们认为像水利委员会这类的组织应特别发扬的。

(12) 卫生委员会

一共成立了两次。第一次是5月新县政府下命令组织,在春耕会议上选出下列几人担任:主任村长白旆著,副主任书记白枝多,宣传白枝多,组织白侯提,动员白旆照。成立以后没有什么工作,也没开过什么会。5月11号住高家村的新军总指挥部推动村公所进行卫生运动,重新召集了一个群众会,产生新的委员会,区上由民政助理员参加。组织略有变动:主任、副主任、宣传股、捕捉股(老鼠及虱子)、警察股(防止汉奸投毒)、组织股。委员会成立后,村长宣布委员会不是空架子,要有工作,要从明天起开始工作。实际上,除新军总指挥部进行了全村大扫除外,由委员来主持的工作是一点也没有的。

各种临时委员会,除水利委员会外,主要组成分子均为村的政民干部,一般作用均不大,未能真正做到吸收各种人才参加各种工作。虽然每个委员会都有一些不是政民干部人员参加,但大部分是挂个牌子,像村款评议会一类的委员会,简直违反了各种委员会成立的本旨。

从上面各种经常的与临时委员会来看,可知由委员会来进行的村政权工作是非常少的,村政权工作主要执行者是村公所的村长、书记、粮秣会长,3个脱离生产的工作人员,他们3个人是村公所真正构成者。村长又是工作的主要执行者,重要的事情都是由村长一个人唱独角戏支应全局,形成了村政权完全摆在村长一个人身上的实际。因此,村长的好坏就与做工作的好坏十分密切的联系在一起了。

村公所全部工作,根据我们调查所见,可分为经常工作与较大的中心工作(季节性工作及行署规定中心工作)两种。前者为支差、粮秣的支付、村款摊派与支付、填表报告等,后者为春耕、公粮、减租、村选等。

首先我们谈村的经常工作:

最多最忙成为村经常工作之一是支差。高家村位于平川,是主要交通孔道,附近机关部队不少,无论在战争或平时,支差一般较繁重,村公所没有一天没有支差。像在去年,这儿还设立一个甲等交通站,站长脱离生产,村公所轻便得多;但今年即改为乙等站,由村长兼站长,至此以后支差工作成为村公所日常最多的工作了。

小的或最急迫的支差大部分由高家村3个间负担,附近村子也较多,一些较大的动员时,则照顾到平时负担少的村庄多出一些。但村公所没有一个完善支差办法及记事册,根据我们的调查,支差是很不平衡的,特别是赵家川口,因为村长"吃他不下"[①],它的支差是比较轻的。这样不平衡也就是不公平现象,不仅表现于自然村与村之间,也表现于自然村内间与间之间。高家村主村支差,除书记及村警知道外,谁也弄不清,其他自然村是主任代表派,不公平。不合理的事实是随处都可发现一些。在区选时召开村代表会上,支差问题是第一个争论中心,除了作出空洞的调整各村支差决议外,仍没有确切合理办法订立出来。从支差问题上看,村长好点就会公平合理一些,村长坏一些则不公平合理现象自然也就免除不了。

村的第二个经常工作为公粮公草支付。高家村每天同样也往来短不了过往机关部队人员,公粮公草支付异常繁多。高家村这个工作过分繁重,使不脱离生产的粮秣小组长无法应付。因此应运产生了一个招待员,由全高家村自然村每一劳动力每月出米3两供他生活,由他一人与粮秣委员发生关系,负责零星过往人员粮草支付工作。这样脱离生产人员在大川村子差不多有1个,而在政权脱离生产人数中,本没有他们名额的,老百姓谁都愿意有这样一个人存在,因为如果没有招待员,劳动力一般较少的人家轮到当招待员时,也都会误工太多误不起的。招待员在平川村庄中实际上是少不了的一个合理工作人员。

---

① 编者注:当地方言,即"调动不了它"或"对它没有一点办法"。

平川公粮在征收后大部分很快拨出(怕敌人掠夺),留下的也因敌情关系不能集中,平川过往人马较多,粮秣工作自然也零碎麻烦。但虽然如此,村的粮秣工作一般说做得均较好,毛病出得很少,办法也比较好。如支付公粮,收来粮票、草票,月底即解往区,不能留存村公所。因此,粮秣委员脱离生产是必要的,就平川而言。

村的第三种经常工作征收村款。村摊款分数决定后,每月要征收一次。后来因为有麻烦,虽一次征收 4 个月,但因为村款还没有严格规定征收办法与数量,常有新的开销加入进去,老百姓又不是一次交清楚,因此自然村代表忙着收款收粮,行政村也忙着算账收账(收记收款收炭等)。

村的第四项经常工作为解决居民间发生的一切纠纷。但因为区公所也在这儿,不少的事经由区公所解决,所以还不算太忙。

村的第五项经常工作为填表报表等。上面来人谈话,村公所除了支差、支付公粮公草、算账外,填表报表、与上级来人谈话也是很多很麻烦的。现在不仅自卫队要造表,锄奸小组也得造表,村代耕队要造表,优抗济老要造表,春耕调查要造表,造表的事非常之多,每种表也都有阶级成分、文化程度等数字的许多复杂项目。文化水准本来不高的村公所几个工作人员对于他们这个工作是相当之重,而且往往是吃了力不讨好的。

此外,送信跑路事情也很多。高家村有了区公所,有了抗联,还有区武委会,送信来往的事也经常有,这些区的机关组织在这方面对于村公所爱护不大够的(以后要讲到)。这样不仅是村公所村警事情多,高家村的老百姓也因之误工不少。

村的经常工作简单讲来就是如此。

(三) 村的较大的中心工作

村政权自从去年改选以后,进行了几个较大的工作。我们收集材料是从去年村选开始,因此我第一个谈:

1. 村选工作

村选于 7 月开始,由旧村长及群众团体共同组织的村选委员会来主持村选工作,县里面派了一个干部来指导,区里也有两个干部参加,其中一个是区委书记(区书记是以区抗联工作人员名义参加,老百姓及村干部都叫区上来人为区干部,不管是政府或群众团体,他们都是不分的)。

村选步骤如下:

第一步为进行扩大宣传。

第二步为登记公民。

第三步,各自然村选举代表。

第四步,开国民代表大会选举村长。

第五步,开村代表会,选举各委员会会长及委员。

扩大宣传与登记公民步骤有先后,实际上是联系在一块,很多宣传工作都是登记公民时进行的,在群众会上关于村选宣传与登记公民时的个别宣传,后者生效还大一些。

但村选的宣传工作一般还是通俗深入,宣传了村选举以后,老百姓的反映大多数是以为又在进行"整理村范"了。

公民小组有什么原则编制?编制实际状况怎样?因为村选材料完全遗失,事后调查亦无更清楚可靠的材料,只大概的知道 20~40 人编为一个小组,各自然村有多少公民小组,在自然村公民大会上即可选出与公民小组同数目的代表,选出的代表再分工去领导一个公民小组或代表一个公民小组。

在高家村自然村村选后,公民小组是采取自由结合为原则(即不限于本间公民与本间的其他公民组为公民小组,而是全自然村公民混合组成若干小组)。但一开始这个原则就行不通了,据说这是因为大家都还不习惯。于是改为在间的范围内各自组织,每间组成 3 个小组。而事实上从此就没有开过公民小组会,代表再也不知道他代表哪个公民小组,而公民也不知道哪个代表是代表他们小组这回事。

村选所规定的村基本组织形式——公民小组,没有清楚的划分与认真的发挥公民小组作用(哪怕是家长会议),客观上把代表及由代表推选出的主任代表(3 个代表以上可推主任代表 1 个,但只有 2 个代表自然村可推选主任代表 1 人),形成只不过是间邻长的新式化名,从工作及作用上看来简直无啥差别。只看见主任代表及代表们代表村政府在村里叫老百姓做各种工作,没看见代表们运用公民小组收集公民意见反映上去。代表只是代表政府办事的,不是同时又代表公民利益的,这是高家村村选后实际存在的情形。

代表的产生前面已经讲过,不是由公民小组直接选出(行署规定),而是按公民小组数目由全村公民大会直接选出,然后再由代表们分工,各管理一个公民小组。代表的撤换也不是他的公民小组不同意时即撤换,必须经过公民大会来撤换。代表产生办法不能深刻的使公民小组公民们意识到有一个代表代表他们利益,而罢免代表办法又是使公民小组无法充分运用其民主,因为即使他们全体不满意的代表,而自然村公民大会不通过撤换时,也只好"徒呼奈何"而已。区村干部中有人认为全村公民大会来撤换代表是最能防止"捣乱分子"操纵代表(意见是一个公民小组内坏分子较多,可以任意撤换好的代表及任意选举坏的人充代表),这种事实就无论是否存在,但一点可以承认的,即各个阶级各种不同信仰的公民他们都有权利选举他们的代表,代表他们的意见与利益,决不能采取少数服从多数,而压制他们的意见与忽视他们的利益的。

国民大会是在高家村举行的,有 800 多个公民参加。候选人由群众团体提出了 5 个人(党支部布置提出),5 个人当中白旆著(富农)、赵旺芝(富裕中农)是村长的主要竞争者。

国民大会上村长选举有热烈竞争与冷漠不关心两个方面。

在赵旺芝与白旆著互相竞选中引起一些方面较大波动,这与过去争取村长的历史也有联系的。过去高家村行政村(编村时代也同)是两个大村子互相竞争村长,即高家村与赵家川口,高家村一向又是处于优势。在 1940 年赵家川口人当选了村长,因此村公所也设到川口去,那些时候村公所所在地的村子是占一些便宜的。这一次村选虽在进步势力起来以后进行,但还没有改变过去两大村庄竞选局势。打垮了的富农们自己虽不敢上台,但寻找代理人的努力还是有的(如白建纲活动、白日新登记)。但群众团体提出的两个人选压倒他们,特别是白旆著,村干部与党员们到处替他合法非法地进行活动(以后当讲到),高家村附近一带村庄一向又是在高家村领导之下的,使白旆著占有优势。但赵旺芝也不弱,他有拥护高家村以外的一些村子拥护他。

富农们看见自己力量不够,他们改变目标,高家村的富农们大部投票选举赵旺芝(因为白旆著与进步力量在一道的)。而赵家川口富农们又投票选举白旆著,因为白本领很差,约束不住赵家川口。赵旺芝相当能干,他如果登台,赵家川口对支差这些问题不会有什么便宜占的(后来事实也证明白选出后,赵家川口在支差问题上是占很多便宜的)。

群众团体这样布置,富农们这样活动,使村选村长选举紧张起来。党员的活动以及赵家川口转向白旆著,女党员任秀英在妇女选民中活动为白旆著竞选,也是白得票较多主要原因之一。于是赵旺芝落了选,这是村选中热烈竞争方面。

另一方面,800多个参加选举公民投票,选举村长的名单竟有100多人,选举不限于候选人名单。当选为村长的白旆著只100多票,占全数四分之一不到,由此可以看见选民们对于上述热烈场面参加是不踊跃的。无论是男选民或女选民,他们还没有了解及要求选出一个怎样人来为他们做事(除少数的党员及进步分子知道应选谁人外)。

国民大会只选村长以及选民们对选举认识与要求模糊,使得多数公民把村长选举看作人事上的更迭,未能引起深刻的印象。老百姓村选反映"还不是由干部说选谁就选谁,选出来的都是老样子,是旧人(指旧日做过村工作)"。

村代表会在大会一月以后(9月11日召集),在这个会议上产生了各个委员会会长及委员。书记是由代表会决议由村长自行聘请的,因为"村书记是重要人员,可由主席自行择选"(村代表会议记录)。

村代表第一次大会决议代表会每月开会一次,由村长及各会长所组织。主村村务会议仅每月召开两次。

除区选时单独召集了代表会外,其余大都是开扩干会议形式召开的,到会不限于代表。村务会议也同样没有经常召开,扩大干部会代替了应有的各种经常会议。

村代表会提案不多,兹摘记如下:

提案

① 为开展生产,建设增加人民收入,提议今年秋收后开发高家村水架(农会)【交村委会讨论】

② 为动员妇女参加生产建设,改善妇女生活,提议在主席代表领导下组织纺织合作社(发动集股开一合作社,推广买棉)(妇救)【交建设会通过】

③ 赵家川口儿童妇女太多,应添设一学校【通过】

④ 保护青苗与防止偷盗办法提案2件【通过】

⑤ 主任代表不支差(区长提议)【通过】

⑥ 18~50岁支重差,50岁以上支轻差【通过】

⑦ 村公所20元经费不够,每月需炭300斤、纸一刀,由自然村照旧摊派(村长提议)【议决通过】

上述提案均系村代表会议提出,至于国民大会中有否提案,因为村选材料损失,无从调查。

在村代表会中反映了政权与群众团体在工作中可能有不协调。马区长在讲话中特别提到"今天的群众团体是群众领袖,不可存抱复(可能是报复)的心理,总要民运卫护行政,行政帮助人民……"

陈同志讲话中(区书)也强调的提出:"政府要帮助群众团体,群众团体也不可以反对政府,要互相联系起来。"

此外,在村选开始时,即强调提出"从上而下解决问题,检查村工作来动员群众参加村选"。实际上在村选中没有解决什么问题,比如减租减息推至公粮时再说,优待抗属问题等村公所处理,未获具体解决等,村政权检查也未进行。为什么会这样?我们没有材料来说明,但在区选中,上述的字句被同样提出来,结果也差不多,其材料参见于后,此处不赘述。

2. 公粮工作

紧接着村选是公粮征收工作,公粮征收是村选后第一大工作。

去年公粮工作由行署派来了一个工作团主持,工作团共 23 人。其中政干校 3 人、抗大七分校 5 人、教导队(党校)4 人、抗联干部 4 人,余为区干部,没有参加过工作以及能力薄弱不能担任这个工作的有一小半。公粮征收时间规定 10 天(同时还要做减租工作),从 10 月 18 号开始,一般均延长了几天才结束。减租是在公粮征收前面进行,花去了 5 天时间,5 天以后则进入公粮征收的阶段。在这个重大工作中,村政权起了什么作用呢?一是召集了全行政村扩干会议,由工作团同志说明公粮征收意义与办法;二是行政村干部配合工作团分头到各自然村工作。此外,高家村主村由书记本人协助工作团召集群众会议,计算公粮。一般说村干部在工作中是绝对地处于助手的地位,除了跑腿工作他们较多外,意见提出很少的。

公粮工作第一时期是开会,除扩干会外,自然村召集干部会与群众大会,会议内容差别不大,都是宣传公粮条例,按比征收等。群众倒是非常关心,在秋收忙碌情形之下参加都很活跃。其次是选举,成立各种临时组织,如公粮评议委员会(如自然村)、公粮保管委员会(自然村到行政村)。公粮工作进行几乎完全是在各种会议上进行的,除上述干部会及群众大会进行了宣传及成立临时组织外,每天都短不了开会。前一二天是开会让群众自报收成,在高家村,除 2 间(共 3 个间)有 1 个党员(主任代表)保证没有严重假报(实际上假报存在的),其余 2 个间是越报越假。农会秘书又是评议员也是党员的白来寨假报很多,假报使这个自报收成会议陷于无用。

对付假报而采取的办法是用行政力量让每户自己或找人写上使用土地垧数及各种作物产量,有不实报的按公粮条例规定办法处理。这样,使用土地大部都实报了(也有几家隐瞒的),但产量仍大部隐瞒。"我家的产量谁也没用秤称斗量,怎知道到底多少呢?"这是老百姓的想法。工作团采取团结免征户和贫农,向他们宣传:"收入少的征收比例小,收入多的征收比例大;收入小的隐瞒小,收入多的隐瞒多。同样隐瞒,占便宜的是隐瞒多的人。""公粮出得少,鬼子打不跑,你虽不出公粮,支差送信忙。"这是又一种宣传口号。

反假报斗争还是很热烈的,在高家村自然村反假报斗争的群众大会上,大家情绪都很高,开了一整夜没完,也没有谁偷走。但其中活跃的分子是少数党员,党员以外,贫农与免征户活动只是个别的人。工作团抓紧了这些人,有他们作用,但也只仅仅抓紧了这几个人。几个重要假报者被"斗争"了,斗争大会顺利结束。严重的假报没有了(当然假报是免不了的),公粮征收仍没有按自报收成进行,而采取了按标准田办法。据当时主持干部叙述,采取理由如下:① 老百姓不实报产量,采取标准田的计算法简便易行;② 最重要的还是按实报收粮,完成不了任务,订立标准田可以提高产量(用标准田所订的收成把征收量提高)。标准田是这样定的:

平地 1 等　棉花 100 斤　谷子 2.2 石

平地 2 等　棉花 70 斤　　谷子 1.6 石

平地 3 等　棉花 50 斤　　谷子 1.2 石

梁地 1 等　谷子 8 斗（大斗）

梁地 2 等　谷子 5 斗

梁地 3 等　谷子 2.5 斗

棉花是根据一般情况订定，谷子是根据调查中的最高产量订定（为的提高产量），标准产量是经过民主（?）通过的。在民主通过以前，由工作团先找干部们个别谈话"晓以大义"，争取他们，要他们在评议会上起作用。评议会召开群众大会时，标准引起了很大争执，反对很多，但事先动员来赞成的人也有，争辩异常激烈。有人说："下等地还能打 2 斗 5 升吗?"评议委员也是村干部（锄奸委员）白怀亮说："我的梁地（下梁地）还能打 7 斗哩!""那么石头上也会长细粮了!"别人生气反驳。工作团指挥的主席（评议委员）不敢让大家表决这件事，于是一面"说服"，一面做了结论。大会通过了标准产量，标准产量通过使该村干部在群众中种下了极坏印象，而村政权及公粮临时组织则是被操纵地进行工作。

标准产量订立达到了完成提高产量的目的，但规定数目字高家村行政村 576 石粮，也只能完成 503 石。民众们多数嚷着"戴了高帽子"（多出了），而与规定数目字差得很多。工作团不得已找县长县委解决，结果由白县长亲来指示："任务要完成，差额至多二十石，政策是不能违反的。"要完成任务就得违反政策，因为按比不能征收，要不违反政策，就不能完成任务。这样工作团去找行署财政处长汤平，汤回答："标准田可以订立，不必强调完成数字。"但敌人扫荡兴县的消息传来，情况很紧张，财政处指示到来，各组陆续结束工作。据工作团负责同志讲，是"既未完成任务，也违反了政策"。公粮工作最后是宣布数字，由于计算复杂（减租都计算在内），错误很多，改来改去，老百姓莫名其妙，有的认为是任意增减公粮，其实主要是技术较差的原因。但最后区委书记——他是黑峪口行政村工作团负责人员——一从外村回到高家村后，鉴于几个村干部（都是党员）不是按标准田征收，而是按自报产量征收（据说他们按产量征收是评议会通过的），认为不能起模范作用，在晚间把存在村公所的簿子拿回家偷偷改了，即把这几个干部的公粮数加大。而村公所自书记以及许多人每夜守在那里，怕人改公粮，区书记如此作了以后，他们怀疑有偷加公粮情形，但也只是在背后议论，没有公开提出。这事总算马虎过去了，但留在民众脑子中印象是很长久很坏的。

工作团方式以及工作团人员工作作风，使村政权在这样大的工作中间没有起应有作用，改选后政权在群众中因此也没有得到良好的反映。政权干部在这次中表现一方面是假报（村长），另一方面多报（白怀亮），都同样得不到群众的同情。

3. 减租减息工作

征收公粮 10 天工作中，前 5 天就全是做减租减息工作。减息工作没有任何的材料，只知道第一天召集佃户会议，召集债户参加，但究竟有无债户参加及参加几人也都调查不出。减租减息工作实际上只做了一个减租工作。减租是为完成征收公粮而进行的，据干部们说是为发动群众起来，使公粮工作可以顺利进行。主持这个工作的形式上是村干部，而实际上还是工作团包揽一切。农民们为了强调他交的租多，常把产量都报得很低，这样也就便利了地主、佃农在少报产量方面合作。在佃农看来，交公粮是大事，减租是不顶事的。

减租计算办法复杂，因此仅减法也未详细讨论，是由工作团依据标准产量作为收入，然后按交租数二五减的，伴种是按标准产量按原分法分后二五减的。佃农们一般表现冷淡不关心,因为他们有的少交租比工作团算的还减得多一些,有的本来是活租,而工作团算出后佃户交的比原租多一点,有的佃户早已交了租,他说"肉落猫儿口,再难往出走","不会顶事的"。群众没有激发出应有的热情,减租工作也只是开了 5 天群众会就结束了(开会材料见前减租委员会)。村干部们他们本来是熟悉情况的,因为他们自己对这工作不关心,也没有人好好去推动与运用他们,所以不仅减租工作没有做好,希望以减租工作作公粮征收的敲门砖的目的也就无从达到。没有经常的深入工作,没有做好的推动与掌握村干部来解决复杂的减租问题,成绩会好是很难想象的。

4. 春耕工作

推动春耕工作的是春耕委员会,其组织人选如前所述,是一个政民干部混合组织。春耕工作在高家村行政村开始很早,所费的时间也很多,总的目标是要调查农民们耕作计划、耕作中的困难,以及如何解决这些困难。因此春耕会成立后,即组织了村的政民干部先后下了 4 次乡(到自然村),收集各种材料制成春耕计划表,从县一直到村干部工作绝大部分时间与精力是放在完成这个计划表上。在没有出发下乡前,照例的开了一次村扩干会议(农会方面还单独召开了农会干部会议),决定了春耕工作进行步骤。

第一步是在各自然村召集群众大会,调查各农户本年生产计划,在会上统计每户劳动力、畜力、使用土地垧数、准备种植农作物种类等。因为老百姓怕是闹公粮,统计数字都极不可靠,一般是少报了使用土地垧数。

第二步是调查抗属,解决代耕问题。全行政村成立代耕队,设队长 1 人。上级决定代耕应以行政村为单位,后来在村干部会上讨论,认为各个自然村抗属都差不多,还决定由各个自然村单独负责自己村子代耕工作。这样行政村代耕队长变成主村一个自然村的代耕队长了,各自然村均成立了代耕组,并设组长 1 人,一切劳动力均应参加代耕组(抗属无论新旧军,都不参加代耕组)。代耕组及组员都是在群众会上编定的。

第三步是成立互助组。各村都有上级印发的晋东南互助组组织办法,在群众大会上要老百姓组织。有的自然村老百姓反映说:我们早已组织好,不用你们管。有的干部把老百姓组织好的组数(即已经讲好的换工户数)报上来,算是成立了互助组若干。这是政民干部下乡,光活动,没有什么大的成绩。因此,第二次再由区建设助理员及区农会宣传协助,与村干部到各自然村进行第二次调查统计工作。据农会秘书讲,这次调查比上次确实可靠的多。我们没有完整的行政村材料,虽把关于高家村自然村材料要来看过,统计数字中不仅掉了很多户口,土地没有几家是可靠的,耕牛数目也与我们调查不符合,少了一些。至于互助组,第二次下乡据说是协助各自然村解决了,根据我们与农会秘书谈话及高家村自然村实行情况,是如此的:由于劳动力与耕牛缺乏,每个农民之间早就建立了互助关系,没有哪家是完整无缺有 3 个劳动力的,而耕地就得要 3 个人。这样,有牛的需要劳动力,没有牛的需要牛,他们之间都早有约定换工等办法来进行劳动互助,每个有牛的人都把牛出租都多少换一些工。农民们听到"互助组"名字后,他们也引用这个名字。因此,互助组不仅载在村的账上,也成为布置与领导春耕工作中常见的字,如"要使春耕工作的好,必须抓紧这种组织——春委会、互助组、代耕队"。在上级(县、区)看,这个东西是活灵活现地存在的。

此后政民干部还下乡进行了几次调查工作:调查种棉地垧数及调剂种子 1 次,水利调查 1

次,贷粮贷款 1 次。

种棉垧数最新调查很少,因为天没下雨,干部没提出挑水种棉(是上面发来口号),而当时连蔚汾河也干断了,老百姓没有接受这个口号,对种棉是缺乏信心。4 月 25 日下了一场大雨以后,老百姓忙起来扩大了种棉面积,村政民干部在调剂种子工作方面起了作用。至于扩大了种棉面积,与其说是政民干部们努力,还不如说农民努力合适一些。

调剂棉籽活动是春耕工作中最有实行“意义活动”。

5 月以后,政府对于春耕已经带有尾声性质,区选布置开始,干部们中心转移了,春耕工作的具体指导也就停顿下来。

春耕口号中提出扩大开荒,在春耕会议上也提出这个问题讨论过。开荒工作是怎样进行的呢? 在各自然村群众会上宣布今年要多开荒地,要每人自报开荒垧数,至于如何去找荒地,这个问题没有提出来。据农会秘书讲:原则上荒地是自己去找,找不到时春委会负责,但没有人来找过。据我们调查,中农大部分自己有荒地,而贫农开荒出租子的不少。因为他们自己没荒地,又没有哪个人愿意白把荒地与人! 开的租种荒地大部都出租的,见租佃材料。

代耕工作:有的村子,如苏家塔,因为村干部好,一般做的不错;有的村子则做的很差,别人地都耕好时,抗属地还只耕一点。整个高家村只 2 个抗属,共 8 垧土地,竟拖下去没有人管。在木耳崖,抗属王底树 4 垧山地决定代耕,到了 5 月 20 日左右才耕了 2 垧(已经迟了),去了 4 个牛 2 个人,吃了午饭走了,说是强迫来的。耕地非常马虎,种的高粱、谷子到 6 月初都没上齐。剩余 2 垧,代表叫他自己找代耕户,代耕户不管,找到村公所,村公所也没人管,后来还是由调查同志与书记商量,写了一个条子要代表解决。总之,代耕工作是还未为政权所重,缺点很多的。

春耕工作主要是政民干部们在那里进行,委员会本身未发挥什么力量。村里面各个临时委员会组织总是村干部那些人,作法也是老一套(开干部会、群众大会解决问题,统计数字),也没有表现新的组织特点。在村里,实质上看不见武委会活动,更看不见代耕队活动(代耕工作变成代表们工作了),互助小组只是个干部们所称的互助小组。因此,县区布置春耕工作时强调抓紧,三种组织到下面后就无法抓紧了。

春耕会议中,由区上干部参加布置了与蔡家崖行政村的竞赛,其项目为:① 开荒;② 种棉;③ 培养劳动英雄;④ 水利(具体数字不详)。此外还布置黑峪口、杨家村两行政村举行下列项目:① 合作社工作;② 扩大纺织(比较优劣);③ 扩大耕地面积(具体数字不详)。春耕竞赛主要是县区发动,村干部在会上接受布置而已,未引起任何热潮,群众则绝大部分是不知道的。

5. 贷粮贷款与救济粮

今年贷粮先于贷款。根据村公所材料,贷粮全部系于 3 月完成,全行政村 40 户,共贷粮 2.8 石(数目与 2.8 石不合,恐原表有错误),计:高家村 9 户 6.0 斗,西吉村 2 户 1.5 斗,西坪村 3 户 2.25 斗,高家湾 5 户 3.0 斗,周家洼 1 户 0.5 斗,冯家庄 4 户 4.0 斗,西洼 3 户 2.25 斗,苏家塔 1 户 0.5 斗,木耳崖 1 户 0.5 斗,赵家川口 6 户 5.5 斗,张家墕 2 户 1.0 斗。贷粮在下面的情形是这样的:老百姓的“青黄不接”时期一般是旧历四、五月,我们在阳历 3 月把粮贷下达,还不是老百姓需要的时候。旧时的地主借粮与佃户,他们正是能适应农民需要时期,因而能达到较高的利息剥削。但今天大部分农民还时时回忆与留意这种剥削,而政府的低利借贷却等于石扔水中,毫无消息。这种处理只是一个及时□□□□□。政府的贷粮因为没有把握这一点,使农民在今年青黄不接时转不过身来,因此有的农民不得不在这些时期出门打短,将自己庄稼荒芜。

使贷粮不起作用的更大一个原因是历年来贷粮须认真地工作,村公所以及自然村都把它当作救济粮——村公所规定最穷的吃救济粮,其次吃贷粮(三分之二贷与亲属,三分之一贷与贫民)——每年的贷粮都没有很好的归还政府。在这方面,上级政府虽三令五申要结束过去贷粮,要各行政村好好的调查呈报,把过去的贷粮做适当的处置,原则上是都要归还,万一有的还不起,也要调查清楚后由村公所请准上级政府准予免还。但这一个工作中心精神还没有引起行政村工作者的注意。因此,今年贷粮在高家湾村及石阴村,代表们还是当作救济粮平均分配与一些贫穷农户,当然也就失掉贷粮的意义了。而主村的高家村村公所是直接主持贷粮的,也同样是采取敷衍了事的办法,没有将贷粮直接贷与被贷者,反是让他们向未缴完公粮户自己去收取。如高家村1个贫苦农民白□谦,今年贷到 5 大升粮食,向白尚义家要了两次才要到,而第一次给的是 4 升火烧米[1],第二次给的是粗米夹糠。这样的贷粮办法同样也是值得考虑的。

农民把贷粮当作救济粮,因而没有把它当作还要归还的东西,也没有把它当做自己生产粮的一部分适当的保存使用。据农会秘书告诉说,贷粮后个别人多吃了几次捞饭,有的人多吃了几次米窝窝。这客观上助长了农民对粮食的浪费。

但另一方面,今年由于政府奖励以及天时合适,农民大部分多种了棉花,政府宣布了对种棉户可予以适当的帮助。中耕时期,不少中农因种棉地较多锄不过来,而短工工价急涨(由 2 毛白洋涨至 4 毛)请不起人,希望政府借粮与他们雇工锄草,未得村公所及其他级政府注意与帮助,不能不使棉地荒芜,这在无形中构成了一个不小的损失。去年行署在高家村贷粮 20 多石与贫苦农民,开地 200 余垧,农民反映很好,行署收入较贷出粮食还多一些,这办法似可在今后贷粮中采用。

贷粮的适时与合理是当下最需要的。

贷款是 5 月开始,区公所首先没有规定行政村应贷多少,宣称按实际需要贷予每户,最多不得超过 300 元。这样一来,整个行政村借贷户数及款数就是很大的一个数目。这个数目报到区公所后,区公所宣布高家村全行政村只 450 元农币贷款,而只高家主村请求贷款数即已超过此总数。于是村公所只好拨 450 元分配到各个自然村,每户贷款最多的未超过 30 元(30 元的只 1户),其余均只贷予 10 元、15 元及 20 元(20 元只 3 户)。

在高家村贷款会上,农民们渴望借钱买锄头等农具,这些家具又非二三十元农币所能解决的。村公所新的决定后,他们反映:"还买不到一个锄头,贷不贷一×样,不顶事!"

而不公平合理的事在新决定中也发生了。在贷粮会上,群众举手通过贷予款项的人没有借到一文钱(如高家村白万千),而会上没有提出借钱的人反贷到了最多的数目(粮秣会长白年二贷了 30 元)。贷款最不像话的是高家村主村,因为在贷款前区公所曾在高家村摊一笔款项未曾交齐,这样区公所与村长商议把贷款留下,村长答应马上即可收到摊款,收后再贷出;但结果收到很迟,因此直到 6 月 20 号才贷完,较各自然村均迟一时期。春耕中解决农民困难的办法之一——贷款,一直到春耕已过才勉强贷出,兼之数目微小,其能否起作用已可想见。

用买物贷给农民(如锄头)比贷款还好一些。银行贷款能经合作社贷与农民最好,因为农民

---

① 编者注:当地方言,即"陈烂腐米"。

还不惯与银行交易。

救济粮全行政村共发 2.6 石,与贷粮数目相等,受救济户共 13 户,每户贷与粮食从 1 斗起到 3 斗 5 升止,被救济户均为抗属与贫民。受救济的调查恐未获深入普遍,高家村就有一对老夫妇生活异常困难,从无任何人过问,户口上也未列到他的名字,未受一点救济。我们调查时,一个同志与他谈了一次话,他们表示分外感激。据他说,这几年来公家人从来没有找过他一次。受救济户中有的还是中农,这方面材料我们搜集得固然很少,但其中也不难看出救济粮是还需要调整一下的。

6. 区选在行政村

区选工作在高家村是 5 月 14 号开始的。在这前一天,村干部们即参加了一次为区选而召开的区扩干会会议。主持高家村区选的是区长马千其(选委)、陈萍(选委)、石峰(政干校主任)、王××及刘汝明(均政干校学员)。石、王、刘三人都属于区选工作团(以下简称工作团),实际上主持高家村行政村区选工作的是工作团诸同志。

村扩干会议后,工作团与村干部分派到各自然村进行区选工作。接着,15 日敌人进扰兴县,区选工作停止了 8 天,23 日继续进行,27 日村代表会产生了村的区选候选名单后正式结束,一共工作了 9 天。区选中还附带进行参选的工作,由各自然村提出候选名单,由村代表会选出 1 人充任县参选代表(县参选代表会选举县出席参会议员)。

14 日召集扩干会议。预计吃过早饭就开会,这是由工作团同志提出,村长主张晚上开会,他怕农忙人到不齐,最后仍是由工作团决定在早饭以后开始。按规定时间来的代表与干部只一二个人,在午饭以前也只到了少数干部,工作团不断催促,不仅忙了村警,也忙了高家村老百姓们参加分头传信。但到傍晚时,干部们还没有到齐,先来的人就不能不饿着肚子等待。工作团同志受石主任严厉督促,于是向村长提出责难,责备他不负责,干部们不能按时到会。村长也发急了一天的怨气,脱口说出不大好听的话来:"咱是干下这卖×的事啦! 等奸夫养他们,不来有啥办法?"在会前,工作团、村长与到会干部的情绪都是不太佳的,尤其是敌人进扰兴县消息传出,高家村老百姓们纷纷进行空舍清野,到会干部都想回去,却又不能回去,而会议偏偏不开始,不免有的就发出怨声了。

会议是在夜里开始,精神与内容如下:① 说明过去晋西北老百姓没有得到民主,区选是为了实行真正民主。② 说明区选后的区政府组织是委员制,是集体领导,有别于过去区公所的以区长为首的政府组织。③ 实行中共中央提出来的"三三制",各党各派人士可以公开竞选,要各阶级人士参加这个政权(石主任解释"三三制"是国民党、共产党、各无党无派人士各三分之一)。④ 要真正实行民主,还要每个老百姓起来检查区村政权,老百姓不懂得实行民主要领导着干,检查区村政权要干部们领导,要干部们自己先开始实行,就是实行今天中共中央所提出来的脱裤子的精神。因此要村长报告工作、检讨自己,要到会干部检讨区村政权与干部工作。⑤ 发现问题,解决问题,以此作为发动群众的手段。

村长在开会后做了一项自我检讨,原意如下:

"……公粮工作是大工作,我少提一些,支差工作里面一定有一些不好处,态度上有些不好,不公平的事情恐怕也有。抗战勤务工作由你们多提意见多检查,我不对就改正,不提意见就让工作人员错到底,提意见就改得过来,这次我们要以脱裤子的精神来检讨。贷粮方面我统计有错误,分配到各自然村的有得到有未得到,因为我们注意不够,今天晚上望你们多提意见。开荒方面的调查也不详细,如果多下乡也可调查好,这是我的不对,希望你们在态度方面偏向方面多提意见……"

主持会场的工作团王同志待村长一讲完,他马上接过来说:

"村长已经给你们讲过贷粮贷款到老百姓手中,村长不注意老百姓,开荒调查有缺点有错误。但他是否完全承认了,是否还有许多错误(语气重一些)与许多好处,要你们提出来。今天不开会他就不承认错误,为了帮助他,大家要多提意见。现在不提,明年还是这样做下去。"

干部们一声不响继续了相当时候,工作团王同志生气了:"你们都是村干部,今天不敢检查村长,就是怕老百姓检查你们。我刚才讲过要有自我批评精神,要有'脱裤子'精神,要有什么意见就提什么意见。"

"咱没啥意见。"下面的回答。

王同志再发言:"如果大家不敢提意见,区选会规定一种办法,要自然村代表从明天起准备一个意见箱,对老百姓宣传,他们有什么意见,记名不记名都可以投,对晋西北、对区、对村的意见都可提。"

为区选而召集的会花去了大半时间,最后由工作团石主任讲话一个多钟头,其他马区长、陈萍同志都赶来讲了话。

马区长说,敌人来的消息还不要紧,要大家注意空舍清野(大家此时注意力集中),不让敌人来拿走一点东西,解释了区选的目的。

时间已经很晚,代表干部们表现异常疲乏,坐在炕上的早有人睡着了。散了会已是半夜时候。

第二天,我们问一个赵家川口村干部昨晚开什么会。他第一个答复是:"要空舍清野。"

"还有选举啥吧?""选举区长。""还有什么三……吧?""害怕有个啥三。""是三三制吧?""害怕是九。"

大会中只有1个富农,也是行政村的建设会长,白建纲很关心的提出了问题:"区长及区行政委员是分开选举还是联合选举。"此外,到会的人都显着关心不够,在开会时间表现疲倦与希望会议赶快结束的情绪。

行政村干部会结束,工作团及村干部在自然村进行工作,第一步又照例是召集自然村干部会议,内容与行政村干部会上一样的。村干部们每逢这类的工作,总得开两次会听两次同内容的报告。对于农忙时间的农民干部,这实际是一种不必要的额外负担。

会中前后决定村干部负责动员群众来参加公民小组会,提出区选候选人,提出提案与意见。公民小组会每自然村大都从村选以后就没开过,在高家村自然村花了半天召集时间,召开了公民小组会,是按3个间分头进行开会(没有分小组,谁也弄不清几个人一小组),公民小组变成间的公民大会。高家村18岁以上公民有387名(男185名、女202名),公民小组参加的男的为40人、女的26名,共66名,占总数20%还不到。到会公民大概是户主参加,一户2个人参加会的就很少,一家3个公民同时参加会的就没有。会议中均提出了不少问题,其中反映负担重、支差多。晚上由石主任召集代表会报告公民小组情形,说这一间报告时,那一间代表毫不感兴趣,表现疲倦,因此会议不佳。最后由石主任把问题归纳进一步答复解决,兹整理如下:

表 6－26 问题及答复表

姓名 \\ 成分 \\ 问题及其他		原问题说明	如何解决	备考
白棒连	富农	村摊款 32 分,自己地不好,老了,儿子小,不能多劳动	待区选委会讨论	并未清其底细
白吉贵	中农	合理负担重,老多动员		
白棒连	富农	提议先修水渠,因为工少,马上能用,邱助理员说他破坏工作	向上反映一下	
尹如九	贫农	自己租窑,就买了一眼,军队住了,请退还	与指挥部交涉	
白映华	中农	区公所住此,派村送信多,有通信急事他们分送一些	向区建议各村平均负担	
白兆全	富农		由原主向行署交涉	
白××	中农	去年荒地交了公粮,请退回	反映到县上去	石主任认为他可能算荒地
白吉贵	中农	修水利 1 亩,他已出 7 个工,别人有的还没出力,上山打柴叫回来却说要坐禁闭		
白××	中农	下午派差派不到,村公所说不负责任,送区坐 3 夜禁闭,后来罚 3 个工,要求解释	准备由公民小组决定	
裴包孩	贫农	每年公粮的升斗有些折错,请查明解决		
□□的妻子	中农	反映家中无人,请求代耕	石主任:尽可能自力,不得已时可代耕一部分	
裴治德	中农	兄弟 1938 年在旧军当兵,回家种地,已连续两年被游击队抓去,问是否免抓,请求放回	到游击队反映一下	
裴包孩	贫农	出纳公粮升斗折合有错,请求查明答复	以后未提出处理	
侯秃	贫农	过往军队太多,村里困难,住房子、烧柴炭不给钱或少给钱	以后未提出处理	
白建邦	中农	1. 区上信由本村送,负担太重 2. 去年拾敌人驴,养一月后区拉走,至今未给草料钱	向区反映一下	
侯柱	富农	1. 蔡家崖名义上帮助,实际上不帮助 2. 本村在大道上,住军多,事忙,请设站长	向区反映一下	
侯小	贫农	本村差务太多,耽误生产(零星支差),送信送人抬伤兵,外村应来几个		
白旆著(村长)	富农	战时难,领导上不具体,区上谁都可以领导。区政府、区抗联、武委员会,甚至村武委会也要领导村公所	向区反映一下	
主任代表们		提工作太忙,请将派差一事分与武委会或另选一人来经管	未答复	

会议结束时月亮都快西落了。

裴治德说反映恐怕不顶事,打瞌睡的很多。

工作团同志下乡一般都把"发现问题、解决问题"作为完成工作的手段,因此,他们花在这方面的时间与精力一般是不少的。每次问题发现与解决过程与这次区选都大同小异,这样老百姓从他们经历中已经否定了这个办法,他们对叫提出问题的同志往往就是这样回答"不顶事的"。但终于发现一些问题,其关键在于每次工作团都有他特殊气派,而老百姓中间毕竟存在了很多待解决的问题,他们并不是不愿求得解决而实在希望解决,因此每次总还有些虔诚地提出问题。如果不是这样,不仅问题解决是个大的事情,首先发现问题就会成为问题了。

在自然村公民小组会上,由区选工作团普遍的发动"田家会胜利慰劳运动",在高家村3个公民小组会议上都提出来,结果一致碰着了老百姓的冷淡回答。最初我们还以为是老百姓不关心与吝啬,事后在村代表自己召开的会议上面,他们不但踊跃募捐,其互相督促程度、对军队打胜仗后的心情都表现很好。如果最初不是由区选工作团同志提,不是像石主任提出的"要一个猪",也许在公民小组上还是会一样热烈的。

自然村公民小组开会后,每村选出了3个到5个区行政委员候选人。同时还提出了参选候选名单,全行政村共13人。

区选在行政村最后工作是村代表会,共到代表23人,未到13人,未到而请人出席者2人,应出席代表是38人(这是根据当天会议记录及白村长所写数字,村公所的记录代表为40人)。加上村长及粮秣会长、建设会长,出席共28人(请人出席的在内,选举时他们也举手的)。非代表而列席的有4人:抗联秘书白旆定、书记白枝多、农会秘书牛映森(原为代表,后辞去)、招待员白侯秃。会议进行情况如下:

选出主席团后,由村长、主席报告了开会大意,下面是来宾致辞。由主席团王同志与刘同志讲话,共约1个钟头,重复区选意义与办法。第三由马区长讲话,约30分钟,3个人讲的内容在过去会议中全部讲过的。接着由村长报告工作,内容为:

(1)自然环境。户口345户,人口1846人(男868人、女978人),山地7896垧(10垧水地)。

(2)财政。全村2066分,合理负担是经过民众会议决定。村摊款开支1—5月,教员每人每月65斤小米,其余每人每天斤半小米,村款987元。

(3)人民生活。救济粮2.8石;贷粮2.8石,贷与41户抗属贫民;款450元,尚未发下;代耕6户无人耕地的抗属,共地5垧,尚未完成;开渠共3道,可增加水地155垧。

(4)生产。棉花共种2901亩;生了3个小牛犊,区公所尚未发下奖款(西坪生下1个,由牛副主任代请,已发下);开渠向县府借了12石小米,花了1420个工、石工65个、木工15个;军队需工340个;赵家川口渠工不大,借米5石;买耕牛又借米9石。

(5)民主生活。为了发扬民主,一定要老百姓敢说话;保障民权,不敢随便捆人;抗战勤务不公,没有人负责,很困难(指高家村没有专门设交通站而言)。

最后自我检讨:"木耳崖支差人员不好,我们禁闭他方式不好、态度不好,有时烦恼有偏向。我自己错误太多,记不起,望大家检讨。"

司仪宣布讨论提案。

工作团王同志叫大家进行自我批评,检讨工作。

司仪问有没有意见。

"没!"(大多数未讲话)遂又按程序讨论提案。中心讨论问题如下:① 抗战勤务问题;② 村摊款问题;③ 新旧水渠问题。

王同志提出公民小组所提出的问题一个个的要大会讨论,后经区选委会出席同意及代表们一致意见认为等明提到区选会上去,花了一个多钟头才结束这个零碎讨论,都交由区选会解决。

最后是竞选,参加竞选的除代表外,尚有:牛映森(农会秘书)、白旃定(抗联秘书)、白枝多(书记)。

候选人各自然村共提出 23 人,代表大会日程第十项是表决候选人,从自然村提的 23 人中表决 8 个人,再由大家在这 8 个人中举手表决通过。表决时有 32 人举手,按规定有表决权的只有 28 人(代表与村长、会长),白枝多、白旃定、牛映森以及当招待员的白候秃是没有表决权的,但他们举手时无人过问。区选委会的代表陈萍只轻微提出:"他们怎能举手呢?"区选候选名单表决后,如下:马千其(区长)32 票、高光宗 28 票、陈萍 12 票、温国钧 10 票、刘占敖 10 票、胡建国 7 票、王存有 6 票、张希成 3 票。除马千其与高光宗外,其余均未超过半数。

区选完结,最后进行参选。参选进行非常慎重,对比看区选气氛大不相同,选出了监票员、写票员,代表各发票,规定每票 2 人,即票多为正,次为候补。

工作团王同志认为村长与会长有选举权,马区长说只有代表有选举权,争论不已,最后只发了 23 个代表的票(村长、会长没有参与选票)。开票结果:牛映森 17 票、白建纲 9 票、赵旺芝 6 票、白日新 5 票、赵连桂 3 票、任秀英(女)1 票、赵全音 1 票、孙由孩 1 票。除牛映森 1 人外,其余均未超过半数。

在自然村所提候选名单及村代表会选举上反映了这样一个问题,即曾经在村中办过事的人得票最多,如马千其、高光宗、牛映森都是如此。得票最多并不是群众已经判断出谁比谁好而必须投他的票的。

临时动议有以下几个意见:① 去年公粮贫农吃亏,因为贫农产量少,早收早吃,要求政府今年公粮注意贫农(中农白日新)。② 去年西葫芦也征了粮,今年最好不征(粮秣会长白年二)。③ 种棉地收公粮最好收棉花,不征收公粮(富农白候提)。

区选在行政村工作至此结束。

7. 村政权在战争中的作用

去年村选后,敌人在冬季开始扫荡兴县后方根据地。1941 年全年处于和平状况之下,以及日美战争爆发、敌人在岢岚偏关等地退出后,太平观念普遍存在在这一带老百姓中间,甚至一部分干部也是如此。1941 年秋天公粮征收完毕,兴县大批训练村干部,高家村村长及抗联秘书(支书)均调县学习。阴历十二月阳历 2 月,敌人在各据点增兵消息传出,县里几个训练主任在情况紧张时期一律解散,村长、支部书记各自回村工作。在路上,各个机关部队非战斗人员纷纷向河西撤退,村长首先即被吓住不敢回村,中途溜走了,剩下抗联秘书一人回来。

在扫荡临开始前,由于村长不负责任进不到村工作,村公所只有书记及粮秣委员在家,而机关部队正大批需要担架及运输人员。老百姓知道消息,也纷纷进行空舍清野工作,对应本来不易,过去重要工作就主要由村长负责,在这样紧急状况之下村公所又表现紊乱不堪,书记给军队的人打了耳光,派人还始终派不来,最后抗联秘书回来负起了支应全局的责任,把本村主要干部集合了一部分(大部党员),立即发动群众把伤兵抬走,忙了一个整夜,才算应付过去。第二天,敌人即由兴县方向出动,经高家村向黑峪口方向前进,区公所于此时下令村公所主要负责人必须坚持本行政村工作,坚持游击。这样又不能不是支书亲自推动,因为不仅没有民兵,也没有游击小组。各自然村的群众武装组织概未树立,支书把主要干部集中,又把1940年自卫队员中指定儿童游击小组组员的一部分人集中起来,干部及好群众共13个人,把村公所从高家村移往张家墹。如果没有支部书记及支部的支持,高家村政权在扫荡中真难想象会起什么作用的。

由于支部坚持,虽然村公所没村长,总算政权还能起作用。而当村公所移往张家墹时,村长则到了这地继续工作。

在敌人进行扫荡中,区公所下令各行政村成立战时工作委员会,以之统一各方力量,全面领导村政权在战争时期中的工作。村长任主任,抗联秘书副之;设代表动员股,以武委会主任充任,负责担架、运输、民兵领导等工作;设粮秣股,粮秣会长担任是项工作,处理粮食保管、战时军粮供给事宜;另设情报股,专管情报工作,区上由青救会主席及财政助理员帮助工作。战委会把全行政村分为4个小区,各派干部驻在区的中心地方,与其他行政村取得联系。战委会新建立,在自然村中均无基础,只得靠区干部们跳来跳去,虽然也因此而起了一部分的作用,但始终还只是上级干部们的组织,而没有下层的支持,未能发挥更大的作用。战委会这样的组织把村政权与武装结合起来,奠定村的战争的工作基础。高家村行政村在战争虽未有突出的工作表现,但没有失掉政权的意义与工作,把战时的工作能够负担起来,也就使群众战时信心加大。

战争中的谣言很多,一些坏分子利用老百姓中一部分不满情绪攻击非战斗人员的待遇,讽刺八路军吃公粮不打仗。村政权在这方面做了很少工作,使一些坏分子故作危言影响其他一部分农民情绪。在战争中,政府对这样一些人必须有适当的处置与宣传解释,因为这个情绪的力量其影响是不小的。

扫荡结束后,村干部们回主村较晚,不能维持敌人退出时的紊乱秩序、搜集被敌人遗弃的资财来发还群众,反因村政权迟到使有些窖藏的粮物为坏分子弄走,在群众中引起很大不满。群众是要迫切要求村政权能保护他们财产的,他们对被本村人拿走的部分感到异常愤懑,但他们仍不敢出头来报政府处理。因为按行署规定,破坏空舍清野是要枪毙的,他们不愿为此来"拖命债"。村干部们明知道有这样的事也未去管理,这样老百姓们更不愿把东西藏到较远的山间,而绝大部分只在自己住房的周围进行窖藏工作。对于那些破坏分子他们就存在着提心吊胆,因为这些人比敌人还熟悉情况一些。

破坏空舍清野执行枪决这样严刑是可以起保障战争中人民的财物作用的,但因为过严了,一报就得杀人,老百姓谁都宁肯忍痛牺牲,不愿沾下命债。这样看来,有了严刑没有深入工作,也起不了更深入作用的,反之,深入工作可以保证一切政令的行使是肯定的。

对于破坏空舍清野规定者应有某种的伸缩性,使老百姓为了自己利益起来敢于与坏人作斗争;否则,只留着极端这种办法,老百姓会采取多一事不如少一事态度是必然的。

扫荡以后,军区派人来调查损失一次(未经过区),后来区又叫调查。村干部们虽第一次配合军区调查,因为没留底稿,不能不第二次重新调查。上级不统一工作日程等,费下面工夫不少。

敌人这次没有采用烧杀办法,但对空舍清野破坏还是同样注意。在这方面,由村政权应更多注意,不使坏人再来捣鬼应成为扫荡中主要工作之一。把基层的群众组织起来,坚持使扫荡战争中村的机构与平时一样灵活外,没有前述群众条件是不可能的,自然村群众武装与训练应提到最高度才行。

（四）改选村长

村长白旆著在日常工作中不积极，在战争中逃避责任，村的工作没有什么进步现象，各个阶层对白都有不满的表示。

对穷苦老百姓不好——小商人赵建仁；不大替穷人办事情，有点资本主义——佃中农白怀清；工作不负责，遇事推诿——白侯提、裴治德（均代表），白枝多（书记）。

在支差问题上，赵家川口由于村长放纵，是较其他村子轻一些，高家村民众对之普遍不满。书记更因为知道了村长几件贪污事情，对倒村长活动最为活跃。参加这一活动的还有粮秣会长白年二、小商人赵建仁（党员）、中农白日新，没有出面的还有白建纲、白棒连（富农）、白世满（富裕中农），他们企图利用我们这个调查组的关系把村长推翻，并提出新的人选来——一个是赵家川口的赵全愈（中农），一个是高家村自然村的白日新（中农）。富农们为什么没有提出本阶级的候选人？据我们估计，是因为他们中间还没有一个人能在群众中通得过并保证群众能选举他们。因此，他们说只找他们认为公平合理的分子出来担任。这不仅从倒村长运动，就在村选时他们投赵旺芝（中农）的票，以及候选时他们提出白日新出来，都是同样的情形。

中农及贫苦农民对于村长不满是在支差勤务问题上，但他们还只敢发牢骚、背后讲讲，而富农分子则敢于背后活动，并有非让白旆著倒台不可之势。他们之所以还非常慎重，原因系因白旆著系"里头人"，选出恐怕牵连的不止白旆著一人，当白枝多向我们调查组提出白的贪污事件后，他还恐惧着人家报复他的。这些活动在支部中未引起注意，区公所则更是无知的。领导着村公所的上级（党政）方面的同志对于村长在群众中所引起的反映注视很差，一直到区选完结、田家会战斗后，敌人再度扫荡兴县消息传出，村长借名走亲戚家去了不回村公所工作，才算引起了区委及区公所的注意，准备撤换村长。

（1）撤换前的布置

首先由区公所召集行政村干部，将收集的材料报告为下列几点：① 村长贪污（改少公粮）；② 游击小组吃米多报；③ 工作推诿不负责任。会议由行政村干部分头到各自然村召集群众大会报告村长贪污不负责事实，在群众会上一并提出村长候选人。村长呢？还在党内布置时他已经知道，他向抗联秘书（支书）说："贪污我是没有的，游击小组的米我多算了，还没有报出，还准备重算，说我不负责任我没甚意见。"至于他为什么这样早会知道，抗联秘书本人也说不晓得是什么道理。区委及支部布置候选人为牛映森（农会秘书、新党员），外村曾经行政村干部去动员但对改选仍无兴趣，最积极的只有高家村主村。因此，支部负责人事先到各村找代表们活动，要他们选牛映森，吕家湾、冯家庄由支书负责，高家塔、西坪、周家崖由牛映森本人负责活动改选。

（2）改选时富农活动与支部对富农活动态度

在改选前，除富农阶级活动最厉害，其他阶级只个别的在活动。富农分子如高家村的白枝多、白棒连、白建纲、白凤山，在这次事件中却不再缄默，并在外村联络富农及富裕中农分子准备竞选。在高家村9个代表中，支部能掌握的只有3个代表，而其他6个代表与上述富农都有联系。外村代表支部本来不能掌握，经富农分子这一活动支部就大大的着慌，在改选前经区委提出办法，用下列方式首先改变高家村代表阵容。

高家村 9 个代表中原有 2 个妇女代表,后来因为她们实际上不能工作,在两次通过另选白候小(干部会上选出)、白日新(区选干部会选出)担任(两次群众会都未超公民半数);但未呈报区公所,区公所实际上知道,亦未过问(支部整个是知道的)。富农们活动,支部不能把握大多数代表,于是决定由妇救提出改选代表是不合法:第一,未经公民大会来改选;第二,未经上级政府批准。于是在改选村长召集的代表会上免除了白候小、白日新的职务,仍由党员的 2 个婆姨当代表。高家村的代表中富农可能掌握的人数减少了,支部的布置改变原有对比,富农们因此一部分改变了原有计划,没有投白日新票,而改投支部提出候选人牛映森的。

(3) 改选时情况

各村提出候选名单一共是 4 个人,即民政会长赵旺芝(中农)及农会秘书牛映森(中农)与白日新(中农)、赵连桂(中农)。在召集代表大会上,由马区长主席报告了召集会的原因,列举白六条贪污不负责的事实:① 去年公粮,村长将自己出的改少了 1 石。② 前年村内多派粮食 280 斤,只退回老百姓 140 斤,余被白吞吃。③ 去年游击小组吃的米多报 20 斤。④ 去年西集人民买地,找村长印契花了 1 元白洋,拿到县政府去税契时县政府没有准许,白亦未将 1 元白洋退回。⑤ 去年扫荡时,李家湾毛驴被高家村拾得由人民轮流养,牵还时李家湾本来给了 50 元法币,村公所因为不易分配决定退回,结果只由村长退回了 30 多元。⑥ 村选时菜金剩下二十几元,被村长吞吃。但会中发言人很少,只代表白新贵(中农)认为村长改少公粮是加在他的身上表示不满,外村代表异常缄默。最后在会上决定:① 要村长吐出贪污的公粮;② 由村公所加以处罚。选举中,牛映森以 28 票多数当选,选后反应:"贪污后倒下来就算了事,太便宜了,谁也可以贪污!""选外村人好,选本村的容易包庇!"有人说"是春耕调查团调查了材料改选的","外村对改选不积极"。区委事先布置时消息即已透出,显然选举白与罢免白都是"里头人"在操纵。虽然经过区公所召集村干部,但村干部到自然村即把候选人提出,不经过村代表会来决定撤销与否这也是不合法的,村代表会变成只是为必要经过通过而召集的。为了保证新村长人选,把高家村妇女代表重新提出在手续上是对的,但妇女代表实际上不能工作,必须估计实行状况与群众意见求得实际解决。群众反映要处理旧村长,党内则只要改选了以后人家不骂他们就算事,这恐怕也不怎样好。把白日新这些分子估计为富农代理人(实际上表现)是不对的(富农们的活动证明他们今天只有合法活动,证明他们承认新政权),白日新是典型的中间分子,可以吸收到政权中去干一些工作的,群众间对他反应均很好。

改选村长中可以看出我们对富农的要求活动注视不够,表现惧怕他们、抑制他们。因此,富农对于我们宣传团结各阶层还是有某些怀疑存在。

(五) 村干部

① 村务委员会干部:村务委员会由村长及各委员会会长组成。

村长	白旆著	富农	中间分子
书记	白枝多	富农	中间分子
民政会长	赵旺芝	中农	进步分子
财政会长	赵全愈	中农	中间分子
建设会长	白建纲	富农	中间分子

文化教育会长	赵登英	中农	中间分子
粮秣会长	白年二	公务人员	同上
锄奸会长	白怀亮	贫农	党员

村务委员会：富农、中农各3人，贫农1人。富农在高家村村政权有一定政治力量，但在村代表中富农比例则大为减少。

② 40个村代表中中农17人、贫农18人、富农5人。

上列代表成分，根据我们的调查是不完全精确的，较之我们的调查，则：

高家村9个代表中富农1人、中农8人。

赵家川口9个代表中地主1人、富农2人、中农6人。

冯家庄3个代表中中农2人、贫农1人。

西坪3个代表中中农3人。

从上面24个代表来看，地主1人、富农3人、中农19人、贫农1人。

中农显然是占绝对优势的。

代表的政治质量，根据4个村24个代表来看：

党员3人；

中间分子20人；

进步分子1人。

高家村党的力量不算大，只有主村有党员，全部代表中4个党员都是主村的，中间分子占绝大数量。

行政村政权干部具体情形如下：

① 村长白斾著是富农，文化程度略等于高小。他的父亲是旧政权时代的老闾长之一，高利贷剥削者，他自己在旧政权时代也当过闾长。1940年春天曾加入党的组织，1941年被清洗出去。他加入党是为了投机，被清洗以后实际上还靠近我们，但胆小自私，在扫荡中表现不好，离开自己职位，正因为他是投机，工作为了保存自己。所以一面是接受我们的意见，另一方面，在执行工作时则采取消极态度。在现在村长任内贪污不公平，发生了赵家川口支差特别轻，主要由于他的纵容，引起很多小村庄对他不满。他被选为村长主要是党的支部替他活动，他自己也知道（老百姓也知道人家"里头人"要选他，老百姓认为他是一个"花样子"）；但选举后除有什么意见由抗联秘书（支部书记）告诉他外，实际上对他没有什么教育帮忙，因此当村长以来工作愈趋愈下。去年冬季扫荡，装肚痛自己躲到旁的村庄去了，虽被记一个大过，兼之当村长后公粮出得不少，他曾对别人说："从前嗨想当村长，现在哪一个时候也不想干。"现已被撤消，撤消主要由上级干部在那里主持，在群众中也未获得什么好的反映。

② 书记白枝多也是富农，但在富农中他没有什么地位，经常被欺负的。他与白斾著同样为了保存自己加入党组织，1940年被清洗出来，但现在还念念不忘，他说加入组织"好处嗨里多"。因为他在村子里面比较孤立，因此不敢讲话。村干部们估计他胆子小，事实上是并不尽然，这次白斾著被改选掉，他曾经活动很力，私下揭发白斾著缺点不少；政治上没有意见，只想投机，没有大的发展，在目前情形下，有能力较强村长控制则还可干一些事。

③ 民政会长兼冯家庄公民代表赵旺芝，识字能力看懂普通公文，战前是富农，现为普通中

农,精明强干,在行政村中为较有能力的人。行政村中大家认为"调皮捣蛋的赵家川口",赵是有魄力能够管理他们的,村选时因此赵家川口投白旆著的票,不愿选他。抗战以后,兴县群众运动活跃,他当时是冯家庄崭露头角的一个,代表了中贫农的利益与富农工作互相斗争,在群众中有威信;但地位提高以后,特别1941年以后,就专门接近上层、脱离群众。去年村选村长竞选落选以及公粮负担较重使他有一些消极,但还不是完全消极,还肯干一些指定的事,基本上还算一个进步分子。

④ 财政会长赵全愈,中农,他曾做过村长(1940年)。在做村长以前政治上没有什么地位,因为他正直明快、会说话,也能写一些便条,在群众中有好的印象。他现在又是赵家川口的主任代表,算几个主任代表中能够做事的一个。但抽大烟,接近上层,与其他代表关系很差,在工作上不会发挥很大的作用。他虽是行政村的会长,实际上没有做过什么工作。

⑤ 文化教育会长赵全音兼赵家川口主任代表,过去是个流氓,旧政权下当过村长,是一个"老公事",有行政经验,文化高,善机变动,能力很强(多不是正当的活动),贪污,在群众中没有什么威信。但因为他文化水准高,办事能力强,他在赵家川口主任代表的事做的较多,但行政村的工作他简直一点也没有管过。

⑥ 建设会长白建纲,现在与过去都是富农,文化程度相当于高小,是高家村一向在政治上活跃的人物。旧政权时当过闾长,抗战后高家村动委会成立,他当村主任。他曾把他的一个儿子送到旧军去工作,并做过邻精神建设委员会负责人,政治上野心很大的。进步势力过去在高家村是对抗不过他的。晋西事变后,他在四大动员中经济上受到较大损失。由于他政治上活动、政治见解比别人都强一些,他知道大势所趋,不能像往前一样生活下去,自动减了佃户租子,公家事也肯做;他又是高家村第一个建设人才,对农事对其他农村建设事业都有些见解与能力,是行政村几个会长中较能称职的人。1940年以后我们政策改变,社会秩序安定,他无论在政治上经济上都积极,一些高家村的水利合作社工作他很卖力量。可惜干部们怕他,不信任他,不肯帮助他,使他未能很好替新政权工作。

⑦ 粮秣会长白年二,过去多年村警,去年村选时被选为粮秣会长,政治上无意见,喜欢揽事做。但粮秣工作方面的事则表现无能,因此工作都由书记代替,他也做很多书记应做的工作,大胆敢说话,如果有强的村长领导,是可以做一些事的。

⑧ 锄奸会长白怀亮,青年党员,是贫农成分,四大动员积极分子,精明强干,村中人都怕他。由于四大动员时乱搞,感染一些坏习气,在村中勒索敲诈都有。虽做过支部书记,因在四大动员后帮助军队要粮并敲诈民众处罚,支部书记也被撤消。他在去年征收公粮反对假报及自己提高产量,使标准田能在群众大会上勉强通过,但也因此脱离群众。党目前对他没有什么帮助,村中一般人对之也颇行冷落,他自己也有"人老珠黄"之感。但在扫荡中,他是积极分子之一,曾捉住过3个汉奸。因为他做过一些不光明事,心中经常悬挂着怕接近党怕接近上头人,影响他今后工作与进步。在锄奸工作上,只有扫荡时还有些表现,其余时间多在村中游荡逛破鞋,目前尚无振作之策。

群众团体干部:

① 村抗联秘书白旆定,青年,中农,25岁,现任支部书记兼村抗联秘书。其父在世时是中农成分,13岁时父死,降为贫农,过去长期做雇工,童年为人放羊,稍长即做长工,前后受雇共9年。

至 23 岁时,由于劳动力长成(兄弟也长大了)与新政权的扶持,能租地自耕,升为中农成分,已能自给。还当做雇工时,1938 年 4 月由区委刘宗武(村牺盟指导员)介绍入党,做过党的小组长。1940 年 11 月,由区委指定做支书迄今。四大动员前后还是雇工,做工会组织部长,迄未参加四大动员工作。1940 年秋做工会秘书。1941 年冬被调到区党委所办的训练班受训一个月,政治上大有进步,同时由区抗联(实际上是党的区委)指派为行政村抗联秘书,脱离生活,遂成为正式的村级党政的领导人了。

施定不识字,说话"困难"(指不流利),但工作一贯的积极、踏实,平时依据支部意见以抗联秘书名义参与村公所工作,能左右富农村长的一切。去年冬季扫荡时,村长胆小怠工,他实际上代替了村长,能得党员群众的信任,不脱离群众。基本群众认为他是"好受苦人",能为他们办事,"老财"们也说他是"有良心的后生"(未做什么左的过大的行动),是最良好的一个村干部。但"莫文化"(指不识字)使他办事困难等,最严重的缺点他把许多很复杂的问题与斗争简单化了,因之,还不能完全掌握与领导工作,表面上显得能力薄弱。学习文化与学习斗争,这是区委领导与他自己学习的头等责任,而这个问题过去全未被他们所注意。

② 农会秘书牛映森(现任村长),本村苏家塔人,念过小学,是村中的一个知识分子,懂得新文字,会查地图,长于讲话,在群众中有信仰。

抗战开始做过牺盟会区的工作,晋西事变因病回家,且因家中只有他一个人劳动,不能外出工作,村选时被选为苏家塔主任代表。

在牺盟时曾参加过党,后因领导人走了断了关系,今年 7 月又恢复了关系。

去年抗联工作团到高家村工作,认为他能力很强,把他选为农会主任。

今年高家村村长改选,他又被选为村长。

参选时他是高家村选出的县代表。

牛本人热情有能力,他参加抗战工作较久,喜欢一些先进名词术语,也喜欢说"老百姓们怎样",惯以公家人自居,说话带很浓厚"村干部"味,因此有脱离群众倾向。

政权工作容易助长他这种倾向发展,这应为上级领导者所注意。

③ 青救主任白巨春,父亲是中农,自己读过几年小学,热情纯朴。村中青救没有什么工作,他自己能力很差,也未自动去找寻工作做。

村政权有分配他一些工作,如随同工作团下乡等,但此外他自己什么工作都没有做。因为他能力差,许多工作各救人下乡时也不分配与他做。在群众团体干部中威信最差的一个,从他认识看,还算一个进步分子。

④ 妇救秘书任秀英,党员,中农,20 岁,娘家父亲是富农,丈夫是个聋子,因此关系不好(丈夫家穷,也有一些关系,但不是主要的)。她在高家村妇女群众中较有威信,因为他参加了妇救会不胡来(其他党员与妇救会员性关系混乱的很多),因此人家都尊敬她,妇救因此还可进行一些工作(开会之类工作)。她与丈夫关系不好,因之与公婆关系不好,时时回娘家,在中年妇女中引起反感。另一方面,因为她有些能力,能做一些事,不见骄傲自大,恐与丈夫离婚、脱离生产等原因,使她目前还有脱离群众倾向。

⑤ 合作社主任白映华,中农,晋西事变前做过牺盟秘书,后参加突击团。晋西事变时当外村小学教师,事变后在村公所当过村警,聪明能干,在老百姓中有些威信。因为当过突击团,在村干

中间对他存在芥蒂。去年村选时被选为主任代表，会后合作社成立，选他为主任，因此辞去主任代表职务，专干合作社工作。因为过去跟着顽固分子跑，干部对他存在芥蒂，现在很注意经济工作，想往这方面发展，但并不完全忘情于政治，因此与上头下去干部关系一般不错。从政治质量上看是一个中间分子。

⑥ 武委会代理主任白绘昆，现任支部的宣传干事与村武委会代理主任，现年 20 岁，过去是地主成分，有百余垧地。由于不事生产、好吃懒做，逐年卖地，结果地卖光了，变成了游民。1937年冬季（16 岁时），由自卫队教官白虎亮（碧村人）介绍入党，是村里最早的党员，1939 年成立支部任支干迄今。去年冬季被调入区党委所办的短训班受训一月，后又调去军区司令部受情报初步训练半个月。入党后即做农会组长，3 月后任农会秘书，约两年，实际上未作什么工作，"我自担任农会以来，未整理过组织，连本村的干事小组长和会员我都不知道"。又参加过村公所的几个委员会，都未脱离生产，直至做武委会主任为止。

绘昆幼年即娇生惯养，读过小学，粗通文字，还是很能做些事。但他是脱离群众的，"要钱""串门子""不动弹""好吃懒做"，"有一个能买下两个"（乱花钱，调查时还欠合作社 300 余元农钞），"这个人又不动弹，作农救秘书是地痞流氓"，这是老百姓们的批评。上级分配的工作虽然做得不踏实，还能积极地做。在发展党、建立支部他是有功绩的，男女党员发展了六七人。敌人扫荡时能带领游击小组勇敢地坚持工作，甚至老百姓想念他的好处。在村干部中他算次等的，有些功绩，也有严重的缺点，这些缺点使他处在危险的关头，若无上级领导者的教育与挽救，他会腐化堕落下去的。

⑦ 白改玉，现任行政村代耕队长及高家村自然村自卫队分队长，26 岁，中农成分，以前做过农会小组长，去年参加过游击小组。代耕队工作实际上是以自然村为单位，行政村队长没有什么领导作用。他的工作主要在于自卫队，是自卫队的积极分子，开会夜间查队员的站岗放哨。由于工作积极，为人也忠实，支部吸收了他，是 1942 年 7 月的新党员。从作风上看，还是一个纯朴的农民，不是一个"干部"。

（六）区村领导方式

1. 区对村的领导

区政府对村政权的领导，根据我们调查，有下列几种方式：

第一，书面指示。区政权是县的辅助机关，因此他对于村的许多指示都是把县府来文照抄一遍发与村公所，这是区公所较大工作之一。由区政权单独给予村的指示并不很多，县政府指示有的是篇幅很大，有的内容复杂，到村以后实际上是夹在卷宗里面不起什么作用的区的指示。我们见到的不多，就我们见到的照抄一份，可略见一般[斑]：

高家村村长及各诸工作同志：

前接县政府来函，在时局不紧张之下配合春耕，迅速烟亩登记（迅速后面可能掉了字）。在这工作中需注意问题：

① 要把坏政策多方面向群众解释，勿使引起反感。

② 登记时要快，还要确实在正侧面调查，个别谈话，利用各种方式去进行这工作，要很快的完成（限期七六），登记报区，以资汇报为要。此致

抗敌　　　　　　　　　　　　　　　　　　　　21/5 区公所图记

书面指示并不多,在下面起的作用也不大。区政权对村的领导方式主要还是下面两种:

第二,召集扩干会议。这是每逢较大一点的工作到来时经常采取的一种方式(如村选、春耕、区选),在区政府本身来说是既省时间也少花力气的一种办法。扩干会大都是由上面的干部做一个报告后即行散会,报告的内容,据我们收集材料,都是方面很多,充满了"把握政策、贯彻深入、中心环节、多方面、各种方式"等不易为村干部所接受的词句。因此,第二种方式在村的工作中实际起的作用也不很大。作用最大,采取最多的是:

第三,区干部到村里的突击工作方式。区干部(包括群众团体干部,他们终年实际上都做的政权工作,这在群众团体中还要讲到)一年四季在村里工作时间超过他们在区工作时间,每一个大的工作都是由区干部领导着村干部们去干。因此,村的工作除我们前面讲的经常工作外,主要依靠上面来的干部帮忙。一年中的几个大的中心工作到来,也就是区干部们磨穿鞋底忙不过来的时候,在今天,如果这些事情不让区干部们来做,那么他们究竟做些什么工作是很难想象的事情。

第三种有它的领导方式,形成区对村的领导,在经常方面表现松懈。比如许多调查填表的工作,平时区没有任何指示与帮助,而当上级追要材料时才由区的工作人员到村公所边谈边记,算是收集了材料,算是做了调查。这次兴县科长会议,区向高家村收集材料就是由民政助理员找村长个别谈话中收集起来的,而村长事先是没有什么调查与研究,确是事实。

如果说区政权的组织适应了县与村的组织,也有民、财、建、教等部门的分工,那么区各个部门(除开粮秣外)对于村各个委员会的领导则是很差的,甚至还可以说是没有什么的。民主政权特点之一是基层的行政组织——村政权,本身是一个完整的机构,有别于旧的政权头重脚轻、上大下小、本末倒置的行为。但如果各个部门领导不够与没有领导,使村政权工作不能升到应有程度,同时也就使区政权本身各个部门工作多少成为空洞,也就把区政权变成一个只是县村的一个"转运港",作用就不如所想像所要求的那样了。

区对于村的领导没有计划性,表现于区对行政村领导没有分工。区的干部们这一次做在甲地,下一次又转到乙地,再一次又往丙地,"走马看花"似的形成工作不经常、了解不深入,区公所人员中很少对于一个行政村工作有较完整了解的。

区对村没有经常的领导工作,了解不深入不具体,采用突击方式完成任务的办法,必然得出的结果是包办与代替村的工作,从前面的材料是不难看出这种情况的存在。村干部们在"上头干部"下面变成了跑腿者,变成接受使唤的人,对工作没有过问的权利,客观上形成我们的干部都是"钦差大臣"。"钦差大臣"们降临到村的主要的目的是为完成任务,为完成工作任务而采取的手段与办法客观上不合于长远打算。高家村征收公粮时,为了通过标准产量,动员积极分子多报产量,结果使这些干部脱离群众陷于孤立,就是标本的例子。

不仅如此,当上级干部们为了完成任务动员群众而强调提出发现问题与解决问题时,他们往往把许多复杂的事情单纯化,把别人解决的问题都认为是不可靠的;他们最初是兴高采烈好像寻到了"新大陆",稍过又感到办理不易,终于以不了了之,这样的事情十有八九。在发现问题企图解决时,往往损及村干部威信;解决不了置之不理时,在老百姓看来又"鲁卫之政",都是差不多的了。

每次中心工作都由区干部领导,但每次工作以后总结经验教训,如何了解工作进行中的优缺点,这方面区对村政权对村干部则做的很少,往往是一个工作告竣前或完结好后,人和材料都一起跑到区上,总结工作也就不在村而在区了。每次繁杂工作进行,村干部们除尽助手之责而外,是搞不清弄什么鬼,我们把这种方式叫作"抓一把"也许是可以的。这种"抓一把"的方式不仅存在于区干部,也存在于一切到村里工作的干部。最显而易见的则为工作团,他们不爱惜人力物力,只要能达到目的,如何使用对于他们则好像是无关的。区干部们不仅在中心工作到来才下乡(村),他们工作制度本身就规定了必须经常在村工作,这就是所谓的"周期性工作制",这种制度据说从村到县一级都是如此。

区的干部们下乡工作一个时期(40天)必须回到区上报告工作、检查工作,然后又布置工作,布置工作实际上是代替了村的独立性。区干部们经过布置之后下到村去,依照他们的决议进行各种工作,这样村的工作"周期性"为区干部所代替,而不能不是只做一些支差、公粮、应付填表格这些事了。周期性工作制存在是无法发挥村政权作用,无法来培养村干部能力的。

2. 行政村对自然村的领导

(1) 在组织方面,由于以间为单位,而不是以自然村为单位,因此行政村对各自然村领导是经过各个主任代表。而同时有几个主任代表的自然村就没有一个中心负责者,即是说行政村的命令是直达于间,而不是直接送往自然村的。这造成了行政村对自然村领导上的一些困难,也形成自然村工作中的困难(间各自为政、互相推诿责任等)。

(2) 行政村对自然村领导方式大致分下列几种:

甲、开扩大干部会。只要是稍大一点的工作就把自然村干部都叫来,干部为代表、主任代表、自卫队分队长,会议上也照例是上头来人或村长报告后即行散会居多。这种扩大干部会在自然村干部中引起的印象非常不好,他们往往这样讲:"屁小的事也开×会。"因此这种会议召集费时很大,很难召集齐整的。有些扩干会,如区选、武委整理组织召集的扩干会,在行政村扩干会讲的是哪些到自然村还是哪些,都是上头报告下面村干部们听,无端的让他们多走路多开会,自然也使他们不满。目前有许多行政村扩干会实际上是可以拿到自然村去开,由于老是叫他们"跑路误工",现在在召开会已经不那样顺利,已经引起干部们反感,这种方式是值得考虑的。

乙、第二种方式是下乡。区干部及上头工作团下乡是下到自然村,行政村许多工作也是直接把政民干部动员起来下到自然村工作(如村选、春耕),下到自然村去帮助工作,实际上也是替自然村工作。如果说行政村过去常有上头工作团及区干部下来,自然村就还多一个村干部下来,这些人都可指挥主任代表及代表,也都是负了"发现问题、解决问题"使命的。因此,自然代表们与行政村干部遭遇是差不多的,跑腿时候更多一些。由于村公所村长与代表个别传达指示帮助则异常稀少,除了干部会议,他们之间见面也是不很多的。我们只偶尔看见代表发生了事件找村长,村长则除公粮工作外是没有下乡去过,其他的各会长也是同样的在村公所消去了全部时间。代表、主任代表这个群众与政府间联系的锁链平时只有上面叫他工作,只代表了政府一面决议工作,因而忽视了他们代表群众利益、替群众说话的一面,这同领导方式关系是很大的。

丙、书面指示。提出问题指示是很少的,我们调查中只看见写条子来开会,至于什么会是不通知的,很少见写条子去指示什么工作。行政村对自然村领导主要是采上述两种形式的。

从前面政权、群众团体材料可知村的工作存在着缺点,形成缺点的原因主要的有下列几点:

① 广大群众没有起来,影响了村工作的健全与进步。基本群众的中农、贫农从新政权成立

以后,他们在政治得到了一个大翻身,经济上也获得一些利益;但政府一直向他们要得多给得少,保护他们的法令政策未彻底执行,除了直接获得利益的部分基本群众外,其余大多持冷淡不关心态度。他们虽然知道新政权是好的,但他们说不出好在什么地方,另外一些负担支差事实容易使他们模糊。因此,无论在村选、区选中,都还不是积极的参加,对政府一些政策法令也只是奉行态度。群众,广大的群众不自觉的积极的起来,政权工作本来是不易健全、不易进步的。

②　广大群众没动起来的原因是由于政策执行不当与不够。但在村工作中来说,是村干部对于政策的不了解,从而对政策的执行不明确,以至于不执行与乱执行。如四大动员的“分地”与退还分地,减租工作不按政府规定执行,对地主富农及一部分富裕中农的歧视,对于民主制度不尊重,乱用民主,甚至违反政府规定打人押人、擅自罚款。所有这些,不仅一方面使广大群众没有真正起来,另方面,使团结各阶级的政策遭受严重阻碍。

③　是上级领导制度与方式限制了村的工作。周期性工作制度实际代替村的经常的独立的工作,成为区政权干部代替与包办;工作团制度更使村的工作失掉他的尊严,使村的干部变成跑腿的,而工作缩小到很狭隘范围。村干部得不到上级的帮助与扶助,也就很难独立工作。领导上的条文表格一来就是大套报告的作风,也使村干部逐渐习染而与群众逐渐隔离,同样也大大妨碍了村工作的进展。

④　村组织机构还不是完全适合于现在环境。如经常的与临时的委员会名目繁多,起作用的则很少。民、财、教、建、锄奸等委员会,虽各有会长与委员,而实际工作则仍主要由村公所的村长、书记负责。代表会没有起民意机关作用,公民小组等于没有,民主的进步的组织没有发挥他应有作用。从人事来看,是村干们包办的多,各阶层人士实际参加的很少;但从组织上来看,也还是有过多及空泛的毛病,因此有等于没有,设也就是虚设。特别像群众团体的组织,其机构在老百姓看来成为政府一部门,其工作则全部是做政府工作,工作内容与组织均不附带群众性,也就是离开了群众,不能发生组织应有的效力了。

在此后村的工作,我们觉得应注意下列几个部分:

①　加强村干部政策教育。任何一个正确的政策,村干部不了解、不正确去执行,也就谈不上贯彻。因此政府颁布的每一个政策、体现每一个的法令必须首先向村干部们进行耐心的教育,仅开一次两次的扩干会是不够的,只空叫干部们“研究法令”“掌握政策”是主观的想法。加强村干部政策教育应成为改造村工作的基本工作。

②　领导上要求转变过去的作风与制度。周期性工作制度是有害的,应该取消,代之以对村干部教育与真心帮助他们。取消工作团方式,建立真正村的经常工作,经常工作做不好,一切突击的临时性工作也很难搞好。过去花费在经常工作、领导帮助上少,而花费在临时性突击性工作上时间多,花费在中心工作时间及精力多,而花费在经常的深入的工作时间少。因此一个连一个的中心工作不易完成但还一定要完成,结果都完成了但都没有真正完成。

实行分部门领导与分地区领导。分部门领导使各个机构共同动起来真正起作用,而不是一个空架。比如民政助理员对于村的民政委员应有很密切的联系,而过去则几乎是毫无往来的。分地区领导也是必要的,当然应当是集体领导、分工负责,分地区领导的人应明了总的原则,而不是自己对于领导地区什么都一把抓上、什么都干涉,形成“钦差大臣”似的。行政村对自然村也应如此。

表格宜少发,甚至于不发。村的干部把表格当做无法完成的工作,上面既一定要,他们也就敷衍了事,实际上等于没有作用,但耗费干部的精力时间则实在不少。

指示必须简单扼要,公文条例尤应将要点特别提出而力求简单通俗,否则下到村后仍可能在卷宗中留存不起作用。除指示得简单扼要的提出着重点外,还应补之以报告及讨论,使村干部真正能了解。通俗化的工作要上面就先注意,下来以后村干部不会再把他通俗起来。比如"脱裤子",上面这样叫,村干部也这样叫,实际是怎样一回事,村干部们是不大会弄清楚的。高家村妇救秘书听了"脱裤子"三个字后,她说上面来人讲话太不好听,认为"当着婆姨们讲这些话是不应该的"。这也说明硬搬名词在下面无法行通,而通俗化则处处必感到必要。

以行政村为单位会议应减少,把他变为适当的自然村的会议。

最后,适当注意村干部们的作风。如教条的讲话连他周围的农民也听不懂,因此上面干部示范作用就很大,就再不能给他以老一套名词术语了。

③ 村的各种组织应有一些改变,以适合当前环境。首先群众团体工作上应与政府分开,这样组织上也必须有适当的缩减。今天我们承认群众团体还有他的工作范围,如生产建设、教育、协助政府执行法令、反映群众意见等,它的组织亦必须适合这样的工作。我们认为群众团体可不必分什么农、青、妇救,可成立一个总的组织,用什么名称,可以考虑抗救会,这样名字也是可以的,下分农、妇、青小组,但有会员才分,没有就算了,会员必须个别的吸收。因此,行政村的群众团体有 3 个人就很够了,用不着过去那样农会、青年、妇救各 3 个干部,大都是空名组织。

其次,增减村政权的一些委员会。第一,村经常委员会只要 3 个就成了。民政与文教委员会合并为一个委员会,财政与建设委员会合并为一个委员会,粮秣委员会仍旧(锄奸已与武委会合并)。第二,把过去的一些临时性委员会变成经常的委员会。如优抗、春耕、水利、公粮等群众性委员会每年必须成立,必须有的可以把它固定一些,较之临时凑来做工作其作用自然会不同。第三,公民小组要切割分开,哪怕它是一个家长会议。这是初期不可避免的,但这是一种民主性组织,不应舍弃而应设法使之充实。因此,公民小组必须能选举与罢免他的代表才行,否则会减低它的作用。第四,代表会应确定它的职权,应使之能定期召集,否则只是空名而已。第五,闾的制度存在,但各自然村应有一个统一的领导仍属必要。如代表、主任代表成立代表团,主任代表轮流负责或干脆推举一个负责自然村的人出来均可。

④ 必须有一个强有力的有一定党员数目的支部。必须保持在行政村大部地区有组织的支部,没有党的工作与党的组织保证,村的工作是很难健全与进展的。高家村主村工作活跃,基本原因就是有党,因此,我们认为各自然村至少要有一个起作用的党员。因此,支部发展、平衡的发展仍是必须的。

(七) 群众团体

1. 群众团体简史

高家村在抗战前已经有官办的群众团体公道团,抗战以后与牺盟会合并,公道团名义取消,改为自卫队。

牺盟会在村的组织为村支部,该村支部书记 1 人、干事 2 人。书记为中农白日暲,干事为商人刘红盛及小商人赵建仁。

农救成立在牺盟之后,最初叫农民协会,后改农救会,受牺盟领导。1939年工救、妇救、青救先后成立,各有其组织,但均接受牺盟领导,牺盟实际上是群众团体总的组织。1940年新政权建立,牺盟会盛极一时,村中还选出牺盟村长、闾长,牺盟负责人出席政府会议,领导政权工作(这主要是党以牺盟作掩护存在的关系)。1940年下半年抗联成立以后,牺盟会名义逐渐消失,抗联代替了牺盟成为群众团体联合的组织,一直存在到现在。

2. 群众团体工作

抗战开始至晋西事变这个期间的群众团体工作,基本上是为了发展进步力量、团结进步力量,因此大量发展会员。但在高家村,牺盟会一开始就与村政权对立,而村的旧势力是很大的障碍群众运动的发展。比如说农会宣传减租减息,因减租减息而发生的纠纷村公所概不受理,他的理由是法令上没有规定。客观上有了顽固的旧的力量阻碍,群众团体工作遭受限制自然很大。

但另一方面,群众团体本身工作方面也有很大缺点。如牺盟成立不久,借口开训练班在高家村动员了20多人去参加,实际上是动员到决死队当兵,这些人动员去后都先后跑回来了,这些逃跑者对于牺盟印象当然很差,而牺盟威信因为这样也受到损害。其次,如农会发动成立合作社,在高家村动员参加了100多股,宣传是6月分红一次,社员买货打折扣,结果合作社倒台本钱一个没捞回,群众骂农会干部"想钱花"等。主观工作的错误也使高家村群众工作没有很大的开展。

当然抗战初期群众抗日情绪高涨,群众团体曾组织动员他们开了很多很大的纪念会、检阅会(在兴县检阅自卫军以及全行政村开大会等),最初群众还愿意参加,后来老是这样开会,群众仅因害怕不去有罪,因而勉强服从。

这样,高家村的群众工作在事变前始终未形成雄厚力量,不如其他地区群众团体成为第二政权,高家村则与旧势力比较,始终处于劣势。

晋西事变以后,1940年新政权成立,群众团体在这一时期与村政权混在一块进行了一些工作。如分地刨粮、工人发臂章、叫雇主买草帽与雇工等,但没有一个明确的一定的工作路线(这不是村所能负责的)。因此,分地后上级命令退回分地浇了分地群众一阵冷水。四大动员及刨粮运动中干部们贪污腐化、欺压人民,群众团体逐渐脱离还有的一些群众,群众团体实际上成为政权组织的一部,干部也变成为做政权工作的干部。没有群众、没有群众工作的群众团体是1940年新政权成立以后的情况。

3. 群众团体彻底整理组织

1941年7月村选以后,各个群众团体进行了整理组织的工作。高家村是在晋西抗联工作团直接帮助之下进行整理的,当时叫做"群众团体的民主运动",即所有村级群众干部均须由群众民主选举,群众团体民主运动就是整理群众组织的基本内容。高家村的农会、妇救、青救均举行了这样的选举,工会则因负责人……

(八) 区级政权、群众团体及党的一些零星问题

这次调查中,上列题目本列入调查范围之内,田家会战斗后,我们全致力于村工作材料收集。因为区的工作人员除政权还有个别在家外,其余大部下乡,谈话收集材料受到很大限制;因此1个月10天结束调查工作后,区的材料变成零零星星,无论政权、党或群众团体都残缺不全的。为了把已收到的材料反映出来,我们按政权、党、群众团体三个部分把材料略加排列,

一面为了存真,另方面在这些材料中含有的问题阅考不难发现。除材料以外,我们有见及之处亦一并写出以作参考。总之,区的材料收集是太少了,不够说明问题,完全有待于其他关于区的材料来说明。

1. 党

区委:二区区委在今年5月以前仅有2人,即区长陈萍与组织高俊德同志,5月才由花园沟支部提升牛照堂同志为区委宣传,自此以后始正式有了区委会议。

牛、高两同志均系本区人士,文化水准相当于高小,区长陈萍同志则为外来干部(陕南人),文化程度相当于高中,工作能力牛、高与陈相差悬殊。文化水准与工作能力相差太远,加上陈萍同志"独裁"作风,由区委会来共同决定、共同解决问题的事实不易看见。陈萍同志对高及牛的帮助教育还少于包办代替,实际上形成高与牛只供奔走,较大问题必须取决于陈萍,而许多较大问题解决,陈萍也不一定经过区委会议(下面详)。因此,二区区委会本身还是不算健全,还存在不少弱点的。下面是我们参加区委会3个会议记录,除因讲话太快、偶尔用字句非原文外,其他概用原字句记录。

区委会:5月1日为区选召集;出席人:区书、组织、宣传。

首先由区书报告会议内容:(1)区选中党的目的;(2)区选委员会组织与人选;(3)区行政委员会人选。

几个问题由区书报告后再讨论。

第一,区选中党的目的。

(1)贯彻"三三制"政策。① 反对政权中的包办主义,过去干部关门包办现象是很浓厚的;② 从精神上实质上来了解,要从作风等来看;③ 改造政权要从质量上来看。

(2)在这时,共同要发动群众来检查区村政权,今天我们要有"脱裤子"的精神,首先自我批评,正确的来发扬民主。

(3)区政权是一个辅助机关,介于县与村中间的附带组织。区政权好坏基本依靠村政权,因此要改造村政权为的是达到区政权巩固。

(4)经过上次区选,反对不民主与不公正作风,从上述口号(指反对不民主与不公平)来动员群众。

(5)动员全体党员参加区选,这是很重要的步骤。村级保证党员们参选,保证支部人当选,要根据党中央反对宗派主义等精神来反对过去包办不民主现象。

(上面几条是由区书一面想、一面写下、一面讲出,叫组织与宣传记下。)

附注:

高:今天掌握困难,在会上还容易,背后就困难。今天党的力量小,支部个人(指抗联秘书)又不参加选举。

陈:今天困难是有的,但总的任务要达到,要注意党的政策。今天党的基础巩固了,与群众关系好了,这是有利益条件。

(没有什么意见,由区书报告下去。)

第二,区选委员会设主任、副主任、秘书处、宣传动员股、选举事务股。准备7个人,政府代表1人(马区长),另聘请群众团体及各阶级人士参加,准备聘请武委会主任、区委1人、士绅3人,高光宗是农民进步分子,其余王作相、温国钧。区委应参加1人,否则很难掌握,党员应超过三分之一,但应从实质上看,从作风上来转变。温麒铭对政权是仇视的,虽然有正义感,还不准备请他(没有讨论)。

第三,区行政委员会人选。区行政委员会有区长、副区长、民政助理员、财政助理员、文化教育助理员、建设助理员、粮秣助理员,武委会合并还未决定。

准备按:马区长(党员)、任好德、白占德(党员)、王棠棣(党员)、邱建生(党员)、高光宗(?)、王存昌、胡建国(已经谈过话,即可发展)(高光宗实际上常不在家,故完全决定)。

(大家没甚意见。)

调存温同志问明有4个党员后,问区书陈萍同志:提的这些人是否保证当选?

陈答:除高光宗、王存昌未定外,其余同志准备保证当选。

白:党员不是多于三分之一吗?

陈:实际上找不出什么人,高光宗也还离不开家庭(高俊德离不开的),党员人数虽多一点,但要从实际上掌握,不一定在形式上讲求。

5月13日的区委会(会中讨论布置工作,会后由区委个别传达与来区开扩干会的各支部书记)。

(开会后由区书陈萍同志报告。)

第一,总的精神。中心在发展党,注意秘密工作与干部审查及检查过去的缺点(指出过去缺点有四,说话太快,没有记下来)。

第二,今后2月工作特点。① 区选是今后全面深入的民主运动(农选、妇选也快开始);② 突击下种与开荒,组织春耕竞赛;③ 紧张的战斗准备(顽固分子与敌人扫荡)。

第三,组织工作要求(今后2月)。① 加强区村,执行民主领导,贯彻执行党的政策;② 从群众运动中来发展党,扩大党的组织,完成发展任务;③ 从群众运动中来考验党员,审查干部,严密支部;④ 加强党的日常组织领导、健全党的生活、严格会议制度,来保证达到目的。

第四,具体计划。其一,克服发展党的偏向,反对宗派主义,关门主义。其二,怎样发展。① 各支部重新讨论,具体布置,配合中心工作发展;② 进行发展的基本教育,用师【傅】带徒弟办法;③ 公开工作中发现对象与党内联系办法;④ 没有组织与组织薄弱的地方派人去发展。其三,要求数目字根据上次确定。其四,审查干部计划。① 对村级干部,除村长、武委会主任外,均由支部审查,对于干部审查主要在这一次区选中来考验,依靠谈话依靠考验,把村代表了解、把村政权状况做一般的了解,彻底审查两个村的村级干部(宣传中太快了记不下,陈等高俊德去抄);② 区干部完成写自传和检定,办法集体研究自传,工作上考验与收集各方面材料,经党团小组来讨论。其五,严密党的组织。① 加强秘密干部领导与教育(秘密教育、技术教育、基本教育);② 严格建立党的组织与生活制度(会议会报):小组会10天一次,支部会10天一次,支部半月书面报告一次,一个月全面的口头报告一次,小组会中每月至少一次专门检查批评一次,违反纪律同志加以适当的惩罚并进行党的纪律教育,党费按月交来;③ 加强秘密工作,整理清理党的文件,5月底以前完成。两个月完成整理4个支部:杨家坡、高家村、三泉村、蔡家崖(传达这次会议布置,决定在开扩干会时个别叫支书出来传达)。

没有讨论,会议即结束。

5月13日区委会——为区选召集(由区书报告来讨论)。

第一,坚决贯彻"三三制"政策,今天不仅限于党的口号,而应把他变成为庞大群众在区选时的行动指南,使之热烈参加政权。

① 从思想上精神上,每个党员和干部纠正政权建设中的关门主义,宗派主义及一切左右的倾向。

② 应贯彻到组织领导(区选委会)、工作作风(民主)到政权的改造上去,不应是口头喊。

③ 依靠自我批评、发扬民主发展群众斗争,支部要正确的领导群众斗争,密切党与群众联系,提高党在群众中的威信,提高三三制的质量。

④ 党内外深入的宣传,使群众了解"三三制",广泛的吸收非党人士意见,来了解群众对我们的反映,以便领导。

第二,检查区政权。

① 执行党中央的决定,以自我批评精神和"脱裤子"的精神来检查我们的工作——有限度性。

② 中心在检查作风及群众不满的事实,给群众以正确的态度——发扬民主。

③ 由上而下的发动自我批评,并有组织的动员发动由下而上的批评检查,要防止偏向。

④ 设立意见箱,吸收群众意见——但注意放冷箭。

第三,健全村政权。

① 部分地方改造。

② 加强村政权组织工作及干部教育。

③ 发动村干部的自我批评。

④ 要在解决群众的实际问题中来提高群众的积极性,因此党的支部要正确的发动和领导群众,在不公平与不民主的斗争中密切与群众联系,提高党员的政治威信,保证区选的胜利完成,并在群众运动中发展党巩固党。

⑤ 实事求是,反对铺张。

区选委会

第一,组成原则:

① 依"三三制"精神建立。

② 成为真正的领导机关建立工作。

③ 保证非党人士参加。

④ 党的领导作风和民主的统一战线作风。

第二,人选的具体决定:

政府	马区长千其	党员
群众	胡建国(抗联秘书)	进步分子
	刘国玺(武委会同志)	党员
党	陈萍	
非党人士	温国钧、王作相	中间分子
	高光宗	进步分子

第三,成立办法:

① 通过县委和区党团,由县政府聘请。

② 准备派人动员,由区政府负担。

第四,日期:14 号

行政委员会人选:

第一,区长马千其(继任),副区长胡建国。

第二,助理员提出:任好德、王棠棣(党员)、邱建生(党员)、高光宗、王存昌、刘国玺(党员)、白占德、胡建国、刘德山、刘美明(党员)、王戎(党员)。

(刘德山、刘美明、王戎,县委回信叫提出他们竞选。)

5 月 13 日区委会——关于干部对于区选领导。

第一,纠正党在领导村选中的错误及缺点,正确认识区选重要意义。

村选错误及缺点:

错误(由区书一面写一面讲):① 对于民主运动的不了解,把民主看的不重要;② 党员不愿意参加政权工作;③ 党的政策不执行,主要的是清一色的观念(以下宣传牛照堂同志补充);④ 工作上是包办(案例略);⑤ 提候选人不研究(在村 8 个候选人只有 1 个农民);⑥ 工作方式不好。

缺点:① 宣传动员中没有抓紧党的政策,只在技术观点上空传;② 支部对村选领导周密的布置不够;③ 党的领导没有抓住中心,政策上执行不够,团结各阶层很差;④ 领导与扩展作用不够,党的质量、支部战斗力没有提高。

第二,正确的认识区选。

其一,区选重要性:① 是民主政治进一步实施,与建设新民主主义政治分不开;② 改造政权必须工作;③ 经过区选后,改造残存的旧政权作风,实行民主集中制领导;④ 执行“三三制”正确政策。

其二,二区试选中的重要性,这是晋西北空前第一次,要初选经验,从晋西北各个地方主要在贯彻政策。

其三,全党要动员起来以发扬自我批评及民主精神,来加强对区选领导中贯彻“三三制”政策。

第三,坚决贯彻政策的宣传和教育。

其一,加强党的政策和民主的教育:① 开始检查党员对于“三三制”与民主的了解;② 有计划的根据检查结果进行政策的教育;③ 从检查党内外的作风中进行民主教育;④ 提候选人和竞选中进行分析各种分子政治面目教育;⑤ 动员党员发动自我批评(在高家村支部检查中②～⑤条同类进行)。

其二,深入的进行党的政策宣传:① 要在村干部村代表小组会讨论;② 向群众宣传方式,行署甘秘书已经提出“三三制”,我们可照参去宣传;③ 从解决实际问题来照顾各个阶层利益(谁要民主谁要公平就选谁)。

第四,支部领导区选具体步骤。

其一,区选传达与布置:① 召开支部会议讨论区选问题,即传达简单计划,讨论村干会上的领导与动员问题,检查本村村政权发动老百姓提案,小组会传达内容要确切清楚;② 分开小组会议,即传达工作要动员党员,从每个党员布置精细工作,并发动提案给候选人主张和政策宣传,通过政权及群众团体召开扩干会议,组织干部对法令要很好的讨论。

其二,提候选人和竞选:① 支部要收集老百姓意见及对候选人意见;② 把区委布置人讨论;③ 具体布置竞选。

其三,掌握代表大会基本要支部来掌握。

区委与区政权:区委对区政权领导不是完全采取通过党团去领导的方式,极大部分是区长与区书之间事无巨细的商量,较大的工作计划则干脆由区委主持召集党政民扩干会(一般叫政民联席会)。因此,区的非党员助理员反映了下列的话:

"陈萍是什么人,他为什么要管我们的事?"上次文化助理员张××对通讯员讲的话。

"咱们在二区倒霉,一切事情还不免人家后头陈萍领导吗!"粮秣助理员张怀易谈话。

"抗联比区公所大!"王存昌反映(财政助理员)。

"自卫队是该来领导政民工作的?"民政助理员任好德(自卫队系区委会假用的名字)。

马区长事不管大小经常找陈萍,陈萍领导区政府也不是都经过党团组织。因此,在二区谁都知道陈萍同志是个什么样人,区政府里头的人现在也习惯了,你任好德(民助)有事时也找老陈谈去。

"这个事情我曾经给老陈谈过的",而老陈的发言在各个助理员中所起作用也就是很大的。

区委除陈萍外,高俊德也经常与区政府有接触,但不如陈之露头。关于建设助理员邱建生是个党员,我们问他:"有小组吗?"他说:"有小组三个人。""还有不参加小组的吗?"他说:"马区长不参加,他参加党团会议,他与陈萍、高俊德三人是党团。"区委与区长之间关系太密切一些。

区委下乡不仅管支部的事,他们也管一切事情,如扩兵等工作,是以区干部身份来管,并不通过政权及支部去进行。如在花园沟行政村所属碾子村扩兵发生问题,主要的是区组织高俊德一个人的意见做出来,他便不要地主白茂金出兵,而村干部则都同意白家出兵,就是例子。党政不分在二区表现很清楚,存在问题在我看来是很严重的。

区委与群众团体:区的群众团体,如区抗联及区武委会,均有党团的组织。区委是以二区自卫队名义与区抗联一块儿生活,实际上只区选公民登记时区委三人填他们在自卫队工作,此外很少有人知道自卫队,都知道区委三人是抗联工作人员。

区委与抗联关系很微妙,抗联秘书是非党员,区委三个人是没有名义在抗联生活,但一切事情主要取决于陈萍同志,而不是取决于抗联秘书,陈是抗联的实际领导者。

区委对区工作领导:分临时的中心工作与经常工作。

对临时的中心工作领导:

首先是召集区政民联席会(区党政民高级干部会),参加者为区委抗联秘书、区武委会主任、青救主席、民政助理员及区委。这个会议是厘定工作解决问题的会议,经常是陈萍主持,等于一种核心会议,在这会议上把方针确定、工作分配好后然后召集。

区的扩干会议,这个会有时区委主持,大部分则为抗联秘书根据上一个会议情形来主持的。

区的较大工作,我们调查期间,即收得过去材料,都是采取上面方式。

对经常工作领导:

或者是每个党团统一来找区委,或者是区委去找党团,但由区委交与党团去做,未经党团很好讨论的事是有的,如区选名单叫抗联党团提出就未经党团很好讨论。无论是政权与群众团体,区委对他们有扣得紧与放松两方面,紧的是稍大的事才得经过区委,松的是对党团工作检查少一些。区委对群众团体及政府内部发生的一些情形了解似不够深刻。

2. 群众团体

组织:区的群众团体分农会、妇救、青救(过去还有武委会),总的名字叫区抗联,老百姓也叫区分会(牺盟时代区设分会)。

抗联秘书1人,由农会秘书兼。

农会:秘书、组织、宣传、生活改善、武装各1人,共5人(连秘书)。

妇救:秘书、组织、宣传、生活改善各1人,共4人(现只2人)。

青救:主席1人、青年队部3人,2人做武装工作,1人作儿童工作,共4人。

通讯1人、伙夫1人、参加生产2人,共15人,均脱离生产。

工作:抗联自身没有什么工作。如果说有的话,那就是在去年村选时进行过行政村群众团体的组织整理,区干部下乡领导协助,此后在公粮工作时,曾领导村各救开过一些群众会。但今年除农会在个别行政村还推动开一些会外,各救会也都少开了。群众团体实际上是做了政府工作,全年时间多半全部是花在政府的中心工作上面。区的机关工作也很少,因为他们除周期回来汇报外,绝大部分时间是在行政村与自然村中工作,除汇报时间外,在区的抗联机关中不易找见他们的。

群众团体与政权:群众团体与政权关系是很密切的,因为实际上他们是一家人,做的是一样的工作,但还存在不少的矛盾。因为群众团体与政权究竟不是一个东西,"抗联比区公所大",固然是指隐身在抗联里面的区委而言,但在日常工作中,抗联工作同志对区政权尊重也有不够的地方。如农会宣传公然写条子叫区公所押,说我们这几天忙,过几天才来找他谈(指要押的那个人)。区公所没有受理,但民政助理员特别为这事与老陈谈过,怕引起误会。按民政助理员任好德的意见,只要他送来的是会员,我们一定替他押下,过去有武委会员去不知道,但抗联毕竟没有押人及送人到区公所寄押的权力的。

抗联同志在每次工作中解决的问题不少是属于政府范围内的,但除总结会上有时提出作为缺点优点经验教训的例子外,政府是不大知道。非党的几个助理员对抗联抱着不满意,有的甚至对陈萍非常不满,说抗联干涉区公所。将助理员张协昌介绍到区公所的通讯员因为抗联说"有问题",任好德把通讯员撤职,但又被抗联弄去做生产工作。因此张、任之间关系不好,而张对抗联则抱很大反感,认为他介绍一个通讯员都不够资格,说坏话的是抗联,收留认为是坏话的也是抗联,据说张为这事一直抱着不平。

"抗联同志做事随随便便,不大讲手续"(马区长语)。区的助理员(非党几个)讲,有时借东西拿东西就发生因手续合理不合理而发生争执,多少造成区公所与抗联不睦。

当区委以抗联干部出现,抗联同志对区政权尊重不够,抗联同志在工作中超越应有的权限是使区公所与群众团体不合的原因,但因为有区委的存在并未成为大问题。

抗联与村政权:抗联对村政权是以上级态度出现,可以命令村长办事、吼人开会。抗联在战争中在平时还不时有支差工作叫村公所去做,最多的是送信。高家村村公所对抗联派差送信非常不满意,他们觉得抗联有通讯员还找村公所送信是不合理的,但村公所现承认他是上级机关,所以只是敢怒而不敢拒,背后发牢骚而已。

区抗联对村抗联各群众团体的领导:平常各村群众团体找到抗联来解决问题请求指示的不多,大多是区干部下乡去整理组织、推动开会等。区抗联对各村群众团体的领导我们看见的只有开会,就是配合各种工作,发动群众团体开会要他们配合起模范作用,这叫做"组织动员"。但至去年公粮后,这种无形中减少原因还不清楚,但过去那种"组织动员"的收效则是很少的。

3. 区政权

区政权的组织。区政权机关为区公所,区公所组织如下:区长1人,民政、财政、文化教育、建设、粮秣、锄奸各设助理员1人,是以区长为首的政权组织,区通讯员5人,共12人脱离生产。

5月二区区选以后组织改变如下:区长1人、副区长1人、建设助理员1人、粮秣助理员1人、民政助理员1人、文化教育助理1人(锄奸合并于武委会),通讯员照旧。

区长、副区长、各助理员组成区行政委员会,区公所改为区政府,按行署规定区政府为县政府辅助机关、代表县领导村政权,是一种中间组织;区政府权力是被规定很小的刑事案件不能处理,民事案件关于土地婚姻等问题解决都得送县;区政权对民事处于调处地位,它被规定不能管罚款项及拘禁人民。

区选以后区政府实际成为一级,他所处的位置也仅是一个县的辅助机构,在过去一些工作中也不难看到的。

区政府的工作。区政府工作除那些临大工作(中心工作)由区长及助理员与群众团体配合下乡工作外,有很多的经常工作必须留人在家,这些经常工作是:① 收发文件工作。这是区经常工作的最多工作,包括:县政府下来令文,与村的必须转抄12份寄与各村公所;各村呈上级文件经由区公所上呈者;上级指定调查数字或其他工作由区上报者;批回或复示各村公所请示事件;整理各种调查统计数目字(如村选、春耕等)、图表等,一面备存留,一面备上面查用者。在这些工作中,转发各村文件及统计调查数字、制表格最多最麻烦,区没有书记,都是助理员自己干,有时他花两个人几天的功夫埋着头抄写东西、填制表格。② 各种民事工作处理。区政府所在地民事工作大多数到区上处理,各行政村送来及自来请求处理事件亦不少,其中以婚姻案件最多,但这些案件区调处无效时即送县处理不少。③ 较上述两工作次多的为粮秣助理员的工作。每月结账,粮秣都是经常的,拨粮拨草事在二区也很多很繁。④ 财政、文教、建设部门工作一般的很少,建设今年只做了开水利工作,文教只管几个学校,财政助理员几乎没有什么工作——因为他的工作是管村摊款村开支,这在分数派定后就没有新的什么事情,村的开支是不向他做预决算的;其次,田赋工作还未担负起;第三,管理寺庙产,他们也没有做,由行政直接管理。

虽然如此,区还有其他一些工作,如各个机关的动员做鞋要差等,有时是向区直接要而不经过县来的。区对这些工作采取应付态度,马虎的过去他们就不做,若推脱不了,也得做一些,他们没有原则来应付这些临时工作。这些工作据说不少,我们知道有下列一件,即115师留守处要他们动员人做鞋,其手续为信一封,并照录如下:

马区长:

    兹有鄙部旧存鞋子170双,帮底子均全做好没有上起,请在你区动员民夫治上一吓。今将黄定国同志前去,希接洽为盼!此致,敬礼。

115D 留守处　六月二日

区政府从旧政权遗留来的威信在群众中很高,因此民间较大事到区政府解决较多。有许多事,区因规定不能受理,如婚姻外区政府以理由不合上级规定的,如罚款未经县批准及拘押人民。在区工作人员看来不如此不行,因为区政府没有更好的武器使用,在民众看来区是应有如此的权力,而上级政府虽规定区不能如此处理,但也未见批驳,申令一再禁止这样做法。特别二区这样一个大的地区,老百姓到县去解决纠纷很少,这样区处于重要地位,从上面看来区的权力规定似应依照实际情况酌量多赋予一些。

区对村政权领导:除粮秣外,区各部门对村各委员会是没有什么领导关系与领导的。区对村的领导在村政权中谈过了,此处从略。

区干部:我区干部还很生疏,下面是他们自己一些材料,照录上以作参考。

表 6-27　区干部情况表

1. 姓名	任好德	张希程	邱建升	郭得肿	王存昌
2. 别号	耀三	少欧			
3. 年龄	39 岁	37 岁	28 岁	26 岁	27 岁
4. 籍贯	兴县	兴县	兴县	汾西	兴县
5. 现在职务	民政助理员	粮秣助理员	建设助理员	锄奸助理员	财政助理员
6. 文化程度	认字	识字	粗通	粗通文字	高小毕业,初中一年
7. 成分	贫农	贫农	中农	中农	贫农
8. 出身	学界	工作	农	农	教育
9. 优点	无	无	对工作积极,吃苦	能吃苦	无
10. 缺点	不善于说话,无计划能力	不善于说话	粗枝大叶抓一把作风	不能大部克服,工作没有计划性,形成抓一把作风	工作能力差,学识薄弱
11. 观念意识	走到社会主义社会,打倒日本帝国主义	求生存,学进步	思想为革命而奋斗,取最后胜利,打走日本帝国主义	要好的干下去,第一干新民主主义共和国,第二建立社会主义的国家	求生存,争取独立解放,建立新民主主义共和国,求进步求学习,只是脑筋简单
12. 工作能力与作风	能力薄弱,但做事不敢敷衍潦草	能力薄弱,工作俭朴	工作能力薄弱,没有工作的计划,每件工作不依上级布置,深入群众解决群众困难	工作能力薄弱	工作能力薄弱
13. 学习情形		很有兴趣	学习有经常性,抓不住中心,了解一个问题乱看书	没有经常性,看不懂书	学习看报,学的时候要少又不了解
14. 生产劳动情形	朴实耐劳	情绪虽高,但力不能久劳	身体强健,对劳动彻底,没有经常性的劳动	没有参加过生产劳动	

15. 总结	优点					
	缺点					
	发展方向				走向社会主义社会	
	其他					
其他	备考					
	审查机关					
	考核机关					

区干部程度表共分15项,每人一张,我们现把它合成一表,只有5个助理员的,其他人未填好,无表,均系自填。

区扩干会对于春耕参选工作布置(5月8日)。

报告书:区抗联主任(本报告先由区"高级"干部会议根据县布置及区对春耕初步检查,由区委书记逐项提出,"高级干部会"通过)。

这报告一方面根据县对春耕工作检讨及根据本区实际状况布置会后工作。

第一,检查。

其一,领导方面。① 没有抓住中心,不深入,做些跑腿工作。② 没有抓紧村级干部,推动春委会工作,对村干部抓的不紧,村干部不起作用(如花园沟)。③ 春耕与民主脱节,本来是通过春耕进行民主工作、造成民主运动,但结果民主是民主、春耕是春耕。④ 配合工作不够,武委会参加巡视组下去后,因为只去收集材料而没有配合起来,引起群众不满,说"干部们没饭吃,今天是武委会来,明天是农会来"。⑤ 工作布置不具体,没根据客观要求,只是主观愿望,不依据不同时期进行不同工作。⑥ 互相联系不够,领导者××指示,下面反映很少。⑦ 计划很差,事先没有很好计划,如竞赛等,只在会上发动一"吓",没有起什么作用。

其二,工作方面。① 对春耕工作组织上无信心,虽然也有根源,如天不下雨、敌人扫荡、民众反映不好以及背粮运动,但不能因此掩饰,有的同志认为不能做什么。② 对工作不艰苦,不深入到下层一点一滴进行工作,如过去公粮工作上不注重似的,似乎是应付的。③ 不遵守时间与决议,决定汇报时间不按时回来。④ 没有坚持工作岗位,流动性很大。⑤ 发现问题没有即时解决,有的地方不去发现,有的地方发现不解决。⑥ 解决土地问题个别地方不依政府法令,采取调和办法,如××村地主卖地后佃权还是旧佃户的,结果村公所只分给三分之一土地与佃户种。⑦ 不给村干部总结工作,使村干部无信心,得不到什么经验。⑧ 贷粮没有真正到老百姓手中

（黑峪口）；干部自己决定，不民主，贷出去老百姓还不要（木栏杆）；平均分配 6 斗粮食贷与 6 家（吕家湾），形成不良现象，把数字拨出去，要没到要不到就不发①；碾子村对贷粮不关心，有的还不应贷，多少贷出几家。⑨ 代耕队干部估计不经过群众，抗属没地不设法不给代耕，轻视旧军家属，对农村统战工作忽视（如张家湾把旧军家属编入代耕队）。⑩ 互助组总的方面做了群众尾巴，而形成自流，群众说不要，你们自己会做就算了，个别地方形成临时的不是经常的。⑪ 解决问题政策方面执行不够，没有团结各阶层，如李家湾打击地主，解决社会问题不够、注意不够。⑫ 调查研究没记笔记，回来后"记不吓"，不能很好收集材料，不一点一滴收集材料，不细心，不把小问题注意。

其三，今后工作。第一，总的精神与要求（半个月）：① 彻底纠正区村干部对春耕工作的错误认识，克服自流及悲观失望的两种倾向，发挥积极性，创造模范的区村干部，就是说把自流很好掌握。② 贯彻法令政策，彻底解决群众困难问题，提高群众生产情绪，发挥组织力量，开展春耕建设，把春耕变成庞大群众自己的运动（干部们听不懂、记不下，报告人逐句念逐句解释）。③ 检查春委会工作，充实春耕委员会的工作内容，加强领导，健全与建立劳动互助组织创造春耕经验（逐句解释）。④ 以高度民主运动精神来开展春耕工作，把春耕和村选结合起来，成为三位一体的战斗任务。⑤ 以战斗姿态来突击春耕，完成开荒和播种工作，并深入的进行战争动员准备，迎接敌后新的扫荡。⑥ 要求深入踏实工作，要求一点一滴的来收集材料。

第二，集体工作布置。

其一，彻底解决问题：① 土地问题，特别是租佃问题。② 劳动力问题，要发挥劳动力，增加生产，如互助小组、调剂耕牛等。③ 种籽问题。④ 社会问题，如婚姻、赌博、偷盗问题。

其二，解决问题原则：① 注意到坚决执行法令。② 土地问题解决要照顾各阶层利益，巩固统一战线。③ 群众团体可以帮助政府解决问题。④ 有关法令问题一定的经过政府，群众团体不能包办代替，再一方面即也是为了提高政府威信。

其三，发现问题：① 在行政村干部及自然村会上，收集反映解决与没有解决的问题。② 找干部与群众说话。③ 在工作中来表明我们的态度，在群众会上使群众对我有所了解，如碧村所属种地问题解决后，民众说法令顶事。④ 抓着个别的问题彻底认真的解决，使它再不发生事情，不拖延不马虎。⑤ 干部对群众态度要好，就是说要接近群众。

其四，解决办法：① 食粮、种子、劳力解决要依靠贷粮贷款，即要纠正过去错误，要经过农会民主讨论，以行政村为单位适当分配，反对平均主义，行政村负责集中直接发与贷粮户，清算旧有贷粮，将手续弄清。② 发动互济，即发动组织力量来保证（农青等组织），利用私人关系。③ 加强代耕互助组工作。④ 土地问题要了解两方情况，坚决执行法令，反对调和，反对变相剥削（借口买卖），公开地主、佃户、政府三方会议，共同讨论，最后由政府决定，依靠农会干部慎重说服。⑤ 社会问题利用群众组织，反对不生产落后现象，帮助政府解决，有关法令问题一定移交政府解决。⑥ 组织春耕竞赛，开荒扩大耕地面积，组织互助组，培养劳动英雄。⑦ 农村副业首先了解环境，抓紧积极分子和干部加以适当教育，由上而下有计划进行。根据群众特殊要求来发动竞赛，用各种组织形式去动员，应有周密计划，定出条件。具体计划：

---

① 编者注：即"若粮食不到手或要不到就不发"之意。

Ⅰ. 村与村竞赛

对象与条件下去再订,不要主观的,要自愿的。

a. 高家村与蔡家崖竞赛。

开荒、种棉、培养劳动英雄、水利。

b. 杨家坡与高家村、黑峪口竞赛。

合作社、纺织、扩大耕地面积。

c. 三泉村与小善村全面竞赛。

d. 花园沟与木栏杆村全面竞赛。

e. 桑蛾与王家塔村全面竞赛。

f. 李家湾与蔡家崖全面竞赛。

Ⅱ. 区与区竞赛

二区与五区,条件 10 号送出。

Ⅲ. 5 月底回来总结工作,并做竞赛与评判总结

Ⅳ. 组织评判委员会总结经验、评判好坏

彻底检查春耕委员会,健全与建立劳动组织:

Ⅰ. 春耕会领导

a. 检查春委会本身工作。

b. 根据优缺点进行表扬与批评。

c. 建立一定制度(会议检查总结)

d. 具体布置工作,切实讨论。

Ⅱ. 建立新的劳动互助组(在每一行政村创造一个模范组)

a. 抓紧工作基础好的地方进行组织,创造经验。

b. 派强干部去创造。

c. 派行政村干部专门去领导。

d. 纠正给群众当尾巴,群众"米西"自己也不行。

e. 对立组织的双方进行教育。

Ⅲ. 代耕队

a. 召开抗属会议,检查代耕工作。

b. 具体分配任务,不要马马虎虎。

c. 代耕队违反法令即时纠正(如抗属也参加代耕队)。

d. 召开队员大会,进行法令教育。

e. 严格工作制度(会议汇报检查制度)。

调查研究:

Ⅰ. 特殊调查

a. 有计划的讨论研究土地问题中的租佃关系问题。

b. 关于各阶级的生产比较。抓住中心,每区做 3 个自然村,去年与今年的比较(种地、生产量)。

Ⅱ. 普通调查

a. 户口人口（男女分开）。

b. 劳动力（人力畜力）。

c. 耕地完成面积分开种类。

d. 旱田分开种类。

e. 秋田分开种类。

f. 开荒（生荒、熟荒、河滩）。

g. 种棉（分种类）。

h. 特产。

i. 水利（渠数、人工资本、灌溉面积）。

j. 农村副业（去年今年统计）。

k. 植树统计（种类、数目，去年、今年）。

l. 劳动力（代耕队、互助组）统计。

m. 贷粮贷款统计。

n. 找出劳动英雄对象。

（除最末一项外，均有表格，因只有一份来不及抄，也没来没有机会了。）

第七编 赵家川口村调查

一、各阶级关系的变化

表 7-1 抗战以来赵家川口阶级关系变化表

战前 ＼ 战后	户数	％	战后各阶级现在的变化										现有阶级总户数
战前阶级	户数	％	地主	富农	中农	贫农	雇农	工人	商人	贫民	其他	战后外出户	
地主	2	2.3	2										
富农	3	3.45		2	1								
中农	35	40.22		1	26	5						3	
贫农	33	38.48			3	23	1			1	1	4	
雇农	8	9.2				6	2						
工人	2	2.3				2							
商人	2	2.3				1			1				
贫民	1	1.16								1			
其他	2	2.3				1					1	1	
总计	88	100	2	3	30	38	3		1	2	2		
战后分出户						2						5	
战后外来户						3	1						
现有阶级户			2	3	30	43	4		1	2	2		87
现有阶级％			2.3	3.45	34.5	47.44	4.6		1.16	2.3	2.3		100

说明:(一)分出户指一个家庭内分出来的新户;外出户、外来户是指移出到别村或从别村移来之户。关于分出户应说明其所由分来之阶级。(二)"贫民"与"其他"两项均应在附注内分别说明其中所包括各种人,如游民、职员等。

注一:上表中分出者7户,内2户分出后仍住本村,另5户已于分出时迁出外村。本村的2户中,有1户战前是商人,同父亲原在兴县城内开一个小店,后因商业凋敝,小店倒闭,便分了家,耕种极少自有地和租地,仍以小贩为副业,由小商人一降而为贫农了。又1户战前是雇农,战后升为贫农了,同他哥哥去年分的家,实际上仍在互助的情形下种地。分家到外村去的5户,内有2户战前为雇农,现为贫农。另3户战前原有1户中农,且是相当的"大庄户"(富裕中农),但目前一分成为4户(还有1户现为贫农,仍在村中),生产单位缩小,除2户勉强保持中农的地位(已大不如战前)外,其余都降为贫农了,这家分家的主要原因是逃避兵役。除上列7户以外,还有6户口头上或表面似分了家,实际在财产以及生活上都未分开的,均未列入上表。

注二:上表迁出共7户,内1户贫农因所种地离本村远、离西凹近,故迁去西凹;1户父子分裂,父在陕西盘塘开店,子在前年应征入八路军,但已偷跑三四回,抽大烟,是个落伍分子;2户(一为中农,一为贫农)迁去七八十里外之大坪,帮地主伴种洋烟去了;1户贫农迁去吕家圪种地,寄居丈人家里(本村房子烧了);1户贫农儿子当兵,父家迁移石阴村当雇工;1户贫农原是外村迁来,战后又迁回外村去了。除上列7户以外,还有三四户战前在本村,战后曾一度迁出外村种地,但一二年即迁回本村,现仍在本村种地,故未列入迁出户项内。

赵家川口位于交通要道,战时易受敌人侵袭,平时公家支应较他村频繁。因此有若干户口在两处梁上(一处称上梁,近黑峪口,离本村五六里;一处称下梁,离本村12里左右)掘有土窑居住,初时只为逃避敌人暂时存身,后因住在上面可以避免一些零星支应(如派饭等),大都不愿搬回本村了。现上梁有4户,下梁有5户,各有一个类似军民代表的人与本村取得联系。在上表中,这几户仍列入本村户口内,但这两处实有自成第二个村落的趋势。

注三:上表中外来户共4户,3户贫农或因租地接近本村或因租种本村亲戚地,故迁入本村住,1户雇农,雇主在本村是亲戚,故连家都搬来了。除以上4户外,还有好些在抗战后迁入本村,过一二年以至几个月就又迁走,现不在本村,故未计入。又本村现有游击种地者14户,这种游击种地的情形每年有之,但今年人数最多。本村附近平地多,外村之人租了这些平地种棉,因离家甚远,故在农忙时暂住本村,忙完则回家去。这些游击户均未列入上表。

注四:上表中战前贫民1人是一个瞎子,当吹鼓手,现在代人做简易劳动(协同别人送粪、担架、磨面等)糊口。现在贫民2户,除包括上1户外,还有1户抗战前是贫农,现仅剩老妇,也是代人打杂糊口。

注五:上表战前"其他"项内2户:1户是游民,抽洋烟、串戏班子,无定业;另1户是城内小商店雇员(俗称"掌柜",地位在老板与"伙计"即学徒之间),现已年老,不再从商,成为租种三四垧地苟延残喘的下贫农了。现在"其他"项内2户:1户即上述那户游民,仍抽洋烟,去年起当村中"招待员",每月挣得45斤谷米度日;另1户战前是贫农,因懒得"动弹"渐渐衰落,终于卖地、偷人,一家3口人又都是梅毒患者,现在简直有活不下去之势。

(一)各阶级阵容

在赵家川口村,无论战前战后,中贫农是最大的阶级。这二个农民阶层在数量上占绝对优势,占了总户口的80%以上。虽然战后中农减了些,贫农增加了些,却未改其基本阵容。

地主、富农少,地主未见短少,富农没有生长,雇农愈来愈少了。

他如工人、商人、贫民等,都是个别小户,还看不见什么阶级的力量,暂不论。

现在具体的看各阶级的变动。

(二)变化情况及其原因和趋势

从表7-1可以看出,2户地主在抗战后都是保持着原来的地主地位。这2户地主战前都是200多垧土地的占有者,战后土地占有的情况并无很大变动,所以基本的剥削地位并没有变更。但从该阶级范围内的剥削程度来说,则战后与战前略有不同:五年间战争与政治变革使地主的剥削生活受到很大影响,农业生产力一般的降低、租佃关系的变动,使得战后的地主已不能再像战前那样顺利地进行土地剥削,赵家川口的2户地主可以证明。在这五年中间,地主在租佃剥削上遭遇到了困难,租佃剥削的收入已较战前大为减少。

但是,这2户地主都不是纯粹的收租地主,而是自己经营着一部分土地生产的。在战前,他们就是一方面进行租佃剥削,另一方面自己进行富农式的生产,这种经营方式至今没有变更。2户地主现在都还自己经营部分土地,但是经营的范围却比战前缩小得多了,战前自己经营16.45%土地的1户现在只经营10.34%的土地了,战前经营38.04%的1户现在缩小到只经营23.58%了。我们还没有能够精确的调查这2户地主在这五年间历年的经营情形(有1户地主主人在外村,本村只有兄弟,存着搅不太清楚的关系),粗略看来他们自己经营的土地是年年减少,每况愈下。地主的部分富农式的土地经营也受着战争与革命的影响。

这就使得这2户地主的经济地位比战前大为下降。

我们估计,这2户地主的前途应不相同。1户地主善于经营的父亲去年被敌人杀了,留下本人是个书生,"不善计划",又抽洋烟,去年起已经开始典卖土地、树木等产业,家境是有降无升的了,甚至将来根本改变他的地主的阶级地位都是可能的。另1户却不同,他的剥削地位基本上还是稳定的,虽然去年也典卖了一些土地(据地主本人说是缴公粮),但那数目甚微,无大影响。不过,这户地主将来也有这样转变的可能,因为他本身原就含有两方面:一方面是租出土地,另一方面是富农式的土地经营。到现在为止,这户地主的土地还是租出的部分占多数。但是,因为这五年租佃关系的紊乱和去年减租政策的实行,使他觉得依靠这种剥削方式不能恢复从前的分益水平了,而新政权的政策法令又在逐渐给予着开展农村资本主义的条件,因此这户地主很有可能更加收缩他的租佃剥削,而更加扩大他的富农经营。一个事实:当今年政府容许种植洋烟时,他马上将20垧水地种上洋烟,他还不是正式的用雇佣劳动,而是召集了13户农民伙种(或称招种,地主出地,伙种户只出劳动力,实质上已是雇佣关系),他自己施肥5000斤之多,伙种户只出劳动力,基本上还是他自己经营。他所以利用伙种形式,乃是预防政府将来抽重税——倘是自己独种,则税负担集于一身,现在分散给13户伙种,则负担可以减轻。倘若他知道将来不抽重税,那他一定抛弃伙种的旧形式,而进行大胆的雇佣劳动的富农经营。如此,则这户地主将来有转化为富农的可能。

从上表看来,战前3户富农中只有1户下降为中农。这户下降了的富农在战前原来并没有很大根底,所有地仅40多垧(质量好),只因雇佣多,故定为富农成分。战后受战争影响,生产低落开始向下,四项动员时被视为"财主",受到一些打击,户主受惊亡故后留下寡妇、青年,从此就一落千丈了——小富农也是经不起打击的。另2户也不是什么很大的富农,他们的土地质量虽好,而数量不多,但这2户都善于经营,故至今仍能稳定地维持其富农地位。内中有1户除雇佣耕种自有土地外,还做商业活动;1户专力雇佣种地,出租小部分劣地,因为经营规模不大,故所受战争影响也较少。在四项动员时,这2户各出粮5石、法币100元,也没有影响他们到出卖土地的地步。他们在这几年虽然停滞着没有扩大生产,然而他们是稳定的,具有坚实的"根底"的,估计他们将在1942年的新条件(天年好、公粮轻)下慢慢上升。

现在再从表上看中农的升沉。中农在战前有35户,这35户中仅1户上升为富农,停滞未动中农地位的有28户(内2户已迁出),其余6户(1户已迁出)都下降为贫农了。上升为富农的1户是比较特殊的,他战前原是这样1户中农:土地虽少而质量特好,人口少而有大群牲畜,还放一点高利贷,已经很接近富农了,因为自己劳动不雇佣,故定中农成分。战后土地增加一倍,扩大了原有地的面积,但并非买地,而是雇了长工,乃一跃而入富农队伍。

在战后的条件下,中农要上升成为富农较不容易。而在战前35户中农中,原有5户富裕中农,他们拥有较多较好的土地,与一般中农的距离相差颇远,与富农很接近,原应该上升为富农的;但现在除上述1户上升为富农外,其余都停滞着。他们所以不能上升的原因是:① 被敌人掠夺;② 劳动力损失。这两个是主因,还有四项动员与征公粮时把他们的成分估计过高,负担较重是一个次因。中农下降而为贫农者6户,这6户下降的主要原因首先是因为受了敌人的杀戮(有1户4口被杀而剩1个老人,有1户被杀了2个壮年兄弟),其次是因为分家(有1户一下子分成4户)。中农正如雇农一样,比别的阶层更加珍贵自己的劳动力,劳动力受损自然只能下降为贫农了。

但是就全村来看,中农在这五年中未曾动摇者,还是多数。战前35户中农中,现有28户仍在中农阶层内,这些户口大都:① 财产(根底)未受若何损失;② 强劳动力仍在,甚至增加了;③ "刨闹"土地本领强。他们是目前农业生产中的基本队伍。他们在过去数年中因为稳定,固然没有松懈他们的劳作,而在今年(1942年)生产热诚最高的正是他们。他们现在忙于买地、典地、调地(将劣地租出,好地租入),忙于买牛(假如原有牛被敌人杀掉了的话),天一下雨,连忙种棉。今年本村中农种棉户占全村种棉户绝对多数,没有1户中农不种棉的,这也因为中农占有着些平地之故。对于种洋烟,他们也很积极,9户中农种4垧1亩5分洋烟。

战前33户贫农仅有3户下降了:1户降为贫民,是因为失去劳动力不能再种租地之故;1户降为游民,主要是因为他个人的特殊原因(抽洋烟、懒动弹、全家花柳病),并无其他意义;1户降为雇农的本是一个租种36垧土地的佃贫农,1940年因病荒去全部土地,粮租未缴,地主因此将土地夺回,这就使得他既无地又困顿,现在除耕种自有1垧半平地外,主要靠打短营生了。由贫农上升成为中农的倒也有3户,这3户在战前原是较大的佃贫农,租地二三十垧左右,甚至有喂牛的。

这些中农从去年冬就在准备着上升的条件(表现在去年冬有7户中农买地),今年雨水好、公粮轻,再加以别的条件(他们希望敌人不扫荡,或者希望八路军抵挡住敌人的扫荡,这次反扫完胜利,发动慰劳八路军时他们参加很积极),那么,这些中农将结束五年来的停滞生活再开始上升了。"前几年脑子死啦,今年脑子可活啦",这是一个中农的实话。

再看贫农。如单从这个村子看,贫农在战后并没有很大变化,也有经营小贩副业的已经接近下中农的地位;战后数年继续租地,因为租佃关系变动,缴租不如战前多了,去年又减了租,遂略有盈余,去年都买地,从今年起便不再租地,一跃而为中农了。——从这里可以看出,抗战后的混乱局面对于一些比较殷实的贫农倒是一个机会,再加上减租减息政策的实惠、其它负担的减轻,使他们能够根本摆脱封建剥削而自由自在地经营他们自己的土地了。

但是,这样的上升贫农究竟还是少数,大部分的贫农还是停留在原阶层的。他们大都是租种着10～30垧土地(十分之一是平地,十分之八是山地),没有牛,没有肥料,单靠血汗灌溉土地,除了劳动力之外,他们差不多完全依靠"天年"决定他们的命运。1937年是好年成,但那时租佃剥削重。1938年仅收五六成。1939年天旱,只收三成,对于贫农是特别困难的一年。虽然这一年缴租子"马马虎虎",但是收成既然极坏,名义上的少缴租或不缴租也无补于"吃粮不够"的实际。1940年四项动员时多少给予贫农一些刺激和某些便宜(如少数贫农由地主、富农——实际上是富裕中农——家刨了一些粮食),但四项动员在别处轰轰烈烈,而赵家川口的多数贫农却没有"动员"(发动)起来,主要原因是村政权不得力,也就没有能够改变他们的经济的和政治的生活。

这就是赵家川口贫农在前几年的情形。

但是,在近一年来这些贫农也逐渐活跃起来了。去年的减租减息虽未能普遍执行,但是贫农中已有得到了实惠的,并且有些贫农已开始被这个政策所鼓舞,敢于为了坚决要求减租而与地主方面发生争议了,虽然这还只是极少数。到了今年更见活跃,许多贫农都积极的种棉和种洋烟(7户贫农共种3垧2亩8分地洋烟),虽然他们的劳动力是拮据的(忙于必须要打短),却还在积极开荒。一个极端的例子:有1户贫农到现在为止已开了五六处荒地,约三四垧,甚至连自己窑洞顶上都开了。可以估计今后贫农的经济生活一般的也是向上开展的。

既然在这四五年内贫农阶层基本上没有什么变动,那么雇农阶层也就不会增大,相反的雇农减少了。从上表又看出,战前的8户雇农现在剩下2户未变,有6户都上升成了贫农。

虽然一边是主要依靠租种土地(贫农),与一边主要依靠雇佣劳动(雇农)基本不同,但如从经济生活来说,两者的距离并不甚远。贫农也兼打短(赵家川口43户贫农中,有17户兼打短工,年打一二十至五六十工不等),雇农也兼种土地(战前8户雇农有4户兼种租地二三十垧不等),季节性的小农生产需要频繁的短工,富农经济又不开展,这就使得雇农成分中短工或半工多而长工少。这些短工或半工只要租地多一些,则很容易成为一个贫农的——在农村资本主义还不开展的今天,个别贫农与雇农之间的升降还没有什么了不起的意义。但是,有6户雇农却因扩大了租地而上升为贫农,这至少说明了雇农在抗战后的生活并没有更向下降。

另外,战前2户商人中有1户改行为贫农了,原因是小店已经倒闭(1937年前倒闭的);另1户仍在盘塘开着一个小店,经营只见缩小不见扩大。

(三) 总说

总的说来,赵家川口各阶级变化并不甚大。在战前,中农与贫农是这个村子的主要阶层,数量上在各阶级中占绝对优势。现在仍然如此,所差别的只是战前中农略多于贫农,战后因受战争与革命的影响,使贫农队伍大过于中农了。战后贫农所受战争的影响虽然不如地主、富农阶级之大,但在抗日民主的革命斗争初时(1939年),也并没有充分获取经济上政治上的权利,这种权利的获得现在正在开始,这是贫农阶级力量发展的新条件。中农至今还是稳定的阶级,富农很小在战后受了一点挫折,但关系不大,还是保持着经济力量。今后政府的扶掖农村资本主义的新政策将会助长他们的稍稍发展的,地主阶级中的富农成分可能参加这个队伍,而中农中的一部分上层(富裕中农)是他们的后备军。

二、人口与劳动力的变化

表 7-2　抗战以来赵家川口各阶级人口变化表

户口与人口 阶级 / 时期	户口	1~7 男	1~7 女	8~14 男	8~14 女	15~17 男	15~17 女	18~23 男	18~23 女	24~45 男	24~45 女	46~55 男	46~55 女	56~60 男	56~60 女	60以上 男	60以上 女	总计 男	总计 女	总计 合计	占全人口的百分比	每户平均人口
地主 战前	2	1		2		1		2	1	2	3	2	1					10	5	15	3.64	7.5
地主 现在	2			3				1	1	2	3			1	1			7	5	12	2.87	6
富农 战前	3	2	1	1	1					3	3	1	1	1	1	1	1	9	8	17	4.12	5.67
富农 现在	3	1	1	1		2	1	1		2	3			1	1	2	1	8	9	17	4.06	5.67
中农 战前	35	21	12	17	10	4	5	18	18	24	25	14	17	8	5	7	6	113	98	211	51.21	6.3
中农 现在	30	16	11	26	8	5	9	3		23	30	6		7		12	12	98	90	188	44.98	6.27
贫农 战前	33	12	8	6	5	2	5	5		20	18	5	2	2	5	5	4	60	50	110	26.7	3.33
贫农 现在	43	20	14	19	13	1		7		26	26	5	6	6	7	12	7	98	83	181	43.3	4.21
雇农 战前	8	2	1	1				1	1	6	6					2	2	16	12	28	6.8	3.5
雇农 现在	4			1						1	3			1	2			4	4	8	1.91	2
工人 战前	2	1	1					1	1	2	1			1	1			6	4	10	2.43	5
工人 现在																						

(续表)

户口与人口 阶级	时期	户口	1~7 男	女	8~14 男	女	15~17 男	女	18~23 男	女	24~45 男	女	46~55 男	女	56~60 男	女	60以上 男	女	总计 男	女	合计	占全人口的百分比	每户平均人口
商人	战前	2	1	1	1					1	3	2	1	1	1	1			7	6	13	3.12	7.5
商人	现在	1			1							2					1	1	2	3	5	1.2	5
贫民	战前	1								1						1			1	1	2	0.49	2
贫民	现在	2								1								2	1	2	3	0.75	1.5
其他	战前	2			1	1	1		1		1			1					4	2	6	1.46	3
其他	现在	2					1				2	1							3	1	4	0.96	2
总计	战前	88	40	24	28	19	12	7	27	28	62	57	27	28	14	10	16	13	226	186	412	100	4.68
总计	现在	87	37	26	52	22	8	12	11	19	57	68	11	14	19	16	26	20	221	196	418	100	4.8

在战前,人口最多的是中农,占总人口的51.21％;其次是贫农,占26.7％;再其次是雇农,占6.8％;再次是富农、地主、商人、工人、贫民及其他。雇农等都是小阶层,所以人口比中贫农少,中贫农是村中最大阶层,故人口多。但两者又有不同,中农的人口差不多比贫农多了一倍(中农平均每户人口6.3人,贫农则3.3人),这说明家道殷实的阶层比贫寒的阶层人口要兴旺些。

现在仍是中农人口最多;其次是贫农,但因为贫农阶层的扩大,人口增加了,已与中农"不差上下"(中农44.9％、贫农43.3％);再次是富农、地主;雇农阶层缩小了,人口也少了。

全村的总人口现在比战前增加了些,战前412口,现在418口。但是增加的主要是女性(186口至196口),而男子却是减少了(226口至221口)。但这只是从总数上看,如果更具体的看,那么男子、妇女都有增有减,但男子是增加少而减的多,妇女则是减的少而增加多。

兹得全村绝对增减情形列表如下:

表7‐3 抗战以来全村人口绝对增减情形表

增加					减少											
生育		娶入	共增		病亡		被敌杀死		分出		自杀	参军	政民工作	嫁出改嫁	共减	
男	女	女	男	女	男	女	男	女	男	女	男	男	男	女	男	女
36	25	13	36	38	10	9	10	4	2	2	1	14	4	12	41	27

注:富农1人在四项动员时受了打击成半疯状态,抱儿投河自杀。

从上面可以看出,男子人口之减少以参军的数目为最多,其次是被敌杀死和病亡。妇女的减少主要的是出嫁和改嫁,农民为了换取白洋,少女还没有成熟就把她出嫁了。而部分妇女则因丈夫被敌杀死无以为生,或不愿守活寡都再嫁了。

革命和战争是农村中人口减少的主要原因;其次,则病亡的男女人口也相当多,在文化落后不卫生的农村中,疾病还是很大的威胁(病了无医也不求医,只求巫神;苍蝇满村飞,常伴农民们的饮食和睡眠)。

再看各阶级的增减情形:

表 7-4　抗战以来各阶级人口增减情形表

成分	总数比较 男 战前	男 现在	女 战前	女 现在	升降来的 男	升降来的 女	生育 男	生育 女	娶入 女	共增 男	共增 女	升降去的 男	升降去的 女	被敌杀死 男	被敌杀死 女	因病死亡 男	因病死亡 女	参军	政民工作	出嫁改嫁	共减 男	共减 女
地主	10	7	5	5										1		1		1			3	
富农	9	8	8	9	2	4	1			3	4	3	3			1					4	3
中农	113	98	98	90	15	13	6	4	7	21	24	23	22	3	1	3	5	4	3	4	36	32
贫农	60	98	50	83	58	43	8	6	6	66	55	10	15	6		3	4	8	1	3	28	22
雇农	16	4	12	4	3	2				3	2	14	10					1			15	10
商人	7	2	6	3								5	3								5	3
贫民	1	1	1	2	1						1					1					1	
其他	4	3	2	1	1	1				1	1	2	1							1	2	2

从上表可以看出,中农和贫农人口变动较大。贫农无论男女,都有增加,但增加的主要原因还是因为有很多人升降或转业改行成为贫农了,生育的倒不算多。中农无论男女,都有减少,减少的主要原因是因为有许多人升降成为别的阶层了。显然,革命与战争给予各阶层人口变动的影响以中贫农为大,参军的主要是中贫农,被敌人杀死的大都是中贫农,当政民工作的也是中贫农,被迫改嫁的主要是贫农。

赵家川口外出参军或工作的人口如下:战前出外参军者1人,1937年入旧军,1938年逃回改入120师。战后参加八路军者有9人(358旅3人,是1939年征去的;359旅6人,是1940年征去的);参加新军(决死队)者1人,1938年参加的,现在已退伍,改在保德稽征局工作了;参加赵承绶绥骑1军者3人(1939年征去的);参加第33军者2人(1939年征去的)。参加八路军的比参加顽固军队的多些。从阶级看是这样的:地主1人,中农5人,贫农8人,雇农1人。

出外工作的仅有4人。其中中农3人:1人在本县某区做植棉指导员,是个知识分子,1939年去的;1人在本县黑峪口查验局工作,是1941年去的;1人在本县县政府工作,1941年去的。贫农1人,在四专区稽征局工作,1939年去的。这些外出工作的都是务农劳动力,贫农1人外出工作为的是工作有饭吃,比家里好,中农外出工作主要是为了逃避兵役。

表 7-5　抗战以来赵家川口劳动力变化表

阶级	时期	户口	男子劳动力 全劳动力	占全部劳动力百分比	辅助劳动力	占全部辅助劳动力百分比	妇女劳动力 辅助劳动力	占全部辅助劳动力百分比	每户平均劳动力 男子全劳动力	男子辅助劳动力	妇女辅助劳动力
地主	战前	2					4	3.42			2
	现在	2			1	2.56	4	3.91		0.5	2

（续表）

阶级	时期	户口	男子劳动力				妇女劳动力		每户平均劳动力		
			全劳动力	占全部劳动力百分比	辅助劳动力	占全部辅助劳动力百分比	辅助劳动力	占全部辅助劳动力百分比	男子全劳动力	男子辅助劳动力	妇女辅助劳动力
富农	战前	3	3	2.75	1	3.57	4	3.42	1	$\frac{1}{3}$	$\frac{4}{3}$
	现在	3	1	1.37	3	7.67	5	4.9	$\frac{1}{3}$	1	$\frac{5}{3}$
中农	战前	35	56	51.37	13	46.43	60	51.27	1.6	0.37	1.714
	现在	30	34	46.38	17	43.59	40	39.21	1.133	0.57	1.33
贫农	战前	33	37	39.94	11	39.29	40	34.18	1.12	0.33	1.21
	现在	43	34	46.58	16	41.03	49	48.04	0.79	0.37	1.14
雇农	战前	8	12	10.99	2	7.14	8	6.84	1.5	0.25	1
	现在	4	4	5.48			4	3.91	1		1
工人	战前	2	1	0.91			1	0.85	0.5		0.5
	现在										
商人	战前	2									
	现在	1			1	2.56				1	
贫民	战前	1			1	3.57				1	
	现在	2			1	2.56				0.5	
其他	战前										
	现在										
总计	战前	86	109	100	28	100	119	100	1.27	0.33	1.36
	现在	85	73	100	39	100	102	100	0.86	0.46	1.2

注：本表以实行参加农业劳动者计，战前原有"其他"2户，战后原有"其他"2户，因不参加农业劳动，未列入。

从现在各阶级劳动力分配上看，中农劳动力较多，其次是雇农，他们每户平均都有一个以上的全劳动力，贫农都平均不到一个。辅助劳动力（包括半劳动力）和妇女劳动力也是中农多、贫农次。单看全村总数就可以看到，除了辅助劳动力（半劳动力）增加一点以外，全劳动力和妇女劳动力都减少了。各个阶层则不甚相同，论妇女劳动力则贫农、富农有些增加，而中农减少，论半劳动力则富农、中农、贫农都有增加，而全劳动力则任何阶层都是减少了的。

表 7 - 6　各阶层劳动力实际增减表

阶级	全劳动力战前	全劳动力现在	辅助劳动力战前	辅助劳动力现在	妇女劳动力战前	妇女劳动力现在	移来男全	移来男辅	移来女	升来男全	升来男辅	升来女	降来男全	降来男辅	降来女	转业男全	转业男辅	转业女	成长男全	成长男辅	成长女	娶入	分出男全	分出男辅	分出女	移出男全	移出男辅	移出女	降去男全	降去男辅	降去女	升去男全	升去男辅	升去女	敌人杀死男全	敌人杀死男辅	敌人杀死女	病亡男全	病亡男辅	病亡女	衰老男全	衰老男辅	衰老女	敌伤残废	参军	政民工作	嫁出改嫁	离婚
地主																																																
富农	3	1	1	1	4	4					2	2																	1		1							1										
中农	56	34	13	17	60	40			3	4	2	4	1		2	5	6	5	1	8	8	8	2			4	1	4	6	2	5				3		2	2		1	2	3	6		4	3	13	1
贫农	37	34	11	16	40	49	2		3	6	1	3	3		4				3	2	5	4	1			3	3					8	2		6		1	4	2	1	4			1	8	1	8	1
雇农	12	4	2		8	4							1		1								1					1				4													1			

三、土地占有的变化

表7-7 抗战以来各阶级土地占有变化表

阶级	时期	梁上	梁中	梁下	塌上	塌中	塌下	平上	平中	平下	水上	水中	水下	荒地	总计(注一)	%(注二)
地主	战前	23	170	21				12	89	10	1.5	24		148	805.84	31.03
	现在	23	170	21				12	78	10	1.5	24		148	773.56	31.39
富农	战前	5	35	14				6	16.5	10	2.5			7	172.71	6.64
	现在	5	13	14				6	7	10	2.5	6	2		161.37	6.56
中农	战前	86.5	290	123.5				26	97	54.17	9	16.33	4	70	1243.67	47.88
	现在	92.5	254	126.5				28	77.5	50.17	9.33	14.5	2	108	1193.74	48.45
贫农	战前	22.5	110.5	39.5				1.5	29.83	3.5	0.67	3.5	3	34	338.78	13.04
	现在	19.5	106	57.5				1.5	28.33	8	0.33	3.67	3		320.29	13
雇农	战前			3						1.5					5.14	0.2
	现在								1.5						4.29	0.17
工人	战前															
	现在															
商人	战前		24	4					1.5						31.14	1.2
	现在		4	4								0.67			10.66	0.43
贫民	战前															
	现在															
其他	战前															
	现在															
总计	战前	137	629.5	205				45.5	233.38	79.17	13.67	43.83	7	259	2597.28	100
	现在	140	547	223				47.5	192.33	78.17	13.66	48.84	7	256	2464.11	100

注一：以各种土地折合为中梁地垧计算。

注二：各阶级土地占总土地数百分比。

附注：

1. 上表中各种(水、平、梁)土地的等级(上、中、下)只是粗略的调查,各种等级土地的产量是有差别的。请看1941年赵家川口各等级土地的产量(这个产量标准我们现在用来计算其他一切)：梁上0.6石、梁中0.35石、梁下0.25石;平上1.5石、平中1石、平下0.7石(大石,粗谷计算);水上3石、水中2石、水下1.5石。从上面产量看来,各种地的上地与下地之间有相当大的距离,水地上下相差一倍,平地上下相差一倍多,梁地上下竟至一倍半以上。如要严格给各阶级占有土地分等级,最好还是按一定产量标准来分,但是我们没有能够这样做,因为以上这个产量标准是以后得出的。在调查当时,只按老百姓所说的记下了等级,这当然是不尽"科学"的,因为：① 老百姓不愿把自己的上等地报的多;② 占有土地数多的人,自己也不一定能将土地等级分得很清楚。因此,上表中的土地等级数量只能当作粗略情形看。上表中的数目字,无论水、平、梁都是中等的多,这是因为：① 老百姓报土地总是"中等等"(中等之意)

的报的多;② 我们把一部分调查不清等级,而又不能估计其为上下的都列入中等了。

2. 上表中的荒地尽是梁地,事实上这种荒地相当于下梁地,差别只在下梁地还种着而荒地不种了,故均按下梁地折入总数。

3. 上表中"总计"数目是将各种土地折为中梁地计算的,折合标准如下(这个折合标准是根据本村一般产量标准计算的,参考注一):上梁1=中梁12/7,中梁1=中梁1,下梁1=中梁5/7,荒梁1=中梁5/7,上平1=中梁30/7,中平1=中梁20/7,下平1=中梁2,上水1=中梁60/7,中水1=中梁40/7,下水1=中梁30/7。

(一) 数量上的变化

前面我们提到中农是赵家川口村最大的阶级。相应的,从上表总数和百分数上可看到中农占有土地总数量也最大,其次地主占有土地也多,再次贫农比富农占有总数多,因为贫农也是村中庞大阶层,而富农户数则极少。还没有完全脱离农村的小商人也占有一些土地,雇农土地最少。但是,这里只是总数,如果按各阶级户数比例来看,赵家川口村的土地占有是很不平衡的。

剥削阶级——地主阶级与被剥削的农民阶级之间有很大距离。2户地主集中了不少土地(这2户地主比起牛友兰那样集中千数土地以上的大地主来,自然还差得远),以现在说,平均每户有386.78垧(折合垧);贫农占有土地少,现在平均每户占有7.45垧。这就是说,地主占有土地比贫农多了50倍以上,雇农就不必说了。中农比贫农土地多些,现在每户平均占有37.79垧。富农又比中农多些,现在平均每户有53.86垧,但比地主也还差7倍多。

战前与战后,各阶级占有土地的数量略有些变化。

先看地主。战后2户地主就是战前2户,土地却减少了些。2户地主都在去年(1941年)卖了地,1户(赵连桂)卖去平地2垧,1户(赵保定)卖去平地9垧,2户共卖去11垧(原垧数)。这2户地主是堂兄弟,同曾祖父,土地是曾祖父一代闹下的遗产。在战前,2户都是相当稳定的小地主,没有出动过所有地。现在出卖土地,据地主本人的告白,1户是因为"公粮重",1户是因为"要吃饭"(赵连桂不仅吃黄米,还要吃黑饭——大烟)。虽然地主因为受了四项动员的打击,一般的要把自己的状况说得"苦"些,把公家的负担说得"重"些,但是可以断定:这2户地主的出卖土地与中农的倒卖土地(出卖劣地买入好地)的情形是不同的,确是迫不得已,并不含其他意义。每次敌人扫荡时的受损,旱年,四项动员的"刨窖",不断的逃亡,自种土地的荒芜,较重的公粮,特别是——租佃关系的混乱……这是2户地主三年来(1939—1941年)的命运。凡此都可算作他们所以卖土地的原因。还有地主所有的土地的分散,也是地主的一个大困难。如赵连桂、赵保定,他们的所有地各个分割在3处。赵连桂在卖地前共有本村土地79.5垧(原垧,下同)、外村周家圪垴地50垧、外村大坪地114垧,他本人住本村,自种多数本村地(少数租出),离本村七八十里外的外村地则全部租出。赵保定在卖地前共有本村地98垧、外村周家圪垴地50垧,外村大坪上地114垧,他本人住外村大坪,经营多数大坪的地(少数租出),周家圪垴和本村的地则全数租出(这是去年以前情形,今年起地主兄弟分住到本村来,一部分本村地也自己经营了)。这种所有地分散的情形使地主在管理土地上发生很大困难,他们租出离开自身所在远的土地,但在"混乱年头",鞭长莫及收不到租。这种不在地的土地对于地主已形同鸡肋,弃之可惜,食之无味。因此,他们出卖土地总是先卖不在地的土地,从年来不积极缴租的佃户手里夺回这些土地卖掉了。

从表上看,富农的土地比战前也少了些,这是因为富农递变了一个户口之故。战前1户小富农,户主在四项动员受惊身亡,遗下寡妇和青年儿子,下降成了中农,去年卖掉了1垧平地。其他2户的阶级地位没有变,土地也没有动。战后由中农上升的1户富农,是因为战后雇了长工才改变成分的,所有土地并不如其他2户那样多(战前有水、梁地7垧,现有10垧;而其他2户则在30垧以上)。赵家川口富农的所有地原不多,已如上述,这1户就更影响了现在全阶级的平均数。就他本户而言,土地倒是增加了的。不过,这增加不是由于社会的原因(他的平地地理条件好,近川,川水变流,平地便可逐渐扩大,已由3垧扩大成为7垧)。

在这年头,中农是增大土地的阶层,这从上表总数上看不出来(总数是比战前减少了,因为中农户数比战前少了5户),须从平均数看。在战前,每户中农平均占有35.53垧(折垧),现在已增至每户39.79垧。这增加的数目中,除少数是3户中农继承了产业外,其余大部是买入的土地(数目详见下附表2)。现在30户中农中有10户都买了地,里面有3户是挨年买的,大部是在去年一年之中买下的,这说明中农的土地占有有增大的趋势。如果今年中农的经济生活更改善些(收成好公粮少),买地可能更多。

战前的中农有3户,或因为被敌人杀掉了劳动人(3户),或因为抽洋烟(1户),共出卖13垧平地,都已降为贫农了。现在的中农出卖土地的只有3户(参见附表1):其中1户是下降富农;1户是将梁地卖掉,同时买进平地,这种调换土地质量的有目的的土地出卖乃是上升,而非“倒塌”的征象;1户是因为去年被敌人杀了户主,比较下降,出卖了1垧平地。

从土地买卖上看,也可见赵家川口的中农一般是向上升的。

至于贫农的土地占有总数在战后无大增减,但平均数减少了。战前每户占有10.27垧,战后每户占有7.45垧。现在贫农中,除上举3户从中农下降而来的出卖土地和另1户已降为游民的贫农也出卖19垧土地以外,其他基本户口并未出动土地。贫农对于自有土地的执着恐怕比任何阶层还厉害些,因为他受租佃剥削够苦了,稍稍有点积蓄就买地。赵家川口去年有3户贫农买进10垧平地、18垧梁地(参见附表2)就是个证明。上述每户平均数的减少乃是因为贫农阶层的成员战后有了变化之故:比较有地的贫农上升成为中农了(3户),或分了家了(2户),而上升成为贫农的6户则是没有土地的雇农。

最后,兼备着贫农资格的雇农占有着“鼻涕涕鼻滩滩”(一角一角的意思,言其小不足数)的劣地,其增减是无足轻重的。小商人的土地亦然。

总括的说,赵家川口村各阶级的土地占有战后并无很大变化,这是与阶级关系并无多大变化的情形相应的。所变动的只在2户地主出卖了很少土地,几户中农(还不是多数)零星的买入了一些土地。因为去年地价比较便宜,贫农也有买地的(根据赵家川口材料,去年平均每垧平地价格为白洋14元,而往年,如1939年,每垧就要白洋30元左右,去年甚至有花5元白洋就买了2垧下平地的,梁地价格每垧白洋5毛至8毛,最低的是每垧2毛)。

地主的土地是很早以前集中了的,在新民主主义社会条件下不会再集中了的了。庞大的中农、贫农阶层在增加着占有土地,但是这种增加只有使土地更分散,分散到个个的小农生产者手中。土地的新的集中的任务应该归之于大生产的富农,但是这样的富农目前还少,甚至没有。农村资本主义的发展,在目前条件下还是迟缓的困难的。

表 7－8　附表 1　战后各阶级卖出土地表(单位:垧)

阶级	户数	水	平	梁	总计
地主	2		11		11
中农	3		2	9	11
贫农	3		13		13
游民	1		17	12	19
合计	9		33	21	54

注:游民1户系从贫农降下(表中数据有误,但原始数字即此)。

表 7－9　附表 2　战后各阶级买入土地表(单位:垧)

阶级	户数	水	平	梁	总计
中农	10	0.5	31.5	40	72
贫农	3		10	18	28
商人	1	0.7			0.7
合计	13	1.2	41.5	58	100.7

(二) 质量上的变化

赵家川口村的地理特点是在平川,因此水地、平地在全部占有土地中占颇大数量。即以战后全村所有土地来看,全村共有 1553.5 垧(原垧,不是折合垧)。除荒地占去 256 垧,即 16.48％外,其余梁地 910 垧,占 58.58％,平地 318 垧,占 20.47％,水地 69.5 垧,占 4.47％。虽然梁地数目还是很大,但水平地所占的比例比起别的山村梁地占 90％至 100％的情形来,真有天壤之别了。

当然,水平地在农业生产上比梁地优胜得多。晋西北丛山濯濯,少有平地,气候干燥,不见雨水,一般农业生产是以梁地为主,但因地质不同而梁地农作大不如平水地。虽然平地、梁地土质都以"夹土"(即胶土与泥土相混合的土质)为主,但平地的夹土是胶土成分多,胶土多是好的,耐旱且可以种棉麦等。梁地的夹土却是沙土成分多,沙土多是不好的,不蓄水亦不吸肥,风吹飞舞,容易掩打青苗致死。梁地只能种谷子、黑豆、高粱等。至于水地,可以灌水,可以种棉、大烟、瓜菜等珍贵作物,更非梁地可及。

地质的差别决定财富程度的差别。因此,我们除从数量上看各阶级土地占有情形以外,还必须具体的从土地质量方面来观察一下各阶级占有情形。

表 7－10　各阶级占有土地质量表

阶级	时期	户数	水	平	梁	荒	备注
地主	战前	2	25.5	111	214	148	
	战后	2	25.5	100	214	148	
富农	战前	3	2.5	32.5	54	7	
	战后	3	10.5	23	32		

阶级	时期	户数	水	平	梁	荒	备注
中农	战前	35	29.33	177.17	500	70	
	战后	30	25.83	155.67	473	108	
贫农	战前	33	7.17	34.83	172.5	34	
	战后	43	7	37.83	183		
雇农	战前	8		1.5	3		
	战后	4		1.5			
商人	战前	2		1.5	28		
	战后	1	0.67		8		
共计	战前	88	64.5	358.5	971.5	259	
	战后	87	69.5	318	910	256	

注:其他如工人、贫民等阶级没有土地。

质量好的土地,集中在农村上层阶级手中,且以战后的情形为例:

水地是地主占有最多,平均每户占有12.75垧之多。富农较地主少,但比别的阶层还多,每户占有3.5垧。中农就少了,每户平均0.87垧,即2.5亩多些。小商人也还有些资本,"刨闹"0.67垧(即2亩左右)水地来种种瓜菜。贫农占有最少,平均每户只有0.16垧,这就是说贫农要6户才能合得1垧水地。至于雇农和别的阶层可就喝不到"水"浆了。

平地也是地主占有最多,平均每户有50垧。富农与中农所有平地可以相伯仲,富农平均每户占7.67垧,中农平均每户5.19垧,倘与地主比较,富农就差了7倍。富农的好地不够经营是农村资本主义化迟迟不发展的原因之一,从这里可以窥知:将来富农生产的扩大主要的还要依靠地主所有土地的分散或地主的转化(因为地主的土地又多又好)。贫农自然更占有不到平地,平均每户有0.88垧,即2亩左右。雇农之所以能占住0.38垧平地(平均3户合有1亩)不放,乃是因为农村雇佣劳动还不发展,雇农还兼备着贫农资格的缘故(参看下面雇佣劳动的分析)。

中贫农——特别是贫农,主要的依靠着梁地。中农每户平均占有15.77垧,比富农每户占有10.67垧为多,这是因为中农水平地没有富农多,不能不老老实实多闹几垧梁地。中农的梁地一般的质量要好些,不像贫农那样不但占有梁地少——平均每户4.26垧,而且质量坏——三年两年荒的。大量的梁地还是集中在地主阶级手里,平均每户占有102垧之多;地主自己并不珍重使用这些梁地,但把它们大量租出去作为剥削利益的来源,租不出去的就荒掉。梁地往往是成股(二三十垧不等)地租出去的,一股地中总有一部分"压青地"(一般对付劣梁地的习惯办法:有意识的把梁地荒上三年,待地上蔓出荒草,第三年翻草肥田,第四年再种上,这样就可以有三年庄稼,第一年胡麻或黄芥,第二三年谷或油麦,第四年再上荒,这样叫"压青地")。佃户(中贫农)因为劳动力和资本等的限制,并不能全部使用租地,也荒着许多。这就形成了上表中地主所有荒地的巨大数目(平均每户地主有74垧荒地)。

荒地多是山岳地区——晋西北的一般现象。如上表所示,每个占有土地的阶级差不多都有一些荒地,但是从去年(1941年)起荒地逐渐在减少着。这一方面因为部分"压青地"已到了重新种的时候,同时政府奖励开荒条例也鼓励了部分土地不足的农民(粗略的数目字,1941—1942年本村开荒达50垧左右)。开荒的以贫农为多,战前贫农所有34垧荒地现在全部消灭了。中农则除少数土地不足的外,一般致力于平地耕种,对于开荒兴趣还不很高(没有平地的山村的中农大概不用吧)。

上表中,关于中农所有荒地的数目字也说明着中农对荒地的态度。战前中农35户,有70垧荒地;战后中农减少成为30户,而荒地却增加成为108垧。中农(小农生产的骨干)的所有荒地之增加,有力地说明了战后生产力的低落。不过,废弃荒地不愿开,也并非全部中农如此,上述108垧荒地大部是几户比较富裕的中农所有。下面便是所有土地比较多(每户30~60垧不等)的7户中农所有地与荒地的比例:

表7-11 7户中农所有地与荒地比较表

时期	所有地数	荒地数	荒地占所有地百分比
战前	292	53	18.15
现在	312	81	25.97

注:原垧单位。

这7户中农中,有2户现在已开了几垧荒,有1户保持战前原数,其他4户荒地增加很多(最多的增加一倍以上)。这4户的劳动力都保持着正常状态,虽然土地数量比一般中农多,也还种得过去。所以,荒废的原因乃是因为战后的社会变动(有2户在四项动员时被当做富农"动员"了一下,去年他们的公粮也很重)使得他们警觉地缩小了生产单位,宁愿荒去梁地不种,而倾注全力到了平地上去的缘故。

总之,在赵家川口村(恐怕旁边的平川村子也如此)的土地占有问题上,平地的占有意义最大。今后土地占有的变化主要的要看平地占有的变化,特别像今年这样大量种棉以后,平地的使用价值更加提高了,吸引着各阶层农民的注意力。特别是中农,一方面因为他们的土地一般不甚多(除了少数富裕中农),另一方面,因为他们有条件买较好的土地,所以更注意平地的吸收。1941年中农买地平地占绝对多数(参看上面附表2),中农逐渐用调买土地的方式改善他们的土地质量,这恐怕是一种趋势。但是,赵家川口的平地不多,既有者(中农以上)牢牢地种住平地不放(去年只有2户地主出卖少数的平地)。民间有句谚语"人勤不如地近,地近不如上粪",有个贫农(他是没有平地的)给添上一句:"上粪还要上平地!"——短短一句的添加,充分说明了一般农民对平地的渴望。

(三) 外村地

赵家川口所有地在外村者不多,仅 7 户:

表 7 - 12　赵家川口所在地中的外村地

户口	阶级	水	平	梁	所在地	离本村
赵保定	地主	20	27	80	大坪上	80 里
				30	周家坳	12 里
赵连桂	地主	4	30	80	大坪上	80 里
				50	周家坳	12 里
赵连厚	中农		2.5	12.5	大坪上	80 里
赵连支	中农		2.5	12.5	大坪上	80 里
赵有厚	中农		2.5	12.5	大坪上	80 里
王治元	中农		4		刘家曲	40 里
赵连山	贫农			16	大坪上	80 里

以上 7 户,除王治元外,均为同宗兄弟,曾祖父一代是颇大的地主,因在岚县开当铺放高利贷,故在岚县附近之大坪上买下以上土地。最初原是 1 户买下"一架山"的地,以后代代分家,成了如今模样。王治元的外村地则是他在外经商放账而债户还不了账押买下来的。

以上外村土地,无论地主农民在使用、租佃上都很不便,现除 2 户地主大坪上有人经营外,其余都是租出。具体情形,将在"使用土地问题"与租佃关系问题中述及,这里不赘。

本村农民所使用的土地一般是在赵家川口周围,最多不过五六里远,所租的地也是本村附近的。除迁出户外,没有到外村游击种地的。"人勤不如地近",农民深知这个经验。

(四) 与劳动力对比

兹将各阶级所有土地与所有劳动力比较如下:

表 7 - 13　各阶级所有土地所有劳动力比较表

阶级	时期	所有劳动力	所有土地	平均每一劳动力所有土地
地主	战前		805.84	
	现在		773.56	
富农	战前	3	172.71	57.57
	现在	1	161.57	161.57
中农	战前	56	1243.67	22.21
	现在	34	1193.74	35.11
贫农	战前	37	338.78	9.16
	现在	34	320.29	9.42

(续表)

阶级	时期	所有劳动力	所有土地	平均每一劳动力所有土地
雇农	战前	12	5.14	0.43
	现在	4	4.29	1.07
工人	战前	1		
	现在			
商人	战前		31.14	
	现在	0.5	10.66	
贫民	战前			
	现在			
其他	战前			
	现在			
总计	战前	109	2597.28	
	现在	73	2464.41	

注一:所有劳动力以男子全劳动力计算,商人无全劳动力,计其半劳动力。

注二:所有土地以折合垧为单位。

从表7-13来看,地主阶级有大量土地而没有劳动力。赵家川口这2户地主都是自己经营着一部分土地的,他们只能依靠雇佣劳动(长工)。富农也有较多土地,而劳动力也缺乏(现在更不如战前了),他们也依靠雇长工。现在的3户富农中,有1户雇长工,而自己也劳动,1户雇长工,而自己当"老爷",1户无长工,但大量雇短。中农的所有土地与所有劳动力比较平衡,其特点是:使用土地不超过自己劳动力范围以外,同时他自己所有劳动力却又是尽量发挥。因此,战前的中农较多把剩余劳动力出卖——用作生活必要的"打短式"经营小贩事业;战后中农劳动力减少了,耕种所有土地以外,再无劳动力剩余,仅少数所有地少的中农还打短、贩卖着,部分富裕中农是土地多劳力少,则雇短较多。贫农占有土地与所有劳动的比例差得远,因此贫农常常给人打短,也有经营小贩或做手艺的。季节性劳动生产限制着广大中农不能单靠足够的家族劳动,还需要雇"忙工",而贫农便是这些"忙工"的供给者。但有一部分贫农是没有劳动力或有而很少的,他们也需要雇短或变工。雇农有劳动力而没有土地。工人(石工)也有劳动力,没有土地。

战前商人无劳动力,所有地是租给别人种去。赵家川口有这样一个例子,因为自有几垧地,战后商店倒闭,就改了业变成贫农了。商人有几垧地,可免失业。贫民、游民有些是失掉了土地的破产者,游惰苟活,也没有劳动力。

就全体看来,战后劳动力一般减少,所有土地其所有劳动的矛盾程度因此也减弱一些。

四、土地使用的变化

表 7-14 抗战以来各阶级土地使用变化表

阶级项别	地主 战前	地主 战后	富农 战前	富农 战后	中农 战前	中农 战后	贫农 战前	贫农 战后	雇农 战前	雇农 战后	贫民 战前	贫民 战后	工人 战前	工人 战后	商人 战前	商人 战后
总户数	2	2	3	3	35	30	33	43	8	4	1	2	2		2	1
自种土地（垧）	348.42	274.43	157.57	135.87	1083.8	994.82	302.2	267.06	5.14	4.29					15.14	3.82
自种户	2	2	3	3	35	30	31	33	1	1					2	1
租进土地（垧）					371.43	73.71	356	205.21	20.71	4.07	8.57	0.95				
租进户					11	3	15	17	4	1	1	1				
伙进土地（垧）				8.57	21.43	75	27.28	257.71	13.57	20						11.43
伙进户				1	2	3	3	21	1	3						1
典进使用土地（垧）				14.29	7.86	5	13.7									
典进使用户				1	2	1		1								
共使用土地（垧）	348.42	274.43	157.57	158.73	1484.52	1148.03	685.48	738.68	39.42	28.36	8.57	0.95			15	15.25
备考																

表 7－15　抗战以来各阶级自种土地变化表（二表附表之一）

阶级	时期	户口	梁 上	梁 中	梁 下	平 上	平 中	平 下	水 上	水 中	水 下	荒地	总计(注一)	%(注二)	每户平均	备考
地主	战前	2	13	23		12	39	8	1.5	19.5		117	348.42	18.22	174.21	
地主	战后	2	23	8	15	11	43	10	1.5	2.5		122	274.43	16.34	137.215	
富农	战前	3	5	32	12	6	11.5	10	2.5			7	157.57	8.24	52.523	
富农	战后	3	5	3	8	6	3	10	2.5	2.5	2		135.87	8.09	45.29	
中农	战前	35	86.5	246	111	26	82	51.67	8	10.33	4	70	1083.8	56.6	30.966	
中农	战后	30	85.5	204	92.5	28	70	45.67	8.33	14.5	2	108	994.32	59.19	33.144	
贫农	战前	31	22.5	102.5	39.5	1.5	28.33	3.5	0.67	3.5	3	34	302.2	15.8	9.748	
贫农	战后	33	19.5	78	57.5	1.5	19.5	8	0.33	3.67	3		267.06	15.96	8.093	
雇农	战前	1			3			1.5					5.14	0.27	5.14	
雇农	战后	1					1.5						4.29	0.26	4.29	
工人	战前															
工人	战后															
商人	战前	2		8	4		1.5						15.14	0.79	7.57	
商人	战后	1		3						0.67			3.82	0.23	3.82	
总计	战前	74	127	411.5	169.5	45.5	165.33	74.67	12.67	39.33	7	228	1912.27	100	25.84	
总计	战后	70	133	296	173	46.5	137	73.67	12.66	27.34	7	230	1674.79	100	23.977	

注一：以各种土地折合成中梁地计算。

注二：各阶级自种土地百分比。

表7-16 抗战以来各级租进土地变化表(二表附表之二)

阶级	时期	户口	梁			平			水			荒地	总计(注同前)	%(注同前)	每户平均	备考
			上	中	下	上	中	下	上	中	下					
地主	战前															
	战后															
富农	战前															
	战后															
中农	战前	11	3	209	17	10	27.5	4	1			10	371.43	49.08	33.766	
	战后	3	4	23	9	2	5.5	5.5				0.3	73.71	26.05	24.57	
贫农	战前	15	18	147	59	3.5	32.5	10.5		1		2	356	47.04	23.73	
	战后	17	19	106.5	23		17	2		0.5		16	205.21	72.51	12.07	
雇农	战前	4		11			1	2		0.5			20.71	2.72	5.178	
	战后	1			1.5			1.5					4.07	1.44	4.07	
贫民	战前															
	战后															
商人	战前	1					3		16.5	1	1.5	12	8.57	1.13	8.57	
	战后															
总计	战前	31	21	367	76		13.5	61	16.5	1	1.5	12	756.71	100	24.41	
	战后	21	13	129.5	33.5	9	2	22.5	9	1	0.5	19	282.49	100	13.476	

表 7-17　抗战以来伙进土地变化表（二表附表之三）

自种土地种类 阶级	时期	户口	粱 上	粱 中	粱 下	平 上	平 中	平 下	水 上	水 中	水 下	荒地	总计（注同前）	%（注同前）	每户平均	备考
地主	战前															
	战后															
富农	战前												8.57	2.33	8.57	
	战后	1					3						21.43	34.41	10.715	
中农	战前	2		5	5		4.5						75	20.34	25	
	战后	3		15			12		1	3			27.28	43.8	9.093	
贫农	战前	3		3	2	6.5	7			0.5			252.71	68.55	12.034	
	战后	21		31	24	6.5	51	10.5		1	1		13.57	21.78	13.57	
雇农	战前	1		5			3						20	5.43	6.667	
	战后	3		10			3.5						11.43	3.12	11.43	
贫民	战前															
	战后	1					0.33			2			0.95	0.23	0.95	
商人	战前															
	战后	1											62.28	100	10.38	
总计	战前	6		13	7	6.5	14.5			0.5			368.66	100	12.288	
	战后	30		56	24	6.5	69.83	10.5	1	6	1					

（一）各阶级使用土地情形

赵家川口全村使用土地最多的阶级是中农,次是贫农,因为中农和贫农是农业生产中的主力阶层。中农比贫农更多些,这是因为中农一般的有自己的土地,而贫农则一般的没有或很少,占有与使用间的矛盾在贫农身上比中农身上厉害些。

地主就不同,当他们不打算把全部所有土地给旁人种而要自己经营时,可以大量使用自己的土地。赵家川口2户地主的使用土地总数是占着第三把交椅。

富农户数太少,而这3户富农的占有地本来不多,他们现在还没有意思扩大他们的生产,因此他们的使用土地总数就很小,只能屈居第四位。

使用土地最少的自然是雇农和贫民了,小商人仅仅是半农业生产者,则当然也少。

但总表不能说明问题,如果将总数与各阶级户数比例来看,情形就不同了,马上就变成了这样的顺序:使用土地最多的是地主,以现在为例,每户地主使用到137.22垧;其次是富农,平均每户使用52.91垧;再次是中农,平均每户使用了38.27垧;贫农每户仅仅使用17.18垧;雇农、贫民等则不必算了。自富农以下使用土地都很少,农业小生产之小之占绝对优势先于此可见。

（二）各阶级使用土地增减情形

再看战前与战后的变化。

把各阶级合起来看,全村战前共使用土地2739.12垧,平均每户(按82户农业生产者平均)使用33.4垧;战后共使用2364.46垧,平均每户(按85户农业生产者平均)使用27.82垧——减少了。但减少的程度、原因则各阶级不同。

使用土地减少较多的是中农,减少了战前数之10%,战前每户平均使用42.42垧,现在减为38.27垧了(因各阶级成员有增减,这里只按每户平均数标出,下同)。中农或因分家,或因移出,或因被敌杀戮,或因参军,劳动力锐减,这是中农使用土地减少的主因。其次是因为1939—1940年两年坏年成、敌人的扫荡,促使中农决心缩小生产,再加今年种棉的诱惑,使他们改变了"生产计划",把主要力量集中在少数平地、水地的使用上,把多数的梁地租佃或伙种出去,或者竟让它荒掉。佃中农也缩小范围,集中力量租种平地。虽然中农在增买着土地,但只是少数平地,有的还同时将劣地出卖,增买土地并不就增加了使用土地的数量。还有去年中农的公粮比较重些,许多半种自地半租人地的佃中农在租进伙入的使用土地(一般的质量比自有地差)上得不到什么好处,放弃租伙土地了,也就减少了些使用土地的数目。

其次,贫农也减少了使用土地,战前每户平均使用20.77垧,现在只使用17.18垧了(减少战前数之17%)。贫农所以减少使用土地,主要的原因也是减少了劳动力,战后单是参军的贫农就有8人,被敌杀死的有6人,病亡的就有4人(参劳动力变化问题)。贫农不像中农那样占有着平水地而有余裕来调动"生产计划",他不会平白地缩减使用土地,因为使用土地原来就不多。贫农减少使用土地的情形与中农是不同的,中农的减少是减少的租地和坏地,贫农却是迫不得已地在减少着自己的土地——质量也比较好的。贫农有的卖出着,有的佃出着,有的租出着自有地,而他们租入伙进的使用地却并没有减少多少(参看"土地使用变化表")。

贫农多数是佃农,所以租佃关系的变化也影响贫农使用土地的增减。年来租佃形式很多从租地改为伙种,已如前述。所谓伙种,伙种户方面主要的是在供给劳动力的意义上使用土地,施肥以至役畜力供给却往往是田主的,田主对伙出地还有着这种意义上的使用权,地可以照他自己的意思决定伙种户如何使用伙出土地。这就是说,伙种户(一般的是贫农)的使用土地实际上是要比租种户来得少些。现在赵家川口的伙种土地条件,伙出户方面还是只出土地不出其他的多,但这因为:① 伙出户大概是外村地主,离土地很远,不便自己加工加资本;② 有些伙出户是小农,这些小农没有多量的肥料或畜力。如果"地近"而又能"上粪",那么伙出户是不会放弃这种使用权的。如地主赵保定家在大坪上伙种 20 垧洋烟,自己施肥 5000 斤便是实例。

当然,从另一方面看,贫农伙进土地增加也就增加了使用土地,因为贫农现在除伙进土地以外,很少有别的办法增加使用土地(买地还少本钱)。但是,如果拿今天同战前的租种比较,实际使用程度则是减少了。一方面是增加,一方面是减少,这是一个矛盾,而这个矛盾归根结底是从占有与使用的矛盾上导出的。

今天贫农租进的使用土地减少了,而贫农在租进土地的使用程度上也与战前有了差别。在战前,租佃关系稳定时期一般租地时期较长,现在佃户使用租地的时间变得很短促了。地主收回租地,特别是对于平地,因为平地租佃主顾多,如果原承租人种的不好、缴租不好,地主很快可以收回租地另租旁人。赵家川口有一户贫农,战前起租牛家 39 垧地,1939 年和 1940 年因荒歉、疾病缴租不好,1941 年地主就收回租地去了,这户贫农无地可种变成了雇农。不过,夺地的情形在赵家川口还不多,是否成为一种趋势还有待别村材料证明。

再看 2 户地主的使用土地也减少了,从 174.21 垧减至 137.22 垧,减少了战前数之 22%。原因是自己经营的规模较大的一户把经营缩小了,租伙出去的土地增加了,但这也并非因为地主觉得让佃户使用土地比自己使用更有利些,因为年来收租不好是一个事实(参考"租佃关系")。而主要的还是战争和政治的原因,使得地主不能也不敢扩大自己的经营,选精择肥,只用在少数水平地上。而有些水平地还是用伙种的形式经营的,地主自己没有劳动力,雇工已不再像战前那多——这也是一个原因。

在战后,增加了使用土地的是雇农和富农。雇农增加使用土地的原因很简单,只因为一不出公粮负担,二不像富有阶层那样多受战争损失,年来"刨闹"得好些,便有了多增加几"鼻涕涕鼻滩滩"的余裕。富农使用土地增加极微,因为富农原本地少,2 户略有典入伙进地,但同时又把自地租出伙出,这是调换的性质,不足以说明富农生产是扩大的。另 1 户所有地较多的富农在战前自有地都是自种的,战后却每年增加伙出地,到今年才收回了一些。

无论从那个阶层看,都没有增加使用土地、扩大生产的征象。个别户增加的例子自然也有,如有 1 户中农因兄弟死亡承受遗产,增加了使用土地,但这种情形太少了,广大的中农紧缩生产是个显著的事实。

(三) 各阶级土地占有与使用的矛盾

各阶级土地占有与使用的关系不相同,比较如下:

表 7-18　土地所有与土地使用比较表(三)

阶级 项别　时期	地主		富农		中农		贫农		雇农		商人		贫民	
	战前	现在	战前	现在	战前	现在	战前	现在	战前	现在	战前	现在	战前	现在
户数	2	2	3	3	35	30	33	43	8	4	2	1	1	2
土地所有	805.84	773.56	172.71	161.57	1243.67	1193.74	338.78	320.29	5.14	4.29	31.14	10.66		
每户平均数	402.92	386.78	57.57	53.86	35.53	39.79	10.27	7.45	0.64	1.07	15.57	10.66		
土地使用数	348.42	274.43	157.57	158.73	1484.52	1148.03	685.48	738.68	39.42	28.36	15.14	15.25	8.57	0.95
每户平均数	174.21	137.22	52.52	52.91	42.42	38.27	20.77	17.18	4.928	7.09	7.57	15.25	8.57	0.475
备考														

从上表看,地主所有土地足够现在使用而有余,富农也还够。但富农是要发展的,这 3 户富农的所有地实际上并不比中农更多些,殊不够扩大生产之用。现在看起来,够而有余乃是因为他们战后生产并未扩大反而紧缩了的缘故。

地主之问题是在于土地之分散。上面已经提到赵家川口 2 户地主的土地各各分在三处,距离在七八十里以外,决不可能将三处土地作集中统一的经营。在过去,当地主租出土地而租佃剥削关系巩固的时候,这种土地的分散对于地主还不很“头痛”,因为地主只要每年派人去收一下租就完了。但当租佃关系变乱,收不起租,而将自己经营土地的时候,集中分散的矛盾就变得尖锐起来了。现在地主采取的办法是分成小单位经营。赵连桂自在本村,叫母亲兄弟在大坪上雇工种地。赵保定家则兄在大坪、弟在本村,也是各各雇工。这样一来,名义上虽然还是一个家庭、一个经济单位,实际上却是两个家庭、两个生产单位。哥哥在大坪上开油坊,肥料却使用不到本村弟弟种的土地上,儿子所雇长工劳动力有余,却使用不到母亲所种土地上,这样分割自然不会对扩大生产有何帮助。赵家川口 2 户地主将来即便更向富农经营转化,其发展也还是有限度的。

一般的,所有与使用的矛盾在中农身上要缓和些。因为中农多少有自地,生产单位小,使用土地少。但是赵家川口战前情形却又不同,其战前的中农有三分之一(11 户)是佃中农,自地非常少,这些中农身上占有与使用的矛盾还是存在。战后情形不同了,中农使用土地减少了。所以,从表面上看来,每户使用平均数倒比占有平均数多了 1 垧。但这只是一般的中农如此,还有少数中农身上这矛盾依然存在,譬如,现在中农中间还有 6 户佃中农就是。佃中农一日存在,就说明占有与使用的矛盾还未完全从中农身上解决。这些佃中农虽然依靠租佃满足了他们的使用要求,但他们同时也就在伙种的关系上或夺地的情形下受剥削牵制。要解决这种矛盾,唯一的办法只有自己买地。赵家川口去年有 7 户佃中农都买了地,不租别人地了。另外,开荒多少也可以解决这个矛盾,这也是一个已被采用了的办法,但还不普遍。

多数中农还苦恼着占有平地之不够使用,这也是个矛盾。在上面各阶级占有土地质量问题中,已经统计了赵家川口的中农,每户占有 5 垧平地,这数目已不算小了。但实际上这个占有数目还不是普遍的,少数富裕中农所有的平地比这数目多得多,大多数的中农却够不上这个数目。

中农还要求使用平地更多一些,一个中农在泡棉花籽时对我们说:"咱这一坰棉花还不顶事,能种上 5 坰平地棉花,再种上 5 坰梁地粮食,就顶事啦。"5 坰平地为主,5 坰梁地为副,这也许可以作为平川地带中农使用土地的理想标准。但是现在多数中农所有的,还是梁地多而平地少。因此,赵家川口有些中农就采取这样的办法:将自有梁地卖出去,买进平地来使用。但中农则宁愿受伙种对半分的剥削,因为伙种的大抵是平地,他们不愿租种那三分之二以上是梁荒地拼凑起来的所谓"股子地"了。

至于贫农,那自然是占有与使用矛盾表现得最明显的阶层。战前每户平均占有地与使用地是 10 与 20 之差,现在变为 7 与 17 之差了(参考比较表)。贫农主要是靠租地来满足他的使用要求,但租佃并不能解决这个基本矛盾。赵家川口贫农现在对开荒还积极,这也是一个办法,可惜也还不普遍。

(四)与劳动力对比

根据调查,战后各阶层农民的劳动力一般的减少了,因此我们也不可过高估计农民对使用土地的要求。现在我们来看一看农民现有劳动力与现在使用土地之间的比例。

先决问题,究竟每个正常劳动力(有牲畜和辅助劳动)可以耕多少地,一般的估计每个劳动力可以耕 20~30 坰中梁地。现在我们来看实际情形,战后劳动力减少不足为据,富农与贫农使用土地数量太偏差,中农一般的特点是土地够种。现在就根据战前中农来看,据赵家川口的调查,战前每户平均劳动力是 1.6 人,而实际使用土地的面积是 42.42 坰,这就是说战前每一个中农劳动力可以耕种到 26.5 坰。因此,我们现在不按 30 坰的标准,而按每一劳动力可耕种 25 坰的标准来看今天各阶级使用土地中劳动力的盈缺。

表 7-19　各阶级使用土地中劳动力的盈缺

阶级	时间	每户平均劳动力	每户平均使用土地	平均每一劳动力使用土地
地主	战前		174.21	
	现在		137.22	
富农	战前	1	52.52	52.52
	现在	0.33	52.91	
中农	战前	1.6	42.42	26.51
	现在	1.13	38.27	33.85
贫农	战前	1.12	20.77	18.54
	现在	0.79	17.18	21.75
雇农	战前	1.5	4.93	3.28
	现在	1	7.09	7.09

注:商人、贫民不以生产为主,故从略。

根据调查(表7-19),战前中农劳动力所使用土地的数目超过了25垧的标准一点,基本上是平衡的。现在每一劳动力平均使用33.85垧就超过了标准,说明中农今天已经没有多余的劳动力了。贫农战前没有超过标准,现在也是没有,贫农劳动力多余的程度也不如战前了。雇农多余的劳动力是完全用在出雇上。地主、富农虽然没有或很少劳动力,但可以雇工,不能相提并论(富农2户情形特殊不能比较,单就2户地主的雇佣劳动力说,战后也比战前减少)。

劳动力的不足是今后农业生产的大困难,对于小生产者是如此,对于大生产者更是如此。

(五) 典地

赵家川口战后典出典入的土地不多,对使用土地增减没有大影响。

表7-20　抗战以来各阶级典进土地变化表(二表附表之四)

阶级	典进土地种类 时期	户口	梁上	梁中	梁下	平上	平中	平下	水上	水中	水下	荒地	总计 (注同前)	% (注同前)	每户平均	备考
地主	战前															
	战后															
富农	战前															
	战后	1					5						14.29	48.32	14.29	
中农	战前	2		5			1						7.86	100	3.93	
	战后	1		5									5	15.16	5	
贫农	战前															
	战后	1		8			2						13.7	41.53	13.7	
雇农	战前															
	战后															
贫民	战前															
	战后															
商人	战前															
	战后															
总计	战前	2		5			1						9.86	100	3.93	
	战后	2		13			7						32.99	100	10.99	

表 7 - 21 抗战以来各阶级土地典出变化表(一表附表之三)

阶级	时期	户口	梁 上	梁 中	梁 下	平 上	平 中	平 下	水 上	水 中	水 下	荒地	总计(注同前)	%(注同前)	每户平均	备考
地主	战前	1		16			2	2					25.71	55.36	25.71	
	战后	2		8			7						28	57.48	14	
富农	战前															
	战后															
中农	战前	2					1		1				11.43	24.61	5.715	
	战后	1							1				8.57	17.59	8.57	此地战前典出,至今未赎
贫农	战前	2		5			1.5						9.3	20.02	4.65	
	战后	3		5			2.5						12.14	24.92	4.047	内1户中山地5垧战前典出,至今未赎
雇农	战前															
	战后															
贫民	战前															
	战后															
商人	战前															
	战后															
总计	战前	5		21			4.5	2	1				46.44	100	7.289	
	战后	6		13			9.5		1				48.71	100	8.118	

从表上来看,战后新典入土地的实际上只是 1 户富农和贫农,1 户中农所典的地也还是战前典下,而至今未赎。这一户富农是在今年(1942 年)典了 5 垧平地,是地主赵保定的。地主地种不了,富农自地不够种(太少),便是典出入原因。所典土地是中下地,富农并不会不因此而发展他的生产到很大,并且他还把典入地 10 垧转租给外村人种了。贫农典入梁地 8 垧、平地 2 垧,是1941 年 2 月典的,这倒是相当扩大了他的生产范围,因为他原只自有 1.5 垧梁地,经常租人地种,现在可以少租一点了。

从典出表来看,战后典出户除地主增加 1 户外,其余未增多。地主典出地原因:反正自己种不了,租出罢收不好租,典出则可以使换现钱抽洋烟或做别用。中农赵连支所典出的地是战前就典出了的,该中农战前欠牛阴荣[①] 40 元省币,借时与白洋同价,积二年利息 40 元,写了一张 100元的借票,典给地主上水地 1 垧;水地太好,当时中农又向地主租下仍自种,每年缴租,至今无钱赎回——先借后典之后又租,关系复杂,这是一种强迫的典出。

从这很少的典地关系中可以看出,贫农典出 3 户中也是战前典出至今无力赎回,另 2 户因为

---

① 编者按:疑为"牛荫荣"。

劳动力损失而寡妇无力耕种，或因贫困需款典出。

从上表很少的典地关系中可看出，一般看现在典价似比战前低了。以平地为例，如战前的侯腰典出中平地 1 垧，典价白洋 75 元，而 1941 年同一人典出中平地 1 垧，只白洋 20 元；1942 年赵保定典出中平地 5 垧 25 元，合每垧 5 元。以梁地为例，如战前赵凤台典出中梁地 5 垧，典价白洋 45 元，合每垧 9 元；1941 年赵命儿典出中梁地 8 垧、中平地 2 垧，典价不过白洋 22 元。但典价高低不可一律论，须看典出入双方具体情形，大抵被逼性的典出价要低一些。如上举的侯腰，战前是中农而典价较高，现在是贫农夫死妻单，非典出地不可，则典价不免低一些。

如果战后一般典价确是降低了的话，则如何降低、影响如何倒是值得研究的问题。我们这方面材料少，只能从略。

有久典不赎的现象，有的也许真是无力赎回，以致延宕，有的也许是典绝了。有在战前典出而战后赎回者，这里也有货币问题。如赵思英战前典入侯腰平地 1 垧，出白洋 75 元；1939 年原主以大花脸 75 元赎回，典入户吃了亏。

赵家川口典地双方的条件简单，一方出地一方出典价而已，所谓钱无利、地无租，也无粮。这样的典地在典价不高、典期较长的条件下对于典入户是有利的，以有限的现款获取现有土地的全部使用权（至少在 1 年以上，一般的规则：典出户赎地须在典入户收过庄稼以后）。除典价以外，再不需要任何利息。不仅如此，倘如典出户是贫穷的农民，典出之后很久都没有能力赎回土地，那么在这时期里面，典入户不仅自己可以自由使用这项土地，并且还可以把土地租出去进行剥削。事实上，正如上面所引中农赵连支典给地主牛阴荣的例子那样，典地关系往往是借贷关系的结束，同时是租佃关系的开始。如果典出之后根本没有赎回办法，则年深日久那项土地就事实上成了绝地，好像卖掉了一样。上面所举几个年久未赎的典地关系，虽然我们调查典出本人时，他是说是典地，但据旁证，事实上就是这个情形。

典地形式可以用来作为别种剥削的掩蔽或帮助。前闻兴县县委谈：兴县有借典地名义来进行高租额租佃剥削的，实际上是高额地租，但倘公开说现租关系就违反了政府法令，于地主不利。这种情形我们在赵家川口还没有看到，倒看到了另外一种剥削，就是上面引过的破产中农侯腰：1940 年丈夫被敌人杀害，无人劳动，不得已在 1941 年 8 月典出平地 1 垧给富农赵保宽，典价白洋 20 元（已是一般水平了）。典出时地里已种下庄稼，典出户当然不能放弃青苗，只得一面典出一面又伙种回来，商定对半分。两月后秋收，典出户一面白洋 20 元赎回地，一面又对半分出粮 8 斗，也没有减租。

一般说来，在生产力低落的情形下，典地对于发展生产有力。但是为了防止它被少数富裕阶层利用来进行高度剥削，政府应在典地法令中做些具体规定，是个值得商讨的问题。

（六）押地

赵家川口战后没有抵押土地的情形，原因是战后借贷关系也不多。但有 2 户中农、2 户贫农都在 1941 年赎回了战前押出的平地，共 6 垧，这也可说明部分中贫农在 1941 年有了转机。

五.租佃关系

表 7-22 抗战以来各级阶租进土地变化表（二表附表之二）

阶级	时期	户口	梁 上	梁 中	梁 下	平 上	平 中	平 下	水 上	水 中	水 下	荒地	总计（注同前）	%（注同前）	每户平均	备考
地主	战前															
	战后															
富农	战前															
	战后															
中农	战前	11	3	209	17	10	27.5	4	1			10	371.43	49.08	33.766	
	战后	3	4	23	9	2	5.5	5.5				3	73.71	26.05	24.57	
贫农	战前	15	18	147	59	3.5	32.5	10.5				2	356	47.04	23.73	
	战后	17	9	106.5	23		17	2				16	205.21	72.51	12.07	
雇农	战前	4		11			1						20.71	2.72	5.178	
	战后	1			1.5			1.5					4.07	1.44	4.07	
工人	战前															
	战后															
商人	战前															
	战后															
贫民	战前	1					3						8.57	1.13	8.57	
	战后															
其他	战前															
	战后															
总计	战前	31	21	367	76	13.5	61	16.5	1	1.5		12	756.71	100	24.41	
	战后	21	13	129.5	33.5	2	22.5	9		0.5		19	282.99	100	13.476	

表 7-23　抗战以来各阶级伙进土地变化表(二表附表之三)

阶级	时期	户口	梁			平			水			荒地	总计(注同前)	%(注同前)	每户平均
			上	中	下	上	中	下	上	中	下				
地主	战前														
	战后														
富农	战前														
	战后	1					3						8.57	2.33	8.57
中农	战前	2		5	5	4.5							21.43	34.41	10.715
	战后	3		15			12		1	3			75	20.34	25
贫农	战前	3		3	2		7			0.5			27.28	43.8	9.093
	战后	21		31	24	6.5	51	10.5		1	1		252.71	68.55	12.034
雇农	战前	1		5			3						13.57	21.78	13.57
	战后	3		10			3.5						20	5.43	6.667
工人	战前														
	战后														
商人	战前														
	战后	1								2			11.43	3.12	11.43
贫民	战前														
	战后	1					0.33						0.95	0.23	0.95
其他	战前														
	战后														
总计	战前	6		13	7		14.5			0.5			62.28	100	10.38
	战后	30		56	24	6.5	69.83	10.5	1	6	1		368.66	100	12.288

(一) 租佃关系中的各阶级

贫农是租佃关系中的主角。在战前,33 户贫农中有 18 户租伙土地来种。这就是说,战前还有将近半数的贫农不依靠租地来生活,不受地主剥削。在战后,43 户贫农中有 38 户(如果把租地同时伙种的只算 1 户,实际户数应该是 31 户)租伙土地来种,这就是说战后自耕贫农减少了,而佃贫农的户数增加了。在上面土地占有问题中已有说明,赵家川口贫农的所有土地在战后无大变动。因此,战后佃贫农的增多不能用贫农破产的理由来说明。佃贫农户数的增多主要的是因为贫农阶层的成员有变动,新进入贫农阶层的户口(如下降佃中农 6 户,工人、商人、贫民等 10 户),他们有的原有租佃关系,有的是初改旧业而进入租佃关系,这样就扩大了佃贫农的户数。佃贫农的每户租入伙进面积是比战前减少了的(战前每户平均租入 32.82 垧,战后 24.10 垧),这个减少的原因似乎可以战后贫农劳动力减弱来说明。在贫农中自耕贫农不受剥削,经济地位比较好些(也有因劳动力差而不好)。佃贫农则可分为三等:一种是自有少数地,而又租入一部分地的,这种贫农有一半不受剥削。第二种是劳动力强而租种土地多(一二十垧),有减租保障的。以上二种都算得中等贫农,还有一种是劳动力差而租种"鼻涕涕鼻滩滩"地,又种不好,虽然减租也还无补的,就只能算下贫农了。在赵家川口,三等贫农户数比较如下:自耕贫农 12 户,半自耕半佃贫农 14 户,佃贫农中等的 4 户、下等的 13 户(注:个别自地较多而租种一二垧者亦列入自耕贫农内,个别租入地多而自有一垧半垧者亦列入佃贫农内)。

部分中农也是租佃关系中的角色。在战前,35 户中农中有 13 户中农,除种自地外,还租种别人地,这些佃中农有一部分是生产单位比较大的,劳动力的条件比较好,所以除种自地外还租人一些地种。这些中农虽然受租佃剥削,但只要天年好,也还是中等中农的模样。在战后,这样的中农就少了。战后 30 户中农只剩得 6 户(内 1 户又租地又伙种,如只算 1 户,则实际应是 5 户)留在租佃系中。战后佃中农户数减少是因为有 9 户中农都买了地不再租种了,这些中农摆脱了租佃剥削,同时却也缩小了生产单位——战前自己租地,共种到了 30 垧左右的,现在只种自地和买地 20 垧左右了。但是数量虽然减少,质量却提高了,因为买入的地一般是平地和较好的梁地,而租入的却是质量很差的"股子地",这样的中农比佃中农要高上一等是无疑的。但是,佃中农的户数虽然少,而现存佃中农每户平均租入土地的面积却比战前增加了(战前平均每户租伙入地 44.48 垧,战后 49.53 垧),这就是说中农之被剥削者虽然比战前减少,但现存佃中农的被剥削程度却没有减轻,反而加深了。这些中农是最平等的中农,他们今后只有依靠"天年"和政府的减租制度才能维持他们中农地位,下降的危险随时伴随着他们。

现在再看谁在租出伙出土地:

表 7－24　抗战以来各阶级土地租出伙出典出变化表(四)

阶级 项别 时期	地主		富农		中农		贫农		雇农		工人		商人		贫民		其他	
	战前	现在	战前	现在	战前	现在	战前	现在	战前	现在	战前	现在	战前	现在	战前	现在	战前	现在
总户数	2	2	3	3	35	30	33	43					2	1				
土地租出	272.11	167.71			89.87	104.57	3	16					16	6.84				
租出户	1	2			7	8	1	1					1	1				
土地伙出	75.43	216.28	10.14	25.7	8.57	9.14		25.09										
伙出户	1	2	1	3	1	1		3										
典出土地	25.71	28			11.43	8.57	9.3	12.14										
典出户	1	2			2	1		3										
共租出伙出典出地	373.85	411.99	10.14	25.7	109.87	122.28	12.3	53.23					16	6.84				
每户平均	186.925	205.995	3.38	8.567	3.139	4.076	0.373	1.237					8	6.84				
备考																		

表 7－25　抗战以来各阶级土地租出变化表(四表附表之一)

阶级 时期	租出土地 种类数	户口	梁			平			水			荒地	总计 (注同前)	% (注同前)	每户 平均
			上	中	下	上	中	下	上	中	下				
地主	战前	1	10	107	21		30			4.5		31	272.71	71.54	272.91
	战后	2		142	2	1	0.5					26	167.71	56.82	83.855

（续表）

阶级 \ 租出土地种类数 时期		户口	梁			平			水			荒地	总计（注同前）	%（注同前）	每户平均
			上	中	下	上	中	下	上	中	下				
富农	战前														
	战后														
中农	战前	7		39	7.5		14	2.5					89.87	23.29	12.839
	战后	8	7	47	34		5	3.5					104.57	35.43	13.07
贫农	战前	1		3									3	0.98	3
	战后	1		16									16	5.42	16
雇农	战前														
	战后														
工人	战前														
	战后														
商人	战前	1		16									16	4.19	16
	战后	1		4	4								6.84	2.32	6.84
贫民	战前														
	战后														
其他	战前														
	战后														
总计	战前	10	10	165	28.5		44	2.5		4.5			31	381.58	100	38.158
	战后	12	7	209	40	1	5.5	3.5					26	295.12	100	24.593

表 7 - 26　抗战以来各阶级土地伙出变化表（四表附表之二）

阶级 \ 伙出土地种类数 时期		户口	梁			平			水			荒地	总计（注同前）	%（注同前）	每户平均
			上	中	下	上	中	下	上	中	下				
地主	战前	1		24			18							75.43	80.13	75.43
	战后	2		12	4		27.5				21.5			216.28	78.30	108.14
富农	战前	1		3	2		2							10.14	10.77	10.14
	战后	3		10	6		4							25.71	9.31	8.57
中农	战前	1		5	5									8.57	9.1	8.57
	战后	1					2.5	1						9.14	3.31	9.14
贫农	战前															
	战后	3		7			6.33							25.09	9.07	8.36
雇农	战前															
	战后															
工人	战前															
	战后															

(续表)

阶级	伙出土地种类数时期	户口	梁			平			水			荒地	总计(注同前)	%(注同前)	每户平均
			上	中	下	上	中	下	上	中	下				
商人	战前														
	战后														
贫民	战前														
	战后														
其他	战前														
	战后														
总计	战前	3		32	7	20							94.14	100	31.38
	战后	9		29	10	40.33	1		21.5				276.21	100	30.96

2 户地主租伙出土地最多。从表上看,所租伙出的土地数量是减少了,战前 2 户共租出 75.83％的土地,现在只租出 67.56％了,但这 2 户地主有不同的情形。1 户地主赵保定,土地较多,质量也较好,在战前自己经营范围相当大,战后经营范围缩小,租伙出土地数量增加了。这户地主的所有地分三处:一处在周家坳,全是梁地,战前战后均租出。一处在大坪上,水、平、梁地均有,四项动员后,地主本人就住在那里一面经营自种,一面又出租少数梁地(关于大坪上的土地及租佃关系,我们没有能够调查得清楚,因为地主本人不在赵家川口,在村的是他兄弟,搅不清楚。表上的数目字是根据他兄弟的话,经过川口村人校对的,但村人的话也各说不一。我们现在只能将说者相同较多的数目字列出,所有地总数大概差不多,但租出数目略有出入)。现在大坪上地主虽然自己经营种地,但租伙出的增加了(有 20 垧水地用伙种形式给 13 户贫农种,农民只出劳动力,施肥等等仍归地主,现在这些地也算在伙出地内)。至于赵家川口本村的地则较少,战前是全部伙出,至今年起地主兄弟自己经营了,但仍有些伙给人种。另 1 户地主赵连桂,地比赵保定略少,但也分三处:周家坳地,战前现在均租出;大坪上地,战前租出,而现由地主母亲住在那里经营水平地,梁地则租出(这户地主的外村地同样没有调查清楚,也只是一个总数,不差上下);本村土地从战前到现在大部均自己经营,少数租出。因为他母亲到大坪上经营,所以租出地数目比战前少了些,但本村自己经营的范围实际并未扩大(原因是:① 地主父亲在 1940 年被敌人杀了;② 他自己是个洋烟鬼)。这 2 户地主的前途是不同的,我们在前面已经估计过了。1 户(赵保定)可能发展成为大富农,那么他将来租出的土地还会逐渐减少的,虽然照他现在的租出数目看来是比战前增加了些。另 1 户赵连桂则自己经营条件并不好,将来租佃关系安定下来(如保证交租等),他租出土地数目仍会增加的。

富农租出土地很少。赵家川口的富农都是小富农,自己经营的地既不多,租出的地更少。战前仅 1 户伙出 10.14 垧地,这是 1 户下降富农,现已成为中农了,战前自己经营原不大。战后 3 户富农都租出地了,这 3 户租出的情形又不同:1 户战前原是富农,雇佣自种全数自己地,现在却伙种出去一些了;1 户是中农上升的,战前地少无雇工,现在平地扩大并雇了工,将梁地和劣平地伙出了;1 户所有土地前后未变动,但战前雇长工,现只雇大量短工,将梁地伙出去了。富农租出土地比战前增加了些,这是个倒逆现象。

中农租地户战前战后差不多,租出土地数量则略有增加。战前租伙出土地的中农 8 户中,有

5 户租出本人所有的外村地,战后租伙出土地的中农中,也有 5 户是租出的外村地,这说明所有土地之不集中是促使中农租伙出土地的主要原因。其次,从表上也可看出中农租出的梁地多于平地,中农之不喜欢梁地如此可见。有几个中农去年买了些平地,把梁地租出了,佃中农则把租进的"股子地"再分割,自己种平地,把梁地转租出去了。

最后,贫农也有租伙出土地的。在战前,只有 2 户贫农租伙出梁地,原因是地远(1 户是出租自有地,1 户是把租入的股子地中的梁地转租出去)。现在租伙出的 4 户贫农中,有 1 户是将地伙给外甥,只是互助性质,其余也是因为地在外村的缘故。

总括起来,赵家川口的租佃关系有如下一些特点:

(1) 佃户是本村的多,田主是外村的多。本村 2 户地主的地多数在外村,仅本村少数地与本村佃户发生租佃关系。另一方面,本村多数佃户所租的地大部分是外村地主的土地(这些地大部在赵家川口附近),其中牛家(牛友兰等)的土地占绝对多数,其次则是黑峪口刘治中、碧村白少先等破产地主的土地。这些外村地主与赵家川口的租佃关系有很长的历史,有些从抗战前起租给一人直到现在,有些虽然更换,却仍辗转于川口佃户手中(土地的分散使地主的租佃对象只能局限于一个村子,这似乎也是值得注意的一点)。为了收租方便,地主——如牛友兰,就在本村委托了一个富农(赵炳愈,现在村主任代表)侦查佃户收获情形,然后收租。外村地主、本村佃户的关系原可以促使阶级斗争的趋势向外,但因为地主在村里有委托人(富农),就使得佃户对外村地主的斗争转向到本村富农身上。另一方面,租佃关系的历史长说明某些佃户对地主还有依存性,这种依存性也多少影响到阶级斗争的情况。

(2) 中农中一部分佃中农逐渐在脱离租佃关系。中农自己买地退回租地,这将是今后的一种趋势。中农退出租佃关系使地主的租佃对象减少,并使这个村的租佃关系更趋于明朗化:一边是外村地主,一边是本村贫民。

(二) 租率的变化

现在我们来看抗战以来租率的变化:

表 7 - 27　历年租率变化表

年份	原租率	缴租率	备考
1937	30.38%	126.16%	20 个租佃关系的平均数
1938	36.75%	25.77%	11 个租佃关系的平均数
1939	50.18%	28.16%	7 个租佃关系的平均数
1940	48.13%	26.029%	9 个租佃关系的平均数
1941	33.04%	22.5%	20 个租佃关系的平均数

注:1. 以上用以平均的材料是我们认为比较完全比较可靠的,觉得可疑的一些材料都放弃未用。原租率与缴租率均按总产量算出,产量是棉谷而缴租是货币者,则将所产按当年物价折成各该货币(白洋或法币)计算其租率。另附预备表 5 页[①],请参看。2. 1939—1940 年两年缴租大都不按规则,这里用来平均的只是仍按战前规矩缴租的(大抵是死租)几个租户,因此看起来租率还很正常,实际上这两年是很混乱的,租率各各不同,一般的是很低的。表上这两

---

① 编者注:原始资料中未见该表。

年的租率只作参考,不能代表全村。

从表 7 - 27 来看,除了 1939—1940 年两年特殊外,战前现在的原租率都没有超过 37.5%。如单以 1937 年与 1941 年来比较,则 1941 年原租率比战前高了些,实缴租率则比战前降低了些。原租额提高的现象,除了将租佃改为伙种的实际上是提高(详见下面第三节)以外,其余还没有,相反的倒是有些将活租改成死租的,反而将原租额降低了(详见下面第三节)。

但是,平均租率还未必全合于真实。现在把赵家川口所租较大的几股地的历年租率列出来作一参考:

例一:佃户赵全孝。战前起租地主牛荫澍一股地,内平地 7 垧、梁地 17 垧,共 24 垧,原定死租白洋 55 元。1937 年产量棉 330 斤、粗粮 6 石,实缴租白洋 55 元。按当时布价折合(棉以每斤 0.4 元计,粗粮按六折成米 3.6 石,每石 10 元计)总产量为 168 元,则实交租率为 32.74%。1938 年产量与 1937 年略同,缴租仍为白洋 55 元。1939—1940 年荒歉、混乱,1940 年只缴莜面 70 斤,按 1940 年价,折合为白洋 10.5 元(合 44.1 元法币),只当得原租额五分之一。据佃户本人说是年产量 9 石(六折米后按是年谷米每斗 2 元计,合 108 元),则租率是 9.72%。1941 年起钱租改为物租,租额 3 石,减租减去 1 石,实缴 2 石,按产量 9 石计,则是年租率为 22.22%。

例二:佃户赵拉弟。战前起租地主刘五女一股地,内平地 4 垧、梁地 30 垧、荒地 10 垧,共 44 垧,原定活租 5 石。1937 年产量 12 石,而实交租为 2.65 石,则租率为 22.08%。1940 年荒芜多,仅产粮 7.5 石,实缴租 1.6 石,租率为 21.33%。1941 年产量仍旧,实缴 1.875 石,租率为 25%,比前高了些。此后佃户嫌这地坏不愿再租,去年地主把它们低价卖掉了。

例三:佃户赵好礼。战前起租地主牛荫塄一股子地,内平地 7.5 垧、梁地 17 垧、荒地 5 垧,共 29.5 垧,原定死租额法币 60 元。1937 年产量 13.35 石,实交法币 60 元,将产量折成法币计,则租率为 57.62%。1938 年产量、租率与 1937 年"不差上"[1]。1939—1940 年两年产量大减(无确数),佃户只缴大花脸 60 元。1941 年起改成伙种,平地四六分,梁地三七分,租率就又提高,须另作别论了。

例四:佃户赵思愈。战前起租地主牛荫潭一股地,内平地 3 垧、梁地 19 垧、荒地 3 垧,共 25 垧,原定租白洋 28 元。1937 年产量 10.25 石,实缴白洋 28 元,将产量六折米再按当年谷米价每斗 1 元计,则租率为 45.53%。1938 年起改为物租,仍为死租,定了大石,是年产量与 1937 年同,实交租 3 石,租率为 29.27%。1939—1940 年未缴租。1941 年佃户病,转租出一部分,自种平地 3 垧、梁地 9 垧,产粮 3 石,加上转租出部分收租 5 斗,共 3.5 石;给地主缴租时,按原租额 3 石,二五减成 2.25 石,但实际只交了 1.5 石,为此则租率是 42.86%。

例五:佃户赵配儿。战前起租地主牛友兰一股地,内平地 6 垧、梁地 31 垧、荒地 2 垧,共 39 垧,原定死租白洋 55 元。1937 年产量棉 200 斤、粗粮 7.4 石,按当年价可折 124.4 元,实缴 55 元,则租率为 44.35%。战后数年缴租不定,1940 年梁地荒去,而只平地打得 6 石粗粮,根本未缴租。因此,1941 年地主将地夺回另租他人去了。

从上面一些个别例子来看,则战前租率为例一、二均未超过 37.5%,但如例三、四、五则均超

---

① 编者注:即"不差上下"之意。

过了。材料之不周全,使我们难于对战前租率作最后确定,只能看看旁的村子情形再说。这里只能说明这样一个事实:除了个别的特殊例子(如产量特别低、改为伙种等)外,战后——特别是1939年后,一般租率是降低了。

看起来,战后租率降低原因大概如下:

(1) 1939年的旱荒、1940年社会秩序的变动根本紊乱了原来的租佃秩序,有些佃户不缴租,即缴租也不按旧规矩,“看人情”随便给。

(2) 赵家川口战前钱租多于物租,钱租租率要比物租租率高些。战后两三年内钱租形式还没有来得及改变,而币制却大大地变动了。战前定租额为白洋,1937年白洋与法币相差不多,就已有人将法币缴租,甚至有用大花脸缴的,缴数虽与原租额同(如原租额白洋55元,缴法币55元),但实际价值却差得很远了。

赵家川口有水平地的特点,所以看租额必须把各种地分开看一下。但普遍租地总是各种混在一起租,特别是股子地内有平地、梁地,还有所谓“跟股地”,即荒地,而租额却是统而括之说定若干,很难分划平地、梁地租额各占多少。因此,这里只能就老百姓的一般估计,附加一二实例来说明。

水地租佃关系很少(这种地只有这样的情形下才租出:地主离地远,自己无法耕种。如外村地主在赵家川口的水地全部租出)。在赵家川口全部租佃关系中,只有四五个关系有水地,最多的是2垧,最少半垧。在战前,水地每垧租额在10～15元(白洋)之间。水地每垧约产棉90斤,以1937年价每斤0.4元计,值60元,则原租率在27.78%～41.67%之间。如佃户赵连支1937年租地主牛友兰水地1垧,原租额白洋16元,产棉80斤(较低),原租率50%。战后,水地大抵变为物租了,战前钱租租额较高,现在物租额低些。如佃户赵太明1941年租宁换长水地4垧,租额2石,产粮8石,则原租率为25%。

平地租额较水地低,战前平地一般也是钱租,每垧在10元左右。如佃户王维儿租平地2垧,原租额白洋20元;王秉衡租牛荫堦平地1垧,原租白洋10元,如按每垧平地产棉80斤,当年棉价0.4元计,则原租率为31.25%。战后降低了,如佃户赵凤兰1941年租侯四小平地6垧,原租额为白洋20元(每垧3.3元)。

梁地租额,老百姓的说法是打3斗租1斗。我们根据战前专租梁地的6个佃户的材料统计,平均每垧梁地产量3斗3升,租额为8升多,也“不差上”。又根据1941年专租梁地的9个佃户的材料统计,平均每垧梁地产量为2斗5升,租额为5.1升,则原租率为20%,比战前降低了。

(三) 租佃形式的变化

这里说明一下抗战以后各种租佃形式的变化。

1. 钱租与物租的转换

“水地平地吃租钱,梁地吃租子(粮租)”,这是战前的规律。在战前,水地、平地一般种棉,在自给自足的农村中,棉花是比较商品化的作物,所以大抵是钱租(据说10多年前少种棉花的时代,也还是粮租多),梁地只能种粮食,所以都是粮租。赵家川口村的情形证明:战前凡租水平地者都是钱租,只个别有缴棉花实物的,没有粮租。凡租梁地者尽是粮租,没有钱租。股子地的情形不同些,因为股子地有平地,也有梁地,租也是钱租多,只有梁地特多、平地太少的股子地,才有粮租。

地质与作物之不同决定着钱租与物租的形式,但是币制的变动又影响了这两种形式的转换。1937 年,在赵家川口 31 户租佃关系中,有 16 户是钱租、15 户是物租,钱租较占优势地位。当时的钱是指白洋,虽然 1937 年已有用法币缴的,但当年的白洋法币还等价,无大出入。战后情形不同了,白洋流动少了,而法币价格逐渐下降,其他如晋钞大花脸等,与白洋相差更远。1938 年还没有什么很大变动,一到 1939 年(旱荒)和 1940 年(事变)的混乱年头,佃户就无力再用白洋缴租,而有了借口改用法币或其他流行货币来缴租了。这样实缴租与原租额就差得很大,地主的剥削利益颇受损失。战前钱租大抵是死租,无伸缩性,当然不能借口"天年"等等而增减租子。于是,地主就不能不放弃钱租的形式,而改取物租和伙种的形式。

据赵家川口材料,1938 年就已有改钱租为物租的情形,1939—1940 年因租佃关系紊乱未变动,到 1941 年除个别现租的关系仍缴钱租外,其余都改成物租或伙种了(伙种是巩固地主租佃剥削,使不受货币变动等影响的较方便的形式,下详)。

赵家川口在平川,可以种植商品作物,所以有货币地租。一般的说,货币地租比物租要进步一些,但这一进步因抗战后币制的不稳定与棉作物生产的降落而逆转了一下。货币地租的发展须以商品作物生产的发展为本,以币制稳定为条件。虽然从今年起已经又开始种棉和种烟,但还只是"星星碎碎"(根本原因是平地少),富农经营还少,少数富农也并不在租佃关系以内。而币制还是不稳定,如此,则今年货币能不能再有还是一个疑问。据我们浅薄的估计,钱租对于种棉的佃户(不是种粮食的佃户)比实物租,特别是比伙种,似乎有利些。因为钱租是定额,棉花有活价,佃户赢余的机会较多。虽然有利与否基本要看租额数量之高低,而这里的货币地租也还含有封建性,但今天已有减租减息的保障,这却是与战前不同的新条件。——这是不成熟的一点意见,是否还须研究。

2. 死租与活租的混乱

在战前,死租是统治的形式。在我们所调查的全部租佃关系中,只有个别关系是活租。这里有两个关系是股子地,如佃户赵牛犊租黑峪口地主刘治中平地 6 垧、梁地 31 垧,共 37 垧,产粮 10 石,原租额 7 石,实交 3.5 石。两个关系是租的外村的梁地,田主未必是地主,也是活租。还有一个关系也是牛家股子地,这股子地并用两种形式,平地 4 垧是活租 35 元(实缴 30 元),梁地 22 垧却是死租 6 石(产粮 8 石左右)——平地虽然"活了",梁地剥削仍重。看起来,活租的租额比死租高得多,一般在 70% 以上,缴租大抵是缴原租额的一半,则租率为 35%。但是,这是战前的规律,战后活租活动范围就大了,几乎没有规律了。

赵家川口战前死租多,有一个原因:有平地。平地奇货可居,地主可以尽量采取苛刻的形式。死租与钱租是不可分离的二位一体,死租的租率自然要比活租高。虽然我们上面平均战前的租率一般不超过 37.5%,但从单个的死租例子看,死租还是超过 37.5% 的多(参看上述租率问题中举例三、四、五)。

但这是战前的情形。战后,如在 1938 年,白洋的钱租改用其他货币缴,事实上死租已经不成其为"钱租"而有了伸缩了。到了 1939—1940 年两年,佃户根本不缴租者有之,"看人情"随意缴一点有之,用大花脸缴者有之。总之,死租成了地道的活租!现在我们问老百姓时,他们也已无法再确言哪些是死租,大都说是"活租活租"。其实按缴租情形说来,在战前确是死租(说一缴一),而战后则的确只能说是活的了。到1941年地主才开始整理这盘散乱棋局,他们采取的办法是:也不用死租,也不用活租,一律改为伙种。但也有少数关系重新改订或说定死租的,这主要的是为了避免减租的麻烦。举二例以见一斑:

例一:赵凤台租赵白晓梁地9垧,原定活租1石,1942年赵改为死租0.5石,双方言定不减租了。

例二:白来孩(高家村)租赵怀晋梁地6垧,原定活租0.7石,1942年起改为死租0.6石,双方言定不减租了。

这种从活租改成的死租,租额是减低了些,实缴租率则恐未必。

3. 从租佃到伙种

在战前,租佃是主要形式,现在伙种是主要形式。战前以1937年为例,只有9户是伙种的关系;现在以1942年为例,则有39户是伙种的关系的了。在1940年,有15户是伙种关系,到1941年便有35个伙种关系了,伙种是从1941年起大量发展的。新起的租佃关系固然大都采取伙种形式,旧有的租佃关系也大都改为伙种了。

战前伙种的分法,根据1937年材料,只有对半分、三七分,甚至有一个关系是倒四六分(即地主六佃户四)——但这是特殊的,佃户与田主是兄弟,故意让田主多分,是帮助性质。

分法依地质而别,一般是水平地对半分或四六分,梁地三七分或四六分。这是战前水平地吃租钱、梁地吃租子的规律的继续。

大抵单独伙种者对半分。单独伙种平地者对半分或四六分(好平地对半分,坏平地四六分),单独伙种梁地者四六分或三七分(好梁地四六分,坏梁地三七分,但梁地还以三七分为多数)。股子地有两种分法:一种是不论平梁,全是四六分;一种是平梁分开,平四六、梁三七——两样分,一股收。

这里的伙种,双方条件很简单。田主只出土地,其余劳动力、农本,一概由伙种户供给,田主并不干涉生产,只在秋收时按所定分法取实物罢了。在我们所有材料中,只有两个关系是例外:一个就是前面提到过的地主赵保定,在外村与13户伙种20垧水地洋烟,地主自己经营,供给肥料5000多斤;还有一个是本村1户贫农,伙种本村富农平地2垧、梁地2垧,平地种谷,该富农生产以种棉牧羊为主,缺乏粮食,为了多分一点粮食方给伙种户上了三五驮羊粪,收获时四六分,也未将粪价除去。

这里伙种条件所以如此简单,不外如下原因:① 赵家川口租入地主要是外村地主的土地,这些地主又大抵是收租地主而非经营地主(如牛家兄弟、黑峪口刘治中、碧村白少先等),他们当然不会也不愿给伙出外村(赵家川口)的土地投资。② 本村2户地主,1户远在大坪上,1户自己也种些地,是个破落地主,无力给伙出户投资。③ 其余田主或外村或本村,有的是中农自顾不暇,有的是贫农根本无力,当然也不会给伙出土地投资。

据我们不成熟的了解,地主投资(畜力与农本)的伙种才能算是典型的分益制租佃形式,比较"资本主义化"一些。像赵家川口这种伙种,实质上只是定额物租的继续变相,它与死租不同之处只在伙种对半分、四六分,比死租一般租率较高罢了。这种形式之被普遍采取,原因是:过去的死租形式在战后数年内已经失了前规,没有威信,必须采取新的形式来代替;同时,从1940年起,特别是1941年,开始了减租制度,使地主觉得只有采取分益形式,将租率提得比战前死租更高些(40%～50%)才能"经得起减"。果然,1941年佃户将平地四六分的一减减成了三七分,对于地主并未损伤基本利益,仍保持着战前死租的租率。至于梁地三七分的,照赵家川口的材料看来,一般是不减的,仍是三七分(这是普遍的情形,同一股地平地四六分、梁地三七分,平地减了租,梁地则不减)。如此,则梁地也还保持着战前死租的租率水平。

这种形式目前对于地主是巩固维持过去剥削水平的方便形式。这种形式对于佃户的利害须从两方面看:一方面,如果政府的减租制度能够彻底执行,则佃农的基本利益是有保障的,因为减租后反正不超过 37.5％,如果减租执行不彻底(如去年赵家川口情形便是),则佃农便吃亏了;另一方面,虽然伙种剥削重,但在供给佃农使用平地(赵家川口这种伙种佃户有完全的使用权,上面已经提到)上对于不易租到平地的贫农还是有利的,但是这种简单的伙种形式在促进生产力一点上,比起那种地主投资的典型伙种来自然差些。

还有,对于这样的简单伙种,与那种地主投资的典型伙种的减租办法是否应该具体分开、明确规定,也是一个值得研究的问题。

4. 其他

现租(预租)现在已经绝迹,去年只有这样一个例外:2 户中农合租本村庙地 8 垧(水地 4 垧、平地 4 垧),共缴 1.15 石谷米,是现租。

力租也很少,去年只有 3 个力租关系。如中农赵守高租地主赵连桂平地半垧,定租白洋 1 元,佃户替地主耕 1 垧地就完了。又如贫农赵国栋租地主赵连桂梁地 7 垧,言定由佃户代耕地主地 5 垧,后佃户仅代耕 2 垧,另外补给租子 0.35 石。

转租的现象很少,这就是佃户租入一股地,将部分地转租给旁人,这是因为地主租出的大都是一大股地,佃户种不了。这种情形在战前是很少的,现在颇有一些,这也说明战后佃农的生产能力是缩小了。转租大抵是原定租额,很少增减。这样,转租出户不吃亏了,也无便宜。但有时因"天年"因人事等特殊原因,缴租不规则时,转租出户也可以失些损失或占些便宜。

(四)缴租与减租

叙述一下历年缴租减租情形。

在战前,即地主阶级力量决定一切。而战争还没影响到租佃关系的时候,不用说,收租缴租是按照着地主阶级所愿望的秩序进行的。牛家是最大的地主,在兴县大沟附近各村,多数佃户都在牛家算盘底下翻滚着。"只要人家算盘一响,什么东西都要拿跑!"佃户们这样说。那时候种棉还很普遍,牛家为了收棉花租,特别创立了所谓"花厂",在棉花尚未收下时就提前采买作价(价格很低),一到秋收时候,便叫佃户按照他所定的低价缴棉抵租。这就是说,地主自己不费分文,低价"买"入了许多棉花,同时就收齐了租。如果佃户缴花不足,就写借约,2 分起息,这样租佃关系又转成了借贷剥削。战前死租统治着多数租佃关系,所谓死租是"铁租",非缴租不可。有时"天年"太坏,地主也卖个"人情",5 石租少缴上七八斗(如赵拉弟的例子)。但地主悄悄记着这笔账,到第二年"天年"好时就对佃户说:"嗨,今年把去年的也捎清了吧!"于是连去年少缴的也一起收走了。地主的剥削方法是精明的,为了收租方便,在各个村子布置着一个"二房东",给他一点好处,暗里叫他侦查佃户收获情形,明里叫他代替收租。如赵家川口的 1 户富农即"牛友兰"的"二房东"之一,我们在上面已经提到过了。

但是,"战争改变一切"。在 1937 年至 1938 年,虽然"缴租秩序"(对地主说来是种必要的秩序)还没有大动,却也已有将法币取代白洋原租的情形,使地主吃了亏。到了 1939—1940 年两年,如所周知,情形大变了。

在 1939 年至 1940 年两年,最极端的是根本不缴租。如中农赵六孩租牛友兰一股子地,1940年粒租未缴,地主也没有要。贫农赵培儿租牛友兰一股子地,1940 年因病荒了些,也粒租未缴,但第二年地主将地夺回去了。这是对外村地主的股子地如此。至于本村两个地主的地租,不缴的就更多些。如赵保定租给赵铁孩平地 3 垧,1939 年至 1940 年两年都没有缴。1940 年地主自己种一些地,已下种,上粪花了许多人工牛工,后因敌人扫荡逃亡,嘱本村赵庆春、赵建仪等继续耕作,言定收后对分;后地主回村,有的分了,有的根本没有分缴。本村地如此,外村地鞭长莫及,收租更难。如赵连桂大坪上水地 4 垧、平地 30 垧、梁地 80 垧全部租出,战前年收八成石(12 大石),租不短,战后逐年减少,1939 年和 1940 年更少,三年以内梁地根本收不到租。又周家坳梁地 50 垧,战前即租给佃户刘海生种,原定死租 4 石,在 1937 年前按额实缴,1938 年"死租活缴"2.5 石,到了 1939 年至 1940 年就根本未缴。虽然地主逼着佃户写了借约,但也要不回。1941 年地主去讨租讨不到,同佃户到村公所打官司,这才要到了 4 大斗粗粮。1941 年起原佃户不愿种了,另租给一个亲戚种上,但秋间仍未按正规缴租,只缴了 1 石粗粮。

在这两年内不按旧定租额随意缴的很多。如贫农王命儿租进黑峪口任春怀平地 1 垧、梁地 9 垧,原定死租 1.5 石,历年实缴,1939 年因荒没办法,只缴了 5.5 斗。死租如此,活租更"活"。如赵连桂租给外村白驴卷梁地 22 垧,原定活租,战前正常缴租,1939 年未缴,1940 年地主要了 10 驮粪、锄头片 1 个就算了结了。

原定白洋租改用其他不等价货币缴租的现象是 1937—1938 年就有了的,上已述及。到了1939—1940 年,这种现象更多。如贫农赵凤台租地主牛荫杰平地 4 垧,原定死租白洋 35 元,历年均缴白洋,1939 年缴了法币 35 元。又如贫农赵好礼租地主牛荫杰平地 7.5 垧、梁地 22 垧,原定死租法币 60 元,但在 1940 年却是缴的 60 元大花脸。按 1939 年法币须 2.5 元顶 1 元白洋,1940 年法币 4.2 元顶 1 块白洋,1939 年秋大花脸 3 元左右顶 1 元法币,如此则差额极大,地主吃了亏。

但是,如果从全体看来,在这两年内,1939 年因旱荒厉害不缴租的确是大多数,但在 1940 年不缴租的却不过一个半数。在缴租的部分中,有一个光景是像上面所说那样不规则的缴(算是减了租,但是不规则的减),同时却也有光景是按了原额缴了租的。归纳起来,这些佃户所以照旧缴租,不外因为:① 原租额较低;② 打粮还可以;③ 佃户害怕地主报复;④ 与地主有亲友关系。这些佃户大抵是比较软弱的佃户。

1940 年缴与不缴佃户比较如下:按额缴的关系 13 户(内伙种 8 户、死租 3 户、活租 2 户),不按额缴的关系 10 户,改币缴的 5 户,根本不缴的 15 户。共有 48 个租佃关系,5 户未详。

对于 1939—1940 年的这种紊乱情形,地主没有也不可能采取什么反抗。特别是一些小地主,如本村的赵连桂,差不多是没有什么办法的样子。他大坪上的地是采取了叫母亲去自己经营的办法,周家坳地又远又劣,收租直到现在还没有办法使之"正规化"。

比较厉害的大地主,特别是平地的所有者,对于那两年的不缴租则用夺地的手段来反击。平地太少,奇货可居,使地主可以放胆夺地。如赵培儿租牛友兰一股子地,1940 年未缴租,地主将地夺回了——这是外村地主。本村地主也夺地,如赵建仪租赵保定平地 3 垧、梁地 5 垧,共 8 垧,1939—1940 年两年来未缴租,地主将地夺回了。地主甚至夺回荒地,如赵庆春 1940 年开赵金香平荒地 1

垧,未缴租,第二年被夺回了;赵思英1941年开赵保定梁荒地7垧,未缴租,地主夺回了。

但就全体而言,夺地现象还是少数。地主普遍采用的办法是重订"新秩序",改用伙种的形式。夺地是地主对不缴或少缴租佃户的反攻手段,改用伙种形式则是地主的防御手段。今后政府应该坚决禁止夺地,同时在对待伙种问题上照顾到地主的相当利益,这似乎是必要的。

到1941年,租佃关系稳定下来了。在赵家川口,除了赵连桂周家坞的地租还未上"正规",另有中农赵全愈伙种牛荫杰地的租子还未缴出(因为缴了租双方各有龃龉,去年地主也没有积极的来收,佃户是准备缴的,只等地主来收),以及零星有些关系或因佃户太穷或因未定租额("鼻涕涕鼻滩滩"的租地一般不说定什么租子,随意给)而未正规缴租外,一般的在去年都按伙种分法缴了租。在赵家川口四项动员时,并没有很好发动群众,地主与佃户的关系并未搅得十分坏,地主的旧威仍在,所以在去年一年以内缴租又上了轨道。

保证缴租是容易的,而这则在于减租如何。

赵家川口村的减租是从1940年开始的。

综上所述,1940年不缴租的有三分之一光景(15户),三分之一不到的租户(13户)是按原额缴了租,另有三分之一——(15户)是不规则的缴了租,这三分之一算是事实上减了租。在这15户中,有5户是改币缴租,而没法说明它算是怎样减的,只有1户真正按二五减了租,其余则都不改。有的是减了很少,不满二五的,如赵守宽租白少先地,原租额1.5石,实缴1.2石,如按二五减租,应减去0.375石,而只减去0.3石。较多的是超过二五减,如王仲留租王聚福梁地24垧,死租原额0.5石,减去0.25石,实缴0.25石,但这种超过二五减的大抵是原租额较高。如上引王仲留租地之原租率是71.43%,对半减后才使缴租率没有超过37.5%。另外,也有在二五减后在缴租时少缴了"零头"的,如魏五保租地按二五减后应缴0.375石,却只缴去0.37石,还有5合说是"星星碎碎缴不全了"。

另外,还有一种特别的减法。如赵笃敬转租赵不愈梁地7垧,产量0.3石,死租原额0.15石,实缴5升,原租额超过了37.5%,如按二五减(减至37.5%水平亦如此),欠缴0.113石,但实缴5升,就是少交了6升2合5。

1940年减租情形,其不一律大抵如此。只有这样两点可以算作特点:① 伙种地也减;② 梁地也减。到1941年就有了"伴死地"不减的新花样,梁地一般也不减租了。

1941年减租情形不同些。这年一般都缴了租,但减租不普遍,减与不减比较如下:

减租的29户(内外村关系20户、本村9户,外村的地主被减得厉害些,差不多都减了租),未减的16户,共有租佃关系45户。这就是说,赵家川口在1941年只有64%的租佃关系减了租,36%未减。

减租程度仍极不一律。

有17个关系是真正按二五减了租,这些大抵是外村地主的地,佃户认真按规则减,地主也不让佃户马虎。有9个关系是少减多交,如赵好静伙种赵乃儿地,产量4.8石对半分,如按二五减,应减6斗而缴1.8石,实际是缴去2石,佃户多缴2斗。如赵守高伙种牛友兰地,产量4石四六分,如按二五减,应减4斗而缴1.2石,实际只减了3斗,而缴去1.3石。有1户依原租额减去37.5%,赵牛犊和刘治中地原为活租1石,减去0.375石,实缴0.625石。有4户伙种对半分的,缴成了四六分的局面。如赵保前伙种赵保定的地,产量0.87石,如按对半分,应缴0.435石,减本四六分,缴去 0.35 石。还有的是按二五减,而少缴了零头的。

从所有减了租的例子来看,凡是吃租子的,无论死活大都是按二五减的。但是赵家川口,现在的租佃形式是伙种较多,伙种的减租却大都没按政府规定的减。政府所规定的是:对半分减成佃户 62.5%、地主 37.5%,三七分、四六分都是二五减。这个规定,如果在伙种是地主除出土地以外还出旁的东西(畜力、农本)的情形下,自然应该具体运用或加以改变,但赵家川口的伙种地主只出土地而已。在这种情形下,如上面的规定对地主并不为过,尽可严格的照规定进行减租。但赵家川口去年伙种地的减租却并未照这个规定减,他们的办法很简单:对半分的减成四六分,四六分的减成三七分,三七分的(大都是梁地)则根本不减(同一股地对半或四六分的平地减了,三七分的梁地不减)。四六分减成三七分,恰与二五减相同,佃户不吃亏;但对半分减成四六分,则地主的分益仍然超过 37.5%,佃户吃亏了。这样的减法是应当纠正的。至于梁地不减租,在地劣多荒打不下粮食的情形下,就更不应该。

总的说来,赵家川口 1941 年的减租,无论从数量和减的质量来说都是不很彻底的。佃农们在 1939—1940 年的紊乱中约略得到了喘息的机会。1941 年地主们在改用伙种形式下巩固了他们的分益,而佃农们却并未普遍地从减租得到保障,有 36% 的佃户没有减租。这些佃户所以没有减租,归纳起来有两个原因:怕地主夺地;与地主有亲属关系,“减租过意不去”。前一个是主因,至于后一个,在佃户殷实、田主贫寒的情形下,还有互助的意义,倘相反,则是假的。

但是,更重要的还是因为赵家川口的政府的群众工作还不健全(这将在下面说到)。1940 年四项动员时,既没有足够的发动群众(就全晋西北说来也许是例外),1941 年的减租也没有认真实行,地主阶级的威力还存在,农民们还不能不多多少少存留着“害怕”的心理。即如夺地,政府是有禁令的,但村政府、村群众团体的工作不健全,也就无法贯彻这个法令。我们检查赵家川口农救会的全部工作中,只有一次给一个佃户保障了没有被夺地,还只保障了一半(下面还要提到),由此可见一般[斑]。

因此,赵家川口今年的减租实未可乐观。今年地主又采取了一种新办法:将新改成为伙种的关系确定为一种“半死地”(就是在伙出时言明不减租),这样的例子已有三四起,不知旁村有无这种情形。如果这种趋势发展开去,则政府减租令势必更加成为一纸空文。如何对付,是个值得研究的问题。

(五) 宗族血缘关系的作用

现在来看封建的宗族血缘关系在租佃关系中的作用。我们看到有这样一些情形:

富裕中农王治元将外村刘家曲平地 4 垧租给侄子王二买种,1941 年缴租不好,王治元想夺地伙租,碍于叔侄关系未夺。

贫农王命儿租中庄村任有长梁地 3 垧,原定死租,却不按死租规矩,看年景如何而定交额,原因是两人是拜把子兄弟。

富农赵炳愈 1940 年在自己的 1.5 垧平地上已下了种,中间因为妹夫白孝义(贫农)帮忙锄了草,便将收获与白孝义对分。

青年贫农张楚生,父为手艺工人,自己从 1939 年起单种庄稼。舅父赵连山(也是贫农,但比张楚生有办法)帮助他,将平地 2 垧、梁地 5 垧给他种上,实际上不按规定分粮,要少分些。

上面这几个关系多少带点互助的性质。佃户方面多少有些好处,但是这种好处是有限度的,田主方面事实上并不吃亏。如王治元、任有长之放松或帮助佃户,乃是因为地在外村,没有办法进行更厉害的剥削;赵炳愈的妹夫时常给赵炳愈做零星的无偿劳动;张楚生在租种土地以前,本在舅父家寄食,并帮舅父种地,田主方面并不吃亏。

宗族血缘关系绝不能代替了剥削关系。这里有与上面相反的例子。如富裕中农赵怀晋(已近富农)与贫农(本为雇农)赵牛犊是堂房叔侄关系,赵牛犊抗战前租平地 1 坰、梁地 4 坰,历年照规矩缴租了,1939 年因荒未缴,1940 年受四项动员波动仍未缴(佃户也不管什么叔侄关系!),1941 年叔父就不客气的夺回另租旁人了。

宗族关系还是宗族关系,剥削关系还是剥削关系,在减租减息声浪中,田主方面就利用这种关系来避免减租,有如下一些例子:

赵全孝伙种地主牛芝青平地 3 坰,因亲戚关系,从 1939 年直到现在从未减过租。

赵银河 1941 年伙种伯父赵二达平地 2 坰,不减租。

赵好静 1941 年伙种赵乃儿平地 5 坰、梁地 9 坰,因是本家,梁地略减,而平地不减。

赵文平 1941 年伙种胞兄平地 1 坰,因胞兄太穷,以倒四六形式分粮。

赵建统 1941 年伙种侄儿赵二高平地 2 坰,对半分,"自家人不减"。

白长福(富农)从 1940 年起租外村白孟孩平地 3 坰,是朋友,不减租。

上面这些例子,除赵全孝与牛芝青的关系即佃户是贫农、田主是地主以外,其余大抵是田主方面较为穷困,多少含有互助意义。减租政策应该贯彻,宗族血缘关系阻碍着减租政策的执行,但在如上那样略有互助意义的情形下是否须要更具体的办法,倒也是值得研究的新问题。

六、借贷关系

关于战前借贷关系,我们调查到的材料很少。2 户地主和 1 户富农事实上战前都放些债,但当我们问他们时,则讳莫如深,没有得到什么具体材料。

调查到的只有这样几个债户:

中农赵连支 10 年前借地主牛荫荣白洋 60 元,月利 2 分半。到第二年连本利写了 100 元,典出平地 1 坰,由借贷关系转成了典地关系。

商人赵连山于 1936 年借王庆怀省币 100 元(当时与白洋同价),言定年利 12 元。1937 年借利,1938 年缴利 12 元,1939 年后本利一概未缴,直至于今,债主也不要。

中农赵思英 1936 年借牛友兰白洋 20 元,月利 2 分半,1937 年将本利一概还清。

贫农王维儿借本村富农王聚福白洋 15 元,月利 3 分,每年缴利 5.4 元。1939 年后本利未缴,一直至今。

店员赵庆春 10 年前曾借过女婿白洋 20 元,因是亲戚,没有利息。本银也至今未还。

贫农赵好静 1936 年借周家崖人高粱 1 石(合白洋 3 元),月利 4 分,第一年给了 1 元 4 角 4 分,第二年起就没有缴利。本利至今未缴。

中农(现已降为贫农)赵守宽 1936 年借陕西人王荣升法币 50 元,押平地 2 坰,仍自种,打后对半分。2 坰可打 1.5 石,缴 0.75 石,按 1937 年市价,合 3.375 元,这就是年利了。这种与土地抵押相连的借贷关系,利息也是每年不同。这个关系继续到 1940 年春,债户将地出卖给债权人,作价法币 100 元(当时法币价格已下降了),除去本银 50 元,债权人给了黑豆 2 石(按市价与法币 50 元"不差上"),这样土地买卖终结了这个借贷关系。

从上面几个例子来看,战前的利息较低的是月利 2 分半,较高的是月利 4 分,而最后往往是债户放弃土地所有权。这是农村中借贷关系的特点。

战前的借贷到 1939 年起就不上利了。上面的例子说明,有许多不但不上利,连本银也不给还了,债权人也还没有敢清算旧债的。

因为战争与事变,从 1939 年起,借贷关系事实上是停止了,有钱的一方面是不敢放债(旧债都不还),要钱的一方面是借不到。我们调查到的只有贫农赵命儿在 1939 年借妻家小米 3 斗、黑豆 2 斗,秋天还了,没有利息。

而中农赵全孝 1940 年欠地主牛荫书租 24 元,算是借的,无利,至今未还;又借地主牛芝青 15 元(也是欠租),无利,至今未还。这是由租佃转成的借贷,照佃户的愿望是不准备还了。同年又借杨家坡外甥小米 1 石,1941 年又借 1 石,亲戚关系无利,至今未还。贫农赵连山 1941 年借外村人白洋 15 元,秋后还了,没有利息。贫农赵建 1942 年借人法币 6 元,无利。由此可知,现在的借贷:①一般的要有些亲戚朋友关系才能借到,数目也是很少;②一般的没有利息。

七、雇佣关系及工资

(一)雇佣关系

表 7－28　各阶级雇入调查表

阶级	时期	雇长工户数	长工数量		雇短工户数	短工数量	备注
			种地	放羊			
地主	战前	2	6				
	现在	2	2.5				
富农	战前	3	1.5	1	2	230	
	现在	3	2	0.5	2	226	
中农	战前	3	1	1	16	444	短工内有随牛人工 58 个
	现在	1	5		22	453	短工内有随牛人工 62 个
贫农	战前				7	68.5	短工内有随牛人工 38.5 个
	现在	1	$\frac{1}{3}$		19	137	短工内有随牛人工 88 个
雇农	战前				1	20	
	现在				1	20	
其他	战前				2	65	短工内有随牛人工 5 个
	现在						
总计	战前	8	8.5	2	28	827.5	短工内有随牛人工 101.5 个
	现在	7	$\frac{16}{3}$	0.5	44	833	短工内有随牛人工 150 个

表 7－29　各阶级佣出调查表

阶级	时期	当长工户数	长工数量		当短工户数	短工数量	备注
			种地	放羊			
地主	战前						
	现在						
富农	战前						
	现在						
中农	战前				3	19	短工内有随牛人工 10 个
	现在				4	94	短工内有随牛人工 80 个
贫农	战前	2	1	1	5	340	
	现在	2	$\frac{1}{3}$	1	17	846	短工内有手艺短工 100 个
雇农	战前	6	6		2	270	短工内均为手艺工
	现在	2	1.5		2	210	
其他	战前						
	现在				1	90	
总计	战前	8	7	1	10	629	短工内有随牛人工 10 个、手艺工 270 个
	现在	4	1.8	1	24	1150	短工内有随牛工 180 个

　　2 户地主都是自己经营部分土地的:在战前,有 1 户雇长工 4 个之多,现在只雇 2 个了(兄弟分开两地经营,各雇 1 个);1 户战前雇 2 个长工,现在只雇半个了。3 户富农战前雇 2 个半长工,现在同样是 3 户富农,只雇 2 个长工了,2 户都是只雇半个。战前有 1 户中农因养羊雇放羊长工 1 个,有 2 户各雇种地长工半个;现在只有 1 户中农雇半个长工了。现有贫农 1 户,因为自己劳动力弱,雇三分之一个长工。

　　短工是富农雇得较多,战前 2 户富农雇 230 个,现在 2 户雇 226 个,"不差上"。这 2 个富农也都是雇了长工的。雇短工这样多,说明他们还有多雇一个半个长工的必要,但是他们宁愿雇短,而不敢多雇长工。中农雇短的数目字不少,这是因为把随牛人工(雇牛必随人,雇一牛即有一人工)也算在里面的缘故。如果除去随牛人工,那么中农战前每户平均雇短 24 个,现在每户平均雇短 17.5 个左右。中农一般的自有足够的劳动力,所雇短工主要是农忙时迫于天时自己忙不过来,因而雇入的。从平均数上看,中农雇短数量是比战前少了,这与中农之缩小生产单位有关。贫农战前每户平均雇短 4 个,现在平均每户只雇 2.5 个了。贫农雇短的户数是增加了一倍多,这里面大部分是因为没有牛而雇的牛工,小部分是因为自己没有劳动力。雇短的雇农 1 户,是自己也种些地,忙季时一人忙不过来。"其他"2 户是略种些地的商人。

　　佣出的主角自然是雇农,战前有 6 户雇农都是长工,有 2 户一为弹花手艺工人、一为石工,均自种一些地,空时就给人打短;现在全村 4 户雇农中,只有 2 户当长工(有 1 户还是半工),另有 2 户是自种少数地,而大量给人打短的。贫农是打短的主角,从上面的数目字来看,现在给人打短的户数和短工数量是比战前多了;但这里还不能得出结论说现在的雇出短工比战前多,因为关于战前的短工数字由于调查困难,未尽确实,事实上恐怕不止这些。战前贫农2户当长工,1户是儿子出雇了一年,1户也是儿子给人揽羊,都是一家有2个劳动力的情形下才有的。现在2户是1户仍是儿子给人揽羊,1户则过去是雇农,而现在成为贫农成分了,因种地太少还给人捎着三分之一的长工。中农的短工主要是出雇牛工时跟随的人工。

就总数来看,论长工,无论是雇人或佣出,现在都比战前少了;论短工,则雇短和打短的户数是比战前增加了。或者说,小生产所需的短工雇佣是在发展着,大生产所需的长工雇佣是减少了。

一般的,在四大动员以后都不敢雇长工,因为怕人说他是老财。有些事实上非雇长工不可的,则是采取了隐蔽形式。如富农赵炳愈所雇长工是他的妹夫,据他向人说,是因为妹夫太穷苦,所以接在他家住并帮助他种些地,同时也就帮助妹夫生活,而实际上完全是雇工待遇。——富农们这种害怕雇佣的心理如果不打破,雇佣关系不易发展的。

(二) 工资

关于工资,我们所调查到的材料如下:

1. 长工工资

表 7－30　长工工资调查表

年份	1937	1938	1939	1940	1941	1942	单位
工资	20 元	33 元	30 元	35 元	50 元	50 元	白洋
可买谷米	2.22 石	2.75 石	1.5 石	1.75 石	2.5 石	2.5 石	大石

从上表来看,现在的名义工资比战前增加了一倍以上,而粮价也比战前上涨了一倍多(1937年谷米每大石 9 元,1941 年每大石 20 元),因此实际也比战前“不差上”。但这个工资数目恐怕还是一些比较高的。据老百姓说,通常长工的实物工资水平(战前现在都如此)是这样的:最好的2 大石,中等的 1.5 大石,最少的 1.2 大石。又据雇农赵长原说,一家子两大口、一小口所需要的日粮如下:每天吃三顿稀的(黑豆糊),需杂粮 1.2 升左右;每天吃两顿稀的、一顿窝窝,需粮 2 升左右;每天吃一顿窝窝、一顿稀的、一顿捞饭,需 4 升左右。而普通雇农家里捞饭是难得吃的(每年大约吃一二顿),两顿稀的、一顿窝窝已是中等伙食了。如按中等伙食每日 2 升算,则年须 7 石左右,这是两大一小三口人的必须食粮,如果一个人吃,至少得 2 石以上。如此看来,长工的工资只够一个人的吃粮。

2. 短工工资

短工工资战前一般是谷米 1 小升,现在是 1.5 小升或 2 小升。在战前有货币工资,每日白洋2 角,现在没有货币工资了。

短工工资因时季而不同。如 1940 年春为 1.5 升小米,秋为 2 小升。又因耕作性质而有别,如 1941 年耕地工资 1 小升,锄草、收割 1.5 小升或 2 升。

未成年的人“点黑豆拉牛”短工是按半工(即上述工资之半)算的。

八、牲畜的占有与使用

（一）役畜的占有

表 7–31　各阶级牛的占有表

阶级	总户口		战前						总户口		现在					
		饲喂方式	占有户数	中牛（注四）	小牛	折合总数	占总数百分比	每户平均		饲喂方式	占有户数	中牛	小牛	折合总数	占总数百分比	每户平均
地主	2	独有	2	6	2	7	20.29	3.5	2	独有	1	1		1	5.26	0.5
		合有								合有						
富农	3	独有	2	2		2	5.8	0.67	3	独有	2	2		2.5	13.2	0.83
		合有								合有	1	0.5				
中农	35	独有	18	18	4	20	57.97	0.57	30	独有	7	7		12	63.26	0.4
		合有								合有	10	5				
贫农	33	独有	6	4	3	5.5	15.94	0.17	43	独有	4	2	2	3.5	18.42	0.08
		合有								合有	1	0.5				
合计（注三）	88（注三）	独有	28	30	9	34.5	100	0.39	87（注三）	独有	14	12	2	19	100	0.22
		合有								合有	12	6				

注一：两头小牛折一中牛。

注二：每户平均系以总户口来平均。

注三：这是全村总户口（雇农、商人、工人、贫民及其他，战前 15 户，现在共 9 户，因无牲口未列入，但我们计算在总户口内）。

注四：赵家川口战前、现在都无大牛。

表 7–32　各阶级驴的占有表

阶级	总户口		战前						总户口		现在					
		饲喂方式	占有户数	大驴	小驴	折合总数	占总数百分比	每户平均		饲喂方式	占有户数	大驴	小驴	折合总数	占总数百分比	每户平均
地主	2	独有	2	3		3	23.08	1.5	2	独有	1	1		1	28.57	0.5
		合有								合有						
富农	3	独有	2	2		2	15.38	0.67	3	独有	1		1	0.5	14.29	0.17
		合有								合有						
中农	35	独有	6	5	1	5.5	42.31	0.16	30	独有	1	1		2	57.14	0.07
		合有								合有	2	1				
贫农	33	独有	2	2	1	2.5	19.23	0.08	43	独有						
		合有								合有						

（续表）

阶级	战前								现在							
	总户口	饲喂方式	占有户数	大驴	小驴	折合总数	占总数百分比	每户平均	总户口	饲喂方式	占有户数	大驴	小驴	折合总数	占总数百分比	每户平均
合计	88（注三）	独有	12	12	2	13	100	0.15	87（注三）	独有	3	2	1	3.5	100	0.04
		合有								合有	2	1				

注一：两头小驴折一大驴。

注二：每户平均系以总户口来平均。

注三：这是全村总户口（雇农、商人、工人、贫民及其他战前15户，现在共9户，因无牲口未列入，但仍计算在总户口内）。

很明显的，赵家川口村各阶级役畜的占有，无论战前现在都是不平均的。地主占有牛有余可以出租，富农占有比别的阶级也多些（从每户平均数看），中农占有役畜总数虽较其他阶级多，但每户平均数却少，贫农则更少，贫农以下一概没有牛。毛驴的作用是驮东西，而不能耕地，所以以种地为主的中农占有毛驴少，而贫农因种地不好兼营小贩，则占有毛驴较多些。

很明显的，现在所有役畜比战前是减少了。全村战前共有34.5头牛，现在只有19头了，减少了55.07%。战前有13头毛驴，现在只有3.5头了，减少了29.23%。从各阶级来看，论牛则除富农增加了半头（1条小牛）外，其余中贫农都减少了；地主战前有1户占有牛6头之多，而现在只有1头了，1户战前有1头，而现在1头也没有了。论驴则地主、富农都是减少，贫农则现在根本不喂驴了。减少的原因是很简单的，2户地主是因为四项动员受了打击不敢租出牛（1户地主有6头牛，有4头租出）变卖掉了，或因自己经营范围缩小不喂了，中贫农占有牛驴的减少主要是因为敌人的杀掠。

请看下列数目字：

表7-33 1940—1941年役畜损失统计表

阶级	户数	损失役畜				
		中牛	小牛	折合	驴	合计
中农	8	8	2	9	3	3
贫农	4	4		4		
地主	1	1		1	1	1
共计	13	13	2	14	4	4

从上表来看，中农在两年内被敌人杀掠了的役畜，以牛而论，其数目字相当于战前占有数之一半弱（20与9之比），贫农损失数目则相当于战前占有数的五分之四以上（5.5与4之比），可见损失之大。在战后（实际上是四项动员以后）租牛关系不发展的情况下，牛之被敌人大量杀伤，影响农业生产甚大，这也是农户纷纷缩小生产单位的原因之一。租借役畜既不易，就只有买牛了，却又一般的缺乏资产。今年赵家川口村只有2户中农在政府贷款帮助下合买了1头牛。有些富裕中农以至富农虽然有资本，却又怕敌人再来不敢买，如富农赵炳愈宁愿同人合饲1头牛，而不

肯自己独买 1 头牛。驴的损失于农业生产影响较小（这里的毛驴只能送送粪，不能耕地），倒是使得许多农民不能再经营副业——小贩了。贫农战前有驴，现在没有，倒不是因为敌人的杀掠，而是因为战后（特别是 1939 年和 1940 年两年）商业停滞，做小贩也没甚大利益，自己卖掉了。

（二）役畜的使用及其调剂

现在再来看役畜的使用。役畜包括牛和驴两种，但驴实际上对农业生产作用不大，故这里只从牛力上来看：

表 7 - 34　牛力使用及调剂表

阶级	时期	使牛户	使用牛力（注一）	可耕地数（注二）	使用地数（注三）	剩余		不足	
						不足地	剩余牛力	剩余地	不足牛力
地主	战前	2	3	210	116	94	1.34		
	现在	2	1	70	113			43	0.61
富农	战前	2	2	140	104.5	35.5	0.51		
	现在	2	1.5	105	53.5	51.5	0.74		
中农	战前	14	18	1280	923.5	356.5	5.09		
	现在	18	13	910	644.5	265.5	3.79		
贫农	战前	8	7.5	525	261.75	263.25	3.76		
	现在	5	3.5	245	282.85			37.85	0.54
雇农	战前				27			27	0.39
	现在				18			18	0.26
商人	战前				13.5			13.5	0.19
	现在				2.67			2.67	0.04
贫民	战前				3			3	0.04
	现在				0.33			0.33	0.005
合计	战前	29	30.5	2135	1449.25	685.75	9.8		
	现在	17	19	1330	1114.85	215.15	3.07		

注一：使用牛力是将占有牛力除去租出牛加进租入牛。计开：地主战前租出牛力 4 头；富农现在租出牛力 1 头；中农战前租出牛力 4 头，租入牛力 2 头，现在租入牛力 1 头；贫农战前租入牛力 2 头。

注二：可耕地数系按每一牛力能耕 70 垧计算。

注三：使用地数系水、平、山各种地的总数，不是折合垧。

从上表来看，除雇农、商人、贫民有地无牛外，其余各阶层战前都有牛力剩余；现在则除地主 1 户无牛致影响全阶级牛力数目呈现不足外，其余各阶层牛力都还有多余。但是，这里的牛力使用是按每一牛力耕 70 垧地来计算，每一牛力耕 70 垧地，必须使牛力使用到极度才行。事实上，牛分散占有在小生产者手里，决不可能使每头牛的能力都使用到极度的。占有与使用之间是有着矛盾的，如果按实际情形说，在平川地每一牛力恐怕只能耕到 40～50 垧地光景。现在再按每一牛力耕 50 垧的标准来看一下：

表 7 - 35　按每一牛力耕 50 垧看牛力的剩余与不足

阶级	时期	使牛户	使用牛力	可耕地数	使用地数	剩余		不足	
						不足地	剩余牛力	剩余地	不足牛力
地主	战前	2	3	150	116	34	0.68		
	现在	2	1	50	113			63	12.6
富农	战前	2	2	100	104.5			4.5	0.09
	现在	2	1.5	75	53.5	21.5	0.43		
中农	战前	17	18	900	923.5			23.5	0.47
	现在	18	13	650	644.5	5.5	0.11		
贫农	战前	8	7.5	375	261.75	113.25	2.27		
	现在	5	3.5	175	282.85			107.85	2.16
雇农	战前				27			27	0.54
	现在				18			18	0.36
商人	战前				13.5			13.5	0.27
	现在				2.67			2.67	0.053
贫民	战前				3			3	0.06
	现在				0.33			0.33	0.007
合计	战前	29	30.5	1525	1449.25	75.75	1.52		
	现在	17	19	950	1114.85			164.85	3.3

这就可以看到,现在就全村看来牛力是不够使用的,全村有 164 垧多土地的牛力没有着落。从各阶级看,则除富农、中农略有多余牛力以外,其余各阶层都缺乏。而富农——特别是中农的牛力,就全阶级总数来看似乎有剩余,实际上如从个别户来说是不够的。现在 30 户中农中,只有 18 户有牛使用,其余 12 户必须用别的方法来取得牛力。牛力的占有既然不平衡,则就与使用发生矛盾,占有牛的使用不了牛力,而没有牛的无牛可用。老百姓解决这个矛盾的办法除租牛外,还有借牛、雇牛、牛变工的办法。在赵家川口,现在这四种方式都有,而以牛变工最为普遍。

租牛关系现在很少。在战前有 1 户地主租出牛 4 头之多,4 户中农租出牛 4 头,并有 2 户中农租入牛 2 头,2 户贫农租入牛 2 头(这里租入的材料恐怕还不完全,事实上恐怕还要多些);而现在就只有 1 户富农租出牛 1 头,并是租给 1 户中农——他的堂侄儿——租的形式据牛主说是寄养,养户供给全部草料,自由使用,并赚粪,给牛主的代价是给他耕全部土地(8 垧水地、2 垧山地)。牛主土地少,曾经想把牛卖给租牛户,但租牛户不愿买,一方面怕敌人杀掉,另一方面怕多出公粮。目前租牛关系似乎只在亲属之间存在,这是与战前不同的情形(上述那户富农过去曾将牛租给不相干的外村农户,在 1939 年和 1940 年连年收不到牛租,把牛收回来了)。

现在普遍的是合喂牛。在我们所调查的材料中,战前并无合喂牛的,现在却有富农 1 户与人合喂牛,中农 10 户与人合喂牛,贫农 1 户与人合喂牛。这种合喂不是租借的性质,而是共同所有的性质,买牛时合出牛价,共同饲养,共同使用。一般是 2 户合喂 1 头,各半出牛价,饲养和使用则有五五制的(即每户连饲 5 天连使用 5 天,满天后轮流),有三三制的(各饲养使用 3 天)。农忙时是如此,农闲即牛闲也是轮流饲养。在饲养期内(3 天或 5 天内),如果出雇,则所得工资由饲养户得。牛卖去所得钱亦对分,生育小牛也是共有,卖出则将所得对分。如果牛死去,自然也是两家晦气,牛皮牛肉也是对分。"有利有害两家承"——在战争环境下,私有小农不能不在牛的占有上"共一下产"。

牛变工的形式现在很盛行。在赵家川口,有富农 1 户变出牛工,中农 9 户变出牛工,贫农 2 户变出牛工,这些大都是独喂牛户,牛力有余。至于那些合喂牛的,就很少有余力给人变牛工了。有 10 户中农变入牛工,34 户贫农变入牛工,少数雇农、贫民也要变入牛工,这些都是无牛户。变工数量则视土地多少而定,变工的条件最普遍的是 3 个人工换耕 1 垧平地,2 个半人工换耕 1 垧山地,一般各吃各的饭食和草料,个别的也有 4 个或 5 个人工变 1 垧牛工的,那是因为耕地较远之故。在这种牛变工的关系上也依附着亲属关系的葛藤,变工双方十分之七八是亲属或宗族的关系。但就实际说来,中农有牛户多,而常是变出牛工者,贫农无牛者而常是变入牛工变出人工者。应该承认,这也是一种剥削的关系,只是在目前牛力缺乏的条件下还会有极大的互助意义。

雇牛(即用货币或实物为代价的)较少。在劳动力同样减少的现在,显然牛变工的方式是方便得多了。雇牛工资给实物者普遍是每耕 1 垧地黑豆 1 斗,耕 1.5 垧地黑豆 1.5 斗,牛自给料,日须黑豆 4 升,则实得为 6 升至 1.1 斗,跟牛人工自吃饭还不算在内。如此,则显然不如牛变工之有利于有牛户。货币工资每垧白洋 8 角至 1 元,普遍给实物者多。

借牛极少。所谓借牛是使用户只给牛的吃料,而不给其他,有牛户只借出牛不跟人工。这种关系只在亲属关系下才有,是讲交情的。

(三) 猪羊的占有

表 7 - 36 各阶级猪羊的占有

阶级	时期	有猪户数	猪		有羊户数	羊	
			大	小		大	小
地主	战前	1	1				
	现在						
富农	战前	1	1		2	31	
	现在				1	28	
中农	战前	1	1		8	225	11
	现在				3	12	
贫农	战前						
	现在	2	2				
合计	战前						
	现在						

从表 7 - 36 来看,猪的喂养战前就少,也许我们所调查到的猪数目字还不是实数,但老百姓自己也说喂猪少,因为猪须吃粮食,而赵家川口战前种棉较多。现在 2 户贫农喂 2 头猪,他们的喂养情绪也不高,这 2 头猪都是"上梁猪"——敌人的杀掠威胁着养猪户,风声紧时就"唵噜唵噜"把猪赶上梁去,情况平和时再"唵噜唵噜"赶下山来,"麻烦的很,明年再也不喂了"。

羊在战前较多,现在少了。现在只有 4 户养羊,3 户均少,1 户富农养得较多。这是一个颇特殊的富农,他家雇长工种 8 垧水地、2 垧梁地,有大批枣树,有一群羊——是这样一户富农,他自己老了,胡子也白了。战前他是放高利贷的,放的是白洋;现在专心放羊,放的是绵羊。奇怪的是,敌人两次到过赵家川口,而他的羊一头也没有损失。现在他除自有 28 头羊外,还给外村捎放 15 头,共 43 头,成一大群,早出晚归,来往于赵家川口的破落门墙间,呈一特色云。

九、村政权问题

(一) 村政权情况

赵家川口村政权在 1940 年以前是在顽固派的旧政权领导之下,那时候的机构是间邻制。赵家川口分成 3 个间、5 个邻,设间长 3 人、邻长 5 人。间长是上面指定,邻长由间长分定,历年来间长总是在地主流氓手里。间长的工作主要是替上级政府处理税收和摊派,而不是替村民解决什么问题,邻长则不过是间长的助手。从 3 个间长到 5 个邻长包办村中一切,“不开会不民主”,大鱼吃小鱼,小鱼吃小虾,旧政权的自上而下的统治便是如此。

但是赵承绥打跑了,旧政权垮了台。从 1940 年春到 1941 年村选是个过渡时期,这个时期就晋西北全体来说,基本上已是抗日民主势力掌握了政权,但在下层自然村都没有彻底的改变旧制。1940 年春间邻长未变,但改变了间长的成分,地主下了台,3 个中农当了位。这还是混乱时期,接着是敌人的扫荡,所以并没有什么工作。到 1940 年秋,3 个间缩减为 2 个间,5 邻仍旧,间长的成分改成了 1 个富农、1 个中农(实际是流氓烟鬼),5 邻长中农成分多。在间长包办的情形下,邻长成分好也起不了什么很大作用。那时候的邻长已改成略识几个字的农民轮流当了,据当过邻长的一个人说,那是一个“苦差事”——村民把有名无实的村政当作一种负担。

在 1940 年春至秋,这一时期内赵家川口村曾被划为行政村主村,村民赵全愈(中农)被推为行政村村长,赵连柱(地主)被推为副村长。以后主村就移往高家村,直到如今。到 1941 年 6 月举行村选,从这时起村政权的机构改变了,间邻制废除了,村政权多多少少向民主方面走了一步。这便是现在的村政权,我们的调查说明就从这儿开始。

现在的政权是这样:下面是村民自愿结合为公民小组,共 9 组,每组 30 个左右公民。每小组有一公民代表,公民代表 9 人中推 3 人为主任代表,综揽全村,同时与上级行政村发生关系。现在一任的公民代表和主任代表都是去年村选时选的,村选经过大概如此:先是行政村召集所属各自然村旧有干部开扩大干部会议,本村的 2 个间长参加了,会议的结果是成立了村选委员会,本村两间长列为村选委员会委员。以后区政府和行政村就派人到村,协同两间长“登记公民”“审查公民”。登记审查完毕就编临时小组,临时小组以自由结合为原则,规定 9 个组,每组 30 个公民。实际上,当时编组是先由两旧间长拟就各组名单,然后征询各户家长意见(不是每个公民都问到)——愿不愿意改动。少数几户积极的提出改动了,一般的不甚注意听任编排。小组编就,自然而然有一小组代表的人出现。实际上当两间长起拟名单时,早就是每一组先有一中心人物,然后将公民们围绕着那几个中心人物来配备。编组完了,就由两间长和上级(区、行政村)来人协同各小组提公民代表及主任代表候选人,当时提出了 13 个候选人。于是用全村公民大会进行正式选举,先由区、行政村来人说话并报告候选人名单,然后由各小组中略能写字记名的人分头询问公民选谁了、谁记上谁,这就是票选了。当场宣布选举结果:选出赵全愈等 9 人为公民代表,次多票数者 2 人为候补代表。以后就以新产生的公民代表为中心重新编定公民小组,仍编 9 组,每组有 30 个公民的,有不到 30 个公民的,也有 32 个公民的。新政权就这样建立起来了。

在顽固派统治下,村政权的机构是闾邻制,闾邻长都是自上而下派定。现在不同了,全村公民大会成为全村中最高权力机关,公民代表以至主任代表都是全村中选出,这是一个大进步。

但是,还是因为新政权草创初期,村民们由于传统习惯,还不了解民主的意义,还不了解新政权对自己有什么好处。因此,在第一次村选时公民大都是被动的,不热心的敷衍,从事的村选的完成主要是由于上级派下去的干部和村中旧位闾长。

第一次村选当然不能尽善尽美,而多少有些缺点的。譬如有这样一件事,村里有 5 个游民都没编入公民小组,原因是 5 个户主都做小偷,谁也不愿同他们编在一起。但是这些人都应该有公民权,他们都有妻子儿女,他们也都有公民权。后在敌人扫荡以后,编防备偷窃连环保时(下详),有 4 个给专门编为一组,以后就编入公民小组。还有一个赵玉孩(偷窃较厉害),却直到现在还未编入,从村选到现在,除派他负担以外,别的民主权利都没有,事实上被剥夺了公民权。村民们只知道自保公民身份,还不知道尊重别人的公民身份,村干部们忽视了这点,没给以适当的处理(可以说服群众将他编组,可以教育小偷以至依法制裁,却不能一开始就剥夺他的公民权利)。

(二) 现有组织

在赵家川口村,全村公民大会是最高权力机关,从它产生了政权——从公民小组到主任代表,但同时它又是解决一切日常事务的会议。事实上是这样,主任代表除了一些与他个人利益发生关系的事务账目不交到群众面前以外,其它事情(大抵是行政村派下来的事情)一概都要开村民大会讨论。不仅主任代表经常召集村民大会,上级的干部也时常来村召集村民大会。从行政村,从区政府、区农救,从晋西抗联……川流不息的来人(干部)来团体(工作团调查团等),他们有些是为了政府工作,有些是为了群众工作,也有些为了与村政权村群众团体无直接关系的个人或团体的工作。他们到村子里来唯一的办法就是开村民大会,有些是经过主任代表(实际上是命令主任代表)来召集,有些个别的从前曾在这个村子作过工作与群众熟悉的干部,则不经过主任代表而直接叫唤村民来开大会,开完会就带着记录材料走了。在我们进行调查工作的一个月中就开了七八次村民大会(当然连我们为调查而召集的都算在内),大会时间都是很长的,少则半天,多则一日,甚至连夜。村民固未必完全听命到会,到会的就未免误了庄稼。据说这里的村民大会是有周期性的,隔一个时期就忙着开会一个月,然后比较清静一个半月(免不了还开),然后再忙一个月。——村民大会的忙,大概是与上级干部忙相应的。上级工作任务有时忙的干部顾不来,到完成任务期限即将到之时,就到自然村里去大开村民大会,"抓一把"以完成任务。上级干部到了村里过一年没有开会,老百姓就会诧异起来,窃窃私议"怎么还不开会了",仿佛干部下乡而不开会不合理似的。

问题是村民大会虽然开的多,却于实际工作并不十分见效。根据我们所调查的一些材料(参看下面会议记录)看来,这些村民大会的内容大抵是很空洞的,老百姓开会开疲了,把会当作痛苦负担,而一心只在劳动和休息,会中的天大事不关心,这是一;主村开会的干部只愿"发表"一通,不肯照顾群众,并发动他们提出问题,而就事论事解决问题(我们也看到个别干部在会上表现出还肯这样做的,但太少了),这是二。因为这样使得村民大会只成为一种空洞的仪式,没有内容,当然也没有结果。

村民大会既是如此频繁,因此公民代表或公民小组就显得无事无作[可做]了。村民大会是主任代表召开,挨户传唤也用不到公民代表,既然啥事都由公民全体出场,公民代表也就无所谓"代表"了。公民小组会议除了有时在主任代表命令之下催收村摊款之外,公民代表的作用与普通公民是一般的,地位也是相等的。他们并不能领导公民(事实上没有机会),而公民有事也不找他们。

剩下的事情是在主任代表手里。主任代表原是村政权中的环节,他们是承上接下的,对于下属(村民),他们是治者,对于上级(行政村),他们是全村民意的代表。这里没有村议员,实际上赵家川口3个主任代表所做的事只是承上工作,没有做下情上达的工作。行政村对自然村民意的了解恐怕只依靠少数干部下村开村民大会时所得的零碎印象。3个主任代表所做的承上工作也很简单,只是机械的执行上级命令,应付的按上级的办法分配负担,临时应召到行政村开会罢了。

3个主任代表都兼做公民代表,同时每人领导3个公民小组,公民代表既然如同虚无,3个主任代表就成了事实上的公民代表。现在的情形是:3个主任代表各各管理90个公民(那3个组的公民),事实上就是3个公民代表3个大组。他们3个人的分工就是这样,一有事情(另摊派),他们3人就分头向自己属下的90个代表公民去"完成任务"。至于主任代表的本身工作是没有分工的,3个人也没有一定的集会,"随时商量"。开始时3人原拟轮流每人负责一月来轮议,实际上还是个别解决的多。譬如上级来人,碰到这个主任代表也是这样(既然啥事都由上级直接在大会上解决问题,主任代表只须负召集大会之责,一个人也就够了)。上级找主任代表开会时,有时3人同意,有时1人代表出席,谁有工夫谁去(有一个主任代表赵全愈是抽大烟的,他就懒得去)。不过,有些事情这3个人也实际上分了工。如赵全愈文化差、说话强,就多管开会;赵全音文化高且有办公经验,就多管行政村公文、信札、便条来往,并专管一应负担(公粮村款等)账目。文化高的主任代表,伊[俨]然是三人之首。

主任代表的工作既无权分工,也无权规定,他们自己也不很清楚在主任代表的职分上应该做些什么工作。现在的工作大抵是应付上级,主要的是分配负担、收缴摊派,这是经常的每月都有;另外,则就看上级来人而定,如果上级来人或工作团说要办公粮,就帮着办公粮,上级来人要办贷粮贷款,就帮着办贷粮贷款。这些工作主要的是由上级来人直接开村民大会办,有时先开一个干部会议,主任代表只是辅助协赞性质,工作毫无独立性。因此,上级来人一走,工作也就冷搁起来了。如今年3月的贷粮贷款工作,5月还没有做好,5月2日区农救郭继曾同志到村召开村民大会讨论,没有结果,还是没有做。以后我们调查团一个同志(晋西抗联农会的)又督促主任代表,还是没有做好,直到我们离开村子(6月了)还是没有做好。

赵家川口至今还没有一份清清楚楚的户口册,这一小小事实也可说明主任代表就是应付上级的公事也没做够。现在的情形是,每上面有人有事到村,第一工作就是调查户口。如这次上级派了3个干部到村进行村选(5月22日),他们第一件事就是召开村民大会登记户口,费了大半天功夫还没登记完,后来索性不登记了。

除了上面派下来的工作以外,主任代表还应该做日常的给村民解决问题的工作。农民的日常问题主要的是土地问题和家族纠纷,而关于土地关系中发生的事情划归农会去管了(下面农会工作中将会说到),家族纠纷也不大管。我们看到一次有一个小媳妇为食粮柴火问题与翁姑发生纠纷,告到主任代表那里,没有解决敷衍下去了。

只有这样一类事情比较主动积极些,如替买卖土地的人做中间人等,因为这些事情可以得到一些小利。主任代表和公民代表的工作任务既然如此不明确,那么这些人应该是很清闲的了,却并不,单是应付上级来人并唤开会配合工作就已够忙的了。更值得注意的是,这些行政人员都还有兼差,他们不是兼本自然村的事,而是兼行政村的事,也不是真正做行政村政府的事,而是当行政村有事下乡的被拉去到旁的自然村"帮助"工作。3个主任代表之中,除赵炳愈(富农狡猾,不肯多揽事)未兼差外,赵全音兼行政村教育委员会委员,赵全愈兼财政委员会委员,这些委员都是经常的正式委员。另外,武委会分队长白长发和小队长王维儿兼行政村武委会临时工作委员会委员,是临时的,农会干事王珠元兼任行政村农会生活改善部部长,是经常的——群众团体的干部也没有被放松。虽然名义上是什么委员,实际上工作并不是那么回事,除赵全音被规定每年将本村一个小学或冬学的开支呈报行政村教育委员会(其实小学冬学开支本归主任代表管账,这个呈报工作尽可归在主任代表工作任务之内,而不必有其它名义)以外,名副其实的事情只有每半个月去高家村出席名义委员会的例会,每月出席一次总结大会吧[罢]了。光出席这三个会就要费去他们3天的功夫,而他们觉得最忙的乃是行政村干部下来"拉夫",把这些委员们拉去到旁的自然村帮助他们做"下层工作"。据主任代表赵全愈说,这样下乡帮助工作平均每月1次,每次5天左右,单是今年(1月至5月),就已下过了3次乡。如这次区选我们是常见的,行政村干部到赵家川口开村民大会"完成任务"之后,顺便就把主任代表赵全愈拉走到石阴、吕家湾、冯家庄等自然村进行区选工作(也是开村民大会吧)。一去就工作了四天,第五天还陪同他们到高家村汇报工作,第六天才回来,一回来就病了,一连三四天没下炕。不用说本村主任代表的工作,就是他们本家的耕作(正是耕地的时候)都顶不上了——是不能脱离生产的农民干部呀。

是不是因为行政村干部特别少,非到自然村拉夫不可呢?高家村的材料当又给以证明。有一种理由说是这样拉着自然村干部到各村跑,可以培养这些干部,让他们学习学习(学习那一套开村民大会的办法),将来自己回到村里就好办了。这就是说不必从本村的本分工作上,只须到外村跑腿打杂就可以培养干部。事实上,这种手工业师傅带徒弟的办法所得的效果,与师傅们的观感恰恰相反。

从以上材料来看,自然村村政权的机构形式上是确定了,但是还没有充实以实际的工作内容。村民大会被滥用了,这是下层的最基本的民主会议,但被滥用之后,反而削弱了民主的发扬(老百姓懒得在会上说话),同时这样也多少加重了村民的负担(时间浪费)——可以把村民大会缩少些,缩少成为精粹的紧要的能充分发扬民主的会议;可以把次要事情放到公民代表主任那里解决。公民代表事实上等于虚设——如何给以一定的工作,使他们能够不仅做主任代表的助手,并且做到公民代表们,实在值得研究。

主任代表的工作不明确被做到了两点,被动的对上级做了些"等因奉此"的工作,兼了公民代表的工作。而频繁的"拉夫"使他们的精力忙于到外村"作嫁",因而忽略了本村的本分工作——可以给他们规定明确的本分工作,使他们不被拉着到外村乱跑,而用精力在本村工作上;可以兼做公民代表,先使公民代表们成其为代表(这样倒便于分担领导,即每人领导3个公民小组),庶不使3个主任代表代替了其他6个公民代表。

（三）附属组织

1. 代耕队

这是今年 3 月才成立的,专管调派劳动给抗属(6 户)和贫民(1 户)代耕。组织之时,由主任代表与农会、武委会干部商量,然后由村民大会决定。设队长 1 人(武委会分队长王维儿),是由村民大会选出。队长的任务只管督促检查,代耕户代耕面积之确定则由主任代表与农会干事、武委会分队长会商。

2. 互助组

这是给有牛户与无牛户变工的组织。全村现有 9 个互助组,每组 3 户或 5 户,每组有 1 个组长。组织之时是由主任代表、农会干事、武委会分队长确定,后来实际只有农会与闻,大都是自愿结合。因此,不免成为自流的不固定的组织。

3. 春耕委员会

这是今年 3 月组织的临时性组织。按照上面规定,由主任代表 3 人、农会干事 3 人、武委会队员 1 人、抗属代表 1 人,共 7 人组成(实际上抗属代表并未参加)。从这个春耕委员会产生了代耕队和互助组的组织,过了春耕时期,春耕委员会也就无形取消了。

4. 种棉水利委员会

与春耕委员会同时成立,上设正副主任委员 2 人(实际由一主任代表和农会干事兼的),下设 3 股,正副股长 2 人:① 工程股正副股长 2 人;② 总务股正副股长 2 人……(实际上 6 人中有 2 人负主任代表,1 人负武委会分队长,1 人是武委会青年队长)。这个委员会的工作主要是协助上级所计划进行的修水渠工作,水渠修成以后,这个委员会也就无形取消了。

5. 支差委员

赵家川口位于交通要道,支差(抬伤兵、运输)多些。在去年,支差派遣原归武委会负责,从今年起,上级规定归行政上负责了。但主任代表怕麻烦,另派了一个地主为支差委员,负责派遣支差,同时他自己也就免去支差。这个支差委员的规定人选,据说是经行政批准(他村不全有,这个村例外)的,都没有经过村民大会。最近他又怕麻烦,在主任代表同意下,又找了贫农赵好礼作他的助手,赵好礼同样也免了支差,那么现有 2 个支差委员。

6. 招待员

专管往来军政人员借住派饭的工作。原先这个招待员工作是按户轮流的(送牌子),后来大家觉得麻烦(没人督促),故从本年 11 月起在行政村批准下专设招待员 1 人。招待员是个抽大烟的游民,每日最多的时候不过招待三四起人马,也只有这样的闲人才担起这项工作。但他只管确定谁家住宿谁家吃饭,客人缴纳粮票菜钱是归主任代表经手的。这个招待员的待遇相当优,不仅免去一切负担,每月还有 45 升小米(由各户摊出)。

7. 小学校

因为村子较大,故设小学 1 所,有教员 1 人、学生三四十人,由行政村教育委员会领导。本村主任代表赵全音是该委员会委员,负责筹划经费(行政村规定自然村支付)。从前本有校董数人,现已名存实亡。

代耕队的组织是必要的(工作如何,详下)。

互助组的组织是否必要,还值得研究。就目前来看,它的作用只在变换牛工,涉及不到其它互助关系。我们在区农救郭继曾同志的手册上看到有这样一条:互助组以家庭为单位,成年人组织劳动互助小组。这种成年人的劳动互助组在赵家川口没有组织起来,甚至连提都没有提到。——大概因为不容易组织之故吧!而变换牛工,事实上没有组织老百姓一样会变换,现在采取自愿结合实际上与无组织同,而要强制变工事实上又不可能去。互助组的工作就在于出了一些办法,多少人变一个牛工的办法,这些办法事实上是农会干部规定的,则不如将这些办法之规定归入农会工作内。互助组则在将来互助不仅限于变牛工的时候再组织之。

赵家川口支差频繁,增设支差委员似乎还可以,但必须民主的选出一个公正负责能干的人来担任,不能由主任代表委任一不称职的人将这一工作作为逃避支差的借口,闹上2个支差委员这是不应该。招待员是必要的,但待遇太优(愈优愈加重村中负担)。

(四) 一年来的工作

下面是去年村选起到今年现在村里的一般工作。

1. 组织青苗连环保

1939—1940年之后,社会秩序有了变动,贫苦人民起来进行了革命;而有少数落后的人们,如小偷之类,也趁机活跃起来,他们不仅偷窃人家里的东西,并且偷窃地里的谷物。赵家川口小偷就有5个之多。去年秋收时,本村前后捉了3个小偷,赵守敖、赵五孩[1]、赵保曾则坐了几天禁闭。行政村鉴于旁的村子也有这种情形,自然村没有施罚之权,这3人都押送到高家村村公所,乃发动各村组织青苗连环保。这个工作是上面发起的,村公所、抗联各派一人来村,由本村主任配合做的,规定五家一保,由村民自愿联结。当时共编了十多个保,大家都编了好了,只有5人——赵守敖、赵保曾、赵五孩、赵有换……没有编保。这5人按村民来说是"惯贼",谁也不愿意同他们编在一起,结果5个人没有编。后来5人仍然偷窃,主任代表无奈,只得将比较好的4人编为一保,这就是将小偷与小偷编在一起。另一个赵五孩偷的最厉害的,就那4人也不愿同他编在一起,结果赵五孩始终没有编保。除赵五孩外,现在4人都不偷窃了,但这倒不一定是因为编入了连环保之故——赵守敖去年在日本人进村时拿了一些东西,被敌烙掉手指头,现在不能动弹了;赵保曾生活渐见改善,今年成为开荒生产积极分子,生活改善了,也就用不着偷窃了。

2. 公粮工作

去年的公粮工作是上级派来公粮工作团有10余人(包含行署、区公所、抗联、行政村村公所等各方面的干部)与本自然村行政、农会配合进行的,主要的这是工作团支差,自然村行政、农会的作用很小。工作团到了村子里,第一步就是开干部会和村民大会,宣传公粮条例的要点,如征收比例、支付办法和如何报告产粮。

在村民大会上产生了评议委员会,这评议委员会绝大多数是干部。除工作团有7人参加外,另如赵全音、赵全愈、赵炳愈是主任代表,白长发、王维儿是武委会分队长,王珠元、赵连山是农会干事,赵丑则是青救会干事,都是干部。代表民众的只有1个王补国(中农)。这许多评议员中间,事实上代表着几个派别,如赵全音、白长发是一派,勾心斗角,各有各的主场(利益)。

---

[1] 编者按:前为"赵玉孩",应为同一人。

提到算土地和报告产粮,计算土地的方法是先让每户轮流报告,后由评议会审查。报告时限定要将土地的产量、种些什么、种了多少具体说明白,报告结果隐瞒很多,互相包庇,不仅产量隐瞒,土地也不实。如富农赵保宽实有七八垧平地(自然力量扩大起来的),只报 2 垧,赵全音平地 2 垧,报了半垧。有些地远的估计人家搅不清,大都混少数,老百姓报告是依地契上的数目,这些数目与实有数目往往不符,也马虎过去了。评议会大都是干部,这些干部本身就"打埋伏"报得少,自然就说不上能够去评议人家报的对不对。只因评议员各有派别各有矛盾,因此后来多少揭发了一些隐瞒的,把土地均数加多了,但是很少,而产量则根本没有评议审查。干部在这个工作中未能起模范作用,老百姓是看人家的"人报出多少咱也报多少",看到干部报少,自然也就少报了。产量多的少报,产量少的不报,结果弄出来的应征数目与原来计划差得太远,于是只得重来。重新改造了评议会,选出赵庆香、赵思焕、赵保东、赵守业、王补国、赵全愈等 7 人,这次评议会的特点是民众多、干部少,但这几个人都不是怎样能办事的人,一切只能由工作团的人决定。这个工作团决定采用标准田的办法,把地分为五等:产量 2.5(大石)者为上等,产量 2 石者为二等,产量 1.5 石者为三等,产量 1 石者为四等,产量 0.5 石者为五等。

既不分地的种类水平,梁地也不分地质的好坏,更不管实际产量多少,只是主观的依照一般产量标准去定地的等级和应征数目,于是有许多实际产量少的人(特别是贫农)就吃亏。如赵思守种 4 垧平地谷子,实际产量 4 石,即定为二等地,按产量 8 石计算公粮,高了一倍,赵思守交不起逃到外村过去了,至今未回村。贫农所种的也一般的零碎些,所谓"鼻涕涕鼻滩滩"有不足垧的,但在定标准田时都当作足垧来定,结果贫农又吃了亏。相反的,有些土地面积大的大垧地倒占了便宜。在土地面积没有丈量过、产量又因自然条件的阶级悬殊而不同的情形下,采用这种定标准田征公粮的办法可以算是主观主义到了极点。第二次评议仍旧不成功,因为虽然定了标准田,但还有许多隐瞒土地的,仍然没有完成数目字,于是就展开"斗争"。时过境迁,我们没有能够调查清楚当时的斗争情形是怎样的,据说:当时第一次受到斗争的是赵全音(主任代表),他第一次隐瞒了,第二次又隐瞒了,这回经另一主任代表赵全愈一派的人斗了,一下从 5 斗公粮斗争到 2 石多。第二次斗争的对象是赵全愈(主任代表)、赵保宽(全愈一门富农),把公粮数目斗高了,这是农会干事王珠元(与赵全音颇接近的)斗的。很显然的,这两个斗争不是多数群众的自动斗争,而是两派干部(基本上是 2 个主任代表)所组织起来的斗争。这看见只两派在斗争,旁的一些,如富农赵炳愈、富裕中农王治元等,没有受到直接的斗争。赵炳愈、王治元、赵凤台、赵凤明等数人也隐瞒了土地和产量,后来由评议会给增加了数字,这样才完成了公粮数目字。从这里可以看出,村政权干部在这次公粮斗争中,不仅没有成为领导者和模范,反而成了斗争的对象。

数目字完成之后就一切完事了,因为当时传说敌人将扫荡,工作团匆匆忙忙走了,剩下本村干部,自然不顶事。根据赵全音说,后来各户应征数目字也没有宣布,以致有些人不知道自己该出多少公粮。

去年赵家川口村公粮是 130 石,现在还有十八九石未交齐。有些交不起,有些还没交,主任代表除将这些缺额向村公所报告外,无它办法。据赵全音估计,这十八九石今年还收不起的。

3. 减租减息工作

这个工作并未单独进行,只是配合公粮工作一齐揽了一下。公粮工作团来村后就普遍号召二五减租,关于实际减租情形我们已写在租佃关系部分中,除那些材料以外,我们再没有调查到更具体的材料。据晋西抗联农会尹一小同志的判断,去年赵家川口村的减租工作是不彻底的,我们所调查的减租数字也证明这一点。因为同公粮工作在一起做,自然减租工作做得马虎些,而征公粮是标准田的办法,也影响了减租工作。定标准田提高了实际产量,也就降低了租率,降低了实际产量,也提高了租率,这使得减租失掉了准确的标准。在这减租工作中,本自然村的行政干部以至农会干部都没有起什么作用,要不是公粮工作团"顺便"工作了一下,恐怕提都不会提到这件事情。3个主任代表中,除赵全愈租人地种外(他自己确实减了租),另2个都租出土地,他们当然不欢迎减租,他们两人都没有减租。

4. 春耕工作

今年的春耕工作做了三件事情:

(1) 组织了代耕队。本村有抗属6户、贫寒1户需要代耕(不知上面是否规定贫苦人家也可受代耕待遇,但如赵家川口那户贫寒的那样人家还多,而只代耕1户,不普遍),上面规定代耕工作是由行政、农会共同执行,武委会督促,但这里却没有分工。上级来人召开村民大会选出代耕队长后,就确定了谁给谁耕,以后督促检查工作很差。被派代耕者不肯自动的积极的去代耕,他们的理由是抗属家里有苦水(个别的有),推三延四要代耕队长逼的紧了才去。这里代耕的特点是先要把自己的地舒舒服服耕好了,才腾功夫给抗属耕,而耕的时候又马虎了事。这样"先己后人"的结果是抗属的地就被延误,特别是今春下雨当口,耕迟了种不下棉花,代耕队长王维儿也承认赵家川口代耕没有旁的村子耕的好。

(2) 编了互助组。这就是有牛户与无牛户的变工组织,编成了9个组,都是自愿结合的。规定了办法:① 牛工自己吃饭和草料、人工吃牛工户饭,则是五人工算到变一牛工;② 双方各自吃饭,则是四变一;③ 牛工吃人工户饭、人工自吃饭,则二变一。实际情形四变一的多,因为牛太缺乏,又是自愿编组,不免有个别农户变不到牛工。如贫农赵长厚就没有编组,春耕时雇来雇去雇不到牛,急死人,去恳求有牛户说是由四变一加到六变一都可以,还是没有,后来好容易农会干事王珠元借了牛给他,才解决问题。变工互助组应求普遍才好。

(3) 突击种棉。区种棉委员会派人来村进行突击种棉工作,村民早已准备或已开始种棉了。开村民大会成立了种棉水利委员会,除此以外就是配合主任代表造"春耕计划"。我们没有能看到这个计划是什么样子,据主任代表赵全音说计划很复杂,有很多统计表,费了很大力气。看来春耕计划是很庞大的,里面最重要的自然是突击种棉。但后来我们看见区农会郭继曾同志手里的手册里的"突击种棉工作大纲",却又是很简单的几条:

① 总的精神就是晋西北军政民的穿衣问题,防止敌人捣乱,突击种棉要多种。

② 发动无人自己雇。

③ 贷粮款是全办法少①的贷到手中。

④ 不下雨不(有了)计划的种棉,下了再要多种,无籽本村调剂。

⑤ 提的新的口号是平、塌、梁都应该种。

从这大纲上看,似乎突击种棉主要是一宣传鼓动工作。这里有一点是与农民实际需要相关的,"无籽本村调剂",棉籽的调剂工作,赵家川口的行政和农会都没负责。我们看到贫农赵庆春

---

① 编者注:即"缺少办法"之意。

在一次下雨跑来跑去闹棉籽,想买买不到。

5. 贷粮贷款工作与优抗工作

贷粮贷款在赵家川口是一笔糊涂账。1941 年的贷粮贷款,我们只从主任代表赵全音那里看到一张名单,则 1941 年共贷给 14 户贫农款 71 元、米 150 斤,内最多的是每户 7 元、13 斤,其次 6 元、12 斤,最少 4 元、8 斤,最多的贷户未必是最贫苦的。据赵全音说,这些粮款都贷出了,但据农会干事王珠元说没有全贷,有些有公粮的户口抵了公粮,没有公粮的少数给了,多余没有给,这些粮食实只赵全音一人经手的。今年 5 月 2 日区农会郭继曾到村进行今年的贷粮贷款工作时,还没有能够把去年的贷粮贷款结束,当时郭同志要赵全音弄清楚账目,赵全音交不出来,看到只能不了了之了(参看下边贷粮贷款会议记录)。

今年的贷粮款工作,我们只看到了两件事情。一件是贷粮买牛,上面规定赵家川口村可以贷粮买牛 3 条,结果有 2 户确实贷到了粮买到了牛(2 户合买 1 头);第二件事是 5 月 2 日区农会郭继曾来时专为今年贷粮款事开了个村民大会,当场讨论了应贷户的名单(情形参看记录),后来据说又是交给主任代表赵全音办。直到我们离开村子,贷粮款都还没有贷到应贷户手中。

优抗工作除代耕队外,今年行政村村公所农会联席会议决定,拨部分公粮贷给最贫苦的抗属,这也说是救济金。赵家川口拨公粮 1.1 石(小石)发给 3 户(抗属 2 户、贫民 1 户),这儿工作做到了。

但救济金还有陈账未清。1940 年秋冬季扫荡后,行署拨款救济贫民,本村分到农钞 160 元,每元跟粮 1 大升。当时钱都分到了,因是行署来人亲手散的,粮原定由村中公粮转拨,结果有的拨到,而有的没有拨到。这 1940 年的救济粮,直到今年 1 月上级有人来村时才揽清楚,把未拨的拨给了。群众的反映:"早吃了救济粮可以多种几垧地,对大家也好,对自己也好。"——是无可奈何的口气。

6. 区选工作

5 月 22 日,行署民政干部学校的王秀义同志协同高家村行政村两同志到本村进行区选工作。当日下午三同志找主任代表赵全愈、赵炳愈谈了一下(赵全音未找他)布置工作,决定第二天开村民大会。因为正是田家会战争之后,老百姓躲入山沟未回村者甚多,一时无法召开村民大会。妇女在家者较多,故第二天上午先开了个妇女会。妇女陆续到了 20 多个,王同志便开始登记户口,画一张表(包括姓名、年龄、性别、职业、文化程度、备考六项),画了半天,然后一个一个问题记上。这个工作进行了一半,看看天色已到正午,王同志说不要再登记吧,就开始讲话,讲的是"开会的意义",很长。

王同志:"今天开会的意义,第一是叫大家了解区选,第二个是叫大家了解前方情况。关于前方情况,第一是打了个胜仗,第二是敌人可能要实施报复政策。但是大家要了解消息,已经没有啦,大家回村住吧,否则遇过往部队水也没一口喝的,老百姓春耕也耽误了。关于区选,要民主选举,看谁好就选谁,选得好对老百姓都是有利的,区选是为了要改造区政府。区公所名义要改办事人员,也要改选,不管男女老幼都要考虑这件事。过去有区长助理员,这次要改成委员了。区长也是委员,助理员也是委员,集体领导,分工负责。过去助理员没有发言权,现在也有发言权了。(群众谈话,村公所同志从旁发言制止。)什么人能当区长?不分男女,不分党派,18 岁以上非汉奸……都行。你选人家是选举权,人家选你是被选举权。(一老年妇女出门,主任代表大喊

'不要走',叫了回来。)不要走,咱们明了简单说一说,叫大家了解一下,大家来互相谈一下。(梁上来的妇女声:'正午啦,咱还要回家做饭哪!')耕地十来里路也走来啦,不要急。(妇女声:'十来里路亏死啦!'谈话声、制止声)选举有直接选举间接选举,不可能一下召集老百姓开会的,所以用直接选举。(谈话声、制止声)间接选举,也是把我们的意见来选的。(谈话制止)好! 咱们都谈不要紧,现在你们都谈,不要等我谈完了,你们再谈好不好了(炕上男干部笑声,'正经要他们谈就不谈了')。大家在公民小组上把意见提出来,公民小组是初选时选出的,你们把意见提给代表,选张三啦! 选李四啦! ⋯⋯现在不但村长要大家选,就是区长县长⋯⋯都要大家选。老财资本家、中农、富农、贫农都可以选,要很民主的。晚上开公民小组会,提出候选人。"⋯⋯最后要求:"晚上要叫男人回村子住,不要害怕消息,没有消息啦。我是新做工作的,有不到的地方大家谈谈,现在请老白补充。"

(走剩 14 个妇女了,没有一个听的。)

村公所的白同志站起来讲——"老百姓对村选认识不够,要大家考虑一下新政府成立起来,不但区村,就是县政府也要民选。大家务必了解我选谁谁就领导,这便是民主。民主是选出人后要给大家办事,不办事可以罢免。过去大家敢怒而不敢言,现在要大家说话,现在村里选了以后还要提到区上,看看可以不可以,这是民主的。要选 7 个人,1 个区长、1 个副区长、5 个助理员,希望大家考虑,我看大家只管柴火做饭的事,不管区选不区选这是不对的⋯⋯"

(声音:"完啦吧","完啦"。)

王同志(站起来):"最后希望三两句也好,大家回去要传达⋯⋯"

主任代表赵炳愈:"吃罢饭就来!"

妇女声:"不来啦! 梁上七八里路啦!"妇女们一面走,一面热烈讨论来不来的问题,每个妇女都发了言。

当天晚上也没有开什么公民小组会。

第二天下午召开村民大会,不论男女一概都出席。到会的有男子 44 人,女子 26 人。主任代表除赵全音外都到了,农会干事和武委会干部大都到了,公民代表没有到齐。

主任代表赵全愈宣布开会——推选了一个主席赵守业(事先商定的),主席出来也没有说什么旁的话,就说:"现在开会请王同志讲话。"于是王同志又开始讲话,大略如下:

"区选是民主改选,为了老百姓,区公所⋯⋯选举方法有两种,直接选举间接选举。老百姓将意见提给代表,代表再可以将公民的意见提到上面去。今天就是公民小组提候选人,少则两个,多则四五个,提出后看大家同意不同意。选的人不一定是本村人,外村子人也可以,大家脑子里想一想。

"现在我们的政权是三三制的,三三制懂不懂?(下面青年队长赵猴儿回答'不懂',王同志没有解说,就接下去说。)过去的政权是有限制的,有财产的限制,有文化程度的限制,现在不管是地主也好穷人也好、识字也好不识字的也好,都可以选了⋯⋯

"大家要把握这一点!

"大家对马区长有什么意见了,将来马区长要向大家报告工作的,大家要检查政府的工作。大家要准备意见,不要怕,要检查。今天的政府同过去不同了,今天的政府要发扬'脱裤子'精神,要发扬自我批评精神,有错误要大家指正,大家不管是不好的。

"我的意见完了！大家对我有什么意见可以提出来，我是没有做过工作的，说话你们还不大懂。懂不懂？（青年队长的声音：'懂得啦！'）大家有没有？（声音'没有'）

"还有一件事情，就是公粮问题，大家要预备一点公粮，要预备好一点，军队要吃粮，老百姓要和军队通力合作，这次战斗……胜利了。去年敌人来时，大家不能过年，这一回敌人来袭击兴县，咱帮八路军把他打没了。所以大家多预备一些公粮，大家夜里估计一下，今天的队伍对咱们有什么关系？军队是为了大家的利益。

"但在梁上的同志要回来。敌人来的时候要走，现在敌人走了，就要回来。你们锅也搬走了，门板也搬去了，军队过往连水也没有喝的。希望今后大家对军队的认识要从战斗力量上来认识。

"现在我们开始选举吧！"

选举是按公民小组来选的，这里一组那里一组分开。有些公民知道是那一组的集合在一起了，有些经公民代表拉拢着聚在一起了；有些公民不知道自己是那一组的，呆呆的站着；有些公民找不到他们的代表，因为代表早已搬到外村去了，还没有重选。有些代表也没有到全，有一个女代表，当主任代表要她集合她一组的公民时，坚决不干，她不承认自己是公民代表，争了半天还是不干，后来还是旁的干部帮她召集了一下。好容易把公民归了组，就开始选举。王同志和一些干部（主任代表行政村的）分了工，每人照管一个组。选举很简单，只是由公民一个个问选谁就记上谁，问了半天答不出一个人名来，特别是妇女大都提不出人来，等到每组勉强完成了，名单交出时，选举就完了。

第二天一早，王同志等就离开本村到旁的村子进行区选去了。这次区选工作在赵家川口是这样进行的。

（五）干部

下面是村政权干部的情形：

表 7 - 37　村政权干部情形

职务	姓名	成分	性别	文化程度及其他
主任代表（兼公民代表）	赵炳愈	富农	男	初小程度，抽大烟
公民代表	赵守业	中农	男	高小毕业，抽大烟
公民代表	白改锁	富农	女	文盲，富农的媳妇
主任代表（兼公民代表）	赵全音	中农	男	高小毕业，抽大烟，过去流氓防共团员
公民代表	赵连桂	地主	男	师范两年，抽大烟，过去国民党党员
公民代表	王珠元	富裕中农	男	初小，兼农会干部
主任代表（兼公民代表）	赵全愈	中农	男	高小程度
公民代表	赵全声	中农	男	初小程度，已迁出
公民代表	白金团	中农	女	文盲，已迁出
支差委员	赵保定	地主	男	小学程度
招待员	猴包子	游民	男	文盲，抽大烟，过去是兵痞子

从上表来看，9 个公民代表中有中农 6 个、富农 2 个、地主 1 个，有 2 个妇女。多数是略通文化的人，文盲少——村民只把识字的人推出来办公事。

除去主任代表兼任的外,公民代表只有 6 个。而这 6 个之中,意识到自己是公民代表而做些事的只有 3 个:王珠元(中农),是比较肯做事的,但他兼任农会干事(主要的一个),并不专为公民代表做事;赵连桂(地主),过去旧政权下曾任村长闾长等职务,且是国民党员(无甚作用,现已无所谓),有活动能力,但在四项动员受了打击之后,变为沉默无为的人了,大家推他做公民代表也无所谓,被动的做些事,他最大的精力还是集中在吞云吐雾上;赵守业(中农),也抽大烟,从前也是懒管事的,近来因为觉得自己种地吃不开,企图改业,正在努力向公家钻营差事,所以表现工作还积极,这次区选时帮上级来人召集开会很出力。其余 3 个代表是名存实亡,如女代表白改锁从来不开会,这次开区选会被拉出来了,但是她始终不承认自己是公民代表。其余如赵全声、白金团,则已迁出外村长久,但至今尚未改选补充。

再说主任代表。3 个主任代表中 1 个富农、2 个中农。

富农赵炳愈,有经济力量,与外村大地主有联系(是牛家的"二房东"),他父亲(还在)过去也当过村长。为人狡猾,还能办事,也只是应付上级,敷衍隐瞒多于坦白实报。下面的反映是:中农说他办事"有私心",贫农大都害怕他,2 个地主(本村的)与他的关系很隔膜,另 1 户富农(赵保宽,战前放些高利贷,被村人称为"无冕大王",现独善其家,政治上无地位)与之亦无何瓜葛。真正拥护他的群众是很少的。

中农赵全音,过去是个流浪汉,旧政权下当过村长,"老公事",活动能力强(但大都不是用在正常工作上),有世故经验,文化高,善机变,贪小利(旧政权时贪过一笔大款,因此由流浪汉成为中农,现在仍靠主任代表职位找一点"小外快"补充大烟费)。他和本村 2 位地主关系密切,与另 1 个富农(武委会分队长)关系密切,与一些烟鬼流浪汉关系密切,他的群众基础就是这些(占全村三分之一不到)。这些群众不是有些流浪味儿,便是在经济生活上走下坡路的。至于在其他多数村民中,特别是一些正在上升的中贫农中,是没有什么威信的,"不公平""账目不清"便是他们对这位主任代表的评语。又因为他是"老公事","能书能文",所以他是主任代表之首,与上级联系的是他(上级不满意他,下详),上面发下的公事文件以及村中各种账目都在他手里。

中农赵全愈,论他的家系是村中三大门子之一,但是因为近几代家境都不甚好,总在中农贫农间,因此在政治上也一向没有地位。他的"跑上政治舞台"是 1939—1940 年左右开始的。1940 年赵家川口一度被划分为行政村主村的时候,他是村长(当时叫作村书记)。以后行政村迁去高家村,他还继续担任这些职务,到去年村选才被选为主任代表。这个人现在是村中比较好的干部,他的特点是:正直、明快、说话能干,也写得便条。一些勤恳的、踏实的、要求秩序(不是流氓式的办法)和公平的、经济生活向上的中农和贫农是他的基本群众。有一个中农对他的印象是:"大公无私,浑身砸不烂的。"他是 3 个主任代表中比较能认真办事的一个。但是,一则因为他忙于应付上级来人的指挥和"拉夫",二则因为另外 2 个主任代表与他是"不一路"的,因此在工作上也不能发挥很大的作用。

3 个主任代表的关系并不十分协调。3 个人的素质如上所述,是"各有千秋",3 个人又有各的群众,颇有点"三分天下,鼎足而治"的样子。日常的工作是各管各,上级来人指挥做事时,如果 3 人被一起拉上就一起做,如只拉到一个就一个单独做。赵全音所管的一些账目(如摊款等),另外 2 人是搅不大清楚的。对于某一件事,3 人各有意见,却彼此不提出不商量,只管自己把能做的做去,做不了的就搁起,大家不管。我们问赵全音他们 3 人的工作关系,他回答得很好听,说是

"集体领导，个别分工"（学会了这套名词）。再问他怎样分工的啦，又说是"大家商量着办的，这样民主些"。

赵全音的权力范围比较大些，支差委员和招待员是他指挥的，支差的派定他有最高决定权，被招待的过路人马的粮票大都归他收。在这两个工作中，他多少有些偏袒和分益。村内外的开会、跑腿则是赵全愈管得多，赵全音是经常躺在烟灯旁边谋划公事的。有两次小学教员去找他商量开会的事，教员要求他需助他借东西拨费用，他老先生一面抽大烟，一面"唔唔"一阵之后就睡着了。教员没法，只得找赵全愈去。

粗看起来，中农干部人数颇多，实际上有作用的只有一个半（赵全愈一个，王珠元主要是农会工作，只能算半个），其余大抵连自己是个干部都没意识到。中农群众占全村 34.5％，但干部却如此之少。

贫农干部连半个都没有（过去也从来不曾有过），最基本的、最多数的（47.4％）贫农在村政权中没有地位，没有政治代表。

地主只是敷衍，实际不当政了。但主任代表之一（赵全音），还多少代表着他的政治利益。富农依旧盘踞重要地位，虽然在新的上级政权领导下，他也发挥不了什么好的坏的作用。

所谓政权干部，实际只是 3 个主任代表，公民代表有名无实。主任代表之为干部，实际只是充当了上级行政干部的附庸，被动办事，说不上什么独立领导的作用。因此，也就不能与群众打成一片，真正代表群众。

因为没有新干部产生，一些旧政权时代的干部便继续当"差事"。这些旧政权遗留下来的干部的好的一面是文化高、有办事能力和经验，这是可以利用的；坏的一面是品质坏、做事马虎、贪污腐化，这是应该批评督促的。现在的情况是：也没有好好利用（这需要上级领导）这种人，也没有好好批评督促（这需要发动群众）这种人。新政权要利用旧干部，第一，必须改造旧干部，这在赵家川口是没有做到的。群众中没有新干部出现，虽然不满这种旧干部，但除此以外，还有谁"能书能文呢"，只有来一个"聊胜于无"（老百姓应付公家要有"能书能文"的人才行），让他们在政权中混去。

新生的干部只有一个半（中农），这是赵家川口政权干部的青苗。但是这很少的干部没有被好好的爱护、教育和培养，只是被上级叫来叫去，没有机会从独立工作中受到教育。

在赵家川口政权工作中，培养提拔贫中农新干部是最重要的问题。在没有什么大斗争的环境下，干部涌现是不容易的，这以后只有依靠上级在领导日常工作中时刻注意这个问题，注意选拔贫中农新干部，帮助他露出头角来。而在新干部没有出来以前，首先必须将现在干部加以改造，腐化分子（如赵全音）应该发动群众批评督促，当群众中出来了新干部时，自然会坚决的淘汰他。但现在还没有可代替的，就只能以帮助他改变为主旨。有好些上级的干部到赵家川口时总是冷漠、轻视、避开，甚至斥骂这种干部（赵全音是常常受打击的），这种消极的态度就改造干部改造工作是毫无裨益的。至于现有干部中的较好分子（如赵全愈），就应该注意培养，把他拉来拉去，不给他独立工作的机会，也只会使他忙得焦头烂额，而于本身工作毫无长进。

改造干部，便是今后赵家川口村所要求的中心工作。

第八编　西坪村调查

一、抗战以来阶级关系的变化

西坪自然村战前与现在各阶级变化如表 8-1。

表 8-1　西坪自然村战前与现在各阶级变化表

战前 ＼ 战后 阶级	户数	％	战后各阶级到现在的变化										现有阶级总户数
			地主	富农	中农	贫农	雇农	工人	商人	贫民	其他	外出	
地主													
富农	1	1.96			2							1	
中农	23	45.1		1	21							1	
贫农	21	41.18			1	15			1			4	
雇农	2	3.92				2							
工人	2	3.92				2							
商人													
贫民													
其他	2	3.92				2							
总计	51	100		1	24	21			1				
战后分出户					4	3						4	
战后外出户					3	7						10	
战后外来户					1	3					2	6	
现有阶级户				1	25	24			1		2		53
现有阶级百分比				1.89	47.17	45.28			1.89		3.77		100

注一：雇农指长工 2 户。

注二：工人指榨花工人 1 户、弹花工人 1 户。

注三：战前"其他"指医生 1 户、游民 1 户。

注四：战后"其他"指做豆腐 1 户、榨油 1 户。

注五：战后贫农 1 户由外村移来，并入本村老户中，仍为贫农，没有填进"移入"项内。

从表 8-1 看出，抗战以来西坪各阶级是有变化的，分述如下：

富农 1 户现在分成中农 3 户。其中，1 户户主在兴县县政府当通讯员，分家后移居城附近，他们的土地财产均大体平均分配了。他们原有长工 1 个，分家后没有了。分家主要原因是 1940 年四大号召时他家头门负担，被县区工作团干部摊派公粮 60 小石、代购粮 3.2 小石（无代价）、法币 125 元、军鞋 2 双,把家长刘恩昌"活活气死"。留下弟兄 3 人只有一个劳动力,有劳力的不愿跟上无劳力的"受累",遂分居了。分居后有劳力的 1 户,光景比其他 2 户过得好些。

中农战前 23 户,现在增至 25 户。战前中农战后 1 户升为富农,因其劳动力长大,成了全劳动力,买了土地,雇了半个长工,他的富农地位 1942 年起才确定了。1 户因土地在外村而移出。2 户因躲兵役,1 户假分出移走(他家壮丁多,长期下去是会弄假成真的),1 户真分出移走,均未分土地财产,分出移走后在外租种土地过活。

贫农战前 21 户,现在增至 24 户。战前贫农 1 户因劳动力长大,买了土地,升为中农;1 户因租了外村土地外村牛,移走;1 户因本村地不够种,移走;1 户因本村没地,牛被敌人打死,家庭不和,分出移走;1 户因租地被地主收回,没地种,移走;1 户因嗣父待他不好,分出,带妻移走;1 户因躲负担移走(原系外来户,故负担较重);1 户因躲兵役,分出移走;1 户因经营土地之父死去,本人自幼习商,不善务农,现在靠其弟种些土地,自己把主要劳力放在赶毛驴上,1942 年 1 月到 5 月底已赶了 14 回,共赚法币千余元,往返黑峪口兴县城之间。

雇农战前 2 户,现在没有了。1 户因劳动力当了兵,是四大号召时区村干部两人绑去的,当了八路军,再没力为人佣,留下一个老汉、一个 15 岁孩子,租地过日子,转为贫农;1 户因为劳动力死去,儿子先帮人弹棉花,近年来没花弹,又有淋病,现在租地度日,转为贫农。

工人战前 2 户,现在没有了。他家很早以前本为富农,以后分家,户主抽大烟多年,土地财产变卖快完。战前红军东渡时,户主参加了兴县脱离生产的县防共保卫团。抗战初起时,又以白洋80 元作代价受雇(雇兵人是中农,壮丁分出逃走),到第 33 军当兵,两年后开了小差,被搜抓归队,不敢在家,四乡游击。1940 年四大号召过后,新政权建立,并恢复了社会秩序,他才回来,现在儿子长大有了劳动力,本人也戒除烟瘾。1942 年儿子为人揽半长工,得工资米 1.2 小石,一面给雇主受苦,一面又帮自己种地。他除收回自己出租地外,又租别人土地,改邪归正,转为贫农。

医生战前 1 户,现在没有了。因本人年老,本村又新起壮年医生 1 名,能跑善讲医术又高,使本人战后收入减少。以前待嗣子不好,逼嗣子带妻分出移走。现在添了 1 个全劳动力,租种土地谋生,转为贫农。他战前行医所得的米钱均放了债,战后收不回本利,有些甚至"不认账"(在后面债务关系中详细讲),现在贫农生活,不如医生时代好。

战后从外村移来 6 户,其成分是:中农 1 户,因躲外村负担,原系西坪老户,移出多年;贫农 3户,一因在西坪娶下老婆租下地,一因伙种西坪亲戚地,一因原在外村依靠岳父为生,岳父家穷,移回;做豆腐 1 户,原在城内,工具被敌破坏,西坪有本家人招呼,回来借到工具,一天一锅豆腐为生;榨油 1 户,河北平山人,战前到西坪,初为布贩,后移蔡家崖榨油为业,1940 年冬工具被敌所毁,业主被敌打死,母亲带领儿女又回西坪,那有棉籽,又有现成油房可利用,同西坪人也熟惯,可以取得帮助。

上面分析说明战后西坪农民生活是很不稳定的,主要是转业、分居、移出入。各阶级经济地位的上升还不多见,中农、贫农经济地位下降的也不显著。富农下降,中农分居、移出入,由躲避人力财力负担引起的多。贫农的分居、移出入,找土地种的居多。其他职业的人转为贫农,因受战争影响不能维持旧业,只有回到土地里去,不然要没饭吃。

但现在仍保持富农 1 户,中农由战前 45.1％增至现在 45.28％,雇农、工人、游民、医生均转业,增加 1 户商人、1 户做豆腐、1 户榨油。就全体看,农民在西坪由战前 92.16％增至现在

94.17%。

从西坪阶级变化看出,战争使农民成分加多,小的个体农民经济也随战争发展着(后面土地问题中详细讲),而抗日民主政权的各种政策(特别是财政经济政策)对西坪阶级变化有其直接和间接的作用,这在战前富农 1 户下降尤为明显。中农买地上升与新政权关系以后还要讲到,但战争影响之大是独特的,战争改变了和改变着一切。

二、抗战以来各阶级土地占有

西坪村位于大川,平地、山地均有,数量山地多,但农民注意力放在平地上。因此,劳力、肥料拼命往平地上使用,平地产量是继续提高的。水地在西坪是很少的,比起邻村高家村来,西坪的平地、水地是相形见绌的。西坪的山地分上、中、下三等,平地、水地也有上、中、下之别,但这只是西坪的分法,同其他村子的上、中、下标准是不一样的,是要低些的。

根据 1939、1940、1941 年 3 年收成,平均每垧土地产量以谷计,情形如下:

表 8-2　每垧土地平均产量表

等级	山地	平地	水地
上等	0.45 大石	1.05 大石	1.35 大石
中等	0.285 大石	0.735 大石	1.145 大石
下等	0.2 大石	0.4 大石	0.8 大石

以上述产量为准,将西坪各种土地折合成中等山地计算比较,折合法如下:

表 8-3　各种土地与中山地折合表

等级	山地　中山地	平地　中山地	水地　中山地
上等	1 垧＝1.5 垧	1 垧＝$3\frac{2}{3}$ 垧	1 垧＝3 垧
中等	1 垧	1 垧＝$2\frac{2}{3}$ 垧	1 垧＝4 垧
下等	1 垧＝$\frac{2}{3}$ 垧	1 垧＝$1\frac{1}{3}$ 垧	1 垧＝$4\frac{2}{3}$ 垧

表 8-4　西坪抗战以来各阶级土地占有变化表

阶级	时间	梁 上	梁 中	梁 下	塌 上	塌 中	塌 下	平 上	平 中	平 下	水 上	水 中	水 下	荒地	总计(注一)	%(注二)
地主	战前															
	现在															
富农	战前		13	25					$4\frac{1}{2}$	$7\frac{2}{3}$					$51\frac{8}{9}$	6.18
	现在		2	$6\frac{1}{2}$				$\frac{1}{2}$	6	8					$34\frac{5}{6}$	4.07

（续表）

自种土地种类 阶级 / 时间	梁 上	梁 中	梁 下	塌 上	塌 中	塌 下	平 上	平 中	平 下	水 上	水 中	水 下	荒地	总计（注一）	%（注二）
中农 战前	$28\frac{1}{3}$	191	217				$10\frac{2}{3}$	$54\frac{1}{6}$	47	4	$2\frac{1}{2}$		下山 25 垧	$653\frac{1}{18}$	77.80
中农 现在	55	$140\frac{1}{2}$	$299\frac{1}{3}$				$11\frac{1}{6}$	$53\frac{2}{3}$	$60\frac{1}{2}$	8	$2\frac{1}{2}$		下山 8 垧	$737\frac{11}{18}$	85.36
贫农 战前	11	25	64				$2\frac{1}{3}$	$1\frac{2}{3}$	$6\frac{1}{6}$			$\frac{1}{2}$		$106\frac{8}{9}$	12.71
贫农 现在		$21\frac{2}{3}$	61				1	$\frac{2}{3}$	$6\frac{1}{3}$				下山 7 垧	$76\frac{2}{9}$	8.94
雇农 战前			5											$3\frac{1}{3}$	0.39
雇农 现在															
工人 战前			5					$\frac{2}{3}$	2					$7\frac{7}{9}$	0.95
工人 现在															
商人 战前															
商人 现在		3	9				$\frac{11}{3}$		$\frac{1}{6}$			$\frac{1}{2}$	下山 2 垧	$15\frac{11}{18}$	1.63
贫民 战前															
贫民 现在															
其他 战前		$\frac{2}{3}$	23						$\frac{1}{3}$				下山 7 垧	$16\frac{4}{9}$	1.97
其他 现在															
总计 战前	$39\frac{1}{3}$	$229\frac{2}{3}$	399				13	61	$63\frac{1}{6}$	4	$2\frac{1}{2}$	$\frac{1}{2}$	32	$839\frac{7}{18}$	100
总计 现在	55	$164\frac{1}{6}$	$375\frac{5}{6}$				14	$60\frac{1}{3}$	75	8	$2\frac{1}{2}$	$\frac{1}{2}$	91.7	$866\frac{5}{18}$	100

备考	战前：（一）中农荒地荒 4 年的 17 垧、1 年的 8 垧。（二）"其他"是指游民的荒地，荒了 1 年。（三）中农荒地中，熟荒 7 垧，全为 3 年以上生荒。 战后：（四）贫农荒地 7 垧，均系 3 年以上生荒。（五）商人荒地 2 垧，系熟荒。
注释	注一：战前全村 51 户，每户平均土地 16.11 垧，平均山地 11.27 垧、平地 2.21 垧、水地 0.041 垧。 注二：现在全村 53 户，每户平均土地 16.17 垧，平均山地 11.09 垧、平地 2.24 垧、水地 0.06 垧。

可见现在每户平均占有土地是增加的，但很少。每户占有山地少了，而占有平地和水地稍许增多。无论战前现在，每户只占有 16 垧多地，土地的少是很可观的。如平均分配土地，每户土地的占有还不如其他地方的一户贫农，是不够使用不够过活的。

但从质量上看，每户占有之平地和水地，像去年今年种棉花、种大烟收益，尚可维持生活。这些少许平地、水地是农民主要劳动对象，比起山地是更关切更舍得资本、功夫去做务的，所谓"十山不如一平"。

总起来看,战前和现在土地数量和质量变化是很大的,若以山、平、水三种土地合计(不是折成中等山地),各阶层所占如下表:

表8-5　各阶级占有各种土地合计表

平地(%)		阶级	山地		平地		水地		合计	
战前	现在		战前	现在	战前	现在	战前	现在	战前	现在
24	61	富农	38	$8\frac{1}{2}$	$12\frac{1}{6}$	$14\frac{1}{2}$			$50\frac{1}{6}$	23
24	20	中农	$336\frac{1}{3}$	$494\frac{5}{6}$	$111\frac{5}{6}$	125	$6\frac{1}{7}$	$10\frac{1}{2}$	$454\frac{2}{3}$	$630\frac{1}{6}$
9	9	贫农	100	$82\frac{2}{3}$	$10\frac{1}{3}$	8		$\frac{1}{2}$	$110\frac{5}{6}$	$90\frac{2}{3}$
0	0	雇农	5						5	
3	0	工人	5		$2\frac{2}{3}$				$7\frac{2}{3}$	
0	7	商人		12		$1\frac{1}{2}$		$\frac{1}{2}$		14
1.4	0	其他	$23\frac{2}{3}$		$\frac{1}{3}$				24	
100	100	合计	508	$599\frac{5}{6}$	$139\frac{1}{3}$	149	7	11	$652\frac{1}{3}$	$757\frac{5}{6}$
		%	77.6		21		1.4		100	
				78.8		19.7		1.5		100

西坪的平地战前和现在只占全村土地的20%,水地只占1.5%的样子,80%左右为山地。其中,富农战前平地占本阶级土地的24%,现在的61%,两倍半改善了。中农战前平地占本阶级土地的24%,现在的20%,减少五分之一平地。贫农战前和现在相同。工人战前平地3%,其他平地1.4%。商人平地现在7%。现在全平地中中农84%、富农9.3%、贫农5.3%、商人1.4%,战前中农占81%、富农9.3%、贫农7.3%、工人和其他2.4%。可见现在中农平地比重增大了。

又上表指明,现在新富农1户不如战前富农1户土地多,但占有土地质量却比战前富农好,战前富农有平地12垧半,而新富农有平地14垧1亩半。新富农土地质量提高过程如下:

表8-6　新富农土地质量提高过程表

	山地		平地			总地价	说明
	中	下	上	中	下		
原有地	19	6.5	0.5	1	4		
卖出地	17					小米17小石,合白洋210元	外村地
买进地				5	4	白洋86元	全是本村地

新富农卖掉外村山地,买进本村平地,这是因为平地可种棉,得到新政权的奖励,使平地更加成为富农、中农争夺的对象。

再看战前的富农,现在土地分散情形如下:

表 8－7 战前富农现在土地分散情形

	山地		平地		说明
	中	下	中	下	
战前					
刘恩昌	13	25	$4\frac{1}{2}$	$7\frac{2}{3}$	1940 年刘恩昌因负担过重气死后,分成 3 家中农
现在					
刘赵尤	6	9	$1\frac{1}{2}$	$2\frac{5}{6}$	长门,多分到土地
刘志俄	3	8	$1\frac{1}{2}$	2	二门,分后移走
刘志忠	4	8	$1\frac{1}{2}$	$2\frac{5}{6}$	三门,有劳力,光景较好

现在中农土地数量增加,质量也好了。战前中农有山地 436 垧 1 亩,其中上山地 28 垧 1 亩,中山地 191 垧,下山地 217 垧。现在中农有山地 492 垧 2 亩半,其中上山地 55 垧,中山地 140 垧 1 亩半,下山地 297 垧 1 亩。战前中农有平地 111 垧 2 亩半,其中上平地 10 垧 2 亩,中平地 54 垧半亩,下平地 47 垧。现在中农有平地 125 垧 1 亩,其中上平地 11 垧半亩,中平地 53 垧 2 亩,下平地 60 垧 1 亩半。战前中农有水地 6 垧 1 亩半,其中上水地 4 垧,中水地 2 垧 1 亩半。现在中农有水地 10 垧 1 亩半,其中上水地 8 垧,中水地 2 垧 1 亩半。

抗战以来中农增加土地来源如下:

表 8－8 抗战以来中农新增土地来源调查表

	户数	山地			平地			水地			说明
		上	中	下	上	中	下	上	中	下	
买地	7	16	16	36	1	3	$6\frac{1}{6}$	4			本村及高家村地
开荒	2			$\frac{1}{3}$			$\frac{1}{2}$				本村地
升来	1	11	2	23		$1\frac{2}{3}$	1				本村地
				(内买进 131)							
移来	1			21			5				内荒下山地 6 垧,外村地
降来	2		10	17		3	$5\frac{2}{3}$				本村地
合计	13	27	28	$97\frac{1}{3}$	1	$7\frac{2}{3}$	$18\frac{1}{3}$	4			
			$152\frac{1}{3}$			27					

从表看出,现在中农山地之增加主要是买进土地(68 垧),其次升来户土地(36 垧),再次降来

户土地(27垧),再次移来户土地(27垧),开荒地最少(1亩)。

现在平地之增加,买进最多(10垧半亩),降来户土地次之(8垧2亩),移来户土地又次之(5垧),升来户土地更次之(2垧2亩),最少是开荒地(1亩半)。

现在增加之水地4垧是完全买来的。抗战以来,中农减少土地如下:

表8-9 抗战以来中农土地减少情形

	户数	山地			平地			说明
		上	中	下	上	中	下	
移走	1	$\frac{1}{3}$	$8\frac{1}{2}$	4		2	$\frac{2}{3}$	
卖出	5		51	6			5	内57垧山地是外村地
升去	1		19	$6\frac{1}{2}$	$\frac{1}{2}$	1	4	
合计	7	$\frac{1}{3}$	$78\frac{1}{2}$	$16\frac{1}{2}$	$\frac{1}{2}$	8	$4\frac{2}{3}$	
总计		$95\frac{1}{3}$			$13\frac{1}{6}$			

从上表看出,中农减少的山地卖出最多(57垧),升去次之(25垧),移走又次之(12垧);减少的平地以升去最多(5垧1亩半),卖出次之(5垧),移走最少(2垧2亩)。卖地以外村地居多,这些外村地本来中农自己就不种(地远顾不过来),常出租,战后特别现在干脆卖掉,一面减去麻烦,一面又可买进本村土地,而且不少是平地。抗战以来,中农加进和减去的土地相抵外,绝对增加了山地57垧、平地13垧、水地4垧。

贫农抗战以来土地数量和质量均减少。战前贫农有山地100垧,其中上山地11垧,中山地25垧,下山地64垧;现在贫农有山地82垧2亩,其中上山地没有了,中山地21垧2亩,下山地61垧。战前贫农有平地10垧半亩,其中上平地2垧1亩,中平地1垧2亩,下平地6垧半亩;现在贫农有平地8垧,其中上平地1垧,中平地2亩,下平地6垧1亩。战前贫农有下水地1亩半,现在没有了。

战后贫农土地增减情形如下:

增加:

表8-10 战后贫农土地增加情形

	户数	山地		平地		说明
		中	下	中	下	
转来	6	$1\frac{2}{3}$	26	$\frac{2}{3}$	$2\frac{1}{3}$	本村地
总计		$27\frac{1}{3}$		3		

减少：

表 8-11 战后贫农土地减少情形

	户数	山地			平地			水地	说明
		上	中	下	上	中	下	下	
移走	1			8		1	1		本村地
转去	1		3	9	$1\frac{1}{3}$		$\frac{1}{6}$	$\frac{1}{2}$	本村地
升去	1	11	2	12		$\frac{2}{3}$	1		本村地
合计	3	11	5	29	$1\frac{1}{3}$	$1\frac{2}{3}$	$2\frac{1}{6}$	$\frac{1}{2}$	
总计		45			$5\frac{1}{6}$				

由上表看到,贫农抗战以来是没有买卖土地的,其土地之增加完全由转业户带来(30 坰 2 亩),减少之土地主要为上升户带走(26 坰 2 亩),其次为转业户带去(14 坰),再次为转出户带走。贫农增减的地均在本村。抗战以来贫农加进和减去土地相抵外,绝对减少了山地 17 坰 1 亩、平地 2 坰 1 亩、水地 1 亩半。对照阶级变化看,战后分居移走 3 户均未带土地,完全移走的 4 户只有 1 户带去土地,移入贫农 3 户中 1 户带进土地,转业为贫农的 6 户都有土地。战前贫农 21 户中,完全没土地的 10 户,战后移走 3 户;现在贫农 24 户中,完全没有土地的 9 户,其中战后移来 2 户,战后移来 1 户做豆腐和 1 户榨油的,均无土地。若以战前和现在户数比较,每户占有土地数量变化如下(以中山地坰计):

表 8-12 每户占有土地数量变化表

战前		现在	
富农	$51\frac{8}{9}$	富农	$34\frac{5}{6}$
中农	$28\frac{163}{414}$	中农	29.38
贫农	$5\frac{17}{189}$	贫农	$3\frac{19}{108}$
雇农	$1\frac{2}{3}$	雇农	
工人	$3\frac{8}{9}$	商人	$15\frac{11}{18}$
其他	$8\frac{2}{9}$	其他	无土地

上表看到,新富农没有战前富农土地多,中农 1 户现在比战前土地增多,贫农 1 户现在占有土地比战前减少了。再看每户战前和现在占有土地质量的变化(以坰计):

表 8－13　每户占有土地质量变化表

	战前				现在		
	山	平	水		山	平	水
富农	38	$12\frac{1}{6}$		富农	$8\frac{1}{2}$	$14\frac{1}{2}$	
中农	18.15	4.82	0.082	中农	19.21	5.04	0.125
贫农	4.78	0.15	0.008	贫农	3.13	0.1	
雇农	2.5			商人	12	$1\frac{1}{2}$	$\frac{1}{2}$
工人	2.5	0.4		其他	无土地		
其他	11.25	0.05					

上表看出，新富农平地比战前富农多，现在中农 1 户的山地、平地和水地都比战前多了，贫农现在没有水地，平地、山地也都减少了。除富农外，中农和贫农每户土地数量的增减和质量的高低是完全一致的，即中农土地多而且肥，贫农土地少而且瘠。

总的看来，西坪各阶级占有全部土地的百分比变化是大的：富农战前为 6.18％，现在 4.07％；中农战前为 77.8％，现在 85.36％；贫农战前为 12.17％，现在为 8.94％；雇农战前为 0.39％，现在没有了；工人战前为 0.95％，现在没有了；其他战前为 1.99％，现在没有了。现在商人 1 户占有全部土地 1.63％。可见中农无论在户口上，尤其在土地上，占西坪村经济的绝对优势，无地和少地的贫农很大一部分依靠中农经济的帮助（这在后面土地使用和租佃关系中详细讲）。

兹将抗战以来西坪村各阶级土地买卖列表于下：

表 8－14　抗战以来各阶级土地买卖情形

		买进土地（垧）			卖出土地（垧）			
		富农（1 户）	中农（8 户）	地总计	富农（1 户）	中农（5 户）	贫农（1 户）	地总计
山地	上		16	16				
	中		16	16	17	51		68
	下		49	49		6	7	13
平地	上		1	1				
	中	5	4	9		5		5
	下	4	$6\frac{1}{6}$	$10\frac{1}{6}$				
水地	上		4	4				
土地合计		9	$96\frac{1}{6}$	$105\frac{1}{6}$	17	62	7	86
地价合计		白洋 86 元	水地 4 垧，白洋 320 元	白洋 640 元，小米 19 小石	小米 17 小石	白洋 49 元，小米 51 小石	白洋 17 元，细粮 3 小斗	白洋 66 元，小米 51.3 小石

注一:买进土地中,有外村地主土地 100 垧零半亩,外村地主为黑峪口李林西、蔡家崖牛友兰、北会刘家等,只有本村中农 1 户出卖了中平地 5 垧,土地均在本村及高家村。

注二:卖出土地中,除本村中农刘厚昌装穷不愿受苦卖平地 5 垧外,余均系本村人外村地卖给外村人,因为地远作务不方便。

注三:买进土地除刘芝堂、刘有堂(均是中农)35 垧山地 1937 年买的外,余均系 1941 年买进的。

注四:卖出土地除刘忠堂(中农)山地 6 垧是 1942 年卖出外,余均系 1941 年卖出的。

上表说明抗战以来西坪土地买卖是停滞的,只有当抗日民主政权成立,执行正确的土地政策后,即 1941 年起,才有了土地买卖关系。自民国二十五、六年起,因为神府"闹共产分土地",以后又"闹合理负担",又以后"闹四大号召",卖地的人虽有,而敢买地的却无。老百姓讲:"人家说,地多就是地主,钱多就是土豪,红军八路军要杀,谁敢买地置产!"红军东渡,八路军到晋西北后,老百姓有些觉悟,但买地还是观望的。

上表指出土地买卖的特点是:地主出卖的土地首先是地主的外村地,不分好坏一起卖掉。富农、中农也出卖自己的外村地,多是不好的土地。而买地者多为中农、上升为富农的中农、上升为中农的贫农,买的多是本村地,是好地。贫农卖地只有 1 户不是正常卖,是变典为卖。买地的贫农还没有,贫农尚在用租佃土地扩大自己耕地面积(这在后面租佃关系中可以看到)。

表 8－15　战前和现在各阶级外村土地变化表

		战前外村地(垧)			现在外村地(垧)		
		中农(13 户)	游民(1 户)	总计	中农(13 户)	贫农(1 户)	总计
山地	中	91.5		91.5	23.5	1	24.5
	下	58.5	7	65.5	71.5		71.5
平地	下				5		5
水地	上				4		4
合计		150	7	157	104	1	105

注一:外村土地中,有 8 垧半中山地随土地所有者移出。

注二:减少之外村地除移出带走外,余均卖出去。

上表看出,外村地以中农占有的多,且均系山地,战后增加之外村地都是买进来的平地和水地。山地外村地比较远些,平地、水地在外村也离西坪很近,在高家村范围内。

从土地占有和买卖的变化上看,外村地主和战前富农在西坪的经济地位是削弱了、垮台了,中农经济地位蒸蒸日上,贫农因其基础关系上进的慢,但有一种欣欣向荣的姿态。

西坪村现在中农、贫农户数比战前增多,而土地却是愈分散的。这是因为战争影响使许多其他职业的人失业而转入农业,又使其他的人"流来流去":一面向农业挤来挤去,一面又把土地带来带去;一面把外村地卖出,一面又一块一块买进本村及邻村好地。"倒换来捣〔倒〕换去",遂使土地愈分散。在许多外村大地主看来,卖地却是有些穷了不得已了(如收不上租子、减租、收公粮等),对地主确实是削弱了他们的经济基础。中农卖地不是穷和不得已(至少在西坪村是这样),乃是为了提高土地质量和扩大土地数量,以及增加作务土地的许多便利条件(如弃外村取本村等),以买卖作手段实行调剂土地,故中农卖地不是本身经济的削弱而是更增强,在西坪一般说来是如此。目前农村中买卖土地的实质也是如此。这和以前地主借买卖吞并、集中土地是完全不同的,是倒转的。以前的情形是:地主收买破产的富农、破产的中农、破产的贫农及其他破产欠债的人的土地,把土地集中起来扩大剥削。现在的情形是:富农、中农、贫农及其他经济发展和上升的人收买削弱破产的地主及其他没落阶级的人的土地,人各一份的把土地分买了,以便先都有地种,都有饭吃,自给自足,然后再看情形向上发展。旧的打碎,新的形成,母亲是广大农民群众和他的经济基础,助产婆是战争,保姆则是抗日民主政权的各种正确的具体政策。

表 8-16　西坪战后(1942 年)各阶级土地占有表

阶级	户口	数量	山地 上	山地 中	山地 下	平地 上	平地 中	平地 下	水地 上	水地 中	水地 下	折合中等山地总计（垧）	每户平均土地
富农	1	原数		2	6.5	0.5	6	8					
		折合		2	$4\frac{1}{3}$	$1\frac{5}{6}$	16	$10\frac{2}{3}$				$34\frac{5}{6}$	$34\frac{5}{6}$
中农	25	原数	55	140.5	$299\frac{1}{3}$	$11\frac{1}{6}$	$53\frac{2}{3}$	60.5	8	2.5			
		折合	82.5	140.5	$199\frac{5}{9}$	$40\frac{17}{18}$	$143\frac{1}{9}$	$80\frac{2}{3}$	$37\frac{1}{3}$	10		$734\frac{11}{18}$	29.38
贫农	24	原数		$21\frac{2}{3}$	61	1	$\frac{2}{3}$	$6\frac{1}{3}$					
		折合		$21\frac{2}{3}$	$40\frac{2}{3}$	$3\frac{2}{3}$	$1\frac{7}{9}$	$8\frac{4}{9}$				$76\frac{2}{9}$	$3\frac{19}{108}$
雇农		原数											
		折合											
工人		原数											
		折合											
商人	1	原数		3	9	$1\frac{1}{3}$		$\frac{1}{6}$		0.5			
		折合		3	6	$4\frac{8}{9}$		$\frac{2}{9}$			1.5	$15\frac{11}{18}$	$15\frac{11}{18}$
其他		原数											
		折合											
合计	53	原数	55	$167\frac{1}{6}$	$375\frac{5}{8}$	14	$60\frac{1}{3}$	75	8	2.5	0.5		
		折合	82.5	$167\frac{1}{6}$	$250\frac{5}{9}$	$51\frac{1}{3}$	$166\frac{8}{9}$	100	$37\frac{1}{3}$	10	1.5	$861\frac{5}{18}$	$16\frac{239}{954}$

备考：
注一:中农土地中荒下山地 $82\frac{1}{6}$ 垧,熟荒 7 垧,余为生荒。
注二:贫农土地中生荒下山地 7 垧。
注三:商人土地中荒地 2 垧(下山地),系熟荒。

表 8-17　西坪战前(1937 年)各阶级土地占有表

阶级	户口	种类	山地 上	山地 中	山地 下	平地 上	平地 中	平地 下	水地 上	水地 中	水地 下	折合中等山地总计(垧)	每户平均土地
富农	1	原数		13	25		4.5	$7\frac{2}{3}$					
		折合		13	$16\frac{2}{3}$		12	$10\frac{2}{9}$				$51\frac{8}{9}$	$51\frac{8}{9}$
中农	23	原数	$28\frac{1}{3}$	191	217	$10\frac{2}{3}$	$54\frac{1}{6}$	47	4	2.5			
		折合	42.5	141	$144\frac{2}{3}$	$39\frac{1}{9}$	$144\frac{4}{9}$	$62\frac{2}{3}$	$18\frac{2}{3}$	10		$653\frac{1}{18}$	$28\frac{163}{414}$
贫农	21	原数	11	25	64	$2\frac{1}{3}$	$1\frac{2}{3}$	$6\frac{1}{6}$			0.5		
		折合	16.5	25	$42\frac{2}{3}$	$8\frac{5}{9}$	$4\frac{4}{9}$	$8\frac{2}{9}$			1.5	$106\frac{8}{9}$	$5\frac{17}{189}$
雇农	2	原数			5								
		折合			$3\frac{1}{3}$							$3\frac{1}{3}$	$1\frac{2}{3}$
工人	2	原数			5		$\frac{2}{3}$	2					
		折合			$3\frac{1}{3}$		$1\frac{7}{9}$	$2\frac{2}{3}$				$7\frac{7}{9}$	$3\frac{8}{9}$
商人		原数											
		折合											
其他	2	原数		$\frac{2}{3}$	23			$\frac{1}{3}$					
		折合		$\frac{2}{3}$	$15\frac{1}{3}$			$\frac{4}{9}$				$16\frac{4}{9}$	$8\frac{2}{9}$
合计	51	原数	$39\frac{1}{3}$	$229\frac{2}{3}$	339	13	61	$63\frac{1}{6}$	4	2.5	0.5		
		折合	57	$229\frac{2}{3}$	226	$47\frac{2}{3}$	$162\frac{2}{3}$	$84\frac{1}{9}$	$18\frac{2}{3}$	10	1.5	$839\frac{7}{18}$	$16\frac{5}{153}$

备考	注一:中农下山地中,荒地 25 垧,4 年的 17 垧,1 年的 8 垧。 注二:"其他"项游民下山地中,荒地 7 垧,1 年的。

三、抗战以来各阶级土地使用

兹将西坪战前与现在各阶级土地使用列于表 8-18。

表 8 - 18　西坪抗战以来各阶级土地使用变化表(二)

项别	地主		富农		中农		贫农		雇农		贫民		工人		商人		其他	
	战前	现在	战前	现在	战前	现在	战前	现在	战前	现在	战前	现在	战前	现在	战前	现在	战前	现在
总户数			1	1	23	25	21	24	2				2			1	2	2
自种土地（垧）			$43\frac{8}{9}$	$34\frac{5}{6}$	$496\frac{7}{9}$	$565\frac{7}{9}$	$106\frac{8}{9}$	$70\frac{5}{9}$	$3\frac{1}{3}$				6			$14\frac{5}{18}$	$7\frac{1}{9}$	0
自种户			1	1	23	25	11	15	2				2			1	2	0
租进土地（垧）					$51\frac{1}{3}$	$32\frac{2}{3}$	$135\frac{5}{6}$	$100\frac{11}{18}$					2					
租进户					3	5	8	11					1					
伙进土地（垧）					$13\frac{7}{9}$		$52\frac{1}{6}$	$70\frac{7}{9}$										
伙进户					2		5	7										
典进使用土地（垧）					$1\frac{7}{9}$	$5\frac{1}{3}$												
典进使用户					1	1												
共使用土地（垧）			$43\frac{8}{9}$	$34\frac{5}{6}$	$563\frac{2}{3}$	$603\frac{7}{9}$	$294\frac{8}{9}$	$241\frac{17}{18}$	$3\frac{1}{3}$				8			$14\frac{5}{18}$	$7\frac{1}{9}$	
备考																		

从表 8 - 18 看出,战前的 1 户富农和现在的 1 户富农均不租种别人土地,完全使用自己的土地。

中农战前使用土地 $563\frac{2}{3}$ 垧,现在 $603\frac{7}{9}$ 垧,比战前增加 7%。其中自种土地战前 $496\frac{7}{9}$ 垧,现在 $565\frac{7}{9}$ 垧,增加 69 垧,即增加战前 11.8%。战前 23 户,每户平均自种 21.6 垧,现在 25 户,每户亦平均 22.6 垧。战前租进土地 $51\frac{1}{3}$ 垧,现在 $32\frac{2}{3}$ 垧,减少 $18\frac{2}{3}$ 垧,计减少战前 35.3%。战前租地 3 户,每户平均租地 17 垧,现在 5 户,平均 6 垧 2 亩。若以战前 23 户计,现在 25 户计,战前每户 2.2 垧,现在 1.3 垧。战前伙进土地 $13\frac{7}{9}$ 垧,2 户平均 6.5 垧,全 23 户每户平均半垧多些,现在中农不伙进土地了。战前中农 1 户典进土地 $1\frac{7}{9}$ 垧,现在 1 户典进 $5\frac{1}{3}$ 垧。除自种平衡外,中农租进典进土地现在都有些增加。

贫农战前使用土地 $294\frac{8}{9}$ 垧,现在 $241\frac{17}{18}$ 垧,减少战前 18%。其中自耕地战前 $106\frac{8}{9}$ 垧,现在 $70\frac{5}{9}$ 垧,减少 $36\frac{1}{3}$ 垧,即减少战前 35%。战前 21 户,每户平均自种地 5 垧,现在 24 户,每户平均 3 垧。战前租进土地 $135\frac{5}{6}$ 垧,现在 $100\frac{11}{18}$ 垧,减少 $34\frac{7}{9}$ 垧。战前租地 8 户,每户平均租进土地 17 垧,现在租地 11 户,每户平均 9 垧多。若以战前全户 21 户平均,每户租进土地 6 垧,现在 24 户,每户平均 4 垧多些。战前伙进土地 $52\frac{1}{6}$ 垧,现在 $70\frac{7}{9}$ 垧,增加 $8\frac{11}{18}$ 垧。伙进户战前 5 户,每户平均伙进土地 10.5 垧,现在 7 户,每户平均 10 垧 1 亩多。若与贫农战前与现在全户比较,战前每户平均伙进土地 2 垧 1 亩半,现在伙进 2 垧 1 亩。贫农使用土地,现在比战前也是减少着。

雇农战前 2 户,只使用自己土地共 $3\frac{1}{3}$ 垧,每户平均自种土地 1 垧 2 亩,现在转业,土地带走。

工人战前 2 户,除自种土地 6 垧外,1 户尚租地 2 垧,每户平均自种地 3 垧、租地 1 垧,共使用 4 垧。现在已转业,土地带走。

战前游民 1 户、医生 1 户,共使用土地 $7\frac{1}{9}$ 垧,均是自种地。现在转业,土地带走。

现在商人 1 户,自种土地 $14\frac{5}{18}$ 垧,其使用土地比贫农多,比现在中农少些。

各阶级自种土地质量变化如表 8-19。

从表 8-19 看出,各阶级自种土地质量是有变化的。战前富农平地占其自种地 25%,现在富农平地占其自种地 60%。中农战前平地占其自种地 26%,水地占 1.5%,另外有荒山地 25 垧;中农现在平地占其自种地 25%,水地占 2.2%,另外有荒地 $73\frac{2}{3}$ 垧。贫农战前平地占其自种地 10%,水地占 0.45%;现在平地占 10%,山地没有了,另外增荒地 7 垧。雇农战前只有山地,工人战前山地 5 垧、平地 2 垧,游民和医生战前使用山地 $9\frac{2}{3}$ 垧、平地 1 亩,另外荒山地 7 垧。商人现在使用山地 10 垧、平地 1 垧半、水地半垧,好地只占其使用地 20%,比中农地好、地少,但比贫农好地多。

现在富农自种土地最好;中农平地比战前少些,但水地自种增加;贫农平地战前和现在同,但水地没有了。除商人 1 户外,其他自种土地都混合到贫农土地里了,他们的自种土地就是现在贫农自种地的质量和数量。

由于占有土地多少不同,使用土地也不一样,有租进租出的、有伙进伙出的、有典进典出的等等不同,使各阶级土地占有、使用以及自种等有了矛盾。今将西坪抗战以来各阶级土地占有及使用矛盾变化列于表 8-20。

表8-19 西畔抗战以来各阶级自种土地变化表

阶级	时间	户口	梁 上	梁 中	梁 下	塌 上	塌 中	塌 下	平 上	平 中	平 下	水 上	水 中	水 下	荒地	总计(注一)	%(注二)	每户平均	备考
地主	战前																		
	战后																		
富农	战前	1	$28\frac{1}{3}$	13	17				$\frac{1}{2}$	$4\frac{1}{2}$	$5\frac{2}{3}$					$43\frac{8}{9}$	6.69	$43\frac{8}{9}$	
	战后	1	50	2	$6\frac{1}{2}$					6	8					$34\frac{5}{6}$	5.10	$34\frac{5}{6}$	
中农	战前	23	$82\frac{1}{2}$	$82\frac{1}{2}$	193				$10\frac{2}{3}$	$50\frac{1}{6}$	$43\frac{2}{3}$	4	$2\frac{1}{2}$		25(下山)	$496\frac{7}{9}$	74.85	$21\frac{124}{207}$	
	战后	25	50	$82\frac{1}{2}$	$256\frac{5}{6}$				$11\frac{1}{6}$	$49\frac{2}{3}$	$50\frac{1}{6}$	8	$2\frac{1}{2}$		$73\frac{2}{3}$	$565\frac{7}{9}$	82.81	$22\frac{142}{225}$	
贫农	战前	11	11	25	64				$2\frac{2}{3}$	$1\frac{2}{3}$	$6\frac{1}{6}$			$\frac{1}{2}$		$106\frac{8}{9}$	16.11	$9\frac{71}{99}$	
	战后	15		$20\frac{2}{3}$	61				1	$\frac{2}{3}$	$6\frac{1}{3}$				7	$70\frac{5}{9}$	9.98	$4\frac{19}{27}$	
雇农	战前	2			5											$3\frac{1}{3}$	0.50	$1\frac{2}{3}$	
	战后																		
工人	战前	2			5						2					6	0.90	3	
	战后																		
商人	战前	1		3	9				$1\frac{1}{3}$		$\frac{1}{6}$			$\frac{1}{2}$	2	$14\frac{5}{18}$	2.11	$14\frac{5}{18}$	
	战后																		
贫民	战前																		
	战后																		
其他	战前	2		$\frac{2}{3}$	16						$\frac{1}{3}$				7(下山)	$7\frac{1}{9}$	1.05	$3\frac{5}{9}$	
	战后																0.05		
总计	战前	41	$39\frac{1}{3}$	$121\frac{1}{6}$	300				13	$56\frac{1}{3}$	$57\frac{5}{6}$	4	$2\frac{1}{2}$	$\frac{1}{2}$	32	664	100	$16\frac{8}{41}$	
	战后	42	50	$112\frac{1}{6}$	$333\frac{1}{3}$				14	$56\frac{1}{3}$	$64\frac{2}{3}$	8	$2\frac{1}{2}$	$\frac{1}{2}$	$82\frac{2}{3}$	$685\frac{4}{9}$	100	$16\frac{50}{189}$	

注一:以各种土地折合成中梁地亩计算。

注二:各阶级自种土地占总自种土地百分比。

表 8-20　西坪土地所有与土地使用比较表

项别	地主 战前	地主 现在	富农 战前	富农 现在	中农 战前	中农 现在	贫农 战前	贫农 现在	雇农 战前	雇农 现在	工人 战前	工人 现在	商人 战前	商人 现在	贫民 战前	贫民 现在	其他 战前	其他 现在
户数			1	1	23	25	21	24	2		2			1			2	2
土地所有			$51\frac{8}{9}$	$34\frac{5}{6}$	$653\frac{1}{18}$	$734\frac{11}{78}$	$106\frac{8}{9}$	$76\frac{2}{9}$	$3\frac{1}{3}$		$7\frac{7}{9}$			$15\frac{11}{18}$			$16\frac{4}{9}$	0
每户平均数			$51\frac{8}{9}$	$34\frac{5}{6}$	$28\frac{163}{410}$	$29\frac{293}{450}$	$9\frac{71}{99}$	$5\frac{11}{155}$	$1\frac{2}{3}$		$3\frac{8}{9}$			$15\frac{11}{18}$			$8\frac{2}{9}$	
土地使用数			$43\frac{8}{9}$	$34\frac{5}{6}$	$563\frac{2}{3}$	$603\frac{7}{9}$	$294\frac{8}{9}$	$241\frac{17}{18}$	$3\frac{1}{3}$		8			$14\frac{5}{18}$			$7\frac{1}{9}$	0
每户平均数			$43\frac{8}{9}$	$34\frac{5}{6}$	$24\frac{35}{69}$	$24\frac{1}{9}$	$14\frac{8}{189}$	$10\frac{35}{472}$	$1\frac{2}{3}$		4			$14\frac{5}{18}$			$3\frac{5}{9}$	
备考 注（一）土地所有户			1	1	23	25	11	15	2	无	2	无	无	1	无	无	2	0
备考 注（二）土地使用户			1	1	23	25	21	24	2	无	2	无	无	1	无	无	2	0

注：平均数都按土地之占有户数及使用户数计算

上表显示,富农战前只使用其占有地 84％,即出租其土地 16％;现在富农则完全使用其占有地,不出租也不租进别人土地。中农战前使用其占有地 86％,现在使用其占有地 83％,战前中农出租其土地 14％,现在出租 17％。贫农战前占有土地占使用土地 36％,即贫农不足土地 64％,要靠租进别人土地。现在贫农占有土地占使用土地 31％,即不足土地 69％,比战前空子更大,这是因为户口增多、土地减少所致。雇农战前使用其全部占有土地,无租入租出。工人战前多少租些地。商人现在使用其全部土地,只有少许荒地。游民和医生战前典出其占有土地 25％,现在变典为卖了。

但战前贫农 10 户全无土地,依靠租地过活;战后还有 9 户全无土地,依靠租地过活。

他们究竟如何解决自己土地占有与使用之间的矛盾呢？他们用租出入、伙出入、典出入解决之。战前富农剩余 16％的土地完全伙种出去。战前中农剩余 14％的土地,其中租出 78％、伙出 14％、典出 8％;现在剩余 17％的土地,租出 54％、伙出 42％、典出 4％。战前贫农不足土地 64％,其中租进 72％、伙进 28％;现在贫农不足土地 69％,租进 58％、伙进 42％。

西坪现在富农不出租也不租进土地。中农现在剩余土地比战前多些,租出虽占大半,但比战前减少三分之一,伙出比战前增加 3 倍。贫农现在不足比战前更厉害些,主要靠租地过活,而租进土地减少几及三分之一,但伙种却增加快要 1 倍。

西坪土地占有与使用矛盾主要是租地解决,但伙种土地的增加简直有与租地并驾齐驱之势。伙种土地的研究,与适当处理伙种地分法与减租问题,确已日益成为改善民生之要务。

抗战以来各阶级每户土地占有、使用及自耕数量比较如下：

表 8－21 土地占有、使用平均数（每户）

富农	中农		贫农		雇农	工人	商人	其他		共计
现在	战前	现在	战前	现在	战前	战前	现在	战前	现在	战前
1	23	25	11	15	2	2	1	2	0	41
$34\frac{5}{6}$	$28\frac{163}{414}$	$29\frac{293}{455}$	$9\frac{71}{99}$	$5\frac{11}{135}$	$1\frac{2}{3}$	$3\frac{8}{9}$	$15\frac{11}{18}$	$8\frac{2}{9}$	0	$20\frac{349}{738}$
1	23	25	21	24	2	2	1	2	0	51
$34\frac{5}{6}$	$24\frac{35}{69}$	$24\frac{1}{9}$	$14\frac{8}{189}$	$10\frac{35}{432}$	$1\frac{2}{3}$	4	$14\frac{5}{18}$	$3\frac{5}{9}$	0	$18\frac{80}{459}$
1	23	25	11	15	2	2	1	2		41
$34\frac{5}{6}$	$21\frac{124}{207}$	$22\frac{142}{225}$	$9\frac{71}{99}$	$4\frac{74}{135}$	$1\frac{2}{3}$	3	$14\frac{5}{18}$	$3\frac{5}{9}$		$16\frac{8}{41}$

现在富农每户平均：

占有土地 34 垧，比战前少 17 垧。

使用土地 34 垧，比战前少 9 垧。

自种土地 34 垧，比战前少 9 垧。

中农每户平均：

占有土地 29 垧，比战前多 1 垧。

使用土地 24 垧，比战前差不多。

自种土地 22 垧，比战前多 1 垧。

贫农每户平均：

占有土地 5 垧，比战前少 4 垧。

使用土地 10 垧，比战前少 4 垧。

自种土地 4 垧，比战前少 5 垧。

总的看来，西坪村现在每户：

占有土地 22 垧，比战前多 2 垧。

使用土地 17 垧，比战前少 1 垧。

自种土地 16 垧，同战前差不多。

我们这样算是把战前没有土地的 10 户贫农和现在没有土地的 9 户人家（7 户贫农、2 户其他）只算在使用土地户内，而没有算进土地占有户和自种户里去。每户土地的占有、使用、自种的算法也均如此。若把他们算进去，则贫农战前现在每户平均土地及西坪每户战前和现在每户平均土地均会更减少。如在上面土地使用中所讲到的（关于土地占有、使用和劳动力矛盾在人口与劳动力中将论及）。

四、各阶级土地租入租出、伙入伙出及典押回赎

(一) 土地租入租出

战前与现在各阶级租入租出土地如下表(以垧计):

表 8‑22　各阶级土地租入租出变化表

	战前						现在						
	租入				租出		租入				租出		
	户	山地	平地	水地	户	山地	户	山地	平地	水地	户	山地	平地
中农	3	50	4.5		8	115	5	26	5	$\frac{2}{3}$	7	67.5	1
贫农	8	143	14	$\frac{2}{3}$			17	83.5	$17\frac{2}{3}$	1	1	1	
工人	1	3											
合计	12	196	18.5	$\frac{2}{3}$	8	115	22	109.5	$22\frac{2}{3}$	$1\frac{2}{3}$	8	68.5	1

注一:外村地均出租给外村人,本村地均出租给本村人。

注二:战前出租户共 10 户,内寺院地 1 户,共 7 宗,外村地主 9 户,共 11 宗。

注三:现在出租共 10 户,内寺院地 1 户,共 17 宗,外村地主 6 户,共 7 宗,本村地主共 3 户。

注四:战前中农租出山地均系外村地,现在租入地有平地 1 垧半、水地 2 亩为外村地,租出中山地 5 垧为本村地,出租地中有荒山地 1 垧,租入地中有荒山地 1 垧。

注五:战前贫农租入地中有山地 74 垧 1 亩半、平地 1 亩半、水地 2 亩是外村地;现在出租 1 户山地 1 垧,系弟兄间借种,不出租,为便利计,我们把它归入租地内计算。

从上表可以看出,现在寺院地及本村地租出户增加,外村出租户减少;中农、贫农租进山地、平地减少,水地增加。

战前租进户:

中农 3 户,每户平均租山地 16 垧 2 亩、平地 1 垧半亩。

贫农 8 户,每户平均租山地 17 垧 1 亩多、平地 1 垧 2 亩多。

工人 1 户,租山地 3 垧。

战后租进户:

中农 5 户,每户平均租山地 5 垧 6 分、平地 1 垧、水地 4 分。

贫农 17 户,每户平均租山地 4 垧 2 亩 7 分、平地 1 垧 1 亩、水地 2 分。

现在租地户增多,每户租进之土地却减少了。从租进土地上看,土地也是向小的单位分化。

战前和现在均系中农出租土地,但战前中农每户平均出租地 14 垧 1 亩多,现在减至 9 垧 2 亩,中农出租地减少因中农现在将外村地卖掉了。现在贫农 1 户出租地 1 垧,是分居时 1 户应得中山地 1 垧,被其兄霸住借种,讲明没租子。除此特殊现象外,贫农是没有出租土地的。

战前中农不在本村出租土地,而只出租外村地,外村地主在本村出租地的最多,其次是寺院地。现在本村中农3户也出租土地,完全因劳动力不足或全无劳动力,不得不将土地一部租出。假若这3户中农每户有1个全劳动力,他的土地是够自己种的。外村在本村出租地减少,因为有些大地主,如蔡家崖牛友兰,将所在西坪原来出租的土地全卖给中农了,其他如黑峪口大地主李林西、任玉英等,均在西坪大批卖掉了土地。现在以寺院出租地为最多,特别自1941年寺地收归行署后,租额减低,许多贫农都租一垧半垧平地种棉花(这在后面租率变化中看的更明白)。

(二)土地伙入伙出

战前与现在各阶级伙入伙出土地变化如下(以垧计):

表8-23　各阶级土地伙入伙出变化表

阶级	战前						现在							
	伙入			伙出			伙入				伙出			
	户	山地	平地	户	山地	平地	户	山地	平地	水地	户	山地	平地	
富农				1	8	2								战后伙进伙出有荒山地7垧1亩多
中农	2		$8\frac{1}{3}$	4	17.5	$3\frac{1}{3}$					5	32	$13\frac{1}{3}$	
贫农	5	25.5	16				7	32	$16\frac{5}{6}$	$\frac{1}{3}$				
合计	7	$25\frac{1}{2}$	$24\frac{1}{3}$	5	25.5	$5\frac{1}{3}$	7	32	$16\frac{5}{6}$	$\frac{1}{3}$	5	32	$13\frac{1}{3}$	

注一:战前本村地主5户,共6宗,外村2户2宗,寺院地1户2宗。

注二:现在本村地主4户,共5宗,外村地主3户,共3宗,寺院地(和尚地)1户1宗。

注三:战前和现在伙进的均是本村地,而地主有些在外村。

从上表看出,战前中农伙进地的2户,现在没有了。相反,贫农伙进户现在增加了(战前5户,现在7户),伙进土地也增多(战前41垧1亩半,现在49垧半亩),质量也提高了(战前山地25垧1亩半、平地16垧,现在山地32垧、平地16垧2亩半、水地1亩)。

战前富农伙出土地,现在没有了。中农现在伙出户增加(战前4户,现在5户),伙出地也多了(战前20垧2亩半,现在45垧1亩),质量也好了(战前山地17垧1亩半、平地3垧1亩,现在山地32垧、平地13垧1亩)。而贫农无论战前现在均无伙出土地的,他们只是伙进土地。

伙种户外村地主伙出比战前有增加(战前2户,现在3户),伙出土地都是减少的(战前平地12垧,现在平地7垧1亩半、水地1亩),实际增加之1户还是本村富农分出之1户中农移走的。战前的2户为地主,战后的3户中1户是地主,2户是中农。现在本村伙出户减少(战前5户,现在4户),而伙出土地却是增加的(战前山地25垧1亩半、平地5垧1亩,现在山地32垧、平地7垧2亩半)。战前有富农1户,余为中农,现在则全是中农。伙种的土地,不管本村外村地主伙给西坪人的土地,均在西坪附近,战前和现在都是一样的。

（三）租入租出与伙入伙出比较

表 8-24　租入租出和伙入伙出比较表

租入租出	伙入伙出
租入户的变化： 战前：中农租入地的 3 户。1 户因劳动力有剩余,如他有 1 个全劳动力,有中牛 1 条,每年可耕 50 垧地。而他自己只有山地 13 垧、平地 3 垧、水地 1 垧,共 17 垧。家有 4 口人吃饭,故又租山地 5 垧,是寺院地。 　1 户原为佃中农,自己根本没地,但有牛。有 4 个全劳动力,有大牛 1 条,每年可耕 80 垧地,故租牛友兰的山地 33 垧和平地 4 垧 1 亩半。到了 1941 年才把租进的山地以小米 19 石全买进来。 　1 户也因劳动力强,又有牛,自己土地不够种,故租进山地 12 垧。 　贫农租入土地的 8 户。其中 4 户因自己完全没地。1 户因有劳动力,自己地少,不够过活。1 户是有劳动力,向上升的贫农,现在买地买牛升为中农了。 　工人 1 户是个弹花工人,捎带种些地,但自己地很少,故租种山地 3 垧。 　现在：中农租入 5 户。1 户是贫农上升来的,租进的是平地和水地。1 户是因本家兄弟移走,留下地叫他种,每年不讲租,由佃户自由交(按战后定多寡)。1 户因自己有劳动力,地不够种,而出租户为寡妇,为其本家。1 户因躲外村负担移来西坪,没地,租种些地,一面辅助养家,一面不使劳力浪费,还可以作穷招牌减免正当负担。 　贫农 17 户,其中 7 户因自己完全没地,5 户地少,4 户转业来的,1 户由外村移来,没地(仅有的 1 垧山地还被其兄强制借种了)。 租出户变化： 战前：中农 8 户全是外村地,自己不便种。 　现在：中农 7 户中,6 户全是外村地,自己探不上种①,1 户因无劳动力。 租入地的变化： 战前：山地 196 垧,平地 18 垧 1 亩半。 　现在：山地 109 垧 1 亩半,平地 22 垧 2 亩,水地 1 垧 2 亩。 租出地的变化： 战前：山地 115 垧。 　现在：山地 68 垧 1 亩半,平地 1 垧。	伙入户的变化： 　战前：中农 2 户伙进土地。1 户是佃中农,自己没有土地,租入多山地,伙进多平地(5 垧)。1 户因其分居的弟弟(即现在升为富农的 1 户)尚年幼,与之伙种对半分,系照顾性质。现在弟弟已长大,成为全劳动力,土地遂完全自种了。 　贫农 5 户,2 户因完全没地,1 户因自己地不够种,与人伙种棉花,2 户因自己地少,伙种人家山地。 　现在：贫农伙进地 7 户。3 户因自己完全没地种,其中 2 户是战后移来的。2 户是转业来的,地不够种。2 户因自己山地不好,伙种平地。 伙出户变化： 　战前：富农 1 户,自己种不了。中农 4 户,3 户劳动力少,1 户当兵去了。 　现在：中农 5 户,4 户劳动力不足,1 户当兵去了。 伙入地的变化： 　战前：山地 25 垧 1 亩半,平地 24 垧 1 亩。 　现在：山地 32 垧,平地 16 垧 2 亩半,水地 1 亩。 伙出地的变化： 　战前：山地 25 垧 1 亩半,平地 5 垧 1 亩。 　现在：山地 32 垧,平地 13 垧 1 亩。

由上面比较看出,现在租入户增加,但租进土地减少,现在伙入户与战前一样,但伙入土地增加。现在租出户与战前同,但租出土地减少,现在伙出户与战前一样,但伙出土地增加。现在租入山地减少,平地和水地增加,现在伙入山地、平地、水地均增加。现在租出山地减少,平地增加,现在伙出山地增多,平地也增多。

租佃关系上发展的趋势是这样:租种地减少着,伙种地增加着。但无论租种伙种,都是择好地而用,所以造成这个趋势的基本原因从一个租出地和伙出地的中农谈话中可以看出,他说:

租种地对租出户的利是:保险能收到租子,收割不用管,佃户不肯"省粪";弊是:收得租粟少,要减租,分不到零碎东西。

伙种地对伙出户的利是:收得租粟多,能分到草和杂粮;弊:天年不好就收不到,佃户上粪少,

---

① 编者注:当地方言,即"地远无法耕种"之意。

尽先往他自己地上粪,收割必须亲在跟前(故伙种地必须是伙出户身边地)。

显而易见的,无论租种伙种,地主方面的利即佃户或伙入户方面的少利和不利,而地主方面的弊却是佃户(或伙入户)方面的利。特别是伙种的目前流行形式(即地主只出地,其他投资全无)对于伙入户不利多而且大。那么地主与伙入户间的更多更大的矛盾如何妥协呢?这是土地所有者方面对减租的一种迂回进攻方式,没有土地或少地的农民迫切需要使用别人的土地,特别当租出地减少的情况下,这种需要更显得迫切,"饥不择食"地只好迁就地主的一切剥削花样。

但是伙种地如果加上地主适当的投资,必使土地生产力提高,在此基础上收益必随之加多,民力物力也会增多起来,这对抗日根据地经济建设、增加国民经济收入是有很大帮助的。故这种经营方式可使劳动者逐渐增加,不劳而获坐食的人减少,是一种有条件的(即地主自愿或鼓励其多投资土地)比较进步的土地经营形式,是向富农经济的(即资本主义农业经济)一种适当过渡形式。西坪就有这样一个例子,一个中农叫刘锁处,自己劳动力少,种不过来地,1942年请来娘家侄高年儿与他伙种,除土地、种子、粪料自己全出外,还帮助一个全劳动力,讲明收益后给其娘侄分四分之一。这实际等于自己一个劳动力作自己土地的一半,以另一半与娘侄伙种对半分。看来好像是雇佣劳动者,但实际不然,因其并无讲定的工资,而是伙分收益。当我们调查时,他还替刘锁处隐瞒,比如今年他种了3垧棉花,但只给公家报了半垧,可见他对产量多少是直接关心的。如果他受苦好,应得四分之一的含量就多些,这和雇工同土地的关系是不一样的。

(四) 土地典押与回赎

土地典押无论战前和现在,西坪村都是很少的。兹将我们调查到的4宗典地和2宗押地分述于下:

典地4宗:

(1) 刘补敩,战前榨花工人,现在贫农。很早以前与其弟兄分居了,当时母亲由他家养活,养老的平地2垧归补敩使用,补敩将其以白洋40元典给本村中农刘厚昌。后因母亲嫌其太苦穷,又到长子刘丕寿家养活,养老地遂于1937年由丕寿赎回耕种。赎价除丕寿祖母(即补敩母亲)已付之白洋16元外,余24元全由丕寿家出了。1942年补敩提出要养老地三分之一(即2亩),按理应交丕寿赎价白洋8元,但经村人评议只出了白洋4元。至现在,地已交补敩收种了,而白洋4元尚未交付丕寿。

(2) 刘开堂,战前游民,现在贫农。于1936年(民国二十五年)以白洋7元、麦子1小斗、软米1小斗、黄米1小斗,将自己西凹外村(距西坪5里以外)下山地7垧典给西凹白米贵(成分不详)。1941年白米贵又贴找白洋10元变典为卖。

(3) 白桂堂,战前和现在都是中农。于1932年(民国二十一年)将自己赵家川口外村(距西坪10里)中平地4垧(实际够3垧)以白洋60元典给赵家川口赵侯留(据赵家川口调查)。1942年白以白洋13元赎回,赎价经高家村区公所评断,按典价二成给的(即赎价为典价20%)。

(4) 白桂堂,赎回赵家川口典地后,自己留用土地一半(2垧),后租种给西凹白朋诸变了5个牛工做租(这2垧地做起来实际只有2亩)。把另外的2垧于1942年又典给他的本家中农白海生(战前居住外村,后避免负担移进西坪),典价农票300元,典约上写成小米0.85石(以现在米价,折合白洋21元)。他谈写成米因票子"不妥定"。

押地2宗——(又称"捉地"):

（1）刘中堂，战前和现在都是中农。于 1934 年揭来本村中农刘芝堂白洋 120 元，月利 3 分，每年照交，4 年共付利钱白洋 150 元。揭钱时以地作押，言明"何年不付利息，地归债主暂用收益，本利交清，地归原主"。但因每年交利，故土地未被人收用。揭钱押地，未押契。

（2）刘福堂，战前和现在都是中农。10 年前借给西凹白骡驹（成分不明）晋钞 30 元（次年折成白洋 12 元），月利 3 分，最初只交过两年利钱（交过小猪 1 个、毡一床、麦子 1 小斗等），以后就要不下了[①]。但出租时押白旱平地 2 垧，刘福堂握"契"在手，言明不交利即拿回土地来，但因白家太穷，至今没有执行。

上面看出，典地的实际只有 3 户，即贫农 2 户、中农 1 户，典地都是因为使用钱。中农的典地在外村，也是值得注意的。押地，本村押进押出各 1 宗，都是中农，这是因为借贷关系形成的。典地除 1 户变典为卖外，其他 2 户回赎土地，都是贬价赎买的，押地也并没有实行。再加以主要由于战后借贷关系的停滞，使典押土地的几乎在西坪绝迹了。今年新成立的典地关系，典主与承典人均是中农，又是本家，这是十分保险的关系，故只能视作很特殊的现象。

五、租佃形式及租期变动

（一）租佃形式

（甲）租子形式。西坪山地、平地历年地租形式变化如下表：

表 8－25　山地历年地租形式变化表

年代	定租形式					交租形式					合计（宗）
	死租	活租	未讲定	粗粮	实租	死租	活租	粮租	未交	不明交法	
1937 年	14			14		5	7	12		2	14
1938 年	16			16		4	10	14		2	16
1939 年	13	1		14		2	10	12	1	1	14
1940 年	11	1	2	12		2	11	13	1		13
1941 年	11	1	4	12		1	15	16			16
合计	65	3	6	68							73
1942 年	11	2	2	14	1						16
总计	76	5	8	82	1	14	53	67	2	5	89
备考											

---

①　编者注：即"要不到了"。

表 8－26　平地历年地租形式变化表

年代	定租形式								交租形式								合计（宗）
	死租	未讲明	钱租	粮租	牛工租	棉花租	肉租	现交	死租	活租	钱租	粮租	肉租	现交	未交	不明	
1937 年	4	1	1	2					3	1	1	2				1	4
1938 年	4	1	2	1			1		2	1	2	1	1			1	5
1939 年	3	1	3				1	1	3	1	3	1	1	1			5
1940 年	7	2	5	2			1	2	3	5	4	4	1	2	1		10
1941 年	5	2	3				1	1	3	4	2	5	1	1			8
合计	23	7	14	7			4	4									32
1942 年	14	2			1	13											16
总计	37	9	14	7	1	13	8	8	14	12	12	13	4	4	1	2	48
备考	（1）内有 1 宗租寺院地，已现交租白洋 13 元，秋收后寺地归行署所有，又向佃户收粮租 0.9 石未计入。 （2）表右边合计据每年实际租地的"宗"数。 （3）牛工租只租地 1 垧，以 5 个牛工当租，合白洋 5 元。 （4）肉租是指租种寺院和尚地，与僧通奸，不交租。																

上表显示西坪山地、平地租子形式有下列几种：

以"租额"定的有：

死租：租地时讲死，收成好坏租额（数量和质量）不能变更，要照交。普遍的形式。

活租：租地时讲定，收成不好可以少交，即租额虽讲定但可变更，只能少交不能多交。山地有且多是下山地的租子形式。

未讲定：租地时不讲定租额，看收成好坏定交多少。平地比山地采用的多，山地一种是最好地，一种是最坏地。

实租：租地时讲明降低租额或不降低租额以后，实交不减租，是死租的另一种形式。它是减租流行后才出现的，是回避减租的一种手段，故有时契上明白写着"实交不减租"或"已减之实租"等。

以"租类"定的有：

粮租：收后完全交粮食，山地、平地均有，山地完全是。有的讲交都是粮食租，有的不讲但交粮租。

钱租：收后交钱，也有现交钱的，全是平地，山地没有。

棉花租：租地时讲好收后全交棉花。1942 年行署寺院平地才开始出现，这是因为鼓励种棉，以前老百姓没有采用这种形式的，多是钱租（不管出租之平地由佃户种棉种粮）。

牛工租：租地时讲好以佃户牛耕地 5 垧（5 个牛工）再不收租，为劳役租之一种。西坪 1942 年有一中农租出平地 1 垧给外村人，即用此租子形式。

肉租：女人和寺院和尚通奸，和尚每年准无代价"租种"寺院地若干，不要租，和尚经常去佃户家食宿。西坪有 2 家，一家已 20 余年，一家已五六年。"肉租"是我们起的名字，因为农村确有这事实存在，不能抹杀。

以"租期"定的有：

现交租：又称"上搭租""现租"。租地时讲定"交租种地"，全是平地钱租，不现交即不给地种。西坪历年共有 4 宗，外村和本村出租户均采用。

此外为秋收后交租,又称"下搭租",最普遍的一种形式,山地、平地均有。

从上表可以看出,抗战以来山地、平地租子形式变化如下:

山地租子形式:原定租战前全为死租,1939 年起活租出现,死租则相反的自 1940 年起减少着,战前为 14 宗,现在 11 宗。1940 年起,"未讲定"的形式也有了,战前没有此形式,现在有 6 宗。1942 年有实租 1 宗出现。交租活租比战前增多,战前死租活交比为 14 比 7,现在死租活租[交]比 16 比 14,即战前死租活交为 50%,现在为 87%,未讲定的都交了粮租。山地始终没有钱租。这种死租活交,只有个别的是减了租(后面减租中再讲)。

平地租子形式:原定租,战前即有"死租""未讲定"等形式,但无活租,钱粮租均有。自 1938 年起,"未讲定"形式增加了 1 宗,直到现在。钱租现在也比战前增加了 2 宗(战前 1 宗),粮租未变。1939 年起现交租出现,1942 年起棉花租也有了。交租战前死租交比为 4 比 1,现在为 8 比 4,即战前死租活交为 25%,现在为 50%。1940 年起粮租增多(战前 1 宗,1940 年 4 宗,现在 5 宗),钱租 1938 年也增多,1941 年起又减少了(战前 1 宗,1940 年 4 宗,现在 3 宗)。现交的已真正现交了,死租活交中只有 1 户减租的。也有"讲钱交粮"的,共 3 宗,举例如下:

例一:白开芝,贫农,1940 年租寺院中平地 1 垧,收谷子 1.2 大石,原定租白洋 10 元,收后交谷子 0.5 大石。

例二:李桃儿,贫农,1940 年租寺院下平地 2 垧,收棉花 120 斤,原定现交租白洋 13 元,但收后寺地收归行署,又补交行署租子谷 0.9 大石。

例三:白海兴,中农,1940 年奶奶租中农白桂堂中平地 2 垧、下平地 1 垧,收粗粮 2.5 大石,原定租白洋 13 元,佃户代交白桂堂公粮 0.5 大石作罢。

(乙)西坪山地、平地伙种分法的变化如下表:

表 8－27　山地伙种分法变化表

年代	原定分法		实分法					合计(宗)
	对半分	四六分	对半分	四六分	三七分	三七五分	不明	
1937 年		3	1	倒 1			1	
1938 年	1	1					2	
1939 年		2		倒 1			1	
1940 年		3		倒 2		1(实际倒四六分)	1	
1941 年		6	$\frac{1}{2}$	倒 1 $\frac{1}{2}$	2		2	
合计	1	15						
1942 年	1	1						
总计	2	16	$\frac{1}{2}$	5 $\frac{1}{2}$	2	1	7	
备考	倒 1 $\frac{1}{2}$ 是 1 宗收成中谷子是对半分(因上年欠了租),棉花倒四六分。下表同此。因此宗地有山地、平地合在一起伙种,山地收谷,平地收棉。							

注:老百姓讲都是四六分,实际有四六分、倒四六分者。原来讲法不能一一考证,但在实分中,均按照所交租实数分别出正四六分和倒四六分,以后均仿此。

表 8-28　平地伙种分法变化表

年代	原分法			实分法						合计（宗）
	对半分	四六分	未讲定	对半分	四六分	三七分	三七五分	不明	未分	
1937 年	5	1		4				2		6
1938 年	6	1		3	倒 1			3		7
1939 年	5	1		2				4		7
1940 年	6	4		5	倒 2 正 1			2		10
1941 年	9	3		3 $\frac{1}{2}$	倒 3 正 1	1	1.5	1	1	12
合计	31	10								42
1942 年	7		1							8
总计	38	10	1	17.5	倒 6 正 2	1	1.5	12	1	50

上表显示，西坪伙种地有 5 种分法，其中原定分法山地有 2 种，即对半分和四六分，平地除对半分、四六分之外，又有"未讲定"于 1942 年出现。兹将每种分法列下：

对半分：伙主伙入户各分收成一半。

四六分：伙主分六，伙入户分四。

倒四六分：伙主分四，伙入户分六。

三七分：伙主分七，伙入户分三。

三七五分：伙主得收成 37.5％，伙入户得 62.5％。

未讲明：与租种地同，收后议分法。

从 1942 年起，才有个别伙主帮助伙入户肥料，得对半收成，此外伙主只是出土地而已。

例如：中农刘彦堂 1941 年伙出平地 1 垧给其妻哥高在拴（贫农），讲明对半分，并出粪 10 驮，地种西瓜失败，没有分。

中农白占奇 1942 年伙出水地 1 亩给高在拴，讲明对半分，地主出粪 10 驮，1 亩地的三分之二均种上大烟。

西坪山地伙种实际几全为倒四六分，因地比较坏些。四六分和对半分的全是比较好些的平地，而平地讲的几全是对半分，倒四六分的是比较坏些的平地，只有少许下等平地自 1940 年起才增加了倒四六分法。

三七分和三七五分是个别减租户的分法。抗战以来伙种地是逐年增加的，而其分法，平地以对半分、山地以倒四六分法占绝对优势。若以百分比看，对半分占平地伙种分法 79％，倒四六分占 17％；倒四六分占山地伙种分法 80％，对半分占 12％。

战前和现在各种伙种实际分法所包含之土地质量如表 8-29（以垧计）。

表 8‑29　各种伙种地实际分法之土地质量表

	战前(1937年)									现在(1941年)									合计	
	山地			平地			水地			山地			平地			水地			战前	现在
	上	中	下	上	中	下	上	中	下	上	中	下	上	中	下	上	中	下		
对半分		8		9										2	2				17	4
四六分						2									1				2	1
倒四六分		2									8	2			3.5				2	13.5
三七分												4	2							6
三七点五分													9	3						2
未讲定														1						1
未分														1						1
不明		11.5									2	9		5					11.5	16
合计		21.5		9		2					10	15	15	14.5					32.5	44.5
备考	(1) 这里均以实分法计,现在尚未收,故取 1941 年材料。 (2) 不明分法中,战前山地原定四六分(可能就是倒四六分),其他实分不同,亦均讲定四六分。战后山地 11 垧也是定四六分。 (3) 不明分法中战后平地 5 垧,讲定对半分。																			

不论怎样分法,习惯是收后谷物除了种子再分,一般是每垧地除粗粮 1 大升,伙主出种子除给伙主,伙入户出种子除给伙入户,此习惯战前到现在未变。

（丙）历年租佃土地变化。兹将西坪历年租佃土地变化评述之。

表 8‑30　山地历年租种变化表

年代	户数	山地			合计
		上	中	下	
1937 年	14	6	117	137	260
1938 年	16	6	117	147	270
1939 年	14		113	144	257
1940 年	14	3	118	94	215
1941 年	16	3	76	86	165
1942 年	16	2	40	76	118

表 8‑31　山地历年伙种变化表

年代	户数	山地			合计
		上	中	下	
1937 年	3		21.5		21.5
1938 年	2		18.5		18.5
1939 年	2		18.5		18.5
1940 年	3		21.5	4	25.5
1941 年	6		10	15	25
1942 年	2	5	16.5	10.5	32

上表说明山地租种历年减少,战前为 260 垧,现在为 118 垧,占战前 45.4%。其中上山地占战前 33%,中山地占战前 34.3%,下山地占战前 55.4%,好地出租减少比坏地多些。

山地伙出历年增加,战前为 21.5 垧,现在为 32 垧,占战前 152.3%,其中上山地增加了 5 垧。

租种户也比战前增多,战前 14 户,现在 16 户。伙种户比战前一度增加,现在又减少,如战前 3 户,1940 年 3 户,1941 年 6 户,1942 年 2 户。

战前每户平均租山地 18.5 垧,现在每户平均 7 垧。战前每户平均伙种 7.1 垧,现在每户平均 16 垧。

可见山地租种是愈分散了,而伙种是比较集中些。

表 8-32 平地历年租种变化表

年代	户数	平地			合计
		上	中	下	
1937 年	4		4	5	9
1938 年	5		2	5	7
1939 年	5		2	5	17
1940 年	10		6	7	13
1941 年	8		17.5	6.5	14
1942 年	16	$1\frac{2}{3}$		17.5	$19\frac{1}{6}$

表 8-33 平地历年伙种变化表

年代	户数	平地			合计
		上	中	下	
1937 年	6		9	15	25
1938 年	7		13	15	28
1939 年	7		13	12.5	25.5
1940 年	10		11	15.5	26.5
1941 年	12		13	16.5	29.5
1942 年	8		12	$9\frac{5}{6}$	$21\frac{5}{6}$

上表说明平地租种历年增加,战前为 9 垧,现在为 $19\frac{1}{6}$ 垧,占战前 211%。其中上平地增加 $1\frac{2}{3}$ 垧,中平地没有了,下平地占战前 35%。

平地伙种增减不定,曾数度增加,现又减少。战前 25 垧,1938 年 28 垧,1939 年 25.5 垧,1940 年 26.5 垧,1941 年 29.5 垧,现在 $21\frac{5}{6}$ 垧,比战前还少一些,占战前 88%。

租种户比战前增加,战前 4 户,现在 16 户。伙种户比战前也增加,战前 6 户,1941 年增到 12 户,现在为 8 户。伙种户现在增加不快,是行署寺地租子低,吸引了一部伙种土地的人租种寺地了。

战前每户平均租平地 2.215 垧,现在 1.18 垧。战前每户平均伙种 4.16 垧,现在 2.75 垧。平地租种伙种均是愈分散的。

平地租佃关系变动如表 8 - 34。

表 8 - 34　平地租佃关系变动表

租佃形式	年代	宗数	1938年		1939年		1940年		1941年		1942年	
			来	留	来	留	来	留	来	留	来	留
租种	1937年	4		3		2		2		1		
	1938年	5	2			2		2		1		
	1939年	5			1			1		1		
	1940年	10					5					
	1941年	8							5			
	1942年	16									16	
	合计	48	2	3	1	4	5	5	5	3	16	
伙种	1937年	6		6		4		2		2		1
	1938年	7	1			1						
	1939年	7			2							
	1940年	10					8			6		3
	1941年	12							4			1
	1942年	8									3	
	合计	50	1	6	2	5	8	2	4	8	3	5

上表指出,平地租种 1937—1942 年 6 年实际共 32 宗,伙种 20 宗。

租种33宗中:	％(33＝100)
一年的:27 宗	82％
二年的:1 宗	3％
三年的:2 宗	6％
四年的:2 宗	6％
五年的:1 宗	3％

伙种23宗中:	％(23＝100)
一年的:7 宗	30.4％
二年的:9 宗	39.1％
三年的:5 宗	21.7％
五年的:1 宗	4.4％
六年的:1 宗	4.4％

可见平地租种比伙种变动更大。租种一年的占全租种 82％,伙种一年的占全伙种 30.4％;租种一年二年而变动的占全租种 85％,伙种一年二年即变动的占全伙种 69.5％。

(二)租佃关系在大变动中(不稳定性)

山地租佃关系变动如表 8 - 35。

表 8-35　山地租佃关系变动表

租佃形式	年代	宗数	1938年		1939年		1940年		1941年		1942年	
			来	留	来	留	来	留	来	留	来	留
租种	1937年	14		14		10		6		3		2
	1938年	16	2			1		1		1		1
	1939年	14			3			2		2		1
	1940年	14					5			2		
	1941年	16							8			1
	1942年	16									11	
	合计	90	2	14	3	11	5	9	8	8	11	5
伙种	1937年	3		1		1		1				
	1938年	2	1			1						
	1939年	2										
	1940年	3					2		2			
	1941年	6							4			1
	1942年	2									1	
	合计	18	1	1		2	2	1	4	2	1	1

上表指出,山地租种 1937—1942 年 6 年实际共 43 宗,伙种 11 宗。

租种43宗中:　　　　　　　　　　　％(43＝100)

　　一年的:23宗　　　　　　　　　53.5％

　　二年的:7宗　　　　　　　　　16.3％

　　三年的:5宗　　　　　　　　　11.6％

　　四年的:4宗　　　　　　　　　9.3％

　　五年的:2宗　　　　　　　　　4.65％

　　六年的:2宗　　　　　　　　　4.65％

伙种11宗中:　　　　　　　　　　　％(11＝100)

　　一年的:6宗　　　　　　　　　54.6％

　　二年的:4宗　　　　　　　　　36.4％

　　四年的:1宗　　　　　　　　　9％

可见山地的伙种比租种变动更大。租种一年的占全部租种的 53.5％,伙种一年的占全伙种 54.6％;租种一年二年变动的共占租种 69.8％,而伙种一年二年而变动的占全伙种 91％。

若以山地平地合计,1937—1942 年共租种 75 宗,伙种 31 宗。

租种76宗中:　　　　　　　　　　　％(76＝100)

　　一年的:50宗　　　　　　　　　65.7％

　　二年的:8宗　　　　　　　　　10.5％

　　三年的:7宗　　　　　　　　　9.2％

　　四年的:6宗　　　　　　　　　8％

五年的:3 宗	4％	
六年的:2 宗	2.6％	
伙种34 宗中:	％(34＝100)	
一年的:13 宗	38％	
二年的:13 宗	38％	
三年的:5 宗	15％	
四年的:1 宗	3％	
五年的:1 宗	3％	
六年的:1 宗	3％	

所有西坪租地中,抗战以来一年租期即变动的占全租种 65.7％,一年二年即变动的共占全租 76.2％。伙种一年租期即变动的占全伙种 38％,一年二年变动的共占全伙种 76％。

就山地、平地全体看来,租种变动更大些,二年以上的、四年五年的租种百分数大些,三年六年的伙种百分数大些。

租种 5 年的 3 宗,列举如下:

例一:西坪战前工人、现在贫农白根小租高家沟地主高光宗下山地 3 垧,战前租起,租至 1941 年秋收后退租。历年地收粗粮 5 大斗,原定租粗粮 3 大斗,但他 5 年来均只交租 1.5 大斗,原定租为产量 60％,实交为 30％。

例二:西坪中农白栋之、白再栋、白初栋弟兄三家一块租出 20 里以外苏家塔祖业地(祖宗遗留下来的)中山地 51 垧,历年产量不详,原定租粗粮 3 大石,收租三家分。但实际 1937 年才收租 4.5 大斗,1938 年收租 9 大斗,1939 年收租 9 大斗,1940 年收租 9 大斗,1941 年才收租黑豆 1 大石 8 斗,秋收后 51 垧地完全卖掉。

例三:西坪贫农李桃儿 1939 年起租种寺院下平地 2 垧(实际是中等地),原定租白洋 13 元,是现交租。李桃儿是个寡妇,村人呼之为"劳动英雄",顽些,不说实话。历年产量未探清,只知道 1941 年共收棉花 120 斤,现交寺院租子白洋 13 元,秋收时寺地已收归行署,又向其要租子谷 9 大斗,1942 年未再租种。

租种 6 年的 2 宗,列举如下:

例一:西坪贫农白乃海战前租种寺院中山地 4 垧、下山地 4 垧,原定租粗粮 5 大斗。1937—1939 年均收粗粮 2 大石,1940 年收 1 大石 6 斗,1941 年收 2 大石,历年租子均实交。1942 年改归行署出租,改定实租 5 大斗。

例二:西坪中农刘芝堂、刘有堂两家,共同租出祖业地中山地 10 垧、下山地 20 垧(契上写 35 垧),出租给保女,佃户与土地均在 10 里外的张家玛。地是战前出租的,原定租 5 大石,历年产量不详,但据西坪估计,每年可收粗粮至少 9 大石。但 1937 年交租 3 大石 5 斗,1938 年交租 1 大石,1939 年交租 1 大石 5 斗,1940 年交租 1 大石 5 斗,1941 年交租 2 大石 2 斗 5 升,至 1942 年还租种着。

伙种 5 年的 1 宗,如下:

例:西坪佃中农白应海(现在是自耕中农)战前租城内白高堂(成分不详)中平地 2 垧、下平地 3 垧,地在西坪。原定对半分,1940 年为四六分(欠租),现在又为对半分,历年收成记不清,未报。1940 年收棉花 100 斤、谷 2 大石 2 斗,实交棉花 38 斤、谷 1 大石 1 斗。

伙种 6 年的 1 宗,如下:

例:贫农白乃海 1932 年伙种黑峪口地主任玉英中平地 7 垧,地在西坪,原定对半分,至今年犹未改动,历年均是实际对半分的。其收成是:1932 年棉花 280 斤,1933 年棉花 280 斤,1934 年棉花 280 斤,1935 年棉花 210 斤,1936 年棉花 210 斤,1937 年棉花 210 斤,1938 年粗粮 7 大石,1939 年粗粮 7 大石,1940 年粗粮 7 大石,1941 年谷子 7 大石,1942 年种棉花。

从这些例子中可以看出,租种伙种期比较长些的除寺院一部外,余为本村租户的外村地或外村地主的本村地,地在本村,距租户近些的变动性更大。所以这样规定的理由是:

租种山地 6 年以上,因山地出租多,可以使现在和将来佃户得到比较长期使用土地的保障。租种平地 5 年,因平地出租比较少、时期短些,可以使平地出租增加起来。伙种不投资:山地 4 年以上,时期短些,可以促进山地伙种的发展;平地 5 年,因现在伙种平地的多,可以使现在和将来平地伙种户得到比较长期的使用土地。伙种投资:山地 3 年以上,时期短,可以吸引某些伙主多少向伙种之山地投些资;平地 4 年,时期比不投资短些,可以使有些伙主考虑向伙种平地投资。

租佃现状是山地租种多、时间短,平地伙种多、不投资、时间短。无论租种伙种,均怕减租,佃户也不积极减租,明减暗不减。如果法定以租佃土地时期限制,并照顾老百姓目前爱时期短心理,而又适当限制其巨大变动性,拿租期拉长或缩短,助以减租减息,推动地主向伙种地投资,并使这种投资性的伙种在山地、平地中均有更大发展。另一方面保证佃户和伙种户安心经营土地,以增加国家财富收入。

六、租率与租佃中的宗族血缘关系

(一) 租率

兹将抗战以来租率变化列之。

(甲) 山地租率变化

表 8 - 36 抗战以来历年租种山地最高、最低、平均租率变化表

		最高租率(%)	最低租率(%)	平均租率(%)	备考
1937 年	原	60	17	36	8 宗平均的
	实	50	17	34	
1938 年	原	67	17	38	9 宗平均的
	实	53	17	34	
1939 年	原	75	25	55	7 宗平均的
	实	50	12	34	
1940 年	原	75	40	55	9 宗平均的
	实	35	13	28	
1941 年	原	86	13	32	11 宗平均的
	实	36	13	26	
1942 年	原				
	实				

表 8 - 37　抗战以来每垧山地租率变化表

	土地(垧)	产量(大石)	原租	实交	原租率(%)	实租率(%)
1937 年	1	0.36	0.129	0.123	35	34
1938 年	1	0.33	0.13	0.11	40	33
1939 年	1	0.28	0.15	0.095	53	34
1940 年	1	0.23	0.13	0.059	56	25
1941 年	1	0.2	0.06	0.052	30	26
1942 年	1		0.108			

　　由上表看出,战后每垧山地产量是历年减少的,战前 0.36 大石,1941 年为 0.2 大石,比战前产量减少 45%。由于产量减少,使原租率提高,但实交租额是绝对一年一年的降低了。这是受战争和减租减息的影响。

　　自 1940 年起有了"活租"和"未讲定"租出现,计活租 1 宗,原租率为 57%,实租率为 17%,均系外村地主的地,多半因土地不好与亲属关系两个因素助成的。而地在本村的多,故实交租率不会比活租低些。

　　(乙)平地租率变化

表 8 - 38　抗战以来每垧平地粮租率变化

		垧	产量(大石)	原租	实交	原租率(%)	实租率(%)	备考
1937 年		1	0.67	0.25		37		
	未讲	1	0.5		0.1		20	坏地
1938 年	定明	无						
	未讲	1	0.5		0.1		20	坏地
1939 年	定明	无						
	未讲	1	0.3		0.05		17	坏地
1940 年		1	0.85	0.125	0.125	15	15	
1941 年		1	0.85	0.46	0.306	54	34	
1942 年	定明	1		棉花 10 斤				
	未讲		共 2 宗	牛工 5 个				

　　表 8 - 38 说明平地每垧土地的产量是逐年增高的。如战前为 0.67 大石,1941 年为 0.85 大石,增高 127%,这是由于人力集中于平地的结果,不像山地受天时限制之大。平地原租额战后虽曾一度减低,如 1940 年,但到了 1941 年又有提高之势,特别自 1942 年起更为确定的提高了,这是受种棉刺激之故。平地租率无论原定实交,其上升下降规律不一,"未讲定"租在平地历年均是坏地。

　　从 1942 年起,平地全为棉花租,每垧合棉花 9 斤,以现价折合白洋 10 元,可买小米 0.5 大石。上、中、下平地每垧平均可收棉花 45 斤(平常年份如 1941 年),合白洋 45 元,其原租率为 22%,比之山地现在实交平均租率 26%、平地现在实交平均租率 34% 都低多了。平地种棉比种粮收益大两倍半,租率却减少三分之一,更不用说粮食实征公粮,而棉花减半征公粮。所以西坪今年种棉是有超过战前水平之势,平地几全种棉了,只有 1 户出租平地 1 垧,换牛工 5 个给自己耕地。

（丙）钱租租率变化

自1937年到现在,西坪平地吃钱租的共7宗,占全出租平地33宗中21％,共吃钱租土地42垧2亩,寺地就占22垧。兹将历年钱租举实例如下:

表 8 - 39　抗战以来历年钱租租率变化表

年代	平地	产量(大石)	产量折合白洋(元)	原租	折合白洋(元)	实交	折合白洋(元)	原租率(％)	实租率(％)
1937年	2½	粗粮 3	13.5白洋	流行票10元	8.3	晋钞 10元	8.3	61.4％	61.4
1938年	1	棉花 60斤	33元	白洋 10元		白洋 10元		30.3	30.3
	2½	谷子 1.5	9元	流行票10元	6.7	晋钞 10元	6.7	74.4	74.4
1939年	1	棉花 40斤	26元	白洋 10元		白洋 10元		38.46	38.46
	2	粗粮 2.2	22元	白洋 13元(现交)		白洋 13元		59	59
	2½	谷 1.5	15元	流行票10元	3.3	晋钞 10元	3.3	22	22
1940年	1	谷 0.3	3元	白洋 1.5元(现交)		白洋 1.5元		50	50
	1	谷 0.6	5.85元	白洋 4元		白洋 3元		68.6	51
	1	谷 1.2	11.7元	白洋 10元		谷 0.5大石	4.88	85.4	41.7
	2	粗粮 2	19.5元	白洋 13元(现交)		白洋 13元		66.7	66.7
	2½	谷 1.5	14.625元	流行票10元	1.4	农票 25元	6	10	41
1941年	1	棉花 14斤	14元	白洋 1元		白洋 1元		8.9	8.9
	2	棉花 120斤	120元	白洋 13元(现交)		交和尚白洋13元,又交行署谷0.9大石(白洋10.35元)		13.5	27.4
	3	粗粮 2.5	28.75元	白洋 15元		小米 0.5大石	11.5	52	40
1942年	17⅔		共棉花租172.5斤			每垧平均租棉花9.75斤,合白洋10元			
合计	25	粗粮16.3石、棉花234斤	335.99元	110.2元		105.18元		32.2	31.31

再看每年平均租率如下：

表 8‑40 抗战以来每年平均租率表

年代	原租平均率(%)	实交平均率(%)	折合宗数
1937 年	61.4	61.4	1
1938 年	40	40	2
1939 年	45	45	3
1940 年	52.8	51.7	5
1941 年	17	22	3
总平均	32.2	31.31	14

从上表看出钱租抗战以来历年增加，到 1940 年为最多,5 宗,1940 年以后又开始减少(3宗)。而其租率除 1937 年 1 宗最高外,1938 年减低少许,1939 年又上升,至 1940 年达 51.7%～52.8%,1941 年起落到 17%～22%。而其历年平均原租率为 32.2%,实交率 31.31%。可见钱租是不减租的,其中变动是产量历年不同变动来的,其中有 2 宗是现交租。

历年实交租有变动的,是 1940 年的流行票 10 元租子改交农票 25 元,1941 年寺地一宗白洋13 元现交租,地归行署后又重交租谷子 9 大斗,同年白洋 15 元一宗,租子由承租户代租户交公粮 5 大斗。钱租变动仅此,其他改钱租为粮租的尚未见到,这也许由于原来钱租即以白洋作单位,而白洋借贷停滞,但白洋价格变动不大,又为人民唯一交换工具,故均乐于多收些白洋。即使有改变钱租的,也是采取收回转租的方式,没有直接改变的。若以每垧平地历年平均粮租与钱租率变化比较,则如下表：

表 8‑41 抗战以来每垧平地历年平均粮租率与钱租率变化比较表

年代	地	平均原粮租率(%)	平均原钱租率(%)	平均实交粮租率(%)	平均实交钱租率(%)
1937 年	1	37	63	20	63
1938 年	1		46	20	46
1939 年	1		48	17	48
1940 年	1	15	56	15	52
1941 年	1	54	18	34	23
总平均	1	35	32	22.7	31

由上可见,历年钱租是比粮租高一倍至数倍,只有到 1941 年才显得减少些。历年钱租是实交的,只有到 1941 年才略有变动,已如上述。钱租 1941 年开始减少,想必与严禁白洋有些关系。但粮食价格涨落不定,钱租也随之变动不已,故收粮租比钱租稳当些。

(丁) 伙种地租率

伙种地分山地、平地两种。兹将历年两种土地伙种租率变化列下：

表8-42 历年山地平地伙种租率变化表

年代	山地（垧）	原租率（%）	实租率（%）	平地（垧）	原租率（%）	实租率（%）
1937年	2 8 11.5	60 40 40	40 50 不明	22 2	50 60	50 不明
1938年	7 11.5	50 40	不明 不明	4 2 22	60 60 50	50 50
1939年	11.5 7	60 40	40 不明	4 21.5	60 50	50
1940年	19.5 2	60 40	40 37.5	2 1 5 $18\frac{1}{2}$	60 60 60 50	40 60 不明 50
1941年	8 4 4 13	60 60 60	40 70 不明	2 1 2 1 2 5 $1\frac{1}{2}$ 2	60 60 50 50 60 50 50 50	70 40 80 60 50 37.5 40 50
1942年	5 11.5	$25\left(\frac{1}{4}\right)$ 60		1 $\frac{13}{3}$ $16\frac{1}{2}$	未讲定 $25\left(\frac{1}{4}\right)$ 50	

注：土地垧数是各种分法相同者合计起来的

从表8-42看出，山地伙种战前原租率为40%～60%，现在全为60%；实租率战前为40%～50%，现在为40%，个别有为70%。平地战前原租率为50%～60%，现在仍为50%～60%，战前和现在均流行；实租率战前为50%，现在为37.5%～70%，而以50%居多，可见与战前亦很少差异。上表看出1941年为平地伙种实租率最混乱的一年，高低相差极大，有些因减租，有些产量太低，有些是要退伙的。1942年原租率又在50%的水平上稳定下来。

（戊）混合地租率变化

此外尚有几宗没有统计在租佃表内，因为山地和平地混在一起出租，我们称它为混合地。这些地出租户都是外村的地主，时期很长，带"股子"地性质。另外有些是西坪本村的伙种地。兹全部列举如下：

（1）战前贫农、现在商人刘丕寿，于民国二十六年（1937年）租蔡家崖地主牛友兰下山地14垧、下平地3垧，原定活租粗粮1.5大石，至二十八年（1939年）退租。期〔其〕间，1937年收谷3.5大石、棉花90斤（折谷6大石），实交租粗粮1大石，实租率10.6%，原租率16.4%；1938年收获量与1937年同，共折谷11.75大石，实交1大石，实租率8%，原租率12%；1939年收粗粮3大石，实交1大石，实租率33%，原租率50%。

（2）贫农白常怀于 1937 年租黑峪口地主李林西上山地 1 垧、中山地 5 垧、下山地 15 垧，共 21 垧，下平地 2 垧（契上共写山地 30 垧），讲定死租粗粮 4.5 大石，至今还租着。1937 年到 1939 年均收粗粮 7.5 大石，均交 4.5 大石，原租率和实租率均为 47.3%。1940 年产量不详，但仍实交租 4.5 大石。1941 年收谷 6.35 大石、棉花 40 斤（折谷 4 大石），共谷 10.35 大石，实交租 1 大石，原租率为 43.4%，实租率为 8.9%。

（3）战前贫农、现在中农白来怀，于 1937 年租种于家苑地主王生慕下水地 $\frac{2}{3}$ 垧（2 亩），原租定死租白洋 9 元，至今还租着。1937 年收棉花 60 斤（折白洋 19.8 元），实交租白洋 9 元，原租率和实租率均为 45.5%。1938 年收谷 0.75 大石（折白洋 4.5 元），实交租白洋 9 元，入不敷租。1939 年收棉花 50 斤（折白洋 32.5 元），实交棉花 6 斤（折白洋 3.9 元），原租率 28%，实租率 12%。1940 年收荞麦 0.5 大石（折白洋 2.25 元），因收成失败，未交租。1941 年收棉花 70 斤（折白洋 70 元），实交租白洋 8 元，原租率 12.8%，实租率 11.4%。据他说，未交租因种麦丢了籽。1941 年不打算交白洋 8 元，因棉花多收又贵，故未少交。

（4）战前佃中农、现在自耕中农白应海，于 1929 年租蔡家崖地主牛友兰上山地 4 垧、中山地 6 垧、下山地 23 垧，共 33 垧，中平地 2 垧、下平地 $2\frac{1}{2}$ 垧（2 垧半），共 4 垧半，山平地合计 37 垧半。原定活租粗粮 5.5 大石，租至 1941 年秋收后土地卖出止。1929—1935 年 7 年间每年收粗粮 10 大石。期［其］间，1929—1934 年实交租分 4.4 大石、4 大石、3.8 大石等，总之每年都少交，原租率均为 55%，但实租率在 44% 至 38% 之间。1935 年实交租 3.9 大石，实租率为 39%。自 1936 年起，每年收成均比 1936 年以前少些，影响原租率也少许降低，实交租 1936—1939 年均为 2.5 大石，实租率 25% 以下。1940 年实交租 2.4 大石，实租率 24% 以下。1941 年收粗粮 10.5 大石、棉花 16 斤（折谷 1.6 大石），共粗粮 11.35 大石，实交租 3.9 大石，实租率 34%，原租率 48%。1941 年本应实交租粮 2 大石（按对半收成减租后应交之数），因 1940 年欠，应交实租 1.9 大石，故补交为 3.9 大石。此地中的平地 1941 年被西坪两家中农白栋之、白三多各买去一半（名义 4 垧半，实际够 9 垧），其余山地全部叫佃户以 19 小石米买去。

（5）贫农白乃海于 1941 年租城内地主王秀琪（现住张家圪垛）外村地中山地 8 垧、中平地 5 垧，产量不明，原定租 2.5 大石，实交租 1.5 大石，实租为原租 60%，而少交 40%。

（6）中农刘张敩于 1941 年租贫农刘抵堂（因地不够种，战后移居城东大坪头，距西坪百里）下山地 6 垧、中平地 1 垧半，原租未讲定，收粗粮 21.5 大石，实交租 0.5 大石，实租率 23.5%。[1]

（7）战前雇工、现在贫农白润六，于 1942 年租寺院和尚地下水地 1 垧，讲死租棉花 24 斤。

混合地伙种分法及租率变化如下：

（1）贫农白侯孩于 1938 年伙种本村中农刘志忠下山地 8 垧、下平地 2 垧，共 10 垧，至 1940 年止。原分法 1938 年对半分，1939—1940 年均为四六分。实际分法 1938 年交棉花 20 斤、粗粮 1 大石，倒四六分，1940 年只山地实交粗粮 0.6 大石，倒三七分。租率变化是：

---

① 编者注：原文如此，疑产量有误。

	原租率	实租率
1938 年	50	平 50
		山 40
1939 年	60	40
1940 年	60	40

（2）贫农王平苏于 1940 年伙种本村中农刘志忠下山地 5 垧、中平地 2 垧,共 7 垧。原定四六分,实际倒三七分,原租率 60%,实租率 30%。当年刘将地收回,王无地可种,又回周家凹（距西坪 10 里）原籍。

（3）贫农高在拴于 1941 年伙种中农白占奇（战后移居花园沟）中水地 1 亩,讲定对半分。

由上看出,混合地的租率无论租种伙种,时间较久的实交租一般是下降的,特别活租变动更大。如牛友兰地比战前少交几达一半,李林西地少交六分之五（战前 6 斗,现交 1 斗）,王生慕地少交四分之三（战前 4 斗,现交 1 斗）。伙种分法因生产量减低原租率提高（由 50%～60%）而实际减低（由 50%～30%）,而到 1941 年又是上涨的（参看伙种地租率变化）。

（己）减租

表 8－43　西坪减租情形表

佃户成分	地主成分	山地	平地	产量	原租	实交	原租率	实租率	减租率	减租时间	佃户村	地主村	关系
贫农	雷根树①	7		2.5	1	0.6	40	24	60	1940 年	张家圪垛	张家圪垛	女婿
中农	地主	33		10.75	5.5	3.9	45	31	53	1940 年	西坪	蔡家崖牛友兰	无
			4.5	棉 16 斤（合 12.75）									
贫农	寺院		2	1.25	0.8	0.48	64	38	60	1941 年	西坪	崇教寺	无
贫农	地主	20			1.45	1			70	1941 年	西坪	黑峪口刘三儿子	无
贫农	中农		2	0.5 大石	对半分	0.2 大石	50	40	80	1941 年	西坪	西坪	侄子
贫农	地主	7		7	对半分	2.625	50	37.5	75	1941 年	西坪	黑峪口任玉英	无
贫农	寺院		1	棉花 40 斤	对半分	棉花 55 斤	50	45	85	1941 年	西坪	崇教寺	无

从上表看出,西坪 1940 年山地租佃关系（仅指出租,伙种在外）共有 14 宗,而减租的只 2 宗,占全部租佃宗数 14%,伙种地根本未减。这 2 户被减租的均是地主,一为蔡家崖牛友兰,一为张家圪垛雷根树,是一家中农和一家贫农给他们减的,其中之一有亲属关系（岳父与女婿）。另外的原因是张家圪垛工作开辟比较早些,较有基础,而牛友兰当时正处在"过街老鼠,人人喊打"的时候,故他的租子减的也多,他也要的松些。

---

① 编者注:原文如此。

1941 年减租之户也各有其特点:

(1) 寺地 2 宗,正在行署收回中。

(2) 外村 2 宗,为黑峪口地主刘三儿子、任玉英等。

(3) 贫农和中农减租的 1 家。据我们看,是因为佃户刘开堂是个多年抽大烟的兵痞流氓,比较厉害些,虽已改邪归正 3 年,但在村中仍为一霸。今年当村人自封的脱离生产的招待员,每月挣小米三四十斤,他能言善辩,对减租法令颇知之,能不执行乎? 减租户是一个憨愚的老农夫,同他均是本家,关系至亲。

有亲属关系减租的只有 2 家(一为岳父女婿,一为亲侄子),而没有关系减租的又 4 家。

钱租根本没减。减租在西坪,据村干部们讲抗战以来就"闹上啦",但因赵承绶司令部及其部队拥住在这些村庄,抗日干部们称之为"敌占区",没人敢到这里来工作,人民生活改善根本谈不到。只有新政权建立之后,才开始抗日民主和生产工作,但 1940 年的减租只是宣传而已,没有办到。1941 年秋才随公粮做了配合工作,而且作为开征公粮的先决步骤。由于没有变成群众运动,不仔细调查研究与了解租佃关系复杂性的具体情况,同时秋收已毕、收成已分、租子已交,虽然把减下租子的数目折合到租佃双方收入中去增征承租户公粮,减征租户公粮,但并未真正做到。老百姓说:"吃到狼肚子的东西是吐不出来的。"

这说明把减租变成群众运动,掌握租佃关系的复杂性及时进行减租,并把减租不要再当成配合的"捎带"工作,而是当成一个发动群众改善民生、调整地主与农民关系的独立工作,于一定时期当成中心工作去做,是很重要的,也才能在群众运动的基础上实现中央土地政策中"普遍的彻底的减租减息"的口号。

(二) 租佃中的宗族血缘关系

(甲)租种中的宗族血缘关系从土地上看,变化如下表:

表 8 - 44 租种中的宗族血缘关系变化表

	战前(1937 年)			现在(1942 年)		
	有关系	无关系	寺院地	有关系	无关系	寺院地
山地	28	294	55	76	89	23
平地	2	12	2	6	$17\frac{2}{3}$	$17\frac{1}{6}$
水地	$\frac{2}{3}$			$\frac{2}{3}$	1	1
合计	$30\frac{2}{3}$	306	57	$82\frac{2}{3}$	$107\frac{2}{3}$	$41\frac{1}{6}$
备考	(1) 战前除去寺院地,无关系有山地 239 垧、平地 10 垧。 (2) 现在除去寺院地(行署收回),无关系有山地 66 垧、平地 0.5 垧。					

从上表看出,现在西坪租佃关系中宗族血缘关系增多。战前有关系的只有山地 28 垧、平地 2 垧,现在有关系的有山地 76 垧、平地 6 垧、水地 $\frac{2}{3}$ 垧。相反,没有封建关系的则减少,如战前没关系的有山地 294 垧、平地 12 垧,当时寺地还是以地主剥削面目出现的。现在没关系的有山地 66 垧、平地 0.5 垧,现在的寺地占没关系土地的很大数量。但这与战前寺地性质完全不同,它现

在为抗日民主政权所有,其租率比战前和现在一般租率均低些(战前寺地和平地租率均在50%以上,现在也在百分之四五十),一垧地只收棉花租由3斤到15斤不等(每垧地收棉花由15斤到100斤不等,每斤现价白洋1元),租率总在20%以下。同时,它分散的出租给没地和少地的贫农,完全是调剂土地的性质,少许收些租子,充教育基金。故1942年租种行署寺院平地的特别多,都种了棉花。而战前寺平地是很难租到的,因为现在有了寺平地租种,农民比战前少租寺山地了。

从户数上看,变化如下表:

表8-45 租种中的宗族血缘关系户数变化表

	战前(1937年)				现在(1942年)			
	总户	有关系	无关系	寺地户	总户	有关系	无关系	寺地户
山地	19	2	17	6	14	6	9	4
平地	7	1	6	2	16	3	14	13
水地	1	1			2	1	1	1
合计	27	4	23	8	32	1	24	18
备考	(1) 除去寺地户,无关系户战前有15户。 (2) 除去寺地户,无关系现在有6户。							

从上表看出,出租户现在表面是增加了,但实际是减少了,如战前除寺地外为19户,现在除寺地外为16户。有关系的总户也是增加的,战前为4户,现在增至8户;无关系户是减少的,战前15户,现在减到6户。寺院地战前分8宗出租的,现在分成18宗出租了。

又可看出山地总户减少,由19户减到14户;平地总户增加,由7户增至16户;水地也由1户到2户。山地有关系的由2户增到6户,无关系的由11户减到5户;平地有关系的由1户增至3户,无关系的由4户减到1户;水地有关系的仍保持。寺地户山地户减少,由6户到4户,平地户增加,由2户到13户,水地也增加1户。

综合上面两表,租种的宗族血缘关系现在是增多了。从土地和户数两方面看,趋势是完全一致的,特别平地增加这种关系大为显著,这与平地的伙种浪潮是不可分割的。

(乙)伙种中的宗族血缘关系

从土地上看,如下表:

表8-46 伙种中的宗族血缘关系变化表

	战前(1937年)			现在(1942年)		
	有关系	无关系	寺院地	有关系	无关系	寺院地
山地	6	$19\frac{1}{2}$		34		
平地	$3\frac{1}{3}$	21	7	$7\frac{5}{6}$	14	1
水地					$\frac{1}{3}$	
合计	$9\frac{1}{3}$	$40\frac{1}{2}$	7	$41\frac{5}{6}$	$14\frac{1}{3}$	1
备考	1942年寺地由行署收回者租种多,留下和尚用地伙种多					

上表说明,伙种中封建关系现在也是增加的。战前有关系土地为 $9\frac{1}{3}$ 垧,现在增加至 $41\frac{5}{6}$ 垧,增加 4 倍半;无关系战前为 40.5 垧,现在减至 $14\frac{1}{3}$ 垧,几减 3 倍,若除开寺院地,减少 3 倍半。寺地本来就很少伙种的,行署收回后和尚留地不多,也伙出去的少了。

现在山地、平地有封建关系的均增加,而以平地增加最快。现在无封建关系的山地、平地均减少,山地简直没有了,伙种水地只增加 $\frac{1}{3}$ 垧。

从户数上看,变化如下表:

表 8－47　伙种中的宗族血缘关系户数变化表

	战前(1937 年)				现在(1942 年)			
	总户	有关系	无关系	寺地户	总户	有关系	无关系	寺地户
山地	3	2	1		2	2		
平地	8	1	5	2	8	3	4	1
水地					1		1	
合计	11	3	6	2	11	5	5	1
备考								

从上表所列户数看战前和现在总数相同,但有关系的户数是增加的,由 3 户到 5 户,无关系的减少 1 户,由 6 户到 5 户。若除寺院和尚地外,战前战后均为 4 户,和尚出租户由 2 户减到 1 户。现在平地有关系户增加多些,由 1 户到 3 户。现在无关系的山地减少到没有了,平地由 5 户减至 4 户,水地由没有增加到 1 户。

（丙）宗族血缘关系与阶级矛盾

从西坪租种伙种土地中看到,抗战以来封建的宗族血缘关系与阶级关系稍许有了变化,西坪因为有政府寺地的存在,这两种矛盾都在发展又在斗争中。

战前租种有关系 3 户中,表兄弟 1 户、岳父女婿 2 户,前者成分都是贫农和地主,后者成分是 2 户贫农与外村的 2 户不明成分的。现在租种有关系 8 户中,亲兄弟 2 户、表兄弟 2 户、本家 2 户、亲叔侄 1 户、岳父女婿 1 户。而其成分为贫农 2 户对贫农 1 户、中农 1 户,中农 3 户对中农 1 户、贫农 1 户、地主 1 户,中农 1 户对其他 1 户,其他 2 户对中农 2 户,其他所指均是外村不明成分的人。可见战前宗族血缘关系在租种土地中是简单的,但是却很密切,而阶级关系则是贫农和地主的关系。战后宗族血缘关系增加,几全为中农和贫农的关系,中农和地主关系只有 1 家了。中农和贫农土地关系是带互助性质的,剥削在他们看来是无所谓的。

再从没有关系的来看,战前寺院地出租给 4 户贫农、3 户中农。私人土地出租者为地主 4 户、富农 1 户对贫农 4 户,外村不明成分 2 户对贫农 2 户,地主 1 户对中农 1 户,富农 1 户、中农 2 户对其他成分不明 3 户。现在行署寺地租给 16 户贫农、1 户中农。私人租出者地主 2 户、中农 2 户对贫农 3 户,中农 1 户对中农 1 户,中农 4 户对其他 1 户,其他 1 户对中农 1 户。战前无关系的主要为贫农与地主、富农的关系,贫农同中农有关系的只 1 户;战后无关系的几乎全是贫农和中农的关系,只有 1 户贫农和地主的关系,无关系中阶级剥削也减弱了。战前贫农、中农与寺院地关系到了 1942 年(也只有在 1942 年)转为贫农与寺地的关系,贫农由战前 4 户依靠寺地增至现在 16 户,而中农依靠寺地的由战前 3 户减至现在 1 户了。

从租种中可看出,一面拉亲戚朋友发展其封建性,另一方面向行署寺地里挤着插脚,借以摆脱出租户的圈套,发展其反封建性。但这是依靠抗日民主政权调剂土地给无地和少地的农民的政策的。

伙种中也可看出与租种同样显示的趋势。比如战前伙种有关系 3 户中,2 户为一门,1 户为堂兄弟,其成分为中农 2 户对贫农 2 户,中农 1 户对中农 1 户。现在有关系的本家 2 户、岳父女婿 1 户、亲表兄弟 1 户,其成分为中农 5 户对贫农 5 户。显而易见,战前宗族血缘关系在伙种中也很简单也远些,但现在这种关系增多也密切了,阶级成分全是贫农和中农关系。

伙种中没有关系的,战前阶级成分:地主 1 户、富农 1 户、中农 1 户对贫农 3 户,其他 1 户对中农 1 户,寺地伙给贫农 2 户;现在阶级成分:地主 1 户、中农 1 户对贫农 2 户,其他 1 户对贫农 1 户,中农 1 户对贫农 1 户,和尚地伙给贫农 1 户。可见战前无关系的是贫农与地主、富农及中农的共同关系,现在转为贫农与中农的关系,地主只有 1 户与贫农有关系,而中农、贫农关系有 4 户之多,寺地也由中农 3 户减为 1 户了。

七、人口与劳动力变化

(一) 人口变化

抗战以来西坪人口变化如表 8-48:

表 8-48 抗战以来各阶级人口变化表

阶级	时期	户口	1～7 男	1～7 女	8～14 男	8～14 女	15～17 男	15～17 女	18～23 男	18～23 女	24～45 男	24～45 女	46～55 男	46～55 女	56～60 男	56～60 女	60以上 男	60以上 女	总计 男	总计 女	总计 合计	占全人口的百分比	每户平均人口
地主	战前																						
	战后																						
富农	战前	1	3	1						1	3	2			1				7	4	11	4.12	11
	战后	1	1						1	1		1							2	2	4	1.41	4
中农	战前	23	15	14	13	7	3	5	9	8	17	18	6	6	3	4	3	2	69	64	133	50.38	5.78
	现在	25	16	11	11	15	4	5	10	6	21	23	3	6	4	4	7	4	76	74	150	56.70	6
贫农	战前	21	10	10	5	7	2	5	3	5	12	11	8	4	4	4	3		49	44	93	35.23	4.39
	现在	24	6	9	8	6	3	2	4	6	14	13	4	3	4	2	6	5	49	46	75	35.85	3.94
雇农	战前	2			1						2	1					1	1	4	2	6	2.27	3
	现在																						
工人	战前	2		1	1				1	1	1	1							3	3	6	2.27	3
	现在																						

（续表）

阶级	时期	户口	1~7男	1~7女	8~14男	8~14女	15~17男	15~17女	18~23男	18~23女	24~45男	24~45女	46~55男	46~55女	56~60男	56~60女	60以上男	60以上女	总计男	总计女	合计	占全人口的百分比	每户平均人口
商人	战前																						
商人	现在	1		1		1	1	1	1						1		1			2	5	7	2.64	7
贫民	战前																							
贫民	现在																							
其他	战前	2	2	2	2	1			1	1	2	1					1	2		8	7	15	5.68	7.5
其他	现在	2	2	1	1			1	1				1	1		1				5	4	9	3.40	4.5
总计	战前	51	30	28	21	14	7	7	14	15	36	35	15	9	8	8	9	8		140	124	264	100.0	5.18
总计	现在	53	25	22	19	23	9	8	16	13	36	39	8	11	8	6	13	9		134	131	265	100.0	5

注：当兵、外出参军、参政、读书、经商等，均算入人口内，不算减少数，以临时外出人口计算。

战前富农占全户口 1.96％，占全人口 4.12％；中农占全户口 45.1％，占全人口 50.38％；贫农占全户口 41.18％，占全人口 35.23％；雇农占全户口 3.92％，占全人口 2.27％；工人占全户口 3.92％，占全人口 2.27％；其他占全户口 3.92％，占全人口 5.68％。现在富农占全户口 1.89％，占全人口 1.41％；中农占全户口 47.17％，占全人口 56.7％；贫农占全户口 45.28％，占全人口 35.85％；其他占全户口 3.77％，占全人口 3.4％；新增商人 1 户，占全户口 1.89％，占全人口 2.64％。雇农、工人均已转为贫农，户口人口均计算在贫农里。中农、贫农合计战前占全户口 85.28％，占全人口 85.61％，人口比例是少于户口的；现在占全户口 92.45％，占全人口 92.5％，人口比例是少许多于户口。其他阶级的户口比例、人口比例均少于战前，人口比例战前多于户口，现在少于户口了。全村户口战前 51 户 264 人，战后 53 户 265 人，户口增加 2 户，人口只增加 1 人。

再看各阶级每户平均人口。富农战前现在均 1 户，战前 11 人，现在 4 人，新富农人口也是少的；战前中农 23 户，每户平均人口 5.78 人，现在 25 户，每户平均 6 人，户口人口都增加了；贫农战前 21 户，每户平均 4.39 人，现在 24 户，每户平均 3.94 人，户口增加，而人口减少了；雇农战前 2 户，每户平均 3 人，现在没有了；工人战前 2 户，每户平均 3 人，现在没有了；其他战前 2 户，每户平均 7.5 人，现在 2 户，每户平均 4.5 人，户口是新搬来的，人口比战前的 2 户是少的；新转来商人 1 户，7 人。

战前全村 51 户，每户平均 5.18 人，现在 53 户，每户平均 5 人。户口增加而每户平均人口却是减少的，这与土地愈分散的趋势是完全一致的。但是先有户口人口的分散才使土地分散了，而不是土地分散之后才有户口人口的分散。

1~7 岁战前 58 人，现在 47 人，幼童减少了 11 人。其中富农战前 4 人，现在 1 人，少了 3 人；中农战前 29 人，现在 27 人，减少 2 人；贫农战前 20 人，现在 15 人，减少 5 人；工人战前 1 人，现在没有了；其他战前 4 人，现在 3 人，减少 1 人；商人现在 1 人。

8~14岁战前35人,现在42人,儿童增加7人。其中富农战前和现在均无;中农战前20人,现在26人,增加6人;贫农战前12人,现在14人,增加2人;雇农、工人战前各1人,现在没有了;其他战前1人,现在仍是1人;商人现在1人。

15~17岁战前14人,现在17人,少年增加3人。其中富农没有;中农战前8人,现在9人,增加1人;贫农战前4人,现在5人,增加1人;雇农、工人没有;其他战前2人,现在1人,减少1人;商人现在2人。

18~23岁战前29人,现在29人。其中富农战前1人,现在2人,增加1人;中农战前17人,现在16人,减少1人;贫农战前8人,现在10人,增加2人;雇农没有;工人战前1人,现在没有;其他战前2人,现在1人,减少1人。

24~45岁战前71人,现在75人,壮年增加4人。其中富农战前5人,现在1人,减少4人;中农战前35人,现在44人,增加9人;贫农战前23人,现在27人,增加4人;雇农战前3人,现在没有了;工人战前2人,现在没有了;其他战前3人,现在1人,减少2人;商人现在2人。

46~55岁战前24人,现在19人,减少5人。富农战前没有;中农战前12人,现在9人,减少3人;贫农战前11人,现在7人,减少4人;雇农没有;工人战前1人,现在没有;其他战前没有,现在2人;商人现在1人。

56~60岁战前16人,现在14人,减少2人。其中富农战前1人,现在没有;中农战前7人,现在8人,增加1人;贫农战前8人,现在6人,减少2人。

60岁以上战前17人,现在22人,增加5人。其中富农战前没有;中农战前5人,现在11人,增加6人;贫农战前7人,现在11人,增加4人;雇农战前2人,现在没有了;其他战前3人,现在没有了。

总起来看,抗战以来各阶级实际增减如表8-49。

表8-49中富农人口增减悬殊,因富农替换所致。中农人口减少率为37%,贫农人口减少率为85.7%,雇农、工人因转业减少百分之百,商人和其他人口增加均是移转来的。贫农人口减少率最大,中农次之,转业的减少更大。

若以年龄来看,幼童减少最大(增2减13),46~55岁老年人次之(增3减8),50~60岁老年人再次之(增1减3),青年人又次之(增4减4),壮年人更次之(增15减11),减少最小的为儿童(增13减6)、60岁以上老年人(增10减5)及少年人(增4减1)。

若以男女来看,男的增加24人,减少30人,入不敷出6人;女的增加28人,减少21人,收[出]入相抵,留下7人。抗战以来男子的增减是4比5,女子增减4比3,这是战争环境下的正常现象。

各阶级人口增减的原因在西坪有3种,即生死、嫁娶、移动,临时外出工作的只要未死,仍不能算作减少的人口。兹将各阶级人口增减原因列于表8-50。

表 8-49　人口实际增减表

	男女实际增加 1~7 男	1~7 女	8~14 男	8~14 女	15~17 男	15~17 女	18~23 男	18~23 女	24~45 男	24~45 女	46~55 男	46~55 女	56~60 男	56~60 女	60以上 男	60以上 女	计	男女实际减少 1~7 男	1~7 女	8~14 男	8~14 女	15~17 男	15~17 女	18~23 男	18~23 女	24~45 男	24~45 女	46~55 男	46~55 女	56~60 男	56~60 女	60以上 男	60以上 女	计	增减率（增加=100）
富农													1				1	2	1							3	1			1				8	+12.5
中农				8	1		1		4	5			1		4	2	27		3						2			3					2	10	−37
贫农			3			1	1	1	2	2					2	2	14		1		1							4			2	2	2	12	−85.7
雇农																				1						2	1					1	1	6	−100
工人						1	1	1	1	1	1	1								1	1			1	1	1	1							6	−100
商人	1	1		1	1	1	3	1	1	1	1	2					7							1		1	1	1		1		1	2		+100
其他	1	1	1	1	2	2	2	3	7	8	1	2	1	1	6	4	3	6	7	5	6	1	1	1	3	7	4	8		1	2	1	3	9	+33
共计	2	13	3	10	2	4	4	4	7	15	3	1	1		6	10	52	6	13	5	6	1	1	1	3	7	4	8		1	3	5		51	
合计		24				28											52		30				21											51	
增女								28																21											
增男								24									52							30										51	

备考：“＋”增加率，男增加率为18%，女增加率为21%，共增加率19%。“—”减少率，男减少率为22%，女减少率为16%，共减少率19%。

表 8−50　各阶级人口实际增减来源表

	实际增加来源					实际减少来源					临时外出(注)				
	生育		娶入	移来		死亡		嫁出	移走		八路军	友军	政府工作	出外念书	出外经商
	男	女		男	女	男	女		男	女					
富农	1							1	8	5	3	1	4	2	
中农	6	6	5	2	2	5	3	3	10	7	1		2		
贫农	3	4	3	6	3	4	1	4							
雇农															
工人															
商人			1												
其他		1		5	4									1	1
分计	10	11	9	13	9	9	4	8	18	12	4	1	7	2	1
合计	21		9	22		13		8	30		15				
总计	52					51					15				

注:

临时外出:(1) 参加八路军的 4 人。中农 3 人中,1 个 19 岁,1940 年四大号召时入伍,120 师卫生部材料科(现驻神府乔家湾);1 个 19 岁,1940 年四大号召时入伍(现驻延安);1 个 19 岁,1942 年春怕当兵由家人送到特务团熟人处,弄假成真,现当兵(驻河西)。贫农 1 人 29 岁,1940 年四大号召绑去,现在 359 旅部(驻绥德一带)。(2) 参加友军的 1 人。中农 1 人 23 岁,1939 年参加晋绥军 19 军当兵。(3) 政府工作的 5 人。中农 4 人:1 个 16 岁,1942 年春躲兵到高家村行署农试场当雇农;1 个 18 岁,1941 年到木兰岗当小学教员;1 个 46 岁,1940 年在牺盟会抗联区分会工作,1942 年到高家行署农试场当雇农;1 个 19 岁,1941 年到兴县五区当区警。其他 1 人,榨油的,17 岁,1942 年春怕当兵到晋西青联去担水。(4) 出外念书的 2 人。中农 2 人:1 个 16 岁,1940 年起在黑峪口高小念书;1 个 15 岁,1941 年起在黑峪口高小念书。(5) 出外经商的 1 人。其他(榨油)1 人,24 岁,1941 年起在兴县城摆摊子做生意。

可见在政治上比较活跃的还是中农,他们外出的共 10 人,占总临时外出户 15 户中 66%。其中当八路军占本阶级外出户 30%,当友军占 10%,政府工作 40%,出外念书的 20%。西坪中农现在共 25 户,有外出工作的共 8 户,占 32%,除参加友军者外,西坪中农已有 28%的户数与新政权和抗日军有了直接关系。

中农现在人口 150 人中,参加八路军和抗日民主政府工作的有 7 人,占本阶级人口 4.37%。贫农参加八路军和抗日民主政府工作的共 2 户 3 人,占贫农现户口 24 户的 8%,占现在人口 95 人的 3%。无论从户口上看人口上看,中农抗战中人力负担是比贫农重的,但因此也提高了中农的政治地位,这对于团结革命群众和发展富农经济实际得到了政治保障,故只有好处。

由表 8−50 看出总人口增减中转移的最多,其次为生死,再次是嫁娶。富农增加为生育 1 人,中农增加主要为生育(12 人),而减少主要是移走(13 人),贫农移来是主要的(4 人),而减少移走是主要的(17 人),商人是娶入的(1 人),"其他"是移来的(9 人)。男女的增减,生育 21 人,移来 22 人,娶入 9 人。减少:死亡 13 人,移走 30 人,嫁出 8 人。抗战以来富农嫁出 1 人,中农娶入 5 人、嫁出 3 人,贫农娶入 3 人、嫁出 4 人,商人娶入 1 人,婚嫁之事中农比贫农多 1 人,娶中农多、嫁贫农多。

（二）人口出生和死亡

表8-50列出西坪生育人口男女21人,死亡男女13人,但实际不止此数。据我们调查,婴儿出生2年内死亡者共19人,这些已死婴儿在我们计算人口占有时均除去。除婴儿外,又死亡13人,这些都是抗战后的出生和死亡。坚持长期抗战,人力是主要的,对于人力的培养成为目前严重问题。但人力问题的核心为出生和死亡,生的越多越好,死的越少越好,我们现在还不能做到,下列事实即可说明这点。

战后共出生男女40人,死亡男女婴儿19人,死亡占出生47.5%,即生下来活着的只有一半人,加上其他死去的13人,战后西坪共死去32人。与战前人口比较,战前264人出生率15%,死亡率12%,与现在265人比较,出生率死亡率与战前人口比较,大致相同。战前51户,每4户平均出生3人,每5户平均死2人。

各阶级死亡率如表8-51:

表8-51　各阶级死亡率表

	现在人口		合计	出生		合计	婴儿死亡		死亡率	其他死亡		合计	生死率(%)	
	男	女		男	女		男	女		男	女		生	死
富农	2	2	4	1		1							25	
中农	76	74	150	12	12	24	6	6	8	5	3	20	16	13
贫农	49	46	95	3	10	13	1	5	6	4	1	11	13.6	11.5
雇农														
工人														
商人	2	5	7		1	1		1	14			1	14	14
其他	5	4	9		1	1							11	
分计	134	131		16	24		7	12		9	4		15	12
合计	265			40			19			13				

除富农生1人,商人生1人、死1人外,中农与贫农比较,中农出生率与死亡率比贫农都大,中农婴儿死亡率大些,贫农本阶级看,死亡率比中农大。

若以男女生死比较,如下表:

表8-52　各阶级男女出生率和死亡率比较表

		现在人口	出生	婴儿死亡	死亡率	其他死亡	出生率	死亡率
富农	男	2	1					
	女	2						
中农	男	76	12	6	8	5	16	14.5
	女	74	12	6	8	3	16	12
贫农	男	49	3	1	2	4	6	10
	女	46	1	5	10	1	2	12

(续表)

		现在人口	出生	婴儿死亡	死亡率	其他死亡	出生率	死亡率
商人	男	2						
	女	5	1	1	20		20	20
其他	男	5						
	女	4	1				25	

上表看出,男出生率除富农1人不计外,中农出生率比贫农大,中农16%,贫农6%,死亡率中农14.5%,贫农10%。男婴儿死亡率中农也大,中农8%,贫农2%。但女子出生率除商人、其他各1人外,中农出生比贫农大,中农16%,贫农2%,而死亡率中农和贫农差不多,均为12%。婴儿死亡率,贫农比中农大,贫农10%,中农8%。

死亡率大是一个很严重的问题。但这是战争环境,由于敌人烧杀死于非命和死于病者不知多少。但抗日民主政权如果认真培养人力保护人力,正确处理卫生疾病问题及很好躲藏敌人办法,死亡率降低还是可能的。但须先认识今天根据地人口问题之中心为生死问题。从西坪看来,保护与培养中农和贫农的人力尤为重要,对中农的婴儿要注意,对贫农的女婴儿特别注意。由于生活尚未很好改善,又由于旧社会重男轻女的习惯,一般人(特别穷人)对于女孩子非常贱视。西坪贫农也不能例外,其男子出生率为6%、死亡率为10%,女子出生率2%、死亡率12%;贫农的婴儿更是如此,男婴出生率6%,而女婴出生率2%、死亡率10%,比起中农男女16%出生率、14.5%死亡率,而女16%出生率、12%死亡率,男女婴儿16%出生率、8%死亡率,真是太悬殊了。

中农:男孩子生12个,活6个$(+\frac{1}{2})$。

女孩子生12个,活6个$(+\frac{1}{2})$。

贫农:男孩子生3个,活1个$(+\frac{1}{3})$。

女孩子生1个,死5个$(-\frac{1}{5})$。

贫农女子是大大入不敷出的,这实在是人口中一个大问题,也是妇女工作者一个大问题,一件大工作。

(三) 劳动力的变化

西坪抗战以来劳动力变化如下表:

表 8 - 53 西坪抗战以来各阶级劳动力变化表

阶级	时期	户口	男子劳动力				妇女劳动力		每户平均劳动力		
			全劳力	占全部劳力百分比	辅助劳力	占全部辅助劳力百分比	妇女辅助劳力	占全部辅助劳力百分比	男子全劳力	男子辅助劳力	妇女辅助劳力
地主	战前										
	现在										

阶级	时期	劳动力 户口	男子劳动力				妇女劳动力		每户平均劳动力		
			全劳力	占全部劳力百分比	辅助劳力	占全部辅助劳力百分比	妇女辅助劳力	占全部辅助劳力百分比	男子全劳力	男子辅助劳力	妇女辅助劳力
富农	战前	1	2	3	无		3	5.08	2	无	3
	现在	1	1	1.93	无		2	3.11	1	无	2
中农	战前	23	34	50.60	2	16.68	32	34.23	1.47	0.086	1.39
	现在	25	30	57.69	3	23.07	35	56.28	1.2	0.12	1.4
贫农	战前	21	26	39.00	7	58.31	19	32.20	1.24	0.33	0.904
	现在	24	21	40.38	8	61.51	22	34.37	0.87	0.33	0.91
雇农	战前	2	3	4.4	无		1	1.69	1.5	无	0.5
	现在										
工人	战前	2	无	无	2	16.68	2	3.38	无	1	1
	现在										
商人	战前										
	现在	1	无	无	2	15.38	2	3.12	无	2	2
贫民	战前										
	现在										
其他	战前	2	2	3	1	8.33	2	3.38	1	0.5	1
	现在	2	无	无	无		2	3.12	无	无	1
总计	战前	51	67	100	12	100	59	100	1.31	0.23	1.156
	现在	53	52	100	13	100	63	100	0.982	0.245	1.19

注一：全劳力以实际参加生产辅以必要辅助劳力,发挥一个全劳力的,不以年龄限制。

注二：男子辅助劳力以参加农业生产(土地)之半劳力计算,不是指协助劳动;妇女辅助劳力是以18～55岁的妇女全计算在内。

注三：战前67个男子全劳力中,60岁以上老汉2个,11个男子辅助劳力中,青年5个、老年3个、妇女1个、轧花工人1个、弹花工人1个;现在52个男子全劳力中,60岁以上老年2个,13个男子辅助劳力中,老年7个、青年4个、妇女1个、商人1个。

注四：中农战前2个辅助劳力全为青年半劳力;现在全劳力中,60岁以上老年1个,7个男辅助劳力中老年3个。

注五：贫农战前26个全劳力中,60岁以上老汉1个,8个男子辅助劳力中,老年4个、青年3个、妇女1个;现在21个全劳力中,60岁以上老年1个,8个男子辅助劳力中,老年4个、青年3个、妇女1个。

注六：雇农战前3个全劳力中,60岁以上老年1个。

注七：工人战前2个男子辅助劳力中,弹花工人1个,轧花工人1个。

注八：商人现在3个男子辅助劳力是1个商人兼营农业,1个青年半劳力。

注九：其他做豆腐、榨油共2户,现在仍有2个"劳动力"(壮年),但因全不参加农业生产,故未计算在内。

注十：贫农李桃儿(外号称劳动英雄)除参加妇女家庭劳动外,还直接参加农业生产,成为男子半劳力又成为妇女辅助劳力。

从表8-53可以看到西坪战前全劳动力为67人,占战前人口264人的25.3%,现在全劳动力52人,占现在人口265人的19%,可见劳动力是减少的。但男子辅助劳动力战后增加1人(战前12人,现在13人),妇女辅助劳动力由战前的59人增至现在的63人。若以男子辅助劳动力与妇女辅助劳动力全计,战前全部辅助劳动力为71个,战前每个全劳动力得辅助劳动力1.08个;现在全部辅助劳动力为76个,现在每个全劳动力得辅助劳动力1.46。男子全劳动力现在得辅助劳动力比战前大。

各阶级劳动力分配也是不一样的。战前占有全人口4.12%的富农占有全劳动力3%,现在占全人口1.41%,占全劳动力1.93%,现在富农全劳动力比战前富农强。中农战前占全人口50.38%,占有全劳动力50.6%,现在占全人口56.7%,占全劳动力57.69%。贫农战前占全人口35.23%,占全劳动力39%,现在占全人口35.85%,占全劳动力40.38%。雇农战前占全人口2.27%,占全劳动力4.4%,工人战前占全人口2.27%,无全劳动力。其他战前占全人口5.68%,占全劳动力3%,现在占全人口3.4%,无全劳动力。现在商人1户,占全人口2.64%,无全劳动力。

实际增减数字:富农战前2个全劳动力,现在1个,少了1个;中农战前34个,现在30个,减了4个;贫农战前26个,现在21个,减少了5个;雇农战前3个,转业了;其他战前2个,转业了。全村实际战后共减少全劳动力15个。

但如果再仔细追究,增减实数比这更大。增加方面,移来者3人,青年半劳动变为全劳动者5人,儿童变为全劳动者3人,工人半劳动变为贫农全劳动者2人,共增加全劳动力13人;减少方面,死者6人,移走者10人,因年老变为半劳动力者4人,因病变为半劳动者1人,被敌枪伤残废变为半劳动者1人,当兵者4人(外有当兵2人在战前,故未计入),出外参加政府工作者2人(此外有出外读书2人,年在17岁以下,出外工作者3人,战前非劳动力,均未计入。原来出外工作之全劳动力共3人,因1人被开除回来,故只计2人。被开除回来者除这人外,另有1人,目前在村中仍未参加劳动),共减少28人。增减相抵,共减少15人。

男子辅助劳动力全村共增加1人。增加的:老年辅助劳动力5人(移来1人,因年老变来4人),青年增加3人(由儿童长大),游民参加劳动1人,因病变辅助劳动1人,商人参加劳动1人。共增加11人。减少的:因年老2人,青年6人(变商人1人,变全劳动力5人),工人辅助劳动力变全劳动力2人。共减少10人。增减相抵,男子辅助劳动力共增加1人。

妇女辅助劳动力共增加4人,由18~55岁妇女人口变动而来。

除这些劳动力外,尚有不参加农业生产之壮年2人由外移入,归入其他阶级内,死亡了这类壮丁1人。

全劳动力增加,青年儿童长大是主要来源,共8人,占全劳动力增加数13人中61%,其他移来转来共5人,占39%。男子辅助劳动力增加,由年老而衰和年幼而壮者共8人,占全部增加男辅助劳动11人的73%,其他转来移来的3人,占28%。妇女辅助劳动力则完全是随年龄增减而增减的。由此可见,劳动力的增加是受自然规律支配的,因而是缓慢的,艰苦培养才能得来的。任何侥幸多得劳动力是不可能的,过去战争俘虏敌军作奴隶劳动,今天也是行不通的。

但是劳动力的减少则不全受自然规律的支配,是可以随时由人力毁灭的,特别在残酷的战争环境中,劳动力的增减是很大的。西坪抗战以来全劳动力共减少28人,其中受自然法则支配减少的共11人(病死6人,年老4人,病为半劳动力1人),占全部减少全劳动力39%,而由人力减少的共 17 人(敌枪伤为残废 1 人,当兵 4 人,移走 10 人,出外做政府工作 2 人),占全减少劳动力 61％。这是战争表现在人口问题上的特点——男子辅助劳动力的增减大半受自然法则支配,而妇女辅助劳动力增减全受自然法则支配。

总的看来,抗战后劳动力增减如下:全劳动力现在 52 人,实际增加了 13 人,占 25％,减少 28 人,占 54％。男子辅助劳动力现在共 13 个,增加 11 个,占 85％,减少 10 个,占 17.17％。妇女辅助劳动力现在共 63 个,增加 4 个,占 6.3％。

全劳动力实际减少比增加的多,减少率超过增加率一半多。男子辅助劳动力增加率比减少率高,妇女辅助劳动力抗战以来只有增加没有减少的,这和战后男子人口绝对减少、妇女人口绝对增加的情形完全符合的。辅助劳动力由于战争影响,由于生产单位的缩小,在农业生产中的作用和地位更加重要了。

战前每户平均有全劳动力 1.31 个,现在平均 0.982 个,减少了三分之一。男子辅助劳动力战前每户平均 0.23 个,现在 0.245 个,增加了。妇女辅助劳动力战前每户平均 1.156 个,现在平均 1.19,也是增加的。哪一阶级占有全劳动力和辅助劳动力最多呢？富农最多,每户战前平均全劳动力 2 人,妇女辅助劳动力 2 人。中农次之,战前每户平均全劳动力 1.47 个,男子辅助劳动力 0.86 个,妇女辅助劳动力 1.39 个,而每个全劳动力平均辅助一个半多些男女的辅助劳动力。现在每户平均全劳动力 1.2 个,男子辅助劳动力 0.12 个,妇女辅助劳动力 1.4 个,共辅助劳动力 1.52 个,每个全劳动力助以 1.3 个辅助劳动力。再次贫农,战前每户平均全劳动力 1.24 个,男子辅助劳动力 0.33 个,妇女辅助劳动力 0.904 个,共计辅助劳动力 1.234 个,每个全劳动力勉强得 1 个辅助劳动力帮忙。现在每户平均全劳动力 0.87 个,男子辅助劳动力 0.33 个,妇女辅助劳动力 0.91 个,共辅助劳动力 1.24 个,每个全劳动力可得辅助劳动力 1.43 个帮助,是增加了的。雇农战前每户平均劳动力 1.5 个,辅助劳动力 0.5 个,每个全劳动力只能得 0.3 个辅助劳动力。工人战前每户平均共有男女辅助劳动力 2 个。其他战前每户平均全劳动力 0.5 个,妇女辅助劳动力 1 个,每个全劳动力平均得男女辅助劳动 0.5 个,现在每户平均只有 1 个妇女辅助劳动力。商人 1 户,现在只有男辅助劳动力 2 个,妇女辅助劳动力 2 个,共 4 个。为明白清楚,将各阶级 1 个全劳动力的辅助劳动力变化列表于下:

表 8–54　各阶级每个全劳动力的辅助劳动力变化表

	战前		现在	
	全劳动力	辅助劳动力	全劳动力	辅助劳动力
富农	1	1.5	1	2
中农	1	1.5	1	1.3
贫农	1	1	1	1.43
雇农	1	0.3	0	
工人	0	2	0	
商人	0		0	4
其他	1	0.5	0	1
合计平均 (5 个平均)	1	0.96	1(3 个平均)	0.98

可见每个劳动力的辅助劳动力实际也是稍有增加的。这里看出战前富农、中农的辅助劳动力一样,现在不仅比富农少,而且比战前本阶级一个全劳动力的辅助劳动力也少。贫农现在比战前一个全劳动力的辅助劳动力增加了,而且比中农还多些。至于其他阶级,则因转业而受到影响了。

若与人口数比较,全劳动力增减率与人口增减率如下:

表 8 – 55　全劳动力增减率与人口增减率比较表

	增加率	减少率
人口	19%	19%
全劳动力	25%	54%

人口增加是出入相符的,而全劳动力的增加比减少低二分之一多。发展抗日根据地经济建设,基础为农业,而劳动力为决定因素之一。如何保护劳动力,尽可能降低减少率、提高增加率是很值得注意研究的问题。从这里也可看到精兵简政、培养民力、保护民力之重要了。如果农村劳动力一天天减少,要把根据地经济建设好是不可想象的。

八、借贷关系

借贷在农村已停滞,旧债务的调查亦极困难。据我们在西坪调查出的几宗钱债和粮债,其现状足可看出一般借贷情形。兹列举如下:

(甲)钱债

① 宋味儿,贫农,1928 年(民国十七年)借宋应山、任锁兰(成分不明)白洋 17 元,月利 2 分。以前每年还利,抗战后只 1940 年付利省钞 1 元,本未还,债主也不来要了。

② 刘忠堂,中农,1936 年借城内白碰生省钞 420 元,月利 3 分。1938 年清债,共借了 3 年,年利息 120 余元,至今本已还完,但尚欠利 13 元,债主也不来要了。

③ 白照奎,中农,1937 年借高家村某人白洋 20 元,未定利息。每年自动交利省钞 10 元,已共付利省钞 50 元,本未还,至今每年还付利。

④ 刘福堂,中农,10 余年前借给西凹白骡驹晋钞 30 元,借时晋钞 1 元顶白洋 1 元,故实际为白洋债,月利 3 分。到了第二年省钞有变动,遂以晋钞 2.5 元折白洋 1 元,折成名副其实的白洋债,共折白洋 12 元,并押骡驹平地 2 垧,实只交过小猪 1 个、毯子 1 张、麦子 1 小斗,本现未还,但刘尚未使用押地。据他说"人家是个凄惶人",契尚握在刘手。

⑤ 白开芝,放债时医生,现在贫农。一宗:30 年前借给本村贫农白根小银子 10 两,月利 1 分,共收回利钱白洋 10 元,收本银子 6 两,现只余 4 两。抗战前后每年收不到利,1941 年才收到白洋 1 元,借约仍握在手。二宗:10 余年前借给本村佃贫农白常怀白洋 15 元,月利分半,但战后总收不到利,一两年来每年收流行票(以前省钞,现在农票)3~5 元不等,借约仍在他手。又经他老婆手借给常怀白洋 20 元,没讲利,已 10 余年,老婆死时嘱常怀将来以此借款给他老汉做棺材一副拉倒,因她把老汉棺材用去。故这白洋 10 元可能是白开芝老婆的个人私产,借债没卖,但常怀未执行债主所嘱。三宗:10 余年前经老婆手借给本村贫农白根里白洋 17 元,没讲利,老婆死后债户赖债,硬说借的是纸票,并拒不还本。四宗:6 年前(1937 年)借给西凹白侯儿(成分不明)

白洋 4 元、省钞 6 元，原讲月利 3 分，契卖上写 2 分半。借钱那年付利麦子 1 小斗、高粱 2 小斗，以后再未付了，到 1941 年才付利豇豆 1 小斗、黑豆 2 小斗。五宗：10 余年前借给苏家塔李奴孩白洋 10 元，月利 2 分半，已交回本 5 元，近两年没有付利，1939 年交绿豆 1 小斗。六宗：10 年前借给陕西朋友白洋 25 元，未讲利，战后已交价值白洋 5 元的 1 头毛驴"拉倒"（清账了）。七宗：8 年前借给外村亲戚白洋 6 元，未讲利，只交过荞麦 1 小斗半。

上述借贷关系，本村债主 2 户借出 9 宗（其中 2 宗是借给 1 户），共债户 8 户，本村的 3 户，外村的 5 户。外村债主 3 户，贷给本村债户 3 户。本村债主 1 户，医生放债白洋 103 元、晋钞 6 元、银子 10 两；1 户（中农）放债晋钞 30 元，第二年折成白洋 12 元作本（以晋钞 2.5 元折白洋 1 元）。外村债主共放债白洋 27 元、晋钞 420 元。

本村债主利息月利 3 分 2 宗、2 分半 1 宗、1 分半 1 宗、1 分 1 宗，未讲定利息 4 宗；外村债主月利 3 分 1 宗、2 分 1 宗，未讲定利息 1 宗。共计月利：

表 8－56　放债月利表

1 分	1 宗	
1 分半	1 宗	
2 分	1 宗	平均 2 分 3，即平均利率 23％
2 分半	1 宗	
3 分	3 宗	
未讲定利	5 宗	其中 2 宗是女人放债，1 宗是朋友关系，1 宗是亲戚关系，1 宗不明

可见战前放债月利 2 分以上的居多，未讲定利息的多是有特殊关系。

战后利息均停交或少交，并且有借白洋交纸票的。总计抗战后，这些债务还本交息情形如下：

表 8－57　战后债务还本交息表

		本村债主——本村债户	利息	还本	交息	交息期
1 户—1 宗		银子 10 两	1 分	4 两	白洋 1 元	1941 年
1 户	1 宗	白洋 15 元	1.5 分	没	流行票 3～5 元	近 2 年
	1 宗	白洋 20 元	未讲利	没	不付利	
1 户—1 宗		白洋 17 元	未讲利	没	赖债，硬说借的是纸票	
		本村债主——外村债户				
1 户—1 宗		晋钞 30 元，改折白洋 12 元	3 分（押平地 2 垧）		不付利	
1 户—1 宗		白洋 4 元，省钞 6 元	3 分	没	豇豆 1 小斗，黑豆 1 小斗	1941 年
1 户—1 宗		白洋 10 元	2.5 分	白洋 5 元	绿豆 1 小斗	1939 年
1 户—1 宗		白洋 25 元	未讲利	交价值白洋 5 元毛驴清债		
1 户—1 宗		白洋 6 元	未讲利	没	不付利	

（续表）

外村债主——本村债户		利息	还本	交息	交息期
1户—1宗	白洋7元	2分	没	晋钞1元	1940年
1户—1宗	晋钞420元	3分	已还本	欠利13元	
1户—1宗	白洋20元	未讲利	没	每年自动付利流行票10元	

抗战后吃放债亏了的并不只限于地主、富农阶级的人，而是任何人只要放债，不管钱数多少根本收不回本利或少收回本利。如西坪战前的医生，将一生（今年已 71 岁）行医所得放债出去（他放还粮债，后面论到），战后本利全收不回。本村一个债户战后因他讨债曾强制给他嘴里放"狗屎"，老汉至今讲来犹泪下。因为"谁放债谁吃亏"，所以现在农村债务停顿了。西坪债务关系人的阶级成分如下：

债主——中农 1 户，医生 1 户。

债户——中农 2 户，贫农 4 户。

外村债主债户成分不明。

本村债主每元白洋平均利率如下：$(12 \times 0.3 + 15 \times 0.15 + 10 \times 0.25) \div 37 = 0.735 \div 37 = 0.02$，即利率 20%。

外村债主亦为 20%。

（乙）粮债

兹将西坪战前和现在粮债情形列举如下：

① 宋味儿，贫农，1937 年借宋家山某人粗粮 3 小石，每年每石利息粗粮 2 小斗（共出 17 小斗米）。1937 年利息全付，1938 年起给 3 小斗多，1939 年给 1 小斗，1940 年未付利，只给了 2 个西葫芦，1941 年主人根本未要到利，今天本利均停付。战前利率 20%。

② 白乃海，贫农，1933 年（10 年前）借来白在栋（战前中农，现在富农）黑豆 1 小石、谷子 1 小石，每年 1 小石 5 小升利息。每年交 1 石，共交了 5 年（1937 年止），以后即减交。1939 年交过 3 小斗，1940 年交过 3 小斗，1941 年交过 1 小斗，今年债主来要没有交，照例是第二年交第一年的租。

③ 刘丕寿（战前游民，现在贫农）1940 年借中农白照奎谷 4 小斗、高粱 2 小斗，讲明不付利，已还清。

④ 刘福堂，中农。a. 1933 年前（10 年前）借给本村贫农白侯牛黑豆 3 小石、谷 2 小石、高粱 8 小斗，讲明每小斗 1 年利息 5 小升。侯牛借粮是因为娶媳妇，最初给过些石头（砌窑用）、水瓮、3 斤烧酒等，后来再也要不下了。刘福堂讲："近来他们家境不坏，但不付这笔账。"b. 10 年前借给西凹二彪满（成分不明）黑豆 6 小斗，年利每斗 5 升，利息近年也不给了。c. 10 年前借给本村贫农白侯孩谷 3 小石，年利每斗 5 升，这是"混做"刘福堂土地，没有吃的借来的，概不还，也不付利息。d. 10 年前借给苏家塔牛名虫（成分不明）粗粮 1.5 小石，每斗月利 5 升，给了 2 年利，以后不给了，写有"揭约"。以上几宗战前旧账，除苏家塔牛名虫外，别人都是没有"揭约"的凭口说，现在是本要不下，利要不下，文书（揭约）要不下，只是都承认这些帐。

⑤ 白开芝，战前医生，现在贫农。一宗：10 余年前借给白根小黑豆 2 小石、谷子 2 小石，每斗

月利2升。战前共付过利息2小石,战后停付,至今本利均收不起。二宗:8年前借给高家村白根玉(成分不明)谷子2小石、黑豆2小石,每斗月利3升。初借3年(1935、1936、1937年)每年给利谷子2.5小斗,1938年起即少付,至1940年只给荞麦1小斗,1941年给黑豆2小斗。现在已收回本钱一半,1941年讨债,债主不给,到高家村村公所打了官司,经评判,债主4年清债。三宗:10年前借给了张家瑞刘保女谷子2小石、黑豆5小石,每斗月利2升半。初借3年(1933、1934、1935)每年给粗粮3.2小石,以后每年少交,抗战后每年不交,1941年交高粱5小斗顶本钱,但尚未清楚。四宗:8年前借给张家瑞白进明(五生)黑豆3小石,每斗月利2升半。初借每年给利黑豆1小斗,抗战后每年不给利,1941年讨债吵架才给了黑豆1小升。据债主讲,白进明是他的债户中"最滑头的人"。上述粮债均有契在白开芝手,当问他人家不还怎么办时,他答以"有约在手,他迟早总得还"。

⑥ 刘芝堂,中农,5年前(1938年)借给贫农白根小棉花18斤,值白洋7元,每年利息白洋2元。由白开芝从中作保,并以开芝名义立契,但根小始终未付利息一文,开芝亦无办法,芝堂已声明不要了。

上述粮债,本村债主5户借出11宗(其中2宗借给1户),借债户10户本村的4户、外村的6户,外村债主1户,债户本村人。

本村债主放债及利息如下:

表8-58　本村债主放债及利息表

借粮时期	谷子(小石)	高粱(小石)	黑豆(小石)	利息
1933年	1		1	0.05石
1940年	0.4	0.2		无利
1933年	2	0.8	3	0.05
1933年			0.6	0.05
1933年	3			0.05
1933年		粗粮1.5		0.05
1933年	2		2	0.02
1935年	2		2	0.03
1933年	2		5	0.025
1935年			3	0.025
1938年		棉花18斤(合白洋7元)		2元
合计	12.4	2.5	16.6	

共粮债谷子12.4小石,高粱2.5小石,黑豆16.6小石,棉花18斤。其中白开芝1户即放出粮债谷子6小石,黑豆12小石。粮债利率为20%到50%,9家平均约为40%,比钱债利率23%高的多。若以每斗粮食平均计,则平均利率如下:(13.5×0.05+4×0.2+4×0.03+10×0.025)÷31.5=(6.75+0.08+0.12+0.25)÷31.5=7.2÷31.5=0.23,即每斗平均利率为23%,又比每元白洋平均钱利率20%高些。外村债主1户,共粗粮3小石,利率20%。

债主的成分如下:

表 8－59　债主成分表

本村债主	外村债主	债户
中农 1 户		贫农 1 户
中农 1 户		贫农 1 户
中农 1 户		贫农 1 户
医生 1 户		成分不明 3 户
		贫农 1 户
中农 1 户		成分不明 3 户
		贫农 1 户
	成分不明 1 户	贫农 1 户
合计:债主(中农 4 户、医生 1 户、不明成分 1 户);债户(贫农 5 户、成分不明 6 户)		

抗战以后交息情形:

表 8－60　抗战以来交息情形表(1)

本钱	借期	月利息	应交息	交息实数	交息时期	
粗粮 3 小石	1933 年	年利 2 小斗	6 小斗	4 小斗	1937 年	
				3 小斗	1938 年	
				1 小斗	1939 年	本村
				2 个葫芦	1940 年	
				未付利	1941 年	

表 8－61　抗战以来交息情形表(2)

本钱	借期	月利息	应交息	交息实数	交息时期	
谷 4 小斗 高粱 2 小斗	1940 年	讲明无利		已清债		本村

表 8－62　抗战以来交息情形表(3)

本钱	借期	月利息	应交息	交息实数	交息时期	
黑豆 3 小石 谷 2 小石 高粱 8 小斗	1933 年	5 小升		战后不付利		本村
黑豆 6 小斗	1932 年 1933 年	5 小升		战后不付利		外村
谷 3 小石	1933 年	5 小升		战后不付利		本村
粗粮 1.5 小石	1933 年	5 小升		战前两年即不付利		本村

表 8－63　抗战以来交息情形表(4)

本钱	借期	月利息	应交息	交息实数	交息时期	
黑豆 2 小石 谷子 2 小石	1933 年	2 小升		战后未付利		本村
谷子 2 小石 黑豆 2 小石	1935 年	3 小升		1938 年起不付利 荞麦 1 小斗 黑豆 2 小斗	1940 年 1941 年	外村
黑豆 2 小石 谷子 2 小石	1933 年	2 升半		战后未付利		外村
黑豆 3 小石		2 升半		高粱 5 小斗 战后不给利 黑豆 1 小升	1941 年 1941 年	外村

表 8－64　抗战以来交息情形表(5)

本钱	借期	月利息	应交息	交息实数	交息时期	
黑豆 1 小石 谷子 1 小石	1933 年	5 小升	应交利每年 1 小石	实交 1 小石	1933—1937 年	
				3 小斗	1938 年	本村
				2 小斗	1939 年	
				1 小斗	1940 年	
				未交	1941 年	

表 8－65　抗战以来交息情形表(6)

本钱	借期	月利息	应交息	交息实数	交息时期	
棉花(合白洋 7 元)	1938 年	年利 2 元		未交过利		本村

　　同战前一样,粮债战后也是停滞的,交息也是可有可无的。西坪战后粮债只有 2 宗,1 宗还收回本,但无利,这也许是能收回本的原因。另 1 宗则完全失败,本利均无。也和钱债一样,"谁放债谁倒霉",不管你是什么成分的。这种自动少交和停付利息的现象,同自动少交不交是一样,也是自成一种"风气",这是战争和以后抗日民主政权的影响,但减息并没在西坪真正实行过。如像我们上面所调查的,地方干部们并没有调查出来,减息根本谈不到。

　　正因为是一种自动的减息停息行为,没有一定的正确政策从中调剂,致使形成单纯交息和不交息,而不是限制高利贷剥削。所以,西坪的中农和医生的少许债务也收不来息。他们的利率即使在战前也并不算高,钱债为 20%,即每元白洋月利 2 分,粮债为 23%,即每小斗粗粮月利 2 升 3 合,均不超过 25%。战后有交利的均在 100% 以下,无论钱债粮债,利率均不算高。如果能保障按这个利率标准 25% 交息,农村借贷关系或可逐渐恢复活跃起来,这对改善民生、流通农村经济、发展农村小规模工商业都有莫大好处。这种少交息不交息的"风气"是无分本村和外村借贷关系的,这似乎比少交租的"风气"还来得厉害些。

九、政权问题

(一) 民运组织的介绍

1. 简单的沿革

去年 9 月村选以前,西坪自然村的政权一直是沿袭着阎锡山建立的间邻制度。西坪为 1 间,设正副间长各 1 人,受高家村主村村长的领导。间以下设 6 个邻,每邻五六户。间长的职权较大,负全部责任,副间长只帮助正间长"跑腿""吼邻长",邻长的作用实际上比现在"公民代表"大些,民户摊款、支差经过邻长进行。间邻长不是民选,都是主村村长委任,委任以前由前任间长(或邻长)推荐 1 人或 2 人,由村长批准。抗战开始以前,西坪的正副间长是 2 个中农(白照奎为正,刘彦堂为副),6 个邻长都是中农(东垯楞 2 邻为白应多、刘中堂,中垯楞 1 邻为刘茂堂,底坪 1 邻为白三多,西四 2 邻为白憨子、刘厚昌),间邻以外没有别的组织了。1937 年 7 月抗战以后,间长换过 5 次(晋西事变前是富农刘恩昌,事变后都是中农,即刘芝堂、白憨子、白应多,最后又是白憨子),副间长换过 3 次(都是贫农,即白来还、刘永堂、刘吞敖),邻长没有换人。到事变后,1940 年 10 月白应多做间长以后没有邻长了。

自卫队抗战刚开始就成立起来了,最初只有正副中队长各 1 人,都是中农(刘茂堂、白栋子),没有组织也没有工作。到 1940 年⋯⋯只设分队长 1 人(中农白应多之媳白有池)、小队长 1 人(贫农刘永堂,委任桑蛾)。到 1941 年 7 月,男子自卫队长 1 人(富农白在栋),改组后主要工作是支差,青壮年不分,2 个队长一齐"吼人",曾一度受高家村交通"站长"直接领导。

农救会抗战以后不久也建立起来了,一直是中农刘彦堂当干事,还有一个名义小组长白进德(中农)。当时会员没登记、不开会、没工作,只是过些时①上级来收会费 1 次(规定一年四期,每期每人省钞 1 角),实际上每次共交二三角也就可以应付过去,都由刘彦堂一人垫交(刘嫌麻繁,不再向大家摊派)。

妇救会在 1939 年冬成立,秘书 1 人(贫农白常怀妻)、组织部长 1 人(贫农白来还媳)、宣传部长 1 人(贫农白侯孩媳),是区干部王秀英来组织起来的。晋西事变后,1940 年春又改组,贫农宋味儿嫂为秘书,设小组长 3 人(中农白金孩妻、贫农白侯孩妻、贫农刘吞敖妻),没有开过会,也没有工作,动员妇女做鞋也是由政权单独办理的。

青救会、工会在西坪从来没有过。

牺盟会与带有反共意义的公道团抗战前抗战后在西坪也都根本没有发生过。

2. 政权组织

去年 9 月村选后改间邻制为公民小组,西坪共选出代表 3 人(按规定应产生 6 人),互推出主任代表 1 人,老百姓称为"主任",相当于过去间长的地位,是全村最高行政负责人,代表与主任代表都是不脱离生产的干部。去年村选是由抗联区分会派 2 个干部、抗战学院 3 个干部,到村里主持,到会公民 80 多人,用票选出中农白憨子(60 余票)、白栋子(54 票)、刘彦堂(40 多票)为代表,

---

① 编者注:即"过段时间"之意。

刘芝堂(10 余票)为候补代表,白憨子票最多,并兼为主任代表。公民小组的划分,西坪应有公民159 人(18 岁以上男女,除现刑犯与神经病者外,都是公民),当选举时村干部把 2 个聋子(刘锁处、白侯孩)的公民资格取消了,故只余 157 个公民。按规定应划分成 6 个公民小组,但实际只分成 3 组,也没有□□□□□□(因为当时"大家不赞成"),是按户口为单位。就居住位置划分,如下表:

表 8 - 66　公民小组(实际是按户分组)姓别阶级对照表

	姓别			阶级					共计	原"邻"数	代表
	白姓	刘姓	杂姓	富农	中农	贫农	商人	其他			
东垴楞	15	2	1		7	10		1	18	2	白栋子
中垴楞、底坪	8	11	2		11	8	1	1	21	2	白憨子
西凹	8	5	1	1	7	6			14	2	刘彦堂
总计	31	18	4	1	25	24	1	2	53	6	

从上表可以看出,公民小组的划分在西坪的实际执行是没有意义的,各姓与各阶级之间也没有形成特殊的结合,只是按户口与位置形式的划分应付公事。

自从村选以后,实际上各代表和他本小组的公民没有产生过什么特殊关系,各小组根本没有开过会,谈不到代表公民的意见,为公民谋利益。3 个代表(主任代表在内)的分工是异常不明确的,一切事情都要经过主任代表办理,这是政权在群众当中多年养成的习惯和认识,其他代表只是临时"跑腿""吼人",甚至刘彦堂根本没有过问事情。3 个代表间没有会议制度,只是参加区上召开的会或上边来人时召集大家一起开会。

政权系统还有 2 个组织,一为粮秣小组,一为自卫队。这 2 个组织都是直接受行政村政权的领导,西坪自然村的代表、主任代表只是协助性质。

粮秣小组由 3 人组成,中农白栋子和白金孩为组员,贫农刘永堂为组长,刘永堂是行政村的公粮保管委员兼义仓委员,在自然村称为"保管"。粮秣小组的工作任务是向老百姓"起粮"(规定是代替行政村保管公粮,因公粮未集中,故变成零星筹措公粮了),这些工作多由刘永堂一人办理,他要管收粮交粮,管收交粮票,还要管账,其他 2 个组员只少做一点这些工作,都是直接受行政村粮秣委员会会长的领导。

自卫队去年进行武委会选举(简称"武选")后规定自卫队为独立系统,不受政权或民运的领导,是半政权、半武装、半群众性质的组织,现在属政权系统。男子有壮年分队、2 个小队,即老年小队和青年小队,妇女有 1 个分队(2 个小队)。男子 18 岁到 23 岁为青年队(初是 16 岁至 23岁),24 岁至 35 岁为壮年队,36 岁至 55 岁为老年队(但老年队长竟记不清了,疑为 36 岁到 45岁)。武选时(去年 9 月)由上级派人来主持(当主席),到会男子 29 人,选出白金孩(中农)为分队长,宋味儿(贫农)和白栋子(中农)为壮年队长(白栋子后因壮年队员少且本人已被选举为代表,故取消了),白在栋(富农)为青年队长,刘芝堂(中农)为老年小队长(老年队没有用票选举,因为发下票后大家不用)。成立了各小队,壮年小队有队员 13 人,青年小队 9 人,老年小队 5 人。各队长的分工并不按年龄,只是按居住位置的远近分别负责"吼人","不分青壮年,谁近谁吼",白在栋吼西凹,白栋子吼东垴楞,宋味儿吼中间各户,白金孩负全责(后来升为行政村的模范部长,大家又改选宋味儿为分队长,由中农刘中堂担任宋之原职)。妇女队自从1940年10月成立之后没有改组,名义上是1个分队2个队长(选举时捉出6个"大脚婆"来候选,选出白有池、任吊娥),但实际上却分为3个组:东坨楞一组10人,白有池吼;中坨楞及底坪一组5人,任吊娥吼;西凹一组9人,是由妇救会小组长高秀兰(中农白金孩妻)吼。这种分工并不能执行,只是"谁在跟前谁吼,不能按组吼"。

行政村干部:西坪有2个行政村干部,一是刘永堂,兼行政村财政委员和农救常委,一个是白金孩,后来升为行政村模范部长。他们对行政村工作虽然没有做过多少(刘永堂只跟着别人去冯家庄调查春耕1次,白金孩只跟着别人到西凹村动员区选1次),但是对于本自然村的2件大事(一为公粮,一为自卫队)都起着"中坚"的作用。

两种特殊机构:(1)总招待。这是群众为接待过往军政人员,把轮流招待的办法改由专人负责(贫农兵痞刘开堂担任)。一则在春耕期内节省大家时间与精力,一则选择一个善于应对的"行手"代替大家迎接过往人员。刘开堂每月收到津贴米,每一劳动力半斤(4月)或12两(5月),共收米52斤。这是政府没有规定而群众因实际需要自动成立的(在大路上的村子是不约而同的现象)。(2)"排年"。这是历年代替政府催交田赋的人,各户有各户的"排年"。从清朝时候的田赋就是政府管"里催"(帮助"里催"的还有一个"老书"),"里催"管"外催"(即"排年",也叫"单头"),和"排年"在一起帮助工作的还有"小书"1人。西坪刘姓的"排年"今年为刘中堂(中农),"小书"为刘永堂(贫农),白姓"排年"已轮到白寨子村,这是按家族"都""甲"各户轮流担任的,是带有宗族统治残余的封建性的机构。

担架队、锄奸组、代耕队等等,在西坪从来没有建立过。

3. 民运组织

农救会是主要的群众团体,全村设干事1人,下面有3个小组长。这是1941年11月上级派干部来主持改选的,当时到会群众18人,选出刘永堂为农会干事(刘兼行政村常委、宣传部长,无工作),刘芝堂(中农)、白海具(中农)、刘中堂(中农)为小组长。小组并没有划分,只是说好3个小组长分工吼人,白海具吼东坨楞,刘芝堂吼中坨楞和底坪,刘中堂吼西凹。农救干事与各小组长没有开过会,甚至小组长刘芝堂还说:"我还不知道是个小组长,假若出了是非,还找不到负责之处哩!"上级来人,如行政村农会秘书牛映森调查春耕,来到西坪后是找到主任代表,再经过主任找到小组长等人,并不是先找农会本身的组织。农救会员共30多人,是1941年11月农选时区村干部号召大家记上名字,"没有不要的",而只发表"不要坏人"。当时除了外出背粮的人不在家没有参加外,其他人都记上名字了,会员如下表:

表8-67 各阶级农救会员统计表

富农	中农	贫农	商人	共计
1	18	12	1	32(人)

这就可以知道农救会不是基于群众自发自觉的参加,而是上级号召,遇机会记上名字的。

妇救会现在只留下2个干部,即秘书和1个小组长,移到外村去住,留下的2个小组长没有工作做。自从妇女自卫队成立后,妇救会就无形中没有了,1个妇救小组长(高秀兰)麻麻糊糊给自卫队负责吼人(这也只是分到的"工作",实际仍然无事可做)。

有两种临时性的群众组织:(1)就是 1941 年 10 月间做公粮工作时,刘永堂、白栋子、白金孩被推为公粮工作中的人民代表(刘永堂为贫农,白栋子、白金孩为中农),办理公粮征收工作,工作完毕即取消资格。(2)公粮以后接着进行减租工作,刘永堂(贫农)又被推为减租代表,工作完毕即停。

青救会、工会都还没有建立,现在青年队兼做青救工作,但毕竟还是自卫队系统。

把西坪政民组织当中重叠复杂的组织彻底精干一下,政民的界限分清,使农救妇救切实有工作内容、有存在的基础,是急于需要进行的关键问题。政权组织更进一步的合乎现实也是重要的,如公民小组的切实有力、支应军政人员机构的建立、粮秣自卫队工作的倚重自然村领导等等。

(二) 民运干部的分析

西坪自然村的干部都是不脱离生产的,除了 4 个人比较多做工作、5 个人免支差以外,一般的干部,不论政权或民运,大部分和老百姓没有什么差别,只是顶了干部的名义,不做什么工作。但是,干部的名义在西坪却是花花絮絮、样样俱全,一般自然村里应该有的干部西坪都有。如(下表甲)他们没有什么特殊义务(不肯拿出时间和精力来做工作),也没有什么特殊权利。这些干部抗战以来变化很大(如下表乙)。

表 8－68 村选以来政民干部一览表(甲)

	工作职务	姓名	阶级成分
政权干部	主任代表	白憨子	中农
	代表	白栋子	中农
	代表	刘彦堂	中农
	自卫队模范部长(行政村)	白金孩	中农
	壮年分队长	宋味儿	贫农
	青年小队长	白在栋	富农
	老年小队长	刘芝堂	中农
	妇女分队长	白有池	中农
	妇女小队长	任吊娥	贫农
	壮年小队长	刘中堂	中农
	粮秣保管兼小组长	刘永堂	贫农
	粮秣组员	白栋子	中农
	粮秣组员	白金孩	中农
	财政委员(行政村)	刘永堂	贫农
	"总招待"	刘开堂	贫农
	"排年"	刘中堂	中农
	"小书"	刘永堂	贫农
民运干部	农会干事	刘永堂	贫农
	农会小组长	白海具	中农
	农会小组长	刘芝堂	中农
	农会小组长	刘中堂	中农

(续表)

	工作职务	姓名	阶级成分
	农会常委(行政村)	刘永堂	贫农
	妇救秘书	宋味儿嫂	贫农
	妇救小组长	高秀兰(白金孩妻)	中农
	妇救小组长	白抵鱼妻	贫农
	妇救小组长	刘吞敖妻	贫农
	减租代表	刘永堂	贫农
	公粮代表	刘永堂	贫农
共计		28	

表8-69 干部数量变动表(乙)

阶级	政民	抗战前	晋西事变前		村选以前			村选以后			
贫农	政		1	1	1	2	3	4	4	6	4
	民			3	3	3	3	5	5	3	3
	共计		1	4	4	5	6	9	9	9	7
中农	政	8	8	8	9	4	2	9	9	9	9
	民		2	2	3	3	3	3	4	4	4
	共计	8	10	10	12	7	5	12	13	13	13
富农	政		1	1			1	1	1	1	1
	民										
	共计		1	1			1	1	1	1	1
总计	政	8	10	10	10	6	6	14	14	16	14
	民		2	5	6	6	6	8	9	7	7
	总数	8(注一)	12(注二)	15(注三)	16(注四)	12(注五)	12(注六)	22(注七)	23(注八)	23(注九)	21(注十)

备注：
注一：1936年底设间邻长。
注二：抗战开始成立自卫队、农救会。
注三：换间长,成立妇救会。
注四：晋西事变妇救改组。
注五：换间长,成立妇女队,无邻长了。
注六：换间长,换自卫队干部。
注七：村选、武选。
注八：农选。
注九：1942年开始提拔模范部长,两女干部移走了。
注十：改选分队长。
现在：1942年7月初。

注一：所指干部是就其工作职务而言,实际人数还不是此数。

注二：自卫队干部计入政权干部内。

从上表看出下列问题：

（1）抗战前全体干部都是中农,没有贫农没有富农。也许在1936年以前可能有富农或贫农参加政权,但毕竟是少数,抗战前根本没有群众团体。晋西事变前中农占绝对多数(占全体干部74％),贫农也参加了几个人(政权中1人,民运中3人,占全体干部19％),富农也有1人(占全体7％)。

(2)抗战以来政民干部都大大增加了,由战前的8人增到21人,甚至达23人,约占战前的4倍,平均每2户半出1个干部。村选以后政民干部更显著增加,由12人到23人,约占村选前的2倍。这些增加当中,贫农增加最多,而且是逐渐增加的,由1人增到7人(其中参加政权的比参加民运的还多些)。民运干部比政权干部增加的多:民运干部由晋西事变前的2人增至7人,约3倍半;政权干部由晋西事变前的10人增到14人,约合1倍半。

(3)战后干部增加的原因,第一是增加了自卫队,第二是增加了民运团体。增加的显著时期有2个:1个是抗战开始,那时候各种组织都在缓缓建立;另1个是村选、武选与农选,经过这几种选举后,许多老百姓给戴上干部的帽子了。

(4)现在21个干部完全是农民(富农、中农、贫农),其他人一个也没有。其中以中农为最多,占全干部之62％;贫农次多,占33％;富农最少,占5％。这和全村各阶级户口之比例相适应的。户口比例是中农占全户口47.14％、贫农占45.28％、富农占1.89％,这也说明中农参加工作最容易(因为他的精力可以抽出来),而贫农比较困难,但是战后与事变后给了他们很大的鼓励,也使他们有机会参加。这种参加政民工作的趋势和各阶级发展的趋势也是适应着的,中农保持着多数,贫农阶级战后上升的多,而参加政民工作的也多。

(5)在自然村里政权干部和民运干部没有什么区别,特别在老百姓眼光看来,都是"公家"的人,都是给"公家"办事的。加以他们实际工作一样,工作方式、方法、作风都差不多,各种组织之间的界限也不大分清楚,所以老百姓以至于村干部,对于政民干部都是一视同仁的。但是就名义来看,21个干部当中政权14人,民运7人,政权14人中自卫队干部7人,一般政权干部(粮秣在内)7人。形成一个有趣的比例:政权、武装与民运三者的干部数目是"三条腿"的比例。

以上表里所指干部数目是就其担任的工作职务而言,其中有些干部兼职一个两个,还有兼四五个职务的,所以实际人数比职位数要少些(如下表)。

表 8-70　职位数与干部人数表

	抗战以前	晋西事变前		村选以前			村选以后			
干部职务数	8	12	15	16	12	12	22	23	23	21
干部人数	8	11	13	14	12	12	15	16	15	14

这种兼职的情形战前没有,晋西事变前只兼一两个,村选以前不兼多少。到了村选以后,各组织都要建立,而努力工作的干部又不多,则不得不"大兼特兼"了。现在21个干部职位中就有7个是兼办的,刘永堂一人竟兼任了5个政民工作职务,现在的实际干部人数是14人。在这14人当中,有将近三分之二的干部是徒有虚名不做工作,或者是没有工作可做。现在就去年村选以来各干部所支付的时间比较如下:

表 8 - 71　西坪政民干部所费时间表

干部姓名	白憨子	白栋子	白金孩	刘永堂	刘彦堂	其他干部	共计
职务	主任代表	代表	自卫队模范部长	粮秣保管农救干事	代表		
做工作所费全部时间	162 天	57 天	45 天	43 天(害病)	6 天	10 天	323 天

注一:时间的材料是干部调查会上得出,其中关于白金孩的时间,是根据其他人比例推算而来,关于"其他干部"的是就工作内容的繁简估计来。

注二:表上时间是指去年村选到现在的 7 个月期间计算的。

在 14 个干部中,主任代表一人就做了一半工作,这一则是主任本身负责任,另一方面主要的是因为多年政权负责人在群众中间的权威形成习惯,于是一切重大事情,不论上边来的下边来的,都要通过主任。其次是自卫队负责人与粮秣负责人 2 人共做了四分之一还多些的工作,说明这 2 种工作是有实际内容的。还有 1 个代表较负责,而且兼办粮秣工作,所以也支付了 50 多天的时日。另 1 代表是个狡猾分子,不事劳动,以行医、贩货谋生,对外交识各界人士,颇能活动,对内凭仗医术到处享受村民的优待,他不过问工作。至于其他干部,约有 9 人至 10 人之多,简直没有做多少工作。这几个做工作较多的干部大部多是兼职的,刘永堂兼 4 种职(兼了一年工夫,有一个时期还兼办 5 种工作),白金孩兼 2 种(兼了一年,白金孩妻还责 1 种工作),白栋子兼 2 种(兼了一年,有一时还兼办 3 种),其他干部偶尔也有兼职的,但只是兼一个短时期,不像他们能继续兼一年之久。这几个干部,除刘永堂外,都是在西坪上升的中农,白栋子、白金孩去年今年买了地,白憨子还兼营油房,都是收入较多、劳动力又强又多、光景蒸蒸日上的中农。他们在新政权之下得到利益,他们已经不自觉的和新政权的发展发生了密切的利害关系。刘永堂虽没有上升,但他是全村较有文化程度的人,也是一个巧人,别人不会做的他会做,加之他的阶级意识决定着他是比较易于觉悟的人。从此,我们就不难理解,这几个人对于政民工作特别努力不是没有原因的。

一般说来,西坪干部的流动性不算大,最能起作用的主任代表、代表以及从前的正副间长,自从抗战到现在的调动如下:

表 8 - 72　部分干部调动表

间长	白照奎(战前)	刘恩昌(事变前)	刘芝堂	白憨子	白应多(1940 年 10 月)	白憨子	白憨子(村选主任代表)
成分	中农	富农	中农	中农	中农	中农	中农
副间长	刘彦堂(战前)	白来还(事变前)		刘永堂	刘吞敖	刘吞敖	白栋子、刘彦堂(代表)
成分	中农	贫农		贫农	贫农	贫农	中农

抗战后事变前的两年工夫没有换人,变动最大的是事变后村选以前,换过 4 次。村选以后又稳定起来,这一年当中主任代表和代表没有换人,其他干部在村选后的一年中没有调动多少,在 14 个干部中,有 12 人没有调动过。西坪没有党员和党的组织,在政权民运以及自卫队等干部中,工作的配合中缺乏步调一致,缺乏团结的中心。

(三) 政权民运工作

公粮是村里第一件大事,它对其他工作及事情有决定意义的影响。上级决定的政策在布置时是由上级派人来主持办理,村干部协助"吼人",办理完毕完全给村干部执行。在村干部做起来就变成一种机械的向群众要粮要草,向行政村粮秣委员会会长交粮票,把粮草交给军政人员(收上粮票)以及记粮草账目等事务工作了。

派差是村里易于引起纠纷的事,抗战勤务条例的执行不像公粮那样(上级来主持),是交给村干部自己办,最初一个时期由自卫队分队长派,政权不过问,现在改为政权也负责。青壮年做的事一样,抬担架(如给司令部驮 6 车货到黑峪口等)、背粮(往黑峪口送)、送东西(如给后勤部往黑峪口送军鞋一次 30 双,给卫生部往黑峪口送山药蛋两背,给伤兵代买菜,送麦送铁丝五背及电杆 5 根、椽 8 根,等等)。老年队与青壮年一样背粮,另外还送信(如给区村政民机关送达 10 余次等)、送情报(如送大善 1 次、川口 2 次、冯家庄 1 次等)。村干部在执行这一任务时是能够"居中用事"的,因此有人喊不公道。另外,贫富之间的平均支差也是不妥当的,执行中感到原来规定的不合理。

自卫队是战争当中上下级共同要求的工作。首要的是派差(前已谈过)。其次是上操和政治训练,共操过 20 到 30 次,每次到十四五人,用一个多钟头,主要内容是稍息、立正、开步走、齐步走、正步走,不做游戏,只做过一次手榴弹演习,没有武器。在上操当中抽出一半时间进行政治训练,由分队长讲,内容是"抗战勤务条例""支应军队方式""打日本道理""配合军队空舍清野",甚至还讲"公粮公草办法"等等。到时人少,40 岁以上就不到了,40 岁以下都可以到。西坪没有游击队,也没有民兵。最近上级发来两个手榴弹,西坪队员里没有一个愿意领的,只好把手榴弹暂存干部手里,接着大家又开会推举放手榴弹的人,把一个老兵痞游手好闲的刘开堂选上,他本人也不在乎,愿意干。一个月前捉过一个汉奸嫌疑犯,是晋西武委会的一个干部(这一机关即住西坪)认出来盘问出来的。清查户口只查过一次,实际上是青年队单独做了的,由分队长领上四五个人一家一家的查,也没有查出什么来(村干部的计划是查赌博、逃兵、抽大烟的坏人等)。还有站岗放哨,西坪去年 8 月到 12 月敌人来时放过哨,今年又放 18 天,男子共 40 人,每 15 天轮一次(冬天 10 天一次),白天 2 人(前半天 1 人,后半天 1 人),晚上 4 人。敌来前(指去冬)女子也放哨,这能使大家的"人心可以平下来"(即可安心生产之意),在村干部看来主要的还可做到空室清野,偷东西的人无法活动(队长们都不放哨)。因为自卫队工作本身的复杂而繁重,使他们在执行重要政策(如游击队、兵役政策等)上平均使用力量甚至根本没有注意到,这一工作得不到自然村干部、主任及代表的领导与配合,增加执行上的困难。

支应军政过往人员是上级没有注意而不可避免的工作,是带有公粮与派差的二重性的实际问题,主要内容是向群众筹米面、给过往人员弄柴(烧饭、煮料、洗脸等)。以前没招待员,由干部办,有老百姓喊不公道,实则也不好公道,因为贫富不一,过往人员人数多少不一,有些很穷人家不轮(如白根里、白旺儿、白润六、白高捉、女劳动英雄等等)。如建立公平合理而能节省民力的制度,有人领导起这一工作来是老百姓的迫切需求。

开会受训在村干部看来也是一种工作。区里开的少,行政村也不多,每月 2 次(1 日、16 日总结工作、布置工作)。自然村开会多系上级来人开,费时间很多,约占全部开会时间的十分之七。受训共 2 人,各 1 次,主任在县里 10 天,原计划一月,因敌人来散了。分队长在区里受训过 7 天,讲了些群众武装工作、锄奸工作。

新文字。去冬教员来后,村干部给"打锣"召集大家开会,送过 700~800 斤炭、买油等。地址是高家村,西坪的人去那里"学",教过的东西大家都忘了,因为根本不使用。"还不会中国字,就是学了些湾湾圈圈",这是老百姓对新文字的观感。冬天过去后,新文字根本不和老百姓见面了。

救济、代耕。上级规定救济粮或贷粮(今年全村9斗5升,群众视同救济)从公粮里拨出来发给穷苦人,不费工夫。有时可以拉长时间一下不发,其原因或是村干部借用一时(如老闾长白应多),或者干部不负责,还有春耕时候穷人有吃的,到了夏收前才感到"受饿",所以干部给迟发。被救济户不多。代耕没有组织,不费时间,干部指定(经村公所指定的)白憨子(主任代表、中农)、白栋子(代表、中农)、白海具(不负责的农会小组长、中农)给几家抗属代耕,耕地数量并不多,村干部对于这些工作不反对也不积极。

调解案件。主任代表评过较大者7件,这些案件多系偷东西的,甚至是本家父子也会争执起来。但群众到行政村村公所时就不多,更不愿往区县里告(后面还谈到)。

村摊款。是有钱要钱、有米要米,困难在于不识字、数目太零碎而记起账来没法办。这是新工作,由上级派人来主持,把过去的"七门摊款法"(分头门、二门等,即头等、二等之意)改变成分数(将来在负担里再说),全西坪248分4厘。去年9月以后,每月摊米(每分)3两7两不等,摊款也在2角上下。村干部只负筹粮筹款责任,群众也喊不公道,特别有些和过去的"门"来比较,更感到"出钱事小,等级提高事大"。这种新办法的精神还没有引起群众注意,也没有博得群众与村干部的显著拥护。

催粮。即催田赋,有各姓"排年"做,干部根本没有办理。

派鞋。30双,由主任代表给光景较好的人家做,公家给发布、发底、发农币1.5元,妇救会没有管这事。

春耕。"主要是群众变工,不用咱们费力",村干部对这一工作的看法是这样的。因此,春耕贷粮拨下来,他不肯早日发出(也因拨在公粮内,一下起不出来),春耕计划也做得不合实际,贷款没有发来也不过问,变工、互助等更是没有理过。

纺织。发出10个纺车,共纺了20多斤,每斤作价洋法币4元到3元。这是经过政府和织布厂发生关系的,大家对此不热心不注意。

合作社。高家村成立了一个高家村合作社,西坪集了20多股,出过115元农币,白栋子是理事之一,卖洋火、烟等日常用品。西坪的人不肯去买(高家村人买),因为常常有人进城都能捎的买来东西,而不需要到合作社去。入股人有白海具、刘志忠、刘芝堂(以上都是1股5元)、白照奎、刘厚昌、刘永堂、白在栋(以上都是2股10元)、白栋子、白憨子(都是3股15元)。

其他工作。也还零星有一点,不属于任何部门,如民政、财政、教育、建设、司法、锄奸、粮秣、武装、金融、贸易、交通等等,也不是重大事情,是一种事务性质的事,如给高家村修渠、借家具等。

农救会。零星做了点,如春耕时调查过老百姓的牛、地等,实际上太马虎(如53户调查成38户,相差太多)。去年农选时开过会,误过些工夫。去年在公粮以后做过减租减息工作,但是没有起了多大效果,群众还是明减暗不减的居多。农救干事和粮秣干部是一个人兼职,他的时间用在粮秣者多,占其本人全部工作时间三分之二以上,对农救工作做得很少,名义上还兼行政村农救常委,但只去过冯家庄一次。真正农救会的性质,村干部和群众都不认识,只认为是增加了一个新机关,与军政机关一同看待。因而真正农救的工作也不认识,更谈不到去进步了,只是当作上级的任务去完成。这样使群众和干部都是盲目的在这些"空名义""空架子"周围过日子,根本未得其门而入，是一种从旁看"演戏"的性质。

妇救会。向来没有工作，比农救会就更差些了。

进一步根据村干部调查会上了解的比例及数目，我们可以推算出西坪干部在进行以上这些任务时所支付的时间，如下表：

表 8－73　政民工作所费时日表

政民工作	公粮	支应军政人员	派差（政权）	新文字	开会	受训	其他政权工作	自卫队（内派差25天）	农救会	妇救会	共计
干部所费时日（天）	81	67	33	5	50	17	10	50	15	无	328

注一：表上时日是指去年村选到现在 7 个月期间计算的。

注二：具体天数是根据干部调查会上的材料及比例算出来的。

注三：自卫队天数是从白金孩的工作时日推算而来。

注四：自卫队 50 天内包括派差 25 天。

注五：派差 33 天没有加入自卫队派差 25 天，只指政权派差。

从上表可以看出，公粮是最费时间的工作，村干部支付了其全部工作时间的四分之一；支应过往军政人员在西坪也是一件大事，费时五分之一，由此可以明白群众自愿垫上小米设"总招待"是有其现实意义的；派差所费日子也不少，政权干部（主任代表）与自卫队干部共费时间占五分之一的样子，自卫队所费时间占全时间六分之一；开会受训竟占了全部时间的近五分之一，没有将更多时间用在贯彻正确政策、解决群众切身困难上去；其他行政工作项目虽多，但在西坪干部看来却是无关轻重，我们可以认识到一定有许多工作在群众那里不是那样迫切需要；农救会工作也没有多少，费时很少，妇救会更是虚有其名。

在政民全部工作中可以看出，最大的两件事西坪干部并没有全力去做。一件是公粮，这一工作重要部分由上级代替做了，经常的筹粮交粮村干部也只是中间人性质，不肯插手进去，不企图在里面"捞"些什么东西。另一件是自卫队，这一工作内容虽多，但真正重要部分没有做起来，如民兵没有组织起来，而只是把"派差"这种带有负担性质部分抓紧来做，自卫队的分队分组以及站岗放哨等工作也没有认真去做。这一方面因为行政村直接领导，使自然村干部的精力没有在这一方面充分发挥；另一方面因为村干部本身多系中农，他们的"粮"反正要出，他们的"兵"已经出过些，这些事情弄好弄不好对他们没有大的影响。

有许多工作上级认为很重要，是应该被群众欢迎、被干部兴奋的，如救济、代耕、春耕、互助、纺织、合作社、新文字、减租减息、发动群众、组织各种群众等等。但是西坪群众与干部却相反，并不重视，甚至于感到是多余的。从此说明这些工作本身虽然是好的、对群众有利的，但是我们着手的地方并没有抓到重要关键，只在这几件工作的本身费力去做是不够的，甚至有些工作在今天战争环境中还没有成为群众生活之必需。

有些在群众当中实际发生的问题上级没有领导，如支应军政过往人员没有规定健全制度，调解群众纠纷没有去领导，派差工作上级也抓得不紧且规定上还有"平均"主义的缺点，等等，说明我们的需要还没有和群众的需要完全符合。

开会受训之类的事情在村干部看来是一种负担,尤其开会费时间很多,这是应该改善的。

民运工作与政权工作界线不分、内容含混,干部也兼差,因而失掉了群众团体在群众当中的真正作用。许多工作是上级交给干部的,不是发动群众要求的,这就决定着农救会的工作不充实,妇救会的虚有其名,青救会的名实俱无。

(四)从西坪自然村看区与行政村的领导

其一,政民工作任务来自两个方向:一是上级机关交付来的,一是群众当中发生的。前者为村选、公粮、派差等等,这是西坪干部使用精力较多的工作;后者如支应军政人员、调解纠纷等等,这是上级没有注意到,而实际上不可避免的工作。因此,一般所谓之"区村领导"是单指前者而言。

其二,任务的交付。一般不很重要的经常工作是交付给自然村干部单独去做的,如筹粮、自卫队上操、查户口、派鞋等等。交付的办法是下面几种:

最普通的办法是上下级当面谈。村选后村公所负责人来西坪很少,只三四次(2月"玩会"来过1次,4月来1次,春天村警来买棉籽1次,去秋过路来1次),主要的是西坪主任代表去村公所请示一切,每月去过七八次,从去年9月到现在共去过约五六十次(白栋子也去过十几次)。

全面性的工作是用开会的办法。村公所规定每月1日、16日开干部会(代表、各委员、分队长、农救常委都应去参加),是定期的政民混合会,但有许多人不去参加。此外,还有上级临时"开条子",让去开临时会,也有上级派人来村里开会。开会时惯例先由上级讲一顿,讨论不深刻,甚至不大讨论就算了结。一个干部说:"到村公所开会,人家总说,说完谁有意见谁提,咱没意见,不值钱的意见不提了。"开会时对群众的意见吸收与讨论很少,如武委会上一个女干部说:"我一人推磨离不开时,主持人根本置之不理。"

还有一种补救办法是上级"开条子"(即下公文)来。这种办法和西坪村干部中没有识字人的现象是矛盾的,好在这样指示的工作多系次要的事情,如借家具等,而且"开条子"的办法也不常用。

其三,特殊任务的处理。重大任务是由上级(行政村、区公所或其他上级)派人来主持,如村选、公粮、农选、武选、放哨、区选等;还有新发动的事情,如新文字、村摊款等,也是上级派人来主持,这是一种突击性质,每次半月十天或一月不等。进行时,西坪干部只是"帮助""吼人""跑腿",办理完毕交付西坪干部执行。这里包含一个矛盾,就是西坪干部能力低,不能把重大任务或新任务完成,但是这样上级包办代替的结果,更助长了他们工作能力的低下和削弱了他们在群众中的领导作用。

其四,工作检查很少。工作交付以后布置以后,检查时很少让西坪干部大包揽做下去,形成没有反应、不分段落、看不见结果的现象。如一个西坪粮秣保管说:"粮秣会长与保管小组实际没有领导关系,只支些粮票,他也不来检查工作。"有时为了布置新工作,遇到开会的时候不得不问几句,也是形式的检查。如武委会布置放哨时问群众:"你们共抬多少伤兵?""那些担架跌了多少人?""中途逃了几个?""有没有派下差不支的人?""发动募捐慰劳没有?"老百姓零零星星的对答"没有"。这样是不会知道多少实际事实的。

其五,对待干部。一般说来,上级区村和西坪干部关系不密切,而且关系也很单纯,互相不关心,上级对干部困难不过问。一个干部说:"咱有困难不必报村公所,也不招呼的。"对干部的训练倒有过2次,即主任到县里、白金孩到区里,区里训练内容是站岗放哨、清查户口、帮助军队、准备空舍清野、准备运输队担架队、给军队引路、破坏敌人等,关于政策教育并不重视。

其六,政权的强制作用。在西坪干部当中,对于上级机关的观念除了服从、拥护、爱护以外,还有一种深刻印象,即"坐禁闭"。如主任代表因为不给区抗联背门,被禁闭了一夜,刘芝堂以前不愿做闾长,被捆到村公所,因而青年小队长说"不听站长(自卫队曾在高家村设有交通站,管支差)的话就坐禁闭","把违抗支差的人送到站长村送到村公所办理"。甚至在开会的时候也采用这种精神,如武委会一次会上,主持人(上级派来的干部)说:"你们怕开会偏来开,你们怕训练偏来训……你们不好好听,今天开一通夜的会。"

其七,政权中的封建残余最典型的是"排年"。田赋工作村干部没有负责,上级也往往一直找"排年"催。西坪刘姓排年刘中堂、小书刘永堂是去年轮过来的,白姓排年今年轮出外村去了。收田赋本来是政权工作,但是中间又插进一条家族统治的腿来,很不合理,因为是多年积习,不可骤然大改,应该逐渐培养村干部对田赋负起责来。

其八,西坪干部执行上级交付的任务。既然上级不来检查,村干部就养成一种习惯:"催得紧办得紧,催得慢办得慢","谁在跟前谁办",不能按分工执行。产生下面这些现象:(1)事情都堆在主任代表"跟前",不商讨不集体不开会,各部门之间也不联系。(2)应付公事得过且过,如"上边来人就开会,不来就不开"。自卫队长受训回来,召集大家训练,搬家式的讲了些"公粮公草""支应军队"的东西,又讲了些打日本的大道理,农救会会员是谁在跟谁参加,出外背粮时以后无人过问了。春耕时上边来人问,调查过牛、土地、种子等,一下午完毕,以后再也没人去管它,其实把53户人家调查成38户,就这样向上级报告上去了。(3)"公道"是群众一致的要求。老百姓在支差上公粮上都有喊"不公道"的,其实有时就有不公道之处,如主任之侄能"上地"不支差。但也有困难之处,如贫富不一,有钱人误一天工夫不要紧,而穷人就受不了,村干部又不得不平均主义的"派"下去。为了这些,有时候大家吵架斗气。中心关键是没有人掌握这些原则,另一方面是上级规定的平均主义式的制度,村干部也无法执行得更"公道"。(4)了解情况、体贴群众是西坪自然村干部的特长。事情来了之后,干部们是知道实际情况的,做起来大多数都能"对症下药",能解决了问题,只是有时他们站在西坪一个小村子的立场上,不说真话不认真做事。群众的痛苦他们知道,他们也都是些老百姓,只要不和他本人利害冲突,他们是能够关顾到群众要求的,有时还能替群众抬伤兵,"吼不下人,自己就抬"。

其九,群众当中发生的问题。这是自然村的工作"附加",行政村、区县可以不管这些事情,但是自然村干部就不能不管,老百姓也不能让他不发生。如支应过往军政人员,在自然村是必须解决的问题,还有村里群众之间发生的纠纷也不能不解决(如下表)。

表 8-74　解决群众纠纷统计表

对方	白引多	刘锁处	刘张敖	刘开堂	刘开堂	刘吞敖	村里群众
错方	白应多	宋味儿	白乃海	白在栋	白侯牛	白引多母	白应多
原因	债务纠纷	羊吃黑豆	丢了磨	要差	偷黑豆	偷枣	贪污
评处人	主任	主任	主任	主任	主任	主任	主任(送村)

注一:指去年9月到现在5个月的。

注二:指较大的纠纷,小的吵嘴均未列入。

关于这些工作的处理,只是凭着政权在群众中间多年的统治习惯,自然村干部就其本人的"道德观念"盲目进行,并没有得到新民主主义政治方针的指导。

领导上应确立发展新民主主义经济的明确政策而贯彻到群众里,取消上级的主观要求,吸收群众意见,深入群众里面检查下级工作,实事求是的给群众解决切身问题,培养自然村干部的工作能力与领导作用,争取并教育这些干部,使他们为新民主主义政权忠实服务。组织上的取消复杂、干部上的取消形式主义、工作上的实事求是也正是适应这种精神。

(五)西坪自卫队群众大会记录

1. 西坪自卫队(男子)群众大会

主持人:刘国玺(区武委会主任,兴县黑峪口人)

时间:(1942年)5月25日

到会人:14人

晚饭后村干部开始召集会,人们零零落落一下子到不齐,把几个自卫队村干部急得头上冒汗。天很黑以后才开了会,一开始就由刘国玺讲:

"区选当中调回高家村集中工作,高家村是领导机关所在地,工作落后,要弄好(这大概是解释他来的意思)。"

"战争后(指去冬敌人扫荡)共抬几个伤兵?"刘问。

"共9付,36个人,驴3个,共12个。今天又抬2付,共14个,听差的4天,40个人工,送信5人。"一个总招待答对。

"那些担架跌了多少伤兵?"

"没有。"

"到高家村去时,半路里逃了几个人?"

"没有。"

"有没有派下差不去的?"

"有。"

刘国玺接着发表对抬伤兵的意见:"主任2个孩子1个也不抬,不对,挨上抬伤兵装病(有人插一句'那是有的')是不对的,这些我都知道。(有人在地下说'你也不知道')今后望全力干,犯错误人要注意,以后不要再犯错误。"有人说:"抬伤兵实在难活①。"

"发动募捐慰劳没有?"刘接着又问。

"只说了一句话,没有做。"有人低低答了一句。

"这不好,军队说打就打,你们就不管,你们没有见过伤兵流血么?(有人说:'抬上看不见。')慰劳要大家出力,能买一个猪买个猪,能买牛买羊就买牛买羊。你们不如蔡家崖、石岭子,他们还捐出一口猪。这次如果不打仗,拦不住敌人,就会来西坪。这点明天应该进行。"刘突然插出一句话来说:

"你们不监督政权,不管,可见选区村长是乱弹琴(兴县人根本不懂乱弹琴的说法)。刘占鳌

① 编者注:即"难受或不舒服"之意。

说好,但落选了,你们说好,为何不再找人结合提他! 马区长二十票,高光宗十多票,刘占鳌几票,这点证明大家不小心。"

"支差不公还可以,如果主任在粮钱上麻糊大家,你们有何办法呢?"刘接着又往下说。

"布置工作,明天开始。

"放哨,经常说放不起来。

"特别强调放哨,妇女白天,你们黑夜。

"明天一定要执行,同志,也许晚上我们查,查出小队长负责任,你们自己认不清放哨是为了谁。

"清查户口,连带放哨,干部领导自卫队去做,有民兵,民兵也要参加。注意点是,晚上人做甚。这一类是秘密,只小队长和模范部长知道。每月行政村归队2个逃兵,要稽查出来。

"明天起,不管你家来了男女亲戚,一定马上报告小队长,小队长马上去盘查,究竟是干甚,何时回去,这是锄奸工作。如高家沟种地的人来西坪,大家就不必注意,这要家里婆姨孩子都记住,亲戚也传达清楚。

"自卫队组织工作去冬大家到高家村训练过,今天叙述分两方面。

"第一方面,关于平时工作。加强清查户口,加强操练,练习使用手榴弹(现在因为不会用,不发),站岗放哨,服从纪律(小队长一吼就到,服从了小队长,也服从了武委会)。

"第二方面,关于战时工作。加强锄奸,放哨联络。自卫队要帮助别人空舍清野,使敌人一点米面找不到。(这时又有老百姓来参加会)大家要有友爱精神,大家不是自己人就是邻里,现在我们决定:战时妇女先藏,自卫队壮丁一般不能脱离村子;军队要饮食,不能让受饿;没人引路没人送消息要小队长检查,把握自己的队员。我们的口号是:抗日军人从此过,保管他们肚子不受饿。敌人进村自卫队要逃,但仍然要监视敌人,当敌人欺侮我们妇女时,一定要郑重掩护,大家齐心捉敌人,敌再来扫荡,我们就这样办。我们拿女人引诱他,女人在那里坐,敌人来,隐蔽的男人要捉敌人,你们不能送到区,可以杀了他,枪可以窖了①,最好把俘虏送上级。捉汉奸,大家齐心干!时常注意,帮助军队引路,抬伤兵,破坏敌人的电线。

"现在的工作最主要的是放哨与清查户口,几天后还要来新布置,我们31号布置经常工作。

"这些话,你们记住么?"

"记住了。"有人答。

"最后一点,要大家讨论,就是编制担架队,现在好就不编,不好就编。你们说适当不适当,四个人编一组。"

"四个人抬,要抬,吼一下就到。"有一个人这样说。

"小队长模范队长负责编,四个人选一个组长。要负责保存担架,抬时由代表吼,小组长负责本组人不跑,不把伤兵跌下去。"刘说完,有人说:"拆开编。"

模范部长说:"编好了有人不在,一个或两个不在就捣乱了,还是一户一户好。"有人附议说:"加强保证就行了,有人经常不在,这个问题解决了就好了。"又有人说:"编起也不顶事。"

刘说:"还是编,我有一个提议,头痛好了就要抬,不要痛好了还不抬。这个习惯下去……装

---

①　编者注:当地方言,即"藏起来"。

病不行,实在病可不抬,装病不行。"

"有些人病还能给自己做工作,赶上牛,担水。临时病了,结果永远不支差。"小队长说。

刘说:"不派差,主任代表不公道不行。"

主任代表说:"两个侄子,一个在黑峪口念书,一个是拐子,我家有两个差,我与我哥哥。"刘说:"拐子能担水就要支差,首先干部先动员起来,别人一定支差。我们已经考察清楚了,可抬近些,送信。"

"能,能,能,那能,当然能。"主任代表慌忙的表示意见。

"聋子不能含糊……拐子可以含糊!"

刘说:"刘锁处,如不肚痛,明天应该去支差。""不管肚痛不肚痛,是轮不到人家。"青年小队长主张公道的说。

刘问:"轮上谁?"

"有病的,该下的①,有不在家误下的。"主任说。

"你家这次战争中抬了几次?"刘问。

"米家一次也没抬。"主任答。

"你家不抬,人家也不抬,干部要起模范作用。"刘说。

"过去决定我儿就不支差,是个拐子。我哥去年被敌人用刺刀刺了一刀,流黑血,现在没担水没切草,点豆子也不行。"主任说。

"能上地就没支差?"刘说。

"这不是我包庇,是大家决定的,去年决定,今年没决定。"

"去年是表决过的,拐子是拐子,上地也不能很受苦!"有人说。

"抬不动,可以送信!"又有人说。

"过去牛支差多少,也不公平!"又有人说。

"驴工顶多少差?"一个小贩为业的人说。

自卫队模范部长说:"驴牛支差,不论有鞍无鞍一律支差。现在优待喂牲口,一个牲口顶四五个工,一套车顶 15 个工,一回驮上十几斤也算一个,80 斤算二个。驴不能顶人,驴是顶驴。"小贩说:"我也清楚,驴工每月支四个差,50 斤一个,100 斤二个,150 斤以上三个。跟上人顶不顶?"

"驴工顶驴工,把喂牲口的顶死了!"又出来一个插了一句。

"平时应弄清楚,战时不能拨得太细了!"刘接着又说:"这回去到区上再答复解决,驴差再说,先把才谈的事结束。""刚才布置的工作,明天先做什么?"这时候大家还在继续吵支差问题,主任代表一人答:"站岗放哨。"

"现在没有分队长,做不了!"青年小队长说。

刘问:"你管的几个人? 你是队长,受过训,还不知道? 过去是分队长给你一齐包揽?"

"过去分队长时,青年壮年都能吼。"青年小队长说。

"你过去当小队长大概是浮搁小队长!"刘说。

"你还没听懂话!"小队长说。

---

① 编者注:即"应该的"之意。

"我听懂了,而且事先打听清楚了,你过去……"

刘气愤的说了一句,又说:"过去是按垯楞拨开么? 那不好,应按小队来分,给他们轮上的人一把刀作为一个轮流签子吧。"

"老年、壮年、青年互相帮助吼也行。"模范部长提议。

"老年小队另编,青壮年小队应混合编起。"刘肯定的说。

"青年小队 9 个人。"

"壮年小队 12 人。"

"36 就编成老年么?"

"18 到 23,24 到 35,36 到 55 岁,这样编法。"大家一连讨论着编队问题,稍微平静了一二秒钟,壮年小队长问:

"你是怎么办,在栋!(即青年小队长)"

"没分队长,不行!"青年小队长说。

"有模范队长,还顶不了分队长的事?"刘说。

"以前问他编上谁,他不管!"青年小队长说。

"轮上谁,便该负责。"刘说。

"说起根由时……"青年小队长未说定,壮年小队长打断说:

"过去的事不说了。"

"从前分队长不支差,我还不愿到主村去(指担任行政村的模范部长),虽然是升官,我也依然愿意在本村工作。"模范队长说。

"我们去高家村开会误事,不应少支一回差么? 以前有分队长去开,不用我们去!"青年小队长露出本心话来。

"那是上边的规定。"刘说。

"能不当么?"青年小队长说。

"你说今天日本用不用打? 你这一向惯坏了! 过去对区干部吵过嘴,牛区长要捆过你,我知道你这人,自从那以后你才好些,当然这是很好喽。"

"未选分队长前,你还是负责,明天起首放哨,你要负责。"刘说。

"上次就是从我那里起首。"壮年小队长说。

"上次轮到那里从那里起。"主任代表说。

"妇女在甚地方放,男人在甚地方放,晚上还可在高处放。"

"因为有汉奸,白天规定地点,黑夜是游动哨。"模范部长说。

"游动哨,但不能回家游动去。"刘说。

"妇女们在大槐树下放,男人在高粱上。"一个老汉说。

"再,男人们回去教育女人,对待干部要公平要好,不要兵米兵面兵□□。"刘又接着吩咐大家一声。

"队伍对我不好,我就对他不好! 那人打了我一巴掌!"一个当过兵的人说。

"那是十有九不遇的事,做群众工作时应把群众教育好,你不能军队教育不好就说老百姓也教育不好!"刘解释当中大家都站起来,是半夜光景,散会了。

2. 西坪自卫队（女子）群众大会

主持人：刘国玺（区武委会主任，兴县黑峪口人）

时间：（1942年）5月25日下午

到会人数：十数人

下午饭刚吃完，自卫队男干部就召集开会，妇女们扭扭捏捏不肯到会，男人们有在垎 㙟上吼的，有到地里路上去劝说的，勉勉强强到了10人以上的数目，这个会是开始了。照例首先由刘国玺讲一顿：

"中庄慰劳最好，拿鸡蛋，买鞋。拿上东西交给白金孩和主任代表。"

"你们放哨了么？"

"放了！"有人答，"年时①放了，今年不放！"

"一时放不好，汉奸瞅机会。加强放哨，过去放，今天不经常，不好。"

"说没有进行……大家注意听！"刘说（下面喧哗）。

"为什么放哨，哨位在那里，不清楚。你们明天一定要放哨。

"妇女白天放哨是减轻男人负担，过去说过男女一律平等，不需要解释。区常委会决定妇女一律放哨，从早到晚，要交哨给男人。随便回去，汉奸就走了。

"注重不认识的人，熟惯人放过去。军帽顶路条，今天讨论过，军区司令部成立人民武装科，下命令要军队给老百姓放哨人路条。120师几万人，不能避免有坏分子和乱说话的，要给他们解释，锄奸放哨，为了军队，为了人民，为了中华民族。

"兴县四区全放哨，一个小孩、一个妇女放哨，认识不下②过路人，问明白后到村里报告主任和代表、识字人。放哨中，地里的人员监视行人责任，穿红衣服的是小队长（指妇女队长白有池），要经常站门口照料，是否经常有人过，照料一下。不要太本观念，不认识人要详细盘问，因为汉奸不熟悉路，要看行路人表面，要观察面色和行迹……木栏杆放哨，要行路人跟上到家里去。区干部牛映森故意不去，老百姓说这是责任，不能随便让走。汉奸报告敌人，杀人烧房子，所以要捉汉奸。

"妇女认为放哨是负担。一村人性命在放哨人手里，汉奸不来，敌人不会找你村人。"（下面骂小孩子声吵闹一阵。）

"不要认为放哨是小队长事，小队长是小组领袖，最积极分子，否则不会当小队长。你们今天听了我的话，明天就有一套办法；不好好听，明天就不会放哨。大家不要认为开会是负担。

"过去工作是否很好呢？听！

"今天开会后，你们知道，回去要传达家人和邻人，要教育人。工作人员到西坪，妇女要很好欢迎，他们是为革命工作，为中华民族，整个为大家利益，男人不在你们要招待。妇女自卫队帮助男人，帮助作战，战时做饭、担水、招待军队，口号：八路军过来本村，不使肚子受饿。"（下面打骂孩子，又吵闹一阵，人也走动起来，自卫队长阻止）"大家全□说，你们在外头……"（表示不高兴）

"招待军队，你自己亲戚好好招待，新战士心里不满意。"（下面的人一半已走出房外去了）"开

---

① 编者注：即"去年"。

② 编者注：即"识别不了"之意。

会,听!"

"不要让他们走了,不能开会!"刘对着村干部放低些说。

"你们不回来,会开半夜,你们听了……还问你们,你们捣乱,给你们戴帽子。"刘说完紧接着又往下说:

"首先从这两点,每天下午开会,你们怕开会偏来开,怕训练专门训练,我们任务就是每天到村开会训练。

"家里青年人,青抗先、模范队、自卫队改称民兵,配合军队打敌人。民兵配合军队作战就是引路、送消息、抬担架、送饭,高家村人说:'我家已经出兵还要当兵?'民兵为什么加'民'字呢,就是民兵不是当兵。"(下面乱吵吵一顿)

"你们听了么? 不要耳朵不听,让我白说,不对!"刘强硬的说。

"你们说话,咱们散会……"刘又说。

"做饭……不记,饿!"有一妇女说("记"是指用脑子把事情记住)。

"不记,要叫敌人杀,活不成!"刘说。

"记着了,记着了!"又一妇女嚷着。

"记着就行!"刘说。

"45 以下放哨。"

"50 以上不放么?"在大家嚷着这些问题当中,刘提出问题说:

"你们不认识我也要来问问我,区干部来不理,军队来还行。"

"军队招待好时,会夸奖你们'老太太',弓家山开会斗争一个主任代表,如说:主任应该给军队当,你给村里当,胡应付一气。"

"战争时没办法,战后可要处理!"刘只管往下说,妇女们又吵起来。

"青年壮年一齐放。"

"吼给一顿①,说顾不上,小队长查哨,不在哨位,你们负责。"模范部长说。

"以后放哨,人家一吼,一定要到!"刘说。

"吼,人家捐(即骂)。"有人说。

"放哨怕狼。"大家一致吵着。

"决议:一人一把刀,轮开。"接着指定明天放哨人,说好由小队长行下去接上,会散了。

注:① 刘国玺,区级干部,到了自然村不发挥本村干部的作用,一味自己出马,包办代替,也不培养自然村干部;② 上级来人开会时,不管三七二十一,上级来人先说一顿,大家不深入讨论,不吸收群众意见;③ 善于发挥政权的强制作用(如威吓),不善于发挥民主;④ 检查工作不认真,顺便问问;⑤ 满口政治术语,党八股的味道浓厚,甚至兴县黑峪口人对着本县老百姓满口说"官腔"(如乱弹琴等);⑥自然村干部是政权与群众的分界之点,双方的精神并不完全一致,自然村干部的联系与沟通作用又没有很好发挥。

---

① 　编者注:即"叫上半天"之意。

十、各种调查统计表

表 8-75 西坪战后下降 3 户状况表

		人口		劳动力		生育	死亡	当兵	分出几人	嫁	娶		大牛	中牛	小牛	驴	羊	猪	备注
		战前	现在	战前	现在														
医→贫	白开芝	5	4	1	1		1		分出2口（劳动力一），合进2口（劳动力一）			战前							
												现在							
贫→商	刘丕寿	8	7	1.5	1	1	3					战前			1				租来
												现在			0.5		1		牛伙育，驴自己
富→中	刘恩昌	11		2			3	2	分成3户，县政府当通讯员1人，移居城周			战前	1				1		
												现在							
中农	刘志忠		5		1	3						现在		0.5					伙畜
中农	刘志成	合居	4		无				移城附近			现在							
中农	刘兆尤		3		无							现在							

表 8-76 西坪战后移入 6 户状况表

		人口		劳动力		生育	死亡	当兵	分出几人	嫁	娶		大牛	中牛	小牛	驴	羊	猪	备注	移来时间
		战前	现在	战前	现在															
做豆腐	白富戴	3	4	无	无	1						战前						4		1941
												战后						2	伙喂	
榨油	段景秀	11	5	无			1	1	分出5人			战前								1941
												战后								
贫农	高年儿		1		1							战前								1942
												战后								
贫农	高在拴		3		1							战前								1941
												战后								
贫农	白蛮儿		5		1							战前								1941
												战后			1				不能耕地	
中农	白海生		4		0.5							战前								1942
												战后						1		

表 8‑77　战后西坪分出户状况表

	人口 战前	人口 战后	劳动力 战前	劳动力 战后	生育	死亡	死亡 是否劳力	当兵	外逃	分出几人,几劳动力
白引栋	2		1							
白侯牛	7		1							
王癫还	2		2							
白抵玉	4	1	2	1						分出3人(有1个劳动力)
白侯九	9	6	2	1						分出3人(有1个劳动力)
刘巧孩	7	7	2	1	2					分出2人(有1个劳动力)
刘抵堂	2		1							
白玉多	1		1							
白根里	4	4	1.5	1	2	3	有1个劳动力			

说明:(1)移走户战后情形不知道,故未填,只填其战前。(2)分出户未填其本人,只填战前战后全家人口及劳动力,但注明分出人口及劳动力。(3)移来户未填战前,因弄不清。

表 8‑78　西坪战后下降 3 户状况表

类别	户	地类	等级	占有(垧) 战前	占有(垧) 现在	租出 战前	租出 战后	伙出 战前	伙出 现在	自耕地(垧) 战前	自耕地(垧) 现在	租进 战前	租进 现在	伙进	使用地(垧) 战前	使用地(垧) 现在	备注
医→贫	白开芝	山地	上									2			2		
		山地	中									1			1		
		平地	中	$\frac{2}{3}$	$\frac{2}{3}$					$\frac{2}{3}$	$\frac{2}{3}$					$\frac{2}{3}$	
		平地	下									2			2		
贫→商	刘丕寿	山地	中	3	3					3	3					3	刘丕寿荒地2垧 1942年已开出,但未下种
		山地	下	9	9(内荒地2垧)					9	7	14			21	7	
		平地	上	$\frac{4}{3}$	$\frac{4}{3}$					$\frac{4}{3}$	$\frac{4}{3}$				$\frac{4}{3}$		
		平地	下	$\frac{1}{6}$	$\frac{1}{6}$					$\frac{1}{6}$	$\frac{1}{6}$	3			$\frac{19}{6}$	$\frac{1}{6}$	
富→中	刘恩昌	山地	中	13						13					13		
		山地	下	25					8		7					7	
		平地	中	4.5						4.5					4.5		
		平地	下	$\frac{23}{3}$					2	$\frac{17}{3}$					$\frac{17}{3}$		

(续表)

				占有（垧）		租出		伙出		自耕地（垧）		租进		伙进	使用地（垧）		
				战前	现在	战前	战后	战前	现在	战前	现在	战前	现在	现在	战前	现在	
中农	刘志忠	山地	中		4						4				·	4	
			下		8						8					8	
		平地	中		1.5						1.5					1.5	
			下		$\frac{17}{6}$						$\frac{17}{6}$					$\frac{17}{6}$	
中农	刘志成	山地	中		3						3					3	
			下		8		8										
		平地	中		1.5						1.5					1.5	
			下		2				0.5		1.5					1.5	
中农	刘兆尤	山地	中		6		5				1					1	
			下		9		5				4					4	
		平地	中		1.5						1.5					1.5	刘兆尤伙出下平地有3垧,是按3垧伙
			下		$\frac{17}{6}$				3								

表 8-79 西坪战后上升 7 户状况表

		人口		劳动力		生育	死亡	当兵	分出几人	嫁	娶		大牛	中牛	小牛	马	驴	羊	猪	备注
		战前	现在	战前	现在															
中→富	白在栋	4	4	0.5	1	1					1	战前				1	1			
												现在		0.5		病死	卖			伙育
贫→中	白来怀	7	8	2	2.5	1	1		一儿一女儿,过嗣于人,未实行			战前	1				1		1	
												现在	卖	0.5			卖			伙育
工→贫	白根小	3	3	0.5	1							战前		1						租的
												现在								
雇→贫	白旺儿	2	2	1	1							战前								
												现在								
工→贫	刘补敛	3	3	0.5	1	1	1					战前								
												现在								
游→贫	刘开堂	7	7		1.5						1	战前								
												现在								
雇→贫	白润六	4	4	1.5	1			1			1	战前								
												现在						1		
备考	白润六当兵是全劳动力,1940 年四大动员干部抓去的,润六说及至今仍泪汪汪下																			

表 8‑80　西坪战后上升 7 户状况表

				占有(垧)		租出	典出	赎回	自耕地(垧)		租进		伙进	使用地(垧)	
				战前	战后	战前	战前	战后	战前	战后	战前	战后	战后	战前	战后
中→富	白在栋	山地	中	19	2	17			2	2				2	2
			下	6.5	6.5				6.5	6.5				6.5	6.5
		平地	上	0.5	0.5				0.5	0.5				0.5	0.5
			中	1	6				1	6				1	6
			下	4	8				4	8				4	8
贫→中	白来怀	山地	上	11	11				11	3				11	3
			中	2	2				2	2				2	2
			下	12	23				12	23				12	23
		平地	中	2/3	5/3				2/3	5/3				2/3	5/3
			下	1	1				1	1	0.5	0.5		1.5	1.5
		水地	下水								2/3	2/3		2/3	2/3
		荒地	下山		8										
工→贫	白根小	山地	下								3			3	
		平地	中										1		1
			下	2	2				2	2				2	2
雇→贫	白旺儿	山地	下	2	2				2	2				2	2
		平地	下									0.5			0.5
工→贫	刘补敚	山地	下	5	5				5	5				5	5
		平地	中	2/3	2/3		2/3	2/3		2/3					2/3
游→贫	刘开堂	山地	下	23	16		7	变典为卖	9	9				9	9
		平地	下	1/3	1/3				1/3	1/3		1	3/2	1/3	17/6
		荒地	下山	7	7										
雇→贫	白润六	山地	下	3	3				3	3				3	3
		水地	下										1		1

备考

(1) 白在栋 1942 年卖外村中山地 17 垧,得小米 17 小石,合白洋 210 元;又买进李林西下平地 4 垧,付白洋 50 元,买刘厚昌中平地 5 垧,付白洋 36 元。

(2) 白来怀 1942 年买进李林西下山地 11 垧,付白洋 30 元;又买刘家户地中平地 1 垧,付白洋 14 元。

(3) 刘开堂 1942 年将西凹下山地 7 垧变典为卖,买主西凹白来贵,典时得白洋 7 元、麦子 1 小斗、黄米 1 小斗、软米 1 小斗,卖时白米贵又找贴白洋 10 元。

(4) 白在栋大批买地后,1942 年雇半长工 1 个。

表 8‑81 抗战前后(1937—1942)各阶级牛的占有表

成分		总户数	有牛户数	％	占有牛数				
					大	中	能耕地	小,不能耕地	
富农	战前	1	1	100	1				
	现在	1	1	100		0.5			
中农	战前	23	13	56.12	5	8		2	
	现在	25	10	40	2	4	2	3	
贫农	战前	21	2	9.52	1	1			
	现在	24	3	12.5	1		0.5	0.5	
商人	战前								
	现在	1	1	100		0.5			
雇农	战前	2							
	现在								
工人	战前	2							
	现在								
其他	战前	2							
	现在	2							
总计	战前	51	16	27.45	7	9		2	16
	现在	53	15	26.41	3	4.5	3	3.5	$13(+\frac{1}{2}$白来还$)$
每户平均	战前		$\frac{15}{7}$						
	现在		$\frac{13}{14}$						

表 8－82　1937—1942 年逐年各阶级占有牛的变化表

成分	总户数	有牛户	%	1937 大	1937 中	1937 小耕地	1937 小不耕地	1938 大	1938 中	1938 小耕地	1938 小不耕地	1939 大	1939 中	1939 小耕地	1939 小不耕地	1940 大	1940 中	1940 小耕地	1940 小不耕地	1941 大	1941 中	1941 小耕地	1941 小不耕地	1942 大	1942 中	1942 小耕地	1942 小不耕地	1942 %	有牛户	总户数
富农	1	1		1				1				1					1				0.5				0.5				1	1
中农	23	13		5	8		2	5	8		2	6	8		1	5	7.5		2	2	4	3	2	2	4	2	3		10	25
贫农	21	1		1	1			1	1			1	3			1	3			1	2	3	0.5	1		0.5	0.5		2	24
雇农																														
其他	2																										0.5		1	2
商人	2																													1
工人	2																													
总计	51	14		7	9		3	7	9		3	7	12		1	6	11.5		2	2	6.5	3	2.5	3	4.5	3	3.5		14	53

说明:①不能耕地的小牛不管耕地前后去掉,一律不算在当年占有内。②中牛大牛如果是耕地后去掉的,还算在当年占有内。③1938 年 1 条中牛冬天死了,因此占有内仍占有。④1940 年有 3 条大牛春耕后出卖,占有内仍有,2 条中牛 5 月被敌拉走,1 条中牛春耕后出卖。

表 8－83　1937—1942 年逐年各阶级占有牛的变化表

		富农	中农	贫农	商人	共计
增加	大					2
	中	1.5	8	3	0.5	12.5
	小 耕地		4	0.5		5
	小 不耕地	1	11	1.5		13.5
减少	大		5			6
	中	0.5	12	4		16.5
	小 耕地					
	小 不耕地	1		0.5		1.5

说明:

（一）增加:①小牛增加 18.5 头中,13.5 头是定生,5 头是买的。②中牛增加 22.5 头中,11 头是定买的。③增加大牛 2 头中,1 头是买的,1 头是中牛长为大牛的,1 户于外村带来的,0.5 头是富农降为中农带的。

（二）减少:①减少小牛 13.5 头中,卖了 11.5 头,敌人拉走 0.5 头。②减少中牛 16.5 头,卖了 13.5 头,敌人拉走 11.5 头,带走 0.5 头。中农 1 户升为富农,自己死了 1 头,中牛长为大牛 1 头。③减少 6 头大牛全是卖了。

表 8-84　抗战以来各阶级牛的增减变化表

成分	1937						1938						1939						1940						1941						1942					
	增			减			增			减			增			减			增			减			增			减			增			减		
	大	中	小	大	中	小	大	中	小	大	中	小	大	中	小	大	中	小	大	中	小	大	中	小	大	中	小	大	中	小	大	中	小	大	中	小
富农									1	1				1				1														0.5			0.5	
中农								1	2		1	2	2	4	2	2	3	3		0.5	2	3	4	1		1.5	3		2.5	4		1	2		0.5	0.5
贫农														3			1						1				0.5		0.5				0.5			0.5
商人																																				
共计																																				

附注：

1937—1938：凡牛的生、买、卖，均不特别指明。中农减少 1 个中中，是病死了。

1939：中农增加 2 个大牛中，1 个是由中牛长大的，贫农 1 户由外村本家带来 1 条中牛。中农减少 3 个牛中，1 个是长成大牛了，余是卖了。

1940：中农减 4 个中牛中，2 个是被敌人杀死的。

1942：富农 1 户降为中农，其 0.5 个中牛随中减去；贫农 1 户 0.5 个小牛在春季扫荡中被敌拉走。

表 8－85 抗战以来牛的租出租进情形表

			中农		贫农		工人		共计	
			战前	现在	战前	现在	战前	现在	战前	现在
租出	出租户			1		1				2
	牛别	大		1		1				2
		中								
		小								
	合计			1		1				2
租进	租进户		1	2	2	1			3	3
	牛别	大		1					1	1
		中				1			1	1
		小			2	1	1		3	1
	合计		1	2	2	1			3	3
说明	① 前 2 个小牛全是由外村租回。 ② 现在大牛 1 个是租本村的,中牛 1 个是租外村的,小牛 1 个是租外村的。 ③ 出租大牛 2 个,1 个租给外村,1 个租给本村。									

表 8－86 抗战以来牛工雇出雇进情形表

			中农		贫农		商人		外村		共计	
			战前	现在	战前	现在	战前	现在	战前	现在	战前	现在
雇出	户数			3	1	1					1	4
	耕地面积	山		16	20	23					20	39
		平		2.5								2.5
	牛工			18.5	20	23					20	41.5
雇进	户数			8		6		1	寺院			15
	耕地面积	山		22		14				20		56
		平		8		0.5		1				9.5
	牛工			30		14.5		1		20		54.5
说明	雇进牛 8 户中,有 2 户地与牛工什么也全不知道,2 户则一部分土地不知多少											

表 8－87 抗战以来以牛工变人工、以人工变牛工情形表

			富农		中农		贫农		外村		共计	
			战前	现在	战前	现在	战前	现在	战前	现在	战前	现在
牛工变人工	户数			1	1	6	1	2			2	9
	耕地面积	梁地		5	10	36	10	11			20	52
		平地						1.5				1.5
	出牛工			10	7	44.5	10	14.5			17	69
	变人工			10	20	114	30	44			50	168

(续表)

			富农		中农		贫农		外村		共计	
			战前	现在	战前	现在	战前	现在	战前	现在	战前	现在
人工变牛工		户数				7		2	2	1	2	10
	耕地面积	梁地				32		9	20	8	20	49
		平地				7						
	出人工					91		27	50	24	50	142
	变牛工					41.5		9	17	8	17	58.5
说明			① 人工变牛工项内中农1户,不知其耕地的面积与牛工人工。 ② 一般标准是1个牛工变3个人工,战前现在都同,有变人工少或多者有亲戚关系。									

表 8-88 牛的租、合育、借、变工、雇牛中的封建关系(1942)

	租牛		借牛		变工		雇牛		合育	
	有关系	无关系	有关系	无关系	有关系	无关系	有关系	无关系	有关系	无关系
户数	3	1	7	3	9	1	12	16	6	
共户	4		10		10		28		6	
有关系合计	37									
无关系合计	21									
说明	① 租牛户数没有分开租出租进。 ② 借牛3户无关系中,有2户是送给医生的。 ③ 变工未分以人工变牛工与以牛工变人工户,是合起算的。 ④ 合育是指两方面各有半个牛的所有权。									

表8-89 1937—1942年西坪各阶级伴种土地租率变化表（贫农一）①

年代	成分	伙种户	成分	地主	山地上	山地中	山地下	平地上	平地中	平地下	水地	荒地	报产量类	报产量数量	应产量类	应产量数量	原分法	实分法	实交数	原租率	实租率	条件	备考
1941	医→贫	白开芝		寺院地					1				谷子	1.3			对半分	对半分	0.65（大石）				未减租因想继续租
	贫	高在拴																					因种西瓜失败，故未分
1941			中	刘彦堂						1	1						对半分	未分	未交			地主出粪10驮	
1942				白占奇							(中)$\frac{1}{3}$						对半分	对半分				地主出粪10驮	有三分之二的地已种上鸦片
	贫	白侯孩																					
			富→中	刘志忠					2								对半分	对半分	棉花20斤				
1938							8										四六分	四六分	粗粮1大石				
1939							8		2								四六分	四六分	粗0.9				
1940							8		2								四六分	三七分	粗0.6				0.6粗粮只是山地的，平地在外
1941				白桂堂					2							0.65	四六分		黑豆0.1，高粱0.35			地主出粪1驮半	
1937			中	刘福堂		11.5											四六分						
1941				白桂堂						1						0.5	四六分		0.2				地实为$\frac{2}{3}$
	贫	白常怀																					

① 编者注：以下各表均原文如此，有不明晰或前后不对应之处请征引者注意核准。

535

年代	成分	伙种户	成分	地主	山地 上	山地 中	山地 下	平地 上	平地 中	平地 下	水地	荒地	报产量 类	报产量 数量	应产量 类	应产量 数量	原分法	实分法	实交数	原租率	实租率	条件	备考
1938				寺地					4								四六分						
1939				寺地					4								四六分						
1939			中	刘福堂		11.5							谷	3			四六分		谷 1.2				产量少是因常坏病
			中	刘福堂		11.5							黑	1.5			四六分		黑 0.6				
			中	刘武民		8								1.5			四六分		黑 0.6				麦子对半分，因武民出过 0.05 籽
			中	刘武民		8											四六分		谷 0.1，廉 0.15，麦 0.15				
	贫	高年儿		和尚					1								对半分						已种棉花
	贫	宋味儿	中	刘锁处	5	5	10.5	3	4/3								四分之一					地主出 1 个劳动力	
1937				寺院地					5								对半分						种丁棉花
1938				寺院地					5								对半分		粗 1.5				
1939				寺院地					5								对半分	对半分	1.5				
1940				寺院地					5				粗	3.2			对半分	对半分	1.6				
	贫→商	刘丕寿																					
1938			中	刘武民		7											对半分		0.8				
1939			中	刘武民		7											四六分		0.6				
1939			中	白桂堂						1							无	无	无				新开荒未种

成分	伙种户	成分	地主	山地上	山地中	山地下	平地上	平地中	平地下	水地	荒地	报产量类	报产量数量	应产量类	应产量数量	原分法	实分法	实交数	原租率	实租率	条件	备考	年代
工→贫	白根小	中	白桂堂						1				0.5			四六分		0.2					1940
			寺地					1				棉花	40斤			对半分		籽花55斤（二五减）					1941
		中	白桂堂													未讲死							1942
雇→贫	刘开堂	中	刘志忠						2							对半分	对半分				地主只出地	草也对半分	1940
		中	刘志忠						2			粗	0.5（大斗）			对半分		高0.15黑0.25（小斗）				按37.5交的	1941
		中	刘兆尤						1							对半分							1942
		中	刘志成						0.5							对半分							1942

表8-90 1932—1942年西坪各阶级伴种土地租率变化表（贫农二）

成分	伙种户	成分	地主	山地上	山地中	山地下	平地上	平地中	平地下	水地	荒地	报产量类	报产量数量	应产量类	应产量数量	原分法	实分法	实交数	原租率	实租率	条件	备考	年代
贫	白乃海		任玉英				7					棉花	280斤			对半分	对半分	棉140斤					1932
			任玉英				7						280斤			对半分	对半分	140斤					1933
			任玉英				7						280斤			对半分	对半分	140斤					1934
			任玉英				7					棉	210斤			对半分	对半分	100斤					1935
			任玉英				7						210斤			对半分	对半分	100斤					1936

（续表）

年代	成分	伙种户	成分	地主	山地上	山地中	山地下	平地上	平地中	平地下	水地	荒地	报产量类	报产量数量	应产量类	应产量数量	原分法	实分法	实交数	原租率	实租率	条件	备考
1937				任玉英					7					210斤			对半分	对半分	100斤				
1938				任玉英					7					7大石			对半分	对半分	3.5				
1939				任玉英					7					7			对半分	对半分	3.5				
1940				任玉英					7					7			对半分		3.5				
1941				任玉英					7				谷	7			对半分		2.625				二五减租
1942				任玉英					7								对半分						
	贫	刘九堂																					
1936			中	刘芝堂		2							谷、黑	谷0.35、黑0.25			四六分		各0.2				
1937			中	刘芝堂		2											四六分		0.2				
1938				寺院地		11.5							谷	0.5			四六分		0.2				
1938				刘福堂					1								四六分						
	贫	白候牛																					
1940			中	白桂堂					1					0.5			四六分		0.3				
	贫	刘吞儿																					
1942			中	刘兆尤						2							对半分						
	贫	白朴孩																					
1941				刘志忠			5										四六分						
	贫	王本苏																					
1941				刘志忠						2			谷	1.25			四六分		各0.65				
	贫	白怀多																					
1940			中	刘志忠			5			2							四六分	三七分					

年代	成分	伙种户	成分	地主	山地 上	山地 中	山地 下	平地 上	平地 中	平地 下	水地	荒地	报产量 类	报产量 数量	应产量 类	应产量 数量	原分法	实分法	实交数	原租率	实租率	条件	备考
1937				寺院						2			棉花	90斤			对半分	对半	棉45斤				
1938				寺院						2			棉	70斤			对半分		棉30斤				
1939				寺院						2			糜	2大石			对半分	对半	1大石				
1940				寺地						1				0.8			对半分	对半	0.4				
1941				寺地						1				0.6			对半分	减租	0.3375				
	贫	白朴顺	地主	任碧锁						2			粗粮	1.4			对半分	对半	0.8				
1940				刘亦忠			3						黑	4.5			四六分	四六分	0.3				
1941				刘亦忠			1						高	0.1			四六分	三七分				地主只出地	
1941				刘厚昌			2						高	0.5			四六分		0.2				
1941	贫	高在拴	中	刘福堂		11.5											四六分					粪田 地主出	
1942																							

表 8 - 91　1937—1942 年西坪各阶级伙种地租租率变化表（中农）

年代	成分	伙种户	成分	地主	山地 上	山地 中	山地 下	平地 上	平地 中	平地 下	水地	荒地	报产量 类	报产量 数量	应产量 类	应产量 数量	原分法	实分法	实交数	原租率	实租率	条件	备考
1941	中	刘芝堂	中	刘武民						1.5				0.8			对半分		0.35				
1941	中	刘有堂		刘武民						1.5													

（续表）

年代	成分	伙种户	成分	地主	山地 上	山地 中	山地 下	平地 上	平地 中	平地 下	水地	荒地	报产量 类	报产量 数量	应产量 类	应产量 数量	原分法	实分法	实交数	原租率	实租率	条件	备考
1940	中	白蕙子	中	刘武民							1.5						对半分		黍0.15、豆0.015				
1940				白占奇		2	4						豆、糜谷	豆0.25、糜谷1.5			四六分		谷0.5、豆0.1			地主只出地	
1941	中	白应海		白占奇		2	4						高、黑	高2.25、黑1.25			四六分		粗1.4			地主只出地	
1939				白高堂					2		3						对半分						
→				白高堂					→		→						→						
1939				白高堂					2		3						对半分						
1940				白高堂					2		3						四六分					欠下租	
1941				白高堂					2		3		棉、谷	棉100斤、谷2.2石			对半分		谷1.1、棉38斤				棉花是按37.5交，因29年欠租谷是对半分
1936	中	白栋子	中	白在栋							3		谷	2.5			对半	对半				地主只出地	地实为3.5
1937											3			2.5			对半	对半					每垧出3小升种子外，才对半分

（续表）

年代	成分	伙种户姓名	成分	地主姓名	山地上	山地中	山地下	平地上	平地中	平地下	水地	荒地	报产量类	报产量数量	应产量类	应产量数量	原分法	实分法	实交数	原租率	实租率	条件	备考
1938	中	白海生								3				2.5			对半	对半					
1941				张某						5			粗粮	10			对半分						
1942				张某						5							对半分						
1937	中	刘候孩		刘志忠		8							粗	1.6			四六分	四六分	1（大石）				
1937										2							四六分	四六分	棉花20斤				

表 8-92　1937—1942 西坪租地材料（贫农二）

年份	佃户成分	佃户姓名	地主成分	地主姓名	山地上	山地中	山地下	平地上	平地中	平地下	水地	荒地	产量报产量	产量应产量	原定租定租	原定租租率	实交租实交租	实交租租率	备考
1942	游→贫	刘开堂	中农	刘志成						0.5					未讲明				地主移城附近
1942				行署寺地						1					棉花3斤				
1940	贫	白怀多		白汗魁						1					未讲		根本未交		地主在东山住，是其祖父，常在怀多家吃饭，故不交租
1942				行署寺地						1					棉花11斤				
1938	医→贫	白开芝		寺院地						1			棉花60斤		白洋10元		白洋10元		租都是现交租

年份	佃户成分	佃户姓名	地主成分	地主姓名	山地 上	山地 中	山地 下	平地 上	平地 中	平地 下	水地	荒地	产量 报产量	产量 应产量	原定租 定租	原定租 租率	实交租 实交租	实交租 租率	备考
1939				寺院地					1				棉花 40 斤		白洋 10 元		白洋 10 元		
1940				寺院地					1				谷子 1.2 大石		白洋 10 元		谷子 1 大石		
1941				寺院地						2			粗粮 1.25		粗粮 0.8		粗粮 0.48（二五减）		
1942				行署寺地						2					棉花 10 斤				
1932				寺院地	3	4	3						粗粮 6 大石		粮 2.5		粮 2.5		
1933				寺院地	3	4	3						6		2.5		2.5		
1934				寺院地	3	4	3						黑豆 1.5，糜子 0.1		未讲定		粮 0.5		
1940				寺院地	3	2	3						粗粮 0.6		未讲定		粮 0.3		
1942				行署寺地	2	1									粮 0.5				
	贫	白乃海																	
1937				寺院	4	4	4						粗 2		粗 0.5		0.5		
1938				寺院	4	4	4						2		0.5		0.5		
1939				寺院	4	4	4						2		0.5		0.5		
1940				寺院	4	4	4						1.6		0.5		0.5		
1941				寺院	4	4	4						2		0.5		0.5		
1942				行署寺地	4	4	4								实租 0.5				
1928			地主	任玉英	8				7						合钞 120 元		晋钞 120 元		原租 120 元，合白洋 60 元
1941				王秀琪					5						粗粮 2.5		1.5		王是城内人，地在张家圪梁

（续表）

年份	佃户成分	佃户姓名	地主成分	地主姓名	山地上	山地中	山地下	平地上	平地中	平地下	水地	荒地	报产量	应产量	原定租 定租	原定租 租率	实交租 实交租	实交租 租率	备考
1937	贫	白常怀		李林西	1	5	15			2			粗粮 7.5	谷 6.4、棉花 60 斤	粗 4.5		粗 4.5		地契上写的 30 垧
1938				李林西	1	5	15			2			7.5	同上	4.5		4.5		
1939				李林西	1	5	15			2			7.5	谷 1.975、莜麦 2.21	4.5		4.5		
1940				李林西	1	5	15			2				谷子 4.85	4.5		粗 4.5		
1941				李林西	1	5	15			2				谷 6.35、棉 40 斤	4.5		粗 1 大石		
1942				李林西	1	5	15			2					4.5		粗 0.6		
1937				寺地					4				粗粮 3		粗 1				
1942	雇→贫	白旺儿	中	刘志成			8								0.65				
1942				行署寺地						0.5					棉花 3 斤半				
1942	贫	白候孩		行署寺地						0.5					棉花 3 斤半				
1942			贫	蛮儿、蛮女		2									未讲租				是借种老二老三各一垧
1937	贫	李桃儿		寺地						2					粗 0.5				
1938				寺地						2					0.5				
1939				寺地						2					白洋 13 元（现租）				

（续表）

年份	佃户		地主		山地			平地			水地	荒地	产量		原定租		实交租		备考
	成分	姓名	成分	姓名	上	中	下	上	中	下			报产量	应产量	定租	租率	实交租	租率	
1940				寺地						2					白洋13元（现租）				租交过两次，给行署是二五减
1941				寺地						2			棉花120斤		白洋8元（现）		白洋13元（和尚）、行署谷0.9		
1942				行署寺地						2					棉花2斤				
1937				寺地		2	2							粗粮2.6（谷）	粗粮2大石				
1938				寺地		2	2							粗粮2.6（谷）	2大石				

表8-93　1937—1942西坪租地材料（贫农三）

年份	佃户		地主		山地			平地			水地	荒地	产量		原定租		实交租		备考
	成分	姓名	成分	姓名	上	中	下	上	中	下			报产量	应产量	定租	租率	实交租	租率	
1937	贫→中	白来还		白杏儿						0.5			糜0.25		未讲明		粗粮0.05		白杏儿是高家村人
1938				白杏儿						0.5			谷0.25		未讲明		0.05		
1939				白杏儿						0.5			黍0.3		未讲明		0.05		
1940				白杏儿						0.5			棉花10斤		未讲明		0.05		
1941				白杏儿						0.5			棉花15斤		未讲明		0.05		
1942				白杏儿						0.5			（种棉花）		未讲明				
1937				王先慕							下$\frac{2}{3}$		棉花60斤		白洋9元		白洋9元		王为外村人
1938				王先慕							$\frac{2}{3}$		谷0.75		白洋9元		白洋9元		

年份	佃户成分	佃户姓名	地主成分	地主姓名	山地上	山地中	山地下	平地上	平地中	平地下	水地	荒地	报产量	应产量	定租	租率	实交租	租率	备考
1939				王先慕							$\frac{2}{3}$		棉花50斤		白洋9元		棉花6斤		
1940				王先慕							$\frac{2}{3}$		荞麦0.5		白洋9元		未交租		因种上麦子丢了籽，故此未交租
1941				王先慕							$\frac{2}{3}$		棉花70斤		白洋9元		白洋8元		本不打算交8元，因棉花又多收入贵，故未少交
1942				王先慕							$\frac{2}{3}$		（种棉）		白洋9元				
	贫	白蚕儿																	
1937				雷根树		3	4						3.5		1		0.75		雷根树为张家吃梁人，蚕儿战后移来
1938				雷根树		3	4						2.5		1		0.6		
1939				雷根树		3	4						2.5		1		0.85		
1940				雷根树		3	4						2.5		1		0.6（减租）		
1941				寺地		5	5						谷0.5、黑豆0.6、豆0.15、高粱0.1、黍0.05		0.5		0.5		交和尚0.25，交行署0.25
1942				行署寺地		5	5								0.5				
	贫	白乃生																	

（续表）

年份	佃户成分	佃户姓名	地主成分	地主姓名	山地上	山地中	山地下	平地上	平地中	平地下	水地	荒地	报产量	应产量	定租	租率	实交租	租率	备考
1936			地主	李林西						2.5			棉花80斤		流行票10元		晋钞10元		契上写的4垧，流行票当时为白洋
1937				李林西						2.5			谷3大石		流行票10元		晋钞10元		
1938				李林西						2.5			谷1.5		流行票10元		晋钞10元		
1939				李林西						2.5			谷1.5		流行票10元		晋钞10元		
1940				李林西						2.5			谷1.5		流行票10元		农钞25元		
1939			地主	牛映楷			12						粗粮2.5		2（活租）		粗粮0.6		契上写的16垧
1940				牛映楷			12						3.5		2（活租）		0.6		
1941				牛映楷			12						2.37		2（活租）		0.7		
1942				牛映楷			12												
1936	中农			刘茂堂			10						谷子4大石		1.5		1.5		
1937				白老虎			4						谷子1.2		0.6		0.5		
1937				刘秃子			10						谷子3		0.5		0.5		刘秃子是周家村人，租低的原因是地远
1938				刘秃子			10						谷子3		0.5		0.5		老胡是高家村人，租低的原因是地远
1938				老胡			4						谷子1.2		0.6		0.5		
1941				李林西			6						粗1.5		0.2		0.2		
1942				李林西			6												
1942				行署寺地						1.5					棉花15斤				

年份	佃户成分	佃户姓名	地主成分	地主姓名	山地上	山地中	山地下	平地上	平地中	平地下	水地	荒地	报产量	应产量	原定租 定租	租率	实交租	租率	备考
1942	贫	白朴顺		刘兆元		5	5								粗粮1.4大石				
1942	榨油	段景秀		行署寺地						1.5					棉花15斤				
				温祺铭					3				粗粮3大石		粗1.5		黑豆1.05大石		温祺铭是蔡家崖人

表 8 - 94　1937—1942 西坪租地材料（中农租入地）

年份	佃户成分	佃户姓名	地主成分	地主姓名	山地上	山地中	山地下	平地上	平地中	平地下	水地	荒地	产量 报产量	产量 应产量	原定租 定租	租率	实交租	租率	备考
1936	中农	白引多		寺地			12								粗2.5		粗2		
1937				寺地			12								2.5		2		
1938				寺地			12							谷子3大石	2.5		2		
1939				寺地			12							谷子3	2.5		1.5		
1940				寺地			12							荞麦18	2.5		1.5		
1941				寺地			3						粗粮0.5		未讲明		0.15		
1937	中	白海具 中农		寺院			5						粗2		0.6		粗0.6		刘秃子是周家凹村人,粮食火烧了,交租,代白桂堂交公粮
1938				寺院			5						1.75		0.6		0.6		
1939				刘秃子			10						2.5		1		0.6		
1940				刘秃子			10						2		1		0.9		
1941				白桂堂					2	1			2.5		白洋15元		0.25		

年份	佃户 成分	佃户 姓名	地主 成分	地主 姓名	山地 上	山地 中	山地 下	平地 上	平地 中	平地 下	水地	荒地	产量 报产量	产量 应产量	原定租 定租	原定租 租率	实交租 实交租	实交租 租率	备考
1929	中	白应海	地主	牛友兰	4	6	23		2	2.5			粗粮10大石		粗粮5.5(活租)		4.4大石、4大石、3.8大石、3.9大石，这些数目都交过		
↓				↓	↓	↓	↓	↓	↓	↓			↓		↓	↓			
1935			地主	牛友兰	4	6	23		2	2.5			10		5.5(活)				
1936			地主	牛友兰	4	6	23		2	2.5			比10石少		5.5(活)		2.5		
1937			地主	牛友兰	4	6	23		2	2.5			比10少	谷10.75，棉175斤	5.5(活)		2.5		
1938			地主	牛友兰	4	6	23		2	2.5			比10少	谷10.75，棉175斤	5.5(活)		2.5		
1939			地主	牛友兰	4	6	23		2	2.5			比10少	谷4.75，荞麦3.45	5.5(活)		2.5		
1940			地主	牛友兰	4	6	23		2	2.5			比10少些	谷子9.2(大石)	5.5(活)		2.4		欠交租子1.9大石
1941			地主	牛友兰	4	6	23		2	2.5			粗10.75，棉16斤	谷10石，棉140斤	5.5(活)		3.9按对半收成减租		
1942	中	刘芝堂	中	刘武民	7										粗0.4				
1937	中	白憨子		寺地	4	2	4						粗6		粗2.25		粗2.25		
1938					4	2	4						6		2.25		2.25		

年份	佃户成分	佃户姓名	地主成分	地主姓名	山地 上	山地 中	山地 下	平地 上	平地 中	平地 下	水地	荒地	报产量	应产量	原定租 定租	原定租 租率	实交租 实交租	实交租 租率	备考
1937	中	保女则		刘芝堂	契得上得35苗									各9大石（按西坪估）	粗5大石		粗3石		
1938		保女则	中	刘有堂		10	20							各9（按西坪估）	5		1		保女则张家塔人
1939		高光明				10	20							各1.5,荞麦3（按西坪估）	4		1.5		高光明是高家沟人
1940		高光明				10	20							各6大石（按西坪估）	4		1.5		白为张家塔人
1941		白普明				10	20							各9大石（按西坪估）	4		2.27		
1942		白普明				10	20								4				
1942	中	底子(栏干)	中	刘兆尤		5									0.5				
1941	中	坡里人	中	刘志中 刘兆尤		6									粗0.6				
1942	中	白朋租（西巴）	中	白桂堂		10									5个牛工		粗0.4		
1941		白秃子（西巴）	中	刘中堂											未讲定				
1942			中	刘中堂		4									未讲定		粗0.25		
1937		三里、四里、牛根子等3人租		白栋子、初栋、在栋3家的		51									粗2.85		0.45		这4垧地是10亩荒地开了来的,51垧地中,实际能打粮只为20多垧,地在苏家塔
1938			中			51									2.85		0.9		
1939						51									2.85		0.9		
1940						51									2.85		0.9		
1941						51									2.85		1.8		
1941	中	白海生		买寺地		1									棉花5斤				
1942				买寺地						1					粗粮0.05（活）				

表8-95 中农二——租出地

佃户		地主		山地			平地			水地	荒地	产量		原定租		实交租		备考
成分	姓名	成分	姓名	上	中	下	上	中	下			报产量	应产量	原定租	租率	实交租	租率	
中			（白三股）海栋多		34									粗3		粗2.5		实际能收田地够25坰，地在苏家塔
					34									3		2.5		
					34									3		0.2（海栋一人收）		
					34									3		无		
					34									3		无		
中	白候牛→	中	刘武民			3								粗0.25		粗0.15		
	白成锁儿					3								0.25		0.15		
	白成锁儿					3								0.25		0.15		
	白成锁儿					3								0.25		0.15		
						3								0.25		0.15		
贫→中	白桂孩（西凹）		白来还			7								粗1大石		粗0.75		
	白桂孩（西凹）					7								1				
中 刘步散			刘抵扎			6						粗粮1.2		未讲定				抵扎是大坪头人
			刘抵扎					1.5				谷0.95		未讲定			0.05	
			刘抵扎			6		1.5						未讲定				

550

表8-96 历年西坪山地租率变化表(1)

年代	佃户	地之主	上	中	下	报产量 类	报产量 量	应产量 类	应产量 量	原定租	实交租	定租率(%)	交租率(%)	备注
1937年														
	贫农	寺院		11	9	粗粮	6(大石)		谷6.65	3(大石)	3(大石)	50%	50%	
	贫农	地主		6	60	实种20亩			5(大石)	5				外村地主
	贫农	富农			3	粗	0.5	谷子	0.75	0.3	0.15	60%	30%	外村地主
	贫农	寺院		4	4	粗	2	谷	2.6	0.5	0.5	25%	25%	
	贫农	寺院	2	2	2			粗谷	2.6	2		77%		
	贫农	不明		3	4	粗	3.5		2.2	1	0.75	29%	21%	外村地
	贫农	不明			4	谷子	1.2		1	0.6	0.5	50%	42%	外村地主
	贫农	地主			10	谷子	3		2.5	0.5	0.5	17%	17%	外村地主
	中农	寺院			12			谷子	3	2.5	2	83%	66%	
	中农	寺院			5	粗	2		1.25	0.6	0.6	30%	30%	
	中农	寺院	4	2	4	粗	6		4.4	2.25	2.25	38%	38%	
	不明	中农		10	20			谷子	9	5	3.5	56%	39%	外村地
	不明	中农		51					8	2.85	0.45	36%	5.6%	外村地
	不明	中农		34					10	3	2.5	30%	25%	外村地
	合计													
	平均													
1938年														
	贫农	寺院		11	9	粗	6		谷6.65	3	2.5	50%	42%	外村地主
	贫农	地主			60				5(大石)	5				
	贫农	富农			3	粗	0.5	谷子	0.75	0.3	0.15	60%	30%	外村地及地主

年代	佃户	地之主	山地			报产量		应产量		原定租	实交租	定租率(%)	交租率(%)	备注
			上	中	下	类	量	类	量					
1938年	贫农	不明			4	荞谷黍	0.75	谷子	1	0.5	黑豆0.4	67%	53%	
	贫农	寺院		4	4	粗	2	谷子	1	0.5	0.5	25%	25%	
	贫农	寺院	2	2	2			谷子	2.6	2		77%		
	贫农	不明		3	4	粗	2.5		2.2	1	0.6	40%	24%	外村地及地主
	贫农	不明			4	谷子	1.2		1	0.6	0.5	50%	42%	外村地及地主
	贫农	地主			10	谷子	3		2.5	0.5	0.5	17%	17%	
	中农	寺院			12			谷子	3	2.5	1.5	83%	50%	
	中农	寺院			5	粗	1.75		1.25	0.6	0.6	34%	34%	外村地
	中农	寺院	4	2	4	粗	6		4.4	2.25	2.25	38%	38%	外村地
	不明	中农	10		20			谷子	9	5	1	56%	11%	外村地
	不明	中农		51					8	2.85	0.9	36%	11.2%	
	不明	中农		34					10	3	0.2	30%	2%	
	贫农	中农			3				0.75	0.25	0.15	33%	20%	
	合计													
	平均													

表8-97 历年西坪山地租率变化表(2)

年代	佃户	地之主	山地			报产量		应产量		原定租	实交租	定租率	交租率	备注
			上	中	下	类	数量	类	数量					
1939年	贫农	寺院	11		9	粗	4(大石)		谷4.1	3(大石)	2(大石)	75%	50%	
	富农			3	3	粗	0.5		0.45	0.3	0.15	60%	30%	外村地主
	贫农	地主			60			荞麦	9	5		56%		外村地主

552 ·

（续表）

年代	佃户	地之主	山地 上	山地 中	山地 下	报产量 类	报产量 数量	应产量 类	应产量 数量	原定租	实交租	定租率	交租率	备注
1939年	贫农	不明			4	糜0.2、0.5谷、0.5荞麦			1	0.5	糜子0.1，荞麦0.05	42%	12%	外村地主
	贫农	寺院			3			荞麦	0.45	0.15	0.15	33%	33%	
	贫农	寺院		4	4	粗	2		1.6	0.5	0.5	25%	25%	
	贫农	不明		3	4	粗	2.5		1.35	1	0.85	40%	34%	外村地主
	贫农	地主			12	粗	2.5		3	2（活）	0.6	80%	24%	外村地主
	中农	寺院			12			荞麦	3	2.5	1.5	83%	50%	外村地主
	中农	地主			10	粗	2.5		2.5	1	0.9	40%	36%	外村地
	不明	中农		10	20				5.5	4	1.5	73%	27%	外村地
	不明	中农		51					5	2.85	0.9	57%	18%	外村地
	不明	中农		34					7.25	3	无	41%		外村地
	贫农	中农			3				7.5	0.25	0.15	33%	20%	
	合计													
	平均													
1940年	佃户	地之主												
	中农	地主			10	粗	2	谷子	谷1.5	1	0.25	50%	13%	外村地主
	不明	中农		10	20				6	4	1.5	67%	25%	外村地
	不明	中农		51	9	粗	4		6	2.85	0.9	48%	15%	外村地
	贫农	寺院		11		粗	4		4.65	3	1.4	75%	35%	外村地主
	贫农	地主			20			黑豆	3	1.45	1.45	48%	48%	外村地主
	富农	贫农			3	粗	0.5	谷子	0.45	0.3	0.15	60%	36%	外村地主
	贫农	不明			4	黑豆0.4、高粱0.5			1.2	0.5	高粱0.25、大麦0.05	56%	33%	外村地主

年代	佃户	地之主	上	中	下	报产量 类	报产量 数量	应产量 类	应产量 数量	原定租	实交租	定租率	交租率	备注
1940年	贫农	寺院		3	2		高粱0.3、糜子0.2、豆子0.05		1.35	未讲定	0.2		36%	
	贫农	寺院	3	2	3	粗	0.8		2.55	未讲定	0.3		37.5%	
	贫农	寺院		4	4	粗	1.6		1.8	0.5	0.5	33%	33%	
	贫农	不明		3	4	粗	2.5		2.7	1	0.6（减租）	40%	24%	外村地及地主
	贫农	地主			12	粗	3.5		3.6	2（活）	0.6	57%	17%	外村地主
	不明	中农		34					7.5	3	无	40%		外村地
	贫农	中农			3				0.9	0.25	0.15	28%	17%	
合计														
平均														

表 8－98　历年西坪山地租率变化表（3）

年代	佃户	地之主	上	中	下	报产量 类	报产量 量	应产量 类	应产量 量	原定租	实交租	定租率	交租率	备注
1941年	贫农	地主			20			黑豆	合3	1.45	1（减租）	48%	33%	外村地主
	贫农	富农		0	3	粗	0.5	谷子	0.75	0.3	0.15	60%	30%	外村地主
	贫农	不明		0	4	粗	0.5	谷子	1	0.5	黑豆0.15,谷子	40%	12%	外村地主
	贫农	寺院		2		粗	谷0.25、黑豆0.5	谷子	0.8	未讲定	0.1		20%	
	贫农	寺院		4	4	粗	0.5		2.6	0.5	0.5	25%	25%	
	贫农	寺院	3	4	3		黑豆1.5、糜子0.1		4.15	未讲定	0.5		31%	
	贫农	寺院		5	5		谷子0.5、黑豆0.6、豆子0.15、高粱0.1、黍子0.05		3.25	0.5	0.5	36%	36%	

（续表）

年代	佃户	地之主	山地 上	中	下	类	报产量 量	应产量 类	量	原定租	实交租	定租率	交租率	备注
1941年	贫农	地主			12	粗	2.37		3	2（活）	0.7	86%	25%	外村地主
	贫农	地主			6	粗	1.5		1.5	0.2	0.2	13%	13%	外村地主
	中农	寺院			3	粗	0.5		0.75	未讲定	0.15	30%	30%	
	不明	中农		10	20			谷子	9	4	2.27	44%	25%	外村地
	不明	中农			6				1.5	0.6	0.4	40%	27%	外村佃户
	不明	中农			10 开荒地				2.5	未讲定	0.25		10%	外村佃户
	不明	中农		51					8	2.85	黑豆1.8	36%	23%	外村地及佃户
	不明	中农			3				0.75	0.25	0.15	33%	20%	外村地及佃户
	中农	中农			7				1.75	1	0.75	57%	43%	
	合计													
	平均													
1942年	贫农	行署			2					0.2				
	贫农	行署	2	1						粗0.5				
	贫农	行署		4	4					0.5（实）				
	贫农	中农			8					0.65				
	贫农	贫农		2						借地未借租				
	贫农	行署		5	5					0.5				
	贫农	地主			12					2（活）				外村地主
	贫农	地主			6					0.2				外村地主
	贫农	中农		5	5					1.4				

（续表）

年代	佃户	山地 上	山地 中	山地 下	报产量 类	报产量 量	应产量 类	应产量 量	原定租	实交租	定租率	交租率	备注
1942年	中农		7						0.4				
	不明		10	20					4				外村地
	不明		5						0.5				外村佃户
	不明			4					未讲明				外村地及佃户
	不明			3					0.25				外村地及佃户
	中农			7					1				
	中农 行署		1						0.05（活）				
	合计												
	平均												

表 8 - 99　历年山地伙种租率变化表

年代	佃户	山地 上	山地 中	山地 下	报产量 类	报产量 量	应产量 类	应产量 量	原分法	实分法	实交数	原租率	实租率	备注
1937年	地之主 中农		11.5									40	0	
	贫农 中农		2		含 0.35	黑豆 0.25			四六分	倒四六	粗 0.2	60	40	
	贫农 中农		8		租	1.6			四六分	对半分	1	40	50	
	合计													
	平均													
1938年	（贫）商 中农		7						对半分		粗 0.8	50		
	贫农 中农		11.5						四六分			40		
	合计													
	平均													

年代		山地			报产量		应产量		原分法	实分法	实交数	原租率	实租率	备注
		上	中	下	类	量	类	量						
1939 年														
	贫农		11.5		谷子	3			四六分	倒四六	谷 1.2	60	40	
	中农		7						四六分		粗 0.6	40		
	（贫）商													
	合计													
	平均													
1940 年														
	中农		11.5		黑豆	1.5			四六分	倒四六	黑 0.6	60	40	
	中农		8	4		1.5			四六分	倒四六	黑 0.6	60	40	
	中农		2	5	豆 0.15	糜谷 0.15			四六分	37.5	谷 0.5、豆 0.1	40	37.5	
	合计													
	平均													
1941 年														
	贫农		8	4	高 0.3	黑 1.25			四六分	麦对半分，其他四六分	谷 0.1、糜 0.15、麦 0.15	60	50	
	中农		2	4					四六分		1.4	60	40	
	中农			5	黑 0.45				四六分	三七分	高 0.15、黑 0.25	40		
	中农			3	高粱	0.1			四六分	三七分	0.3	60	30	
	中农			1	高粱	0.5			四六分	倒四六分	0.2	60	30	
	中农			2								60	40	
	合计													
	平均													
1942 年														
	贫农	5	5	10.5					$\frac{1}{4}$ 分			25（50）		地主出一劳动力
	中农		11.5						四六分			40		

表 8－100　1937—1942 年西坪平地历年租率似种地变化(1)

年代	佃户	地之主	平地 上	平地 中	平地 下	报产量 类	报产量 量	应产量 类	应产量 量	原定租	实交租	定租率	交租率	备注
1937年	贫农	寺院			2		(1)		1	0.5		50%		
	(贫)中	不明			0.5	糜子	0.25		0.25	未讲明	0.05		20%	外村地主
	贫农	地主			2.5	谷子	3		1.25	流行票10元	晋钞10元		20%	外村地主
	贫农	寺院		4	5	粗	3		3.2	1	0.6	33%		
	合计			4			7.25		5.7					
	平均													
1938年	贫农	寺院		1	2	粗	1		0.8	肉				
	(医生)贫	寺院		1		棉花	60斤		1	白洋10元	白洋10元		20%	外村地主
	贫农	寺院			2					0.5		50%		
	(贫)中	不明			0.5	谷子	0.25		0.25	未讲明	0.05			
	贫农	地主			2.5	谷子	1.5		1.25	流行票10元	晋钞10元		20%	外村地主
	合计													
	平均													
1939年	贫农	寺院		1	2	粗	1		0.8	肉				
	贫农	寺院		1		棉花	40斤		1	白洋10元	白洋10元		20%	外村地主
	贫农	寺院			2					白洋13元(现)	白洋13元			
	(贫)中	不明			0.5	谷子	0.3		0.25	未讲明	0.05		17%	外村地主
	贫农	地主			2.5	谷子	1.5		1.25	流行票10元	晋钞10元			外村地主

年代			平地			报产量		应产量		原定租	实交租	定租率	交租率	备注
			上	中	下	类	量	类	量					
1939年														
合计														
平均														
1940年														
	贫农	寺院		1		粗	1			肉				
	贫农	寺院		1				谷子	0.6	0.45	0.37	75%	61%	
	贫农	中农			1			谷子	0.3	白洋1.5元（现）	白洋1.5元			
	贫农	寺院		1				谷子	0.6	白洋4元	白洋3元			
	贫农	寺院		2		粗	1.7	谷子	1.2	0.25	0.25	15%	15%	
	贫农	不明			1				0.3	未讲定	根本没交			外村地主
	（医）贫	寺院		1		谷子	1.2		0.6	白洋10元	谷子1（小石）			
	贫农	寺院			2				0.6	白洋13元（现）	白洋13元			外村地主
	（贫）中	不明			0.5	棉花	10斤			未讲定	0.05			外村地主
	贫农	地主			2.5	谷子	1.5		0.75	流行票10元	□□25元			
合计														
平均														

表8-101 1937—1942年西坪平地历年租率伙种地变化（2）

年代	佃户	地之主	平地			报产量		应产量		原定租	实交租	定租率	交租率	备注
			上	中	下	类	量	类	量					
1941年		地之主												
	贫农	寺院		1		粗	0.3	粗	1	肉				
	贫农	寺院			1			棉花	14斤	白洋1元	白洋1元			

年代			平地			报产量		应产量		原定租	实交租	定租率	交租率	备注
			上	中	下	类	量	类	量					
1941年	贫农	寺院		1.5		山药180斤、西瓜、衣钞120元				未讲定	0.675			
	(医)贫	寺院			2	粗	1.25			0.8	0.48（二五减）	64%	38%	
	贫农	寺院			2	棉花	120斤			白洋13元（现）	交行署谷0.9，交和尚白洋13元			
	(贫)中	不明			0.5	棉花	15斤			未讲定	0.05			外村地主
	榨油	地主		3		粗	3		2.4	1.5	黑豆1.05	50%	35%	
	中农	中农		2	1	粗	2.5		1.6	白洋15元	小米0.5		40%	
合计														
平均														
1942年	贫农	寺院	1		3					棉花47.5				
	贫农	行署	$\frac{1}{3}$							棉花10斤				
	贫农	行署	$\frac{1}{3}$							棉花8斤				
	贫农	行署			1.5					棉花15斤				
	(游)贫	中农			0.5					未讲定				
	(游)贫	行署			1					棉花3斤				
	贫农	行署			1					棉花11斤				
	(医)贫农	行署			2					棉花12斤				
	(雇)贫农	行署			0.5					棉花3斤半				借地
	贫农	贫农			0.5					棉花3斤半				
	贫农	行署			2					棉花24斤				
	(贫)中	不明			0.5					未讲定				外村地主

（续表）

年代	佃户	平地 上	平地 中	平地 下	报产量 类	报产量 量	应产量 类	应产量 量	原定租	实交租	定租率	交租率	备注
1942年	贫农			1.5					棉花15斤				外村佃户
	不明			1					5个牛工				
	贫农			1.5					棉花15斤				
	中农			1					棉花5斤				
合计													
平均													

表8-102 历年平地伙种租率变化表

年代	佃户	地之主	平地 上	平地 中	平地 下	报产量 类	报产量 量	应产量 类	应产量 量	原分法	实分法	实交数	原租率	交租率	条件
1937年	贫农	寺院			5	棉花				对半分			50		
	贫农	地主		7	3	棉花	210斤			对半分	对半分	棉100斤	50	50	地主外村
	中农	不明		2	2	棉花	190斤			对半分	对半分	95斤	50	50	外村地主
	贫农	寺院			3	棉花	90斤			对半分	对半分	棉花45斤	50	50	
	中农	中农				粗	2.5			对半分	对半分	1.25	50	50	
	贫农				2	棉花				四六分		棉花20斤	40		
合计															
平均															
1938年	贫农	寺院		4		棉花	40斤			对半分 四六分	对半分	棉花20斤	50 40	50	

年代			平地			报产量		应产量		原分法	实分法	实交数	原租率	交租率	条件
			上	中	下	类	量	类	量						
1938年	贫农	寺院			5					对半分		粗1.5	50		
	贫农	地主		7		粗	7			对半分	对半分	粗3.5	50	50	外村地主
	贫农	寺院			2	棉花	70斤			对半分	倒四六分	棉30斤	60	50	
	中农	不明		2	3					对半分			50		
	中农	中农			3	谷子	2.5			对半分	对半分	1.25	50	50	外村地主
	合计														
	平均														
1939年	贫农	寺院		4	5					四六分			60		
	贫农	寺院			5					对半分		粗1.5	50		
	(贫)商	中农			1					开荒未种	数无分种				
	贫农	地主		7		粗	7			对半分	对半分	粗3.5	50	50	外村地主
	贫农	寺院			2	糜	2			对半分	对半分	糜1	50	50	
	中农	中农			1.5					对半分		粗0.2425	50		外村地主
	中农	不明		2	3					对半分			50		
	合计														
	平均														
1940年	贫农	寺院			5	粗	3.2			对半分	对半分	粗1.6	50	50	
	(贫)商	中农			1	粗	0.5			四六分	倒四六分	0.2	60	40	
					2					对半分	对半分		50	50	
	地主			7		粗	7			对半分	对半分	3.5	50	50	外村地主

(续表)

年代	成分	对方	平地·上	平地·中	平地·下	报产量·类	报产量·量	应产量·类	应产量·量	原分法	实分法	实交数	原租率	交租率	条件
1940年	贫农	寺院		1		谷	0.5			四六分	倒四六分	0.2	60	40	
	贫农	中农		1		粗	0.5			四六分	四六分	0.3	60	60	
	贫农	寺院			1	粗	0.8			对半分	对半分	0.4	50	50	
	中农	中农			1.5					对半分		黍0.15,豆0.015	50		
	贫农	中农		2	3					四六分			60		外村地主
	贫农	地主			2	粗	1.4			对半分	对半分	0.8	50	50	外村地主
合计															
平均															
1941年	(医)贫农	寺院		1		谷	1.3			对半分	对半分	0.65	50	50	
	贫农	中农			1	粗	0.65			对半分	未分	未交	50		地主出卖10驮
	贫农	中农		2		粗	0.5			四六分	三七分	黑0.1,高0.35	60	70	
	贫农	中农			1	粗	0.5			四六分	倒四六分	0.2	60	40	
	(工)贫农	寺院		1		棉花	40斤			对半分	对半分	籽花55斤	50	50	二五减
	(游)贫农	中农			2					对半分	二八分	高0.15,黑0.25	50	80	二五减
	贫农	地主（外村地主）		7		谷	7			对半分	37.5	2.625	50	37.5	减租
	贫农	不明（外村地主）			1	粗	0.6			对半分	56.2	0.3375	50	60	
	中农	中农			1.5	粗	0.8			对半分	四六分	0.35	50	40	
	中农	中农		2	3	棉花100斤,谷	2.2			对半分	谷对半分,棉花37.5交	谷1.1,棉38斤	50	37.5	
	贫农	中农		2	2	谷子	1.25			四六分	四六分	0.65	60	50	
	不明	中农			5	粗	10			对半分	四六分		50		外村佃户
合计															

（续表）

年代	佃户成分	地主成分	平地 上	平地 中	平地 下	报产量 类	报产量 量	应产量 类	应产量 量	原分法	实分法	实交数	原租率	交租率	条件
1941年															
平均															
1942年	贫农	和尚		1						对半分					
	贫农	中农		3	$\frac{4}{3}$					$\frac{1}{4}$分					地主出一个劳动力
	（工）贫	中农		1						未讲死					
	（游）贫	中农			1					对半分					
	（游）贫	中农			0.5					对半分					
	贫农	地主		7						对半分					外村地主
	贫农	中农			2					对半分					
	不明				5					对半分					外村佃户
合计															
平均															

第九编　花园沟村调查

一、阶级关系的变化

本村阶级关系基本上很单纯,抗战以来各阶级的地位及经济力量上是有一些变化,但因本村处于偏僻之地区,受战争直接破坏很少,因而阶级关系的变化亦较少。现将抗战以来各阶级的变化列表如下:

表 9-1　抗战以来各阶级变化表

战前 ＼ 战后	户数	％	战后各阶级到现在的变化						现有阶级户数
战前阶级	户数	％	富农	中农	贫农	雇农	商人	贫民	
富农	1	4.35％	1						
中农	11	47.8％		8	3				
贫农	8	34.80％			6			2	
雇农	2	8.70％			1	1			
商人									
贫民	1	4.35％			1				
总计	23								
战后外来户					2		1	1	
现有阶级户			1	8	13	1	1	3	27
现有阶级百分比			3.7％	29.6％	48.1％	3.7％	3.7％	11.1％	100％

注一:战前贫民 1 户是破落户。

注二:小商人是 1937 年由西坪移至本村。其余外来 3 户原来都是本村人:1 户在城里吃大烟,老婆卖破鞋,因城里吃不开,去年又移回;1 户是在黑峪口当鼓手,1941 年移回;1 户是在外村当游民,1940 年回来。后 2 户现为贫农。

从上表看来,抗战后各阶级在地位上是没有更显著的变化。但进一步分析各阶级每一家农户的具体情况,则在总的经济力上是比战前缩小了,生活上要比战前苦的多。同时,在各阶级中间,一部分经济基础脆弱的农户因经不起战争与天灾的夹攻而向下发展,或陷于停滞状态,但另有一部分的农户却因抗日民主政权各种法令之执行得到许多实际利益,而相对的向上升长了。现在具体分析如下:

(1) 富农 1 户是战前三四年间才发展起来的,他的经济基础很薄弱,同时全家只有 1 个劳动力。1939 年赵承绶统治时期,一方面负担重,另一方面天年不好,在两种因素共同夹攻之下,开始走了下坡路。1940 年四大动员时出了很多粮,对他经济的发展上是一个很大的打击,同时影响他的生产情绪,于是从 1940 年到 1941 年就降为中农。后由于我们政策的逐渐走向端正,特别是去年按比例征收公粮减轻了他的负担,于是生产情绪提高。今年又雇半个长工,恢复到富农地位,但经济力量比战前大大的缩小了。

(2) 中农战前 11 户,现变成 8 户。3 户中农下降为贫农,这 3 户中农是弟兄 3 个,自有地很少,原来经济基础就很弱。赵承绶时期负担重,1940 年 1 个劳动力当了兵,加以连年收成不好、生病等原因,而逐渐将耕牛出卖了,耕地面积减少,生活一天比一天苦,于是就走到贫农的阶级里。3 户中农在经济力量上略有下降:1 户因赵承绶时期负担过重,四大动员又给了他不好的影响(只是政治上的影响,经济上没什么),使他情绪低落,同时去年又减少 1 个劳动力(今年又回来)而略有下降,但他经济上还有发展的条件——土地最好,有牛有粮食;1 户过去基础薄弱,抗战后贫民阶级的两个人口在他家里吃饭,增加了额外负担,结果把他拖的下降;1 户是因为父亲死后在劳动力数量上与质量上减弱。2 户中农经济上处于停滞的状态:1 户是有发展的条件,但因整个战争以及过去左的错误影响,而情绪不大高,因此在经济上不发展;1 户是因 1940 年夏季扫荡时受了敌人相当大的破坏,经济上受了一些打击,同时老婆病而没有辅助劳动,向前发展较为困难。3 户中农略有上升,这 3 户中农过去是雇农出身,是向上发展的阶级。他们经济上战前即有基础,抗战后负担轻,同时 1 户中农又得到减租的利益,因而向上升长。其中 2 户买回 9 垧地、七八只羊,1 户买了 1 条牛,这 3 户今天都有相当的积蓄。

(3) 贫农战前 8 户,战后变成 11 户。2 户贫农下降为贫民:1 户因 1940 年后当了一年多兵,回来后当干部,自己务地不好,于是变为贫民;1 户过去就是破落户,1940 年父亲被敌人打死,留下孤儿寡妇,没有劳动力而下降。1 户经济上处于停滞状态,因父亲死,劳动力在数量上与质量上减弱。5 户经济上有上升气象:1 户今年多租进土地,耕地面积较前扩大;1 户买回 1 条牛,买回猪,并典了 4 孔窑;1 户买回 12 垧地;1 户买回 5 垧地;1 户租地比战前增多,耕地面积较前扩大。战后有 5 户增加到贫农的队伍里,3 户是下降的中农,1 户是雇农上升为贫农,1 户是本村贫民上升,1 户是由外移回的贫民加入到贫农的队伍里。

雇农战前有 2 户:1 户过去自己有一些地,务地好,于 1940 年上升为贫农。1 户于 1939 年曾企图向贫农方面发展,不揽工租地种,但因年成不好碰了一个大钉子;1940—1941 年又想揽工,但没人雇,结果变成贫民,今年又转回雇工。

贫民战前 1 户,今年多种地,向贫农方向发展;战后新加的贫民有 2 户贫农下降,1 户是城市贫民移回本村。

小商人 1 户,1938 年因战争关系由大川移到本村,初来时只有一个小毛驴贩卖东西,几年来在战争环境下获利很多,在商业上是有不少发展,同时农业比重上也增多了。

根据上述分析,可得出如下结论说:

一部分经济力量薄弱的中农、贫农因战争直接间接的影响——负担的加重、劳动力减少而下降了,或者处于停滞状态。一小部分中农及大部分贫农由于抗日民主政权下各种负担的减轻、减租的实行,有着向上升长的气象,而向上升长的气象主要的是由 1941 年开始,因为去年收成较好。根据目前本村实际情况看来,在我各种正确的政策法令贯彻之下,如天年好、敌人破坏少的话,绝大多数农户向上发展是必然的现象。由于战争的关系,城市游民及其他无法为生的居民将日益转向偏僻的农村,加大贫民与贫农的队伍。

二、各阶级人口与劳动力的变化

（一）各阶级人口的变化

表9‑2 抗战以来各阶级人口变化表

阶级	时期	户口	1~7 男	1~7 女	8~14 男	8~14 女	15~17 男	15~17 女	18~23 男	18~23 女	24~45 男	24~45 女	46~55 男	46~55 女	56~60 男	56~60 女	60以上 男	60以上 女	总计 男	总计 女	合计	占全人口的百分比	户均人口
富农	战前	1									1	1							1	1	2	2.1%	2
富农	现在	1			1						1	1							2	1	3	2.8%	3
中农	战前	11	6	2	2	5	2	2	2	1	5	8	2				2	2	21	20	41	43.2%	3.73
中农	现在	8	1		2	2	5	2			3	4	2	4	1		2	1	17	17	34	31.5%	4.25
贫农	战前	8	3	4	3	1	5		3	4	1	5	7	2	2	1	1		23	19	42	44.2%	5.25
贫农	现在	13	4	6	6	2				1	6	7	7	7	5	5		1	29	28	57	52.8%	4.38
雇农	战前	2		1							1	1	1						2	2	4	4.2%	2.00
雇农	现在	1	1							1									2	1	3	2.8%	3.00
商人	战前																						
商人	现在	1							1	1			1	1					2	2	4	3.7%	4.00
贫民	战前	1	2	1	1			1											3	3	6	6.3%	5.00
贫民	现在	3	1					1		1	1	1			1	1			4	3	7	6.4%	2.33
总计	战前	23	11	8	5	7	7	5	6	2	13	18	5	2	1	3	2		50	45	95	100%	4.13
总计	现在	27	7	8	12	4	1	3	10	12	13	13	8	11	2		3	1	56	52	108	100%	4.00

表9‑3 抗战以来人口增减表

增加								减少										实际增加
生育		移入		娶入	其他		合计			死亡		出外工作		参军	嫁出	其他		合计		
男	女	男	女		男	女	男	女	共	男	女	男	女			男	女	男	女	共	
9	7	6	4	7	2	1	17	19	36	7	6	1		4	4		1	12	11	23	13

注:① 增加其他项内男女3人,1个男孩是由外村买回的,1个男的因母死寄养到叔叔家里,1个女孩因家贫(外村)无法生活,寄养到叔祖父家里。② 减少其他项内1个女孩因家贫寄养到外祖父家里,死亡项内1个男的系1940年夏季扫荡被敌打死。

根据上表分析如下：

（1）在总的人口数量上看,战后较战前多增13人,占战前人口的13.7%,但每户平均人数由4.13人降到4人,这是由于户口增长的关系。战后增加人口36人,其中生育16人,其余都是由外移来、买入、寄养等来的。战后减少人口23人,死亡13人,其余的是参军、参加工作等。增加与减少相对起来,绝对增加只有3人。

(2) 从各阶级人口占有及变化上看,战前战后每户平均人口都是贫农最多,中农次之,富农最少,这是本村人口占有上的一个特点。抗战以来各阶级人口的变化是:富农增加 1 人,是买入的 1 个儿子。中农阶级战后总人口由 43.2％降到 31.5％,但每户平均人口却由 3.73 人增到 4.25 人,这主要的是由 3 户中农下降的关系(3 户人口少)。贫农阶级战后总人口由战前 44.2％增到 52.8％,而平均每户人口却由 5.25 人降到 4.38 人。总人口的增加与平均人口减少的主要原因是由于 3 户中农下降以及过去贫民及外边移入户加入到贫农的队伍,使贫农户口增多,但加入的人口却相对的少;其次,贫农中参加部队及工作者较多也是原因之一。贫民人口的变化主要的亦是因为阶级的关系变化而来的,战前 1 户贫民即有 6 口人,战后由贫民下降 2 户及由外移入 1 户人口都少,因此平均人口由 6 人减到 2.33 人。

(3) 从性别年龄上看,本村战前战后男子都较女的多。在年龄变化上,15 岁到 23 岁的青年男子战前有 13 人,现在 11 人,减少 2 人,24 岁到 55 岁的壮年男子战前 18 人,现在 24 人,增加 6 人。

(二) 各阶级劳动力占有的变化

表 9－4　抗战以来各阶级劳动力变化表

阶级	时期	劳动力户口	男子劳动力				妇女劳动力		每户平均劳动力		
			全劳动力	占全部劳动力百分比	辅助劳力	占全部辅助劳力百分比	辅助劳力	占全部辅助劳力百分比	男子全劳动力	男子辅助劳力	妇女辅助劳力
富农	战前	1	1	3.85％			1	4.55％	1.00		1.00
	战后	1	1	3.13％			1	2.78％	1.00		1.00
中农	战前	11	10	38.50％	3	37.5％	9	40.90％	0.91	0.27	0.82
	战后	8	10	31.3％	1	25.0％	10	27.78％	1.25	0.13	1.25
贫农	战前	8	12	46.10％	5	62.5％	10	45.45％	1.50	0.63	1.25
	战后	13	18	56.25％	1	25.0％	19	52.78％	1.38	0.08	1.46
雇农	战前	2	2	7.7％			1	4.55％	1.00		0.50
	战后	1	1	3.13％			1	2.78％	1.00		1.00
商人	战前										
	战后	1	1	3.13％			2	5.55％	1.00		2.00
贫民	战前	1	1	3.85％			1	4.55％	1.00		1.00
	战后	3	1	3.13％	2	50.0％	3	8.33％	0.33	0.66	1.00
总计	战前	23	26	100％	8	100％	22	100％	1.13	0.35	0.96
	战后	27	32	100％	4	100％	36	100％	1.19	0.15	1.33

(1) 从表 9－4 看来,全村总的劳动力以及每户平均劳动力都比战前增加了。各阶级劳动力的占有及变化情形是:富农战前战后劳动力都是 1 个,没有变化;中农战前每户平均男子全劳动力 0.91 个,战后变为 1.25 个,较战前增加 0.34 个;贫农男子全劳动力战前每户平均 1.5 个,现在降为 1.38 个,比战前减少 0.12 个,无论战前战后,贫农劳动力都占第一位;雇农战前战后没变化;贫民比战前减少。所有以上各阶级劳动力变化原因都与人口变化相同。

（2）战后各阶级妇女辅助劳动一般的都增加了，这是由于战后娶入不少的妇女；而另一方面，男子辅助劳动力减少了，因为过去男子辅助劳动今天都转成全劳动。

（三）兵役动员问题

由上述人口与劳动力的变化及现状来看，本村还有相当动员力量。但进一步由每一农户的具体情况来看，则动员力量是极其微小的。本村现共有 5 个有当兵条件的青年，1 户是 1 个儿子已经当了兵，现留下 1 个儿子，3 户是孤子，还有 1 户是 1 个儿子已经当了兵，2 个参加了工作，现在还有 1 个。这 5 户现在都是 2 个劳动力。根据这 5 户的实际情形来看，今天最多只能动员 1 个，但如果优抗工作真正能做的好、斗争更加尖锐的话，5 个都可动员。不过生产上受相当影响，而每家生活还可能维持下去。

三、各阶级土地占有的变化

各阶级土地占有及变化如表 9-5：

表 9-5　各阶级土地占有及变化表

阶级	时期	户口	人口	梁上	梁中	梁下	塌上	塌中	塌下	平中	平下	水下	荒地	总计(注一)	%(注二)	每户平均	每人平均	备注
富农	战前	1	2	10	12	37			3			0.5	5	68.5	12.68	68.5	34.35	一、平地1垧折中梁地2垧，下平地1垧折中梁地1垧半，水地1亩折梁地3垧。二、塌地是本村张姓户地，每户和每人平均未在算内。三、比战前总计多，是3户中农由外村买来9垧，余是4户外来带入。
富农	现在	1	3	10	12	41			3			0.5	1	68.5	11.37	68.5	22.83	
中农	战前	11	41	76.5	75	104	10	7	5	2	2.3	2.9	11	315.0	58.34	28.64	7.68	
中农	现在	8	34	63.5	78	106	10	2.5	5	2	2.3	2.9	10	291.1	48.34	36.39	8.56	
贫农	战前	8	42	18	23	40				0.5			8.5	90.5	16.76	11.31	2.15	
贫农	现在	13	57	23	41	77				0.5			17	159.0	26.44	12.23	2.80	
雇农	战前	2	4			4							1	5.0	0.93	2.50	1.25	
雇农	现在	1	3															
商人	战前																	
商人	现在	1	4	4	2									6.0	1.00	6.00	1.50	
贫民	战前	1	6	1	7	10								18.0	3.00	18.00	3.00	
贫民	现在	3	7	8	2	16	3	1	2.5				2	34.5	5.72	11.50	4.93	
其他	战前												43	43.0	7.96			
其他	现在					33							10	43	7.13			
总计	战前	23	95	105.5	117.0	195.0	10.0	7.0	8.0	2.5	2.3	3.4	68.5	540.0	100	21.60	5.23	
总计	现在	27	108	108.5	135.0	273.0	13.5	3.5	10.5	2.5	2.3	3.4	39.5	602.1	100	20.70	5.18	

注一：以各种土地折合为中梁地垧计算。

注二：各阶级土地占总土地数。

从表 9-5 看出：

（1）本村是一个典型的小农经济占优势的村子，土地一般的不集中。全村占有土地最多者只有 68.5 垧,绝大多数的农户都有一些土地,根本没有土地的只有 2 户。但全村土地在总的方面看来是不够用的,大部分的农户须向外租入土地。

(2) 本村土地虽然不大集中,但各阶级土地分配的不均亦很显然。富农 1 户占有土地 68.5 垧,而人口只占 2.1%～2.8%,他的土地还有一部分长余向外出租,但长余不多。如果他的经济更进一步扩大,则土地只够用。

中农一般土地质量最好,全村大部分较好的土地都集中到中农手里。在土地数量上一般的看来是充足的,因为战前战后每年中农平均占有土地都在 30 垧左右,他们土地占有比例是超过了人口比例的。但中农相互间在土地占有上亦相当悬殊,有 3 户中农占有土地在 50 垧以上,土地质量亦最好,而有 5 户中农土地占有只有 25 垧左右,因此形成中农中间一部分出租土地、一部分又须租回土地的现象。

贫农土地是最缺乏的。1937 年贫农人口占 44.2%,占有土地只 16.76%,平均每户只有 11.31 垧,每人平均 2.15 垧土地。1942 年贫农人口增到 52.8%,而土地亦只占 26.44%,每户平均 12.23 垧,每人平均 2.8 垧。

贫民战前战后占有土地在数量上都超过了贫农,每户平均 18.0～11.5 垧,每人平均在 3～4.93 垧之间,这是农村贫民和城市贫民不同的一个特点。现有 3 户贫民,2 户是落破户,他们保持一部分土地,但因生活的逼迫,他们的土地现正迅速的向着中贫农手里转移的。

战后由外移入的 4 户,有 3 户过去是城镇里的游民,因战争的关系在城镇里无法维持生活,都移回(原来都是本村人)本村,他们现在都向农业上转移,但他们都缺乏土地;另 1 户小商人过去主要靠赶毛驴贩卖东西过活,但因商业所得不能维持生活,现在也逐渐加大农业的比重,但土地很少。根据目前战争情况,今后城镇大川的居民会更加向偏僻的乡村转移,这会增加土地问题的严重性。

(3) 抗战以来,本村各阶级土地占有上的变化很少。从全村土地总的数量上来看,1942 年的土地总数较 1937 年多增加了 62.1 垧,但土地数量的增加主要的是 4 户移入户的土地,而由外村买回土地只有 9 垧。从各阶级土地占有上来看,中农阶级土地的总数量较 1937 减少了,这是由于 3 户中农下降为贫农的原故;中农每户土地的平均数现在比 1937 年增加了 7.75 垧,这一方面是由于 3 户土地最少的中农下降,另一方面买入 0.3 垧。贫农阶级的土地数量现在较战前增加 68.5 垧,而每户较战前增加 0.92 垧,每人平均土地数也较战前增加 0.65 垧。增加土地的原因一部分是由于 3 户中农的下降,而贫农阶级的土地相对加多,另一方面是由于去年买入一部分土地。贫民现在土地较战前增加 16.5 垧,每人平均增加 1.93 垧,但每户平均却减少 6.5 垧,这是由于贫民阶级关系变化而来。

(4) 根据上述各阶级土地占有变化上来看,本村土地实际上是没有什么分散的,现更进一步。从土地买卖与典地赎地上来看,从 1941 年冬天起,本村卖出与买入土地的户数相当多。现列表如下:

表 9 - 6　土地卖出买入土地情形表

买进人	阶级	买进土地				价格（白洋）		买价来源	卖出人	阶级	卖出的原因
		上	中	下	合	数目	每坰平均				
张秀何	中农			10	10	19	1.9	余存	张跟长	贫农	死了人用钱
白应田	贫农			2	2	5	2.50	喂牛赚的			
			1	2	3	7	2.33		牛建月	贫民	破落户过不了生活
牛建前	贫农	1	3		4	10	2.50	余存			
牛建喜	贫农		2	10	12	20	1.67	卖女子	张晋业	中农	给弟问媳妇用了
牛建顺	贫农		3	4	7	15	2.14	余存	张秀清	贫民	破落户吸大烟
张晋业	中农			3	3	注一					
牛照喜	中农		4.5		4.5	9	2.00	余存	不详（外村）	不详	不详
牛再喜	中农		4.5		4.5	9	2.00	余存			
合计	8 户	1	18	31	50	94	2.00（注二）				

注一：卖主是其叔父，卖了他们公共的窑，给了他 3 坰地，因之没价。
注二：按 47 坰地平均的，张晋业买了的 3 坰在外。

由上表看出，卖出土地者共有 5 户，有 1 户是外村的，1 户是本村移出户。5 户中 2 户贫民、1 户贫农，3 户都是破落户，1 户是因生活不能维持，1 户因死了人急用钱，1 户是吸大烟，另 1 户中农是给兄弟问媳妇，其余 1 户不详。从这几户出卖的成分来看，出卖土地者虽多，但并不意【味】着土地集中的真正分散，而是表现了一部分破落户的贫民经不起战争的袭击，而不得不出卖其土地，这是没落阶级的必然结果。买入土地者共有 8 户，其中 2 户中农是因为他们的一个本家病下借了他们的钱，后来这本家死了，土地给他留下，实际上这不算真正的买地；其余 6 户买地者有 4 户是贫农，2 户是中农，这表现了中农、贫农是向上升长的。根据上表来看，今天土地价格一般的是很低的，最高每坰 2.5 元，最低者 1.67 元，不过这是各种土地混合平均起来的价格。如果把各种土地质量分别开来看，战前战后有如下表的变化：

表 9 - 7　不同质量土地战前战后价格变化表

时间	上梁地	中梁地	下梁地
战前	10 元	5 元	3 元
战后	4～5 元	2～2.5 元	1.5 元
战后为战前的百分比	40%～50%	40%～50%	50%

注一：战前是指战前一般年代的地价，1936—1937 年因红军东渡，地价下降很多，这是特殊的现象。
注二：下地一般的是 1 元左右，买的人较少，本村因土地缺乏，因而下地价格也就较高一点。

由于土地价格的降低，给了一般贫农买入土地以便利的机会，如有的贫农问出一个女子就可买进十几坰土地。但本村因为土地根本少，出卖土地者少。另一方面，因生活的困难，因此土地虽便宜，但买入者仍不多。本村典出典入土地战前有几户，战后只有 1 户，现列表如下：

表9-8　本地典出典入土地情形表

| 典进人 | 阶级 | 梁地 | | | 塌地 | 合计 | 价格 | | 时间 | 典出人 | 阶级 | 备考 |
		上	中	下			数目	每垧平均				
张晋业	中农			5	2	7	8	1.14	1927年	张毛驴则		典出人系外村,阶级不详,价格低的原因系本家
牛建喜	贫农	4	2	3		9	28	3.11	1936年	牛旺儿	贫农	当典时全是荒地,1938年又按原价赎回
裴晋业	贫农		1	14		15	36	2.4	1934年	张秀清	贫农	
	中农	4	1			5	9	1.8	1941年	牛通留	贫民	去年春出典,今年春按原价已赎回
牛建福 牛建前 牛建神			4	3		7				牛建月	贫农	1926年以前典出,所以地价、双方阶级没搞清楚
合计	6户	8	8	25	2	43	81	2.25		5户		每垧平均价是按37垧平均的,而牛建月典出的7垧不在内

从上表来看,典出户战前有4户都是贫农,战后1户贫民因父亲死急用钱,仅典一年即赎回。战前战后本村6户典入户中1户是贫农,2户是中农,3户典地时成分不详。战前5户出典户,除牛旺儿于1938年用原价将土地赎回外,其余4户都没有赎。原因是因为地价降低,赎地还不如买地,而行署所颁布之回赎土地条例还未为群众所了解。

根据本村一般的调查,典地一年不准回赎,一年后任何时候都能回赎,都没期限。典价一般的是等于地价的一半,不过这须看出典人的情形,如不准备很快回赎者(多半是破落户、游民),则典价较高,准备很快回赎者,则价格较低。至于回赎价格,按习惯规定,三年后回赎,赎价可比原典价少一点,但须看双方生活情形决定。

抗战以后除1户临时出典外,再无出典者。由于土地价格的降低,买入土地的容易,今后典地恐逐渐走向绝迹的道路。

四、各阶级土地使用面积的变化

抗战以来各阶级土地使用面积变化如表9-9:

表9-9　各阶级土地使用面积变化表

| 项别 阶级 时间 | | 富农 | | 中农 | | 贫农 | | 雇农 | | 贫民 | | 商人 | | 合计 | |
		战前	现在	战前	现在	战前	现在	战前	现在	战前	现在	战前	现在	战前	现在
总户数		1	1	11	8	8	13	2	1	1	3		1	23	27
总人口		2	3	41	34	42	57	4	3	6	7		4	95	108
自种土地	使用数	61.5	54.5	294.0	268.1	70.0	128.5	4.0			7.0	17.0	6.0	436.5	474.1
	荒地数	5.0	1.0	11.0	10.0	8.5	17.0	1.0			1.5			25.5	29.5

（续表）

项别 / 阶级 / 时间		富农 战前	富农 现在	中农 战前	中农 现在	贫农 战前	贫农 现在	雇农 战前	雇农 现在	贫民 战前	贫民 现在	商人 战前	商人 现在	合计 战前	合计 现在
自种户		1	1	11	8	7	11	1		1	2		1	21	23
租进土地	使用数			61.0	22.0	152.0	236.5		10.0		1.5		14.0	213.0	284.0
	荒地数			5.0		24.5	36.0							29.5	36.0
租进户				5	2	6	12		1		1		1	11	17
典进土地	使用数			24.0	17.0	9.0	7.0							33.0	24.0
	荒地数			5.0										5.0	
典进户				5	2	1	3							6	5
共计	使用数	61.5	54.5	379.0	307.1	231.0	373.8	4.0	10.0	7.0	18.5		20.0	682.5	783.9
	荒地数	5.0	1.0	21.0	10.0	33.0	53.0	1.0			1.5			60.0	65.5
每户平均使用土地		61.5	54.5	34.5	38.4	28.9	28.85	2.0	10.0	7.0	6.17		20.0	29.7	29.0
每人平均使用土地		30.8	18.17	9.2	9.03	5.5	6.55	1.0	3.33	1.17	2.64		5.0	7.2	7.26

备考	注一：自种土地的使用数和荒地数加起来有的与其土地占有不相符合，因有租出和典出地。 注二：典进土地的使用数和荒地数加起来也与典进土地数有的不相符合，因有租出的。 注三：贫农现在使用土地总数内有 1.8 垧是新开荒地。 注四：战前 43 垧户地都是荒地，未列表内，实际上战前全村共有荒地 103 垧。

根据表 9-9 进一步分析各阶级使用面积的变化及其他与土地使用面积有关问题。

（1）从总的变化上来看，在土地使用面积总的数量上，战后比战前多增 101.4 垧。其中移入 4 户种 63 垧，今年游击队新开荒 20 垧，只有 18.2 垧荒地是原有户多增加出来的（是今年增加的）。荒地此前 103 垧地算在内，战后 65.5 垧，而战后比战前减少 37.5 垧，其中 22 垧是移入 3 户开过的，其余是区游击队今年新开的。由以上两方面来看，战后耕地面积实际上并未增加，相反的，1939—1941 年中间，耕地使用面积还减少一些；同时在耕作质量上却大大减弱，贫农与贫民阶级中每年都有一部分土地锄不过来而荒芜了。由于政策逐渐走向端正，今年春天落雨早等原因，今年群众生产情绪是空前的提高，有不少的农户将 1939—1941 年的荒地开过了，但在数量上恢复到了战前。

（2）从各阶级的变化上看，富农 1940—1941 年使用数量由 61.5 垧减到 33 垧，今年比较前两年增多，但仍未恢复到战前。中农战前每户平均 34.5 垧，战后增到 38.4 垧，这是有 3 户中农下降使中农每户平均地相对的提高；但实际上每人平均由战前 9.2 垧减到 9.03 垧，其中有 4 户中农因劳动力减弱而租出几垧地。贫农每人由战前 5.5 垧增到 6.55 垧，这说明贫农在经济上略有上升的气象。贫民每户由战前 7 垧降为 6.17 垧，每人平均却由战前 1.17 垧增到 2.64 垧，这完全是由于阶级关系的变化而形成的。

（3）从各阶级土地使用与占有面积比较上看，各阶级土地占有与土地使用如下表：

表 9－10　各阶级土地占有与土地使用表

阶级时期户数	富农		中农		贫农		雇农		商人		贫民	
	战前	现在	战前	现在	战前	现在	战前	现在	战前	现在	战前	现在
户数	1	1	11	8	8	13	2	1		1	1	3
土地所有	68.5	68.5	315.0	291.1	90.5	159.0	5.0			6.0	18.0	34.5
每户平均数	68.5	68.5	28.6	36.4	11.3	12.2	2.5			6.0	18.0	11.5
土地使用数	61.5	54.5	379.0	307.1	231.0	373.8	4.0	10.0		20.0	7.0	18.5
每户平均数	61.5	54.5	34.5	38.4	25.9	28.8	2.0	10.0		20.0	7.0	6.2

从上表看出,富农土地使用是有长余的,中农每户平均不足数也很少,贫农以下的阶级则土地占有与使用是存在着极大的矛盾。

(4) 从自种地与租进地使用面积的比较上看,全村土地使用面积中自有地与租进地的比较是:战前使用面积总数 682.5 垧,自有地 436.5 垧,租进地 213 垧,租进地占自有地 48％,占使用总面积 31.2％;战后使用面积总数 783.9 垧,自有地 474.6 垧,租进地 284 垧,租进地占自有地 60％,占使用总面积 36.1％。各阶级自有地与租进地比较:贫农战前使用总面积 231 垧,自有 294 垧,租进 61 垧,租进占自有地 28％,占使用总数 16.2％;战后使用面积总数 307.1 垧,自有地 263.1 垧,租进地 22 垧,租进地占自有地 8.3％,占使用面积总数 7.16％。贫农无多大变化。小商人现使用面积总数 20 垧,自有 6 垧,租进 14 垧,租进占自有 233％,占使用面积总数 70％。从以上全村自有地、租进地比较来看,战前战后租进地都相当的多,而贫农则最多。

(5) 从各阶级土地使用面积与劳动力比较上看,见下表:

表 9－11　各阶级土地使用面积与劳动力比较表

阶级	户口	劳动力占有数	能使用土地数	现使用土地数	每一劳动力平均使用土地	剩余劳动力			不足劳动力		
						数目	占所有劳动力百分比	每户平均	数目	占所有劳动力百分比	每户平均
富农	1	1.0	30	54.5					0.82	82.0	0.82
中农	8	10.5	315	307.1	29.25	0.26	2.5	0.033			
贫农	13	18.5	370	373.8	20.21				0.13	0.7	0.01
雇农	1	1.0	30	10.0		0.66	60.0	0.66			
贫民	3	2.0		18.5	9.25						
商人	1	1.0	20	20.0	20.00						
合计	27	34.0	785	783.9	23.06	0.92			0.95		
备考	注一:各阶层劳动力能使用土地标准,富农、中农、雇农(在富农的条件下)每一劳动力按 30 垧计算,贫农、商人每一劳动力按 20 垧计算,贫民难确定标准。 注二:富农地不足和雇农的剩余如果相顶起来,而富农又不足 0.16 个,劳动力占其所有劳动力的 16.0％。										

从上表来看,本村使用土地一般的是和现有劳动力相适应的,贫农劳动力已发挥到最大限度,中农劳动力有一点剩余,却很少。

五、各阶级租进租出土地及户数的变化

本村大部分农户是向外村租入土地,而出租土地则很少。同时,出租地的性质主要的是农民相互间的调剂,而与一般地主出租土地有区别。

(一) 各阶级租进土地与户口数量的变化

表 9－12　各阶级租进土地变化表

阶级	时期	户口	梁上	梁中	梁下	平中	水下	荒地	总计	％	每户平均
中农	战前	5	5	17	39			5	66	22.3％	12
	现在	2	5	4	13				22	6.9％	11
贫农	战前	6		33	105.5		4.5	24.5	176.5	77.7％	29.4
	现在	12		93	130.0		4.5	36.0	272.5	84.9％	22.7
雇农	战前										
	现在	1			10.0				10.0	3.1％	10.0
商人	战前										
	现在	1		3	7	2			14.0	4.4％	14.0
贫民	战前										
	现在	1			1.5				1.5	0.5％	1.5
总计	战前	11	5	50	144.5		4.5	29.5	242.5	100％	22.0
	现在	17	5	100	161.5	2	4.5	36.0	320.0	100％	18.1

由上表看出:(1)本村无论战前战后租入土地数量与户数都相当多,战后比战前更进一步的增加了。战前租户11户,占总户口47.8％,租入土地242.5,占全村占有地44.9％;战后租入户变为17户,占总户口63％,租入土地变为320垧,占全村占有地53.29％。而战后租地户数与租入土地增加的主要原因是户口增多的关系,其次是因为一部分农户多租进一些土地。(2)租进土地最多者为贫农,其次为中农。贫农战前6户,租入土地176.5垧,现增到12户,租入土地增到272.5垧。而增加的原因有3户是中农下降,1户是由贫民变来,2户是由外移入户。中农战前5户,租入土地66垧,现户口减少到2户,租地减少到22垧,这是由于3户中农下降的关系。(3)租入土地质量一般是下梁地,其中中农质量较好,贫农、贫民最坏。因为贫农、贫民劳动条件差,也容易荒,租子征不到。因此,一般地主愿意将好地租给中农及上贫农,不愿租给最贫苦的农民。

(二) 各阶级租出土地与户口数量的变化

表 9-13　各阶级租出土地与户口变化表

阶级	时期	户口	梁下	平中	荒地	总计(注同前)	%(注同前)	每户平均
富农	战前	1	2			2	12.5	2
	现在	1	9		4	13	36.6	13
中农	战前	2	6	2		10	62.5	5
	现在	3	9	2	5	18	50.7	6
贫农	战前							
	现在	2	1.5		2	3.5	9.9	1.75
贫民	战前	1	4			4	25.0	4
	现在	1			1	1	2.8	1
总计	战前	4	12	2		16	100	4
	现在	7	19.5	2	12	35.5	100	5.07

由上表看出:富农战前出租 2 垧下梁地,因为土地在外村(原住村),自己无法耕种而租给本家族内的侄子耕种;战后 7 垧下梁地,是因为自己经济力量缩小而租给自己的长工种。中农战前 2 户,共出租地 10 垧(实际是 8 垧,有 2 垧平地折 4 垧中梁地),其中 1 户 2 垧平地在外村(原住村),自己没法耕种而租给本家族的侄子种,另 1 户战前出租 6 垧下梁地,战后又出租 4 垧,战前战后都是因为劳动力少,地不好出租;战后新增 1 户,出租下梁地 4 垧,因为老婆病而没辅助劳动,种不过来。贫农战前没有,战后只有 2 户,共出租 3.5 垧,1 户出租 2 垧荒地,1 户是由外移回户,出租 1.5 垧下梁地,都是由于自己不愿耕种才出租的。贫民战前 1 户,出租 4 垧下梁地;战后 1 户是由外移回户,出租 1 垧荒地。

六、租佃关系的变化

(一) 租佃关系中的几个一般问题

1. 租地形式

租地形式基本上有两种(依据老百姓的习惯)。第一种是定租(即死租),一般是租不管好坏年成都得按原约定缴租,如因天年不好或某种特殊情形而欠租时,则将欠租写成借约,年成好时则须一并缴清。本村租地形式一般都是定租。据调查材料来看,1938 年以前大部分佃户每年都是按约定缴租,个别欠下租的则与地主写了借约。从 1939 年以后,一方面由于减租的实行,另一方面由于收成不好、社会秩序不稳定的关系,一般定租实际上都已不能按原约定缴租,欠下的租也不再写借约(但约都未抽回来),而转变成为活租的形式了。第二种是活租,又分两种,一种形式是事先有一定租额,不过租额比普通定租高,每年看收成情形决定缴租的多少,欠下的租写成欠约,欠约可少给一部分,而借约则不行。这种出租办法多为大地主所采用,在表面上看来对租户态度似乎较宽些,但实际上地主每年所得租子并不比一般定租低。

而同时他们利用这种方法束缚农民长期受他们的剥削，因为活租连年欠下的数量很多，农民缴不了就难退地，或者退地后农民稍有一抬头，则地主又逼着要租，使农民无法翻身。此种形式本村没有。另一种根本不说租，每年下来看收成情形征租。这种形式本村共有 4 户：1 户是本村一个中农，租给本村贫民 5 垧下梁地，因地不好没说租；1 户是本村富农，租给自己长工（做了好几年的长工）7 垧下梁地，因为彼此关系较好，地不好没说租；1 户贫民，2 垧荒地自己不种，租给本村抗联秘书，没说租；1 户贫农租地主 21 垧地，因为土地质量不好、面积不够，又是人家追回来的地，地主不好租出去，于是没有说租。

2. 租地方式

本村一般租地方式和各村普通租地方式一样，而这里有一种特殊形式，即股子地和分租地的形式。现分别说明如下：

第一，股子地。股子地就是出租者将好坏地搭配在一起按股出租的意思。此种形式一般多为大地主所采用，因为大地主地多，以股子地出租一方面可将坏地一齐租出去，而另一方面则便于管理。本村租入股子地共有 5 股，租碾子村地主白茂金①的共 4 股，租高家沟地主高光中的有 1 股。每股垧数不等，最多的有 28 垧，最少的 21 垧。股子地一般租额在表面看较一般地租轻，但垧数多不足且多带有荒地。如地主白茂金租给本村贫农有一股 21 垧，实际做地只够 15 垧，同时并有 5 垧是老荒地。另外 25 垧的一股，有 9 垧老荒地，24 垧的一股有 5 垧老荒地，且实有地 18 垧。由于垧数不足、荒地较多的关系，股子地实际上租额不较一般租额为低。

第二种，分租地。有的佃户由地主手里租到一股子地，自己种不了又分给别人种，叫分租地。如贫农牛旺儿由地主白茂金那里租了一股子地 21 垧，租 1.35 石，他自己只将较好的 4 垧地留下，其余又分租给 3 户贫农。租子据说是各分租户按垧平均，缴租一般的是直接向地主缴（有时原租户代缴）。分租地一般的是没有中间剥削的，不过原租地户可种较好的地，租子相对的轻。

3. 租地约定

租地约定有两种：一种写契，一种是口头约定。一般的都写契约，关系较好者多作口头约定（本村多）。租地时间一般在约上不写，时间的长短须看双方关系的发展决定，本村租地时间最长者有 10 年以上 20 年以下的，最短者为 1 年，普通 2～3 年。由于过去租地契约不限定年限，租地者没有土地使用权的保障，于是对租地的耕作多采取"抓一把"的做法，不愿更多的上肥料下资本，因此租地产粮多不如自耕地。根据本村的情形，由于周围各村的土地多而租地容易，订立较长的租佃契约是可能的，而且对农民与地主双方都是有利的。

4. 缴租形式与质量

本村战前战后都是实物租，在秋收以后缴。战前一般缴租质量都是按三条腿缴（谷子、高粱、黑豆各占三分之一），同时每石租子差不多都有 1 斗花田（小麦、绿豆、豇豆为花田）。1939 年以后，花田及三条腿缴租的惯例已逐渐取消。现在缴租普遍都是缴黑豆，谷子很少，高粱也不多，各阶级比较起来，中农缴租质量较好一些。

①　编者注：疑为"白茂荆"。

5. 欠租

本村有 3 户欠租:1 户是贫农牛建喜,在前清时老人们手里欠下赵家川口租子 60 石,听说在祖父手里要过一次,以后没有要过;1 户是贫农牛建前(以前是中农),六七十年以前欠白家崖(名字他叫不清)租子几十石(记不清)未还;1 户是贫农牛旺儿,于 1928 年欠本村张树云(那时是富农)租子 1.6 石,欠黑峪口任某 1.7 石,欠租原因都是收成不好,写借约,现都未还。由以上几户看来,欠租都是前清或战前,战后一般无欠租。1938 年以前每年收成好,租子多缴清,1938 年后减租,因而欠租少,有的欠下租也未写约。

(二) 抗战以来减租、缴租与租率的变化

减租、缴租与租率变化如表 9-14、表 9-15:

表 9-14 抗战以来减租、缴租与租率变化表(1)

时间	阶级	租地户数	租入地 熟地	荒地	产量 总计	平均每垧	原租 总数	平均每垧	原租占产量百分比	实际交租 总数	平均每垧	实交租占产量百分比	实际减租率(%)	减租 总数	平均每垧	名义减租率
1937	中农	5	61	5	233.5	3.83	63.5	0.96	27.2	63.5	0.96	27.2	0			0
	贫农	6	152	24.5	586.0	3.86	155.0	0.88	25.9	50.5	0.88	25.9	0			0
	合计	11	213	29.5	819.5	3.85	218.5	0.90	26.7	783.5	0.90	26.7	0			0
1939	中农	4	54	5	150.0	2.78	56.5	0.96	37.7	27.9	0.47	15.8	41.9	28.7	0.49	50.8
	贫农	4	199.5	18.5	263.5	2.56	96.5	0.83	36.6	32.6	0.28	12.3	52.5	64.0	0.55	66.3
	其他	2	17	1	40.0	2.33	17.5	0.98	43.8	5.0	0.28	12.5		12.5	0.70	70.4
	合计	10	270.5	24.5	453.5	2.66	170.5	0.87	37.6	65.6	0.34	14.5	45.7	105.2	0.53	61.7
1940	中农	2	16.0	1.0	56.0	3.29	19.0	112	33.9	9.0	0.53	16.3	40.1	10.0	0.49	52.6
	贫农	7	132.5	17.5	277.5	2.10	124.0	0.83	44.7	33.8	0.23	11.8	54.4	90.2	0.60	72.7
	其他	2	39.5	6.0	53.0	1.34	43.0	0.94	81.1	8.0	0.18	15.1		35.0	0.75	81.4
	合计	11	188.5	23.5	386.5	2.09	186.0	0.88	48.1	50.4	0.24	13.1	49	135.2	0.64	69.8
1941	中农	2	22		81.0	3.68	24.0	1.09	29.6	16.0	0.73	20.0	26.5	8.0	0.36	33.3
	贫农	10	231.5	36	647.0	2.79	220.0	0.82	34.0	104.9	16.2	37.5		115.1	0.43	52.3
	其他	3	46.5		82.0	1.54	43.0	0.92	59.7	9.3	0.20	12.9		33.7	0.72	78.4
	合计	15	300	36	800.0	2.38	287.0	0.85	35.9	129.2	0.38	16.2	39.3	156.8	0.47	54.6

注一:实际减租率即是减去战前租率的百分数,算法先求得战后各年交租率等于战前交租率的百分数,然后再以战前租率为 100 减去上述百分数,即得实际减租率。

注二:1937 年个别户也曾因特殊原因少交了若干租子,唯关系不大,计算时均以未减租计算。

注三:1942 年的材料现尚无法得出,原租额经调查,平均中农每垧 1.0 斗、贫农 0.64 斗、其他 0.41 斗,总平均 0.66 斗。

注四:名义减租率即减去原定租额的百分比,但由于产量的下降,实际减租率通常都较这数字为低,现在暂以名义减租率名之。

表 9 - 15　抗战以来减租、缴租与租率变化表(2)

租户姓名	租户成分	出租户姓名	出租户成分	租入土地 使用地	租入土地 荒地	租入土地 合计	1937年 原租额	1937年 产量	1937年 缴租数	1937年 缴租占产量百分比	1939年 产量	1939年 缴租数	1939年 减租数	1939年 实交租占产量百分比	1939年 实交租率占原租率百分比	1939年 减去原租(%)	1940年 产量	1940年 缴租数	1940年 减租数	1940年 实交租占产量百分比	1940年 实交租率占原租率百分比	1940年 减去原租(%)	1941年 产量	1941年 缴租数	1941年 减租数	1941年 实交租占产量百分比	1941年 实交租率占原租率百分比	1941年 减去原租(%)
白楼生	中农	郭黄	地主	13		13	1.8	5.8	1.8	31.0%	4.0	0.7	1.1	17.5%	43.5%	61.1%	5.0	0.8	1.0	16.0%	48.4%	55.6%	6.5	1.3	0.5	20%	35.5%	27.8%
牛尚来	贫农	白茂全	地主	16	9	25	1.3	6.0	1.3	21.7%	5.0	0.95	0.35	19.0%	12.2%	27.0%	5.5	0.25	1.05	4.5%	79.3%	80.8%	5.0	0.5	0.8	10%	53.9%	61.5%
白应田	贫农	张开	中农	11.5	1.5	13	1.3	4.2	1.3	31.0%	1.0	0.15	1.15	15.0%	50.1%	88.5%	0.6	0.2	1.1	15.4%	50.0%	84.6%						
白应田	贫农	郭蛮则	地主																				0.4	0.1	0.25	25%	36.0%	71.4%
牛建富	贫农	白茂荆	地主	22	5	27	2.25	8.0	2.25	28.1%	6.7	0.9	1.56	10.3%	63.5%	69.5%	1.1	0.35	1.9	20.6%	26.7%	84.4%	2.5	0.6	1.65	24%	14.6%	73.3%

注:空白处并非没有产量和没有收租,而是由于我们认为现在收集的材料比较特殊,故未列入,以免影响全体。

根据上表及本村历年产量,缴租、减租、租率变化等实际情况具体分析如下:

(1) 产量变化(租地产量的变化)

由于战争影响及 1939 年以后连年天旱的关系,战后产量一般的是降低了。特别是贫农以下各阶级,由于资本缺乏,各种劳动条件的困难,产量低的更多。现根据表 9-14 和表 9-15,将抗战以来各阶级产量及一般产量降低率列表如下:

表 9-16 抗战以来各阶级土地产量及一般产量降低率表

	1937		1939			1940			1941		
	产量	%	产量	等于战前(%)	降低(%)	产量	等于战前(%)	降低(%)	产量	等于战前(%)	降低(%)
中农	0.383	100	0.278	72.6	27.4	0.329	85.9	14.1	0.368	92.1	7.9
贫农	0.386	100	0.256	66.3	33.7	0.21	54.4	45.6	0.279	72.3	27.7
各阶级平均	0.385	100	0.266	69.1	30.9	0.209	54.3	45.7	0.268	69.1	30.9
备考	1. 产量以每垧做标准,以石为单位。 2. 表内没列贫民及其他阶级,而各阶级平均产量中包括贫民、小商人等。										

(2) 租额变化

由于产量的降低,战后的原租额也较战前慢慢的降低了。但租额的降低不如产量降低那样快,而中农的租额则没有什么下降(从表上来看,1940 年后中农租额逐渐提高,这是因为 3 户租额较低的中农下降为贫农,而把其余中农的租额相对提高了)。但 1942 年是原租额下降的一个转变关头,各阶级每垧地的平均租额只等于战前的 73.3%,降低了 26.7%,也即是说已经超过了二五减租的定额了。现依据租率变化,列表于下:

表 9-17 抗战以来各阶级租率变化表

	1937		1939			1940			1941			1942
	租额	%	租额	等于战前(%)	降低(%)	租额	等于战前(%)	降低(%)	租额	等于战前(%)	降低(%)	租额
中农	0.96	100	0.96	100	0	1.12	116.7	16.7	1.09	113.5	13.5	1.04
贫农	0.88	100	0.83	94.3	5.7	0.83	94.3	5.7	0.82	93.2	6.8	0.65
各阶级平均	0.90	100	0.87	96.7	3.3	0.85	94.4	5.6	0.85	94.4	5.6	0.66
备考	1. 租额以斗为单位。 2. 1940 年以后降低%栏内中农是增高数。											

(3) 租率变化

由于产量降低多于租额降低的关系,战后的原租率实际上是大大提高了。根据表 9-14,据战后各年原租率变化是:26.70%→37.6%→48.1%→35.9%。由于产量与租额变化的不同,而各阶级租率的变化亦不同,中农 1937—1941 年原租率变化是:27.2%→37.7%→33.9%→29.6%,贫农变化是:25.9%→36.6%→44.7%→34%。

又由于战后实际租率的提高,则一般的以抗战前原租额二五减租是不适当的。因为产量的降低,农民事实上缴租就少的多。如果不顾今天的实际情况,一般的执行原租额二五减,并于二五减后叫农民保证缴租,则对农民没有多大实际利益,甚至加重了农民的剥削,这是值得研究的一个问题。

（4）历年减租缴租与实际租率的变化

本村减租据说是由1938年开始的,但实际上主要的是从1939年开始的。1939年据说减租办法是二五减,但据租率变化表9-14与表9-15看来,这一年一般缴租占产量14.5%,实际减租率也达45.7%。而表9-14个别租户缴租最高者19%,最低者10.3%,都超过二五减租,而缴租少的原因主要的是由于收成不好的关系。

1940年减租办法,规定收成后再以二五减,当时规定收成是二分半,每石租子缴0.25石。定收成是由干部决定的,实际上1940年产量等于1937年的54.3%。由于定收成过低,结果一般减租率达到50.9%,而最高者减租率达到79.3%。

1941年的减租分下列几个问题谈:

第一,减租办法名义上是按打1石粮缴37.5%,这一办法基本上和二五减租是不一致的,如果真按实际产量认真减下去,则农民反而吃很大的亏。不过,实际上减租的结果是与37.5%减法是不一致的,结果不同是由于故意压低产量的关系。

第二,实际减租程度。本村减租一般的是比较普遍彻底,全村只有1户因为家族关系及原租很少的原因没有减以外,其余都减过。而减租的程度一般都低于37.5%,超过二五减租。从表9-14看,各阶级平均缴租率16.2%,减租率为39.3%;从表9-15看,缴租最少者为10%,减租率达到53.9%,减租率最少者为14.6%。

第三,两种不同产量的调查之下减租率的比较。上述实际减租率是根据这次调查实际产量与实际缴租额而得出来的,而征收公粮时所调查之产量与实际产量相差太大。缴公粮时,所有租入地产量调查数目是30.7石,而这次调查是80.8石。如以征收公粮时调查之产量与实际缴租12.99石对比起来,则本年缴租率达到49%,比本年原租率提高19.5%,比战前租率提高25.8%。

第四,减租后应缴租与实际缴租之比较。征收公粮时所确定之应缴租额与实际缴租额一般的是不一致的,现列表如下:

表9-18　应缴租与实缴租比较表

姓名		白满尔	白碰生	张秀行	牛尚田	白应田	牛建喜	裴海堂	牛建福	牛建前	牛尚米	牛建顺	张挂儿	张补长	牛建富	合计
应缴数		0.75	1.5	0.1	3.37	0.7125	0.675	1.01	0.5618	0.45	1.48	0.9	0.45	0.0375	0.075	12.0718
实缴数		0.75	1.6	0.1	3.50	0.8	0.650	1.90	1.2000	0.50	0.90	0.64	0.40		0.075	13.0150
相差数	少缴						0.025				0.42	0.26	0.05	0.0375		0.7925
	多缴		0.1		0.13	0.0875		0.89	0.6382	0.05						1.8460

从上表看出,实际按应缴租全数缴租者只有3户,多缴者6户,少缴者6户（实际上只有2户少缴,其余只是很少的零星）。但合计起来,还是多交了0.9432石。

根据以上情形来看,本村减租的实行是有较长历史的,而减租的程度也较为普遍与彻底。正因为这样,大多数群众在经济生活上才能有上升气象。但本村减租工作中同样的存在着许多错误与缺点,这主要的表现在两方面:第一,历年减租都较左,一般减租率都超过30%以上,这与二五减租的精神都是不相合的;同时,历年减租都是片面的,只注意减的一方面,而没有在减租后重新改定新的租佃契约,适当调整地主与农民的关系,以加强团结并提高各阶级的生产情绪。第二,减租中群众热烈的抗日情绪还没有真正被发动起来。去年的减租是被当做一个敲门砖,当做完成公粮工作的一个手段而进行的,因此在减租中没有认真的由下而上的发动群众、组织群众、依靠群众自身力量而贯彻减租工作,结果减租虽然是普遍实行了,但在组织群众、提高群众的政治觉悟上则无多大成绩。

七、合作社概况

(1) 1941 年三、四月间,上级及全村干部发动组织合作社,由村公所"捎带"办理,并无专人负责。当时募集股款据云约有四五百元,但由于资金周转不灵(股款不能收齐)、办理合作社的人才缺乏等原因,该社于第一次贷货完毕后即告解体。货价现仍有一部未收回,而社员新交的社股也均未退。当时的村长牛照堂已于最近调往区上工作,甚事也未交代,老百姓均认为还是上了一次合作捐。去年冬,区上又重新发动合作运动,本村又重新组织起合作社来,但完全是从上而下建立起来的。从兴县城中的贸易支局领回货物,全是赊账,也无利息;卖完之后又去领货,完全没有保证,最初一二个月交回的货款也甚少。因此,没有贸易局便没有合作社。

(2) 合作社的内部状况。① 社员。自去年阴历腊月起(阳历 2 月初)至今年五月下旬,共有95 户农家入股,约占该行政村农户的四分之一,但这中间干部的比重是很大的。关于社员成分,尚无正确统计,据调查者估计,当以富农及中农占多数。② 社股。原定目标及奋斗方向是 400股,现在共认购202 股(但还缺乏高家沟、南沟里、王家塌 3 村的股数),若再加上尚未统计回来的3 个村子,至多也只能到 300 股。规定每股农钞 5 元,因此 300 股应为 1500 元。但社股虽然已部分认下,股金仍多未交足。在今年五月中旬全县合作社主任会议以前仅收足股本 320 元,会后由于积极的催促,到调查时为止(五月二十四日),共收得股款 650 元,尚不足已购股款之半数(还有100 元是由 2 斗黑豆折合的)。规定每户至多不得超过 10 股,现有社员中只有 1 户认购 7 股的,其余购买 5 股的也有好几户,但这些积极社员差不多全是合作社本身及行政村上几个主要的干部,在合作社的建立中村干部起了模范作用。入股是采取劝募的方式,由行政村及自然村的干部开家长会议进行宣传解释工作,基本上是根据自愿的原则。③ 组织。真正合作社的组织现在还没有建立起来,没有真正执行职权的理事会和监事会。在此次兴县的合作会议之前,合作社主任说没有听见说过监事这个东西,至于理事二字则是听到过的,但不知道什么东西,这回开会回来以后才知道理事会的权最大,主任也要受理事会的领导。主任是在行政村的干部会议上推选的,会计也是推选的,原定主任脱离生产,会计不脱离,但由于今年三月中合作社买了 2 头驴子,会计便专门赶毛驴,而不得不脱离生产了。这次合作社会上,原决定各合作社脱离生产的工作人员数目不加规定,看各社的营业状况决定,生意好时可多至三四人,当然最少也得 1 个人。在实际上,合作社的领导权现在是在主任和几个主要村干部的手中,合作社在本身工作与业务方面的积极性还没有能很好的发动起来,虽然它现在与村政权的关系是很密切的。名义上每 10 个社员有 1个代表,但在实际上是每村 1 个代表。按规定,有重大事件即由代表会议解决;但在目前,由于合作社的不健全而代表都不愿到会,他们的态度反正是出了钱就没事。今年五月初旬兴县开合作会议之前,花园沟召集了一次各自然村的合作社员代表大会,但大都没有到会,仍由各村行政上的代表及代表主任捎带负责。故目前社员对于合作社还是不关心的,既没有权利也没有义务。

(3)业务状况。去年腊月十八日(还未集股)第一次从贸易支局运回货物(货款分文未交)到调查时为止,共赊了 6 次货,值农钞 2.58 万元,卖出 2.5 万元左右,存货尚有 1700 元。在赊货的过程中不断向贸易支局交回货款 9400 元,现在还欠贸易支局 1 万余元。目前生意不大好,到贸易局领货也比较困难。2.6 万元的货物之所以能很快的卖出,主要是由于合作社初成立时正值旧历年关,又恰当敌人冬季扫荡的时候,合作社为避免损失,也在不赔本的原则下尽量将物资销售出去。综合这些条件,故形成合作社在初时能够兴隆的现象。但货款大都是赊欠的,至今尚有 1 万元未收回。社员对于货款的支付,由于通货的缺乏及农民不愿意因少数货款而专门到市集上出卖一次粮食,故常常愿以粮食抵交货款。但这样一来不是合作社吃亏就是老百姓吃亏。在调查时间前不久,即同时发现一双方吃亏的事实:合作社零星收得 2.5 石黑豆,收集时依市价折算,但在卖出时黑豆跌价,2.5 石黑豆赔了 170 元的本钱。又去年老百姓所欠的货款,如在购货时即交付粮食,只要 2 斗便是够了的,现在却要 3 斗才够了,因此老百姓也吃了亏。合作社本应负责调剂农村物价,在农民不吃亏的条件下掌握着一部分粮食,但现在合作社与农民双方都在市场价格下吃了亏。贸易局的货款只收农币,其余一概不收,这个方法也值得研究。在调查时间以前,货物价格的决定尚无一定的办法,由合作社主任及村公所的几个主要的干部共同决定,难免有高低不当之处,似乎应有一个统一的合作社的价格政策规定。购货的办法是不分社员与非社员,价格都是一律的。关于分红,合作社主任说是按股均分,只要认购了股票就有分的。调查者询问那些答应了认股还没有拿出股款来的人,是否也要分红,他回答说:"凡是答应了认股的,就要按股均分!"总之,在调查时期,合作社的工作人员还不知道合作社的性质、业务方针及经营的办法。在此期间,合作社的盈余共是 1800 元左右,合作社主任及最近脱离生产专门赶毛驴的会计,以及合作社的开办费等,共用去 700 元左右,占盈余的三分之一以上。照目前生意落洼[①]的情形下,合作社本身的开支就成问题。为了运输粮食的方便(恐怕也多少存着合作社经理人往来的方便!),合作社在今年三月中买了 2 头毛驴,共值 2955 元。目前合作社的货物不到半箱,却要养活 2 个大人、2 头毛驴,负担是很重的,这对于合作社业务的发展有很大的妨碍。

合作社的会计制度还没有建立,甚至统一的帐薄形式上级也没有规定,依据农民的方法来记下万元出入的账目,其不易清楚是可想而知。其结果是一方面不容易查账,一方面易发生弊端。在此次召集行政村合作社员代表大会之前一日,合作社主任还没有丝毫准备,粮秣委员提醒他要他准备下账目,以便明日开会时报告出来,但合作社主任说:"没有什么准备的,没哪多赚,也没哪多赔!"因此,目前合作社的会计制度还只是凭良心办事!又如合作社现有的 2 个毛驴经常往返于黑峪口与兴县之间,几无虚日,这中间买卖枣子、盐、粮食及煤炭等物,这中间做的生意是"公家"的还是私人的,颇不易弄清。又农民所交的粮食,合作社常常经过几次的倒卖之后,才出脱到市场上去。例如先将粮食运回,再去枣区换回枣子,又将枣子去换盐,盐又换枣,枣又换盐,然后再把价格最高的东西运往市场出卖,但在计算账目时,却只是"收入农民贷款多少"一笔了事。这种多次的倒卖如果是涓滴归公自然是好事,但如果藉此营私也是完全有可能的。健全会计制度,

---

① 编者注:当地方言,即"下滑"或"低迷"之意。

使之不易发生弊端是目前合作运动的一个重大任务。分红应按社员的消费额分配是最近兴县的合作会议重新提出的,也应坚决执行,以奖励社员多向合作社购货。

(4)关于合作社的领导问题。目前的合作社是独立自主的,但不知道应如何办理。最近开了一次合作社会议,调查人与本村合作社主任谈话,他说:"连开了七天七夜,说得可多哪!"问去问来还是只有一个回答,叫做"健全合作,巩固合作,扩大合作"!至于合作社所最感迫切的购货问题,从农民手中收回货款问题,粮食不能向贸易局抵价的问题,货物的运输问题,认股不明或交股迟滞的问题,货物价格的决定问题……等,则都没有很好的解决。带回来的除了上述的口号之外,还记得开了一天"抗战会议",并有××同志(县妇联秘书)讲话!在开会的前一天,合作社主任接到了区上交来的合作社调查表,当天晚上还不懂得表格的看法,但第二天早晨却带着调查表去开会了。据调查者所知,表格上的东西合作社几乎全部无法填写。合作社的重大问题,目前也还没有承商的机关,如购买驴子,本身的食料都无法自给,又想把驴子卖出。因此,合作社中的重大问题似乎应商量上级(区联社或县联社)之后,或得到社员代表的同意之后再行办理。

因此,健全能够解决实际问题的合作运动中的业务上的领导,是领导合作社的中心问题。目前的合作社还没有群众基础,在实际上是贸易局在各村中的货物摊。合作社的自力更生与靠股款维持在最初的阶段是不可能的,还不如径直的改为贸易局的货物处,或效仿大后方的办法(在形式上说),由贸易局等供给货物的机关认购提倡股,配合整个的贸易政策进行工作,用实际的利益教育了农民之后,再不断的扩大群众的股数与退出贸易局等认购提倡股的股数。目前的情形是合作社不像合作社,商店不像商店,如果因合作社之名就把红利分与社员,则就是只以数百元的本钱就做了几万元的生意,赚得了几千元。结果是贸易局拿出本钱来做生意,而红利则分与社员,吃亏的还是"公家",但农民不但不明此意,反认为是被派了"合作捐"!

表 9‑19　合作社价格与商人市价的比较

品名	单位	合作社价格	黑峪口商人市价
土布(临县布)	匹	315 元农钞	农钞 320～330 元
临县水烟	包	4 元农钞	法币 2 元
烟香	50 支	1.5 元农钞	法币 0.6 元
煮盐	每钱	3.0 元农钞	法币 2.0 元
煮青	每钱	3.0 元农钞	法币 2.0 元
尺料纸	刀	36.0 元农钞	农钞 40 元
布帽(瓜皮帽)	顶	20.0 元农钞	法币 10 元
棉线	钱	3.0 元农钞	法币 2 元
花椒	两	3.0 元农钞	农钞 4 元
红纸	张	6.0 元农钞	农钞 8.0 元
毛笔	支	12 元农钞	
铅笔	支	4 元农钞	
黑墨	两	8 元农钞	

注:上述物价有去年冬、今年春及调查时候的几类,农钞价格以目前为最高,但仍需 2.5 元才能值法币 1 元,故上述黑峪口市价的法币如折合为农钞,则价格当较合作社价格为高。

八、行政村支部

（一）建立、发展与巩固

1937 年 4 月,山西的统治似乎已经放松了一点,河西党即派人过河在张黄塲、裴家川口一带活动,柳叶村群众领袖富农牛爱堂首先即被吸收入组织,地点是在张黄塲。牛的思想、威信与组织能力大大的关系到以后的发展,由于他的努力,渐渐地发展了一些质量较好的党员。

牛入党后即能为群众工作,当时柳叶村的闾长是一个坏人,群众也不满意,他便趁机领导群众展开对闾长的斗争,其具体的动员口号是清查账目。结果,发现了旧闾长的贪污,群众要求将闾长撤职,并委任牛爱堂为新闾长。黑峪口村公所迫于群众力量,也只得允许了。牛自做闾长后,即把旧日的坏邻长也撤换了。一些新的人物,他的朋友们上了邻长的舞台,而这些人都是比较公平正直的。他当时的工作是一方面把闾长的工作做好,一方面可以掩护河西来的工作同志。在任 11 月,确定能完成这些任务,牛本人威信日高。但在这个时候并没有发展党的工作,这是由于党组织对他还没有关于这方面的教育,因此他自己也不知道有这个任务。

抗战开始后,动委、牺盟相继下来工作,牛即首先加入这两种组织,并任村的秘书了,此时才将闾长的职务让出。同时,牛以自我牺牲的精神开始推动群众的减租减息运动,把本村某人借他的白洋当众宣布本利都不要了。但这是一个过于先进的行动,并未能推动群众也照样去做,但却增高了牛的侠义之名。

1938 年 4 月,开始党的发展。在黑峪口支部的领导下,牛本人知道了发展党是自己的任务之一,很快的他就把他的几位干部——邻长,都吸收入组织了,大概行情如下:

张训升,贫农,1938 年 4 月,柳叶村,威信高,受苦好。

张应升,贫农,1938 年 4 月,柳叶村,有威信,正派人。

张连升,中农,1938 年 4 月,柳叶村,有威信,正派人。

牛照堂,贫农,1938 年 4 月,花园沟,年轻有为,会说话,在村中最出风头。

从上可知,党员的质量是比较好的,他们都是活动分子,都有群众基础。牛本人加上新发展的 4 人,组成了一个小组,由牛爱堂任组长。

1938 年,由于形势有利,大大的发展了一下,新党员如下:

牛明堂,中农,柳叶村,青年,活跃、积极。

牛建富,贫农,花园沟,积极、苦干、老实、忠诚。

张晋业,中农,花园沟,积极,与群众关系不大好。

牛旺儿,雇农,花园沟,积极、忠实、苦干。

白买儿,中农,花园沟,青年,能干事不能说话,无威信。

牛油儿,贫农,花园沟,青年,大胆、诚实、无威信。

由上可知,这几个人的质量也是比较好的,但与第一期发展的党员比较,是多少降落一点了。在成分上,中农占去了 6 个中的 3 个,阶级程度上也较差的远了,工作能力上也比第一期的差,与群众的联系上也不如第一期发展下的新党员了;但是这些党员大都是青年,这是他比第一期强的地方。同时党员的分布也从一个自然村变为两个自然村了。因此,在花园沟也成立小组,由牛照堂任组长。

1939年春,花园沟成立了村公所,党的支部也建立起来了,成立了支部委员会,行情如下:

支书牛照堂,贫农;组织牛爱堂,富农;宣传张晋业,中农。支委的成分虽富、中、贫农各占1个,但仍以贫农思想占领导地位,一方面由于牛照堂的能力强,另方面由于牛爱堂能抛弃本阶级利益,而为贫苦人民奋斗。在他的工作下,1939年又发展了5个党员,如下:

张秋儿,贫农,柳叶村,积极、忠实、负责。

雷双全(女),中农,柳叶村,牛明堂妻,发展时工作积极。

牛照珍,贫农,花园沟,牛照堂兄,工作积极。

牛柱元,贫农,花园沟,青年,大胆、无威信、无能力。

康富昌,贫农,宋家山,不详,但大体上比较积极。

1939年发展的党员在质量上说也不算坏,5个中的4个是贫农,中农1个也是女的。这些人在本村中都是比较积极的,也是当时反顽固中比较坚决的人。因此,整个支部的战斗力还是很强的,但在地域上的分布太不平衡,除在柳叶村外,外村只有1个。

1940年共增加了2个新党员:

高玉良,富农,青年,意识坏,捣蛋,不像个党员。

康国喜,贫农。

因此,在我们得到了政权后的1940年却只发展了1个新党员。

由于支书的生病以及关门主义的错误,支部改组了。新支书牛明堂工作经验太少,组织张晋业工作也不大好,宣传高玉良更是一个某种程度上的异己分子。支委的战斗力大大削弱,虽然改组,仍似没有工作成绩。

1941年10月支书受训,支委又改组,支书张秋儿、组织牛照堂、宣传高玉良。除高外,2人都是忠实、积极的同志,支委的力量加强了。

今年3月支书受训回来,组织牛照堂调区委宣传干事,支委便又改组,支书牛明堂(富农)、组织张连升(中农)、宣传高玉良(富农)、副支书张秋儿(贫农)、武装牛建富(贫民)。这次的改组是必要的,支委的力量加强了,发展党员的工作也重新开始了。在最近三四月来,又发展了6个新党员:

宋信儿,中农,宋家崖,村长,威信不高,积极。

康德喜,贫农,南沟里,教育会长,公道。

任根怀,贫农,村警,积极、老实。

王厚在,贫农,碾子村,在群众中算积极分子,自卫队长。

张讨吃,贫农,柳叶村,积极、老实。

康三儿,贫农,自卫队干部,积极。

这些人大都是干部,现在还正在"突击式"的发展中。关于党的巩固,材料甚少,几次支部委员会的改组当然也属于巩固工作的范围。另外,在碾子村开除了1个党员,他在四大动员时贪污、不公道,当年冬即开除。另一党员王侯德,也不知是什么原因与他断绝了关系。另外就是现任宣传的高玉良听说也有洗刷的消息,高本人是很不好的,但支委与区上对他的教育可说是很少的,现在他之所以不做什么大的坏事,即由于党员名义把他束缚着了。他是一个知识分子,把他争取过来也是必须的,因此,不经过教育而就采洗刷的办法恐怕是不大好的。

(二) 党员、小组与党委

现在全村的党员共计 21 名,柳叶村与花园沟各占去 7 人,其他各村共 7 人,大部分的自然村还没有党员。

21 个党员的成分如下:富农 3 人,中农 4 人,贫农 13 人,贫民 1 人。从党员的成分上说是不错的,至于起作用的党员,则在每一阶层中都有,干部和积极分子也是如此。至于党员,则 1938 年 9 个、1939 年 4 个、1940 年 2 个、1941 年 0 个、1942 年 6 个。这些党员中全不识字的只占少数,消极怠工的更是少数之少数,只不过二三人而已。女党员只有 1 个,还是现任支书的老婆。新的对象中有 3 个女的,1 个是现任副支书的老婆,现在恐怕已经弄好了。为什么要发展她呢?一是可靠,二是合作方便,因为副支书就只夫妇两口,将来开会可以不必另找地方;另 1 个是副支书的兄弟媳妇,也方便稳妥。现在的 1 个妇女党员开会也能出席,而且现在还在做发展新党员的工作,农村中的女同志能做到这些总算不错了。

发展新党员的方式大都是从骑一军赵承绥、八路军、黄香教等问题谈起,把相反的两方面对照说明,问自己的对象赞成哪方面,话不投机即拉倒,投机之后即渐入本题。男同志发展女党员有很多困难,不能多谈,也不能深谈。现将一个男同志找机会与一个大胆开通的女对象谈话记录如下:

那天我和裴孩儿(女对象)到碾子村的时候,我问她:

问:你知道黄香道?

她答:知道。

问:你能详细知道?

答:不详细。

问:你知道国民党?

答:知道。

问:你知道共产党?

答:也知道。

问:你给咱详细说一说。

答:我不懂!

你看,这才是捣蛋鬼,什么也知道,结果啥×也嗨不下[①]!

在党员的成分中,现在知道一个雇农也没有,这也是值得注意的。党员的思想一般说来是比较纯厚的,但大多数(干部在内)对于斗争策略不明其妙,不知道在团结各阶层的原则之下应该与一部分地主及旧势力进行斗争,对于合法的公开的和平的斗争没有办法,不敢发动与旧势力的斗争,怕受上级的批评。

21 个党员划分为 4 个小组,柳叶村 1 组、花园沟 1 组、其他各村 1 组,参加政权工作的划 1 个

---

① 编者注:当地方言,即"什么都办不成"之意。

行政小组。前3个小组长都是贫农,行政小组长是支书兼(支书还是副村主席),是富农。按规定每周一次小组会,事实上不能如期举行,但也没有荒废到两三个月不开的。我们参加过几次小组会,在开会之前,出席的人老早就偷偷摸摸的设法集在一起,还不是像开群众会议一样吼也吼不到。在会议上是相当严肃的,不过讨论工作都很简单,对于任务总是一口坦承"没有问题",只有对于最近发展党员的工作,大家都感觉很棘手。

据柳叶村的调查,村选时闹了两次小组会,以后一个多月不开。花园沟是在调查团去的时候开了一次,以后一个半月也没开过。因此,小组会还不能算是经常的。

小组会上讨论的大部分是任务问题,也即政权的中心工作。自我批评在小组会上也进行,我们看到过一次,也还不错,能诚意的大胆的对别人提出意见。在小组会上,讨论完成任务的方法、斗争的策略仍是没有的,所以虽然在会议上取得了任务,但对于任务的真正认识是很差的,对完成任务的方法也是不知道的。区上虽也布置了几种方法,这是今后的领导中值得注意的。小组会上总结各个党员在工作中经验也是很少的,只有在不能完成任务时提出来谈谈,任务完成之后就再不去管它了。因此,小组会对党员的帮助与教育的作用还很小,目前似乎还仅限于部分组织上的教育,如定期开会、不准缺席等,这是会后小组工作所应注意之点。

支部委员会现在是由7人组成,即支书、副支书、组织、宣传、武装、行政、秘密等7个支部委员。副支书是在今年六、七月时支部改组后才设立的,恐系由于现任副支书能力较强,又代理了几个月的支书,觉得还有领导全支部的能力,故增设1个副支书。行政干事是村长担任,调查时尚在候补期内,已决定候补期满后即任行政干事,现早已满期,故行政干事恐怕也已经设立。在这7个支委中,其成分如下:富农2人,中农2人,贫农2人,贫民1人。7个人的工作除宣传高玉良外,都算积极,也都相当有能力,文化程度也不太低,一半以上能看简单的指示。

支委会是比较能经常开的,每一个重要工作到来时,大致都能开会讨论,到会的人非有要事也不缺席。不过,在会议上讨论很少,支书副支书一说,大家就没什么意见了!

上述小组会议上存在的缺点,支委会上也大致存在。支委对于小组的领导是有分工的,除开3个依照地域而划分的小组有专人领导外,行政工作还由支书亲自领导,这是值得发扬的。按规定,每月与区委做书面报告一次,且能按期举办,不过我们觉得这个方式的优点不多,并容易产生下列的毛病,即:① 养成区委的官僚主义;② 检查工作根据文件不可能深入;③ 做了书面报告之后,还必须做口头的报告。因此,书面报告是多余的。我们觉得这种方式之采用是值得怀疑的。关于支委的分工与种类,我们有一点意见:第一,目前的支委太庞大,小的和普通的支部有3个支委便够了,在这样的情形下根本不要副支书;大的支部5人便够了,如果有一个能力高、威信也强的支委,可以作为副支书,没有适当的人时也可不设立。第二,支委内部宣传组织的分工可以不要,而改为地域上的分工,因为宣传组织之类的分工是没有作用的;对于行政武装等的领导,可临时指定,也不要专门名义,因为在具体不同的地区与支部中这种分工是有不同的,可以视情况与需要再行确定。第三,现有的一个秘密干事已经不秘密了,我们觉得这个干事是需要的,但要认真的秘密起来,如果已经成了公开的干事的,便应当设法整理。

(三)党员、干部与党组织在群众中的作用

普通党员平时在群众中的活动比较少,也不容易看出。在花园沟几次公开的干部会议与群

众会议上,他们都不讲话,甚至与普通群众一样打瞌睡,中途退席,等等都有。在个别的中心工作中,党员们都是参加了工作的,因为他们绝大多数都是下层干部。至于以普通群众的面目出现去推动群众前进的情形是很少的,因为他们都是干部了。对于他们,不是要他们从现有的工作岗位上离开,而是在将来发展的新党员中不要把他们都提为干部,因为党员须以群众面目出现去推动群众前进等,有时比党员须以干部的面目出现的作用还要大一些。

至于党的干部,则他们在群众中的活动是比较明显的,实际上党的领导机关就是政权的领导机关。村长、副村长、武委主任、抗联秘书等以及通讯员、建设秘书、教育会长都是党的干部(通讯员除外),因此,村公所实际上是党的支部所包办了的。他们在任何场合下都显得是很活跃的,他们能决定政权,能决定群众的意志,在每个中心工作中,他们也是分头到各村的领导人物。支委的几人,除高玉良是因为脱离群众、武委主任牛建富过于老实与穷困因而威信不高外,其余的人的威信都较高。但是他们对于群众的领导不是凭自己的正确的方向或平日与群众之间建立起来的密切关系,而主要是凭着自己是政权中的公开干部,说出了话之后人们不敢不听;他们对政权的作用不是去提高帮助它、领导着群众去推动并监督政权前进,而是自己直接代替政权,包办了政权。

至于整个党组织在群众中的作用,也还没有达到把党变成群众的组织者的作用、把党建成团结群众的核心的作用。因为不是每一个党员都有他的群众基础,不是每一个党员都能团结一部分的群众,也就是我们整个的组织还不能与群众血肉相连,我们的组织还不能融合在群众当中。因为如果把党员一个个的分开来看,他们的力量都变到极小,甚至没有了。因此,如何使每一个党员在群众中生根,使整个的党组织与群众的关系成为非常密切,是整个支部建设的基本问题。

为什么会形成这种情形呢? 党员的质量不算坏,积极性不算差,党的干部的力量也比较强,但都与群众没有密切的联系。中心关键就在整个的支部不关心群众的要求,不关心群众的生活,不能经常的反映群众的意见,而把自己看成为都是干部,都是公家人或接近公家人的人。他们所做的事全是摊派动员的事,全是政权的事,因此群众就容易把他们都当做“干部”看待。

整个党组织的不关心群众与脱离群众的倾向,就形成了党组织与群众的联系不密切、党组织在群众中的威信不高的原因。上级没有给他们密切群众联系、反映群众意见的任务(或者只是口头提出而实际上不做),而他们自己也没有把这个任务作为自己的重要工作。因此,支委虽然以抗联秘书的名义出现,但他都对我们老老实实的说群众团体的事他根本不管。他们今天只是在帮助或代替政权做事,而监督政权、注视群众的要求、对政权工作做必要的建设、指出工作中的缺点等事情都差不多全忘了。上级对于他们的检查据说是从来没有包括这些东西,而他们对上级的报告也从来不讲这些,大家关心的是完成任务的百分之多少。

党的路线不是经过党员在群众中去解释说明,并引导他们自动的来拥护实行,而是经过公开的干部以命令的方式要群众来服从。这样党与群众的关系能算是密切么? 仅仅是几个凭着权力的干部跳来跳去,差不多就代表了全部党的活动,这样就说是整个党对于群众的领导么? 这样不能说党的领导主要是漂浮在上层的一些活动么?

因此,根据花园沟的材料,如何使党的活动更加深入到下层,密切党(它的每个党员)与群众的联系,是党的最基本最待努力而必须解决的问题,其唯一的办法就是:“面向群众!”

（四）关于支部工作的改善

从上述材料中，支部工作的主要缺点与克服办法应当是什么呢？

第一，无疑义的，脱离群众或半脱离群众是支部工作的主要的症结所在，改变作风、面向群众就是它的克服方法。

第二，就是支部工作中的宗派主义。在发展党员上形成了相当严重的关门主义，从1937年到1942年的6年中，实际上是3年开门、3年闭户。1937年上级没有给牛爱堂以发展党员的任务，但在事实上不是没有发展的对象，而是自己没有去发展。这从下列事实可以证明，在1938年4月，牛爱堂得知发展党员的任务后，就在同月发展了4个质量较好的党员，为什么过去整整一年在形势很好的情形之下却不要他发展一个呢？1939年冬党中央做出了关于巩固党的决定，是否因为对于这个决定没有正确的了解而发生了下列奇怪的事情呢？在我们取得了政权后的1940—1941年中，在四大动员的轰轰烈烈的运动中，在三四次的反"扫荡"的斗争中，整个的花园沟支部却是把门关的紧紧的，甚至把窗户也关了，深怕伤风的样子，以至两个整年还多的时间内只发展了1个党员。这个，我们还弄不清楚是花园沟支部自己本身的错误，还是由上级指示的结果，但我们却认为在1940—1941年的晋西北，似乎不完全是巩固党决定中所讲的"一般的停止发展"的范围之内。从今年3月以后，提出的发展党员的任务在执行中也还有着严重的关门主义，区委所给予的仅是数目字上的任务，而对于这个任务的解释与说明却很少，因此使得下面的党员觉得奇怪：为什么几年来都是平安无事的，而现在突然要大大的发展党员了？我问过一些党员，他们说："过去认为根本不行的，现在也得去找他们说话了！"这表现出他们都还对于宗派主义与关门主义没有逐步的了解，而仅仅把发展党了解成为"降格以求"。事实上，根据我们的调查，在花园构、柳叶村、碾子村、高家沟4村内都还有很好的发展的对象，而且他们大体上都是能够接受我们的发展的要求的。其中，柳叶村就有两三个，花园沟有一二个，碾子村有三四个，高家沟有二三个。支部光是叫碾子村的工作不好做，但却不在碾子村内部去想点办法。我们举出一二例子去证明他们现在虽在发展，却仍然犯着关门主义的错误。例如，在花园沟，贫农张挂儿积极、大胆、坦荡，相当起模范作用，帮助我们的一切工作，农事上的苦水也还好，去年与今年的公粮与村选工作中都曾使工作团误认为党员。但支部到今天还未准备去发展他，理由是3年前他曾是一个靠赌博为生的流氓。又如碾子村中的2个贫农、1个中农，平日工作积极，事实上他们3个人已另形成一个集团，在开会的时候他们甚至采取秘密活动的方式，3个人悄悄地退出会场商量办法，回去支持进步的立场，打击落后顽固的意见。像这类的人，在今天的农村中似乎已经是够一个党员资格了，但在这次大量发展党员的运动中他们都不是发展的对象。他们在发展些什么人呢？亲戚、朋友、老实人、不会泄漏的人等等，因此，发展女党员便从自己的老婆开始。问题不在这些农民党员为什么不敢去发展真正的积极分子，因为他们都怕别人不可靠、不老实、装不住话，他的出发点是好的；问题是在发展党员时，应当配合以反宗派主义的教育，应当及时的检查发展党员中的偏向与阻碍，而予以及时的纠正。

至于宗派主义的另一方面——排外性，更是表现的明显，一切工作全是党员包办就是最重要的说明。因此，开展反宗派主义的斗争，开展与宗派主义的排他性与排外性的斗争，是目前急需的任务，也是解决"面向群众"的重要一环。

第三,是对党员的教育问题。目前这方面的工作是很少的,有之也不过把上级的决议另口重说一遍便算了事,对于提高党员的质量无丝毫帮助。很多党员是很落后的,但对他们的教育太少应负主要责任。这些党员还未经过残酷的斗争,更没有斗争策略的知识,在基本的政治方向上他们是很模糊的,有的人在盼望土地革命,有的人在盼望再来一次四大动员,有的人则觉得越来越右,有的人则感觉得现在对于地主老财可是毫无办法了,等等。思想上极不一致,政治上今天不知明天事的心理,策略上的一无所知,都是在目前农村党员与干部中存在的问题,这些问题就是上级党的教育上的责任。但这种教育不是什么"脱裤子""穿裤子"之类的教条主义的教育,而是配合以目前农村所需要的教育。在现在比较动乱的环境中,在党员的思想政治上反映出严重缺陷的情况之下,政治教育工作上的教育恐怕是教育工作当中的主要方面,至于文化教育,一时不易收效且农民党员对它的兴趣也还不高。

第四,上级党委的领导上还有问题。区委的领导主要在分配任务,如何完成任务则很少注意,其中情形与政权等的领导差不多。区委对于支部很少了解,今年半年区委到过支部 5 次,每次只住一夜就走了,过去的工作不检查就马上分配了新的任务。因此,去一次就是去布置工作一次,而具体的去帮助支部的工作则很少。区委会对支部的民主很少,事实上支部委员对区委有些意见。据说区委似乎没有征求过支部的意见,我们所看见的区委参加的会议,也没有一点准备接受或启发支部意见的准备。相反的,我们倒看见几件压制民主的事实。如碾子村的扩兵问题,区委违反着全体支委的意见,也不经过解释就独断专行最近扩兵一次的增加数字,而不管支部的意见如何,支部说是已经表示过完成不了任务。有时对于干部的教育还多少有些打击的态度。例如,在区选时,由于整顿三风的关系把支书大大的批评了一阵,说他包办一切犯了大的错误之类,因此,支书回来之后虽然多少知道了自己的毛病,但对于过去从未提过的突然的严厉批评表示了不得。

而主观主义与教条主义的领导则还严重的存在着。例如,在今年 7 月扩兵工作中,区委书记在支委会上的指示,其主观主义与教条主义竟到了这样的程度,今将其演讲之一段照录如下:

"我在你们讨论之前,先给你们把扩兵的政治意义谈一谈。首先,我说扩兵的重要性:第一,斯大林说武装斗争是中国革命的一个特点,他又说'武装的人民反对武装的反革命',因此我们说扩兵有重大的政治意义。第二,毛主席说'武装斗争是中国革命的重要斗争形式,没有武装斗争,就没有中国人民的自由'……第三,中共在十九周年纪念的时候总结中国革命的三大法宝,一是武装斗争,二是统一战线,三是党的建设,三者是缺一不可的。他特别强调的说,没有武装斗争,中国党是不能发展壮大的……第四,今年××中共宣言说,今年打败希特勒,明年打败日本,今天我们是黎明前的黑暗,我们为了迎接困难,准备反攻胜利,扩兵是有他重大的政治意义。第五,我们的武装政策是发展巩固新四军八路军、扩大地方游击队、广泛的组织游击小组民兵来打击敌人,这是三位一体不可分离的重要工作。扩兵就是要扩大游击队,由游击队升为正规军,因此你们要努力扩大。"

这就是关于区委领导的一些材料,一时指不出它的毛病究竟是哪些,但三风不正终究是其致命的弱点。要改正这些不良倾向,只有在工作中去把"三风"整顿起来,而不是叫每一个党员"脱裤子",然不过不明其妙的与农民党员布置 3 个月的"整顿三风"(支委牛建富说"还有三个月的整顿三风工作的布置",问他是什么工作,他说"说是什么共产党员三分之一,国民党三分之一")。

九、支部是怎样建立起来的

花园沟支部是怎样建立起来的呢?

第一时期(1938—1939):

1938年,柳叶、东峁、岭西等村属黑峪口主村,正值柳叶村人牛爱堂经石门庄姑舅杜玉清介绍入党,以后半年接任黑峪口支部副书记(当时支书是刘玉明),他在柳叶村开辟党。

牛爱堂的父亲牛尚操在柳叶村也是100多垧地的老富农,他与他父亲很不对头,从家庭到社会都要闹革命。那几年正是他在村里当村长(1934年到1935年)、当闾长(1937年),在政治上很活跃的时候,常团结一些有正义感、对旧军不满、追求公道平等的人,这些人被他提拔为闾里的邻长或劝他们参加工作,无形中就聚在牛爱堂周围。牛爱堂即通过谈工作的方式教育群众发展党,远在红军东渡与抗战以前,他就与他亲近的人谈"红军救穷人",并要人们"认清时代"。

最初受他影响的是张训升、张连升、张应升3人。张训升是个过了16年长工生活、勤苦了半辈子刚刚成长起来的中农,他觉得"革命就要来了,革命少不了咱这样的人",深深感动地找见了"自己的队伍";张连升一向是个实受到"两头黑"的下等中农,因为那几年的"公事""受压迫","气往肚里撇",逐渐使他的要求"要与穷人在一起去反抗";而张应升很少受过旧政权的委屈的,喜当干部出人头地的中农,看中了"结兄弟一律平等"的前途,抱着"进去党员"的心理,终究也靠近党了。

附:(富农1人,中农3人,共计4人)

第二时期(1940年2月—1940年4月):

1940年4月,他们3个人先后入党,均经过填表手续和3个月候补期。四大号召时,这偏僻的村子受的波动远没有大川那么大,中间阶层并不恐惧,除了少数的地主老富农害怕怀恨以外,大多数人们都是隔岸观火的态度。贫民、雇农、贫农或迫于要解决生活困苦,或为了当干部,趁热闹陆续都去接近了党。但各阶层中比较希望"八路军来分粮食、分土地或分天下"的"大胆的人"都很少,因在这两村,就是干部对老财主的斗争也未形成。

花园沟牛照堂(家庭中农)原在柳叶村地主张进升家中揽工,与张训升的弟弟张秋儿是同受苦的长工伙计,牛爱堂又是他本家弟兄,关于"将来是红军世界"的故事曾偶尔听到一些,与牛爱堂常来往。1939年牛照堂当东峁冬学教员,因此受训后即入党,后编工作队到杨家坡一带做动员工作,回家时常与牛爱堂取得联系。

花园沟牛旺儿1939年在牛爱堂家揽长工时受到一些宣传,牛爱堂特别教育了他。正赶上四项动员的时候,于1940年1月入党,是抱着"共产党救济穷人,加入党能吃到粮食"的愿望参加了党的。

花园沟牛建富是个赤贫的佃户,听到牛照堂的宣传"共产党好,闹成了,大家吃什一窝子吃什,大家穿什一窝子穿什",巴不得快点平分土地,而参加了党,那是1940年2月。

柳叶村张秋儿(张训升的弟弟)在"加入了共产党,马上就不受剥削"的希望之下,经牛爱堂的介绍于1940年3月入党。

附:(中农1人,贫农2人,雇农1人,共计4人)

第三时期(1940年4月—1941年冬):

四大号召很快就平静下去了,柳叶村张进升是个大目标,大家都说他"受治不小了……"农民的良心主义、封建旧势力重新煽动滋长起来。另外,政策端正并逐渐引到团结抗日的路上去,八路军、共产党成了时新的东西。依靠共产党当干部减轻负担、免当兵的思想发展起来了,中农乃至富农里面出现了少数活动起来的分子开始抬头。

1940年5月,柳叶村富农牛明堂是迫于牛爱堂的情面入党的。当时他只一念之别,那时他姑舅舅劝他入突击团,他觉得"什也一样,反正是受训",是被牛照堂拉夫进来的。

1940年7月,花园沟中农牛建富入党,他心里所想的是:"像牛照堂什也能作,当干部可成哩!"

1940年12月,西坪人、家花园沟的破产中农败家子白买郎是被强迫开会被宣布为共产党的,当时本人心里异常害怕:"怕加入了以后吼去当兵,以为牛照堂要捉人当兵咧!"

1941年2月,花园沟破产中农的败家子张晋业(与白买郎是赌友)入党是为了躲避兵役。

1941年6月,冯家山中农康富昌为躲兵役来花园沟村公所当村警,牛明堂与其有姑舅亲关系,于是就地发展了他。他本人如此讲。

1941年8月,冯家山贫农康国喜在村公所当村警,被牛照堂看中,人老实很服从,遂发展了他。本人动机是"想受救济"。

这个时期组织发展是混乱的,比较显著的特点是在花园沟山村里打圈子——本村人、姑舅亲、堂兄弟、赌友。1941年8月,区委下乡来整理党,支书牛照堂引上婆姨躲到裴家川口丈人家去,对于自己"关门不发展党"的错误不承认,后即受批评处理。区委撤去牛照堂支书后,支部曾一时陷于停顿。

附:(富农1人,中农6人,贫农1人,共计8人)

1940年4月改划花园沟为主村,辖12个自然村,任牛爱堂为村长,牛明堂则任首席支部书记。

1941年1月,牛□□参加过一次小组会,是牛照堂提的。本人是为了逃兵役,当2月马上要扩兵时即脱党。

1941年4月,牛爱堂病,牛明堂曾代理村长,去年冬牛爱堂逝世。

1941年冬,区委调牛明堂北坡受支书训练,翌年归即任支书。

第四时期(1941年冬——):

牛明堂自北坡受训回来后,担任支部书记,在区委一再督促之下匆忙发展党。

在1941年[①]冬,牛明堂首先介绍入党的是他的妻子雷双全,纯粹名利关系,雷本人并不了解。

冯家山中农康德常,他赞成新政府,因为它关心老百姓,要不让大的压小的,就加入共产党。

同年10月,康国喜介绍了他弟弟康之敏,这也是个善良的贫农。

11月,牛照堂还代理村长,村公所村警任根怀在感觉"新的好"之后,经张秋儿介绍入党。

---

① 编者注:与前面表述在时间上有出入。

1942年4月,高家沟贫农高庆科被他幼年的"放牛朋友"高玉良(1940年3月在六区工作时入党,1941年因父死回家种地)介绍入党,他看见"现在穷人要靠共产党出口气"。

1942年4月,碾子村王侯寨在村选影响之下,经过朋友牛建富的指引,从"穷人起来为穷人,有饭大家吃,有衣大家穿"出发,加入了党。

1942年5月,受调查团教育,同村王侯提(中农)经牛明堂介绍入党,是为了"既受罚通受罚,既享福通享福"。

同年同月,张秋儿介绍妻子杨侯提入党,她入党是为了"学纺织"。

同年同月,牛明堂介绍中农宋瑞钧入党,宋是为了找依靠、不受人欺负、学本事、当干部。

1942年6月,刘侯初介绍王茂德重新入党。

1942年6月,区委高俊德介绍其妹夫弟妻白早来入党。本人落后,什也不清楚,还怀疑共产党是得罪人,是亲戚拉进来的。

1942年7月,牛明堂介绍白康儿(中)、高侯小(中)入党,白是躲兵,高是混入党。

1942年7月,高家增(雇农)经张连升介绍入党,他说:"咱这样的人是应该加入党嘛,找也没找见。"本人原在石门庄加入过党。

1942年7月,调查团梁敏介绍贫农张桃臣入党,本人是为了"不受剥削,减租减息对自己有好处"。

同月,康福留发展他弟弟康治臣(17岁),为了怕他弟弟当兵。

附:(富农1人,中农7人,贫农6人,雇农1人,贫民1人,共计16)

1942年进入到政策更加端正、人心更加稳定、村选减租减息更深入的时候,参加这种政治生活的人是更多了。

1942年底,白明康迁往水磨滩,康士敏迁居刘家壕。

去年精简,派任增喜当高家沟小学教员,牛照堂被调到二区抗联。

十、支部党员列传

1. 高玉良

富农家庭,本人小知识分子,现年21岁,1940年三月入党,自卫队分队长。祖父与父亲在时,家有100垧山地(内塌地20垧)、10垧平地、1头牛、1头驴。1941年六月,祖父与父于同月逝世,安葬变卖了部分土地,现剩下47垧山地(内塌地20垧)、7垧平地。全家共5口人,有妈妈、婆姨、弟弟、男孩,全没劳动的,自己本来不会劳动,现需劳动已年半,雇上1个长工。

8岁住本村小学,15岁进兴县中学附小,16岁到黑峪口民军分校住了1年,17岁住杨家坡中学,病回家休养(已是1939年下半年)。

1939年腊月担任自卫队分队长,高俊德介绍他到兴县六区(1940年正月)任自卫团工作员一个多月。当时因他年龄不够(不到26岁),改任青年大队长,一直担任到1941年四月,共一年半。后害病回家,全家都病,他病好起来时祖父也殁了,父亲也殁了。县青救让他到二区做青年大队长,说家中没劳动力雇上人,主村还优待他家,帮锄地。后因实在困难,家中没男子,依旧留在家里,担任不脱离生产的工作,做花园沟青年中队长。1942年三月,改选换了张乐和,自是一心在家生产。

他的思想主要是在区上做工作以后才"开发"起来的。在骑16师来的那年派他支差,因失责被毒打。他平素对本村大富农高旺增(一向统治本村)不满,痛恨旧军,八路军来后他很叹服,四大动员下乡他感觉很痛快,捆、打、骂顽固他从不怀疑,在宋家塔、黑峪口、小善、冯家庄他都去过。冯家庄的王文斗就是被他领导的刨粮小组刨出来十几窖粮,都给穷人散发了。他觉得四项动员后的春耕工作难做,慰问团下乡工作好做。当时做工作常被批评是"冒失",起先怕批评,第一次扫荡时(1940 年六月)他害怕,跑回家,受到县严重批评,自从 1940 年十二月的扫荡就改正了。父亲虽不让自己走,但决然离开。

1940 年 3 月高俊德介绍入党,当时是谈了两次"现在好,过去好",他入党是同情共产党,另方面感觉加入了党做工作才会有办法。入党后只读过党员识字本、党员读本。1941 年 1 月,在临县受过青救训练,党内未受过训练。

政治上:革命就是取消资本主义,现在是取消封建、取消造反、取消剥削,革命对自己有好处。高旺增的弟弟高东保打过米爷爷,现在可不敢了。旧政权对自己没有好处,挨打、支差,躺了几天。过去的事都是按"白洋"讲话,咱们将来要分土地,分了土地就是社会主义。抗日是大家的事,日本人来了不管穷人富人,日本也是大资本家,对咱实行大压迫,咱们抗日坚决是因为咱们坚决反对资本家,国民党不坚决是因为他们自己就是资本家。日本一定不很凶了,年时田家会一仗可打的漂亮,日本人一定怕了,"今年打败希特勒,明年打败日本",上次苏联大胜,现在希特勒快完了,日本当然也没问题了。国民党与共产党是主义不同,国民党拥护资本主义,咱们是信的共产主义嘛! 国民党有自愿的与不自愿的,自愿的都是顽固,不自愿的有好老百姓,咱们要争取他。阎锡山不知道在什么地方,回不来了,他不敢,咱们对阎锡山是取消主义,因为他是投降敌人。剥削就是揽实①多要利,一斗还斗五,钱利三分本带利,把人掐着往死里逼。压迫就是打骂人,咱们将来就是要报复这些从前压迫人的人,比方像顽固分子,咱们一定要压迫他。男女关系不应混乱,自由恋爱好,一人一个婆姨;自由恋爱不是胡搞,女人应该帮助男人劳动。顽固分子是骂咱干部的人,例如米村的高旺增(大富农)、高桂滋(中农)、高光宗(大富农高志实的儿子),这些人只有斗争打击;中间分子就是专当老百姓,受苦不言传不生是非,例如高继康,这种人要教育他;进步分子是拥护八路军,像高补桃、高山长等,这种人要团结他;开明人士是不说坏话的老财,像高志实,他怕儿子怕婆姨,咱们对这种人态度和平些就成。哥老会是三辈子都帮助敌人的,旧军土匪多,也有懒汉、二大流。黄香教是和平教迷信,米村高侯提参加岭西黄香教,吃了糖果、吃了一斤莜面以后又不信了,详细情形咱不清楚。宽大政策是咱对好老百姓要和平,汉奸要分被强迫的与自愿的,自愿的咱不客气消灭他,被强迫的教育,捉住汉奸咱们自己不好办就交政府。减租减息又要交租交息是为了统一战线,不给老财些利他就跑到日本那边去了,于咱们不好。"三三制"是进步、中间、落后三种人参加新政权。

组织上:服从组织是为了大家的利益,不是为了自己或为了自己家里,第一次扫荡咱犯了错误,以后就改了。交党费,咱每月都记得交,为的是纪念党。

对群众:共产党与群众不同的地方是多提意见完成工作,村里跟咱好的是高俱增、高任之,能

---

① 编者注:当地方言,即"实实在在"之意。

鼓动他们,咱们对群众应该教育,不应该喊骂。过去我爱喊叫,现在少了,群众相信咱,咱就是不脱离群众。咱不知道群众相信不相信咱,咱看不过高光宗、高旺增,在大会上咱敢说话向他们斗争,群众都不着声,咱不明怎地个怎地个①这里发动群众。

心理要求:现在最满意的是政府能讲民主,只要有人保证咱家吃得上稀饭,咱不愿务农,当兵也比在家好,不骗人咧!弟弟长大了,咱愿出去工作,想学习一个时期的政治。从前十来年就与父亲不好,总想出门求个痛快,现在父亲死了也不成,家里没人照料。

他的家计看起来土地有54垧好地,但因自己不会刨捞,雇上个长工自己学做,也不会计划经营,出租30来垧土地,自种旱平地7垧、梁地17垧。去年实际共收粮食7石,交公粮1.2石,长工开支45块,折2.5石粮,剩下了3石多粮食不够生活,今年卖了牛(24块)、驴(18.5块),共得42.5块才补上缺洞。

前年收成好些,共打15石粮,原征公粮1.75石,又自动加0.5石,共出2.2石,除长工开支外,够全年吃用。

2. 任庆余

家庭成分破产富农游民,抗战后转为贫农,本人小知识分子,22岁,1939年11月入党,现任村长。

家庭状况:黑峪口人,爷爷辈是富农,父自幼游荡,好赌钱、胡花、不动弹。1921年在神木、榆次一带当兵,1924年回家,在区公所当区警。1925年爷爷殁了,父亲生活更加腐化,雇人种上地,自己去当兵,每月刨捞不少,好交酒肉朋友,自是南到湖北、北至绥远,当马牟、当骑兵,很少顾家。1934年黄河推尽了他家的水地,父亲这时回家又把8垧平地也典出去了。听他离石兵朋友的劝服,带妻儿投奔离石去做买卖,但不及月余,因为疾病穷倒又打发回家里,妈妈回娘家,儿子就托付伯父照养,父亲又去当兵。1935年父回,租种十来垧梁地,自种2垧旱平地,后又中转。1937年移居兴县城,典出2垧旱平地开磨坊,四五个月时间又感觉全家"过不去",搬到张家墕住了半年,父亲赶毛驴为生,又亏了本。1938年又迁回黑峪口,租种12垧山地,从此以后家往移过三四次(因为敌人扫荡把他家火烧一空,无法居住),租种地年年不定。今年起移居花园沟租窑租地(达25垧),"不动弹简直没办法",他父亲现在比年青时不同了,"苦水可重哩",全家父、母、妻三口人吃饭,母亲会纺线织布。

本人历史:5岁时爷爷去世,那时家庭生活是"过得去的"。9岁曾随父去离石一趟,从未曾劳动。10岁随伯父任振纲(国民党员、老秀才、中间分子)在桑湾、王家梁念书,年后复至张家墕与伯父的长子任庆义念了半年书,接着进黑峪口高小,直到14岁为止。15岁到兴县中学补习半年。16岁在家帮父种地、点籽、打土疙瘩、锄草。17岁在兴县城自家开的磨坊里当账房,不及半年,家迁张家墕,父赶毛驴,自己找不见"做头"。18岁时,刚好伯父在小善侯家沟教书,因有事回家,叫他去代理一下,他去当了一个多月教员,父即把家搬到侯家沟。19岁在小善当通讯员(当时是郭润岚的村长),同年(1939年)底与高俊德一齐到冬学训练班学习(当时教课的是史敬千、沈越)。

入党:1939年11月,碧村王紫介绍入党,王紫是姨姨的儿子,他是"利用亲戚关系拉拢的"

---

① 编者注:即"怎么"之意。

（任庆余自语）。当时他心里什也不明白，先是蔡家崖、胡家沟赵承绥开突击团训练班，父叫他去受训，说："孩儿，你受不了苦，去找个职业。"他回黑峪口，支队部文书尹恒德劝过他，说到城里去比到胡家沟好，所以就到城里去受冬学训练了。冬学受训后脑筋渐渐开通，相信八路军共产党为穷人，所以当王紫问他："共产党八路军好，还是国民党旧军好？"这时他就答应"共产党是无产阶级，米家中产业都没啦，穷人当然说共产党好"，于是很快就入党了。

工作时期：训练班毕业后，被分配到三区水泉湾去当冬学教员。突击团组长郭文珍到学校散布传单，他就把传单擦灯罩，打发人不给突击团开会。当时他认为给党做工作就是跟突击团斗争。这个地方是很偏僻的一个村庄，事变顽固军打出去了，老赵突击团都走了，但他很久还不知道，直到年后召集冬学教员开会时才知道。编工作队后分到一区做四项动员工作，与刘国玺、胡叶国等一道做刨粮、归队和挖白洋的工作，他当时认为"从前是国共两家在一道抗日，意见不同不好干，到现在只有咱们共产党一帮子，就什事也好干了"。在东坡刨粮威吓富农、喊骂群众，一向工作态度就是急躁。在东坡作了一个多月工作以后回县总结，牺盟会主任史仲迁把他分配到小善做自卫队指导员。平时他向队员讲"持久战"，当年夏季扫荡，听见大炮把他吓坏了，躲山沟里睡了一夜，与任庆义、郭文珍等3人跑回家。扫荡半月后，县王凌下来（做动员粮食的时候）他受到党的批评。同年冬季扫荡，任庆余怕批评坚持了阵地，但依旧表现胆小。1940年夏在小善工作时，生活开始腐化，串门子，逛郭念亭的18岁的媳妇。1941年开始去赌博（他大大本来对这一行就是老手），有一次一晚输了20块白洋，急得他没办法，原先是享乐痛快，以后感觉失望。1941年3月，小善划归二区，高俊德下乡，规劝了他好几次，说："这样腐化下去前途成问题了，年轻人应该做些事情才有个样子。"后调到区上武委会工作，才逐渐改了这些坏习气。1942年10月，精简下来到花园沟任村长直到现在，立场不稳，地主与佃户来打"官司"，他常常吆喝佃户，对地主软弱，经组织教育，最近改好了些。学习不热心，看大众报（照他的水平完全可以看懂）也很不经常，做事情不多研究政策法令，常常急躁，个人决断问题，工作热忱有余，对组织还坦白（对自己的错误缺点不隐瞒，组织批评他，他能虚心去改正，对危害党的事情他积极报告党）。在入党以前，他的思想的全部就是"多识点字，作生意，作教员，能算账，能讲话，就能维持生活"。几年工作中党的教育少，阶级觉悟程度是很差的，因为自己从未受过剥削与压迫，在工作中常表现"多一事不如少一事""完成任务就成""办公事吃饭"的思想，对组织的服从还只是"由不得已"。现在他的心理要求是："叫做什就做什，只要家里有吃，自己不困难就成"，虽然明知自己学习太差，但总认为"要求过高作不到，自己没多大前途"。将来的世界对他最期望的一点是走出兴县，去到汾阳到太原到天津去四方游历，看看人间到底是怎地。

思想上：革命从孙中山起来的是资产阶级革命，土地革命是无产阶级革命，有钱的也可以革命，只看他进步不进步。农民是革命的基础，因为他管饭吃，人们革命就是为的个吃饭穿衣。农民是根子，中国农民最多，革命就是为的农民。革命对自家有什么好处，咱什也不多想，有穿有吃就成，希望将来中国成为独立、自由、民主的国家。抗日为了自己生命财产，这是就个人来说，共产党坚决抗日，没听说过一次说共产党投降妥协。国民党容易投降妥协是怕丢了他的地位与大财产，咱们都认为不把日本打倒革命就没了基础，打日本在咱们看来是革命的第一步。据去年毛主席宣言上说，今年应该打败日本，我看咱们的反攻要在今年的后半年与明年的前半年，现在咱们还是准备反攻，今年公债、□□□都是为的这。国民党是资产阶级的（有土地、有势力、有工厂、剥削人),国民党内有穷人也是受压迫的,因为他们不能占主要地位,对国民党态度应该团结争取,因为他们是中国人,愿意抗日。大资产阶级要打击,争取的是小资产阶级、小商人、中间人士。阎锡山是两面派,对抗日与八路军都不表示态度,老是沉默,现在不知在哪里,不知在×不在×。他不打日本也不投降,就现在抗战已快6年了,他还未像汪精卫那样做汉奸,又不好好干,咱估计不到究竟是怎回事,将来山西干脆不会是他的了。因为咱们建立起了根据地,是打日本有基础的地方。老阎以前派赵承绶来"先安内后攘外",前几年冬学训练班时开双十二大会,咱们喊团结,他们突击团喊"一定要摩擦",现在就摩倒塌了。私有财产将来只分大资产阶级大地主的土地,这是建立社会主义社会的时候才分的。陕西革命是初期,要打开局面,碰到太顽固的老财非分不行,将来共产是把大资产阶级的工厂机器与大地主的土地这些剥削人的东西统归公有,大家好好动弹,总之,过一样快乐的生活。社会主义是"各尽所能,各取所需",将来集体农场外还有人有少许地让自己使换,因为主要共大地主大资产阶级产,小的可以自由组织起来不强迫。剥削就是自己不劳动,靠财产取利,吃租、放债、雇工、工厂利钱。现在咱根据地受剥削稍轻些,根本消灭剥削只有把大地主大资产阶级干脆打倒。照现在看,抗日完后咱一下还不能消灭剥削,还要发展资本主义,发展无产阶级,因为咱工人还不多,工人、农民人多力量又大了才能根本消灭它,因为那时大家都起来了。压迫与剥削不同,过去办事只有老财,穷人不管多大本事总没理,势力是人家的,将来咱们只要消灭剥削不用压迫老财,把他们削弱了他就不厉害了,他要反攻咱,当然要打击他,不让他活动。

政治上:顽固分子思想不进步,脑筋谋发财,不愿意拿东西出来打日本,咱们要斗争他最顽固的,比较顽固的可说服。中间分子两面讨好,他是一贯地不言传不得罪人,工作中不起作用,咱们对这种人非争取不行,因为怕顽固争取去了。落后分子思想意识不进步,他不像顽固那样什事干脆不同意,还抵抗,落后分子只是消极不动,咱们主要是教育这种人。进步分子对抗日革命同情,最好的是共产党员;进步分子在群众中不多得,咱们对这种人应该进一步教育他,争取他到党内来。士绅看他顽固、开明,开明就争取。哥老会、地痞、流氓、财主魏家滩多,咱村里没。黄香教是迷信,是麻痹人统治人的东西,代表资产阶级利益。这些教尽财主们做后台,这种人不好争取,现在因咱们实力大,他们不敢太行动,只是传教散布谣言,在工作中挑拨离间到处扰乱,咱们应该先了解他,后公开在老百姓当中揭破,拿证据拿事实。减租减息后交租交息主要是为了团结地主抗战。三三制是共产党、进步人士、各党各派,不要顽固分子与落后分子。宽大政策是"七擒孟获"的办法,抓住小汉奸要他写悔过书,死心塌地的汉奸要杀掉。

组织上:党是革命领导的组织,咱要革命就要服从组织。党的利益高于一切,既革命革到底,不能半途而废,党教育我怎地就怎地,要我离开家去做工作我一定去,过去做工作我就不怕离家。党内自我批评主要是帮助自己进步,铁的纪律是党的命令一定要服从,不能有私情。交党费是为了经常记着自己的党。

党与群众:党是领导群众的,基本群众是雇农、贫农、中农。群众领袖是能替老百姓做事公道,能推动老百姓向革命路上走的,咱们应该多多教育帮助这种群众领袖。

3. 任增喜

家庭成分中农,本人小知识分子,1942年七月入党。现年19岁,任高家沟小学教员,高小文化程度。

家庭状况：家居任家湾，全家11口（男4人，女7人），1个劳动力，有梁地19垧、旱平地2亩、水地半垧、窑2眼、房5间、牛1头、羊2只。

本人历史：1931年入碧村初级小学（7岁），直至1937年（13岁）离开，1938年（14岁）入黑峪口民族革命学校高小1年，1939年（15岁）入罗峪口民族革命学校1年，1940年（16岁）又入黑峪口民族革命学校高小，并因事变未毕业（刚要毕业）。1941年正月十三日（17岁）介绍到桑湾黄家窊担任小学教员，同年六月中旬调任碧村小学教员2个月，九月间调到县府受训，受训后又调黄家窊。1942年（18岁）六月调高家沟小学任教员，直到现在，前后担任小学教员时间共两年半。

入党前后：在小学念书时喜学旧医学针灸，相信老道学说。四项动员时他害怕，蛰居家中，后任小学教员逐渐体会到新政府办事为老百姓着想，调查团住他家常与之谈，受到某些影响。年时五月受训，王棠棣见他学习专心勤奋、不逛街，且在小组会上发言积极、有正义感，把他定做发展对象，经常与他谈话，说教门是怎样的迷信落后，说将来世界一定是共产主义社会，说现在八路军是共产党领导的……灌输给他好多革命道理。后来自动跑到区公所找王棠棣，他要王棠棣介绍他入党，他说"做工作，青年人没有立场不好"，他愿意终身为穷苦人做事，入党动机是很纯洁的。据他本人谈："加入后三个月候补期，有人常和咱说话，我从此工作更加努力了。"

政治上：对革命，现在是革殖民地半殖民地半封建的旧政治、旧经济、旧文化的命，我们为了实行中华民族的新文化、新经济、新政治，就要来革他的命，实行了新文化能过光明的日子，将来要到共产主义社会革掉老财的命。对抗日，因为要革去殖民地半殖民地的旧文化，就必须首先打倒日本，因此共产党要坚决打日本，国民党不肯完全革去旧文化的命，所以抗日不坚决，我在各方面看和自己仔细想明年一定能打倒日本。对前途，我愿意做自由民主的人，爱过解放光明的光景，希望中国成为自由平等的中国。国民党是落后的、一党专政的，是伪民主的，讲究信仰他的资本主义。咱们共产党是真民主的新民主主义，我们对国民党员要反驳它这老一套的资本主义思想的错误，他实行旧资本主义对劳苦大众剥削的厉害，穷人就越穷了；共产党实行新民主主义是扶助工农、取消（？）剥削，所以就穷人将来都富了，将来大多数穷人都有钱了。阎锡山在吉县一带，是不会来晋西北的，因为力量小，咱们力量比他大，我们要反对他不努力抗日，反对他不民主的一党专政。迷信封建：根本没有鬼神的存在，既是，又为什把庙卸了烧了、把泥神神烧成了灰，还不显他的灵威呢？神鬼是没有的，是统治者压迫被统治者捏造出来的一种工具，刮风是空气流行，下雨是云遇冷落下来了，响雷是阴阳电碰在一起发出了声音，闪电是电流行的形状，雷公爷电婆婆是根本没有的事。私有财产平分土地好，不过咱们这里不应该，因为地多的人很少，咱们慢慢逼他卖地就成了。剥削是老财资本家用自己的财产向穷人吃利吃租，如果我们自己努力劳动不用他的财产，就不被剥削了。有势力的人压迫无势力的人，要他作什就作什，如不作他就用势力来镇压，将来我们不压迫老财，只不让他们捣乱就好了。男女自由结婚好，两相愿就能同心同意的生活，很好；若家长主婚，婚后不一心，男看不起女或女看不起男，闹成这样可根本讨厌了。结婚可说是男女间最重要的一件事，但结婚要有规律才好，不然有些坏蛋把这事情看成乱嫖那就全错了。

政治上：顽固分子就是不想抗日的老财，进步分子就是对老百姓和平，中间分子是怕生是非不言传，落后分子是二大流。对顽固分子要斗争，进步的团结，中间的教育，落后的批评。我们革旧封建的命就得破坏哥老会、黄香教及各种迷信组织，进一步还要消灭它。减租减息和交租交息是为了减低剥削发展富农。三三制是共产党占三分之一，其他党派占三分之一，无党派人士占三分之一。抗战后国民党能助共产党向社会主义道路走,不实行一党专政,就能合作到底。

组织上:服从党是为了工作,支部布置什工作给咱咱就能执行。党费我按月交,这是观察党员对党关不关心。自我批评我认为是纠正错误最好的办法,铁的纪律是为了工作不受损失。

党与群众关系:党员是领导群众,为群众谋利益的,群众就是受利益的。基本群众就是工人、农民和贫苦知识分子,党就是群众领导的。咱们共产党员都是群众领袖,要为大众谋利益。

心理要求:我喜欢做教育工作,怕做事务及行政工作,我现在需要和最感兴趣的是学习政治。据介绍人王棠棣讲,任增喜从来和平救贫民的思想是有很久历史的,讲善恶、良心主义,入党后阶级观点尚未建立起来,但进步很快。

4. 杨侯提

女,贫农,文盲,1942 年 5 月入党,未做过工作,杨家坡人。父杨来书,3 口子不够吃,张秋儿的旧婆姨害病死了,就娶上杨侯提做妻。年时 5 月张桃臣介绍她入党,说共产党是为穷人,问她:学纺织愿意吗?她愿意,就加入了。一个月开二三次小组会,她觉得如意,"尽谈的不知道的什为穷人的事"。她知道张秋儿是共产党,难怪他对她态度好不压迫她,"作工作是为了穷人好嘛"。她不干涉或牵扯张秋儿下乡工作,懂得的事除了"旧军不好,打人,乱来,为老财;八路军好,为穷人……"以后什也不清楚。缴会费(党费)她也不清楚。她希望不作什工作,因为"咱什也晓不得,还要养小孩",只愿帮助公家做鞋,帮寻柴、担水、做饭、养羊、喂鸡、锄草,给丈夫减轻苦水。希望革命快点成功,能吃上稻麦窝窝,穿上粗蓝布衣(因为现在实际上是衣难蔽体)。男女关系正常,在村里是中等又好劳动的"囚子"(即媳妇)。

5. 雷双全

女,富农,文盲,1942 年 2 月入党,20 岁,未做过工作,杨家坡人。1937 年因跌年成,由原籍绥德移居杨家坡。娘家全家 5 口人,有父、母、弟、妹、哥及 25 垧梁地、30 只羊的中农家庭。1939 年嫁给明堂(100 块白洋)。加入党主要是牛明堂代理的,本人什也不清楚,一年来明堂与她发生个人关系,今年才编小组。每天做 4 顿饭(给长工多做一顿),养 1 个小孩,空余时间多做活计。在家庭与爹娘相处和睦,待长工、揽羊工态度也好。很少离家的,因挑水、锄草等苦重的事情她都不需去做。

6. 高庆科

贫民,1942 年 4 月入党,现年 20 岁,粗识字,民兵。父 41 岁,是个大烟鬼,非嫖即赌,爷爷留下的二十几垧好梁地于 1935 年变卖一空。父子两个各自打短,过不去,靠赌博为生。1938 年起租种高玉良家 8 垧梁地,因懒动弹常"刨打不过来",年年掏荒年年荒地,总做不到 10 垧地。母亲也是个不照顾家的,以破鞋为荣,年时全家中几垧地也统统荒了。本人自 10 岁至 12 岁住过小学一年(在本村高光宗教的)、两冬冬学,以后就是给不正经的父亲跑腿,打短工零吃零凑钱。一二年是过的浪子生活,因自己有小偷的习惯,一向为村人所不齿,前年给人家换牛工不让走上地畔。年时赌博输了 20 来块白洋,被二流子高连儿逼的走投无路、寻死上吊,过年时偷人家农具变卖。他常想:"为什人家有,咱总是个穷?为什么看见有利东西人家就能买,咱就没办法……"红军东渡时叫去背行李,因他偷懒挨了不少次打,四项动员时因人小未能做干部。"打富人"他高兴地很,但也未得到什么好处。以后是见到"八路军不打骂人,给穷人借粮",积极想参加八路军,为父亲阻止,故没去成。1941 年被选为小组长,跑腿支差很积极,他的"地主"的儿子高玉良介绍他入党,问:"你可是受人压迫么?"答:"老受压迫哩,从前去到人家地畔,动不动就打骂……"问:"你看见新政权对穷人怎地?"答:"好嘛,给穷人能接救济粮吃……"然后从八路军提到共产党,他说:"咱参加不受这些富人的气……"参加党的动机是找人打帮,不受人家"欺侮",能找朋友,给救济。

思想上:革命就是革富农豪绅的命,革捣乱秩序人的命,抽洋烟、赌博、串门子的帮助他们改劝他们,不改就关房子,因为他们胡花钱,花了咱们的钱。将来不知道革谁的命,现在要是分土地就好了,为什么现在不共产,不明白。咱跟高玉良从小放羊放牛相跟,可与他对事,他富给咱吃粮,咱参加革命就是看见他给咱有好处。抗日,不打走日本咱们就不能"神着"(居住之意),八路军抗日,再没人抗日了。咱愿意做工作,脱离(生产)不脱离都可以,因为饿得没法种地。假若天天有黑豆糊糊和粮食窝窝那就太高兴了,打完日本后希望能吃上白面,日本什时能走咱可不清楚,去问八路军司令才行。国民党,不知道。咱共产党里也有富人穷人,就不像旧军那样压迫人。阎锡山,不清楚。神神咱从小天生就不信,那是骗老百姓的钱的。剥削与压迫,剥削就是压迫,咱将来也不压迫老财,只要老财不打骂咱。男女关系,穷人逛破鞋不浪费钱嘛? 年时冬咱逛破鞋给高玉良说了一顿,再也不啦。村里还有谁逛破鞋可说不尽哩,咱看只要不花钱没什消耗。希望,咱都希望逼老财多出粮叫军队好吃上,把日本一下打干净,咱们分财产好"神着"。

政治上:各种分子,富农有钱有粮白洋多,地主是地大多有六九百地,地主富农都是顽固分子,东西藏起不让人家吃;中间……没听说;进步分子、落后分子咱不知道,是不是一个向前走一个往后退? 哥老会、黄香教干什的不知道,是为老财的吧? 咱只听高玉良说过,没得见过。咱捉住汉奸就杀了他。减租减息又交租交息是为了利用老财,逼他拿更多的东西。三三制,没听说过哩。

组织上:秋儿来谈过 3 次,牛明堂来过 2 次,告诉咱事情可多哩,记不住,只知道"打出日本回来再共产"。咱服从组织是因为人家欺侮咱,咱要找个"服从"。开小组会就是咱同高玉良 2 个人,年时开了 10 次,今年开了 8 次,开会容易不麻烦,就是有的听不懂记不住,高玉良说话咱听。今年荒了一个月进城去是去卖干草(实际就是欠了赌博账逼得逃跑……)。交党费每月 5 分不多,交得上。党员与群众,党员与群众不同就是总是说共产党好不说共产党坏,老百姓就是务庄户什也不懂,年时冬高侯油(抽大烟的逃兵)捆打咱,咱吃了两拳头就没人管,只有共产党好,还是高玉良救了咱。

7. 白买郎

中农,1940 年 12 月入党,现年 23 岁,粗识字,民兵,西坪人。父辈原是富农之家,原有 3 坰园子地、4 坰平地、12 坰梁地、2 匹马、1 头骡子、40～50 只羊,雇 1 个长工,全家 5 口人生活很富足。因父是赶牲口的出身(到太原、宁武、岢岚、五寨),性好挥霍又大赌博,1933 年当白买郎是 10 岁时,家产已卖得只剩下 1 亩园子地、6 坰梁地。现住花园沟,在西坪、花园沟都种有地,西坪自种 1 亩园子地,租种 1 坰半棉田,花园沟自种 11 坰梁地,租种坰半平地、2 坰梁地,父还有驴一头往来大川倒生意。11～12 岁念两冬书,从小生活富裕。14 岁开始务地。15 岁娶亲,一向与婆姨感情不投不满意,逛破鞋赌博习惯根深蒂固。近几年与花园沟的大破鞋诨名"手榴弹"相处,每年花 10～20 块白洋(这破鞋在黑峪口与城关曾公开卖妓,在附近地方乃至河西都很有名,现因年逾五十就回花园沟了。她的丈夫将近七十的老汉,是个老大烟鬼,专靠她苟延残喘的维持生活)。1940 年冬,牛照堂与他谈突击团有三四次,比喻突击团是干什的反共的,他们吃什穿什都是剥削老百姓的,他当时莫名其妙。牛照堂给他写下"同志、关系"两个字[词],问他高兴谁,当时他以为是两个人,随口答应了"关系好嘛"。后来解释突击团写"同志",共产党写"关系",说他已经参加共产党了喊去开会,当时他很害怕,害怕加入了以后喊去当兵,以为牛照堂要捉人当兵,共产党是干什么的全不知道。1938—1939年任小队长,1939—1941年任工救秘书,去年村选后改当民兵。平时工作下乡喊叫老百姓,战时能坚持工作,不想家不怕事。

思想上:革命不是为升官发财,是为的解救穷苦人。现在打日本是为的保护老百姓,将来革命实行共产主义革命,平分财产,大家一律平等。我一垧地下多少籽,他一垧地也得下多少籽,共产党就是这样一律平等嘛。那时没有地主老财,没有剥削了,就没有贫的富的,谁要卖地就消灭他。抗日是咱们穷人富人一起抗,咱们坚决是因为咱们是受苦人多,不怕艰难。国民党不坚决是因为他们不多受苦,而想升官发财,日本人叫他们去升官发财他们也肯去的。日本人今年不来就再不会来了。国民党代表地主老财,咱们现在发现了国民党就扣起他。咱们现在团结的是出公粮的,不团结破坏咱们的人。阎锡山不知道哪里去了,来不了了,他来了寻死? 保险不要他的命。将来山西是共产党八路军的,依咱看。剥削与压迫咱可没多受过,谁敢压迫咱? 剥削,咱家里就是多租种这些地,从前可多交租,现在少了不碍事了,这样减租减息就能消灭剥削。

政治上:顽固分子就是有钱不出钱有力不出力的人。像宋家山任照衍地主不想多种地了,他说种多了还不是给公家拿去了,种少些咱有吃有穿就行了,免得麻烦! 其实他300亩土地吃租子也还是吃不完,故意瞎说,这种人只有斗他。进步分子就是要出什就出什,扩兵扩他去他就去了,支差也不捣麻烦愿意工作。中间分子也是谁要就给,可是不愿工作,这些人不管他也成。落后分子是故意推诿,这种人要打击他。哥老会给旧军做事,黄香教给国民党做事,专做破坏工作,不对事咱们就扣起他。捉住汉奸还能饶了他? 打仗时就砸死他,平时交政府。减租交租……是为了欺骗老财,叫他好好地出东西。三三制咱可不清楚,米村里白佩春是老财也不大,找不出三三制,咱想进步、顽固、落后都有才是三三制。

组织上:服从党的纪律是听指挥,这不为之受压迫,因为道理在前头,谁也不打骂谁,犯了纪律就是挨批评。批评是劝人好嘛(他逛破鞋的事,组织上支部小组乃至个别党员批评说服了他七八次,他都承认,一并流了泪说一定改,一个时期有数月曾逐渐断绝过,但始终又接上了他俩的"关系"。到现在他矛盾得很厉害,谁与他谈他就怕提到这件事,死也不能承认)! 开小会交党费都经常,做工作分配给什就做什,但总是被动的多些。

工作上:抓逃兵、抓汉奸这些工作有些胆量,高兴做这些工作。

8. 张晋业

中农,1941年2月入党,28岁,农会干事。父辈58垧地,有老人,但抽大烟一辈子。红军东渡那年旧军强迫去赶牲口,在李家湾是慌乱的时候,旧军首尾不相应,趁空他父亲想逃跑,被旧军发现打死,自是家庭留下九口子,即母、妹、四个弟兄、弟媳、婆姨、女子,原遗产58垧山地、牛驴各1头。本人从小娇生惯养,11岁开始念过两冬书,15岁娶因子,不多劳动,21岁被71师抽去当兵,两个月即逃回,后怕抓兵的来,花了数10元白洋才躲脱。自是以后逛破鞋大赌博,在家做半二流子,年时学吹鼓手,常去陕西。1939年任过代表;1940年2月四项动员时任半年闾长,在村里因有些胆子,肯出头说话;1941年当村副(牛爱堂的村长),下半年牛爱堂病曾代理村长,因捆打老百姓为众不服,被撤职;1942年又复提拔为农会干事直到现在,在工作态度上稍有改变,比过去那样一说三瞪眼要好些。

入党：1941年2月牛照堂发展。当时白买郎与张晋业已是赌友，受了些宣传，问："八路军共产党好，还是国民党旧军好？"当时他觉得他父亲被迫支差白白给打死、摊款不公，"军队要东西一说二打，现在和平，出东西叫人如意痛快"，实际上入党是为了躲兵。

思想上：革命，现在革地主老财资本家，减租减息，起公债互济，弄出东西来给穷人救济，这就是革命。出不了白洋就出不了农钞，不贷借给穷人，穷人就没办法。将来到共产主义时，地窖什也分，要使换什就一律使换什。革命对咱的好处，青苗贷款借了3石粮，不借就简直没办法。做革命不能只顾自己，牛爱堂对一般老百姓不让有的压迫他们，对穷苦人就很好。革命成功靠穷人，咱们这些还不够。抗日是因为日本人要杀咱杀妇女烧过，实在压迫咱，人不压迫咱咱不压迫人，为了讲个公道就要抗日。国民党抗日不坚决是怕牺牲流血，谋升官发财，咱们就不是。过去当个长官"赚钱"多又怕死，八路军就不是。日本一定能打走，再有二年就打出去了，咱思谋日本一年比一年力量小。咱现在八路军简下病的老的没用的，留训练有力的，一人顶三人，食粮也准备充足；日本就不成了，他们是败兵，吃穿也困难得啥。盼望将来打出日本后就一律平等，一个穷人也没有就好，只要吃得上粮食，窝窝不掺糠就行。国民党是代表资本主义压迫手段，一句话是代表财主，共产党是代表无产阶级穷苦大众，谁有困难就解决。对国民党态度，现在他不打咱咱不打他，一同抗日，他打咱咱一定要打他。抗日后还要打国民党，国民党内不要穷人，尽是有资格的有钱的。阎锡山听说在晋西南，现在看他来不了晋西北，现在咱只要他抗日，欢迎他打日本。私有财产，将来分土地分咱自己的也如意，既有吃的统有吃，反正有办法就对了。剥削就是放地放粮食吃租吃利，穷人受上苦没吃的了，有的吃好的。根本消灭剥削不能一下两下做到，要慢慢走到，到社会主义才成。现在咱们只是不能由他们剥削，咱们要他少剥削就少剥削了。压迫手段就是过去国民党旧军独裁主义，他们财主说出的不顶事的话官家都听，穷人说话就不顶事。现在办事，要个东西也罢，都不像他们用武力手段。现在他们想压迫，新政府老百姓不叫他们压迫了（举本村罢免旧主任为例），咱们不是压迫手段，将来有人压迫穷苦老百姓，咱们一定不让压迫，咱一定要给老百姓做主，老百姓像小孩受人压迫，咱是大人就不能眼看着不动。男女胡搞不好，是赖事！第一是串门子误营生，第二是弄的家庭不和睦，比如宋家山的任成晋与牛双孩婆姨公开搞，并害得家破人散，简直没办法。这人弄得苦也不能受了，这些人要制裁他。

政治上：顽固分子是顽皮应给的不给，三次五次不给咱们先应该教育说服，不成就制裁他（还怕是要打击）。中间分子不进前不落后，跟他谈下东西也出，这些人很好教育。落后分子不知道，应该纠正。进步分子是为老百姓，出东西说公话，应教育他，咱看他忠实进步的就介绍他入党。哥老会、黄香教反正是反对咱共产党的，他们是替国民党做事的，这些人没办法对付，咱的意见只要他们不活动打击咱的工作就由他，要打击咱工作就制裁他。捉住汉奸由公家处理，要调查他们，咱们不要杀他，好好地扣住交上去就对了。减租减息后交租交息是为了顾及一般的生产，不交租会饿死老财，这是为了双方大家的生活。三三制，比如村公所一个共产党、一个国民党、一个无党无派，现在米村没国民党，咱晋西北有。

组织上：服从党是个人服从组织、少数服从多数、支部服从区委、区委服从县委、县委服从中央、全党服从中央，比如上级找咱谈咱就什也告诉他。党的利益是为了大家（一般大众），不是为了党内同志自己，比如你做工作不是为了自己，党的利益应该服从，就是为大家做工作。交党费是为了上级知道党员，新的有多少旧的有多少，洗刷的有没，这笔钱稍许买些纸张笔墨用。党内批评是为了纠正自己错误,不做坏事、抽大烟、赌博、串门子,布置工作不做躺懒都是坏事。咱受过三四次批评,如咱前年做代理村长打吊裴儿音,前年因串门子,年时因赌博,现在改正了,咱觉得自己有错大家批评能改正很好。铁的纪律是说什就是什,决定死了。

党与群众:党员与群众不同地方是什事情咱们知道得早,能解决群众困难的党员才算群众领袖。一个老百姓他能代表群众,能领导群众,能帮助群众解决痛苦,有威信的也是群众领袖,凡这种人都是进步分子,咱慢慢地教育说服他相信咱加入党。希望将来总是务庄户。

9. 王茂德

贫农,1942 年 6 月重新入党,现年 28 岁,初小程度。

家庭:爷爷死留下旧租旧债数不清,父从 15 岁揽工一直揽到 37 岁,每年交陈租,到如今交 50 多石还多。"问姐姐"出去 100 块白洋尽还给了人家(母亲想留下两块,人家竟从口袋掏去),靠父亲"实受",抗战前才把旧债旧租还清。大大现年 64 岁租种白茂荆 15 垧地(4.5 石减下来实交 2.8 石),自有 5 垧梁地,老两口生活还不困难。

经历:本人幼年未多受苦,9 岁到 11 岁念过 3 年长学,12 岁以后在家种地。成年时与父亲俩"受苦"很戚,共种 50 垧(租)地,从前要交 15 石租子,自家还是没办法。抗战后就不大困难了,每年够吃。1937—1938 年当了一任闾长(当时杨家坡主村),1939 年任自卫队大队长,纪念双十二后被选为代表去县请愿(到蔡家崖去),见了赵承绶(要求后方军队上前方,雁北粮食运兴县解决老百姓困难,枪毙第八专员陈心源,自卫队军教官一律民选,后来都答复了)。1940 年在杨家坪当了 40 多天冬学教员,又被调到高家村当指导员,直到打顽固做四大号召工作,当时心里感到很痛快。5 月时回家,在碾子村当指导员 3 个月。端正政策以后碾子村划归花园沟,担任分队长。是年冬,在碾子村当冬学教员。1941 年冬在柳叶村当冬学教员,村区选被调临时工作(2 个月),5 月任武委会主任,后害伤寒,7 月退回种地,武委会主任换了牛建富。

入党:1939 年在杨家坡战动委员会石主任介绍加入党,说:"现在做工作不是吓唬老百姓,加入了共产党,革命成功后有办法。"当时自己想"做工作不落后,好讨论,能有人介绍,能找到目标"。同期介绍进来的有白明珍(后被开除),还有白九里(当兵去了),3 人编成小组,自己曾做过一个月小组长。主村划归碾子村时,刘立邦曾来个别谈过,到高家村做指导员时便不知道失掉关系,刘立邦尽谈的工作未受教育。年时区选,刘侯初又介绍重新入党,一直未受党的训练,教育差。

表现:一向组织观念薄弱,好出风头,不懂策略乱斗争。年时公粮本来是因为区村干部领导上有些错误,按地主白茂荆的收租簿征收公粮,减轻了地主的产量,加重了富农、中农(特别是新买地的中农)的负担,全村普遍不满。他在外村工作,匆忙赶回来已是征粮工作干部走后,首先觉得他家里重,他事先并不找组织商量,与胡宏光、王旦儿、王学招、王巧其、白王保、白明清等联名控告碾子村十数户(内尽下中农与贫农)隐瞒土地产量,弄得群众自相倾轧,结果倒便宜了地主,转移群众斗争的目标,使基本群众不团结。工作独裁,态度轻率,盛气凌人,在群众中建立不起威信;呼吼人,说话不负责任;不经常交党费,过组织生活不自动;生活态度不严肃,串门子;随便侵害人家东西,如柴火、家具,不管群众利益。自受批评以后开始改进,他对党不愿离开,愿受教育。

思想上:革命,现在是慢慢压倒老财,只看现在由无产阶级变成中农的多了,老财卖地穷人买地,将来世界一定是咱们的。革命将来分不分土地不清楚,那是以后的事情,依咱思想打出日本以后,革命绝对能成功。抗日是因为日本欺侮咱们,前年来烧光、杀光、抢光,再也不能残酷了。

共产党打日本整个是为了革命是为了大众,所以坚决。国民党是为了自私自利升官发财,所以打日本不坚决。打走不是一下的事情,要人力、物力、财力三种配备充足各方面估计才成,不能单靠八路军下命令。抗战胜利绝对有希望,敌人一天天力量缩小,咱们力量一天天大,去年田家会一战多久就没来。国民党是代表老财的利益,拥护有钱的,共产党是为了一般的劳苦大众。过去老百姓见不了县长,现在莫说县长,连司令跟老百姓也相处不坏。现在咱们对国民党应慢慢克服,要它学咱们,抗战以后对它怎样不清楚。蒋介石从前不让红军渡河抗日,以后张学良扣了他他才抗日。阎锡山不知道到哪里去了,不让他来他来不了,因为他们拐骗老百姓,如赵承绶出票子没基金,老百姓遭殃。现在咱们对他们也是慢慢地克服、劝他,不听,要投降敌人,就和他干。神神从小不信,但自骑一师来的那年害了一身怪病,跳神神把不地①是不是有神神,说有没有,说没有却有,肯定不得。害病时就怕"神神",平常不怕。庙神不怕,但从前邪魔妖怪有,现在没了,因为现在不时行了。剥削就是不劳动,拿东西赚钱,吃租子,自己坐下人家刨捞。消灭剥削就是大多数人起来不让剥削,现在剥削已没什了,现在吃租子公公道道,比起来剥削少下了。依我计划,抗日以后不让不劳而食,剥削就没(根本没)了。压迫就是强权,打官司有钱面子大,穷人十分理弄得一分也没了。咱们将来不压迫老财,咱们只要公公道道,谁也不受谁的治。假若革命里有老财活动破坏咱,咱就压迫他,咱们是拥护穷人不压迫穷人。将来世界是老财一天天缩小,劳苦大众一天天长大,大家都有地有窑有吃有穿。分土地只是一时间,革命是长期的。不让二流子消耗咱们的东西,将来社会是不劳动不得食的社会。

政治上:顽固分子就是跟地主老财跑,死不出东西,每天思想"老赵还不回,骑一军还不回,狗×的八路军把咱搞地简直没办法⋯⋯"应打击他、斗争他,比如白茂荆,非斗不成。中间分子,不清楚。落后分子,工作推诿,应劝告前进。进步分子,上级布置工作能赶紧完成,叫做什就做什,拥护他,进步分子整个脑筋里有"革命"两个字。哥老会不清楚,只知道是为赵承绶,赵在时他们面子特别大。黄香教破坏工作应打击,不破坏叫他做什他做什时就不管。据他自己讲:"民国二十七年骑一师来时,在本村曾加入过黄香教。康二留谈的'王引堂随黄香教不赖',念咒念气叫咱去瞧,咱去看了,他们当时把名字烧上了天,渐渐感觉不妙,以后又不答应,秘密事什也未告诉。"——这件事尚未得到证明。三三制是咱的政权,一方面是劳苦大众,一方面是无党无派,这关系都不了解,有富农、中农、贫农,道理仍旧为穷苦大众,碾子村现在就差不多就够得上。捉住汉奸慢慢劝他,不听就办他。

组织上:加入党后感觉做事要学老实,布置下来工作尽力做,因家贫做工作有些落后。服从党应该,因自己经验教训不够,咱做事现在不如四大号召时,不管错不错做就成,要深刻了解才成。咱希望多有些经验教训,去年征公粮,未和组织讨论,自己发动告隐瞒土地的人,结果不好,是咱的错,以后有事要找组织商量。不怕批评,自我批评是能指出错误改正。纪律是保守秘密,求进步不能落后,锻炼成铁似的。

党与群众:党员与群众不同的是党员先讨论出主意领导群众,群众非得党领导不成,群众不起来慢慢劝他鼓动他们,党员才是群众领袖,自己没办法有领袖。

心理要求:假若家有弟兄,愿意出来做工作。

---

① 编者注:即"把握不准"之意。

10. 牛明堂

富农,1940 年 5 月入党,现年 22 岁,初小程度,抗联主任,榆林城人。生父李有喜是木匠,原弟兄两个,本人老二。1928 年年成不好,家里没法度日。1929 年 8 月 15 日过河,从黑峪口过来,时年 10 岁(原 8 岁时在河西揽过一年羊工),柳叶村富农牛尚万无后,于是用 16 块白洋买去做儿。本来牛尚万的父辈有 300 垧良地,三子分开,牛尚万分得 90 多垧,曾有 80 多头羊。牛尚万把牛明堂当小宝贝,14 岁给他娶亲共花了 300 多块白洋,卖了 25 垧地,不几年婆姨病死了,又花了 100 块白洋娶了一个"囚子"。从前在河西是吃糠裹榆树皮,自到牛家,捞饭莜面以外,常年能见上肉菜,牛尚万宁多雇 1 个长工,不让他牛明堂多受苦,所以他很幸福。12 岁起念了两年私塾,15 岁以后又念了 3 年冬学。1939 年 9 月以前两三个月内,牛爱堂与之谈工作并劝入牺盟会,在自卫队受训时期牛爱堂常问"现在工作受训好不好? ……受训可以办好事"。当时牛明堂胡胡马马弄不清楚是什意思,但已叫去秘密谈话。同年年底在柳叶村开了两次会,就只有两个人(爱堂和他),从未谈党内事,心里明白是反对赵承绶。以后空了好几月也没谈了,到 1940 年 5 月牛爱堂又找他开"二人会",这时就露出:"初介绍是牺盟会,怕你保守不住秘密,现在入了党要做党的工作。"牛明堂问:"什么党?"答:"共产党……现在我介绍了你,可什话也不敢露,要好好的保守秘密。"就在这样情面难却的情形下加入了党,实际上当时牛明堂心里是摇摆的。他的姑舅曾劝他加入突击团,他当时觉得反正是受训,突击团那边也就没去了。自是牛爱堂复与他谈话,给党员课本他读,他看了党员课本后才觉得加入共产党对自己有好处,他说:"咱不是本地生长的,怕人欺侮,从前小时受过罪,常看见受苦人就想起自己从前……"1939 年任自卫队分队长,同年 8 月到黑峪口去受训,受了 20 天的训练以后被分配到宋家塔当指导员,约 3 个月后当过一任柳叶村的闾长,接着就是分队长,负责柳叶村、沙墕、东峁、中庄的工作。同年 5 月参加支委会,任组织干事。同年冬到北坡区上受党的训练 40 天,翌年回村即任支部书记。四项动员时没做工作,怕斗争,隐居家中,端正政策后才出来的。当时在党内支书是牛照堂,区委布置下来发展党,照堂总不敢,明堂找东峁的任敖光、任耀和均未批准,还说"马虎介绍要处罚",他做组织干事时也没多做发展工作。

思想上:革命,现在革日本鬼子的命,将来革命是对大地主大老财,打倒他们,一律平等,没穷没富,不和现在一样,把老财所有东西归公所有,给没地的穷人种。革命要共产党员去革,老百姓积极一部分人与党员去革。革命对自己的好处,因我不是一个大地主大老财,家里还够不上 40 垧地,将来没地的人一定有地。关于我的问题不大了解,说是贫农也不是贫农,现在我雇人够富农,假若不雇人就是中农。据我看将来革命对自己没有危险,可是也彻底不清楚。抗日,第一为了打击日本,第二为了准备打倒地主老财,共产党是最穷最穷阶级,打日本很坚决。国民党是因为知道打倒日本帝国主义以后就没他们的事了,所以不坚决,打倒日本帝国主义他再也不敢前进了。日本鬼子不成问题能打走,因咱们 20 多县份帮助打日本,依咱看过了,今年就能打走。国民党与共产党阶级不同,国民党是大地主大老财,共产党是最穷的无产阶级,国民党里穷人多,但是代表富人,共产党里没大地主大老财,地主的儿子看他剥削人没有,剥削人一定不要。咱们对国民党态度不能以地主老财看待他,要说服教育(用无产阶级理论)叫他往咱们这方向走。阎锡山不清楚是不是大资本家,他剥削劳苦大众,不知他代替谁做事,赵承绶是代替他的军队。公道团不清楚,突击团不大了解,打顽固那年到村开了一次会,强迫手段入同志会,开会叫咱去受训,当时入了的王芝臣、张侯秋、张老尚……那时刚入党什事也不清楚。剥削,雇长工为剥削,租出地吃租子指靠这吃饭,放账一块放 5 分、3 分。1939 年咱也损过关,100 块钱 5 分利,几年吃几个折倍。现在大老财被减租减息不能剥削,现在放账至多 3 分关,这还是剥削。银行放款也是为了不让剥削,小的剥削现在还有,大的没啦。打倒日本后,把地主老财打倒后就没剥削,各尽所能,各取所需。现在咱家是小的剥削,现在是没办法的剥削,将来自己劳动多做不过,少做上些地就不剥削了。现在叫奖励富农生产,现在不清楚为什又不奖励了。

11. 张应升

中农,1939 年 4 月入党,45 岁,粗识字。

家庭状况:父亲曾揽了 18 年长工,晚年买了 24 垧梁地。1920 年父殁,弟兄俩分家,哥哥分去 13 垧,自己分得 11 垧。现本人家 4 口人,1 个婆姨,1 个 19 岁的男孩,1 个 13 岁的"囚子"。自种 11 垧、租种 18 垧,共种 29 垧地,2 个劳动力。前年打 11 石,征公粮 7 斗 3 升,年时打 9 石,征公粮 4 斗 8 升,今年春夏不仅够吃,还能籴米。

本人历史:13~19 岁揽羊工,25 岁时揽了一年长工,余时间都在家种地。16、21 岁时念过两冬书。抗战前后做闾代表、邻长共 3 年。

入党:1939 年 4 月牛爱堂(当时是柳叶村的闾长)与张应升(闾代表)谈:"穷人受老财压迫,咱们是两头为难,将来世界老财可不顶事了,现在咱们应该早想个办法,找个穷汉的秘密结社。"他们约定分头去找,谁先找到就通知第二人。当时牛爱堂找见了个兵[1]说可以介绍入共产党,当时他认为"参加进去了一定是一律平等,结弟兄打老财",心想"进去了再看看,不对再出来"。

思想上:革命就是打倒地主老财,比如现在减租减息给地主一个难看,这是革命的准备,打倒日本,革命就成功了。抗日胜利就是苏联社会,现在是走到哪做到哪,将来跟老财总有一打,现在扶助穷人起来是抗日,将来扶助穷人起来是打老财。打走日本,有办法了,大家齐分土地吧。抗日实际上就是把老财往死地逼,共产党高兴,国民党不高兴那是当然的,打完日本老财也就倒塌了。国民党是老财的多,也有穷人是听错了富人的话嘛,对国民党咱现在团结它,也是治住它,好不打咱。阎锡山来不了,咱不知道为什他来不了,从前也没见过,他打不过八路军,大概是他害怕了。

政治上:顽固分子是不出粮不出钱反对公家,一打一拉看他怎地。进步分子积极工作,对人如意,劝当干部。中间分子不反对不赞成,做老百姓。落后分子不动作不管他。三三制,忘了。哥老会咱不清楚,黄香教咱可清楚一点,前年咱难过[2],进升(柳叶村大富农)婆姨来瞅咱,她劝咱入上个会迟迟气念念法,有好处,人没病痛,孩没差错,遇事顺利,心中谋个什就是什。她说加入的人要看忠实不忠实咧,咱没答应她。现在米也不彻底清楚黄香教是干个什的,他们可守秘密咧,旁人不得知道。

组织上:共产党要组织起穷人来是为个结力量咧,结力量谋个弟兄一律平等,什事不能办?咱不知遵守纪律是什,只知道要保守秘密的规矩,咱可能还不清楚。批评是互相学习教育,党内处罚最厉害的有杀头。年时咱有 3 个多月没开小组会,4 个多月没缴党费,是咱为公粮与干部有些意见,明堂不叫咱开,咱也没思谋自己不去开是个错。上次还委×同志找咱谈,咱知道是自己

---

① 编者注:即"手下人"之意。
② 编者注:即"生病"之意。

错了,咱再也不哪,知错就改错。

对己估计:咱这人就是好使个性子,其实心里没什。咱不会宣传,工作可能行。咱愿做村政权工作,做工作对咱有好处,还看打倒日本能享幸福,看负担"公道"(?),咱不愁吃穿。

十一、支部发展变迁

表9-20　支部发展变迁一览表

		富农	中农	贫农	雇农	贫民	柳叶	花园沟	碾子村	高家沟	岭西	冯家山	1939	1940(上)	1940(下)	1941	1942	总计
发展	1939	1	3				4						4					
	1940(上)			2	1		1	2						3				
	1940(下)	1	2				1	2							3			
	1941		4	1				5								5		
	1942	1	7	6	1	1		2	5	1	1	3					16	
	总计	3	16	9	2	1	10	11	5	1	1	3						31
变迁	死亡	1					1							1				1
	出走		5	1				4	1			1		1	2	1	2	6
	移进	1	2	1				2		2				1	2		1	4
	现况	3	13	9	2	1	9	9(注)	4	3	1	2	4	4	1	4	15	28

注:在花园沟的9个党员中有2个是在村公所先后当通讯员,以后回家去了的,计康国喜回冯家山、任根怀回沙塌。花园沟现实际仅有7个党员,冯家山有3个党员,另沙塌则有1个党员。

表9-21　党员在全行政村中的工作地位及组织情况调查表

	全村户数	全村人口			党员人数			全村政民武干部数							党内组织分工				
		男	女	合计	户	人数男	人数女	政权党员	政权非党	民众团体党员	民众团体非党	民兵党员	民兵非党	合计	支干	小组长	公开工作	普通党员	秘密党员
地主	6	20	19	39					2					2					
富农	15	38	43	81	2	2	1		3	1		1		5		2	2(-2)	1	
中农	149	385	393	778	13	13		2	10	3	5		1	21	1		5(-1)	7	1
贫农	154	295	301	596	8	8	1	1		1	4	3	4	13	3	3	5(-4)	3	
雇农	9	9	7	16	2	2						1		1			1(-1)		
商人	1	1	2	3															
其他	5	8	10	18	1	1													
合计	339	756	775	1531	26	26	2	3	15	5	9	5	5	41	4	6	13(-8)	12	1
						28													
					7.6	1.8		20		35.7		50		30.9(注)	36	46	43		
					占总户口人口百分比			党员干部占全体干部百分比							占全体党员百分比				

注:此系以担任公开工作的党外干部之党员13人与全村干部总数41人百分比所得。

表 9－22　柳叶村党组织调查表

	全村户数	全村人口			党员人数			全村政民武干部数							党内组织分工				
		男	女	合计	户	人数		政权		民众团体		民兵		合计	支干	小组长	公开工作	普通党员	秘密党员
						男	女	党员	非党	党员	非党	党员	非党						
地主	2			21															
富农	2			11	1	1	1										1	1	
中农	17			85	3	3									1		1		1
贫农	18			71	2	3									1	1		1	
雇农	2			5	1	1												1	
其他																			
合计	41			194	7	8	1								2	2	1	3	1
						9													
					17	5									44	11		33	11
					占总户口人口百分比			党员干部占全体干部百分比							占全体党员百分比				

全行政村共 12 个自然村中,仅 7 个自然村有党员。

表 9－23　党员分布现状一览表

		柳叶	花园沟	冯家山	碾子	高家沟	岭西	沙墕	……	共计	%
阶层	富农	2				1				3	
	中农	3	4	2	2	1			1	13	
	贫农	3	2	1	2		1			9	
	雇农	1	1							2	
	贫民					1				1	
党龄	1939	3	1							4	
	1940	2	2			1				5	
	1941		3	1						4	
	1942	4	1	2	4	2	1	1		15	
年龄	18～25	4	3	1		3			1	12	
	26～30		2	1	2		1			6	
	31～40	2	2	1	2					7	
	41～46	3								3	
文化程度	文盲	5	1	2	2		1	1		12	
	粗通	3	5	1	1	1				11	
	初小	1			1					2	
	高小		1			2				3	
性别	男	7	7	3	4	3	1	1		26	
	女	2								2	
共计		9	7	3	4	3	1	1		28	

注:仅柳叶村、花园沟、冯家山、碾子村、高家沟有小组,岭西、沙墕有个别关系,其他自然村,如东峁、宋家山、南沟、王家墕头等,均未开辟。

表 9-24　党员战前成分与战后成分比较表

战前＼战后	富农	中农	贫农	雇农	贫民	共计
富农	**2**	2	1			5
中农	1	**7**			1	9
贫农		4	**5**			9
雇农			3	**2**		5
贫民						0
共计	3	13	9	2	1	

注:加粗字表示未变者。

十二、村政权及其上下领导关系

(一) 村政权的组织与工作

1. 简单的沿革

新的政权本是在 1940 年 6 月成立的。在此以前属于阎锡山的村政系统,高家沟、碾子村都曾经做过主村,在花园沟成为主村以前,本行政村的大部分自然村是属于黑峪口主村管理的。旧的村工作有一个村副(即村长)、一个书记、三四个村警,村的开支由编村摊派(详见村财政),掌握村政权的是地主和富农。如以碾子村为主村时代,村长为本行政村第一个大地主白茂荆,其弟则为书记,群众对于村公所的态度是惧怕。在自然村中也是以该村中的头二等人家为闾邻长。在没有富农或富农薄弱的地方,也必是些富裕的中农才能做到闾长或邻长。村公所的人员全由上级指派,闾长管理 25～30 户人家,在闾长之下,5 户人家又编为一邻,邻长负监视 5 家居民之责。据说编村制度(编村、主村、自然村及其各级统治机构)是阎锡山在抗战前不久才想出来的,七七事变时正在办理实行新村制的干部训练学校,临汾失守后始将这一制度付诸实施。

1940 年成立的村公所,村长在名义上由选举产生,在事实上只做到了换村长的一步。在自然村则于闾邻长之间添一代表,事实上即是副闾长,这是对于旧人物的某些更换,还远不是对于旧政权的根本改造。但自该时起直至 1942 年 4 月村选时为止,为期约两年,中间并未实行选举或改选。在此期间,村公所已三易村长(因村长生病),但俱是区上委派的,民众对于村公所及干部都颇有意见,但苦无陈述的地方与陈述的机会。现在的村代表是由村公民直接选举的,由每 20～30 个公民即可选一代表,每二个或三个代表便可互推一人为主任代表,在实际上就是自然村的村长。至于行政村政权的日常执行机关(村公所)则是在村民代表会议上选出的,参加这一选举的只有 30 余人,群众对这一事件的反应是普遍的不满,并公开的指责说:"选代表咱是公民,选村长咱就不是公民了!"同时,由于代表们所属意的村长候选人临时由区上调走,致使代表们对于村公所人员的选举也普遍的不满。至于自然村的选举,据现有资料,似也未能完全发动群众运动与群众斗争,村选时所强调提出的"发现问题"与"解决问题"事实上也未能办到。如碾子村即为本行政村中较为复杂的一个自然村,地主白茂荆有着长期的巩固的统治,和群众也有无数的未解决的纠纷,群众对他的态度是敢怒而不敢言;但选举的结果是白某却当选为主任代表,而所有的区村干部都异口同声的认为白某是好人,对群众"还可以",碾子村的情况则是一团和气,没有什么斗争,等等。因此,在选举的过程中未发生什么问题,也未解决什么问题。而这一村的工作还是由区长亲自去"做选举"的,选举的经过是开了三四天会,第一天由区长讲话,第二天选举,第三天区长又讲话,选举的过程就全部终了。这样的选举当然不会发动什么群众的。据我们后来的调查,群众实在不满意白某,更不愿意选他做主任,最后之所以仍然选举他,仍不外是"人家白某是本村第一户,能说会道,和公家人打交道也还可以"。群众对民主的更加迫切的要求,使我们考虑到有无在农村中采取村民大会以及村公所直接由村民大会选出的必要。

2. 组织与工作现状

自然村每公民 20～30 名即可选一代表。依此,花园沟现有 3 个代表,柳叶村选了 5 个代表——但后来其中的 2 人因兼任民政会长及青救主席之职就免去代表的兼职,后也未重新增补——碾子村有代表 5 人,高家沟也有 5 人,总计 16 人。实际上负责任的是代表们互推出来的主任代表(花园沟和柳叶村各 1 个,碾子村和高家沟各 2 个),在有 2 个主任代表的地方虽然没有规定,却事实上形成一正一副,工作仍主要由其中之一人负责。代表们划定区域分工领导,但这只有在收集派粮派款与召集会议时才有意义,有的村子则连这种分工也没有。代表(主要是主任,以下同)的工作是无所不包,除了党的工作之外,全要经过他才能实行,而最主要的工作是派粮派款、担架、运输、填写表格以及召集会议等,对过往人员的接应也是一个经常而麻烦的工作。单以开会一项而论,据柳叶村的调查,5 月上旬选出的村主任,在不到一月的时间内开了 7 次村民大会(家长会议),到村公所开了 3 次会议,平均不到三日就有一次会议。若把其他工作计算在内,村主任工作之忙是可以想见的。在某些行政村一级的干部较多的村中,会议的召集与领导往往由他们去进行,主任的工作便可少一些了。除了主任代表之外,还有粮秣小组、自卫队、锄奸小组以及春耕干事等组织是在属于村政权的管辖的。首先,粮秣小组这是最麻烦最实际而又最细微的工作,依村庄之大小由 1 人至 3 人负责。因为在确定公粮征收的数目以后公粮仍由原户保存,区上有命令指拨公粮或过往人员需要食粮时再挨户零星收集,因此,粮秣小组有时一天之内就有几回工作。其次,自卫队本属武委会管理,是离开村公所而独立的,但由于实际上归代表管理,5 月政府又有命令把各级武委会并入同级政府机构内,故我们也把它划入村政权直属的组织内。它在自然村中设分队长和小队长,一分队管两个小队(如柳叶村),在较小的村中(如花园沟)便只设小队。分小队长俱由队员民主选举,凡是成年男子俱参加。一应抗战勤务,如抬伤兵、送公粮、送信、站岗等,俱全由自卫队负担(18 岁以下及 45 岁以上的男子没有固定的义务,其实送信、运输、引路等工作他们也能处理),在自卫队的内部便再无担架、运输……等等的分工。最近一年多以来,除了战争时期以外,平常也没有多少工作。至于领导这方面工作的,仍是以主任为主,分小队长也只立于帮助的地位。在抗战勤务上,它可说是现在农村中工作最多而组织机构最简单的一种,在现在情况之下已经多少露出了组织形式过于简单、不能适应工作需要的情况。例如,对于轻重不同的劳力负担没有适当公平的分配,值日招待员制度没有设立,平常时期通信联络没有专人负责,等等。如果在抗战动员方面还要做更公平合理的负担,那么优抗工作是必须建立起来的,那时以一个过于简单的自卫队的组织形式更无法担任这许多庞杂而重要的工作了。再次是锄奸小组,再次便是春耕干事,这两种组织完全是名义的,有的村子还有一个人负名义上的责任(如柳叶村),有的村子连名义也渐渐淡漠起来了(如花园沟就找不出"锄奸小组"的踪迹)。以上是关于自然村政权及其直属的各种组织的组织与工作的现状。

行政村是最高的政权机关,应当是村民大会或村民代表会议。现在各自然村的村民代表是已经选出了,但关于村民代表会议,则还是一个没有定型的东西,形成目前只有代表而无代表会议的局面,以致只有各自然村代表受村公所领导、向村公所负责,而无村公所受代表会议领导或村公所向代表会议负责的现象。他们之间的关系被给颠倒过来了!因此,决定一切大问题(例如村摊款就是其中之一)的权力机关不是村民代表大会,而是村干部的扩大会议(即"扩干会议")。

全村代表共34人(候补代表与正式代表的关系很模棱,经常互相交换,此地仅指正式代表而言,在实际上可能与34人有些出入),他们的成分没有详细调查(单凭村公所的材料不可靠),不过我们调查过的4个村庄,村代表(约占全数之半)的成分只有1人与村公所的统计不同。因此,仍将办理村选时的统计附证于此,以作参考:全体正式代表共34人,计有地主2人、富农7人、中农14人、贫农11人;在这34人中共有主任代表12人,其中地主1人、富农2人、中农6人、贫农3人。依上列统计,中农在政权方面最占优势。但这种情形在不同的村庄中也是不同的,我们调查的4个村庄,在16个代表中有地主1人、富农5人、中农4人、贫农6人,在6个主任代表中有地主1人、富农2人、中农2人、贫农1人。在4个村子内地主富农的经济比较发展,阶级分化比较明显。另一方面,在这4村内工作也较有基础,群众的发动较其他村庄为深入,反映在政治上来便是地主、富农在政治上有较大的力量,而贫农在政权中的比重也较其余各村为大(也就是说阶级分化较其他各村略为明显),但在基本上是地主、富农占优势,他们占去了主任代表的一半。而另有一个中农的主任代表还不得不听那位地主成分的主任代表的话。在调查中,始终未问出村民代表会议规定多少时候开会一次,有些什么问题需要村民代表会议来讨论,等等。因此提高村干部对于村民主制度的认识与执行是很必须的。

各村的代表在今年村选时选出了村公所的负责人员,村公所的组织是正副主席各1人、书记1人,另设民、财、教、建、粮、武装自卫6个委员会,各设会长1人、委员2人(武委会下设部长,并兼任锄奸委员会主任)。上述人员的产生,村的正副主席是由村民代表会议选举的,民、财、教、建4会长也是代表们选出的,但不与正副主席同时选举,上列4个委员会的8个委员则由各会长自行聘请,但要经过村公所人员的同意。粮秣会长因是去年征公粮后即已设置,武委会主任也是去年冬天即已设置,因此就把选举的形式也省掉了,由他们无条件地继续担任下去(即连任而没有连选)。同时他们都是脱离生产的干部,有较多的时间参加工作,连他们下面的2个委员也忘记聘请了。

村公所的工作仍然是偏于抗战动员的工作,经常的工作是派差和公粮的收发及过往人员的接应与招待等,每个不同时期的中心工作则是春耕(今年还加上村选、区选、突击种棉等)、公粮、冬学、扩兵、反扫荡中的战时工作等,而开会与填表则是在经常和中心工作中都要占去很大的比重的。事实上,每个中心工作都是由上级来人(县区级的党政民等都有)一手办理的,那时村公所的人员就变成了他们的跟班,而区下来的就是一些非常繁琐的工作了。

现在再把村公所各部门的工作分头叙述一下。

上述的各种工作都是村公所的人员全体动员去做的,他们之间无所谓内部的分工。正副村长除了参与一切工作的进行外,到区上参加会议与回村后召集会议是他们的一大件工作。不脱离生产的 4 个委员会,实际上都没有什么责任,也没有什么事情。群众有事时找村公所,而村公所在实际上就是几个脱离生产的干部组成的,他们能解决的便解决了,不能解决的即交与区上。粮秣会长的工作是最忙的,分工也比较严格,因为粮食账目很麻烦,工作很具体,责任也很明显,旁人无法过问也不愿意过问。全行政村的公粮全是由他及其领导下面的粮秣小组一升半升的收来又发出去的,规定每半个月小总结一次,每月大总结一次,每次总结就是 12 个村子,这实在是一个繁重而辛苦的工作。在我们调查的 1 个多月的时间,粮秣会长只在田家会战斗时期清闲了两三天。

武委会去年冬天成立时,原本是专门管理自卫队及游击小组的(民兵),群众在自然村在行政村只留有一个组织形式,设主任 1 人(兼锄奸委员会主任,脱离生产),下设组训、模范、青年、妇女 4 部长。在今年 5 月区选时,区上决定把上列 4 部改为组训、民兵 2 部及 1 个情报干事与 1 个妇女中队长。但是应当说在这方面的工作还没有开始,或者说还异常的薄弱,武委主任现在还困惑于会议、填表与复杂变化的组织形式中,他不知道会议上说的什么,他不知道那些大量而复杂的表格应当怎样填写(参看附件三)①,他不能记起武委下面的各部和部长的名字(请不要误会这是他个人的过错,他是全村最勇敢、最忠实、最积极的党员)。在去年冬季扫荡后集训民兵时(说是30 个),就是东峁上来了 1 个;这次田家会战斗之前,在准备战时工作的扩干会议上,有两个村的代表坚持不要手榴弹。这些都证明民兵工作还没有建立起来,武委会的工作也还没有开步走,尽管上级发下来的调查表是那样的多,那样的详细。

在村公所下面的附属组织几乎没有,我们所发现的只有一个春耕委员会,但那也是空头的名义。还有一个合作社,实际上也是村公所下面的一部分,但它同春耕委员会差不到哪里。

(二) 区村的领导方式

上节简单的说明了行政村与自然村的组织与工作,现在我们就来看他们是怎样去做这些工作的,并取得了什么效果。

先是自然村的工作方式。在这里工作方式是比较简单的,较小的事情和不牵扯到全体居民的事情,则主任在接得通知后即协同有关方面(如自卫队长、粮秣组长)直接办理,随即决定派某人去抬担架,某某人家应出多少公粮,某某人家这次应当招待工作人员住宿膳食,等等。如果主任一时不能决定,便召开自然村的干部会议再作决定。另一种工作方式即是先到村公所去参加了扩干会议,明了了工作的性质和任务之后,回到自然村来先开自然村的干部会议,然后再开群众大会,或者回来后直接就开群众会议。如果上级没有规定要回自然村去开干部会议时,一般的都是采取后者的方式——直接开群众会议(家长会议)。在这些会议上大多是传达的性质,说明解释很少,讨论也很少,当场就把任务分配。至于群众,在这些会议上是不大说话的,对于政治没有兴趣的人自己就不亲自出席,把十几岁的小娃娃派来应付应付,女人照例是不参加的。例如选举区长,不管有多少报告、提纲与干部会议,而到了自然村的时候就留下了"选区长"三个字,如果事先有布置,积极分子一提议之后,大家就通过了。我们这次在各村看见的区选会议是先开干部会,后开了一次群众会议,前后都未超过十分钟。关于村摊款也是如此,主席说明村公所粮食吃

完了,现在又要派粮,每分该派多少之后,大家接上几句,会议也就完了。会议上的群众斗争的场面,我们所参加的会议中还没有看见。至于纯粹形式主义的东西,群众的态度就是应付一下了事。例如关于春耕计划的调查,群众知道"不顶事",胆小的人就尽量的少报,胆大的人就说:"随便记多少,十垧八垧廿垧都不要紧!"性情愉快的人就开几句玩笑,比方"我的果子树是千年不结果的果子树!""牲灵么?没有,猫和狗倒是有只!"之类。群众对于主观主义与形式主义的一套是很简单的:不合作主义!自然村的工作方式是比较简单朴素而切合实际的,但也不是完全没有缺点,在今天就是群众的发动还不够深入,党员和积极分子在会议上起的作用还太少。

再谈区村的领导方式和工作方式。行政村各个委员会不单不能解决全行政村的问题,连本村的问题也不能解决,民、财、教、建的划分是没有什么意义的。独立的村政会议不能定期召集(如果没有什么事情,也似乎没有经常召集的必要),村政权成立后一个多月的时间只正式的开过一次村政委员会议,但这次会议实际上是碍于调查团的情面而召开的(因为调查团提出了几个关于公粮、账目的问题)。这里不是嫌村公所开的会议太少,而是说另外一种会议代替了村政委员会,这就是所谓"扩干会议"。如有较为重大的事件就召集这样的会议,村公所全体脱离生产的干部及各委员会主任、委员和武委会各部长、抗联秘书、各救秘书及部长、各自然村的主任代表、合作社主任会计、过去做过干部而现在不做干部了的干部、村中较为活跃的人物、个别较为活跃的党员都参加。照例由上级的出席指导人员训话,训话后即席分为若干组,第二天即到自然村去,这样一种形式叫做"干部下乡"。而这一批干部则叫作"下乡干部",他们到了乡下时所带去的资本就是所要做的工作的名称,比如"春耕""区选"之类,至于工作如何做法、要取得什么效果等,则是不知道的。因为他们并非自愿的来,听了两三个钟头的似懂非懂的训话,之后也不可能立即具有对于该问题的工作能力。而这一批下乡干部也并未固定某人到某村,总是经常调换,忙忙碌碌,赶快在形式上完成任务就算交差。从群众方面看来,真是"何所为而来,何所为而去"。就在我们做调查工作的这一段"乡村四月闲人少"的一个多月时间,这样的下乡已经有过村选、春耕、区选等三大中心工作。而在每一次的中心工作中,又有几个配合工作,每一次这样的中心工作时间总在10天左右(还有1天"扩干会议")。据调查柳叶村某下乡干部,在今年农忙以来共耽误了40余天(其他的下乡干部也是如此)。这样一种"扩干会议"和"干部下乡"差不多是行政村唯一的工作制度与领导方式。为便于记忆起见,最好把这种方式叫做"一窝蜂式"(从行政村本身的工作制度上去看)与"走马灯式"(从行政村对自然村的领导方式上去看),这两者的关系是不可分开的,它们是一个问题的两个方面。在这样的制度与方式之下,必然的缺点就是:人力物力的浪费,工作的不可能深入,前一项的工作与后一项工作的脱节,下乡干部在群众中建立不起威信,以及工作本身就是形式多于内容,或者只有形式而无内容等。但这些都只是工作方式和制度上的缺点,若再和区上交下来的工作内容(区上又是从县上或行署交下来的)配合在一起,就把好些工作完全沉没在形式主义和文牍主义的大海中了!请以春耕、村选、区选,以及其他若干具体工作为例加以说明。

关于春耕。从春耕开始直到6月,县区上交下来的几乎全是填表与"统计"数目字的工作,至于解决群众的耕牛种子问题,根本就没有那回事。而春耕调查表全行政村共需填七八百张,区上只交下一个样张,但却要那些昨天还是农民(今天也还有一半是农民)的村干部在一二十天之内画完、调查完、填完并统计完(在事实上做起来比这还要再短、复杂,请参看附件一),这简直是和村干部开玩笑。这些"统计"和"总结"之不可靠只要举出一二例子便可了然。例如，自然村的材料尚未调查好，而全行政村的"总结"已交往区上（由于区上的催促）；在调查牲口的原来的表上没有分出猪、羊、牛、马，而在后来填总结表时都公然分出了猪几头、牛几头、羊几头来了；在调查时为了填写的方便而不愿填写零数半垧、二分、三分等，大家一概取消；等等。而农民对于这一春耕调查则是从恐惧到开玩笑（参看附件一、附件二）。关于村选。例如碾子村，这是区长去做的工作，他的经过是选举会之前讲了一次话、选举之后又讲了一次话工作就算完成，问题一个也未提出，也未解决。而做出的调查表，仅就我们所得到的关于行政村一级的统计表已有 14 种之多，这就是其中的一部分材料：如全行政村有 2 户地主、11 户富农、2 户佃农等。又如区选虽然闹的轰轰烈烈，但在自然村一个会不到五分钟便完了，群众只听见了"选区长"三个字。但在同时，却又第三次调查春耕计划，一月前村选时的公民登记已经把各自然村的代表及主任做出了统计，而在这时却又一模一样的重做一次。其实这些统计表早已抄存区上，我们也早已从区上借来抄存在手的——不识字的武委会主任拿着谁也不认识的表格（我们之所以能抄下来，很多地方是根据猜测）向我们诉苦，说 12 天之内就要填好，问我们怎么办（最后终于在训组部长处找到了名册，而把表格大体上填完了，参看附件之三）。关于劳动互助。小组统计表上是 48 个，但在实际上连一个影子也没有。又如这次区选时，锄奸助理员交与村长一张户口人口嫌疑数目统计表，表上的内容是每村的户口、儿童、青年、壮年、老年、男女、人口总数等统计过千万遍的一大套，而最后才有一小格叫做可怀疑数，有小小的户口、人口、情形等 3 个小方格，至多能填写几个字。交与村长时，不但未说调查方法，对于表的本身是干什么的也没有说明，村长也没有问清楚就带着表格回来了。因此，调查者问村长时，村长说不知道是做什么的，我向他解释这可能是调查坏人的，比方有汉奸嫌疑的就是，而后来这张表在区选时就像登记公民一样捎带着就登记了（参看附件四）。又如区上在 5 月交下来的合作社登记表，限两日之内即要送到区上（开合作社主任会议），当然表的内容全村公所没有一个人懂得，内有若干％的符号。当调查者故意问他们这是什么东西时，都说不了解，区上来人在旁边补充了一句说"是百分比"，粮秣委员马上就回头来半信半疑的对调查者说："没哪指的富农、中农罢？"从这个例子可以看出，终日在那里富农、中农颠去倒来的填表，把村干部的头脑都弄昏了，只要看见％或者听到百分比三个字就联想到富农多少与中农多少的问题（这叫做"条件反射"！）。

区对村的领导除了上述的工作内容方面之外，在方式上是怎样的呢？从行政村的角度看来也是一种"走马灯的方式"，而且比行政村对于自然村的那种"走马灯"方式还要变化的快。在行政村是送往迎来，今日张三，明日李四，不管什么人，只要是上级派来的，都可以训话，都可以指示，都可以召集会议（即如春耕调查之所以进行到 3 次就是由于这个原因，最后一次是县政府民政科某科员命令调查的，说是民政科要这种材料）。同时上级来人的工作能力较之村干部一般要强（特别在讲话方面），便把村干部的工作从头至尾的代替了。至于有什么大的中心工作，有工作团的参与时那更是根本包办，从这两次村选区选中俱可看出，更不用说在征收公粮的时候了。去年征收公粮的工作中，村干部连插嘴的余地也没有。这样，村干部的工作能力永远无法培养起来，村干部的威信也永远无法提高了。在群众的眼中，他们不过是一大批支差供应、送往迎来的人而已。区上对于村的工作有没有检查呢？没有调查出什么材料，不敢随便说话，但却看见过一次民政科的工作检查，上述某科员向一个文盲的抗联秘书指着自己的提纲（眼睛也望着它）这样念道："你说说，村政权主要缺点之表现及其形成之原因何在?"又问:"你们村的减租减息工作做的如何?"

在这样的工作内容与工作作风之下,在这样集中强力于开会、填表、报告、总结的情形之下,对于具体的问题当然是没有能力解决,也没有兴趣去解决的,这在村和区都是不乏例子的。关于村,已经有着几件关于租佃纠纷的问题经过我们的告诉而不愿去解决,即解决也是用最简单的方法,不问是非曲折、含糊了事(如张某公粮、牛建月租地、碾子村扩兵、牛建富租地事)。这一方面是由于村干部忙于填表以及应付上级的接待工作等,另方面,则是由于上级并未要求他们这样做,也不以能否解决实际问题作为考查成绩的标准。区对于村的领导在这方面的弱点更为明显,有时候不但不能解决村的具体问题,反而给村造下了一些困难,或者是与村的工作不关痛痒。例如,5月敌人进攻兴县时,村的战时工作委员会已经适当的布置下了战时工作,但区上却去了一个文长数千言的指示,该村文化程度最高的村副主席两手张开三四尺宽:"区上来了这样长的一个指示,认也认不得!"调查者看见上面有关于国内外形势的分析,并说到了日本的北进问题,问村长道:"这说的什么?"村长回答说:"没哪说的敌人从瓦塘方面来了?"(按:瓦塘即在花园沟的北面)又如去年征收公粮时,某些同志滥用职权,将柳叶村张某滥罚了一顿,村公所询张某以及其他数人关于减免罚款或减少公粮之请呈,请区长设法减轻。区上并未调查,不管请求者数人的不同情形,迎头就与村干部一瓢冷水:

……该村长呈请减少,是有顾虑群众利益,甚为爱护群众。但是该村长对政策法令竟毫无认识,对于抗战利益殊不重视。此三人隐瞒收入(按:只有一人是因为隐瞒收入),应受处理,以彰公道,实难减轻。此令。

区长　马千其

(民国卅年十二月十九日指令,粮字第　号)(见附件五)

又如,在今年春耕过程中,区上来了一封关于贷粮贷款的指示信,有如下各点:

(四月廿八日)

……无力种棉户,要给他代雇牛工,如出不起钱时,可在贷粮项下借给,要保证秋收归还……其贷款原则,贷给贫抗属及贫民额最多每户300元……该村应贷卅一年度贷款大洋(农钞)550元……

村公所哪里来这么多的钱去代雇牛工、这样多的粮食去借给他们? 全行政村贷粮共1石2斗,贷款共550元。这真是此谓"杯水车薪",哪里能像区上指示那样阔气,但这些事情区长早在村选时已对群众说了,故反而增加了村公所的困难。

区村工作与领导方面的主要缺点,总的说来约略如下:

关于行政村方面:

第一,村的民主制度还未健全,村民代表会议还未成为一个定型的东西,议政会的结果是只有政而没有议,村干部会议代替了村民代表会议。

第二,村工作的内容与老百姓的真实生活无关,对每个日常的具体问题无力解决,也无兴趣解决,终日忙碌的是区上交下来的形式主义的一套,群众的大小问题不愿找村公所解决。这样,就使得村政权与群众的联系不密切,村政权的群众基础还不巩固。

第三,有一些重要的工作,应当是刻不容缓做起来的工作,村公所还没有做,例如优抗代耕、租佃纠纷、减租减息与交租交息等。

第四，在工作方式上，村公所的内容分工只是形式。数十个干部下乡的方式成为经常的唯一的方式，无法培养自然村干部的工作能力，造成了人力物力的浪费，并不可能使工作深入。

关于区的工作与区对村的领导方面：

第一，给与村的工作不切实际，多是纸上功夫，毫无生气。

第二，对村的领导是多元的，没有人专门负责，形成一方面是区干部不了解村的情况，另方面村干部忙于送往迎来。这样就是各人一套，打断了工作的前后的连贯性。

第三，藐视村干部独立的地位和工作，把村干部变成自己的跟班，包办和代替了村干部的工作，这样就永不能培养村干部的独立工作能力。

第四，中心工作太多，配合工作也不少，结果一事无成，留下的是大堆纸片和表格。

简言之，形式空洞、员冗政繁、包办代替是区工作和区领导的主要缺点。

（三）村干部

村公所内部的干部，脱离生产与不脱离生产之间有很大的不同。一般的说，村干部的工作热情都不算低，虽然区上交下的好些工作都与他们切身无关，但他们仍是积极勇敢的去完成任务。脱离生产的干部的工作情绪普遍积极，且都能相当牺牲家庭利益，在我们一个多月的观察中，发现他们确实是相当集中注意力在工作上的；不脱离生产的行政村干部，虽然要耽误他们很多的时候，也大部分能丢下生产来开会或者"下乡"。行政村一级不脱离生产的干部（民、财、教、建4个会长、8个委员，武委会长下4个部长，共是16人），在16人中只有三四人的工作是不积极的，其余的只要有工作都能去做。

现在村公所的主要工作人员如下：

村主席——宋信儿，中农。

副村主席——牛明堂，富农。

粮秣会长——任治国，贫农。

武委会主任——牛建富，贫民。

民政会长——张亦升，中农。

财政会长——白佩春，富农。

建设会长——张应升，贫农。

教育会长——康德长，中农。

书记——裴□□，商人。

在成分上，除地主外，差不多包括了农村的各个阶级，特别是富、中、贫三个农民阶层，在政权中的地位大致上是与他们在阶级上的地位相适应的（富农2人，中农3人，贫农2人，商人1人，贫民1人——他不是流氓的游民，而是农村无产者的性质）。这些人对于新政权的态度大体上是拥护的，虽然有程度上的不同。据我们所知，除财政会长富农白佩春对新政权是采取两面态度外，其余都是真心拥护新政权的，即是上述的白某也是由于四大号召对他的负担过重，同时区上又把他吊打了一次，才对新政权怀着某些敌意的。粮秣委员，据支部了解，说他有点投机，但在调查的一个多月的时间内却看出他的工作是最积极最有计划的一个，虽在春耕与扫荡时期也绝未回家一次，而他的家庭则是一个赤贫的家庭。

在政治上,这9人中有8人是属于没有疑问的进步派,上述的白某可视之中间派,三分之二的人数是在动委会时代和反顽固斗争后就参加了抗日革命工作的。副村长家境富农,能力较强,故在事实上能左右村长(加以他过去是支书,现在是组干)。村长在去年8月以前还是村公所的通讯员,8月以后升为书记,今年村选时才被选为村长,宜乎超人一等,众望所归。但在事实上,他却是一个胆小诚实的老好人,很合阎锡山的要求,颇得唯中哲学之妙。群众为什么会举他呢?村选时(正副村长单独选举)选委会共提出5个候选人,计有牛照堂、牛明堂、宋信儿、高光宗、高光英等5人,前2人是党员,宋信儿也正在谈话中,故党员超过三分之一。但在正式选举时,区上突然宣布牛照堂已决定调区上(区委会)工作不能选他,但群众早已准备要选他了,听到这个消息之后很不高兴地说:"由咱选就由咱自己选,不由咱选就派。"因此,就胡乱地选中了宋信儿,说他"干不了人事,也坏不了大事"——意思是说在摊派动员的问题上他不敢营私,也不敢欺负群众。其实在候选的5人中,除牛照堂及宋信儿外,其余3人都是村中最活跃的人物,也都是青年,文化程度也很高,就是因为"滑"一点,老百姓就不选他们,而宁愿选一个最近之前还是通讯员(即什务员)的胆小、能力弱又是外村(他是三眼泉行政村的人),然而比较诚实的人来当他们的村长。因之,村干部平日和群众的关系之很不和谐从这个事实中是多少可以看出一些的,切实和公正是群众观察干部的主要标准。

在这9个村公所委员中有党员5人,超过二分之一,5人中有2个是现任的支部干事(副村长是组织干事、武委会主任是锄奸干事)。新村长现在候补期内,一俟期满即作为支部的行政干事。

这些干部们在群众中的威信都是很平常的,这主要不是他们个人的不好,而是由于他们的工作不为群众感觉迫切需要,因与群众的联系不密切。

在民、财、政、教4个委员会之下,各自聘请2个委员,他们也是属于"下乡"的干部,一般的也还是村中比较公正积极的人民。武委会下的4个部长全不中用,有时反而起坏作用。组训部长是大地主白茂荆的跑腿,民兵部长与情报干事都是略有文化的富农青年,在工作中不负责,在会议上是捣乱。妇女中队长是破鞋,与武委会根本无丝毫关系。在这12人中有2个党员,不足三分之一。至于他们的成分是地主1人、富农2人、中农2人、贫农6人(按:其中一人兼任二职,故只有11人)。

这些委员和部长他们的工作情绪不及各会的会长及主任那么高,但遇有大的重要工作时,也都能参加工作并且"下乡",前述的那个妇女中队长在今年村选时也"下乡"去了一趟。

行政村的干部在地区上的特点是除二三人之外,全是柳叶村、花园沟、碾子村、高家沟4个村子的,特别是以前两者为多(柳叶村则党和群众团体的主要干部也在那里),这4个村子的干部实际上掌握着全行政村的政权。当然,这两个村工作有基础,人才要比其他村子多些乃是事实。但群众对此现象也多少有些不满,在征收公粮后的反映之一是"柳叶村、花园沟的公粮比起别的村子都轻,因为他们的干部多"。在柳叶村的调查中,一家中农上升为富农(即前任支书,现任组干兼副村长的牛明堂家),其重要原因之一就是因为当干部、朋友多、负担少的关系。将这些事情和上述的选举村长的事实联系起来一看,在某些村干部中还存在着要私情和不公道的弱点,但在本村这个现象是不严重的。例如,最近一次的扩兵,几乎全体村干部都同意应该是本村第一家大地主白茂荆的儿子去当兵,只有在区上来的干部始终不同意的情况(这中间倒是有私情在内的)之下,才没有得到通过。

自然村中的行政干部主要的就是代表和主任代表,粮秣组长一二人,自卫队分小队长一二人。一般的代表和主任代表都是比较活动的人物,因为误工很多,群众还是首先选举那些误得起工的人担任。例如在花园沟和碾子村的主任,群众对他们历来都是有些不满意的,但因为他们一是地主、一是富农,既不怕误工,也可以和公家人往来应酬一下,因此群众就心不由衷的选举他们了(代表和主任的成分第一节已有说明,兹不赘述)。至于粮秣组长,通常都是选举小心谨慎的人,他们不多言而能办事,这一类人在村民中的威信是较高的。自卫队分小队长虽然选出了,但他们的工作多半还是由主任交代表去做。

在自然村的干部中党员是不多的,在我们调查的 4 个村 16 个代表和主任中,党员只有 1 人。这不是说群众不要党员做工作,而是现有的比较活跃的党员都在行政村一级工作,其他党员也都在群众团体及其他组织里工作了。

如果在自然村一级也要实行三三制,那就只有不用民主选举而强迫的把党员塞进去,或者像制造泥人一样加工地制造几个党员出来,但这样是违反新民主主义和党的组织原则的。在这样的地方,不在忙着三三制,而是首先注重于党的工作的巩固与发展,教育党员,使在群众中的威信逐渐提高,用民主的方式去取得群众的信任。在力量还不够的地方,党员应当少于三分之一。

在村干部中还有一个特殊的干部——村的抗联秘书(实际的工作是支部书记,抗联的事情则做的很少),他的能力较强,威信也较高,对于村的工作还能起一些领导作用,重要的工作事先也能开一开党团会议。他的工作与生活的地方也在村公所,有什么事情找他和找村长是一样的。

村干部的生产是误工的很多的,在自然村中也多有不愿做干部的现象。去年,高家沟的间长完全是像派差一样的轮流担任,一年之间换了 6 个间长,每人平均两个月,后来村公所不准许,这个办法才停止了。

(四) 对于区村领导的意见

关于区村的工作与领导方面的:

第一,必须改变区村的工作内容。表格政治和纸片政治宣布下野,形式主义和文牍主义也赶快下台,更多的关心群众的实际生活与实际斗争,看看我们的工作有多少是合乎新民主主义的、合乎群众要求的。应当积极建设的——如建立民兵,优抗代耕,减租减息与交租交息,改善兵役动员,使农村负担更加公平合理,适当的某种程度的组织生产(不是像今年春耕计划那样全面的天衣无缝的表格上的"计划经济"),等等——就让他很快的发展起来;应当消灭的——空洞的表格、漫长的演说、重复的总结、无数次的会议与变幻离奇的组织形式等——就让他很快的死亡下去。已经是到了非改变我们的工作内容不可的时候了!群众对于不切实际工作是不满意的,在调查中,我们听到了一些不妙的歌谣,这就是其中之一:"八路军焖粥队,不打日本光开会!"当然,歌谣的制造者不是一般群众,而是敌视我们的破坏者,但他却能为落后的和一部分中间派的群众接受;这些歌谣虽还未普遍流行,但这样的情绪却在相当大的一部分人群中存在的,虽然不愿意当着我们直讲出来,但却也是心照不宣彼此会意的。根据第二节的材料,这种歌谣和群众中的情绪并不是全无根据的,现在再引用一个材料说明我们会议多而工作少,它是今年 4 月村选工作的

10 天之中的会议的统计。

表 9－25　花园沟行政村村选和各团体选会议统计表

项目＼名称	干部会	群众会	农救会	青救会	妇救会	公民大会	公民小组会	代表大会	政务会	合计
次数	48	24	48	24	48	12	23	1	1	
人数	384	596	723	108	844	652	985	31	13	
备考										

注：本表系村选时的统计表，从区上借来抄录的。

上列的会议只是 4 月当中的一个工作的会议，但在 4 月中，还有另外的一些重要工作也是非开会不可的呀！用整顿三风的精神来改变区村工作的内容是改善区村工作的第一个条件。

第二，明确的划定区村工作的范围。不必要的工作勇敢的停止、少一点，但是要好一点，事情一件件的做，中心宁可少些；希望很高、目标很远，但群众还不了解和不愿接受的工作就毅然放下，这是"简政"。它的内容，我们认为应当包含这样两方面：一是把不急需的工作，或名为必须而实际上是不很必须的工作暂停；二是把某些重要的工作尽量使之经常化。例如，春耕工作看起来其重要性是神圣不可侵犯的，但根据我们的实际调查，像目前这样的春耕工作我们认为是根本不需要的，我们现有的落后的经济是根本不可能如此具体的全面的计划的。事实上，农民没有我们的宣传与"组织"，也是一样的进行春耕的。我们认为帮助春耕工作就包含在适合于根据地经济发展的各种政策法令中，而没有一个上不粘天下不粘地独立的春耕工作。有力量时，我们可以发放农贷好好的组织一下抗属的代耕等等。如果办不到，就根本不必大吹大擂的做什么春耕工作，还是少开一些会少填一些表，让农民与干部们静静地去生产还好一些。这就是说，春耕工作一方面可以停止其中一部分无益的活动，另一方面，把这一工作的内容具体的贯彻到各种工作与各种正确的法令政策当中去。又如冬学工作，我们认为这也是一个收效很微的工作。虽然俗谚是"百年树人"，但目前似乎终觉有些缓不济急，上了两冬冬学的人事实上一点也不顶事，并未把他们的文化提高了。我们认为，不如把乡村的小学好好的办一下，在冬学期间小学教员多做一点工作。在精兵简政之后，群众团体方面势必要从区上减去一部分的工作人员，或者把他们加入小学的系统中，而把行政村的小学变成两个小学教员或者两个小学，这样他们也可以负担起冬学教育的责任了。又如公粮工作，我们应尽量的使之经常化，不要一年一次那样繁重的使每一个自然村都要花费很大的力量。应当设法定出一定的办法条例，好好的把村干部训练一下，让他们去做，只要能求得基本上的公平，在精兵简政的原则之下把公粮工作固定化，也是很必需的。关于扩兵工作，是否能够实行义务兵役制，也值得好好的考虑一下，目前的志愿兵役制的志愿像是我们自己加上的，事实上我们没有看见过一个志愿兵（这个问题没有经过讨论，只是个别同志提出的意见）。以上仅就几样重要工作举例说明，至于其他的一些工作，我们认为也要认真的去实行"简政"的原则。

再说"精兵"方面。村公所脱离生产的干部应当减少，但我们更重要的意见是人员的缩编，主要应从区级以上的机关开始。所谓"头大脚小"，即指我们最下层的工作人员还不是太多的意思，但是为了培养民力爱护民力,村级干部也应有某种程度的缩编或者大加缩编。大概是可以分为两种情况的裁员缩编,在大村及工作繁杂的地区可以保留如下的人员:村长、粮秣、小学教员(村书记由小学教员兼或者书记兼粮秣,总之目的在使这3人中减去1人)、通讯员各1人,而武委主任与抗联秘书应当合而为一。在事实上,他们都是半脱离生产,但却是增加人民一个全脱离生产的人员的负担。而支部书记,我们认为在支部不是特别庞大的地方,不是党的工作特别繁忙的地方,他应当兼任武委会主任的工作。事实上,武委会下的组织是目前农村中主要的群众组织,在这里最容易发现群众中的先进分子,也最容易培养先进分子,因此我们认为支部书记掌握这一部门的工作是必要的(当然如果群众中有更适宜于做武委会工作的人,还是应当由群众来担任)。依据这个计划,至少就可减去书记1人、抗联秘书1人,如果是2个通讯员的地方就可减去3人,3个通讯员的地方就可减去4人。但如果到了某种必要的时候或者村庄很小的地方,人数还可减少为村长1人、教员兼书记1人、武委主任1人,而粮秣工作则由村长自己办理,通讯员也可取消。村公所的人员自己做饭吃,而由群众负担一点担水之类的责任,这样在小村中全行政村脱离生产的人员只要3人便够了。而现在,则是村长、书记、抗联、武委、粮秣、通讯员、小学教员等,共是7人。至于合作社,我们认为不必强迫组织,在接近城镇的地方实在没有组织的必要,偏僻的乡村可以联合几个行政村组织一个流动合作社暂统货物。目前的合作社,根据花园沟的情形,没有什么用处,改善群众生活与使群众不受中间剥削等,都是我们主观主义的空想。在今天,自然经济占绝对优势的今天,群众到城镇去买一次东西,实际有旅行、看亲戚、赶热闹、吃东西等作用在内,而且农民的心理是典型的多走三家不上当的心理,总是要问上几家,讲了几次价钱之后,才能下决心买走。合作社的言不二价的办法不合农民的习惯。在商品经济极端不发展的今天,我们认为在好多地方组织合作社都是吃力不讨好的事情。有人认为合作社不属政权系统,在名义上又是自力更生,但在实际上是贸易局维持,是脱离生产而靠老百姓供给的人员,故精兵的原则对于他们也同样适用。

在目前的繁复而特别为农民所难于应付的工作情况之下,村公所的工作人员不仅不缩编,并且再加一倍也仍然会叫出"干部不够"的呼声来。我们如果囿于这种成见不忍裁员,那么减轻人民负担的目标将永无实现之一日。在花园沟村公所村摊款的干部会议上(参看会议记录四),不管村公所的人员如何希图不遵守区上的指示,而用尽一切甜言蜜语去说明减少1个通讯员为不应当时,群众却毫不为动,坚决赞成只要1个通讯员,并且把减轻民众负担的话说了一大套。

群众的情绪我们不能不顾到。不是员冗政策,而是痛下决心咬紧牙关的实行中央精兵简政的方针,人民的负担才能比现在减轻,工作才能比现在做得更好。

第三,村的民主制度还要健全起来,村政权的机构还要使它更加充实有力。村民代表会议应当有组织的进行,使它真正成为村的最高权力机关,一些大的问题都应当经过他们的讨论同意之后才做,让他们去对自己所代表的公民进行解释和说服工作。要让群众更加自愿地来参加政治接近政治,不仅能如数的出粮、出钱、出人,而且要使他们明白为什么要出粮、出钱、出人。在法令上,这方面的规定是有的,问题就在我们认真的实行起来。村政权下的各种必要的附属的组织必须很好的建立和整顿起来,这一方面可以减轻村政权的工作负担,一方面可以把更多的群众团结在我们的政权周围。在工作的周围更可以把工作做的更加完善,又可以教育群众、训练群众和组织群众,老是自己几个干部跳来跳去,是绝对跳不出什么名堂来的。而这与精兵简政的方针丝毫不相违反,为了工作不受损失,这正是补充精兵简政后不足的一面。要把村政权变成村的神经中枢,能运用自如的指挥各种组织去完成各种工作,而不要把村政权放在大海中的孤岛上竭声嘶而无人回答(现在是有点这种情形的)。如此,就必须把优抗代耕、担架运输、放哨送信、招待值日、解决租佃纠纷、救济贫民抗属等等的组织建立和加强起来,把它们变成我们村政权的一块块的坚固的基石。一切这些,就是要我们的政权更加民主化和民众化,把政权和群众熔合在一起,给他们以工作,而不是给他们以头衔。简言之,就是把中央三三制的精神(这里说的是精神,而不是死板的什么各占三分之一之类)具体的运用到我们的政权基础——村政权中去。

第四,工作制度与领导方面。应当确定领导的中心是在行政村,工作的中心是在自然村,村公所能领导全行政村的工作,而自然村的政权就能领导自然村的工作。各村的主任代表最好都是村公所委员会的当然委员(执委),代表村公所领导各自然村,不必像现在一样大家跑来跑去,甲村的到乙村,乙村的到甲村,弄得狼奔豕突的大家都不明其妙。而在执委当中可以选出数人(3人至5人)为常委,负责领导全村的工作,□□委会应□□□□□□□□性质,而凡民、财、教、建□□□□□取消,分配一定的村子去给他们领导,免去他们的身心负担。□□□□□□□□□的方式,非至不得已时不必采用(因为农村的极端分散,把这种形式完全取消,恐怕也是不可能的),抓紧几个有能力的干部(上述的村民代表会议的常委会便可以)负责一定的区域,以节省人力物力。区对于村的领导应该一元化,决定某某人负责某某村之后就不要轻易更动。区以上的政府机关有与村公所接洽的事情,一定要经过区或者得到区的介绍之后才能到村里去,不然村的头子太多,谁的命令也得服从。区及区以上的机关对村的工作的包办代替应当迅速停止,把村干部从"跟班"或"听差"的地位提高到主人的地位。"一窝蜂"和"走马灯"的方式不合精兵简政的原则,不合战斗的要求,不能积累经验,不能熟悉干部和培养干部的责任心,似应急于改正。在民主的基础上建立集中的战斗的单一的领导,这也是我们在新的战斗的环境中提出——陕甘宁边区正在实行,而且已经渐露成效的办法。

关于村干部的:

第一,改变我们对村干部的某些错误的认识。根据这个认识,终日只是唉声叹气地说"不管你有多么好的政策法令,但一到村干部的手里便完蛋了!""下级干部太不行了!"之类。这种情形如果继续下去,只有终日愁眉苦脸,并损害自己的健康,而蹉跎着自己的抱负,无法施展。我们应该相信村干部是可以而且愿意把工作负担起来的,只有我们不断的去培养和锻炼他们,不要包办和代替他们的工作,不要把希望仅仅寄托在自己身上,而把失望寄托在村干部身上,不要用形式主义和纸片政治及表格政治的尺度去测量他们,那么他们是能做他们分内的工作的。当然村干部的质还是不全符人意的,在本行政村中主要的几个村干部全是能识字的,大体上也能写,除一二人只能看简单指示外,其余的人大体上都能看懂区上的指示(如果区上的指示不是主观主义和过于深奥的话),自己也能写简单的信件和便条,在文化程度上已不能算低,在今天现有的农村的文化与政治水准已相当吸收了其中的精华。至于工作态度也还相当积极,工作任务也能努力的去完成。但某些较严重的缺点,如对于法令政策的无知、工作方式的粗鲁与率直、终日忙碌于事务主义与文牍主义等都是有的。但这些缺点上级要负大部分的责任,只要能改善,则他们也是能逐渐改正的。

第二,加强对村干部的教育和训练。应当在工作较闲和农忙的时候把一区或一县之内的村干部集中起来训练一下,就以法令政策及本区或本县的材料为教育内容,假设种种不同的情况让村干部去处理。每一个重大的工作(如公粮)在开始之前,也应调集村干部训练一下。在今天的情况之下,我们不能空嚷说村干部不懂政策法令,实则他们并没有了解政策法令的机会。只有提高村干部的能力,才能使村干部担负更重大的任务。

第三,适当的提高村干部的待遇与解决村干部家属的生活问题。现在脱离生产的村干部生活实在太苦,村摊款的小米不够吃,其他一切生活费全由自己"贴赔",这在某种意义上是鼓励村干部贪污揩油。与其大家在一块半饥半饿又不能很好的工作,还不如精兵简政之后把一部分人的待遇稍微提高,让他们工作的更好,至少要解决村干部个人的生活问题(穿衣吃饭)。他们的家属如果是勉强能过的下去的,当然可以不必有所优待;但某些村干部家里很穷,劳动力现走了一个,又无特别的优待与帮助,这不能不大大影响到村干部的情绪。因此,适当的解决村干部家庭的生活问题也是改进村工作的重要步骤。

第四,在精兵简政之后势必剩余一部分村干部,应该把这一部分人择其能力较强者转入村政权中工作,这也是提高村干部的质量的一个办法。这一部分人中,有些是半脱离了生产的,他们加入村政权后提高他们的待遇也是势所必然的。

简略言之,就是在肯定村干部的工作能力这个基本认识之下(也即要把村干部当做村干部使用),在政治上与物质上的两方面去帮助和提高村干部,解决村干部问题的全部关键似在于此。

第十编　柳叶村调查

一、阶级关系

兹将抗战以来各阶级变化列表于下：

表 10-1　抗战以来各阶级变化表

战前阶级	户数	%	地主	富农	中农	贫农	雇农	工人	商人	贫民	其他	现有阶级总户数
地主												
富农	2	5.56		2								
中农	10	27.76		1	9							
贫农	18	50.0				18						
雇农	2	5.56					2					
工人												
商人	1	2.77				1						
贫民												
其他	3	3.35									3	
总计	36	100.0		3	9	19	2				3	
战后分出户					1	2						
战后外出户												
战后外来户						2	2	2				
现有阶级户				3	10	23	4	2			3	45
现有阶级百分比				6.66	22.1	51.2	8.89	4.43			6.66	100

注：1. 分出 2 户贫农是由 1 户贫农分成 3 户，中农分出 1 户也是由中农 1 户分出。

2. 商人 1 户过去在兴县城内卖饭"开小饭馆"，1939 年回来务农。

3. 2 户外来工人中，1 户是柳匠，即编筐萝[箩]、簸箕为主要职业者，1 户是硝羊皮工人，人们都叫他皮匠。

4. 其他 3 户中，1 户是鳏夫，2 户是老寡妇。

从表 10-1 来看，抗战以来各阶级的变化是不显著的。这一方面因为没因战争影响而遭受到大的破坏，另一方面也是较偏僻的山沟里的经济发展是以极缓慢的步子向前行进的。但若透过各阶级经济的各方面来看，是不难看出各阶级内部变化的趋势的。

现在就来分析一下各阶级变化的情形及其原因。

富农在户数上虽然增加了 1 户，但整个阶层的经济力量削弱了。这种下降的原因不能不说是我们过去某些政策过"左"的影响,特别是下层干部把富农经济与地主混为一体,用对待地主的办法来对待富农,而特别加重了他们的负担。尤其是老富农中的1户负担更多(见"负担款附表"),一直到现在为止都是肩负着全村各种负担的一半,而在打顽固、四项动员及春耕借粮借款中又额外的出了更多的东西,抗战前积蓄下来的剩余已经在骑6师(赵承绶的军队,1939年在此村住一个半月糟蹋了的东西很多)的糟蹋下及我们各种动员下消耗殆尽,使其无力从事于扩大再生产(想多雇1个长工,因无余粮而不可能)。在这一点上说,对于我们整个根据地的经济发展上不能不是一个损失。而另外1户老富农,虽然家中因为有个村干部在各种负担上不很重,但他因为一些偶然的原因(如死了劳动力,娶媳妇花钱)也没有多的积蓄,又加上自1939年以来各种负担比较过去重了,所以经济上也没有更大的扩展,仍保持与战前"不差什"①的水平。而今年新从中农上升来的1户富农,虽然因为过去负担很轻、人口很少,有些积蓄又有剩余,雇了1个长工,但主要的是因为家中有一个半脱离生产的干部,而不得不雇人耕种。在经济上与过去中农时代相差是无几的,不过在剩余关系上改变了原有的成分。

中农除1户上升为富农外,其他10户中农在经济上比战前缩小了。2户中农因在1939—1940年两年内负担过重,经济上受了些创伤,去年与今年两年都在努力恢复中;他们有条件升为富农,假如客观环境不致变得更坏的话,我们的正确政策能切实执行,将来二三年内可能发展为富农。其他4户中农有因偶然的原因,如1940年和1941年劳动力都得了伤寒病;有因自然的原因,如劳动力的衰老,又如有2户在近3年内都死了人("1户是劳动力,1户是老人")。再2户因为过去经济力量薄弱,又因1户劳动力当村干部常常误事,所以虽然这两年来经济上比较活跃,但今天仍没有上升为富农的条件。由以上的情况来看,虽在抗日民主政府在政策上法令上给他们以发展的条件,但是有的因为我们过去的政策影响,如"负担重了",或者有因自然的影响,如衰老病死等原因,使他们今天在经济上仍是处在一个比较苦难的阶段上。虽然他们都在努力恢复自己的经济力量,但因战争的直接"敌人路过",间接"负担抗战勤务"的影响,仍不能顺利发展。根据去年与今年的情形看,只有2户在经济上达到战前的水平,其他8户都比战前相差很远,特别是在副业方面表现的更为明显。同时,也可预见在不久的将来,那些劳动力衰老而经济力又薄弱的中农,将在战争的直接间接影响下加速其下降。另外一些经济上具有发展条件的农户,在政府的政策法令与实际扶助下,不久会上升为富农的。

贫农比战前增加了5户,除了1户是由小商人转化而来的外,其余4户是由分家"2户"与外来移入"2户",并不是本村其他阶级变化的。然而,在贫农阶层经济上看,也有明显的变化。而有5户贫农,因为新政权得到减租减息的好处及负担的减轻已有上升的现象。如3户去年买入土地,2户租入牛、耕地面积扩大等,他们已爬上了中农阶级的边沿,假若没有突然的事变加诸,他们在明后两年一定会上升为中农的。但也有3户因为疾病、衰老、"怕动弹"等原因,也向更贫的情况变化着,这就为发展富农经济准备了另外一个条件——雇工——但在整个贫农阶层的经济上说是比战前扩大了,这种扩大的原因是我们执行了合理负担及减租减息政策的结果。这一方面减少了他们被剥削的程度,另外本身的对政府的负担减轻了。他们今天除了负一次不多的公粮外,其他有形无形负担都减轻了,而下层村政权一笔很大的开支——村摊款,他们只负担了

---

① 编者注:即"不相上下"之意。

负担分数的百分之六。由于这些原因,他们的经济大多数是上升的。

其他阶级,2户老雇农因为社会不安全而雇工的人不多,实际工资又下降很多,所以生活比过去更苦些。现在除了打短外,"大部分是靠打短",也种几垧地。其他新来的2户雇农是因为1户是雇到这里,"1户长工,1户是包月子两个月",也是除了与人作务外,自己租几垧地。2户外来的手工业工人,现在也是除了出卖手艺过活外,兼种着几垧地。其他1户小商人已转化为贫农,因为城里不安全,亦无法经营,现在专门务农了。其他3户老鳏夫或寡妇们生活上是比过去更苦了,因为他们因一方面自己的衰老而一天天更为只能吃饭不能动弹的人,另外租出的几垧地又受到了减租的影响,生活上更加困难。

总括以上各阶级变化的原因及其状况,可以得出以下几点结论:

第一,各阶级变化原因,战争的直接影响小。也有如1户小商人,而受战争的间接影响及我们政策的影响大,如负担、减租减息。其次是天然的淘汰,如病老衰亡。当然也有社会的因素,也是一个原因,如劳动力强弱等。

第二,老富农因为我们的政策有缺点,经济力削弱,有下降的趋势;中农上升还不很容易;贫农在新政权建立后,经济上有很大的发展,但因过去经济力量薄弱,还没有上升到中农的地步;其他阶级生活比战前更苦了。

第三,其他非农业阶级有转向农业方面的趋势,如手工业工人、小商人都种了地。

第四,本村的基本力量没有问题,是占户口的78%至73%的中农和贫农,特别是占户口50%～51%的贫农在政治上的优势很大,"和中农相峙"。但在经济上的优势就全村范围来说,仍是操在占全户口的5.56%～6.66%的富农手里。现在我们就从以下各节来研究这个问题。

二、人口与劳动力

表 10‐2　抗战以来各阶级人口变化表

阶级	时期	户口	1~7男	1~7女	8~14男	8~14女	15~17男	15~17女	18~23男	18~23女	24~45男	24~45女	46~55男	46~55女	56~60男	56~60女	60以上男	60以上女	总计男	总计女	合计	占全人口的百分比	每户平均人口
地主	战前																						
	现在																						
富农	战前	2	3	2	2			1	1		1	1	2	2	2	1	2		10	10	20	15.4	10
	现在	3	2		3	3		1	2	3			3	2	2		3	2	11	15	26	15.7	18.7
中农	战前	10	6	4	6	2	2	3	3	2	3	9	4	2	2	2	2	3	33	27	60	34.3	6
	现在	10	7	8	6	1	1	1	4	4	6	8	1	1	1		3	4	29	27	56	29.7	5.6
贫农	战前	18	4	7	7	1	2	2			13	10	3	5	3	2	1	4	41	40	81	46.3	4.5
	现在	23	7	6	3	3	1	1	8	6	11	11	7	8	2	3	6	5	45	43	88	46.6	3.8
雇农	战前	2				1					2	1	1	1					4	2	6	3.4	3
	现在	4	2		1	1					4	3				1			7	5	12	6.4	3

(续表)

户口与人口 阶级／时期	户口	人口																			占全人口的百分比	每户平均人口
		1~7		8~14		15~17		18~23		24~45		46~55		56~60		60以上		总计				
		男	女	男	女	男	女	男	女	男	女	男	女	男	女	男	女	男	女	合计		
工人 战前																						
工人 现在	2	1								2					1			3	1	4	2.1	2
商人 战前	1	1								1	1			1				3	2	5	2.9	5
商人 现在																						
其他 战前	3														1	1	1	1	2	3	1.7	1
其他 现在																1	2	1	2	3	1.7	1
总计 战前	36	17	11	15	9	5	6	9	9	25	23	10	10	7	7	4	8	92	83	175	100	4.9
总计 现在	45	19	17	13	5	2	3	14	13	23	25	10	12	3	7	12	11	96	93	189	100.1	4.2

表 10-3　抗战以来人口增减比较表

人口增减 类别／年代	增加						减少						增减比较	
	生育		外来		娶入带来		死亡		参加		嫁出	离婚	增(+)	减(-)
	男	女	男	女	女	男	男	女	我军	友军	女	女	男	女
1937	4	1			2		1	1		1			+2	+2
1938	1	1			3		2	3	1		1		-2	0
1939	1	5			3		1	5	3	1	2		-4	+1
1940		1			1		3	6	2			1	-5	-5
1941	5	5	2	2	4	1	1	6	1			1	+6	+4
1942	2		8	8			2						+8	+8
合计	13	13	10	10	13	1	10	21	6	3	3	2	+5	+10
附注	1. 带来的系指其母嫁随到其继父家里的。 2. 我军系指八路军及新军,参军9人中有富农2人、中农3人、贫农4人。 3. 离婚项中1940年的1个是因没吃的,而其夫还使了钱的。 4. 去年与今年还有1个在外村当长工,减少项中遗漏,故实增10人。													

从上列两表来看,战后人口比战前增加了14人。从表10-2增加的人口看,在年龄上是1~7岁的婴儿及60岁以上的老年人为多,一共增加了19人;而在性别上看,女的又比男的增加的多,实增人数中女的当男的两倍半。我们若分析一下增加的原因,就知道农村的人口究竟是增加了还是减少了。

表10-3告诉我们,生育的数目是供给不上死亡的,死亡竟为生育的119%强,这样高的死亡比例恐怕在其他地区是很少见的。值得注意的,这样大的死亡并非由于战争伤亡,而是因为老百姓所说的"天命"——病所致死的。在死亡的31人中,只有一位老汉是1940年被敌人杀死的,其他30人中,除了婴儿没"疯"(?)死者外,余皆是老百姓所认为的无法医治的伤寒(?)而死的(1岁的1个,1~7岁的5个,8~18岁的3个,其他的是壮年与老年)。那么,人口的增加就是靠娶入及外来的了。若把娶入的及嫁出的、离婚的相抵消后,6年来共增加8口,而外来的2年内就有

21 口("带来"的 1 口在内)。由此可知,该村人口增加主要的原因是靠"外来"的了。但是,这种所谓增加只有从这个村子的范围说才有增的意义,若把这范围稍微扩大到兴县所辖区域看,就不是增加而是减少了(就是 2 户在外县的户籍几年来也是在兴县,更不用说从这区迁到那区的了)。

现在我们再来分析一下,这些所谓"外来"的究竟是些什么人及其外出的原因是什么。从阶级关系变化看,我们已经知道 6 户外来户是贫农、雇农、工人各 2 户,而雇农与工人除了出卖自己劳动外,还多少或租或伙些地种着,这就给靠"手艺"吃饭的 5 人在时间上与地区上有了某些不自由。分析他们外出的原因有以下几种:① 以雇工为主而兼租土地为辅者 2 户;② 以出卖"手艺"而兼租种土地者 2 户;③ 专为租地者 1 户;④ 以租地为名而逃避兵役为实者 1 户。由以上外出的原因看,以谋生为主者最多,怕当兵的只有 1 户,怕负担的没有,因为这些人负担是很少的,有的就根本没有。

把上列两表与其增减的情形总起来看,就可发现下面的情形:

总人口虽然增加了,但每户平均人口却减少了。这除了"外来"户数的增多及人口绝对减少的原因外,"分家"不能不是其中原因之一。虽然抗战以后只有分出户 3 家,然而兄弟(成年)同居者只有 1 户 15 口人的富农,这是有其另外的原因者(老的老、小的小,而且没有主妇),不能作为一般的现象,其他能分家的户都是"另开"居住着,所以农民经济单位日益走向缩小趋势是隐约可见的。

从外来户的增加上看,农村人口的流动性虽然没有都市那样厉害,但这几年中也不少,特别是去年和今年表现的明显。而从外来户过去的职业及居住的地区看,还可看到从城市(4 户)及交通要道的村庄(2 户)向偏僻的山沟流动的情形,并由其他职业(工)转向农业的现象;但是一旦与该地区的土地发生关系就会使流动时间停止或延长,这种流动的原因是直接间接受着战争的影响。

壮年男子的减少也是一个人口变化较显著的现象,虽然两年来增加了 6 个壮年男子,但仍比战前数目少 2 个。这种减少的原因,上表已明显的告诉我们,是由于参军所致。这在经济上的影响在以下几节就明显的表现出来,现在只看人口的变化给予劳动力的影响。

人口的变动给予劳动力什么影响呢? 请先看表:

表 10-4 抗战时期各阶级劳动力变化表

阶级	时期	户口	全劳力	占全部男子劳动力的百分比	辅助劳力	占全部男子辅助劳动力的百分比	妇女辅助劳力	占全部妇女辅助劳动力的百分比	男子全劳动力	男子辅助劳动力	妇女辅助劳动力
地主	战前										
	现在										
富农	战前	2	4	10.53	1	8.33	4	11.11	2	0.5	2
	现在	3	3	5.53	2	10.00	8	17.39	1	0.7	2.7
中农	战前	10	11	28.95	6	50.00	13	36.11	1.1	0.6	1.3
	现在	10	8	22.86	8	40.00	16	34.78	0.8	0.8	1.6

(续表)

阶级	时期	劳动力 户口	男子劳动力				妇女劳动力		每户平均劳动力		
			全劳力	占全部男子劳动力的百分比	辅助劳力	占全部男子辅助劳动力的百分比	妇女辅助劳力	占全部妇女辅助劳动力的百分比	男子全劳动力	男子辅助劳动力	妇女辅助劳动力
贫农	战前	18	21	55.26	4	33.33	18	50.00	1.2	0.2	1.0
	现在	23	20	57.14	8	40.00	19	41.30	0.9	0.3	0.8
雇农	战前	2	2	5.26	1	8.33	1	2.74	1	0.5	0.5
	现在	4	4	11.43			3	6.52	1		0.8
工人	战前										
	现在				2	10.00				1.0	
商人	战前										
	现在										
其他	战前										
	现在										
总计	战前	36	38	100.00	12	99.99	36	99.96	1.1	0.3	1
	现在	45	35	99.93	20	100.00	46	99.99	0.8	0.4	1

注:本表以实际参加农业劳动者计,小数两位后四舍五入,故百分数总数与100略有出入。

从表10-4看,男子全劳动力减少了,男子辅助劳动力与妇女辅助劳动力却增加了。各个阶级减少与增加的情形也是不相同:富农男子全劳动力减少的比例较其他阶层为多,妇女辅助劳动力增加的比例也比其他阶层为大;而贫农的男子辅助劳动力增加的比例较大,妇女辅助劳动力增加的比例则很小。这种男子全劳动力减少的原因从人口增减的表上可以看出,是因为壮年男子参军所致,劳动力这样变化的结果可以看出劳动力质量的改变,这对于农业生产是不利的。

至于人力动员问题。根据我们调查,在不大妨碍其现在生活条件下可以动员出3人(中农1人、贫农2人),这3人中有1人在外村佣工(当兵是一个原因),同时也是这3个人最适合于服兵役条件的。此外,在必要的时候还可以动员到5～6人,但是应有很好的优抗工作,否则生活较难维持。

将人口与劳动力合起来观察,在人口与劳动力的分配上各阶层是不平均的。无论在人口与劳动力的分配上,富农都较其他阶层为多,而中农又比贫农为多,只有壮年男子辅助劳动力上中农稍多于富农。

三、土地占有与使用问题

(一) 各阶级土地占有的变化

为了说明方便起见,先来看各阶级土地占有变化表(表10-5)。

表10－5 抗战以来各阶级土地占有变化表（一）

阶级	时期	户口	人口	梁地上	梁地中	梁地下	塌地上	塌地中	塌地下	平地上	平地中	平地下	水地上	水地中	水地下	荒地	总计（注一）	每户平均	每人平均	%（注二）	备考
富农	战前	3	20	205	156	155		9			1				2	69	618	309	30.9	38.2	
	现在	3	26	217	153	157		9			1				2.3	82	645	215	24.81	39.57	
中农	战前	10	60	111	133	202.5									1.3	100.5	557	55.70	9.28	34.4	
	现在	10	56	98	118	182.5									1	83.5	491	49.1	8.77	31.12	
贫农	战前	18	81	61.5	69	164									0.17	59	355	19.72	4.37	21.5	
	现在	23	88	68.5	81	214									0.17	53	421	18.3	4.74	25.83	
雇农	战前	2	6			2											2	1	0.33	0.12	
	现在	4	12			2											2	0.5	0.17	0.12	
商人	战前	1	5	3	3	8											14	14	28	0.87	现有2户4人工人，没有土地，表中遗漏，总户数与人口仍将其计算在内，每户每人平均算土地时亦算在内。
	现在																				
其他	战前	3	3	8	21.5	21.5									3.47	20	171	23.67	23.67	4.31	
	现在	3	3	8	21.5	32.5									3.47	9	171	23.67	23.67	4.31	
总计	战前	36	115	388.5	382.5	553		9			1				3.47	248.5	1617	44.92	9.24	100	
	现在	43	189	391.5	373.5	588		9			1				3.47	227.55	1630	36.22	9.06	100	

注一：各种土地折合为中梁地计算。
注二：各阶级土地占总土地百分比。

从表 10－5 看,土地占有变化是不大的。此村土地主要是梁地,其他种类的土地是占着非常小的数目,全村占有土地的数目比战前增加了 13 垧。现在就从各阶级占有变化来分析:

富农由于户数的增加,土地占有的数量与质量都有了些变化。虽然去年有 1 户出卖自己耕地 21 垧,但整个阶层占有的数目仍是绝对增加了。

中农占有土地数量减少了。这是因为 1 户上升为富农,另有 1 户于去年冬季卖出熟荒地 18 垧。

贫农的土地比战前增加了。其增加的原因,首先是去年冬有 3 户买入土地 52 垧(内有买入外村的 13 垧),其次因战前 1 户商人于 1939 年弃商归农而增添了 14 垧。

其他如雇农、鳏寡的土地,几年来没有什么变化。

由此我们看出,各阶层土地占有变化的原因主要是买卖,其次是 2 户所属阶层的变化,其他如开荒及回赎也有一些,但其所有权并未变动。

我们分析了变化的原因,现在将看占有的情形:

各阶级土地的占有虽不像某些地区那样悬殊,但各阶层占有的情形还是有着极大的差别。抗战前后,占户口 5.56%～6.66% 的富农则占有土地的 38.2%～39.5%,而占户口 50%～51.3% 的贫农仅占有土地的 21.5%～25.3%。若以整个阶层的平均数来看,富农与贫农相差在 12～16 倍以上。富农每户平均占有 215～309 垧,贫农每户平均只有 18.3～19.2 垧,相差也有 12～16 倍之多;而中农每户平均占有也为贫农的 2.5 倍以上,由此看出富农与中农之间的差别也在 5 倍以上了。若把中农与贫农合起来,则占户口的 78%～73% 以上,但也只占 55%～56% 的土地。所以,从数量上看,土地是相当集中在富农手中的,若在土地的质量上,则这种情形更为明显。

抗战前富农所有上梁地占全村上地的 52.77%,现在则占 55.4%,即一半以上的好地为 5.56%～6.66% 的户口所有,而占户口 50%～51.3% 的贫农仅占有上梁地 15.83%～17.45%。中农虽然上梁地的比例较贫农为多,但也只有富农的一半多些,而且是从战前的 28.5% 降为现在的 25.3%。所以说,好地是集中在富农手中的,更不用说富农所有上梁地与贫农的上梁地之间的巨大差别了。

(二) 土地买卖与典当

土地买卖与典押的材料在这里很少。从 1931 年到 1941 年是没有买卖的,一直到去年冬天才有买卖土地的情形。典地在抗战后是没有的,只有在抗战前一年有 2 宗典地的情形,并于 1941 年赎回来。现在根据这几户的情形来分析一下,首先就从卖户说起。

富农 1 户卖出土地的原因是因为有病人要用钱,地是由户主的儿子(病人)出卖的,这在当时是分给了儿子的(那时是半分家,现在又合在一起)。但出卖土地的权力还不能由儿子做主,为此父子两人曾闹了一场,谁知道其子就因此一命呜呼了。这块地不仅是耕种的地,而且还有上地 4 垧、中地 5 垧,其余 12 垧为下地,共计 21 垧,卖价总共 58 元白洋。中农 1 户卖出熟荒地 18 垧,原因是为了给儿子迎媳妇,卖价 24 元白洋。另外 1 户是外村在该村的荒地 16 垧(实际是 13 垧),共卖价 16 元白洋。卖出户是黑峪口的地主,其出卖原因据买主谈是因为地不好出租,又没有人种,而自种则又太远(20 里),若听其荒着只有"白完粮钱",所以不如卖掉的好。

其次，再看买入土地的 3 户贫农，这 3 户贫农所以要买入土地，是因为自己没有地或有地很少（2 户共有地 14 垧，其中 1 户无地），所以他们买入土地是为自种的。他们买地的货币来源是不同的：1 户是自己的女儿被人家"问下"，收聘礼（即卖价）30 元，又将自己牛卖出，得 34 元；1 户是将自己多年的积蓄——1 头小牛及 1 只绵羊作价 24 元；1 户是将自己节吃俭用下的 4 斗小麦及 1 只绵羊凑成了 16 元。

从上面买卖双方的情形看，土地的买卖是不发达的。农民非至万不得已时，是不肯将维持当代子孙生命的泉源让给他人的，这和农村经济不发展，特别是商业资本不发展密切关系着的。同时，也可看到农民要买入几垧地也是需要几年的积蓄（特殊者例外），这对于收入不多而每年剩余很少的贫农更加不是容易的，这也说明由贫农上升到中农是如何艰难的啊！

其次，土地的价格是很低的，最高者每垧不过 2.76 元，最低者只 1 元（按实际垧数算，也只 1.23 元），平均每垧 1.81 元。这里虽然没法与战前的价格来比较，但其价格比战前低是可以肯定的（从下面典价也可看出）。如若以每垧收入 1.5 斗细粮来说，按现市价就得到 4.5 元白洋，就是种一年除了消耗的劳动力、畜力、肥料、种子外，还有剩余。那么，土地价格的低廉到底有些什么原因呢？这里除了因为社会秩序不安定影响到价格的低廉不说外，专就土地本身与本村的情形来分析一下：

从土地的质量上说是很差的，其中只有 21 垧是耕种的地，其他 31 垧均系荒地，而且荒的时间都在七八年以上，这不能不使价格低廉。同时，决定地价高低的一个重要标杆是产粮的多少，而抗战后一般土地的产粮都低落了，这也会影响到地价的低落。从此村各阶级占有的土地情形看，各阶层对于土地的需要似乎是不迫切的，富农不用说，贫农每户平均还有 18 垧之多，而使用土地平均在 26 垧以上。从外来户的增多上也可证明此村的土地是不缺乏的，同时，拥有较多的资本的富农已 10 余年不买入土地，又加上几年的负担，从事于扩大再生产已感到力所不及，哪还有剩余资本来买入土地呢？这些条件不能不使地价变的特别低下。

现在我们再看看 2 户典地的情形。抗战前一年（1936 年）2 户贫农典出的土地均为当时 1 户上升的中农所典进，2 户土地共 17 垧，典价共 92 元省钞，每垧平均典价 5.41 元（当时与白洋比价相等），而典出的原因是因为"问媳子"及死了人。典进者当时虽不太急需使用土地，而且多几十垧地却是可能的，并且开始时均系押地形式，即"押地借钱"，月利 3 分，但因到次年没钱上利，才把土地的使用权让与债主。那时并未另写契约，只是用嘴说定："将来什时有钱什时赎地。"从此即变为"钱无利、地无租"的典地形式了。一直到了 1939 年的冬天（阴历）大花脸垮台的时候，又用同样数目的省钞赎回来。

从上面典地的情形来同放利钱比较研究一下，看看是利息高还是收益高。若把 92 元作为利钱放出，月利 3 分，以一年 12 个月年利计息，每年利息 $=92\times3\div100\times12=33.12$ 元。若种地 17 垧，以每垧 3 年（1937—1939 年）平均产量 3.8 斗计算，每年可收粮 6.46 石粗粮；耕地 17 垧需牛工 12 个，按每个牛每日用草连料 0.25 斗黑豆（这里暂且算为杂粮），共计 3 斗，以 17 垧费去 120 个人工且每人按 4 个月计算，每月以粗粮 1.5 斗，计 4 个月共用去杂粮 6 斗，若除去种子 1.9 斗（平均每垧需 1.0 升），则每年纯收入粗粮 $=6.46-(0.3+0.6+0.19)=5.37$ 石。按当时 3 年平均市价可卖 16.41 元，按 3 年白洋与省钞的平均比价是 1:2.4，故折合省钞则为 $16.41\times2.4=39.38$ 元。假如若将柴草的收入及副业（瓜豆之类）计算在内，恐怕会比放债的利息要更高些。

根据以上买卖典押土地情形看,将会得到以下的推论:

放债(高利贷月利3分)不如典地(这将使借贷日趋消灭),典地不如买地(这将使典地绝迹)。

(三) 土地占有与劳动力占有之间的矛盾

关于土地占有与劳动力占有之间的矛盾,可以从下表看出,只有富农与雇农之间明显些,在中农和贫农两阶层并不显著。解决土地占有与劳动力占有之间的矛盾就是富农大量出租土地,抗战前出租土地占所有地的40.13%,现在占39.22%。

表 10-6　土地占有与劳动力占有比较表

阶级	时间	户口	土地占有数	劳动力占有数	劳动力能使用土地数	剩余土地			不足土地			备考
						数目	占有土地百分比	每户平均	数目	占有耕地百分比	每户平均	
富农	战前	2	618	4.5	135	483	78.3	241.5				① 战前尚有1户小商人占有土地14垧。② 劳动力是将2个辅助劳动力折合1个全劳动力。③ 每个劳动力平均使用25垧,富农、中农1个劳动力使用30垧,贫农使用20垧。注:本表劳动力系指实际参加劳动者。
	现在	3	645	4	120	525	81.4	175				
中农	战前	10	557	14	420	137	24.6	13.7				
	现在	10	491	12	360	131	25.5	13.1				
贫农	战前	18	355	23	460				105	29.8	5.83	
	现在	23	421	24	480				59	13.9	2.57	
雇农	战前	2	2	2.5	50				48	96.0	24	
	现在	4	2	4	80				78	98.0	19.5	
工人	战前											
	现在	2		1	20				20		10	
其他	战前	3	71			71		23.67				
	现在	3	71			71		23.67				
合计	战前	36	1617	44	1100	691	42.8	15.4	153	8.5	4.3	
	现在	45	1630	45	1125	727	44.6	16.2	157	8.7	3.5	

(四) 土地使用

兹将各阶级土地使用变化列于表10-7。

从表10-7看,全村的耕地面积比战前增加了,而每户使用面积却比战前减少了。这并不是每户农家的面积比战前缩小了,而是外来户雇农工人的增加影响到每户使用平均面积的减少,但各阶层使用土地却有增加和减少的不同。富农虽然增加了1户,使用土地只比战前增加了18垧,由此可知其他2户富农的使用土地面积是减少了,但不像表中每户平均使用土地数字告诉我们的那样厉害,这也是因受上升户的影响所致。中农使用土地绝对的减少了,这是因为2户劳动力渐渐衰老了。贫农使用土地却比战前增加了很多,相当于战前的140%,这种增加的情形有以

表 10－7　各阶级土地使用变化表

阶级\项目	地主		富农		中农		贫农		雇农		贫民		工人		商人		其他		合计	
时期	战前	现在	战前	现在	战前	现在	战前	现在	战前	现在	战前	现在	战前	现在	战前	现在	战前	现在	战前	现在
总户数			2	3	10	10	18	23	2	4				2	1		3	3	36	45
自种土地（垧）			301	310	390.5	332.5	248	353	2	4							2	4	943.5	1003.5
自种户			2	3	9	9	15	20	1	2							1	2	28	36
租进土地（垧）				9	72	97.5	214	255		28				11					286	400.5
租进户				1	1	3	14	19		3				1					15	27
伙进使用土地（垧）							10							6					10	6
伙进户							1							1					1	1
典进使用土地（垧）					17														17	
典进使用户					1														1	
共使用土地（垧）			301	319	479.5	430	472	608①	2	32②				17			2	4③	1256.5	1410
每户使用土地（垧）			150.5	106.33	47.95	43	26.22	26.43	1	8				8.5			0.67	1.33	34.90	31.33
备考																				

备考：① 内有今年开的荒地 2 垧；② 内有今年开的荒地 28 垧；③ 内有今年开的荒地 2 垧。

下几个原因:第一,劳动力比战前稍多了。男子全劳动力比战前减少1个,而男子辅助劳动力却比战前增加了4个。要维持一定生活的贫农就不能不有一定的粮食收入,但在劳动力质量变坏而不能在耕种技术上求得粮食增产的情况下,就只扩大耕地面积的一途了。第二,抗战前的1户商人及1户贫农(那时未正式种地)转入农业生产,共增加耕地面积32垧。第三,政府奖励开荒,今年开垦荒地32垧。

富农虽然有扩大耕作面积的想望,但因为资本与劳力不足也不能实现。比方富农张进升说:"假如今年年成不坏,公粮再减轻些(因去年公粮较重),往年①就喂2个牛,雇3个长工。"同时,在租出土地方面也只见增加的现象(表附后)。

由于质量好的土地大部分都是掌握在富农手中,所以在使用土地上,富农自种的多为好地,而贫农租进的则多属下地。请看下表,即可明白。

表 10－8　抗战以来各阶级自种土地变化表(二表附表之一)

阶级\自种土地种类\时期	时期	户口	梁地			塌地			平地			水地			荒地	总计(注一)	％(注二)	每户平均	备考
			上	中	下	上	中	下	上	中	下	上	中	下					
地主	战前																		
	战后																		
富农	战前	2	175	54	39	9				1				2		301	31.90	150.50	
	战后	3	185	45	44	9				1				2.3		310	31.91	103.33	
中农	战前	9	111	133	132									1.3		390.5	41.39	43.38	
	战后	9	116	108	117.5									1		332.5	37.23	36.92	①中塌地1垧折合中梁地1垧半,中平地折合中梁地1垧半,下水地1垧折合中梁地9垧。②小数点后两位四舍五入。
贫农	战前	15	41.5	61	117									0.17	18	248	26.26	17.56	
	战后	20	68.5	78	139									0.17	38	325	33.45	16.25	
雇农	战前	1			2											2	0.21	2	
	战后	1			2											2	0.20	2	
工人	战前																		
	战后																		
商人	战前																		
	战后																		
贫民	战前																		
	战后																		
其他	战前	1	2													2	0.21	2	
	战后	2	2												2	4	0.40	2	
总计	战前	28	337.5	248	290	9				1				3.47	18	943.5	99.97	33.83	
	战后	35	353.5	231	302.5	9				1				3.47	40	973.5	99.99	27.81	

---

①　编者注:即"明年"。

表 10－9　抗战以来各阶级租进土地变化表（二表附表之二）

阶级	租进土地种类 / 时期	户口	梁地 上	梁地 中	梁地 下	塌地 上	塌地 中	塌地 下	平地 上	平地 中	平地 下	水地 上	水地 中	水地 下	荒地	总计（注同前）	%（同上）	每户平均	备考
富农	战前	2																	
	战后	1		5	4											9	1.9	9	
中农	战前	1	17	13	42											72	27.08	72	
	战后	3	22.5	19	56										8	105.5	22.5	35.17	
贫农	战前	14	27	34.5	122.5										25	249	77.57	21.56	土地折合法与小数点计算均同前表
	战后	19	32.5	73.5	149										44.5	299.5	64.00	15.36	
雇农	战前																		
	战后	2		8	20										5	33	7.10	16.5	
工人	战前																		
	战后	2		3	14										4	21	4.50	10.5	
总计	战前	10	44	87.5	164.5										25	321	100	26.6	
	战后	20	55	108.5	243										61.5	468	100	16.71	

表 10－10　抗战以来各阶级伙进土地变化表（二表附表之三）

阶级	伙进土地种类 / 时期	户口	梁地 上	梁地 中	梁地 下	塌地 上	塌地 中	塌地 下	平地 上	平地 中	平地 下	水地 上	水地 中	水地 下	荒地	总计	%	每户平均	备考
富农	战前																		
	战后																		
中农	战前																		
	战后																		
贫农	战前			10															
	战后																		
雇农	战前																		
	战后																		
工人	战前																		
	战后			8															
商人	战前																		
	战后																		
其他	战前																		
	战后																		
总计	战前			10															
	战后			8															

表 10-11　抗战以来各阶级典进土地变化表（二表附表之四）

阶级\时期	典进土地种类	户口	梁地			塌地			平地			水地			荒地	总计	％	每户平均	备考
			上	中	下	上	中	下	上	中	下	上	中	下					
富农	战前																		
	战后																		
中农	战前				17														
	战后																		
贫农	战前																		
	战后																		
雇农	战前																		
	战后																		
工人	战前																		
	战后																		
商人	战前																		
	战后																		
其他	战前																		
	战后																		
总计	战前				17														
	战后																		

　　土地占有与土地使用之间，各阶层都有矛盾，这种矛盾在富农与贫农两阶层表现得最为明显。抗战前后富农使用土地都未到占有地的 50％，贫农使用土地与占有的差额战前还不很厉害（与 5 户租入地未计有关系），而现在却很显著，使用地已为占有的 142.1％（与外来户的增加有关系）。换句话说，即在使用土地内要有 30％以上是租进或伙进的。为了便于说明起见，兹将土地占有与使用的比较表附后。

表 10-12　土地所有与土地使用比较表（三）

阶级\时期\项别	地主		富农		中农		贫农		雇农	
	战前	现在	战前	现在	战前	现在	战前	现在	战前	现在
户数			2	3	10	10	18	23	2	4
土地所有			618	645	557	491	355	421	2	2
每户平均数			309	215	55.7	49.1	19.92	18.3	1	0.5
土地使用数			301	319	479.5	430	472	608	2	32
每户平均数			150.5	106.33	47.95	43	26.22	26.43	1	8
使用为占有土地百分比			48.4	49.6	86.5	87.8	132.9	142.1	100	
备考										

　　解决这种矛盾的办法就是土地的租出和租入，今年又有开荒地。在整个村说起来，占有地与使用地之间的差别并不大。抗战前全村所有土地 1617 埫，除去荒地 248 埫外，只有耕地 1369

垧,而使用面积即达 1206 垧(还有 5 户未计入,约有 50~60 垧);现在全村所有土地 1630 垧,除去荒地 215 垧,只有耕地面积 1415 垧,而今年使用面积达 1410 垧(以上小数均未计)。可见全村的土地是能供全村使用的。

土地使用与劳动力占有之间的差别固然没有像土地占有与劳动力占有那样显著,但各阶层的情况是有很大不同的,请见表 10 - 13:

表 10 - 13　各阶级土地使用与劳动力占有比较表

阶级	时期	户数	使用土地垧数	所有劳动力(个)(注二)	使用土地所需劳动力(个)	剩余劳动力 数目	剩余劳动力 %	剩余劳动力 每户平均	不足劳动力 数目	不足劳动力 %	不足劳动力 每户平均	实际剩余或不足 剩余	实际剩余或不足 不足
富农	战前	2	301	4.5	10				5.5		2.75		
富农	现在	3	319	4	10.6				6.6		2.2		
中农	战前	10	479.5	14	16				2		0.2		
中农	现在	10	430	12	14.5				2.5		0.25		
贫农	战前	18	472	23	16.5	6.5							
贫农	现在	23	608	24	20	4		0.17					
雇农	战前	2	2	2.5	0.1	2.5		1.25					
雇农	现在	4	32	4	1.5	2.5		0.63					
其他(注一)	战前	4	2		0.1								
其他(注一)	现在	5	21	1	1								
合计	战前	36	1256.5	44	42.7	9			7.5			1.5	
合计	现在	45	1410.0	45	47.6	6.5			9.1				2.6
附注		注一:"其他"指农民以外的阶层。 注二:2 个男子辅助劳动力折合 1 个劳动力。 注三:富农、中农每个劳动力耕 30 垧,贫农耕 20 垧。											

从表 10 - 13 看,在战前劳动力尚有些许剩余,现在已略感不足,这种变化的原因是由于壮年男子的参军所致。根据本村情形,现在劳动力的发挥已达到最高的程度。而且富农的每个劳动力虽有耕 30 垧的条件,但其发挥的程度是比中贫农都差的,又加上战争直接间接影响生产时间,劳动力的不足恐不止表中所列数字。

四、租佃关系

(一) 土地租佃

租佃在这村是相当的发展。在战前,只有 5 户中农、2 户贫农及 2 户雇农没与租佃发生关系外,75% 的户数都卷入租佃问题中。在战后,这种情形仍在不断的发展,今年只有 3 户中农、2 户雇农及 1 户鳏夫没与租佃发生关系外,发生租佃关系者已达总户数的 86.66%。在土地租进租出的数量也比战前增加:在租出土地上(伙种户未计),由战前的 398 垧增加到现在的 423 垧,比战前增加了 6.3%;在租进土地上,由战前的 371 垧增加到现在的 468 垧,比战前增加了 53.1%。现在我们就看下面的统计表吧!

表 10‑14　抗战以来各阶级土地租出变化表(四表附表之一)

阶级	时间	户口	梁地 上	梁地 中	梁地 下	塌地 上	塌地 中	塌地 下	平地 上	平地 中	平地 下	水地 上	水地 中	水地 下	荒地	总计(注同前)	%(注同前)	每户平均	备考
地主	战前																		战前伙出 10 垧地与战后伙出 8 垧已计入租出土地垧数内。自己有病,并将其种的地计算一起,共 31 垧
地主	现在																		
富农	战前	2	20	60	148										20	248	61.28	124	
富农	现在	2	30	50	147										26	253	58.7	126.5	
中农	战前	2	2	4	56										4	66	16.18	33	
中农	现在	2		8	59										8	75	7.25	37.5	
贫农	战前	1	12	8	11											31	7.60	31	
贫农	现在	6			40										3	43	9.90	7.19	
雇农	战前																		
雇农	现在																		
工人	战前																		
工人	现在																		
商人	战前	1	3	3	8											14	3.43	14	
商人	现在																		
贫民	战前																		
贫民	现在															49			
其他	战前	2	8	20	21											49	12.01	24.5	
其他	现在	2	8	20	21										11	60	14.85	30	
总计	战前	8	45	95	244										24	408	100.5	51	
总计	现在	12	38	78	267										48	431	100.78	35.92	

注:各阶级租出地占租出地的百分比

表 10‑15　各阶级租进土地变化表

租进土地		富农 战前	富农 现在	中农 战前	中农 现在	贫农 战前	贫农 现在	雇农 战前	雇农 现在	工人 战前	工人 现在	总计 战前	总计 现在
梁地	上			17	22.5	27	32.5					44	55
梁地	中		5	13	19	54.5	73.5		8		3	67.5	108.5
梁地	下		4	42	56	92.5	149		20		14	134.5	243
梁地	荒		8	20	44.5				5		4	20	61.5
总计			9	72	105.5	249	299.5		33		21	266	468
各阶级租进地占总租地百分比			1.9	27.08	22.5	72.92	64		7.10		4.50	100	100

(续表)

租进土地	富农		中农		贫农		雇农		工人		总计	
阶级 时期	战前	现在	战前	现在	战前	现在	战前	现在	战前	现在	战前	现在
租进户数	1	1	3	14	19		2		2		10	28
每户平均		9	72	35.17	17.78	15.76		16.5		10.5	26.6	16.71

注:战前 1 户伙种 10 坰地及现在伙种 8 坰均计入租进地内

租出土地增加的原因主要是富农的自种土地面积缩小了,这种缩小的原因曾于前面述及。其次是今年有 3 户贫农将自己较坏的荒地出租给外来户,这 3 户贫农中,有 2 户是因为去年冬买进的荒地自己没有种完(因为租着较多较好的地来种),一共出租了 18 坰。

从租进土地的变化表看,租进地增加主要是贫农和雇农及工人。由此可知,是因为外来户的增加及贫农耕地面积的扩大,这样扩大的原因上节已述及,这里不再重复。富农 1 户租进 9 坰,是刚上升的富农,自有地尚不足用。

在此村租佃问题上,有着两个较显著的特点。第一个,佃户经常的变动,租本村地的佃户租用同一块土地的在 3 年以上者只有 3 户。这种变化大的原因有两种相反的情形:一种是佃户务地务的很好,等土地培植得较好时,业主就想收回去自种,即使自种不了自己的土地,也将其他较坏的地另租出去。这种情形中农与富农都有,不过富农较多些。一种是佃户务地很不好,常是使地荒着,有的是怕将来租子越来越少了,即将地收回转租别人,用这种情形收回土地的富农最多;有的怕将地务坏了,将来收回自种时不好,因这种情形收回土地转租别人的多是劳动力不足或其他原因而较短期出租的中农与贫农;其他如双方的感情不和也有收回的,但毕竟是少数。第二个特点是租本村地没有租约。虽然去年曾经发动一次轰轰烈烈的写约与换约运动,但租进租出本村土地的仍大多数没有写,这是因为都是本村的人谁也知道谁,大家都姓任的高的缘故。

但是,租入外村地的恰和上面的情形相反。抗战前几年,4 户租黑峪口的佃户至今仍然继续租种着,这些土地在产量比其他租地高的很多(每坰相差 1 斗左右)。其次,都有租约,去年并且都换过了新约。租进外村土地的情形在去年和今年两年都在增加着,同时租出外村的地也是增加的。抗战前租进外村地 98 坰,现在租进 131 坰,抗战前租出外村地 51 坰,现在租出外村地 94 坰。

至于租佃的形式及租子的形式都比较单纯。租佃的形式一般的都是活租,定租制很少,只是今年才有 2 户是死租,不惟不因年成而使租子减少,并且规定连减租都不能影响租子的少交。不过,这种死租的租额很低,每坰地平均还不到 4 升(1 户租 2.2 坰地 1 斗租子,每坰租子 4.6 升;1 户租 4 坰地 1 斗租子,平均 2.5 升)。其他习惯上都说是死租的,其实都是活租,因为不惟年成不好租子可以少交,就是人为的原因而产量少了,租子也是少交的。关于地租的形式,只有物租一种。

在这村里,伙种地是很少的。战前与现在都是 1 户,而且地的数量也很少。伙种的条件是地主只出土地,其他均由伙种户出;战前分益是对半分,现在是四六分,地主四伙种户六。推其原因有两点:第一,租出地的质量一般都很坏,若要是地主分多了,伙种户也不干,若是地主分的少了,那还不如租出去好,也免得麻烦;第二,租出的土地,根据我们的调查,坰数都是不足的,租出地可以按土地的虚数收租子,但伙种却是按实种地数分益,所以两相比较,租出地实际上并不比伙种分进的少。

(二) 租率的变化

抗战以来租率有了很大的变化,这种变化的情形是我们决定减租政策时须要注意的问题,兹将我们调查的情形列表于后:

表 10 - 16　抗战以来租率变化表

年代	项别 成分		中农	贫农	雇农	其他	平均	附注
1937	产量	数目	3.9 斗	4.2			4.08	1. 产量是以租入地每垧平均产量算,单位是斗。 2. 1937 年产量与租率均作为100。 3. 雇农与其他因无 1937 年租地的数据,和战前比,在合计项内平均产量与租率均将雇农与其他的产量与租率合计在总平均数内。
		%	100	100			100	
	租率	数目	20.82	19.79			20.07	
		%	100	100			100	
1940	产量	数目	2.5	2.3	1.8		2.39	
		%	64.10	54.76			58.58	
	租率	数目	33.28	52.83	47.64		47.21	
		%	159.84	268.92			235.23	
1941	产量	数目	3.2	3.4	1.8	2.7	3.4	
		%	82.05	80.95			83.57	
	租率	数目	27.95	29.71	31.82	33.33	28.68	
		%	134.24	150.18			142.89	

从上表看,抗战后租率比战前提高了,即使将 1940 年作为特殊年份,而仅以去年的情形看也比战前增加了。贫农比中农提高的更多些,平均也比战前提高了 42.89%。同时,从上表也可看出这种增高的原因,主要不是由于租额的增加而使租率绝对的提高,而是由于产量的降低相对的提高了租率。租额虽然在抗战前夜也降低了,但是没有产量降低的快。假若把战前每垧租额及产量作为 100,现在的租额则是 98.67%,而去年的产量则是 83.33%。

(三) 减租与交租

在动委会时代(1938 年),二五减租的消息已在本村农户中间议论着,但是开始实行减租还在 1939 年。当时减租的只有 5 户,减租的实际情况已模糊不清,只有 1 户还记的是二五减的。这减租的 5 户都是贫农,其中有 3 个是积极分子,并有 2 个党员,真正普遍的实行减租还是新政权建立后的事情。现在就研究一下新政权建立后的减租情形。

在 1940 年减租中,只有 1 户中农租进的地没有减,原因是不知道的(可能是减租的认识还不够,怕将来种不成地,因为这户中农主要靠租地过活)。其他租地者都减了,减租的户数 16 户,减租的土地 247 垧,减去租子 17.57 石。在 1941 年,所有租地户都减了,共 24 户,减租土地 378 垧,共减去租子 11.89 石。其中只有 2 户系亲属,减的少些,1 户是哥哥租弟弟的地,1 户是侄子租伯父的地。谈到减租的办法,是极不一致的,尤其是在 1940 年更显紊乱,经我们调查出的当时减租的办法共有 5 种之多,即:① "二五减租";② 倒二五减租(即一石交二斗五);③ 对半减租

(一石交五斗);④ 分半减租(一石交一斗五升);⑤ 三七五减租(一石交三斗七升五)。其中以分半、对半两种减租办法为最多。1941 年的减租办法虽然不像 1940 年那样多,但也不很一致,大多数是二五减的,也有按三七五再定了年成来减的。这样有的减下来就是对半减,因为定年成时把产量定的很低,一般定的是 1.5 斗至 1.8 斗。另外,只减 10% 及 15% 的各 1 户。

减租的办法既然很多,那么就来看看交租的情形吧!讲到交租,首先谈一谈过去本村交租的习惯。一般习惯上,交租的数目比原租要少些,抗战前平常的年成也只交八九成,若遇着特殊的情形(天灾、人祸、患病)只交六七成,如 1939 年只交到七成左右。其次,看看减租后应交租与实交租是否相互一致。这里举出富农张进升去年出租地所收的租子为例,并列表说明于下:

表 10 - 17　富农张进升 1941 年出租地收租表

租户姓名	租户成分	租入地	原租额	减租方法	减租及应交租	实交租(斗)	实交租占应交租百分比	备考
张同根	贫	20	17	二五	12.75	7.2	56.47	
张侯秋	贫	26	26	二五	19.5	19.5	100	
任步岳	贫	23	21	三七五	7.38	7	94.85	是按租子一石给三斗七升五
皮海棠	贫	20	20	三七五		10.5		
牛尚光	贫	19	19	三七五		7		
王自成	贫	11	9	二五	6.75	3	44.44	
任油郎	贫	17	17	二五	12.75	10	78.43	
张应升	贫	17	18	二五	13.5	10.5	77.77	
张棒升	贫	15	15	三七五	8.25	8	97.27	按产量每垧定为一斗五

从上表看,应交租与实交租也是不相同的,大多数实交租是不能达到应交租额的。

减租政策实行后,各阶层对于减租的认识与态度是不相同的。富农对于减租是赞成的,但他赞成的是二五减租和规定的三七五的最高租额,他所顾虑是两个问题:第一,减租的办法没有一个统一的办法,譬如张进升(出租地最多的富农)说:"减租什名字都有,咱也解不下是怎个办,人家说多少就是多少,弄下来也完粮钞都不够了,能规定个死法子,就是比二五多一点也好。"第二,减租后怎样来保证应交租额确实交到。据上面同一个人说:"年时按政府规定二五减租,可以收到 12 石多租子,现在只收了 8 石多。人家说怎减就怎减,减后还不给完,咱也没办法要。"

中农因为租进租出的地都不多,而且租进租出占自己经营的比例很小,所以他们对于减租很冷淡。虽然他们也说减租好,但实际并不太关心,有的就不减,有的减了的也是很少。

贫农对于减租的态度是非常积极的。但是,他们之间又有两种不同的态度:一种是希望越减的多越好,而且希望减了后再能打个折扣,交租时才较痛快。如贫农任步岳、任油郎、张同根等就是这种想法,他们所持的理由是人家比我们有的多,咱啥也没有。一种是政府规定怎减就怎减,减后很快就将租子交了。如贫农高其海、张侯秋、张训升等就是这种态度,他们所持的理由是咱们种了人家的地,应该给人家租子,减了后不给人家,要把地退了再也种不成了。前一种情形多是较贫苦的贫农,但也有不很穷苦的也不愿交;后一种情形多是上升中的贫农,靠租地日子就能过去。

要规定既适合于业主又适合于佃户的减租政策,战后几年来租率继续提高的事实就不能不注意。那么战后的减租是否和租率的提高相适应呢?为了说明这个问题,不妨先看表10-18:

表 10-18 抗战以来减租与租率提高对比表

项目	阶级	1937 中农	1937 贫农	1937 合计	1940 中农	1940 贫农	1940 雇农	1940 合计	1941 中农	1941 贫农	1941 雇农	1941 其他	1941 合计
租入土地	户数	1	9	10	3	12	2	17	4	17	2	1	24
	荒地		20	20	2	26		28	8	25.5	3	2	38.5
	使用土地	72	174	246	73	168	33	274	89	247.5	9	6	351.5
	合计	72	194	266	75	194	33	302	97	273	12	8	390
产量	总数	281	725.3	1006.3	178.8	420.2	59.4	658.4	288.7	859.2	22	30	1200.6
	每垧平均(斗)	3.9	4.2	4.08	2.5	2.3	1.8	2.39	3.2	3.4	1.8	2.7	3.4
原租	租额 总数	58.5	143.5	202	59.5	222	28.3	309.8	80.8	255.5	7	1	344.3
	租额 每垧平均	0.81	0.75	0.76	0.79	1.14	0.85	1.02	0.83	0.935	0.58	1.25	0.88
	原租率	20.82	19.79	20.07	33.78	52.83	47.67	47.21	27.95	29.71	31.82	33.33	28.68
交租	户数	1	9	10	3	12	2	17	4	17	2	1	24
	土地垧数	72	194	266	75	194	33	302	97	273	12	8	390
	数量 总数	58.5	143.5	202	413	82.95	4.1	128.35	67.6	158.8	4.5	0.75	238.4
	数量 每垧平均	0.81	0.75	0.76	0.63	0.43	0.13	0.43	0.70	0.582	0.75	0.70	0.61
	交租率	20.82	19.79	20.07	20.86	19.75	6.73	19.49	23.12	18.46	17.92	25.00	19.86
减租	户数				2	12	2	16	4	17	2	1	24
	土地垧数				20	194	33	247	85	273	12	8	378
	数量 总额				12.3	139.1	24.3	175.7	13.2	96.7	2.5	2.5	118.9
	数量 每垧平均				0.60	0.72	0.74	0.71	0.13	0.354	0.21	0.31	0.31
	减租率				20.90	62.75	86.22	53.09	16.36	33.93	35.50	25.00	34.53
	实际减租率				0.14	0.2		2.89	0.11	6.72			1.13

备考	1. 尚有租入的几户因将当时详情忘记,故未计入。2. 内有伙种10垧地亦并入租地内。3. 1940年中农1户租子4.05石未减,原因不可知。4. 1940年因年成,故租率很高。5. 产量是以使用地多少计算的,荒地未记,租额以租入地多少计算。6. 有 * 符号①系较战前原租率增加数。7. 雇农、其他因1937年无租地者,故实际减租率更下降。
几个说明	1. 交租率系指实际交租后的租率而言。2. 减租率系指减去原租的多少而言,也就是如何减租的。3. 实际减租率系指战后交租率与战前交租率的比率而言,因取战后经过减租而佃户究竟比战前得到多少实惠之意,故实际减租率其计算是以战前原租率为100,再从战后原租率等于战前原租率的百分比,然后再将此百分数与战前原租率100相减而得。

从表10-18来看,仅以去年(姑且将1940年当作特殊年成)平均减租率达34.53%,已超过25%的减租原则。但从实际减租率又知道,去年交租率比战前交租率(原租率)仅差1.15%,这就说明25%减租已不能满足佃户的要求了。为什么减租率已达34.53%,实际上比战前交租率是相差无几呢?表10-18告诉我们是以下两种情形所致:第一是产量下降,相对的提高了租率;

---

① 编者注:原文标识不清。

第二是去年租额比战前增加,绝对的提高了租率。

能不能从上面的情形就得出 25％减租不适合或无甚实际意义的结论呢? 这个问题还须研究。因为上面的情形仅是从减的方面(佃户)着眼说的,再从主佃双方面看的话,那就不能把租率提高(实即产量下降)的亏空只由某一方面来负担,必须由双方适当的分担。

五、借贷关系

本村借贷的事件在抗战前就很少,抗战后已绝迹。兹将我们调查所得的 2 户材料写在下面:

贷入户贫农张训升:

① 1935 年"揭"张和墕郭娃子白洋 8 元,月利 3 分,共上利钱 14 元,1939 年以同样数目的省钞偿清,贷入原因不详。

② 1937 年因为三牙"问媳妇"揭张和墕任照和白洋 30 元,月利 3 分,上过一年半利,共上利 16.2 元,1939 年以同样数目的省钞偿清。

③ 1937 年因给四牙"问媳子"揭本村张怀义(贫农,卖板子)白洋 15 元,月利 3 分,共上过一年半利,合大洋 8 元,1939 年以同等数目的省钞偿还。

④ 1921 年左右,经其父手借本村富农牛尚操粮 2 石,年利 50％,每年给利 1 大石,1935 年以后就没有再上利。1938 年减息实行后,牛的儿子(共产党员)写了换约,说以后本利都不要了,这几年也没有要。但因写换约的人去年死了,牛尚操本人并未出字,所以尚是一宗未偿债,因为牛为人狡猾,常乘间隙敲诈乡人。

贷入户中农(今年升为富农)牛尚旺,为给儿子"问媳子",在 1931 年揭张家墕白孝祖白洋 20 元,月利 3 分,共上利 60 多元。自去年已决定本利均不还了,但债主去年曾讨过一次。

根据 2 户贷入情形,债务关系都是战前成立的,战后新成立的借约没有发现。按本村情形看,的确只有农户相互之间的来往,但这是不能和一般的借贷关系相提并论。

据调查,本村借钱的利息在战前一般的都是月利 3 分,只有在特殊的场合(如赌博场)才有"大加一""大加二"及"驴打滚"等高利贷,借这种钱时俗话叫作"扼拐",即受制于人(债主)的意思。借粮的利息比较高,一般都是年利 5 分,即借 1 斗还 5 升。

清偿债务及回赎土地都是 1939 年的阳历 12 月间,即在 1940 年初刚打顽固后发动的。

六、役畜的占有与使用

(一) 役畜的占有

战争没有给役畜以直接的破坏,各阶级役畜占有的情形在抗战前后并无特别显著变化。兹战前现在各阶级役畜占有情形列表于下:

表 10‑19　战前和现在各阶级役畜占有情形表

阶级	时间	总户数	牛	驴	共有牛驴总数	每户平均头数	所有牛折合牛力	占所有牛力百分比	每户平均牛力	备注
富农	战前	2	3	1	4	20	4	21.29	2.00	内有1头牛是出租的
	现在	3	3	1	4	1.3	2.5	20.83	0.83	内有1头小牛
中农	战前	10	4	2	6	0.6	4.5	40.91	0.45	内有1头小牛,2头牛出租
	现在	10	7		7	0.7	7	58.34	0.70	
贫农	战前	18	2		2	0.11	2.5	22.73	0.13	内有1调牛及1头半小牛
	现在	23	4.5	1	5.5	0.23	2.5	20.83	0.11	
其他	战前	6	1		1	0.17	1	9.09	0.17	是寡妇的租出牛
	现在	9								
合计	战前	36	10	3	13	0.36	12	100.00	0.33	
	现在	45	14.5	2	16.5	0.38	12	100.00	0.29	

注一:其它内为雇农、商人及鳏寡。

注二:驴仅用驮运,故折合牛力时未折入。小牛折合半个牛力,调牛为一牛力,每个牛力耕80垧地,若以70垧计,与本村实际情况差的较远,故牛力耕80垧计算。

从上表看,牛的头数比战前为多,而牛力并未增加,可知战后大牛减少而小牛增加了。从各阶级占有的数目看,多集中在中农与富农手里,尤其是中农占有的为多。现在中农则占有全村牛的58%以上,比战前增多的原因是去年2户中农买了调牛租给别人,另外是因1户中农分了家,多喂1头牛。但每户占有数仍以富农为多。

本村牛的占有很少有"伙喂"的形式,伙有的只有今2户贫农与外村1户贫农合喂1头牛。

(二) 牛的使用

牛的占有与使用土地之间有着很大的矛盾,请看下表:

表 10‑20　牛的占有与使用比较表

阶级	时期	户数	每户平均牛力	所有牛力	使用土地（垧）	使用土地所需牛力（个）	所有牛力状况 剩余 牛力	剩余 每户平均	不足 牛力	不足 每户平均	备注
富农	战前	2	4	2.96	301	3.76	0.24	0.12			
	现在	3	2.5	0.83	319	3.99			1.49	0.50	
中农	战前	10	4.5	0.45	479.5	6.00			1.50	0.15	
	现在	10	7	0.70	430	5.38	1.62	0.16			
贫农	战前	18	2.5	0.13	472	5.90			3.40	0.19	
	现在	23	2.5	0.11	608	7.60			5.10	0.22	
其他	战前	6	1	0.17	4	0.05	0.95	0.16			
	现在	9			53	0.66			0.66	0.07	
合计	战前	36	12	0.33	1256.5	15.71	1.19	0.03	4.90	0.15	
	现在	45	12	0.27	1410.0	17.63	1.62	0.04	7.25	0.16	

从上表看,本村的牛力无论在战前与现在都感不足。在战前,只有富农的牛力及1户(出租的牛使用地很少)的牛力有剩余外,贫农中农都感不足。在战后,中农的牛力稍有剩余(去年2户买调牛出租及今年使用土地面积缩小),富农、贫农及其他都缺少。富农缺少的原因并不是使用土地面积的扩大而是富农经济的发展下降,贫农牛力的缺少是其整个阶层使用土地面积的扩大。为了弥补本村牛力的不足就是向外村租入牛,兹将战前与现在各阶层租入外村牛的户数及头数列表如下:

表 10‐21　战前与现在各阶级租入外村牛的户数与头数表

项别	阶级 时期	富农		中农		贫农		合计		备注
		战前	现在	战前	现在	战前	现在	战前	现在	
租入户		1	1	3	3	1	2	5	6	
牛(头)		1	1	2	2	1	2.5	4	5.5	
牛力		1	1.5	2.5	2	1	2.5	4.5	6.0	

上表所列均系租入外村的,本村尚有2户中农出租牛2头,1户贫农前年因卖女(聘礼)而买的1头调牛只出租,均为本村贫农租入。战前本村其他的1头牛及富农的1头牛为本村贫农、中农租入1头。由此可知,贫农租牛的户数及头数均比战前增加了,这是与他们是上升的经济情形相联系着的。

租牛在本村有两种形式。一种是"打价牛",即将牛作价租出,除每年收一定的租子外,牛死系由双方共同负担;牛若出卖,无论比原价(租牛时的作价)多或少都是出租户与入租户双方平均负担或分益;若是母牛生了牛犊,也为2家所共有。租这种牛多为母牛,即是公牛也是"调牛",所以租这种牛赔钱的就没有。这种牛的租子都不很高,一个普通牛每年租子在0.8~1石,战前与现在租子无什么变化,这种形式在本村最普遍。

另一种形式是草租牛,即"草牛",就是除了出一定的租子外取得使用权,牛的赔本或盈利都与租牛户没有关系。这种形式在本村租牛中较少,战前有2户,战后1940年和1941年两年各1户,今年没有这种形式的租牛。

以上两种形式的租牛,租子都减的。不过前年并没有减牛租,去年减租时才开始减,只有1户侄子租伯父的"调牛"租子5斗没有减外,余均实行二五减租。

现在再将本村所有牛力与租入外村牛力合起来与使用土地比较一下。为便于说明起见,将以上两种表合为下表。

表 10‐22　本村牛力加租入外村牛力与使用土地比较表

阶级	项别 时期	户数	村内所有牛力			租入外村牛力			共有牛力	租入外村占共有牛力百分比	全部牛力能耕垧数	使用垧数	使用土地				备注
			户数	头数	牛力	户数	头数	牛力					剩余		不足		
													垧数	每户平均	垧数	每户平均	
富农	战前	2	1	3	4	1	1	1	5	25.00	400	301	99	49.5			
	现在	3	3	3	2.5	1	1	1.5	4.0	37.50	320	319	1	0.3			

（续表）

阶级	时期	户数	使用牛力 村内所有牛力			租入外村牛力			共有牛力	租入外村占共有牛力百分比	全部牛力能耕垧数	使用垧数	使用土地 剩余		不足		备注
			户数	头数	牛力	户数	头数	牛力					垧数	每户平均	垧数	每户平均	
中农	战前	10	3	4	4.5	3	2	2.5	7	35.56	560	479.5			80.5	80.5	
	现在	10	6	7	7	3	2	2	9	22.22	720	430	290	29		10.7	
贫农	战前	18	2	2	2.5	1	1	1	3.5	28.57	280	472			19.2	9.04	有2个牛力为本村租给贫农
	现在	23	4	5.5	2.5	2	2.5	2.5	5	50.00	406	608			208		
其他	战前	6	1	1	1				1		80	4	76	127			为本村贫农租入
	现在	9										53			53	5.9	
合计	战前	36	7	10	12	5	4	4.5	16.5	20.79	2320	1256.5	5.5	0.15			
	现在	45	13	14.5	12	6	5.5	6.0	18.5	33.33	1440	1410.00	30	0.07			

从上表看,本村使用牛力与使用土地战前和现在都有些剩余,所以在全村范围来说,牛力是够用的。但贫农阶层的牛因为草料的限制常不能发挥到应有的使用程度,所以用"锄裁"的情形,这在个别中农及一些贫农中间存在着。

然在各阶层之间都有很大的差别,尤其是在现在中农与贫农之间相差很多。不过,按实际使用牛力情形,并不像表中所示,因为2户中农出租给贫农2个牛力未计入贫农阶层。故现在实际的差额是中农剩余130垧的牛力;贫农则不足48垧的牛力,战前是112垧的牛力不足;富农实际上牛力剩余在30垧以上,因为有水平地的折合。

使用土地与使用牛力的差额不仅在各个阶层之间存在着,而就是一个阶层内各个户之间差别也很大,这种情形尤其是在中农与贫农两阶层间最多,富农阶层多是无此种差别。

调整各阶层间及一个阶层内的农户之间的牛力不足与剩余的办法,就是各种不同形式的雇牛。雇牛在本村极为普遍,现在使用牛的,只有1户富农、2户中农的牛未出雇外(因是调牛),其他无论有牛或租进牛都出雇。

从雇出的形式上说也有几种,而最普遍的最基本的有以下两种:一种是"贴牛",即耕1垧地20斤草、2升料(黑豆)以及2升租子(黑豆),还有就是只给草不给料的。一种是"变牛",即耕1垧地换3个人工(习惯上仍是1个前晌牛工换3个前晌的人工),实际上是2个人工(2个前晌),因为牛雇出时牛主也要跟着牛去劳动(多是轻劳动,"打土"或"点籽"等工作),要对销1个人工。偿还人工的办法在本村的习惯上多是春耕时期,也有在夏季锄草还工的。若是照"整工"(即1天),还工者要在被还工者家吃一顿午饭。还工时除了"务地"外,也要做其他"杂活"的,如挖粪、背柴等。

此外,尚有介于"贴牛"之间的,即说定耕多少土地、吃多少草,再还多少工的。还有介于租牛与雇牛之间的一种形式,俗称"伙牛",即在春耕时间和冬闲时间自喂一定的时间,另外给一定的租子。实际这仍是"贴牛"的一种形式,它与一般贴牛不同的地方是,无论在春耕或农闲雇出户要喂一定的时间,这种喂养时间的长短是看租子的多少来决定,这种租子的多少基本上是使用土地的多少来决定的。但它不是"草租牛",因为草租牛租入还可雇出,而这种所谓"伙牛",除了耕种自己使用土地之外,所余的时间也就不多了。这种形式雇出户与雇入户系两个村庄的农民。

现在将抗战前与现在雇入牛的户数及耕地面积列表说明如下(因为抗战前与现在贴牛变牛所支付的实物及人工没有变化,故不列该项,这是与本村牛力不太缺少有关):

表 10-23　战前及现在雇入牛的户数与耕地面积表

使用形式 阶级 时期	贴牛			变牛			其它			合计			备考
	户数	垧数	每户平均	户数	垧数	每户平均	户数	垧数	每户平均	户数	垧数	每户平均	
中农 战前	2	30	15	1	15	15				3	45	15	
中农 现在	3	36	12							3	36	12	
贫农 战前	6	76	12.67	4	67	16.75	1	20	20	11	163	14.81	战前其他形式中,有1户给人箍水桶换牛工
贫农 现在	5	94	18.78	6	69	11.5	2	30	15	13	193	14.85	
其他 战前													现有1户工人以"手技"来换牛工,另外再以人工补其不足
其他 现在				3	41	13.67				3	41	13.67	
合计 战前	8	106	13.25	5	82	16.04	1	20	20	14	208	14.39	
合计 现在	8	130	16.25	9	110	12.22	2	30	15	19	270	14.21	

注:"其他"指中农、贫农以外的成分,没有富农;"其它"指除贴、变两种形式而言。

从上表看,战前与现在雇牛是相当发展的,而且这种情形还继续扩大着。这种情形在贫农阶级更为普遍,雇牛耕地垧数当战前整个贫农耕地面积的 44.07%(战前贫农使用土地总面积 472 垧),当现在耕地面积(608 垧)的 44.41%。但是在贫农阶层说,每年还是有一些用"锄栽"的情形,这个数目我们没有统计出来,据我们调查的情形,估计约有 10%的样子。

从上表雇入的形式看,两种基本形式都在发展,而且发展的速度是不相上下的。但在雇牛的成分上来说,中农多采用"贴"的形式,而上升的贫农也是多用这种形式。现将这两种基本雇牛的形式所得的利与租牛的利息比较研究一下,为了便于计算起见,就先确定"牛"的标准,现以能耕 70~80 垧地的普通牛出租或出雇来计算利率或利润率,有如下表所示:

表 10-24　贴牛变牛与租牛利率比较表

	资本	利息	利率(利润率)	备考
租牛	4	1.5	37.5	指作价的牛而言
贴牛	0.02	0.05	150.0	
变牛	0.02	0.045	125.0	还工以农民习惯(1垧还2垧)计算

说明:① 资本系指租牛的价,贴牛变牛的牛一天所需草料;② 利息系指租牛除租子外,尚有分得的牛犊,按 3 年生 2 牛犊计算,即牛每年有三分之一的牛犊。变牛除了人工外,还要加上人工所吃粮食(与短工比较)。③ 时间系今年春耕时期,一切折合为粮食,单位是石,租牛按一年计,贴变牛按日计。

从上表看,利率最高的是"贴牛"(而且是日利),其次是变牛,最低的是租牛(年利)。这种情形看起来好像令人难以置信,但这是事实而且还正在发展的事实,这就不能不使我们进一步探讨一下各种形式存在和发展的原因。

首先来看租牛。根据本村租牛的户数与牛（折合为普通牛）是比战前增加了，而本村出租牛的户数也由战前的 2 户增为现在的 3 户。那么，租牛较雇牛的利率低的很多，为什么出租户又多了呢？根据外村出租的户数看（本村租进的牛多为张和塌的，共 4 头牛，张家塌出租牛的 1 户），有 3 头牛是地主的，1 头是没有劳动力的中农的。而今年本村出租的主户有 2 户中农、1 户贫农，这 3 户中间都是劳动力缺少，主要是没有人来"照顾"牛，他们每年都要"贴牛"来耕地的。

根据以上情形看，出租户是地主和缺乏人口和劳动力的中贫农，以中农为多（本村 1 户贫民出租户是因为卖女儿得的钱，劳动力衰老了，不能多务地，就没有买进土地，这可就是一个例外的情形）。而地主和农民虽然都是出租牛，但是原因是不相同的。在地主来说，租出牛的利率较雇牛为低，但是比出租地所得的租子却又为多。根据本村租率变化情形看，除了 1939 年和 1940 年因为自然的与社会的原因使产量降低、租率超过 37.5% 以外，平常年份很少超过 30%；而且现在又减租，交租也不能按应交数交，所以"三八五除二"，地主出租地收到的租子是很少的，比较租牛（去年也减了租，"二五"减的）则为好些。而且在租牛的租子和租地的租子质量上也有差别，根据本村，交牛租时杂粮与黑豆是"对半"，而交地租九至十成为黑豆。而在商业衰落与高利贷几于绝迹的今天，地主的货币资本是可能向着这个方向发展的（当然只是转移的一个方面）。在农民（中农）来说，虽然有积蓄资本的意义，但这是暂时的或"不得已"的（也许有意识的出租，据本村没有这种情形），等着自己的"孩"大了自己再来喂养，所以还是不能和地主出租牛的情形相提并论的。但在中农缺少劳动力的今天，有些积蓄的中农可能把这种积蓄买成"调牛"（如本村去年的 2 户）来出租的，所以在最近两三年来说，中农阶层出租牛的情形恐怕还不会减少，这种情形是和"租地"相仿的。

至于租进的，多为缺少牛的中贫农，特别是贫农。他们租牛的目的主要是为了自己使用，还没有租牛专为出雇的情形（像租到大批土地再进行富农经营那样），所以不去分析租牛户的情形。

其次来研究贴牛的情形。先从贴出户看，贴出户是些什么人？据本村去年和今年两年的情形，中农贴出的只有 1 户，而且垧数很少（10 垧）；贫农的牛多贴出，这主要是因为贫农的牛缺少草料喂养，特别是在春耕时期非喂黑豆不行。那么，谁来贴入呢？根据本村今年 8 户贴牛的情形看，其中只有 1 户较苦的劳动贫农，因为本人劳动力不强，别人不愿变工，不得已"贴牛"耕了 10 垧；其他 3 户中农是因为缺少劳动力，非"贴牛"就无法耕地；4 户贫农也是上升的，贫农使用土地增多，劳动力也没有剩余，所以也要采"贴牛"的形式。由于双方的需要，这种虽然很高的利润率的"贴牛"也就应运而产生了。

最后再看变牛。变出和变入的原因是恰和贴出贴入的情形相反，就是说变出（变工）的多为缺少劳动力的富裕中农，在他们需要的不是草料而是人工；变入（变牛）的多为劳动力稍有剩余的贫农，他们没有多的草料来贴牛（还要打短挣的吃），而有劳动可以交换。所以，普通的"变牛"也有了它的存在和发展的根据。

根据以上的情形看，无论牛的出租或出雇都是很高的利率，特别是雇牛的利润率更高，但是不能由此得出制止或限制牛的出租或出雇的结论，而且相反的还应提高一下（至少让它发展）。因为在缺少牛力的今天，仍有些牛还未发挥到应有的力量。我们的方针不仅是奖励牛的增加，而且还应将牛力充分使用，虽然这里包含着剥削成分，但主要的仍是农民中间的互相调剂，特别是雇牛表现的很明显，这应该和专为出雇的情形分别开来看，否则就会得出相反的结论来。

关于将牛折合成公粮计算的问题,有如下的意见提供参考:

将牛折合成公粮计算的目的在于"刺激牛的增加"。换句话说,发展根据地农业生产,增加牛力还是我们努力的方针之一,为达此目的而采取将牛折合成公粮的办法。现在的问题是,这种办法是否恰当?根据我们的调查,牛多在富农和富裕中农手里(当然不反对富有者的牛数增加),就是提出这种办法来大多数的中农、贫农还是不能增加牛的,因为他们不是不愿意有牛,而是他们没有这批资本。现在一个普通牛须4担粗粮,这对于积蓄不多的中农、贫农是相当困难的事情。其次,能增加的户数只有较富有者,姑且不论他们今天有无力量来购进牛,即令能增加减轻负担的好处使他们得利,而相反的较贫苦的负担就要重(公粮总是有一定的数目),这似乎不是我们所愿意的(当然也不愿意富有者额外多负担)。因此,我觉得这个办法还似乎不十分妥当,不如采取另外的办法。

附表

表 10－25　关于柳叶村役畜一般的调查

项目 ＼ 种类 · 大小	牛 公 大	牛 公 中	牛 公 调	牛 母 大	牛 母 中	牛 母 调	驴 公 中	驴 公 小	驴 母 中	驴 母 小	备注
生活年限	1~20	1~20	1~20	1~20	1~20	1~20	1~25	1~25	1~25	1~25	
使用年限	2~15	2~15	2~15	2~19	2~19	2~19	3~20	3~20	3~23	3~23	公牛可使到 19 岁，但过了 14~15 岁，老百姓就再喂不到 15 岁后就多喂
几岁能生养接（驹）				3~4	3~4		4	4	4	4	一般牛能生养在 3 岁左右，10 个月生，每年只能生下 1 头小牛，驴非一年不能生下
每天耕地（亩）	1.5~2.0	1.0~1.5	0.4~0.5	0.4~0.5	1.5	1.5					母牛快生小牛时耕地一般，只有大牛耕的多些，柳叶村大牛每天平均耕地 1.5 亩
每只驮运载重（斤）	110~120	90~100					120~130	90~110	110~120	80~100	
每天行路							60	60	60	60	
每年积粪（驮）	70~90	70~90	70~90	70~90	70~90	70~90	50~60	40~50	50~60	40~50	积粪多少与人勤等有关，一般 120 斤的驮含土 50%，100 斤的驮含土 40%（大小一样）
每年需草（斤）	2500~2600	2400~2500	2000	2700~3000	2600~2800	2000	2700~2800	2500~2600	2500~2600	2500~2600	母牛生过犊后吃草多些，夏秋；每牛生一个犊，约 1~2 个月放青时期末计
每年需料（大石）喂料时间（天）	90~100 或110	90~100 或110	90~100 或110	90~100 或110	90~100 或110	90~100 或110	90~100 或110	90~100 或110	90~100 或110	90~100 或110	生幸接驹时多加 2 升黑豆
共需料（石）	2.4	2.2	1.3	2.8~3.0	2.6~2.8	1.3	3.0~3.2	2.8~3.0	3.2~3.5	2.8~3.0	实际喂料在各阶层间差别很大，只 1 户贫农在今年春喂 1 条大牛是每天 1 大升半黑豆，贫农有的一天只 7~8 合黑豆
每头价洋（白洋）	无	40~45 元	28~30 元	28~30 元	42~45	28~30 元	48~55 元	33~35 元	50~52 元	33~36 元	

说明：
1．驴的大小仅是指年龄说的。
2．老百姓的这些数目也是约换来的，但大体上不差甚。

七、村政权与群众团体

（一）村政权的简单沿革

抗战前本村为一编村，受黑峪口主村领导，有 1 个闾长及 4 个邻长"跑上跑下"的应付公事，这也是本村的最高权力机关。当时是闾长总揽村中一切大权，邻长的任务是向所管辖的户口要东西或"言传"什么，开大会时"吼人"也是重要工作之一。

1939 年冬打顽固以后，新政权建立了，但下层的政权机构并未改变。这时所不同于过去的地方是增设了一位闾代表（实际上就是副闾长，老百姓叫作代表），帮助闾长做些工作，正闾长不在时就执行闾长的任务。1940 年花园沟成立了行政村以后就成为花园沟所领导下的自然村了。

自抗战前一直到今年 4 月村选，闾长都是一村的最高负责人。本村闾长经常调换，特别是自 1940 年以后调换的次数就更多了，但是总跳不出富农和富裕中农的手里。在旧政权时代，闾长都是委派或者"指定"后选举的。新政权建立后，虽然取消了委派或指定，而让老百姓自己去选举，但这只是一种名义（连"形式"有时都没有）的，实际上闾长仍多是"内定"的（详见支部）。直至今年 4 月，村选才打破了旧的指定办法，民主地选出自己要选举的人来代自己办事。兹将历年来担任闾长的姓名、成分及其担任时间统计如下：

表 10－26　历任闾长姓名、成分及任期表

职别	姓名	成分	上任时期	历任期间	备考
闾长	张老商	富裕中农	1938 年 1 月	担任 3 个月	委派的
闾长	牛爱堂	富农	1938 年 4 月	担任 11 个月	委派的
闾长	张进升	富农	1939 年 3 月	担任 9 个月	指定后选的
闾长	牛明堂	富裕中农（注一）	1939 年 12 月	担任 6 个月	指定的
闾长	张老商	富裕中农	1940 年 6 月	担任 2 个月	"选的"
闾长	张进升	富农	1940 年 9 月	担任 2 个月	"选的"
闾长	张老商	富裕中农	1940 年 8 月	担任 1 年又 3 个月	"选的"
闾长	牛尚萱	中农	1941 年 2 月	担任 2 个月	"选的"
主任代表	任油郎	贫农（注二）	1942 年 5 月	至现在	选的

注一：是指当时的成分，现在已升为富农。

注二：开始选出的是中农张林升、张少和，因为张选为行政村民政会长、青救秘书以后，在代表中，由大家选出的常常又喊着"干不了""咱没有人"。

邻长也是跟着闾长的变动而调换的，谁当了闾长就要找几个忠实于自己的人来当邻长，可见旧政权的下层和其上层一样，也是"一朝天子一朝臣"。1941 年 8 月后，邻长才没有换。在邻长的成分中，虽然也有贫农在里面，但因职权小且又是唯闾长命是从，所以对于闾长办事公道与否是不加过问的。

但在本村政权历史上，曾有过一次胜利地反对闾长贪污的斗争，时间就在 1938 年 1 月。当时闾长张老商（其实是接张进升担任的）因为"爱财"（占小便宜），由牛爱堂（党员）起来领导斗争，

将旧闾长撤换,并且黑峪口主村因本村老百姓的请求委牛爱堂为闾长。这是本村历史上空前的事件,对于老百姓觉悟程度的提高起了很大的作用,本村的党的小组就是在这次斗争后成立的。

(二) 村政权的各种组织

本村村政权现在除了以 2 位代表及 1 位主任代表组成本村的最高村政府机关以外,还有些组织,现将这些组织简述于后:

自卫队:在本村有 1 个分队、2 个小队,分队长 1 人(现缺,原分队长被选为主任代表)、小队长 2 人。在自卫队里,在男子的年龄上又分为老年队、壮年队、青年队(实际即青救会的青年队),妇女只有 1 个队(实际也是妇救的妇女队)。划分为老、壮、青年队的目的即为应付大小轻重的工作而设的。担架运输等较重的工作即是 18 岁至 40 岁的男子与青年去做;站岗放哨,老年与 18 岁以下的青年白天站,壮年与 18 岁以上的青年夜间站;带路送信平时多为老年去做,战时多为伶俐"腿快"的青年担任。在自卫队里,名义上还有一种"基干"的组织,即模范队,在本村有一位模范队员,大家叫这位模范队员为"模范队"。在战时,除了以上的组织外,在自卫队里还有 2 个小组,即游击小组和情报小组,这种小组在本村每组只有 1 人,但是无论干部或老百姓都称呼为"游击小组""情报小组"。

在"民政"方面,经常的组织名义上有两种,即"代耕队"和"互助小组",这两种组织都没有人负责,实际上只存有一个"名"。此外,还有减租减息委员,这只是对付临时工作的组织,这种被认为突击的减租减息工作过去以后,这种委员名称也就不存在了,这种委员在本村一向是农会干事兼任着的。

粮秣小组:这是受行政村粮秣会长直接领导的,由 3 人组成,组长 1 人、组员 2 人。因为他们之间没有明确的分工,实际上是组长一人来唱"独角戏"。在财政方面,自然村的组织就是这个小组。

在文化教育方面,每年(新政权建立后)都有"冬学"的设立,冬学 3 个月结束后,即由"识字班"来做经常的教育工作。但可惜的是,冬学既没有什么成绩,而识字班也只是一个名义。

建设方面有"春耕委员会"和"纺织小组"的组织。前者只有一个春耕干事,既成不起"组"。亦称不了"会",但大家都是这样称呼着;后者是今年新成立的组织,组员与组长现都没有人来充任。

受行政村锄奸会长领导的还有"锄奸小组",锄奸小组并无组员也无组长,只有 1 位自己还不知道是干什么的"锄奸小组"(大家的称呼)。

在今年敌人第二次"扫荡"兴县的时候,在本村还有"空舍清野委员会"的产生,设正副委员长 2 人。它的工作,据村干部报告这种组织的意义时说:因为上次(今年第一次敌人"扫荡"时)空舍清野出的东西被人偷去了,成立空舍清野委员会就是"监督"偷东西的人,"发明"后报告村公所处罚他。

村政权的组织不可谓不全矣,真是应有尽有! 组织重床叠屋,一人既可称"会"亦能成"组",不问有无工作内容,一律照样搬到下面。这些名目繁杂的组织不仅老百姓不知其所为,而且那些身为"某组""某会"的也不知自己应做何事。

(三) 村政权的干部

在花园沟行政村说来,本村也是出产干部最多的一个村,尽是政权系统的干部,行政村与自然村合在一起就有 11 个之多。现将关于干部多方面的一些调查列表于下:

表 10 - 27　干部情况表

姓名	成分	何时参加工作	现任工作	工作能力	工作情绪	政治面目	在群众中的威信	群众的反映(评语)
牛明堂	富农	动委会时代	行政村副主席	强	高	党员	平常	对于负担工作有"私心"
张林升	中农	战前	行政村民政会会长	平常	平常	进步	平常	有势力,"说什是什"
张应升	贫农	动委会时代	行政村建设会会长	平常	平常	党员	平常	"仔细"
任油郎	贫农	打顽固时	主任代表	平常	低	进步	平常	"急躁"
任臭儿	中农	打顽固时	代表	平常	低	落后	平常	"狡猾"
裴挨兔	贫农	今年村选	代表	平常	高	落后	平常	"有本事"
王芝臣	贫农	动委会时	粮秣小组长	强	平常	进步	平常	"细心"
高其海	贫农	打顽固时	锄奸小组	没有工作		落后	平常	"老实人"
张雨田	中农	今年春	春耕委员会	没有工作		落后	平常	"老实人"
张侯秋	贫农	打顽固后	自卫队小组长	弱	低	落后		"嘴坏心不坏"
任五拴	贫农	打顽固后	自卫队小组长	平常	平常	落后		"公道"

注:分队长现尚未选出,"游击小组""情报小组"等均没统计在内,民主工作中行政村 4 个干部及本村 4 个干部均未统计在内。

据我们 1 个月中的观察及调查,以上这些干部总起来说有着以下的特点:

1. 都有些工作经验,只有少数的"不重要"的干部是新参加工作或没有做过什么工作的。

2. 工作能力及对工作的热情一般的都不低,而且误了自己的事还能完成"上边"的任务。

3. 处理事情一般的还能做到"公平",但是因为工作方式及工作作风的欠妥,在群众中还缺乏应有的威信。

这些干部虽然有着以上的一些较好的品质,然而有一个弱点容易为坏的东西所侵入,这就是他们的头脑简单——"上边"的五花八门的"名堂",他们也只有简单了之,什么"无所不包""无所不有"的工作计划或"布置",他们是"解不开"的。但是他们所看到的那一套主观主义与宗派主义的工作作风却深深地印在他们那洁如白纸的心坎上。所以,不论什么工作什么会议都有一套令人发呕的某某讲话、主席报告……等,在解决有关老百姓的问题时总要声明"保存贫人利益",不如此好像就没有了阶级立场。这个罪过能否就由这些纯洁的农民来担任呢? 公道一点说是不能够的,而且应该说这些村干部大都是很好的。因此,要将工作做的更好一点(除了切合实际的工作内容以外),教育干部还是一个头等重要的工作。

(四) 村政权的各种工作

村政权下的各种工作,除了公粮与村摊款在负担里另写外,这里谈的是几件较大的工作,也就是干部们所认为的突击工作。实际上的自然村村政权的经常工作只有零星且为数又不少的派差,应付来往过路人员及上边的干部。现将几件较大的工作分述于后:

选举:首先谈村选。村选的工作我们到时刚结束两天,这里的材料是和干部和老百姓谈话得到的。

村选的工作在本村共进行了 7 天,也是这个工作的七大步骤。第一天是布置工作,区上派来人在行政村召开了"扩干会议",本村出席这个会议的有 6 个下乡干部(参加行政工作的,因为一有工作这些干部开过扩大会议要到各自然村帮助工作,所以干部就叫这些人为下乡干部)和本村的闾长,当天的会议是"上边"的来人报告了选举的意义及办法后,就是分头下乡去工作。

第二天,本村派来的是王、张两位干部(外村的 1 个),到本村后即召开群众大会(即家长会议),宣传了民主如何重要,说"政府把民主都给你们了",并宣布聘请张进升(富农)为国民大会主席。

第三天,上午召开妇救会,说明妇女是很重要,现在的民主是"男的一半,女的也是一半",要妇女提出困难问题交大会来解决,妇女对这个问题的回答是"没有"。下午是召开农救会,也是照样的说一套。

第四天,开始登记公民,划分公民小组,决定 20~30 个公民可选出 1 个代表,共提出 11 个候选人。当天即选出张乐和为主任代表,张林升、张应升、任油郎、裴挨兔等 4 人为正式代表,任臭儿、张训升为候补代表(后因张乐和、张林升、张应升当选为行政村的会长及青救主席,所以又补上了任臭儿为代表,补选任油郎为主任代表,所以现在是 2 个代表、1 个主任代表)。

第五天,干部们到行政村总结工作,老百姓没有事。

第六天,提行政村长的候选人,当时提出牛照堂、高光宗、宋信儿、高俊德等 4 人为候选人,只介绍了一下,没有什么讨论。

第七天,正式选举村长。代表及主任代表都到村公所去选举,除选出来宋信儿为村长外,又以"口推"及"举手"的办法选出各会会长及各救的主席(秘书)。本村被选为行政村一级的干部有 6 个,其姓名、成分及职务如下:

表 10 - 28 本村行政村一级干部情况表

姓名	成分	职别	备注
牛明堂	富农	副村长(副主席)	党员
张林升	中农	民政会长	
张应升	贫农	建设会长	党员
张连升	中农	农会秘书	党员
张家利	富农	青救主席	
郭改希(女)	中农	妇救秘书	

村选经过的大致情形及结果是如此,现在看看它的效果及老百姓的反映吧!

这次村选的工作在老百姓中间留下一个很深的印象,因为进行了六七天,而且男女都动员起来了,这是历史上没有过的事情,老百姓回忆起来都说"很热闹"。在选出的人来说,也是比较能办事的。但是老百姓对于两件事情很不满意:第一个不满意的是在代表候选人中教选某某等 5 人为代表,有的老百姓总说"什么民主哩,还不是干部要选谁就选谁"。第二是选行政村的主席时,大家都愿选牛照堂,结果区上的人不让选;选高光宗,区长说你不能选,"因为他家庭离不开,还有其他事情"。现任的村长是过去村公所的书记,在老百姓中间并没有什么威信,老百姓不很满意。

在进行登记公民时有一家(有1个是公民)被漏掉,也有2个哑子被"褫夺"了选举权,国民大会的主席只是会场上的"纠察员"。

老百姓虽然觉得这次村选很热闹,但是大家对于选举并不热烈,每次到会的人数只过半数,而且很多是"三吼五唤"被"强迫"来的,他们并没有认识到这件事对他们的密切关系。

再说区选。4月份村选结束后,区选就是5月份的中心工作,这个工作从头至尾开过两次家长会议就"完成"了任务。这两次会我们都是亲身参加的,进行的步骤和村选一样(先开扩干会,分头下乡),不过步骤简单了一些,下乡干部说这是因为有了"村选的经验"。

第一次会议是在夜间12点钟后老百姓已睡醒一阵的时候,这是和"战时动员"工作一块布置的。这次到会的家长19人,下乡干部(本村的)宣布选区长的意义及被选的条件,是这样的:"区选比村选还重要,因为这是全区的事情。大家要注意,要选举那些懂得政策法令的、能把握统一战线的、能替咱们老百姓谋利益的、会说话的、大家熟识了解的……"(详见附件)宣布以后,当时即由先布置好的人提出马千其为正区长候选人的候选人、高光宗为副区长候选人的候选人,老百姓没有发表什么意见,即作为通过。

第二天,就在一个到会18人的"春耕登记"会上附带的选出马千其、高光宗为二区正副区长的候选人。

这种比村选更"重要"的区选在自然村里进行得是很马虎的,到会的公民尚不足五分之一(六分之一强),即是各户的代表到会也只是五分之二,所以很多的老百姓都不知道选区长这回事情。这样一件大工作,"上边"是闹得何等的轰轰烈烈啊!而在下面却又是这样冷冷落落。这是老百姓的"无知"吗?是干部的"无能"吗?还是对上边领导的一个讽刺呢?

救济。救济工作是专为解决贫苦农民的生活而设的。在这里,救济工作仅仅是消极的帮助贫苦的老百姓一些吃的,是临时的救急办法,并没有什么积极的意义。但是,应该说这个工作是有它的成绩的,且看自1940年冬到1941年及1942年两年来的数目字吧。

1940年冬至1941年被救济的人及帮助的东西如下:

表10-29　1940年冬至1941年被救济人及物资表

牛侯油	粗粮(斗)	1.9	
任二里	粗粮(斗)	6.8	大洋4元
张油儿	粗粮(斗)	14.6	
张怀邦	粗粮(斗)	3.1	
任步月	粗粮(斗)	0.73	
张振升	粗粮(斗)	3.1	
牛换堂	粗粮(斗)	2.0	
张秋儿	粗粮(斗)	5.65	
合计	共8户	35.88斗	大洋4元

1942 年被救济的如下：

表 10－30　1942 年被救济人及物资表

任二里	粗粮（斗）	0.9
牛侯油	粗粮（斗）	0.9
张怀邦	粗粮（斗）	0.7
张油儿	西农票	10 元
张秋儿	西农票	10 元
任步月	西农票	10 元
任腾孩	西农票	10 元
共 7 户，救济粗粮 2 斗 5 升，西农票 40 元，两年来所取的成绩就是如此		

两年来所取得成绩就是如此。

至于什么人应该救济并救济多少，是在各户的家长会议上讨论决定的。虽然两年来做了一些工作，但没有这个专门组织，过去由闾长负责，现在是村主任负责。这个工作与所谓"互助"小组是没有联系的，老百姓认为一个是帮助吃饭、一个是帮助生产，而且前者又是专为贫人设的。所以"互助小组"只有这个好听的名字还存在于一部分老百姓的脑子里，恐怕不久的将来连这个"名字"也为老百姓所忘记。

优抗。优抗工作的内容实际上与救济工作差不多，今年春耕时期经过调查团的几次提议才帮助 1 户抗属耕了 3 垧地，其他的也是给一些小米而已。本村共有 8 户抗属，应受优待的 3 户，三年来优待的情形如下：1940 年张同根小米 0.75 斗（大斗，以下同），张怀治小米 1.0 斗、麦子 0.5 斗；1941 年张同根小米 1 斗，张怀治小米 1 斗；1942 年张同根小米 0.2 斗，张怀治小米 0.2 斗、西农票 10 元，帮助任腾孩耕地 3 垧。优抗工作几年来的成绩并不算大，而且对于这一件工作注意的也实在不够。比如今年春天任腾孩无力耕地时，行政村与自然村的干部都没有人过问这件事情。村里既没有优抗的组织，更没有什么人来负责，若没有上边的催，主任也是不去过问的。其他未被"优待"（指借米或钱的）的抗属，在行署优抗条例上应该予以优待的也没有实行，所谓自然村的"代耕队"仅是干部口中的一个"名词"。

春耕。上边的春耕布置下来后也名义上成立了"互助小组"与"春耕委员会"，因为上边提出的任务老百姓早就完成了，自然什么小组与什么委员会就没有事情做了，所以那些组织也只能是"名义"上的了。

去年与前年曾借出种子 5.4 石，但结果这些种子并没有种到土里，大多数都吃到肚里去了。据我们的调查，两年来 20 户借种子的农家只有 2 户是当作种子用的，今年借出的 60 斤棉子确实种在地里了。

今年的纺织工作在"发展晋西北的纺织业，才能与敌人作残酷的斗争"（村干部在一次动员会上的讲话）的原则下，本村今年自行政村领到 5 架纺车。现在有 3 个青年妇女领到了 3 个，还有 2 个在代表家里存放着，因为这里的妇女都不会纺线，而且也没有棉花，恐怕这 3 架纺车何时才能转动起来，还是秋收后的事情了。

在今年的春耕工作中，还有一件值得大书特书的工作就是"春耕登记"。这是每户定了"春耕计划"以后的"登记"工作,这个工作是由行政村的副主席来做的,因为别人也做不了。他是本村文化政治水平最高的一个,照划一张表整整的费去他一天的时间,在进行登记时花去了3个夜晚1个下午的时间。每次每户的家长都集聚在他家的窑洞里,一户一户的报告,老百姓看见我们在旁边坐着,好像很难讲出口,每说一个数目就看看我们说:"不差什吧?"还有些人干脆就说你替咱随便"划两下吧"!这次的数目字与实际不知差得多远。当我问村干部这数目不"实在"填他有什用时,干部回答我说:"这是上边的事,不办不行,过了三天交不上还要批评的。"

若将全晋西北的春耕登记表汇集起来,一定是足够一人背的一驮子。根据这些表册,也许可以作出满是数目字的"春耕总结",也更可据此写出一篇美丽的文章,说"春耕的成绩如何如何"。但可惜的很,这些数目字虽然费去千百个干部的心血,但它离实际却远得很。

冬学。本村开始成立冬学是在1940年,去年又"办"了一次,现在把两年的情形述叙于后:

1940年,冬学教员即本村的牛爱堂(行政村的干部)兼任的,是区上指派的。这年冬学除了太老的(为何老没规定)和太少的(也没有规定),无论男女都来上冬学,不上冬学者罚灯油及柴等。当时没有统一的课本,所以还得用过去的旧"千字文"。上课的时间是这样规定的:上午妇女,下午儿童(也有全天都去的),晚间是男子,共进行3个月。收到的效果是有两三个儿童识了"百把"字,一个青年妇女识了几个字,其他的多是一边识一边忘,冬学结束了,字也忘完了。

去年冬学教员是碾子村的王茂德(是受训后分配的)。去年入学的年龄有了规定,即7~45岁不管男女都须一律入学,课本是用的行署发的冬学课本;在"教"的方法上也有些改变,凡到冬学的人,若识不会指定的字就不能回家;在教的内容上,除了识课本上的字以外,还有"唱歌""报告时事"等科目。因为敌人的"扫荡",也没有到3个月就结束了。但是收到的效果更是糟糕,因为教员有点"喜欢"女人,这事不仅婆姨们不满意,村里老百姓也不愿去上学,有的愿识几个字的壮年男子到冬学去了,又偏偏教他们那些难唱的歌和讲些他们听不懂的话。据老百姓说,除了几个儿童识得几十个字以外,其他的人就没有认得什么字。

老百姓对于冬学的反映认为是一种负担和麻烦。事实上也是如此,因为他们只有摊出的米、柴、油,而并没有认到字,而且每天还要坐一个时辰(两小时)。

因为冬学结束后文化教育工作也就结束了,识字班只是一个名字存在着。即令3个月识到些字,在9个月中还不忘得干干净净?所以,前年入学时是一个一字不识的文盲,去年入学还是一字不识的文盲,恐怕再办冬学时,入学的恐怕还是一字不识的文盲。如此下去,尽管每年消灭若干文盲,但实际上永远是没有消灭一个文盲。

要改善今后的社会教育工作,除了在教材与教员努力改善外,在教育的对象上也似乎有个选择。我觉得青年与儿童是我们教育的主要对象,因为他们事也少些,"头脑也灵活"。事实证明,能识到字的还是他们,那种"大家都来"的办法并不能收到什么效果。对于青年、儿童,于冬学结束后应有识字班或识字组的组织,这种组织要能切切实实的去进行工作,最低限度应该今年冬学识到的字不致到明年冬学时就忘掉。

扩兵。最近在本村动员一位新战士,这次动员的方式很简单,就是村的干部把户主找到开个"群众大会",说明本村要出一个兵。"我们的意见是要任老代家去一个,你们说是不是应该他家去",大家没有意见,就这样决定了。

其实,本村应出兵的不是任老代家而是别的谁家。任老代是一个8岁的儿童,母亲是个寡妇,兄弟3岁。因为他母亲去年将其前夫的子(16岁)叫他们家帮助种地,因为他们兄弟多,就将"带来"的16岁的孩子"扩"去了。

在归队工作上也是马马虎虎。曾有一位逃兵在村里住了半年,因为系村干部家的人,干部包庇不说,老百姓也自然不敢讲。当被我们调查出来无法再隐蔽的时候,才不得不送到行政村的"生产队"(又说是"游击队")里去,这就一变而为"公家"人了。

许多大的工作都是上边派下来的干部来完成的,自然村的主任(闾长)只是在开会时帮助"吼吼人"。其他一些工作差不多都是主任(闾长)一个人来做的,什么春耕、救济、优抗……都是主任(闾长)一个人忙,收粮(不是公粮)收款也是主任代表挨户去要,其他代表只是开会时"吼吼人"。来往过路的党、政、军、民工作人员吃饭、喝水、住房子也是要找主任(现在准备设一个招待员,还没有决定),主任是村干部最忙的一个。其次是自卫队,平时还不忙,战时他们是很忙的,除了经常(紧急时也站)"押哨"(放哨)外,有时还送许多的信。这次田家会大捷时曾动员了4付担架去抬伤兵,结果8个人(2天16人)在2天中只有2个"伤兵"给他们抬(是因为错了时间)。最后,在自然村有工作的是"粮秣小组长",虽然工作不大,但是却相当的忙。我们在一月中间时常见粮秣组长提着个秤到这家秤了又去那家去秤,除了应付上边的公粮公草"支付"外,过往的人员也不少,而且每半月要向粮秣会长一汇报,一月一结算账目。

我们所看到的在村里工作的人员就是村主任、自卫队长、粮秣组长。

(五) 区村的领导

区村的领导,我们从各种工作中所看到的还不很多,但看出的几点意见也不妨写出以供参考:

(1) 与实际情况无关系的计划。说工作计划与实际情况不发生关系,这并莫过分。比如第二次"扫荡"兴县时,区上的"战时工作布置"洋洋数千言,从国际形势分析到晋西北的形势,本村文化政治水平最高的一位干部看了还像小学生读《山海经》一般,其他的人更可想而知。再如设想得很美丽的"春耕计划",要每一个农户都定出自己的生产计划来,结果呢? 老百姓都很聪明,只简单马虎了之。还有这样的事,在完【成】计划时,当问到张棒升有无"畜力"时,他当时没"嗜吓"①,别人就说他年轻力壮一点也不"灵",干部解释"畜力"就是说牲灵时,张棒升才说"我还有一个调牛"。再如填写到张怀治的"水利"一项时,他说:"咱的地都是陡坡,水不利的很,雨点一着地就滚走了。"大家说是"修渠",才知自己说错了,引得自己也笑着回答了下面的话:"我想修,没处修。"这种"庄严"的计划,则成为老百姓口中的滑稽笑话。假如承认"群众不是白痴"的真理,那将不能不考虑一下自己所想的计划是否切合实际情况了。

(2) 包办代替领导。因为把突击工作的方式变为经常工作的"定律",无论什么工作,总是继扩干会议之后来一个分头下乡,结果这些"下乡干部"到了自然村就包办一切(由于那种知识分子才能做了的"表格"工作,不包办,咱们的农民也确实做不了),不仅是"钦差大臣",简直比太上皇还利害,村干部成为"听差",好像旗牌官一样到处"吼人"催人。比如村选时聘请的国民大会主席成为开会的纠察员,问到国民大会主席在开会时都是做什么事,他说:"婆姨抱娃娃来了,不让娃

---

① 　编者注:当地方言,即"明白"或"听懂"之意。

娃哭,不要乱说话。"再如征公粮时,区上派去的一位女同志决定罚张进升 10 石公粮时,村干部不同意,评议委员会说张"出不吓",在群众大会上征求老百姓的意见,大家面面相觑、默无一言。我们的一位党员想让这位女同志下得台来,说了一句要大家表示意见的话,反使我们这位区上派来的干部把笔一摔,从坑上跳下来说:"这次公粮我不管了,由张训升(即说话使他下台的人)收齐算了。"气冲冲走到窑外面去。

这样的干部到了自然村还不是说一是一、说二是二吗? 稍不为己意就大发雷霆,村干部除了唯唯听命外,还敢说半个不字吗? 这样进行工作也许是很"顺利",但村干部的能力却永远提不高,工作的积极性也永远不能发扬,那种每种工作都须派人下乡包办的事情也将永远不会停止。

(3) 前后工作不衔接。由于"下乡干部"到某个自然村是经常变换的,以"什么问题都能解决"的大话所接受的问题,当时又不能解决了,再另换一位时,又对这个问题茫然不知,自然也是不了了之,三次以后就没有什么问题了。老百姓也很实际,知道不顶事,以后也不再说了。这事情虽然在本村没有发现,但本村的"下乡干部"在冯家山却遇到了这种事情。在去年征收公粮时1 户佃户减了租地主就不让种地的事,今年村选时佃户又提出来,而这位干部说:"咱不知道,你去找老张吧(指征公粮时的下乡干部)!"

这种因为干部的时常调换工作的结果,前后的工作就自然连接不上,这就使得老百姓认为我们的村干部只是替"公家"办事,不能帮助老百姓解决困难,干部与老百姓中间就有了一层薄薄的隔膜。

(4) 开会忙。因为把行政村的"扩干会议"、自然村的"干部会"及群众大会当作完成一切工作的"三个环节",所以不论什么工作来了总是步调不紊的开起会来。这种完成工作的"三部曲",本村有许多干部都是从头至尾的演奏着,这就使得干部们忙于开会而忽略了实际工作或误了生产。我们且举两个例子看看:

① 张连升,行政村农会秘书,不脱离生产的"下乡干部",4 月、5 月共开会 12 次(群众大会不算),村选工作 5 次,战时动员 3 次,区选 4 次(党的支部小组会 6 次未算在内)。

② 任油郎,自然村村主任,5 月 14 日接任后到 5 月 20 日,7 天中曾去行政村参加 2 次会议(本村的 5 次会还未算在内)。

所以,干部中三天两天一会甚至一天一会的事情并不算很稀奇的,我们的干部也不得不在会议中打圈子,好像整天都为了"开会"似的。所以,老百姓就编出"八路军(政权与军队在老百姓眼中是一个东西)焖粥队,不打日本光开会"的口号来。

(六) 群众团体的组织与工作

在动委会时代(1938 年冬),这里就有了牺盟会。当时牛爱堂当秘书,不久即相继成立了农会、青救、妇救等群众团体。当时成立这些组织时只是宣布了一下,等到打顽固新政权建立之后各救巩固组织时,又将自己的会员重新将"名单"抄一下,"改造"工作也就算完成。过去所有工会的组织去年也取消了,在青救会下的儿童团今年村选时也宣布取消,现在余下的就是农救会、青救会、妇救会。

农救会:在本村分为 2 个小组,1 个干事、2 个小组长。农会今年的工作主要的是"帮助春耕",农会干事说:"今年没有什么问题,村公所已讨论过了。"所以,还是帮助自耕,没有做过什么事。现在农会干事只管3个月收一次"会员费"。

青救会:本村有青救会员13人,编为1个小队,设小队长。另外,在小队长之外又有1个青年小组长,有1个"青抗先"是在一天战时动员群众大会上选出的。据青年小队长说,每年冬天"天天上操唱歌",今年的工作还不知是什么,反正"站岗、放哨、捉拿汉奸逃兵"是经常的工作。青救会并没有把青年召集一起开过会,做事是与壮年没有什么差别。

妇救会:也是在妇女小队之下,还有2个妇女小组归妇救会。在前年,闾长分配做了三四件军衣,今年在春耕中的工作是:① 养鸡儿子;② 刨草根;③ 做鞋;④ 纺线。问本村妇救秘书这些工作做了多些,她说"什也没做",这些工作还是村长分配的。

现在只有一件工作是各救负责人的经常事情,就是每3个月要收一毛农票的"会员费",收齐以后分别交给行政村各救的负责人,然后再汇送到区上。我问过几户老百姓,交会费的方法都是这个办法,即把全家男女老幼应出的会费统由家长交给主任,主任(闾长)有时分给各救的干事或队长,有时就干脆把全村的"会费"交给行政村的村长。我们的同志把这种会费名之为新的"人头税",这名词虽然有点刺耳,但若细细想起来也并不算过分。交"会费"的意义及用处,问了很多农会的、青救的、妇救的会员,都不知"干×",有些人连交会费这件事都不知道(因为都是家长代交的)。

现在自然村的群众组织是"名存实亡"的。假如我们要正视现实,不以没有这些组织为"耻辱"的话,"似乎"可以考虑一下这些组织存在的价值了。

(七) 群众团体的干部

群众团体的干部并不比政权干部少,在老百姓看起来他们之间并没有什么差别,因为做起工作来是与政权干部一样的。现把本村的干部姓名及职务写在下面:

表 10‐31　本村干部姓名职务表

张秋郎	行政村抗联秘书	脱离生产
张连升	行政村农会秘书	
张乐和	行政村青救会主席	
郭改希	行政村妇救秘书	
张训升	自然村农会干事	
张讨吃	自然村青年小队长	
张成心	自然村青年小组长兼青抗先	
王巧儿	自然村妇救小队长	
任臭儿	自然村农会小组长	
牛尚萱	自然村农会小组长	
裴初鹅	自然村妇救小组长	

这些干部在开干部会时都要出席的,所以在本村常看见群众大会到会的人还没有干部到会人多的现象。在行政村的4位干部中,除了郭改希不下乡外,其他3个都是"下乡干部",和其他一样"忙得屁股坐不下",因此他们在帮助政府工作上起了很大的作用。政权干部所有的特点他们同样地具备着,因为与政权干部有相同的义务,也和他们一样享受着"走到那里,吃到那里"的

同等权利,所以他们所给予老百姓的负担也是与政权干部不分"彼此"的。

上级对于自然村的各救有无领导,我们没有调查出什么,都说上边很久没有来过人了。只见到区青联今年一月发的工作布置,附在后面以供参考。

附录:二区青年工作布置

第一部分:青年武装工作

一、普训青年,训练干部,训练青抗先

(一)怎样训练:

1. 普训按分队为单位,在中心自然村集中训练四天,每天三个钟头。

2. 深训按行政村为单位,训练五天,自带给养。

3. 训练对象:普训 20~23 岁的青年,深训分小、中队长,青抗先亦参加。

(二)内容:

1. 你怎样做一个村的工作;2. 怎样做一个村干部;3. 反对法西斯;4. 晋西北是抗日民主统一战线政权;5. 全世界青年团结起来;6. 青年队和武委会的关系。

(三)应注意的问题——在武装工作组去过的地方,青联干部要全体参加武装工作,积极动员青年全体参加,青抗先参加训练要起作用。不去的地方可经常作定期训练,小队分队七天一训,中队十五天。

1. 配合训练发展青抗先。

(1)任务:

① 帮助军队作战;② 保卫新政权;③ 打游击破坏敌人交通;④ 侦探敌情,捕捉汉奸;⑤ 战斗中掩护群众转移。

(2)条件:

① 18~23 岁是青抗先的原则(原文是 18~23 岁为原则是青抗先);② 身体强壮没有嗜好者;③ 坚决抗日、积极热心、勇敢工作、能吃苦耐劳;④ 品行端正,不贪污腐化。

(3)方式:

① 自愿为原则,政治动员;②求质量好,游击小组为基础。

2. 缺。

3. 在普训完成大会上进行反法西斯宣传。

二、青年工作团

(一)条件:15~25 岁为原则,身体健壮。

(二)由区青救领导,脱离生产,动员好到区报到。

第二部分:冬学工作

青年组织在冬学中的任务

(一)村青联干部要积极参加冬学工作及村政权委员会。

（二）要冬学在村做到 75％的青、儿入学，并在民小中建立冬学。

（三）选十分之五的青、儿模范学生，条件：

1. 按时上课，请假经过手续；2. 学习成绩要比别人强；3. 冬学完后还能进行学习者。

（四）干部争取模范——条件：

1. 保证自己会员按数到校；2. 自己也是模范学生。

（五）和妇救提出竞赛。

（六）冬学中进行锄奸活动，并进行反法西斯测验讨论。

第三部分：

（一）剧团：动员青、儿参加，脱离生产，到区报到。

（二）收会费的问题，三月底完成，冬学三个月的会费，自愿原则，要造册子，钱送区。

（三）保存指示，每村造卷。

（四）要执行决定，区开会要按时到会。

（五）每月要向区作报告一次。

（六）每半月到自然村检查一次工作。

（以上文字及字母，除加说区青联，1 月 23 日照原文抄的。）

八、村公粮、村摊款与田赋

（一）公粮

1. 公粮的征收

1940 年的公粮在征收上的手续上是很简单的，行署虽然也规定有比例的标准，但在柳叶村并没有按这个标准征收，而是向各农户摊派的。这种摊派主要是由间长按照上级所给的任务来分配定，再由各邻长去向农户说的，并没有什么会议来讨论。因为上级分配的完成数字曾有两次的更动，所以在村内也引起很大的不安。第一次分配的任务是完成 31 石，以后升至 36.45 石，间长说："45 石完不成，柳叶村的老百姓都没啥吃的啦。"结果村公所允许仍按原来第一次分配的数目去做，但必须"超过"才行。

1941 年公粮的征收办法已有很大的进步，不仅上级规定了比过去较科学的征收比例，而且也派了很多的干部去村上帮助这一工作。到柳叶村帮助征收公粮的干部，除了本村"下乡干部"牛明堂外，还有区上派去的乔翼（女）同志。这个工作进行的步骤是这样的：① 公粮的分配数目。由支部与区委讨论决定后，即召开干部会议、群众大会来宣传征收公粮的重要及按比例征收的标准（数目字未宣布，只有少数干部知道）。② 指定评议员 7 人。实际是 5 个人能开会进行工作，其他 2 个人就没有问什么事情。评议 5 人即张应升（贫农）、张老商（富裕中农，当时的间长）、任臭儿（中农）、任油郎（贫农）、王芝臣（贫农，粮秣组长）。③ 调查登记产量。即开始评议，因为产量老百姓的很少，就决定了采取"标准田"的办法。本村以土地的好坏分作四等，即 5 斗、4.5 斗、3 斗、2.5 斗，但执行的结果不是以土地的好坏来分等级，而是以阶级来确定的标准。例如，富农张进升种地 120 垧,其产量定为 60 石,而贫农阶级层的大都是 2.5 斗的标准,只有十几垧是 3 斗的标准。去年减租的工作就在调查收入时干部们都写算好了。

根据标准的估计及比例的标准仍征不够原来的数目,因为分配的数目又变动了两次,第一次分配的是 40.5 石,以后增加到 45 石,最后确定为 50 石。由于任务完成不了,就决定采取提高产量的办法,在这时,评议员中就发生了两种不同的意见:一种是按比例征收,老百姓该出多少就出多少,老百姓即使没有饭吃也不"言传",代表这种意见的是闾长及非党干部;另一种意见是以"完成任务"为最后目的,代表这种意见是下乡帮助征收公粮的干部及我们党的同志。结果是牛明堂在夜间写出一个各户出多少的单子来,该单子全村总共出 46 石多,所以还是采取的提高产量的办法。这次我们在乡里问他们怎样提高产量的,村干部说:"各户按原来比例征收的数目上再多加些。"我们再问怎样加法,则回答是:"按地多的户加,贫人就不加了,把原来数目凑足就算完啦。"

除了以提高个别户的产量来达到分配任务的数目外,还采取了一种处罚的办法。柳叶村共处罚 2 户,共 12 石。1 户是张老商,因去城里贩卖过几次盐未报收入而罚了 2 石;1 户是富农张进升,因为 2 垧水地未报、产量的不确实(每垧以 4 斗报的)、枣子果子收入报的太少、8 个猪儿子未报、两口小口也报成了大口(据张进升说他先上来并不知人还分大小,其他老百姓也有这样说的),一共七大(合并成上边五条)错误,罚了 10 石。当时评议会觉得太重了(已出了 18 石),不同意罚这样多,村干部也不同意,以后请求区委才减去了 5 石。区委说:"大话罚 10 石已经说过了,5 石不能再少了,不然以后在老百姓面前说话就没有'威信'了。"(此事经我们这次调查认为太重,而且处罚的理由也不合行署法令,以后牛主任与兴县去信,才将罚的 5 石粮免除。)

由于采取了以上不合乎法令的"吃大户"的办法,在各阶级间负担上就有轻重不同的差别,特别是 1 户富农负担更重。现在我们就看各阶级负担公粮的情形。

2. 各阶级负担公粮的情形

1940 年的公粮,行署虽然规定了征收比例,但村里根本不知道,所以还是像其摊款一样由闾长分配一下。各阶级负担情形有如下表:

表 10 - 32　1940 年各阶级公粮负担统计表

阶级 项别	原有户	负担户	占原有户百分比	总收入折合细粮（大石）	各阶级占总收入百分比	实征公粮（大石）	占各阶级收入百分比	各阶级负担公粮占公粮总数百分比
富农	2	2	100	53.9	33.23	20.5	37.85	63.75
中农	11	10	99.9	56.8	35.02	9.73	19.13	30.25
贫农	21	14	66.7	47.53	29.51	1.83	3.85	6.0
其他	5			3.96	2.24			
合计	39	26	66.7	162.19	100.00	32.06	19.16	100.00
附注	1. 因为按成分征,故未计算人口。 2. 总收入是各种征收入的总和折合细粮标准,富农粮食以五成半计,中农以五成计,贫农以四成半计。							

根据上表看,各阶级负担有如下的情况:

① 负担的户口仅及 66.7%,而不合于 80% 以上的多数人负担的原则(负担的人口,富农在 88%,中农 76%,贫农 47%,平均在 59%)。

② 各阶级负担额相差悬殊。主要是由富农负担,占总数 63% 以上,贫农太少。而在一个阶层的内部也极不平衡,其中 1 户富农张进升出 17 石,占全村的 53%,将及本阶层的 85%,而其收入仅占全村总数收入的 20%,占本阶层收入的 60%。

③ 在富农阶层说已征到其收入的 37.85%,贫农仅达 3.85%,而富农张进升已征到 52% 以上。

从上面的一些情形看,对于富农(老财)的态度还没有纠正四大号召时"左"的错误态度。由于这种错误的观点,所以柳叶村的公粮大部分放在 1 户富农身上。

因为 1940 年的公粮征收下面是很马虎的摊派了一下,不能对 1940 年的公粮政策有什么检讨的意见。现在我们看一看 1941 年公粮在各阶层中负担情形吧。

1941 年的公粮征收由于由上面谈到的任务与[于]此征收的,但因为把产量定的太低,所以由于以上的情形,实际负担数与比例上应负担数就发生了很大的差额,且看表 10-33:

表 10-33　1941 年各阶级公粮负担统计表

项别 / 阶级	原有户	负担户	占原有户百分比	原有人口	负担人口	占原有人口百分比	纯收入(细粮大石)	占全村总收入百分比	每人平均(石)	按比例应征其收入百分比	按比例应征公粮(石)	实征公粮(石)	实征公粮占各阶级收入百分比	各阶级实际负担公粮占公粮总数百分比	每个负担户平均负担(石)	每个负担农民平均负担(石)
富农	2	2	100	22	20.5	93.18	66	28.77	3.22	30	19.803	22.19	33.47	55.34	11.095	1.077
中农	11	11	100	60	52	86.7	98.3	42.85	1.87	29	28.397	10.76	10.92	26.83	0.978	0.207
贫农	22	17	77.27	85	64.5	75.88	(66.8)63.1	27.51	0.98	17	10.746	6.71	10.63	16.73	0.395	0.104
其他	5	2	40.00	6	2	33.33	(4.5)2.0	0.87	1.0	17	0.34	0.44	22.0	1.1	0.22	0.22
合计	40	32	80.00	173	139	80.35	(235.8)229.4	100.0	1.66	28	59.286	40.10	17.48	100.0	1.253	0.289

附注	1. 纯收入指除出长工工资、租子(年交数)以后的净收入,包括粮食及其他合乎"征收公粮标准"的副业收入。工资折半计算米,租子以实际收到数算折合细粮,其他非粮食收入以当时市价折合。粮食的折算标准有富农、中农、贫农,按五成半、五成、四成半的标准折合。括号里的数字是该阶级总收入,括号外的数字只是负担户的总收入,后面百分比计算即以后者计算。 2. 每人平均指每个应负担公粮口的平均。

从表 10-33 考察,可以看出以下几点:

① 符合于 80% 的人口(户口)的负担原则。

② 在富农已超过其收入的 30%,而且在 2 户富农中间相差悬殊很大(干部徇私)。比如,张

进升出 18 石,占其收入的 45% 以上,每个负担公粮的人每人平均 2.5 石。而另 1 户富农牛尚柱 (儿子、侄子都是行政村的主要干部)每个应负担公粮的人平均 4 石,只出 4.19 石,仅占其收入的 24%。

③ 若按比例征收,诚然是比较重的是中农。但实际征收的结果是中农阶级最轻,实征数只占应收数的三分之一多些,贫农也较轻,占应收 60%。

④ 担负大部分公粮的还是富农阶层,达 55% 以上,而其中 1 户张进升即负担全村的 44% 以上。

⑤ 实收公粮数与应收公粮相差很大,实收数只达应收数的三分之二。

柳叶村去年的公粮是没有切实执行政策,而征收的公粮又没有分配的任务 50 石(若不将罚张进升的 10 石粮减去就够了)。虽然"抓紧"了富农(1 个),而却放松了大多数的中贫农;虽然完成了任务(进升的在内),却没有照顾政策。因此,在群众中就有"定了比例不实行,公家人就是会说""谁当干部谁轻"的反映。同时上表也告诉我们,柳叶村去年公粮的征收若按照比例征收是会超 50 石的任务,但必须有对于老百姓收入具有较精确调查的先决条件。

去年的公草是随公粮征收的,每石公粮征公草 150 斤,柳叶村共出公草 6100 余斤(富农 3330 斤、中农 1515 斤、贫农 1199 斤、其他 60 斤)。除公草外,还有义仓米,柳叶村的义仓米看其实际分配情形并没有一个固定的比例,去年分配的数目:富农 0.52 石,中农 0.47 石,贫农 0.495 石,合计 1.488 石。这些数目虽然分配了,但并没有收集起来,假使要作为荒年的救贫用的话,恐怕达不到这个愿望,因为荒年时大家都没啥吃的,还能问谁收到义仓米呢?

对于今年公粮征收的意见,除了改正过去那种定标准田、提高产量及不按比例征收的办法外,在比例本身提供两点意见:

(1) 累进的最高点 2 石应该提高在 2 石以上。根据柳叶村的情形,每人平均 2 石的中农并不太少,这样若定为 2 石,实际上富农地主则与中农享有同样的"待遇"(比率同),似乎不合累进的原则。

(2) 比例内的四类(组)累进率的增加似乎是累进率高的不应放在第三类(组),应放到第四类。具体的意见是把比例分为五组:

① 4 斗至 6 斗 7 升 5 合(每增 2 升 5 累进率增加 0.5%)。现起征点提高到 5 斗,第一组累进 7 斗 5 为宜,其中累进率的增加可少于 0.5%。此类累进率不变更也可。根据柳叶村去年情形,贫农阶级并不太重。

② 7.5 斗至 1 石为一组,累进率可定为 0.6%~0.7% 之间。

③ 1 石至 1.5(1.6)石为一组,累进率可定为 0.8%~0.85% 之间。

④ 1.5(1.6)石 1.9(1.95)石为一组,累进率可定为 0.8%~0.85% 至 0.95% 之间。

⑤ 1.9(1.95)石 2.2(2.25)石为一组,累进率可定为 1%。

至于五组比率增加的详细情形及各组内部每增加粮若干比率增加若干,因为个别户的材料未在手边,无法试验拟定,故从略。

(二) 村摊款

村摊款的材料,老百姓能想起来的是 1941 年到今年 5 月的情形。现把我们搜集到的材料列表如下：

表 10－34　1941 年到 1942 年 5 月村摊款材料

阶级\项别		负担户数			负担分数		负担种类及数量			备注
		原有户	负担户	占原有户的百分比	负担分数	占总分数的百分比	小米（斗）	农钞（元）	柴火（斤）	
1941	富农	2	2	100	100	61.34	12	77		
	中农	11	10	90.9	52	32.22	5.08	40.04		
	贫农	22	6	27.27	9.4	6.44	0.29	7.24		
	其他	5		0						
	合计	40	18	45	161.4	100.00	17.37	124.28		1. 灯油等摊款次数多，记不清。 2. 自然村摊款在内。
1942（5月前）	富农	3	3	100	105	65.06	3.45		567.5	
	中农	10	9	90	47	29.12	1.68		164.5	
	贫农	23	6	25.43	9.4	5.82	0.33		33	
	其他	9								
	合计	45	18	40	161.4	100.00	5.46		765	

从上表看，过去的所谓"合理负担"时的村款摊派分数，在今天看起来是没有符合多数人负担的原则。在公粮上最重的 1 户富农张进升，在村款上也是分数最多的 1 户（80 分，几乎占全村分数的一半），贫农只有 25％的户数负担，未免太少了一些。根据柳叶村的情形，负担分数似乎有重新定行的必要。

上面的材料可能还有遗漏的。因为在去年 10 月重定分数以前所摊派的东西，因为把单子遗失了，都是凭间长及几个干部记起来的次数与数量来计算的，所以实际负担的数目字可能比表中所列数目字更大些。

老百姓对于这个问题也是很关心的，他们总希望能"公平"一些，分数较多的户为这事曾向我们提出过几次"就这太不公平了"。而在干部们说他（1 户富农）这比过去还轻了呢！因为在 1940 年的分数是 100 分，比碾子村白茂荆当时的分数还多。据张进升说："村选时也提出过，上面也没法么。"

（三）田赋

我们整理（1940 年）的工作，在柳叶村只是废除了"邻""甲""排年""小书"等一套旧的征收手续，而一些"黑地""有钱无土""地少粮重""地多粮轻"的现象在柳叶村还是存在着。这种情形我们虽然发现的还不多，就我们已发现的几宗已足够说明的了。比如牛尚操一块 5 坰地没有粮，而另一块 7 坰地的粮现在没有地，而去年卖地时将这"粮"就随地卖出了。再如张进升一块 14 坰石子地（原始大地）粮比其他地还高，寡妇老婆张高氏就有 4 坰没地的"粮银"负担着。

这种封建的土地税虽然于我们财政上没有太大的帮助，但是老百姓认为这是"应该"的。所以它现在虽然有许多缺点，也没有马上废除的必要，到了新的农业累进税搞出来后才宣布废除也不为过迟。

在柳叶村的田赋一般是每坰地 1 分 4 厘左右，最多的是每坰 1 分 7 厘、1 分 8 厘，最少的 1 分

2厘、1分3厘。现在(今年)每两田赋比战前少征一半,现将各阶级负担情形列表于后:

表 10-35　各阶级田赋负担统计表

时间	项别 阶级	普户	负担户	负担户占有土地(垧)	负担粮食两数(两)	完纳白洋(元)	每垧地平均白洋(元)	备注
1937	富农	2	2	597	8.01	18.814	0.032	
	中农	10	9	545	6.65	16.064	0.029	因1户系中农
	贫农	18	16	354	4.206	10.093	0.029	
	其他	6	4	87	1.08	8.456	0.097	破落户的寡妇粮重
	合计	36	31	1583	20.046	46.822	0.030	
1942	富农	3	3	632.3	8.15	12.3	0.019	因1户卖掉"空粮"
	中农	10	9	440	5.91	8.462	0.019	
	贫农	23	19	429	4.55	6.825	0.016	
	其他	9	3	73	1.03	1.545	0.021	
	合计	45	34	1665	19.64	29.121	0.017	外来户在本村土地数、粮、银均未计
附注		1. 占有土地是以可耕地计算的,房屋地基未计(原垧数)。 2. 战前规定是省钞,老百姓说当时与白洋没有差别,但是黑峪口调查的两者稍有不同,故以调查地价折合的。 3. 战前每月交2.95元省钞,今年1.5元白洋。							

关于力役负担,我们没有做详细的调查,有的老百姓就记不住,去年"单子"遗失了,也没有"卷"可查,所以这部分材料只好付之阙如。

新政权人民负担材料没有记清楚的,抗战前更不用说了,所以这部分材料也无法写。现将四大号召对各阶级负担及1户富农张进升至1939年以来主要的负担数目表附后,以供参考。

表 10-36　四大号召对各阶级负担统计(附表二)

项别 阶级	细粮	货币				银子	其他	备注
		白洋	省钞	法洋	折合白洋			
富农	57.6	35	1000			4	毛驴1头,猪2口	
中农	5.23	10	70	47				
贫农	0.84			2				
其他	0.9							
合计	64.57	45	1070	49	256.85	4	3	

表 10‑37　张进升 1939 年以来主要负担数目表

项别＼时期	人口	总收入折合细粮	细粮（石）	草（斤）	鞋	白洋（元）	村摊款			牲畜	总计（一切折合白洋）	每人平均负担（白洋元）
							小米（斗）	柴火	白洋（元）			
1939 年	16	40	30	35000	2		60		240（5 次）		1112	103.6 元
打顽固（1939 年冬）			15			200				驴 1 头	545	
四大号召（1940 年初）	17	45	26		3	35				猪 2 口	570	59.4
四大号召（1940 年底）			17			记不清楚了					340	
1941 年	17	46	18	2700			4.04		30 元			33.6（62.8）
合计	（50）17	131	106	37700	5	235	71.04		270	3 头	3137.4	180.4 元
附注	1. 公粮公草负担在内。2. 1939 年村款只是一次摊的数目,当时是 100 分。3. 四大号召包括春耕货粮款。4. 去年定分数时定完为 80 分。〔三年收入折合白洋:800(1939)+960(1940)+1021(1941)=2775 元〕											

表格目录

索 引

后　记

　　本书系国家社会科学基金项目(项目编号18BZS103)的最终结项成果,并在整理与出版过程中又得到教育部哲学社会科学研究重大课题攻关项目(项目编号16JZD035)基金和山西省"'三晋学者'特聘教授支持计划专项"基金资助。
说来话长,该项资料的发现、发掘、整理与研究早在20年前本人受聘山西大学历史文化学院教授之时,亦正是张玮教授攻读南京大学中国近现代史专业博士学位之时,俩人或出于学术转向的诉求或基于论文选题的需要,在山西省相关地方"偶然"获取并复制了这批已经被人(包括调查团的主要当事人)认为"佚失"或不可能存续的原始调查资料,所有工作均由此始。其间,我们包括所指导的硕博士研究生出版了系列著作,发表了多篇文章,引起了一定学术反响和某些社会效应。现则将之重新认真校注、仔细编辑,并全面贡献给学界,这是一种学术追求和应有义务,想必是同仁们所非常渴望和特别期许的。

　　20年来,除本人与现任职于太原理工大学文法学院的张玮教授(资料的发现和主要收集者)之外,先后参与该项资料收集(资料零星补充)与整理(资料释读、录制等)者有早年毕业的研究生张文俊(现任中山大学珠海校区历史系副教授)、董春燕(现任中共山西省委统战部干部)、解佐欣(现任石家庄学院美术与设计学院讲师)、闫建红(现任太原市第22中高中历史教师)、罗佳(现任太原市第36中历史教师)、董佳(现任中国人民大学马克思主义学院副教授)、袁军(现任晋城职业技术学院旅游管理系讲师)、李娜娜(现任山西省旅游职业技术学院旅游系讲师)、杨曦(现为南开大学历史学院中国近现代史专业博士研究生),以及目前山西大学近代中国研究所在读硕士研究生杜晶晶、乔慧玲、庞芳馨、苏铭、武宏光、梁文静、李瑞峰、王莉莉、原汇蔷、王伟哲、王茜同学。南京大学历史学院中国近现代史专业硕士研究生岳靖芝负责了全书索引与定稿编校事宜。南京大学出版社的杨金荣先生和江潘婷女士则在本书运思统筹和编辑出版过程中出力甚多,特于此表示诚挚的感谢!

岳谦厚

2019年6月8日

岳谦厚 1969年生，山西偏关人，历史学博士，享受国务院特殊津贴专家。现任山西大学近代中国研究所二级教授暨山西省"三晋学者"特聘教授。主要研究领域为中华民国史及中共革命史。出版学术专著多部，发表学术论文多篇，主持完成教育部哲学社会科学研究重大课题攻关项目、国家社科基金重点项目多项，多次获得教育部及山西省社科研究优秀成果奖。

张玮 1968年生，黑龙江齐齐哈尔人，历史学博士，教育部新世纪优秀人才，山西省学术技术带头人，山西省青年学术带头人，山西省高等学校131工程领军人才。现任太原理工大学文法学院教授。主要研究领域为中国近现代经济社会史及中共党史。出版学术专著10部，发表论文70余篇，主持完成国家社科基金项目2项，多次获山西省社科研究优秀成果一、二等奖。